长沙年鉴2022

CHANGSHA YEARBOOK

长沙市地方志编纂委员会　编

方志出版社
Publishing House of Local Records

图书在版编目（CIP）数据

长沙年鉴. 2022 / 长沙市地方志编纂委员会编. —
北京 ： 方志出版社, 2022.12
ISBN 978-7-5144-5501-4

Ⅰ. ①长… Ⅱ. ①长… Ⅲ. ①长沙—2022—年鉴
Ⅳ. ①Z526.41

中国版本图书馆 CIP 数据核字(2022)第 252510 号

责任编辑：齐　笑
责任校对：刘玉霞
责任印制：梅中英
出 版 者：方志出版社
地　　址：北京市朝阳区潘家园东里 9 号（国家方志馆 4 层）
邮　　编：100021
网　　址：http://www.zgfzcb.cn
发　　行：方志出版社图书营销中心（010-67110500）
印　　刷：湖南印美彩印有限公司
开　　本：889毫米×1194毫米　　1/16
印　　张：41
字　　数：1466千字
版　　次：2022年 12 月第 1 版
印　　次：2022年 12 月第 1 次印刷
定　　价：260.00 元

《长沙年鉴（2022）》编纂委员会

《长沙年鉴（2022）》编辑部

编辑说明

一、《长沙年鉴》是长沙市人民政府主办、长沙市地方志编纂委员会编纂的年度资料性文献，1987年创刊，每年出版一卷，本卷为第36卷。

二、《长沙年鉴（2022）》以马克思列宁主义、毛泽东思想、邓小平理论、“三个代表”重要思想、科学发展观、习近平新时代中国特色社会主义思想为指导，坚持辩证唯物主义和历史唯物主义的立场、观点和方法，围绕中共长沙市委、长沙市人民政府的决策部署，全面、客观、系统地记载长沙市自然、政治、经济、文化、社会和生态建设等方面概貌和发展情况。记述时限为2021年1月1日至12月31日。

三、本卷年鉴采用分类编辑法，设类目、分目、条目3个层次，部分分目下设次分目，条目为记述基本层次。全书设有37个类目，卷首设“庆祝中国共产党成立100周年、乡村振兴、2021年度事件”图片专题。

四、本卷年鉴对框架结构进行适当调整：将“长株潭城市群”类目更名为“长株潭都市圈”；将“城乡建设”类目更名为“城市建设与管理”，其下“美丽乡村建设”分目析出升格为类目“乡村振兴”；删除“人民生活”类目下的“脱贫攻坚”分目；“特载”类目设置“长沙市开展党史学习教育纪实”“长沙市营商环境优化推进纪实”“长沙市乡村振兴工作纪实”“长沙市产业项目建设推进纪实”4篇专文。

五、由于统计数据的来源、口径、方式、时间的不同，所载数据存在不一致，请读者以统计局提供的统计资料为准。

六、本卷年鉴文字按《出版物汉字使用管理规定》等国家标准使用，标点符号按《标点符号用法》（GB/T 15834-2011）等国家标准使用，数字按《出版物上数字用法的规定》（GB/T 15835—1995）等国家标准使用，计量单位按《中华人民共和国法定计量单位》（1984年2月27日国务院发布）等国家标准使用。

◇ 2021 年 6 月 28 日，“大江大河交响季 · 百里画廊百年歌”长沙庆祝中国共产党成立 100 周年大型交响音乐会举办。图为红叶组合，女声小组唱《绣红旗》

黄启晴　摄

◇ 2021 年 6 月 28 日“大江大河交响季 · 百里画廊百年歌”长沙庆祝中国共产党成立 100 周年大型交响合唱音乐会举办，图为全场合唱《没有共产党就没有新中国》

黄启晴　摄

◇ 2021 年 5 月 6 日，芙蓉区修业学校的学生在湘江评论杂志社旧址聆听革命传统教育　　邹　麟　摄

◇ 2021 年 6 月 10 日，一批小学生参观中国共产党长沙历史馆
乔育平　摄

◇ 2021 年 6 月 26 日，夏铎铺镇的学生合唱红色歌曲，表达对党的热爱和对祖国的祝福　　陈　燕　摄

◇ 2021 年 6 月 30 日，在湖南湘绣博物馆，韭菜园街道老党员亲手体验绣党旗

王志伟 摄

◇ 2021 年 6 月 26 日，银盆岭大桥上，灯光呈现“1921”“2021”两组数字

邹 麟 摄

◇ 2021 年 6 月 30 日晚，长沙举办庆祝中国共产党成立 100 周年大型音乐烟火晚会　罗杰科 摄

◇ 2021 年 7 月 8 日晚，大型交响史诗组歌《心中的颂歌》在长沙音乐厅首演　　黄启晴　摄

◇ 2021 年 10 月 2 日，湖南大学学生到岳麓书院举行“我的祖国”主题快闪活动　　余劭劼　摄

◇ 2021 年 6 月 15 日，长沙市湘湖管理局组织所属单位员工开展党史知识竞赛　　乔育平　摄

◇ 2021年6月17日，长沙市芙蓉区文艺路街道办事处工作人员参观廉政展览　乔育平　摄

◇ 2021年6月17日，“红心向党 志愿同行”长沙市新时代文明实践党员志愿服务主题活动——芙蓉区专场活动现场　乔育平　摄

◇ 2021年6月30日，在中国共产党长沙历史馆内，《湘区丰碑》专题陈列开展，全景式再现了中国共产党的第一个省级支部——中共湖南支部以及后来改称的中共湘区委、湖南区委的奋斗史　陈　飞　摄

乡村振兴

＊ 说明：该专题图片由长沙市农业农村局提供

◇ 2021 年 7 月 7 日，在浏阳市龙伏镇，村民驾驶收割机收割早稻

◇ 2021 年 9 月 23 日，在长沙县路口镇隆平稻作公园，学生在体验操作手动脱谷机

◇ 2021 年 9 月 28 日，2021 中国美丽乡村休闲旅游行（秋季）推介活动在浏阳市举行

◇ 2021 年 10 月 15 日，2021 年湖南省（秋季）乡村文化旅游节暨湘鄂赣首届客家文化旅游节在浏阳张坊开幕

◇ 2021 年，浏阳市推进乡村振兴，梅田湖研学基地为 41 户农户分红 170 万余元

◇ 2021 年，浏阳市古港镇梅田湖村的松山屋场引来众多游客，搭上乡村旅游的快车，村民有效增收。图为梅田湖村研学基地迎来一批参加研学活动的学生

◇ 2021 年，浏阳市道观冲结合当地文化实现非遗“在地活态保护传承”，发展研学、民宿等业态，用非遗生态村实现乡村振兴。图为村研学基地迎来一批参加研学活动的学生

◇ 2021 年，浏阳市沿溪镇创业青年张小轲开发红薯糕、外婆菜、萝卜干等系列产品，凭借土生土长、原汁原味的“土货”特色产品致富

◇ 2021 年，浏阳市沿溪镇金桔村，果农王辉虎在大棚中采摘金橘

◇ 2021 年，宁乡市大成桥镇梅鸣村社会贤达欧阳斌（左二）与村民商议，如何将美丽宜居村庄建得更美好

◇ 2021 年，脱贫户在生旺种养专业合作社上班

◇ 2021 年，望城区靖港镇福塘村，志愿者正在皇菊种植基地进行采摘

◇ 2021 年，长沙市望城区千龙湖冬捕，图为村民冬捕丰收场景

◇ 2021 年，长沙对口支援西藏贡嘎。图为工作人员查看蜂巢

◇ 2021 年，宁乡市大成桥镇鹊山村建设了贤达广场，让广大村民群众见贤思齐

◇ 2021 年 12 月 10 日，“湘赣红”品牌推进大会在文家市镇秋收广场举行。图为消费者在“湘赣红”品牌形象店内挑选心仪产品

◇ 2021 年 10 月 19 日，宁乡市首届乡村工匠技能竞赛暨“沩山毛尖”杯手工制茶竞赛在沩山乡举行。图为当地能手现场比拼世代相传的制茶功夫

◇ 2021 年，浏阳市推进乡村振兴，图为浏阳永安湾里屋场美丽宜居村庄

◇ 2021 年，长沙县春华镇金鼎山社区打造田头超市，让市民体验采摘的乐趣

◇ 2021 年，长沙县开慧镇开创“党建＋五零”乡村治理新模式。图为开慧村坡里组村民陆德明家大门上挂上了“五零五星级户”的荣誉牌

◇ 2021 年，长沙县跳马镇以花卉苗木为主要特色产业，加强花卉苗木种植。图为跳马镇特色花卉苗木种植园

◇ 2021 年，长沙市推进乡村振兴工作。图为长沙县黄花镇银龙村巴山子美丽屋场菜园

◇ 2021 年 9 月 29 日，长沙农业农村局联合长沙公安民警开展禁渔执法

◇ 2021 年，长沙县加强污水治理。图为流经长沙县江背镇金州村市级小微水体管护示范片区的浏阳河

长沙 CHANGSHA

2021 年度事件

◇ 长株潭都市圈晋级“国家战略”。图为2021年4月10日，长株潭一体化发展第三届市委书记联席会议召开　　市委宣传部　供图

◇ 长沙进入特大城市行列。图为长沙夜景　　市委宣传部　供图

◇ 湖南省第十二次党代会提出“强省会”战略。图为2021年11月28日，中国共产党湖南省第十二次代表大会闭幕　　市委宣传部　供图

◇ 长沙举办庆祝中国共产党成立 100 周年系列活动。图为《半条红军被》剧照

市委宣传部　供图

◇ 2021 年中欧班列（长沙）开行首次逾 1000 列。图为 2021 年 12 月 20 日，长沙开行的第 1000 列中欧班列

市物流口岸办　供图

◇ 中国（湖南）自由贸易试验区长沙片区 13 项制度创新成果为全国首创。图为中国（湖南）自由贸易试验区长沙片区　市委宣传部　供图

◇ 长沙市被授予“绿色货运配送示范城市”称号。图为长沙城市绿色货运配送示范工程验收汇报会议现场　市交通运输局　供图

◇ 国家智能网联汽车（长沙）测试区综合实力排名全国第一位。图为国家智能网联汽车（长沙）测试区　岳麓区　供图

◇ 长沙磁浮快线成为世界首条按 140 千米 / 时投入商业运营的中低速磁浮线路。图为该型列车　　市轨道交通集团　供图

◇ 天心区排名夜经济影响力 20 强区县榜单第一位。图为长沙夜市　　天心区　供图

总 目

目　录

特　载

长沙概览

大事记

中国共产党长沙市委员会

长沙市人民代表大会

长沙市人民政府

中国人民政治协商会议长沙市委员会

中共长沙市纪律检查委员会 长沙市监察委员会

民主党派·工商联

群众团体

法　治

军 事

经济管理

农 业

工业·建筑业

商贸服务业

金　融

旅 游

房地产业

交 通

经贸合作

开发区

湖南湘江新区

城市建设与管理

乡村振兴

生态环境

长株潭都市圈

科学技术

教　育

文　化

卫生健康

体　育

人民生活

应急管理

区县概况

人　物

附　录

索　引

Contents

特　载

FEATURE

编辑　陈晓红

长沙市开展党史学习教育纪实

2021年，长沙市深入学习贯彻习近平总书记关于党史学习教育的重要讲话指示精神，贯彻落实中央和省委部署，不断巩固拓展党史学习教育成果，弘扬伟大建党精神，传承红色基因，赓续红色血脉，为全面建设现代化新长沙汇聚力量。

一、深入学习贯彻习近平总书记重要论述，持续增强学党史、悟思想、办实事、开新局的自觉性主动性

在全党开展党史学习教育，是以习近平同志为核心的党中央，在中国共产党成立一百周年之际作出的重大战略决策。习近平总书记亲自谋划、亲自部署、亲自推进，发表一系列重要讲话，作出一系列重要论述，有力指导和推动党史学习教育开展。

（一）关于百年奋斗的历史价值

习近平总书记强调，在百年接续奋斗中，党带领全国人民开辟了伟大道路，建立伟大功业，铸就了伟大精神，创造了中华民族发展史、人类社会进步史上令人刮目相看的奇迹。强调党的历史是最生动、最有说服力的教科书，一切向前走，都不能忘记走过的路，走得再远，走到再光辉的未来，也不能忘记走过的过去，不能忘记为什么出发。鲜明指出要从党的百年奋斗重大成就和历史经验中，不断增长智慧、增进团结、增加信心、增强斗志。

（二）关于学习党史的根本目的

习近平总书记强调，要知史爱党、知史爱国，从党走过的风云激荡的历史中，从党开创和不断推进的伟大事业中，从党全心全意为人民服务的根本宗旨和长期实践中，深化对党的信赖、坚定对党的领导的信念。强调要用历史映照现实、远观未来，看清楚过去我们为什么能够成功、弄明白未来我们怎样才能继续成功，牢记中国共产党是什么、要干什么这个根本问题。鲜明指出要坚定历史自信，增强政治自觉，以史为鉴，开创未来，埋头苦干，勇毅前行。

（三）关于学习党史的基本要求

习近平总书记强调，学史明理就是要深刻领悟中国共产党为什么能、马克思主义为什么行、中国特色社会主义为什么好；学史增信就是要增强对马克思主义、共产主义的信仰，对中国特色社会主义的信念，对实现中华民族伟大复兴的信心；学史崇德就是要引导广大党员干部传承红色基因，涵养高尚的道德品质；学史力行就是要在锤炼党性上力行，在为民服务上力行，在推动发展上力行。鲜明指出要把学史明理、学史增信、学史崇德、学史力行贯通起来，切实做到学党史、悟思想、办实事、开新局。

（四）关于学习党史的着力点

习近平总书记强调，要进一步感悟思想伟力；进一步把握历史发展规律和大势；进一步深化对党的性质、宗旨的认识；进一步总结党的历史经验；进一步发扬革命精神；进一步增强党的团结和集中统一。鲜明指出要准确把握党的历史发展的主题主线、主流本质，弘扬伟大建党精神，赓续红色血脉，传承红色基因。

（五）关于学习党史的科学态度

习近平总书记强调，要树立正确党史观、大历史观，坚持用辩证唯物主义和历史唯物主义的观点，认识和把握党的历史。强调对党百年奋斗的伟大历程和重大成就，要从中国共产党以历史主动精神创造历史的政治高度进行概括。强调人民是历史的创造者，是真正的英雄。鲜明指出要从历史长河、时代大潮、全球风云中，分析演变机理，探究历史规律，提出英明的战略策略，增强工作的系统性、预见性、创造性。

习近平总书记关于党史学习教育的重要论述，贯通历史现实未来，贯穿信仰信念信心，把对党的历史认识提升到了新高度，为开展党史学习教育提供了根本指引，对巩固拓展党史学习教育成果具有重要指导意义。要深入学，结合学习贯彻中共十九届六中全会精神，结合习近平总书记对湖南重要讲话重要指示批示精神，学习领会核心要义、精神实质、丰富内涵、实践要求。要主动悟，继续聚焦明理、增信、崇德、力行持续发力，在勤思博学中感悟党史内在哲理，在学思践悟中坚定理想信念，在融会贯通中汲取奋进力量，在艰苦奋斗中扛起使命担当。要经常用，坚持学思用贯通、知信行统一，准确把握党的历史发展主题主线、主流本质，善于用党的历史映照现实、远观未来，奋力在新时代新征程上展现新气象新作为。

二、全面客观总结全市党史学习教育成效，推动成熟做法、有效措施固化成制度

党史学习教育开展以来，全市贯彻习近平总书记重要指示精神，全面落实党中央和省委决策部署，在省委第九巡回指导组的有力指导下，紧扣学史明理、学史增信、学史崇德、学史力行的要求，组织实施、周密部署安排，推动各项任务落实落地，取得系列重要成果。

（一）感悟思想伟力，筑牢了信仰之基

严格按照学党史和悟思想相统一的要求，把学习近平新时代中国特色社会主义思想作为根和魂，坚持领导领学、集体研学、潜心自学、全员竞学，引导全市党员干部在读原著、学原文、悟原理中，增强政治认同、思想认同、理论认同、情感认同。围绕习近平总书记“七一”重要讲话、中共十九届六中全会等内容，讲授主题党课、开展宣讲宣教、刊发理论文章，累计举行微宣讲万余场、红色宣讲报告会2500余场，覆盖1400万余人次。广大党员干部感悟了思想伟力、提升了理论素养，增强了用党的创新理论武装头脑、指导实践、推动工作的自觉性、坚定性。

（二）回望百年巨变，增进了历史自信

围绕庆祝中国共产党成立100周年，开设《奋斗百年路 启航新征程》等专题专栏，举办“大江大河交响季·百里画廊百年歌”等文化庆典活动，创作播出《一大代表毛泽东》《半条红军被》等红色精品。出台《关于加强新一届市委班子建设的决定》，新年上班第一天组织市“四大家”班子重温入党誓词，示范带动全市各级班子高举旗帜、紧跟核心。各级党组织通过开展主题党日、组织生活会、重温入党誓词等活动，经受了严格的党内政治生活锻炼。广大党员干部深化了对党百年奋斗的光辉历程、重大成就、历史意义、历史经验的认识，对以史为鉴、开创未来的理解更加深刻，历史自信得到切实增强，政治判断力、政治领悟力、政治执行力得到持续提升。

（三）办好民生实事，涵养了为民情怀

广泛开展“我为群众办实事”实践活动，建立完善民情反映、决策立项、责任落实、投入保障、监测评价等工作机制，全市实施办实事项目35万余个，完成8个省委常委会涉及长沙的项目、28个市委常委会办实事项目和176个全市办实事项目，湘雅医院、省儿童医院、长沙火车站等通过提质改造，周边环境焕然一新；实施湘府路大桥交通优化，疏堵保畅取得明显成效；新增义务教育学位5.7万个、医院床位2200个、车位18.7万个、改厕2.06万个，为既有多层住宅加装电梯1000余台，有效解决一批群众“急难愁盼”问题。开展信访维稳攻坚，特护期间均实现“三零”目标，办结信访积案3000余件。长沙连续十四年被评为“中国最具幸福感城市”。通过为民办实事活动，全市党员干部与老百姓走得更近、联系更紧密，宗旨意识树得更牢。

（四）续红色传承，汲取了奋进动力

发挥长沙红色资源丰富优势，开展“百年风华·走红长沙”红色文旅年活动，教育引导广大党员干部沿着当年毛主席在长沙的革命足迹，到新民学会旧址、湖南第一师范、中共湘区委员会旧址、秋收起义纪念馆等红色基地，接受党史教育，感悟精神谱系，深刻领会伟大建党精神的丰富内涵和时代意义。开展红色历史文化资源普查和红色资源保护，推动杨开慧故居、何叔衡故居等红色基地修缮改造。以红色基因涵养文明气质，“雷锋志愿者”注册人数逾100万人，创建全国文明典范城市取得积极成效。通过学习教育，广大党员干部干在实处、走在前列的干劲进一步激发，凝聚了建设现代化新长沙的强大精神力量。

（五）强化创新实干，谱写了发展新篇

将党史学习教育融入推进高质量发展、现代化长沙建设的生动实践，紧扣学习贯彻中共十九届六中全会精神、习近平总书记对湖南重要讲话重要指示批示精神以及省、市党代会精神，全面落实“三高四新”战略定位和使命任务，推动“三个高地”“四个中心”“双五”工程建设取得阶段性成效，长株潭一体化进入快车道，乡村振兴稳步实施；及时有效处置两轮输入性疫情，实现“四零”防控目标；优化营商环境，长沙被全国工商联评为营商环境全国十佳城市；创建国家食品安全示范城市，食品安全指标综合评价进入全国先进行列；被评为法治政府建设典范城市，连续三届捧回全国综治最高荣誉“长安杯”，创新实干成为岳麓山下的厚重底色、橘子洲头的时代强音，实现“十四五”规划良好开局。通过学习教育，广大党员干部更加清醒认识新的历史方位赋予的时代责任，进一步主动谋事，积极干事，努力成事，向着第二个百年奋斗目标迈进。

三、党史学习教育推进过程中，突出展现新时代鲜明特色的主要做法和体会

在党史学习教育推进过程中，在借鉴运用以往集中教

2021年7月9—10日，《半条红军被》在长沙梅溪湖国际文化艺术中心大剧院首演

市委宣传部 供图

育经验的基础上，突出展现新时代的鲜明特色，采取一些行之有效做法。

（一）必须坚持对标对表

深入学习贯彻习近平总书记关于党史学习教育的重要论述精神，把开展党史学习教育作为贯穿全年的重要政治任务，作为“党建六件大事”之一，对标看齐抓落实，牢牢把握党史学习教育动员大会、庆祝中国共产党成立100周年大会、中共十九届六中全会等重要时间节点，推动学习教育有序开展、步步深入。只有毫不动摇向党中央看齐、向习近平总书记看齐、向党的理论路线方针政策看齐，才能确保始终沿着正确的方向前进。

（二）必须坚持以上率下

一级带着一级学、一级做给一级看，是此次党史学习教育的鲜明特点。正是有了各级领导干部坚持“头雁引领”“头雁标准”，带头学习研讨，带头讲主题党课，带头宣传宣讲，带头办理民生实事，才有了学习教育的一贯到底。领导带头是带动广大党员干部跟进的无声力量，领导以身作则、以上率下，就能以“关键少数”示范带动“绝大多数”。

（三）必须坚持统筹推进

坚持全市一盘棋，突出主题带动、大事驱动、节点联动，既在深度上做文章，又在广泛上下功夫，既突出党员干部这个重点，又把握广大群众思想实际，确保规定动作不走样、自选动作有特色，提升了党史学习教育质量效果。只有坚持统筹谋划、系统集成，在具体推进中做到精准精细、协同协调，才能形成高标准、高质量、高水平的工作成果。

（四）必须坚持依靠群众

牢牢把握“党员受教育、群众得实惠”的定位，坚持开门教育，通过“民情大走访”、“屋场夜话”、市长信箱、“12345”政务热线等渠道，摸准民生需求，充分听取民意，并建立“民情收集、实事交办、督查督办”工作机制，引导党员干部把实事好事做在群众身边、做到群众眼前、做进群众心坎。只有时刻关注群众安危冷暖、“急难愁盼”，让老百姓过上好日子，真真切切感受到变化，群众才会认可你、拥护你、支持你。

（五）必须坚持守正创新

创造了“学好四本书、用好四大课堂”经验做法，打造“就认这个理·永远跟党走”宣讲品牌；绘制“长沙红色地图”，打造红色教育阵群，引导广大党员干部深入了解长沙这座“没有围墙的博物馆”，在致敬历史中传承红色基因，在崇尚模范中赓续精神血脉。加强理想信念教育必须坚持守正创新，把握时代脉搏，贴近现实生活，以生动活泼、群众喜闻乐见的形式增强吸引力、感染力。

（六）必须坚持学用结合

全市各级各部门力戒形式主义、官僚主义，把学习党史同总结经验、观照现实、促进发展、推动工作、解决问题结合起来，有效地把学习成果转化为了推动事业发展的实绩实效。只有弘扬理论联系实际的优良学风，提高运用科学理论指导应对重大挑战、抵御重大风险、克服重大阻力、解决重大矛盾的能力，才能赢得优势、赢得主动、赢得未来。

在总结成效和做法的同时，也要清醒看到存在的问题，主要是理论学习入脑入心、融会贯通不够，传承红色基因，汲取历史经验智慧解决现实问题还存在不足，为民办实事的长效机制还需不断完善。要高度重视，采取切实有效措施加以解决。

四、不断巩固拓展党史学习教育成果，凝聚全面建设现代化新长沙的强劲动力

党史学习教育永远在路上。要把党史学习教育融入日常、抓在经常，持续巩固拓展党史学习教育成果，不忘初心使命、勇于担当作为，满怀信心走好新的赶考之路。

（一）要始终强化政治建设，确保对党绝对忠诚

旗帜鲜明讲政治，是马克思主义政党的鲜明特征。巩固拓展学习教育成果，就是要始终把党的政治建设放在首位，在政治上过得硬、靠得住、强起来。要坚定政治立场。把“两个维护”作为最高政治原则，充分认识“两个确立”的决定性意义和“十个明确”的丰富内涵，不断增强政治判断力、政治领悟力、政治执行力，始终在思想上政治上行动上同以习近平同志为核心的党中央保持高度一致。要强化理论武装。始终把学懂弄通做实习近平新时代中国特色社会主义思想作为首要政治任务，持续加强各级党组织理论学习中心组集体学习、重点课题专题研讨，既注重从总体上把握思想，又分专题分领域深刻领会，既学习习近平总书记的思想方法，又学习习近平总书记的风范情怀，不断夯实信仰信念的思想根基。要抓好决策落实。时刻关注以习近平同志为核心的党中央在关心什么，强调什么，在提倡什么，反对什么，自觉与党中央对标对表，切实把党中央和省委决策部署落到实处。

（二）要始终强化为民宗旨，持续增进民生福祉

为中国人民谋幸福、为中华民族谋复兴是党的初心使命。巩固拓展学习教育成果，就是要感悟百年大党的深厚为民情怀，把践行人民至上作为价值追求，满足人民对美好生活的向往，不断增进民生福祉。要常怀为民之心。牢固树立正确的政绩观，敬畏历史、敬畏文化、敬畏生态，想问题、做决策、办事情都以群众拥不拥护、赞不赞成、高不高兴、答不答应作为根本标准，努力创造经得起历史、实践和人民检验的政绩。要常谋利民之策。把富民利民作为工作的出发点和落脚点，深入改革发展的第一线、社会治理的最前沿、城市建设的主战场，问计于民、问策于民、问需于民，使党作出的每个决策、每项工作，都能反映最

广大人民群众的意愿、符合最广大人民群众的利益。要常办惠民之事。聚焦群众关注的“急难愁盼”问题，多做一些贴心的服务，多办一些暖心的实事，多抓一些走心的建设，精准做好普惠性、基础性、兜底性民生工作，全力补齐民生短板，推动共同富裕取得实质性进展。

（三）要始终强化使命担当，不断开创发展新局

发展是第一要务，也是最大的实事。拓展学习教育成果，就是要强化使命担当，发扬奋斗精神，以强烈的发展使命感和历史责任感，全面落实“三高四新”战略定位和使命任务，实施强省会战略，建设现代化新长沙。要强化“进”的斗志。打造“四个中心”、创建国家中心城市，必须树立世界眼光和全球思维，自觉定位一流，以“跳起来摘桃子”的决心和志气，与最优者“对标”、与最强者“比拼”、与最快者“赛跑”，奋力在全球创特色、在全国争先进、在区域做示范、在全省当标杆。要激发“闯”的干劲。闯出高质量发展新路子，按部就班、墨守成规不行，亦步亦趋、小闯小试也不行，得过且过、不思进取更不行，必须拿出“只为干成想办法，不为困难找借口”的担当，大胆的试、勇敢地闯，推动全市思想大解放、观念大转变、改革大攻坚，闯出一片新天地，干出一个新未来。要保持“稳”的态势。坚持稳字当头，推动发展指标稳，促进社会大局稳。要树牢底线思维，增强忧患意识，发扬斗争精神，提升见微知著的洞察力、应对复杂局面的驾驭力，做到应对准备在平时，发挥作用在战时，有效防范疫情防控、政府债务、安全生产、社会治安、意识形态等各领域风险挑战，全力维护大局稳定，不断在危机中育先机、于变局中开新局。

（四）要始终强化革命传承，弘扬伟大建党精神

伟大建党精神和光荣传统是中华民族的宝贵精神财富，是激励各族人民奋勇前进的强大精神动力。巩固拓展学习教育成果，就是要把百年党史作为最生动、最有说服力的教材，继续弘扬光荣传统、赓续红色血脉，凝聚奋进伟力。要持续深化“四史”教育。坚持把“四史”学习教育，融入党的组织生活、融入干部培训体系、融入各类学校教育、融入社会宣传教育，引导广大干部群众树立正确党史观，避免历史虚无主义，坚定历史自信，满怀信心走好新时代长征路。要大力挖掘红色资源。充分挖掘长沙“十步之内必有芳草”的红色资源，保护和发挥革命旧址、遗址遗存、纪念场馆等红色资源的重要价值，把红色传统发扬好，把红色基因传承好，引导党员干部增强历史自信。要切实加强建党精神阐释。深入研究百年党史中以伟大建党精神为源头的精神谱系，提炼好、诠释好与长沙密切相关的革命精神，引导广大党员干部发扬优良传统，在赓续精神血脉中激发昂扬斗志，保持越是艰险越向前的英雄气概，在新征程上展现新气象，实现新作为。

（五）要始终强化自我革命，纵深推进管党治党

勇于自我革命是中国共产党区别于其他政党最鲜明的政治品质。巩固拓展学习教育成果，就是要把持续推进自我革命，结合“党建聚合力”工程和“清廉长沙”建设，以永远在路上的执着和韧劲推动全面从严治党。要严明管党责任。落实党委主体责任，一把手“第一责任”和班子成员“一岗双责”，拧紧责任链条，层层传导压力，坚持纵向到底、横向到边，形成失责必问、问责必严的责任追究体系。要严肃正风肃纪。始终保持“赶考”的清醒，坚定推进反腐败斗争，一体推进不敢腐、不能腐、不想腐；严格落实中央八项规定及其实施细则精神，力戒形式主义、官僚主义，持续转作风、治歪风、树新风，持续巩固风清气正的政治生态。要严格政治生活。保持正视问题的自觉和刀刃向内的勇气，用好批评和自我批评的武器，高质量开好党史学习教育专题民主生活会，主动检视自我、打扫政治灰尘，不断增强自我净化、自我完善、自我革新、自我提高的能力。

（齐治熊）

长沙市营商环境优化推进纪实

2021年，长沙市贯彻落实中央、省关于优化营商环境系列决策部署，全面贯彻执行《优化营商环境条例》《湖南省优化营商环境攻坚行动方案》，坚持以深化改革求突破，以创新举措助发展，聚焦服务“三高四新”战略实施，通过与最优者“对标”、与最强者“比拼”、与最快者“赛跑”，以“双对标”“指标长”为抓手，以市场主体和人民群众的期盼和感受为出发点，围绕市场主体全生命周期、全过程、全方位加强顶层设计、推进改革创新、提升服务效能，在公平普惠服务的基础上积极营造特色化差异化服务生态，进一步呈现“多快好省”的营商成效、营造“投资中部、看好长沙”的营商口碑、打造雷锋家乡长沙“对市场主体和办事群众像春天一样温暖”的营

商品牌，推进全市营商环境持续优化。

一、推动政务服务优质高效

（一）简政放权不断深化

继续下放61项市级权限，推动不动产业务全面下沉至内五区办理，赋予园区全链条闭环管理权限168项。推进41项市级配套权限同步下放，200余项已下放区县（园区）权限同步覆盖自贸区，推动实现“行政审批不出区”。

（二）“一件事一次办”持续深入

403件高频政务服务事项实现“一件事一次办”，共办理“一件事”事项1800万余件。打造自贸区“一件事一次办”极简审批专区，推出25项高频事项极简审批和80项特色“一件事”套餐。与北京朝阳区、贵阳市、南昌市、武汉市以及株洲市、湘潭市等8个省13个市（区）达成“跨域通办”合作共识，线上开通专区，线下开设专窗，按照“全程网办、异地代收代办、多地联办”3种模式推进长江经济带和长株潭都市圈跨域通办，累计产生跨域办件20万余件。

（三）数据融合加速推进

累计归集143.6亿条政务数据，数据接口调用总次数为100.7亿次，数据库表交换约44.8亿条数据。归集证照291万份，梳理证照目录968类，通过一体化平台纸质证照和电子证照实时同步出证的达66类。

（四）“网上办”服务不断优化

持续优化完善全市“一网道办”系统平台，实现市、县（市、区）、乡镇（街道）和村（社区）四级全覆盖。强化政务数据资源互联互通，网上政务服务办理深度三级（含三级）以上事项比例90%。

（五）“移动办”能力有效提升

“我的长沙”App已接入各类服务2319项，上线438项全程网办事项，注册用户量579万户，县（市、区）、园区专区全面建成。

（六）帮代办服务模式不断创新

印发《长沙市政务服务大厅帮（代）办服务制度》《长沙市工程建设项目帮（代）办服务工作实施细则》，按照“一窗受理、一单指导、一流服务”的“三位一体”模式，全方位构建政务服务“帮代办”体系。

（七）政务服务多渠道延伸

在村（社区）实行错时服务和周末、节假日轮流值班制度，实现群众办事就近能办、多点可办、假日能办。构建市、区、园区三位一体自助服务体系，实现政务服务由“5×8”到“7×24”全天候延伸。不断优化市政务大厅整体布局，增设政务公开专区、群众休憩区、图书阅览区，引进自助免费复印打印机等便民设备，开设老年人、残疾人办事绿色通道，完善适老化服务体系建设。政务监督不断强化。实现“12345”“一号对外”，创新开展领导接听日活动，建立社会监督员制度，健全完善热线诉求受办、督查考核机制，探索实施“未诉先办”，全年办理群众诉求320万余件，占全省总量的49.2%，日均处理9000余件，在线办结率72.6%，回访满意度96.6%，连续六年在第三方评估中位列全国省会城市前十位。

（八）通关服务便捷增效

推动提前申报、两步申报、先验放后检测、汇总缴税、市场采购易货贸易通关一体化、铁路快速通关和出口直装等诸多便利化通关改革试点，全市出口提前申报应用率由2020年的47%突破至80%，平均进出口整体通关时间分别为43.51小时和1.07小时，与2017年基数相比进出口压缩比分别为85.9%、95.9%。压缩海关进出口环节监管证件至41种，全部实现在国际贸易“单一窗口”受理，实现电子签发、自助打印。实施长沙单一窗口地方特色应用项目建设，建立口岸通关时效评估机制，跨境电商公共申报通道处理能力提升80倍、水运集装箱卸船信息交互效率提升60倍、中欧班列出口整体通关时效压缩95%。

二、推动市场准入宽松便捷

（一）市场准入持续放宽

试行企业住所集中登记制度，推行商事主体住所（经营场所）申报登记承诺制改革，全面推行许可告知承诺和“容缺受理”模式，实施行业综合许可登记改革，打造证照联办模板，改革后精简材料85.5%，压缩时限65.5%，跑动次数减少71.8%。将银行预约开户、住房公积金缴存登记纳入企业开办环节，推出“1+N”自选套餐服务，单一环节分时分段办理实现“全程网办、现场即办”，企业登记全程电子化办件率84%。截至2021年12月底，全市实有市场主体137.22万户，比2020年增长13.76%，新成立外资企业615家，比2020年增长42.69%，A股上市企业78家，全市注销市场主体10.63万户，比2020年增长18.62%。

（二）项目审批持续优化

审批事项由71项精减至41项，减少或合并事项占总数的42%，全流程总审批时限由改革前约230个工作日压减至75~36个工作日以内，全流程提交申报材料由320项压减至178项，减少约44%。探索“我要开工”办理建筑许可“一件事一次办”，针对社会投资低风险工业类项目，在立项用地规划许可、工程建设许可、施工许可阶段实现一套材料、一次申报、一窗受理、并联审批、依次出证。探索分阶段核发施工许可证，建设单位可根据施工进展分两个阶段申请办理施工许可证。建立“长沙市预拌混凝土与检测监管服务系统”，建立健全工程风险保障机制，全面推广质量潜在缺陷保险，并建立基于住宅工程质量潜在保险的差异化监管制度，探索实施“全生命周期”审批监管。将城镇老旧小区改造建设项目（不涉及用地审批）、既有住宅加装电梯纳入工改范围，并制定相关审批指南和审批流程图，同时发布四类典型工程代表案例项目（仓储类、工业类、政府投资房建类、社会投资房建类）审批事项清单。

（三）要素获取持续便捷

水、电、气报装业务系统实现与市工改系统对接，并联审批并通过微信、官网等开通线上报装服务，实现线上线下可办；推进与政务数据联通共享，推动报装服务“零证办”“刷脸办”。外线工程报装全面实现并联审批、承诺备案、一件事一次办。改革获得用水业务管控模式，实现用水报装、现场踏勘、供水方案设计、工程预算编制、现场施工等流程环节一站式办理；推行用水报装“四零”服务模式（零跑腿、零资料、零审批、零费用），办理流程压缩至2个环节、3个工作日。实施“630攻坚”，供电可靠性提升至99.94%，用户年平均停电时间比2020年下降21.81%；试点推行“三零”客户“一日接电”服务，低压电力接入工程200米以内占掘路工程免审批；提升低压接入容量标准，延伸电网投资界面，降低客户成本3.22亿元。用气报装流程压缩至2个环节、4份材料，简易工程时间压缩至5天，标准化工程压缩至13天；通过各项惠企措施，实现燃气工程安装费为全国最低。

三、推动运营成本持续降低

（一）持续减税降费

全年全市累计新增减税降费131.21亿元，其中：新出台的政策减税降费59.22亿元，展期实施政策减税降费64.23亿元；翘尾新增减税降费4.44亿元；社保降费共3.32亿元。设立口岸专项资金，免除查验没有问题的查验费用、对口岸部分经营性服务收费实施政府购买服务；开发操作系统免费提供企业使用，为跨境贸易生态圈企业节约软件开发和技术维护成本上千万元。政府采购首推零成本投标，取消政府采购项目投标保证金及履约保证金，免收采购文件费用，建立政府采购预付款制度。对1772家转供电单位进行检查，551家单位电价违法，立案调查14家，责令退还电费2019.54万元，罚没70.85万元。

（二）升级交易平台

工程建设交易系统实现投标人在线提出异议和招标人在线作出答复功能、电子合同在线签署、工程量清单电子辅助清标功能；政府采购交易系统完善了范本内容、功能模块、评标回退流程机制、在线投诉等，各类公共资源交易项目全流程电子化。全面推行投标保函电子化，电子投标保证保险费率由0.8%下调至0.6%，单笔最低保费收费由1000元下调至500元，市场主体采用电子保函、保险保单方式提交投标保证金占比100%。搭建政府采购合同线上融资平台，发放融资贷款额度3.32亿元。建立全市统一的网上中介超市平台，入驻审批事项94个，中介机构超千家，平台自上线以来共发布采购公告5800余个，交易合同总金额超6500万元。

（三）优化融资服务

扩大银税互动范围，由纳税信用A、B级扩大至M级企业，全市发放“银税互动”贷款325.16亿元，惠及纳税人18.73万户。创新“长沙金融服务节”服务模式，组织开展“百名行长进百企”系列活动，面对面“揽收”企业需求、点对点“定制”企业金融服务，累计为企业授信超29亿元。完善知识产权质押融资贴息、保险和担保补助政策，全年知识产权质押融资122笔，质押金额22.88亿元。推动动产担保统一登记和应收账款融资，截至2021年12月底，长沙辖内动产登记累计45.7万笔、占全省96.8%，查询量175.28万笔、占全省74.87%；全市企业通过应收账款融资服务平台共实现线上融资30.59亿元，其中中小微企业融资27.81亿元。推进“信易贷”，开发和推广面向中小微企业的信用融资产品超过70个，截至2021年12月底，全市金融机构信用贷款余额5031.5亿元，较年初新增835.1亿元。建设长沙市金融专题库及金融大数据服务开放平台，入驻银行机构42家，发布融资产品170个。转型组建市级融资担保公司——长沙市长财融资担保有限公司，加快推进银担“总对总”“抵押快担”和供应链金融等批量业务的落地。

（四）加强用工服务

出台乡村振兴“1+13”政策体系和自贸区人才政策，高端产业人才倍增行动计划全面启动。简化高校毕业生求职就业手续，举办线上线下招聘280余场，“311”就业援助服务覆盖10万余人。派出29支援企招工小分队各渠道带动企业招聘3万余人，举办全省118个产业工人培养基地与蓝思科技等企业劳务对接活动。搭建用工供需对接平台，累计发布企业岗位信息30万个。搭建职称在线核验平台，实现专业技术人才职称信息跨地区在线核验。在全市重点企业、行业协会建立劳动关系预警监测点254个，强化对劳动风险监测预警和分析处置。落实农民工保证金差异化缴存，探索搭建保证金线上办理平台，联合建行推动安心务工平台建设。

四、推进法治保障有效有力

（一）加强权益保护

获批国家海外知识产权纠纷应对指导中心长沙分中心，组建海外维权专家库，设立自贸区经贸摩擦预警点，建立市场采购风险补偿金机制，为外向型企业“走出去”提供支持。建立涉企重大案件报告制度，实行“先评估、后启动”。在全国率先非特区城市启动知识产权全领域地方立法。

（二）提速案件办理

全市法院实现网上立案和网上缴费，在全国首创“闪信+”送达方式，实现涉企案件诉讼事项即时送达；通过移动微法院、湖南法院诉讼服务网等平台提供网上立案、跨域立案服务；建立繁简分流、简案快办机制，2021年审理速裁案件76347件，平均审理期限仅26.7天，诉前调解成功案件57205件，诉中调解成功案件3832件，简易程序适用率91.72%。建立健全管理人考核、管理人报酬确定和支付、破产费用资金使用等制度，开展破产积案清理专项行动，受理申请破产案件数949件，较2020年增长537%。

（三）强化纠纷调解

开展“四联四访”活动，化解涉企矛盾纠纷3600余起。开展商会调解工作，设立6个商会调解工作站，聘请12名调解员，为民营企业纠纷的多元化解搭建平台，2021年各调解工作站共受理案件1437件，调解结案758件，调解率52.7%，涉案金额2亿余元。建立劳动纠纷“一站式”多元化解联动处置机制，实现矛盾纠纷化解“一站式”管理、“一窗式”办理、“一条龙”处理。

五、推进涉企服务贴心周到

（一）创新服务模式

全面落实县（市、区）、园区惠企政策服务专员和就近办责任人名单在长沙扶持通予以公布，建立涉企政策在长沙扶持通公开征求意见工作机制，累积向8万余家企业推送最新政策36万余条次。出台《长沙市推进惠企政策“一件事一次办”工作实施方案（试行）》，推进惠企政策兑现“一件事一次办”和“免申即享”改革，组建惠企政策兑现专窗，920余条政策条款实现“一次告知、一次表单、一次联办、一次办好”，173条实现“免申即享”，“免申即享”兑现金额逾1.68亿元。聚焦税收优惠、降本增效、资金奖补、金融支持、要素保障等企业关注重点领域，对民营企业优惠政策落实情况开展政策评估工作。定期动态更新惠企政策清单并开展上门服务、电子推送、平台展示等推广。建立“一对一”送“服务包”常态化工作机制，形成“总管家”“服务管家”“服务专员”“对接专员”“联络员”五位一体的常态化工作模式。

（二）拓宽沟通渠道

召开长沙民营企业家座谈会，组织民营企业家列席市委全会暨经济工作会议，建立市委统战部、市工商联联系商协会制度。组织企业服务专员开展一对一上门服务，共走访企业1666家，收集问题或建议428个。出台《长沙市营商环境投诉举报暂行办法》，营商环境投诉举报专线全年办结投诉举报6869件。将每年11月1日确定为“企业家日”，发布企业践行“三高四新”战略百强榜单，集中表彰和宣传一批典型企业和企业家。开展12期“长沙营商课堂”培训，现场培训全市营商环境工作骨干及市场主体近2000人次。经理进修学院共举办6期培训，培训学员501人次。完成营商环境特约监督员和监测点换届工作。

（郭洪汝）

长沙市乡村振兴工作纪实

2021年，长沙市启动建设乡村振兴示范市，实现乡村振兴示范市建设的良好开局。第一产业增加值增速9.1%，排名全国省会城市第一位。特色千亿元产业发展等工作获省政府督查激励，农业行政执法、高标准农田建设等经验获农业农村部、省农业农村厅典型推介，美丽宜居村庄建设、特色农业产业发展、乡村人才队伍建设等成效在《人民日报》、新华社、中央电视台、《农民日报》等中央媒体报道。

一、突出示范创建，提升乡村规划布局

在同类城市中率先完成乡村振兴的顶层设计，下好“先手棋”。强化规划引领。出台《长沙市建设乡村振兴示范市规划纲要（2021—2025）》和七大专项行动方案，组织乡村振兴示范创建乡镇规划比选，督促各县（市、区）和乡镇完成乡村振兴规划编制，形成全域乡村振兴“一张图”。强化政策支撑。牵头制定《关于建设乡村振兴示范市加快农业农村现代化的实施意见》《推进现代农业高质量高水平发展若干政策》《全域推进美丽宜居村庄建设实施办法》等政策文件，建立完善的扶持政策体系。强化指导帮扶。21名市领导联点21个乡镇开展乡村振兴示范创建，组建21个市级工作队驻镇帮扶，选派420支工作队驻村联点帮扶，387个村被认定为全省乡村振兴示范村，构建市、县、乡、村四级联动的乡村振兴示范创建格局。

二、突出高质高效，提升乡村产业质量

按照高质量发展要求，推进农业供给侧结构性改革。提升综合产能。建成高标准农田1.46万公顷，粮食产量

216.04 万吨，比 2020 年增加 4.26 万吨，单产达近 10 年最高水平。加快恢复生猪生产，超额完成生猪存出栏任务。建成农产品质量安全追溯体系，农产品检测合格率 99.7%。提升科技实力。加快推进岳麓山种业创新中心建设，引进首批国家技术创新中心——国家耐盐碱水稻技术创新中心。智慧智能农机研发中心挂牌运行，建成全国首个双季稻“无人农场”，水稻耕种收综合机械化率 83.5%。提升产业质量。新建成年出栏万头以上规模养殖场 20 家，新增设施蔬菜大棚面积 120.9 万平方米，名特优水产品占比超过 50%，新增国家级农业龙头企业 4 家，总数 14 家，占全省六分之一。提升品牌影响。加快发展“一县一特”“一乡一品”，铺排“一县一特”重点项目 121 个，在中央电视台、《农民日报》、湖南卫视等平台开展长沙农业品牌宣传，进一步打响长沙绿茶、宁乡花猪、浏阳油茶、望城蔬菜、小龙虾和花卉苗木六大特色农业产业品牌。提升融合水平。新增省级特色产业小镇 2 个、产业强镇 1 个、全国乡村旅游重点镇 1 个，特色小镇总数 24 个，农产品加工业产值超过 2900 亿元，占全省五分之一。

2021 年 4 月 11 日，全国首个水稻双季稻无人耕种农场在长沙市望城区投入试验运行

长沙市农业农村局　供图

三、突出美丽宜居，提升乡村建设标准

坚持以小切口推进大战略，全面改善农村生产、生活、生态环境。全面建设美丽宜居村庄。坚持共商、共建、共治、共享，动员群众筹资筹料 9.5 亿元，建设美丽宜居村庄 924 个，惠及 50 万余名农村居民，获国家乡村振兴局领导肯定，获《农民日报》报道，省乡村振兴局向全省推介。全面提升农村人居环境。全面完成农村“厕所革命”任务，累计改造无害化厕所 87.5 万座，在全省率先实现户用无害化厕所全覆盖。健全垃圾分类减量长效机制，农村生活垃圾分类覆盖率 100%、减量率 60%。全面推进农村绿色发展。坚决落实“十年禁渔”，牵头建立长株潭联合执法机制，启动“智慧渔政”监管平台，开展联合巡查、执法行动 628 次，查办涉渔行政处罚案件 219 件，劝离垂钓人员 2.2 万人次，获新华社专题报道推介。强化农业面源污染防控，完成受污染耕地安全利用任务，农作物秸秆综合利用率 91%，畜禽粪污资源化利用率 93%。

四、突出改革创新，提升乡村发展活力

坚持以改革思维破解发展难题，以创新举措拓宽发展路径。创新农村建房管理制度。在各乡镇（街道）建立一窗口受理、多部门联动的联审联办机制，在每个村设立 1 名协管员，2021 年审批新建农房 8061 宗 119.76 公顷，做到逢建必审，有效遏制农村违规建房增量。实施品质农房建设行动，农房设计推荐图集推广率 100%、采用率 40%。创新乡村人才培育机制。在全国率先出台系统性的乡村产业人才认定扶持政策体系，认定首批农业领域高层次人才 46 人、新型职业农民 1971 人、乡村工匠 661 人，让近万名乡村人才有了新的职业认同感。创新农村金融服务。与中国农业银行湖南省分行合作搭建长沙市农村综合金融服务平台，为涉农中小微企业、新型农业经营主体提供授信额度 300 亿元。创新乡村治理模式。推广长沙县“党建 + 五零”、望城区“党建 + 乡贤”、浏阳市“党建 + 微网格”、宁乡市“道德积分”等乡村治理新模式，新增全国乡村治理示范镇 1 个、示范村 4 个。

五、突出共同富裕，提升脱贫攻坚成果

坚持以实现共同富裕为根本目标，加快推动脱贫攻坚同乡村振兴有效衔接。坚决防止返贫。健全完善常态监测帮扶机制，对脱贫不稳定户、边缘易致贫户、突发严重困难户实施动态监测、分类帮扶、精准救助，全年未发生一例返贫致贫现象，省实施乡村振兴战略实地抽查给予“有力度、有高度、有强度、有精准”的评价。加强对口帮扶。落实龙山县等 6 个重点县帮扶资金 3.55 亿元，推动湘赣边区域合作示范区建设取得实质进展。发展集体经济。全市 950 个村级集体经济组织收入全部超过 20 万元，提前一年完成三年行动任务，村平均收入 128 万元。促进农民增收。农村居民人均可支配收入 38195 元，排名全国省会城市第二位，城乡居民收入差距缩小至 1.62 ∶ 1，在全国省会城市中城乡收入差距最小。　（范朝朝）

长沙市产业项目建设推进纪实

2021年，长沙市坚持抬高坐标、创新实干，推进项目建设，实现一批量大质优的好项目开工落地、投产达效，为全市经济高质量发展注入动力。

一、重大项目投资计划超额完成

全年全市1575个重大项目累计完成投资5004.5亿元（数据来源于重大项目信息系统，下同），占年度计划的127.8%，比2020年同期增长2.6个百分点。全年423个重大项目竣工，一批项目加速建设甚至投产达效，为社会经济发展提供动力，提升了城市品质和群众获得感。

二、"五个十大"工程扎实有效

"五个十大"工程整体超额完成年度投资目标，十大产业项目、十大技术攻关项目、十大基础设施项目、十大公共服务设施项目，年度预估投资458.1亿元，全年累计完成投资602.6亿元，综合投资完成率131.5%（十大民生实事项目全年综合完成率112.9%）。其中，十大产业项目年度预估投资207.9亿元，全年累计完成投资291.6亿元，占年度计划的140.2%。十大技术攻关项目年度预估投资5.61亿元，全年累计完成投资5.7亿元，占年度计划的101.7%。十大基础设施项目年度预估投资249.7亿元，全年累计完成投资288.2亿元，占年度计划的125.4%。十大公共服务设施项目年度预估投资14.7亿元（不含长沙市国际体育中心项目），全年累计完成投资17.1亿元，占年度计划的116.5%。十大民生实事项目，全年综合完成进度为112.9%。

三、"三高四新"战略产业项目成效显著

长沙市负责的省"三高四新"战略产业项目建设推进有力，获省政府2021年度真抓实干成效显著地区表彰激励。全年30个（含子项32个）在长沙的省重大产业支撑项目累计完成投资534.5亿元，占年度计划的157.9%。39个在长沙的省科技创新攻关项目累计完成投资19.67亿元，占年度计划的118.1%；完成研发投入11.7亿元，占年度计划的128.3%。24个在长沙省产品创新强基项目，累计完成投资19.48亿元，占年度计划的132.32%，累计实现销售收入50.97亿元，占年度计划的206.36%。新引进"三类500强"项目65个，总投资830.21亿元，其中世界500强项目39个；56个项目已完成工商注册，完成省里下达注册"三类500强"企业26家任务的215.4%。引进关键人才初步摸底有76人，择优选定40名上报，推荐人数位列全省第一位。

四、市级领导联点及产业链项目推进有力

2021年，100个市级领导联点的项目预估总投资6675亿元，年度计划投资1029.2亿元，全年累计完成投资1335.1亿元，占年度计划的129.7%。轨道交通6号线、长沙黄花机场改扩建工程（机场工程）等29个项目完成投资额较高，均在10亿元以上。全市377个产业链重大项目年度计划投资941.5亿元，全年累计完成投资1220.2亿元，占年度计划的129.6%。

五、长株潭一体化建设项目进展顺利

在长沙的省长株潭一体化三十大标志工程推进顺利，2021年，涉及长沙的22个工程完成投资472.2亿元，占年度计划的108%，完成投资在三十大标志工程中占比达到84.5%。全市推进长株潭一体化发展任务清单中的重点事项、重点任务推进有力，重点任务专项组调度的184个重点项目年度预估投资1124亿元，全年完成投资1305.9亿元，完成年度计划的116.2%；46个重点事项均完成计划任务。

六、省重点项目建设质效明显

2021年涉及长沙市的省重点建设项目87个（按子项目计100个），截至2021年12月底，累计完成投资1214.78亿元，为年度计划的133.17%，超序时进度33.17个百分点。完成投资额占全省总额的21%，是全省贡献率最高、优秀省重点项目最多的市州。山河工业城三期工程项目、三一智联重卡零部件和工程机械扩产项目、望城5G智能终端、马栏山视频文创产业园、中联智慧产业城等16个省领导联点项目推进有力，累计完成投资347.62亿元，占年度计划的130.94%，超额完成年度任务目标，在推动全省重点项目建设中发挥了示范带动作用。

（郭洪汝）

长沙概览

OVERVIEW OF CHANGSHA

编辑　陈晓红

自然环境

【区域位置】 长沙市为湖南省省会，是湖南省政治、经济、文化、交通、科技、金融、信息中心。位于湖南省东部偏北，湘江下游和长浏盆地西缘。地域范围为北纬27° 51′ ~ 28° 40′、东经111° 53′ ~ 114° 15′。东邻江西省宜春市和萍乡市，南接株洲、湘潭两市，西连娄底、益阳两市，北抵岳阳、益阳两市。东西长约230千米，南北宽约88千米。2021年，全市土地面积11815.96平方千米，其中，市区面积2150.9平方千米，建成区面积572平方千米。

【地质地貌】 长沙总体地质特征是：地层出露齐全，花岗岩体广布，地质构造复杂，矿产资源丰富。各个地质历史时期的地层在长沙市均有出露，最古老的地层大约是10亿年以前形成的。总体地貌特征是：地势起伏较大，地貌类型多样，地表水系发达。长沙的东北是幕阜—罗霄山系的北段，西北是雪峰山余脉的东缘，中部是长衡丘陵盆地向洞庭湖平原过渡地带。东北、西北两端山地环绕，地势相对高峻，中部递降趋于平缓，略似马鞍形，南部丘岗起伏，北部平坦开阔，地势由南向北倾斜，形如一个向北开口的漏斗。长沙城区为多级阶地组成的坡度较缓的平岗地带，地势南高北低，湘江由南向北流经中部，贯穿市区，江中的橘子洲长5千米。湘江两岸形成地势低平的冲积平原，其东西侧及东南面为地势较高的低山、丘陵。东有属于湘赣边雁阵式山系的大围山，海拔0.8千米以上山峰有50余座，其主峰七星岭，海拔1.61千米，为全市最高处；西有海拔0.8千米以上的山峰13座，望城区乔口湛湖的海拔23.5米，为全市最低点。

【水文】 长沙水系完整，河网密布；水量较多，水能资源丰富；冬不结冰，含沙量少。长沙市的河流大都属湘江水系，支流河长5千米以上的有302条，其中湘江流域289条。湘江自湘潭昭山流经长沙县西南边境，然后由南向北纵贯市区，经望城区乔口出境。经过市境的长度有74千米，其间流入湘江的支流有15条，其中较大的有浏阳河、捞刀河、靳江、沩水。年平均地表径流量82.65亿立方米，径流深550~850毫米。湘江流经长沙市的常年径流量年均692.5亿立方米，全年可通航。全市水能蕴藏量24.53万千瓦，地下水总储量9.35亿立方米/年。

【气候】 长沙地处中国东南部，属亚热带季风气候。由于位居盆地内部，且距海较远，受冬夏季风转换、地势向北倾斜等因素的影响，春温变化大，夏初雨水多，伏秋高温久，冬季严寒少。长沙市气候有两个主要特征：1. 水热充足，生长期长。热量条件比较优越，降水多集中在春夏两季，多雨期与高温期一致，生长期长，对农业生产有利。2. 气候温和，四季分明，夏冬季长，春秋季短。春季从3月中旬到5月中下旬，为期约70天，其间气温升高很快，对春播有利。春季天气阴雨潮湿，降水量占全年的40%以上。夏季从5月中下旬到9月下旬，为期约130天。夏季温高暑热，常连晴数日，骄阳似火，蒸发强盛，在降雨集中期易发生洪涝灾害。秋季从9月下旬到11月中旬，近60天，是全年最短的一季。冬季从11月下旬到次年3月上旬，为期3个半月，月平均气温在6.1℃，气候较湿冷，降雪较少，有时会发生冰冻天气，冬季降水量仅占全年的16%，是一年中降水量最少的季节。

2021年，长沙气温异常偏高，年平均气温18.9℃，创历史新高。秋季气温异常偏高，为历史最高值；冬季气温显著偏高，为历史第五高值；春夏季气温偏高。2月、9月气温为历史最高值。雨水正常，年平均降水量1390.8毫米，春季雨水充足、秋季降水偏少、夏冬正常。1月降水创历史最少纪录。雨季开始时间早，但结束不明显；极端局地强对流过程出现次数多，共出现17次暴雨过程。日照充足，年日照时数1553.1小时，春夏日照偏少，春季创历史最少纪录；秋冬季偏多。2021年长沙主要天气气候事件有春季连阴雨、倒春寒、五月低温、雷暴大风、冰雹、暴雨、洪涝、高温热害、秋季干旱、寒潮、低温雨雪冰冻、暴雪、大雾等，给农业生产和人民生活带来一定影响，总体来说，全年为气象灾害偏轻年份。

连阴雨　2021年春季阴雨寡照、连阴雨过程频发，日照总时数176.3小时，较常年同期显著偏少152.7小时，创春季历史新低，日照百分率仅15%，3—5月全市都有连阴雨天气：3月5—11日长沙、长沙县、浏阳连续7天出现降水，且无日照，达到“轻度连阴雨”标准；15—21日，宁乡、长沙、长沙县连续7天出现降水，且无日照，达到“轻度连阴雨”标准。4月1—8日浏阳连续8天出现降水，且无日照，达到“轻度连阴雨”标准；10—19日宁乡连续10天出现降水，且无日照，达到“中度连阴雨”标准；5—19日长沙连续15天出现降水，10—22日长沙县连续13天出现降水，达到“重度连阴雨”标准。5月21—29日长沙、长沙县连续9天出现降水，达到“轻度连阴雨”标准；16—26日宁乡连续11天出现降水，达到“中度连阴雨”标准；16—29日浏阳连续14天出现降水，达到“重度连阴雨”标准。

高温日数　2021年各地≥35℃的高温日数为62（宁乡）~77天（长沙），较历年偏多30.5（浏阳）~51.9天（长沙），均突破历史极值，创历史最多；全年≥37℃的高温日数为8（浏阳）~23（长沙）天，较历年偏多0（浏阳）~16.8天（长沙），其中长沙23天、宁乡18天，均为历史第三多，长沙县 17 天为历史第五多，浏阳与历史同期持平。9 月全市高温日数为 15（长沙县）~ 17 天（长沙），为历史同期最多。2021 年第一个高温日为 5 月 1 日，最后一个高温日为 10 月 5 日，极端最高气温 40℃（8 月 1 日），9—10 月极端最高气温均突破历史极值（9 月 26 日 39.1℃、10 月 5 日 37.8℃）。2021 年长沙地区高温天气主要表现出高温持续时间长、结束时间晚、极端最高气温高等特点。

倒春寒　4 月上旬，全市平均气温 13.4℃，较历年同期偏低 2.2℃，且低于 3 月下旬平均气温，达到轻度倒春寒标准；宁乡、长沙县上旬平均气温 13.2℃，较历年同期分别偏低 2.1℃、2.5℃，均达到轻度倒春寒标准。4 月全市平均雨日 24.2 天，较常年偏多 7 天，温度偏低 1.1℃，光照异常偏少，对双季早稻育秧及秧苗素质有一定影响，并导致早稻移栽结束时间比 2020 年推迟。

五月低温　5 月阴雨寡照，降水偏多，特别是 5 月中旬平均降水量 200.3 毫米，为历史最多，长沙、长沙县、浏阳均达到“轻度洪涝”标准。长沙各地出现不同程度的“五月低温”。5 月 17—22 日，浏阳连续 6 天日平均气温≤ 20℃，达到轻度“五月低温”标准；17—23 日，宁乡、长沙、长沙县连续 7 天日平均气温≤ 20℃，达到中度“五月低温”标准。

雷暴大风　2021 年出现 14 次雷暴大风，主要发生在夏季和秋季，其中 7 月和 9 月居多，均为 4 次。年内出现 3 次冰雹过程，发生在 3 月 30 日、31 日，5 月 10 日。年内出现 8 次偏北大风过程，分别出现在 10 月 10—13 日，11 月 7 日、21 日，12 月 16 日、26 日。

暴雪、低温雨雪冰冻　1 月 6—7 日，全市大部分地区出现雨夹雪或雪，最低气温降至 -1℃左右。12 月 25 日晚至 27 日，全市大部分地区暴雪，降雪量 10~18 毫米，最大积雪深度中西部 11~15 厘米、浏阳 5 厘米。12 月 26—28 日全市冰冻天气维持，全市连续冰冻日数达 3 天，达到轻度冰冻标准。（卢晓晴）

【自然资源】　长沙地下矿藏种类繁多，已查明的有锰、钒、铜、钨、金、银、磷、海泡石、重晶石、菊花石、石膏、煤等 50 余种，有全国独一无二的菊花石。其中，大型矿床 10 处，小型矿床 16 处，矿点 300 余处。长沙土壤种类多样，可划分 9 个土类、21 个亚类、85 个土属、221 个土种，以红壤、水稻土为主，分别占土壤总面积的 70% 与 25%。其余还有菜园土、潮土、山地黄壤、黄棕壤、山地草甸土、石灰土、紫色土等，适宜多种农作物生长。长沙动物地理区划属东洋界华中区，生态地理区划属亚热带林灌、草地—农田动物群，野生动物多为适应耕地和居民点的类群，林栖鸟类已少见，田间捕食昆虫、鼠类和两栖爬行动物丰富。植被以亚热带常绿阔叶林为主，有自然生长和引进栽培的木本植物 102 科、977 种，其中常绿树 462 种、落叶树 515 种、乔木 457 种、灌木 414 种、竹藤类 106 种。主要林木有松、杉、栎、樟、楠、椿、茶、油茶、柑橘、毛竹等。1985 年长沙市第八届人大常委会通过，长沙市人民政府公布香樟为市树，杜鹃花为市花。

建置区划

【建置沿革】　秦为长沙郡治临湘县。西汉为长沙国都城。东汉复为长沙郡治，隶属荆州。三国吴、两晋、南朝，临湘析出湘西，临湘为长沙郡首邑。南朝宋开始，湘西为衡阳郡（长沙郡析出）首邑，上隶荆州或湘州（西晋永嘉元年即 307 年分荆、江二州置）。公元 589 年隋统一中国，废郡，行州、县二级制，临湘（省湘西）改称长沙县，为潭州州治［大业三年（607），隋一度改潭州为长沙郡］。唐武德三年（620）入唐版图。贞观元年（627）设 10 道，潭州（天宝元年即 742 年，潭州改为长沙郡，唐至德元年即 756 年复改为潭州）暨长沙县属江南道。开元二十一年（733）分 15 道，潭州属江南西道。唐后期设湖南道，观察使驻潭州。后唐天成二年六月十七日（927 年 7 月 18 日）马殷“以潭州为长沙府”，长沙为楚国都城。后周广顺二年（952），南唐边镐陷长沙，湖南政治中心移至朗州（常德）。北宋乾德元年（963）二月，入宋版图，至道三年（997）分全国为 15 路，潭州为荆湖南路路治。元符元年（1098）设善化县与长沙县同附郭，潭州辖长沙、善化、浏阳、宁乡、湘潭、湘乡、益阳、安化、湘阴、醴陵、茶陵、攸县 12 县。元至元十三年正月初一（1276 年 1 月 18 日），长沙入元版图，设安抚司。十四年（1277）设潭州行省，十八年二月初九（1281 年 2 月 28 日）迁潭州行省于鄂州，称湖广等处行中书省，徙湖南道宣慰司治潭州路。天历二年三月初九（1329 年 4 月 8 日），文宗以“潜邸所幸”，改潭州路为天临路，辖 5 县、7 州。元至正二十四年（吴王朱元璋甲辰年）九月二十四日（1364 年 10 月 19 日），徐达领兵至潭州，改天临路为潭州府。明洪武五年（1372）六月，潭州府更名长沙府，辖十二州县，上隶湖广布政使司。清顺治四年四月初八（1647 年 5 月 12 日），高士俊领兵入长沙，长沙被纳入清版图，沿明制设长沙府，上隶湖广，仍辖 12 州县。康熙三年（1664）湖广省设右布政使司、湖南按察使司于长沙，偏沅巡抚移驻长沙。清雍正元年（1723）改湖广右布政使司为湖南布政使司。清雍正二年（1724）改偏沅巡抚为湖南巡抚（仍隶湖广）。长沙（府）城自此为湖南省会。长沙府上有盐法长宝道。乾隆时长沙府城不仅为巡抚治，亦为布政、按察和学政及长宝、盐法、粮道治所。

1912年，湖南军政府执行特别议会颁行《湖南府厅州县暂行条例》：“凡与府同城之一县或两县，均并于府。”4月，长沙、善化二县合并为长沙府直辖地，1913年9月改定。1914年6月2日，北京政府划湖南为四道，长沙县属湘江道（即原长宝道，1916年裁撤武陵道，其中11县划归湘江道）。1914年废都甲设乡镇，长沙县辖7乡、11镇。1920年长沙设市政厅，年底设市政公所。省会警察厅设东、南、西、北、外东、外南、外北、商埠8个警察署（区）。当年废除“道”，县直属省。1930年7月27日，中国工农红军攻入长沙，成立长沙市苏维埃政府。年底，长沙城分设东、南、西、北、外东特、商埠6个区，下辖158个街团，街团下辖甲、牌、联（结），5家为1联，2联为1牌，10牌为1甲。1931年5月，裁商埠入西区。1933年8月11日，国民政府行政院同意长沙设市，是全国第14个设为行政区划的市，也是第七个设市的省会，面积48.5平方千米（11月3日，废除街团制）。1934年4月29日，划全市为4个区（按东南西北顺序命名为一、二、三、四区），每区分4坊，每坊设2~4保，共58保，40~60户为一甲。1938年上属湖南省第一行政督察区。8月11日，改区坊保甲4级制为镇（乡）保甲三级制，原4区为8镇，市郊为4乡。“文夕大火”后缩编为城南、城北两镇及两乡。1939年8镇、4乡改为4镇、4乡。1945年12月，设城东、城南、城西、城北、文艺、金盆、岳麓、会春8区。1947年至1948年9月有83保、1843甲。

1949年8月，长沙和平解放，共辖8区、82保、1838甲。1950年3月30日设郊区办事处领导外4区。1953年1月设水上区。1955年内4区建306个居委会、2909个居民组。1956年5月撤销市郊外4区，辖乡并为7乡、1镇，同年撤水上区。1957年内4区辖26街道、275个居委会、2766个居民组；郊区辖7个乡、镇。1958年9月，农村实行政社合一的人民公社体制，郊区建立万年红、东风、岳麓公社。城区辖4区、25街道、233个居委会、2731个居民组。

1958年12月24日，湖南省调整县市行政区划，原属湘潭专区的长沙、望城二县划归长沙市管辖。1959年3月，长沙、望城二县合并称长沙县（1977年12月又分设）。2月撤销郊区，并入合并后的长沙县。长沙市辖4区1县，25个街道、5个镇、26个公社，总面积3842.13平方千米，城区建成区20.93平方千米。1960年1月26日原属郊区的2公社划为3公社，从长沙县划属东、南、北区。3月31日以岳麓公社设岳麓区。4月实行城市人民公社体制。市辖5区改为5个公社，下设分社。1961年9月，撤销城市人民公社恢复5区。1962年1月12日，恢复郊区。1974年1月6日，岳麓区并入西区。1978年年底，长沙市辖5区、2县，29个街道、84个公社、9个镇，308个居委会、1132个大队，3604个居民组、11321个生产队，全市面积3754.4平方千米，市区面积352平方千米，建成区面积53平方千米，建域比为1∶70.8。1983年2月8日，长沙市增辖浏阳、宁乡、湘阴（1983年7月13日湘阴回归恢复后的岳阳地区）。当年着手改变政社合一建制。1984年市辖5区、4县，32个街道、15个镇、224个乡，445个居委会、3017个村，45811个居民组、39224个村民组。1985年全市面积11818平方千米，建域比为1∶206.08。1993年1月16日，浏阳撤县改市。1995年辖县（市）撤区并乡建镇，长沙市辖5区、3县、1市，38个街道、67个镇、53个乡，648个居委会、3091个村，市区面积367平方千米，建成区面积101平方千米，建域比1∶117。1996年市辖区区划调整，撤销郊区，避免全国城区专名的重名，调整区划范围，新5区为芙蓉、天心、岳麓、开福、雨花。由此，长沙市辖5区、3县、1市，38个街道、66个镇、54个乡，651个居委会、3011个村。市区554.07平方千米；建成区110平方千米。2000年辖50个街道、75个镇、46个乡，763个居委会、3111个村，全市面积11819.5平方千米，市区面积556.33平方千米，建成区面积118.82平方千米，建域比为1∶99.47。

国务院2001年10月10日国函〔2001〕131号批复：长沙市人民政府驻地由芙蓉区藩正街迁至岳麓区岳麓大道。

2011年5月20日经国务院批准，湖南省人民政府《关于撤销望城县设立长沙市望城区的通知》（湘政函〔2011〕167号）明确，撤销望城县，设立望城区。2014年4月8日，根据长沙市人民政府《关于撤销宁乡县资福乡设立资福镇的通知》（长政函〔2014〕78号），经省人民政府批准，《湖南省民政厅关于撤销宁乡县资福乡设立资福镇的批复》（湘民行发〔2014〕2号）同意撤销宁乡县资福乡，设立资福镇，以原资福乡的行政区域为新设资福镇的行政区域。行政区划调整后，资福镇辖12个建制村，总面积88.54平方千米，总人口3.9万人，镇人民政府驻资福（原资福乡人民政府驻地）。2014年6月9日，根据《湖南省人民政府关于长沙大河西先导区更名为湘江新区的批复》精神，经市委、市政府研究决定：长沙大河西先导区更名为湘江新区，其管理机构更名为“中共湘江新区工作委员会、湘江新区管理委员会”；中共湘江新区工作委员会、湘江新区管理委员会全面履行原中共大河西先导区工作委员会、长沙大河西先导区管理委员会的职能职责；湘江新区管理委员会继续履行原长沙大河西先导区管理委员会对外签订的协议、合同等；原中共长沙大河西先导区工作委员会、长沙大河西先导区管理委员会相关机构同步更名；原中共长沙大河西先导区工作委员会、长沙大河西先导区管理委员会干部职务按干部管理权限重新任命。

根据长沙市人民政府关于将长沙县跳马镇建制调整到雨花区的请示（长政〔2014〕93号），经省人民政府批准，2015年1月11日，湖南省民政厅《关于将长沙县跳马镇调入长沙市雨花区的批复》（湘民行发〔2015〕1号），同意将长沙县跳马镇调入长沙市雨花区。根据长沙市人民政府关于将长沙县暮云街道南托街道成建制调整到天心区的请示（长政〔2014〕92号），经省人民政府批准，2015年1月13日，湖南省民政厅《关于将长沙县暮云街道南托街道调入长沙市天心区的批复》（湘民行发〔2015〕2号），同意将长沙县暮云街道、南托街道调入长沙市天心区。根据长沙市人民政府关于浏阳市部分乡镇行政区划调整的请示（长政〔2015〕83号），经省人民政府批准，2015年11月18日，湖南省民政厅《关于同意浏阳市部分乡镇行政区划调整方案的批复》(湘民行发〔2015〕25号），同意将杨花乡和大瑶镇成建制合并设立大瑶镇。根据长沙市人民政府关于望城区部分乡镇行政区划调整的请示（长政〔2015〕78号），经省人民政府批准，2015年11月19日，湖南省民政厅《关于同意长沙市望城区部分乡镇行政区划调整方案的批复》（湘民行发〔2015〕39号）文件批复：1.同意长沙市望城区乡镇区划调整方案。2.同意将靖港镇和格塘镇成建制合并设立靖港镇；将新康乡和高塘岭街道成建制合并设立高塘岭街道；将茶亭镇和东城镇成建制合并设立茶亭镇；将东城镇慎家桥社区五杉片（含跃进、染匠、禾家、姚家、五杉、大官、鱼心7个居民小组）划入铜官镇华城村，将茶亭镇郭亮村划入铜官镇，将铜官镇和书堂山街道成建制合并设立铜官街道；将乌山镇和喻家坡街道成建制合并设立乌山街道；将雷锋镇和廖家坪街道成建制合并成立雷锋街道。根据长沙市人民政府关于宁乡县部分乡镇行政区划调整的请示（长政〔2015〕79号），经省人民政府批准，2015年11月19日，湖南省民政厅《关于同意宁乡县乡镇行政区划调整方案的批复》（湘民行发〔2015〕40号）：1.同意宁乡县乡镇区划调整方案。2.同意将枫木桥乡、偕乐桥镇和灰汤镇成建制合并设立灰汤镇；将坝塘镇和南田坪乡成建制合并设立坝塘镇；将双江口镇和朱良桥乡成建制合并设立双江口镇。根据长沙市人民政府关于开福区部分乡镇行政区划调整请示（长政〔2015〕80号），经省人民政府批准，2015年11月19日，湖南省民政厅《关于同意长沙市开福区乡镇行政区划调整方案的批复》（湘民行发〔2015〕41号）：1.同意长沙市开福区乡镇区划调整方案。2.同意将青竹湖镇和新港街道成建制合并设立青竹湖街道。根据长沙市人民政府关于岳麓区部分乡镇行政区划调整的请示（长政〔2015〕81号），经省人民政府批准，2015年11月19日，湖南省民政厅《关于同意长沙市岳麓区乡镇区划调整方案的批复》（湘民行发〔2015〕42号）：1.同意长沙市岳麓区乡镇区划调整方案。2.同意将东方红镇和麓谷街道成建制合并设立麓谷街道。根据长沙市人民政府长政〔2015〕82号文件请示，经省人民政府批准，2015年11月19日，以湘民行发〔2015〕43号文件批复：1.同意长沙县乡镇区划调整方案。2.同意将金井镇和双江镇成建制合并设立金井镇；将开慧镇和白沙镇成建制合并设立开慧镇；将黄兴镇和干杉镇成建制合并设立黄兴镇。

根据长沙市人民政府长政〔2016〕54号文件请示，经省人民政府批准，2016年6月10日，以湘民行发〔2016〕10号文件批复，同意撤销浏阳市葛家乡设立葛家镇，以原葛家乡的行政区域为新设葛家镇的行政区域。行政区划调整后，葛家镇辖5个建制村，总面积107平方千米，总人口2.01万人。镇人民政府驻地葛家园村（原葛家乡人民政府驻地）。

2017年5月3日经国务院批准，民政部以《关于同意湖南省撤销宁乡县设立县级宁乡市的批复》（民函〔2017〕73号）文件批复，湖南省民政厅以《湖南省民政厅关于宁乡县撤县设市的通知》（湘民函〔2017〕35号）文件明确，撤销宁乡县，设立宁乡市。

2018年2月2日，根据长沙市人民政府关于析置望城区雷锋街道的通知（长政函〔2018〕12号），决定对望城区雷锋街道进行析置。将雷锋街道析置为雷锋和白马2个新的街道。析置后新的雷锋街道下辖7个村（社区），总面积59.86平方千米，总人口6万人，街道治所驻荷花塘社区文明路1号。新的白马街道下辖4个村（社区），总面积19.92平方千米，总人口5万人，街道治所驻原雷锋街道便民服务中心。

根据长沙市人民政府关于浏阳市蕉溪乡撤乡设镇的请示（长政〔2018〕21号），经省人民政府批准，2018年6月5日，湖南省民政厅《关于撤销浏阳市蕉溪乡设立蕉溪镇的批复》（湘民行发〔2018〕3号）：同意撤销蕉溪乡设立蕉溪镇，以原蕉溪乡的行政区域为蕉溪镇的行政区域。行政区划调整后，蕉溪镇辖6个建制村，总面积87平方千米，总人口297万人，镇人民政府驻高升建制村高升路1号（原蕉溪乡人民政府驻地）。

【行政区划】 2021年，长沙市辖6个区：芙蓉区、天心区、岳麓区、开福区、雨花区、望城区，3个县（市）：长沙县、宁乡市、浏阳市。各县（市、区）辖96个街道、69个镇、5个乡。各街道、镇和乡辖村875个，社区749个。 （王成亮）

表 1　　长沙市行政区划变动统计表

指标	单位	1950 年	1978 年	1985 年	1990 年	1995 年	2000 年	2005 年	2010 年	2015 年	2020 年	2021 年
一、行政区划												
市辖区数	个	5	5	5	5	5	5	5	5	6	6	6
市辖县（市）数	个	—	2	4	4	4	4	4	4	3	3	3
镇数	个	—	7	16	21	70	75	79	85	67	69	69
县辖区数	个	—	16	39	39	—	—	—	—	—	—	—
街道办事处	个	6	39	32	35	50	50	55	59	94	96	96
居民委员会数	个	59	329	459	535	701	763	569	590	719	735	749
乡数	个	18	84	217	210	51	46	37	26	7	5	5
村民委员会数	个	11	1096	2996	2987	3121	3111	1281	1226	1165	876	875
二、土地面积	平方千米	112.00	3995.00	11818.00	11818.00	11819.50	11819.50	11819.50	11815.96	11815.96	11815.96	11815.96
# 市区	平方千米	112.00	352.00	352.00	367.00	556.33	556.33	556.33	958.80	2150.90	2150.90	2150.90
# 建成区	平方千米	6.70	53.04	57.18	101.00	115.00	118.82	167.70	272.39	363.69	560.80	572.00
三、户籍总人口	万人	314.52	458.23	504.22	550.05	562.82	583.19	620.92	650.12	680.36	747.29	760.04
# 市区	万人	41.36	94.83	115.72	132.68	145.45	175.41	208.65	239.53	318.50	373.79	387.09

说明：1. 从 2011 年起，市区包括望城区，后同；2. “#”表示其中主要项　　（资料来源：市统计局）

历史文化

【史迹遗存】　长沙历史悠久、名胜古迹众多，自新石器时代就有人类在长沙地区活动，有长沙天心区暮云镇南托乡大塘遗址、鹿芝岭新石器遗址、苦竹山遗址、曾家山遗址等。长沙还是楚文明和湘楚文化的发源地，浏城桥等地发现楚墓等大量楚文化的遗迹和遗物。长沙约有 2400 年建城史，在春秋战国时期始建城，后经历代战乱遭毁，现仅存天心阁段古城墙，为明代长沙城墙。天心阁建筑群包括古城墙、古月城、古炮台、天心阁等设施，是一处功能齐备、保存相对完整的古代城池构成体系。此外，在长沙城市考古中万达广场发现宋代城墙。

长沙古墓葬较多，马王堆汉墓是西汉长沙国丞相利仓及其夫人、儿子的墓葬，长沙现存汉代长沙国王及王后墓葬，张浚张栻墓、何绍基墓及明代吉藩王陵等众多古近代墓葬。长沙是旧民主主义革命与新民主主义革命的重要策源地之一，辛亥革命领袖黄兴出生于长沙黄兴镇，黄兴及蒋翊武、焦达峰、陈天华、姚宏业等一批革命先驱，以及护国运动的领导人蔡锷等葬岳麓山上。湖南第一师范学校旧址、新民学会旧址、爱晚亭、橘子洲头、秋收起义文家市会师旧址、中共湘区委员会旧址、刘少奇故居、胡耀邦故居等体现了党和国家领导人早期求学和革命活动的轨迹，湖南省苏维埃政府旧址、红一方面军成立旧址则见证了红军早期发展壮大的历史，八路军驻湘通讯处旧址、影珠山抗战遗址群、第九战区长官司令部指挥所旧址等则是中华民族同仇敌忾、奋勇抗击侵略的历史证据。　（安国瑞）

【传统文化】　长沙市已建立起国家、省、市、县（市、区）四级非物质文化遗产保护名录体系。截至 2021 年年底，全市普查登记非物质文化遗产项目 1366 个，其中湘绣、浏阳花炮制作技艺、湘剧、长沙弹词、庙会（火宫殿庙会）、石雕（菊花石雕）、长沙窑铜官陶瓷烧制技艺、浏阳文庙祭孔音乐、小吃制作技艺（火宫殿臭豆腐制作技艺）9 个项目入选国家级非物质文化遗产代表性名录。26 个“非遗”项目入选省级“非遗”代表性名录、93 个“非遗”项目入选市级“非遗”代表性名录、186 个“非遗”项目入选县（市、区）级“非遗”代表性名录；国家级、省级、市级“非遗”代表性传承人分别为 9 人、15 人、137 人；建有非物质文化遗产生产性保护基地 25 个、“非遗”专题博物馆 17 家。

长沙境内主要以湘菜为主。战国

时期，爱国诗人屈原在其著名诗篇《招魂》中，就记载了湖南的许多菜肴。在出土的走马楼简牍中有300余支汉代竹简记载了湘菜的烹饪方法。湘菜在《楚辞》里也有记载。西汉时期，湖南的菜肴品种有109个，烹调方法有九大类。六朝以后，湖南的饮食文化丰富、活跃。明、清两代，是湘菜发展的黄金时期，湘菜的独特风格基本定局。清朝末叶，在长沙先后出现轩帮和堂帮两种湘菜馆。民国初年，出现戴（杨明）派、盛（善斋）派、肖（麓松）派和祖庵派等多种流派，奠定了湘菜的历史地位。中华人民共和国成立以后，特别是改革开放后，湘菜得到更好发展。火宫殿八大小吃、糖油粑粑、德园包子、杨裕兴鸡蛋面、宁乡四碟（刀豆花、砂仁糕、紫苏梅、冰姜）、徐长兴烤鸭、浏阳油饼、沩山擂茶、靖港古镇的“八大碗”等“非遗”美食均深受长沙人的喜爱。

长沙一些节日有地方特色，也有很多特有的民俗，陶公庙庙会为赶集的一大特色。农历三月初三，长沙人都有地菜煮鸡蛋的习俗。立夏有吃立夏粳的习俗。惊蛰时农家于暗处点灯，用石灰撒房屋四周及潮湿暗角。

火宫殿庙会作为湖湘火庙文化的载体，延续着千百年来人与人、人与食的民俗情缘。长沙火宫殿既是星城一处古老火文化的遗迹，又是长沙民风、民俗、名食的汇集地。火宫殿庙会，历史悠久、源远流长、文化内涵丰富、文化底蕴深厚，是湖湘古老火文化历史的缩影。火宫殿庙会起源于上古时代人类对于“火”的崇拜，它是一种以敬火、拜火、用火、管火的祭祀礼仪。长沙的火宫殿庙会是一家餐饮店与一座火神庙紧紧联系在一起，形成一个多元文化载体的文化现象，在国内独具特色。这种文化现象与南京夫子庙、上海城隍庙的外在形式和文化内涵有着根本的区别。火宫殿已经成为长沙作为历史文化名城的重要符号和不可缺少的文化元素。据清光绪《善化县志》记载：火神庙祭期，“每岁以季夏月下旬三日致祭”。即火神寿诞举行大祭。另每年立春、立秋之日举行小祭。火宫殿火神庙会有祭祀、社戏、民间小吃、说唱曲艺等内容。祭祀由长沙、善化县官员主祭，民间会团、绅商、民众数百人参加，礼仪隆重。近年，火宫殿庙会除保留部分传统祭祀、祈福法会的形式外，进一步拓宽了传统风味小吃领域，恢复了原有的工艺面人、棉花糖、工艺糖画等小手工艺品展卖。庙会每年举办一届（7天），吸引国内外游客20万余人次。

湘绣、菊花石雕和棕叶编素有“长沙三绝”之称。湘绣的起源和发展都在长沙县（今开福区沙坪一带），为中国四大名绣之一。菊花石雕，其中重要的菊花石产于浏阳大溪河底岩石层中，天然生有白色的菊花图案，其雕品为长沙的一大特色。棕编艺术清光绪年间即广泛流传于长沙县高桥、金井一带。经过几十年的创新，棕叶编已经发展成不同以往只编小动物的棕编艺术，不仅有棕编动物，还有人物、山水、建筑等，谓之全棕立体棕编，构成全棕编的立体画，原材料不仅有棕叶，还有棕树的蔸、干、梢、籽等。

浏阳花炮（又称烟花、鞭炮、焰火、花火）是驰名中外的湖南传统特产和主要出口商品之一。浏阳制作烟花鞭炮久负盛名，素有“鞭炮之乡”誉称。浏阳花炮作为最具代表性的爆竹种类，产生于唐宋时期。据《中国实业志》记载：“湘省爆竹之制造，始于唐，盛于宋，发源于浏阳也。”清代康熙年间，浏阳花炮的生产已具相当规模，至光绪年间已销往南洋诸国，成为名牌产品。中华人民共和国成立后，浏阳花炮发展到外销五大洲100余个国家和地区，内销全国31个省份，其品种发展到现在的十三大类3000余个。

长沙最具代表性的地方戏剧为湘剧和花鼓戏。因长沙是湖南政治、经济、文化中心，湘剧与全国各大剧种交流频繁，故能得风气之先，充实丰富，在全国具有较大影响；长沙湘剧的剧目在清道光、咸丰时期已多达千余个。长沙花鼓戏形成于清朝，流行于湘中、湘东和洞庭湖滨，最初由歌舞形式的地花鼓发展为较有故事情节的对子花鼓；其后发展为“三小戏”（小旦、小生、小丑）逐渐具有戏剧性质的草台班演出阶段；后来汲取其他剧种的腔调、伴奏和表演等艺术表现手法成为戏曲剧种。它的产生和形成发展都在民间，而不像其他剧种那样先由宫廷、上层社会提倡然后再传到民间，是一个艺术风格独特、群众基础深厚、地方色彩鲜明、生活气息浓郁的湖南地方主要剧种。

（吕红绛）

【长沙方言】 长沙使用的方言有长沙话、浏阳话和宁乡话。长沙话为湘方言下面的次方言新湘方言的代表，使用范围为长沙城区及周边地区，内部分歧较小，且随着经济和交通的发达而逐步缩小，部分词汇有文、白二音，其中的文读有向普通话靠拢的倾向。与现代汉语普通话比较，其主要特点是有阴平、阳平、上声、阴去、阳去、入声6个声调，其中去声调分为阴去、阳去两个声调，入声调系古汉语入声调的保留，促声尾消失而自成一个声调。宁乡话以宁乡城区为代表，内部分歧较大，依地域向娄底、湘潭延伸和向长沙城区靠近而分别接近新湘方言和老湘方言，是介于新、老湘方言之间的一个方言分支。浏阳话亦以浏阳城区为代表，属赣方言的一个分支。长沙方言不同程度地保留了古代（上古和中古）汉语的一些痕迹。

（贺孝武）

人口和民族宗教

【人口分布】 2021年年末，长沙市户籍人口7600387人，市区人口3870861人，其中，芙蓉区429701人、天心区531030人、岳麓区899289人、开福区541024人、雨花区786917人、望城区682900人（含雷锋镇）。县（市）人口3729526人，其中，长沙县833514人、宁乡市1415389人、浏阳市1480623人。全市总人口中，男性3752916人，女性3847471人，年

末男女性别比为97.5。（王成亮）

【人口自然变动】 2021年，长沙市出生人口64259人，死亡63682人，年出生率8.53‰，年死亡率8.45‰，年自然增长率0.08‰。（王成亮）

【人口密度】 2021年，长沙市常住人口密度每平方千米866.57人，其中市区每平方千米2854.53人；全市户籍人口密度每平方千米643.23人，其中市区每平方千米1799.65人。（王成亮）

【民族】 长沙是少数民族散居城市，2021年有55个民族族别（无保安族）。全市少数民族常住人口为24.97万人，占比为2.49%，其中人数较多的少数民族有土家族（8.7万人）、苗族（7.28万人）、侗族（2.04万人）、瑶族（1.7万人）、回族（1.14万人），全市少数民族流动人口32.17万人。（周红波）

【宗教】 2021年，长沙有佛教、道教、伊斯兰教、天主教和基督教五大宗教，登记赋码的宗教活动场所193处，经批准纳入管理的民间信仰活动场所441处，在长沙登记备案的宗教教职人员449人，信众近11万人。

（周红波）

经济社会发展

【概况】 2021年，长沙市地区生产总值13270.7亿元，比2020年增长7.5%。分产业看，第一产业增加值425.56亿元，增长9.1%；第二产业增加值5251.3亿元，增长5.2%；第三产业增加值7593.85亿元，增长8.9%。第一、二、三产业对经济增长的贡献率分别为4.2%、27.6%和68.2%。第一、二、三产业增加值占地区生产总值的比重分别为3.2%、39.6%和57.2%。一般公共预算收入1775.04亿元，比2020年增长8%，其中地方一般公共预算收入1188.31亿元，增长8%。一般公共预算支出1541.59亿元，增长2.7%。居民消费价格比2020年上涨1.1%，涨幅回落0.7个百分点；商品零售价格上涨2%，涨幅增加1.2个百分点。全年新增城镇就业人员14.71万人，年末城镇登记失业率1.74%。

【农业】 2021年，长沙市实现农林牧渔业增加值452.49亿元，比2020年增长8.9%。其中农林牧渔专业及辅助性活动增加值26.94亿元，增长6.3%。

全年粮食播种面积31.34万公顷，比2020年增长0.2%，其中稻谷播种面积28.65万公顷，增长0.1%。蔬菜播种面积16.36万公顷，增长3.2%；油料种植面积5.75万公顷，下降3.7%；出栏肉猪361.91万头，增长31.4%。

年末农民专业合作社13323家，入社农户34.1万户，参与农户47.6万户。

全年农业机械总动力623.3万千瓦，水稻耕种收综合机械化水平为83.5%。

推进各项重点水利工程建设，全年完成重点水利建设项目76个，完成投资15.56亿元。

【工业和建筑业】 2021年，长沙市全部工业增加值比2020年增长6.9%，其中规模以上工业增加值增长7.2%；工业增加值占GDP的比重为28.8%，比2020年提升0.5个百分点。在规模以上工业中，分经济类型看，国有企业增加值增长5.8%，股份制企业增长7.7%，外商及港澳台商投资企业增长8.9%。分门类看，采矿业下降8.3%，制造业增长7.1%，电力、热力、燃气及水生产和供应业增长10.6%。

全年规模以上工业中，高技术制造业增加值增长15.2%，装备制造业增长8.9%；计算机、通信和其他电子设备制造业增长19.6%，烟草制品业增长3.9%，汽车制造业增长7.2%，电力、热力生产和供应业增长13.2%，电气机械和器材制造业增长24.5%。省级及以上产业园区增加值比2020年增长11.7%，占规模以上工业的比重为69.2%。

全年规模以上工业企业营业收入8867.05亿元，比2020年增长6.8%。分门类看，采矿业营业收入26.93亿元，比2020年下降16%；制造业8585.1亿元，增长6.8%；电力、热力、燃气及水生产和供应业255.01亿元，增长10%。全年规模以上工业企业利润656.35亿元，比2020年下降6.2%。分门类看，采矿业利润1.18亿元，比2020年增长59.1%；制造业622.09亿元，下降6.6%；电力、热力、燃气及水生产和供应业33.08亿元，增长0.5%。

全年建筑业增加值1437.36亿元，比2020年增长1.1%。全年具有建筑业资质等级的独立核算企业完成建筑业总产值6823.54亿元，比2020年增长12.6%；房屋竣工面积9812.84万平方米，增长22.4%。

【固定资产投资】 2021年，长沙市固定资产投资比2020年增长8.2%。其中，民间投资增长6.8%。分投资方向看，工业投资增长11.5%，基础设施投资下降3.6%，高新技术产业投资增长6.1%。

全年房地产开发投资2236.12亿元，比2020年增长19.7%。全年商品房销售面积2605.79万平方米，增长9.5%；商品房销售额2620.32亿元，增长19.3%。

【国内贸易】 2021年，长沙市社会消费品零售总额5111.57亿元，比2020年增长14.4%，剔除物价因素实际增长12.2%。按经营单位所在地分，城镇消费品零售额4538.99亿元，增长14.4%；乡村消费品零售额572.58亿元，增长14.1%。按消费类型分，餐饮收入475.29亿元，增长16.6%；商品零售4636.29亿元，增长14.1%。

限额以上单位商品零售额比2020年增长10.5%，分类别看，粮油、食品类零售额增长11.2%；服装、鞋帽、针纺织品类增长5.7%；化妆品类增长11.1%；金银珠宝类增长13.7%；日用品类增长11.7%；书报杂志类增长12%；家用电器和音像器材类增长23.7%；中西药品类下降1.5%；文化办公用品类增长3.1%；石油及制品类增长 25.5%；汽车类增长 9.2%。

【邮电】 2021 年，长沙市电信业务总量 152.84 亿元（2020 年不变价），比 2020 年增长 31%；邮政业务总量 130.85 亿元（2020 年不变价），增长 33.7%。邮电业务收入 246.13 亿元，增长 16.3%，其中，电信业务收入 132.89 亿元，增长 13.8%；邮政业务收入 113.24 亿元，增长 19.4%。年末本地固定电话用户 144.54 万户，下降 3.7%；移动电话用户 1368.98 万户，增长 3.6%；年末互联网宽带用户 488.83 万户，增长 12.5%。

【对外经济】 2021 年，长沙市进出口总额（海关口径）2780.28 亿元（折合 430.37 亿美元），比 2020 年增长 18.2%。其中，出口总额 1977.46 亿元，增长 27.7%；进口总额 802.82 亿元，下降 0.2%。在出口总额中，机电产品 898.14 亿元，占比 45.4%；高新技术产品 301.1 亿元，占比 15.2%。在进口总额中，机电产品 330.28 亿元，占比 41.1%；高新技术产品 249.07 亿元，占比 31%。全年实际利用外资金额 20.07 亿美元，比 2020 年增长 88.1%。全年实际到位省外境内资金 2028.01 亿元，增长 34.5%。

【金融】 2021 年，长沙市金融机构各项存款余额（本外币合计，下同）25348.5 亿元，比年初增加 2031.7 亿元，其中住户存款余额 8311.19 亿元，比年初增加 739.01 亿元。年末金融机构各项贷款余额 27235.11 亿元，比年初增加 2973.85 亿元，其中，短期贷款余额 5279.13 亿元，比年初增加 254.36 亿元；中长期贷款余额 20837.64 亿元，比年初增加 2422.12 亿元。

全年保险公司原保险保费收入 522.75 亿元，比 2020 年增长 5.3%，其中，财产保险公司原保险保费收入 184.54 亿元，下降 0.4%；人身保险公司原保险保费收入 338.22 亿元，增长 8.6%。赔付支出 181.12 亿元，增长 20.9%。

【教育和科学技术】 2021 年，长沙市有普通高校 52 所，普通高中 106 所，初中学校 259 所，普通小学 923 所。在学研究生 8.35 万人，比 2020 年年末增长 5.8%；普通高校在校学生 72.68 万人，增长 4.2%；普通高中在校学生 17.55 万人，增长 9.8%；普通初中在校学生 29.63 万人，增长 5.2%；普通小学在校学生 76.13 万人，增长 7.2%；幼儿园在园幼儿 42.9 万人，增长 5.3%。小学适龄儿童入学率 100%，小学升初中入学率 103.8%。全年投入学生免费入学和资助经费 18.37 亿元，全市所有义务教育阶段 205.4 万人次学生全部享受免杂费入学，执行公办教育收费标准的 191.3 万人次学生全部享受“一费制”（含课本费、教辅资料费和作业本费）全免入学，在长沙市就读的 17.9 万名外来务工人员子女，全部享受免杂费、免“一费制”入学。全年补助 9.59 万人次农村家庭经济困难寄宿学生生活费。

全年授权专利 44574 件，比 2020 年增长 35%；签订技术合同 10593 项，成交金额 533.71 亿元。高新技术产业增加值增长 15.3%。

【文化、卫生和体育】 2021 年，长沙市有艺术表演团体 11 个，文化馆 10 个，公共图书馆 12 个，博物馆（纪念馆）15 个，档案馆 14 个。

年末全市有卫生机构（含村卫生室）4925 个，其中，医院、卫生院 334 个；卫生防疫、防治机构 14 个；妇幼保健机构 11 个。卫生技术人员 9.46 万人，比 2020 年增加 0.66 万人，其中，执业医师、执业助理医师 3.54 万人，增加 0.26 万人；注册护士 4.61 万人，增加 0.34 万人。卫生机构床位 8.72 万张，增加 0.4 万张，其中医院、卫生院 7.88 万张，增加 0.27 万张。

全年开展全民健身项目 216 项次（市级、区县、乡镇街道三级），全民健身运动参加人数 720 万人。年末拥有各级健身辅导站 947 个，公共体育场地 3001 个。

【环境、节能和安全生产】 2021 年，长沙市 32 个国、省控考核断面平均水质优良率为 100%，其中Ⅰ类水质断面 2 个，占 6.2%；Ⅱ类水质断面 27 个，占 84.4%；Ⅲ类水质断面 3 个，占 9.4%；无Ⅳ类、Ⅴ类、劣Ⅴ类水质断面。

全年规模以上工业综合能源消费量比 2020 年增长 8.1%。重点耗能工业企业的单位产品能耗中，吨水泥综合能耗下降 6.3%，电厂火力发电标准煤耗下降 0.2%。

全年生产安全事故死亡人数 238 人，比 2020 年下降 3.3%；亿元 GDP 各类安全事故死亡人数 0.02 人，下降 11.8%；道路交通事故死亡人数 475 人，下降 10.7%；万车死亡人数 1.48 人，下降 17.1%。

【人民生活和社会保障】 2021 年年末，长沙市有常住总人口 1023.93 万人，比 2020 年年末增长 1.8%。城镇化率为 83.16%，比 2020 年年末提高 0.56 个百分点。按户籍人口计算，人口出生率 8.53‰，死亡率 8.45‰，自然增长率 0.08‰。

全年城镇居民人均可支配收入 62145 元，比 2020 年增长 7.2%。其中，人均工资性收入 34834 元，增长 7%；人均经营净收入 8094 元，增长 6.9%；人均财产净收入 7846 元，增长 5.7%；人均转移净收入 11372 元，增长 8.9%。城镇居民人均消费支出 41324 元，增长 5.6%。在城镇居民消费分类中，食品烟酒人均消费 11076 元，增长 4.8%；衣着人均消费 2623 元，增长 4%；居住人均消费 7754 元，增长 2.5%；生活用品及服务人均消费 2992 元，增长 3.5%；交通通信人均消费 4516 元，下降 2.4%；教育文化娱乐人均消费 8523 元，增长 18.7%；医疗保健人均消费 2904 元，下降 0.6%；其他用品和服务人均消费 936 元，增长 9.3%。城镇居民平均每百户家庭拥有家用汽车 67.7 辆，空调机 261.1 台，计算机 96.1 台，接入互联网的计算机 89.1 台。城镇居民人均自有现住房建筑面积 40.9 平方米。

全年农村居民人均可支配收入38195元，比2020年增长9.9%。农民人均消费支出27676元，增长13.3%。农村居民平均每百户家庭拥有家用汽车55.9辆，计算机42.9台，移动电话机314.5部。农村居民人均自有现住房建筑面积60.5平方米。

年末全市有社会福利院、敬老院、养老院等202所。各类收养性社会福利单位收养人员1.83万人。城镇各种社区服务设施4532处，其中综合性社区服务中心749个。接受社会捐赠11958万元。发放居民最低生活保障金8.85亿元，居民得到政府最低生活保障人数11.77万人（包括城镇和农村）。

年末参加全市劳动保障部门城镇职工基本养老保险的人数469.57万人，比2020年年末增长12.9%，基本养老金社会化发放率100%；参加城镇居民养老保险人数10.35万人，参加新型农村养老保险人数247.69万人；参加城镇职工基本医疗保险人数340.93万人，增长11.6%。参加失业保险职工人数207.27万人，增长13.4%，领取失业保险金人数9.33万人；参加工伤保险职工人数180.62万人，增长5.5%；参加生育保险人数229.52万人，增长5.3%；参加城乡居民医疗保险人数489.96万人。（本栏撰稿　王成亮）

说明：

1. 部分数据因四舍五入的原因，存在与分项合计不等的情况；

2. 地区生产总值、三次产业及相关行业增加值绝对值按现价计算，增长速度按不变价计算；

3.2021年实际利用外资使用商务部统计口径，与往年不可比；

4. 因银保监会统计口径调整，从2021年6月起，保险数据统计口径不包含处于风险处置阶段的保险机构

表2　2021年长沙市主要经济指标占湖南省的比重统计表

指标	单位	2021年		
		湖南省	长沙市	长沙市占湖南省比重（%）
一、地区生产总值	亿元	46063.09	13270.70	28.8
第一产业	亿元	4322.92	425.56	9.8
第二产业	亿元	18126.09	5251.30	29.0
第三产业	亿元	23614.08	7593.85	32.2
二、粮食产量	万吨	3074.4	216.0	7.0
三、社会消费品零售总额	亿元	18596.85	5111.57	27.5
四、地方一般公共预算收入	亿元	3250.69	1188.31	36.6
五、进出口总额	亿元	5988.56	2780.28	46.4
#出口总额	亿元	4212.71	1977.46	46.9
六、实际使用外商直接投资	亿美元	24.15	20.07	83.1
七、年末金融机构存款余额	亿元	62891.04	25348.50	40.3
#住户存款	亿元	35531.4	8311.19	23.4
八、年末金融机构贷款余额	亿元	55845.04	27235.11	48.8
九、城镇居民人均可支配收入	元	44866	62145	17279*
城镇居民人均生活消费支出	元	28294	41324	13030*
农村居民人均可支配收入	元	18295	38195	19900*
农村居民人均生活消费支出	元	16951	27676	10725*

说明：带*所标数据表示比全省高，“#”表示其中主要项　　（资料来源：市统计局）

大事记

CHRONICLE OF MAJOR EVENTS

编辑　吴丫丫

1月

1日 改造升级后的长株潭汽车站在原址上启用，该车站是湖南省首座智慧汽车站。

6日 长沙经开区、长沙县、长沙高铁会展新城举行2021年第一次重大项目集中签约开工竣工活动，开工重大项目30个、竣工重大项目35个、集中签约项目47个，开工、竣工和签约项目总投资逾700亿元。

是日 市公安局启动“庆祝警察节 警民零距离”警营开放周活动，首场警营开放活动在该局刑侦支队举行。

7日 中国（湖南）自贸试验区中非经贸合作促进创新示范园2021年首批入驻企业集中签约仪式暨一站式全程代办服务中心揭牌仪式在湖南高桥大市场举行。

8日 中共长沙市委十三届十一次全体会议暨经济工作会议召开。全会听取和讨论市委常委会工作报告，总结回顾、分析研判、铺排部署经济工作，审议通过《中共长沙市委关于深入学习贯彻落实习近平总书记考察湖南重要讲话精神当好实施“三高四新”战略领头雁、奋力建设现代化新湖南示范区的决定》《中共长沙市委关于制定长沙市国民经济和社会发展第十四个五年规划和2035年远景目标的建议》《中国共产党长沙市第十三届委员会第十一次全体会议公报》。市委副书记、市长、湖南湘江新区党工委书记郑建新受市委常委会委托向全会报告工作并讲话。

9日 因业务改造升级而停业14个月的湖南大剧院试营业，首场演出为湖南省话剧院的《高山之巅》。

10日 横跨浏阳河的洪山庙老桥实施爆破拆除。

是日 2021年金麓沙画艺术周暨新美育高峰论坛在长沙举行。会上举行中国首套沙画全年龄段教材——《舞沙成画》的首发仪式。

11日 市委常委会召开会议，传达学习习近平总书记发表的2021年新年贺词、中央经济工作会议精神；学习贯彻习近平总书记在中国人民警察警旗授旗仪式上的重要训词精神，听取首个“中国人民警察节”长沙相关工作情况汇报；研究审议《市人大常委会工作报告（送审稿）》《市政府工作报告（送审稿）》《市政协常委会工作报告（送审稿）》；研究全市中小学生心理健康教育工作。

是日 国家网络安全产业园区（长沙）信创产业协同适配中心在长沙高新区中电软件园总部启动。

是日 长沙市新型智慧城市示范城市生态共建大会暨华为云精英服务商招募大会举行。会上，长沙市新型智慧城市生态企业库上线，第一批入库企业600余家。

12日 国家版权局批复同意长沙市创建全国版权示范城市。长沙成为全国第五家版权示范城市创建市，成为中部六省唯一一家省会城市创建市。

是日 国产首台超强脱困型隧道掘进机（TBM）“黄河号”在铁建重工长沙第二产业园区下线。

13日 市住建局、市市场监督管理局、市网信办联合下发《关于加强房屋交易信息发布管理的通知》，要求住房租赁企业、房地产经纪机构开展业务前，都应通过长沙市房屋交易网签备案平台办理机构备案，并获得企业、机构信息编码；从业人员通过平台进行实名登记；在承接房产经纪业务后，还应向平台申请房源核验，房源信息未经核验不得对外发布。

14日 长沙市第十五届人民政府第八次全体（扩大）会议召开。会议听取《长沙市国民经济和社会发展第十四个五年规划和2035年远景目标纲要》《政府工作报告》起草情况汇报，审议并原则通过即将提交长沙市第十五届人民代表大会第七次会议上审议的《长沙市国民经济和社会发展第十四个五年规划和2035年远景目标纲要（草案）》《政府工作报告（送审稿）》。

是日 长沙市政府召开新闻发布会，发布《长沙市新型智慧城市示范城市顶层设计（2021—2025年）》和《长沙市新型智慧城市示范城市建设三年（2021—2023年）行动计划》，长沙成为全国首个发布“十四五”新型智慧城市建设规划的城市。

16日 “全球优质水果产销对接会暨红星全球农批中心一期项目竣工活动”在雨花区举行，36个重大项目实现集中开工、竣工，投资总额近200亿元，涵盖智能制造、市政基础、文化科技、学校教育、环境保护、商贸物流等多个领域。

17—20日 政协长沙市第十二届委员会第五次会议召开。市政协主席文树勋代表政协长沙市第十二届委员会常务委员会向大会报告工作。大会通过《政协长沙市第十二届委员会第五次会议关于常务委员会工作报告的决议》《政协长沙市第十二届委员会第五次会议关于十二届四次会议以来提案工作情况报告的决议》《政协长沙市第十二届委员会第五次会议政治决议》，听取市政协十二届五次会议提案审查情况。

是日 长沙市第十五届人民代表大会先进代表小组、优秀代表和人大先进工作者表彰大会召开。长沙市第十五届人民代表大会芙蓉区代表联组第二小组等9个市人大代表小组、罗丽芬等73名市人大代表、陈旭等50名人大工作者受到表彰。

18—21日 长沙市第十五届人民代表大会第七次会议召开。郑建新作政府工作报告。大会表决通过长沙市第十五届人民代表大会第七次会议关于市人民政府、计划、预算和市人大常委会、市中级人民法院、市人民检察院6个报告以及“十四五”规划和2035年远景目标纲要的决议。表决通过长沙市第十五届人民代表大会农业与农村委员会主任委员名单。

20日　由瞭望智库联合腾讯共同编写的《中国城市夜经济影响力报告（2020）》发布，长沙市被评为2020年夜经济影响力十强城市，位列第三位，并被评为夜经济创新城市。

22日　长沙市产教融合重大工程首个项目——湖南信息职业技术学院新校区建设项目开工。

25日　科技部公布“2020年度国家级科技企业孵化器名单”，位于长沙高新区的曾氏企业创业园晋级“国家队”，成为专业类的国家科技孵化器。

26日　天心区人民法院在全省法院系统首次推出“诚信企业‘白名单’制度”。

29日　省政府召开第七次全体会议，公布2020年度真抓实干成效明显地区予以表扬激励的名单，长沙（包括区县、园区）被省政府点名表扬51次。其中，长沙市被点名表扬16次，包括推进“一件事一次办”改革成效显著，落实制造强省建设政策措施成效明显，产业项目建设年活动中表现突出，稳外贸、稳外资措施有力和招商引资工作排名全省前列，实施“六大强农”行动成效明显等方面的工作事项。

是日　国家智能网联汽车质量监督检验中心（湖南）获批。

2月

1日　“标准信息”服务窗口在芙蓉区政务服务中心揭牌，开窗运行，该窗口为湖南省首个标准信息咨询窗口。

2日　长沙出台《长沙市“迎新春送温暖、稳岗留工”专项行动工作方案》应对冬春季复杂的疫情防控形势，统筹做好稳岗留工与援企用工两项工作，针对就地过年的农民工等务工人员及医用物资生产等重点企业发布八大暖心举措。

4日　智能网联与智能工程机械融合创新应用平台项目合作协议在长沙签订。湖南湘江新区管委会、三一重工、湘江智能签订合作协议，三方利用自身资源，激活智能网联汽车与工程机械产业的深度融合，推动智能网联与智慧工程机械的融合应用、研发创新、标准共建与商业化推广。

18日　长沙市天心区、株洲市石峰区、湘潭市岳塘区在天心区举行长株潭政务服务“跨域通办”合作签约仪式。三方签订《政务服务“跨域通办”合作协议》，建立政务服务跨域通办工作机制，就梳理事项清单、统一业务标准、制定办理流程、设置通办专窗、畅通邮政寄递、智能终端互通等方面达成一致。

19日　全国首个智能手语双向政务服务在开福区启用，覆盖该区政务服务大厅和16个街道政务服务中心，通过人工智能的虚拟翻译，为听力障碍人士提供全方位双向无障碍沟通环境，让他们接受政务服务更便捷畅通。

是日　市住建局、市发展改革委、市资规局等6部门联合印发《关于下发推广建筑信息模型（BIM）应用工作实施意见的通知》。长沙将以推广应用建筑信息模型（BIM）技术为主要着力点，改变传统建造方式，推进互联网、大数据、人工智能等信息技术与建筑业深度融合，提升建筑智能化应用水平和“精美长沙”建设。

20日　全市奋力实施“三高四新”战略全面推进高质量发展大会举行，总投资317.36亿元的71个重大项目在长沙集中开工，大会印发《长沙市建设国家自主创新示范区三年行动计划（2021—2023年）》《长沙市全力打造具有核心竞争力的科技创新高地2021年工作实施方案》《长沙市打造内陆地区开放高地三年行动计划（2021—2023）》《长沙市2021年重大项目投资计划》等。

22日　长沙市召开长株潭一体化发展工作推进会。会议听取长沙市推进长株潭一体化发展相关工作情况汇报，并就《长沙市推进长株潭一体化发展五年实施方案（2021—2025年）（送审稿）》、长株潭一体化2021年三十大标志工程涉及长沙的项目和加快2021年具体项目建设等进行研究部署。

23日　中宣部公布第六批全国学雷锋活动示范点和岗位学雷锋标兵，长沙火车南站地区综合管理办公室、开福区清水塘街道清水塘社区党委书记汤国清（女）上榜。

是日　长株潭三市科技创新合作座谈会在岳麓科创港举行，与会人员对长沙提出的三市科技创新合作设想进行商讨，对在共建新一代人工智能创新中心、打造湘江西岸科创走廊、建立成果转移转化合作机制、建立科技创新资源共享机制、联合申报国家区域科技创新中心5个方面开展深入合作，达成基本共识。

24日　省发展改革委发布301个2021年省重点建设项目名单，其中长沙机场改扩建工程、湘雅路过江通道、枫花水库、望城5G智能终端产业园、三安长沙第三代半导体项目等60个长沙市重大项目上榜（不含跨区域线性项目或全省打捆项目）。

25日　世界城市与地方政府组织（UCLG）亚太区理事会会议以线上形式举行。大会选举产生2020—2022年UCLG亚太区理事会和执行局成员，长沙市同杭州市、西安市、福州市一道，当选UCLG亚太区执行局成员，成为亚太区20名执行局成员、60名理事会成员之一。

3月

3日　国务院办公厅在中国政府网发布《优化营商环境条例》实施情况第三方评估发现的部分创新举措，通报全国7座城市的创新举措，长沙创新举措入列。

4日　2021年QS世界大学学科排名公布，1440所大学（2020年为1368所）、51个学科、13000余个大学课程参与评选。其中，中南大学和湖南大学排名在世界前500名的学科总数分别为9个和4个。

5日　红色经典电影《雷锋》数字修复媒资交接仪式在湖南雷锋纪念馆举行，现场放映《雷锋》数字修复版。

6日　长沙市律师协会、株洲市律师协会、湘潭市律师协会联合在长沙举行长株潭城市群一体化律师业发展合作协议签署仪式，共同推动长株潭城市群律师行业合作、协同发展。

9日　暮坪湘江特大桥开工建设，其主桥结构采取钢桁架飞燕式拱桥形式。

是日　长沙高新区发布《关于推动园区先进制造业高质量发展的若干政策》，明确支持园区企业扩大发展规模，支持企业智能化、创新和倍增发展，对当年新获批的国家级、省级制造业创新中心，分别给予2000万元、200万元奖励。

16日　湖南首档融媒体在线老年教育系列节目《长沙市老干部大学电视云课堂》启动仪式在长沙市老干部活动中心举行。

17日　长沙市中级人民法院举行长沙法院少年法庭授牌仪式，在全省率先实现少年法庭全覆盖。

18日　“聚国际才智·筑创新高地——中国（湖南）自由贸易试验区国际人才港政策推介暨才智交流活动”在长沙经开区举行。现场发布《关于推进国际人才港建设加快人才集聚发展的若干措施》，从加快海外人才引进、促进国内人才集聚、提升人力资源服务3个方面，出台14条举措支持国际人才港建设。

19日　国家网络安全产业园区（长沙）网络安全测试认证中心启动并投入运营。

是日　湖南自贸试验区首个以数字贸易为特色的专业子园区——“黄花数字贸易港”在长沙黄花综合保税区举行开园暨首批入园企业签约活动，首批12个重点项目签约入驻。

23日　开福区通泰街启动历史街巷文旅潮玩“网红计划”，通过党建引领将辖区内的潮宗街、西园北里、西长街等片区建设成全域文旅示范街区和宜居幸福标杆街区。

是日　长株潭一体化发展青年行动第一次联席会议在长沙召开，长株潭三市共青团实施“振翅100”青年工匠培育等十大重点合作项目。

24日　党史学习教育中央宣讲团宣讲报告会在长沙举行。

是日　科技部复函湖南省人民政府，支持长沙市建设国家新一代人工智能创新发展试验区，长沙成为第十五个获批建设试验区的城市。

是日　省工业和信息化厅发布2021年“湖湘精品”中小企业品牌能力提升试点企业名单，湖南麒麟信安科技股份有限公司等27家长沙企业入围湖南省“百大企业”名单。

25日　全国首场百人百日同心绣党旗红色直播“绣”在开福区举行。

是日　长沙联合宁波、合肥、南昌、郑州、武汉、贵阳、株洲、湘潭等长江经济带7个省份9大城市，以线上视频会议的形式，举行长株潭都市圈与长江经济带部分城市政务服务“跨省通办”签约仪式。

28日　2021长株潭融城半程马拉松赛暨绿心乡村生态旅游节在天心区暮云街道许兴村启动。

是日　“光辉百年路　走红长株潭”红色之旅百团首发式暨2021长株潭红色文旅年启动式在长沙举办。

29日　“健康长沙”建设PPP项目长沙市妇幼保健院（河西新院）开工建设。

30日　中国（湖南）自由贸易试验区长沙片区人才政策发布暨项目集中签约活动举行，25个项目集中签约，总投资额330.9亿元。

是日　湖南湘江新区和岳麓区开展2021年开门红产业项目集中签约活动，23个项目落户，总投资逾700亿元。

是日　湖南自贸试验区长沙片区管理委员会揭牌启用，长沙片区综合服务中心同步运营。

是日　在首届全国优化中小企业发展环境论坛上，中国中小企业发展促进中心发布2020年度中小企业发展环境评估报告。其中，长沙综合排名居全国第11位、中部第一位，法治环境、融资环境两项指标进入全国前十位。

30—31日　长沙县、长沙经开区启动“智汇星沙”新型智库建设。该智库围绕长沙县智能制造、产城融合、会展经济、临空经济等领域，发挥“咨询”“传播”“转化”三大作用。

31日　中宣部、中央文明办在北京召开全国推进学雷锋志愿服务工作电视电话会议，公布2020年度全国学雷锋志愿服务“四个100”先进典型名单。其中，长沙“和谐号”高铁志愿服务联盟被评为“最佳志愿服务组织”，长沙市“雷锋号”青少年关爱家园被评为“最佳志愿服务项目”，浏阳市集里桥社区被评为“最美志愿服务社区”。

是日　首趟长沙—河内东盟国际货运班列开行。

是日　中信戴卡南方智能制造基地600万只个性化车轮项目投产暨铸件产业园签约仪式在望城经开区举行。

是日　山河智能SWE240FED电动智能挖掘机下线仪式在山河工业城举行，该挖掘机是国内首台电动智能挖掘机。

是月　湖南省委宣传部印发《关于命名首批湖南省学雷锋活动示范点和岗位学雷锋标兵的决定》，由长沙市推荐的长沙市雷锋学校、长沙市橘子洲站580女子青莲服务队被评为首批湖南省学雷锋活动示范点，长沙市出租汽车有限公司“蓝的雷锋车队”

2021年4月2日，2021环球城市招商引资推介大会在北京举行，长沙获"2020中国最具投资吸引力城市"和"2020中国十佳外商投资最满意城市"2个奖项　　市商务局　供图

队委彭友良被评为首批湖南省岗位学雷锋标兵。

4月

1日　2021年四季主题促消费活动暨春之约·品牌长沙消费季启动仪式在黄兴南路步行商业街举行。

是日　在2021年全国文化和旅游消费工作培训班上，举行第一批国家文化和旅游消费示范城市授牌仪式，长沙获"国家文化和旅游消费示范城市"授牌。

2日　2021环球城市招商引资推介大会在北京举行，发布《中国城市投资吸引力指数报告》，长沙获"2020中国最具投资吸引力城市"和"2020中国十佳外商投资最满意城市"2个奖项。浏阳市被评为"2020十大最具投资吸引力县（市）"，雨花区被评为"2020十大最具投资吸引力城区"。

是日　湖南第一师范学院和长沙晚报社举行合作签约仪式，双方决定共建长沙红色学院，为长沙第一个以"党建+高校+党媒"模式构建的红色教育长效平台。

是日　长株潭一体化发展常务副市长联席会议在长沙召开。会议审议讨论《长株潭城市群一体化发展行动计划（2019—2020年）》执行情况评估报告、《长沙县与株洲经开区、石峰区、荷塘区、芦淞区全面深化长株潭一体化发展战略合作协议》、2019—2020年实事工作纪实宣传片、长株潭一体化发展第三届书记市长联席会议方案以及《2021年长株潭一体化发展行动计划（审议稿）》《长株潭三市湘江（防洪）风光带工程控制性方案》《深入实施"三高四新"战略，全面推进长株潭重大产业高质量协同发展的意见（征求意见稿）》等。

5日　韩国临时政府长沙活动旧址纪念馆（又称"金九活动旧址"）开馆。从2021年4月起，该馆将每月第一周的星期一设定为"市民开放日"，面向长沙市民和在长沙工作和生活的韩国人免费开放。

7日　市委、市政府印发《长沙市持续提升空气质量　坚决打赢蓝天保卫战三年行动计划（2021—2023年）》。

是日　长沙黄花机场在全国率先推出并上线运用"中转通"小程序，在国内任何一个机场始发并经长沙黄花机场中转的旅客，均可通过小程序提前预定长沙黄花机场中转延伸服务产品。

8日　"春满湘鄂赣·美好新生活"2021文旅消费季启动暨初心源·湘鄂赣文旅一卡通首发仪式在长沙举行。

9日　长沙市创建全国版权示范城市工作推进暨版权创新与保护专题讲座会议召开。

是日　由湖南湘江新区管委会主办、湘江集团承办的落实"三高四新"战略目标重大项目推介暨银企合作签约活动在湖南湘江新区举行。现场发布湘江新区湘潭九华新片区兴隆湖项目、湘江融城科技小镇、湘江通航小镇等重大项目，总投资近1000亿元，并与多家金融机构签订战略合作协议，意向签约金额约610亿元。

是日　长沙经开区、长沙县、长沙会展新城高质量建设中国（湖南）自由贸易试验区半年度改革创新经验发布会暨2021年第二次重大项目集中签约活动举行。

10日　长株潭一体化发展第三届市委书记联席会议在湘潭韶山举行。会上，三市共同签署《关于深入实施"三高四新"战略全面推进长株潭重大产业协同发展的意见》《关于长株潭三市保护生态环境、共建生态文明的实施意见》《长株潭一体化发展2021年行动计划》等。

12日　长沙市政务服务大厅工程建设综合窗口施行"一窗无差别受理"，8个窗口可以无差别受理41个工程建设事项。

是日　市委宣传部公布湖南省苏维埃政府旧址（锦绶堂）等12家单位为2021年长沙市爱国主义教育基地。

13日　长沙至乌克兰基辅国际货运班列首发。

是日　国家减灾委秘书长、国务院普查办主任郑国光带队到长沙调研指导湖南自然灾害综合风险普查试点工作，并召开座谈会。副市长邱继兴汇报长沙试点工作情况。

是日　市住建局、市资规局、市城管局3部门联合出台《关于进一步加强"精美街道"规划建设管理工作的通知（试行）》，长沙将突破以往道路建设红线限定的范畴，对城市街道U形城市公共空间进行总体规划、整体设计、统筹实施，并按照政府主导、社会参与的共同协作模式开展一体化管理。该文件是国内城市中首次提出城市街道规划建设管理一体化的政策文件，也是长沙践行“四精五有”建设理念，推动“精美街道”建设的首个指导性文件。

14日 全省首个立足推进长株潭一体化的“飞地园区”——长沙雨花经开区（韶山）智能制造产业园一期6家企业签约入驻暨二期开工仪式在韶山市举行。

15日 首届长株潭一体化发展公共就业服务合作会商会议在长沙召开。

15—16日 宜宾市人大常委会主任陈政率调研组到长沙考察调研风景名胜区和流域保护工作。市人大常委会主任谢卫东、副主任王国海参加调研或座谈。

16日 首个长沙产业金融服务站在浏阳经开区（高新区）站挂牌成立，开启政府、银行、企业、媒体的合作新模式。

16—17日 2021互联网岳麓峰会在长沙举办。峰会围绕“三高四新”战略，紧扣“智链新百年，云聚新高地”主题，采取线上和线下相结合的模式举行。其他专场活动采取“7+1+1”模式，即7个长沙市内专场、1个娄底专场和1个交流活动，同时在线上对开幕式、岳麓论坛和各分场活动进行同步直播。峰会主会场设梅溪湖，同时在湖南湘江新区、长沙高新区、马栏山、山河智能、58小镇、岳麓书院等地开设分会场。

19日 全国政协民族和宗教委员会副主任全哲洙率调研组到长沙，就民间信仰管理工作开展专题调研。

20日 全国人大宪法和法律委员会副主任委员胡可明率调研组到长沙，就《中华人民共和国安全生产法（修正草案）》开展立法调研。

22日 全国人大宪法和法律委员会副主任委员江必新，全国人大常委会委员、全国人大宪法和法律委员会副主任委员徐辉率调研组到长沙，就数据安全法草案、个人信息保护法草案开展立法调研。

是日　湖南（长沙经开区）知识产权宣传周启动。现场，国家知识产权局专利局专利审查协作湖北中心授牌长沙经开区“专利审查协作湖北中心长沙工作站”；长沙市知识产权局授牌长沙经开区“中国（湖南）自由贸易试验区长沙片区知识产权公共服务中心”。

是日　市政府办公厅印发《长沙市全域推进美丽宜居村庄建设实施办法》，将按照“示范创建乡镇全域推进、面上其他乡镇集聚推进”的原则，以实现生态美、村庄美、产业美、生活美、风尚美“五美”为目标，面向全市开展以自然村落（屋场）为主体的“美丽宜居村庄”创建活动。

23日 长株潭人社公共服务一体化合作协议签约暨民营企业巡回招聘周启动仪式在长沙人才市场举行。三市共同签署《长株潭人社公共服务一体化发展2021年工作方案》《长株潭三市社区（村）基层公共就业服务平台标准化服务手册》《长株潭人社公共服务一体化发展人力资源合作协议》《长株潭人社公共服务一体化发展创业培训师资库共建共享协议》等协议和文件。

是日　省委组织部人才办、省人社厅、长株潭三市组织人社系统及长沙天心区、株洲石峰区、湘潭岳塘区在中国长沙人力资源服务产业园召开长株潭人才一体化发展首次联席会议，长株潭人才协同发展研究院同步揭牌。

24日 2021年中国（长沙）马栏山视频文创产业园部省共建推进工作会议在长沙召开。会上，国家广播电视总局与湖南省签署相关合作协议。双方在媒体融合、科技创新、产业发展、管理服务、精品创作、国际交流6个方面进一步加大合作力度，推动园区高质量发展，加快建成国内一流、具有国际竞争力的“中国V谷”。

是日　第328场中国工程科技论坛——智能建造及智能装备发展高端论坛在长沙举行。丁烈云、李培根、卢春房、杨华勇、刘飞香、周长进等院士、专家围绕智能化盾构施工、数字孪生技术、工程施工机械化与智能化、智能盾构装备等作主题报告。与会人员进行参观考察活动并开展咨询研讨。

25日 省人大常委会副主任周农到长沙开展《湖南省绿色建筑发展条例（草案）》立法调研。

是日　长株潭三市机关党建一体化发展启动仪式暨长株潭三市机关“百年华诞·红色经典诵读”活动在长沙音乐厅举行。长沙、株洲、湘潭三地的市直机关工委共同签署《以高质量机关党建服务长株潭一体化发展合作方案》，并授牌认定长株潭三市首批“党性教育现场教学点”。

26日 “奋力实施‘三高四新’战略——‘世界媒体艺术之都’第三届文化传媒业知识产权（版权）保护论坛”在中南大学科技园（研发）总部举行。当日，长沙市网络版权保护联盟成立，活动表彰长沙市首届优秀版权奖获奖者。

27日 市十五届人大常委会第四十次会议表决通过《长沙市人民代表大会常务委员会关于推动和保障长株潭一体化高质量发展的决定》。

是日　湖南湘江新区发展集团有限公司与中国免税品（集团）有限责任公司在长沙签署战略合作协议，双方共同推进长沙首家市内免税店落地。

是日　中国电信天翼云中南数字产业园项目签约仪式举行，全省投资最大的数字新基建标志性项目落户长沙。

是日　长沙地铁数字艺术馆在长沙地铁溁湾镇站开馆。

28日 长株潭一体化发展五四青年峰会在长沙举行，峰会包括青年峰会主题论坛、长株潭一体化发展青年科创成果对接活动、长株潭一体化发展青年人才招聘活动以及青年工匠论坛、青年科创论坛、青年开放论坛3个专题论坛。

29日　郑建新会见埃塞俄比亚驻广州总领事馆总领事（大使衔）吾乃图一行。副市长刘拥兵参加。

30日　全省脱贫攻坚总结表彰大会在长沙举行，长沙有42人被评为“湖南省脱贫攻坚先进个人”、25个单位被评为“湖南省脱贫攻坚先进集体”。

是日　湖南低空旅游首航暨星空飞行营地启航活动在长沙市傅家洲举行。

是日　以“乐享车生活，犇向新征程”为主题的2021湖南汽车展览会暨长沙市汽车消费节开幕，展会持续至5月5日。

是月　长沙市国土绿化试点示范项目通过财政部、国家林草局评审，被评为国家首批、湖南唯一的中央财政支持国土绿化试点示范项目。

5月

1日　即日起，在全市开展内地居民结婚登记全市通办试点工作，凡男女双方或一方户籍在长沙市的居民，可以在全市范围内任一县（市、区）婚姻登记机关办理结婚登记，其他婚姻登记业务暂不实行跨区域办理。

6日　省委常委、省委组织部部长王成到长沙，就城市基层党建、“两新”组织党建、党史学习教育等工作进行调研。

是日　住房和城乡建设部、工业和信息化部下发通知，确定北京、上海、广州、武汉、长沙、无锡6个城市为智慧城市基础设施与智能网联汽车协同发展第一批试点城市。

是日　长沙市乡村振兴局挂牌成立。

是日　长株潭一体化发展红十字行动签约暨2021年“红十字博爱周”活动启动仪式在橘子洲头举行。长株潭三城红十字会共同签署《长株潭一体化发展红十字合作框架协议》，授牌一批红色教育基地和红十字精神传播基地，长株潭三城联合成立红十字志愿服务总队。

7日　国务院办公厅印发通报，对2020年落实稳就业保民生、打好三大攻坚战、深化“放管服”改革优化营商环境、推动创新驱动发展、实施乡村振兴战略等有关重大政策措施真抓实干、取得明显成效的216个地方予以督查激励，相应采取30项奖励支持措施。长沙有7项工作8次获表扬激励。

是日　长株潭城际铁路“公交化”运营新闻通气会召开。当天同步启用新的列车运行图，长株潭城际铁路本线开行的动车组列车最高达到100.5对，开启“公交化”运营模式。

是日　由湖南、江西两省联手打造的“情牵红土地”庆祝中国共产党成立100周年大型全媒体主题宣传活动启动，启动仪式在长沙市橘子洲毛泽东青年艺术雕塑广场和南昌小平小道纪念馆同步举行，全程通过网络视频直播连接两地。

是日　399名长沙市民在452米的长沙IFS95楼上拼出一张巨大的“长沙笑脸”，创造“最大手举气球拼图（图案）”吉尼斯世界纪录。

是日　长沙县第二届“十行状元百优工匠”暨首届“乡村工匠”技能竞赛在金井镇金龙村举行。

8日　2021年中国生物医药技术创新高峰论坛暨湘江院士讲坛（第二期）在长沙举行，湖南生物医药科技协同创新中心揭牌。

9日　庆祝中国共产党成立100周年“传承红色基因·践行‘三高四新’”2021年长株潭城市群大型体育赛事系列活动启动仪式暨战马2021湘江马拉松赛·长沙站在长沙橘子洲景区青年毛泽东雕像广场举行。

10日　“岳麓山—八面山”走红龙山旅游年启动仪式暨2021龙山文旅宣传推介活动在长沙举行，“长沙—龙山”旅游专列开通。

是日　省工业和信息化厅发布《关于2021年湖南省专精特新小巨人企业拟通过复核名单的公示》，162家企业通过复核，湖南康通电子股份有限公司、湖南星邦智能装备股份有限公司等33家长沙企业上榜。

10—11日　北京市朝阳区党政代表团到长沙考察。11日，湖南长沙·北京朝阳两地经济社会发展座谈会召开。两地签署《北京市朝阳区人民政府　湖南省长沙市人民政府战略合作框架协议》及12个领域具体合作协议。

11日　世界权威工程机械信息提供商——英国KHL集团发布2021年全球工程机械制造商50强排行榜（Yellow Table 2021）。10家中国企业入围50强，其中三一重工、中联重科、山河智能3家长沙企业上榜。

13日　省委书记、省人大常委会主任许达哲在长沙考察中南大学湘雅医院建设发展及周边环境提质工作，并在医院主持召开“办实事、抓落实”现场办公会。

是日　国家发展改革委在苏州召开全国优化营商环境经验交流现场会，对2020年度国家营商环境评价结果进行通报讲评和经验交流。长沙作为营商便利度提升最快的城市代表作先进典型发言。

是日　长株潭生态环境保护一体化发展第一次联席会议在长沙召开。会议通过《长株潭生态环境保护一体化发展2021年行动计划》。

14日　市政府举行建设乡村振兴示范市政策文件新闻发布会，发布《关于建设乡村振兴示范市加快农业农村现代化的实施意见》《长沙市建设乡村振兴示范市规划纲要（2021—2025）》《长沙市建设乡村振兴七大专项行动方案》《长沙市乡村振兴示范创建乡镇联点工作方案》《长沙市全域推进美丽宜居村庄实施办法》《长沙市乡村振兴产业人才队伍建设若干措施》《长沙市建设乡村振兴示范市推进农业高质量高水平发展若干政策》《长沙市建设乡村振兴示范市推进农业高质量高水平发展若干政策实施细则》八大政策文件，明确长沙建设乡村振兴示范市的时间表、任务书和路线图，形成完善的建设乡村振兴示范市的规划布局和政策体系。

是日　省委常委、市委书记吴桂英会见到长沙考察访问的塞拉利昂驻华大使欧内斯特·恩多马希纳、布基纳法索驻华大使阿达马·孔波雷、斯里兰卡驻华大使帕利塔·科霍纳、南苏丹驻华大使馆副馆长昆巴·蒙代、津巴布韦驻华大使馆副馆长穆嘎布库·杜比、多哥共和国驻华大使馆参赞阿毕纳·内基当。

是日　市医疗保障局牵头组织召开长株潭一体化医疗保障工作联席会议。会议审议《长株潭一体化医疗保障"零距离"工作方案》，并举行长株潭一体化医疗保障"零距离"工作方案签约仪式。

是日　"相约雷锋家乡　'智'汇现代望城"百名博士望城行暨博士引进长沙专场招聘会在望城举行。

14—16日　第28届长沙图书交易会在湖南国际会展中心举行，展会内容包括评选发布"2021年长沙人最喜爱的10本书"、举办"书香长沙"2021购书节等。

17日　长沙公交集团有限公司揭牌成立。新组建的长沙公交集团为市管企业，是国有控股、民营参股的混合所有制企业，为长沙市城区地面公交唯一运营企业。

是日　往返于长沙梅溪湖片区至高新区园区之间的2条智慧通勤公交进入试运营，该项目是长沙首个进入试运营的智慧通勤公交项目，线路分东西2条，按固定时间发车，全天发车28趟。

是日　长株潭区域博物馆联盟成立大会在长沙博物馆举行，大会发布《长株潭区域博物馆联盟宣言》，"红色百年：革命文物专题图片展"同时在长沙博物馆开幕。

18日　蓝思科技黄花生产基地揭牌活动在长沙经开区举行，蓝思科技黄花园区开园。

是日　《长沙市法治营商环境报告2020》新闻发布会举行，该报告是全国第一个专题性的城市法治营商环境报告。

18—19日　WGDC2021第十届全球地理信息开发者大会在长沙举办。

19日　助力长株潭一体化发展统战部长联席会议在长沙举行，长株潭三市市委统战部部长共同签署协同助力长株潭一体化发展框架协议。

是日　湖南省第七次全国人口普查数据新闻发布会在长沙举行，发布湖南省第七次全国人口普查主要数据，全省常住人口6644.49万人，其中长沙市常住人口首破1000万人，人口集聚效应显现。

19—22日　2021长沙国际工程机械展览会举办。参展企业1450家，12万名专业观众现场洽谈交易，逾30万人次专业观众现场观展，近300万人次线上线下观展，现场成交额逾400亿元。

21日　长沙市党政代表团到北京市朝阳区考察学习。

是日　吴桂英率团到北京大学、清华大学、中国科学院高能物理研究所、中信集团考察学习交流。

21—22日　联合国教科文组织在纽约联合国总部举办"文化与可持续发展"高级别对话活动，郑建新代表中国14个创意城市应邀发表视频致辞。

22日　"共和国勋章"获得者、中国工程院院士、国家杂交水稻工程技术研究中心主任、湖南省政协原副主席袁隆平，因多器官功能衰竭，于该日13时07分在长沙逝世，享年91岁。

是日　长沙投资环境推介会在北京举行。其间，114个重大招商引资项目签约，总投资额逾1000亿元，涵盖智能制造、总部经济、片区综合开发、新基建等多种业态。

26日　长沙高新区融媒体中心上线，该中心是长沙首个园区融媒体中心。

是日　2021年长沙市科技活动周启动式在岳麓科创港举行。其间，市直部门举办25场主体活动，各县（市、区）和科技园区开展90余场科普活动。

是日　以"传承红色文化　传递诚信精神"为主题的2021中国网络诚信大会"星诚之约"手势舞云传递活动启动仪式在长沙举行。

27日　《2021城市商业魅力排行榜》发布，最新版新一线城市排名发布。在全国15个新一线城市中，长沙进入十强。

28日　2021年区块链服务网络应用创新峰会在长沙举行，区块链服务网络湖南主干网暨长沙市政务外网区块链服务网络平台上线运行。

是日　湘江西岸望城水域湖南湘船重工有限公司附近，全国首艘纯电动推进的环保接收船皋环保1号顺利下水。

30日　望城区铜官街道开展"'铜'走红色路·忆征程"主题活动在郭亮纪念园启幕。

31日　长株潭三市——长沙理工大学科技成果转化及金融服务对接活动举行，长沙理工大学"AI法律智能机器人""满足一致性要求的原料药研制"等12个项目与企业签约，签约金额6285万元。

6月

1日　"中国（湖南）自由贸易试验区工作办公室"揭牌，下设自贸区综合协调处、自贸区制度创新处、自贸区评估指导处，承担自贸试验区建设相关工作。

是日　省工业和信息化厅公布《湖南省产融合作制造业重点企业名单（2021年）》，中联重科股份有限公司、爱威科技股份有限公司等168家长沙企业入围。

3日　"'三高四新'领头雁　'守正创新'看长沙"长沙创新创业高峰

论坛暨第三届马兰花全国创业培训讲师大赛长沙市选拔赛启动仪式在马栏山（长沙）视频文创园举行。

是日　2021（第四届）中国产业区块链峰会在长沙开幕。会议以“产业驱动、链以致用”为主题，发布《2021中国产业区块链发展报告》《2021中国产业区块链生态图谱》《湖南省区块链白皮书》。

4日　长沙市（长沙县、长沙经开区）与株洲市（株洲经开区、石峰区、荷塘区、芦淞区）、湘潭市（湘潭县）区域一体化发展框架协议签约仪式在长沙县举行，发布34项推进长株潭一体化发展重点任务清单和23个重点项目清单。

8—9日　郑建新率团到四川省成都市，专题考察学习城市品质提升工作。9日，成都市政府与长沙市政府代表团开展交流座谈会。

9日　郑建新到青岛考察走访海信集团，就深化政企合作、推进项目建设进行对接交流。

10日　长沙的小吃制作技艺火宫殿臭豆腐制作技艺入选第五批国家级非物质文化遗产代表性项目名录。

10—11日　全国人大常委会法工委调研组到长沙，专题调研全国人大基层立法联系点创建工作。

11日　天际新能源汽车长沙工厂投产。

16日　郑建新会见泰国驻昆明总领事孟功一行。

是日　国家地理空间信息中心副主任李军率调研组到长沙，围绕大数据（含地理信息）产业链建设、数字经济、“双碳”建设等开展专题调研。

是日　赛迪顾问智能装备产业研究中心发布“2021中国先进制造业百强园区”榜单，长沙高新区位列全国第九位，较2020年上升一个位次，成为湖南唯一进入前十的国家级园区。

16—18日，全国总工会财务部部长朱虎祥率调研组到长沙调研基层工会工作。

17日　长沙第二届岳麓山青年戏剧节红色剧目展演季在岳麓区阳光100凤凰街303阳光剧场启幕。

18日　由市委党史学习教育领导小组办公室、市委宣传部主办的“就认这个理”2021年长沙市委党史学习教育微宣讲团示范宣讲活动在市图书馆举行，8位宣讲员围绕初心使命开讲。

是日　望城区举行首批“五星级雷锋志愿者”认证发布活动，冯正其等20人被评为望城区首批五星级雷锋志愿者，另有32人被评为首批四星级雷锋志愿者。

19日　中央宣传部新命名111个全国爱国主义教育示范基地，长沙新增新民学会旧址、橘子洲头毛泽东青年艺术雕塑2个全国爱国主义教育示范基地。

21日　长沙市人民政府、吉林大学、湖南湘江新区管理委员会签署合作协议，三方联合共建吉林大学·长沙汽车创新研究院。

是日　“学习强国”长沙学习平台App端、PC端上线，成为湖南省首家获批上线的市级学习平台。

23日　位于长沙高新区的湖南三安半导体产业园项目举行投产点亮仪式，标志着国内首条、全球第三条碳化硅全产业链生产线在长沙建成。

是日　长沙市公共卫生救治中心改扩建工程开工。

是日　第19届K2H（Korea Heart to Heart）国际交流公务员研讨会在长沙举行。

24日　长沙市大飞机产业发展座谈会召开。

25日　2021长沙产业金融服务节开幕式在望城经开区举行。望城经济技术开发区金融服务站、澳优乳业金融服务站等9个长沙首批产业金融服务站授牌，标志着长沙产业金融服务节核心平台开始运作。

是日　国家知识产权局公布第22届中国专利奖结果，长沙的中联重科股份有限公司的“臂架振动控制方法、控制装置、控制系统以及工程机械”的发明专利技术和中国铁建重工集团股份有限公司的“敞开式掘进机”发明专利技术获第22届中国专利奖金奖，另获专利银奖2项、优秀奖11项。

28日　长沙机场改扩建工程综合交通枢纽（GTC）主体工程开工仪式在长沙机场综合交通中心场坪举行。

29日　长沙召开科技创新大会暨国家新一代人工智能创新发展试验区建设推进会。

30日　“党的盛典　人民的节日”——省会长沙庆祝中国共产党成立100周年大型音乐焰火晚会在橘子洲焰火广场举行。

是日　长沙至德国法兰克福哈恩定期国际货运航线首航仪式举行。

7月

2日　湖南省庆祝中国共产党成立100周年座谈会在长沙召开。

是日　上午8时，湖南航空股份有限公司以“租赁贸易”方式引进的一架空客320型飞机降落在长沙黄花国际机场。该飞机在法国图卢兹空客工厂交付，由法国直飞湖南，是湖南省首架采用融资租赁异地监管模式的飞机。

4日　长沙市芙蓉区两岸青年文化产业孵化基地获批设立国家级海峡两岸青年就业创业基地揭牌仪式举行。

5日　长沙（国际）健康生态科技产业园暨中康信达全球医疗科技展示交易中心长沙馆项目在浏阳经开区（高新区）开工。

8日　2021年第一届长株潭职工职业技能擂台赛暨长沙市“十行状元、百优工匠”职工职业技能竞赛启动。

是日　位于长沙经开区的福田汽车长沙超级卡车工厂投产。

14日　工业和信息化部信发司副司长江明涛一行到长沙调研国家网络安全产业园区（长沙）建设工作。

是日 副市长刘拥兵会见加拿大驻广州总领事欧阳飞一行，双方就开展多领域合作、深化人文交流进行探讨。

是日 全国政法队伍教育整顿中央第十督导组组长裘援平一行到长沙调研李白烈士故居建设工作。

15—16日 2021中国网络诚信大会在长沙举办。

19日 长沙黄花国际机场3号货站投产启用。

20日 长沙市与北京市朝阳区在长沙联合举办智慧教育主题论坛暨结对学校合作协议签订仪式。

22日 推进长株潭产业（先进制造业）协同发展第二次联席会议召开，长株潭三市工信局负责人及企联（企协）负责人共同签署《全面推进长株潭产业（先进制造业）协同发展实施方案》《长株潭第一批名优工业产品互认协议》《长株潭企联协商合作框架协议》，三市联合发布《第一批长株潭名优工业产品目录（两型产品）》，150家企业、263个工业产品上榜。

22—23日 省人大常委会组织部分在湖南全国人大代表到长沙，开展“加强制度保障，推进中国（湖南）自贸试验区建设”专题调研。

27—28日 2021可信云大会发布“数字政府十大创新实践案例”，长沙政务云被评为“2021年数字政府十佳案例”。

28日 由中国印刷技术协会、湖南省印刷协会、长沙市委宣传部主办的庆祝中国共产党成立100周年“百年红色印刷”系列活动在长沙举行。活动现场，中宣部印刷发行局、中国印刷技术协会为长沙授牌“中国南方书刊印刷基地”。

是日 长株潭企业国际贸易合规及法律风险防控实务培训在长沙举办，中国贸促会湖南调解中心长沙办事处揭牌。

30日 长沙市投资控股有限公司成立暨揭牌仪式在滨江新城展示中心举行。

是月 经过全国人大常委会法工委实地考察和研究，并报全国人大常委会领导批准，市人大常委会被确定为全国人大常委会法工委基层立法联系点。

8月

2日 文化和旅游部发布公示全国乡村旅游重点镇（乡）名单，长沙市长沙县开慧镇上榜。

9日 长株潭先进储能材料产业联盟成立大会在长沙召开。

10日 交通运输部、公安部、商务部联合发布通报，决定命名长沙市等16个城市为“绿色货运配送示范城市”。

11日 农业农村部公布首批60个全国休闲农业重点县名单，长沙市的浏阳市入选。

12日 长株潭（岳麓区、天元区、芦淞区、雨湖区）政务服务一体化网上签约仪式举行，第一批涉及税务、企业注册登记、人社、医疗等领域的75个事项实现跨域办理。

17日 由赛迪顾问城市经济研究中心编制的《2021年中国城区经济高质量发展白皮书暨2021年赛迪百强区》发布。长沙市雨花区、岳麓区、天心区、开福区、芙蓉区进入全国百强区榜单。

24日 省科技厅公布湖南大学科学技术研究院等10家机构为首批湖南省技术转移示范机构，其中长沙8家上榜。

25日 长沙高铁西站综合交通枢纽工程开工动员仪式在长沙市望城区举行。

26日 中欧班列（长沙）首开湖南自贸专列。

27日 长沙印刷科技文创产业园开工奠基仪式在金霞经开区举行。

30日 长株潭三市科协战略合作推进工作协调小组第一次会议暨2021年长株潭三市科协战略合作联席会议在长沙举行，长株潭三市科协签署战略合作框架协议。

9月

1日 市委人大工作会议暨纪念长沙市人大设立常委会40周年会议召开。省委常委、市委书记吴桂英出席会议并讲话，市委副书记、市长、湖南湘江新区党工委书记郑建新主持会议。

是日 中国科协发布《2021—2025年度第一批全国科普示范县（市、区）名单》，长沙市的浏阳市位列榜单。

2日 南华生物医药股份有限公司与湖南大学共建的湖南省干细胞与生物材料工程研究中心在长沙揭牌，南华干细胞公共服务平台项目一期“临床级细胞生产基地”竣工。

3日 “百年风华，红动长株潭”——长株潭红色旅游直通车启动仪式在长沙县开慧镇杨开慧纪念馆举行，长株潭红色旅游直通车启动，开通4条经典线路，串联起长株潭三市多个主要红色景区，每周六发车，三市游客可点对点直达景区。

6日 长沙市推进“三高四新”战略暨投资环境（上海）推介会举行，推介会期间，签约43个项目，总投资582.7亿元。

7日 郑建新在上海考察走访祥源控股集团、复星国际有限公司、华人文化集团、千寻位置网络公司。

是日 郑建新到杭州考察走访浙江大华技术股份有限公司、网易集团杭州总部。

8日 《中国乡镇综合竞争力报告2020》发布，浏阳市永安镇位列2020中国乡镇综合竞争力百强榜单第88位、2020中国中部地区乡镇综合竞争力百强镇第2位。

10日 “爱长沙@长沙”首届网络文化节启动仪式暨“让网红长沙长红”分享会在长沙举行。为期3个月的网络文化节开展六大主题活动，推出“爱长沙@长沙主题盲盒”创意互动玩法和六大榜单评选。

10—12日　2021（第六届）中国国际食品餐饮博览会在长沙举办。展览总面积8万平方米，国内18个省（自治区、直辖市）1800余家企业参展，近万家企业采购。

13日　郑建新到北京走访考察同方股份有限公司。

是日　第三届“科学探索奖”获奖名单揭晓，50位青年科学家上榜，其中包括长沙3位科学家，他们分别是湖南大学的袁荃、姜潮，中南大学的何旭辉。

是日　商务部公布首批国家加工贸易产业园认定名单，湖南省长沙市加工贸易产业园成为全国首批13家国家加工贸易产业园之一。

15日　省委副书记、省长毛伟明到长沙机场、长沙高铁西站，调研“零距离”换乘综合交通体系建设工作。

16日　2021中国城市夜间经济发展峰会在长沙举行。2020年，长沙城市夜经济活跃度全国排名第三位，入选“最吸引年轻人生活的十大城市”，上榜“中国十大美好生活城市”。

16—17日　首届北斗规模应用国际峰会在长沙举行，通过主论坛、专题论坛、成果展览、配套活动等多个板块，展示北斗规模应用的最新成果。

17日　中联智慧产业城总部及三大智能制造园区开工仪式举行。

是日　浏阳经开区举行低碳园区建设战略合作框架协议签约活动，在全省率先与国网湖南电力开展低碳园区建设战略合作。

是日　长沙市首届“最美应急人”风采展示暨颁奖仪式举行，126人被评为长沙市首届“最美应急人”。

17—18日　2021世界计算大会在长沙国际会议中心举行。除开幕式暨开幕论坛外，举办6场主题峰会、3场专场活动、2场大赛，以及名家讲堂、国际青年学术交流、成果展等活动。

18日　集聚十余位中国当代诗坛大家长沙采风新作和湖南文艺界各方力量的诗集《万里长沙》在长沙杜甫江阁首发。

22—24日　中国共产党长沙市第十四次代表大会在长沙人民会堂举行。大会选举产生中国共产党长沙市第十四届委员会、第十四届纪律检查委员会和长沙市出席中国共产党湖南省第十二次代表大会代表，通过《中国共产党长沙市第十四次代表大会关于中国共产党长沙市第十三届委员会报告的决议》《中国共产党长沙市第十四次代表大会关于中国共产党长沙市第十三届纪律检查委员会工作报告的决议》等。

23日　市政府办公厅印发《长沙市深化农村公路管理养护体制改革实施方案》，全面推行农村公路路长制，预计到2025年实现县、乡、村道路长全覆盖，基本实现“有路必管、有路必养、管养到位”。

25日　2021中国民营企业500强峰会暨全国知名民营企业助推湖南实施“三高四新”战略大会在长沙举行。峰会发布“2021中国民营企业500强”等榜单和《2021中国民营企业500强调研分析报告》。大会签约项目100个，投资总额1487.6亿元。其中，长沙签约重大项目20个，总投资479.5亿元。

是日　湖南自贸试验区获批以来首家入驻长沙片区雨花高桥区块的中国工商银行长沙金汇支行开业，同时中非跨境人民币中心在该行揭牌。

26日　湖南体育代表团结束在第14届全国运动会的所有比赛，最终获25枚金牌、13枚银牌、9枚铜牌，位列金牌榜第八位。47枚奖牌中，有5金5银2铜共12枚奖牌由长沙运动员获得。

26—29日　第二届中国—非洲经贸博览会在长沙举行。举办中非经贸合作成果展、非洲品牌商品展、内外贸融合展等展览展示活动，以及中非食品和农产品合作论坛、中非医药健康产业合作论坛、中国—非洲产业园区推介会等22场配套活动。共签约135个项目，累计金额229亿美元。

27日　中国土木工程学会2021年学术年会暨第十八届中国土木工程詹天佑奖颁奖大会在长沙召开。

28日　“智能网联峰会2021”在长沙举行，华为公司与长沙市共同发布全国首个智能网联样板点。

是日　十三届全国人大代表长沙小组和部分十三届省人大代表到长沙进行专题调研，调研组先后到国家智能网联汽车（长沙）测试区、中

2021年9月28日，“智能网联峰会2021”在长沙举行　　市地方志编纂室　供图

联重科（智慧产业城）、湖南楚微半导体等项目，专题调研长沙打造具有核心竞争力的科技创新高地工作推进情况。

29日　长沙市举行国家科技创新中心建设座谈会暨长沙市与高等院校（科研院所）创新发展联盟启动及签约活动。

是月　国家统计局提供的《经济社会发展统计图表：第七次全国人口普查超大、特大城市人口基本情况》公布，长沙新晋特大城市。

10月

9日　岳麓种业峰会在长沙开幕，峰会现场发布中国种业领域年度“十大进程”，开展“100+N”开放协同创新体系合作备忘录、岳麓山种业创新中心共建协议、种业硅谷产业链招商协议三轮签约。

11日　中国（湖南）自由贸易试验区长沙片区举行自贸总部基地建设启动仪式暨一周年改革创新成果发布活动，10个重大项目签约，总投资183亿元。湖南自贸试验区长沙片区十大改革创新实践案例发布。中国（湖南）自由贸易试验区国际金融港、国际人才港、国际先进制造业总部经济中心、知识产权服务中心和中非国际经贸总部基地等5个重大功能性平台授牌。

12日　长沙市推进“三高四新”战略暨投资环境（深圳）推介会举行，推介会期间有51个项目签约，总投资约623亿元。

12—13日　吴桂英率队在广东省广州市、深圳市、东莞市考察重点企业园区。

12—13日　国务院发展研究中心副主任王安顺一行到长沙调研。

14日　国家技术标准创新基地（长株潭）入驻湖南省检验检测特色产业园揭牌和10家标准创新中心授牌仪式在长沙举行。

14—15日　省人大常委会副主任叶红专率省人大常委会执法检查组到长沙，对《中华人民共和国职业教育法》《湖南省职业教育条例》的贯彻实施情况进行检查。

15—17日　2021年湖南省花木博览会在长沙举行。

16日　2021（长沙）国际稻作发展论坛开幕。

16—20日　市人大常委会主任谢卫东率队在西藏自治区山南市贡嘎县考察调研对口援藏工作并看望慰问长沙援藏干部。

18日　省政协主席李微微率部分省政协委员在长沙市开展微建议工作视察调研。

是日　科学技术部国外人才研究中心发布2020年“魅力中国——外籍人才眼中最具吸引力的中国城市”主题活动结果。长沙市被评为2020年“魅力中国——外籍人才眼中最具吸引力的中国城市”最具潜力城市，综合排名第17位。

18—20日　博鳌亚洲论坛全球经济发展与安全论坛博览会在长沙国际会议中心举行。

20—21日　2021年亚太绿色低碳发展高峰论坛在长沙举行。

21日　第十五届湘台经贸文化交流合作会暨首届海峡两岸产业合作岳麓山论坛在长沙开幕。

是日　长江中游城市群碳达峰碳中和市长圆桌论坛在长沙举行。

是日　长沙市修定出台《长沙市城乡居民基本养老保险办法》，自2022年1月1日起实施，有效期5年。

22日　在第12届中国商品市场峰会上，《2021年度中国商品市场综合百强》揭晓。湖南省有5家市场上榜，5家市场均来自长沙。

是日　市委办公厅、市政府办公厅联合印发《长沙市全面推行林长制实施方案》。

23日　2021中国新能源产业经济发展年会暨中国国际氢能创新发展高峰论坛在长沙举行。

23—24日　第二届“长沙·中国1024程序员节”在长沙举行。

25日　教育部人文交流中心公布2021年中外人文交流全媒体产教融合等项目首批合作院校名单，长沙学院成为湖南省唯一一所入选高校，入选教育部2021年中外人文交流全媒体产教融合项目首批合作院校。

27日　21世纪经济报道联合相关单位联合发布第二届《中国潮经济·2021网红城市百强榜》，长沙入选中国2021“网红城市”前十。

29日　农业农村部等6部门联合公布第二批全国乡村治理示范村镇名单。其中，长沙县青山铺镇入选第二批全国乡村治理示范乡镇；望城区乌山镇团山湖村、长沙县春华镇春华山村、浏阳市沙市镇东门村、宁乡市菁华铺乡陈家桥村入选第二批全国乡村治理示范村。

11月

1日　全国工商联发布2021年度“万家民营企业评营商环境”调查结果，长沙在全国城市中排名第九位。

3日　省人大常委会党组书记、副主任刘莲玉率队在长沙市调研基层立法联系点工作。

4日　住房和城乡建设部印发《关于开展第一批城市更新试点工作的通知》，决定在北京等21个城市（区）开展第一批城市更新试点工作，长沙成为湖南唯一城市更新试点城市。

5日　第八届全国道德模范座谈会在北京举行，长沙的刘习明被评为第八届全国道德模范。

8日　省人大常委会副主任黄关春率队到长沙开展中央人大工作会议精神和省委人大工作会议精神宣传宣讲以及“我为党代会建言献策”专题调研。

12日　工业和信息化部公布第三批工业产品绿色设计示范企业名单，117家企业上榜。其中长沙2家，分别为位于长沙经开区的山河智能装备股份有限公司和位于浏阳经开区的宇环数控机床股份有限公司。

16日　副省长谢卫江调研长沙基础教育工作。

是日　国家医疗保障信息平台在长沙上线，标志着医保线上业务经办和医保信息数据融入“全国一张网”。

18日　交通运输部发布《关于2021年“四好农村路”全国示范创建结果的公示》，长沙市的望城区、浏阳市入选“四好农村路”全国示范县，长沙市入选“四好农村路”市域示范创建突出单位。

19日　长株潭一体化跨境电商人才孵化基地授牌仪式暨跨境电商人才工作会议在长沙举行。

22日　中国科协办公厅公布2021—2025年度第二批全国科普示范县（市、区）创建单位名单，长沙市的天心区、开福区、雨花区上榜。

24日　工业和信息化部发布第五批国家级工业设计中心名单，湖南有5家企业上榜。其中，落户湖南湘江新区湘阴新片区的“湖南省金为新材料科技有限公司钢防护产品及门窗幕墙工业设计中心”上榜。

29日　湖南省肿瘤医院淋巴瘤血液内科开具省内首张瑞基奥仑赛注射液的处方，72岁的张嫔驰成为全省首位接受该种CAR-T细胞免疫疗法的肿瘤患者。

12月

1日　山河智能绿色智慧矿山成套装备推介暨5G+智能钻机发布会在湖南长沙山河工业城举行，全球首创5G+智能钻机发布。

2日　中国（湖南）自由贸易试验区知识产权质押融资银企对接会在长沙经开区举行，6家银行、13家企业进行知识产权质押融资项目现场签约，签约贷款总金额9620万元。

是日　中联重科、山河智能、三一重工、铁建重工等共同成立湖南国重智联工程机械研究院有限公司，注册资本1.5亿元。

3—4日　湖南省第七届生态文明论坛浏阳年会暨湘赣边区域生态合作共建研讨会在浏阳举行。在论坛上，浏阳发布《浏阳倡议》，并与醴陵、平江、袁州、铜鼓、万载、上栗、莲花7个县（市、区）联手启动湘赣边区域生态环境一体化合作，以全面加强湘赣边区域生态合作共建、生态环境共保联治。

4日　蓝思科技与中国建材集团有限公司的全资子公司凯盛科技集团有限公司签订《战略合作协议》，为双方奠定战略合作伙伴关系。

5日　“2021年长沙市夜间消费示范系列评选”结果公布，长沙新增140个夜间消费示范点：10个“夜间消费示范商圈”、10个“夜间消费示范街区”、50个“夜间消费示范名片”、70个“夜间消费示范门店”。

6日　第七届“湖湘杯”网络安全技能大赛颁奖仪式在长沙举行。

是日　第三届中国工业互联网大赛长沙站颁奖仪式在长沙高新区举行，“云切在线”钢板切割共享平台获大赛一等奖。颁奖仪式现场发布《湖南工业互联网创新发展白皮书2021》。

是日　中郡研究所发布《2021县域经济与县域发展监测评价报告》，揭晓第21届全国县域经济百强县和县域经济与县域综合发展前100名县市名单。全国县域经济百强县，长沙县列第5位，浏阳市列第10位，宁乡市列第18位；县域经济与县域综合发展前100名，长沙县列第3位，浏阳市列第8位，宁乡市列第15位。

是日　由民政部、人力资源和社会保障部联合举办的首届全国养老护理职业技能大赛中，湖南参赛队的4名选手中，长沙选手田英姿、翟浩霖获全国一等奖。

7日　12时12分，由长沙高新区企业天仪研究院研制的宝酝号卫星和丽泽一号卫星搭载谷神星一号遥二运载火箭在酒泉卫星发射中心发射升空。

8日　郑建新会见新加坡驻广州总领事罗德杰一行。

是日　2021年长株潭高校科技成果转移转化对接活动在岳麓山大科城举行。活动发布重要科技成果379项，涉及智能制造、新材料、生物医药、轨道交通等14个重点行业领域，中南大学、湖南大学、湖南师范大学3所高校的18个优质项目实现签约转化，总金额1.1亿元，其中1亿元在长株潭区域内实现就近就地转化。

是日　长沙市首条特殊食品经营示范街——天心区特殊食品经营示范街在青园街道迎新路揭牌。

是日　长沙至布鲁塞尔“客改货”包机航班首航。

9日　“文化润疆富民兴疆——湖南行”2021年吐鲁番市招商引资推介会在长沙举行。活动现场签订项目33项，签约总额153亿元，涉及文旅、新能源、装备制造、农副产品精深加工、冷链物流等领域。

10日　《长沙市殡葬管理条例》公布，该条例由长沙市第十五届人民代表大会常务委员会第四十三次会议于2021年10月29日通过，湖南省第十三届人民代表大会常务委员会第二十七次会议于2021年12月3日批准，自2022年9月1日起施行。

是日　由省民政厅、中国社会保障学会、湖南日报社共同主办的“创新与高质量发展——2021中国（湖南）岳麓山养老服务高峰论坛”在长沙开幕。

是日　由参考消息报社、新华社新闻信息中心联合主办的首届“中国城市国际传播论坛”在北京举行，长沙被评为“商务吸引力领军城市”。

是日　长沙首届新型智慧城市典型应用和解决方案发布暨生态共建大会召开。

是日　中国智能汽车（交通）创新发展论坛在长沙国际会展中心举

行。论坛以“智慧交通，美好出行”为主题，采取线上＋线下全程视频直播的方式。

10—12日 长沙市建设国家科技创新中心启动式暨2021中部（长沙）人工智能产业博览会举行，长沙发布《关于加快建设国家科技创新中心的实施意见》和“十大重大科技创新标志性项目”等。

11日 长沙市“万企兴万村”行动推进大会在宁乡市煤炭坝镇召开。会上，8个村分别与企业、商会签订战略合作协议，宁乡市煤炭坝镇贺家湾村等10个长沙市“万企兴万村”示范创建基地获授牌。

11—14日 由中国医药物资协会与长沙市政府合作主办的第16届中国成长型医药企业发展论坛在长沙举行。

13日 长沙博物馆举办“2020长沙记忆·当代物证”征集成果发布会，七夕“爱心红绿灯”、长沙2路公交爱心车队留言本等百件（套）物品作为2020年长沙记忆的当代物证入藏长沙博物馆。

14日 国家市场监督管理总局实地调研打击传销工作座谈会在长沙举行。

15日 平安中国建设表彰大会在北京召开，长沙被评为“2017—2020年度平安中国建设示范市”，并第三次获全国平安建设最高奖——“长安杯”，长沙成为全国连续三届获“长安杯”的三个省会城市之一。

15—16日 2021国际商事法律合作论坛在长沙举行。

16日 吴桂英会见到长沙考察交流的西藏自治区山南市贡嘎县党政代表团。

是日 庆祝河长制实施5周年重点影片《浏阳河上》全国首映式在长沙举行。

17日 由联合国教科文组织、中国联合国教科文组织全国委员会、长沙市人民政府、南京市人民政府共同举办的2021“一带一路”青年创意与遗产论坛特别对话活动举行。

18日 第五届中国（长沙）果品产业博览会在湖南长沙红星国际会展中心举行。

20日 国家广电总局发展研究中心、监管中心、广播电视规划院与马栏山视频文创产业园联合发布“2021视频文创产业发展指标”（马栏山指数），马栏山数字资产交易平台同时启动上线。

是日 胡润研究院发布《2021全球独角兽榜》，全球有1058家独角兽企业上榜，上榜的中国企业中，总部位于长沙的有3家，分别是兴盛优选、文和友以及微牛。

20—22日 长沙市第一届职业技能大赛在长沙贺龙体育中心举行。

22日 省委农村工作领导小组办公室发布《关于推进2021—2022年省级全域美丽乡村示范镇（乡）创建工作的通知》，公布38个省级全域美丽乡村示范镇（乡）创建名单，浏阳市北盛镇是长沙唯一一个入围省级全域美丽乡村示范创建的乡镇。

24日 湖南省涉台教育基地（长沙）授牌仪式举行。

28日 欧美同学会海归小镇（长沙·智能制造）项目在望城区开工。

是日 湖南省人民政府召开新闻发布会，会上发布《中共湖南省委、湖南省人民政府关于表彰第一届新湖南贡献奖先进集体和先进个人的决定》，长沙20家企业、22人上榜。

是日 第23届中国国际高新技术成果交易会在深圳举行。在国家信息中心和国际数据（亚洲）集团（IDG Asia）联合主办的2021亚太智慧城市发展论坛上，长沙市被授予“2021中国领军智慧城市”称号。

29日 湖南省人民政府举行第一届“新湖南贡献奖”和“2021三湘民营企业百强榜”发布会，澳优董事长颜卫彬被授予第一届新湖南贡献奖先进个人荣誉称号；澳优入选“2021三湘民营企业百强榜”。

2021年12月29日至2022年1月1日 政协长沙市第十三届委员会第一次会议举行。会议审议通过文树勋代表政协长沙市第十二届委员会常务委员会所作的工作报告、文丽霞代表政协长沙市第十二届委员会常务委员会所作的关于提案工作情况的报告；会议协商讨论市长郑建新所作的政府工作报告；协商讨论关于长沙市2021年国民经济和社会发展计划执行情况与2022年国民经济和社会发展计划草案的报告、关于2021年全市和市本级预算执行情况与2022年全市和市本级预算草案的报告；协商讨论长沙市中级人民法院工作报告、长沙市人民检察院工作报告；协商讨论有关人事事项，并对上述报告和有关人事事项表示赞成。会议选举产生政协长沙市第十三届委员会主席、副主席、秘书长和常务委员等。

30日 “2021中国最具幸福感城市”调查推选结果在北京发布，长沙被评为“中国最具幸福感城市”。

2021年12月30日至2022年1月2日 长沙市第十六届人民代表大会第一次会议举行。大会表决通过市十六届人大一次会议关于设立长沙市第十六届人民代表大会专门委员会的决定，长沙市第十六届人民代表大会设立民族华侨外事委员会、监察和司法委员会、法制委员会、财政经济委员会、教育科学文化卫生委员会、环境与资源保护委员会、农业与农村委员会、社会建设委员会8个专门委员会。表决通过长沙市第十六届人民代表大会各专门委员会主任委员、副主任委员、委员名单。表决通过市十六届人大一次会议关于市人民政府、计划、预算和市人大常委会、市中级人民法院、市人民检察院6个报告的决议等。

31日 贯彻实施省人大常委会《关于促进和保障长江流域禁捕工作的决定》暨长沙市“智慧渔政”监管系统启动活动在湘江风光带举行。

中国共产党长沙市委员会

CHANGSHA MUNICIPAL COMMITTEE OF THE COMMUNIST PARTY OF CHINA

编辑　周海波

综　述

2021年，长沙市紧紧聚焦“三高四新”战略定位和使命任务，实施“强省会”战略，推进高质量发展，建设现代化新长沙，推动政治生态风清气正、经济平稳健康发展、社会大局和谐稳定，实现“十四五”良好开局。

政治建设　落实长沙市委常委会会议第一议题、市委理论学习中心组学习会议首要内容等制度，安排43次专题学习和16次市委理论中心组集体学习，举办全市领导干部学习贯彻中共十九届五中全会精神专题研讨班，组织开展庆祝中国共产党成立100周年座谈会和市级领导干部研讨交流会。利用“就认这个理”“百人宣讲团”“学习强国”学习平台等载体，开展中共十九届六中全会、习近平总书记“七一”重要讲话等学习宣传，举办宣讲报告会和基层群众面对面微宣讲1.2万余场次，红色宣讲报告会2500余场，覆盖1400万余人次。审议通过《关于深入学习贯彻落实习近平总书记考察湖南重要讲话精神当好实施“三高四新”战略领头雁 奋力建设现代化新湖南示范区的决定》《关于深入学习贯彻习近平总书记在庆祝中国共产党成立100周年大会上的重要讲话精神 奋力谱写新时代坚持和发展中国特色社会主义长沙新篇章的决定》。推进“党建聚合力”工程，铺排党建“六件大事”。开展“政治领航”“培根铸魂”“强基赋能”“和谐善治”“同心聚力”“清廉长沙”六大行动，出台《关于加强新一届市委班子建设的决定》《关于进一步贯彻落实中央八项规定及其实施细则精神的实施意见》，建立市委常委、县（市、区）委书记向市委常委会述职和联点产业链、基层支部等机制，探索创新拉练点评、“月调度、季讲评、年考核”等工作方法。开展4次专题学习研讨，把学史明理、学史增信、学史崇德、学史力行贯穿学习教育全过程。“学好四本书、办好四大课堂”等做法获中央指导组肯定。实施“我为群众办实事”项目35万余个，新增学位5.7万个、床位2200个、车位18.7万个，改厕2.2万个，加装电梯1012台，中南大学湘雅医院、湖南省儿童医院、长沙火车站等周边环境提质改造。召开庆祝中国共产党成立100周年理论研讨会和座谈会，评选表彰“两优一先”，举办“大江大河交响季·百里画廊百年歌”“橘子洲焰火晚会”等文艺庆典活动，为4.6万名老党员颁发“光荣在党50年”纪念章。推动政法队伍教育整顿，推动情况大起底、线索大清查、顽症大整治、问题大整改，开展政治轮训51场次，发现整改问题6032条，形成制度成果556项，立案调查涉嫌违纪违法干警258人、留置13人。把牢“以实绩论英雄、凭实绩论干部”用人导向，配强74个乡镇党委班子和9个县（市、区）党委、人大、政府、政协班子，换届后县（市、区）党政领导班子年轻干部比上届增长38%，全日制大学以上学历干部39.2%，乡镇党委班子平均年龄37.9岁、大学本科以上学历干部86.6%。查处刘某、彭某等腐败典型案例，全市立案2406件、结案2339件、处分2146人。整治粮食、工程招投标、医疗保险等领域腐败问题，狠刹违规“吃喝风”，查处违反中央八项规定精神问题478起、处分355人。坚持政治巡察定位，对27个单位党组织开展巡察监督，移交问题线索142条。

经济发展　2021年，全市地区生产总值比2020年增长7.5%、逾1.3万亿元，地方一般公共预算收入比2020年增长8%。全市铺排重大项目1373个，完成投资5004.5亿元，占年度计划的127.8%；新引进重大招商引资项目155个、总投资额1800余亿元，其中新引进“三类500强”项目67个。“1+2+N”优势产业集群（“1”即1个工程机械世界级先进制造业集群；“2”即先进储能材料、新一代自主安全计算系统2个国家级先进制造业集群；“N”即先进计算、生物医药和高端医疗设备、智能网联汽车、功率半导体和集成电路、显示功能器件、智能终端、人工智能、节能环保及新能源装备、现代种业、新型合金等N个省级先进制造业集群）壮大，24个标志性重点项目整体超额完成年度投资，22条产业链引进投资额1002亿元，涉及长沙的“省十大产业项目”（大众电动汽车、意华交通装备、山河工业城三期、马栏山视频文创产业园、中联智慧产业城、三一智联重卡、岳阳己内酰胺、三安半导体、蓝思消费电子、华菱涟钢薄板深加工产业园项目）、“市十大产业项目”［长沙（金霞）消费电子产业集聚区、三一智联重卡零部件和工程机械扩产项目、汇智新城科技园（中联智慧产业城二期）、比亚迪新能源动力电池宁乡生产基地、马栏山视频文创产业园、山河工业城三期项目、蓝思科技视窗触控玻璃面板生产项目、三安半导体产业园一期、望城经开区5G智能终端产业园、格力冰洗生产基地］分别完成年度计划投资158%、140.2%；工程机械成为国家首批公示的先进制造业集群，长沙成为全国唯一获得智能网联汽车领域4块国家级牌照的城市。全市市场主体总量137.2万户，其中A股上市公司总数78家、稳居中部首位，在长沙投资的世界500强企业总数178家。推进“三区两山两中心”［“三区”即长株潭国家自主创新示范区、湖南湘江新区、湖南自贸试验区长沙片区；“两山”即岳麓山大学科技城、马栏山视频文创产业园；“两中心”即岳麓山种业创新中心、岳麓山（工业）创新中心］建设，新增3个国家级创新平台，实现国家技术创新中心零的突破；高新技术企业逾5200家、技术合同成交额逾520亿元、均占全省近一半；获国家科技奖13项，与清华大学、北京大学等高校和科研院所深化产学研合作，科技成果转化率增长至33%；新增两院院士5人，中高端人才净流入率居全国前三位。铺排重点改革任务717余项，自贸区长沙片区形成34项制度创新成果，数字人民币改革试点走在全国前列，中欧班列（长沙）全年开行突破1000列，实际利用外资20.1亿美元，跃升至中部城市首位，举办中非经贸博览会、博鳌经安论坛、长沙投资环境系列推介会等重大节会，长沙再次被评为中国最具投资吸引力城市、中国十佳外商投资最满意城市。

城市建设　编制《长沙市国土空间总体规划（2020—2035）》，坚持“东拓、西提、南融、北进、中优”，加快完善“十个重大城市片区”（金阳新城片区、金洲新城片区、金霞新城片区、滨江金融片区、国际会展片区、高铁西城片区、南部融城片区、隆平片区、大泽湖片区、大王山片区）控规编制，形成“一核两副十片、一轴一带两廊”［“一核”即长沙中心城区；“两副”即浏阳城区和宁乡城区；“十片”即金阳新城片区、金洲新城片区、金霞新城片区、滨江金融片区、国际会展片区、高铁西城片区、南部融城片区（含解放垸—大托铺、暮云片区、跳马片区）、隆平片区、大泽湖片区、大王山片区。“一轴”即湘江综合发展轴；“一带”即长浏宁城镇发展带；“两廊”即长株制造业走廊、长潭科创走廊］的城市空间格局。长沙城市常住人口1004.79万人，进入特大城市行列。推进国家综合交通枢纽中心建设，实施城市和建筑景观风貌品质提升行动，推进“十个重大基础设施项目”，长沙高铁西站、香炉洲大桥等开工，长赣铁路、长沙机场改扩建工程等加快建设，地铁6号线通车试运行。开展“百日奋战　扮靓星城”市容环境整治，推进10个重大基础设施项目建设、8个重点片区城市更新、100个城区精美小区提质改造。落实长株潭一体化“1+3+10”（“1”：《长株潭一体化发展2021年行动计划》；“3”：《关于深入实施“三高四新”战略全面推进长株潭重大产业协同发展的意见》、《关于长株潭三市保护生态环境、共建生态文明的实施意见》、湖南湘江新区管委会与湘潭市人民政府共同签署《湖南湘江新区湘潭市人民政府关于九华片区综合开发战略合作协议》；“10”：市直发改、工信、人社、商务、科技、环保、资规、文旅、卫健、交通部门签署的10个专项合作协议）战略合作协议；策划2021年长江中游城市群碳达峰、碳中和峰会，湘赣边区域合作示范区建设方案获国务院批复，与北京市朝阳区签订“1+12”全方位战略合作协议。启动新型智慧城市示范城市建设，推进“全国法治政府建设示范市”创建，推进市域社会治理现代化试点，政务云创新中心、城市超级大脑、国际商事法律服务中心建成运行。

共同富裕先行区　铺排“一县一特”重点农业产业项目182个，农产品加工业产值逾2900亿元、占全省五分之一；全域铺排建设美丽宜居村庄955个、创建美丽庭院4.3万户，农村生活垃圾分类覆盖率100%、减量率60%；全年未发生致贫返贫现象，投资3.55亿元对口帮扶龙山县等6县，“湘赣红”品牌影响力显著增强。完成十大重点民生实事项目、十大公共服务设施项目建设［长沙黄花机场改扩建工程；香炉洲大桥；常益长铁路项目（含长沙高铁西站综合客运枢纽）；椒花水库；长沙果园1000千伏输变电工程；轨道交通6号线；长益复线至兴联路大通道工程；湘府东路（浏阳河—黄兴大道，含湘府路浏阳河大桥）；暮坪特大桥；湘雅路过江通道］，民生支出占公共预算支出比重逾70%，城镇新增就业14.71万人，城镇调查失业率5.1%、为全省最低，建成市儿童福利院、60家社区养老居家养老中心、8家标准化疾控中心、100个标准化村（社区）综合文化服务中心、30个文旅融合示范点、200个智慧社区健身中心。长沙连续14年被评为“中国最具幸福感城市”，连续3届蝉联全国文明城市。打好蓝天、碧水、净土保卫战，启动实施蓝天保卫战“新三年”计划，开展“双碳”（碳达峰、碳中和）试点，抓实中央、省级生态环保督察及“回头看”反馈问题整改，2021年全市空气质量优良天数累计304天、优良率83.3%，全市32个国、省控考核断面平均水质优良率保持在100%。打好打赢2场境外输入疫情遭遇战、歼灭战，报告9个阳性病例，未造成当地传播。推进安全生产专项整治3年行动集中攻坚。

社会主义民主政治建设　围绕打造“三个高地”（国家重要先进制造业高地、具有核心竞争力的科技创新高地、内陆地区改革开放的高地）、“双五”工程［“五区”建设、“五个十大”（十大产业项目、十大技术攻关项目、十大基础设施项目、十大公共服务设施项目、十大民生实事项目）］等重点领域加强地方立法、开展人大监督、发挥人大代表作用，制定法规4部、修改6部。依法依章履行政治协商、民主监督、参政议政职能，围绕完善自贸区和湘江新区平台功能、构建更强大的公共卫生服务体系等开展协商建言，遴选2件提案公开办理协商，全年征集提案360件、立案340件，办理满意率95%。连续29年开展“新春第一访”，完成7个民主党派市委会、市工商联、市知联会和市侨联换届，启动同心长沙建设“八百工程”（优秀党外干部、党外知识分子和归国留学人员、青年民营企业家人才库，以及民主党派代表人士、新的社会阶层代表人士、港澳台代表人士、侨界代表人士、民族宗教界代表人士8个人才库各明确100名左右代表人士）。加快创建全国民营经济示范城市，承办2021中国民营企业500强峰会，设立长沙“企业家日”。　（本栏撰稿　李　芸）

决策部署

【《中共长沙市委关于深入学习贯彻习近平总书记考察湖南重要讲话精神当好实施“三高四新”战略领头雁、奋力建设现代化新湖南示范区的决定》出台】 2021年2月18日，中共长沙市委办公厅印发《中共长沙市委关于深入学习贯彻习近平总书记考察湖南重要讲话精神当好实施“三高四新”战略领头雁、奋力建设现代化新湖南示范区的决定》（以下简称《决定》）。《决定》由以高度的政治自觉推动习近平总书记考察湖南重要讲话精神在长沙落地生根；强化省会担当，当好实施“三高四新”战略的领头雁；抓好重点工作，奋力建设现代化新湖南的示范区；牢记初心使命，争当走好新时代长征路的排头兵4个部分组成。《决定》的出台对号召全市深入学习贯彻习近平总书记考察湖南重要讲话精神，全面落实中共十九届五中全会，省委十一届十一次、十二次全会精神，统一思想行动，牢记使命嘱托，强化省会担当，当好实施“三高四新”战略的领头雁，奋力建设现代化新湖南的示范区具有重要意义。

【《中共长沙市委关于〈关于深入实施“党建聚合力”工程以高质量党建引领高质量发展的意见（试行）〉的通知》出台】 2021年4月22日，中共长沙市委办公厅印发《中共长沙市委关于〈关于深入实施“党建聚合力”工程以高质量党建引领高质量发展的意见（试行）〉的通知》（以下简称《通知》）。《通知》由重要意义、总体目标、主要任务、加强组织领导4个部分组成。《通知》的出台对构建“一统五联”工作体系，进一步理顺体制、放活机制、整章建制，不断提高党建工作的整体性、系统性、融合度、贡献力，切实推动各级各单位组织力量合于一体、队伍思想合于一处、作用发挥合于一流，抓好“五个着力”、强化“五个持续”、做实“五区建设”、办好“六件大事”凝聚起强大合力。

【《中共长沙市委长沙市人民政府关于印发〈中国（湖南）自由贸易试验区长沙片区建设实施方案〉的通知》出台】 2021年6月10日，中共长沙市委办公厅印发《中共长沙市委长沙市人民政府关于印发〈中国（湖南）自由贸易试验区长沙片区建设实施方案〉的通知》（以下简称《通知》）。《通知》由总体要求、重点任务、保障措施3个部分组成。《通知》的出台对全面落实中央关于加快建设制造业强国、实施中部崛起战略等要求，发挥东部沿海地区和中西部地区过渡带、长江经济带和沿海开放经济带结合部的区位优势，深入对接“一带一路”建设，打造全球高端装备制造业基地、内陆地区高端现代服务业中心、中非经贸深度合作先行区和中部地区崛起增长极具有重要意义。

【《中共长沙市委长沙市人民政府关于加快建设国家重要先进制造业中心的实施意见》出台】 2021年11月16日，中共长沙市委办公厅印发《中共长沙市委长沙市人民政府关于加快建设国家重要先进制造业中心的实施意见》（以下简称《意见》）。《意见》由奋力开创制造业高质量发展新局面，培育具有国际竞争力的产业集群，实施创新驱动，推进数字化转型，促进融合发展，推动绿色低碳发展，提升园区承载能力，强化支撑保障8个部分组成。《意见》的出台对抓住全球产业链重构重要机遇，坚持制造业立市不动摇，不断夯实制造业发展基础，持续巩固制造业发展优势，加快推动制造业产业基础高级化、产业链现代化，培育世界级先进制造业集群，构建竞争优势突出的制造业体系，着力建设国家重要先进制造业中心具有重要意义。

（本栏撰稿　刘志超）

体制改革

【深化改革】 2021年，长沙市开展“为改革点题”活动，以符合“四个标准”（是否必须承接、是否改革事项、是否重大创新、是否紧迫重要）的改革作为重点，从600余项改革事项中，筛选提炼出61项重点改革事项，其中重点攻坚13项、统筹实施33项、基层探索15项。以“五张清单”统领全市改革，除重点攻坚、统筹实施、基层探索改革外，推进落实国家级改革试点34项、省级改革试点9项，对接落实湖南省委改革要点部署的82项改革任务。依托改革过程管理信息平台，对全市改革进行全过程监测、调度、督促，2021年印发改革进展通报12期。市委深改委会、市委常委会、市政府常务会审议改革方案125个，完成186项年度改革任务。发送改革任务提示函82份。完成中央改革办“基层整合审批服务执法力量”“义务教育改革”和湖南省委改革办市场体系建设、河长制、知识产权以及落实中央深改委、湖南省委深改委会议精神情况等专项督察；开展督察调研，形成《关于长沙市建设内陆地区改革开放高地的政策建议》《壮大村级集体经济释放乡村振兴“源头活水”》《长沙市规模以上工业企业亩均效益调研报告》等改革专报12期，《基于问题导向的住宅小区物业管理现状调查和改革建议》被评为全市组织系统专题调研优秀成果。向中央、省推介经验做法，《湖南长沙探索建立房地产市场平稳健康发展长效机制》获中央改革办《改革情况交流》专题刊发，实现中央改革办层面“零的突破”；省委《改革简报》《改革调研专报》刊载长沙改革工作8篇次。“湘江新区改革创新风险备案”“推行紧密型乡村卫生一体化管理改革”入选“中国改革2021年度全面深化改革典型案例”。评选年度“十佳重点攻坚改革成果和十佳基层探索改革案例”在《长沙晚报》头版发布；11 项案例收录至《湖南基层改革探索 100 例》，获《长沙晚报》专栏报道。改革案例库扩充至 440 篇，编印《长沙改革交流》28 期。（李　芸）

【事业单位改革】　2021 年，长沙市做好经营类事业单位改革工作，设立改制服务中心。落实公益类事业单位改革基础，完成市青少年宫内设机构调整规范；推进“小散弱”事业单位整合，撤并市防汛抗旱物资储备管理中心、市水利水电勘测设计院等机构 10 个；完成市物业维修资金管理中心、市桥梁隧道事务中心、市城市应急处置保障中心等 6 家单位公益类别和经费形式调整。指导长沙县、宁乡市探索公益类事业单位改革，精简科级机构 5 个，核减科级领导职数 11 名。制定出台《关于进一步规范事业单位科级领导职数管理的意见》，建立事业单位科级领导职数配备标准；推进市属国有文艺院团改革，完成市湘剧保护传承中心、市花鼓戏保护传承中心公益类别和经费形式调整。（唐　婧）

【重点领域改革】　2021 年，长沙市完成行政复议、文物保护等体制改革，推进应急管理综合行政执法、疾病预防控制体系改革。加强脱贫攻坚与乡村振兴衔接的体制机制保障，调整设立市、县两级乡村振兴局。调整优化市无线电管理体制、教育督学职务。在天心经开区、雨花经开区、望城经开区、浏阳经开区 4 个省级园区开展相对集中行政许可权改革试点，优化园区营商环境。组织开展经济发达镇行政管理体制改革“回头看”，出台基层执法联动机制的文件，破解基层执法中的突出问题。（唐　婧）

【政法改革】　2021 年，长沙市推进基层探索的改革任务。建立扫黑除恶常态机制，健全完善线索核查机制和依法惩处机制。创新打防新机制，建立“紧急、高、中、低”4 级预警劝阻机制。摸排出涉众风险主体 537 家。推进长沙国际商事法律服务体系建设，成立长沙市湘融国际商事法律服务中心，组建 22 条产业链法律服务团。完成《长沙市平安建设条例》的立法调研报告及条款的修改完善工作。（肖　湘）

【司法责任制改革】　2021 年，长沙市中级人民法院完善“闪信 +”送达模式，送达程序性文书 29.01 万份，破解送达难题。深化以审判为中心的刑事诉讼制度改革，辖区基层法院一审刑事案件认罪认罚适用率逾 80%。推进繁简分流，速裁案件平均审理周期缩短至 25 天。（刘俞汝）

【工程审批制度改革】　2021 年，长沙市推进工程建设项目审批制度改革，通过国家第三方评估，《中国建设报》向全国推介长沙经验。在国家发展改革委《中国营商环境报告 2021》中，长沙市办理建筑许可指标（工程建设项目审批制度改革）被评为优秀指标，入选示范引领最佳实践向全国推介。政务服务落实“三集中三到位”（三集中：县级行政机关的审批事项向一个股室集中，行政审批股室向县政务服务大厅集中，审批事项向网上办理集中；三到位：事项进驻到位，审批授权到位，电子监察到位）改革要求，入驻政务大厅事项 26 项，入驻工作人员 39 人。按照“受审分离”原则，厘清长沙市受理和审批工作界面。（臧　勇）

【农村改革】　2021 年，长沙市开展村集体资产清产核资及管理工作，全市核实农村集体资产总额 341.62 亿元，其中经营性资产 112.23 亿元，资源性资产总面积 64.76 万公顷。确认集体经济组织成员 432.54 万人，以户为单位，发放农村集体经济组织成员证书，作为成员享有承包地、宅基地、集体经营性资产份额（股份）等权益的基本依据。全市共成立 1068 家集体经济组织，均已登记赋码，制定章程，并结合村“两委”换届，稳妥做好农村集体经济组织换届工作。（范朝朝）

组　织

【理论学习】　2021 年，长沙市学习贯彻习近平新时代中国特色社会主义思想，开展县处级领导干部学习贯彻中共十九届五中全会精神集中轮训，实施新时代基层干部主题培训行动计划，举办县（市、区）领导班子成员提升履职能力培训班、全市乡镇党委书记培训班、中青年干部培训班。挖掘当地红色资源，建好用好群众身边的党性教育基地，开展“党课开讲啦”活动，举办“网络讲习课堂”，带动广大党员讲好红色故事。10 堂精品课程、11 位优秀教师、21 个改革攻坚典型案例入选全省干部教育培训“三百工程”（推选百名优秀教师、评选百门精品党课、遴选百个攻坚克难典型案例），数量位居全省第一位。

【干部队伍建设】　2021 年，长沙市任用 326 人次，职级晋升 193 人次。健全年轻干部选拔任用报告制度，开展选人用人专项检查，推进参公单位重新认定。强化绩效考核，按季通报指标运行情况，对主要经济指标进行月度考核排名、标红预警，发挥考核“指挥棒”作用。

【党组织建设】　2021 年，长沙市推进“党建聚合力”工程［《中共长沙市委印发〈关于深入实施“党建聚合力”工程以高质量党建引领高质量发展的意见（试行）〉的通知》］，构建“一统五联”工作体系，形成“党建聚合力、合力抓党建”态势。实施“庆百年、勇争先”基层党建提质计划，各地成立乡镇（街道）党建指导中心，完善“吹哨报到”机制，推进小区党建、社区物业党建联建和“三零”（零上访、零事故、零发案）社区建设。出台《抓党建促乡村振兴实施意见》，承办全省抓党建促乡村振兴现场会，重点推介长沙经验。实施“两个覆盖”（党的组织覆盖和工作覆盖）质量提升“1+3”计划，成立市物业行业、快递物流行业党委，推进新业态就业群体党建。构建党员管理“1+5”政策体系，相关经验获中组部肯定及《人民日报》推介。

【人才工作】 2021年，长沙市成立市委人才工作局，形成“一局一中心一集团一产业园”工作格局。兑现落实“人才政策22条”，出台“乡村8条”“自贸区45条”，实施高层次人才倍增计划，《我的梦想我的城》受好评。修订高层次人才分类认定实施办法和认定目录，创新增加“前置认定、专家举荐、以薪定才”等内容。靶向引进高精尖、紧缺急需人才671名，认定高层次人才2465名，全市人才总量280万，中高端人才净流入率居全国前三位，人才吸引力指数居全国第十位。推进长株潭人才一体化，举办第一届长株潭“融城杯”职工职业技能擂台赛。组织清华大学、北京大学博士团长沙社会实践活动、全国高校学子体验交流活动，175名学子到长沙进行城市体验、产业考察和技术攻关。举办长沙杰出校友（上海）创新创业对接座谈会、首届海外高端人才线上交流活动、北京专场招聘活动。

【庆祝中国共产党成立100周年活动】
2021年，长沙市举行“两优一先”表彰大会，评选表彰301个“两优一先”对象，组织召开代表座谈会，向4.6万名老党员发放“光荣在党50年”纪念章。开展“党旗在基层一线高高飘扬”活动，开展“学四史、守初心、担使命”党员教育暨送党课活动，《“让衔”英名天下扬》教学视频得到湖南省委和省委组织部主要领导肯定。推进“庆祝建党100周年——深入践行新时代党的组织路线”调研，《从1961年湖南农村调查看刘少奇的民本思想》等一批理论成果获湖南省委组织部表彰。

（本栏撰稿　杨　炀）

宣　传

【概况】 2021年，长沙市策划“大江大河交响季·百里画廊百年歌”等八大文化活动，交响合唱音乐会、全国知名诗人长沙采风、全国油画名家写生创作展、岳麓山红色剧目展演季、美术作品展等活动吸引上百万市民参与。创作《大浪淘沙》等一批主旋律文艺精品，大型民族歌剧《半条红军被》首演。策划庆祝中国共产党成立100周年城市灯光秀，在中央电视台新闻播出；橘子洲焰火晚会吸引43.8万名群众现场观看，网络视频点击量7亿人次；首季《实景交响诗·锦绣堂》冲上全国热搜榜前10名。《新湘评论》刊发部机关党史学习教育理论文章。市委宣传部机关一支部被评为“全市先进基层党组织”。组建全市宣传系统学习研究小组，撰写“强省会”战略主题调研报告。优化干部队伍结构，做好人大代表、政协委员推荐工作，举办文化创意产业、文明创建、新闻发言人等专题培训班，调训300人次。开展“纪律就在身边 教训就在眼前”系列警示教育。报送湖南省党代会建言献策信息，省建言献策专报刊发长沙经验；编辑《长沙宣传》简报45期；市委宣传部获“全省扫黑除恶专项斗争先进集体”“长沙市保密先进单位”等10项荣誉。蒋志飞被评为2021年度全国“基层理论宣讲先进个人”，《许光达的“三让”》视频作品被评为“全国理论宣讲优秀视频”。市思想政治工作研究会被评为“2019—2020年度全国政研会工作优秀单位”。举办第28届长沙图书交易会，展览面积、标准展位、参展单位均突破往届数量，成交额突破20亿码洋，发放300万元专项资金扶持实体书店发展，免费为市民发放50万元购书券。组织“百年

2021年4月25日，长沙杰出校友（上海）创新创业对接座谈会在上海召开

市委组织部　供图

红色印刷”主题系列活动，长沙印刷科技文创产业园开建，发布书刊印刷长沙质量标准体系，被中宣部印刷局授牌“中国南方书刊印刷基地”。组织“留长过年、免费观影”“一季一影展”等电影活动，2021年电影票房累计逾6.59亿元，占全省票房逾50%。“新民学会旧址”等2家单位被评为“全国爱国主义教育示范基地”，“刘少奇同志纪念馆”入选“2021年度中华民族文化基因库（一期）红色基因库建设试点单位”。完成“中共湘区委员会旧址”“肖劲光故居”“烈士公园塔内展陈”等16家爱教基地提质改造工作，全市101家爱教基地接待参观群众1500万余人次。

【党史学习教育】 2021年，长沙市贯彻“学史明理、学史增信、学史崇德、学史力行”和“学党史、悟思想、办实事、开新局”的总要求，推动全市“党史学习教育”对标对表。长沙先后在中央指导组在湘调研座谈会、市（州）和行业系统党史学习教育座谈会上作经验交流；中央巡回指导组组长于跃敏对长沙“学好四本书、用好四大课堂”的做法，对橘子洲红色教育、湘雅医院周边环境整治等特色亮点工作给予肯定。市委理论学习中心组第一时间第一议题学习习近平总书记最新重要讲话精神和中共中央重大决策部署。打造“就认这个理·永远跟党走”宣讲品牌，《就认这个理：百年一课——恰同学少年》全网总收看人数500万余人次。开展“七一”重要讲话、中共十九届六中全会，省、市党代会精神学习宣传。开展“十步芳草 百年风华”有奖征文、演讲比赛，举办党史知识竞赛，吸引120万余名党员、群众线上参赛，长沙参加全省党史知识竞赛中获得冠军。

【精神文明建设】 2021年，长沙市成为“全国文明典范城市创建试点城市”，湖南省委常委、长沙市委书记吴桂英在全国文明城市创建工作培训班上作经验交流发言；建立常态长效机制，制定《长沙市“文明城市全域提质年”行动实施方案》，出台《长沙市创建全国文明典范城市“创城”七条要求》等文件。督办整改问题23430个，完成“全国文明典范城市试点城市”综合测试和国检测评任务；建设新时代文明实践中心、所、站1500余个，实施文明实践项目3000余个，在全省新时代文明实践工作座谈会上作典型经验发言。擦亮“雷锋家乡学雷锋”志愿服务品牌，组织“四季同行·一路有我”“爱心送考”“文明交通百日零违法挑战赛”等志愿服务活动；建好用好乡村“复兴少年宫”，创新策划“开学第一课”活动，拍摄制作思政微视频《湘江说理》，全市122万余名师生参与收看；举办“中国好人榜”网上发布活动，获中央文明办肯定。组织道德模范等先进典型推评工作，刘习明被评为第八届“全国道德模范”，陈羽析被评为“全国新时代好少年”，3个集体和个人入选全国志愿服务“四个100”先进典型，5人获第八届“湖南省道德模范”。“童心向党”实践活动、学雷锋志愿服务等多项经验获中央文明办、湖南省委办公厅简报推介。清理规范公益广告阵地，提升公益广告品质，组织公益广告创作大赛，制作“长沙文明十二点”宣传短视频，引导社会文明风尚。长沙连续14年被评为“中国最具幸福感城市”，全国排名第四位。

【新闻宣传】 2021年，长沙对博鳌亚洲论坛“全球经济发展与安全论坛”、中非经贸博览会，省、市党代会等20余个重大活动、重要会议进行报道，在《人民日报》、新华社、中央广播电视总台等中央主流媒体刊发长沙重点工作成就和典型经验150余条次，其中中央电视台《新闻联播》37条次，创历年新高。处置“新冠肺炎疫情防控”“货拉拉事件”“部门文件漏洞”等突发舆情400余次。中宣部“奋斗百年路·启航新征程”“新思想引领新征程·红色足迹”采访活动报道长沙，中央电视台《今日中国·湖南篇》2小时直播展现长沙发展盛况，综合点击量逾7000万人次；策划“牢记嘱托·走在前列·谱写华章”“奋进新征程·谱写新篇章”等主题宣传，为实施“强省会战略、双五工程建设”加油鼓劲。习近平总书记考察湖南一周年系列报道反响强烈，《长沙这么红》《踏遍青山》等新闻作品收获口碑，24件作品获“中国新闻奖”“湖南新闻奖”。围绕中国共产党成立

2021年11月5日，长沙市召开创建全国文明典范城市推进会暨市文明委全体（扩大）会议

市委宣传部　供图

100周年、全省脱贫攻坚表彰大会，省、市党代会，民营500强企业峰会等45个主题开展社会宣传，组织新闻发布会35场。

【对外宣传】 2021年，长沙市擦亮“世界媒体艺术之都”名片，办好2021“一带一路”青年创意与遗产论坛特别对话活动，吸引46个国家的近百名青年代表参加。长沙市市长郑建新代表中国14个创意网络成员城市录制视频，参加由联合国教科文组织的“文化与可持续发展”高级别对话活动。在杂志《经济学人》刊发题为《长沙：智慧之城》专题向世界推介长沙。新华社《瞭望东方周刊》在全国“两会”期间以“序言+8篇专题报道+专访”的形式展现“城市全景图”；中国国际电视台CGTN《打卡中国之长沙》融媒体节目全方位推介长沙，全球阅读量2100万人次。创新举办2021年互联网岳麓峰会、中国东盟文化旅游活动周等10余个大型活动。与京津冀城市群、长江中游城市群、长三角城市群、粤港澳大湾区开展文旅交流合作，举办北京市朝阳区文旅推介会、“长沙—广州文化周”等活动。

【文化事业】 2021年，长沙市召开长沙市国际文化创意中心建设座谈会，出台《关于加快建设国际文化创意中心的实施意见》，开展全市文创“百日竞赛”活动。全市新增规模以上文化企业94家，新增文化类高新技术企业62家，2021年规模以上文化企业营收1500亿元，比2020年增长11.4%（预计），五一商圈、阳光壹佰凤凰街被评为“国家夜间文化和旅游消费集聚区”。长沙获批“全国版权示范城市创建市”，成为中部省会城市第一家，马栏山视频文创产业园被评为“全国版权示范园区”，园区企业营收500亿元，比2020年增长25%，完成企业税收30亿元，比2020年增长19.5%，亩均税收逾41.3万元，位居省级园区前列，完成固定资产投资110亿元，完成重大项目投资73.2亿元，超年度任务29.4%。人工智能手语播报系统应用于252家电视台和融媒体中心。5G智慧电台安装落地528频，年节目输出量9000小时。园区新增注册企业760余家，中科睿芯科技有限公司、深圳中电港技术股份有限公司等18家头部企业落地，与华为技术有限公司达成战略合作，建设华为云音视频产业创新中心。

2021年12月17日，2021“一带一路”青年创意与遗产论坛特别对话活动在长沙谢子龙影像艺术馆举行　　市委宣传部　供图

【文旅产业】 2021年，长沙市推进湘江文旅融合提质，打造“一江两岸”大美城市画卷，加快浏阳河红色文化旅游产业带建设，推进“汉长沙国王陵”“贾谊故居二期”等工程项目，“长沙戏剧艺术中心”完工；开展“红色文旅年”等5大系列34项活动。2021年实现旅游总收入1926.44亿元，接待国内外游客1.82亿人次，分别比2020年增长15.96%、19.74%。节假日期间多次成为全国出行热门目的地城市。

【全国版权示范城市创建】 2021年4月，长沙市下发《长沙市创建全国版权示范城市工作实施方案》，召开创建全国版权示范城市工作推进暨版权创新与保护专题讲座会议，布置创建全国版权示范城市的“六大实施工程”27项主要任务。在国家版权局的指导下，中国版权协会、湖南省委宣传部和长沙市人民政府举办“2021马栏山版权保护与创新论坛”，优酷网、北京快手科技有限公司、芒果TV（湖南快乐阳光互动娱乐传媒有限公司）、爱奇艺等10家机构代表签署并发表《网络版权保护与创新“马栏山宣言”》。马栏山视频文创园获批成为“全国版权示范园区”，湖南盘子女人坊文化科技有限公司和山猫咕咪传媒股份有限公司成为“全国版权示范单位”。全市有版权示范园区2家，全国版权示范企业6家。2021年，国家版权局下文批复同意长沙市创建“全国版权示范城市”。长沙成为全国第5家版权示范城市创建市，也是中部六省唯一一家省会城市创建市。马栏山视频文创产业园被评为“全国版权示范园区（基地）”。

【2021马栏山版权保护与创新论坛】 2021年4月8—9日在长沙举行。该次论坛以“创版权高地·筑文创高峰”为主题，由国家版权局指导，中国版权协会、湖南省委宣传部（湖南省版权局）、长沙市人民政府主办，

湖南省版权协会、湖南广播影视集团（湖南广播电视台）、湖南出版投资控股集团、长沙市委宣传部（长沙市版权局）、马栏山视频文创产业园管委会承办。论坛包括开幕式暨主旨演讲、圆桌讨论等主论坛活动，以及版权交易展演签约活动、湖南版权产业展、湖南版权作品云展、“走进马栏山”参观活动、马栏山文创市集等多场线上线下活动。

【第 28 届长沙图书交易会】 2021 年 5 月 14—16 日在湖南国际会展中心举行，第 28 届长沙图书交易会（以下简称“图交会”）由湖南省新闻出版局、中国书刊发行业协会指导，长沙市委宣传部、长沙市新闻出版局主办。该届图交会以“网红之城·书香致远”为主题，展览面积 4 万平方米，1500 余个国际标准展位，展位数比 2020 年增加 1000 余个，设 4 个专区，包括党史优秀出版物专区，湘版精品图书展区，科技、创新、绿色、环保类优秀图书展区，优秀教辅图书展区。为庆祝中国共产党成立 100 周年，现场特别设置党史优秀出版物专区。该届图交会定展数、展位数、参展商数均创历年新高，成交额突破 20 亿码洋，近 50 家企业在长沙举办年度经销商大会，较非疫情期间增长 3 倍。展会参展批发商带动各地零售商近 4 万余家。

【“书香长沙”全民阅读活动】 2021 年，长沙市开展“书香长沙”全民阅读十大主题活动。在实体书店开展宣讲中国共产党百年光辉成就、读“四史”等 100 场专题读书活动；做好“红书签·爱满星城”公益阅读活动，推进“好书伴我成长”“青苗计划”“声音图书馆——用声音传播书香”等“书香湖南”十大品牌活动。2021 年，长沙连续 5 年发放 300 万元专项资金扶持实体书店发展。下发《关于开展 2021 年度长沙市实体书店扶持专项资金申报工作的通知》，通过申报、初审复核、实地考察、专家评审、公示，扶持实体书店 19 家。实体书店开展讲座、文学沙龙、爱国电影放映、朗读会、手工等各类主题活动。扶持的实体书店年累计开展活动场次 1300 余次。

【“2021 新时代乡村阅读季”活动】 2021 年，长沙市组织“2021 新时代乡村阅读季”活动。在全市评选 200 名“乡村阅读榜样”、25 个“优秀组织单位”。组织 2021 年“我的书屋我的梦”农村少年儿童阅读实践活动。以全市 1364 个农家书屋为依托，开展针对农村少年儿童阅读活动 398 场次，参加活动的农村少年儿童 1.26 万人次，收到各类参赛作品 235 件。最终选出征文 20 篇、软笔书法作品 40 幅、硬笔作品 15 幅、手抄报 13 份、绘画作品 47 幅参加全省的评选。浏阳市沙市镇秧田村农家书屋被评为第九届“全国服务农民、服务基层文化建设先进集体”。

【“百年红色印刷”主题系列活动】 2021 年 7 月 28 日，由中宣部印刷发行局、湖南省委宣传部、中国科协科技社团党委指导，中国印刷技术协会、湖南省印刷协会、长沙市委宣传部主办的“百年红色印刷”主题系列活动在长沙开幕。主要活动包括印刷业百年主题展览、“百年红色印刷”主题报告会暨中国印协常务理事会和印刷业“十四五”发展高峰论坛等。在报告会上，由中宣部印刷发行局、中国印刷技术协会为长沙市授牌“中国南方书刊印刷基地”。

【“‘大江大河交响季·百里画廊百年歌’建党百年交响合唱季”系列活动】 2021 年 5 月 7 日至 6 月 28 日，长沙市策划“‘大江大河交响季·百里画廊百年歌’建党百年交响合唱季”系列活动，以 5 月 7 日《大江大河交响季·百里画廊百年歌》之《实景交响诗锦绶堂》为开端，到 6 月 28 日“‘大江大河交响季·百里画廊百年歌’长沙市庆祝中国共产党成立 100 周年大型交响合唱音乐会”为结束。系列活动通过选取党史上的红色景点、交响乐、全民参与等形式打造实景交响诗，从锦绶堂出发，沿浏阳河前往文家市镇、许光达故居、马栏山视频文创产业园、新民学会旧址、橘子洲景区等地点。6 月 28 日晚，合唱音乐会以管风琴与唢呐奏响《东方红》为序曲，分“光辉百年”“幸福的能量”“向上的祖国”3 个篇章，最后唱响《浏阳河》及全场大合唱《没有共产党就没有新中国》结束。音乐会现场来自全市各行各业的 15 个观众方阵代表 1088 人参加。

【首届北斗规模应用国际峰会】 2021 年 9 月 16—17 日在长沙召开。该届峰会以“北斗服务世界·应用赋能未来”为主题，通过开幕式、主论坛、专题论坛、成果展览等多项活动，展示北斗规模应用的最新成果，搭建北斗发展政策发布平台、应用成果展示平台、创新实践交流平台、国际推广合作平台，服务北斗系统新时期规模化、产业化和国际化发展大局。峰会汇聚政、产、学、研、用力量，汇集公安部、交通运输部、农业农村部、应急管理部、国务院国有资产监督管理委员会等部门负责人，中国科学院院士和中国工程院院士及专家、学者，部分国际组织、国外政府部门、企业等代表 800 余人，特设主论坛及重点行业、重点企业、重点区域、创新融合分论坛。峰会分为综合展示区、工程建设成果区、规模应用区、国际合作与未来展望区，汇集当前北斗规模应用国内国际最新前沿成果。峰会邀请世界卫星导航领域专家、学者，向世界推介北斗产业发展成果，推动国际交流合作。峰会由湖南省人民政府、国家互联网信息办公室、中国卫星导航系统委员会、国家发展改革委员会、工业和信息化部、交通运输部、国务院国有资产监督管

2021 年 9 月 16—17 日，首届北斗规模应用国际峰会在长沙市召开 市委网信办 供图

理委员会主办。

【第七届“湖湘杯”网络安全技能大赛决赛颁奖】 2021 年 12 月 6 日在长沙举行。大赛分为选拔赛和现场决赛两个阶段，来自全国党政机关、企事业单位、高等院校、社会组织等 2107 支队伍 4893 名选手报名参赛。大赛决赛采用 AWD Plus 攻防兼备模式。该模式基于网络空间平行仿真技术打造实战化攻防演练场，在专有云平台支撑的春秋云境网络靶场环境中，模拟政府、企业、院校等重要行业单位的典型网络结构，让选手在实战性、实时性和对抗性的比拼中，对自身的渗透测试能力和安全防护能力进行综合考量和提升。每个参赛队互为攻击方和防守方，体现比赛的实战性、实时性和对抗性，对参赛队的渗透能力和防护能力进行综合考量。根据选拔赛和现场决赛成绩的综合排名，最终“夕阳红战队（bugab00）”获大赛特等奖，奖金 18 万元；“恒星实验室”队获得一等奖，奖金 8 万元；“南阳理工学院（NYSEC）”队、“CTF 图一乐收收心进厂上班”队获二等奖，奖金 4 万元。6 支队伍获得三等奖，40 支队伍获优胜奖。该次赛事由湖南省委网信办、湖南省教育厅、省广播电视局、省政务管理服务局、省通信管理局、长沙市人民政府 6 家单位主办。该赛事举办七届，一大批优秀选手脱颖而出，成为发现、聚集和培养优秀网络安全人才的全国顶级网络安全赛事之一。

【2021 中国网络诚信大会】 2021 年 7 月 15 日，以“诚聚力量 · 信赢发展——共建网络诚信新时代”为主题的 2021 中国网络诚信大会在长沙举行。该次大会由国家网信办、国家发展改革委、商务部、市场监管总局、湖南省人民政府指导，中国网络社会组织联合会、湖南省委网信办、长沙市人民政府主办，中央电视台网、湖南卫视、长沙市网信办承办。大会设置 7 场主题论坛和 1 场研讨会。与会嘉宾分别围绕“网络媒体和社交平台诚信建设”“电子商务诚信建设”“网络诚信法治建设”“在线教育诚信建设”“数字城市诚信建设”“红色文化传承与网络诚信建设”“实事求是精神与网络诚信建设”“‘信易贷’促进中小微企业融资”等议题进行交流和探讨。来自政府、社会组织、互联网企业、研究机构和新闻媒体等近 500 位嘉宾参会。大会启动“建档立信 诚赢发展”电子商务企业诚信档案创建活动，发布“正本清源、明理增信”涉党史辟谣榜，发布网络诚信《长沙倡议》《在线教育行业自律准则》，并为 2022 年度网络诚信宣传大使颁发聘书，集中展示“星诚之约”手势舞云传递活动成果。

【粉红行动】 2021 年国际劳动妇女节期间，长沙推出“长沙手可摘星辰——送你一颗小心心”主题系列关爱女性创意活动（以下简称“粉红行

2021 年长沙推出“长沙手可摘星辰——送你一颗小心心”主题系列关爱女性创意活动。图为 3 月 8 日，解放西路“长沙粉红斑马线”上线 市委网信办 供图

动”）。经多方联动，全民参与，“粉红行动”相关报道、动态信息刷屏网络，实现裂变式破圈传播，成为2021年国际劳动妇女节现象级事件。3月7—8日，长沙“粉红行动”掀起网络传播热浪，至3月9日12时，长沙“粉红行动”全网相关信息3.8万余条，累计播放阅读量逾5.1亿次，社交网络、自媒体平台逾3.6亿次。“长沙专设粉红斑马线”话题在抖音创意短视频全平台相关内容综合播放量2亿次，该话题登上抖音全国热点榜单前18名，霸榜时长7小时20分，相关内容爆燃微信圈群及视频号，“长沙粉红斑马线”“长沙送你一颗小心心”等微博话题总阅读量逾1.6亿次。人民日报客户端、人民网、中央电视台频、中国新闻网、光明网、中国日报网、“学习强国”学习平台等20余家中央媒体围绕长沙“粉红行动”刊文；《北京晚报》、《湖北日报》、武汉广电、《南方都市报》等80余家省外报刊、媒体报道转载；湖南卫视、红网、新湖南、金鹰955电台、《潇湘晨报》、《长沙晚报》、长沙广电等50余家省内主流报刊、媒体集中报道推介；“这里是湖南”“湖南微政务”“长沙发布”等政务新媒体，采用航拍、街拍、VLOG（video blog 视频日志）等新媒体语言讲述粉色长沙的暖心故事，“长沙发布”推文《今天，整个长沙都是妳的！可以吗？》阅读量逾16万人次；长沙市新媒体协会凝聚65家会员单位力量，响应促成“粉红行动”活动内容分享及转载转发至各成员单位平台。“粉红行动”，包括湘江两岸粉红楼体灯光秀、司门口粉红斑马线、全市出租车顶灯宣传语、IFS楼宇粉色灯光秀，长沙地铁3号、4号、5号线粉红车厢、38路粉红公交车、文和友粉妳互动空间、梅溪湖浪漫音乐喷泉灯光秀和世界之窗摩天轮告白等一揽子粉色系组合策略。2021年长沙市“两会”审议通过的长沙市“十四五”规划首次提出加强对女性的关心和爱护，团结“她力量”、助推“她经济”、树立“她风尚”，建设“女性友好型城市”。

（本栏撰稿　曾艳华）

统　战

【概况】　2021年，长沙营商环境排名获全国第九位（比2020年提升4位），居中西部第一位。迎接湖南省工商联组织的民营企业评价营商环境的工作，长沙居全省第一位（比2020年提升3位）。长沙20家企业、22位企业家入选第一届新湖南贡献奖，数量排全省第一位。53家企业入选湖南省民营企业100强，以绝对优势排全省第一位。“欧美同学会海归小镇（长沙·智能制造）”成为全国第一个运营的海归小镇。长沙作为市（州）代表在全省宗教工作会议、全省网络人士统战工作会议上作典型经验交流，新的社会阶层人士实践创新基地建设做法被《中国统一战线》刊发推荐。

【多党合作】　2021年，长沙市连续29年开展“新春第一访”，湖南省委常委、长沙市委书记吴桂英率长沙市委、长沙市人大、长沙市政府、长沙市政协领导走访各民主党派市委会，听取2020年工作情况和调研成果介绍，推动调研成果采纳落实。健全中共长沙市委常委与党外代表人士联谊交友制度，吴桂英等12位中共长沙市委常委结对联系陈剑文等31位党外代表人士。建立健全“党委出题、统战协调、党派调研、政府采纳、部门落实、结果反馈”的参政议政调研长沙模式，引导党外代表人士围绕实施“强省会”战略、“三高四新”战略等重大课题开展调研并形成高质量的调研报告，定期督查采纳落实情况。打造建言献策“直通车”平台，民建长沙市委会、致公党长沙市委会等报送的多篇建议被省、市领导批示。相关市直部门做好2020年度调研成果采纳落实，并形成专项报告反馈给各民主党派市委会。支持各民主党派市委会开展基层社会治理民主监督工作。17个市直部门聘请各民主党派市级特约人员75人，推进特约人员工作程序化、规范化、标准化、精细化、制度化发展。搭建履职实践平台，在宁乡市巷子口镇、隆平水稻博物馆、高桥中非创新示范园、岳麓山大科城等地设立民主党派履职实践基地。

【统战服务非公经济】　2021年，长沙市首次组织5名民营企业家列席市委经济工作会议。召开民营企业家座谈会，长沙市委、市政府主要负责人与13名知名企业家和青年企业家当面交流，听取意见建议和解决诉求。做好全国、全省对长沙营商环境评价工作，组织企业服务专员开展“一对一”上门服务，走访企业1666家，帮助解决实际困难521个。聘请100名民营企业家担任“营商环境特约监督员”。依托长沙市委党校（长沙行政学院）、长沙市社会主义学院办好“长沙经理学院”，每年免费培训1000名企业高管。建立民营企业家“访学”制度，将“政企常态化沟通”列为营商环境评价指标，列入对县（市、区）营商环境测评内容和县（市、区）党政负责人述职内容。国家发展改革委《中国营商环境报告2021》显示：长沙7个领域优化创新经验入选示范引领“最佳实践篇”，入选案例数居全国前列、中部第一位。召开全市民营经济统战工作会议暨民营经济高质量发展大会，推进“全国民营经济示范城市”创建。承办中国民营企业500强峰会，促成签约项目20个，投资总额479.5亿元。发布长沙市企业践行“三高四新”战略百强榜，设立长沙“企业家日”并开展系列活动。实施百名青商“长青树”培养工程，从产业链、园区一线遴选116名首批培养对象，邀请何继善、梁稳根等9名专家担任青商导师。

【侨务工作】　2021年，长沙市加强

长沙市海外联谊会、市黄埔同学会社团建设。开展侨胞代表人士走访慰问，依法维护侨胞合法权益，受理涉侨信访2件，办理行政审批业务32件，帮助三侨考生办理高考加分30余起。建好长沙“侨梦苑”“海梦岛”，吸引、扶持归侨、归国留学人员创业，引入企业400余家，产值400亿余元，税收逾10亿元。创新中外文化交流方式，开设“同心携手·共克时艰”海外华文教育云课堂，8名优秀教师通过网络向华裔学生教授朗诵、国画、剪纸课程96堂次。举办“追梦中华·幸福湖南”2021海外华文媒体采访活动，邀请来自美国、法国、俄罗斯和阿根廷等国的15家海外华文媒体和5家中央涉侨媒体走进长沙。

【民族宗教事务】 2021年，长沙市同步开展19场、1853人次的新疆籍务工经商人员的党史学习教育、政策法规大宣讲活动和国家通用语言培训。深化民族团结进步创建工作，高桥大市场获评第九批全国、中南大学“56度中南工作室”、雨花区桔园小学获评第九批全省民族团结进步示范单位。引领宗教界开展走红色路、讲红色故事、办红色晚会等活动庆祝中国共产党成立100周年。支持宗教界全面从严治教，修订《关于对市各宗教团体及班子成员实行年度评价的实施办法》，建立讲经讲道活动负面清单，完成长沙市伊斯兰教协会换届。

【党外人士队伍建设】 2021年，长沙市制订2021年度政党协商计划，多次召开专题协商会、党外人士座谈会，围绕市党代会报告等内容征求党外人士意见建议。以换届为契机，配齐配强党外干部，市政府部门领导班子配备党外干部11名，其中正职3名；9个县（市、区）领导班子中配备党外人大常委会副主任9名、党外副县（市、区）长9名、党外政协副主席27名，9县（市、区）均配备党外法院、检察院副职。建立健全“7+9”党外代表人士成长协商机制，7个民主党派市委会与全市9个县（市、区）党委统战部年初沟通交流，协商代表人士培育工作。出台并落实《培养选拔党外干部少数民族干部五年工作规划》，探索开展县处级党外干部差异化综合评价，每年召开党外干部年度履职报告会，实现市辖区党外人士服务中心全覆盖。

【新的社会阶层人士工作】 2021年，长沙市开展新的社会阶层人士“百人同心耀星城”系列主题实践活动，推进5个实践创新基地建设。组织新的社会阶层代表人士开展“重走青年毛泽东游学路”“浏河源头助振兴”活动，到西藏自治区开展爱国主义教育。出台《新的社会阶层人士统战工作实践创新基地建设资金管理办法》，引导实践创新基地规范运转。探索新的社会阶层人士“百人会”成员拟进人员过渡机制，创新增设3个月的预备期制度。

【党外知识分子工作】 2021年，长沙运营启动全国第一个海归小镇——“欧美同学会海归小镇（长沙·智能制造）”，“欧美同学会海归小镇（长沙·智能制造）”是由欧美同学会和长沙市政府联合社会资本，为海归人才、高层次人才量身打造的一座生态、智慧、活力、宜居、宜业的现代化新城，致力于打造国家重要先进制造业高地，以高端人才集聚为原动力，以智能制造为核心发展方向，着力打造宜居宜业、产城融合、生态友好、合作开放的国际化小镇范本。该项目也是长沙“一核两副十片、一轴一带两廊”城市空间格局的重点项目。举办欧美同学会第二届“双创”大赛，“双创”大赛由欧美同学会（中国留学人员联谊会）主办，湖南欧美同学会、长沙市人民政府、湖南湘江新区管理委员会承办，旨在贯彻落实国家创新驱动发展战略，助力产业转型升级和经济高质量发展，为海内外高层次留学人才搭建创新创业平台。

（本栏撰稿　钟声远）

政策研究

【概况】 2021年，中共长沙市委政研室（改革办、财办）坚持以习近平新时代中国特色社会主义思想为指导，贯彻习近平总书记考察湖南重要讲话指示批示精神，落实湖南省委部署和长沙市委要求，履行参谋服务职能职责，推动各方面工作开创新局面。

【文稿服务】 2021年市委政研室（改革办、财办）起草各类文稿800余篇，500万余字，是2020年的2倍。长沙市第十四次党代会报告，紧扣习近平总书记考察湖南重要讲话精神，聚焦“三高四新”战略定位和使命任务。第一时间向湖南省委报送最新的重要讲话精神、重要会议精神的贯彻落实情况，如《贯彻落实习近平总书记考察湖南重要讲话精神情况报告》《贯彻落实省委书记张庆伟同志在长沙调研时的讲话指示精神情况报告》等综合（专项）报告、总结、汇报材料80余篇。长沙市党代会报告系统阐释“四个中心”（重要先进制造业中心、国家科技创新中心、国际文化创意中心、国家综合交通枢纽中心）、“四力”（全球影响力、全国竞争力、区域引领力、全省辐射力）、“双五工程”［做大城区、做强园区、做优片区、做实县区、做靓村（社区）］、等重大战略和工作抓手。提出做到“五强五有”（强政治有信仰、强宗旨有情怀、强担当有作为、强学习有本领、强纪律有底线）、当好“五个模范”（当绝对忠诚的模范、当勤政为民的模范、当创新实干的模范、当能力过硬的模范、当清正廉洁的模范）要求；对乡镇党委书记提出“五个有没有”（有没有“既为一域争光、更为全局添彩”的格局，有没有“主动抬高坐标，全面对标一流”的魄力，有没有“一心一意为民、倾心奉献自我”的情怀，有没有“不为困难找理由，只为落实想办法”的姿态，有没有“功成不必在我，建功必须有我”的境界）的对照反思标准，明确提升全市领导班子建设水平和干部履职能力的重点。起草《关于支持省会长沙建设和高质量发展的提案》，将实施“强省会”战略写入湖南省第十二次党代会报告，纳入全省重大决策部署。做好党史学习教育等“党建六件大事”全流程文稿服务工作要求。出台贯彻落实市十四次党代会精神文件，起草《关于深入学习贯彻落实习近平总书记考察湖南重要讲话精神的决定》《贯彻落实“七一”讲话决定》等一批政策文件。在《人民日报》《学习与研究》等报刊发表署名理论文章14篇；做好互联网岳麓峰会、博鳌亚洲论坛、投资环境（北京、上海、深圳）推介会等重大活动文稿服务。

【财经工作】 2021年，市委政研室（改革办、财办）起草《中共长沙市委关于制定长沙市国民经济和社会发展第十四个五年规划和2035年远景目标建议》，谋划“强省会”战略和《长株潭区域一体化发展规划纲要》、金阳新城战略规划、“五区”建设意见等论证、编制、起草。制定《关于支持省会长沙市高质量发展的若干意见》，着眼长沙未来发展急需，提出支持优化总体空间布局、行政区划调整、新增建设用地指标倾斜、建设重大战略平台等措施。召开市委经济工作会议、全市经济形势分析会议，提出2021年经济工作总体思路和预期目标建议。聚焦经济运行中的难点、热点、焦点问题，做好形势分析、专题研究和个案研究，形成《主要城市目标愿景定位分析比较》等专题报告。围绕规范财政资金管理，出台提高财税质量和资金使用效益等专项工作方案，得到国务院大督查点名表扬。研究制定中共二十大前后长沙市防范化解重大金融风险工作方案，从7个方面提出17条具体工作举措。

【调查研究】 2021年，长沙市形成调研成果23篇，开展“三个高地”、“四个中心”、长株潭都市圈建设等重大战略研究；围绕实施“三高四新”战略重大问题，推动解决改革发展面临的突出矛盾，推出对比分析“十四城”经济社会主要发展指标、长沙与中部省会、万亿俱乐部城市经济社会主要发展指标对比分析等，形成《当好打造国家重要先进制造业高地“领头雁”》《打造国家中心城市研究报告》等，将研究成果写入长沙市第十四次党代会报告。围绕乡村振兴等民生热点难点开展调研，配合湖南省委改革办开展“学位”“厕位”“床位”“车位”专题调研，推出长沙市“五位”（学位、床位、车位、厕位、梯位）支持鼓励政策，解决人民“急难愁盼”问题。联合中国发展研究院、北京大学、工业和信息化部赛迪研究院、省政府发展研究中心、盘古智库等，对长沙未来发展目标定位、创建国家中心城市、打造“三个高地”等开展研究，形成7个课题成果。

【资政信息】 2021年，市委政研室（改革办、财办）办好《长沙通讯》，坚持党刊姓党，紧扣中共中央大政方针、湖南省委决策部署和全市发展大局，传播党委、政府声音，推介基层经验，讲好长沙故事，2021年审校文稿逾100万字，出刊12期。每期聚焦一个核心主题，对贯彻落实中共十九届六中全会、湖南省第十二次党代会、长沙市第十四次党代会情况等进行宣传报道，蝉联“全国城市十佳党刊”，被评为长沙市优秀内刊。办好《长沙调研》，2021年出刊12期，《宁乡市陈家桥村党建引领乡村振兴的实践探索》《长沙市规模以上工业企业亩均效益调研报告》等获市委、市政府主要领导批示。办好《参谋“悦”读》。突出交流经验、探索方法、服务决策的刊物特色，围绕党史学习教育、中共十九届六中全会等主题组稿，2021年出刊12期。

（本栏撰稿　李　芸）

机关党建

【概况】 中共长沙市直属机关工作委员会（以下简称“市直机关工委”）按照章程增加承担长沙市直属机关关心下一代工作委员会日常工作职责，设置长沙市直属机关妇女工作委员会，与长沙市直属机关关心下一代工作委员会合署办公。

【机关党组织和党员队伍】 截至2021年年底，市直机关工委直接管理的市直单位机关党组织100个，其中机关党委62个（含2个二级机构党委），机关党总支20个（含1个二级单位党总支），机关党支部18个。市直机关所属党组织2010个，其中党委151个、党总支112个、党支部1747个（在职党支部1473个、离退休党支部167个、流动人才支部107个）；党员总数44577人，机关党员33096名（在职党员23112名、离退休党员9984名），市人力资源公共服务中心流动人才党委流动党员11481名。市直工会辖基层工会组织255个（其中二级机构单位工会组织163个），会员23800人。市直团工委辖一级机构团组织（青工委）79个，建立工作联系人的21个（其中二级机构及以下团青组织215个），团员4237人，40周岁以下青年29721人。市直妇工委辖基层妇委会95个，机关及所属事业单位在职女干部4956人。

【机关政治建设】 2021年，长沙市统筹推进“三表率一模范”机关创建，出台《关于加强和改进新时代全市机关党的建设的实施意见》，组织党组（党委）书记抓基层党建和落实意识形态工作责任制述职评议考核。健全理论学习中心组领学促学和巡听旁听机制，市直机关把学习贯彻习近平总书记重要讲话指示批示精神作为党组（党委）会议“第一议题”。紧扣中共十九届六中全会、湖南省第十二次党代会、长沙市第十四次党代会等会议精神，举办“守初心、担使命”党务干部政治理论读书班4期，参学人员1300余人次。建立完善青年理论学习小组学习规则、学习考评和激励机制，组建青年理论学习小组293个，实现40周岁以下青年干部全覆盖，开展各类学习活动1428次，“推动青年理论武装走深走实走心”获得旗帜网宣传推介。加强意识形态工作领导，市直各单位研究制定领导班子及其成员责任清单和意识形态风险防控措施。《机关党员干部思想动态调研报告》得到市委领导肯定性批示。

【机关“党建聚合力”建设】 2021年，长沙市聚焦“五个十大”项目，组建50个青年志愿服务队，选优配强68名项目党建指导员，指导“五个十大”项目成立临时党支部32个，以党组织关系为纽带协商解决问题100余个。《人民日报》报道长沙《支部建在项目上，组织延伸到一线》和《党员勇挑创新重担，攻克产业发展难关》工作经验。制定《以高质量机关党建服务长株潭一体化发展合作方案》，组织开展“百年华诞·红色经典”诵读活动，授牌长沙市、株洲市、湘潭市三市首批“党性教育现场教学点”15个。组建长株潭三市联合课题组，开展“提升机关青年理论武装工作质量”调查研究，推动理论成果加速转化为工作成效。组织市直机关180名党员干部下沉县（市、区）、长沙高新区下属街道，协助动员社区居民接种疫苗、组织核酸检测约21万人次，协助排查商户、工地、市场、麻将馆、宾馆等重点场所1.4万余个、重点人群4800余人次，帮助解决居民“急难愁盼”问题170余个、调解群众纠纷50余个。

【机关基层组织建设】 2021年，长沙市以“百年华诞·红色引领”为主题，各级机关党组织开展8大红色主题活动，组织“传承红色基因·汲取奋进力量”长沙红色故事宣讲大赛、“百日学百年党史”学习竞赛、“曲艺讲党史”专场演出、“学党史·感党恩·跟党走”合唱比赛等活动，《湖南日报》以《“红色引领·担当作为”——长沙市直机关工委激发广大党员干部在红色土地上接续奋斗纪实》为题整版报道。落实“三会一课”等党内基本制度，理顺机关党组织隶属关系，做好基层党组织换届选举和党员发展工作。推荐表彰各级“两优一先”对象319名、示范化“五化”党支部15个，宣传报道先进典型50例。走访慰问新中国成立前老党员等慰问对象1514人，发放慰问金165.5万元。选举产生出席市第十四次党代表大会代表131名。试点探索双向反馈机制，完善机关党员进社区正负面清单。加强党建领域大数据应用，科学运用“智慧党建”平台在线督促、检查、通报机关党建工作，各项组织生活资料上传率逾80%。面向全国开展主题党日精品案例征集活动，评选百佳精品案例并汇编成册。

【机关党风廉政建设】 2021年，长沙市推进以“清廉医保”“清廉财政”“清廉住建”等为代表的清廉机关示范点创建，探索支部建在“廉”上工作模式，构建“班子清廉、干部清正、履职清爽、作风清朗”的“四清”格局。紧盯元旦、春节等时间节点，开展明察暗访和上班纪律监督检查19天次，发现收送红包礼金、上班工作纪律作风等疑似问题17起，跟踪督促相关单位组织处理19人次。打造市直机关警示教育活动品牌，组织开展“纪律就在身边，教训就在眼前”系列警示教育活动，打造“机关党员干部应与酒驾醉驾绝缘”“红包‘烫手’切莫贪”等主题“套餐”。2021年通报身边案例8起，指导市直机关开展警示教育180余场次、案件警示教育700余场次，市直各单位党组（党委）书记结合系列警示教育讲授廉政党课234场次，累计受教育党员干部5万余人次。依纪依法审理违纪违法案件25起，给予党纪处分20人、政务处分7人、诫勉3人。2021年市直机关立案142起，给予党纪处分109人，政务处分60人，双重处分27人。做实做细党纪政务处分“后半篇文章”，对近两年来受到党纪政务处分人员处分决定执行情况逐一检查、逐一回访，把处分决定“一张纸”变为廉政教育“一堂课”。

【机关群团建设】 2021年，围绕市第十届运动会比赛项目，开展乒乓球、羽毛球、气排球等活动，参赛规模逾5000人次。加强星辰合唱团、职工乐队管理，组织参加第十六届全国合唱节等演出活动。以“践行‘三牛’精神·建功‘三高四新’”为主题，指导开展知识抢答、演讲比赛、业务演练等技能比武和劳动竞赛。组织机关青年讲堂、“百年华诞·红色引领”主题青年说、“我为长沙高质量发展献一策”金点子征集评选活动，举办“红色引领·青春飞歌”长株潭三市机关青年歌手大赛，指导开展红色故事宣讲会、演讲比赛等100余场。选派青年志愿者参加营商环境服务团，举办“政企面对面·沟通零距离”主题交流会。扶贫帮困、爱心助农等志愿服务活动蓬勃开展，机关青年充当生力军。以“巾帼心向党·奋进新征程”为主线，推荐巾帼文明岗等先进集体（个人）6个、最美家庭6户。举办“争当领头雁·幸福一家人”家庭趣味运动会。关注妇女儿童身心健康，围绕家庭教育、养生保健、礼仪风采、家风建设等专题举办女性素质讲堂4场，组织开展“童心向党·快乐成长”“传承红色血脉·童心永远向党”等社会实践活动。

（本栏撰稿　肖　琼）

外　事

【服务总体外交部署】　2021年，长沙市融入“一带一路”（丝绸之路经济带和21世纪海上丝绸之路）战略，加强与“一带一路”沿线地区的使领馆、重点城市和商会协会交往，2021年接待国（境）外团组46批578人次，促成塞拉利昂等6国驻华使节到长沙开展自贸区交流推介活动。受邀出席中国与塞拉利昂建交50周年纪念日庆典活动，并与塞方交流推动双方经贸往来。以长沙与白俄罗斯友城莫吉廖夫市结好一周年为契机，开展系列友好交流活动。参加中国（湖南）—巴基斯坦经贸交流会、中巴友好省市合作论坛。办好第19届K2H国际交流公务员研讨会，深化中国—韩国两国地方政府友好往来。完成博鳌亚洲论坛首届“经安会”、中非经贸博览会、世界计算大会、北斗规模应用国际峰会、国际工程机械展览会等重要涉外节会的外事任务。协助驻美大使馆录制钢琴协奏曲《黄河》。

【服务地方经济】　2021年，长沙市落实严防境外疫情输入工作要求，制定《关于进一步加强疫情防控涉外工作的实施方案》，发布中英文新冠肺炎疫情防控紧急提示。完成肯尼亚内罗毕至长沙定期航班新冠肺炎疫情防控涉外任务，2021年接转航班41趟、乘客9956名。妥善处置境外中国公民紧急回国治疗和外籍人员境外输入病例治愈离长沙等事项。做好常态化新冠肺炎疫情防控条件下紧急必需外籍人士到长沙邀请工作，为住友橡胶、蓝思科技、惠科光电等94家企业155批1061人次外籍专家高管到长沙工作申请，确保重要项目推进。支持企业申办APEC卡14批34人次。围绕庆祝中国共产党成立100周年，聚焦“三高四新”战略定位和使命任务，参与“建党百年·外国媒体湖南行”采访活动，举办海伦·福斯特·斯诺纪念图片巡回展（长沙），组织“2021外国友人看长沙”活动。制定12项自贸区长沙片区改革涉外事项落实举措，出台《中国（湖南）自由贸易试验区长沙片区人才集聚发展若干措施》等多项开放政策。完善长沙市国家安全海外利益领域工作协调机制，完成打击治理电信网络诈骗、反恐怖等工作涉外任务。依法依规处置涉外案（事）件16起。

【对外交流合作】　2021年，长沙市参与世界城地组织开展的国际活动，长沙当选2020—2022年亚太区理事会和执行局成员。加强与国际友城的防疫合作，分享统筹新冠肺炎疫情防控和经济社会发展的“长沙经验”，向城地组织亚太区捐助防疫口罩4万只。与日本鹿儿岛、韩国大邱交往，携手亮相“中日韩友城交流大会”；深化与乌干达恩德培市友谊，恩德培—长沙示范学校成为当地新地标；加强与日本驻华使领馆联系，举办“2021年日本电影新片展”；与英国政商机构合作，英格兰银行、英国国际贸易部与长沙在金融、环保等领域保持交流合作。

【白俄罗斯莫吉廖夫市举行城市庆祝日活动】　2021年7月，白俄罗斯莫吉廖夫市举行城市庆祝日活动，长沙市委副书记、市长、湖南湘江新区党工委书记郑建新应邀视频致辞。白俄罗斯莫吉廖夫市是白俄罗斯第三大城市和最重要的工业中心之一。2017年长沙市与莫吉廖夫市达成友好城市意向，双方在经贸、文化、旅游等领域深入交往。2020年6月，双方经批准缔结友城关系。郑建新向莫吉廖夫市经济社会发展取得的成就表示祝贺，并期待两市继续保持互动关系，深化在经贸、科技、文化、旅游、教育等领域交流合作，为中白两国友好事业做出贡献。

【博鳌亚洲论坛全球经济发展与安全论坛首届大会】　2021年10月19日，博鳌亚洲论坛全球经济发展与安全论坛首届大会在长沙开幕。全国政协副主席张庆黎出席开幕式并发表主旨演讲，博鳌亚洲论坛理事长、联合国前秘书长潘基文以视频方式致辞，博鳌亚洲论坛副理事长、中方首席代表周小川出席开幕式并致辞。该次大会是博鳌亚洲论坛向经济发展与安全领域拓展的首个专题会议。大会以“大变局下的经济安全与可

2021年10月19日，博鳌亚洲论坛全球经济发展与安全论坛首届大会在长沙开幕

市委外事办　供图

持续发展”为主题，由一个主论坛、24个平行论坛及展览组成。

【第19届K2H国际交流公务员研讨会】 2021年6月23日，在长沙举行，来自全国各省、直辖市、自治区的180余名到韩国国际交流公务员代表参加。该届研讨会由韩国驻华大使馆、韩国市道知事协议会主办，外交部外事管理司、湖南省外事办协办，长沙市人民政府承办。韩国驻华大使馆公使刘福根，长沙市委副书记、政法委书记阚保勇，外交部外事管理司参赞刘阳，省外事办副主任叶劲松出席开幕式。K2H国际交流公务员研讨会是韩国多年来举办的中韩政府间交流活动，自2001年开始，每年在中国各城市巡回举办，旨在分享韩国行政、经贸、文化发展经验，增进中韩相互了解和友谊。该届研讨会以“合作发展、共创未来”为主题，开展地方推介、主旨演讲等交流活动，并组织与会者在长沙参观考察。长沙还曾于2007年举办第7届K2H国际交流公务员研讨会。长沙与韩国往来交流合作日益密切，韩国成为长沙最为重要的贸易伙伴之一，长沙市韩资企业约37家。2019年营业收入累计2.5亿元，纳税总额累计1519万元。长沙还先后与韩国龟尾市、大邱广域市、光州广域市建立友好城市或友好合作关系。该届研讨会以“合作发展、共创未来”为主题，开展地方推介、主旨演讲等交流活动，推动长沙与韩国地方政府间交流合作。

【第二届中国—非洲经贸博览会】 2021年9月26—29日，第二届中国—非洲经贸博览会暨中非经贸合作论坛在长沙举行。中共中央政治局委员、中央外事工作委员会办公室主任杨洁篪在开幕式上致辞并宣布开幕。该届博览会以“新起点·新机遇·新作为”为主题，聚焦食品农产品、医药健康、基础设施、金融合作等领域，举办中非经贸合作成果展、非洲品牌商品展、内外贸融合展等展览展示活动及22场配套活动。该届博览会采用线下为主，线上线下相结合的办公模式，同步开展云会议、云展览、云交易。邀请阿尔及利亚、埃塞俄比亚、肯尼亚、卢旺达、南非、塞内加尔6个非洲国家作为主宾国，吸引近40个非洲国家和来自国内26个省（自治区、直辖市）的近900家企业参展。

2021年9月26日，第二届中国—非洲经贸博览会暨中非经贸合作论坛在长沙开幕

市委外事办　供图

（本栏撰稿　王　戎）

机构编制

【概况】 2021年，长沙市对55家市直部门“三定”规定执行情况进行跟踪评估，对市委办公厅、市发展改革委、市工信局等22家部门单位的职能职责、内设机构进行微调优化，理顺住建领域执法体制机制，整合设置自然资源和规划行政执法机构，系统调整市场监管局内设机构，解决宁乡经开区市场监管派驻体制不顺问题，调整设置“智慧交通发展中心”，服务长沙加强国家综合交通枢纽中心建设。

【机构编制资源统筹】 2021年，长沙市制定《长沙市市直行政编制周转池管理办法（试行）》《长沙市市直事业编制周转池管理办法（试行）》，建立编制周转池管理制度，使用周转行政编制20名、周转事业编制2名。指导各县（市、区）建立“人才编制池”，并将园区纳入“人才编制池”适用范围，保障重点领域用人所需。调剂50名行政编制、500名事业编制分别建立市直行政、事业两个“编制周转池”，解决市发展改革委、市商务局等因机构改革导致超编和结构性超编单位的进人难题。完成升格水旱灾害防御中心、确定长沙幼儿师范高等专科学校副厅级领导职数、组建强制隔离戒毒所机构等8项事项。加强岳麓山大学科技城管委会、长沙学院人才引进等编制使用政策支持，强化科技研发和成果转化的编制支撑。研发市直机关事业单位机构编制分析研判系统，为编制使用和干部管理提供数据支撑。研究出台事业单位科级领导职数管理意见。制定机关事业单位财政供养人员管理办法，探索建立人员编制、岗位设置与经费预算联动管理机制。重新修订《长沙市市直机关职责分工协商协调办法》，做好“12345”热线疑难工单办理及相关部门职责分工协商。探索机构编制定性与定量相结合的评估机制，统筹做好劳动仲裁院、儿童福利院等部门的编制保障。调剂增加长沙公办中小学教职工编制7912名，调剂1147名事业编制用于县（市、区）建立中小学教职工编制周转池，实现中小学教职工编制达标。完成2019年度、2020年度安置军转干部新增编制分配。做好社保医保经办机构基金管理专项整改涉及的机构编制调整和职责界定，在市教育局增设校外教育培训监管处，强化应急管理、生态环境、劳动争议仲裁、儿童福利院等部门单位机构编制保障。

【机构编制督查核查】 2021年，长沙市建立机构编制纳入市委巡察、党政主要领导干部经济责任审计、选人用人专项检查的工作机制，开展市委第十三轮巡察机构编制专项检查。制订《市委巡察机构编制专项检查工作手册》。开展全市机构编制核查，更新完善机构编制信息2044条。查纠机构编制违规问题，开展全市机构编制条条干预问题自查自纠和“回头看”，对查实的3个问题督促整改；结合开发区清理规范工作，对23家开发区管理机构存在的机构设置和领导职数配备等问题进行整改；督办整改机构改革后未按要求完成人员转隶的问题，调查核实湖南省委编办交办的信访件并移交处置。

【机构编制业务培训班】 2021年12月1—3日，2021年长沙市机构编制业务培训班在韶山干部学院举办，省委党校副校长、韶山干部学院院长蔡文辉出席开班仪式并致辞，长沙市委组织部副部长（兼）、市委编办主任罗玉环作开班动员讲话。市直单位和部分园区的干部人事负责人、各县（市、区）委编办主任和市委编办全体干部职工150余人参加该次培训。业务培训班学习中共十九届六中全会精神和省、市党代会精神，宣传机构编制政策法规，集中学习机构编制业务知识，提升全市机构编制系统干部队伍和市直机关事业单位组织人事干部理论素养和业务水平。培训班邀请湖南省委编办、国防科学技术大学、湖南省委党校、韶山干部学院等专家、学者专题授课中共十九届六中全会精神、机构编制监督检查工作、国际形势等内容，市委编办相关处室负责人进行业务辅导，设计机构编制政策及业务咨疑环节。此外，还通过现场教学、分组讨论、文艺会演等多种形式进行学习交流。 （本栏撰稿 唐 婧）

引才引智

【概况】 2021年，长沙市举办全市首届职业技能大赛，设置30个赛项，县（市、区）10支代表队、558名选手参与，大赛共产生金、银、铜牌选手各37名。配套出台自贸区人才、乡村振兴产业人才政策的9个实施细则。落实“人才政策22条”，发放奖补资金11.4万人、15.97亿元。携5G应用、文化创意、智能制造等重点产业链企业到外地开展专项引才活动，达成引才意向369人。完成各类人事考试12项、12.6万人次，被评为“全省人事考试2021年度考核优秀单位”。成立专技人员职称评定马栏山视频文创园联络站，开辟职称申报绿色通道。开展全省首次园林绿化、智能电力设备、烟花爆竹产业高级职称专场评审。出台乡村教师职称制度改革文件、开展工程师职称网上申报试点。指导9家企业获评博士后科研机构。开展补贴性技能培训40.67万人次。发放全国首批跨境电商专项职业能力证书。出台人力资源产业园运营补贴、人力资源机构引才项目和品牌建设奖励3个实施办法。推动中国（长沙）人力资源服务产业园“一园多区”建设，园区入驻机构逾400家。核准发布事业单位招聘（选调）计划1514人，完成事业单位就业援藏、“三支一扶”招聘14人。启动县以下事业单位建立管理岗位职员等级晋升制度改革，经营类事业单位改革扫尾。落实义务教育教师工资待遇工作，推进公立医院薪酬制度改革，完成消防员工资套改，做好机关事业单位津补贴清理规范，完善事业单位高层次急需紧缺人才工资分配激励机制。

【职业技能提升】 2021年，长沙市推进职业技能提升行动。全市开展补贴性职业技能培训40.67万人次，完成全年目标任务的135%，拨付补贴资金近6亿元。培训人次和资金使用为历年规模最大。

【人事考试】 2021年，长沙市人社局组织实施12项人事考试组考工作，服务考生12.6万余人，在全省人事考试工作目标管理考评中名列第一位，被评为全省人事考试2021年度考核优秀单位。

【“海纳英才·筑梦星城”专场招聘】 2021年5月21日，“海纳英才·筑梦星城”北京专场招聘活动暨中国长沙人力资源产业园北京招商推介会举行。该次活动旨在贯彻落实长沙市和清华大学、北京大学及朝阳区的合作协议，促进重点高校毕业生尤其是湘籍学子来长沙创新创业，同时推动北京市优质人力资源机构来长沙合作发展。该次活动有3个系列活动，包括2场专场招聘会和中国长沙人力资源产业园北京招商推介会。“海纳英才·筑梦星城”北京专场招聘会在北京文津国际酒店举行，中联重科、三安半导体、长沙智能驾驶研究院、湖南电广传媒等37家智能制造、集成电路、人工智能、文化创意等产业链企业入场招聘，提供算法工程师、工艺工程师、研发工程师、市场策划等3325个优质岗位（其中招聘博士27人、硕士484人、本科及其他2814人）。来自清华大学、北京大学、北京航空航天大学、中国人民大学、中国政法大学等20余所高校的280余人（其中博士、硕士、本科生分别占比20%、45%、35%）与企业洽谈，达成引才意向64人。在中国传媒大学举办的马栏山视频文创产业园专场招聘会上，湖南电广传媒、湖南娱乐频道、金鹰卡通、潇湘电影频道、新浪湖南等20家视频文创龙头企业提供新媒体运营、软件研发、节目创新研发、视频技术、策划编导、编剧等1343个岗位。340余名中国传媒大学学子与企业洽谈，达成引才意向83人。

【马栏山视频文创园专技人员职称评定联络站成立】 2021年5月21日，长沙市举行“长沙市专业技术人员职称评定马栏山视频文创园联络站”授牌仪式，在马栏山视频文创园设定“职称联络站”，开辟职称申报“绿色通道”，开展初中级职称认定专场，22家企业127名申报参评人员认定117人。

【全国首批跨境电商专项职业能力考核】 2021年6月10日，长沙开展全国首批跨境电商专项职业能力考核。该次考核由湖南省人社厅备案的第一家跨境电商考核站——湖南省跨境电商协会组考，分别在湖南农业大学、湖南工商大学、湖南财政经济学院、长沙学院4所中国（长沙）跨境电商综试区人才孵化基地试点开考。该次考核120名考生参加，部分为湖南工商大学研究生。长沙市推动跨境电商领域技能人才培养与评价工作。发布《中国（长沙）跨境电子商务综合试验区跨境电子商务职业技能人才培训及评价规范》，在规范基础上以湖南工商大学等跨境电商人才孵化基地为基础，推进跨境电商专项职业能力考核工作。湖南省跨境电子商务协会具备开展跨境电商运营推广、跨境电商产品开发、跨境电商客服沟通和跨境电商视觉营销4个专项职业能力考核能力。

【“巾帼学院”揭牌】 2021年10月20日，由湖南女子学院与长沙人才集团合作共建的湖南首所“巾帼学院”在长沙人才会客厅揭牌。长沙提出“建设女性友好型城市”，湖南女子学院为长沙注入“她力量”，助推“她经济”，助力“她发展”。“巾帼学院”主要依托共建双方资源优势，致力于开展女性专业技能、职场充电、家庭经营等培训，形成集学历教育、技能培训、技能评价、技能竞赛、师资研修、就业创业服务、创新研发、推广交流、国际合作等为一体的综合性服务平台，旨在成为引领长沙乃至湖南省女性技能人才培训的重要基地。“巾帼学院”还设立“巾帼好岗”，鼓励女性自信就业、高质量就业。

【第一届职业技能大赛】 2021年12月22日，长沙市第一届职业技能大赛颁奖典礼（闭幕式）在贺龙体育中心举行。该次大赛以“技攀高峰 能行天下”为主题，围绕长沙22条新兴优势产业链、传统优势产业、现代服务业及有关紧缺职业（工种），设置增材制造、5G无线网技术、移动机器人、汽车技术等30个比赛项目。大赛同步举办高峰论坛、特色项目展演等。592万人次通过网络平台直播关注该次大赛。来自全市9个县（市、区）和长沙高新区的10个代表队600余名选手参赛。来自天心区代表队的程郅杰、雨花区代表队的胡鹏滢等37名选手分别获得CAD机械设计、餐厅服务等30个比赛项目的金牌，大赛为获得突出贡献奖、优秀组织奖、团体奖获奖单位颁发奖牌。 （本栏撰稿 李敏楚）

对台事务

【概况】 2021年，中共长沙市委台湾工作办公室（以下简称“市委台办”）机关支部委员会被市委组织部认定为“长沙市示范化‘五化’党支部”，6月被市直机关工委评为“先进基层党组织”。创建国家级海峡两岸青年就业创业基地，4家单位获评湖南省首批涉台教育基地。

【经贸合作】 2021年，长沙市主办第二届海峡两岸（长沙）青年企业家融合发展论坛。完成第15届湘台经贸文化交流合作会工作任务。举办“长台两地半导体设备专家线上线下交流会”，吸引台湾高科技人才、技术、项目服务长沙高新技术产业发展。完成长沙市台湾同胞投资企业协会换届工作。做好长沙市22条产业链配套企业和项目的涉台招商引资工作。2021年接待到长沙考察台商30批145人次实地考察，新注册台企41家，投资总额13.08亿元。2次到福建沿海地区和珠三角地区考察招商，对接园区、企业18个（家）。组建在长沙台商“乡村振兴顾问团”多次到宁乡市东湖塘镇麻山村考察调研，对接合作种养殖业、观光休闲、民宿旅游、餐饮文化等产业。

【服务台胞】 2021年，长沙市落实国台办“农林22条”《关于支持台湾同胞台资企业在大陆农业林业领域发展的若干措施》。到各县（市、区）走访调研，与86名台企代表、台籍专家座谈，进行“点对点”精准施策，协调解决台企限电限气、减免土地使用税、商标维权、店面续租、设置路标路牌等问题17件，为台胞台生解决入学、就学、升学等教育问题11件，为台企办理货车市内禁区通行证12个，为台湾学生匹配提供就业岗位162个。组织台胞接种新冠病毒疫苗800余针次。“长沙市芙蓉区两岸青年文化产业孵化基地”获批全省首家“国家级海峡两岸青年就业创业基地”，成为台湾青年和中小企业到长沙就业创业的首选服务平台。设立“长沙市涉台审判法官工作室”，在天心区、岳麓区、长沙县法院设立涉台审判法官工作室，提升涉台法律服务工作实效。成立全国首个“长沙市海峡两岸高科技人才交流基地”，吸引数位台湾高科技人才。成立中部地区首个“长沙台湾青年之家”，推进台湾青年在长沙实习、就业、创业。

【维护台胞权益】 2021年，长沙市开展法律知识讲座1次，为台企“送法上门”服务50余次，为台胞提供免费咨询7起，出具合同评审意见9份、法律意见书4份，帮扶台资企业健康发展。健全多元矛盾纠纷化解机制，衔接调解、仲裁、诉讼等途径，通过仲裁解决案件2起。受理台胞投诉求助、来信、到访案件15件，处置涉台突发事件3起，结案率和满意率逾95%，维护台胞台属合法权益。

【对台交流】 2021年，长沙市在台湾8所高校举办分享会，惠及师生600余人。举办以长沙台湾文化交流为主旋律的活动4场，“纪念辛亥革命110周年——海峡两岸议辛亥”线上线下交流活动、“翰墨连两岸·挥毫颂中华”纪念第二次长沙会战胜利80周年线上书画交流活动、“金秋论稻·一脉相承”长沙台湾两地稻米文化线上交流活动、侯家塘街道廖家湾社区与台湾基隆市暖同里社区线上交流活动在长沙台湾两地同步举办，参加活动的两岸民众800余人。组织在长沙台湾学生参加法庭观摩活动、参观隆平水稻博物馆、黄兴故居纪念馆、影珠山抗战遗址文化公园等形式的交流活动4次，邀请“在粤台湾青年交流团”一行35人到长沙参访，开展文化和青年领域的交流活动。

【对台宣传】 2021年，长沙市策划“网红长沙”入岛宣传项目，13部微视频陆续在台湾电台及新媒体等平台播出。发掘台胞、台商、台青在长沙创业、工作、生活的精彩故事3个，入编国台办重点宣传项目《湘台融合故事汇》，推荐2个台商创业故事在中央电视台4套《海峡两岸》播出。接待《澳门日报》等20余家媒体到长沙参观岳麓书院等处，借助澳门媒体进行对台宣传。指导市属媒体按照中央口径进行对台宣传报道，《璀璨星城》网页上稿3790篇，省委台办官网、湘台炫等采用稿件180篇，对台宣传网页中，信息发布量、点击数、页面浏览量、台湾网民浏览量等排名均全国领先。

【对台教育】 2021年，长沙市开展涉台教育进学校（党校）、进社区、进机关、进农村、进企业的“五进”活动。到市县（市、区）党校、社区、学校，开展15场台海形势报告、涉台知识讲座。各县（市、区）常委会开展台海形势专题学习。各学校约1万名中小学生参加涉台教育基地“开学第一课”、诗歌朗诵等活动。4个市级涉台教育基地获首批湖南省涉台教育基地。组织涉台教育基地业务培训，130余人参加，雨花区委台办等5家代表进行经验交流发言。

【全省首家国家级海峡两岸青年就业创业基地设立】 2021年7月4日，长沙市芙蓉区两岸青年文化产业孵化基地设立国家级海峡两岸青年就业创业基地揭牌仪式举行。该基地位于长沙市高新技术产业开发区隆平高科技园内，于2018年5月开始筹建，是湖南省首家以两岸青年交流合作为主导的创业孵化基地，是湘台两地青年交流与合作的重要平台。基地以互联网科技、电竞、文化创意等产业为主，吸引入驻两岸青创企业80余家，2021年4月20日获批“国家级海峡两岸青年就业创业基地”。中央台办经济局局长张世宏、湖南省台办主任肖祥清，长沙市委副书记、政法委书记阚保勇出席活动，市委台办、芙蓉区委、隆平高科技园有关负责人以及入驻基地的部分台商代表参加仪式。

【海峡两岸议辛亥线上线下交流活动】 2021年9月23日，“纪念辛亥革命110周年——海峡两岸议辛亥线上线下交流活动”在长沙举行，台湾设分会场。湖南省政协副主席、九三学社湖南省委主委张大方出席。中国国民党中常委谢坤宏在台湾会场出席活动。该次交流活动由民革湖南省委、湖南省政协港澳台侨外事委员会主办，长沙市台办指导，黄兴故居纪念馆、长沙县黄兴海峡两岸青年农创基地承办。在长沙会场的专家学者、两岸青年及台胞台属代表90余人与在台湾会场的专家、学者、台湾青年联合会成员20余人缅怀辛亥革命的仁人志士，探讨辛亥革命的精神和时代意义，增进两岸青年对中华民族同根同源文化的了解，扩大相互间的沟通，推动两岸青年之间的交流与合作。在主题交流活动上，两岸专家学者围绕辛亥革命、辛亥革命的故事、辛亥革命对于中华民族的历史意义和对推动中国社会进步的重要意义等进行探讨。台湾连线现场的嘉宾讲述眼中的辛亥革命和所了解的辛亥革命故事，以及辛亥革命对于中华民族的历史意义，对推动中国社会进步的重要意义。台湾大学教授李炳南通过台湾会场主持人阐述对辛亥革命起因中外在因素的理解。两岸嘉宾现场提问和解答“中国同盟会的历史地位和意义”“为什么黄花岗起义前消息已泄露，却明知不可为还坚持起义”“辛亥革命为什么会在武昌起义成功”等问题。

【“长沙台湾青年之家”揭牌】 2021年11月17日，在岳麓区举行。市委台办、岳麓区台办等部门负责人，台湾青年代表、在长沙高校就读的台湾学生代表、大陆青年等50余人参加仪式，长沙市委台办副主任张克清、二级调研员余学龙，长沙市台协常务副会长陈俊任、高念祖，长沙台湾青年之家会长郑明嘉等为“台湾青年之家”揭牌。

【湖南省涉台教育基地（长沙）授牌】 2021年12月24日，湖南省涉台教育基地（长沙）举行授牌仪式。省委台办领导，市委副书记阚保勇出席授牌仪式，为长沙市4个省级涉台教育基地授牌。全省7个单位成为湖南省首批涉台教育基地，其中长沙市有芙蓉区大同小学、雨花高桥街道怡园社区、岳麓区博才咸嘉小学和浏阳市普迹镇普迹初级中学4家单位授牌成为省级涉台教育基地。

（本栏撰稿　李鸥鸥）

老干部工作

【概况】 截至2021年年底，长沙市市有离退休干部70155人，其中老红军1人、离休干部850人（平均年龄92.2岁）。离退休干部党员61732人，党支部1350个。2021年，全市老干部工作以习近平新时代中国特色社会主义思想为指导，围绕“全省强引领、全国争地位”工作目标，紧扣一个“老”字强主责主业，聚焦一个“新”字展省会担当，为现代化新长沙建设多添彩，市委老干部局被评为“全国老干部工作先进集体”。

【党建引领】 2021年，长沙市把离退休干部政治建设摆在首位，开展“学‘七一’重要讲话，做银发时代先锋”“我入党那一天征文”“党史百年百讲”等活动，组织“五老”宣讲党的创新理论，传承红色基因，赓续精神血脉，2021年宣讲3480场次，受众52万人次。组织“学党史、守初心、担使命——全市离退休干部党组织书记微党课竞赛”，线上线下70万余人观看。探索离退休干部党建融入城市基层党建大格局，离退休干部党建纳入市委“党建聚合力”工程。以“美在金秋·老党员之家”建设为抓手，打造114个“美在金秋”老党员之家，创建省级示范支部12个，推进基层离退休干部党组织标准化、规范化建设。实行党工委“三联一推”工作模式，召开离退休干部党建工作研讨会、观摩会、述职会。评选表彰一批离退休干部优秀党务工作者、优秀共产党员和先进党组织；宣传一批“最美‘五老红’志愿服务组织”“最美‘五老红’志愿者”。全市涌现出刘习明、朱有志、张建明等全国、全省道德模范，24个集体、个人被评为省委、市委“两优一先”表彰对象。12月19日，《新闻联播》推介雨花区冯家冲社区“美在金秋”老党员之家。在党史学习教育中，中建五局创新基层党组织共建模式，与社区合作建设“美在金秋”老党员之家，发挥退休老党员银发力量，在学党史中为群众办实事、解难题。

【老干部活动】 2021年，长沙市以“华丽转身、精彩乐龄”为主题开展“春季文化交流、夏季风采展示、秋季公益演出、冬季迎春聚福”活动。举办“抗疫”书画网络展暨送春联剪纸活动、“忆伟人故里情”诗词朗诵会、最美乐龄志愿者风采展示、厅级离退休干部兴趣赛、重阳节“五送”温暖下基层等活动。指导开展长株潭老干部书画作品联展、“提高健康素养，争做阳光老人”等活动。

【服务老干部】 2021年，长沙市组织老干部参加湖南省委、长沙市委庆祝中国共产党成立100周年座谈会，长沙市第十四次党代会，外出考察。逐一走访全市900余名离休干部（包括易地安置在外省的离休干部）。帮扶特困离休干部及离休干部遗孀57人，落实帮扶资金17.5万元。办好为老服务“十件实事”［开展党史学习教育“百年百讲”主题活动、定制老干部“爱心服务包”、建好一批老党员之家、开展走访慰问和精准帮扶工作、开通老干部大学电视“云”课堂、新建一批家门口老年大学（教学点）、办好长沙市第一医院老干部活动中心医务室、加强老年人健康素养培训、举办长株潭老干部书画联展、开展“庆祝建党百年文艺会演”］。落实“积极应对人口老龄化国家战略”，召开县（市、区）老干部（老年）大学校长联席会议，举办全市老干部（老年）教育工作者培训班。利用市管党费200万元打造40个老年教育基层教学点；利用经费47.5万元扶持85个市级网络课堂站点；开办全省首档融媒体在线老年教育电视栏目“长沙市老干部大学电视云课堂”，推出精品课程170个，打造“家门口+云端上”的老年大学。

【老干部服务中心工作】 2021年，长沙市开展“牢记总书记嘱托，‘五老四教’再出发”主题活动，开展“五老”星级评定，为老同志发挥作用搭建平台，创造条件，拓宽渠道，打造市级示范“五老”志愿服务团队417个，引领全市1200余个“五老”志愿服务组织扎根基层、服务社会。《中国老年报》专版推介长沙“五老四教”工作。组织“我看建党百年新成就”“银发专家助力乡村振兴”“长株潭老干部工作深入合作八大行动”等，引领广大老同志在基层党建、文明创建、疫情防控、社会治理等方面献智出力。聚焦中共十九届六中全会和省、市党代会精神，开展“落实新战略、点赞新变化、助力新长沙”主题活动，组织座谈30余次，收到建言120余条。召开纪念长沙市关心下一代工作委员会成立35周年暨全市关心下一代工作优秀典型推介会，培育“引路人”“贴心人”“领航人”品牌。采取“点对点”“团队式”“接力式”帮扶，将关爱的重点对象扩展到10类困境青少年，资助111名困难大、中、小学生，发放助学金54万元。打造“恰同学少年汇”“清水心　家国情”红色润育等特色品牌，得到中国关工委肯定推介。

【“五老”金牌宣讲团】 2021年12月2日，《中共党史学习教育简报》第226期以《宣讲活动出新出彩，全会精神入脑入心》为题，推介长沙“借助‘五老’力量‘声’入人心”的经验。长沙市发动由老教师、老专家、老党员、老干部、老模范组成的“五老”金牌宣讲团，采取“大报告”与“微宣讲”互补、“组团式”与“分散式”结合的方式，走进农村、社区、机关、学校、企业，在1300余家基层单位、50万余名党员干部中开展中共十九届六中全会精神宣讲，实现村级党员干部学习全覆盖。

【老干部“为群众办实事”】 2021年11月19日，《新华社内部情况交流》第4442期以《长沙发挥“五老”优势在党史学习教育中“为群众办实事”》为题，宣传推介长沙“五老四教”工作。2011年以来，6万余人的长沙市“五老”团队扎根基层，联系群众，助力社会发展，在大街小巷、车间班组和田间地头，成为加强和创新基层社会治理的“生力军”。

（本栏撰稿　张　韬）

党校教育

【党校培训】 2021年，长沙市委党校举办各类班次67期、培训学员6365人次。举办全市县处级领导干部学习贯彻中共十九届五中全会精神专题轮训班、县（市、区）领导班子成员提升履职能力培训班等，开展党史学习教育、“七一”重要讲话、中共十九届六中全会，省、市党代会精神的宣讲，2021年到机关、企业、社区、非公经济组织等宣讲400余场次，受众10万余人。加大中共十九届五中、六中全会精神、“七一”重要讲话精神等在主体班教学中的比重，开发新专题37个。党的理论教育和党性教育在教学安排中占比87.1%，党性教育占比28.6%。系统开发“1+10+1”习近平新时代中国特色社会主义思想课程体系（“1”是习近平新时代中国特色社会主义思想概论；“10”是从五位一体、四个全面、党的建设分别阐述习近平新时代中国特色社会主义思想；后一个“1”是习近平总书记对湖南工作的重要指示批示精神）。《坚持和完善民主集中制》获全省党校系统第十四次教学比赛一等奖。“好课程”（《坚持和完善民主集中制》）、“好教材”（《党性教育现场教学案例》）上报中组部。《许光达的“三让”》短视频被评为全国优秀理论宣讲微视频。6名教师被评为全省干部教育培训“三百工程”优秀教师，数量居全省所有参选单位第一位。深挖红色资源，打造4条红色现场教学线路，即：建党先声之路（以湖南一师旧址、新民学会成立会旧址、长沙党史馆、船山学社等为重点，辐射杨开慧故居、任弼时故居等地）、党性修养之路（以毛泽东故居、刘少奇故里、谢觉哉故居、雷锋故居等为重点）、秋收起义之路（以岳麓书院、文家市秋收起义纪念馆等为重点，辐射修水县、铜鼓县、井冈山风景名胜区等地）、毛泽东游学之路（以石仑关、回龙山、流沙河等为重点，辐射梅城、沅江等地）。将“党建聚合力”工程与党史学习教育立体推进，以“党校老师客串红色导游”为创意的《你好》《您好》系列短视频受众逾1000万人次，年轻教师第一次集体全网“出圈”。开展“百年党史与长沙”主题征文和理论研讨，提炼长沙10位党史人物的革命故事和精神品质，总结长沙在党史上的九大重要贡献。

【党校科研】 2021年，长沙市委党校撰写《全面建设以“三高四新”为引领的现代化新长沙的落实建议》咨政报告。党校《呈阅件》出刊48期、市级及以上领导签批24期，结项省级课题15项，其中省社科基金课题1项、省社科成果评审委员会课题2项；立项2022年度省社科成果评审委员会课题6项；出版著作1部；公开发表学术论文168篇，其中国家级报纸7篇、核心期刊学术论文7篇，D类（重要报刊和核心期刊）及以上论文占比20.5%。以中特基地名义公开发表论文58篇。

【党校建设】 2021年，长沙市委党校制定《党风廉政建设工作实施方案》，强化“一岗双责”，开展党风廉政建设专题党课和辅导讲座5次。执行中组部《干部教育培训学员管理规定》，学员平均到课率逾98%，2021年没有学员违纪情况。第一次开展中青班毕业“家访”活动，向送训单位主要领导反馈学员在校培训情况，实现与送训单位的协同互动。组织50名专兼职教师到浦东干部学院进行“名师名课”研讨培训，选派45名教师参加省委党校师资班、市委党校主体班、计外班培训，参加中共中央党校“党史学习教育”“中共十九届五中全会精神”“‘七一’讲话精神”“中共十九届六中全会精神”网上专题培训500余人次。长沙市委党校图书信息中心完成建设。完成办公楼教学楼中央空调改造、新一轮物业和信息系统运维服务公开采购。实施智慧校园二期项目建设，推进校园网站、移动门户、协同办公、信息发布等系统建设，完成安装户外LED屏、校园广播、自助报到机、智慧教室等硬件设施设备。

（本栏撰稿　郑　力）

长沙市人民代表大会

THE PEOPLE'S CONGRESS
OF CHANGSHA MUNICIPAL

编辑 江 雷

综　述

【概况】　2021年，长沙市人民代表大会及其常务委员会坚持以习近平新时代中国特色社会主义思想为指引，紧跟省委、市委重大决策部署和建设现代化新长沙目标任务，紧贴人民群众呼声期盼，紧扣高质量发展的法治需求和换届之年的工作实际，完成各项工作任务。强化党的创新理论武装。把学习贯彻习近平新时代中国特色社会主义思想作为首要政治任务，落实第一议题制度，组织开展集体学习、专题研讨、专题讲座，深化对人民代表大会制度和人大工作规律特点的认识把握，提高政治判断力、政治领悟力、政治执行力。落实党的全面领导制度。严格执行请示报告制度，就人大重要会议、重要立法、重要工作、重大事项等，及时向市委请示报告，按市委意见抓好落实。贯彻落实省委人大工作会议精神，做好市委人大工作会议暨纪念长沙市人大设立常委会40周年会议相关筹备工作，代拟市委关于加强新时代人大工作和建设的意见。发挥常委会党组把方向、管大局、保落实的作用，确保党的理论、路线方针政策和党的主张和意图在人大工作中得到全面准确的贯彻落实。

坚持党管干部原则与依法选举任免相统一，听取人事事项10余次，常委会依法选举任免国家机关工作人员116人次。做好人大换届选举有关工作。贯彻党中央、省委、市委关于人大换届选举工作的部署安排，落实坚持党的领导，发扬民主，严格依法办事的要求，多次在常委会党组会议上研究部署全市人大换届选举工作，加强对县（市、区）人大换届选举工作的统筹和指导，班子成员全部到基层调研指导工作开展，确保各项工作任务完成。全市530万余人参加选举，参选率94.95%；选出市、县、乡三级人大代表8900余名，各项结构比例符合要求，具有广泛的代表性，组织提名人选当选率100%，所有选区一次性选举成功。在新一届区县人代会上，市委提名的400余名国家机关负责人全部满票或高票当选，实现选举工作风清气正、选举结果人民满意。

围绕全市高质量发展大局提升人大工作实效性。常委会党组多次召开党组会议研究市人大常委会重点工作项目和工作方案，推动常委会主任会议成员专题调研全市先进制造业高质量发展情况、科技创新和成果转化工作、种业和会展业发展情况，常委会重点开展专利法、城乡规划法、长沙市城市管理条例、长沙市城市市容和环境卫生管理办法执法检查，常委会组成人员视察湖南自贸区长沙片区、物流口岸工作，通过全国人大代表在全国“两会”上提出建议，推动解决中欧班列（长沙）发展中的困难问题。牵头长株潭三市人大同步作出《关于推动和保障长株潭一体化高质量发展的决定》，为打造全国重要增长极提供法治保障，被《中国人大》推介。

围绕发展全过程人民民主推进人大工作实践创新。指导成功获批全国人大常委会法工委基层立法联系点，完成种子法、科学技术进步法等9部法律草案的意见征求任务，收集219条立法意见直通国家立法机关；首次建成8个市人大常委会基层立法联系点，建立完善立法新闻发布会，拓展群众对立法工作的参与，获全国人大的高度认可。争取市委支持，推动民生实事人大代表票决制在全市乡镇全覆盖，票决民生实事399件、投资金额17.18亿元。

开展“常委会组成人员走访代表、代表联系群众”活动月，全市各级人大代表走访联系群众3.4万余名，收集意见建议2800余条，为基层和群众办实事7700余件，为困难群众落实帮扶物资或资金1940万元，多次获省人大专题推介。推动全市人大系统深入学习贯彻中央人大工作会议精神和省市党代会、省委、市委人大工作会议精神，围绕学习贯彻落实会议精神，常委会党组开展6次专题集中学习研讨，组织全市人大系统参加全省人大系统贯彻落实中央人大工作会议精神宣讲暨工作部署视频会议。结合换届选举工作，班子成员到9个县（市、区）宣讲省委人大工作会议精神，指导督促全市各级人大抓好贯彻落实工作。常委会党组会议2次研究、推动制定关于省委、市委人大工作会议精神的贯彻落实方案和责任清单，明确牵头领导和责任单位，实行清单管理。

【人大常委会建设】　2021年，市人大常委会坚持全面从严治党，落实管党治党主体责任，常委会党组的政治建设、思想建设、组织建设、作风建设得到全面加强。开展党史学习教育。按照市委统一部署要求，把党史学习教育作为常委会党组全年重点工作任务，第一时间进行研究部署和系统安排。认真开展“学史明理”“学史增信”“学史崇德”“学史力行”4次专题学习研讨，到新民学会旧址、湖南省党史馆、长沙市党史馆、桑植贺龙纪念馆、红二方面军出发地等红色基地现场学习领悟，开展“人大讲堂”“红色故事汇”等形式多样、内容丰富的学习活动，开展庆祝中国共产党成立100周年表彰大会和“光荣在党50年”纪念章颁发仪式，推动党史学习教育入脑入心。常委会党组和班子成员从百年党史和人民代表大会制度史中汲取奋进智慧和力量，以身作则，保持换届之年思想不松、干劲不减、标准不降。深入联点企业和基层、走访代表群众，开展“我为群众办实事”，推动解决一批基层群众“急难愁盼”问题，把学习教育成果转化为增强党性、改进作风、提高能力、推动工作的实际成效。落实新时代党的建设总要求，执行党组工作条例，坚持党建工作与业务工作同谋划、同部署、同推进、同考核，加强对市人大常委会机关党的建设领导，履行全面从严治党责任，提高党的建设质量。把政治建设摆在首位，提高政治站位，彰显政治属性，强化政治引领，切实增强政治能力。落实意识形态工作责任制，明确一名党组成员分管市人大常委会机关意识形态工作，办好市人大"一网一微一刊"，"长沙人大"微信公众号连续在全国排名前列，《长沙人大》刊物质量不断提升，讲好人大故事、代表故事。按照党管干部、党管人才原则，树立重实干、重实绩的用人导向，加强人大机关干部队伍建设，选派机关干部参与援藏、乡村振兴等中心工作。常委会党组成员带头遵守宪法法律，坚持民主集中制原则，依法履职、依法办事。全面落实主体责任。常委会党组始终把纪律和规矩挺在前面，全面落实党风廉政建设责任制。把党风廉政建设纳入总体工作，作为重要议事内容，召开党组专题会议进行研究部署，制定责任清单、明确责任分工，形成"领导班子负全责、一把手负总责、班子成员负实责"的责任落实体系。班子成员认真履行"一岗双责"，以普通党员身份参加所在党支部的组织生活和学习活动，落实个人重大事项报告制度和领导干部带头述职述廉制度，严格约束亲属和身边工作人员。

【长沙市人大设立常委会40周年】 2021年9月1日，市委人大工作会议暨纪念长沙市人大设立常委会40周年会议召开。省委常委、市委书记吴桂英出席会议并讲话。市委副书记、市长、湖南湘江新区党工委书记郑建新主持会议。市领导阚保勇、谢卫东、文树勋、钟钢、夏建平、陈刚、谭勇、冯紫英、朱东铁等出席会议。会上，市人大常委会主任谢卫东作报告，市委常委、常务副市长夏建平，市中级人民法院院长肖新平，市人民检察院检察长王勋爵，市纪委副书记、市监委副主任刘金文作发言。会议印发《中共长沙市委关于加强新时代人大工作和建设的意见》。吴桂英指出，人大工作是党委工作的重要组成部分。市人大设立常委会40年特别是近年来，市委坚持以习近平新时代中国特色社会主义思想为指导，坚决贯彻党中央、省委决策部署，始终坚持党对人大工作的全面领导，不断推动人大工作取得新作为新成效。全市各级党委全力支持、有力保障，发挥地方国家权力机关的独特优势和重要作用。市人大及其常委会依法行使法定职责，为促进全市经济社会发展和民主政治建设作出了积极贡献。人大工作要聚焦服务大局，进一步彰显做好新时代人大工作的担当作为。突出优质高效，做好立法工作。推进科学立法、民主立法、依法立法，加快制定一批与依法治市进程相匹配、与改革发展稳定相适应、与人民群众期盼相呼应，充分体现时代特征、富有鲜明长沙特色的地方性法规。突出精准权威，履行监督职责。善于抓大事、议大事、督大事，综合运用听取和审议专项报告、执法检查、视察调研、专题询问等监督方式推动中心工作。突出依法规范，决定重大事项。依法行使决定权，提升重大决策科学化、民主化、制度化水平。发挥好长株潭三市人大协同协作机制作用。突出心系人民，发挥代表作用。完善办理、协调、激励等制度机制，强化代表履职服务保障和管理，发挥好人大代表"连心桥""黏合剂"作用。

2021年9月1日，市委人大工作会议暨纪念长沙市人大设立常委会40周年会议召开

市人大　供图

重要会议

【长沙市第十五届人民代表大会第七次会议】 2021年1月18—21日在长沙人民会堂举行。大会听取和审查市人民政府市长郑建新作的《政府工作报告》、审查长沙市国民经济和社会发展《第十四个五年规划和2035年远景目标纲要》、听取和审查市第十五届人民代表大会常务委员会《长沙市人民代表大会常务委员会工作报告》、市中级人民法院《长沙市中级人民法院工作报告》、市人民检察院《长沙市人民检察院工作报告》；审查市发展改革委员会的《关于长沙市2020年国民经济和社会发展计划执行情况与2021年国民经济和社会发展计划草案的报告》；市财政局的《关于2020年全市和市本级预算执行情况与2021全市和市本级预算草案的报告》；表决通过关于市人民政府、计划、财政和市人大常委会、市中级人民法院、市人民检察院6个报告的决议；表决通过长沙市国民经济和社会发展《第十四个五年规划和2035年远景目标纲要》的决议，表决通过《长沙市第

2021 年 1 月 18 日，长沙市第十五届人民代表大会第七次会议开幕　　市人大　供图

十五届人民代表大会农业与农村委员会主任委员名单》。大会选举卢鸿鸣、曹再兴为长沙市第十五届人民代表大会常务委员会副主任，选举李芃（女）、杨长江为长沙市第十五届人民代表大会常务委员会委员。

【市十五届人大常委会第三十七次会议】　2021 年 1 月 7 日召开。市人大常委会主任谢卫东主持会议并讲话，市人大常委会副主任王国海、芮英姿、罗衡宁、张智勇、袁黎明，秘书长柳美景出席会议。市人大常委会党组成员卢鸿鸣，副市长邱继兴列席会议。会议听取市人大常委会、代表资格审查委员会关于长沙市第十五届人民代表大会个别代表的代表资格的审查报告；市人大常委会研究室关于市人大常委会工作报告稿的起草说明；书面听取长沙市人民代表大会常务委员会关于接受蔡亭英辞去长沙市监察委员会主任职务的决定草案、关于接受黄佳惠辞去长沙市第十五届人民代表大会常务委员会副主任职务的决定草案、关于接受易田宏辞去长沙市第十五届人民代表大会常务委员会委员职务的决定草案。书面听取长沙市第十五届人民代表大会第七次会议主席团和秘书长名单（草案）、列席人员名单（草案）。会议听取邱继兴作的有关人事任免案的说明，听取拟任人员任职前发言。会议表决通过有关人事任免案，决定任命刘新良为长沙市人民政府副市长、市公安局局长。会议原则通过《长沙市人民代表大会常务委员会工作报告（稿）》，提请市十五届人大七次会议审查，委托市十五届人大常委会主任谢卫东代表市人大常委会向市十五届人大七次会议作工作报告；原则通过《长沙市第十五届人民代表大会第七次会议主席团和秘书长名单（草案）》，提请市十五届人大七次会议预备会议审议；原则通过《长沙市第十五届人民代表大会第七次会议列席人员名单（草案）》，报告市十五届人大七次会议主席团。会议表决通过《长沙市人民代表大会常务委员会关于接受蔡亭英辞去长沙市监察委员会主任职务的决定》《长沙市人民代表大会常务委员会关于接受黄佳惠辞去长沙市第十五届人民代表大会常务委员会副主任职务的决定》《长沙市人民代表大会常务委员会关于接受易田宏辞去长沙市第十五届人民代表大会常务委员会委员职务的决定》。谢卫东为该次会议决定任命的人员颁发任命书，新任命人员依法进行宪法宣誓。市监察委员会、市中级人民法院、市人民检察院负责人列席会议。

【市十五届人大常委会第三十八次会议】　2021 年 1 月 15 日召开。市人大常委会主任谢卫东主持会议，市人大常委会副主任王国海、芮英姿、罗衡宁、张智勇、袁黎明，秘书长柳美景出席会议。市人大常委会党组成员卢鸿鸣、曹再兴列席会议。会议听取王国海作的有关人事议案的说明。会议表决通过《长沙市人民代表大会常务委员会关于接受李平、李小平辞去湖南省第十三届人民代表大会代表职务的决议》；补选刘文新、李艺波、钟钢为湖南省第十三届人民代表大会代表，其代表资格报省人大常委会代表资格审查委员会审查。

【市十五届人大常委会第三十九次会议】　2021 年 3 月 26 日召开。市人大常委会主任谢卫东主持会议并讲话，市人大常委会副主任王国海、芮英姿、罗衡宁、张智勇、袁黎明、卢鸿鸣、曹再兴，秘书长柳美景出席会议。副市长李蔚，市人民检察院检察长王勋爵列席会议。在第一次全体会议上，学习传达了全国“两会”精神；听取市人大常委会代表资格审查委员会关于长沙市第十五届人民代表大会个别代表的代表资格的审查报告；市人大法制委关于《长沙市居家养老服务条例（草案）》修改情况的汇报；市人大社会委关于市十五届人大七次会议代表议案审议结果的报告。受市人民政府委托，李蔚作有关人事任免案的说明，会议还听取拟任人员任职前发言。会议进行分组审议，在第二次全体会议上，听取市人大法制委关于《长沙市居家养老服务条例》（草案·一审修改稿）审议结果的报告，表决通过有关人事任免案，决定任命孙传贵为长沙市教育局局长；表决通过《长沙市居家养老服务条例（草案·表决稿）》，待省人大常委会审查批准后，再公布实施；表决通过《长沙市人民代表大会社会建设委员会关于市十五届人大七次会议主席团交付审议的代表提出的议案审议结果的报告》。谢卫东为该次会议决定任命的人员颁发任命书，新任命人员依法进行宪法宣誓。市监察委员会、市中级人民法院、市直有关单位负责人列席会议。

【市十五届人大常委会第四十次会议】 2021年4月27日召开。市人大常委会主任谢卫东主持会议并讲话，市人大常委会副主任王国海、芮英姿、罗衡宁、张智勇、袁黎明、卢鸿鸣、曹再兴，秘书长柳美景出席会议。副市长刘新良，市中级人民法院院长肖新平，市人民检察院检察长王勋爵列席会议。在第一次全体会议上，听取市人大常委会研究室《关于推动和保障长株潭一体化高质量发展的决定（草案）》起草情况的说明；市司法局《长沙市烟花爆竹安全生产条例（草案）》起草情况的说明；市人大社会委关于《长沙市烟花爆竹安全生产条例（草案）》审议意见的报告。第一次全体会议还听取市人民政府关于社区矫正工作情况报告的审议意见的研究处理情况报告及市人大常委会督查组的督查报告；市财政局关于2020年市本级政府性债务资金管理使用绩效情况与2021年市本级政府性债务资金管理措施的报告；市人民政府关于贯彻实施《中华人民共和国传染病防治法》及其实施办法和《突发公共卫生事件应急条例》情况报告的审议意见的研究处理情况报告及市人大常委会督查组的督查报告；市人民政府关于贯彻实施《中华人民共和国食品安全法》及其实施条例情况报告的审议意见的研究处理情况报告及市人大常委会督查组的督查报告。会议书面听取市人民检察院有关人事议案的报告。受市人民政府委托，刘新良作有关人事任免案的说明，会议还听取拟任人员任职前发言。会议进行分组审议，在第二次全体会议上，表决通过《关于推动和保障长株潭一体化高质量发展的决定》；表决通过有关人事任免案，决定任命刘拥兵为长沙市人民政府副市长。谢卫东为该次会议决定任命的人员颁发任命书，新任命人员依法进行宪法宣誓。市监察委员会、市中级人民法院、市人民检察院、市直有关单位负责人列席会议。

【市十五届人大常委会第四十一次会议】 2021年6月22日召开。市人大常委会主任谢卫东主持第一次全体会议，副主任芮英姿、罗衡宁、张智勇、袁黎明，秘书长柳美景出席会议。副市长邱继兴，市中级人民法院院长肖新平列席会议。受市人民政府委托，邱继兴作关于贯彻实施《中华人民共和国专利法》及《湖南省专利条例》情况的报告；市司法局关于《长沙市机动车和非道路移动机械排放污染防治条例（草案）》起草情况的说明、关于提请审议修改《长沙市文明行为促进条例》等6部地方性法规的议案的说明；市财政局关于2020年度全市国有资产管理情况的综合报告；市自然资源规划局关于2020年度全市国有自然资源资产管理情况的专项报告；市科技局关于贯彻实施《中华人民共和国促进科技成果转化法》《湖南省实施〈中华人民共和国促进科技成果转化法〉办法》情况的报告；市生态环境局关于2020年全市环境状况和环境保护目标完成情况报告的审议意见研究处理情况的报告。市人民政府关于贯彻实施《中华人民共和国台湾同胞投资保护法》及湖南省实施办法情况报告的审议意见研究处理情况的报告；市人民政府关于贯彻实施《长沙市养犬管理条例》情况报告的审议意见研究处理情况的报告；市人民政府关于贯彻实施《中华人民共和国野生动物保护法》《中华人民共和国动物防疫法》和《全国人大常委会关于全面禁止非法野生动物交易、革除滥食野生动物陋习、切实保障人民群众生命健康安全的决定》情况报告的审议意见研究处理情况的报告；并书面听取市人大常委会督查组关于以上三个报告的督查报告。会议听取关于检查《中华人民共和国专利法》及《湖南省专利条例》实施情况的报告，市人大环资委关于《长沙市机动车和非道路移动机械排放污染防治条例（草案）》审议意见的报告，市人大法制委关于《长沙市烟花爆竹安全生产与产业引导条例（草案）》修改情况的汇报。中国科学院计算技术研究所研究员、博士生导师、享受国务院政府特殊津贴专家陈益强为常委会组成人员及有关工作人员作《新征程下科技创新与成果转化的思考》专题讲座。市监察委员会、市人民检察院以及有关方面负责人列席会议。

6月23日上午，市十五届人大常委会第四十一次会议举行第二次全体会议，市人大常委会主任谢卫东，副主任芮英姿、张智勇、袁黎明，秘书长柳美景出席会议。市人大常委会副主任罗衡宁主持会议。副市长刘新良，市中级人民法院院长肖新平，市人民检察院检察长王勋爵列席会议。会议听取关于长沙市第十五届人民代表大会常务委员会代表资格审查委员会补充主任委员的议案的说明，关于长沙市第十五届人民代表大会个别代表的代表资格的审查报告。会议听取芮英姿、刘新良、肖新平、王勋爵分别作的有关人事任免案的说明，并听取拟任人员任职前发言。市监察委员会以及有关方面负责人列席会议。

6月23日下午，市十五届人大常委会第四十一次会议举行第三次全体会议。会议表决通过有关决定、地方性法规草案和人事任免案。市人大常委会主任谢卫东主持会议并讲话，副主任芮英姿、罗衡宁、张智勇、袁黎明，秘书长柳美景出席会议。副市长刘拥兵，市中级人民法院院长肖新平，市人民检察院检察长王勋爵列席会议。会议听取芮英姿作的有关人事议案的说明；市人大法制委、常委会法工委关于《长沙市烟花爆竹安全生产与产业引导条例（草案·一审修改稿）》审议结果的报告。会议经表决，任命胡卫兵为长沙市监察委员会副主任，决定胡卫兵为长沙市监察委员会代理主任。会议表决通过《长沙市烟花爆竹安全生产与产业引导条例》，待省人大常委会审查批准后，再公布实施；表决通过长沙市第十五届人民代表大会常务委员会代表资格审查委员会主任委员补充名单。会议还表决通过有关人事任免案，决定任命周志凯为长沙市人民政府副市长。谢卫东为该次会议任命和决定任命的人员颁发任命书，新任命人员依法进行宪法宣誓。市监察委员会以及有关方面负责人列席会议。

【市十五届人大常委会第四十二次会议】 2021年8月24日召开。市人大常委会主任谢卫东主持会议，副主任王国海、罗衡宁、张智勇、袁黎明、卢鸿鸣、曹再兴出席会议，市委常委、市纪委书记、市监委代理主任胡卫兵，市人民政府副市长陈澎，市中级人民法院院长肖新平，市人民检察院检察长王勋爵，市人大常委会党组成员、机关党组书记、市人大常委会秘书长提名人选缪晨光列席会议。会议听取胡卫兵作的关于整治和查处工程建设领域腐败问题工作情况的报告。受市人民政府委托，陈澎作关于提请确定11月1日为长沙“企业家日”的议案的说明、有关人事议案的说明、关于贯彻实施《中华人民共和国城乡规划法》《长沙市城市管理条例》和《长沙市城市市容和环境卫生管理办法》情况的报告；市司法局关于《长沙市殡葬管理条例（修订草案）》起草情况的说明；市发展改革委关于2021年1—6月全市国民经济和社会发展计划执行情况的报告；市财政局关于2020年全市和市本级决算草案与2021年1—6月全市和市本级预算执行情况的报告；市审计局关于2020年市本级预算执行和其他财政收支的审计工作报告。会议听取关于检查《中华人民共和国城乡规划法》《长沙市城市管理条例》和《长沙市城市市容和环境卫生管理办法》实施情况的报告；关于《长沙市人民代表大会常务委员会关于长沙市第十六届人民代表大会代表名额分配和选举问题的决定（草案）》的议案的说明、关于长沙市第十五届人民代表大会个别代表的代表资格的审查报告、有关人事议案的说明；市人大法制委关于《长沙市人民政府关于提请审议修改〈长沙市文明行为促进条例〉等6部地方性法规的议案》所涉地方性法规修改情况的汇报；市人大财经委关于2020年市本级决算草案初步审查结果的报告；市人大社会委关于《长沙市殡葬管理条例（修订草案）》审议意见的报告；市人大法制委关于《长沙市机动车和非道路移动机械排放污染防治条例（草案）》修改情况的汇报。会议听取肖新平作的有关人事议案的说明。会议听取拟任职人员任前发言。与会人员集体观看《中华人民共和国城乡规划法》《长沙市城市管理条例》和《长沙市城市市容和环境卫生管理办法》执法检查视频片。会前，市人大常委会特邀中国城市规划设计研究院原院长、教授级高级城市规划师、享受国务院政府特殊津贴专家李晓江为常委会组成人员及有关工作人员作《国土空间规划与后疫情时代的新型城镇化》专题辅导讲座。市直相关部门负责人列席会议。

8月25日，市十五届人大常委会第四十二次会议举行第二次全体会议。会议表决通过有关决定、决议、地方性法规草案和人事任免案。市人大常委会主任谢卫东主持会议并讲话。副主任王国海、芮英姿、罗衡宁、张智勇、袁黎明、卢鸿鸣、曹再兴出席会议。市中级人民法院院长肖新平，市人民检察院检察长王勋爵，市人大常委会党组成员、机关党组书记、市人大常委会秘书长提名人选缪晨光列席会议。会议听取市人大法制委关于《长沙市机动车和非道路移动机械排放污染防治条例（草案·一审修改稿）》审议结果的报告、关于《长沙市人民代表大会常务委员会关于修改〈长沙市文明行为促进条例〉等6部地方性法规的决定（草案）》审议结果的报告。会议表决通过《长沙市机动车和非道路移动机械排放污染防治条例》，待省人大常委会审查批准后，再公布实施；表决通过《长沙市人民代表大会常务委员会关于修改〈长沙市文明行为促进条例〉等6部地方性法规的决定》《长沙市人民代表大会常务委员会关于确定11月1日为长沙“企业家日”的决定》《长沙市人民代表大会常务委员会关于长沙市第十六届人民代表大会代表名额分配和选举问题的决定》《长沙市人民代表大会常务委员会关于批准2020年市本级决算的决议》。会议还表决通过有关人事任免案，决定任命缪晨光为长沙市人民代表大会常务委员会副秘书长、办公厅主任，于安全为长沙市人民代表大会常务委员会副秘书长，张建华为长沙市人民代表大会常务委员会研究室主任；任命周宏兆为长沙市第十五届人民代表大会环境与资源保护委员会副主任委员；决定任命李佑明为长沙市民族宗教事务局局长，郑平为长沙市商务局局长，黄阳为长沙市人民政府国有资产监督管理委员会主任，喻中文为长沙市信访局局长。谢卫东为该次会议任命和决定任命的人员颁发任命书，新任命人员依法进行宪法宣誓。市监察委员会以及有关方面负责人列席会议。

【市十五届人大常委会第四十三次会议】 2021年10月29日召开。市人大常委会主任谢卫东主持会议并讲话。谢卫东强调，全市人大系统要把全面深入学习贯彻落实习近平总书记在中央人大工作会议上的重要讲话精神作为当前一项重大政治任务抓紧抓好，确保学深、悟透、笃行，把践行全过程人民民主落实到履职全过程各方面，不断开创新时代全市人大工作新局面。市人大常委会副主任王国海、芮英姿、罗衡宁、张智勇、袁黎明、卢鸿鸣、曹再兴出席会议。市委常委、市纪委书记、市监察委员会代理主任胡卫兵，副市长刘新良、邱继兴，市人民检察院检察长王勋爵，市人大常委会党组成员、副秘书长、办公厅主任缪晨光列席会议。在第一次全体会议上，谢卫东传达学习中共中央总书记、国家主席、中央军委主席习近平在中央人大工作会议上的重要讲话精神，听取关于长沙市第十五届人民代表大会个别代表的代表资格的审查报告；市人大法制委、常委会法工委关于《长沙市殡葬管理条例（修订草案）》修改情况的汇报、关于该届以来规范性文件备案审查工作情况的报告；市人大常委会联工委关于市十五届人大七次会议代表建议、批评和意见的办理与督办工作情况的报告；市人大财经委关于2021年市本级预算调整方案的审查报告。受市人民政府委托，邱继兴作关于长株潭交通一体化对接情况的报告；市人民政府秘书长张能峰作关于市十五届人大七次会议代表建议、批评和意见办理情况的报告；市财政局局长肖正波作关于2021年市本级预算调整方案的报告。会议听取市人民政府关于贯彻实施《长沙市文明行为促进条例》情况报告的审议意见研究处理情况的报告及市人大常委会督查组的督查报告。会议书面听取市中级人民法院、市人民检察院关于市十五届人大七次会议代表建议、批评和意见办理情况的报告。会议听取有关人事议案的说明，听取拟任人员任职前发言。在第二次全体会议上，听取市人大法制委、常委会法工委关于《长沙市殡葬管理条例（修订草案·一审修改稿）》审议结果的报告。表决通过《长沙市殡葬管理条例》，待省人大常委会审查批准后，再公布实施；表决通过《长沙市人民代表大会常务委员会关于批准2021年市本级预算调整方案的决议》；表决通过有关人事任免案，决定任命朱远红、秦国良为长沙市监察委员会副主任，潘宏伟、段海波为长沙市监察委员会委员，邓阳锋为长沙市林业局局长，张学峰为长沙市统计局局长，邓和平为长沙市机关事务管理局局长。谢卫东为该次会议决定任命的人员颁发任命书，新任命人员依法进行宪法宣誓。市监察委员会、市中级人民法院以及有关方面负责人列席会议。会前，该次会议拟任命的国家机关工作人员和九县（市、区）新一届人大常委会主任等参观了长沙人大历史陈列室。

【市十五届人大常委会第四十四次会议】 2021年11月23日召开。会议首先传达学习中共十九届六中全会精神和《中共中央关于党的百年奋斗重大成就和历史经验的决议》精神，决定市十六届人大一次会议于2021年12月30日召开。市人大常委会主任谢卫东主持会议并讲话，副主任王国海、芮英姿、罗衡宁、张智勇、袁黎明、卢鸿鸣、曹再兴出席会议。市人民政府常务副市长夏建平，副市长周志凯，市中级人民法院院长肖新平，市人民检察院检察长王勋爵，市人大常委会党组成员、副秘书长、办公厅主任缪晨光列席会议。在第一次全体会议上，听取关于长沙市第十六届人民代表大会代表的代表资格的审查报告；关于《长沙市人大常委会关于召开长沙市第十六届人民代表大会第一次会议的决定（草案）》的说明。

受市人民政府委托，夏建平作关于2020年市本级预算执行和其他财政收支审计查出问题整改情况的报告；市自然资源规划局局长冯意刚、市人居环境局局长周飞、市科技局副局长周一平、宁乡经开区管委会主任张毅、望城经开区管委会主任郑以仁、长沙市轨道交通集团有限公司董事长邹刚、湖南湘江新区发展集团有限公司总经理刘文杰分别作关于审计查出有关问题整改情况的报告。会议听取王勋爵作的有关人事议案的说明。在第二次全体会议上，对市科技局、市自然资源规划局、市人居环境局、宁乡经开区管委会、望城经开区管委会、长沙市轨道交通集团有限公司、湖南湘江新区发展集团有限公司进行审计查出问题整改情况满意度测评。表决通过《长沙市人大常委会关于召开长沙市第十六届人民代表大会第一次会议的决定》；表决通过有关人事事项。

【市十五届人大常委会第四十五次会议】 2021年12月24日召开。市人大常委会主任谢卫东主持会议并讲话，副主任王国海、芮英姿、罗衡宁、张智勇、袁黎明、卢鸿鸣、曹再兴出席会议。市人民政府常务副市长夏建平，副市长刘明理，市中级人民法院院长肖新平，市人民检察院检察长王勋爵，市人大常委会党组成员、副秘书长、办公厅主任缪晨光列席会议。受市人民政府委托，夏建平作关于2021年全市环境状况和环境保护目标完成情况的报告、有关人事议案的说明；市自然资源和规划局局长冯意刚作关于长沙市国土空间总体规划编制情况的报告。会议听取曹再兴作的关于长沙市第十六届人民代表大会个别代表的代表资格的审查报告、有关人事议案的说明；市人大常委会研究室副主任陈日冬作的关于市人大常委会工作报告稿的起草说明。

会议书面听取长沙市第十六届人民代表大会第一次会议主席团和秘书长名单草案、列席人员名单草案。会议还听取拟任人员任职前发言。会议表决通过有关人事任免案，决定任命涂文清为长沙市发展改革委员会主任。会议原则通过《长沙市人民代表大会常务委员会工作报告（稿）》，提请市十六届人大一次会议审查，委托市十五届人大常委会主任谢卫东代表市人大常委会向市十六届人大一次会议作工作报告；原则通过《长沙市第十六届人民代表大会第一次会议主席团和秘书长名单（草案）》，提请市十六届人大一次会议预备会议审议；原则通过《长沙市第十六届人民代表大会第一次会议列席人员名单（草案）》，报告市十六届人大一次会议主席团。会议表决通过《长沙市人民代表大会常务委员会关于接受钟钢、张宏益辞去湖南省第十三届人民代表大会代表职务的决议》；补选文树勋、周湘、谭勇、罗缵吉为湖南省第十三届人民代表大会代表，其代表资格报省人大常委会代表资格审查委员会审查。谢卫东为该次会议决定任命的人员颁发任命书，新任命人员依法进行宪法宣誓。

人大立法工作

【《长沙市生活垃圾管理条例》出台】 2021年，市人大推动提高地方立法质量和效率，全面落实党中央关于加强党对立法工作的领导的要求，推动完善党委领导、人大主导、政府依托、各方参与的立法工作格局，严格执行立法重大事项报告制度，对立法重要环节及重大事项及时向市委请示报告，按照市委意见实施。坚持科学立法、民主立法、依法立法，多次召开会议听取常委会立法工作情况、研究立法项目、立法计划，推进把党的主张、方针、政策转化为法律规定，确保每一项立法都符合宪法精神、反映人民意愿、得到人民拥护，适应和满足长沙高质量发展需要。遵循地方立法工作规律，注重从“小切口”入手，彰显地方特色，着力解决实际问题。先后制定出台了长沙市居家养老服务条例、长沙市殡葬管理条例等4部地方性法规。建立健全区域协同立法工作机制，牵头引领长株潭三市人大协同制定机动车排放污染防治条例。依法对69件文件进行规范性审查，办结公民提出的3件审查建议，对现行有关规范性文件进行集中清理和审查。加强备案审查制度和能力建设，听取常委会有关规范性文件备案审查工作情况报告。围绕贯彻党的决策部署和重要法律实施，推动对长沙市现行有效的地方性法规进行全面清理，确保法规与时俱进、国家法治统一。指导在市人大常委会机关建成宪法墙，举行国家宪法日活动，组织新任命国家工作人员宪法宣誓仪式，弘扬宪法精神，保证宪法全面贯彻实施。

【《中共长沙市委关于加强新时代人大工作和建设的意见》出台】 2021年8月25日，《中共长沙市委关于加强新时代人大工作和建设的意见》（以下简称《意见》）（长发〔2021〕23号）出台。该《意见》从全面加强党对人大工作的领导、弘扬法治精神推动长沙建设、支持和保障人大及其常委会依法履职、发挥人大代表主体作用、加强自身建设着力提升人大工作水平等方面，对加强新时代人大工作和建设提出17条举措。《意见》强调，要把习近平总书记关于坚持和完善人民代表大会制度的重要思想作为党委（党组）理论学习中心组学习内容，把人大宣传纳入党委宣传工作总体部署，加强人民代表大会制度、人大工作和人大代表履职情况宣传。在弘扬法治精神推动长沙建设方面，《意见》提出，加强和改进地方立法工作，完善党委领导、人大主导、政府依托、各方参与的立法工作格局。加强对立法工作的领导，市人大及其常委会要积极发挥在立法选题、起草、审议等环节中的主导作用，市政府及其部门要加强立法队伍建设和对地方性法规起草工作的组织协调。完善代表、公众有序参与立法制度，建立立法协商机制，发挥基层立法联系点和立法咨询专家作用。加强市人大常委会立法工作力量建设。创新立法成果运用，推进地方性法规进入执法、融入司法、列入普法，加强立法后评估工作。改进执法检查工作，坚决防止以工作监督代替法律监督。健全人大常委会听取审议备案审查工作报告制度，加强规范性文件备案审查。开展法制宣传教育，营造全民尊法、学法、守法、用法的浓厚氛围。构建审议、交办、反馈、评价相衔接的监督运行机制，完善听取审议专项工作报告、专题询问等制度。支持人大依法开展监督，推进人大监督与其他各类监督贯通协调。综合运用法定监督手段，重点议题采取联动监督、持续监督、跟踪问效、满意度测评等方式，必要时运用质询、特定问题调查等监督手段，推动突出问题有效解决，提升监督实效。依法做好决定和选举任免工作，持续开展政府工作部门主要负责人述职评议。严格人选标准，真正把政治素质好、民意基础好、履职能力好、示范作用好的人选为代表。不断完善人大组织制度、工作规则、议事程序，推动履职行权规范化。加强智慧人大建设，持续优化代表履职服务、预算联网监督等信息系统。

依法监督

【概况】 2021年，市人大推动增强人大监督工作的实效，聚焦全市贯彻新发展理念、推动高质量发展的重大问题、紧迫问题和人民群众“急难愁盼”问题，推动常委会开展正确监督、有效监督、依法监督。定期听取审议计划执行情况，定期进行经济运行分析监督，推动经济社会发展主要目标和重大任务顺利完成。依法作出设立“企业家日”的决定，助推长沙市继续蝉联国际化营商环境建设标杆城市。强化人大预算决算审查监督和国有资产管理情况监督职能，深化人大预算审查监督重点向支出预算和政策拓展改革，加强全口径审查和全过程监管。首次听取国有自然资源管理情况的专项报告，督促政府进一步摸清家底，晒出“明白账”。开展审计突出问题整改跟踪监督，对7个单位进行整改情况满意度测评，推动审计报告反映问题基本得到解决，整改率91.77%，整改问题金额累计120.3亿元。听取审议政府年度环境状况和环保目标完成情况和全市环境治理专项报告、长沙市国土空间总体规划编制情况的报告，开展“司法公正长沙行”活动。首次听取市监察委员会专项工作报告，深化巩固专项整治成果，助推清廉长沙建设。建立完善领导信访接待制度和律师参与接访活动制度，依法督办信访问题，接待处理群众来信来访多批次，回应社会关切，依法维护老百姓的合法权益。

【人事任免】 2021年，市人大常委会共任免国家机关工作人员111人次，其中任免市人大专门委员会及常委会工作机构人员14人；决定任命市人民政府副市长3人，决定免去市人民政府副市长职务5人，决定任免市人民政府工作部门负责人19人次；任命市监委副主任、委员9人，接受辞去监委主任职务1人；任免“两院”法官、检察官60人次。

依法履职

【服务代表履职】 2021年，市人大发挥人大代表主体作用，常委会党组高度重视代表工作，尊重代表主体地位，切实保障和支持代表依法履职，彰显人民当家作主制度优势。推动建立健全密切联系人大代表和人民群众制度。年内邀请代表列席常委会议，参与常委会立法、调研视察、执法检查、专题询问、工作评议等活动257余人次，常委会党组成员分别深入所在代表小组参加活动10余次、带头走访联系代表群众100余名。指导常委会完善代表联络站（代表活动室）建设，持续擦亮“代表议事会”“民声工作室”“代表讲堂”等活动品牌。推动代表议案建议内容高质量、办理高质量。完善议案建议办理机制，不断提升满意率和解决率。高质量办理代表议案建议，市十五届人大七次会议以来共接受代表建议、批评和意见352件，均已办理完毕并逐件答复代表，已经解决或基本解决、正在解决或列入计划逐步解决的335件，占办理总数的95.17%。认真办理代表关于修改殡葬条例的议案，实现“当年立案、当年办理、当年出台”。督办关于打通谷岳路、紫薇路等断头路的建议，推动谷岳路于2021年6月通车，紫薇路于2021年12月完工。严格落实《关于加强和改进市人大代表工作的具体措施》等制度。结合换届实际，指导县（市、区）举办新任市人大代表履职培训班。开展人大先进代表小组、优秀代表评选活动，73名个人和9个集体受到表彰，进一步激发了代表履职活力。

2021年3月10日，长沙市“人大常委会组成人员走访代表、人大代表联系群众”活动月启动仪式召开　　市人大　供图

【长沙市“人大常委会组成人员走访代表、人大代表联系群众”活动月】 2021年3月10日，长沙市“人大常委会组成人员走访代表、人大代表联系群众”活动月正式启动。市人大常委会党组书记、主任谢卫东出席启动仪式并讲话，市人大常委会副主任芮英姿、罗衡宁、袁黎明，秘书长柳美景出席。启动仪式首先传达学习省委常委、省政府副省长、市委书记吴桂英拜访省人大常委会机关、走访市人大常委会机关时的讲话精神以及省人大常委会党组书记、副主任刘莲玉对市人大工作作出的指示要求。自启动仪式起至4月中旬，市人大常委会开展“人大常委会组成人员走访代表、人大代表联系群众”活动月，活动主题为“助力实施‘三高四新’战略，我为群众办实事解难题”。具体形式为“五个一”：即听一次代表或群众的意见，提一条有价值的建议，反映一个群众迫切需要解决的问题，为群众或代表办一件实事，写一份高质量民情报告。活动期间，市人大代表徐煦在走访过程中了解到，雨花区跳马镇关刀小学留守儿童较多，学校的基础设施落后，课外书籍缺乏。徐煦积极奔走联系，募捐了近2000册图书，并自费购买了一批乒乓球拍、国际象棋等体育器材捐赠给学校，帮助学校解决实际困难。市人大社会委主任委员黄吉邦、市人大常委会联工委主任戴志敏参加捐赠仪式。由上千册涉及科技、文化、历史等领域书籍组成的中山希望书屋授牌落成。

（本栏撰稿　唐剑宇）

长沙市人民政府

THE PEOPLE'S GOVERNMENT OF CHANGSHA MUNICIPAL

编辑　陈晓红

综　述

2021年，长沙市全面落实“三高四新”（“三高”：打造国家重要先进制造业、具有核心竞争力的科技创新、内陆地区改革开放的高地；“四新”：在推动高质量发展上闯出新路子，在构建新发展格局中展现新作为，在推动中部地区崛起和长江经济带发展中彰显新担当，奋力谱写新时代坚持和发展中国特色社会主义的湖南新篇章）战略定位和使命任务，推进高质量发展，实现“十四五”良好开局。

“三个高地”建设　加快建设国家重要先进制造业高地，22条产业链建设推进，“三智一芯”（智能装备、智能终端、智能网联汽车和功率芯片）产业布局基本成型，“1+2+N”优势产业集群持续壮大。工程机械集群在工信部首批先进制造业集群决赛中胜出，智能制造装备产业集群获批国家首批战略性新兴产业集群。加快建设具有核心竞争力的科技创新高地，获批国家新一代人工智能创新发展试验区、国家耐盐碱水稻技术创新中心、国家文化和科技融合示范基地，实现国家技术创新中心零的突破，与北京大学、清华大学、同济大学等高校签署全面合作协议，校地合作开展，高新技术企业总量5200家，技术合同成交额520亿元。加快建设内陆地区改革开放高地，湖南自贸区长沙片区113项改革任务、309项落实举措实施率分别达92%、93.9%，形成34项制度创新成果，中非经贸合作促进创新示范园、中非跨境人民币中心建成运营，全国首批加工贸易产业示范园获批，易货贸易开创中非经贸深度合作新模式。长株潭一体化加速发展，三十大标志工程稳步推进，湘江新区湘阴、九华新片区建设有序推进，“半小时交通圈”“半小时经济圈”加速形成。

经济发展　统筹推进新冠肺炎疫情防控和经济社会发展，地区生产总值增长7.5%，规模以上工业增加值增长7.2%，固定资产投资增长8.2%，社会消费品零售总额增长14.4%，地方一般公共预算收入增长8%。坚持“项目为王”发展理念，将重大项目建设作为推进高质量发展的主要抓手，推进涉及长沙的“省十大产业项目”“市十大产业项目”。2021年，全市实施重大项目1575个，完成投资5004.5亿元。“五好”园区建设成效明显。2021年，园区新增规模以上企业63家，新签约项目402个，合同计划总投资1076亿元，完成进出口总额162.53亿美元，完成技工贸易总收入9192.47亿元，实现税收收入481.37亿元。举办北京、上海、深圳投资环境推介会和中国民企500强峰会，引进“三类500强”（世界财富500强、中国企业500强和民营企业500强）项目67个。市场主体总量137.2万户，A股上市公司总数78家、居中部首位。中欧班列（长沙）全年开行逾1000列，跨境电商进出口额35亿美元。

改革开放　供给侧结构性改革纵深推进，“三去一降一补”（去产能、去库存、去杠杆、降成本、补短板）成效显著。数字人民币试点走在全国前列。防范化解政府债务风险工作成效明显，清理整合平台公司128家。市属国有企业实现新一轮战略重组，资产总额逾1.5万亿元。“三区两山两中心”［“三区”：长株潭国家自主创新示范区、湖南湘江新区、湖南自贸试验区长沙片区；“两山”：岳麓山大学科技城、马栏山视频文创产业园；“两中心”：岳麓山种业创新中心、岳麓山（工业）创新中心］创新平台加快建设，湘江新区获批全国首批双创示范基地。新一代超级计算机、耐高温压力传感器等核心关键技术取得重大突破，成为全国唯一实现芯片三大件设计国产自主的城市。高新技术企业总量5200家、增长4.7倍，全社会研发经费投入实现翻番，万人有效发明专利拥有量居省会城市前列。获批国家级人力资源服务产业园，人才吸引力居全国前十位。获批全国创新驱动示范市，进入“科创中国”试点城市，创新能力居国家创新型城市第8位。中欧班列（长沙）居全国第一方阵，长沙新港年吞吐量逾千万吨，国际全货机航线增加至14条，入围全国综合交通枢纽城市、国际区域性邮政快递枢纽城市。实际利用外资、进出口总额年均分别增长27.1%、29%，外贸依存度从8.9%提升到20%。长沙国际工程机械展、互联网岳麓峰会成为知名品牌，中非经贸博览会、世界

2021年5月19—22日，2021长沙国际工程机械展览会在长沙国际会展中心举行。图为铁建重工展区　　市政府研究室　供图

计算大会长期落户，博鳌亚洲论坛经安会首届大会。长江中游城市群、粤港澳大湾区、湘赣边区域合作持续深化。营商环境持续优化。打造“倾力支持、立说立行、精心呵护”的亲清新型政商关系和国际一流营商环境。政务服务全面提升。推行“极简审批”，高频政务事项实现“一件事一次办”全覆盖。市场准入持续放宽，行政审批大幅提速，实施行业综合许可登记改革，压缩时限65.5%。运营成本持续降低。实施减税降费，2021年为企业减税降费111.31亿元，推行惠企政策免申即享改革，为企业减税降费107.15亿元。全国工商联“万家民营企业评营商环境”居第9位，连续三年位列中部榜首，成为全国营商便利度提升最快的城市之一。

城市品质　“五区”建设推进，综合功能不断完善，长沙机场改扩建、湘雅路过江通道、兴联路大桥等加快建设，高铁迎来“双核驱动时代”，地铁驶入“网络化时代”，电网进入“特高压时代”，城镇化率82.6%。“四精五有”（“四精”：精准规划、精美建设、精致管理、精明增长；“五有”：有颜值、有气质、有内涵、有格调、有品位）城市建设成效明显，65条城市主干道提质改造完成，28个出入城口、34条桥梁隧道焕然一新，开工改造城镇老旧小区374个、危旧房屋630栋，完成棚改3061户，启动城中村改造13个，解决“脏乱差”“违堵占”问题12万余个，湘雅医院、烈士公园、长沙火车站等区域面貌明显改善，垃圾焚烧发电二期项目投入运行，在全国率先启动新型智慧城市示范城市建设，政务云创新中心、城市超级大脑建成运行。污染防治攻坚和生态环境保护工作成效明显，空气质量优良率83.9%，32个国、省控考核断面平均水质优良率100%。

乡村振兴　全面启动乡村振兴示范市建设，完成“一县一特”项目182个，新增国家级农业龙头企业4家，建成高标准农田1.46万公顷，建成全国首个双季稻“无人农场”，第一产业增加值增长7.5%，创近20年来最高增速，农产品加工产值超过2900亿元。新增全国乡村治理示范镇1个、示范村4个，建设美丽宜居村庄955个，首次获全国“四好农村路”示范创建突出市荣誉。村级集体经济收入全部超过20万元，投资3.55亿元对口帮扶龙山县等6个县。致力建设湘赣边区域合作示范区，“湘赣红”品牌影响力显著增强。

民生社会事业　省、市民生实事全面完成，“学位、床位、车位、厕位、梯位”等群众“急难愁盼”问题得到有效解决。新增城镇就业14.71万人。企业退休人员基本养老金、城乡居民基础养老金实现“17连涨”。新改建农村公路770千米，建成市儿童福利院和8家标准化疾控中心，筹建租赁住房2.5万套，完成残疾人家庭无障碍改造839户。连续三届捧回“长安杯”，连续14年被评为中国最具幸福感城市。连续三届蝉联全国文明城市。　（丁　林）

2021年10月29日，长沙市长沙县青山铺镇入选全国乡村治理示范镇

市政府研究室　供图

重要会议

【长沙市第十五届人民政府第八次全体（扩大）会议】　2021年1月14日在市会议中心召开。会议听取《长沙市国民经济和社会发展第十四个五年规划和2035年远景目标纲要》《政府工作报告》起草情况汇报，审议通过《政府工作报告（审议稿）》《长沙市国民经济和社会发展第十四个五年规划和2035年远景目标纲要（草案）》。市委副书记、市长、湖南湘江新区党工委书记郑建新出席会议，市领导夏建平、刘明理、邱继兴、朱东铁、李平、张庆和参加会议。

（程　琳）

【长沙市第十五届人民政府第九次全体（扩大）会议】　2021年1月21日在市会议中心召开。会议对《政府工作报告》主要目标任务进行分解，强化责任管理。市委副书记、市长、湖南湘江新区党工委书记郑建新出席会议，并要求全市各级各部门要以对人民高度负责、对代表高度负责的态度，以最强执行力抓好《政府工作报告》的落实。市领导钟钢、夏建平、刘新良、李蔚、刘明理、邱继兴、朱东铁、李平、张庆和出席会议。　（程　琳）

【长沙市第十五届人民政府第十次全体（扩大）会议】　2021年12月24

日召开。市委副书记、市长、湖南湘江新区党工委书记郑建新要求，要深入贯彻习近平总书记对湖南重要讲话重要指示批示精神和中央、省委、市委决策部署，全面落实“三高四新”战略定位和使命任务，永葆“闯”的精神、“创”的劲头、“干”的作风，以实际行动推进强省会战略，全面建设现代化新长沙。会议审议通过《政府工作报告（审议稿）》。市领导谭勇、彭华松、夏建平、刘新良、刘明理、邱继兴、周志凯、李平、张庆和参加会议。（程　琳）

【长株潭一体化发展常务副市长联席会议在长沙召开】 2021年4月2日，长株潭一体化发展常务副市长联席会议在长沙召开。长沙市委常委、常务副市长夏建平主持会议，株洲市委常委、常务副市长何剑波，湘潭市委常委、常务副市长杨广出席。会议审议讨论《长株潭城市群一体化发展行动计划（2019—2020年）》执行情况评估报告、《长沙县与株洲经开区、石峰区、荷塘区、芦淞区全面深化长株潭一体化发展战略合作协议》、2019—2020年实事工作纪实宣传片、长株潭一体化发展第三届书记市长联席会议方案以及《2021年长株潭一体化发展行动计划（审议稿）》《长株潭三市湘江（防洪）风光带工程控制性方案》《深入实施“三高四新”战略，全面推进长株潭重大产业高质量协同发展的意见（征求意见稿）》等。会议指出，要抢抓机遇，把握好长株潭都市圈建设上升为国家战略这一重大历史机遇，全面加快长株潭一体化步伐。要加强对接，紧扣“一体化”和“高质量”两个关键词，共同推出一批重大项目，确定一批合作事务。要完善机制，统筹推进三市空间布局与产业发展，争取政策支持，共同寻求长株潭一体化更高水平、更具规模、更强竞争力的高质量发展。（程　琳）

【市政府常务会议】 2021年，长沙市政府召开常务会议12次。

2月7日，召开长沙市第十五届人民政府第四十七次市政府常务会议。传达学习国务院联防联控机制全国疫情防控工作电视电话会议精神和全省疫情防控工作电视电话会议精神，研究全市春节前后疫情防控工作；传达学习全国、全省安全生产电视电话会议精神、全省应急管理工作会议精神和有关安全生产文件精神，研究全市春节前后安全生产工作；学习贯彻《长江保护法》和全国、全省禁捕退捕工作有关会议精神，研究全市禁捕退捕有关工作；传达学习省“两会”精神，审议《2021年全市重大项目投资计划（送审稿）》；研究全市城市更新工作，审议《关于全面推进城市更新工作的实施意见（送审稿）》；研究全市退役军人事务工作，审议《长沙市现役军人和残疾军人优待办法（送审稿）》；审议《长沙市贸促会深化改革方案（送审稿）》《长沙市人民政府湖南师范大学合作推进树达学院转设方案（送审稿）》；审议成立长沙市静态交通管理领导小组、长沙市防范化解涉众型非法经营活动稳定风险联席会议制度、长沙市深化政府采购制度改革工作领导小组、长沙市公共法律服务体系建设工作联席会议制度、长沙市专门教育指导委员会。

3月24日，召开长沙市第十五届人民政府第四十八次市政府常务会议。传达学习全国“两会”精神，贯彻落实全市奋力实施“三高四新”战略全面推进高质量发展大会精神，研究全市产业链建设工作；传达学习习近平总书记关于统计工作的重要指示批示精神，贯彻落实全省统计工作会议和市委理论学习中心组集体学习暨市委常委会会议（3月11日）精神，研究全市统计工作；传达学习省、市主要领导关于中国（湖南）自由贸易试验区长沙片区建设工作讲话指示精神，研究中国（湖南）自由贸易试验区长沙片区建设工作，审议《关于做好省级下放中国（湖南）自由贸易试验区经济社会管理权限承接工作并在长沙片区推行极简审批的通知（送审稿）》《中国（湖南）自由贸易试验区长沙片区人才集聚发展若干政策（试行·送审稿）》；传达学习省、市主要领导关于优化营商环境批示精神，研究全市优化营商环境工作，审议《关于贯彻落实〈中共中央国务院关于营造更好发展环境支持民营企业改革发展的意见〉任务分工（送审稿）》《长沙市营商环境优化工程2021年行动方案（送审稿）》；传达学习市委主要领导关于政务热线工作的批示精神，研究全市“12345”政务热线工作；传达学习省第一生态环境保护督察组督察长沙市“回头看”情况反馈会议精神和全市生态环保工作推进会精神，研究全市污染防治工作，审议《长沙市贯彻落实湖南省生态环境保护督察“回头看”及城乡环境基础设施建设专项督察反馈意见整改工作方案（送审稿）》《2021年度长沙市污染防治行动计划（送审稿）》；研究全市食品安全工作，审议《长沙市2020年度食品安全工作考评结果通报方案（送审稿）》《长沙市2021年食品安全重点工作安排（送审稿）》《长沙市食品安全监管事权清单（送审稿）》《关于全面推进食品安全责任保险工作的实施意见（送审稿）》；研究全市打击治理电信网络新型违法犯罪工作，审议《长沙市加强打击治理电信网络新型违法犯罪工作的意见（送审稿）》；审议《长沙港总体规划修编（送审稿）》《长沙市人民政府2021年立法计划（送审稿）》。

4月26日，召开长沙市第十五届人民政府第四十九次市政府常务会议。传达学习习近平生态文明思想、习近平总书记关于生态环境保护的重要论述和重要指示批示精神，研究全市生态环境保护和配合督察整改工作，审议《长沙市生态环境保护工作责任规定（修订·送审稿）》《长沙市较大生态环境问题（事件）责任追究办法（修订·送审稿）》《长沙市“十四五”生态环境监测能力建设规划（送审稿）》《长沙市生态环境损害赔偿制度改革工作实施方案（送审稿）》；传达学习习近平总书记考察湖南关于长株潭一体化发展重要讲话指示精神、省、市主要领导关于长株潭一体化发展讲话指示精神和有关文件精神，研究长株潭一体化发展工作；传达学习习近平总书记关于科技创新重要论述和考察湖南关于科技创新重要讲话指示精神，研究全市科技创新工作，审议《打造具有核心竞争力的科技创新高地推动长沙建设国家区域科技创新中心三年行动方案（2021—2023年）（送审稿）》；传达学习习近平总书记关于体育工作的重要论述和重要讲话精神，传达学习有关体育工作文件精神，研究全市体育工作，审议《长沙市推进国家体育消费试点城市建设实施方案（送审稿）》；传达学习全市国资国企高质量发展座谈会议精神，研究全市国企改革工作，审议《长沙市国企改革三年行动实施方案（2020—2022年）（送审稿）》；审议《长沙市烟花爆竹安全生产条例（草案·送审稿）》；研究全市“放管服”改革工作，审议《长沙市2021年深化“放管服”改革重点任务分工方案（送审稿）》；研究市政府系统建议提案办理工作，审议《长沙市人民政府办理人大代表建议和政协提案工作规定（修订·送审稿）》。

5月25日，召开长沙市第十五届人民政府第五十次市政府常务会议。传达学习习近平总书记在企业家座谈会上的重要讲话精神和全省、全市民营企业家座谈会议精神，研究全市民营经济发展工作，审议《长沙市创建民营经济示范城市总体方案（送审稿）》；传达学习中央、省、市关于化债工作会议精神，研究全市化债工作；审议《长沙市“十四五”科技创新发展规划（2021—2025年）（送审稿）》《长沙市建设国家新一代人工智能创新发展试验区三年行动计划（2021—2023年）（送审稿）》；研究全市消费升级工作，审议《长沙市创建区域性国际消费中心城市暨长沙市消费升级三年行动方案（2021—2023年）（送审稿）》；研究“精美长沙”建设工作，审议《2021年度长沙市“精美长沙”建设工作方案（送审稿）》《关于加强我市住房租赁市场管理的意见（送审稿）》（与长沙市“精美长沙”建设工作联席会议2021年第1次会议套开）；审议《关于新形势下进一步加强统计工作的决定（送审稿）》；研究长沙市社会保险基金管理风险防控专项整治工作、被征地农民社会保障工作，审议《长沙市被征地农民社会保障工作方案（送审稿）》《长沙市红十字会改革方案（草案·送审稿）》《长沙市轨道交通运营突发事件应急预案（修订·送审稿）》；审议《长沙市行政复议体制改革实施方案（送审稿）》《长沙市机动车和非道路移动机械排放污染防治条例（草案·送审稿）》《关于修改〈长沙市文明行为促进条例〉等6部地方性法规的议案（送审稿）》；审议成立长沙工程机械集群配套产业发展联席会议制度、长沙市打击治理电信网络新型违法犯罪工作领导小组、长沙市推进国家体育消费试点城市建设工作领导小组、长沙市行政复议体制改革领导小组、长沙市生态环境损害赔偿制度改革工作领导小组；研究民政有关工作。

6月22日，召开长沙市第十五届人民政府第五十一次市政府常务会议。传达学习国家、省、市深化“放管服”改革着力培育和激发市场主体活力电视电话会议、全国政务公开领导小组会议、全省政务公开政务服务领导小组会议精神，研究全市政务公开、简政放权和“12345”政务热线工作，审议《下放部分市级权限目录（送审稿）》；传达学习5月20日省委常委会会议关于研究部署长株潭一体化发展工作有关精神，研究《长沙市国民经济和社会发展第十四个五年规划和2035远景目标纲要》部分内容调整有关事项，审议《关于构建更加完善的要素市场化配置体制机制建设长株潭高标准市场体系的实施意见（送审稿）》；传达学习5月18日市委常委会会议关于生态环境保护工作有关精神，研究全市生态环境保护工作，审议《2021年长沙市生态环境保护（蓝天保卫战）工作目标考核办法（送审稿）》（与长沙市生态环境保护委员会2021年第3次会议套开）；研究全市庆祝中国共产党成立100周年安保维稳工作、燃放烟花爆竹管理工作和信访工作，审议《关于加强我市中小学幼儿园治安风险防控的意见（送审稿）》；研究全市开放型经济工作，审议《长沙市“十四五”开放型经济发展规划（送审稿）》《长沙市进一步扩大利用外资促进经济高质量发展的若干措施（修订·送审稿）》；研究全市食品药品安全监管工作，审议《长沙市食品药品违法行为举报奖励实施办法（修订·送审稿）》（与长沙市食品安全委员会2021年第2次会议套开）；审议《长沙市困难家庭子女高等教育慈善助学金管理办法（修订·送审稿）》《长沙市关于深化新时代教育督导体制机制改革的若干措施（送审稿）》《〈长沙市城市规划管理技术规定〉补充规定（送审稿）》《长沙市节约集约用地考核办法（送审稿）》《长沙市既有建筑外立面管理办法（送审稿）》。

7月29日，召开长沙市第十五届人民政府第五十二次市政府常务会议。传达学习习近平总书记重要批示指示精神和上级有关精神，研究全市安全生产和消防救援工作，审议《关于全面加强危险化学品安全生产工作的实施意见（送审稿）》《长沙市校车安全管理办法（修订·送审稿）》；传达学习孙春兰副总理对新冠肺炎疫情防控工作有关批示精神、省委书记许达哲对新冠肺炎疫情防控工作有关批示精神和全省、全市新冠肺炎疫情防控工作会议精神，研究部署当前新冠肺炎疫情防控有关工作；传达学习中央第六生态环境保护督察组对湖南省督察情况反馈会和全市环境保护督察反馈问题整改工作部署会会议精神，审议《长沙市贯彻落实第二轮中央生态环境保护督察报告整改方案（送审稿）》；研究全市园区建设工作，审议《创建“五好”园区推动新发展阶段园区高质量发展的实施意见（送审稿）》《长沙市创建“五好”园区若干政策（送审稿）》；研究全市推进碳达峰、碳中和工作，审议《长沙市推进碳达峰、碳中和工作方案（送审稿）》；研究全市重点民生实事工作，审议《关于全面加快推进全市城镇老旧小区改造工作的实施意见（送审稿）》；研究全市住房保障工作，审议《长沙市乡镇污水处理厂建设和运行管理办法（送审稿）》；审议《关于促进中医药传承创新发展的实施意见（送审稿）》《长沙市中医药服务“基层惠民”工程实施方案（2021—2025 年）（送审稿）》《长沙市关于深化国有文艺院团改革的实施意见（送审稿）》《长沙市商业性户外广告有偿设置管理规定（修订·送审稿）》《商业性户外广告设置位置使用权价值估算方法指引（试行·送审稿）》；审议成立长沙市医疗保障基金监管方式创新工作领导小组、长沙市农村乱占耕地建房专项整治行动协调机制、长沙市野生动植物资源保护工作联席会议。

8 月 23 日，召开长沙市第十五届人民政府第五十三次市政府常务会议。市政府常务会议集中学法（集中学习新修定的《中华人民共和国行政处罚法》）；传达学习习近平总书记关于建立以国家公园为主体的自然保护地体系重要指示批示精神和国家、省相关文件精神，研究全市自然保护地体系建设工作；审议《长沙市“十四五”先进制造业、交通运输、教育事业、水利发展规划（送审稿）》；审议《长沙市建设国际文化创意中心三年行动计划（2021—2023 年）（送审稿）》《长沙市促进大飞机产业发展三年行动计划（2021—2023 年）（送审稿）》《长沙市促进大飞机产业发展的若干措施（送审稿）》《长沙市深化农村公路管理养护体制改革实施方案（送审稿）》《长沙市深化农村公路管理养护体制改革试点工作方案（送审稿）》《关于进一步加强长沙市国家公共文化服务体系示范区建设 全面推动公共文化服务高质量发展的实施意见（送审稿）》《长沙市无障碍环境建设工作方案（2021—2025 年）（送审稿）》《长沙市关于改革完善社会救助制度的实施办法（送审稿）》；研究全市财源建设工作，审议《长沙市财源建设工程实施方案（送审稿）》《关于大力发展“她经济”的若干意见（送审稿）》；调度气象灾害（暴雨）应急工作，研究全市防汛抗旱应急响应机制建设；研究全市反恐怖工作和禁毒工作，审议《长沙市 2021—2024 年禁毒人民战争实施方案（送审稿）》；审议《长沙市殡葬管理条例（修订草案·送审稿）》。

9 月 29 日，召开长沙市第十五届人民政府第五十四次市政府常务会议。审议《长沙市“十四五”产业园区、现代服务业、大数据、应急管理和安全生产、生态环境保护、人力资源和社会保障事业、卫生健康事业、文化和旅游融合、体育事业发展规划（送审稿）》；审议《长沙市进一步降低疫情影响稳定经济运行实施意见（送审稿）》《长沙市践行“三高四新”战略促进中小企业高质量发展若干意见（送审稿）》《长沙市加快计算产业发展若干政策（送审稿）》《长沙市加快先进计算产业发展三年行动计划（送审稿）》《推进“五好”园区建设 提高亩均效益盘活产业园区低效工业用地的指导意见（送审稿）》《长沙市城乡居民基本养老保险办法（送审稿）》《长沙市市级公益林管理与补偿办法（修订·送审稿）》《长沙市创建国家生态园林城市行动计划（送审稿）》《长沙市安全生产和消防工作考核办法（送审稿）》《关于全面构建政务服务便利化新格局的指导意见（送审稿）》《长沙市行政审批中介服务管理办法（送审稿）》《关于全市推进职业教育现代化服务“三高四新”战略的实施意见（送审稿）》《关于加强文物保护利用改革的实施意见（送审稿）》《关于进一步加强动物疫病防控能力建设的意见（送审稿）》《长沙市人民政府重大行政决策程序实施办法（送审稿）》《长沙市人民政府重大行政决策事项目录（送审稿）》；听取全市第三次全国国土调查情况汇报，审议《长沙市建设用地使用权转让、出租、抵押二级市场管理办法（送审稿）》《长沙市新型城市基础设施建设试点实施方案（送审稿）》。

10 月 26 日，召开长沙市第十五届人民政府第五十五次市政府常务会议。传达学习习近平总书记关于统计工作重要指示批示精神及中央有关政策文件精神、统计法律法规重要内容、市委常委会会议（10 月 11 日）关于统计督察整改工作有关精神，研究进一步落实国家统计督察长沙市立行立改整改工作；审议《长沙市安委办关于国务院安委会考核巡查湖南省 2020 年度安全生产和消防工作反馈意见整改责任分工（送审稿）》《关于加快建设国家重要先进制造业中心的实施意见（送审稿）》《长沙市建设“科创中国”试点城市实施方案（送审稿）》《长沙市深化“证照分离”改革工作方案（送审稿）》《长沙市基层市场监督管理所标准化建设三年行动方案（2021—2023 年）（送审稿）》《长沙市推进政务公开标准化规范化便利化实施意见（送审稿）》《长沙市国资委以管资本为主推进职能转变方案（送审稿）》《2021 年市级统筹由政府安排工作退役士兵（第一批）安置计划（送审稿）》《关于推行轨道交通场站及周边综合开发模式（TOD）的实施意见（送审稿）》《长沙市轨道交通场站及周边综合开发（TOD）实施细则（送审稿）》《长沙市肇事肇祸精神障碍患者管理办法（修订·送审稿）》《长沙市人民政府关于修改和废止部分市政府规章的决定（送审稿）》；审议《长沙市"十四五"推进长株潭区域一体化、优化营商环境、制造业新兴产业发展规划（送审稿）》；研究全市未成年人思想道德建设工作，审议《长沙市进一步减轻义务教育阶段学生作业负担和校外培训负担的实施方案（送审稿）》。

11月30日，召开长沙市第十五届人民政府第五十六次市政府常务会议。审议《关于加快建设国家科技创新中心的实施意见（送审稿）》《关于加快推进十个重大科技创新标志性项目建设的实施方案（送审稿）》《关于加快建设国家综合交通枢纽中心的实施意见（送审稿）》《长沙市加快建设国家综合交通枢纽中心三年行动计划（2022—2024年）（送审稿）》《关于加快创建区域性国际消费中心城市的实施意见（送审稿）》《长沙市关于促进汽车产业发展的实施意见（送审稿）》《关于支持长沙"智能制造"海归小镇建设的若干政策（送审稿）》《长沙市低温雨雪冰冻灾害天气应急工作方案（送审稿）》《关于深化安全生产责任保险工作的实施意见（送审稿）》《长沙市政务数据资源管理办法（送审稿）》《关于全面启用"长政通"App的通知（送审稿）》《长沙市"百街千巷"环境综合整治提升工作方案（送审稿）》《关于推动长沙市停车设施发展意见（送审稿）》《长沙市普通国省干线公路建设管理办法（修订·送审稿）》《长沙市普通国省干线公路养护工程管理办法（修订·送审稿）》《长沙市农村公路建设管理办法（送审稿）》《关于明确我市"十四五"期间公租房建设管理和准入标准有关工作的通知（送审稿）》《关于加快发展保障性租赁住房的实施意见（送审稿）》《长沙市政府投资公共租赁住房运营管理办法（送审稿）》《长沙市征地补偿标准（送审稿）》《长沙市17处千人以上集中式饮用水水源保护区划分方案（送审稿）》《政府工作报告（讨论稿）》；审议《长沙市"十四五"国土空间、民政事业、物流与口岸发展规划（送审稿）》；审议成立长沙市深化税收征管改革协调小组、长沙市未成年人保护工作领导小组。

12月21日、12月24日，召开长沙市第十五届人民政府第五十七次市政府常务会议。传达学习中央、省委、市委经济工作会议精神，审议《2022年全市重大项目投资计划（送审稿）》《长沙市2022年市本级政府投资信息化项目计划（送审稿）》《长沙市"十个重大引领性产业项目"建设行动方案（送审稿）》；审议市政府主要领导《在市委经济工作会议上的讲话（送审稿）》和市政府《2022年度全市经济社会发展主要预期目标和工作思路（送审稿）》《关于长沙市2021年国民经济和社会发展计划执行情况与2022年国民经济和社会发展计划草案的报告（送审稿）》《关于2021年全市和市本级预算执行情况与2022年全市和市本级预算草案的报告（送审稿）》。研究2022年"十大民生实事项目"有关工作，审议《长沙市规范民办义务教育发展工作方案（送审稿）》《关于进一步加强蔬菜市场保供稳价工作的若干措施（送审稿）》《长沙市医疗救助实施细则（送审稿）》；审议《长沙市"十四五"知识产权、消防救援事业发展规划（送审稿）》和《长沙市全民健身实施计划（2021—2025年）（送审稿）》《长沙市全民科学素质行动规划纲要实施方案（2021—2025年）（送审稿）》；审议《长沙市贯彻落实第二轮中央生态环境保护督察排水问题的整改方案（送审稿）》《长沙市落实中央环保督察整改及城区市政管网雨污分流工程项目建设计划（送审稿）》《长沙市市本级财政评审管理办法（修订·送审稿）》《长沙市国有土地上房屋征收奖励和补助办法（修订·送审稿）》《关于调整国有土地上房屋征收装饰装修补偿以及临时安置费房屋搬迁费相关标准的通知（修订·送审稿）》《岳麓山风景名胜区特许经营管理办法（修订·送审稿）》《长沙市行政规范性文件管理规定（送审稿）》《长沙市行政规范性文件合法性审查建议办理工作规定（送审稿）》《浏阳经济技术开发区相对集中行政许可权改革试点工作方案（送审稿）》《望城经济技术开发区相对集中行政许可权改革试点工作方案（送审稿）》《天心经济开发区相对集中行政许可权改革试点工作方案（送审稿）》《雨花经济开发区相对集中行政许可权改革试点工作方案（送审稿）》；听取全市水库除险加固和运行管护工作情况汇报。

（罗晨曦）

【市长办公会议】 2021年，市政府召开市长办公会55次。

1月4日，总结2020年12月工作，研究部署2021年1月工作。

1月6日，研究全市水土保持工作，审议《长沙市水土保持规划（2021—2030）（送审稿）》；研究博鳌亚洲论坛全球经济发展与安全论坛首届大会筹备工作；研究政府投资公建项目有关问题；研究全市城市更新工作，审议首批重点城市更新单元更新实施方案。

1月14日，传达学习全国、全省安全生产视频会议精神，研究全市安全生产工作，审议2020年度安全生产和消防工作考核情况；研究全市2021年重点民生实事项目；研究设立长沙市集成电路产业投资母基金、湖南兴湘农银科创私募股权基金有关工作；研究助推长岳协同发展和合作共建虞公港有关工作；研究湖南湘江新区工程建设招投标有关工作；研究轨道交通7号线一期工程（云塘路—五里牌站）线站位方案。

1月21日，研究全市停车工作，审议《长沙市解决停车难治理停车乱两年行动计划（2021—2022年）（送审稿）》；研究移动互联网产业发展工作，审议《关于进一步促进移动互联网产业发展的若干政策（送审稿）》；研究民营企业发展工作，审议设立企业家日有关事项。

2月3日，总结2021年1月工作，研究部署2021年2月工作。

2月4日，研究市属国有文艺院团改革发展有关工作。

2月7日，研究稳岗留工、春季招聘和涉企社保支持政策有关工作。

2月24日，研究全市乡村振兴工作和《长沙市建设乡村振兴示范市规划纲要（2021—2025）（送审稿）》等相关文件；研究省五大家机关、中央驻湘单位周边及重点区域城市管理品质提升工作。

2月26日，总结2021年2月工作，研究部署2021年3月工作；研究全市稳就业工作。

3月26日，审查长沙市妇幼保健院（河西新院）等14个项目建筑风貌方案。

3月30日，研究Mini/Micro LED新型显示器件产业化项目建设工作；审议《践行“三高四新”战略推动金融业高质量发展的实施意见（送审稿）》；研究“健康长沙”建设PPP项目有关问题；研究乡村振兴工作，审议《长沙市建设乡村振兴示范市七大专项行动方案（送审稿）》《长沙市建设乡村振兴示范市推进现代农业高质量发展若干政策（送审稿）》《长沙市建设乡村振兴示范市推进现代特色农业高水平发展若干政策（送审稿）》《2021年长沙市全域推进美丽宜居村庄建设实施办法（送审稿）》；研究全市信访工作；研究“四精五有”城市品质提升、新型智慧城市示范城市、数字政府建设和无障碍设施建设工作，审议《长沙市新型智慧城市示范城市建设2021年重点工作任务（送审稿）》等相关文件。

4月6日，研究全市职业技能提升工作，审议《助力“三高四新”战略铸造“长沙工匠”工程2021年长沙市职业技能提升行动实施方案（送审稿）》；研究长江中游城市群合作工作，审议《长江中游城市群省会城市2021年合作事项任务分解（送审稿）》等文件；审议《长沙市镉含量超过国家标准的政策性粮食销售处置方案（试行·送审稿）》；研究长沙光智临空产业发展基金合伙企业、湖南安信轻盐医药健康产业投资基金、长沙湘农现代农业私募股权基金有关事项（与长沙市产业投资基金管理委员会会议套开）；研究全市禁毒工作，审议《长沙市公职人员吸毒检测工作方案（送审稿）》《长沙市社会面吸毒人员网格化服务管理和风险分类评估管控工作规范（送审稿）》。

4月7日，总结2021年3月工作，研究部署2021年4月工作。

4月13日，传达学习习近平总书记关于安全生产工作重要讲话指示精神及上级有关会议文件精神，分析研究一季度安全生产形势，部署安排全市安全生产工作和铁路沿线安全环境整治工作；传达学习市委常委会会议（4月8日）关于市容环境综合整治工作精神，审议《“百日奋战 扮靓星城”市容环境整治实施方案（送审稿）》；审议《关于对2021年创新实干推进高质量发展成效明显地区（单位）加大支持力度的实施方案（送审稿）》；研究防汛备汛和河湖长制工作；研究岳麓山大学科技城管委会财政体制及人员薪酬体系有关工作；研究《长沙市砂石土矿开发利用专项规划（2021—2025）》成果。

4月14日，市政府一季度经济形势分析会议。

4月22日，研究全市“菜篮子”工作，审议《2021年长沙“菜篮子”市长负责制考核工作方案（送审稿）》《长沙市“菜篮子”市场供求应急调控预案（送审稿）》；审查省财贸医院整体搬迁新建湖南梅溪湖康复医院（一期）项目、长沙中电软件园二期扩大项目、中欣时代广场3个项目规划与建筑方案设计；研究长沙高铁会展新城片区乐高乐园项目及周边区域概念性规划方案和绿地全球贸易港项目概念规划方案；研究绿心地区金光华公司土地有关事项；研究芙蓉区友谊商店东边地块旧城改造项目有关事项。

4月29日，长沙市基因技术及医疗应用产业发展座谈会。

5月6日，总结2021年4月工作，研究部署2021年5月工作。

5月7日，审议《关于实行“五区”联动优化城乡发展布局的意见（送审稿）》；研究重点片区城市更新工作（包括湘雅医院、湘雅二医院、湘雅三医院及周边区域）；研究精美社区建设工作，审议《长沙市创建精美社区实施方案（送审稿）》；审议《长沙市被征地农民社保资金筹集试点实施方案（送审稿）》。

5月14日，研究全市生物医药产业发展工作；审议《长沙市推进“证照分离”改革全覆盖试点工作实施方案（送审稿）》《长沙市乡镇专职消防队建设管理规定（送审稿）》；研究全市职业教育工作及筹建长沙财经传媒职业技术学院有关事项。

5月26日，研究解决停车难、治理停车乱工作；审议《关于推进智慧安防小区、单位、村庄建设工作方案（送审稿）》。

5月31日，总结2021年5月工作，研究部署2021年6月工作；研究全市中小学幼儿园安全保卫及肇事肇祸精神障碍患者服务管控工作。

6月15日，研究青山祠片区老旧小区改造工作。

6月17日，传达学习习近平总书记关于湖北十堰燃气爆炸事故重要指示和李克强总理批示精神及省、市主要领导相关批示精神，研究部署全市安全生产和消防工作；研究调度全市“双过半”工作；研究调度省会长沙庆祝中国共产党成立100周年大型音乐焰火晚会有关工作；审议长沙市第二批新型智慧城市区域规划和专项规划；研究巡游出租车推广纯电动车有关事项；审议长沙市优秀科技创新创业领军人才、优秀杰出创新青年、重大科技成果转化项目团队及研发投入突出单位名单。

6月24日，研究全市大飞机产业发展工作。

6月25日，研究山河工业城（三期）项目建设有关工作；研究湖南粮食集团管理体制调整工作。

6月28日，传达学习省、市主要领导关于严防学生溺水有关批示精神，研究部署全市安全防范、严防学生溺水和义务教育教师工资待遇保障工作。

6月30日，审议《长沙市推进惠企政策“一件事一次办”工作实施方案（送审稿）》；审议长沙市企业家日活动相关方案；研究公交车车身品质提升工作；研究长沙国际会展中心PPP项目有关事项。

7月2日，总结2021年6月工作，研究部署2021年7月工作。

7月5日，研究蓝思科技（长沙）有限公司黄花生产基地四期金属项目工作。

7月7日，审查三一云湖住宅项目等11个项目建筑风貌方案。

7月9日，研究靖港镇乡村振兴示范镇创建工作。

7月16日，传达学习省委十一届十三次全会和省人民政府第八次全会精神；研究政务热线通信业务投诉办理工作；研究全市小区治理工作，审议《长沙市深化党建引领小区治理三年行动计划（2021—2023年）（送审稿）》；研究轨道地下空间项目权益有关工作、2021长江中游城市群碳达峰与碳中和峰会有关事项、长沙市水利水电勘测设计院资质划转工作；审议2020年度长沙市产业投资基金子基金评价结果。

8月5日，传达学习上级精神，总结2021年7月工作，研究部署2021年8月工作。

8月10日，研究全市先进储能材料产业发展工作；审议《长沙市推动工业遗产保护利用、打造“生活秀带”工作方案（送审稿）》；研究全市打击传销工作，审议《2019—2020年打击传销工作奖励方案（送审稿）》；审议《长沙市科技成果转化基金管理办法（送审稿）》《长沙市科技成果转化基金子基金设立原则（送审稿）》；研究全市林业工作，审议《关于全面推行林长制的实施方案（送审稿）》；研究参与拓维信息系统股份有限公司定向增发有关工作。

8月11日，协商办理市人大代表建议第023号“加快我市文化和旅游业融合发展的建议”；协商办理市人大代表建议第116号“关于将加装电梯提升为市长工程加快推进的建议”；协商办理市政协重点提案第032号“关于抓住‘双循环’发展机遇提高长沙制造业核心竞争力的提案”。

8月18日，研究全市新冠肺炎疫情防控工作、进一步减轻全市义务教育阶段学生作业负担和校外培训负担（“双减”）工作、“健康长沙”建设PPP项目市直子项目和长沙市公共卫生救治中心改扩建项目建设工作；研究市容环境卫生整治工作，审议《关于纵深推进市容环境卫生整治的实施意见（送审稿）》；研究全市57座以上大客车淘汰工作、市水业集团注册发行中期票据工作、湘江发展集团参与广发银行增资扩股工作。

8月27日，研究2021中国民营企业500强峰会暨全国知名民营企业助推湖南实施“三高四新”战略大会长沙市筹备工作；研究长沙卫生职业学院老校区资产处置工作；研究全市生活垃圾处理工作，审议《长沙市生活垃圾处理终端论证报告（送审稿）》；研究长株潭轨道交通“地铁化”运营管理工作。

8月31日，总结2021年8月工作，研究部署2021年9月工作。

9月1日，审议《长沙市践行“三高四新”战略促进中小企业高质量发展若干意见（送审稿）》《长沙市加快先进计算产业发展三年行动计划（送审稿）》《长沙市加快先进计算产业发展的若干政策（送审稿）》《长沙市推进“五好”园区建设提高亩均效益 盘活产业园区低效工业用地指导意见（送审稿）》；研究推进政企银三方合作提升物业维修资金存储效能，加快科技成果产业化有关工作；研究长沙人工智能创新中心和长株潭国家自主创新示范区成果展示馆建设工作；研究长沙市医疗健康产业投资母基金设立工作、首届北斗规模应用国际峰会和世界计算大会长沙市筹备工作；审议《关于支持长沙“智能制造”海归小镇建设的若干政策措施（送审稿）》。

9月15日，研究山河智能山河工业城（二期）项目建设工作。

9月18日，研究全市安全生产和消防救援、安全稳定和信访、“12345”政务热线有关工作；研究全市美丽宜居村庄建设工作、全市市容环境提标提档工作、调增轨道交通发展专项资金有关工作。

9月27日，审查绿地长沙之门E191地块项目等12个项目建筑风貌方案。

10月8日，总结2021年9月工作，研究部署2021年10月工作。

10月9日、11日，研究华为区域总部项目有关事项（10月9日）；研究设立湖南大科城创业投资合伙企业（筹）及基金方案；研究长沙市新型智慧城市区域规划和专项规划（第三批）；审议《长沙市2021年稻谷目标价格改革补贴工作实施方案（送审稿）》；研究长沙先进计算产业集聚区建设有关工作；研究岳麓山大学科技城配套公共基础设施项目有关事项；研究2021中国（长沙）国际装配式建筑与工程技术博览会筹备工作。

10月15日，研究全市食品安全及国家食品安全示范城市创建工作；研究全市学位建设有关工作；研究全市文化遗产保护利用工作；审议《长沙市信创产业技术区域智慧医疗项目建设与运营服务方案（送审稿）》；研究长沙卫生职院附属医院建设有关工作。

10月20日，研究全市重大项目建设和重点民生实事工作；审议《规范“一江两岸”城市照明管理的通知（送审稿）》；研究高质量做好全市蔬菜保供稳价工作；审议《长沙市渣土消纳场布局规（2021—2035年）（送审稿）》。

10月27日，研究全市数控机床产业发展工作。

10月29日，研究落实《防范和处置非法集资条例》有关行政执法事项；研究已建住宅小区“专改公”项目有关工作；研究市级公益林完善落界有关工作；研究长沙惠科项目资金有关问题。

11月1日，总结2021年10月工作，研究部署11月工作。

11月18日，研究全市安全生产和消防救援、信访稳定、“12345”政务热线有关工作；审议《长沙市制造业创新中心认定管理办法（送审稿）》《长沙市预拌砂浆布局规划（2021—2030）（送审稿）》；研究全市市容环境提标提档工作，审议《长沙市加强窨井盖安全管理工作方案（送审稿）》；审议《关于进一步推动文化旅游深度融合高质量 发展的实施意见（送审稿）》，研究潮宗街历史文化街区、湖南祇园保护利用工作；研究长沙市轨道交通第三期建设规划调整工作。

11月30日，总结2021年11月工作，研究部署12月工作。

12月6日，研究中联智慧产业城项目建设工作、58集团赶集总部项目有关工作、长沙县新冠肺炎标准化集中隔离场所建设工作、全市义务教育优质均衡发展和履行教育职责工作；研究全市新型智慧城市建设工作，审议《长沙市新型智慧城市示范城市建设2022年重点工作任务（送审稿）》《长沙市城市生命线工程建设实施方案（送审稿）》。

12月17日，研究申报2022年省重点建设项目；审议《关于加快建设国际文化创意中心的实施意见（送审稿）》。

12月23日，研究长沙工业学院筹建有关工作；研究与中南大学共建中南大学湘雅医学院附属长沙医院有关工作；研究“长沙特种工程装备工业技术研究院”“长沙干细胞与再生医学工业技术研究院”“长沙人工智能社会实验室”3家新型研发机构组建协议及方案有关工作；研究国家方志馆中国近代人物分馆筹建工作。

（殷　才）

民生实事

【概况】 2021年，长沙市推进完成重点民生实事项目30件38个指标，其中，承担省级重点民生实事项目20件28个指标，结合市情铺排市级重点民生实事项目10件10个指标。截至2021年年底，省、市重点民生实事项目全部完成或超额完成年度目标任务。

【省级重点民生实事项目】 2021年，长沙市承担省级重点民生实事项目20件28个指标。建成芙蓉学校3所，完成率100%；增加公办幼儿园学位66.38万个，完成率167.2%；城市低保标准达到750元/人·月，完成率100%；城市低保人均救助水平达到580.4元/人·月，完成率112.7%；农村低保标准达到9000元/人·年，完成率100%；农村低保人均救助水平达到441.3元/人·月，完成率117%；困难残疾人生活补贴达到140元/人·月，完成率100%；重度残疾人护理补贴达到100元/人·月，完成率100%；建设特困供养服务床位400张，完成率100%，其中护理床位320张，完成率100%；实现城镇新增就业14.71万人，完成率110.6%；完成政府补贴性职业技能培训40.67万人次，完成率254.2%，其中农村转移就业劳动者培训8.32万人次，完成率385.3%；完成农村适龄妇女及城镇低保适龄妇女“两癌”免费检查96505人，完成率110.1%；实施疾控中心标准化建设工程，8家市、县（市、区）疾控中心达到国家标准，完成率100%；完成孕产妇免费产前筛查66564人次，完成率102.4%；推进中医药服务基层全覆盖，162个社区卫生服务中心、建制乡镇卫生院中医药服务有人员、有场地、有服务、有设施，完成率100%；建设农村公路安防设施602.48千米，完成率100.4%；农村公路（乡乡通三级路、旅游路、资源路、产业路）提质改造253千米，完成率112.4%；建成4G基站86个，完成率100%；实施乡村“雪亮工程”，建设乡村公共部位安防设备14402个，完成率144%；实施困难残疾人家庭无障碍改造856户，完成率114.1%；康复救助残疾儿童2535人，完成率126.8%；办理法律援助案件7175件，完成率115.7%；开工建设城镇老旧小区150个，完成率100%；改新建农村户用厕所22180个，完成率100%；新改建农村公共厕所100座，完成率100%；完成10千伏及以下行政村配电网改造工程1.5亿元，完成率100%。

【市级重点民生实事项目】 2021年，长沙市结合市情铺排市级重点民生实事项目10件10个指标。全市建设4G和5G通信基站6029个，完成率100.5%；新开工城镇危旧房屋改造630栋，完成率126%；新建智慧社区健身中心200个，完成率100%；实现特殊病种门诊医疗药店各乡镇（街道）全覆盖，共442家，完成率147.3%；建设消防站17个，其中，10个消防站建成投用，5个消防站主体动工，2个消防站完成可研、方案设计，完成率100%；新改建停车场329个，增加停车位（含路侧停车位）215714个，综合完成率143.8%；既有多层住宅加装电梯1012台，完成率101.2%；新改建农村公路770.65千米，完成率128.4%；建设标准化村（社区）综合文化服务中心100个，完成率100%；建设社区养老服务设施60家，完成率100%。

（本栏撰稿　陈迎明）

政务服务

【政务公开】　2021年，长沙市强化政府信息公开和政策解读，搭建全市83家部门及县（市、区）政府网站为一体的网站集约化平台，优化升级“政府信息依申请公开平台”，规范依申请公开办理机制和流程，推进网上办理全流转、数据全汇集，线上线下申请件全覆盖。2021年，长沙网上政务服务能力排名全国重点城市第九位。创新建设长沙政务公开“政策问答”平台，提升政策解读精准度和人民群众获取便利度。截至2021年10月底，政府信息依申请公开2647件，比2020年下降12.2%；复议诉讼92件，比2020年下降55%。持续提质政务服务便民热线。围绕解决人民群众“急难愁盼”问题，强化政务热线建设，打造全市“总客服”，实现“12345”“一号对外”。创新开展领导接听日工作，建立社会监督员制度。全年市政务热线办理群众诉求290万余件，占全省总量的50.2%，日均处理9000余件，在线办结率72.6%，回访满意度96.4%，连续五年在第三方评估中位列全国省会城市前十位。强化政务服务效能监督。系统推进网上电子监察，深化政务服务“好差评”应用，实现对市“一网通办”平台办件情况与办理时限的监管，形成评价、反馈、整改和监督全流程闭环。强化日常督查督办，健全完善全市“放管服”和“一件事一次办”改革以及政务热线月通报工作机制，着力于改革典型经验做法的推介和普遍困难制约的点题。连续三年获全省推进“一件事一次办”改革、政府职能转变和深化“放管服”改革成效明显的地区。

【简政放权】　2021年，长沙市将简政放权作为深化改革的关键举措，不断加强放权赋权，着力推进权力放得下、接得住、用得好。开展放权赋权。向县（市、区）、园区下放“一件事一次办”相关市级权限58项。坚持全链条闭环审批服务理念，通过直接赋权、委托行使、服务前移、审批直报四种赋权方式，全链条赋予园区共计168项经济社会管理权限，助推园区转型升级和高质量发展，实现“园区事园区办”。持续向基层放权赋权，向区县（市）和长沙高新区下放涉及知识产权、农业农村、交通运输等方面的61项权限，让企业群众办事更便利。全面承接省政府赋予自贸区长沙片区的86项省级权限，同步下放41项市级配套权限，做到同一领域不同权限全链条下放到位。探索自贸区极简审批。创新建设“片区综合服务中心+区块综合服务专区”的“双循环”政务服务体系，发布自贸区长沙片区极简审批事项和“一件事一次办”事项目录清单，通过直接取消审批、审批改为备案、实行告知承诺、优化审批服务4种方式，创新开展极简化审批。长沙片区实现“人力资源服务许可”等25项高频事项极简审批，并推出“我要开办跨境电商企业”等80项特色“一件事”套餐。加快推进基层就近办。推动县（市、区）向乡镇（街道）放权赋权，发布全市村（社区）“一门式”政务服务高频事项指导目录，推进人社、民政、卫健、医保等多个事项下沉到乡镇（街道）、村（社区）办理。指导推动不动产业务全面下沉至内五区办理。

【“互联网+政务服务”】　2021年，长沙市行政审批服务局拓展网上办事广度和深度，运用信息化手段解决企业群众办事难、慢、繁等问题，着力实现“应上尽上、全程在线”。持续优化“一张网”。会同市数据资源局，协同各部门优化完善全市“一网通办”系统平台，实现市、县（市、区）、乡镇（街道）和村（社区）四级全覆盖。强化政务数据资源互联互通，网上政务服务办理深度三级（含三级）以上事项比例90%。推进“掌上办”。依托“我的长沙”App等媒介，构建功能丰富、覆盖广泛的城市综合服务移动平台，实现政务服务事项“掌上办”“指尖办”。截至2021年年底，“我的长沙”App已接入政务服务1598项、公共服务261项。提升“自助办”。在全市各级政务大厅建成24小时“不打烊”自助政务服务区，并向商圈、楼宇、社区延伸，构建市、区、园区三位一体自助服务体系，实现政务服务由“5×8”到“7×24”全天候延伸。自助可办事项涵盖公安、人社、医保等多个领域。

【“放管服”改革】　2021年，长沙市纵深推进“放管服”改革。系统铺排改革任务，树牢深化“放管服”改革优化营商环境的思想，出台《长沙市2021年深化“放管服”改革重点任务分工方案》，系统部署34项重点任务，推动各项工作落地见效，切实转变政府职能，着力培育和激发市场主体活力。牢固树立法治思维，坚持运用法治理念和法治方式推动改革持续深入，先后出台《关于全面推进审批服务便利化的实施意见》《关于推进政务公开标准化规范化便利化的实施意见》等规范性文件，编制部门权责清单，构建政务服务标准化法治化体系。“长沙以法治思维引领和保障行政审批制度改革”被评为全省法治政府创建示范项目。持续强化创新引领，围绕自贸区、长株潭都市圈建设，以

“一件事一次办”为目标，陆续推出跨省通办、极简审批、基层政务公开标准化规范化、网上中介超市等亮点工作，获《人民日报》《经济日报》《湖南日报》等中央、省级主流媒体的广泛宣传。

【推进“一件事一次办”】 2021年，长沙市围绕“一件事”套餐服务，倒逼审批集约、流程优化、时限压缩，提升行政审批效能，截至2021年年底，全市办理“一件事”事项1800万余件。深化“一件事一次办”。落实省“一件事一次办”服务规范，结合群众生产生活需求，提供企业、公民全生命周期以及工程建设项目、二手房和水电气联动过户审批、惠企政策兑现等403个“一件事一次办”服务。持续深化“综合窗”改革，在市本级政务大厅工程建设、市场准入、社会事务3类综合窗推行“一窗无差别受理”。创新推进跨域通办。加强长江经济带重点城市政务服务便民合作，与北京朝阳区、贵阳市、南昌市、武汉市以及株洲市、湘潭市等8个省13个市（区）达成“跨域通办”合作共识，线上开通专区，线下开设专窗，按照“全程网办、异地代收代办、多地联办”3种模式推进长江经济带和长株潭都市圈跨域通办，满足企业和群众异地办事需求。截至2021年10月底，累计产生跨域办件20万余件。全面提升政务大厅功能。深化“三集中三到位”改革，市政务大厅进驻部门、单位和企业60家，进驻人员416人，进驻事项1732项，实现政务服务事项办理全覆盖。出台《长沙市政务服务大厅管理办法》，强化大厅标准化、规范化管理，对进驻人员进行全方位考核。优化市政务大厅整体布局，增设政务公开专区、群众休憩区、图书阅览区，引进自助免费复印打印机等便民设备，开设老年人、残疾人办事绿色通道。

（本栏撰稿　邹　斌）

电子政务

【概况】 2021年，长沙贯彻落实国家关于建设数字中国、网络强国、智慧社会的战略部署，围绕建设“新型智慧城市示范城市”的总目标，强化规划发展“一盘棋”、建设运营“一体化”、数据资源“一本账”和数字经济“一生态”，各项工作取得新成效。长沙网上政务服务能力位列全国重点城市第九位，在2021年度“放管服”和“一件事一次办”改革工作真抓实干督查激励考核中排名14个市州第一名，获得湖南省政务管理服务局表彰，市政府门户网站在“2021年中国政府网站绩效评估”中排名全国省会城市政府网站第二名，长沙被评为“2021中国领军智慧城市”，进入全国智慧城市第一方阵。

【智慧城市建设】 2021年，“长沙城市超级大脑1.0”发布上线，发布能力清单187项，“一脑赋能、数惠全城”的智慧城市运行格局加快形成。坚持科学用云、精明用云、高效用云、安全用云，按照“全市一朵云”的思路构建了“一主多辅、多云融合、自主创新”的政务云新体系，打造长沙市政务云创新中心，成立全国首个“鲲鹏政务云标杆实验室”。政务云平台持续扩容升级，为78个单位356个系统提供云服务。在全国省会城市率先建成政务外网区块链服务网络。电子政务外网形成“纵向到底、横向到边”覆盖体系。城市网络安全运营中心实现对全市重点行业2300余条应用系统的网络安全监测。迭代升级市综合指挥平台，完成五级联动视频会议系统建设，初步建成视频云平台，已接入各类视频10万余路，视频资源统筹管理、共享共用水平全面提升。“互联网+政务服务”一体化平台实现300余件高频政务服务“一件事”在全市范围内跨域跨层通办。“我的长沙”App初步完成“城市服务+融媒体”融合创新，共上线各类服务2000余项，高效便捷服务全市580万余名常住人口，获“2021城市App综合示范奖”“2021年全国广播电视媒体融合典型案例”第一名。天网工程建成27万余路“智慧眼”守护城市平安。智能网联与智慧交通实现融合发展，获批全国首批“双智”试点城市。智慧医疗接入全市251家医疗机构，有效提升就医体验。智慧教育在新冠肺炎疫情期间支撑百万名师生“停课不停学”。智慧文旅加快实现一部手机游长沙、品长沙、享长沙。智慧党建打造“指尖党建服务大厅”。长沙市政务服务网开发上线老年人服务线上专区，实现“无障碍浏览”，支持语音跟读，字体、鼠标放大等辅助浏览功能。2021年1月14日，《长沙市新型智慧城市示范城市顶层设计（2021—2025年）》和《长沙市新型智慧城市示范城市建设三年行动计划（2021—2023年）》发布，长沙成为全国首个发布实施“十四五”时期智慧城市专项规划的城市。

【数据资源管理】 2021年，长沙市修定出台《长沙市政务数据资源管理办法》，编制发布数据全生命周期管理规范。启动部门数仓建设，初步形成“1+9+N”城市级数据治理体系。健全人口、法人、地理空间等基础数据库，初步建成全市二维底图，集成时空云平台463项地理空间服务能力。组织开展“数据共享630攻坚”等多次专项行动，归集数据总量143亿余条，面向全市共享开放，累计被调用100亿余次。开发上线长沙市金融专题库和金融大数据服务开放平台，汇聚36类金融领域急需政务数据，签约服务银行20家，助推破解中小微企业融资难、融资贵问题。开展“大数据服务美好生活”系列活动，开放首批14类政务数据赋能互联网地图精准位置建设。在常态化新冠肺炎疫情防控中，进一步强化“大数据分析+网格化排查”机制，开发上线市防疫核查系统，有效减轻基层工作人员负担，助力精准高效防疫。举办长沙首届“数据之巅·麓山论剑”数据比武大赛，吸引全国19支队伍参赛，形成20余个数据融合分析应用成果。推进长株潭数据共享，签订长江经济带部分城市和长株潭都市圈政务服务“跨省通办”合作协议，长株潭三市数据共享交换平台已实现互联互通，已在省共享网站发布1007个信息资源目录，位列全省第一位。

【数字经济融合发展生态培育】2021年，长沙市持续推进长沙与腾讯、华为等头部企业的战略合作，截至2021年12月31日，腾讯长沙公司累计形成产值13.3亿元，纳税超4亿元；华为鲲鹏计算产业技术创新战略联盟引进小滴云、用友审计等多家生态企业，联盟企业98家。长沙与南威软件签订合作框架协议，太极云软落户天心区。浙江大华在望城区落地智慧物联终端制造基地及华中智造总部项目，总投资50亿元。开展智慧城市典型应用和解决方案征集活动，评选出“十大典型应用”“十大解决方案”“十大微创新”以及46个优秀应用案例、解决方案、微创新。发布第三批智慧城市领域应用场景，引导相关企业积极参与长沙智慧城市建设。对信创、北斗等产业应用开展专题研究，为北斗、人工智能、智能驾驶、信创等新技术、新产品提供应用场景。举办全国2021年区块链服务网络应用创新峰会等多次重大活动。“数字星城”生态共建联盟成员企业700余家。鲲鹏与PK体系实现融合发展，长沙成为国内唯一在两大体系均形成完整产业链的城市。湖南大数据交易所试运营，是全省唯一的数据要素与数字资产交易场所。

【2021年区块链服务网络应用峰会在长沙召开】2021年5月28日，2021年区块链服务网络应用峰会在长沙召开，国家信息中心主任刘宇南，湖南省委宣传部副部长、省委网信办主任周湘，长沙市委副书记、市长、湖南湘江新区党工委书记郑建新出席并致辞，国家信息中心信息化和发展部主任单志广，长沙市委常委、常务副市长夏建平，副市长邱继兴出席。会上，星沙区块链产业园、长沙区块链产业园被授予“区块链服务网络应用创新基地”；长沙市政务外网区块链服务网络平台上线运行；长株潭三市共同签订《长株潭政务外网区块链服务网络平台共建共享战略合作协议》，明确将共建、共享、共管政务区块链服务网络平台和应用，助力建设中部区块链发展增长极。区块链服务网络由国家信息中心、中国移动、中国银联等联合建立，是一个用于部署和运行区块链应用的全球性公共基础设施网络，该网络有效降低区块链应用的技术和经济门槛，为长沙智慧城市建设和数字经济发展提供高质量、定制化的技术服务平台支撑。

【长沙“政务一朵云”暨《长沙政务云白皮书》发布】2021年6月24日，“长沙·进而有为 华为云城市峰会2021”在长沙市梅溪湖金茂豪华精选酒店举行。峰会上，长沙“政务一朵云”暨《长沙政务云白皮书》（以下简称《白皮书》）发布。《白皮书》介绍了长沙政务云的基本概况：长沙政务云按照“全市一朵云”的总体思路，采用“一主多辅”的总体架构、“多云融合”的发展路径、“自主创新”的技术路线，构建技术先进、资源共享、弹性扩展、响应高效的云服务体系，实现资源集中、信息共享和业务协同。基于“自主创新”策略，长沙政务云积极应用芯片、整机等国产关键技术，率先融合鲲鹏、PK体系，逐步形成“两芯一生态”格局，有效地支撑了政务云信创体系的发展。长沙市数据资源管理局、华为技术有限公司与长沙证通云计算有限公司现场签订“鲲鹏政务云全国标杆实验室”三方合作框架协议，携手共建鲲鹏政务云全国标杆实验室。

【“数据之巅·麓山论剑”数据比武大赛】2021年10月12—26日，长沙首届“数据之巅·麓山论剑”数据比武大赛举行，全国19支队伍参加比赛，旨在全方位、立体化、多视角检验和展现“长沙城市超级大脑1.0”的建设情况和能力水平。此次大赛的赛题设置坚持问题导向、需求导向的原则，应用场景涉及城市治理、民生服务、营商环境、智慧社区、数字乡村、

2021年6月24日，“长沙·进而有为 华为云城市峰会2021”在长沙市梅溪湖金茂豪华精选酒店举行。图为长沙“政务一朵云”暨《长沙政务云白皮书》发布仪式现场

市数据资源管理局　供图

产业经济等多个领域，推进政务数据、公共数据与社会数据的融合创新应用。比赛结果以评审答辩的形式，由来自政府、高校、企业等单位的多名专家学者代表组成的评审团进行最后裁定，“城市超脑大体检”“安全体系大测评”“分析挖掘来PK”三大赛道最终决出最佳问题剖析奖、最佳创意方案、最佳安防奖等6项奖，16支参赛队伍获奖，被纳入“数字星城生态共建联盟”。其比赛相关成果直接运用到长沙“新型智慧城市示范城市”建设中。此次大赛由长沙市新型智慧城市和数字政府建设工作领导小组办公室和长沙市数据资源管理局指导，长沙市大数据中心主办，腾讯云计算（长沙）有限责任公司、深信服科技股份有限公司、长沙数智科技集团有限公司联合承办。

【长沙市新型智慧城市典型应用和解决方案发布暨生态共建大会】 2021年12月10日召开。湖南省直、长沙、株洲、湘潭各相关单位，腾讯、华为等互联网头部企业及长株潭区域、本地行业、其他行业等100余家生态合作伙伴参加会议。会议发布十大典型应用、十大解决方案、十大微创新以及46个优秀应用案例、解决方案、微创新。会上，承担长沙智慧城市建设总集成、总运营、总运维职能的长沙数智科技集团有限公司分别与华为技术有限公司等17家生态伙伴进行集中签约。加快长株潭三市在智慧城市的同步发展，长沙数智科技集团有限公司与株洲国投智慧城市产业发展投资有限公司、湘潭智城联合信息科技有限公司签订战略合作协议，共同构建“长株潭智慧城市产业生态圈”。此次活动由长沙市新型智慧城市和数字政府建设工作领导小组指导，长沙市数据资源管理局、长沙城市发展集团有限公司联合主办，长沙市数智科技集团有限公司、长沙市新型智慧城市研究会承办，长沙市5G应用产业链推进办公室、长沙市大数据（含地理信息）产业链推进办公室协办。

【“长沙城市超级大脑1.0”成果发布会】 2021年12月20日举行。会上，“长沙城市超级大脑1.0”上线，并发布《长沙城市超级大脑发展白皮书V1.0》。长沙市人民政府常务副市长夏建平，腾讯副总裁马斌出席发布会并致辞。“长沙城市超级大脑1.0”以“数据大脑平台”为主线，涵盖三中台（数据中台、应用中台、AI中台）、二赋能平台（数据资源管理平台、数据开放平台）和三体系（数据资源管理体系、标准规范体系、安全管理体系）。“通过数据中台‘聚数’，打造具有长沙特色的‘1+9+N’城市级数据治理体系，可支撑全市各级各部门数据需求，累计共享交换数据44.7亿条。应用中台‘赋能’，可快速构建标准应用，为县（市、区）和市直部门提供强大基础能力，以集约节约实现应用系统低成本快速部署。AI中台‘增效’，可快速支撑人工智能场景，以标准化、智能化方式提升办事、办公效率。”

“长沙城市超级大脑1.0”的主要亮点是宽领域推进深度应用。依托“超级大脑”，长沙市“互联网+政务服务”一体化平台实现300余件高频政务服务“一件事”在全市范围内跨域跨层通办；“我的长沙”城市移动综合服务平台高效便捷服务全市半数以上常住人口。“智慧党建”覆盖全市所有基层党组织和党员，打造“指尖党建服务大厅”；“智慧医疗”接入全市251家医疗机构，通过“码上挂号，码上缴费、码上看报告”，提升市民就医体验；智慧应急管理五级联动、敏捷反应，实现规范化、常态化；“智慧文旅”加快实现一部手机游长沙、品长沙、享长沙。

（本栏撰稿　周　妍）

2021年12月10日，长沙市新型智慧城市典型应用和解决方案发布暨生态共建大会召开

市数据资源管理局　供图

政策研究

【调研成果】 2021年，市政府研究室完成调研报告15篇，推动更多调研成果转化为科学决策的重要依据。其中，针对“建设三个高地”的使命任务，撰写的《长沙市打造具有核心竞争力的科技创新高地的调研与思考》《把科技创新“关键变量”变成高质量发展“最大增量”——关于加快“科创中国”试点城市建设的思考与建议》，为长沙打造具有核心竞争力的科技创新高地提出具有针对性的对策和建议。全年编辑《调研参考》12期，为部门、园区等单位相关工作决策部署提供借鉴。汇集全市政府系统课题研究成果，编辑印发《观点长沙》、《视点长沙》（2020年卷），

展示各级各部门科学研究和决策成效，为推动各领域事业高质量发展提供重要参考。（丁　林）

【决策部署研究】 2021年，市政府研究室牵头起草事关全市经济社会发展全局的重大政策文件2个。《关于加快“五区”联动 优化城乡发展布局的意见》经反复修改，已报送市委主要领导审阅，成为全面落实市十四次党代会精神和“十四五”规划，开启现代化新长沙建设新征程的重要政策文件。《长沙市建设乡村振兴示范市规划纲要（2021—2025）》为乡村振兴工作明确了任务书、时间表和路线图。同时参与《关于实施强省会战略支持长沙高质量发展的若干意见》《长沙市财源建设工程实施方案》《长沙市“十四五”法治建设规划（2021—2025年）》《中共长沙市委关于推进清廉长沙建设的实施意见》《关于全面推行林长制的实施方案》《长沙市体育事业“十四五”发展规划》6个政策文件的起草工作。（丁　林）

【文稿讲评暨全市综合发展系统联席会】 2021年7月1日，市政府研究室在市财政评审中心会议室召开2021年文稿讲评暨全市综合发展系统联席会，市政府研究室全体干部、综合发展系统相关文字综合人员以及市财政评审中心有关工作人员共56人参加会议。会上，市政府研究室4个处室的工作人员分别选取了工作部署、调查报告、领导讲话、座谈发言等不同体裁、不同风格的代表性文稿，讲评写作过程、分享写作体会，分管领导作全面点评；与会人员进行交流发言；市政府研究室党组书记、主任王德志作总结讲话。此次会议密切了综合发展系统战线的联系，交流了文稿起草的心得体会，分享了好的思路经验。（周　颖）

信　访

【访源治理】 2021年，长沙市信访部门健全基层治理体系，学习弘扬新时代“枫桥经验”，基层化解矛盾纠纷的能力明显提高，基层大信访工作格局全面形成。开展全域“三无”打造，将“三无”乡镇（街道）创建纳入全市“创新实干推进高质量发展激励工作”实施范围，明确400万余元奖励资金。2021年，长沙市被评为“全省信访工作目标管理考核先进单位”，市信访局被评为“全省信访工作先进集体”“全省‘人民满意窗口’示范单位”；宁乡市被评为“国家信访工作示范县（市、区）”；将宁乡市、长沙县打造成为“省级信访‘三无’县（市区）”，符合“三无”打造标准的乡镇（街道）、村（社区）分别达40.9%、76.5%。实践“枫桥经验”长沙化，探索形成“党建＋微网格”“四联五到位”等经验做法，推动矛盾化解在基层。

【信访积案化解】 2021年，长沙市加强信访积案化解，14名省、市级领导共下沉督访47次，处理复杂信访事项14件次；中央信访联席办交办的2136件重复信访事项，全部办结上报，第二批交办的761件信访事项办结上报457件，办结上报率60%；市本级交办的300件信访积案全部办结；强化重点领域治理，针对房地产、涉法涉诉、涉众金融等信访问题突出的重点领域开展集中攻坚，明确牵头单位和参与单位并完善工作方案，推动出台共性政策，问题成批解决。如针对不动产办证信访突出问题，2021年，完成化解项目238个，化解率91.6%，长沙市综合排名全省第二位。

【依法治访】 2021年，长沙市推进依法治访。探索疑难复杂信访个案评查、评估和类案研究工作，尝试引入第三方力量为部分个案提供问题化解路径，为推动类案批量解决提供决策思路；与公安等部门共同会商研讨，有效突破非访和违法信访行为依法处置法律适用等工作责任衔接等一系列难点问题。

【体制机制创新】 2021年，市委常委会、市政府常务会每季度听取信访工作汇报、市信访联席会议定期调度信访工作、市信访联席办每月研究部署信访工作，先后创新和完善了领导接访常态化、信访督查督办、信访通报和信息预警报告、特护期联动、非访处置、信访责任追究、考核考评7项工作机制，落实“谁主管谁负责”“管行业必须管信访”“大领导包大案”等工作要求，构建了上下联动、齐抓共管的信访责任体系。

（本栏撰稿　李津熙）

中国人民政治协商会议
长沙市委员会

CHANGSHA MUNICIPAL COMMITTEE OF
THE CHINESE PEOPLE'S POLITICAL
CONSULTATIVE CONFERENCE

编辑　江　雷

综 述

【市政协委员构成】 第十二届长沙市政协委员有479名，来自31个界别。按界别分，中共14名，民革17名，民盟18名，民建17名，民进14名，农工党14名，致公党11名，九三学社12名，无党派9名，共青团6名，总工会13名，妇联14名，青联6名，工商联28名，科协12名，台联3名，侨联8名，文化艺术15名，科技35名，社科17名，经济22名，农业14名，教育31名，体育5名，新闻出版3名，医疗卫生16名，对外友好3名，社会福利4名，少数民族9名，宗教5名，特邀84名。

【服务产业发展】 2021年，政协长沙市委员会参与市委、市政府中心工作，推进联点产业链和全市重大产业项目建设工作。围绕联点工程机械、检验检测、新能源装备、增材制造、5G应用和新型合金（含3D打印）等产业链建设，定期调度链上各项工作，带队开展精准招商引智，帮助解决企业发展难题；深入项目建设一线走访调研、靠前服务，为推进比亚迪电动卡车及特种车、中联智慧产业城、格力电器、消费电子产业等全市重点项目和汇智新城科技园、高端液压元器件等项目建设献计出力；与湖南泰达机器人制造有限公司等20家非公有制企业建立密切联系，支持企业发展，为贯彻落实新发展理念、实现长沙综合实力大幅跃升贡献政协力量。

【助推脱贫攻坚和乡村振兴】 2021年，市政协推进“湖南政协人助力巩固脱贫成果万户帮扶行动”，市政协主席会议成员深入浏阳市小河乡乌石村等10个扶贫联系点，走访调研、现场办公、推进扶贫项目、协调解决问题。做好宁乡市双江口镇驻点帮扶工作，引导委员投身乡村振兴，主席文树勋主持召开宁乡双江口镇乡村振兴工作现场办公会，协调长沙市支持双江口镇项目建设资金830万元，推进双江口镇交通、水利、能源等重大项目建设。市政协乡村振兴驻点村宁乡双江口镇槎梓桥村成功创建湖南省美丽乡村示范村，《人民日报》《中国日报》等10余家媒体进行报道推介。

【政协宣传工作】 2021年，市政协利用政协微信公众号、网站、杂志、《政协之声》电视专栏等阵地，宣传好长沙、宣传好政协、宣传好委员。2021年，制作播出《政协之声》电视专栏21期，市政协830余篇新闻报道在中央和省、市新闻媒体上刊发。

【港澳委员交流】 2021年，长沙市政协向港澳委员通报长沙经济社会发展和政协工作情况，为港澳委员在长沙的企业排忧解难；引导港澳委员拥护“一国两制”和基本法；牵线港澳委员到长沙投资兴业、扶贫助学，邀请香港知名人士、青少年到长沙考察交流，推动长沙与港澳地区深度合作。

【社情民意信息工作】 2021年，市政协做好反映社情民意信息工作，全年上报全国政协168条，采用37条，报省政协125条，采用46条，其中省领导批示1条，市政协《社情民意》内刊采用88条，其中市领导批示18条，反映社情民意信息工作持续领跑全省，跻身全国政协信息联系点前列。

重要会议

【政协长沙市第十三届委员会第一次会议】 2021年12月29日至2022年1月1日在长沙人民会堂举行。省委常委、长沙市委书记吴桂英，市委副书记、市长、湖南湘江新区党工委书记郑建新等领导出席会议并参加分组讨论，委员共商推动长沙高质量发展大计，共谋全面建设现代化新长沙之策。2021年12月29日在长沙人民会堂举行开幕会，市政协党组书记、主席文树勋受政协长沙市第十二届委员会常务委员会委托作工作报告，市政协副主席文丽霞受政协长沙市第十二届委员会常务委员会委托作提案工作报告。2021年12月28日政协长沙市第十三届委员会第一次会议预备会议通过政协长沙市第十三届委员会第一次会议议程：（一）听取和审议政协长沙市第十二届委员会常务委员会工作报告；（二）听取和审议政协长沙市第十二届委员会关于提案工作情况的报告；（三）列席长沙市第十六届人民代表大会第一次会议，听取并协商长沙市人民政府工作报告；（四）协商长沙市2021年国民经济和社会发展计划执行情况与2022年国民经济和社会发展计划草案报告、2021年全市和市本级预算执行情况与2022年全市和市本级预算草案报告；（五）协商长沙市中级人民法院、长沙市人民检察院工作报告；（六）协商长沙市人大常委会主任、副主任，长沙市人民政府市长、副市长，长沙市监察委员会主任和长沙市中级人民法院院长、长沙市人民检察院检察长候选人名单；（七）选举政协长沙市第十三届委员会主席、副主席、秘书长和常务委员会委员；（八）审议并通过关于政协长沙市第十二届委员会常务委员会工作报告的决议；（九）审议并通过关于政协长沙市第十二届委员会关于提案工作情况报告的决议；（十）审议并通过政协长沙市第十三届委员会第一次会议政治决议；（十一）其他事项。

会议期间，全体委员以高度的政治责任感和使命感，聚焦事关全面建设现代化新长沙的重大问题和人民群众“急难愁盼”问题，深入协商讨论，积极建言资政。会议审议通过文树勋代表政协长沙市第十二届委员会常务委员会所作的工作报告、文丽霞代表政协长沙市第十二届委员会常务委员会所作的关于提案工作情况的报告；会议协商讨论郑建新所作的政府工作报告；协商讨论关于长沙市 2021 年国民经济和社会发展计划执行情况与 2022 年国民经济和社会发展计划草案的报告、关于 2021 年全市和市本级预算执行情况与 2022 年全市和市本级预算草案的报告；协商讨论长沙市中级人民法院工作报告、长沙市人民检察院工作报告；协商讨论有关人事事项，并对上述报告和有关人事事项表示赞成。会议选举产生政协长沙市第十三届委员会主席、副主席、秘书长和常务委员。委员对过去五年及 2021 年的政府工作给予肯定，赞成政府工作报告提出的未来五年发展目标和任务及 2022 年工作重点。会议指出，过去五年，市政协按照发展为要、民生为本、团结为责、创新为魂、建设为基的工作思路，坚持发扬民主和增进团结相互贯通、建言资政和凝聚共识双向发力，聚焦市委、市政府中心任务，发挥专门协商机构作用，忠实履行政协职能，为推动长沙高质量发展贡献了智慧和力量。会议强调，市第十四次党代会明确了长沙未来五年的目标和任务，擘画了长沙未来发展的宏伟蓝图，吹响了奋进新征程、建功新时代的嘹亮号角。人民政协使命光荣、重任在肩。全市各级政协组织和全体政协委员要按照省、市党代会要求，助力实施强省会战略，牢牢把握坚持和发展中国特色社会主义这一思想主轴，在巩固团结奋斗的共同思想政治基础上作出新贡献；牢牢把握专门协商机构这一性质定位，在推进政协协商民主建设上展现新亮点；牢牢把握实现第二个百年目标这一工作主线，在走好新时代“赶考路”上彰显新作为；牢牢把握大团结大联合这一本质要求，在凝聚共识汇聚力量上迈出新步伐；牢牢把握提质增效这一重要目标，在加强政协自身建设上开创新局面。2022 年 1 月 1 日，政协长沙市第十三届委员会第一次会议闭幕。会议号召，全市各级政协组织和广大政协委员要不忘初心、牢记使命，以史为鉴、开创未来，不断开创新时代人民政协事业高质量发展新局面，为加快创建国家中心城市、全面建设现代化新长沙而努力奋斗，以优异成绩迎接党的二十大胜利召开。

【政协全体会议】 2021 年 1 月 17—20 日，政协长沙市第十二届委员会第五次会议召开。会议期间，全体委员以高度的政治责任感和使命感，聚焦事关长沙改革发展的重大问题和人民群众“急难愁盼”问题，深入协商讨论，积极建言资政。市委、市人大、市政府、市政协、长沙警备区领导出席会议，听取委员大会发言，参加委员联组协商讨论，与委员共商新时代现代化长沙建设大计。会议审议通过文树勋代表政协长沙市第十二届委员会常务委员会所作的工作报告、文丽霞代表政协长沙市第十二届委员会常务委员会所作的关于十二届四次会议以来提案工作情况的报告；会议协商讨论郑建新所作的政府工作报告；协商讨论《长沙市国民经济和社会发展第十四个五年规划和 2035 年远景目标纲要（草案）》《长沙市 2020 年国民经济和社会发展计划执行情况与 2021 年国民经济和社会发展计划（草案）》的报告、《长沙市 2020 年财政预算执行情况和 2021 年财政预算（草案）》的报告；协商讨论长沙市中级人民法院工作报告、长沙市人民检察院工作报告；协商讨论有关人事事项，并对上述报告和有关人事事项表示赞成。与会委员还围绕经济建设、政治建设、文化建设、社会建设和生态文明建设开展联组协商讨论，提出许多有价值的意见和建议。

【政协常委会议】 2021 年 1 月 18 日，政协长沙市第十二届委员会常务委员会第三十次（扩大）会议召开。市政协党组书记、主席文树勋，副主席石长松、彭继球、袁志恒、邓自力、文丽霞、朱建军、李平、张庆和，市政协秘书长、机关党组书记、办公厅主任谭志出席会议。市政协副主席龚振湘主持会议。会议听取各组协商、讨论政府工作报告、“十四五”规划和 2035 年远景目标纲要（草案）以及国民经济和社会发展计划草案、预决算草案报告，审议市政协十二届常委会工作报告、提案工作情况报告的意见建议。会议审议市政协十二届五次会议政治决议（草案）、常委会工作报告决议（草案）、提案工作情

2021 年 12 月 29 日，政协长沙市第十三届委员会第一次会议开幕　　市政协　供图

况报告决议（草案）；市委统战部负责同志作有关人事事项及选举办法（草案）的说明；表决通过委员辞免和增补的人事事项。

1月20日，政协长沙市第十二届委员会常务委员会第三十一次（扩大）会议召开。市政协党组书记、主席文树勋，副主席石长松、龚振湘、袁志恒、邓自力、文丽霞、朱建军、李平、张庆和，市政协秘书长、机关党组书记、办公厅主任谭志出席会议。市政协副主席彭继球主持会议。会议听取各组协商、讨论对市中级人民法院工作报告、市人民检察院工作报告的意见，对市政协十二届五次会议政治决议（草案）、常委会工作报告决议（草案）、提案工作情况报告决议（草案）的意见；听取、审议市政协十二届五次会议提案审查情况报告；审议通过有关人事事项和选举办法（草案），同意提请大会表决通过。

3月19日，政协长沙市第十二届委员会常务委员会第三十二次会议暨专题学习讲座举行，市政协党组书记、主席文树勋出席，全国政协委员、市人大常委会副主任王国海作专题辅导报告。市政协副主席石长松、龚振湘、彭继球、袁志恒、邓自力、文丽霞、朱建军、李平、张庆和，市政协秘书长、机关党组书记、办公厅主任谭志参加会议。会议就长沙市政协“完善两区（湖南自贸区和湘江新区）平台功能，创新试点政策体系，在实施‘三高四新’战略中体现省会担当”重点调研（专题协商）工作，长沙市政协民主评议长沙市“蓝天保卫战”工作进行说明并作动员部署。市生态环境局代表被评议单位作表态发言。

8月13日，政协长沙市第十二届委员会常务委员会第三十三次会议举行，市政协党组书记、主席文树勋，副主席石长松、龚振湘、彭继球、袁志恒、邓自力、文丽霞、朱建军、李平、张庆和，市政协秘书长、机关党组书记、办公厅主任谭志出席会议。会议传达学习习近平总书记在庆祝中国共产党成立100周年大会上的重要讲话精神；审议通过《政协长沙市委员会常务委员会“完善两区（湖南自贸区长沙片区和湘江新区）平台功能，创新试点政策体系，在实施‘三高四新’战略中体现省会担当”调研报告》《长沙市政协民主评议长沙市“推进环境大治理，坚决打赢蓝天保卫战”工作情况的报告》。会议还表决通过市政协委员增补辞免以及市政协人事任免等事项。

11月12日，政协长沙市第十二届委员会常务委员会第三十四次会议暨民主评议长沙市“推进环境大治理，坚决打赢蓝天保卫战”工作大会召开。市政协党组书记、主席文树勋，市委常委、市政府党组副书记彭华松，市政协副主席龚振湘、彭继球、袁志恒、邓自力、文丽霞、朱建军、李平、张庆和，市政协秘书长、机关党组书记、办公厅主任谭志出席会议。会上，评议组成员和被评议单位代表分别发言，市政协常委进行投票测评。

11月25日，政协长沙市第十二届委员会常务委员会第三十五次会议召开。市政协党组书记、主席文树勋，市政协党组副书记陈刚，副市长周志凯，市政协副主席石长松、龚振湘、彭继球、袁志恒、邓自力、文丽霞、朱建军、李平、张庆和，市政协秘书长、机关党组书记、办公厅主任谭志分别出席市政协常委会和集中收看活动。会议传达学习中共十九届六中全会精神；集中收看省第十二次党代会开幕式直播，听取市政府系统2021年提案办理情况通报；协商决定《政协长沙市第十三届委员会特邀港澳组委员人选名单》；审议通过《政协长沙市第十二届委员会常务委员会工作报告（草案）》《政协长沙市第十二届委员会常务委员会关于提案工作情况的报告（草案）》《关于召开政协长沙市第十三届委员会第一次会议的决定（草案）》和政协长沙市第十三届委员会第一次会议议程、日程（草案）。会议决定，政协长沙市第十三届委员会第一次会议于2021年12月29日至2022年1月1日举行。

政治协商

【概况】 2021年，政协长沙市常委会聚焦市委、市政府中心任务，开展协商议政，共组织召开1次全会协商、3次常委会专题协商和民主评议、6次主席会议视察、3次对口协商和界别协商，为长沙高质量发展献计出力。

【专题协商完善两区平台功能】 2021年8月13日，市政协常委会“完善两区（湖南自贸区长沙片区和湖南湘江新区）平台功能，创新试点政策体系，在实施‘三高四新’战略中体现省会担当”专题协商会召开。市委副书记、市长、湖南湘江新区党工委书记郑建新强调，“两区”是长沙的“国字号”金字招牌，要持续用力、久久为功，把两区建设成为长沙实施“三高四新”战略、全面推进高质量发展的坚实支撑。市政协主席文树勋主持会议，副市长刘拥兵，市政协副主席石长松、龚振湘、彭继球、袁志恒、邓自力、文丽霞、朱建军、李平、张庆和，市政协秘书长谭志出席会议。湖南自贸区长沙片区和湘江新区“两区”是长沙实现“三高四新”战略定位和使命任务、实施强省会战略的重要载体和平台。2021年，市政协将“完善两区平台功能、创新试点政策体系、在实施‘三高四新’战略中体现省会担当”确定为常委会重点调研和专题协商的课题。4月至8月，由市政协党组书记、主席文树勋任组长的专题调研组和80余位省、市、县（市、区）三级政协委员通过实地调研、企业座谈、外出考察等方式，掌握了大量一手资料，最终形成一份调研报告。调研组从推动大科技装置落户长沙等六个方面提出加快两区建设的具体建议。会上，7名委员作交流发言，相关部门负责人予以积极回应。

【对口协商】 2021年，政协长沙市委员会就促进红色旅游发展、加强农村公益性产业设施建设等问题召开对口协商会。

民主监督

【深化集中委派民主监督员工作】 2021年，市政协21个委派民主监督小组，围绕中央和省委、市委重要决策部署的贯彻落实情况和市政府2021年重点办好的民生实事，开展专项监督活动10余次。对2020年民主评议我市“园区社会投资购地建设项目审批环境”进行“回头看”，推动园区项目建设有效落实。

【民主评议基层医疗卫生服务体系建设】 2021年，市政协围绕长沙市“基层医疗卫生服务体系建设”开展民主评议。3月14日，长沙市政协民主评议“基层医疗卫生服务体系建设”动员会召开。3月至7月，市政协对市卫计委开展为期5个月的专题民主评议，采取省、市、区三级委员联动的方式，由9名市政协副主席带队，51位评议组成员深入长沙6个县（市、区）基层医疗卫生服务点和相关医药企业，聚焦重点问题、薄弱环节，包括基层服务网点建设、人才队伍建设、基本药物供应保障、全民医保等开展调研，对此项工作开展集中“体检”。

【民主评议蓝天保卫战工作】 2021年11月12日，长沙市政协民主评议长沙市“强力推进环境大治理，坚决打赢蓝天保卫战”工作大会召开，市政协主席文树勋，市委常委、市政府党组副书记彭华松，市政协副主席龚振湘、彭继球、袁志恒、邓自力、文丽霞、朱建军、李平、张庆和出席。2018年至2020年，长沙推进蓝天保卫战三年行动计划，推动大气污染防治取得阶段性成效。2月至11月，市政协评议组采取实地考察、专题座谈、专家论证等方式开展评议工作，提出坚持党政主导、压实责任、完善法规政策、强化精准治理、增强科技支撑、深化协同治理等方面的具体建议。会上，评议组成员和被评议单位代表分别发言，市政协常委进行投票测评。

2021年11月12日，市政协民主评议长沙市“强力推进环境大治理，坚决打赢蓝天保卫战”工作大会召开

市政协 供图

提案工作

【概况】 2021年，市政协共提交提案366件，立案340件（各个类别提案统计），92家承办单位克服疫情影响积极作为，按时办复全部提案。从反馈情况看，提案者对承办单位办理态度的满意率为97.2%，对办理结果的满意率为95.2%。提案成果得到及时转化，为助力长沙市新冠肺炎疫情防控、高质量发展和现代化建设发挥积极作用。

【重点提案办理】 2021年，省委常委、市委书记吴桂英，市长郑建新批示《重要提案摘报》10期，市委、市政府领导领衔督办重点提案13件，委员提案所提意见和建议得到充分吸纳和有效落实。11月11日，省委常委、市委书记吴桂英，领办市政协重点提案《完善我市公共卫生预防预警机制，提升公共卫生服务能力》，主持召开专题办理协商会，加快构建了长沙更强大更高效的公共卫生体系。8月11日，市委副书记、市长、湖南湘江新区党工委书记郑建新，领办市政协重点提案《抓住“双循环”发展机遇，提高长沙制造业核心竞争力》，主持召开专题办理协商会，大力促进了长沙产业链政策逐步完善，产业链价值迈向高端，产业链赋能提质增效。

（本栏撰稿 刘忠诚）

表 3　　长沙市政协 2021 年度优秀提案一览表

案号	案　由	提案者
024	关于完善我市公共卫生预防预警机制 提升公共卫生服务能力的提案	农工党长沙市委员会
032	关于抓住“双循环”发展 2000 机遇 提高长沙制造业核心竞争力的提案	致公党长沙市委员会
001	关于完善基层治理“最后一公里”的提案	民革长沙市委员会
006	关于统筹推进老旧小区改造 着力建设“四精五有”品质长沙的提案	民盟长沙市委员会
016	关于以自贸区建设为契机 加快发展长沙临空经济的提案	民建长沙市委员会
019	关于推进健康消费市场提质扩容的提案	民进长沙市委员会
033	关于加强水资源调控能力建设的提案	九三学社长沙市委员会
043	关于打造“稳就业”生力军 发挥民营企业“稳就业”基础性作用的提案	长沙市工商联
048	关于加快长沙数字经济基础产业发展的提案	长沙市科学技术协会
054	关于聚焦“三个高地”建设 加快打造高技能人才洼地的提案	长沙市台联
055	关于积极推动装配式绿化产业发展的建议	市政协委员学习联络委员会（港澳台侨和外事委员会）
056	关于利用紧凑型立交打造全国交通拥堵治理样板的提案	市政协提案委员会
057	关于强化中介服务监管 提速项目建设进度的提案	市政协经济科技委员会
058	关于促进我市新型村级集体经济发展的提案	市政协农业和农村委员会
059	关于构建“法律＋标准”保障体系 打造城市有机更新“升级版”的提案	市政协人口资源环境委员会
060	关于加快创建“国家全民运动健身模范城市”的提案	市政协社科界别小组
062	加强基层医疗卫生服务体系	市政协新闻出版界别小组
071	关于创新引领对标国际标准 将长沙打造成为国家先进制造业高地的提案	陈希华、汤建尧、国　晖等 4 名委员
089	关于加强全市出租房屋管理的提案	向志武
097	关于打造国家重要先进制造业高地的提案	莫一平
098	关于建设精美长沙需从公共场所“静音文明”做起的提案	陈　忞
115	关于设立市属高校高层次人才引进激励政策的提案	杨庆江

续表 3

案号	案　由	提案者
130	关于进一步深化户籍制度改革壮大我市人口规模的提案	黄　锋、欧阳明
149	关于加强长沙法治化营商环境建设的提案	李　舜
166	关于进一步加强涉毒病残病人管理的提案	傅琼琼
170	关于加大对长沙“海归小镇”申报建设工作支持力度的提案	骆志平
179	关于长沙市共享电单车管理的提案	刘　向
186	关于推进长沙城市民宿高质量发展的提案	陈冠琼、赵雪峰、刘霆等 10 名委员
198	关于建立健全农村留守老人关爱服务体系的提案	孙中民、李　平、徐美辉等 15 名委员
221	关于加强产教融合　助推长沙职业教育高质量发展的提案	郭雄华
223	关于把浏阳河打造成一河风雅颂的文化旅游产业带的提案	刘慧扬
231	关于建设树湘故里　铸就“绝对忠诚”精神高地的提案	李德胜、宋俊湘、陈捷等 4 名委员
239	关于“打造对非经贸支撑体系 助推长沙市对非经贸合作高质量发展”的提案	刘　丽
258	关于努力创建首批全国文明典范城市的提案	蒋集政、唐曙光
267	关于在社区及村加快配置长者“助餐服务”的提案	匡涛涛
269	关于以“智”引领 用“数”赋能 加快建设智慧长沙的提案	郭昊嶷
279	关于尽快出台措施留住本市重点高校人才的提案	梅　刚、彭首志、樊方瑞等 5 名委员
314	关于引导社会组织中的先进成员有序参与民主政治建设的提案	李　坤、彭首志、戴灿华
317	关于加强长沙市中小学校门附近流动商贩规范化管理的提案	刘　煜、熊伟红、朱爱英等 8 名委员
327	关于推进我市婚姻家庭纠纷多元化解机制建设 探索创设标准化家事纠纷调解工作室的提案	欧阳侨
329	关于加强社会组织自身能力建设的提案	市政协社会法制和民族宗教委员会
330	关于大力发展我市红色文化旅游的提案	市政协文教卫体和文史委员会
331	助力我市农村经济发展　推进农村人居环境治理当地产业化	邓毅沣

说明：按照《中国人民政治协商会议长沙市委员会提案工作条例》《政协长沙市委员会关于优秀提案和先进承办单位的评选表彰办法》规定，经政协长沙市第十二届委员会第五十次主席会议审定，决定对 2021 年度 43 件优秀提案予以表彰

（资料来源：市政协）

中共长沙市纪律检查委员会
长沙市监察委员会

CHANGSHA MUNICIPAL COMMISSION FOR DISCIPLINE INSPECTION AND CHANGSHA COMMISSION OF SUPERVISION

编辑　刘盼盼

重要会议

【中国共产党长沙市第十三届纪律检查委员会第六次全体会议】 2021年4月1—2日召开。出席全会的市纪委委员27人，列席393人。省委常委、市委书记吴桂英出席全会并发表讲话。市委副书记、市长、湖南湘江新区党工委书记郑建新主持会议。市委常委，市人大常委会、市政府、市政协领导人出席会议。全会审议通过邱俊杰代表市纪委常委会所作的《服务中心大局，建设清廉长沙，为当好实施“三高四新”战略领头雁、奋力建设现代化新湖南示范区提供坚强保障》工作报告。

【长沙市第十三届纪委第八次全体会议】 2021年9月16日召开。会议审议通过市第十三届纪委向市第十四次党代会的工作报告。市委常委、市纪委书记、市监委代理主任胡卫兵主持会议并讲话，市第十三届纪委委员参加会议。会上，工作报告起草组从报告的起草背景、起草过程、主要内容3个方面作出说明，市纪委委员一致表决通过。

【中共长沙市第十四届纪律检查委员会第一次全体会议】 2021年9月24日，中共长沙市第十四届纪律检查委员会举行第一次全体会议。会议选举产生新一届市纪委领导班子。市委常委、市纪委书记、市监委代理主任胡卫兵受中共长沙市第十四次代表大会主席团委托，主持第一次全体会议。会议通过无记名投票，选举胡卫兵、熊冬华、朱远红、秦国良、肖波静、丁晓波、胡飞虎、瞿浩、陈强9人为中共长沙市第十四届纪律检查委员会常务委员会委员。胡卫兵当选为中共长沙市第十四届纪律检查委员会书记，熊冬华、朱远红、秦国良当选为中共长沙市第十四届纪律检查委员会副书记。选举结果经市委十四届一次全会通过。 （本栏撰稿 侯小贝）

监督执纪

【政治监督】 2021年，长沙市纪委市监委围绕“三高四新”战略定位和使命任务加强监督，对39项具体任务跟进监督。聚力“制造业发展”“卡脖子技术攻关”等下沉监督，巡察马栏山视频文创园、长沙经开区，提出监督建议202条。狠抓监督落实，深化“洞庭清波”专项行动，生态环保领域问责83人。开展衔接乡村振兴专项监督，纠正问题45个。专项巡察政府债务管理。严抓疫情防控监督，处理169人。聚焦“四级换届”提供监督保障。派出81个组336人次开展巡回督查、驻会监督，处理52人；廉政审查把关2.44万人次，出具暂缓或否决意见113人。

【惩治腐败】 2021年，长沙市处置问题线索1.33万件，立案2406件、结案2339件、处分2146人。严肃查处刘某某、徐某某、彭某某、杨某某等典型案件。组织241人次办理省纪委监委8个系列专案。坚持受贿行贿一起查，立案84起。协同开展政法队伍教育整顿，处理处分政法干警779人，492人主动投案。常态化开展扫黑除恶“打伞破网”行动，立案20人。深化工程建设项目招投标突出问题专项治理，查处152人，市监委以“整治和查处工程建设领域腐败问题”为主题，首次向市人大常委会报告专项工作。深化“天网”行动和“一人多证”专项清理，追回在逃人员4人。深化标本兼治。推动“一案一总结”，开展案件专题讲评10次。强化“一案一警示”，拍摄警示片《迷途》《迷魂》，编印警示录。深化“一案一建议书”，发出纪检监察建议书134份。推进清廉建设。出台《清廉长沙建设实施意见》，将清廉建设纳入“党建聚合力”工程。突出“一域一品”，推动打造“清廉岳麓共建体”等特色品牌，浓厚全市机关、园区、企业、学校、医院等清廉单元创建氛围。全方位全时空开展清廉宣传。

【违反中央八项规定问题查处】 2021年，长沙市划出16条纪律“高压线”，查处问题478起、处分355人。严肃查处长桥强制戒毒所违规发放津补贴、长沙县不动产登记中心15名工作人员收受好处费等典型案件，通报曝光问题121起。持续巩固“文山会海”治理成果，纠正基层报刊征订乱象。跟进“一件事一次办”，督促职能部门下放审批权限、开展流程再造。严肃处理“资规信息公开出错事件”。查处问题214起，处理处分468人。出台《失实检举控告澄清办法》《严查诬告陷害行为办法》，为27名干部澄清正名。在新区园区建立改革创新风险备案制度，入选“中国改革2021年度案例”。

【惩处侵害群众利益问题】 2021年，长沙市精准施策推进专项治理。查处群众身边腐败和作风问题313起，处理667人。深化清廉医保整治，推动查处违规医疗机构520家，追回资金1.27亿元。深化清廉社保治理，处理134人。深化师德师风专项治理，处理处分208人次。开展“我为群众办实事”活动，推动“公开接访”“干部下访”，交办督办疑难信访件196件。围绕民生问题上门监督，推动老旧小区加装电梯1146台，新增停车位18.7万个、义务教育学位5.7万个。

【日常监督】 2021年，长沙市落实“十必严”举措，全市查处“一把手”36人。责成78名领导干部、3个单位领导班子在民主生活会上作出说明。建立委托谈话机制，委托党委（党组）书记谈话57人次。探索“室组地”“室组园”“室组企”联合监督办案机制。强化“纪审”“巡审”监督贯通融合，审计部门向纪检监察机关移送问题线索59件，处理处分30人。运用“四种形态”处理1.36万人次，第一种形态占比83.2%。

【市纪委市监委被湖南省扫黑除恶专项斗争领导小组通报表扬】　2021年6月9日，全省扫黑除恶专项斗争总结表彰大会在长沙举行。会议表彰全省扫黑除恶专项斗争先进集体和先进工作者，6位受表彰代表在会上发言。市纪委市监委被湖南省扫黑除恶专项斗争领导小组通报表扬，市纪委市监委第八审查调查室（问责办）获全省扫黑除恶专项斗争先进集体，市纪委常委瞿浩获全省扫黑除恶专项斗争先进工作者。

【全市“清廉医保”专项监督检查工作动员部署会议】　2021年8月26日，长沙市纪委市监委召开全市“清廉医保”专项监督检查工作动员部署会议，市委常委、市纪委书记、市监委代理主任胡卫兵出席并讲话。会上宣读《长沙市“清廉医保”专项监督检查实施方案》，进一步明确专项监督检查的工作重点、责任分工、实施步骤等，市医保局主要负责人，市公安局、市财政局、市卫健委、市市场监管局、市审计局有关负责人依次发言。

【《关于进一步深化作风建设严防“四风”问题变异回潮的方案》出台】　2021年11月2日，长沙市委、市政府出台《关于进一步深化作风建设严防“四风”问题变异回潮的方案》，决定自2021年11月开始，在全市开展进一步深化作风建设专项整治行动，旨在进一步提振党员干部担当作为、干事创业精气神，涵养风清气正政治生态。此次专项整治主要突出4个方面：坚决整治各类违规吃喝、餐饮铺张浪费等问题，坚决查处各种违规收送红包礼金等问题，坚决整治工作中的形式主义官僚主义等问题，坚决查处党员和公职人员涉“黄赌毒”、酒驾醉驾等违法行为。对整治期间查处的问题，既要追究直接责任人的责任，又要追究党委（党组）主体责任和纪委（纪检监察组）监督责任。“清廉长沙”官网官微将开设违规吃喝、收送红包礼金问题曝光专栏，对典型案件分批次点名道姓通报曝光。选取典型案例，拍摄警示教育片。实行“收礼送礼一同曝光”，对多次违规送钱送物拉拢腐蚀党员干部的单位和个人，坚决予以通报曝光。

（本栏撰稿　侯小贝）

巡察工作

【概况】　2021年，长沙市在全省率先实现市县乡村“政治体检”全覆盖。对市政法系统开展常规巡察、提级巡察；对市发展改革委、市财政局等开展涉粮专项巡察，发现问题576个，移交问题线索142条，涉及处级干部12人。对县（市、区）落实省委巡视整改情况开展专项巡察，巡视整改率提升至96%。对27家单位开展巡察整改督查，市领导约谈整改排名靠后单位“一把手”。以巡察促治理，推动完善制度620项，督促清缴挽回资金4.77亿元。（侯小贝）

【政治巡察】　2021年，省委常委、市委书记吴桂英多次听取巡察情况汇报，市委常委会建立定期听取巡察综合情况、整改落实情况和年度工作汇报机制。市委探索对县（市、区）党委落实省委巡视整改情况开展专项巡察的特色做法，得到省纪委常委、省委巡视办主任罗智斌的肯定。明确市委巡察工作领导小组成员职责，建立领导小组组长与巡察办组工作人员巡前探讨交流、巡中协商调度、巡后集体研究机制。开展巡察中期走访调研，了解巡察组工作开展情况、共同会商发现的问题和重要问题线索。精心谋划好十四届市委巡察工作，制定市委巡察工作五年规划。2021年，向市纪委市监委移交问题线索142条，涉及处级干部12人，立案25人，党纪政务处分16人。（余　锦）

【监督质效提升】　2021年，市委巡察机构围绕“三高四新”战略实施、政法队伍教育整顿等重点工作，对27个单位党组织开展巡察监督，发现问题576个，重要问题线索52条。如以各县、市、区完成集中换届为契机，创新对各地落实省委巡视整改情况开展专项巡察后，推动巡视整改率提升至96%。全力配合省、市、县三级联动涉粮专项巡视巡察，对市发展改革委等7个市直单位和4个相关县（市、区）党委、政府开展巡察，对辖区内41家涉粮企业、146个政策性粮库进行拉网式检查，发现粮食购销领域的责任、作风和腐败问题221个，涉粮专项资金被挤占挪用金额达1943.17万元。结合党中央关于政法队伍教育整顿工作要求，对公检法系统开展常规巡察和提级巡察，巡察期间浏阳市检察院办公室主任邹某主动向巡察组说明情况；巡察组撤点13天后，长沙市检察院三级调研员杨某某被留置。紧扣上学看病、医保社保、环境保护、安全生产、粮食购销等民生领域，发现并推动解决系列群众“急难愁盼”问题，如宁乡市、雨花区、天心区坚决落实省委巡视整改要求，聚焦“五位”办实事，新增学位6.3万余个。

（余　锦）

【监督融合】　2021年，长沙市发挥市级巡察机构在上下联动中的作用，制定的《关于加强巡察整改和成果运用的八条措施》等8项制度性成果在全省专题推介。加强对县（市、区）巡察工作的压力传导、指导督导，创新建立上下联动一体化考核评价、审阅指导县（市、区）委书记专题会报备资料、派员列席县（市、区）研究巡察工作会议、巡察发现问题共享共用、巡察报告质量评查等制度。推动巡察监督与其他监督的贯通融合。建立健全市委巡察机构与市纪委市监委有关内设机构、组织、宣传、政法机关等单位的协作配合机制，巡察前向有关部门收集重要问题268个。坚持巡察和办案一体推进，选派纪检监察系统业务骨干全程参与巡察103人次，推荐巡察机构6名业务骨干参加中央、省、市纪委案件查办工作。将巡察监督主动融入“三不”一体推进工作格局，市生态环境局原副局长邓民生主动投案，在全市形成强烈震慑。

（余　锦）

【整改落实】 2021年，市委巡察机构边巡边移边查，仅涉粮专项巡察期间，向纪检监察机关移交重要问题线索20条，巡察期间浏阳市原粮食局党委书记、局长吴某某等3人被留置，形成巡纪联动的有力震慑。立行立改和督查督办相结合。推动立行立改突出问题39个，如督促全市检察系统退缴逾期未处理涉案扣押款4500万余元。创新巡察整改量化评估机制和市领导约谈提醒机制，对十三届市委巡察的39家单位落实巡察整改情况开展督查，对被巡察党组织整改落实情况开展综合评估排名。系统治理和促进发展相结合。出台《关于推动巡察发现系统性问题专项治理实施办法》，探索建立书记专题会听取巡察情况汇报议定事项落实情况监督检查机制。针对巡察发现的共性问题，以巡察工作提醒函、系统整改交办会等形式，督促有关职能部门深化系统治理。围绕拆迁安置、债务风险、选人用人、作风建设等热点问题，形成重点领域专题报告，为深化改革提供问题导向参考。

（余　锦）

【十三届市委第十三轮巡察完成进驻】 2021年3月18日，十三届市委第十三轮巡察工作动员部署会暨巡察业务培训会举行。市委常委、市委组织部部长、市委巡察工作领导小组副组长张宏益出席并作动员讲话。3月23日，市委第二巡察组巡察长沙县人民检察院党组工作动员会召开，标志着十三届市委第十三轮巡察全部完成进驻。根据市委统一部署，该轮巡察共安排7个巡察组，集中对长沙市人民检察院（含星城地区人民检察院）开展常规巡察，对长沙县人民检察院、浏阳市人民检察院2个基层检察院，长沙高新区麓谷街道、雷锋街道、东方红街道、白马街道4个托管街道及相关村（社区）开展提级巡察。同时，长沙高新区同步安排4个巡察组与市委巡察组开展上下联动，在市委巡察组指导下对托管街道其他村（社区）开展交叉巡察。

（余　锦）

【十三届市委第十二轮巡察情况集中通报暨整改工作动员会】 2021年4月9日，十三届市委第十二轮巡察情况集中通报暨整改工作动员会举行。市委常委、市委组织部部长张宏益传达市委书记专题会议有关精神，并就做好下阶段巡察整改工作提出明确要求。市委常委、市委政法委书记廖建华主持会议。会议集中通报十三届市委第十二轮巡察有关单位情况。该轮巡察紧扣“三高四新”战略实施、营商环境优化、政法队伍教育整顿等工作，重点对经济园区、政法系统部分单位开展延伸巡视、常规巡察、提级巡察，发现并推动解决一些影响园区高质量发展和群众“急难愁盼”问题，不断提升人民群众幸福感、获得感、安全感。

（余　锦）

【长沙各市县（市、区）委落实省委巡视整改情况专项巡察启动】 2021年8月27日，长沙市各县（市、区）委落实省委巡视整改情况专项巡察动员部署会召开。市委常委、市纪委书记、市监委代理主任、市委巡察工作领导小组组长胡卫兵出席会议作动员讲话，市委常委、市委组织部部长、市委巡察工作领导小组副组长张宏益主持会议并宣布各巡察组组长、副组长授权安排。该轮巡察共安排9个巡察组，集中对长沙市9个县（市、区）委和长沙经开区、宁乡经开区党工委落实省委巡视整改情况进行专项巡察。重点聚焦巡视整改主体责任落实情况，巡视反馈具体问题整改推进情况，责任追究情况，举一反三、整章建制情况，以及省委巡视组对县（市、区）委和有关园区选人用人、意识形态、机构编制、巡察工作等专项检查的整改落实情况等5个方面，逐项对账查账，确保问题整改清仓见底。

（余　锦）

党风廉政建设

【长沙市纪检监察系统党史知识竞赛】 2021年7月9日，市纪委市监委举行长沙市纪检监察系统党史知识竞赛。此次竞赛有来自市纪委市监委机关、派驻纪检监察组、市委巡察机构、园区纪工委、市管国有企业纪委的8支队伍24名选手参赛，采取团体赛赛制，分个人必答题、风采展示题、抢

2021年3月18日，十三届市委第十三轮巡察工作动员部署会暨巡察业务培训会举行

市纪委市监委　供图

答题和附加题4个环节进行，综合检验参赛选手的党史知识储备、现场应变能力和团队协作能力。经过角逐派驻纪检监察组2代表队获一等奖；市管国有企业代表队（城发集团）、委机关监督检查部门代表队获二等奖；园区代表队（长沙高新区）、委机关综合部门代表队、派驻纪检监察组1代表队、巡察机构代表队、委机关审查调查部门代表队获三等奖。

【全市纪检监察工作会议】 2021年7月27日，长沙市纪检监察工作会议召开。市委常委、市纪委书记、市监委代理主任胡卫兵出席并讲话。会议学习贯彻习近平总书记“七一”重要讲话精神，传达学习省委书记、省人大常委会主任许达哲调研长沙讲话精神，省委十一届十三次全会、市委十三届十四次全会精神和全省纪检监察工作座谈会精神，回顾总结上半年工作，安排部署下阶段工作。

【长沙市监委首次向市人大常委会报告专项工作】 2021年8月24日，在市十五届人大常委会第四十一次会议上，市委常委、市纪委书记、市监委代理主任胡卫兵代表市监委作《关于整治和查处工程建设领域腐败问题工作情况的报告》，8月25日，市人大常委会会议分组审议报告。这是长沙市监委首次向市人大常委会报告专项工作。

【长沙市纪检监察业务培训】 2021年10月14日，长沙市纪检监察业务培训举行。市委常委、市纪委书记、市监委代理主任胡卫兵出席。此次培训面向市纪委市监委机关各部门、派驻机构、巡察机构，县（市、区）纪委，省级以上园区纪工委，市管国有企业、高职院校、医院纪委主要负责人，以及各单位案件查办、审理的负责人及业务骨干，旨在进一步落实习近平总书记在十九届中央纪委五次全会上强调的“努力建设一支政治素质高、忠诚干净担当、专业化能力强、敢于善于斗争的纪检监察铁军”要求，切实提升全市纪检监察队伍业务水平和履职能力。市纪委常委、市监委委员胡飞虎等3人分别以“办案人员对留置对象第一次谈话的准备及‘亮相’”“案件质量常见问题解析及处理”“违反中央八项规定精神问题监督检查基本认知与操作实务”为题进行精彩授课，内容涵盖监督检查、审查调查、案件审理等纪检监察业务重点环节，内容丰富、实操性强。

【《中共长沙市委关于推进清廉长沙建设的实施意见》出台】 2021年10月25日，《中共长沙市委关于推进清廉长沙建设的实施意见》（以下简称《实施意见》）出台，明确清廉长沙建设的总体目标是，营造干部清正、政府清廉、政治清明、社会清朗的政治生态和发展环境，清廉建设在全省走在前列、树立标杆，达到全国一流城市水平。《实施意见》明确了5条路径，即以全面从严治党为主线，以压实主体责任为关键，以解决突出问题为抓手，以建设清廉单元为载体，以强化系统治理为方略。同时，提出清廉长沙建设的十大内容，即推动党的政治建设全面强化，公权力运行全面规范，干部教育管理全面从严，正风肃纪反腐全面发力，重点领域监督全面加强，亲清政商关系全面巩固，清廉单元建设全面铺开，清廉理念宣传全面覆盖，清廉文化阵地全面拓展，科技支撑保障全面提升。

【传达学习贯彻省第十二次党代会精神】 2021年11月29日，长沙市纪委市监委先后召开常委会会议和副县级以上领导干部会议，层层传达学习贯彻湖南省第十二次党代会精神。市委常委、市纪委书记、市监委代理主任胡卫兵结合自己出席省党代会的切身体会和纪检监察工作实际，就省第十二次党代会报告、张庆伟参加长沙市代表团时的讲话、王双全在省第十二届纪委一次全会上的讲话、市委常委会和全市领导干部大会学习宣传贯彻省党代会精神相关要求等进行传达学习，并就纪检监察机关如何抓好贯彻落实进行部署。

【长沙市换届风气监督组专题培训部署会】 2021年12月23日，市换届风气监督组专题培训部署会举行。市纪委常务副书记、市监委副主任熊冬华出席会议并讲话，市委组织部副部长、市委“两新”工委书记、市公务员局局长（兼）杨俊主持会议。换届风气监督组全体成员参加会议。此次换届风气监督组设立了1个综合调度小组、2个巡回监督小组、1个疫情防控监督小组和28个驻团（组）监督小组，将对市人大、政协“两会”实行24小时全覆盖、全过程监督。会议强调，全体工作人员要提高认识，以高度的责任感严格贯彻换届纪律要求。要从讲政治的高度、全局的高度充分认识抓好换届风气监督工作的重要意义，切实增强换届风气监督的责任感、使命感，严防死守，从严监督。要抓住关键，以强有力的举措开展换届风气监督工作。要明确职能职责，严格落实《“两会”换届风气监督工作方案》部署要求，坚持“严”字当头，“实”字为本，把“十个严禁”“八不准”作为监督工作的重点和关键，确保各项纪律规定真正落到实处。要敢于担当，以强烈的责任心确保风气监督工作取得实效。要迅速进入角色，细化时间表、任务书，确保责任链条全面拧紧；要坚持问题导向，对受理的举报和发现的问题，实行快查快办；要严格执行换届工作人员“六不得”纪律要求，带头遵守会风会纪各项规定。

（本栏撰稿　侯小贝）

民主党派·工商联

DEMOCRATIC PARTIES AND FEDERATION
OF INDUSTRY & COMMERCE

编辑　周海波

中国国民党革命委员会长沙市委员会

【概况】 截至2021年年底，中国国民党革命委员会长沙市委员会（以下简称“民革长沙市委会”）有党员1444人，平均年龄56岁，大学文化程度以上899人，占党员总数的62%，具有中高级职称657人，占46%。有6个工委、3个总支、57个支部。

【参政议政】 2021年，民革长沙市委会完成8个重点调研课题，分别为《关于支持高校领军人才在科技创新中发挥更大作用的调研》《关于在湖南湘江新区开展知识产权证券化先行试点的调研》《关于用好破产重整制度助力园区“二次开发”的调研》《关于打造“绿心数谷”加快推进长株潭一体化高质量发展的调研》《关于加快推进政府数据共享的调研》《关于以新发展理念引领深化我省农业供给侧结构性改革的调研》《关于湘江（长沙段）生态环境保护的调研》《关于社会组织、社工和志愿者参与基层社会治理的调研》。其中，《关于推进知识产权证券化试点助力我省“三高四新”战略实施的建议》被民革湖南省委选作“直通车”建议为中共湖南省委领导作为决策参考，《关于支持高校领军人才在科技创新中发挥更大作用的建议》送中共省委领导审阅，《关于在湖南湘江新区开展知识产权证券化先行试点的建议》《关于用好破产重整制度助力园区“二次开发”的建议》作为中共长沙市委“直通车”课题上报。在政协长沙市第十二届委员会第五次会议上，民革长沙市委会提交《关于完善基层治理“最后一千米”的提案》《关于长沙金霞片区打造中部现代医药物流产业集群的提案》《关于加快推进产业扶贫与乡村振兴有效衔接的提案》《关于加强长沙市公共卫生服务体系建设的提案》《关于支持浏阳市在湘赣边区域合作示范区建设中发挥带动作用的提案》5篇集体提案。作题为《关于细“治”入微，完善基层治理“最后一千米”的提案（第001号提案）》的大会发言。民革长沙市委会集体提案《关于加快推进“全城通办”让群众办事更方便快捷的提案》，朱建军、杨舜尧《关于开辟长沙国际友好城市展览馆的提案》，宁帆、李军《关于推进“净土保卫战”的提案》，阳芬《关于加快文旅融合激活文旅消费的提案》被评为2020年度市政协优秀提案。截至2021年11月，民革长沙市委会向民革省委会、市政协、中共长沙市委统战部报送信息260余篇。其中：中共中央统战部《零讯》采用1篇、全国政协采用3篇、湖南省政协采用7篇、长沙市政协采用10篇，市领导批示2篇；中共湖南省委统战部采用1篇、中共长沙市委统战部采用8篇；民革中央采用14篇，民革湖南省委采用25篇。罗望军《关于加强北斗卫星授时防御与态势感知体系建设的建议》被中共中央统战部《零讯》采用；彭奔《关于加强我省绿色低碳科技创新和推广应用的建议》被中共湖南省委统战部《建言》采用；李思慧《高校就业指导不能蜻蜓点水》、曾亚斌《乡村建设要明确怎么建、谁来建和为谁建的问题》、蒋茂森《建设海绵城市别忘了屋顶雨水花园》被全国政协采用。参政议政工作获2021年度民革全省目标管理量化考核第二名。

【组织建设】 2021年，民革长沙市委会出台《中国国民党革命委员会长沙市委员会分组联系基层组织和党员办法》。2021年新发展民革党员64人，净增率3.3%，平均年龄36岁，其中博士研究生4人，硕士研究生11人，中级以上职称27人，具有民革特色45人。对全市51个支部的自身建设与履职等方面情况进行量化评估，22个支部被评为优秀支部。建成市级示范支部7个，浏阳市一支部被民革中央评为“民革示范支部”。开展“民革党员之家”建设，二轻系统支部党员之家获《团结报》推介。开展“长沙民革第一届榜样人物”评选活动，授予10人“长沙民革榜样人物”荣誉称号并予以表彰。刘激扬被评为湖南民革第一届“十大榜样人物”。民革长沙市委会推荐优秀民革党员52人次，2021年4人任正科级实职岗位，6人任副处级实职岗位。推荐市人大代表12名，县（市、区）人大代表18名，市政协委员22名，县（市、区）政协委员73名。完成参政议政委员会、经济委员会、社会和法制委员会、教科文卫体委员会、祖国和平统一促进委员会、妇女工作委员会、青年工作委员会、老年工作委员会的换届工作，研究制订《民革长沙市委会各专门委员会通则》。完善《民革长沙市委机关廉政风险防控工作制度》，创新出台《信息工作考评管理办法》。建立健全基层组织与机关干部“双考核”机制，开展机关“零差错”活动。组织工作获2021年度民革全省目标管理量化考核第二名，机关建设工作获2021年度民革全省目标管理量化考核第一名。

【思想建设】 2021年，民革长沙市委会学习贯彻习近平总书记在党史学习教育动员大会上的讲话精神和“七一”重要讲话精神，学习“四史”（中国共产党党史、新中国史、改革开放史和社会主义发展史）以及多党合作史、民革党史，学习贯彻落实中共十九届六中全会、中共湖南省第十二次党代会、中共长沙市第十四次党代会精神。主委刘激扬出席民革省委承办的“湖南省纪念辛亥革命110周年座谈会”，教科文卫体委员会召开“纪念辛亥革命110周年座谈会”，老年工作委员会承办“纪念辛亥革命110周年暨重阳节书画摄影联展活动”。举办民革长沙市委会常委会、科级以上实职干部、监督委员会委员、机关干部廉政教育专题会议。组织工委、总支部主委开展“加入民革为什么”“民革历史贡献担当是什么”“我能为民革做什么”座谈培训。

【社会服务】 2021年，民革长沙市委会端午节走访慰问全市健在抗战老兵60位，送去慰问款物10万元，并于烈士纪念日（9月30日）举办第12次抗战老兵集体安葬仪式，安葬老兵172位。雨花区工委开展长郡雨外教育集团与洞国学校结对共建活动，打造“‘雨’你同行·心手相牵”教育帮扶“同心项目”，民革中央常务副主席郑建邦到湖南调研并出席捐赠仪式。民革长沙市委会、天心区工委在广厦新村社区举行“同心医疗健康服务进社区”公益活动。推进中山希望书屋公益项目。下发《中山希望书屋2021年申报计划》，组织浏阳市工委、雨花区工委、开福区工委及开福区三支部分别完成浏阳市张坊镇、邵阳市下花桥镇及雨花区跳马镇、永州市毛俊镇书屋捐建工作，捐赠书籍1.7万册。芙蓉区工委为芙蓉区西湖社区“中山希望书屋”捐赠书籍。开展“法润星城·民革在行动”。雨花区四支部到浏阳市沙市镇东门村开展法律服务活动。社会和法制委员会、民革雨花区工委与雨花区火焰社区同心共建“同心共筑中国梦，法律服务社区行”活动。助力河南抗洪救灾，组织全市民革党员捐款23万元、捐赠物资20万元。为长沙市6位贫困学子颁发中山希望奖学金3万元。开福区工委、开福区三支部在开福区凤羽小学举办“博爱·牵手”关爱弱势群体捐赠活动。城建局支部与养和康乐养老服务中心开展“弘扬敬老美德，共享幸福生活”活动。民革长沙市委会被民革中央评为“民革助力脱贫攻坚工作先进集体”，社会服务工作获2021年度民革全省目标管理量化考核第一名。民革党员张学武、周英姿被民革中央评为“民革助力脱贫攻坚工作先进个人”。

【宣传工作】 2021年，各级主流报刊、媒体报道民革长沙市委会工作150余次，《团结报》等国家级报刊报道10余次，《潇湘晨报》《三湘都市报》《湖南日报》等地方报刊报道30余次；人民网、中新网、三湘统战网等主流网站报道100余次。《长沙统一战线》刊登8篇。民革长沙市委会网站更新资讯240余条。完成2021年度《团结报》征订任务814份，获2021年度《团结报》发行征订工作先进集体（地市级）一等奖。宣传联络工作获2021年度民革全省目标管理量化考核第一名。

2021年5月16日，民革长沙市第十三次代表大会召开。图为与会代表投票选举

民革长沙市委会　供图

【祖统工作】 2021年，民革长沙市委会开展对台工作理论研究，到湖南旺旺医院进行台资企业在湘发展情况的调研。扶持芙蓉区两岸青年文化产业孵化基地建设，该基地被评为国家级“海峡两岸青年就业创业基地”“2021年度省级同心项目”。

【民革长沙市第十三次代表大会召开】 2021年5月16日，民革长沙市第十三次代表大会召开，会议听取并审议长沙市政协副主席、民革长沙市委会主委朱建军所作的民革长沙市第十四届委员会工作报告。大会选举产生由35人组成的民革长沙市第十五届委员会，审议、通过大会各项决议。经民革长沙市第十五届委员会第一次全体会议选举，刘激扬当选为民革长沙市第十五届委员会主任委员，杨舜尧，陈慧，廖耀群，张晔，王硕，聂志强当选为副主任委员。专职副主委杨舜尧兼秘书长。各民主党派市委会、长沙市工商联，长沙市教育局、市工业和信息化局、市住房和城乡建设局、市交通运输局、市农业农村局、市卫生健康委、市审计局、市市场监督管理局、市城管执法局，市侨联、台联、社会主义学院、各民主党派机关事务办，中共各县（市、区）委统战部等部门和单位相关领导到会祝贺。

（本栏撰稿　何雅琪）

中国民主同盟长沙市委员会

【概况】 截至2021年年底，中国民主同盟长沙市委员会（以下简称“民盟长沙市委会”）有盟员2027人，平均年龄53.73岁，具有中、高级专业技术职称73.41%，大学以上学历盟员81.85%，5个区工作委员会、1个总支，56个支部。被民盟中央评为“纪念中国民主同盟成立80周年先进集体”“思想政治建设和宣传工作先进集体”“社会服务工作先进集体”“脱贫攻坚先进集体”荣誉称号，获评民盟省委会盟务工作、思想宣传工作、参政议政工作、组织工作、社会服务工作先进集体和反映社情民意信息一等奖等多项荣誉。

【参政议政】 2021年，在各级“两会”平台履职作为。民盟长沙市委会提交市政协集体提案7件，其中《关于保障食品安全的提案》被评为优秀提案。周永亮《关于推进民办教育发展的提案》被评为省政协优秀提案，张庆和《关于推进垃圾分类的提案》、刘慧扬《关于激活文旅消费的提案》、黄尚喜《关于提质长沙家政服务行业的提案》等被评为市政协优秀提案。杜有志、王莉娟、刘慧被评为“长沙市第十五届人民代表大会优秀代表”，李昌林被评为“长沙市人大先进工作者”，刘慧扬、刘晓军、周灿英、蒋慧琳、窦祝平被评为“优秀市政协委员”，贺滟被评为“市政协工作优秀个人”。对中共长沙市第十四次党代会工作报告、“十四五”规划、长沙市政府工作报告、“两院”工作报告及长沙市委、长沙市政府重点工作和重要人事事项提出意见和建议。加强与长沙市公安局、市市场监管局、市民政局、市教育局、市农业农村局等单位的工作对接，沟通协商建议、提案办理情况和相关工作。发挥人大代表、政协委员和特约员民主监督优势，助力长沙创建“国家食品安全示范城市”“全国文明典范城市”，优化营商环境、落实河长制等工作。完成《关于发挥各方人才优势，推进基层社会治理现代化的调研报告》。牵头组织7个民主党派市委会调研“精美社区”建设和基层社会治理课题，到市区走访座谈，到北京市、杭州市等地借鉴学习先进城市经验和做法。到长望浏宁（长沙县、望城区、浏阳市、宁乡市）四地的6个村级组织开展问卷调查，实地了解乡村振兴战略实施情况。2021年完成调研课题13个。在雨花区成立首个基层社情民意工作室——“雨翼工作室”。2021年报送社情民意信息120条，采用73条次，其中全国政协采用3条、民盟中央采用6条、湖南省政协采用7条、中共湖南省委统战部采用2条、民盟省委会采用43条、长沙市政协采用5条、中共长沙市委统战部采用7条。在市政协社情民意信息稿件评比中，8篇稿件被评为二等奖，4篇稿件被评为三等奖。杨鲲、朱志春、张俊，廖亮分别被评为省、市“反映社情民意信息工作先进个人”。

【组织建设】 2021年，民盟长沙市委会发展新盟员67人。走访中共各级统战部和职能部门，对接盟员所在单位党委、行业组织，推荐骨干盟员近100人次，推荐市、区两级人大代表、政协委员104人，赵小午当选芙蓉区政协副主席、区工商联主席，刘来宏任浏阳市副市长，黄快生任湖南女子学院教务处副处长，龙驻、杨胜艳任正科实职，莫娟娟任湖南省歌舞剧院歌剧团副团长。举办新盟员培训班、骨干盟员培训班、青年骨干盟员座谈会等培养后备干部。芙蓉区工委开展党史主题教育，天心区工委开展送课送教烛光行动，开福区工委开展关爱环卫工人、失独家庭和事实孤儿活动，岳麓区工委组织中共长沙市第十四次党代会和区“两会”精神学习活动，雨花区工委举行党史、盟史知识竞赛，望城区总支开展爱心助学活动。参政议政工作委员会召开课题研讨会，青年工作委员会举行“奉献青春力量，助力‘三高四新’”主题活动，教育工作委员会举办庆祝教师节暨落实“双减”工作座谈会，老同志工作委员会举行重阳节主题活动，社会服务工作委员会开展爱心捐赠活动。实施监委会领导班子联点、委员联系区工委工作制。专项调研下拨经费管理、使用情况，实现内部监督全覆盖。组织参加党派市委会自身建设座谈会、举办专题廉政建设讲座、召开廉政建设座谈会，不定期发布廉政风险提示。举办机关读书分享会，开展机关团建，组织盟课学习，参演盟史舞台剧，巩固文明标兵单位创建成果。完善机关工作考核机制，组织参加党派市委会业务处室长工作座谈会、统战系统干部“统战青年说”，推荐2名干部到中共省、市统战部门跟班学习。实行“一岗双责”，开展廉政谈话，加强机关廉政作风建设。新招录公务员1人。

【思想建设】 2021年，民盟长沙市委会组织参与政治学习、主题活动46次，基层组织开展党史学习、活动150多次。以中国共产党成立100周年、中国民主同盟成立80周年为主题开展中国共产党党史、新中国史、社会主义发展史、改革开放史的学习。开展“学党史·聚盟心·担使命”主题教育活动，组织“盟师论道”党史专题讲座，到红旗渠等红色教育基地开展现场教学，主办“我唱歌儿给党听——长征组歌”主题音乐会，拍摄《铭记历史不忘初心，秉承传统砥砺前行》微视频，编排《读盟史，悟初心》舞台剧，举办书画作品网络展。结合网站、盟讯等传统媒介和微信公众号、微信群等新媒体优势，构建大宣传格局。2021年在民盟湖南省委会、长沙市政协、中共长沙市委统战部网站和微信公众号等平台发稿260余篇（条），《长沙统一战线》杂志采稿10篇。民盟市委会微信公众号年发稿量逾300篇，2次在“团结网”民主党派全国市级组织微信热文展播榜单获第一位。匡松林被评为民盟湖南省委会“2020年度思想宣传工作先进个人”。中标完成民盟湖南省委会统战理论课题《民主党派思想政治建设实施高质量发展路径研究》，被评为二等奖。中标完成长沙市统一战线重点课题《深入实施同心长沙建设“八百工程”的对策研究》。报送各级各类论坛征文8篇，入选6篇；其中，夏峰、罗汉果《科技创新领域中“揭榜挂帅”机制的发展现状与思考》被评为“2021年度民盟中央科技论坛”优秀论文并作大会交流发言；郭广军《发展本科层次职业教育，构建中国特色现代职业教育生态体系》被民盟中央评为“2021年度教育论坛优秀论文”。2篇入选民盟全国副省级城市盟务工作会议成果论文集，1篇被评为“长株潭一体化”参政建言论坛一等奖，李兰宏被评为“民盟省委会统战理论研究先进个人”。

【社会服务】　2021年，民盟长沙市委会发起“99公益日”募捐活动，邀请48位盟员作为爱心大使，吸引4000余人参与爱心募捐，筹集善款50万余元资助事实孤儿；关爱地贫家庭，联合湖南省慈善总会和芒果V基金，筹资17万元帮助地贫患病儿童及家庭；开展“烛光行动”，组织优秀盟员教师为岳阳市华容县治河中学、宁乡市龙田九年制义务学校师生送课程、送书籍；开展黄丝带帮教行动，推荐禁毒宣传视频课《讲述身边的妈妈的禁毒故事》进校园；关注野生动植物保护，联合长沙市、区教育局和野保会开展“野生动物科普知识进校园”活动；开展“学雷锋、送温暖”随手公益活动，筹措棉衣、书籍等爱心物资捐赠社区。联合湖南护理学校，筹资206万元捐建2个“民盟·同心班”，惠及103名学生；联合雨花区教育基金会，筹资28万元资助湖南商务职业技术学院设立1个“民盟·同心班”。携手湖南省大爱无疆青少年公益发展中心，发起成立“民盟长沙市委会关爱事实无人抚养儿童专项基金”，主办“托起希望 向阳生长”关爱事实孤儿等公益活动。巩固清水塘省级同心社区创建成果，组织法律工作委员会盟员为社区送课，普及法律知识。援建望城区靖港镇凌冲村，被民盟省委会授牌为“助力乡村振兴实践基地”，援建宁乡市坝塘镇洋西塘村；参与“助力农民扶贫，推动乡村振兴”团购活动，发动盟员团购农产品近7万元；完成《奔走湖湘 志在富民——湖南民盟助力脱贫攻坚纪实》长沙民盟篇材料。组织基层和盟员向失独家庭、敬老院、环卫部门、社区等捐款捐物37万余元，为助力打赢长沙疫情防控攻坚战，捐款捐物43万余元。携手寸草心社会服务中心为留守儿童举办微心愿活动。民盟长沙市委会和民盟开福区工委被开福区市容环卫中心授予“爱心捐赠单位”荣誉奖牌。吴承志被民盟中央授予“民盟脱贫攻坚先进个人”荣誉称号，吴承志、丁志强被评为“民盟社会服务工作先进个人”。

【民盟长沙市第十八次代表大会召开】　2021年5月26日，民盟长沙市第十八次代表大会在枫林宾馆召开，会议听取并审议长沙市政协副主席、民盟长沙市第十六届委员会主委、市市场监督管理局局长张庆和作的工作报告。会议选举产生由32名委员（按姓氏笔画排序：王莉娟、龙驻、石涛、吕建伟、刘樯、刘四平、刘宁望、刘志红、刘来宏、刘慧扬、肖宗文、李达、李兰宏、李昌林、杨庆江、余亚锋、张芬、陈振华、陈健玲、何雪苗、林永红、周凌云、赵睿、赵小午、郭广军、徐宇明、黄快生、龚政军、葛春蕾、谢萍、彭婷婷、蒋慧琳）组成的民盟长沙市第十七届委员会，民盟长沙市第十七届委员会第一次全体会议选举产生常委14名（按姓氏笔画排序：王莉娟、刘志红、刘来宏、刘慧扬、李达、李兰宏、李昌林、杨庆江、张芬、赵小午、林永红、周凌云、郭广军、黄快生），刘志红当选为民盟长沙市第十七届委员会主任委员，李兰宏、杨庆江、周凌云、张芬、赵小午、王莉娟当选为副主任委员；选举出席民盟湖南省第十五次代表大会的长沙代表；任命赵睿为民盟长沙市第十七届委员会秘书长。各民主党派市委会、市工商联，市发展改革委员会、市教育局、市工业和信息化局、市公安局、市生态环境局、市住房和城乡建设局、市文化旅游广电局、市审计局、市市场监督管理局，市侨联、台联、社会主义学院、各民主党派市委机关事务办，各县（市、区）委统战部、教育局等部门和单位相关负责人，各基层组织所在单位党委负责同志到会祝贺。

（本栏撰稿　沈蔼齐）

2021年10月20日，宁乡市龙田九年制学校工作站2021—2022学年度第一次主题研修活动暨民盟长沙市委会农村“烛光行动”支教帮扶活动在龙田九年制学校举行

民盟长沙市委会　供图

中国民主建国会长沙市委员会

【概况】　2021年，中国民主建国会长沙市委员会（以下简称“民建长沙市委会”）坚持以习近平新时代中国特色社会主义思想为指导，学习贯彻

中共十九大和十九届历次全会、民建中央十一届四中全会和省、市党代会精神，以市、区换届为重点，夯实思想政治基础、推进组织建设、履行参政党职能。截至2021年年底，民建长沙市委会有会员1210人，建成5个区工作委员会、1个总支、34个支部、6个专门工作委员会、2个联谊会。民建长沙市委会履行参政党职责，建言资政，完成专题调研36个，报送社情民意近500篇，提交各级提案、建议600余件。发挥民建长沙市委会联系经济界的特点和优势，引导会员投身抗疫救灾、脱贫攻坚等社会服务活动。民建长沙市委会获评“民建脱贫攻坚先进集体”、民建中央“全国先进集体”等荣誉称号。

【参政议政】 2021年，民建长沙市委会围绕长株潭都市圈建设，联动省社科院、省物流与采购联合会到省内外工信、发改等职能部门以及多家产业园区考察调研，形成《把握实施强省会战略机遇，引领推动长株潭产业园区合作》《发挥长沙引领作用推进长株潭物流一体化》等研究成果。响应中共长沙市委统战部“党派直通车”报送工作，形成《关于长沙全力申报国家第二批中欧班列集结中心示范工程的建议》，成为长沙市各民主党派中首批获中共长沙市委主要领导批示的直通车成果。《“促消费助发展”政策实施的三大痛点亟待解决》《大力构建长株潭都市消费圈，助推长沙创建国际消费中心城市》获得时任中共湖南省委常委、常务副省长谢建辉和副省长何报翔的批示。中标民建湖南省委会招标课题6个，其中5篇成果被民建湖南省委会采纳报送民建中央。2021年省、市“两会”，经民建湖南省委会提交湖南省政协全会提案6篇；提交市级建议提案37篇，其中集体提案5篇，代表委员个人建议提案32篇。其中3份提案被评为“优秀提案”。调研、评议与监督长沙市各区基层社区治理情况开展，形成《齐心协力抓治理 共绘基层美图画》等2份民主监督报告。参加长沙市政协关于“加强公益性设施建设，推动乡村产业振兴”的对口协商调研。对“一府两院”工作报告提出党派意见，对中共长沙市委常委民主生活会提出党派建议。参加长沙市人大、政府、政协等重大人事安排协商。全年向各级政协、统战、民建组织报送社情民意、统战信息160余篇次。其中3篇社情民意被全国政协采用，19篇信息被民建中央采用，8篇信息被省政协采用，49篇信息被民建湖南省委会采用，5篇信息被长沙市政协采用，1篇信息获长沙市副市长批示。与民建湖南省委会联动，在广发隆平、湘联科技、欧亚生物等会员企业共建理论研究基地，合作完成理论课题6个，向中共中央统战部报送2篇，向民建中央报送6篇，向中共湖南省委统战部报送2篇。湖南民建理论研究（广发隆平）基地成果中有2项在分获全国民主党派工作调研报告一、二等奖，有3项分获民建中央重点理论研究课题优秀成果一、二等奖。

【组织建设】 2021年，民建长沙市委会完成市级组织换届。企联会选举副主委张海岸担任会长，选举会长班子成员40名。新任命3名区工委主委、4名专委会主任。加强班子理论武装，组织常委、委员参加各类高配置封闭式培训。打造企业发展服务中心、文体工作委员会。长沙市第十六届人大代表、政协长沙市第十三届委员会委员中分别有会员13名、21名，区级人大代表、政协委员中分别有会员21名、74名。发展新会员45名，平均年龄36岁，大学学历及以上98%，其中研究生8名，非公经济人士9名。全年新建“会员之家”23个，提前一年实现民建湖南省委会部署的“基层组织会员之家全覆盖”。内部监督委员会与市级组织同步换届，由民建长沙市委会副主任担任监委会主任，在区工委和总支设立监督员。邀请中共长沙市纪监委驻市委统战部纪检监察组负责人授课。修定完善《民建长沙市委会公文处理实施办法》《民建长沙市委会机关财务管理制度》等。制定《民建长沙市委会公务员平时考核工作方案》，建立日常考核、近距离考核的用人体系。开展会员慰问。

【思想建设】 2021年，民建长沙市委会开展党史学习教育。召开中共党史学习教育动员部署会，下发《中共党史学习教育实施方案》，召集民建长沙市委会常委在中共长沙党史馆开展党史学习教育，组织广大会员参加民建湖南省委会举办的习近平新时代中国特色社会主义思想讲堂，带领机关干部参加“以党为师、与党同行、跟党奋进”党史会史主题学习教育，依托广大基层组织开展读党史、听党课、唱红歌、绣党旗和红色之旅活动。举办“学党史、筑同心、跟党走”——学习习近平总书记“七一”重要讲话精神分享会，主委班子成员带头分享学习感悟，广大会员自创自编自导自演，以朗诵、歌舞、快板、小品等为载体分享学习心得。贯彻学习中共十九届六中全会重要精神和省、市党代会精神。邀请中共长沙市委党校教授为市人大代表、政协委员及骨干会员解读中共十九届六中全会精神和省、市党代会精神。全年累计在长沙民建官网发布会内信息稿件94篇，推送“周微课”48篇，并向民建湖南省委会、中共长沙市委统战部等推送稿件160余篇，编辑《长沙民建》杂志2期。全年累计通过《团结报》、人民网、《湖南日报》等中央、省、市主流媒体，刊发会务宣传报道72篇。开展庆祝中国共产党成立100周年、抗洪抗疫等专题系列报道。

【社会服务】 2021年，民建长沙市委会举办“聚力一体化 奋进新时代”2021长株潭民营经济融合发展论坛，邀请教授王林和谢子龙、吴太兵、张海岸、尹国杰等民建企业家优秀代表演讲，组织民建企业家走进中电软件园。企业发展服务中心对接15家金融机构、为中小企业量身定制金融服务产品60余个，帮助30余家企业融资1亿余元；为企业提供法律援助4次、财税咨询服务8次、相关政策宣讲100余家；帮助会员企业争取就业、创业奖补资金近100万元；打造“星五沙龙”活动品牌，举办“新媒体时代下中小企业的危与机”“解读最新人力资源政策，助力民建企业稳岗引才”“走进经开区·拥抱自贸区”等3次专题沙龙。法律工作委员会为会员企业凯利医疗维护自身权益提供法律援助。经开区总支会员尹国杰向中华思源工程扶贫基金会潇湘公益基金捐赠物资1000万元、现金500万元，民建长沙市委会机关与宁乡市职业中专思源班开展“一对一”结对帮扶，芙蓉区工委为平江义字小学捐赠款物并援建专业美术与书法教室，书刊支部向新田县和道县的困难学生捐赠现金13万元、图书价值40万元，天心区工委连续8年关爱失独家庭，开福区工委全年开展“同心助残”活动5次，文体工作委员会、会员企业长沙天弘户外运动有限公司、企业家联谊会和望城区支部举办第二届“圆梦飞行 翱翔蓝天”活动，经开区总支助力黄花镇银龙村美丽乡村示范片建设，高新支部帮助湘西凤凰县残疾人农户销售有机红心猕猴桃0.75万千克，五一商圈支部连续五年慰问帮助社区失独老人。会员刘金明、付铁娇、袁志军、周晓娟等战斗在防控一线；民建长沙市委会、各基层组织累计向10余个街道、社区和卫生服务中心捐赠价值70万余元防疫物资。

【中国民主建国会长沙市第十五次代表大会召开】 2021年5月24—25日，中国民主建国会长沙市第十五次代表大会召开，130名会员代表出席大会。长沙市政协副主席、民进长沙市委会主委李平代表长沙市各民主党派、工商联致贺辞。会议听取并审议通过民建长沙市委会主委李舜所作的工作报告。经过酝酿和民主选举，大会选举产生由30人组成的民建长沙市第十五届委员会，审议并通过大会各项决议。在民建长沙市十五届委员会第一次全体会议上，李舜当选为民建长沙市第十五届委员会主任委员，李芃、张海岸、彭首志、朱江、张晗、黄周炳当选为副主任委员，任命戴灿华为民建长沙市第十五届委员会秘书长。在民建长沙市十五届委员会第二次全体会议上，选举产生民建长沙市第十五届委员会监督委员会，彭首志当选为监督委员会主任，戴灿华当选为监督委员会副主任，孔俊、杨林、王振新、张溯舟、熊高当选为监督委员会委员。大会邀请中共长沙市委党校社会和文化教研部主任、教授梁媛主讲党课《中国共产党长沙革命的探索与启发》，学习《中国共产党统一战线工作条例》。各民主党派市委会、市工商联，市工业和信息化局、市生态环境局、市商务局、市审计局、市市场监管局、市数据资源局、市人居环境局，市侨联、台联、市社会主义学院、各民主党派机关事务办，中共各县（市、区）委统战部等部门和单位相关领导到会祝贺。

（本栏撰稿　刘稳振）

2021年5月24—25日，中国民主建国会长沙市第十五次代表大会召开

民建长沙市委会　供图

中国民主促进会长沙市委员会

【概况】 中国民主促进会长沙市委员会（以下简称“民进长沙市委会”）设7个工委、60个基层支部、9个专门委员会。截至2021年年底，有会员1224人。其中主界别69.2%，中、高级职称71.9%，平均年龄52.9岁；各级人大代表、政协委员121人次，占比近10%。市委会机关设办公室（社会服务处）、组织处、宣传处（参政议政处）。民进长沙市委会被评为民进“全国反映社情民意信息工作先进集体”、民进“全国宣教工作先进集体”、长沙市政协“社情民意信息工作二等奖”。张早平、车昭益被评为民进“全国反映社情民意信息工作先进个人”。

【参政议政】 2021年“两会”期间，民进长沙市委会各级人大代表、政协委员提交批评、建议、意见、提案148件。其中，省、市人大代表提交建议22件，省、市政协委员提交提案40件，向市政协提交集体提案5件，其中《健全政策体系，完善产业配套，推动长沙在智能网联汽车产业持续领先》被作为大会发言，《推进健康消费市场提质扩容的提案》被列为重点督办提案。1件集体提案和5件个人提案被评为长沙市政协“优秀提案”，1人被评为长沙市“优秀人大代表”，3人被评为长沙市“优秀政协委员”。完成《将长沙市打造成国内储能产业新高地》等4个重点课题、《“五好园区”建设对策建议》1个党派联合课题和《“双循环”新发展格局下长沙国际连通性提升研究》等5个委托课题。向民进湖南省委会报送2个专题成果，其中《串珠成链，加快推进浏阳河文旅产业带建设》在民进湖南省委会专题性常委会上作口头发言。承担民进湖南省委会9个调研课题。组建各工委信息员队伍，市、区两级信息员90人。邀请专家到各工委开展专题授课，举办民进长沙市委会专题培训和基层组织负责人培训班。2021年上报社情民意、统战信息521条，其中6条被全国政协采纳，15条被民进中央采纳；1条被中共湖南省委统战部采纳，8条被湖南省政协采纳；10条被长沙市政协采纳，其中2条被长沙市领导批示。就长沙市“十四五”规划、“一府两院”工作报告、中共长沙市第十四次党代会报告等重大事项提出意见建议，2021年参与各类协商座谈会20余次。对口协商“推动长沙市红色旅游高质量发展”。与各党派联合围绕基层社会治理开展专项监督，完成《社区专职队伍建设民主监督报告》。参加对口联系单位及其他政府部门会议活动，邀请对口联系单位负责人参加“民进长沙市九代会”开幕式。

【组织建设】 2021年，民进长沙市委会落实省、市换届文件精神和纪律要求，制定换届工作方案，召开主委班子民主推荐和测评会议、民主生活会、会内老领导老同志座谈会。5月23—24日，民进长沙市第九次代表大会在枫林宾馆召开，选举产生第十三届委员会及监督委员会。31名民进长沙市委会委员，15名常委全票当选。落实主委班子分工、学习、谈心会、民主生活会、述职和民主评议等制度，出台主委班子联系工委及专委会分工，加强对基层的联系指导。主委、专职副主委参加中共长沙市委统战部暑期谈心，专职副主委到中共长沙市委党校参加县干班培训，民进市委会常委到省社会主义学院参加专题培训。2021年召开10次主委会议、2次民主生活会、3次常委会议和2次全体会议。推进“优才入会”工程，2021年发展新会员52人，其中“优才”11人，平均年龄37.9岁。加大实职干部推荐力度，4人被推荐为副县级领导，4人被推荐为科级实职，3人被推荐为单位领导班子成员，21人入选中共长沙市委统战部“八百工程”。做好市、区人大代表、政协委员的协商推荐工作，115人被推荐为市、区两级人大代表、政协委员，人数创历史新高。2021年组织会员参训420人次。2021年民进长沙市委会传达学习《各民主党派中央关于纪律处分工作座谈会纪要》和《中国民主促进会会费管理办法》，各基层组织在1月完成会费缴纳。2021年召开2次工委主委会议，年底到各工委开展走访考评。完成8个专委会人员调整，并成立青年工作委员会。慰问会内老领导、75岁以上老同志138人，上级爱心资助2名重疾会员。完成监委会换届，9名监委会成员全票当选。围绕民进长沙市委会换届开展专项监督，列席全会和代表大会，对换届方案、换届流程、选举工作等进行全程监督。对《中国民主促进会规章制度条例》《中国民主促进会机关工作条例》等条例执行情况开展专项督查并形成报告，受理2件信访案件。

【思想建设】 2021年，民进长沙市委会以开展中共党史学习教育为主线和重点，结合学习新中国史、改革开放史、社会主义发展史、统一战线和多党合作史及民进会史。下发《民进长沙市委会关于在全会开展中共党史学习教育的通知》，在全会相继开展“多党合作·民进记忆”主题征文、“会员记忆、爱党深情——我身边的先进”巡回宣讲、“学党史·颂党恩·跟党走”主题演讲比赛暨教师节庆祝活动，在“民进长沙市九代会”期间播放中共党史学习视频，参加全市各界庆祝中国共产党成立100周年座谈会并发言。7月1日《长沙晚报》刊发主委李平署名文章《不忘初心跟党走，砥砺奋进新征程》。重点围绕中共十九届六中全会、全国“两会”、习近平总书记“七一”重要讲话，省、市党代会等重要精神开展政治学习十余次并参加相关座谈。邀请全国政协委员、省委会副主委雷鸣强作全国“两会”精神辅导报告。在全会自上而下开展“书香民进”读书活动，民进长沙市委会委员和机关干部带头撰写学习心得，多篇文章在民进中央网站发表。推出全市“学党史·颂党恩·跟党走”主题学习活动集锦，在微信群定期推送“建党百年微课堂”和“党史百年天天读”栏目，推出热议中共十九届六中全会、市党代会报告系列报道。加强人才队伍建设，组建市级特约通讯员队伍并举办专题培训。发挥“一网一刊一微”（和网、《长沙民进》、“长沙民进”微信公众号）宣传主阵地作用，编印2期《长沙民进》和“民进长沙市九代会”专辑，400多篇宣传稿件被各级采纳，其中8篇被民进中央《民主》刊登，2篇被全国政协文史委《脱贫攻坚工作纪事》刊登，近30篇被《湖南日报》等主流媒体采用，10余名优秀会员的事迹被报道。紧扣习近平总书记系列重要讲话精神和省、市“十四五”规划，向民进中央报送统战理论研究成果2篇，其中《民进反映社情民意信息工作的作用和创新机制研究》中标民进中央统战理论研究课题并结题；向中共长沙市委统战部提交《统一战线助力“三高四新”战略实施路径研究》《统一战线服务湖南自贸区建设的优势分析及实现路径研究》。

【社会服务】 2021年，民进长沙市

委会总结“名师同心讲坛”，举行名师聘书颁发仪式。到醴陵市石亭镇长陵中学举办“名师同心讲坛 助力醴陵教育”爱心送教助学活动，送去心理健康和法律讲座，捐赠2万元教辅书籍和体育用品。到邵东市九龙岭镇中心学校开展“名师同心讲坛”爱心送教助学活动，送去名师音乐和美术课，捐赠书籍、音体器材和奖学金4万元。到开福区竹隐社区开展“名师同心讲坛 助力家庭教育”志愿服务活动，向湘潭市九华雅礼中学捐赠20万余元办公家具。在“腾讯99公益日”为“阅读·梦飞翔”项目捐赠2万余元书款。延续市、区同心共建的成熟模式，打造以创新创业为特点的天心区白沙花园同心社区。春节前组织会内书法家到科大景园社区开展“春联万家”活动，在社区开展活动坪捐建揭牌仪式暨无线电侦测主题活动。2021年举办6次经联会活动，组织到嘉兴南湖开展“学党史·颂党恩·跟党走”主题学习教育活动，到望城区开展走访会员企业暨主题沙龙活动，召开第四期私董会，开展“六角茶座”活动。发挥法律服务中心作用，先后到岳麓区第五实验小学、醴陵市长岭中学开展公益讲座。长沙开明书画院围绕庆祝中国共产党成立100周年主题开展文化活动，牵头各民主党派市委会举办“同心同行 继往开来”书画摄影联展，到民进中央开明美术馆举办“匠星闪耀 同心向党”柳建新、刘雅湘绣作品展，院长李砺《民进名人肖像印谱》出版。

【民进长沙市第九次代表大会】 2021年5月24日，民进长沙市第九次代表大会在枫林宾馆开幕，全国政协常委、民进中央常委、民进湖南省委会主委潘碧灵，中共长沙市委常委、统战部部长谭小平出席并致辞。中共长沙市委常委、常务副市长夏建平，长沙市人大常委会副主任卢鸿鸣到会祝贺。长沙市政协副主席、农工党市委会主委龚振湘代表长沙各民主党派、工商联致贺词。中共长沙市委统战部二级巡视员、常务副部长刘映群，民进湖南省委会组织处处长赵品山，中共长沙市委统战部副部长刘佳勇出席会议。长沙民进会员代表、列席人员及相关单位来宾200余人参加会议。会议听取并审议通过《民进长沙市第十二届委员会工作报告》。大会选举产生由31人组成的民进长沙市第十三届委员会，审议通过大会各项决议。经民进长沙市第十三届委员会第一次全体会议选举，李平当选为民进长沙市第十三届委员会主任委员，李素娥、龚中良、苏敏芳、蒋玲丽、贺茂云、兰力波当选为副主任委员。经十三届一次主委会议提名，十三届一次常委会议任命兰德泉为秘书长，谢琳为副秘书长。各民主党派市委、市工商联、市侨联、市台联、市社会主义学院，对口联系单位，中共长沙各县（市、区）统战部、市教育局，基层组织所在单位中共党组织领导到会祝贺。

【“匠星闪耀 同心向党”——柳建新、刘雅湘绣作品展】 2021年6月24日，湖南长沙开明美术馆“匠星闪耀 同心向党”——柳建新、刘雅湘绣作品展在民进中央开明美术馆开展。柳建新、刘雅母女是民进会员、高级工艺美术师。柳建新是第六届中国工艺美术大师、国家级非物质文化遗产湘绣代表性传承人，刘雅是湘绣市级传承人。两人从事湘绣技艺传承发展与传统文化推广分别有50余年和10余年，在国内外享有声誉，作品多次获得中国民间文艺最高奖“山花奖”和中国工艺美术最高奖“百花杯”金奖等重要奖项。开幕式上，民进湖南省委会向柳建新颁发《入会通知书》，柳建新成为民进长沙市委会入会年龄最大的会员。民进湖南省委会、长沙市委会向民进中央贡献湘绣作品。开幕式后，出席活动的领导和嘉宾参观展览。该次展览由民进湖南省委会、长沙市委会主办，湖南省政协融媒、开明湖南书画院、长沙开明书画院协办。展览旨在庆祝中国共产党成立100周年，弘扬湖湘文化，保护和传承“国家级非物质文化遗产”——湘绣。展览时间6月24日至7月4日，展出柳建新、刘雅母女湘绣珍品30余件，包括《百福百寿庆百年》《红色圣地》《漫山红·爱晚亭》《中华醒狮》等献礼作

2021年6月24日，湖南长沙开明美术馆“匠星闪耀 同心向党”——柳建新、刘雅湘绣作品展在民进中央开明美术馆开展。图为民进湖南省委会、民进长沙市委会向民进中央敬献湘绣作品

民进长沙市委会 供图

品和《母爱》《虎啸》等获奖作品。

（本栏撰稿　周浩哲）

中国农工民主党长沙市委员会

【概况】　截至2021年年底，中国农工民主党长沙市委员会（以下简称“农工党长沙市委会”）有党员1150人，其中具有中、高级专业技术职称1092人，占95%，平均年龄51岁。全市有5个区工委、1个基层工委、6个总支、34个支部。

【参政议政】　2021年，农工党长沙市委会提交议案、建议、提案100余件。农工党长沙市委会提交集体提案5件，其中《关于进一步完善我市公共卫生预防预警机制，提升公共卫生服务能力》被长沙市政协列入重点提案摘报。在市政协十二届五次全会上，农工党长沙市委会《加强农村人居环境整治，助推乡村振兴的提案》被评为市政协“优秀集体提案”。王清华、易介兵《关于优选增量同时加大激活存量力度高质量做大长沙制造业总量的提案》，陈忞《关于做大做强我市非物质文化遗产传承展示消费基地的提案》被评为市政协“优秀提案”。王清华、李光焰、李颂光、陈忞、易军、周勇获评“政协长沙市第十二届委员会优秀政协委员”称号。谷任光获“反映社情民意信息工作先进个人”称号。主委黄梁到隆平高科技园开展关于“强化品牌意识，提升湖南省种业‘芯片’优势，助力乡村振兴和农业农村现代化”调研。农工党长沙市委会完成《关于打造“长沙算谷”，将长沙建设成为我国计算产业核心基地的调研》《关于进一步提高治霾水平的调研》《关于“五好”园区建设之长沙市园区“发展形象好”的调研》《基层社会治理之业主自治组织的调研》。与农工党湖南省委会联合开展医联体、自贸区、应急系统建设等课题调研工作。芙蓉区工委《重视协会建设，推动建筑企业抱团发展》、天心区工委《关于加快沿江村村庄规划编制的建议》、岳麓区工委《探索社会养老新模式的建议》、开福区工委《居民小区业主自治组织发展现状专题调研报告》、雨花区工委《全力打造中部一流医疗生产仓储中心的建设》、望城支部《望城区生产型服务业功能发挥浅析》、宁乡市基层工委《关于支持巷子口镇发展国家中医健康旅游小镇的建言》等调研报告得到相关单位和部门的认可。引导农工党成员关注民生和社会热点、难点问题，收集并上报社情民意、统战信息70余篇。其中多篇稿件被采纳，《建筑物外墙脱落问题亟待重视》被长沙市政协采用，并被市政协主席文树勋、长沙市人民政府副市长周志凯批示，市住建局落实并书面回复；《加强我市生活饮用水应急备用水源建设的建议》被长沙市政协采用。参与长沙市大政方针及重大决策的讨论协商，参与中共长沙市委、市人大、市政府、市政协举行的民主协商会、情况通报会、专题座谈会及与政府各有关局（委、办）对口联系工作会议、视察活动、民主评议等，发挥特约监督人员作用，对口协商和建言献策长沙市老城区有机更新和改造工作、乡村振兴、发展长沙职业教育、促进养老事业健康发展等问题。

【组织建设】　2021年5月27—28日，中国农工民主党长沙市第十四次代表大会在枫林宾馆召开，完成换届选举。农工党长沙市委会贯彻《各民主党派中央新时代组织发展工作座谈会纪要》精神，2021年发展新党员40人。组织党员参加农工党湖南省委会、中共长沙市委统战部举办的各类培训学习活动100余人次，其中6名基层组织主委、副主委参加农工党湖南省委举办的全省基层组织主委培训班，25名新党员参加中共长沙市委统战部组织的民主党派新成员培训班，6名骨干党员参加中共长沙市委统战部在山东大学组织的长沙市各民主党派骨干成员“四史”教育专题培训班，4名骨干党员参加农工党湖南省委会在上海交通大学组织的骨干党员培训班，农工党长沙市委会副主委、常委13人参加中共长沙市委统战部在湖南省社会主义学院举办的各民主党派长沙市委会新一届领导班子专题培训班。落实领导班子集体领导、分工负责和民主集中制。制定《农工党长沙市第十四届委员会常委班子工作职责分工及联系服务基层组织工作方案》。完成市县（市、区）两级人大代表政协委员推荐工作，推荐农工党界别市级人大代表6人、政协委员25人，县（市、区）级代表委员71人。落实农工党长沙市委会常委及农工党长沙市委会机关联系服务基层工作制度；对芙蓉区工委、天心区工委、岳麓区工委、开福区工委、雨花区工委等工委班子进行调整；开展“党员之家”创建活动，新增天心药业支部、高新一支部和雨花区综合支部等3个“农工党员之家”，全市有12个“农工党员之家”；开展春节慰问老党员活动，农工党长沙市委会看望慰问老党员300余人次。

【思想建设】　2021年，农工党长沙市委会坚持“逢会必学”，在农工党长沙市基层组织工作会议、主委会、常委会、全会等会议上首先安排学习，学习中共十九届六中全会精神、学习习近平总书记“七一”重要讲话精神和《中国共产党统一战线工作条例》，省、市党代会精神等。组织党员参加农工党湖南省委会、中共长沙市委统战部主办的时事政治理论宣讲活动。结合农工党中央、省委会的工作要求，农工党长沙市委会制定《农工党长沙市委会关于加强思想政治工作的意见》。根据农工党湖南省委会和中共长沙市委统战部开展中共党史教育的相关要求，农工党长沙市委会举办“庆祝中国共产党成立100周年”中共党史线上知识竞赛活动。组织160余名党员到“杨开慧纪念馆”参观学习。与各民主党派举办庆祝中国共产党成立100周年书画摄影联展。创建并完善农工党长沙市委会微信公众号，引导基层组织和广大党员在意识形态领域弘扬主旋律、发挥正能量。在“一刊一网一微”（《长沙农工》、和网、市委会微信公众号）报道农工党长沙市委会品牌工作、履职经验、先进事迹等。编辑并印发《前进中的农工党（2016—2021）》。农工党长沙市委会《统一战线参与乡村振兴战略实施研究》《国有企业和科研院所党外知识分子思想政治工作研究》《不忘合作初心 荣辱与共 奏响新时代肝胆相照携手前进新篇章》3篇文章获农工党中央“2021年理论研究优秀论文奖”。2021年向农工党湖南省委会、长沙市政协、中共长沙市委统战部等报送农工党长沙市委会工作简讯70余篇。

【社会服务】 2021年，农工党长沙市委会组织志愿者团队和爱心企业家向天心区赤岭路街道广夏新村社区、张家界桑植县、湘西州古丈县等地捐资捐物94.8万元，其中医用防护服3420件，N95医用口罩33.04万只，医用手套2.3万副，医用酒精2300升，消毒液4050升等。在河南发生重大洪涝灾害之时，农工党长沙市委会委员、长沙市群英会理事长傅强组织志愿者调集救援物资到河南省鹤壁市开展抢险救援和灾后重建工作，向灾区群众发放逾1500万元物资。“同心健康社区”建湘新村社区形成“农工义诊”“健康加油站”“专家工作室”“就业帮帮团”四大创建品牌项目。农工党长沙市委会和芙蓉区工委在桐荫里社区共建市级“同心社区”，开展以“同心筑梦跟党走·团结聚力谱新篇”为主题的社会服务活动。组织开展健康义诊、法律咨询、走访慰问等社会服务活动，累计捐款捐物4万余元。农工党湖南省委会副主委龚振湘带队到张家界市慈利县赵家岗土家族乡银寨村开展扶贫助学活动，向银寨村小学的留守儿童捐赠价值4万元棉被、棉衣、篮球、书籍等用品和800元/人。农工党长沙市委会连续10年到张家界市永定区、慈利县开展扶贫助学活动，累计捐赠价值180万余元的爱心物资、善款和助学项目。农工党长沙市委会各基层组织和党员开展爱心助学、扶贫帮困、医疗义诊等多种形式的社会服务活动40余次，投入资金1600万余元，受益群众3万余人。在农工党中央脱贫攻坚工作总结表彰大会上，农工党长沙市委会被农工党中央授予“农工党脱贫攻坚工作先进集体”荣誉称号。被农工党湖南省委会授予“先进市级组织”和“社会服务先进单位”荣誉称号。

【扶贫助学】 2021年12月2—3日，农工党湖南省委会、农工党长沙市委会、宁乡经开区管委会到张家界市慈利县赵家岗土家族乡银寨村开展扶贫助学活动。农工党湖南省委会常委、张家界市政协副主席覃仕斌，农工党张家界市委会主委、张家界市人民医院院长姚媛贞出席。扶贫助学捐赠仪式上，农工党长沙市委会向银寨村小学捐赠4万元的爱心款和爱心物资。农工党湖南省委会副主委、长沙市政协副主席龚振湘进行“国旗下的讲话”。农工党长沙市委会副主委易介兵、戴朝晖、陶红、毛定、李颂光，农工党长沙市委会部分机关干部参加活动。

【共建同心社区主题活动】 2021年7月23日，由农工党长沙市委会和芙蓉区工委联合主办，由桐荫里社区承办的“同心筑梦跟党走·团结聚力谱新篇”共建同心社区主题活动在桐荫里社区街心花园举行，农工党长沙市委会主委、宁乡经开区管委会副主任黄梁出席。农工党长沙市委会向社区捐赠价值4.5万元义诊药品及防暑物资。活动现场，来自长沙市中心医院、长沙市第一医院、长沙市妇幼保健院的10余位农工党员专家、医护人员及各知名律师事务所的农工党法律专家为社区居民提供医疗义诊、保健指导、法律咨询等服务，进行专业化问诊100余人次并免费发放药品。此外，活动还设置“爱心义剪”和“游戏互动”区域，社区的志愿门店为街坊邻里们义务理发，并开展新颖有趣的游戏互动。仪式结束后，农工党长沙市委会走访慰问贫困居民。该次主题活动是农工党长沙市委会携手芙蓉区工委

2021年7月23日，“同心筑梦跟党走·团结聚力谱新篇”共建同心社区主题活动在桐荫里社区街心花园举行。图为专家、医护人员及法律专家为社区居民提供服务

农工党长沙市委会 供图

连续第2年在桐荫里社区开展的大型惠民服务活动，通过专业的普法、义诊团队下社区等方式，定期将惠民服务送到居民家门口，为群众排忧解难。农工党长沙市委会根据社区的需求，开展“医疗义诊”“医疗百科进社区”“专家工作室”“就业帮帮团”，建立“社区数据广播平台系统”。农工党湖南省委会社会服务处处长罗创，农工党长沙市委会三级调研员周锦民，农工党长沙市委会专职副主委易介兵，农工党长沙市委会机关干部参加活动。

【中国农工党长沙市第十四次代表大会召开】 2021年5月27—28日，中国农工民主党长沙市第十四次代表大会在枫林宾馆召开。会议听取并审议长沙市政协副主席、农工党湖南省委会副主委、长沙市委会主委龚振湘代表农工党长沙市第十三届委员会所作的工作报告。会议选举产生由31名委员组成的农工党长沙市第十四届委员会。经农工党长沙市第十四届委员会第一次全体会议选举，黄梁当选为农工党长沙市第十四届委员会主任委员，易介兵、邓文莉、戴朝晖、陶红、毛定、李颂光当选为副主任委员，任命姜丽波为农工党长沙市委会秘书长，并审议通过农工党长沙市第十四届委员会监督委员会。湖南省政协副主席、农工党湖南省委会主委张灼华、中共长沙市委常委、统战部部长谭小平出席并讲话、祝贺。致公党长沙市委会主委、长沙市公共资源交易中心主任黄锋代表长沙市各民主党派、工商联致辞。农工党湖南省委会组织处、省监督委办公室有关负责人，各民主党派市委会、市工商联、市侨联、市台联、市社院、市各民主党派机关事务办公室等单位的负责人；中共长沙市委统战部协助党派换届领导小组负责人；市政府各对口联系单位的负责人；中共各县（市、区）委统战部的负责人；农工党长沙市基层组织所在单位的负责人到会祝贺。农工党长沙市委会的党员代表120余人参加会议。

（本栏撰稿　周　倩）

2021年5月27—28日，中国农工民主党长沙市第十四次代表大会召开

农工党长沙市委会　供图

中国致公党长沙市委员会

【概况】 2021年中国致公党长沙市委员会（以下简称“致公党长沙市委会”）坚持以习近平新时代中国特色社会主义思想为指导，贯彻中共十九大及十九届历次全会精神和中共省、市党代会精神，推进自身建设，履行各项职能，被致公党中央评为“脱贫攻坚先进集体”等荣誉，在致公党全省、市级组织考核中蝉联综合排名第一位。

【参政议政】 2021年，致公党长沙市委会提交直通车建言4篇，其中《打造“归国第一站”，高水平建设海归小镇的几点建议》被致公党省委会采纳为“直通车”建言，《关于加快发展长沙现代金融“六个一”行动，助力实施“三高四新”的建议》《抢抓央企总部外迁历史性机遇，全力助推长沙“强省会”战略落地》获中共长沙市委主要领导批示。在各级“两会”提交建议和提案118件，其中集体提案5件。《抓住“双循环”发展机遇，提高长沙制造业核心竞争力》作大会发言，由市长郑建新领办，并与《关于进一步深化户籍制度改革壮大我市人口规模的提案》《关于以“智”引领用“数”赋能，加快建设智慧长沙的提案》被评为市政协“2021年度优秀提案”。致公党长沙市委会原主委王国海在全国政协十三届四次会议上提交提案7篇，其中《关于构建中国种业的“一梁三柱”把中国人的“饭碗”牢牢端在自己手中的提案》被列为重点督办提案。湖南省人大代表李丽《关于进一步完善长沙轨道交通无障碍设施的建议》得到湖南省人大常委会党组书记、副主任刘莲玉牵头督办。针对中共长沙市党代会报告、“一府两院”工作报告提出意见建议，“加快建设海归小镇”等2条建议被中共长沙市党代会报告采纳，“加快发展应急产业”等3条建议被长沙市《政府工作报告》采纳。联合各民主党派市委会，专项民主监督全市“五区”建设“做靓社区”开展，提交专题报告。创新建立主委班子成员领衔调研课题和参政议政工作委员会班子成员执笔课题的制度。通过专题调研课题招标立项的“聚焦优化制度创新，加速湖南自贸区长沙片区建设”“推进养老行业供给侧改革，鼓励民间资本参与养老服务领域的研究”等10个事关长沙市经济社会发展的重要课题取得高质量调研成果。2021年收集上报社情民意信息112条，“革命文物保护利用存在的问题及对策建议”“加快普惠型民生保险发展的建议”“织牢燃气安全四张‘网’”“头部主播涉嫌垄断市场行为值得关注”“小区快递代收点安全隐患亟待重视”5条社情民意信息被全国政协、致公党中央和湖南省政协采用。邓静被长沙市政协评为“社情民意先进个人”。

【组织建设】 2021年，致公党长沙市委会完成换届选举，选举产生致公党长沙市第七届委员会，确定并任命新一届区（市）工委和各专委会的班子，新建长沙致公智库，专委会数量15个。致公党长沙市委会担任市、县（市、区）“两会”代表和委员157人次。陈静、向章平、彭磊、张磊、谢孟、陈旻6人任命副处级岗位。推荐王静等5人在致公党中央各专门委员会任职。党员邓泽平、罗腾当选为市侨联副主席，李文当选为市侨青委会长。2021年发展具有本科以上文化程度党员45名，硕士研究生学历以上23名，其中博士研究生3名（在读博士1名），侨海比例80%。致公党长沙市委会常委参加民主党派长沙市委会新一届领导班子专题培训班；举办新党员入党宣誓仪式，选送新党员参加各民主党派新成员培训班学习。建立主委班子成员联工委、工委班子成员联支部、支部班子成员联党员的“三联”制度。将实验中学支部更名为马王堆支部，周南中学支部更名为秀峰支部。在宁乡经开区支部、白沙二支部和岳麓区工委挂牌建设3家“致公党员之家”。摸底全市失联党员情况。指导天心区工委城南二支部与株洲株化支部结为友好支部。参加全省首届运动会，获得篮球定点投篮男女混合团体赛冠军、羽毛球男女混合团体赛冠军、拔河男女混合赛冠军和优秀组织奖。组织开展气排球联赛，参与党员逾300人次。专题召开党内监督暨教育警示大会，观看警示教育片。组织学习《中国致公党党内监督条例》《中国致公党纪律处分办法（试行）》。新一届监督委员会按照《中国致公党纪律处分办法（试行）》规定，对1名违纪党员进行开除党籍处理。执行《严肃市级组织换届人事纪律的若干规定》。

【思想建设】 2021年，致公党长沙市委会制定实施《致公党长沙市委“共识教育”2021年行动方案》，对中共十九届六中全会，中共湖南省第十二次代表大会、长沙市第十四次代表大会，致公党中央十五届四中全会和省委会历次重要会议精神进行集中学习。组织开展老党员“口述致公史”活动，组织开展学习党章、重温入党誓词活动。制定《中共党史学习教育实施方案》，组织常委会到中国共产党长沙历史馆、新民学会旧址、隆平水稻博物馆参观学习。组织开展学习贯彻“七一”重要讲话精神专题座谈会，举办庆祝中国共产党成立100周年书画展，组织全体党员开展中共党史学习教育和“四史”宣传教育，增强“四个意识”、坚定“四个自信”，拥护“两个确立”、做到“两个维护”。在《湖南日报》刊发专题文章《发展同向风雨同行——中国致公党与长沙的故事》。宣传视频《致力为公，抗疫有我》，得到致公党中央、省委会和多家省、市主流媒体转发。胡琪芳获致公党湖南省委“脱贫攻坚”专题宣讲比赛第一名。2021年在中国致公网站、湖南致公网站、长沙致公网站、“长沙致公”微信公众号和中共长沙市委统战部“和网”以及各类新闻媒体发稿500余篇。

【社会服务】 2021年，致公党长沙市委会组织价值22.5万元医用防护物资驰援张家界桑植县。天心区、岳麓区、雨花区工委组织党员开展抗疫募捐。致公党长沙市委会与党员胡国安、陈强企业联动，筹集40万元分别在安化黑茶学校、长沙华中医卫科技中等职业学校开办“致公绿之韵班”“致公华中医卫班”。党员王静同安化县芙蓉山村村民签订“致安黑茶”销售推广协议，5%销售回款额用于致公助学。党员阳海金企业——长沙市皇黑兰花培育种植产业基地（产业园）打造的“摇钱冲花卉种植＋特色农林经济项目”被中共长沙市委统战部评为“同心项目”。宋旦汉字艺术博物馆申报省级“同心项目”。党员胡国安企业绿之韵集团捐资100万元助力安化乡村振兴。“致多星”党员企业家服务平台和致公麓商会开展多项活动，助推民营经济高质量发展。做好致助金的收缴和发放工作。各基层组织在春节、端午慰问走访老党员、困难党员。

【侨海工作】 2021年，致公党长沙市委会举办第八届海归论坛OTEC创业中国行——走进中国（湖南）自由贸易区长沙专场活动，与6个OTEC海外人才创业大会历届优胜项目签署落地服务协议。承办第八届海归论坛的海归人才潇湘行系列活动和第一届湖南省留学人员创业启动支持计划项目选拔大赛。开展“关于聚合侨海资源，加快‘海归小镇’建设”、“关于打造归国第一站，高水平建设海归小镇”等课题调研。组织开展“海归新年联谊会”活动。推进“海梦岛”发展，助力“海梦岛”侨海工作基地与高新区签署长沙“国家海外人才离岸创新创业基地”落地协议，推动“海梦岛”全方位参与海归小镇建设。2021年，“海梦岛”举办各类创新创业服务活动40余场，线上线下参与人数逾20万人。

【中国致公党长沙市第七次代表大会召开】 2021年5月20—21日，中国致公党长沙市第七次代表大会召开。致公党湖南省委会专职副主委向佐谊、副主委应若平，市领导谭小平、王国海、刘新良、文丽霞出席会议。市人大常委会副主任、致公党长沙市第六届委员会主委王国海向大会作工作报

2021 年 5 月 20—21 日，中国致公党长沙市第七次代表大会第一次全体会议召开

致公党长沙市委会　供图

告。会议选举产生中国致公党长沙市第七届委员会，经中国致公党长沙市第七次代表大会第一次全体会议选举，黄锋当选为致公党长沙市第七届委员会主任委员，彭磊、易静、申志华、陈旻、郭昊嶷、李璇当选为副主任委员。会议任命欧阳明为致公党长沙市委会秘书长。

（本栏撰稿　欧阳明）

九三学社长沙市委员会

【概况】　2021 年，九三学社长沙市委员会（以下简称“社长沙市委会”）有社员 817 人，其中中、高级职称 695 人，占 81.5%；博士研究生 30 人，具有硕士学位或硕士研究生学历的 193 人。社长沙市委会有基层支社 30 个，设芙蓉区、天心区、岳麓区、开福区、雨花区 5 个区工作委员会和参政议政、科技创新、城乡发展、社会法制、医药卫生、教育文化、妇女、青年、老龄 9 个专门工作委员会。

【参政议政】　2021 年，社长沙市委会完成《对标劲松模式，高质量促进我市老旧小区更新改造》《以超级计算为平台，引领科技创新的对策研究》《关于进一步依托红色文旅资源促进乡村振兴的研究》3 个重点调研报告。《加快低碳绿色产业园区建设，构建制造业高地的研究》《推进义务教育“双减”政策落地的建议》《关于构建社区心理服务体系的建议》课题中标社湖南省委会 2021 年度招标调研课题。《统一战线互联网网站内容的爬取与聚合研究》《商会作用发挥问题研究》2 个课题中标中共长沙市委统战部的统战理论课题招标。邓子云、陈希华两位社员被九三学社社中央评为“2018—2020 年参政议政先进个人”。社长沙市委会向市政协十二届五次全会提交集体提案 5 件，个人提案 40 件。其中集体提案《加强水资源调控能力建设，彰显山水洲城独特魅力》得到市长郑建新批示，被评为市政协“优秀提案”，并被列为市政协重点督办提案，由副市长李蔚领衔督办。傅琼琼《关于进一步加强涉毒病残病人管理》，陈希华《关于创新引领对标国际标准，将长沙打造成为国家先进制造业高地的提案》被列为市政协重点督办提案。陈晖《关于打造长沙夜间经济升级版的提案》，陈希华《关于在天心区打造国家级绿色数字经济产业园的提案》，胡芳《关于进一步加强中小学心理健康教育的提案》等 4 篇提案被评为市政协“优秀提案”。王剑平、秦超被评为“优秀市政协委员”。社长沙市委会参加中共长沙市委、市人大、市政府、市政协及中共长沙市委统战部举行的各种协商会议。汤建尧在湖南省政协十二届十五次常委会议上作《尽快制定出台我省氢能产业发展战略规划》发言。羿莎在省政协十二届三次联席会议上作《持续加强中小学生心理健康教育的建议》发言。邓子云在市政协联组讨论会议中作《化解我市“一县一特”农业产业发展难处的对策建议》发言。2021 年上报社情民意统战信息 100 条。其中《建议“十四五”国家科技创新规划列入超级计算软件研发计划》的统战信息被中共中央统战部《零讯》单篇采用。社长沙市委会联合其他党派组织开展基层社区治理专项民主监督，完成《圆桌议事会——基层治理新架构新模式的探索与实践》民主监督报告。市人大常委会委员刘有良《关于切实加强南郊公园山体保护的建议》获市人大常委会调研督办。

【组织建设】　2021 年 5 月 18—19 日，九三学社长沙市第八次代表大会召开，选举产生九三学社长沙市第九届委员会，完成换届选举。社长沙市委会做好县（市、区）两级人大代表、政协委员换届工作，推荐 111 人次担任各级人大代表、政协委员。其中县（市、区）人大代表、政协委员 78 人［含副主席（主任）3 人、常委 22 人］，市级人大代表、政协委员 30 人（含常委 4 人），省级人大代表、政协委员 3 人。向中共长沙市委统战部推荐 15 名在各领域有代表性的人士，36 人进入同心长沙“八百工程”人才库。与中共各县（市、区）委统战部、中共长沙市委统战部沟通，推荐 2 名社员进入县（市、区）领导班子，2 名社员担任区级政府部门正职。落实《九三学社长沙市委员会领导班子民主生活会制度》《九三学社长沙市委员会领导班子述职评议制度》，召开领导班子民主生活会，开展领导班子及其成员述职和民主评议。贯彻执行《九三学社纪律处分办法（试行）》，完善落实《九三学社长沙市委员会监督制度》。2021 年新发展社员 31 人，其中博士研究生1人，硕士研究生14人，中、高级职称24人。2021年200余人次参加各级各类培训。其中2名社员参加中共湖南省委统战部举办的民主党派骨干进修班，11位常委班子成员参加中共长沙市委统战部举办的各民主党派新一届领导班子专题培训班，6名社员参加中共长沙市委统战部到山东大学主办的骨干成员培训班。2021年新成立岳麓区二支社和宁乡高新技术产业园区支社，截至2021年年底有基层组织30个。2021年慰问社员200余人次。

【思想建设】　2021年，社长沙市委会召开专题会议对党史学习教育活动进行安排部署，下发《关于开展中共党史教育的通知》，购买《中国共产党简史》《重读毛泽东》等书籍，邀请党史学习教育中共长沙市委专家宣讲团成员关媛媛做专题辅导、组织社长沙市委会全体委员到新民学会旧址开展现场教学，在社内掀起党史学习教育高潮。举办“踏上新征程 携手再出发”——中共十九届六中全会专题学习暨“九三青训营”第三期培训班，邀请省委党校、市社科联等专家做专题辅导报告。开展庆祝中国共产党成立100周年活动。开展“庆祝中国共产党成立100周年征文活动”；“同心同行、继往开来”——庆祝中国共产党成立100周年书画摄影联展；征集30篇稿件和文艺作品参加“同心铸辉煌——湖南统一战线庆祝中国共产党成立100周年书画展”，且作品《大爱无疆》被中共湖南省委统战部采用；参加社中央“新征程，同心行”线上红色文艺展演等活动。利用新媒体平台传播正能量，2021年发布新闻简讯200余篇，宣传、信息稿件上报及采用数在中共长沙市委统战部和网及九三学社省委均排名前列。

【社会服务】　2021年，社长沙市委会与浏阳市北盛镇燕舞洲村、宁乡市坝塘镇洋西塘村、芙蓉区东广济桥社区结为同心共建单位。帮助燕舞洲村校创建科普图书室、村部创建“同心书屋”。帮助洋西塘村安装3千米太阳能路灯。联合广东奥妙洗护用品有限公司向芙蓉区东广济桥社区及宁乡等社区捐赠价值3万元的洗衣液。发挥城建、规划、设计等领域科技人才优势，举办第四届科技创新论坛。论坛聚焦“智慧建造”领域，探讨建筑业与人工智能等新兴技术深度融合。科技创新委员会发挥界别优势，为工信部信创工委举办的2021信创“大比武”“两芯一生态”开源软件赛道制定比赛规则、流程及宣传推广，曹科宁、肖立华两位社员当任决赛评委。帮助天心区蓝天应急救援服务中心添购液压机动泵、液压剪扩器、撬斧等救援装备。参与社省委开展的湖南“一家一”助学就业·同心温暖工程，在长沙市湘华中等职业学校白泉校区开设“九三学社·湘华班”，为优秀学子发放助学金。成立九三学社长沙市委员会心理志愿者服务队，为广大社员和同心社区的群众提供专业、高效的心理健康辅导，帮助群众缓解心理压力。开办沁心幸福大讲堂，2021年送课进社区13次，公益讲座14次，免费接待求助到访者17次，约800人次参与免费讲座和咨询，大讲堂开讲103期。向黄土岭社区一线防疫工作人员赠送1万只医用口罩及消毒洗手液、矿泉水等防疫物品。7月，郑州遭遇极端强降雨天气，天心一支社社员向东带领25名蓝天应急救援服务中心队员到郑州周边受灾严重的村镇开展救援。

【九三学社长沙市第八次代表大会召开】　2021年5月18—19日，九三学社长沙市第八次代表大会在枫林宾馆召开，大会听取并审议长沙市统计局局长、九三学社长沙市委员会主委汤建尧代表九三学社长沙市第八届委员会所作《同心同向　求真求实　坚定不移沿着中国特色社会主义道路前进》工作报告。经过酝酿和民主选举，大会选举产生由30人组成的九三学社长沙市第九届委员会，审议并通过大会决议。经九三学社长沙市第九届委员会第一次全体会议选举，汤建尧当选为九三学社长沙市第九届委员会主任委员，王剑平（专职）、曹前、邓子云、邓凌云、向成承、梁军当选为副主任委员。第九届一次主委会暨第一次常委扩大会议任命戚艳玲为秘书长。各民主党派市委会、市工商联，市侨联、市台联、市社院、市民主党派机关事务办，中共长沙各区委、县委统战部，部分支社所在单位领导到会祝贺。

2021年6月28日，“同心同行 继往开来”长沙市各民主党派庆祝中国共产党成立100周年书画摄影联展在长沙简牍博物馆开幕。图为与会人员一同参观书画摄影展　社长沙市委会　供图

2021年11月30日，社长沙市委会沁心幸福大讲堂第100期公益讲座《关系修复的十大步骤》在德馨园书屋举行　　社长沙市委会　供图

【沁心幸福大讲堂第100期公益讲座】 2021年11月30日，社长沙市委会沁心幸福大讲堂第100期公益讲座《关系修复的十大步骤》在德馨园书屋举行。公益讲座由沁心幸福大讲堂发起人、社长沙市委会心理志愿服务队指导老师仓萍主讲。长沙市总工会心理咨询志愿者服务队队长蔡桂霞参加活动并为沁心大讲堂赠送100期纪念牌，九三学社长沙市开福区工委主任章异新，九三学社长沙市心理志愿服务队队长吴丽参加讲座，30余位市民参加学习。沁心幸福工作室于2015年成立，围绕“有效的处理差异与冲突、刻意的经营友情、发展健全的真我”三条主线，开展相关公益讲座。沁心幸福工作室于2019年获评雨花区妇联“优秀巾帼志愿者工作室”称号。2019年起，社长沙市委会沁心幸福大讲堂讲师、社员吴丽和刘巧英带来“少儿国学公益课堂”的活动，包含“孝亲之礼”“君子之礼”“学习的智慧”“交友的智慧”。

【中共十九届六中全会专题学习暨“九三青训营”第三期培训班】 2021年11月28日，社长沙市委会在国家税务总局税务干部学院长沙校区召开“踏上新征程　携手再出发”——中共十九届六中全会专题学习暨“九三青训营”第三期培训班。九三学社湖南省委员会专职副主委李少阳，中共长沙市委统战部副部长刘佳勇，九三学社长沙市委会主委汤建尧，社长沙市委会副主委邓子云、邓凌云、向成承、梁军，中共长沙市委统战部党派处处长陶冶等出席。会议由社长沙市委会常委、青年委主任丁伟主持。会议邀请中共湖南省委党校教务部副主任伍湘，国家税务总局税务干部学院长沙校区党委委员、管委会副主任朱泽民，长沙市社科联（院）党组成员、副主席赵景利授课。伍湘对中共十九届六中全会精神作解读，重温中国共产党的百年奋斗历程，领悟中国共产党百年奋斗的重大成就和历史经验。朱泽民以《毛泽东的决策智慧与启示》为题，通过4个生动的历史故事，分享毛泽东的决策智慧，传授日常工作中的实用方法。赵景利以《遇见未来，遇见幸福》为题，从追梦、学习、生活3个方面娓娓道来。全体青年社员150余人参加会议。

【民主党派庆祝中国共产党成立100周年书画摄影联展】 2021年6月28日，“同心同行　继往开来”长沙市各民主党派庆祝中国共产党成立100周年书画摄影联展在长沙简牍博物馆开幕。湖南省政协副主席、九三学社湖南省委会主委张大方出席并宣布开幕，中共长沙市委常委、市委统战部部长谭小平，九三学社湖南省委会专职副主委李少阳，民进湖南省委会副主委、湖南省文联副主席汤素兰出席开幕式。九三学社长沙市委会主委、长沙市统计局局长汤建尧，社长沙市委会专职副主委王剑平，秘书长戚艳玲，社长沙市委会艺术家代表刘志伟、李雷、陈祥华等参加活动。该次展览是长沙市各民主党派首次联展，展览汇集各民主党派书画院及艺术家代表120幅作品，涵盖书法、绘画、摄影、篆刻、剪纸等多种艺术形式。开幕式后，与会人员一同参观书画摄影展。

【“九三学社·湘华班”开班】 2021年4月7日，湖南“一家一”助学就业·同心温暖工程“九三学社·湘华班”在长沙市湘华中等职业学校白泉校区开班。该次活动由中共湖南省委统战部、湖南省教育厅主办，九三学社湖南省委会、湖南中华职业教育社、湖南省温暖工程基金会承办，中共长沙市委统战部、九三学社长沙市委会、长沙市教育局、长沙市湘华中等职业学校协办。湖南省政协副主席、九三学社湖南省委会主委张大方，社省委会专职副主委李少阳，省教育厅副厅长、社省委会副主委王仁祥，社长沙市委会主委、市统计局局长汤建尧，湖南中华职业教育社秘书长冯立兵，中共长沙市委统战部副部长刘佳勇，社长沙市委会专职副主委刘有良等出席活动。该次活动由社长沙市委会主委、长沙市统计局局长汤建尧主持。在活动现场，社省委会社会服务处处长熊英、中共省委统战部党派处副处长冯胜强、湖南省温暖工程基金会理事长谭圣林、长沙市教育局职成处处长范霖分别为“九三学社·湘华班”20名学生代表发放助学金。

（本栏撰稿　戚艳玲）

长沙市工商业联合会（总商会）

【概况】　2021年，长沙市工商业联合会（总商会）（以下简称“市工商联”）贯彻中共十九大及十九届二中、三中、四中、五中、六中全会精神，贯彻落实习近平总书记关于民营经济系列重要讲话精神、习近平总书记考察湖南的重要讲话指示精神，落实中共中央办公厅《关于加强新时代民营经济统战工作的意见》，按照“12345”工作思路（紧盯争先创优这一目标，紧扣“两个健康”工作主题，服务“三高四新”战略落实，发挥章程赋予的“五大作用”），当好非公经济发展的“服务员”“守护者”“知心人”。2015—2021年连续7年获全国工商联“创新中国特别奖”，被评为“湖南省脱贫攻坚先进集体”，全国工商联“民营企业调查点工作先进单位”，中华工商时报“2021年度宣传阵地建设先进单位”。截至2021年年底，全市有市场主体137.22万户，其中企业50.03万家；A股上市公司78家，居中部首位。助推长沙在“万家民营企业评营商环境”评比中位列全国第九位、中西部第一位。

【参政议政】　2021年，长沙市出台《长沙市工商联社情民意信息工作方案》。2021年12篇社情民意被上级采用，其中2篇社情民意被全国政协采用，6篇被全国工商联采用。向市政协十二届五次会议提交7个工商联界别集体提案。《关于促进民营企业稳就业的提案》被列为市政协重点提案。

【组织建设】　2021年，长沙市指导8家商会成立党支部、8家商会党支部换届、3家商会党支部（党总支）升格，发展党员121名，市工商联党总支与长沙市嘉禾商会党支部、中共长沙统战部机关党委与长沙市泉州商会党委、益阳商会党委结对共建。完成工商联换届。截至2021年年底，全市有会员企业40845家，商会组织368家，与境内外198家商会缔结友好商会。吸收民营经济代表人士进入工商联班子。与十四届执委相比，执委以上企业家平均年龄减少3岁，研究生及以上学历占比增长2.8%，“三高四新”企业增长15%，上市公司增长37%。53名企业家副主席（副会长）中，先进制造业18人、战略性新型产业12人、现代服务业21人、现代农业2人；研究生以上学历29人，其中博士7人。开展“长沙百名青商‘长青树’培养工程”，选拔116名青商入围首批培养对象。聘请中国工程院院士何继善，全国工商联副主席、三一集团董事长梁稳根等知名专家、领军企业家担任导师，举办“长沙百名青商理想信念教育暨创新能力提升专题培训班”，分别组织青年企业家到上海市、西安市、深圳市等地访学、培训。助力百名青商带领企业上新台阶，其中长泰机器人、万鑫精工、申亿五金等被评为国家级专精特新小巨人企业，恒昌医药、德荣医疗、万鑫精工筹备上市。“长青树”培养工程得到中共中央、湖南省委统战部信息工作推介，被全国工商联评为2021年实践创新成果，《湖南日报》等媒体、网络关注量累计逾100万人次。拍摄《奋进2021》《请党放心　强会有我》《风鹏正举书新篇》等主题片。全市“四好”（政治引领好、队伍建设好、服务发展好、自律规范好）商会覆盖率逾90%。雨花区工商联《调解商事纠纷服务民营企业》项目入选，成为中华工商时报社、全国工商联法律部联合“商会调解创新案例”。浏阳市工商联组建总商会商事调解中心，成立商事纠纷人民调解委员会，依托基层法庭成立5个基层工作站，打造“一心+五站”（1个总商会商事调解中心和5个基层工作站）“线上+线下”“联动+联通”的商事调解新样板。芙蓉区工商联开展“芙蓉520，我来服务您”企业服务日系列活动，举办银企对接会、招商推介会。开福区工商联用好民营经济服务中心，开展法律维权、经济咨询、联谊联络等服务20余场次，落实“企业吹哨部门报道”机制，收集并解决或转办问题60余个。天心区工商联设立“区长企业接待日”“部长谈心日”，开展“企业家日”纪念日活动。岳麓区工商联打造“卓越企业家”宣传品牌，推荐、评选30名“卓越企业家”，挖掘并系列报道“卓越企业家”典型事迹。长沙县工商联建立县级领导联系商会制度和职能部门常委制度，增选市监、发改、税务、商务、科技、工信6家职能部门副职为县工商联的常委，直接联系服务会员企业。宁乡市工商联做实非公经济服务中心，为亿元企业家代表发放绿卡83张，解决需求75次；为210余家企业举办产品供需对接会8场，达成产品合作协议价值近1000万元。望城区工商联推进“四零采购”（零障碍、零仓储、零物流、零损耗），开展供需对接活动5场，其中浏阳椒花水库达成采购协议3.5亿元。

【思想建设】　2021年，长沙市工商联学习贯彻习近平总书记关于民营经济统战工作重要指示精神和全国、全省民营经济统战工作会议，组织召开全市民营经济统战工作会议暨民营经济高质量发展大会。制定《关于开展党史学习教育的工作方案》《深入学习贯彻习近平总书记在庆祝中国共产党成立一百周年大会上的重要讲话精神的实施方案》《“颂百年辉煌、显时代担当”庆祝中国共产党成立100周年系列活动方案》，成立党史学习教育领导小组，开展“悟初心，集中开展党史学习教育”“铸初心，开展‘榜样的力量’展播活动比赛”“践初心，开展‘党建工作创新案例’评选活动”“亮初心，开展‘百年百件’表彰活动”等系列活动，其中“榜样的力量”展播活动直播浏览量45.5万人次，开办3期党史专题讲座，组建全市商协会组织党史宣传队，走进宁乡市、望城区等地进行宣讲，创建“学党史、办实事”的商协会党史学习教育成果转化的新模式。组织广大民营企业、商协会学习中共十九届六中全会、中共湖南省第十二次党代会精神、中共长沙市第十四次党代会精神，举办4期党性修养专题讲座和3期“解放思想 创业富民”大讲堂，打造智慧工商联、《工商联通讯》、公众号、官网等宣教平台，累计点击量逾213万人次。

【社会服务】 2021年，长沙市启动“万企兴万村”行动，发布《长沙市“万企兴万村”行动实施方案》。聚焦长沙市21个乡村振兴示范创建乡镇，引导100家企业、100个商协会和100个村结对帮扶，助力打造现代农业领航区、生态宜居典范区、城乡融合样板区、共同富裕先行区。组织15家直属商协会负责人优先挂职村党组织副书记对口帮扶新化县15个村。选派长沙市工商联机关干部驻龙山县茨岩塘镇、浏阳市达浒镇金田村驻点帮扶。走进沅陵县筲箕湾镇龙潭坪村、邵阳县罗城乡保和村、浏阳市达浒镇金田村等开展关爱贫困户行动、打造“同心书屋”、农产品消费推广行动。组织动员全市商协会和广大民营企业驰援河南洪灾、张家界疫情，向河南捐赠70万元用于抗洪救灾，向张家界捐赠100万元及价值400万元的物资用于抗击新冠肺炎疫情，组织全市民营企业和商协会捐款捐物逾1.1亿元。

【营商环境优化】 2021年，市人大审议通过《关于提请确定11月1日为长沙“企业家日”的议案》，成为中部地区首个设立“企业家日”的省会城市。设立“企业家日”写入《政府工作报告》，举办首届“企业家日”系列活动，发布“长沙市企业践行‘三高四新’战略百强榜”，向企业家致感谢信，发布优化营商环境专项规划，推出以“企业家日”为主题的湘江两岸灯光秀。连续9年举办民营企业家座谈会。出台《长沙市公安局 长沙市工商业联合会联席会议制度》，市工商联与市中级人民法院签订《关于建立在线诉调对接机制的合作备忘录》，出台《关于成立长沙市涉案企业合规第三方监督评估机制管理委员会的通知》。推进企业合规广试点，长沙市人民检察院完成专业人员名录库建库、公示、专家聘任工作。为长沙市泉州商会等6个市级商会调解工作站挂牌，指导宁乡市工商联、长沙县工商联成立商调中心。全市各商调中心、商调工作站受理商事纠纷1348件，调解结案754件，涉案金额2亿余元。选聘100位民营经济人士为长沙市第二届营商环境特约监督员，2021年协调处理案件14件。开展法律服务进商会进企业活动，市工商联被评为“全市普法工作先进集体”。长沙营商环境得分进入全国十佳，排名创新高。

【践行“三高四新”战略】 2021年，长沙市印发《长沙市工商联 总商会参与实施“三高四新”战略行动方案》、发布“长沙市企业践行‘三高四新’战略百强榜”、发出倡议书、召开座谈会。以“构建新发展格局，贡献民营企业力量”为主题的2021中国民营企业500强峰会于2021年9月24—26日在长沙举行，签约项目20个，投资总额479.5亿元。协助中共长沙市委、市政府举办长沙市推进“三高四新”战略暨投资环境深圳、上海推介会，到深圳举办中国（湖南）自由贸易试验区长沙片区推介会暨深圳市长沙商会2021年迎新春联谊会，举办“迎老乡、回故乡、建家乡”新春座谈会、春季恳谈会，做好北京异地商会第二联合党委工商代表团来长沙考察工作。召开上海市长沙商会成立筹备工作座谈会，启动上海市长沙商会筹备工作。举办“践行‘三高四新’战略，金融服务进商会进企业”系列活动，解读支持先进制造企业发展政策，对接制造业企业金融服务需求。举办2021长沙首届产业金融服务节，中国工商银行湖南省分行等8家金融机构与湖南泰嘉新材料科技股份有限公司等4家企业代表、长沙工程机械产业链等4条产业链在会上签约，总授信额度168亿元；授牌成立望城经开区站、澳优乳业站、湖南省山东商会站、长沙市哈尔滨商会站等首批9个长沙产业金融服务站。专题调研《长沙市民营制造业企业人才队伍建设问题与对策研究》。开展长株潭民营企业创新能力提升活动周，来自长株潭三市、湘西土家族苗族自治州和江西省上栗县的150余名民营企业负责人、企业高管等参加；市工商联成立专委会——工商联科技创新委员会。专题调研《发挥民营企业创新主体作用服务科技创新高地建设》。

【长沙市工商业联合会（总商会）第十五次代表大会召开】 2021年5月30—31日，长沙市工商业联合会（总商会）第十五次代表大会召开预备会议，会议听取代表大会筹备工作报告，通过市工商联第十五次代表大会议程，主席团成员、秘书长、小组召集人名单。会后召开主席团第一次会议，审议

2021年5月30—31日，长沙市工商业联合会（总商会）第十五次代表大会召开。图为5月30日召开代表大会预备会议　　长沙市工商联　供图

第十五届执委会、常委会候选人建议名单；《代表大会和执委会选举办法（草案）》；代表大会和执委会选举总监票人、监票人建议名单，确定总计票人、计票人名单；《会费收缴和使用管理办法（草案）》。5月31日，长沙市工商业联合会（总商会）第十五次代表大会召开，会议选举产生长沙市工商联（总商会）第十五届执委会，康镇麟当选为市工商联（总商会）主席（会长），何惠风当选为常务副主席（副会长），田桂元、王婧当选为副主席（副会长），王新兰当选为秘书长。会议还选举马晓等23人为市工商联兼职副主席，选举邓泽平等32人为市总商会兼职副会长。

【“迎老乡、回故乡、建家乡”2021年异地湖南长沙商会新春座谈会】 2021年2月19日，市工商联举办“迎老乡、回故乡、建家乡”异地湖南长沙商会新春座谈会，邀请异地湖南商会、长沙商会代表20余人参加座谈。市政协副主席、市工商联主席彭继球，市工商联副主席刘立红，市投资促进事务中心主任黄首平出席座谈会，市委统战部副部长、市工商联党组书记丁文主持。黄首平作长沙投资环境推介，希望异地湘籍企业家多多宣传长沙招商引资政策，期待大家回长投资兴业。英国湖南商会会长陈谦、澳大利亚湖南商会会长甘现科、法国湖南商会会长文菲、加拿大湖南商会会长熊立新、台湾湖南商会会长熊子杰、张家界市长沙商会执行会长李军伟等先后发言，围绕“三高四新”战略实施、湖南自贸区长沙片区建设、国际化人才培养等，分别提出意见和建议。

【百名青商“长青树”培养工程启动】 2021年4月13日，由中共长沙市委统战部、长沙市工商联开展的“同心长沙建设八百工程·长沙百名青商‘长青树’培养工程”启动，116名青商入围首批人选。经过推荐、考察、比较，确定长沙百名青商“长青树”培养工程116名首批入围人选。人员来自先进制造业、新一代信息技术、生物技术、节能环保、数字创意、新材料、新能源、现代服务业等新兴行业，年龄40岁及以下80%，归国留学人员70%，上市和拟上市企业23%。

【2021首届湖湘创业精英年会暨网红长沙创新创业高峰论坛】 2021年4月11日，第48期“解放思想，创业富民”大讲堂——2021首届湖湘创业精英年会暨网红长沙创新创业高峰论坛举行。市政协副主席、市工商联主席彭继球出席。该届创业精英年会暨创新创业论坛由长沙市工商联主办，湖南省就业创业研究会承办。活动旨在传播“双创”新理念、打造“双创”新高地，助推涌现更多创新创业明星企业，打造长沙创业之都、网红城市新名片。会上，伊宅购集团董事长谭远程、友阿集团总裁胡硕等作创业分享。围绕“网红经济时代创新创业的新机遇新挑战”话题举办圆桌论坛，成立湖湘创业精英联盟。

【2021中国民营企业500强峰会】 2021年9月25日，在长沙举行。该次峰会由全国工商联和湖南省人民政府主办，由市工商联协办以“构建新发展格局，贡献民营企业力量”为主题，吸引众多实力民营企业和小微企业代表前来参会。峰会发布“2021中国民营企业500强”等榜单和《2021中国民营企业500强调研分析报告》。会上，重庆市原市长黄奇帆，全国工商联副主席、三一集团有限公司董事长梁稳根，中国光彩事业促进会副会长、亨通集团有限公司董事长崔根良作主旨演讲。

【长沙市工商联科技创新专业委员会成立】 2021年11月28日，长沙市工商联科技创新专业委员会（以下简称“专委会”）成立。该专委会是市工商联服务民营企业科技人员成长成才和民营企业创新发展的新举措。专委会设主任1名，副主任4名，轮值秘书长3名，委员17名。主任、副主任和委员任期3年。市工商联主席康镇麟、中共长沙市委统战部副部长、市工商联党组书记何惠风为专委会成员颁发聘书。专委会服务民营企业科技工作者，培养“创新三师”（即创新工程师、创新咨询师、创新培训师）、技术经纪人等创新型人才队伍；开展民营企业技术交流，助力民营企业“卡脖子”技术难题攻关；搭建科技创新平台，构建以政府为主导、民营企业为主体、市场需求为目标、政产学研金服用相结合的创新生态体系。

【2021长沙首届产业金融服务节】 2021年6月25日，在望城经开区开幕。该届长沙产业金融服务节由市工商联、市工信局、望城经开区、长沙晚报社举办，围绕“面向园区和企业，服务产业和产业链”主线，兼顾“面向社区拉动生活消费、面向个人普及投资理财知识”两条辅线开展系列线下活动。开幕式上，中国银行湖南湘江新区分行、湖南泰嘉新材料科技股份有限公司，长沙农商银行、湖南汇渠建筑科技有限公司，浦发银行长沙分行、湖南金环实业有限公司，长沙市小微企业信贷风险补偿基金、湖南华腾医药有限公司，以及中国农业银行湖南省分行、交通银行湖南省分行、中信银行长沙分行、长沙银行代表和长沙工程机械产业链、新型合金（含3D打印）产业链、新能源装备产业链、人工智能与机器人（含传感器）产业链的代表登台签约。中国工商银行湖南省分行等金融机构和长沙戴湘汽配科技有限公司等企业的代表、中国农业银行湖南省分行等4家银行与长沙工程机械产业链等4条产业链的代表签约，总授信额度168亿元。由市工信局、市工商联、长沙晚报社、长沙银行共建的望城经济技术开发区站、望城区青年企业家商会站、澳优乳业站、湖南省山东商会站、长沙市哈尔滨商会站、长沙市宁商公益促进会站、长沙市洞口商会站、长沙市岳阳县商会站、湖南兰天集团站首批9个长沙产业金融服务站授牌成立。（本栏撰稿　刘潇婷）

群众团体

MASS ORGANIZATIONS

编辑　江　雷

长沙市总工会

【概况】 2021年，长沙市总工会（以下简称“市总工会”）联合市委宣传部开展“职工群众心向党”党史知识竞赛，120万人次参与，获评全国“同心圆”网络人气活动，长沙职工选手代表湖南晋级全国总决赛。市总工会上线“红色工运历史陈列馆”，在官网官微推送党史、工运史知识16期，天心区总工会开办“天心工学堂”，组织职工在线学党史工运史。联合市委党校建立“职工思想政治教育师资库”，深入基层送课19场、参训职工5000余人。引导劳模工匠、优秀工会干部加入党组织，发展预备党员1053人，转为正式党员599人，培养入党积极分子1356人。长沙经开区总工会、岳麓区总工会等各级工会开展庆祝建党100周年系列活动，引导广大职工学党史、感党恩、听党话、跟党走。全面开展工人阶级宣传月和“中国梦·劳动美”主题宣传教育，拍摄工会版《少年》快闪专题片，选送节目获全省职工文艺展演银奖。组织开展“助力三高四新·长沙职工在行动”主题征文活动，广泛开展“湘悦读·工力量”职工主题阅读活动，推介职工书屋典型10个，培育市级职工书屋示范点20家。培养产业人才，市总工会创新成立技能人才交流小组，雨花区总工会精准开展职工技能培训，各级工会开办“一户一产业工人”培训班115期，培训学员5600余人。全市开展师徒结对400余对，评选表彰优秀师徒40对、优秀师徒结对组织单位15家，选树命名“长沙工匠培育和竞赛基地”15家、“长沙市优秀企业职工技能培训中心”6家。市总工会筹划组织首届长株潭“融城杯”擂台赛，打造三市技能人才交流平台，助推长株潭一体化发展，促进传统竞赛项目与智能智造有机结合，50余家媒体全网报道，8场赛事直播逾786万人次观看，长沙选手获5个工种竞赛中的4个第一名。联合株洲、湘潭市总工会举办“融城联动　为爱而来”单身职工线上联谊活动，嘉宾结成好友389对。夯实服务阵地基础，一次性投资12亿元，同步启动市总工会本级四个工人文化宫建设。投入近500万元建成“互联网+工会”职工服务系统和控制中心，融入“我的长沙”智慧城市体系。长沙“网上工会”获评全国“互联网+工会”普惠服务最具影响力平台；长沙县总工会“数字工会”获评全国区县“十佳”平台。

【工会组织】 截至2021年年底，长沙市总工会下辖12个开发区和市、县（市、区）总工会、11个委局产业（系统）工委，4个驻会产业（系统）工委。工会基层组织2.09万个，涵盖法人单位3.42万家，会员167万人。市总工会有6个直属事业单位，分别是：长沙市工人文化宫、长沙市第二工人文化宫、长沙市第三工人文化宫、长沙市第四工人文化宫、长沙市总工会事业发展中心、长沙市职工服务（帮扶）中心。

【劳模选树与服务】 2021年，市总工会推荐评选表彰全国五一劳动奖章6人，全国五一劳动奖状单位4个，全国工人先锋号4个，全国五一巾帼标兵岗1个；省五一劳动奖章17人，省五一劳动奖状单位4个，省工人先锋号9个，湖湘工匠1人；市级五一劳动奖章145人、五一劳动奖状单位50个、工人先锋号80个。开展“致敬劳动者”主题宣教活动，专栏报道劳模工匠典型事迹，组织三批次劳模和五一劳动奖章获得者开展免费疗休养。浏阳市总工会指导劳模助力乡村振兴，各级工会开展劳模大讲坛、劳模志愿服务94场次。

【劳动竞赛】 2021年，在全市省、市重点建设项目上全面开展劳动竞赛。在全国职工职业技能大赛中，12名长沙职工获评“全国技术能手”。联合市教育局、市公安局、市民政局、市交通局、市应急局、市卫健委、市国资委、轨道集团、公交集团等13个职能部门、委局产业（系统）工会和企事业单位，在45个工种广泛开展“星城杯”职业技能竞赛，覆盖职工近十万人。“十行状元、百优工匠”竞赛首次纳入涉农工种，500余名优秀技术工人参赛。选树市级“示范性劳模和工匠人才创新工作室”10个，遴选扶持优秀职工科技创新项目13个，扶助职工科技创新成果240余项、合理化建议7300余条，为企业创造利税1.3亿余元。

【职工权益维护】 2021年，全市工会系统注重职工网络舆情监测，排查化解职工队伍稳定风险，参与劳资纠纷调查处理，推行厂务公开、民主管理和工资集体协商。市总工会与市应急局、市卫健委联合开展“安康杯”竞赛，参与调处重大安全事故10起。年内接听处理“12351”热线1041人次，办结“12345”工单75单，办结率和满意度100%。举办劳动争议调解员培训班，开展职工法律讲座和企业合法用工体检，录制职工普法微视频13期，提供法律咨询和援助194例，市总工会获评全国“尊法守法·携手筑梦”服务农民工公益法律服务行动成绩突出集体。开展“女职工维权行动月”活动。长沙高新区总工会等培育的企业工会爱心托管典型在职工中广受好评。

【职工生活保障】 2021年，市总工会牵头创建工会户外劳动者服务站点102家，望城区总工会培育的星月公园服务站等4家站点获评“全国最美站点”。组织“百优食堂”评选，2290家企业参评、316万人次在线浏览投票。第九期职工医疗互助上调补助标准，创新二次补助，参与职工43.57万人，为1.8万余人次发放补助金1334万余元。宁乡经开区总工会“职工健康促进工程”、芙蓉区总工会“暖心工程”等工作的开展，叫响做实“我为职工办实事”。长沙市“在职职工医疗互助”和“劳动领域社会组织职工赋能计划”获评首批“全国工会联系引导社会组织服务职工优秀项目”。联合市人社局实施“春风行动”，开展“工会进万家”活动，筹集36.8万元慰问70岁以上劳模427人、全国和省级技术能手94人；筹集332.7万元物资慰问外省籍留长过年务工人员4.4万名；筹集1028万元“送清凉”慰问高温作业人员8万余人次；筹集147.4万元“金秋助学”232人；筹集940万余元“送温暖”慰问帮扶困难职工1万余人次。市职工服务（帮扶）中心获“全国五一劳动奖状”。保障职工的美好生活需要，开展亲子关爱行动，新建市级母婴（亲子）室20家，选树示范典型10家，联合市资规局创建“儿童友好型企事业单位”20家。开展女性关爱行动，“芙蓉讲堂”送课185堂，评选示范性女校5家。开展心理关爱行动，开展免费咨询168人次，市总工会心理咨询志愿服务队获评“湖南省最佳文明实践志愿服务组织”。开展情感关爱行动，举办相亲联谊活动13场次，参与职工6000余人次。

【工会基层组织建设】 2021年，市总工会组织机关干部开展基层蹲点调研活动，《长沙市新就业形态劳动者调研报告》获省总工会领导批示并在全省通报推介，长沙县总工会创新开展新就业形态劳动者入会与社保缴费服务工作。全市开展百人以上企业建会动态清零行动，年内新建“八大群体”行业工会20家，企业工会1139家，发展会员9.85万人。实名制数据库录入基层组织信息1.34万家、职工会员信息138万名。选树“司机之家”“快递小哥之家”示范点12个，“小三级”工会规范化建设典型12个，EAP员工关怀典型15家，市级模范职工之家（小家）79家。开福区总工会指导建设的“货车司机之家”获全国总工会点赞；宁乡市总工会“小三级”工会规范化建设工作经验，被省、市总工会以现场会的形式进行推介。

【产业工人队伍建设】 2021年1月28日，长沙市召开推进新时代产业工人队伍建设改革协调小组第一次（扩大）会议。市委副秘书长谭慧慧主持会议，市总工会党组书记、副主席周宏兆对下阶段工作进行安排。会议传达学习党中央和省委、省政府关于新时代产业工人队伍建设改革精神，回顾了2020年长沙产业工人队伍建设改革进展情况，深入学习《长沙市新时代产业工人队伍建设改革三年行动计划（2020—2022年）》，参会单位审议相关文件，根据各自领域改革推进情况，提出工作意见和建议。

【周农调研长沙工会】 2021年3月8—9日，省人大常委会副主任、省总工会主席周农一行到长沙调研工会工作。省委常委、省政府副省长、市委书记吴桂英，省人大常委会副主任、省总工会主席周农出席相关会议并讲话。省总工会党组书记、副主席徐文龙，市委常委、市政府常务副市长夏建平，市委常委、市委秘书长、市委办公厅主任谭勇，市人大常委会副主任、市总工会主席芮英姿出席活动。周农一行先后到湖南云箭集团长沙新区、山河智能装备股份有限公司、望城经开区中航飞机起落架有限责任公司、大汉国际工匠院、望城区月亮岛街道砂之船（长沙）奥特莱斯和月亮岛街道桃花井社区调研工会工作。省总工会党组成员、经费审查委员会主任张慧东，市总工会党组书记、副主席周宏兆及省、市总工会相关部门负责人参加调研。

【全国总工会派驻湖南蹲点工作组到长沙蹲点】 2021年5月，在全国总工会统一组织下，派驻湖南蹲点工作组正式成立，并于长沙县驻扎开展为期3个月的调研。蹲点工作组成员有：全国总工会中国国防邮电工会全国委员会分党组成员、一级巡视员张景义，全国总工会财务部财务监督处处长张媛，全国总工会信息中心信息调研处副处长谢永胜。此次蹲点工作的主要内容包括八大群体建会入会情况和基层工会工作开展情况。

【长株潭“融城杯”职工职业技能擂台赛】 2021年7月8日，第一届长株潭“融城杯”职工职业技能擂台赛在长沙启动。该次竞赛由湖南长沙、株洲、湘潭三地联动推出，并邀三地职业院校专家教授执裁，目的是搭建三市技能人才互学互促平台，为期3个月。比赛项目有长株潭红色旅游讲解、焊工智能制造、工业机器人运维技术、多轴数控加工（五轴）、网络信息安全五大竞赛类别，都与长株潭地区产业发展息息相关。

【全国企业民主管理工作调研检查组到长沙调研】 2021年7月20日，由青海省总工会党组成员、经审会主任蒲勤带队，北京、青海、湖南三省市组成的第十一次全国企业民主管理工作调研检查组到长沙进行厂务公开民主管理工作专项调研检查。市总工会党组书记、副主席彭鉴西，市总工会副主席、党组成员黄渐坤参加调研。

【市总工会第二十届委员会第六次全体会议】 2021年7月20日，长沙市总工会召开第二十届委员会第六次全体会议，长沙市人大常委会副主任、市总工会主席芮英姿主持会议，市总工会第二十届委员会委员及替补委员候选人参加会议，市总工会第二十届经费审查委员会委员列席会议。会议审议通过有关人事事项，替补彭鉴西、李建英2人为长沙市总工会第二十届委员会委员；选举彭鉴西为长沙市总工会第二十届委员会副主席。

（本栏撰稿　丑　帅）

中国共产主义青年团长沙市委员会

【概况】　2021年，中国共产主义青年团长沙市委员会（以下简称“团市委”）坚持以习近平新时代中国特色社会主义思想为指导，服务中心大局，深耕主责主业。团市委在全省2021年度市级共青团考核中获优秀等次；四个项目在全省第三届改革创新大赛中获金奖、居全省第一位；长沙市村（社区）团组织换届、青年参与社会治理获团中央《全团要讯》专题推介，年内获国家级荣誉10个、省级荣誉54个。全国高校学子长沙交流体验活动、长株潭一体化发展青年峰会、长沙“希望小屋”、农村青年“领头雁”等工作获《人民日报》《湖南日报》等中央、省媒报道93次；少先队工作、青年发展工作在全省会议上作经验交流。聚焦中国共产党成立100周年，通过中心组学习、宣讲报告、青年热议等方式，掀起全市青年学习热潮，青年大学习累计参与488万人次，把信仰的种子播撒进青少年心灵。深化载体创新。开展“10个100”特色活动，组织党史宣讲300余场，创作主题文化产品267个，寻访“向上向善好青年”100名，培育青年“推荐官”推荐长沙100次，编写出版湖湘红色故事100个，推树14036名红色小讲解员，开展主题团、队日活动2万余场，获市委学教办推介。优化宣传阵地。不断扩大长沙共青团新媒体矩阵影响力，各平台全网总粉丝数98.7万人，全年总播放（阅读）量5110.8万次，被评为2021年长沙市最具影响力政务微信和湖南省青媒奖年度影响力共青团微博。主动服务市委、市政府中心工作，团结带领全市广大青年发挥生力军作用。“青工匠”助推制造业高质量发展。选拔166名优秀青年参与“振翅100”青年工匠培育项目，帮助青年产业工人免费提升学历；评选10名杰出、20名优秀青年岗位能手；培育推荐全国青年文明号1个、省级青年文明号3个。“长青创”培育青年科创人才。举办长株潭青年科创成果对接活动，13个青年科创项目吸引投资意向4.1亿元；发起成立“科创长株潭”青年百人会，吸引200余名科创青年参加；寻找“长沙市最美青年企业家”114人。“新丝路”行动服务对外开放。组织召开长株潭一体化发展青年行动第一次联席会议、五四青年峰会，打造十个重点工作项目；组织12家优质企业、14名青年企业家参加第二届中非经贸博览会青年创新创业论坛。“领头雁”助力乡村振兴。选树“十佳农村青年领头雁”并纳入全市统筹的乡村产业人才资助项目，举办长沙农民丰收节、短视频大赛和3期专题培训班；市农创联获中农协“组织建设先进单位”称号，长沙农商行授信3亿元，3人获评首届“全国乡村振兴先锋”。“雷锋星”志愿行动参与社会治理。开展社区青春行动，组织133支青年突击队、220支青年志愿者队伍、1.25万名青年志愿者投身疫情防控一线；开展青少年生活垃圾分类活动92场，服务覆盖3万人次。践行“我为青年办实事”承诺，促进青年与长沙同成长、共发展。“长青树”培育青年人才。新增青年人才驿站3家，累计为3300余人提供优质服务，40%留长沙就业，储备青年人才1200名；6人被评为省青年五四奖章、1个集体获评省青年五四奖章集体；组织12所“双一流”高校120余名师生开展全国高校学子长沙交流体验活动。“小杜鹃”高质量发展取得佳绩。开展“院士来了”青少年科普公益大讲堂、“友阿杯”童星大奖赛等各类公益活动100余场，覆盖2万余名中小学生；开设普惠式培训班1300个，免费班110个；原创舞蹈和戏曲节目获青少年类全国最高奖项“小荷之星”“小梅花”奖。“长青护”护航青少年健康成长。开展中高考减压等心理健康讲座52场，新建10个青少年心理健康示范点；推树10个市级“双零社区”和21个市级“青少年维权岗”，团市委获评全市普法先进集体和禁毒成绩突出单位等荣誉。青基会公益行动开创新局。募集社会捐款2066.5万元，市青基会蝉联5A等级基金会；建成“希望小屋”410家，开展“爱心捐赠零花钱”“圆梦行动”等系列公益主题活动，帮扶困难青少年5176名。新增非公团组织565个、社会领域团组织2721个。深化学校共

2021年4月11日，第三期“院士来了”青少年科普公益大讲堂在长沙市青少年宫举行
团市委办公室　供图

青团改革，打造120个少先队实践教育基地，建设社区少工委105家，“小树苗”行动获中央文明办推介。

【团市委组织建设】 截至2021年年底，团市委下辖9个县（市、区）、湖南湘江新区、长沙高新区、长沙经开区、宁乡经开区团（工）委，市直机关、市教育、市国资、市卫健系统团（工）委，长沙学院、长沙职业技术学院、长沙商贸旅游职业技术学院、湖南都市职业学院、湖南电子科技职业学院、湖南信息职业技术学院、长沙卫生职业学院团委，长沙农商银行、长沙律师行业团委，基层团组织1.47万余个，团员26.7万人。团市委有党组织8个，其中党委1个，党总支1个，党支部6个，党员140名。

【“缘分宅不住·2021”长沙单身青年职工线上公益联谊活动】 2021年2月9—18日，团市委、市总工会联合主办第二届长沙单身交友节——“缘分宅不住·2021”长沙单身青年职工线上公益联谊活动。该次联谊设置10场线上活动，共吸引1531名单身青年报名，实现好友申请1594次，互加好友600对，表达好感718次，帮助留长沙过年的单身青年度过了一个温暖的春节假期。

【“我们在‘驿’起·欢乐闹元宵”活动】 2021年2月25日，由共青团长沙市委、市青年企业家协会主办，长沙经开区团工委、长沙团县委协办的“我们在‘驿’起·欢乐闹元宵”活动在长沙青年人才驿站经开区站举行。活动吸引到20余名在长沙就业的青年人才参与，团市委组织部、长沙经开区党群工作局相关负责人出席。

【共青团长沙市第十九届七次全委（扩大）会议】 2021年3月5日，共青团长沙市第十九届七次全委（扩大）会议举行。市人民政府副市长李蔚出席会议并讲话，市委副秘书长谭慧慧出席会议。团市委书记叶妙作工作报告，团市委副书记赵雪峰主持会议。团市委领导班子成员、团市委第十九届委员会全体委员和其他相关人员参加会议。2名基层团组织代表在全会上作主题发言，分享青春奋斗故事。会后，全体团市委委员走进岳麓区橘子洲街道新民路社区、滨湾镇地铁站、开福区万达广场等地开展关爱孤寡老人、文明交通劝导、整理共享单车、维护市容环境等志愿服务，以马上干、带头干的务实作为按下全年工作“快进键”，影响带动全市团员青年迅速动起来、干起来、严起来。

2021年3月5日，共青团长沙市第十九届七次全委（扩大）会议举行

团市委办公室　供图

【长株潭一体化发展青年行动第一次联席会议在长沙召开】 2021年3月23日，长株潭一体化发展青年行动第一次联席会议在长沙召开，长株潭三市共青团将实施“振翅100”青年工匠培育等十大重点合作项目，以青年力量助推长株潭一体化发展。会议会商通过《关于建立长株潭一体化发展青年行动联席会议的决定》（草案）、《长株潭一体化发展青年行动三年计划（2021—2023年）》（草案）、《长株潭一体化发展青年峰会2021年总体方案》（草案）等。三地共青团确定建立长株潭一体化发展青年行动联席会议机制。

【团市委举办党史学习教育省会青年读书班】 2021年4月7日，党史学习教育省会青年读书班暨团市委中心组党史学习教育第二次专题学习在市青少年宫举办。该读书班由省青联、团市委、市青联联合举办。团市委书

2021年4月7日，党史学习教育省会青年读书班暨团市委中心组党史学习教育第二次专题学习在市青少年宫举办

团市委办公室　供图

记叶妙主持，长沙市党史学习教育第四巡回指导组组长、市工信局二级调研员李四海以及市党史学习教育第四巡回指导组其他领导出席，在湘全国青联委员、省青联委员代表，市青联、学联、青企协、青志联、农创联委员会员和市青年讲师团讲师等省会各界青年代表，团市委书记会议全体成员、团市委各直属一级机构团组织负责人、各县（市、区）少先队总辅导员、团市委全体机关干部，市青少年宫班子成员和部分干部职工参加学习。

【市青联召开第十三届三次常委会议】2021年4月7日，长沙市青联在市青少年宫召开第十三届三次常委会议。团市委书记、市青联名誉主席叶妙出席会议并讲话。会议听取团市委副书记、市青联主席赵雪峰所作的工作报告，表彰2020年度6个优秀青联界别和31名优秀青联委员，通过卸职委员和增补委员的确认案，大会审议通过《关于组织动员全市青年为奋力实施“三高四新”战略全面推进长沙高质量发展贡献青春力量的决议》。长沙市青联副主席钟大有、任小梅、谭智斌、罗波、悟圣及青联常委参加会议，青联委员代表列席会议，市青联副主席叶锋主持会议。

【“院士来了”青少年科普公益大讲堂第三期开讲】 2021年4月11日，长沙市青少年宫承办的“院士来了”青少年科普公益大讲堂第三期开讲，中国工程院院士印遇龙为来自长沙、株洲和湘潭的400余名青少年破译猪的“营养密码”，带领他们走近农业科学。大讲堂以“院士引路、名师带路、活动铺路”的方式，为长株潭三地青少年埋下“科学种子”，打开科技之窗，引领青少年走进科学殿堂。

【长沙举行全市各界青年五四座谈会】2021年4月27日，长沙市召开各界青年五四座谈会，省委常委、市委书记吴桂英出席并讲话，寄语全市广大青年以习近平新时代中国特色社会主义思想为指导，继承和弘扬伟大的五四精神，勇担历史重任，争做时代先锋，在实施“三高四新”战略、推进高质量发展、建设现代化新长沙的伟大征程中书写无愧于时代、无愧于青春的灿烂篇章。市委常委、市委组织部部长张宏益主持座谈会，副市长李蔚出席。座谈会上，周博文、李楠、陈思铭、刘洋、朱振新、师雅丹、曹裕等青年代表先后发言。

【长株潭一体化发展五四青年峰会】2021年4月28日，长株潭一体化发展五四青年峰会在长沙市青少年宫召开。团省委书记、省青联主席李志超，长沙市委常委、组织部部长张宏益，株洲市委常委、组织部部长李武宁，湘潭市委常委、组织部部长吴志雄，长沙市委副秘书长谭慧慧等领导出席活动，中南大学、湖南大学、湖南师范大学等驻长沙高校团委书记受邀参加，三市团委全体班子成员、青联委员、青年企业家、青年志愿者、青年岗位能手、大学生等青年代表，团干部和少先队辅导员代表参加活动。同步举办长株潭一体化发展青年科技成果对接活动。在长沙县和长沙经开区、长沙高新区、长沙雨花区分别举办长株潭一体化发展青年峰会之青年工匠论坛、青年科创论坛和青年开放论坛。

2021年4月28日，长株潭一体化发展五四青年峰会在长沙市青少年宫举行

团市委办公室　供图

【“振翅100”青年工匠培育项目暨青工成长营举行】 2021年5月29日，共青团长沙市委、共青团株洲市委、共青团湘潭市委在中南林业科技大学举办长株潭一体化发展青年行动“振翅100”青年工匠培育项目暨青工成长营第一期培训班。中南林业科技大学继续教育学院负责人，长沙、株洲、湘潭团市委相关部室负责人，长沙金科人才职业培训学校负责人和“振翅100”青年工匠培育项目暨青工成长营全体学员参加。该培训班为学员提供考前培训辅导、学业规划指导和督学等全流程免费服务。

【长株潭三市团委、少工委联合承办“六一”主题队日活动】 2021年5月31日，长株潭三市团委、少工委联合承办2021年“六一”主题队日活动在长沙市泰禹小学举行，以“红领巾心向党”为主题，以“实现中国梦 建设新湖南”为主线，通过歌舞快板、情景剧、长株潭少年“三高四新”战略寻访汇报等形式展示青少年党史学习教育成果。副省长朱忠明、长沙市副市长刘明理出席活动，团省委书记李志超、团长沙市委书记叶妙、团长沙市委副书记金甜慰问砂子塘吉联小学困难学生，团省委副书记、省少工委主任钟娜，团长沙市委副书记、长沙市少工委副主任周坤慰问五一小学进城务工人员子女。

【团市委主办“青春向党·奋斗强国”特别主题团日活动】 2021年6月1日，湖南省共青团系统“青春向党·奋斗强国”特别主题团日活动在湖南烈士公园举行，激发全市广大团员青年奋力实施“三高四新”战略，全面推进高质量发展的青春力量，献礼建党100周年。该次主题团日活动由共青团湖南省委指导，共青团长沙市委主办，共青团开福区委、开福区教育局联合承办。共青团湖南省委副书记夏彬华、开福区委书记谢伟峰、共青团长沙市委书记叶妙等出席活动，共青团青年代表共280余人参加活动。

【长沙青少年音乐党史课开讲】 2021年6月3日，由湖南省委党史学习教育领导小组办公室指导，共青团长沙市委、长沙市青年联合会、少先队长沙市工作委员会主办，长沙市青少年宫、湖南广播电视台广播传媒中心新闻事业部共同承办的长沙青少年红色音乐党史课活动在长沙市青少年宫影剧院举行。市委党史学习教育第四巡回指导组、团市委全体班子成员出席活动，团市委机关党员干部、市青少年宫党员干部、各市、县（市、区）高新区教育局团委书记、总辅导员，少先队名师工作室代表、部分小学少先队员代表、大队辅导员、校团委书记、团市委直属一级机构团组织负责人、市青联委员代表等约400人参加活动。

【“百日奋战 扮靓星城”长沙青少年在行动】 2021年6月25日，“百日奋战 扮靓星城——长沙蓝·青少年生活垃圾分类公益志愿行动”推进会在岳麓区橘子洲街道学堂坡社区举行，共青团长沙市委联合市教育局、市城管执法局、市生态环境局、市少工委办公室、市青年志愿者联合会和长沙农商银行推进“长沙蓝”青少年生活垃圾分类公益志愿行动，以实际行动为“百日奋战 扮靓星城”市容环境整治加油助力，向党的百年华诞献礼。共青团市委书记叶妙出席并主持会议，市城市管理综合执法局副局长黄哲、团市委副书记赵雪峰陪同出席，各县（市）团委负责人、社区团支部负责人、社会组织负责人、点点环保好少年代表等百余人参与会议。

【全国高校学子长沙体验交流活动见面会】 2021年7月11日，来自北京大学、清华大学、中国人民大学、北京航空航天大学、北京理工大学、北京师范大学、中国政法大学7所知名高校的70名优秀学生代表和老师到长沙，由市委组织部（人才办）、团市委共同举办的全国高校学子长沙体验交流活动举行，在长沙市会议中心举行见面会。该活动分两批，面向12所全国知名高校，共120余人。青年学子们深入园区及企业、代表性景点和网红打卡地，全方位领略长沙美丽的山水风光、深厚的文化底蕴和激昂的发展步伐。

【团市委举办学习贯彻习近平总书记“七一”重要讲话精神专题读书班】 2021年7月13日，长沙共青团系统学习贯彻习近平总书记“七一”重要讲话精神专题读书班举行，团市委书记叶妙主持，原中共湖南省委党校常务副校长、中共湖南省直属机关工作委员会常务副书记徐晨光受邀作辅导报告，用“七个一”对习近平总书记“七一”重要讲话的核心内容进行精心提炼和重要阐述，勉励广大青年永葆追梦的姿态、赶考的心态、自信的状态和自我革命的常态。团市委全体班子成员、各直属一级机构团组织负责人、各市、县（市、区）少先队总辅导员、团市委机关及直属事业单位全体干部职工，市青联委员代表、市学生联合会代表、市青年企业家代表、市青年志愿者和社会组织负责人代表、市农创联会员代表、市青年讲师团讲师代表、青年文明号创建集体负责人代表、青年岗位能手代表等长沙各界青年代表共400余人参加。

【第二批全国高校学子长沙座谈交流会】 2021年7月30日，第二批全国高校学子长沙座谈交流会举行，市委常委、市委组织部部长张宏益出席。来自浙江大学、复旦大学、上海交通大学、同济大学、哈尔滨工业大学5所高校的团队负责人、师生代表以及在长沙工作的优秀校友代表作交流发言。

2021年7月11日，全国高校学子长沙体验交流活动见面会在长沙市会议中心举行

团市委办公室 供图

市委组织部（人才办）、团市委联合启动全国高校学子长沙体验交流活动，进一步拓宽长沙引才渠道、提升引才层次、浓厚引才氛围，建立与全国“双一流”高校长效的人才合作机制。

【长沙青年志愿者投身新冠肺炎疫情防控】 2021年7月31日，团市委紧急成立20支新冠肺炎疫情防控青年雷锋志愿服务队，迅速筹集防护服、消杀设备、消毒液、口罩、矿泉水等防疫物资，带领广大青年有效应对、有序参与新冠肺炎疫情防控。党有号召、团有行动。截至8月6日，全市组织220支青年志愿者队伍，1万余名青年志愿者，在新冠肺炎疫情防控工作领导小组统一指挥调度下，就近就便、遵照属地原则，参与到体温检测、核酸检测、疫苗接种、关键场所联防联控、社区群防群治、心理疏导等志愿服务。

【长沙推荐官短视频大赛启动】 2021年8月18日，由团市委主办、市农创联承办的“激发创新活力 助力乡村振兴”暨“我是长沙推荐官”短视频大赛全面开启，该次大赛以“我为家乡来打CALL”为主题，参赛青年以短视频方式为家乡进行推介，展示家乡良好风貌、城乡规划、建设和发展、以及家乡特色的农副产品，向全国推介展示长沙乡村新容新貌。

【团市委举办青年人才分享展示活动】 2021年9月3日，团市委举办长沙市青年人才分享展示活动，现场来自人文社科、文化创意、财会金融、创业四个类别的58名2021年度“湖湘青年英才”申报人进行分享展示，市委组织部（人才办）、市人社局、市总工会相关部门负责人以及“湖湘青年英才”获得者优秀代表受邀担任评委。团市委副书记周坤出席活动。

【2021长沙市农民丰收节】 2021年9月19日，由长沙团市委、长沙市委组织部（人才办）、长沙县政府联合主办的2021长沙市农民丰收节，在长沙县金井镇启幕。该次丰收节以“金秋九月说丰收·创新青年振乡村”为主题，重点展示青年人才在回乡建设中取得的成果。活动中，“激发创新活力 助力乡村振兴”暨“我是长沙推荐官”短视频创意大赛进行展播、颁奖，《智慧时代的新农人》《云苗库新时代rap》等一大批反映新时代农人、农村风貌的短视频作品，以形式新颖、感情真挚引起现场观众共鸣。长沙农商银行与长沙市农业创业者联合会现场签约，并意向授信3亿元。现场还设立农特产品、金融产品、长沙绿茶产品等多个展示区，吸引100余家农业企业、1000余名群众前来洽谈、购买，共同庆丰收、晒丰收、话丰收、享丰收、促丰收。

【长沙共青团系统学习宣传贯彻市第十四次党代会精神】 2021年9月26日，团市委组织全系统团干部召开传达学习贯彻市第十四次党代会精神宣讲会。市第十四次党代会代表、团市委副书记周坤系统深入全面地领学了党代会工作报告，并通过PPT就如何贯彻落实党代会精神进行部署。团市委全体书记班子成员、直属一级团组织主要负责人、团市委全体机关干部以及市青少年宫班子成员、中层正职干部参加学习。会上下发《长沙共青团系统学习宣传贯彻市第十四次党代会精神工作方案》，部署下阶段重点工作。

【博鳌亚洲论坛全球经济发展与安全论坛志愿服务工作启动】 2021年9月28日，博鳌亚洲论坛全球经济发展与安全论坛志愿者动员大会在长沙学院召开，来自湖南农业大学和长沙学院的240名志愿者参加大会，会后展开第一轮志愿者培训。博鳌亚洲论坛全球经济发展与安全论坛组委会相关负责人、湖南农业大学和长沙学院团委负责人及带队老师参加，团市委副书记周坤出席会议并作动员讲话。

【团市委举办共青团改革创新项目分享展示活动】 2021年9月30日，团市委在机关会议室举办2021年度共青团改革创新项目分享展示活动。市委改革办专职副主任曾向阳、团市委副书记周坤出席并讲话；团市委副书记金甜出席并担任评委，组织部、统战联络部、基层工作部、青年发展部、各一级团组织相关负责人和参赛项目负责人代表共计60余人参加活动。“基层党建带团建工作若干措施（团八条）”等2个项目获一等奖，“红色文博研学万人行”等3个项目获二等奖，“传承红色基因，讲好红色故事——小小讲解员”等5个项目获三等奖。

【市青年岗位能手职业素养提升班暨青工成长营举行】 2021年11月9—10日，长沙市青年职工工作委员会、共青团长沙市委举办2021年度长沙市青年岗位能手候选人职业素养提升班暨青工成长营，培训分两期进行，来自全市各行各业的200余名2021年度长沙市青年岗位能手候选人参加培训。

【《中长期青年发展规划（2016—2025年）》长沙市实施工作联席会议】 2021年11月30日，2021年《中长期青年发展规划（2016—2025年）》长沙市实施工作联席会议召开，学习贯彻中共十九届六中全会精神和习近平总书记关于青年工作重要论述，围绕《规划》实施交流经验并部署下阶段重点工作。市委副书记阚保勇出席。会议传达《规划》实施工作部际联席会议、湖南省厅际联席会议精神，团市委汇报《规划》长沙市组织实施有关情况，天心区、长沙县、市教育局、市人社局、市卫健委作交流发言。

【长沙市基层团干部能力提升培训班】 2021年12月13日，2021年第一期长沙市基层团干部能力提升培训班暨“百年正青春”青少年主题对话活动举行，来自各区县园区、非公企业、社会组织以及行业系统的64名基层团干进行为期4天的封闭式学习。湖南大学中国语言文学学院党委书记杨永锋、共青团长沙市委副书记金甜出席开班仪式。

【“百年正青春”青少年主题对话暨“种子成长营”进校园宣讲活动】 2021年12月23日，由团长沙市委主办，团长沙县委、长沙县教育局承办的“百年正青春”长沙青少年主题对话暨“种子成长营”进校园宣讲活动在长沙县松雅湖二小举行。团市委书记会成员、市青少年宫主任李明，团市委、团长沙县委、长沙县教育局相关人员出席活动，长沙县少先队干部、少先队员共200余人参加活动。

（本栏撰稿　高沩锋）

长沙市妇女联合会

【概况】 2021年，长沙市妇女联合会（以下简称“市妇联”）积极推荐优秀女性人才，换届后四大家班子中有女性9名，市党代表中女性占比36.36%，市人大代表中女性占比33.5%，市政协委员中女性占比35.38%。市妇联被评为省妇联系统宣传工作“先进单位”、全省地市州唯一的省“四星级网上妇女之家”；获“亚太地区妇女儿童事业杰出贡献奖”；获省妇联、省网信办“潇湘巾帼心向党”大型群众性朗读比赛优秀组织奖；获省第三届巾帼创新创业大赛优秀组织奖；被评为2016—2020年长沙市普法工作先进集体，长沙市信访基础业务工作“业务规范单位”；获2021“讲述身边的妈妈禁毒故事”视频征集大赛最佳组织奖；“小天使”艺术团获湖南省第四届排舞比赛特等奖和团体一等奖；市妇女儿童发展基金会获“科学育儿·孕育新生”项目先进集体。市妇联1人获全国普法先进个人；1人获全国妇联系统先进工作者。全国政协副主席张庆黎高度赞扬市妇联维权维稳、妇女发展和对外开放工作。全国妇联副主席夏杰高度肯定市妇联意识形态工作，指示总结上报妥善处置B站罗女士“12338”热线舆情事件做法并推广。开展“纪律就在身边，教训就在眼前”警示教育。在缪伯英故居集中上廉政党课。组建第一届机关党委，成立机关纪委。联合处置B站“12338”、“女仆陪玩”事件，无舆情危机事件发生。党组成员率先为“领头雁”宣讲党的创新理论、各级重大会议精神。持续深化“百千万巾帼大宣讲”活动，组织开展专题宣传80余场；开展最美巾帼奋斗者进校园、三八红旗手进基层巡讲活动20场。宣传报道省、市三八红旗手（集体）先进事迹17次。在湘女广场举办“巾帼心向党　奋斗新征程”红色故事诵读比赛暨“5·15国际家庭日”活动启动式，89.53万人次观看直播。举办“童心向党·经典传承”长沙市庆祝六一儿童节主题活动。开展“寻找最美妇联执委”评选、表彰工作；获“湘女e家”新媒体联盟最佳传播奖。打造党建聚合力工程宣教阵地。推荐表彰1个“全国巾帼建功先进集体”、4个“全国巾帼文明岗”集体、2名“全国巾帼建功标兵”；团结带领3万余名执委和5.7万名巾帼志愿者积极战疫。组建专家队伍走进湘西集中开展创新创业指导等活动。创建30个市巾帼文明岗、20个巾帼建功先进集体、30个巾帼建功标兵；承办女性创新创业公益服务项目，开展8期公益培训。联合市人社局开展妇女职业技能培训；联合开展母婴安全急救技能比武、“十行状元、百优工匠”竞赛等比武竞赛，12人获市巾帼建功标兵称号；举行长沙市“巾帼建功”培训会暨结对帮扶活动；参加湖南省第三届巾帼创新创业大赛，包揽保育员比赛一、二等奖。携手亚太杰出女性联合会主办第四届FUE时尚文化周活动，获优秀组织奖。在湖南农大举办新型职业女农民培训班，现场观摩并分享双创经验；推荐1名全国“巾帼新农人”；2家企业分别创评全国和省巾帼现代农业科技示范基地；创评10个市巾帼现代农业科技示范基地和10个市巾帼示范休闲农庄；联合市乡村振兴局举办长沙市全域推进美丽宜居村庄建设创“最美庭院”行动现场会。全年接待处理信访件1249件、1482人次，提供公益心理咨询服务1070人次，受理特困妇女群众涉法涉诉法律援助申请28件，开展婚姻家庭纠纷专业性调解97件；就4个舆情案件及时线上发声、线下维权，签收、办结“12345”涉权益维护相关案件14件，群众满意率高。开展“建设法治长沙·巾帼在行动”主题活动，举办妇女权益保障法、反家暴法等普法宣传活动354场；联合开展第三届“我与娘家人一起学法答题”活动，3万余人次参加。联合开展“守望花蕾”活动，培训讲师66人，进乡村、社区、学校授课407堂。召开联席会议审议通过《长沙市反家庭暴力联席会议制度（试行）》。建设10个“星城家事”妇女儿童心理咨询示范服务站。成立“长沙市婚姻家庭纠纷人民调解委员会”。指导浏阳市、芙蓉区申报省妇联2021年“巾帼暖人心”维权创新项目，分获一、三名。召开信访业务规范化培训会。召开妇儿工委全会，牵头开展规划终期评估工作，科学编制颁布新一轮妇女儿童发展规划。牵头推进实施适龄妇女“两癌”免费检查重点民生实事，检查96505人，目标达成率110.07%。救助市级“两癌”贫困妇女50人共计15万元，向春蕾基金捐赠20万元。开展“出手吧，姐姐——温暖2021”募捐活动，募集慰问困境母亲善款190.6万元，全省排名第一位；开展“防溺水专项行动·我是小小安全员”主题活动，上门宣传21059次；对市妇女儿童之家进行屋顶防漏和外墙改造。“五色花瓣”学雷锋志愿服务队走进湘西等地开展艺术培训，受益人数2600余人；“艺路阳光”获省巾帼志愿服务项目大赛一等奖；组织第四届舞蹈公益百校行成果展；开展公益活动、服务62场次，培训2241人。协办第16届中国长沙（国际）孕婴童产业博览会。完成村（社区）妇联换届，选举产生妇联主席1613人、专兼职副主席4781人、执委24732人。望城区在全省妇联系统改革现场推进会上作经验交流。新建妇联组织480个、妇女小组4617个、妇女微家763个。组织执委履职能力提升、基层妇联干部民族宗教政策法规专题培训。创建市级示范“妇女儿童之家”30个。对233家市示范“妇女儿童之家”的“四有”标准回头看，撤牌15家。到乡村振兴联点村韶光村帮农支教。开展4期“和美家庭”7天亲子沟通线上训练营，服务12171人次；推出21天不抱怨线上训练营，服务1215人次；举办3期家庭教育指导师培训，服务2433人次；组织12场家庭教育公益讲座，参加人数4737人次；主办4场好家风好家训公益讲座，参加人数3300人。在市家庭教育指导中心开展《湖南省家庭教育促进条例》研讨沙龙活动，举办条例宣讲培训会。启动市“女性友好 城市美好”系列直播，构建“巾帼学院”培训赋能体系。开展100户最美家庭、20户绿色家庭、20户五好家庭寻找推荐创建活动；开展“节能降碳 绿建未来”绿色家庭主题活动；开展“垃圾分类我最行”优秀短视频征集，举办“美家美妇新时尚 垃圾分类巾帼行”主题活动，对3类优秀作品、组织单位进行表彰。

【市妇联组织】 截至2021年年底，市妇联下辖市妇女儿童活动中心、市妇联网络新媒体中心、市妇女儿童发展基金会事务中心3个二级机构。受市国资委委托监管长沙市湘女家庭服务有限责任公司。2021年，全市有县（市、区）妇联、乡镇（街道）妇联、村（社区）妇联组织1793个，省级以上工业园区妇联组织12个，市直妇工委和市直系统妇工委11个，新经济组织、新社会组织、新媒体行业妇女组织2804个。

【长沙市各界妇女庆祝“三八”国际妇女节】 2021年3月8日，长沙市各界妇女庆祝“三八”国际妇女节大会在市妇联举行。湖南省委常委、长沙市委书记吴桂英出席并讲话。省妇联党组书记、主席姜欣为“全国三八红旗手”“全国巾帼文明岗”“全国巾帼建功标兵”“全国巾帼建功先进集体”颁奖。长沙市领导张宏益、谭勇、芮英姿、刘明理、文丽霞、李平、省妇联兼职副主席黄金等出席活动。市妇联党组书记、主席文方主持会议。市妇联专兼挂领导班子成员、各界妇女代表、受到表彰的先进集体、个人等68人参加会议。部分优秀妇女代表进行交流发言。吴桂英认真倾听各界妇女代表、受到表彰的先进集体、个人的先进事例，并给予肯定。她表示，广大妇女不愧是推动长沙高质量发展的重要力量，各级妇联组织不愧是党委政府紧密联系妇女群众的牢固纽带。并希望全市广大妇女要传承巾帼之志，与新时代同行；要彰显巾帼之为，在新征程建功；要绽放巾帼之美，为新发展聚力；要唱响巾帼之歌，展新女性风采。吴桂英强调，各级党委要加强对妇联工作的领导，把妇女工作摆上重要议事日程、纳入总体工作布局、列为党建述职内容，在配置资源力量时充分考虑妇联工作需要，推动形成尊重妇女、关爱妇女、支持妇女工作的良好环境。各级妇联作为广大妇女之家，要坚持“党政所急、妇女所需、妇联所能”，认真履职，真诚服务，做到哪里有妇女、哪里就有妇女工作和妇女组织，当好广大妇女的“代言人”“贴心人”“娘家人”。全市广大妇女要传承红色精神、发扬优良传统、肩负重大使命，以舍我其谁的担当和气魄，撑起长沙发展“半边天”，书写实施“三高四新”战略、推进高质量发展的华丽巾帼篇章。

2021年3月8日，长沙市各界妇女纪念“三八”国际妇女节大会在市妇联举行

市妇联　供图

【第四届FUE时尚文化周活动】 2021年10月10—13日，长沙市妇女联合会携手亚太杰出女性联合会主办第四届FUE时尚文化周活动。长沙市人民政府副市长刘明理出席活动并致辞。长沙市妇联党组书记、主席、二级巡视员文方，亚太杰出女性

2021 年 10 月 13 日，“热爱中国美·就是中国的光”第四届 FUE 时尚文化周活动在芒果大本营举办　　市妇联　供图

联合会主席王曼郦等嘉宾出席活动。“热爱中国美·就是中国的光”“光芒姐姐·向美出发”全球首档女性美学大型综艺活动和“光芒姐姐·汉服大秀”活动分别在长沙国金中心及芒果大本营举办，展现“万里长沙，天下一家”的“她经济”风采。该活动立足奋力实施“三高四新”战略，引领广大女性成为中华优秀传统文化的传承者和传播者，推动构建女性友好型、儿童友好型、家庭友好型城市，激活“她能量”、凝聚“她智慧”、增添“她动力”、展示“她风采”、助推“她经济”，推动中华文化自信地走向世界。

【学党史颂党恩红色故事诵读暨“5·15”国际家庭日启动式】　2021 年 5 月 15 日，长沙市妇联在长沙湘女广场举办“巾帼心向党　奋斗新征程”——学党史颂党恩红色故事诵读暨“5·15”国际家庭日启动式。省妇联副主席方琼、长沙市副市长刘明理等领导出席活动，长沙市妇联主席文方致辞。全市妇联系统 11 支参赛队伍诵读演绎百年红色传奇。经过角逐，浏阳市妇联、高新区妇联获“巾帼心向党奋斗新征程”——学党史颂党恩红色故事诵读大赛一等奖。现场表彰 2020 年度全国、省、市最美家庭、五好家庭、家庭工作先进集体及个人。长沙市副市长刘明理表示，要把家庭文明建设工作与党史学习教育紧密结合起来，引导妇女和家庭争做爱党爱国、崇德守法、清正廉洁的“最美家庭”，组织发动群众生动讲述好充满家国情怀的家风家训故事，形成长沙市党史学习教育、家庭文明建设和妇女儿童工作的特色品牌。市妇联领导班子成员、省、市最美家庭代表等 200 余人现场观看，89.63 万人次通过“湘妹子”“长沙女性”“今日女报”官方公众平台在线观看。

【基层妇联组织建设和人才队伍建设】2021 年，市妇联印发《长沙市村（社区）妇联换届选举工作方案》。3 月底，全市村（社区）妇联全面完成换届，选举产生妇联主席 1613 人、专兼职副主席 4781 人、执委 24732 人，其中，博士 2 人、硕士 86 人。换届后，女性村（社区）书记、主任“一肩挑”439 人，比上一届（75 人）增长了 485.33%。女性“两委”成员占比 49.03%，女性村（居）民代表占比 43.16%。市妇联率先全省印发《关于在村（社区）加强妇女小组和妇女微家建设的通知》，在全市建设妇女小组 4617 个、妇女微家 763 个，打通服务妇女的最后一公里。市妇联印发《关于组织好 2021 年长沙市基层妇联领头雁培训计划的通知》，全市开展领头雁培训 1864 次，培训妇联干部、妇联执委 81805 人次。

【市妇女儿童社会组织服务中心】　2021 年，市妇联发布《关于招募社会组织和公益机构入驻长沙市妇女儿童社会组织服务中心的公告》，公开征集 25 家女性社会组织签约入驻市妇女儿童社会组织服务中心，提供培育发展、能力建设、交流合作、示范引领、资源链接等服务。

2021 年 5 月 15 日，长沙市妇联在长沙湘女广场举办“巾帼心向党奋斗新征程”——学党史颂党恩红色故事诵读暨“5·15”国际家庭日启动式　　市妇联　供图

【适龄妇女“两癌”免费检查项目培训班】 2021年，市妇联、市卫健委联合举办省、市重点民生项目推进工作会暨适龄妇女“两癌”免费检查项目培训班，力求确保项目规范实施，进一步提高基层专业技术人员宫颈癌和乳腺癌筛查及诊治水平。各级妇联在做好常态化疫情防控的前提下，层层发动宣传、组织，年内省、市目标任务数为87675人，共完成检查96505人，目标完成率110.07%。

【“最美庭院”创建】 2021年，市妇联、市乡村振兴局聚焦人居环境卫生整治难题，助推长沙市乡村振兴示范市创建，联合开展长沙市全域推进美丽宜居村庄建设创“最美庭院”活动。该活动以“四美”为标准，评选出一批“最美庭院”示范户。9月17日，全市“最美庭院”创建活动现场动员会在宁乡市煤炭坝镇煤炭坝社区“春天里”党建文化园举行，动员广大女性和家庭积极建设美丽家园。

【反家庭暴力联席会议】 2021年3月3日，长沙市2021年反家庭暴力联席会议召开，总结报告过去五年全市深入贯彻落实《反家庭暴力法》的工作成效，审议通过《长沙市反家庭暴力联席会议制度（试行）》。各成员单位切实履行工作职责，强化责任落实，升级打造多机构合作预防与制止家暴“长沙模式”2.0版本，推动法治长沙、平安长沙建设。长沙市副市长刘明理出席会议并讲话。

【“守望花蕾·青春期性教育安全保护权益课程直通车”活动】 2021年，市妇联积极落实女童权益保护“百场宣讲三年行动”，联合市教育局、市人民检察院开展“守望花蕾·青春期性教育安全保护权益课程直通车”活动，举办性教育公益讲师培训班培育包括检察官、教师、妇联干部、家庭教育指导师、律师、心理咨询师、社工等在内的公益骨干讲师66人，进乡村、进学校、进社区巡讲407场次，同期开展线上普法活动，覆盖家长和儿童近4.8万人，实现科学和专业的性安全教育知识全面普及覆盖。

【《湖南省家庭教育促进条例》宣讲】 2021年4月16日，长沙市妇联启动《湖南省家庭教育促进条例》首场宣讲，颁发条例，邀请专家解读条例。91场条例宣讲走进机关、学校、社区（村），服务数万家庭，促进“依法带娃”深入人心。

【防溺水专项行动】 2021年7月23日，长沙市妇联开展“防溺水专项行动·我是小小安全员”主题活动。通过防溺水知识讲座、问题抢答、防溺水飞行棋闯关、防溺水百人百米长卷绘画、防溺水救助等体验活动，吸引全市100余组家庭、200余人参与，深受广大家长和儿童欢迎。暑期，全市上门宣讲2万余次，受益家长和儿童约98万人，共同筑起儿童安全网。

【《长沙市妇女儿童发展规划（2016—2020）》终期评估】 2021年，长沙市人民政府妇女儿童工作委员会办公室开展《长沙市妇女儿童发展规划（2016—2020）》终期评估工作，形成终期评估报告，对妇女儿童发展目标的达标情况及影响妇女儿童发展的政治、经济、文化、社会环境等做出科学评价，准确判断目标实现状况，正确分析制约妇女儿童事业发展的关键因素，顺利通过省妇儿工委终期评估。

【科学编制新一轮妇女儿童发展规划】 2021年，长沙市人民政府妇女儿童工作委员会办公室编制起草2021—2025年长沙市妇女儿童发展规划征求意见稿。2021年4月22日，召开2021—2025年长沙市妇女儿童发展规划专家评审会，成员单位和专家对妇女发展规划提出26条建议和意见，吸收采纳24条，对儿童发展规划提出34条建议和意见，吸收采纳31条。12月1日，正式对外发布《长沙市妇女儿童发展规划（2021—2025年）》。督促指导各县（市、区）出台本地妇女儿童发展规划。

【机关党委和机关纪委成立】 2021年12月21日，市妇联召开全体党员大会，成立中共长沙市妇女联合会机关委员会和机关纪律检查委员会。市妇联党组书记、主席、二级巡视员文方出席并讲话，党组成员、副主席钟小珍主持会议并作工作报告。会议通过《中共长沙市妇女联合会机关委员会、机关纪律检查委员会选举办法（草案）》，选举产生机关党委和机关纪委。在机关党委和机关纪委第一次全体会议上，选举产生机关党委书记、专职副书记、副书记和机关纪委书记，并进行委员分工。钟小珍当选为机关党委书记，李万锋当选为机关党委专职副书记，向宇当选为机关党委副书记、机关纪委书记。市妇联机关党委下设5个支部。

【“艺路阳光”志愿服务公益项目】 2021年，长沙市妇联妇女儿童活动中心“五色花瓣”志愿服务队组织实施长沙市“艺路阳光”志愿服务公益项目，打通服务困境儿童艺术发展的“最后一公里”，助力长沙儿童友好型城市创建，发挥省会辐射功能。项目获“潇湘巾帼志愿行”湖南省巾帼志愿服务项目大赛一等奖；被湖南省文明办、省学雷锋志愿服务工作委员会评为2021年度“最佳志愿服务项目”。

【“网上妇女之家”建设】 2021年，“长沙女性”微信公众号发挥平台作用，开设“学党史 颂党恩”专栏，集中宣传党史、妇女运动史以及红色湘女故事，带领妇女群众学习党史、了解党史。开设“闪耀她力量”专栏，着力宣传在实施“三高四新”战略等全市各线工作中表现突出的妇女典型，引领妇女群众投身现代化长沙建设。自2021年7月湖南疫情形势严峻以来，“长沙女性”紧密结合工作需要，加大巾帼抗疫宣传，发布专题稿件70余篇，总阅读14.7万次，引领妇女群众投身抗疫工作。为推动全市“网上妇女之家”建设，长沙市妇联出台《关于推进市妇联网络新媒体平台规范发展的通知》，明确把所属新媒体平台办成宣传科学理论、传播先进文化、塑造美好心灵、弘扬社会正气的阵地。印发《关于推进“长沙女性”网上阵地建设的通知》，扩大“长沙女性”微信公众号阅读群体，关注人数、推文平均阅读量较2020年提升明显，在全省地市州中获评唯一的湖南省四星级“网上妇女之家”，获2021澎湃政务号群团类最佳传播奖。

【“出手吧姐姐——温暖2021”募捐活动】 2021年，长沙市妇联组织开展“出手吧姐姐——温暖2021”募捐活动，发动广大妇女、群众，汇聚42500份爱心力量，募集资金197.6万元，发放慰问金204.6万元，938名困境母亲获救助。

（本栏撰稿　向　宇）

长沙市科学技术协会

【概况】 2021年，长沙获批中国科协“科创中国”试点城市，长沙市科学技术协会（以下简称“市科协”）被评为中国科协“2021年全国科普日优秀组织单位”。市政府办公厅印发《长沙市建设“科创中国”试点城市实施方案》，组织召开全市“科创中国”试点城市建设工作推进会。推进离岸基地建设和海智计划实施。市委办公厅、市政府办公厅印发《长沙国家海外人才离岸创新创业基地建设方案》，市科协发挥协调领导小组办公室作用，协调落实2021年专项经费和配套经费580万元。构建离岸基地“1+N+N”布局，新设立德国、瑞典、美国三个海外工作站，离岸基地建设纳入湖南自贸区长沙片区政策体系，增聘13名离岸基地特聘海智专家。实施“海智计划”，新建7家市级海智计划工作站，4家单位获省海智基地示范项目，4家单位获批省级海智计划工作基地。围绕“三高四新”战略和党委政府关注、科技相关的前瞻性课题，完成7项决策咨询课题研究，其中4个课题成果获市委、市政府主要领导批示，提交5个市政协集体提案，1个获评优秀提案。精准服务全民科学素质提升，履行牵头单位职能职责，出台《长沙市全民科学素质行动计划纲要实施方案（2021—2025年）》，协调市委宣传部出台《全市科普宣传报道工作方案》，联合市直属机关工委、市科技局主办“长沙市直属机关干部科普体验活动”，强化科普资源有效整合与合理调配。推动全国科普示范县（市、区）创建，浏阳市成功获批2021—2025年度全国科普示范县。天心、开福、雨花区被中国科协确定为第二批全国科普示范县（市、区）创建单位。推进科普信息化建设，将“科普中国”“科普湖南”“科普长沙”融入长沙党群服务平台“我的长沙”，“科普长沙”融入“掌上长沙”。推进“科普中国”信息员队伍建设，长沙地区注册人数累计20万余人，传播量1580万余次。科技助力乡村振兴，指导支持浏阳市抓好省科技助力乡村振兴工程县域试点，探索推进宁乡市回龙铺镇科普小镇建设。出台《长沙市科技助力乡村振兴专家服务站认定管理办法（试行）》，认定首批16家科技助力乡村振兴专家服务站，进站专家23名。认定11个农村科普基地和4名科普带头人。尽心竭力服务科技工作者，举荐表彰宣传优秀科技人才，推荐11人参加全省“五美”评选，4人获评湖南省“最美科技工作者”。推荐符辰建等人参评“第二届湖南省优秀科技工作者”，长沙获评22名。推荐潘孝武等人参评“第十一届湖南省青年科技奖”，长沙获评33名。推荐郭建军等人参评2021年“科创中国”湖南省企业“创新达人”，长沙获评46名。加强基层组织建设和学会建设，推进高职院校、园区和企业科协组织建设，新成立4家职业技术学院科协组织，新建企业科协组织7家，评选和资助优秀企业科协10家，长沙市企事业科协联合会与株洲、湘潭企业科协，成立企业科协联合体。推进县市（区）科协组织建设，全市1597个村（社区）建立科普小组，实现村（社区）科普组织全覆盖。加强学会建设，新成立市级学会“长沙市轨道交通发展研究会”。推进学会服务能力提升，评定市医学会等12家市科协优秀科技社团并奖补20万元。支持市级学会承担学术科普、科技服务、服务科技工作者等活动，资助17个项目共计95万元。

【长沙企业科协创新年会】 2021年1月21日，首届长沙企业科协创新年会暨2020年度“最美企业科技工作者”颁奖典礼在熙林国际会议中心举行。市科协党组书记、副主席李范坤，党组成员、副主席王准，湖南省企业科协联合会理事长彭英出席会议并为“最美企业科技工作者”颁奖。

【科协助力乡村振兴】 2021年3月9日，市政协科协界委员到浏阳古港科普小镇、浏阳国家级经济开发区的湖南普瑞玛药物评价研究中心等科普基地和企业，调研科协助力乡村振兴和企业发展工作。

【科普体验活动】 2021年5月19日，长沙市科协牵头，市直机关工委和市科技局联合主办长沙市领导干部和公务员科普体验活动——“弘扬科学精神，走近工业4.0”，来自市直机关单位50余名领导干部和公务员代表参加。

【“2021院士专家企业行”】 2021年10月12日，“2021院士专家企业行”活动走进华自科技股份有限公司和湖南普泰尔环境股份有限公司，中国科学院夏军介绍了中国科学院在城市绿色发展和长江治理等方面的研发成果，中国可再生能源学会就如何促进绿色发展提出解决思路及现行举措。（本栏撰稿 林 云）

长沙市归国华侨联合会

【概况】 2021年，长沙市归国华侨联合会（以下简称“市侨联”）深入贯彻落实习近平新时代中国特色社会主义思想，围绕中心、服务大局，全面履行各项职能，发挥侨联组织的独特作用，高质量完成各项任务。组织机关干部参观爱国主义教育基地郭亮纪念园等地，现场开展党史学习。组织机关及全市侨联系统收看庆祝中国共产党成立100周年大会直播；开展学习贯彻习近平总书记“七一”重要讲话精神专题读书班。联合长沙学院侨联组织“侨心向党”读书分享会活动；承办“侨心永向党·迈步新征程”湖南省侨界庆祝中国共产党成立100周年座谈会；主办“追梦中华·侨心向党”长沙市侨界学习百年党史传承红色基因专题朗诵会；举办侨商会“追梦中华·侨心向党”活动，邀请会员、老归侨代表、海归留学生等两百余人参加活动。在微信公众号专栏发布侨界先进事迹和典型人物专题宣传报道，在省侨联、长沙市统一战线、红网等媒体同步推送。助力“长江中游产业前沿与政策洞察”中国领军CEO深潜湖南活动在长沙举行，邀请市领导为100余名境内外企业家作市情和营商环境介绍。组织“中非经贸博览会”部分参会侨领侨商座谈会，指导召开中国（长沙）—南非投资推介暨企业对接会。承办第八届海归论坛，牵线引进海归博士人才7名，评选优秀海归创业项目10个。参政议政广开侨界言路，挂牌成立市政协侨联界别委员工作室。组织市侨界人大代表、政协委员积极建言献策，提交个人人大建议、政协提案19件，政协集体提案2件，其中2篇人大建议为市人大常委会领衔督办。签署长株潭一体化三市侨联合作协议，汇聚侨界力量助推长株潭都市圈建设。成立长沙市侨联青年委员会，联系团结侨界青年，服务侨青创新创业。印发《长沙市侨联工作“五进”活动实施方案》，年内开展各类活动和服务1000余场次，将关怀送到归侨侨眷家门口。新创建“侨胞之家”12家，基层组织进一步延伸。积极参与公益事业，全市侨界捐款捐物1500万元支援河南灾后重建和张家界抗击新冠疫情。举办“美丽中华·绿色湖南·侨系三湘四水”——“鱼跃湘江·生态星城”活动，将5.2万尾鱼苗放归湘江，宣传《长江保护法》相关政策，发布侨界人士《守护湘江倡议书》和征集保护湘江感言。

【助推侨企发展】 2021年，市侨联推动“海归小镇”建设，广泛听取、收集海归人士意见，推荐21名海归人才参加海归代表人士座谈会，为长沙市申报并加快推动“海归小镇”各项筹建工作落实服务。11个侨企和个人获“新湖南贡献奖”，14家侨企列入长沙市企业践行“三高四新”战略百强榜单，13家侨企列入长沙市2021年度上市后备企业名单。联系侨企积极参与长沙建设，其中7个企业及相关项目列入市委市政府建设国家自主创新示范区三年行动计划。在湖南驻外之家信息科技有限公司挂牌成立长沙市侨联“一带一路”发展工作平台非洲服务站。

【侨界联谊】 2021年，市侨联接待海外侨领侨商6批次，深化侨界联络联谊。克服新冠肺炎疫情影响，组织来自美国、英国等40余个国家和地区140余名海外侨商侨领参与“海外侨胞看长沙”“海外侨胞故乡行”等活动，宣传长沙发展成果，进行招商引资推介。加强文化交流，以微信等形式搭建多个海外侨胞线上交流平台，主办“月色中秋”全球云联欢活动，在传统节假日发送慰问贺信、春联2000余份（次），有效拓展海外联谊成果。举办侨界读书分享会活动和侨界学习百年党史传承红色基因专题朗诵活动。邀请知名学者举办“侨界讲坛”2次。推荐岳麓书院入选中国侨联华侨国际文化交流基地。传播侨界声音，严格落实长沙市侨联意识形态工作责任制管理办法，在各级媒体推送宣传报道700余篇，多篇稿件被中央统战部、中国侨联官网推介。

【侨界群众权益维护】 2021年，市侨联组织在中盈广场举办“送法上门、知法懂法、与法同行”线下主题沙龙，指导雨花区侨联在自贸试验区高桥片区成立涉侨纠纷多元化解工作站，全市侨联系统2个调解组织、10名调解员进入人民法院调解平台，工作经验在全省侨联系统推广。市侨联获评2016—2020年全市普法工作先进集体。关爱侨界群众，为68名急需出国务工或留学人员协调联系接种新冠病毒疫苗。开展“情暖空巢老归侨”公益项目，志愿者服务队走访慰问全市46名空巢老归侨。联合省直单位老归侨到刘少奇故居开展“情暖重阳 侨心向党”重阳节活动。“银侨之家”为老归侨和侨界特殊人士提供家政、护理等服务808小时。

【“海外侨胞看长沙”活动】 2021年4月15日，“2021追梦中华 海外侨胞看长沙”暨“献礼百年华诞 党旗在我心中”党史学习教育专题活动举行，来自英国、法国、美国、丹麦、俄罗斯、泰国等14个国家和地区的30余名侨领侨商齐聚长沙，实地参观考察清水塘社区“侨胞之家”、长沙市党史展览馆、望城区白箬铺镇阙家湾、湘江村等地，感受长沙新变化。

【“追梦中华　侨心向党”专题朗诵会】　2021年6月18日，“追梦中华　侨心向党”长沙市侨界学习百年党史传承红色基因朗诵会在长沙市音乐厅举行。省侨联党组书记、副主席黄芳，市委常委、市委统战部部长谭小平出席。来自英国、德国、美国、俄罗斯、泰国、柬埔寨、马来西亚、越南的数百名侨界人士参加。十余个节目以情景剧、朗诵、歌曲等形式，表达新时代侨界人士的担当与责任，向党的百年华诞献礼。

【市侨联青年委员会成立】　2021年9月3日，长沙市侨联青年委员会成立大会在湖南宾馆召开。省侨联党组书记、副主席黄芳，市委常委、统战部长谭小平出席会议。会议选举李文为市侨联青年委员会第一届委员会会长，任晓麟、李璇、谭志为执行会长，方适、张芹等16人为常务副会长，丁泽卉、艾陈祥等19人为副会长，彭众评为秘书长，聘请陈森林为荣誉会长。

【长株潭一体化三市侨联合作协议签约】　2021年9月3日，长株潭一体化三市侨联合作协议签约仪式在长沙举行。省侨联党组书记、副主席黄芳，长沙市委常委、统战部部长谭小平，省侨联副主席、湘潭市侨联党组书记、主席刘慧，省侨联副主席、省侨联青年委员会会长毛冰花，长沙市侨联主席陈慧，株洲市侨联党组书记李建平出席仪式。长株潭三市侨联领导签署《长株潭一体化三市侨联合作协议》，坚持以习近平新时代中国特色社会主义思想为指导，紧扣长株潭城市群高质量和一体化要求，以“十同”为目标，从政治引领、经济发展等方面引导三市侨界群众积极参与长株潭都市圈建设。

【市第十一次归侨侨眷代表大会】　2021年12月24—25日，长沙市第十一次归侨侨眷代表大会召开，省委常委、市委书记吴桂英出席开幕式并讲话。大会学习中共十九届六中全会、省第十二次党代会和市第十四次党代会精神，审议通过市侨联第十届委员会工作报告，选举产生市侨联第十一届委员会，陈慧当选主席，刘斌、洪也凡、曾理、邓泽平、罗腾、杨婵、陈思铭当选副主席，易丽芳当选秘书长。　（本栏撰稿　黄天一）

长沙市台湾同胞联谊会

【概况】　2021年，长沙市台湾同胞联谊会（以下简称“市台联”）围绕长沙高质量发展，加强学习、培训和宣传，组织机关干部参加全市统战系统干部轮训班，安排7名理事参加全省优秀中青年台胞骨干培训班，组织全体理事到井冈山举办“学习百年党史，践行初心使命”主题培训班，组织常务理事参观隆平水稻博物馆。组织经贸文化交流、青年、两岸婚姻家庭工作三个专委会25名理事参观全省脱贫攻坚成果展，组织台联界别的政协委员参加政协组织的学习培训会和政情通报会。围绕增强“台胞之家”凝聚力服务台胞台属，根据长沙市台胞的具体情况，特别是生活比较困难的台胞实际情况，在《长沙市困难台胞补助办法》基础上，审议通过《长沙市定居台胞台属应急补助及慰问管理办法》，为生活困难的老台胞提高生活补贴，及时上门看望慰问因病住院台胞、生活困难台胞和去世台胞的家属。组织市台联社会服务委员会理事联合中玖迅网络科技有限公司、天心区红十字会志愿服务队，到长沙市第三社会福利院，举办“关爱失能老人 共享生命尊严”老年希望工程公益项目捐赠活动，送去护理垫、纸尿裤、微波炉、轮椅、消毒柜等价值2万余元生活用品和文体用品。在“9·9”重阳节组织全体理事通过腾讯公益网为孤寡老人募集善款数千元。积极响应政策，明确台胞身份。根据省委统战部和省公安厅联合更改定居台胞籍贯的发文，在原有明确的161名定居台胞户籍的基础上，为6名台胞更改户籍，并建档立册。根据省委统战部和省教委文件，为3名台籍高考生办理加分事宜。围绕“强省会”战略开展联络联谊。开展走访调研活动。2021年，先后走访调研4家台胞台属企业。4月中旬，组织会长班子和参政议政委员会理事先后走访调研长沙开元仪器有限公司和湖南童梦王国商业运营管理有限公司；7月下旬，市台联陪同市政协领导走访调研中玖讯网络有限公司和广西八方宏泰食品湖南市场部，助力台胞台属企业发展；11月中旬，组织市台联常务理事和参政议政委员会理事到湘潭考察调研乡村振兴项目，助力乡村产业发展。扩大对外交流活动。5月中旬，为进一步加强中部六省台联的交流合作，共享对台工作资源，助力中部地区加速崛起贡献台联智慧和力量，组织6名台企台商负责人到太原参加由全国台联和山西省政府联合举办的第12届中部投资贸易博览会。7月中旬，响应全国台联“龙脉相承，青春中华”主题活动，协助省台联举办湖湘青创夏令营活动，选派多名优秀台胞青年参加，通过系列沟通交流活动，促进两岸青年心灵契合，增进彼此间友谊。市台联利用“两会”平台，积极建言资政，3名市政协委员提交5篇提案，2名市人大代表提交3条建议。其中《聚焦“三高四新”战略 加快打造高技能人才洼地》集体提案被市政协评为优秀提案，副会长连时彦获评市政协反映社情民意信息工作先进个人，理事陈树所写社情民意《朱立伦当选中国国民党主席有利于两岸关系》被民革中央采纳。

【市台联走访调研海峡两岸基地】　2021年7月14日，市台联会长方敏带队走访调研长沙市海峡两岸青年就业创业基地，加强台联的桥梁纽带作用，促进长沙台湾经贸交流。市台联副会长戴正江等13名班子成员和常务理事参加走访调研。在海峡两岸青年就业创业基地负责人陪同下，首先参观与海峡两岸基地毗邻的隆平水稻博物馆，在展示厅，讲解人员介绍了袁隆平院士的生平和所取得的成就，市台联副会长江艳在参观结束后分享了参观学习心得。参观了湖湘海峡两岸青年创业基地，与基地负责人和台湾青年进行座谈。在基地会议室，方敏主持召开了市台联五届三次常务理事会议。会上，认真学习习近平总书记在庆祝中国共产党成立100周年大会上的重要讲话精神，并进行座谈交流，台联机关负责人报告市台联上半年工作情况及三季度主要工作。

【市台联调研统战同心项目—长沙市“街艺星秀”】 2021年11月9日，市台联副会长戴正江、张治学、林瑄、杜雨珊携两岸婚姻家庭工作及经贸文化交流委员会理事，带着爱心防疫物资到长沙市黄兴南路步行商业街，走访调研长沙市级同心创建示范项目——长沙市街艺星秀（长沙市街头艺人持证上岗试点），观看了海峡两岸专题演出。该活动在一曲悠扬的《漂洋过海来看你》歌声中拉开序幕，表演了台湾经典歌仔戏《身骑白马》等节目。美术组的老师为台胞台属小朋友描绘了可爱的自画像，小朋友拿着漫画版的自画像爱不释手。在现场，理事们将爱心防疫口罩和护手液送给街艺星秀老师和未佩戴口罩的观众。戴正江表示，街艺新秀老师们的演出精彩纷呈，体现两岸心灵契合，弘扬正能量，面对疫情，人间有情，希望承载着市台联祝福的防疫物质能支持老师们保护自己，温暖大家。长沙市街艺星秀于2016年由台湾同胞发起，此次市台联的走访调研活动，凝聚了广大新的社会阶层人士，共绘统战同心圆。

（本栏撰稿　戴正江）

长沙市文学艺术界联合会

【概况】 截至2021年年底，长沙市文学艺术界联合会（以下简称“市文联”）有团体会员33个，其中市级文艺家协会19个、行业文联5个，县级文联9个。2021年，市文联加强思想政治引领，指导各文艺家协会开展会员理论培训，年内线下培训2000余人次，线上培训3.4万人次。在“长沙文艺”视频号推出《艺心永向党 手可摘星辰》系列短视频，在省级以上权威媒体报道长沙文艺工作65条次。增设文联社会组织行业党委专职副书记1名，成立直属党支部，举办长沙市文艺界首期100名入党积极分子培训班，开展“我志愿加入中国共产党”百名入党积极分子庆祝中国共产党成立100周年快闪活动。12月14日，《中国艺术报》在全国文代会开幕式当天专版推介长沙文艺工作成果，并刊发市文联党组理论文章《奋进新征程 彰显新担当 提交新时代长沙文艺的优秀“答卷”》。庆祝中国共产党成立100周年，开展党史学习教育，召开市文联九届四次全会暨党史学习教育动员大会，把党史学习教育扩展到文联系统，做到机关与协会同步推进。组织机关党员干部到长沙党史馆、肖劲光故居等红色阵地开展专题学习4次，在“我为群众办实事”实践活动中为民办实事12件。与市委宣传部、市直机关工委联合举办“百年华诞 红色引领——长沙市直机关‘曲艺讲党史’”专场演出。印发《长沙市文联庆祝中国共产党成立100周年活动方案》，组织文艺界开展“艺心向党”主题展演活动40余场。“七一”期间表彰文联系统优秀共产党员100名、优秀党务工作者20名和先进基层党组织7个。市文联被市委宣传部授予长沙市庆祝中国共产党成立100周年系列活动贡献奖和优秀项目奖。在长沙文艺网开设“庆祝中国共产党成立100周年”和“长沙市文联系统党史学习教育”专栏。深化省级文明标兵单位创建，市文联在市直机关庆祝中国共产党成立100周年合唱比赛中获甲组金奖。用好舆论宣传阵地，“长沙文艺”微信公众号、视频号发布消息260条。完成《创作》杂志改版升级，努力打造高质量、高标准的青少年人文期刊。

【文艺创作扶持】 2021年，修订出台《长沙市文艺创作奖扶专项资金管理实施细则（试行）》，增强奖扶政策针对性、导向性，围绕重大主题、中心大局对40个年度重点文艺创作项目给予扶持197万元，对2020年度获国家级、省级重大文艺奖项或荣誉的89件作品予以配套奖励42万元。市文联主席汤素兰《南村传奇》获第十一届“全国优秀儿童文学奖”。在庆祝中国共产党成立100周年湖南省美术书法摄影作品展和湖南省“欢乐潇湘”群众美术书法摄影活动中，长沙入选和获奖作品均居全省第一位。组织举办“百年恰是风华正茂”庆祝中国共产党成立100周年湖南省大型美术作品展长沙看稿会、“伟业”庆祝中国共产党成立100周年湖南省书法篆刻作品展长沙看稿会、湘砚学术研讨会等文艺评论活动。

【文艺活动与交流】 2021年，在湖南雷锋纪念馆设立全国首批“中国文艺志愿者协会学雷锋基地”，并与中国文艺志愿者协会共同举办“学习雷锋好榜样”主题宣传活动。牵头召开长株潭三市文联联席会议并签订合作协议，共同策划组织开展长株潭三地庆祝中国共产党成立100周年主题党日活动、知名作家九郎山采风、书法篆刻联展、剪纸作品联展等活动。开展各类文艺志愿服务活动150余场，市书协获评中国书协“万名书法家送万福进万家”活动先进集体。推动长沙文艺走出去，举办长沙·合肥书法篆刻交流展、济南·长沙小幅水彩画艺术展。汤素兰、唐樱等作家线上参加第十五届亚洲儿童文学大会，市作协参加在武汉举办的三江笔会。长沙画院举办“星城百年　长沙记忆”美术作品展，16名艺术家集体创作长达12米的鸿篇巨制《长沙胜景图》。市文联名誉主席何立伟牵头举办文和友《我的长沙》摄影艺术展。

【文艺人才队伍建设】　2021年，完成市舞蹈家协会、摄影家协会、民间文艺家协会、曲艺家协会、戏剧家协会、诗词协会、嘤鸣诗社、企业文联8个文联组织换届。成立文艺工作者职业道德和行风建设委员会，由党组书记王俏和文联主席汤素兰担任主任委员。督促芙蓉区、天心区、岳麓区、雨花区、长沙县、宁乡市6个市、县（市、区）出台文联深化改革方案。广泛吸收“文艺两新”人才加入协会，企业文联、民协、曲协等新任主席均为新文艺群体。开展新文艺群体职称评定工作，举办湖南青年网络作家综合能力提升创作研修班，支持6名老艺术家举办专题艺术活动，与市委宣传部联合启动第二批文艺名家工作室评选申报。

【《南村传奇》获全国优秀儿童文学奖】　2021年8月6日，第十一届全国优秀儿童文学奖评选结果揭晓，长沙市文联主席、著名儿童文学作家汤素兰童话作品《南村传奇》获全国优秀儿童文学奖。《南村传奇》围绕“南村”里的人和物展开叙述，融神话、传说、民间故事等特征于一体，采用中国传统民间故事叙述手法，用简洁温情且富有诗意的童真语言，传递对真善美的理想愿望的向往和对精神家园的追寻。

【长沙市法官文联成立】　2021年12月27日，长沙市法官文学艺术联合会第一届会员代表大会第一次会议暨市法官文联成立大会在长沙中院召开。会议听取长沙市法官文联筹备工作报告，审议通过长沙市法官文联章程、会费标准和财务管理办法、第一届会员代表大会选举办法以及授权理事会届中增补、罢免部分理事的决议，选举产生监事会、理事会和负责人，李性典当选首任法官文联主席。

【《长株潭一体化发展文联工作合作协议》签订】　2021年4月27日，《长株潭一体化发展文联工作合作协议》在长沙签订。根据协议，长沙、株洲、湘潭三市文联本着“优势互补、战略共赢、政策叠加、资源共享”原则，建立联席会议机制、日常联络机制、业务协作机制，通过主题活动联合举办、艺术门类联合展演、文艺人才共同培养等10大举措，结成深度融合的合作伙伴关系，共同推动长株潭文艺文联工作一体化高质量发展。

【长沙文艺界百名入党积极分子培训班】　2021年6月8日，长沙市文艺界首期入党积极分子培训班开班，来自市属文艺家协会的100名入党积极分子集中开展为期3天的培训。

（本栏撰稿　刘延喜）

长沙市残疾人联合会

【概况】　2021年，长沙市残疾人联合会（以下简称“市残联”）拓宽培训就业渠道，出台“点亮万家灯火”托底帮扶残疾人就业文件，首创人社培训、残联专项培训、对象自主培训“三合一”的培训机制，打通残疾人与健全人融合培训通道，完成职业技能培训620人。举办4场残疾人专场招聘会，开发1027个就业岗位。创业扶持161人。指导湖南安邦制药首创“三七法则”融合就业模式，入选联合国全球推广案例；长沙市就业辅导员在全国就业服务机构工作人员职业指导竞赛中获第一名。增加托养服务供给，为2671名残疾人提供托养服务。新建2家农村残疾人托养机构，农村托养机构占比提升至46.3%，新增托养农村残疾人104人。创建省级AAAAA机构3家、AAAA机构3家，星级评定成绩全省第一位。推进残疾人托养机构辅助性就业工作，124名残疾人在机构实现稳定就业愿望。加大救助扶助力度。建成长沙市残疾儿童信息平台，残疾儿童入学率提升至96.19%；为6004名就读高中以上残疾学生和残疾人子女发放补助1489万元，实现符合条件的补助对象应补尽补。开展走访慰问工作，共慰问困难残疾人1万余名，为61人办理临时困难救助。开展全国持证残疾人基本状况调查，完成调查14.77万人。开展第三代智能残疾人证换发工作，完成三代证办理8.8万张。推进残疾人证跨省通办，为68名残疾人办理跨区域相关业务。加强组织建设，树立榜样力量，指导岳麓区政府残工委获评“全国残疾人工作先进单位”，培养全国优秀残疾人工作者李梅、全国优秀残疾人专职委员党贾。培育10人（集体）获评全省先进个人（集体）。凝聚社会共识，举办“新时代学雷锋扶残助残善行四十佳”评选表彰活动，《人民网》《凤凰网》等30余家媒体进行报道，13万余人通过“我的长沙”App观看直播。开展“助残手拉手永远跟党走”全国助残日活动、第三届残健融合乒乓球比赛活动。在全国第十一届残运会暨第八届特奥会上，长沙市残疾人运动员获13枚金牌、6枚银牌、8枚铜牌，占全省金牌总数1/3。主动服务，确保残疾人全面稳定。畅通信访渠道，接待残疾人来电来访1060人次，处理网络信访平台及各类交办件23件，配合处理外地残疾人到省委集访2起。落实“12385”和“12345”双号并行，办理“12345”工单53件。加强市县两级残疾人法律救助站规范化建设，市残联法律救助站接待来电来访393人次，依法维护残疾人合法权益。加强市残联机关和为残服务机构疫情防控和安全生产工作，确保全面安全稳定。推进文明标兵单位建设，市残联青年志愿队获“最美雷锋志愿服务团队”。开展党建聚合力工程，创建5个省级、26个市级党建助残基地。落实意识形态工作责任，将意识形态教育纳入残疾人职业技能培训班课程、纳入为残服务机构评审内容、纳入干部职工年度考核，确保意识形态领域安全。

【全市残疾人状况】　截至2021年年底，长沙市有持证残疾人148098人，其中视力残疾人19574人，听力残疾人10788人，言语残疾人1808人，肢体残疾人69050人，智力残疾人16221人，精神残疾人22755人，多重残疾人7902人；有持证重度残疾人65066人，其中视力一级残疾6121人、二级残疾3459人，听力一级残疾2967人、二级残疾2463人，言语一级残疾852人、二级残疾360人，肢体一级残疾3178人、二级残疾16159人，智力一级残疾1168人、二级残疾5927人，精神一级残疾1953人、二级残疾13786人，多重一级残疾4118人、二级残疾2555人；有持证轻度残疾人84032人，其中视力三级残疾2025人、四级残疾8102人，听力三级残疾3266人、四级残疾2127人，言语三级残疾303人、四级残疾299人，肢体三级残疾18450人、四级残疾31907人，智力三级残疾5864人、四级残疾3325人。精神三级残疾6003人、四级1118人，多重三级残疾883人，四级360人。

【无障碍生活环境优化】　2021年，市残联制定《关于进一步加强无障碍设施建设和管理的实施方案》，参与《长沙市无障碍环境建设工作方案（2021—2025年）》起草工作。办好省重点民生实事工程和市委常委会党史学习教育“我为群众办实事”实践活动重点任务“困难残疾人家庭无障碍改造”，对856户困难残疾人家庭进行“一户一策”改造，承办全省残疾人家庭无障碍改造（长株潭片区）现场会，将浏阳市集里街道、长沙县福临镇打造成2个省级残疾人家庭无障碍改造示范乡镇。打造无障碍社区9个，牵头开展全市无障碍环境体验式检查，排查并督促整改问题282个（类）。督促相关部门完成人流密集斑马线过街语音提示系统安装以及地铁站、公园、景区无障碍设施升级改造，优化残疾人出行环境。开展无障碍宣传，联合长沙广播电视台，录制4期无障碍知识问答节目，开展无障碍知识宣传和竞赛活动。新华社全球连线发表《无障碍改造后，他们的生活如何？》等5篇报道，向全球宣传长沙市困难残疾人家庭无障碍改造和社区无障碍改造成果，《人民日报》《湖南日报》等各级媒体先后93次报道长沙市无障碍环境建设，提升了社会各界关心支持无障碍建设氛围。

【残疾人民生福祉】　2021年，市残联为残疾人提供康复服务，首次实现有康复需求的持证残疾人精准康复服务率100%和有辅具服务需求的残疾人辅具适配率100%，超过省定85%目标，居全省第一位，跻身全国第一梯队。实施“儿童康复”工程，为5031名残疾儿童提供康复救助，《中国残疾人》第7期刊发《湖南长沙苦练内功打造残疾儿童康复“长沙模式”》，向全国推介长沙经验，《湖南经视》“我为群众办实事”栏目专题报道长沙市残疾儿童康复工作。实施“精准康复”工程，为1211名残疾人免费适配辅具，为1893名低视力和白内障患者提供康复服务。实施“人才强基”工程，市本级举办4期康复教师培训班，培训康复教师258名，在2021年全省第三届智障类和孤独症类康复教师技能大赛中，长沙获个人和团体四项第一名。加强康复机构管理，指导45家定点康复机构通过全省星级机构评定，开展残疾儿童康复服务技术课题研究，获省残联肯定。

【残疾人就业专场招聘会开福区分会场】　2021年4月8日，由长沙市残联主办，开福区残联承办，开福区人力资源和社会保障局、湖南成才百益人力资源管理有限公司协办的“残健同心向党，共享全面小康”2021年残疾人就业专场招聘会——开福区分会场活动在开福区维也纳大酒店举行。市残联党组成员、副理事长贺海军到现场指导。该次专场招聘会吸引19家企业参与，提供316个适宜残疾人就业的岗位。160余名残疾人参加招聘会，达成初步求职意向的有82人。

【无障碍环境体验式检查】　2021年6月22日，市残工委印发《关于开展无障碍环境体验式检查的通知》，由市残联、市住建局、市城管局、市文旅广电局等单位组成的检查组于6月29—7月7日对各市、县（市、区）无障碍环境进行现场检查。市盲协、市聋协、市肢协、市精协、市智协5个专门协会组织残疾人及家属共70人，于7月中旬对内五区无障碍环境开展体验式检查。残工委各相关成员单位开展行业自查。通过行业自查、现场检查和体验式检查，发现问题403个（类），归纳整理后问题282个（类），由市委督查室发出整改交办函，各相关单位于9月底前完成问题整改。

【残疾人工作先进单位和先进个人表彰】　2021年7月15日，国务院残疾人工作委员会印发《关于表彰全国残疾人工作先进单位和先进个人的决定》，长沙市岳麓区政府残疾人工作委员会被评为全国先进单位，市残联工作人员李梅、天心区残疾人工作专职委员党贾被评为全国先进个人。

【2021年学雷锋扶残助残“善行四十佳”颁奖】 2021年11月24日，由市残联、市文明办主办的2021年长沙市新时代学雷锋扶残助残“善行四十佳”颁奖典礼在长沙市实验剧场举行，罗绍文、夏群英、袁莎、彭淑媛、阮敏、高国良、刘忠、黄林军、张恒、谢枝茂10人获“十佳爱心个人”奖励，黄芳、周莉、褚松、刘辉、杨亚利、郭艳、刘群莲、辜正午、胡亿、徐小燕10人获“十佳基层残疾人工作者”奖励，赵正高、屠友松、陈文军、汤亚平、龙菊峰、齐文英、朱柱、孔建焜、彭志其、黄志清10人获“十佳自强模范”奖励，长沙晚报社志愿服务队、长沙市特殊教育学校“翼之梦”志愿服务队、长沙市芙蓉区健峰残疾人托养服务中心、湖南省青苹果数据中心有限公司、长沙市岳麓区活力自闭症康复中心、长沙市开福区民祥康复托养中心、长沙市雨花区心飞翔残疾人艺术团、望城区启航特殊儿童康复中心、浏阳万众学雷锋志愿服务大队、宁乡市聚善源公益协会10个单位获“十佳爱心团队”奖励。

（本栏撰稿　雷传红）

长沙市红十字会

【概况】 2021年，长沙市红十字会（以下简称“市红十字会”）系统筹集发放爱心款物1000万余元，救助困难群众2万余人。争取财政资金3000万元。开展红十字救护培训活动，年内培训救护师资100余名，救护员和CPR+AED培训6000余名，中小学生和社区群众急救知识普及培训20万余人次。推进《长沙市红十字会改革方案》，着力建设一支“专职+挂兼职+聘用+志愿者”的红十字工作者队伍，为新时期发展奠定坚实的人才基础。创新开展“互联网+志愿服务”工作，全市组建成立32支红十字志愿服务队伍，注册志愿者近5000人，组织红十字志愿者在湘江橘子洲头等移动救护站为游客提供医疗服务。组织开展红十字系列活动，在湘江橘子洲头举行长株潭三市“红十字博爱周”活动启动仪式，推进长株潭红十字行动一体化发展。2021年，市红十字会被评为“2016—2020年长沙市普法工作先进集体”，获“第三届湖南省红十字应急救护大赛一等奖”“第三届湖南省红十字应急救护大赛特别贡献奖”。

【救灾救助】 2021年，长沙市红十字会积极配合上级红十字会，实施“为爱出发 联合助力儿童营养健康帮扶”项目，为2400余户困难残疾儿童家庭、失业及低收入贫困家庭送去爱心品牌奶粉5300余罐。积极融入基层社区治理，开展红十字社区陪伴服务，走访慰问社区孤寡老人、重度残障、贫困孩子和重病患者，年内红十字会志愿者上门开展陪伴服务1000余户，服务5000余人次，发放慰问款物价值20万余元。立足自身职能，发挥系统优势，推进新冠肺炎疫情防控工作，成立5支红十字新冠肺炎疫情防控志愿服务队，配合社区、医院、企业开展驻点测温、入户宣传、防疫消毒等工作。紧盯国内疫情防控形势，采购储备一批新冠肺炎疫情防控帐篷、医用口罩、测温枪、电动喷雾消杀设备，助力新冠肺炎防控一线工作需要。接收河南抗洪救灾捐赠资金近47万元，根据捐赠者意愿和救灾需要，第一时间全部捐赠给相关地区红十字会。举办2021年“长沙市红十字博爱送万家”活动，筹集发放爱心款物1000万余元，受益群众2万余人次。加强与上级红会沟通，为困难群众争取红十字人道救助金40万元、小天使基金149万元，救助大病患者200余人。

【救护培训】 2021年，市红十字会推进AED配置超常规发展，联合市卫健委、市财政局、市120急救中心等部门组团考察、共同研究，借鉴杭州、青岛等城市AED配置路径，争取财政资金3000万元，计划5年完成长沙市区公共场所AED配置，达到每10万人口配备40台AED的国内先进水平。开展红十字救护培训“五进”（进机关、进社区、进校园、进企业、进农村）活动，实施救护培训“百千万”工程，全市红十字会系统开展线上线下各类普及培训、救护员培训、师资培训等600余场，完成救护师资培训100余名，救护员和CPR+AED培训6000余名，中小学生和社区群众急救知识普及培训20万余人次。建立AAAA级景区试点红十字移动救护站。推进住宅商业小区AED商业化模式配置，进一步健全基层急救网络。与市120急救中心合作开展救护培训，构建优势互补、资源共享的培训新模式。统一部署、统一实施CPR+AED培训与AED布设工作，逐步建立人员有素、装备精良的AED急救队伍。全市教育系统全面铺开急救培训进校园工作，掀起教师学生学习急救知识热潮。红十字培训纳入新任公务员培训课程。

【“三献”工作】 2021年，市红十字会持续推进无偿献血宣传、造血干细胞捐献、遗体和人体器官捐献“三献”工作，完成108例造血干细胞高分血样采集，实现造血干细胞捐献37例，有11540余人登记成为遗体、人体器官和角膜捐献志愿者，实现人体器官捐献101例，眼角膜捐献55例，遗体捐献82例。推进“红十字宣传进高校”活动，与湖南师范大学等院校合作开展急救知识普及培训、造血干细胞捐献宣传。

（本栏撰稿　董　浩）

法　治

RULE OF LAW

编辑　周海波

地方立法

【概况】　2021年，长沙市编制立法计划，其中一类项目5件，二类项目11件，三类项目14件。出台《长沙市烟花爆竹安全生产与产业引导条例》《长沙市机动车和非道路移动机械排放污染防治条例》《长沙市殡葬管理条例》，统筹推进《长沙市轨道交通管理条例》《长沙市平安建设条例》等二、三类立法项目。坚持立改废并举，修改《长沙市文明行为促进条例》等6部法规，修改规章2部、废止5部，对6部规章进行立法后评估。建立全市现行有效政府规章库，发布长沙市政府30部现行有效规章。

【《长沙市烟花爆竹安全生产与产业引导条例》施行】　2021年6月23日，《长沙市烟花爆竹安全生产与产业引导条例》（以下简称《条例》）由长沙市第十五届人民代表大会常务委员会第四十一次会议审议并表决通过，2021年7月30日经湖南省第十三届人民代表大会常务委员会第二十五次会议审查批准，公布后自2021年11月1日起施行。烟花爆竹产业是长沙市特色产业、是烟花爆竹的主产区。长沙市针对市场主体过多过散、企业间无序竞争、监管力量薄弱、监管不到位、执法宽松软等生产经营乱象，加强烟花爆竹安全生产工作，预防和减少生产安全事故，引导烟花爆竹产业健康发展，根据《中华人民共和国安全生产法》《烟花爆竹安全管理条例》等有关法律法规制定《长沙市烟花爆竹安全生产与产业引导条例》。《条例》由长沙市司法局负责组织起草，长沙市应急管理局、浏阳市人民政府承担具体起草工作，长沙市人大法制委、社会委提前介入起草工作。《条例》分为总则、安全生产主体责任、安全生产监督管理、产业引导、法律责任及附则，共六章四十七条。

【《长沙市机动车和非道路移动机械排放污染防治条例》施行】　2021年8月25日，《长沙市机动车和非道路移动机械排放污染防治条例》（以下简称《条例》）由长沙市第十五届人民代表大会常务委员会第四十二次会议审议并表决通过，2021年9月29日经湖南省第十三届人民代表大会常务委员会第二十六次会议审查批准，公布后自2022年1月1日起施行。这是全国第一部市级层面规范机动车和非道路移动机械排放污染防治工作的协同立法的法规，也是长株潭三市协同立法的第三部法规。《条例》包含总则、预防与控制、检验与治理、监督与管理、区域协同、法律责任、附则，共七章三十六条。《条例》规定对非道路移动机械实行编码登记制度，是该次立法的重点创新内容。《条例》对非道路移动机械的合法使用提出3个要求，即在城市建成区内使用的非道路移动机械实行编码登记；应达标排放，按照规定加装、更换污染控制装置，不得擅自拆除、闲置、改装污染控制装置；不得在禁止使用高排放非道路移动机械的区域使用高排放非道路移动机械。

【《长沙市殡葬管理条例》施行】　2021年10月29日，《长沙市殡葬管理条例》（以下简称《条例》）由长沙市第十五届人民代表大会常务委员会第四十三次会议审议并表决通过，2021年12月3日经湖南省第十三届人民代表大会常务委员会第二十七次会议审查批准，公布后自2022年9月1日起施行。《条例》共六章四十二条，分总则，殡葬设施规划、建设和管理，遗体、骨灰处理，丧事活动与殡葬服务管理，法律责任，以及附则。《条例》规定，实行遗体火化制度，禁止将应当火化的遗体土葬，提倡文明祭扫。遗体接运，由殡仪馆的殡葬专用车辆免费接运，其他单位和个人不得从事遗体接运服务；医疗卫生机构不得允许任何单位和个人违反规定接运遗体。在骨灰处理上，可以由亲属自行保存，也可以在殡仪馆、骨灰堂、公墓内寄存或者安葬；禁止将骨灰装棺土葬。建立遗体信息管理平台，禁止买卖遗体信息。《条例》规定基本公共服务保障，规范丧事活动与殡葬服务管理，建立节地生态安葬奖补制度。

【《长沙市人民政府关于修改和废止部分市人民政府规章的决定（2021）》】　2021年10月26日，《长沙市人民政府关于修改和废止部分市人民政府规章的决定（2021）》由长沙市人民政府第五十五次常务会议于通过并公布，市政府决定对《长沙市餐厨垃圾管理办法》（长沙市人民政府令第110号）、《长沙市国有土地上房屋征收与补偿实施办法》（长沙市人民政府令第116号）作出修改，对《长沙市产权交易管理暂行办法》（长沙市人民政府第78号令）、《长沙市道路货物运输管理办法》（长沙市人民政府第88号令）、《长沙市旧货交易治安管理办法》（长沙市人民政府第94号令）、《长沙市房屋登记办法》（长沙市人民政府第111号令）、《长沙市湘江库区管理办法》（长沙市人民政府第130号令）5部政府规章予以废止。

（本栏撰稿　郭芳芳）

政法委与综治

【概况】　2021年，长沙市被评为"平安中国建设示范市"，蝉联"长安杯"，成为全国连续3届获此殊荣的3个省会城市之一；以第一名的成绩被评为"2021年度全省平安建设先进市"。知识产权保护、"四联四访"（四联：领导联基层、班子成员联项目（企业）、支部联社区、干警联群众；四访：领导大接访、项目大走访、案件大回访、干警大下访）、国家安全等经验在全国推介。

【执法监督】　2021年，长沙市政法

机关贯彻落实中央、省、市政法队伍教育整顿工作部署，办理省指导组、省教整办、“12337”平台移送交办的涉法涉诉信访线索2573件。组织全市政法单位检查“减假暂”（减刑、假释、暂予监外执行）案件3979件。开展案件评查工作，全市评查重点案件3.19万件，市委政法委评查重点案件134件。全市建章立制556项，其中市级69项。市涉法涉诉信访窗口接待群众来访733批1325人次，办理群众来信1438件。开展涉法涉诉信访积案化解专项工作，摸排重点案件232件，办结228件。开展司法救助工作，全市救助221案，发放救助金464.87万元，市级救助22案，发放救助金92.74万元。制订《长沙市强化知识产权保护实施方案任务分解表》。

【平安长沙建设】 2021年，长沙有序推进市域社会治理现代化试点工作，“五老四教”（五老：老干部、老模范、老教师、老战士、老专家；四教：开展形势政策、党的历史、思想道德、公民意识4项教育）助力基层社会治理等经验获得中央政法委推介；常态化开展扫黑除恶斗争，1个单位、2名个人获得全国表彰，17个单位、21名个人获得全省表彰；刑事破案比2020年增长15.77%，现行命案连续5年全破，8类恶性案件全破；长沙退出“聚集式传销重点整治城市”行列，破电诈案件比2020年增长252.29%；全省民调长沙公众安全感得分实现“四年连升”，创历史最好成绩。

【企业家权益保护】 2021年，长沙市依法办理涉企案件。法院依法审理涉众性、网络型经济犯罪案件；巩固发展“基本解决执行难”联动机制大格局，公布失信被执行人名单，依法限制与惩戒；开展“刑事财产刑案件执行攻坚”专项行动。检察机关开展“打击涉民营企业刑事犯罪”专项行动。公安机关开展严打整治“百日会战”专项行动、整治“三贷三霸”（“三贷”：指实施“套路贷”“校园贷”“非法高利放贷”违法犯罪活动的黑恶势力和个人。“三霸”指垄断农村资源、侵吞集体资产、啃食村民利益、开设赌场、横行乡里、欺压滋扰百姓的“村霸”等黑恶势力和个人；在医院学校周边、商贸集市、批发市场、车站码头、住宅小区、旅游景区、娱乐场所等区域欺行霸市、强买强卖、收保护费以及侵害业主、游客合法权益的“市霸”等黑恶势力和个人；在建筑工程、交通运输、矿产资源、仓储物流等行业领域强揽工程、恶意竞标、非法占地、滥开滥采、插手经营的“行霸”等黑恶势力和个人）等专项警务。依法保护企业家人身财产安全。坚持宽严相济的刑事政策处理涉企犯罪；出台《长沙市公安局关于禁止使用刑事手段插手干预经济纠纷“八个严禁”的规定》；践行“少捕慎诉慎押”，对民营企业负责人涉经营类犯罪，依法能不捕的不捕、能不诉的不诉、能不判实刑的提出适用缓刑建议。强化破产司法保护力度，出台系列机制，开展破产积案清理专项行动，全市法院立案10年以上破产案件全部结案，三年以上未结破产案件减少逾50%。设立湖南自贸区长沙片区国际商事巡回审判庭。打造企业合规试点改革工作样本，将60个企业涉嫌违法案件纳入企业合规考察范围。建立适应自贸区、大学科技城、工业园区发展需求的新型警务机制。

【政法队伍教育整顿】 2021年，长沙市开展政法队伍教育整顿。制作全市政法英模专题片《忠诚·榜样》，推介全国抗击新冠肺炎疫情先进个人、全国最美基层民警安志等12名长沙政法英模；全市宣传先进政法典型、政法英模397人，先进政法集体120个，召开英模报告会、事迹宣讲会89场次。市直政法单位形成制度成果69项，各市、县（市、区）政法单位形成制度成果487项。为群众办实事2.7万件，解决群众身边小诉求、小案件、小矛盾、小隐患、小麻烦、小意见等“六小”问题19914件。“七查”（群众举报线索核查、涉黑涉恶案件（线索）倒查、重点案件交叉评查、涉法涉诉信访案件清查、法律监督专项检查、智能化数据排查、队伍建设巡查）工作、顽疾排查整治、坚持为民办实事等3项亮点工作获中央督导组点赞，学习教育、自查自纠、“七查”、顽疾整治、统筹结合5项重点工作获湖南省驻点指导组肯定。长沙是中央督导组确认的湖南省验收中首次验收即通过的唯一市（州）。

（本栏撰稿　肖　湘）

法治政府建设

【依法治市】 2021年，长沙市委召开全面依法治市委员会第四次会议、各协调小组会议，统筹推动法治政府示范创建、优化法治营商环境、法治社会建设等重点任务落实。出台《中共长沙市委全面依法治市委员会2021年工作要点》《长沙市“十四五”法治建设规划》《关于开展法治宣传教育的第八个五年规划》等。召开优化法治营商环境新闻发布会，发布《长沙市法治营商环境报告2020》，为全国首个专题性城市法治营商环境报告。落实法治建设督察，制定《长沙市法治督察实施办法》配合中央依法治国办开展法治政府建设督察。

【法治政府示范创建】 2021年，长沙市开展法治政府示范创建，召开市委全面依法治市工作会议暨创建全国法治政府建设示范市动员会议，印发创建工作方案及任务分解，凝聚全市力量落实指标任务。对104项指标材料进行细化分类、收集整理、出具整改意见，完成申报工作。天心区、宁乡市等7个单位创建全省法治政府建设示范地区。

【规范性文件管理】 2021年审查政

2021 年 12 月 3 日，2021 年“国家宪法日”主题宣传活动在长沙市小杜鹃剧场举行

市司法局　供图

府规范性文件 340 余件次，办理部门“三统一”文件 161 件次，备案审查市、县（市、区）规范性文件 76 件，报备政府规范性文件 78 件。完善规范性文件制发管理制度，起草《长沙市行政规范性文件管理规定》《长沙市行政规范性文件合法性审查建议办理工作规定》。开展有关《中华人民共和国长江保护法》《中华人民共和国行政处罚法》《中华人民共和国计划生育法》等规范性文件清理，全市清理文件 840 余件。推进政务信息公开，公布规范性文件信息 236 件，发布文件效力动态与备案登记、“三统一”（统一登记、统一编号、统一发布）工作动态 36 期。

【政府合同审查管理】　2021 年，长沙市推进政府合同管理评查工作，开展全市政府合同审查管理评查工作，强化对政府合同签约、法律审查、履约等环节的监督。规范重大项目投资领域的合同审查，依法对涉及城市建设、招商引资、土地出让、国企转型、举债融资等领域合同进行法律审查，对“健康长沙”建设、餐厨垃圾处理等特许经营项目进行法律把关，配合长沙投资环境北京推介会和上海推介会工作，对市政府拟签约的 18 个合作协议进行法律审核。2021 年审查政府合同 136 份，合同涉及金额约 3000 亿元。

【行政执法改革指导】　2021 年，长沙市制定出台《长沙市人民政府重大行政决策程序实施办法》和《长沙市人民政府重大行政决策事项目录》。做好市政府“放管服”改革的法制协调指导工作，对中国（湖南）自贸试验区长沙片区放权赋权进行合法性审查，形成《长沙市告知承诺制证明事项目录》并对外公布。长沙实施告知承诺制的证明事项总数 57 项，证明材料总数 116 项，各市、县（市、区）实施告知承诺制的证明事项总数 95 项，证明材料总数 138 项。

【行政执法监督】　2021 年，长沙市落实行政执法“三项制度”（行政执法公示制度、行政执法全过程记录制度、重大执法决定法制审核制度），行政执法公示制度落实率 100%，音像全过程记录得到提升，重大执法决定法制审核制度执行率 100%，法制审核目录清单制定率 100%。举行全市行政执法“三项制度”成效展示会，编制《长沙市 2020 年行政执法数据分析报告》。对全市 462 宗案卷进行评查，强化对重点执法单位的监督。执行“持证上岗、亮证执法”等制度，组织行政执法资格考试，2021 年发放、更换、补办执法证 381 本，监督证 6 本。开展“互联网 + 执法监督”，建立全市行政执法信息系统，为全市行政执法监督工作提供支撑。在全省率先实行执法数据定期报告制度，实现“数字执法”和“云监督”。

【行政复议与应诉】　2021 年，长沙市完成行政复议体制改革，实现行政复议案件“集中办、规范办、协同办”，改革经验在全省推介。推进行政复议配套机制建设，印发《长沙市行政复议示范创建工作方案》，对于市、县（市、区）示范创建主要任务进行明确的分工。印发涉及行政复议申请接待登记、行政复议答复举证等 5 个配套规定，制定《行政复议案件专业会审会议规则》《行政复议行政应诉案卷管理工作规定》等 6 项制度。推进建立全市行政复议咨询委员会。创新开展“互联网 + 行政复议”，建设科技功能室，开发智慧复议平台。坚持“开门办案”，加大公开听证、下沉基层现场办案力度。2021 年，依法办理行政复议案件 485 件，办理行政应诉案件 390 件。

（本栏撰稿　郭芳芳）

公　安

【概况】　2021 年，长沙市平安建设考核全省第一位。长沙市公安局立公安部集体一等功。做好中共十九届六中全会等 37 个重要节点警务，2021 年完成 452 场次警保卫任务。长沙市公安机关扫黑除恶专项斗争工作被评为全国先进，全市污水涉毒成分监测指数比 2020 年减少 62.1%。推进社会治安防控体系“示范城市”，常态运行 39 个快警平台、152

个固定执勤点。完善48个城区内圈检查站卡、85个环长外圈检查站卡。创新校园治安风险预防、管控与处置体系，建成校园周边虚拟电子围栏，确保全市3578所中小学幼儿园安全稳定。开展交通问题顽瘴痼疾集中整治，涉摩涉电戴帽率提升至95%。整合数据资源2500类、1200亿条，建成1.9万个智慧村庄、小区、单位，布建高清视频10.7万路，联网重点单位内部视频16.5万路。升级换代单警装备8500套、车辆137台，新建或改建派出所12个、执法办案场所80个。配备社区（驻村）警务人员2511人、协管员1455人。建立适应自贸区、大学科技城、工业园区发展的新型警务机制，帮助整改隐患1454个。推出137项社会关注度高的公安便民举措。升级改造交通拥堵路口、路段90个，治理湘府路高架、五里牌、中南大学湘雅医院、湖南省儿童医院等一批"老大难"堵点，取消交通违法"随手拍"，新增便民停车位3.2万个。

【政治建警】 2021年3月8日，长沙市启动公安队伍教育整顿。以"现场授课+视频直播"形式开展政治教育，培训14.7万余人次。召开全局性警示教育大会5场、案情通报会4场，组织全警观看《铁纪强警》《警・戒》《代价》等警示教育片4期。举办全市公安英模事迹报告会，10名来自不同战线的英雄模范面向全警演讲。制定《查纠整改环节"十大纪律"》。开展"自查从宽、被查从严"政策宣讲活动2819场次，组织"自查从宽"民警现身说法。出台《长沙公安队伍教育整顿专项整治、重点案件评查工作方案》。结合"服务'三高四新'战略""四联四访 我为群众办实事"等实践活动，召开民意座谈会783场次，听取基层群众意见建议3576条，解决群众关注问题6625个，为民办实事1.24万件，出台便民利民措施137条。

2021年6月15日，长沙市公安局启动庆祝中国共产党成立100周年安保维稳冲刺阶段"平安一号"行动 市公安局 供图

【显性用警】 2021年1月13日，长沙市启动社会面管控"显性用警"工作，建立日常勤务、节点勤务、"四清"（流口清理、场所清查、行业清源、定点清除）勤务等三种勤务模式。重大节点启动一级勤务，调度37个快警平台、13支公安武警联勤武装巡逻队伍、16支分局机关夜巡队伍、152个固定值守点屯警街面，完成全国、省、市"两会"、"五一"国际劳动节、庆祝中国共产党成立100周年、国庆节、省党代会等重大节点期间社会面防控工作。2021年组织统一清查和设卡盘查行动16次，抓获嫌疑人443人、查获酒（醉）驾591人、收缴管制刀具及其他违禁物品162件。

【庆祝中国共产党成立100周年安保】 2021年，长沙市公安局紧紧围绕"为建党100周年创造安全稳定的政治社会环境"这一主题，推进县域警务、专项警务、节点警务"三项警务"，实施"四个大抓"（大抓教育和管理、大抓主责和主业、大抓改革和科技、大抓基层和基础）警务战略，开展"平安一号"专项行动，开展大排查、大管控、大巡防、大督察，完成庆祝中国共产党成立100周年安保维稳工作。完成袁隆平逝世悼念活动、护送庆祝活动烟花爆竹进京、"6・30"橘子洲焰火晚会等活动安保工作260余场次。部署开展严打整治"百日会战"专项行动。

【市公安局被评为"全国扫黑除恶专项斗争先进集体"】 2021年3月29日，全国扫黑除恶专项斗争总结表彰大会在北京举行，长沙市公安局被评为"全国扫黑除恶专项斗争先进集体"，长沙市副市长、市公安局局长刘新良作为先进集体代表参加会议。长沙市公安局先后办理"5・5""5・27""11・7""8・30""4・03""9・05"等一大批大要案件，全市打掉涉黑犯罪组织23个，涉恶犯罪集团90个，涉恶犯罪团伙86个，刑拘2524人，破案1490起，查封冻结扣押涉案资产23.42亿余元；先后查处保护伞、涉黑涉恶公职人员31人，完成21名涉黑涉恶逃犯清零任务。其中侦办的"11・7"系列套路贷涉黑专案被评为"全国十大典型案例"，长沙市公安局连续3年被评为"全省公安机关扫黑除恶专项斗争成绩突出单位"。

【"中国人民警察节"暨荣誉颁授】 2021年1月8日，长沙市公安局庆祝首个"中国人民警察节"特别节目暨荣誉颁授在长沙人民会堂举行。该次荣誉颁授仪式以"绽放信仰的光芒"为主题，颁授长沙公安机关"十佳先锋警队""十佳先锋卫士""十佳优秀辅警""十佳警嫂""十佳拥警模范""百个廉洁家庭"等荣誉称号。获全国首批"枫桥式公安派出所"称号的高新区公安分局雷锋派出所，警嫂肖慧君，中广天择传媒股份有限公司总经理傅冠军等来自公安基层一线的集体、个人、民警家庭以及警嫂、社会各界人士受到表彰。长沙市委副书记、市长、湖南湘江新区党工委书记郑建新向长沙市人民政府顾问、市公安局原党委书记、局长王甸彬，市公安局原副局长明声、市公安局原副局长解筠颁授长沙公安首枚“终身功勋荣誉章”；雨花公安分局民警安志等10名公安英模、芙蓉公安分局民警舒帅等10名因公伤残民警被授予“特别纪念章”。

【“光荣在党50年”纪念章颁发】 2021年6月29日，长沙市公安局在长沙人民大会堂举行“光荣在党50年”纪念章颁发仪式暨优秀共产党员、优秀党务工作者和先进基层党组织表彰大会，长沙市副市长、市公安局局长刘新良出席会议并讲话，为出席表彰大会的王邦美等老党员代表颁发“光荣在党50年”纪念章。市公安局局属单位156名老党员获“光荣在党50年”纪念章。市公安局授牌“第二届党建示范点”，为“全市公安机关优秀共产党员”“优秀党务工作者”“‘两优一先’先进基层党组织”代表颁奖。

【部督“1·18”虚拟货币洗钱专案】 2021年1月，市公安局刑侦支队发现某犯罪团伙在湖南多地实施“跑分”洗钱犯罪活动。1月26日，在公安部、湖南省公安厅的指挥下，市公安局成立专案组开展专案侦办，查明该犯罪团伙系一境内外勾连、犯罪手法新颖、在全国11个省（自治区、直辖市）组织人员购买虚拟货币，为缅北地区诈骗集团提供洗钱服务的新型网络犯罪团伙。经过5个月的侦察，专案组摸清犯罪团伙的组织架构和人员身份。在公安部统一指挥下，省、市两级公安机关对部督“1·18”虚拟货币洗钱专案开展5次集中收网，抓获犯罪嫌疑人丁某（男，31岁）等119人，缴获涉案银行卡568张，扣押作案手机162台，冻结涉案虚拟货币HT2000个，将以犯罪嫌疑人丁某和王某等人为首，使用银行卡转账购买虚拟货币，为境外电信网络新型犯罪提供支付结算的犯罪团伙摧毁。侦破2021年湖南省涉及范围最广、涉案人员最多、作案手法最复杂的虚拟货币洗钱犯罪案件。

【橘子洲音乐焰火晚会安保】 2021年6月30日20时30分，长沙市在湘江橘子洲举行庆祝中国共产党成立100周年大型音乐焰火晚会《党的盛典 人民的节日》。市公安局治安部门部署整体安保工作，以及焰火燃放的审批、技术指导和监督工作。交警部门发布重点道路的通行情况和临时交通管制措施，对重点区域、重点地段开展巡逻。公交治安管理部门在各主要路段每50米一分区压控街面盗抢等案件发生。市公安局各分局疏散拥挤人群，防止发生拥挤踩踏等突发事故。市公安局“长沙警事”官方微博发布“你们放心看烟花，我们来守护”信息访问逾200万次。杜甫江阁中心现场周边及湘江两岸观众43万人，其中，核心区26万人，长沙公安出动警力7000人，组织综治力量3700人，出动警车1200台。长沙市公安局获公安部“集体一等功”。

【湖南首例合成大麻素案】 2021年8月，长沙警方在河北省邢台市、海南省三亚市、河南省郑州市、湖北省孝感市等地警方的协同配合下，联合部署开展专案收网行动，抓获涉毒嫌疑人员781名，其中刑事拘留185人，侦破历时4个月的特大互联网贩卖新型毒品——合成大麻素案。2021年5月11日，国家禁毒办发布公告：自2021年7月1日起，对合成大麻素类物质进行整类列管。长沙市公安局禁毒支队对合成大麻素类毒品开展专题研判，发现一种含有合成大麻素的“上头电子烟”。案情上报后，市公安局与长沙市烟草专卖局成立联合专案组，锁定以张某、曾某、刘某、潘某等为核心成员的贩毒犯罪团伙。经侦查，该吸贩毒团伙成员将合成大麻素晶体加入正规烟油中进行物理稀释、封装，做成浓缩电子烟油。通过微信等社交软件进行联络、支付，再依托快递跑腿发货，辐射长沙市、郴州市、怀化市、常德市、邵阳市和天津市、浙江省杭州市等地，团伙之间相互交联，贩卖层级5级，涉案嫌疑人逾100人。2021年8月29日，专案组开展收网行动。截至11月底，抓获涉毒嫌疑人781名，缴获合成大麻素晶体、烟油和含合成大麻素电子烟，并联合其他专案组

2021年6月30日20时30分，庆祝中国共产党成立100周年橘子洲大型音乐焰火晚会安保现场

市公安局 供图

捣毁合成大麻素生产窝点1处，缴获合成大麻素成品97千克，处罚快递企业3家。（本栏撰稿 刘庆湘）

检 察

【概况】 2021年，长沙市检察机关办理各类案件3.3万件，比2020年增长18.14%。检察业务考核位居全省第一位，31项业务指标位居全国前列。在刑事检察方面：依法批捕1.3万人、起诉1.85万人，比2020年分别增长70.9%和42.0%，不批捕4422人、不起诉3422人，比2020年分别增长138.9%和28%。35项主要业务指标22项为全省优秀。在民事检察方面：办理各类民事检察案件2654件，比2020年增长116.3%，7项主要业务指标3项为全省优秀。在行政检察方面：办理各类行政检察案件1035件，比2020年增长76%，6项主要业务指标3项为全省优秀。在公益诉讼检察方面：立案办理公益诉讼案件1080件，其中行政公益诉讼839件，民事公益诉讼241件，3项主要业务指标均为全省优秀。知识产权检察工作被最高人民检察院和中央电视台专题网络直播报道，一体推进党史学习教育和教育整顿工作的做法在全国性会议上作典型发言。长沙市人民检察院（以下简称“市检察院”）被评为“全国普法工作先进单位”“全国检察机关文明接待室”“全国检察宣传先进单位”，91个集体和个人获得省级以上荣誉。“长检馨声”法治巡讲团被评为全省“最美公益普法集体”，2021年8月被推荐参评全国检察机关文化品牌；企业合规改革试点工作得到最高人民检察院、全国工商联的重点推介；“谢氏兄弟诉开福区政府拆除房屋行为违法案”入选2021年全省行政检察十二大典型案例。在市人大会上，检察工作报告赞成率98.79%。推进扫黑除恶专项斗争常态化，起诉涉黑犯罪50人、涉恶犯罪141人。依法严惩抢劫、杀人等严重暴力犯罪，起诉1766人。从严打击盗窃、抢夺等多发性侵财犯罪，起诉4298人。突出惩治呈高发态势的网络犯罪，以“反电诈”“断卡”等专项行动为抓手，起诉利用网络实施诈骗、黄赌毒、售卖违禁物品等犯罪3245人。成立“长检企话”检察服务团队，起诉侵害民营企业合法权益犯罪248人，起诉侵犯知识产权类犯罪202人；对企业人员涉经营类犯罪，依法能不捕的不捕473人，能不诉的不诉199人。同时开展涉案企业合规管理改革试点，与市工商联、市律师协会等部门成立第三方监管委员会。围绕防范化解重大风险，突出惩治破坏金融秩序犯罪，起诉集资诈骗、非法吸收公众存款、传销等涉众型犯罪1903人；做好涉众型案件维稳工作，建立“法律文书释法说理+同步追赃挽损”机制，妥善处理集体访案件98件，力促追赃挽损7亿元。受理纪委监委移送职务犯罪67人，起诉62人，不起诉1人，退回补充调查25人次。对监委调查终结的11名原县处级干部作出逮捕决定，依法提起公诉。履行14个罪名职务犯罪侦查权，对13名司法工作人员涉嫌渎职犯罪直接立案侦查；办理食药安全领域公益诉讼案件273件。推进落实“四号检察建议”（2020年4月28日，最高人民检察院向住房和城乡建设部发出“四号检察建议”。该检察建议书指出窨井施工、管理、养护方面存在的问题，并从重视窨井盖管理工作、压实安全责任、推动管理创新、提升社会参与度等方面提出具体意见建议），对全市98.4万个窨井盖开展调研，研究通过全市窨井盖安全管理方案；邀请人大代表、政协委员视察检察工作、参加检察活动283人次。代表委员提出的55件书面建议、14件提案办结回复。开展检察开放日、检察公开听证等活动，公开案件程序性信息27415条，公开法律文书13472份，发布重要案件信息605条。

【刑事执行检察】 2021年，全市刑事执行检察部门办理减刑、假释提请中审查、暂予监外执行提请审查案件945人，减刑、假释提请后审查案件501人，减刑、假释出庭案件304人次，减刑、假释、暂予监外执行裁（决）定审查案件677人，发现减刑、假释、暂予监外执行不当642人，纠正628人；发现刑罚执行和监管活动违法并书面提出纠正216件，纠正202件。在刑事执行检察中提出检察建议57件，采纳建议49件。发现监外执行（社区矫正）对象脱管6人、漏管31人，监督收监执行22人，对监外执行不当情形书面提出纠正153人，纠正165。对8件被监管人死亡及其他重大事件进行调查处置；办理重大案件侦查终结前讯问合法性核查案件1件1人（新系统），经核查移送捕诉部门线索后排除非法证据0人；对财产刑执行不当情形书面提出纠正意见158件，纠正160件；纠正强制医疗执行不当7件。办理罪犯涉嫌重新犯罪审查起诉1件1人（9月受理），提起公诉1件1人。办理刑事被执行人及其近亲属控告举报49件、申诉11件。湖南省德山监狱交叉巡回检察案、罪犯余某减刑监督案、对长沙市公安机关指定居所监视居住监督案、在押人员杨某突发疾病事件调查案4案被评为“全省刑事执行检察优秀案件”，对浏阳市看守所常规巡回检察案被评为“全国检察机关看守所巡回检察试点工作参考案例”；湖南省坪塘监狱跨省交叉巡回检察整改落实工作获高检院肯定；保障在押人员合法权益、收押收监执行等工作获《检察日报》肯定推介；1个党支部被评为市直机关先进基层党组织；2人分别被评为全省检察机关扫黑除恶专项斗争个人二等功和先进个人。

【普通犯罪检察】 2021年，全市检察机关受理侦查机关提请批准逮捕的各类普通刑事犯罪案件6439件1.03万人，审结案件6454件1.03万人，审结数占全市审查逮捕案件件数的72.44%，人数的69.03%。其中批准逮捕5056件7748人，批捕率75.22%，不批准逮捕1389件2553人，其中因事实不清、证据不足不捕664人，构罪不捕1282人。受理侦查机关移送审查起诉的各类刑事犯罪案件6383件1.13万人，审结案件5759件9963人，占全市审查起诉案件件数的51.80%，人数的54.81%。其中提起公诉5146件8662人，不起诉613件1301人，其中存疑不起诉167人、相对不起诉1042人。向公安机关发出纠正违法通知书35份；监督立案62件，监督撤案34件；支持抗诉3件，提出抗诉4件。批捕涉黑涉恶犯罪26件69人，起诉37件166人，坚持常态化开展扫黑除恶斗争。提前介入涉黑涉恶案件63件，立案监督3件4人，纠正漏捕9人，纠正漏犯16人；审结后改变公安机关涉黑涉恶定性8件，追加认定涉黑涉恶犯罪6件。坚持将扫黑除恶斗争与教育整顿有机衔接，移送涉黑涉恶问题线索6条、“保护伞”线索21条。天心区院作为落实认罪认罚从宽制度控辩协商同步录音录像试点试点单位，制定《天心区人民检察院关于开展认罪认罚从宽制度控辩协商同步录音录像试点工作的方案》，借鉴江苏省、山东省的工作经验，制订《长沙市天心区人民检察院关于认罪认罚从宽制度控辩协商同步录音录像试点工作细则（试行）》；望城区院作为“降低羁押率的有效途径与社会危险性量化评估”试点单位，制定试点工作方案，推进羁押必要性审查试点工作。

【重大犯罪检察】　2021年，全市检察机关重大犯罪检察部门受理审查逮捕案件189件258人，受理审查起诉案件275件367人。市检察院推动落实“四号检察建议”成立工作专班，与市住建委、市城管局等相关单位沟通会商，到窨井盖生产厂家进行走访，到“12345”调取窨井盖投诉数据，对全市高新区及内五区各类约100万个窨井盖的管理现状进行调研，形成11份调研材料，整理出《长沙市窨井盖建设管理工作有关情况的报告》；指导基层院办理涉疫案件，2021年办理5件涉疫备案审查案件。

【职务犯罪经济犯罪检察】　2021年，全市检察机关职务犯罪经济犯罪检察部门2021年断卡”行动类案件提前介入221件，受理审查逮捕1614件2945人，批准逮捕2299人，不批准逮捕752人，受理审查起诉1397件3003人，起诉2291人，不起诉242人，判决576件911人，判无罪和撤回起诉0件，适用认罪认罚1544人；电信诈骗和黑灰产类案件受理审查逮捕1393件2422人，受理审查起诉1183件2484人。其中电诈网络诈骗起诉罪名主要有诈骗罪252人，帮助信息网络活动罪1775人，侵犯公民个人信息罪67人，妨碍信用卡管理罪237人，非法利用信息网络罪2人，掩饰、隐瞒犯罪所得罪、犯罪所得收益罪395人，窃取、收买、非法提供信用卡信息罪80人，伪造、变造、买卖国家机关公文、证件、印章罪15人，非法经营罪37人，组织偷越国（边）境罪96人，偷越国（边）境罪9人；受理审查逮捕非法吸收公众存款、金融诈骗类案件276件679人，审结处理274件663人，批准逮捕224件489人，不批准逮捕50件174人。审查起诉非法吸收公众存款、金融诈骗类案件提前介入95件，受理254件780人，审结处理218件623人，起诉209件552人，不起诉9件71人；受理职务犯罪案件47件59人（1件2人因案件保密，暂未录入办案系统），提前介入19件，审查起诉阶段决定逮捕30人，在审查起诉过程中退回补充侦查25件29人，其中一次退回补充侦查18件21人，二次退回补充侦查7件8人，延长审查起诉期限31件，一次延长21件，二次延长8件，三次延长2件，审结职务犯罪38件51人，提起公诉38件51人。市检察院开展电信网络诈骗宣传工作。制定《长沙市人民检察院打击治理电信网络新型违法犯罪集中宣传月活动方案》，制作以案释法宣传产品，利用多媒体平台，市检察院门户网站、“12309”检察服务中心电子屏、“两微一端”等平台进行宣传。

【未成年人检察】　2021年，全市检察机关未成年人检察部门2021年受理审查逮捕未成年人犯罪案件299件466人，审结300件467人（含积案），不批准逮捕186人，占审结人数的39.83%，比2020年增长23.47%；受理审查起诉未成年人犯罪案件357件584人，审结486人，提起公诉280人，不起诉（不含附条件不起诉）31人，其中，相对不起诉22人，占审结人数的4.53%，比2020年减少57.06%，对未成年人附条件不起诉175人，占审结人数的36.01%，比2020年增长83.72%；批准逮捕侵害未成年人犯罪99人，提起公诉侵害未成年人犯罪102人；长沙市检察机关推进侵害未成年人案件强制报告制度落实，召开9部门联席会议，制定《长沙市侵害未成年人案件强制报告工作联席会议制度和信息共享机制》方案，依托该联席会议推动入职查询制度落实落地；2021年，长沙检察机关发布《未成年人检察工作白皮书》，并组织全市检察机关开展法治进校园、座谈会等多种形式的检察开放日活动，提高未成年人法治宣传教育的专业性；市检察院于2021年4月下发《长沙市检察机关未检部门开展性侵案件立案监督专项活动实施方案》，各基层院协同公安机关对2018年以来性侵害未成年人案件的报案情况和嫖娼未成年人的行政处罚案件进行核查，宁乡市监察院在办理廖某案件过程中，发现公职人员叶某嫖宿幼女的线索，将线索移送监委，同时引导侦查机关补充完善证据，对叶某以强奸罪立案侦查；7月与市妇联、市教育局协作启动“守望花蕾 青春期性教育安全保护权益课程直通车”项目，建立50人的性教育讲师队伍，开展400场预防性侵害的讲座。开福区院与湖南大学合作，制定《长沙市开福区检察院督促监护令制度实施办法（试行）》推动“督促监护令”制度落实落地。芙蓉区利用一站式办案场所，保障未成年被害人合法权益，在医院开设未成年被害人的“绿色”就诊、鉴定通道，办案人员能够第一时间固定证据、对被害人开展保护救助，同时也避免对被害人造成“二次伤害”。长沙县院的“馨温燕尔”未检工作室，加快社会支持体系建设。宁乡市院的“宁检守未者”，联合监委、公安、法院、教育、妇联、团委等部门，依托“一站式”女童关爱救助中心对发生的女童遭遇性侵害案件进行干预、保护、救助。形成“长检馨声”“向阳”“星检说”“岳检护苗”“雨润花开”等法治宣讲品牌。

【司法人员职务犯罪检察】 2021年，全市检察机关司法人员职务犯罪检察部门立案侦查司法工作人员相关职务犯罪13件13人。截至10月15日，侦查终结移送审查起诉5件7人，分别是长沙县公安局陈某、王某某涉嫌滥用职权案，长沙市公安局治安管理支队甘某、毛某某、浏阳市公安局黎某某涉嫌徇私枉法案，湖南省坪塘监狱盛某某涉嫌虐待被监管人案，长沙县看守所黄某滥用职权案。与长沙市纪委市监委双立案，尚未采取刑事强制措施1件1人——天心区人民法院执行局周某某涉嫌执行判决裁定滥用职权案。立案侦查并采取取保候审强制措施1件1人——长沙市第一看守所王某涉嫌虐待被监管人案。立案侦查并采取指定居所监视居住强制措施4件4人——新化县公安局柳某、肖某、卢某、陈某涉嫌刑讯逼供案。市检察院制定下发《长沙市检察机关办理直接受理侦查案件实施侦查一体化规定（试行）》。

【民事行政检察】 2021年，全市检察机关民行检察部门受理各类民行监督案件2434件，增长129.83%，结案2147件，增长134.64%。其中合同类纠纷323件、公司类纠纷8件、劳动争议案件11件；搜索涉嫌虚假诉讼或调解的判决文书千余件，排查200余件，核查后立案审查的167件；办结167件，提出各类检察建议149件（含审违10件、执行11件）。开福区院制定并于2021年4月1日院第六次检察委员会会议通过《湖南省长沙市开福区人民检察院民事、行政专家咨询委员会工作办法（试行）》，组建民事、行政检察专家咨询委员会，对3起案件进行专家咨询和论证；拍摄《遭遇高空抛物如何维权？》《个人信息泄露被频繁骚扰？检察官来帮你》《丈夫欠债、妻子有义务偿还吗？》等短视频。发展新时代“枫桥经验”，实质性化解行政争议25件。主管领导包案办理22件，占比88%。

【公益诉讼检察】 2021年，全市检察机关公益诉讼检察部门梳理公益诉讼案件线索822件，立案751件，其中行政公益诉讼案件593件，占比78.96%；民事公益诉讼案件158件，占比21.04%。诉前程序方面，民事公益诉讼案件发出诉前公告108件，行政公益诉讼案件发出诉前检察建议809件；向法院提起诉讼案件57件，其中行政公益诉讼案件0件，民事公益诉讼案件9件，刑事附带民事公益诉讼案件48件。生态资源与环境保护领域：立案146件，发出诉前检察建议75件，提起公益诉讼22件。食品药品安全领域：立案252件，发出诉前检察建议327件，提起公益诉讼30件。国有财产保护领域：立案23件，发出诉前检察建议44件，提起公益诉讼0件。国有土地使用权领域：立案0件，发出诉前检察建议0件，提起公益诉讼0件。英烈保护及等外领域：立案330件，发出诉前检察建议363件，提起公益诉讼5件。保护被污染土地0.67公顷；挽回、复垦被非法改变用途和占用的耕地11.36公顷，其中基本农田4.14公顷；督促回收和清督促理生产类固体废物800吨，督促清除处理违法堆放的生活垃圾占地面积0.05公顷，督促关停和整治违法排放废气和其他空气污染物的企业2家；督促清除违法堆放的各类生活垃圾142.8吨；向个人索赔环境损害赔偿金6.7万元，获得法院支持6.62万元；向污染企业和个人索赔环境损害赔偿金0.88万元，获法院支持0.88万元；督促查处销售假药品种3种，24千克，督促查处销售假药价值320元、督促收回流通中的假药3种、确定的流通区域省（湖南）1个、确定的流通区域市（长沙）1个；督促查处销售假冒伪劣食品24千克，价值0.15万元；督促对12处损毁严重的英雄烈士纪念设施进行修缮维护，督促英烈保护11处，督促文物保护10处。增殖放流数5.2万余尾，另外增殖放流400千克；督促食品加工企业、餐饮企业、农贸市场主体整改数4个；督促38家中小学、幼儿园整改；开展校园及周边食品安全专项监督，对检查发现存在的问题（如无健康证、卫生许可证）3件督促现场整改。与行政机关会签的文件3份。

【控告申诉检察】 2021年，全市控告申诉检察部门市院接收来信来访1519件，接待来访915件2937人，其中涉检来访85件1432人；处理来信604件，其中涉检来信29件；处理电话577件。7日内程序回复和3个月结果回复率100%。市、县两院接待来访1164件3617人，其中涉检来访96件1444人；处理来信898件，其中涉检来信43件。7日内程序回复和3个月结果回复率100%。市、县两院办理阻碍律师行使辩护权案9件，依法发出纠正意见9件；高检院交办的61件重复信访，办结59件，未办结2件；市委政法委交办13件，办结12件，未办结1件。芙蓉区制定《长沙市芙蓉区人民检察院院领导公开接访规定》，与检察长接待日制度相结合，确保每周二均有一名院领导在检察服务大厅值班接访；天心区院与区司法局联合成立检调对接工作室，制订《关于开展检调对接工作的实施意见》。

【知识产权检察】　2021年，长沙市院知识产权检察部门受理侵犯知识产权罪审查逮捕案件79件168人，审结处理79件168人，批准逮捕63件129人，不批准逮捕16件39人；受理侵犯知识产权罪审查起诉案件62件187人，退回补充侦查5件10人，办结改变管辖58件177人，不起诉1件1人；办理刑事二审上诉案件8件17人，刑事抗诉案件2件7人。结合知识产权宣传周活动，围绕颇受网友关注的“短视频”“炒球鞋”等热门话题，拍摄长检一分钟短视频；开展打击涉民营企业刑事犯罪专项行动、保护民营企业科技创新专项行动、涉企案件诉讼监督专项行动；构建“三个平台”，有检企常态化联系协作平台、“12309”涉企案件申诉维权平台、民营企业法治宣讲平台，挑选27名办案一线检察官组成“长检馨声”法治巡讲团，推出32个精品法治课程，开展法律进企业、进商会、进工商联等活动40场次。“长检馨声”检察官法治巡讲团被评为“湖南省最美公益普法集体”；2021年3月，最高检决定在湖南等10个省（市）开展企业合规改革第二批试点工作，长沙市检察院及长沙9个县（市、区）检察院都被纳入试点单位，目前60个涉企刑事案件进入企业合规考察范围，211个案件启动企业合规改革办理程序。

（本栏撰稿　肖　伟）

法　院

【概况】　2021年，长沙市中级人民法院（以下简称“市中院”）下辖9个基层法院，其中区级法院6个，县（市）级法院3个。9个辖区基层法院除芙蓉区人民法院没有派出法庭外，其余8个基层法院设置26个人民法庭，天心区人民法院设南托法庭。岳麓区人民法院设坪塘镇、莲花镇法庭。开福区人民法院设湘江环境资源法庭（金霞中心法庭）。雨花区人民法院设跳马镇法庭。望城区人民法院设丁字镇、高塘岭镇、靖港镇、雷锋镇4个人民法庭。长沙县人民法院设经济开发区、榔梨镇、黄花镇、路口镇、福临镇5个人民法庭。浏阳市人民法院设园区、沿溪镇、大瑶镇、镇头镇、沙市镇、张坊镇6个人民法庭。宁乡市人民法院设金洲镇、黄材镇、花明楼镇、双凫铺镇、灰汤镇、流沙河镇6个人民法庭。2021年，市中院坚持以习近平新时代中国特色社会主义思想为指导，贯彻落实中共十九大和十九届历次全会精神，学习贯彻习近平法治思想、习近平总书记对湖南重要讲话重要指示批示精神，落实中央、省、市政法工作会议和省、市党代会精神。2021年，全市法院受理各类案件数32.34万件，审（执）结30.66万件，人均结案427.6件，结收比108.26%；市中院受理各类案件31609件，审（执）结28436件，人均结案182.3件，结收比104.96%。市中院获13项省、市级以上表彰，14人获省、市级以上表彰。市中院政治部宣传教育处被评为“全国法院先进集体”；市中院扫黑除恶专项斗争领导小组被评为“全国法院扫黑除恶专项斗争先进集体”“2018—2020湖南省扫黑除恶专项斗争先进集体”；马柏华被评为“全国法院党建工作先进个人”；何豪杰被评为“长沙市优秀共产党员”；周平平被评为“全国法院涉外商事海事审判工作先进个人”；市中院刑事审判第一庭被评为“全省禁毒工作先进集体”。增加中央政法编制101名，其中市中院增加16名。市中院工作报告在市人大会上赞成率98.19%。长沙中院在全省中级人民法院考核中排名第一位，被评为优秀；9个基层人民法院在全省基层法院考核中排名前九，其中7个被评为优秀。

【政治建设】　2021年，市中院报告工作26次，推进党史学习教育、队伍教育整顿，选树政法英模11名，推进“6+5”（政法系统6大顽瘴痼疾：违反防止干预司法“三个规定”；违规经商办企业和配偶、子女及其配偶违规从事经营活动；违规参股借贷；有案不立、压案不查、有罪不究；违规违法减刑、假释、暂予监外执行；法官检察官离任后违规从事律师职业、充当司法掮客。最高人民法院5项整治内容：贯彻落实防止干预司法“三个规定”中的突出问题；审判执行工作存在的突出问题；办理减刑、假释、暂予监外执行案件中的突出问题；违规经商办企业和配偶、子女及其配偶违规从事经营活动，违规参股借贷问题；原法院人员违规到律师事务所当律师或在幕后当“法律顾问”，充当司法掮客问题）专项整治，出台长效机制24项，队伍教育整顿工作受到中央教整办、《人民日报》、《法治日报》宣传推介，被最高院、省高院工作简报刊发，党史学习教育工作经验在人民网、长沙党建等重要媒体推介报道。

【刑事犯罪打击】　2021年，市中院打击各类危害国家安全、公共安全和人民群众生命财产安全的犯罪活动，判处5年以上刑罚的441人。全市法院审理各类刑事案件7736件。审理“女法官被害案”。全市法院审理毒品案件972件，市中院刑事审判第一庭被评为“全省禁毒工作先进集体”。

【扫黑除恶斗争】　2021年，市中院开展扫黑除恶斗争，成立扫黑除恶斗争领导小组，制定工作方案，推动全市法院扫黑除恶斗争常态化、机制化。市中院被评为“全省扫黑除恶专项斗争先进集体”，2人被评为“全省扫黑除恶专项斗争先进工作者”，市中院扫黑办被最高法院评为“全国法院扫黑除恶专项斗争先进集体”。

【服务经济发展】 2021年，市中院化解民商事纠纷1.94万件，成立服务和保障民营经济领导小组。开展“暖企活动”，对山河智能、楚天科技、盐津铺子等企业走访调研。审理企业强制清算、破产及衍生诉讼案件2362件，发挥企业破产处置“府院”协调机制作用。涉三一集团、中联重科、腾讯等9案入选“全省知识保护典型案例”。依法保护品牌战略实施，审理“茶颜悦色”诉“茶颜观色”不正当竞争纠纷案，被中央电视台和省、市级媒体报道，阅读量5.1亿人次。制定的营商环境评价指标被定为“全国标杆指标”，8项举措获国家发展改革委推介，市中院被评为“国家营商环境评价工作先进单位”。

【服务民生】 2021年，市中院审理涉民生案件3818件。坚持非诉讼解决机制，完善220家诉源治理工作站，引进特邀调解组织272家，调解员1113名，为群众提供“菜单式”的解纷服务。推进人身损害赔偿标准城乡统一试点工作。审理涉及军人案件9件，依法维护军人军属合法权益。兑现胜诉权益，执结案件3169件，执行到位64.28亿元，全市法院执行到位294.4亿元。在全国首推法拍房精准限购政策。发布十项诉讼便民、执行便民服务承诺。探索司法服务24小时“不打烊”，设立24小时自助法院，被写入最高院工作报告，开展无障碍建设和适老化改造工作。

【失信人惩戒】 2021年7月13日，市中院与广州铁路公安局长沙公安处举行“执行查控协作工作机制”会签，建立执行查控协作工作机制。通过该机制，失信人无法通过“黄牛”代订机票高铁票出行，实现失信被执行人“一处失信，处处受限”。

【全国法院执行案款集中发放日活动】 2021年11月18日，湖南省高院、长沙市中院开展全国法院执行案款集中发放日活动。湖南省高院党组成员、副院长郭正怀，长沙市中院党组副书记李立新出席活动。全国人大代表张晓庆、湖南省人大代表杨拔萃、湖南省政协委员曹国强参加。活动由长沙中院党组成员、副院长范登峰主持，现场为30名申请执行人发放1218.16万元执行案款。

【农民工工资执行兑现】 2021年2月8日，市中院召开长沙法院涉农民工工资案件执行集中兑现新闻发布会，为30名申请执行人代表兑现4798万余元执行款。党组书记、院长肖新平出席会议讲话并为农民工兑现执行款，党组成员、政治部主任、新闻发言人贺旭琼主持新闻发布会，长沙两级法院执行局局长，9位省、市人大代表、政协委员和来自中央、省、市11家媒体记者应邀出席。会上，长沙中院党组成员、副院长范登峰通报全市法院涉农民工工资案件专项执行活动主要工作举措、成效和典型案例。

【少年法庭实现全覆盖】 2021年3月17日，市中院对长沙法院少年法庭进行授牌。党组书记、院长肖新平授牌9家基层法院“少年法庭”，在全省实现少年法庭全覆盖。省高级人民法院少年法庭工作办公室副主任、省高院研究室主任陈坚，长沙市委政法委副书记、长沙市维护妇女儿童权益工作领导小组常务副组长周琼芝，长沙市妇联副主席石莉波，共青团长沙市委副书记周坤，部分长沙市人大代表和政协委员及媒体参加该次授牌仪式。

【湖南省首届审判业务（家事审判）技能竞赛颁奖】 2021年9月29日，由湖南高院、省人社厅、省总工会、团省委、省妇联举办的湖南省首届审判业务（家事审判）技能竞赛颁奖典礼在长沙举行。在该次竞赛中，市中院获得团体一等奖，浏阳市法院熊婧怡获得个人一等奖，宁乡市法院李红波、岳麓区法院汪样获得个人二等奖，长沙中院李芳、天心区法院舒智玲、浏阳市法院陈钟婧获得个人优胜奖。湖南省人大常委会副主任、省总工会主席周农，湖南高院党组书记、院长田立文等领导出席颁奖典礼并为获奖选手颁奖。

【“长沙市涉台审判法官工作室”成立】 2021年11月23日，长沙市涉台审判法官工作室揭牌仪式在长沙知识产权法庭举行。市中院党组成员、政治部主任贺旭琼主持，市中院党组成员、副院长、长沙知识产权法庭庭长范登峰，长沙市委台办副主任袁湘鄂为“长沙市涉台审判法官工作室”揭牌。同时，“天心区涉台审判法官工作室”“岳麓区涉台审判法官工作室”“长沙县涉台审判法官工作室”在长沙知识产权法庭揭牌。

【法拍房精准限购】 2021年，市中院落实“房住不炒”的政策，打击法拍炒作房地产的非法行为，保障债权人合法权益，根据动态限购清单，对“法拍房”中的热点楼盘实施精准限购（通过法拍渠道竞买属于精准限购清单中的楼盘，竞买人也需要具备购房资格才能参与竞拍）。经过精准调控，市中院可以对逾80%的法拍房进行不限购拍卖，保障大多数胜诉当事人的合法权益。对法拍房实施精准限购的举措系市中院首创。

【“双百”评选】 2021年12月27日，市中院被评为第四届全省法院“双百”（百场优秀庭审、百篇优秀裁判文书）评选“优秀组织奖”，9篇裁判文书入选全省法院“百篇优秀裁判文书”，1场庭审入选全省法院“百场优秀庭审”。孙一中承办的“（2019）湘01知民初1527号”民事判决书，赵康宁承办的“（2020）湘01民终12683号”民事判决书被评为全省法院“百篇优秀裁判文书”一等奖，并被评为第四届全国法院“百篇优秀裁判文书”。

【“女法官被害案”一审宣判】2021年5月19日，湖南省、市中院对被告人向某故意杀人刑事附带民事诉讼一案进行公开宣判，认定被告人向某犯故意杀人罪，判处死刑，剥夺政治权利终身；判决被告人向某赔偿附带民事诉讼原告人经济损失38781.5元。法院经审理查明，被告人向某为达到案件胜诉目的，多次请求被害人周某（湖南省高级人民法院法官，与向某系同乡和校友）向办案法官打招呼，均被拒绝，遂心生怨恨，起意报复杀人致被害人周某当场死亡。法院审理认为，被告人向某非法剥夺他人生命，致人当场死亡，其行为构成故意杀人罪。该案事实清楚，证据确实，公诉机关指控的罪名成立。向某依法应予严惩，其犯罪行为给附带民事诉讼原告人造成的经济损失依法应予赔偿。　（本栏撰稿　刘俞汝）

司法行政

【概况】　2021年，长沙市司法局指导全市9个县（市、区）司法局和高新区综治局的业务工作，监督管理全市443家律师事务所，8个公证处，62家法律服务所，23家司法鉴定所。全市有律师9743人，公证员120人，法律服务工作者441人，司法鉴定从业者296人。市司法局被评为“全国法考表现突出单位”“普法先进集体”“抗疫工作表现突出集体”“维护妇女儿童权益先进集体”“司法行政考核优秀单位”等43项集体荣誉，62人获市级以上表彰。

【公共法律服务】　2021年，长沙市10个县（市、区）建立公共法律服务中心，建成170个公共法律服务站、1585个村（社区）公共法律服务点。建设长沙市湘融国际商事法律服务中心，在自贸区临空区块服务中心设置“国际商事法律服务咨询和公证服务窗口”，对接涉外企业法律服务需求，主办“2021国际商事法律合作论坛之法律护航中非经贸分论坛”。打造特色公共法律服务平台，新增退役军人公共法律服务站、黄兴镇海吉星公共法律服务点等14个特色服务站点，建成律师远程视频会见系统。达成长株潭公共法律服务区域一体化合作协议，实现公共法律服务资源共享、“跨市通办”。开展“我为群众办实事”活动，办理法律援助案件7452件，“12348”法律服务热线接听电话4万余个，办理各类公证业务10万余件，完成鉴定案件1.7万件，受理各类商事仲裁案件3709件。完成2021法考组考任务，实现“十个百分之百”（全部考场疫情防控措施必须百分之百全面有效落实；全部考试计算机必须保证百分之百能有效使用；全部考试工作人员必须百分之百接受业务培训；全部考场必须百分之百实现远程巡查；全部考点保电设施必须百分之百配置到位；全部考试机必须百分之百配备防作弊设施；全部考点考场必须百分之百实行考务安全管理系统；全部仿真测试数据必须百分之百清除；全部考生答题信息必须百分之百上传；全部云机房考场考试数据必须百分之百有效备份存储的要求）目标。

【律师工作】　2021年，长沙市推进“队伍素质提升年”和“党建质量提升年”活动。下发《长沙市律师行业党史学习教育实施方案》，全市开展“学党史、感党恩、跟党走”党史学习教育活动。制作发放《长沙律师执业警示录》并开展排查，梳理法院、检察院离任人员违规从事律师职业情况。组建长沙市涉法涉诉信访案件化解代理工作法律服务团。开展“党建引领、助力千企”专项行动，将22条产业链法律服务团优化再升级，成员扩充至497名，开展“一对一”公益法律服务。

【监狱工作】　2021年，长沙市坪塘监狱推进监管改造和疫情防控2项重点工作。开展党史学习教育，开展庆祝中国共产党成立100周年“百年华诞·红色引领”主题活动、党史知识竞赛等活动。开展安全大整治，排查监狱监管安全情况和生产安全情况。按照“高于地方，严于平时”的标准落实疫情防控工作。开展政法队伍教育整顿和监狱综合治理。推进“智慧监狱”建设。推进市属监狱收归省级直管改革。

【戒毒工作】　2021年，长沙市星沙强制隔离戒毒所获湖南省戒毒管理局“场所安全风险等级评估一类所”，被评为“长沙市文明单位”。推出禁毒宣传教育、走访帮扶困难戒毒人员未成年子女等13项便民利民措施。强化执法过程内部监督与制约。推进

2021年12月14日，2021国际商事法律合作论坛在长沙举行　　市司法局　供图

教育矫治机制常态化，提升教育矫治质量，2021年参加教育的戒毒人员260余人，合格率100%。疫情防控期间，保持“零感染、零报告、零炒作”。2021年，长沙市长桥强制隔离戒毒所开展党史教育，开展庆祝中国共产党成立100周年系列庆祝活动，组织到韶山、陈树湘故居等红色教育基地开展现场教学。统一戒毒模式实体运行，规范心理矫治、体能康复、课堂教育，组织团体辅导24次，个案咨询80人次，回访回归戒毒人员650余人次。开展政法队伍教育整顿，组织政治轮训4次，整治顽瘴痼疾问题10个。

2021年9月28日，2021年长沙市“快乐学法”乡村现场赛在长沙县市民大会堂举行

市司法局　供图

【普法宣传】　2021年，长沙市制订“八五”普法规划，召开市委全面依法治市委员会守法普法协调小组第三次会议。推进“谁执法谁普法”项目化管理，确定2021年常规项目25个、特色项目46个。对全市45家责任单位“谁执法谁普法”工作进行综合考评。开展年度全市“以案释法”优秀案例征集评选活动，征集到司法类案例113个、行政执法类案例75个、行政复议类案例30个，公共法律服务类案例56个。组织13万余名应考人员参加国家工作人员学法考法，学习访问量80万余人次，参学率、参考率、通过率100%。开展“建设法治乡村·献礼建党一百周年”主题宣传、“民法典进家庭”双百公益宣讲等活动。法治公益微课堂进地铁公交，法治宣传实现“万屏联播”。助推创建“全国乡村振兴示范市”，创建国家级法治县（市）区8个，全国民主法治示范村（社区）14个，建成创建江背镇金洲村等11个市级“法治乡村示范点”，打造一批独具特色的法治公园、法治长廊等文化设施。

【社区矫正】　2021年，长沙市贯彻实施社区矫正法，推进社区矫正法治化、信息化、社会化建设。探索社区矫正机构“队建制”改革，推进社区矫正分中心建设，建立由执法中队分片管理、专职负责的工作模式。制定《长沙市社区矫正衔接配合实施细则》。开展智慧矫正建设，对全市社区矫正对象落实信息化监管，信息化核查率100%，芙蓉区、开福区“智慧矫正中心”通过司法部验收。运用“集中教育＋分类教育＋个案矫正”的套餐式矫正模式。做好刑满释放人员衔接管理，落实“刑满释放人员列入公安机关重点人管控”措施。

【长沙市退役军人公共法律服务站成立】　2021年6月10日，湖南省首家市级退役军人公共法律服务机构——长沙市退役军人公共法律服务站在长沙市退役军人服务中心揭牌成立。长沙市退役军人事务局党组书记、局长荣爱华，长沙市司法局党委委员、副局长荀飞正为长沙市退役军人公共法律服务站揭牌。长沙市退役军人事务局党组成员、副局长詹萍萍主持。长沙市退役军人公共法律服务站由市退役军人服务中心负责日常管理，市公共法律服务中心负责业务指导和律师选派。组建30位专职律师常驻律师团队，每星期二、星期四全天在市退役军人服务中心一楼接待服务大厅“公共法律服务窗口”值班，开通法律咨询热线“19118833986”。该窗口可为来访来电的广大退役军人及其他优抚对象提供法律咨询、引导帮助申请法律援助、参与矛盾纠纷调解、开展法治宣传教育、指导开展公证、司法鉴定、仲裁等其他法律服务。

【2021第三届长沙律师节】　2021年5月15日，由湖南省律师协会指导，长沙市司法局、长沙市律师协会主办的第三届长沙律师节开幕，同时“百年辉煌路 法治新征程”法律职业共同体橘洲微马邀请赛开跑。百名党员律师在市律师行业党委委员刘兴华的带领下，面对党旗宣誓。来自市中级人民法院、市人民检察院、市公安局、市司法局、长株潭三地律师协会的选手们展开“橘洲微马邀请赛”角逐。历时逾1小时的激烈竞赛，分别决出男子组和女子组10千米竞速赛、5千米欢乐跑冠军、亚军、季军。第三届长沙律师节开展满天星业余交响乐团专场音乐会和“迎七一 庆华诞”表彰大会暨第三届长沙律师节“红歌颂党”汇报演出。

【人民调解】　2021年，长沙市发展新时代“枫桥经验”，开展司法所规范化建设，打造捞刀河司法所等一批样板司法所，雨敞坪司法所等3个司法所被评为“全国模范司法所”。健全人民调解组织，成立首个长株潭边界地区纠纷联合调解室，建成乡镇（街道）调委会170个，村（社区）调委会1620个，设立行业性专业性调解组织65个，选聘专兼职人民调解员7327名。推广“湖南人民调解”App。出台《长沙市行政调解办法》。以宁乡市为试点地区，在全省开展人民调解员等级评定工作。在长沙医调中心试点开展“一站式”司法确认。依法开展人民陪审员、人民监督员选任管理工作。开展“调处矛盾促稳定，献礼建党100周年”专项活动，实现“调解一件，影响一片”社会效果。2021年，调解各类纠纷34194件，调解成功32699件，成功率95.6%。

（本栏撰稿　郭芳芳）

仲　裁

【概况】　2021年，长沙仲裁委员会有仲裁员714名，涵盖金融、房地产、建设工程、国际贸易、知识产权、影视文化、电子商务、计算机信息技术等专业领域。2021年，长沙仲裁委员会受理各类商事案件3802件，办结案件3447件（收案4424件），结案率77.92%，2021年实现受案数、受案标的额和结案数创历史新高。

【劳动人事争议仲裁】　2021年，长沙市处理各类劳动争议案件，办理劳动争议案件2.89万件，立案受理1.63万件，仲裁结案率逾90%。长沙市劳动人事争议仲裁院被评为“2021年度全省劳动人事争议调解仲裁工作先进单位”。2021年6月，成立全省首个区级劳动纠纷“一站式”调处中心。

2021年12月4日，长沙市法学会预防治理虚假诉讼与虚假仲裁研讨会在长沙举办

长沙仲裁委员会　供图

探索建立与法院相衔接的裁诉对接机制。定期对仲裁员、调解员和企业人力资源管理专干进行培训。开展5次仲裁员、调解员培训，举办2期企业人力资源管理专干暨调解员培训。开展仲裁派出庭、仲裁巡回庭处理劳动纠纷，加强对河西仲裁派出庭的指导建设。全年聘用45名兼职仲裁员。推进全市各级仲裁机构的“互联网＋调解”“互联网＋仲裁”建设，全市通过“互联网＋调解”平台调解劳动争议案件950件，仲裁办案系统信息化办案92.3%。

【长沙市法学会预防治理虚假诉讼与虚假仲裁研讨会举办】　2021年12月4日，由长沙市法学会主办，长沙仲裁委员会、长沙市法学会司法诚信与虚假诉讼（仲裁）治理研究中心承办的“长沙市法学会预防治理虚假诉讼与虚假仲裁研讨会”在长沙举办。来自湖南省高级人民法院、湖南省人民检察院、湖南省司法厅、长沙市纪委市监委、长沙市委政法委、长沙市中级人民法院、长沙市人民检察院、长沙市公安局、长沙市司法局等单位领导、业务骨干及学术界专家、代表出席发言。实务界、学术界代表就加强虚假诉讼与虚假仲裁案件审查甄别、完善各部门沟通协作机制等方面提出意见和建议。

【国际法专题讲座和座谈举办】　2021年6月1日，长沙仲裁委员会在湖南九所宾馆举办国际法专题讲座和座谈，邀请中国法学会副会长、原中国政法大学校长、教授黄进作《当前中美关系中的国际法问题》专题讲座，聘请黄进教授为长沙仲裁委员会专家咨询委员会首席专家，参与和指导长沙国际仲裁院建设。湖南省高级人民法院、湖南省司法厅、中国（湖南）自由贸易试验区等单位领导，以及来自中南大学、湖南大学、湖南省律师协会、长沙市律师协会等法学界专家，驻湘央企，省、市国企，知名民企的企业家代表，长沙仲裁委员会仲裁员等200余人出席。

（本栏撰稿　薛颖丰）

军 事

MILITARY AFFAIRS

编辑　刘盼盼

长沙警备区

【概况】 2021年，长沙警备区在争创一流警备区中坚定发展目标，在省军区重点工作拉榜排名中全部位于第一位，全面建设水平实现历史性突破，一流警备区建设取得阶段性成果。

练兵备战 贯彻习主席训令和备战打仗系列重要指示，开展国防动员重大理论和现实问题研究攻关，在军内刊发1篇研究成果，2篇创新研究成果在湖南省军区获奖。分阶段分层次组织四级战备方案计划集中修订和对接会审。常态进行战备值班值勤检查抽查和通报讲评，组织首长机关开训动员演练、民兵分队拉动演练、防汛抗洪军地联合演练。组织师团两级首长机关全课目全员额普训普考，超额完成年度基干民兵训练任务，落实年度专职人民武装干部（简称“专武干部”）训练，1门军事职业教育微课被评为全军优秀课程，参加省军区专武干部培训优秀率排名第一位、机关处以上领导参加省军区军事训练考核100%优秀。开展群众性练兵比武，在省军区“四类人员”（人武部主官、参谋人员、专武干部、基干民兵）实战化练兵比武中，获得2个团体第一名、1个团体第二名和6个单项第一名、1个单项第二名、3个单项第三名的成绩。警备区年度军事训练、民兵工作和信息服务工作排名全省第一位。完成新冠肺炎疫情防控、抢险救灾、神舟十二号飞船搜救备勤等任务，雨花区人武部连续2年每日出动民兵在长沙高铁南站新冠肺炎疫情防控执勤。

政治建设 紧跟领袖思想步伐抓理论学习，把学习贯彻习近平新时代中国特色社会主义思想特别是习近平强军思想作为首要政治任务，将学习习主席重要讲话和指示批示精神作为“第一议题”，全年20次组织警备区党委常委集中学习，落实4个专题党委中心组带机关理论学习，参加省军区师团干部理论轮训，持续组织民兵学习宣讲，理论武装取得成效。贯彻军委主席负责制，执行请示报告、督促检查、信息服务“三项机制”，加强对贯彻落实习主席批示指示精神的督导检查。开展党史学习教育，巩固深化两项主题教育，有效落实经常性思想教育，统筹推进各项专题教育，官兵守初心、担使命的意识不断固强。编写《红色长沙》《像雷锋那样当兵》等书籍，开通“强军号”地铁专列，打造红色长沙百米长廊，点亮一江两岸国防主题灯光秀，制作“像雷锋那样忠诚、当兵、为人民服务”系列微视频，开展“雷锋家乡学雷锋”“星耀星城国防之星评选”等主题实践活动，组织长沙市大学生“爱我国防”演讲比赛，参加湖南省比赛获一、二等奖各1人，在全国比赛中获得第一名；参加省军区优秀政治教员竞赛，获得团体第二名和1个单项第一名。全年在解放军报刊发1个头条、1个内参，《中国国防报》8次头版头条刊发警备区全面建设经验做法，新闻报道综合考评全省第一名。

组织建设 学习贯彻军委党的建设会议精神，常态落实党委常委议战议训议学议教议管和党内政治生活等制度，分析师团党委班子建设形势，组织人武部全面建设综合考评，各级党组织建设水平提升。推进军衔制改革落地，组织现役干部、文职人员考核考评，完成干部调整配备和士官补选退，倡导“四看四不看”用人导向，若干名军官待遇级别得到选升。望城区人武部“弘扬优良传统、整顿作风纪律”学习教育做法在全省推广；组织军委巡视指出问题核查整改，依法依规对2个指出问题作出整改处理，在军委国防动员部问题整改和专项清理整顿督导检查中总体情况较好；督导推进领取地方绩效奖金清退，党委研究制定《关于进一步做好领取地方绩效奖金清退工作的具体措施》，完成全部军队在职人员的绩效奖金清退；从严查处违规违纪问题。

国防动员 调整完善市县两级国动委组成人员及办事机构，围绕担负的动员任务深入研究攻关、集中对接会审。全范围全系统全要素开展国防动员潜力调查统计，国防动员潜力调查统计工作排名全省第一位。持续推进民兵建设，在全省民兵建设半年考评中警备区获师级单位第一名，望城区人武部、开福区人武部分获团级单位第一名、第二名，警备区年度民兵工作综合排名全省第一位。高标准迎接全国人大“兵役法”调研组专题调研，得到肯定。两次组织大学毕业生征兵集中宣传启动仪式，首次组织高校专武干部征兵业务培训，首次评选表彰高校征兵工作先进单位和个人，开展“接过雷锋的枪，像雷锋那样当兵”新兵欢送活动，完成年度义务兵、直接招收军士和定向培养军士征招任务，征兵“五率”考评保持全省第一位。

基层建设 树牢正规化建设内涵式发展理念，坚持“全面过硬+特色鲜明”标准，以岳麓区、开福区、望城区、浏阳市人武部为样板，创新推进“一部一特色”“一部一名片”建设，以点带面推动均衡发展、整体提质。承担国防动员系统“四个秩序”（战备秩序、训练秩序、工作秩序、生活秩序）规范化建设和安全管理工作检查考评现地教学培训得到一致肯定。接受军委国防动员部“四个秩序”规范化建设、安全管理工作检查在南部战区方向排名第一位，警备区年度“四个秩序”规范化建设排名全省第一位。推进基层武装部“星级达标”“三星”级达标率100%，“四星”“五星”级达标率位居全省前列；打造特色精品基层武装部，开福区浏阳河街道武装部得到全国人大“兵役法”调研组肯定。完成军事综合信息网、资源管理网、指挥专网和视音频野外指挥会议系统建设，推动师团两级高清电视会议系统改造，协调长沙地区国防动员三级指挥网第二路由及人防指挥专网项目建设，指挥通信保障水平提升。

后勤保障　开展资产大清查，持续深化后勤重点行业领域整肃整理攻坚。组织枪支弹药大清查，在军委国防动员部检查中位居南部战区方向第一名。完成市民兵应急营应急专用装备“一专多能、一队多用”配备，签订民兵装备预征预储协议、落实预征装备，民兵装备保障能力得到提升。督导推进市民兵训练基地建设，展开后续配套设施采购。组织营区消防和防雷设施检测，开展消防知识技能授课培训和营区消防应急演练，提高营区消防安全管理水平。抓好新冠肺炎疫情常态化防控，实现全区“双零”目标。后装保障工作质效考评由2020年全省第十位跃居全省第一位。

党管武装　弘扬长沙党管武装优良传统，对标落实党管武装制度机制，高标准组织市委议军会和军事日活动，进一步凝聚军地齐抓共管合力。省委常委、市委书记吴桂英反复强调抓经济不忘固国防、搞建设不忘兴武装，对民兵训练基地等事关国防后备力量建设的重点工作亲自研究推动，率领“五大家”主要领导过军事日，为练兵比武尖子颁奖，给全市“五星”级基层武装部授牌。召开全市双拥工作总结表彰大会，协调出台政策解决随军家属安置、军人子女入学入托、退役军人安置等“三后”难题，连续3年举办随军家属专场招聘会，开展“走边关、暖军心”活动鼓舞军心士气，义务兵家庭优待金全省领先，获得全国双拥模范城“七连冠”。

部队管理　加强经常性安全管理教育，聘请军地专业骨干专题授课辅导，强化官兵安全防范和保密意识。开展军车和驾驶员专项教育整顿、微信泄密专项整顿行动、“百日安全”活动等，落实规定动作，开展配套活动，安全管理质效提升。突出抓好节假日安全管理，按照“节前自查、节中检查、节后讲评”要求，常态开展“四不两直”安全检查。将安全工作纳入全面检查重要内容，每季度组织安全形势分析预测和安全综合检查，组织大项活动安全风险评估，持续抓好安全隐患排查和问题整改，年内零安全保密方面问题，无较大苗头隐患，安全管理、“四个秩序”正规化建设工作全省排名第一位。

【2021年开训动员演练】　2021年1月4日，长沙警备区组织2021年开训动员演练。警备区首长出席。动员大会结束，警备区机关带岳麓区、望城区人武部和市民兵应急营骨干，以地区防卫作战为背景，全要素、全流程连贯组织进入疏散地域战备拉动。各人武部均结合实际组织开训动员活动，其中，开福区某靶场，全国首支基干民兵新媒体大队打响新年开训第一枪；望城区人武部组织区、镇、村三级联动开训动员，出动“雷锋特色民兵分队”民兵精锐；天心区开展以实战为背景的营区反恐防卫综合演练；雨花区人武部组织民兵分队，到某部队开展“见学研训”活动。

【为立一等功军人送喜报】　2021年3月10日，长沙警备区、长沙市退役军人事务局、雨花区人武部等党政军领导联合组织前往雨花籍现役军人陈晓瑶家中送喜报。2002年6月入伍的陈晓瑶现为中央军委训练管理部军事体育训练中心军用射击队运动员，在2019年第七届军人运动会中，获射击女子飞碟双向个人、团体两枚金牌，破女子双向个人资格赛、决赛、团体三项纪录，获得“最佳射手”称号，立一等功。

【“雷锋家乡学雷锋·像雷锋那样当兵”主题实践活动】　2021年3月12日，长沙警备区2021年“雷锋家乡学雷锋·像雷锋那样当兵”主题实践活动在雷锋纪念馆举行。活动向应征青年传递雷锋钢枪，赠送《像雷锋那样当兵》等书籍，邀请3任雷锋班长向应征青年视频寄语。近年来，警备区常态组织应征青年到雷锋纪念馆开展“第一课”，邀请雷锋生前战友或从雷锋部队退伍返乡的老兵讲述雷锋故事，组织官兵开展续写《雷锋日记》活动，将雷锋精神刻入灵魂深处。2021年警备区着重指导望城区人武部，按照“一部一特色”要求，将雷锋元素融入营院正规化建设、融入日常学习教育、融入官兵工作生活，让官兵在潜移默化中受到熏陶感染。

【“与党史同行，为强军阅读”主题赠书活动】　2021年4月23日，长沙

2021年3月12日，2021年“雷锋家乡学雷锋·像雷锋那样当兵”主题实践活动举行。图为应征青年接过雷锋钢枪　长沙警备区　供图

警备区联合长沙市委宣传部、市文旅广电局和长沙图书馆举办“与党史同行，为强军阅读”主题赠书活动。活动中，长沙市军地领导先后为驻长沙部队及7家“五星”基层武装部赠送《习近平论中国共产党历史》《中国共产党简史》《听党指挥》《像雷锋那样当兵》等党史军史、湖湘红色文化和社科文学类书籍。

【消防知识技能培训与应急演练】2021年4月23日，长沙警备区消防知识技能培训与应急演练举办。活动邀请岳麓区消防救援大队活动专家围绕消防安全常识、单位消防安全责任等消防安全管理知识为警备区机关全体官兵、职工、物业和安保人员进行消防知识技能培训。培训结束后，随即以突发火情为背景，组织疏散逃生演练。开展常用消防设施设备操作使用现地教学，并对营区各个场所消防安全情况进行全面检查。

【大学生征兵集中宣传】　2021年4月29日，长沙警备区、长沙市人民政府征兵办公室牵头举办的长沙地区高校大学毕业生征兵集中宣传仪式在湖南第一师范东方红校区举行。青年大学生参加仪式，集体观看征兵宣传片、军旅特色文艺节目，并组织征兵政策宣讲。长沙警备区政治委员寄语大学毕业生积极响应祖国号召，踊跃报名参军。中南大学的优秀退役士兵以及湖南第一师范学院的优秀应届毕业生代表上台发言。

【开福区基干民兵点验】　2021年4月29日，长沙市开福区组织以“传承红色基因，争当优秀民兵”为主题的基干民兵集中点验，长沙警备区司令员出席，开福区民兵分队，以及16个街道党工委书记和专武干部参加。此次点验仪式由开福区基干民兵、湖南卫视主持人魏哲浩担任主持，安排“致敬过往”“青春绽放”“未来可期”3个篇章，内容包括“颂百年党史，话百年民兵”、重温民兵入队宣誓、颁发优秀民兵证书等环节，通过点验活动营造浓厚政治文化氛围，激励广大基干民兵创先争优。

【全国人大“兵役法”调研组专题调研】　2021年5月7日，全国人大宪法和法律委员会副主任委员王宁带工作组一行11人到长沙市进行“兵役法”专题调研。湖南省军区司令员与省人大法制委主任等陪同。一行人到岳麓区人武部调研“一站式”征兵办，听取长沙市开展兵役工作情况汇报以及市人大对《兵役法（修订草案）》的意见建议，与长沙市和岳麓区军地领导座谈。之后调研组到开福区浏阳河街道武装部、中南大学武装部开展调研。

【夏季退役军人专场招聘会暨就业创业服务平台上线】　2021年5月22日，由长沙市退役军人事务局、长沙市人力资源和社会保障局、长沙警备区政治工作处主办的“长沙市2021年夏季退役军人专场招聘会暨退役军人就业创业服务平台上线仪式”在长沙人才市场举办。长沙警备区政治工作处主任以及其他相关部门负责人出席。此次招聘会组织104家优质企业，发布就业岗位3496个，涵盖机械、化工、建筑、制造、物流等多领域，有若干名退役军人及随军随调家属到现场求职，多人与用人单位达成初步意向。

【“红色长沙·强军号”国防教育地铁专列启动】　2021年5月28日，“红色长沙·强军号”国防教育地铁专列启动仪式在地铁2号线的五一广场站出入大厅举行。历经7个月打造的首趟红色地铁专列开通上线。湖南省军区副政委，长沙市委常委、宣传部部长陈刚，长沙警备区司令员，市委常委、警备区政治委员等军地领导出席仪式。现场邀请8名来自一线作战部队的长沙籍精武标兵等代表出席。“红色长沙·强军号”地铁专列共6节车厢，设置红色人物、战史战例、国防政策法规、红色故事、新时代长沙精武标兵、国防和军队建设6个主题，图文并茂。地铁专列日流量7万余人次，教育受众面广。

【民兵应急营集中点验】　2021年6月10日，长沙市民兵应急营集中点验活动在长沙高新区中联重科环境产业园举行。民兵应急营全体人员统一身着丛林迷彩服、佩戴民兵标识接受点名、进行集体宣誓。新入队民兵代表、抗击雨雪冰冻灾害连战士在台上作表态。此次集中点验除组织民兵战备工作常识授课、考核外，全体人员还到

2021年5月28日，“红色长沙·强军号”国防教育地铁专列启动仪式举行

长沙警备区　供图

湖南党史陈列馆、雷锋纪念馆开展现地政治教育。

【"一部一特色"正规化建设】 2021年8月19日，长沙警备区"一部一特色"正规化建设示范观摩推进会在望城区人武部举行。警备区组织9个县（市、区）人武部官兵和文职人员现场学习观摩，共同研讨正规化建设的特色发展之道。2021年年初，警备区创新提出"一部一特色"内涵式发展，印发《关于开展"一部一特色"创建活动提高正规化建设内涵质量的通知》，结合望城区人武部正规化提质改造建设示范样板。望城区人武部以雷锋主题文化精心打造雷锋特色营院，组建雷锋特色民兵分队，开办"雷锋大讲堂"，开展"接过雷锋钢枪""像雷锋那样当兵"等系列主题实践活动，激励官兵、文职人员和职工争当"雷锋式的好战士"。在示范观摩推进会上，岳麓区人武部展示大学生征兵特色经验成果。岳麓区集聚中南大学、湖南大学等12所高校，在校大学生26.5万余人，是长沙市优质兵员重要征集地。他们把征兵宣传融入区人武部营院建设，依托中南大学等重点高校，建设高校基层武装部样板，探索打造高校征兵宣传的"岳麓品牌"，激励辖区内高素质青年携笔从戎。推进会上，各单位主官交流本单位建设思路，汇报了各自单位特色发展的"路线图"。

【入伍新兵欢送仪式】 2021年9月15日，长沙市征兵办主办的"像雷锋那样当兵（第二季）"长沙市2021年下半年入伍新兵欢送仪式在湖南军联国防教育基地举行。湖南省征兵办主任、省军区动员局局长，长沙市委常委、常务副市长、市征兵办领导小组组长夏建平，长沙警备区司令员、政治委员出席仪式。新兵们身着迷彩服，胸戴红花，整装待发。现场10名老兵将钢枪传递给10名新兵，代表雷锋精神的接力与传递。活动中还为新兵赠送《像雷锋那样当兵》等书籍，向应征入伍的新兵家属颁发"光荣之家"牌匾。

【烈士纪念活动暨国防教育基地授牌仪式】 2021年9月30日，长沙市民政局、长沙市退役军人事务局、天心区人武部在湖南革命陵园联合举行烈士纪念活动暨国防教育基地授牌仪式。长沙警备区、长沙市委宣传部等军地领导及公安干警、部队官兵、烈士家属、少先队员等300余人到人民英雄纪念碑前，敬献花篮，缅怀革命先烈。仪式结束后，天心区委常委、区委宣传部部长洪孟春宣读湖南国防教育基地授牌批文，湖南革命陵园管理处主任蔡喜华介绍基地情况，警备区副司令员为湖南革命陵园授牌。此次烈士纪念活动还联动长沙市稻田中学、国防科技大学附属小学等6所中小学校，组织学生登录"云祭扫"平台，为英烈献花。

【基层武装部全面建设工作推进会】 2021年10月15日，全市基层武装部全面建设工作推进会举行，会议督促全市各人民武装部、乡镇（街道）基层武装部深入分析本单位基层武装部建设现状，学习优秀单位抓建基层武装部的经验做法，推动全市基层武装部全面建设更快更好发展。长沙警备区司令员作动员部署讲话，政治委员主持。会议结束后，组织各县（市、区）所有专武干部分批次、分方向到望城区人武部、芙蓉区韭菜园街道武装部、开福区浏阳河街道武装部3个单位现场观摩。

【群众性实战化练兵比武】 2021年10月21—27日，长沙警备区组织"四类人员"开展练兵比武活动。各县（市、区）人武部主官、参谋人员、专武干部、基干民兵参与军事理论、动员决心文书拟制、动员分析计算、要图标绘、现地定点、调制略图、手枪实弹射击、3千米跑等项目比武角逐，最终选出优胜选手。在参加湖南省军区12月组织的群众性练兵比武活动中，警备区获2个团体第一名、1个团体第二名和6个单项第一名、1个单项第二名、3个单项第三名。

【第五届"爱我国防"主题演讲比赛】 2021年12月3日，长沙市第五届"爱我国防"主题演讲比赛总决赛在长沙图书馆举办。12名参赛选手分别来自长沙市党政机关、企事业单位、高等院校、中小学校等不同年龄层次和岗位。经现场评审打分，最终来自湖南师范大学的选手张以航获特等奖，长沙晚报社选手吴婉沁、开福区清水塘北辰实验小学选手李璐获一等奖，长沙市政协曹琪等4名选手获二等奖，长沙市广播电视台曾郁静等5名选手获三等奖。

【高校专武干部征兵业务培训】 2021年12月15—17日，长沙市征兵办首次集中组织全市多所高校专武干部在湖南军联国防教育基地开展为期3天的征兵业务培训，并举行2022年上半年高校征兵工作启动仪式。市征兵工作领导小组副组长、长沙警备区副司令员，市征兵办主任、长沙警备区动员处处长出席培训动员大会。此次培训组织高校专武干部岗位练兵、推进认证考核，着力培养一批掌握征兵政策规定，直面大学生群体，能够长期从事大学生兵员征集工作的骨干力量。市征兵办主任、长沙警备区动员处处长授课传达学习上级关于春季征兵工作的指示精神，分析研判2022年度全市春季征兵工作形式，明确上半年征兵工作任务指标。培训还通过区分"双一流"高校、省属重点高校、全日制普通本科、高职高专院校4个层次，遴选历年大学生征集任务完成较好的5所高校，围绕征兵工作站如何发挥作用、高校征兵宣传如何开展、大学生优抚政策如何落实、大学毕业生征集比例如何提高等问题进行交流研讨。

【春季大学生征兵宣传启动仪式】 2021年12月22日，以“正青春·当兵去”为主题的长沙市2022年春季大学生征兵宣传启动仪式在湖南农业大学举行。湖南省征兵办主任、省军区动员局局长，长沙市委常委、长沙警备区政治委员，长沙警备区司令员出席。长沙市56所高校的学生代表及相关领导1100余人参加。各高校书记、校长通过VCR的方式传递参军寄语。仪式上，优秀大学生退役士兵代表和应征报名大学生代表先后分享收获与感悟。活动还举行“正青春·当兵去”主题演出，设置签名墙以及政策咨询台。

【大学生参军实施“一人一档”】 自2017年始，长沙警备区指导中南大学先行试点探索，为每名入伍大学生士兵建立服役档案，全程整理大学士兵的重要档案资料和成长成才信息。学生服役档案包括学生入伍前的学费补偿、学籍学历、家庭情况、身份和银行卡等信息，也有服役期间现实表现、立功受奖等情况，还有退役之后学习成长、转专业、发展目标等详尽资料。通过试点后下发通知，面向长沙地区所有高校推广大学生参军“一人一档”经验做法，以制度形式固化；采取经验交流、检查考评等形式推动“一人一档”在长沙高校落地生根，吸引更多优秀大学生参军入伍。学生服役档案还发挥着服务管理、跟踪引导、宣传教育和数据分析等四大功能。2021年，中南大学为大学生参军实施“一人一档”的做法被《中国国防报》刊发。

（本栏撰稿　邓宇洋）

武警长沙支队

【概况】 2021年，武警长沙支队加大对部队执勤战备、训练管理工作的指导力度，强化参谋人员责任意识、大局意识、奉献意识，大项任务中集思广益，靠前谋划，分层分组统筹指导。依据新时代军事教育方针，开展军事职业教育，加快“三位一体”新型军事人才培养，围绕“六会”新技能和本职业务，采取岗位自训、集中培训、以工代训的方法，注重以老带新、适当压担，拓宽参谋培养渠道，把“学研训考评”作为推进参谋机关建设重要抓手，通过常态训练、量化考评，进一步提高机关信息获取、运筹谋划、指挥控制、研究创新、综合协调、帮带指导和快速反应能力。落实值班值守制度，加强勤务组织管控，确保执勤工作万无一失。组织2家基层单位搬迁事宜，科学统筹执勤目标清理前期准备工作，推进三个监狱相关改造。组织各单位会同目标单位排查隐患，开展“六个一遍”执勤安全教育整顿活动，梳理执勤隐患，制订执勤隐患整改推进一览表，及时下达整改通知书，限期整改。组织执勤带新工作，指导各单位开展专勤专训和新兵岗前培训，组织执勤带新考核，参加普考的新兵，及格率100%。关注押解、押运等动态勤务，配齐两种以上联络通信手段，强化执勤哨兵、执勤行为、执勤枪弹全过程管控。根据市政府商请，支队增加巡逻组，完成中国共产党成立100周年大庆和国庆期间长沙市各城区联勤武装巡逻任务。动用兵力担负各类临时勤务。注重氛围营造。围绕“仗怎么打，兵就怎么练”的要求，开展“战斗力标准大讨论”，使每名官兵在讨论中树牢“练为战”思想，形成“能打仗”共识，凝聚“打胜仗”信心，自觉按照实战化的标准要求投身训练之中。对在总队、支队比武竞赛、军事考核中，成绩突出的单位和个人实施奖励措施；将军事训练水平作为单位评先和个人成长进步标准，实行军事训练考核成绩一票否决制，在全支队树立“训练有为、训练有功、训练有奖”导向。突出重点，优化训练内容，把主要时间和精力放在“秒数、米数、环数”等基础性和“专勤、专哨、专情”等应用性训练科目提高上，以重点突破带动整体提升。2021年，先后组织各类集训、培训10批次，部队实战化训练水平提升明显。围绕部队职能任务新拓展，区分训练对象，突出训练重点，提高训练水平。突出首长机关训练。开展首长机关“学研训考评”活动，坚持“每日训体能，每周训技能，每月有展评，每季有考核”，组织理论辅导和研讨交流10余次，每季度组织机关干部集中训练。

【思想政治建设】 2021年，武警长

2021年6月3日，长沙支队开展“学党史、知党情、跟党走”党史知识竞赛

武警长沙支队　供图

沙支队推行“三学”“三课”模式，采取机关指定内容、官兵抓好自学、集中授课辅导、大会研讨发言、组织参观见学的步骤递进抓实理论学习，官兵理论素养、思维层次明显提高。组织理论服务走基层、“双百”微课评选，部门以上领导深入班排、走进训练场，与官兵面对面宣讲习主席七一重要讲话精神、党的创新理论。广泛开展群众性文体活动和读书活动，以望城中队数字图书馆建设试点为契机，以点带面、示范引领；推进军史长廊、荣誉墙（室）建设。把党史学习教育、思想清理、政治能力训练和整改工作结合起来抓。突出政治教育。落实思想政治教育“三个规范性文件”，通过“常委＋干部＋士兵”抓好微课串讲，开展“揭榜打擂”活动激发官兵参与教育热情，“一位卫国戍边英雄一堂课”“向‘反恐尖刀中队’学习”等专题授课效果明显。以优秀政治教员评比竞赛为抓手，每季度组织政治教员试教评教，提升教育供给侧整体水平。2021年，参加总队优秀政治教员比武，2名干部名列十佳，连续两年蝉联第一名；参加武警部队优秀政治教员评比竞赛，1人获三等奖。组织“强军杯”篮球赛、“四个服务到一线”活动，丰富基层文化生活。组织“密切内部关系、杜绝打骂体罚”专项教育整顿，开展思想、心理骨干网上业务培训，常态运行官兵思想周汇报、月分析机制，邀请军地专家开展心理咨询。开展党史学习教育。统筹抓好专题学习、专题党课、专题宣讲，开展党史天天学、党史知识竞赛、党史故事会、经典影视剧展播等配教活动，打牢学史爱党、知史爱国的思想根基。活用驻地红色资源，把党史课堂搬进秋收起义纪念馆、新民学会旧址、杨开慧故居等革命传统教育基地。5月24日，《解放军报》头版头条报道支队开展党史学习教育做法，参加总队党史知识竞赛获第三名。逐层级召开组织生活会，把“我为群众办实事”作为学习教育的落脚点，围绕4个方面重点任务，系统梳理部队突出矛盾问题，形成21条工作清单，明确措施抓手、责任主体和完成时限，定期公示进度，推动实践活动落地见效。

2021年4月15日，长沙支队到长沙市岳麓区含浦街道九丰村开展“爱心汇聚力量，真情共筑希望”捐赠活动　　武警长沙支队　供图

【后装保障】　2021年，武警长沙支队不断完善战备体系。完善战备库室建设，优化“一组五队”编携配装，健全支队、大队、中队三级后装应急保障力量体系。投入资金为基层分队补充后装战备训练物资器材，签订7类应急保障和代储代供协议，深化军地医疗保障支援协作机制。开展后装专业训练，先后组织6大类7批次专业兵培训（司务长集中培训、初级炊事员集训、军械员集训、驾驶员复训、卫生员新训、冲锋舟操作手集训），累计培训若干人次，组织2021年度保障力量群众性大比武，后装战备水平和保障打赢的硬实力不断提升。抓好后装理论学习、指挥谋略、“六会”技能训练，加强野战、动态和分散条件下部队“衣食住行医修装”等保障研练，强化财务、军械、运输、卫勤、给养和野营等专业训练，提升后装应急指挥和临机处置能力。把后装训练纳入军事训练体系，固化后装训练内容进入周表，措施细化到各层级。完成5大类资产信息收集、实物核对和计价核算，实现各类资产“大起底”，行业整治自查问题整改率100%；完成多项基础建设，车辆入库率100%；组织完成住房核查认定，违规住房清理取得阶段性战果。定期开展“三日”活动（司务长集体办公日，后装战备训练日、车场日），解决后装人员“三不”问题（不学习法规依据，不会进行后装训练，不能发现存在问题）。督导基层落实伙食管理五项制度，官兵伙食满意率98%。推进项目工程建设，先后6次与市政府沟通协调，改善老旧单位基础设施，有序推动基层单位营房新建。开展车辆交通安全专项整治活动，牢固树立枪弹顶级安全意识。贯彻落实《军队后勤条例》《军队装备条例》，采取不打招呼随机查、蹲点考核全面查、网上督导经常查方式，建立健全后装规范化建设常态督导机制。落实军队采购系列政策法规，强化采购管理，规范采购秩序，提高采购效率。坚持车辆“五位一体”联管责任制（批准领导、车属单位、营门卫兵、用车人、驾驶人员），全年开展酒驾醉驾专项整治活动，落实“车场日”，制定车辆保养计划。推进枪

弹安全专项整治，狠抓动态枪弹安全管理和“五同五控”制度落实，确保顶级安全。组织新冠肺炎疫情防控专项教育，防疫办制定《支队新冠肺炎疫情防控要点》，动态修订方案预案3类6种。

【基层建设】 2021年，武警长沙支队强化法治思维，创新管理模式，推进法治军营建设。学习贯彻条令条例和《军队安全管理条例》，以各类制度规定指导部队安全管理工作，确保部队内部安全稳定。突出重大任务活动安全监管，全面防范各类安全问题。以大项活动为牵引，开展“学法规、用法规、守法规”活动，持续抓好经常性管理工作落实，正规部队一日作息、内务设置、军容风纪等内容。牵头筹备支队“按纲抓建网上培训会”，组织现场观摩，为部队正规化建设树立新标准。坚持严下先严上，突出抓好首长机关办公秩序和严实作风，组织首长机关作风纪律整顿和“机关院内秩序大治理”活动，带动部队“四个秩序”进一步规范，促进各类安全工作制度落实。贯彻武警部队和总队关于新冠肺炎疫情防控一系列指示要求，落实本级新冠肺炎疫情防控措施，指导各单位加强内部人员管控，严控外来人员和车辆；组织返营隔离和内部防控工作，确保部队营区绝对安全。新冠肺炎疫情转入常态化防控后，结合上级有关常态化防控工作指示，紧盯人员外出、营区施工、快递取寄、食品运送等重点环节，指导部队做好常态化防控工作，实现“零输入、零感染”目标。

【执勤安保】 2021年1月15日晚，武警长沙支队处置一起持刀闹事事件。20时30分，在长沙市芙蓉中路一超市内，一中年女子手持剪刀和水果刀四处挥舞，言行失控，危及店内群众安全。接到长沙市雨花区东塘星城快警平台请求协同处置的请求后，担负长沙市雨花区联勤武装巡逻任务的长沙支队武装巡逻小组组长袁正锟、组员陈高诚、吕健浩三人迅速上报情况，于20时40分赶至事发现场。劝阻过程中，女子情绪非常激动，手持利器四处乱舞，大声辱骂现场人员。在战友和现场民警的协同配合下，袁正锟找准时机，快速向前抓住女子右手腕，徒手夺刀将其制服。

9月25—26日，长沙支队动用若干名兵力，携带装备器材若干套，完成一起警卫安保任务。

11月24—28日，中国共产党湖南省第十二次代表大会（以下简称“省党代会”）在长沙市召开。长沙支队动用若干兵力、携带若干（套）武器装备，完成省“党代会”警卫安保勤务。

【“书香军营，‘刊’当先锋”读书活动】 2021年9月10日，武警长沙支队联合长沙图书馆共同开展“书香军营，‘刊’当先锋”读书活动。长沙市图书馆根据官兵们的阅读需求，挑选2000册思想性强、可读性高的军事、文学、历史类的图书、期刊送到部队，同时还在军营举办红色期刊展览。近年来，武警长沙支队积极协同市、县图书馆不断加强阅读阵地建设，组织官兵开展主题读书、经典诵读等活动，即时分享各自的读书成果，交流心得体会，在潜移默化中不断加强官兵的理论基础和党性修养，取得显著成效。

（本栏撰稿　刘　凡　张　一）

人民防空

【概况】 2021年，长沙人防系统履行“战时防空、平时服务、应急支援”的职责使命，全年收取人防易地建设费6.28亿元，为财政贡献可用财力6.28亿元；“出人、出地、出资、出策”推进民兵训练基地建设，提出“用人防疏散基地解决土地问题、用人防易地建设费解决资金问题”的基地建设方案，解决市委、市政府和警备区多年来想解决的大事、难事，保障市委议军会议召开。2021年长沙市人防工作获“全省人防工作绩效考核第一名”。

【人防战备能力】 2021年，长沙人防指挥信息化（数字人防）系统项目在全省率先建成，填补长沙市在紧急集合、紧急疏散、远程智能监控等方面的建设空白；加快推进省国动委第二路由项目建设；在全省率先人防系统完成《人防警报专项规划》编

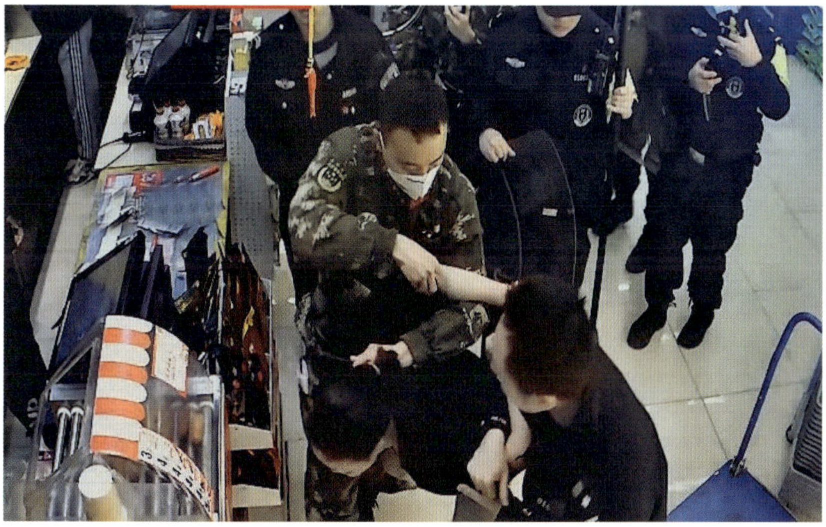

2021年1月15日晚，长沙市雨花区某超市发生一起持刀闹事事件。长沙支队某武装巡逻小组赶至事发现场，组长袁正锟快速徒手夺刀，一举将歹徒制服　　武警长沙支队　供图

制，完成《人防信息化规划 2021—2025》编制工作，完成若干台固定防空警报器采购和新装工作。加大人防专业队建设和准军事化训练演练力度，组织开展市县两级专业演练训练。围绕融合发展，与乡村振兴做好结合，出台《关于加强人防疏散地域建设的实施意见》，分层分级分类推进疏散地域建设，打造全省疏散地域建设的标杆。

【人防工程项目】 2021 年，长沙市推动人防工程专项规划与国土空间规划同步修编。制定并落实“三集中三到位”改革实施方案，即所有行政审批职能全部向审批处集中、审批处中承担审批职能的人员全部向政务服务中心集中、行政审批事项全部向电子政务平台集中，同时做到审批事项和审批人员进驻大厅到位、审批授权处室及窗口到位、电子监察到位。全年完成竣工验收备案人防工程项目若干个，竣工验收面积若干万平方米；窗口共受理各类审批与服务事项713件，办结率 100%。主动服务“交房即交证”和房产办证遗留问题化解工作，让群众充分感受提质增效新速度。推进某医院人防工程平战转换项目，完成验收。长沙市民兵训练基地基本建成，某人防工程一期工程建设基本完成，二期工程主体结构建设完成。

【人防工程维管和开发】 2021 年，长沙人防系统加强工程监督，从“开工前、施工中、验收时”等各环节入手，加强人防工程监管，严把质量关。开展结建人防工程专项普查，全年完成若干个结建人防工程专项普查工作，为平时开发利用和战时平战转换决策提供依据。对 2 处早期人防工程和 1 处地下人防工程隐患区域开展安全评估，及时采取防患和解决各类隐患问题，确保人防工程安全无事故。对标城市管理“四精五有”要求，加强精致管理，对湘江北路（迎霞路）、香樟路（南雅）、芙蓉路（图书城）、劳动路（雅礼）等过街通道开展升级整治，为市民打造灯明、路洁、水畅、舒适、美观、人防特色鲜明的过街通道。发挥人防工程社会效益，对外开放香樟路通道西半幅人防公益图书阅览室，广泛利用人防工程开展人防宣传和公益宣传。

【人防行政执法】 2021 年，长沙市人防办案审委召集会议 7 次，研究各类问题案件 16 件。组织全市各县（市、区）行政执法人员培训会议，完成市司法局组织的 2021 年度行政执法案卷评查工作。7 月完成长沙市人防工程建设规范性文件《关于进一步规范我市防空地下室建设的通知》的制定和发布工作。11 月完成年度普法学习和普法考试，通过率 100%；开展 2021 年度人防行政执法检查，对全市各县（市、区）人防办、湘江新区、高新区、长沙片区会展、马栏山文创园管委会人防审批部门，以及各县（市）人防办辖区所属各园区人防审批部门等 17 个部门进行执法督察，重点检查 2020 年 8 月 1 日至 2021 年 10 月 31 日开展的人防行政许可、行政征收、行政处罚、人防工程质量监督、人防工程维护管理等工作，检查中发现问题 38 条，并要求各单位逐条整改落实。在市人防办官网上设置栏目公示市人防办审批的人防行政许可结果。全年受理并进行行政处罚 4 件，审核非政府采购合同 74 个，回复“领导信箱”15 个，办理“12345”热线工单 109 个，满意率 100%。

【人防宣传教育】 2021 年，长沙市人防系统开展人防宣传教育“五进”活动，重点推进“进机关、进社区、进企业”等，全市组织“五进”活动 122 次，参与人数 17.3 万人次；加强中小学人防教育，发挥宣教基地效能；利用“5·12”“11·1”以及国家公祭日、国防教育日等重要时机，组织开展系列专题宣传活动；搭建长沙市人防宣教及应急警报平台，在各区县安装人防多功能宣教机 30 台。开展庆祝中国共产党成立 100 周年系列活动，举办文艺会演、党史知识竞赛和赴韶山开展主题党日活动等。全年在长沙市人民防空办公室门户网站（含人民防空微信公众号）上主动公开政府信息 791 条，其中概况类信息更新 55 条，政务动态信息更新 618 条，信息公开目录信息更新 118 条，工作动态 142 条（含区县动态），维护各类专栏专题 3 个，新开设 1 个栏目。在《中国人民防空》、“人民论坛网”等国家级杂志、媒体上稿 5 篇，在省级杂志、媒体上稿 140 余篇；完成《中国人民防空》《湖南人防》《人防小博士》《大众防空防灾知识手册》等读本的征订和发放工作。

（本栏撰稿　陈铁辉）

经济管理

ECONOMIC
MANAGEMENT

编辑　刘盼盼

宏观经济管理

【概况】　2021年，长沙市实现地区生产总值13270.7亿元，比2020年增长7.5%。分产业看，第一产业增加值425.56亿元，增长9.1%；第二产业增加值5251.3亿元，增长5.2%；第三产业增加值7593.85亿元，增长8.9%。实现农林牧渔业增加值452.49亿元，比2020年增长8.9%。全部工业增加值比2020年增长6.9%，其中规模以上工业增加值增长7.2%。全年固定资产投资比2020年增长8.2%。其中，民间投资增长6.8%。分投资方向看，工业投资增长11.5%，基础设施投资下降3.6%，高新技术产业投资增长6.1%。全年社会消费品零售总额5111.57亿元，比2020年增长14.4%。全市进出口总额（海关口径）2780.28亿元（折合430.37亿美元），比2020年增长18.2%。其中，出口总额1977.46亿元，增长27.7%；进口总额802.82亿元，下降0.2%。全年一般公共预算收入1775.04亿元，比2020年增长8%，其中地方一般公共预算收入1188.31亿元，增长8%；一般公共预算支出1541.59亿元，增长2.7%。年末金融机构各项存款余额（本外币合计，下同）25348.5亿元，比年初增加2031.7亿元；金融机构各项贷款余额27235.11亿元，比年初增加2973.85亿元。全年居民消费价格比2020年上涨1.1%。全年城镇居民人均可支配收入62145元，比2020年增长7.2%；农村居民人均可支配收入38195元，比2020年增长9.9%。

【宏观经济规划】　2021年，长沙市协调长株潭都市圈、长沙机场改扩建等重大事项和重大工程纳入国家“十四五”规划。在全市统筹建立“规划纲要＋重点专项规划＋一般专项规划”的“1+42+N”“十四五”规划体系。申建“智能制造海归小镇”，成为全国第一个运营启动的海归小镇。积极谋划先进计算产业集聚区建设。指导长沙县江背镇、春华镇获批省级特色产业小镇。

【项目投资管理】　2021年，长沙市计划内1575个重大项目完成投资5004.5亿元，占年度计划的127.8%。377个产业链重大项目完成投资1220.2亿元，占年度计划的129.6%。24个制造业标志性项目完成投资493.1亿元，占年度计划的133.6%。十大产业项目、十大技术攻关项目、十大基础设施项目、十大公共服务设施项目分别完成投资291.6亿元、5.7亿元、288.2亿元、17.1亿元，分别占年度计划的140.2%、101.7%、125.4%、116.5%，十大民生实事项目综合完成率为112.9%。切实规范投资管理，优化招投标制度建设，推进公共资源交易综合监管平台建设，推行工程建设招投标全流程电子化及远程异地评标常态化，严格大额政府投资项目招标方案审查，对政府投资工程项目超概算、出借挂靠资质、转包违法分包、规避招标等招投标突出问题进行专项整治。加强项目代建制管理，竣工交付项目6个，新推代建制项目6个。全年审定、评审政府投资项目54个，送审投资91.9亿元，核减率10.84%。

【推进产业发展】　2021年，长沙市制定出台推进重大产业高质量发展的意见和促进汽车产业健康发展的实施意见。牵头起草创建“五好”园区的实施意见。新增认定国家企业技术中心2家、省企业技术中心7家、省工程研究中心23家、省“双创”示范基地3家。“长沙智能制造装备产业集群建设成效明显”获得国务院督查激励。成立长株潭先进储能材料产业联盟。积极推动先进制造业和现代服务业融合发展试点工作，长沙县获批第二批国家级两业融合试点区域。持续推进服务业“三百工程”建设。加快创建全市第四批市级服务业示范集聚区。出台长沙市“十四五”现代服务业发展规划、发展“她经济”的若干意见。完成首批总部企业认定。集中组织系列促消费节会活动，长沙成为全国出游最热城市和夜间旅游热门城市之一。

【优化营商环境】　2021年，长沙市出台营商环境优化工程2021年行动方案，聚焦争创国家营商环境创新试验区、长株潭营商环境一体化、推动自贸区通关协作一体化三大领域，推出66条优化改革举措。推动与北京朝阳区、株洲市、湘潭市优化营商环境合作。长沙作为2020年全国营商环境评价中营商便利度提升最快的城市之一，在全国优化营商环境经验交流现场会上作典型发言，7项指标入围全国前20强，9项指标进入优秀行列。长沙在全国工商联发布的《2021年万家民营企业评价营商环境报告》中排名全国第九位，省评价连续3年名列全省第一名。

【深化区域合作】　2021年，长江中游城市群4项重点合作事项顺利推进。湘赣边区域合作示范区建设方案获国务院批复。融入粤港澳大湾区建设，抓好长穗战略合作框架协议任务落地生效。与北京市朝阳区签订“1+12”全方位战略合作协议。深化长岳合作，在规划顶层设计、交通基础设施对接、虞公港开发共建等方面取得新进展。推动湖南一力物流园入选国家第三批示范物流园区，红星冷链首次获评五星冷链物流企业。牵头编制湖南自贸试验区长沙片区产业发展规划。加大力度服务推动中非经贸合作、东盟经贸合作和“一带一路”建设，中非经贸合作促进创新示范园建成运营。

【经济体制改革】　2021年，市发展改革委牵头开展全市工程建设项目告知承诺制审批改革，全年告知承诺制审批办件14118件，告知承诺率61.78%，位列全省第一位，全国前列。加快推进重大项目跟踪服务、首任接单、24小时反馈等审批服务制度建设。印发构建更加完善的要素市场化配置体制机制的实施意见。确立长沙首个“企业家日”，并开展向企业送政策活动。长沙经验在全国金融支持民营企业高质量发展大会上得到推介。印发长沙市创建民营经济示范城市总体方案，稳步推进民营经济示范城市创建。牵头完成全市党政机关和国有企事业单位培训疗养机构改革工作。进一步深化水电气行业价格改革、农业水价综合改革。

【重大课题研究】 2021 年，市发展改革委科学提出 2022 年全市经济社会发展工作思路、2022 年经济社会主要指标建议，为市委市政府决策提供重要支撑。向市委、市政府呈报长沙与全国部分重点城市经济社会发展对比分析、大宗商品价格上涨与通胀预期升级对长沙市经济安全影响、关于推动长沙人口提速增长的工作建议等 20 余个专题研究报告。编制形成系统化的《长沙市经济社会发展数据图表集》《2021 长沙市重点产业项目布局图册》。

（本栏撰稿 郭洪汝）

国有资产管理

【概况】 2021 年，长沙市市属国企

表 4　　2011—2021 年长沙市固定资产投资分类别增长情况统计表

单位：%

指标	2011 年	2012 年	2013 年	2014 年	2015 年	2016 年	2017 年	2018 年	2019 年	2020 年	2021 年
固定资产投资	26.1	20.3	20.1	18.3	17.1	13.9	13.1	11.5	10.1	6.2	8.2
按经济类型分											
国有投资	2.5	16.0	14.0	8.6	26.1	23.2	1.0	15.2	2.6	4.0	2.6
非国有投资	35.9	21.8	22.1	21.4	14.5	10.9	17.7	8.5	9.7	6.9	9.6
# 民间投资	5.1	2.4	23.5	21.0	14.8	3.1	18.0	12.3	12.5	2.9	6.8
按隶属关系分											
中央项目	27.1	49.3	−26.9	97.2	−10.7	8.9	−10.4	−0.3	46.3	58.2	14.9
地方项目	26.1	19.5	21.7	16.6	18.1	14.1	13.7	10.4	6.9	4.5	7.7
按产业分											
第一产业	−25.2	35.8	18.7	10.7	−10.5	2.9	19.9	59.8	83.3	−18.7	−0.5
第二产业	28.2	25.5	25.2	20.6	23.4	9.7	6.8	22.0	10.1	4.0	11.1
第三产业	27.1	17.8	17.7	17.4	14.3	16.1	16.1	5.0	6.1	7.7	6.7
按投资方向分											
工业投资	27.3	23.7	26.2	18.9	23.4	10.7	6.7	22.1	10.9	3.9	11.5
工业技改投资	46.2	17.5	25.5	11.1	20.0	−30.5	3.3	3.7	25.4	29.4	19.5
产业投资	30.2	15.3	21.7	17.0	21.7	5.5		25.6	10.9	2.1	12.3
民生投资	−5.3	16.9	25.7	32.4	39.3	67.5	4.4	1.2	−2.0	15.2	−11.0
生态投资	81.7	11.0	77.6	27.9	13.3	18.1	−6.8	52.5	23.5	−38.0	−6.5
基础设施	10.0	1.3	30.8	24.6	34.0	15.4	−2.7	12.7	6.4	4.5	−3.6
高技术产业投资		117.4	−14.2	−2.7	35.3	36.8	37.6	5.7	5.0	24.5	7.9
房地产开发投资	29.7	16.4	11.8	13.6	−24.0	26.5	18.2	0.7	11.2	12.0	19.7
按结构分											
建筑工程	24.9	10.0	22.5	18.4	26.0	12.8	17.8	5.5	6.9	3.2	6.2
安装工程	15.8	37.8	11.1	31.5	11.2	3.4	23.6	−5.7	−9.8	14.4	16.7
设备工器具购置	−3.6	30.3	22.5	19.0	12.0	−7.3	20.4	47.4	32.1	2.4	4.3

说明：“# ”表示其中主要项

（资料来源：市统计局）

资产总额1.49万亿元，占全省国有资产总额近三分之一，比2020年增长10.58%；累计营业收入总额977.65亿元，比2020年增长7.06%；累计利润总额124.86亿元；上交税费81.41亿元，比2020年增长18.09%；资产保值增值率103.32%。资产规模、收入效益等均超额完成年度目标任务，创历史新高。市国资委在全省、市州国资工作总结会上作唯一经验交流发言，获省、市两级“国有企业退休人员社会化管理工作先进单位”。强化“十四五”规划引领，持续优化国资布局和产业结构。市属国企累计出资158亿元牵头或参与55只基金，涉及655个项目，总投资额595亿元，实现基金收益19.54亿元。实施355个建设项目，完成投资549亿元，占年度全市政府类投资项目的48%，培育集成电路、中车智轨、智慧城市建设等新兴产业和项目，地铁6号线通车试运行，建成会展核心区景观工程、马栏山公园等一批民生工程。组织50余家央企、地方国企参加长沙投资环境北京、上海、粤港澳大湾区推介会，与中国航天集团、蓝思科技等知名企业达成重大产业合作项目27个，总投资额超926亿元。

【国有企业改革】 2021年，长沙市出台《长沙市国企改革三年行动实施方案（2020—2022年）》和推进工作方案，全年完成三年改革总任务的72%。推进湖南粮食集团管理体制理顺相关工作和燃气、长房、环路集团二级优化重组。完成17家全民所有制企业公司制改革扫尾工作，在全省率先实现公司制改革“全覆盖、全清零”，组建公交集团，实现公交回归公益属性，在全国范围率先探索出公交改革新路子；指导推动水业集团排水公司引资19.45亿元，企业整体资债率下降8个百分点；新增19户混改企业，市管企业集团及各级子企业中混改企业占比30.8%；指导国有改制企业丽臣实业顺利在A股上市，水业集团定增惠博普3亿股上市流通。深化劳动、人事、分配三项制度改革，出台中长期激励、经理层成员任期制和契约化管理操作指引等指导意见，在市属企业集团子公司层面全面铺开经理层成员任期制和契约化管理，推进董事会建设，实现市管国企外部董事全覆盖；完善国企负责人绩效年薪调节系数确定办法。

【国资监管机制创新】 2021年，长沙市出台《长沙市国资委以管资本为主推进职能转变方案》以及授权放权清单，制定出台国企内部审计监督、内部控制体系建设与监督、违规经营投资责任追究报告等制度，构建完善“1+9+N+X”国资监管制度体系。调整企业功能分类，将净资产收益率全面纳入考核，实施分类差异化考核和精细化监管，指导县（市、区）完成地方经营性国有资产集中统一监管工作，建设在线监管体系，实施动态授权放权，提高监管效能。开展专网通信“连环雷”事件、“恒大风波”相关业务风险排查和市属国企债务及风险监测等工作，重点监测企业指标均未超过国务院“三条红线”规定；开展企业“两金”管控、低效无效资产处置等，化解隐性债务超50亿元。做好常态化疫情防控，聚焦主责主业，守护城市运行，提供水、气、路、出行等日常民生基础服务。办结国家及省、市信访件及各类疑难复杂突出信访案570余件，排查整治各类安全隐患52695处，办结中央生态环保督察组信访交办件40件，完成率100%，维护国资系统安全、和谐、稳定大局。

（本栏撰稿 傅 亮）

土地资源管理

【用地保障】 2021年，长沙市获批项目209宗，土地总面积3155.4公顷，其中农用地2720.9公顷；获批集体建设用地63宗，土地总面积72.31公顷，其中农用地61.17公顷。按103号令实施集体土地征地拆迁在拆项目749个，完成腾地4743.19公顷，拆除房屋6970栋，约190.77万平方米。全年共建成安置房100万平方米，在建安置房449万平方米。坚持“房住不炒”，实行住宅用地“两集中、三批次”供应，全市招拍挂出让土地2680.8公顷，成交价1194.55亿元（其中市本级848.88公顷，成交价675.28亿元）。支持盘活“三资”和化债工作，已完成的调规处置项目实现土地价差增加约58亿元。

【耕地保护监督】 2021年，长沙市落实“两个占补平衡”，编制全市耕地保护一张图，完成全市“十三五”时期耕地保护责任目标考核自查、2021年度粮食安全责任考核，稳步推进全域土地综合整治试点。全市268个建设用地项目完成耕地占补平衡，涉及补充耕地总面积865.28公顷，已连续22年实现全市耕地占补平衡。全市验收补充耕地项目4批次（34个），涉及新增耕地面积43.94公顷（其中水田39.62公顷，旱地4.32公顷）。

【矿政管理】 2021年，长沙市矿山整治三年行动收官，全市关闭注销砂石土矿174家，关闭退出非煤矿山144家，建成各类国家级、省级绿色矿山20家。长沙县、浏阳市、宁乡市砂石土矿专项整治工作获省自然资源厅通报表扬。长沙市在全省率先完成年度绿色矿山建设任务，已完成绿色矿山建设整体任务的67%，建成各级绿色矿山20家，相关经验在《自然资源报》报道，并在全省推介。

【确权登记】 2021年，长沙市统筹推进农村宅基地和集体建设用地房地一体确权登记，完成长沙县、望城区、浏阳市调查确权登记成果市级验收。全市完成权籍调查89.37万宗，调查率100%；完成登记发证63.22万本，登记发证率92.69%。

【土地开发利用】 2021年，长沙

市推行“供地云”平台，实施土地价款委托评估办法，出台土地二级市场管理办法，公布实施市区城镇基准地价更新成果。修定《长沙市节约集约利用考核办法》，对土地实行全生命周期精细化管理。推进闲置土地处置盘活，2021年处置到位1027.75公顷，处置比例81.9%，实现自然资源部“增存挂钩”处置任务消存量和控增量双达标，累计实现税费收入6.88亿元。

【自然资源执法】　2021年，出台《长沙市“大棚房”问题专项清理整治行动“回头看”实施方案》，出动排查人员6200余人次，对所有设施农业项目进行3轮拉网式清查，排查设施农业6230个，面积3526.47公顷。立案查处土地违法案件138宗，涉及土地面积45.36公顷，收缴罚款312.97万元，移送公安机关2宗，移送纪检监察部门21宗；立案查处矿产违法案件15宗，罚款23.26万元，移送纪检监察机关5宗；立案查处违法建设案件11宗，罚款金额475.11万元。2021年违占耕地面积比例1.5%，违占比逐年减少。

【自然资源土地督察反馈】　2021年，长沙市2020年国家例行督察需整改的问题38宗，整改到位38宗，整改完成率100%，居全省前列；2020年省级自然资源例行督察反馈需整改的问题642宗，整改到位615宗，整改完成率95.79%。长沙市接受月清“三地两矿”任务清单18批次，涉及撤批预警清单139宗，违法用地553宗，闲置土地54宗，净地攻坚任务147宗，需解扣解冻耕地指标清单4066宗，新增农村乱占耕地建房问题图斑160宗。完成处置撤批预警清单405.93公顷、闲置土地1029.87公顷、净地攻坚任务105宗，整改销号违法用地411宗，解扣解冻率19.89%，新增农村乱占耕地建房问题图斑整改到位（包括阶段性整改到位）159宗。同时，开展违建别墅问题“举一反三”和“回头看”、深化巩固违建别墅问题清查整治等系列工作。

（本栏撰稿　陈　昆）

财　政

·财政收支·

【概况】　2021年，长沙市完成一般公共预算收入1775.04亿元，增长8.04%。其中，上划中央收入586.73亿元，增长8.08%。完成地方一般公共预算收入1188.31亿元，占全省比重为36.56%，增长8.02%；税收879.77亿元，增长9.01%，税收占比74.04%，全省排名第一位。其中，市本级完成474.26亿元，增长5.79%；县（市、区）完成714.04亿元，增长9.55%。全市完成一般公共预算支出1541.59亿元，比2020年增加40.36亿元，增长2.69%。其中，市本级完成569.85亿元，比2020年增加20.78亿元，增长3.78%。

【支持经济高质量发展】　2021年，长沙市财政围绕市委、市政府重大决策部署，推动财政资源向重大战略、重大政策、重大项目配置，助推经济高质量发展。服务重大战略实施。全面落实“三高四新”战略定位和使命任务，分别投入8.94亿元、6.08亿元、10.24亿元支持先进制造业高地、科技创新高地、开放高地建设。落实减税降费政策。健全市级减税降费跨部门协作机制，坚持普惠性与结构性减税并重，同时做好政策效果跟踪评估，做到应减尽减、应降尽降，减轻企业税费负担，助力企业发展。2021年，全市累计减税降费131.21亿元。保障重点领域资金。投入19.96亿元支持实施乡村振兴战略，发展农业特色产业、壮大农村集体经济、补齐农村基础设施短板。投入4亿元支持打好蓝天、碧水、净土保卫战。支持建设“四精五有”品质城市，安排资金8.1亿元支持三一大道—岳麓大道、“十六纵横”等项目提质改造。统筹各类资金24亿元，助推全市轨道交通项目建设。

【预算执行】　2021年，长沙市财政优化财政支出结构，不断强化预算约束刚性。严格支出管理。压减公用经费1.41亿元，建立健全专项资金清理常态化机制，核减部门预算项目支出4.36亿元，实现部门预算项目支出较2021年压减5%。加强评价结果应用。建立和完善绩效评价结果与预算安排挂钩机制。编制预算时，在无硬性规定情况下，对整体绩效评价为“中”的预算单位所有项目统一核减20%；对绩效评价为“中”的单个项目统一核减30%，所有核减项目年中不得追加。开展“三资”盘活。制定总体工作方案、明确

2021年7月30日，长沙市投资控股有限公司成立暨揭牌仪式举行　市财政局　供图

表 5　长沙市财政预算收、支情况统计表

单位：万元

指标	2021 年						2020 年	2021 年比 2020 年（±%）
	全市	市区	望城区	长沙县	浏阳市	宁乡市		
地方一般公共预算收入	11883057	7926559	860083	1325724	1042573	728118	11000910	8.0
#税收收入	8797713	5750323	652708	1031311	803084	560287	8070788	9.0
增值税	2932163	1866217	243351	409070	229828	183697	2594389	13.0
企业所得税	1199864	924933	52544	87452	69388	65547	1132832	5.9
个人所得税	546265	462448	8690	34677	21895	18555	539594	1.2
一般公共预算支出	15415932	5095722	1176165	1778278	1637498	1205938	15012319	−5.0
#一般公共服务	1782820	910673	125876	242844	139185	128594	1852702	−3.8
社会保障和就业	1366235	541580	141704	122210	203668	166052	1267347	7.8
科学技术	687933	127400	34148	139707	43542	24620	554502	24.1
教育支出	2559903	1019478	240049	313733	317577	214368	2310537	10.8
农林水事务	993371	275935	125365	189615	233284	158528	955370	4.0

说明：1. 自 2020 年起，湖南省将省与长沙市共享税收收入中省级分享比例进行调整，地方一般公共预算收入 2019 年同期数相应调整；2.“#”表示其中主要项　（资料来源：市统计局）

绩效考核目标、分解落实任务，通过公共资源有偿使用、完善土地资源管理机制、改变国有企业资产和股权划拨方式等举措，统筹协调推进资金资产资源盘活工作，全市累计盘活“三资”317.27 亿元，完成年度目标任务的 198.29%，其中市本级（含湘江新区、高新区）完成 108.11 亿元。加强直达资金管理。按照省财政厅要求及相关资金管理办法，及时分配、拨付直达资金，建立台账，强化督查管理，直达资金均按要求及时分配和拨付到位。强化国库库款管理。依托预算执行动态监控系统密切跟踪全市各级库款流入、流出和余额变动情况，精细测算并差异化调度资金，确保各级财政库款规模和保障水平处于稳定水平。推动市级预算执行动态监控改革同预算编制、行政事业单位国有资产管理、政府采购管理等工作有机融合，有力保障财政性资金安全、规范、高效支付使用。

【收入征管】　2021 年，长沙市财政围绕增量提质，涵养培植财源税源，强化收入征管，实现财政收入平稳增长，进一步做大做实财政收入“蛋糕”。着力强化收入组织。科学制定全年收入预期目标，合理分解征管责任。健全完善收入征管体系，加强统筹调度，准确研判趋势，落实收入组织工作要求和措施，防止跑冒滴漏。在稳增长基础上，优化收入结构，提升收入质量，坚持依法征收。实施财源建设工程。组建工作专班，建立联席会议制度，制定《长沙市财源建设工程实施方案》，开展财源建设“2552”专项行动。探索建立园区亩均税收评价和应用机制，强化建筑项目全业务流程涉税监管，推进城镇土地使用税政策调整。

【财政管理】　2021 年，长沙市财政推进财政管理改革，不断规范财政运行管理，财政管理工作获国务院真抓实干督查激励，市财政局被评为 2021 年度全省预算绩效管理工作先进单位。深化财政管理。预算管理一体化系统上线运行，进一步规范财政预算管理业务流程、管理要素，实现财政资金从预算安排到使用的跟踪监控。不断完善行政事业单位经营性资产管理机制，推动全过程公开透明、控制有效。推进财政改革。建立地方预算执行动态监控同预算编制、国有资产管理、政府采购、财政监督等业务融合机制，对县（市、区）财政“三保”（保工资、保稳定、保增长）等重点支出实行预算编制事前审核。建立健全费用类评审体系，实行项目进窗预审制，清理积压项目，推动财政评审提速增效。推进国库集中支付“放管服”改革，实现支付时长控制在 24 小时之内。强化预算绩效管理。对 391 个项目进行重点绩效评价，涉及部门单位 125 家，评价资金 350.41 亿元。不断拓展评价范围，对债券资金、社保基金、地下综合管廊 PPP 项目以及政府产业投资基金等实施绩效评价。全面清查全市 349 家预算单位银行账户，撤销账户 92 个，收回资金 0.44 亿元。

【防范化解重大风险】　2021 年，长沙市财政局落实上级防范化解重大风险各项要求，完善防控机制，强化政府债务风险管控，防范化解风险工作获省政府真抓实干督查激励。化解存量隐性债务。全市累计化解隐性债务1548.02亿元，为2018—2021年化解任务的192.44%，占锁定总量的48.68%。健全风险防范机制。建立健全债务动态监测、风险预警、集中约谈等机制，依规依程序做好变动统计。坚持按照“一债一策”原则编制偿债计划，做好偿债资金筹措。加强债券资金管理。2021年争取新增政府债券额度338.11亿元。利用信息化手段，实现对政府债券“借用管还”全生命周期管理。开展债券管理使用情况专项检查和绩效评价，促进资金安全、规范、高效使用。

（本栏撰稿　梁　中）

·国库集中支付管理·

【支付业务】　2021年，长沙市本级完成国库集中支付改革的预算单位361家，办理集中支付业务35万笔，支付资金803.31亿元，实现改革单位所有财政资金“一个口子出”的改革要求。积极构建“制度＋技术”的预算管理机制，精练业务流程，积极推进预算管理一体化，市本级国库集中支付于2021年12月14日上线纳入预算管理一体化系统，形成项目全生命周期的监管机制，强化单位的预算执行主体责任，进一步提高了财政资金运行效率和支付效率。

【资金管理】　2021年，长沙市国库集中支付核算中心制定《长沙市政府性投资项目资金“双控”管理操作细则》，明确项目单位除预算拨款、政府债券资金、土地收入市级统筹部分等财政性资金外，政府性投资项目其他资金（如融资资金、项目自有资金等）不再实行“双控”管理，同时明确“双控”资金管理的责任主体为项目单位，强化财政性资金用于公益性项目的统筹能力和专款专用，进一步提高资金支付效率。2021年，市本级122家单位、1297个项目纳入“双控”管理，全年累计支付项目资金3549笔，金额194.29亿元。全年拒付28笔，金额1.68亿元。对双控账户进行全面清理，2021年，撤销双控闲置账户24个，监督项目单位将闲置的存量资金近5000万元上缴国库。

【预算执行】　2021年，长沙市国库集中支付核算中心严格执行财经纪律和各项规定，重点加强对预算单位人员支出、工程项目、上级专项等资金的审核拨付，特别是加强对“三公”经费的支付控制，确保“三公”经费“两个不超”（决算不超预算、当年不超上年）。

【绿色通道支付】　2021年，长沙市国库集中支付核算中心应对部分单位的应急事项（如救灾、抢险等特殊事项）资金支付，可凭相关批示件办理借款手续，待事项处理完后，向市财政申请指标，通过财政零余额账户支付归还。全年办理市委办、交警支队、禁毒支队、市总工会、市场监管局5家单位“绿色通道”资金借款512万元。

【区县支付改革】　2021年长沙市国库集中支付改革全面整体推进，根据各区县改革推进的具体情况加大指导力度，组织交流学习，推广先进经验。2021年，长沙市实施改革的9个县（市、区）总支付138万笔，金额1266.35亿元；其中直接支付金额1117.66亿元，占总支付额的88.26%，授权支付金额148.69亿元，占总支付额的11.74%。

（本栏撰稿　陈　志）

·财政事务管理·

【非税收入收缴管理】　2021年，长沙市完成全口径非税收入1580.77亿元，比2020年增加169.42亿元，增长12%。其中：纳入一般公共预算收入管理的非税收入完成308.53亿元，比2020年增加15.52亿元，增长5.3%；政府性基金收入完成1246.31亿元，比2020年增加152.89亿元，增长13.98%；财政专户收入完成14.76亿元，比2020年增加2.56亿元，增长20.99%；国有资本经营预算收入完成11.17亿元，比2020年减少1.55亿元，下降12.19%。市本级完成全口径非税收入751.59亿元，比2020年增加3.59亿元，增长0.48%。其中：纳入一般公共预算收入管理的非税收入完成123.31亿元，比2020年减少7.03亿元（主要是2020年盘活“三资”，国有资源有偿使用收入增加较多，导致2021年比2020年相应减少22.6亿元），下降5.39%；政府性基金收入完成612.29亿元，比2020年增加10.01亿元，增长1.66%；财政专户收入完成6.19亿元，比2020年增加0.44亿元，增长7.54%；国有资本经营预算收入完成9.8亿元，比2020年增加0.17亿元，增长1.77%。

【非税收入项目划转】　2021年，长沙市本级完成水利建设基金、防空地下室易地建设费、水土保持补偿费、城镇垃圾处理费4项非税收入项目划转税务部门征收（不含税务部门原代征转征收4项、财政部湖南监管局征收5项以及市本级未征收项目8项）。积极做好相关非税项目划转前期准备工作，确保了2022年1月1日前将国有土地使用权出让收入、矿产资源专项收入2项中央级非税项目和国有资产占用费等5项省级非税项目平稳划转到位。

【财政票据管理】　2021年，长沙市发放财政票据3745万份，核销财政票据1104.11万份（市本级），收缴、销毁空白废止财政票据313.78万份，监督市水运事务中心、市第一医院、市妇幼保健院销毁过期财政票据1220万份。全年发放电子票据号码597万份，其中市本级发放电子票据号码407万份，提高了财政票据监管的实时性。向省财政厅递交《关于长沙市实施财政电子票据管理改革试点工作的申请报告》，拟选择长沙市市本级单位系统内部电子化程度较高的长沙市口腔医院和长沙市物业维修资金管理中心2家单位进行试点。

【缴费便民服务】 2021年，长沙市新增支付宝缴费渠道，缴费用户可使用支付宝完成学费和其他非税缴费项目的缴纳。新增长沙市城乡建设中等职业技术学校、长沙市东雅中学、长沙市血液中心等单位纳入微信、支付宝缴费和和包支付缴费渠道，督促所属区县（浏阳市、宁乡市除外）对接“我的长沙”App实现教育缴费等，为市民提供更多便利。截至12月31日，实现非税收入缴费53万笔，交易金额5.97亿元，其中：和包支付1022笔，交易金额129万元；“我的长沙”App 549笔，交易金额46万元；长沙非税缴费小程序2.8万笔，交易金额1800万元；“长沙财政服务中心”公众号微信缴费52.7万笔，交易金额5.88亿元。

【历史遗留罚没物资处置】 2021年，长沙市财政事务中心联合局机关纪委对储存在市检察院、保险柜租赁公司的75件历史遗留罚没物资进行全面清点、核对，并委托市价格认证中心进行价格认证。根据价格认证结果，委托湖南鑫盛拍卖有限公司对其中62件物品进行网上拍卖，剩余13件过期报废、仿冒伪劣物资在局机关纪委监督下进行销毁处理。经过4轮拍卖，历史遗留罚没物资全部处理完毕，所得拍卖收入72.17万元全额上缴国库。

【降费减负政策落实】 2021年，长沙市财政清理发布《长沙市本级行政事业性收费和政府性基金目录清单》，要求相关执收单位不得实施目录清单之外的收费项目。2021年市本级继续保留的行政事业性收费24项，涉企行政事业性收费10项，政府性基金6项（含税务部门征收4项）。督促各执收单位按政策执行涉企收费减负举措，积极配合城中村办公室，对符合城中村税费优惠政策的项目返还城市基础设施配套费0.43亿元。

【政府采购服务及管理改革】 2021年，长沙电子卖场完成年度订单2.93万笔，累计交易金额2.88亿元，节约采购资金1750万元，节约率5.72%。自11月15日起，长沙市全面启用湖南省电子卖场。12月31日停止长沙电子卖场的交易业务，2022年1月31日关闭长沙电子卖场。全市完成公务用车定点维修保养备案1.02万台次，节约金额330万元；定点保险2873笔，投保金额600万元，理赔3起；全市定点加油24.38万笔，公车加油总金额1.04亿元，优惠金额328万元。完成长沙市政府采购非公开项目抽取3710个，专家参与评审1.1万人次。

（本栏撰稿　陈利娜）

·政府采购监督管理·

【概况】 2021年，长沙市完成采购金额195.74亿元，比2020年增加2.85亿元，增长1.5%，全年节约资金10.32亿元，节约率为5.01%，其中市本级完成政府采购93.75亿元。

【发挥政策导向功能】 2021年，长沙市财政通过落实优先采购、价格扣除、评标加分等评审优惠措施，使企业新产品以“两型”产品形式获得政府采购政策支持。助力乡村振兴。落实省财政厅《关于运用政府采购政策支持乡村振兴有关事项的通知》精神，督促采购单位通过扶贫“832平台”填报年度农副产品采购预留份额，全市农副产品交易总额5533.88万元。扶持中小企业发展。督促采购单位严格落实《政府采购促进中小企业发展管理办法》，推广政府采购合同线上融资，向金融机构全面开放长沙市政府采购合同融资业务，全市累计向185家政府采购供应商授信237笔，发放融资贷款额度3.79亿元。

【优化政府采购营商环境】 2021年，长沙市全面对标营商环境先进标杆城市，从推动政府采购流程更简、成本更低、服务更优着手，加速优化政府采购营商环境，制定出台《关于进一步优化营商环境促进政府采购提速增效相关事项的通知》，实行采购过程提速、全面取消投标交易费用、建立合同预付款制度、采购全过程公开、首设在线投诉等多项优化营商环境新政。加大信息公开力度。印发《关于做好长沙市政府采购意向公开工作的通知》，全面部署采购意向公开工作，明确公开主体和渠道、范围和内容、依据和时间，便于供应商提前了解采购单位采购需求，做好应标和响应准备，2021年全市发布采购意向3758条。取得积极工作成效。长沙市优化举措获得国家发展改革委官网推荐，《中国财经报》《中国政府采购报》等媒体宣传报道。在第16届全国政府采购监管峰会上，市财政局被评为“优化政府采购营商环境先进单位（2020—2021年度）”和“政府采购先进监管机构（2020—2021年度）”。

【构建监管长效机制】 2021年，长沙市政府采购构建以采购当事人行为规范为核心的监管体系，健全违法违规约束机制，营造公平有序的政府采购环境。压实采购人主体责任。转发《湖南省财政厅关于建立预算单位政府采购内控制制度的通知》，要求采购单位建立健全内控制度，实行应控尽控，夯实政府采购主体责任，推动采购单位政府采购流程持续规范。加强采购代理机构管理。印发《关于加强政府采购代理机构管理的通知（试行）》《长沙市政府采购代理机构考评管理办法（试行）》，规范代理机构操作规程，并建立代理机构专评标准，每半年度对代理机构工作质量和服务情况进行量化考评。严格评审专家管理。印发《关于加强政府采购代理机构管理的通知（试行）》，明确评审专家行为规范，评审专家存在违规情形累计达3次或年度内2次评价为不称职时，对评审专家进行约谈警诫，限期整改。

【监督检查】 2021年，长沙市财政局调查处理情况反映和举报17起，调查处理投诉17起，作出行政处罚12起，涉及评审专家5名、代理机构6家，对23家代理机构提出整改要求并责令及时纠正。开展专项检查。按照省财政厅统一部署开展代理机构监督评价，对长沙地区82家代理机构、311个政府采购项目进行书面检查，对106家代理机构进行现场检查，对22家代理机构和2个采购人发出整改通知书，对4家代理机构作出行政处罚。

（本栏撰稿　钟雯琪）

·财政评审管理·

【概况】 2021年，长沙市财政评审中心全年累计完成评审项目1552个，送审金额655.84亿元，审定金额565.15亿元，核减金额90.69亿元。据市审计局专项审计检查反馈，“财评中心项目评审质量可靠、风险可控”，审计抽查项目评审审定金额误差仅为0.02%，远低于3%的行业标准。长沙财政评审管理工作在2022年1月13日全省财政工作会议上作经验推介。

【制度建设】 2021年，长沙市财政评审中心不断完善现行财政评审制度体系。分类别健全费用类评审指南体系。先后发布科研、物业、信息化等6部评审指南，实现费用类项目评审指南“从1到N”的历史性突破，总体水平走在全国前列。分专业编制工程类计价清单模板。完成房屋建筑等工程类常用计价清单模板编制工作，对规范工程招标控制价及预算编制具有里程碑意义。分步骤推进工程造价大数据平台建设。采取“分步建设、综合集成”的方式，建立轨道交通和市政道路两大工程领域指数指标体系，为工程造价提供重要技术支撑。分层次完善财政评审内控制度。梳理近四年出台的60个制度性（含计价）文件，形成较为完备的财评工作内控制度体系。

【评审质效】 2021年，长沙市财政评审中心把提高项目评审质效，作为优化营商环境的重要抓手。针对性细化资料清单。陆续出台电力管线迁改、市政、房建等一系列专业特色较强的进窗目录，最大限度减少后续资料增补。创造性施行项目预审。资料增补“一次性告知”，建立对口联系服务机制，实时解决评审流程不了解、评审标准有异议、评审过程有争议等问题。智能化辅助评审办公。开发微信小程序，解决异地办公难题。电子屏公开评审进度和评审员联系方式，来访人员可实时查询。线上推送评审报告，建设单位可自行下载打印，实现“人员少跑路、信息多跑步”。常态化开展业务培训。组织财评系统、建设单位、中介机构相关人员，开展10余次业务培训，参与人数3000余人次，助力提高全市财评系统从业人员专业素养。

【服务保障】 2021年，长沙市财政评审中心抬高发展坐标，在解决重大事项中提升服务保障能力。完成历年积压项目清理工作。制定专项工作方案，压实各方责任，加强调度协调，截至2021年年底，累计清理2013年以来历史积压项目372个，涉及项目总金额313.25亿元（不含退窗项目），实现“零积压”的目标。完成重大项目评审。坚持围绕中心、服务大局，聚焦聚力长株潭都市圈建设、“五个十大”项目等重点任务，按时保质保量完成“三干一轨四连线”、城市超级大脑、黄花机场、长沙地铁等重大项目评审。筹办全国财政评审沙龙。系该沙龙首次在省会城市的财评中心举办，获财政部预算评审中心领导高度肯定。开展重大课题研究。完成省财政厅课题《“三高四新”战略下湖南省政府投资项目财政评审能力提升的对策研究》以及《跨江特大桥投资控制探讨》等10余篇学术论文，在国家级学术刊物上发表。

（本栏撰稿　陈佳乐）

税　务

【概况】 2021年，国家税务总局长沙市税务局共组织入库各项税收收入2155.22亿元，比2020年增长9.02%，税收总量占全省47.81%，排名中部六省第二位。其中，市县两级税收完成894.74亿元，比2020年增长8.81%，居中部第一位。各项工作先后得到总局、省局和市委、市政府领导肯定性批示18次，被评为“2021年度全省税务系统绩效管理先进单位”。党史教育。开展沉浸式教育超400场次，相关经验被党史学习教育官网推介。取得全市党史知识竞赛、全省税务系统微党课竞赛、湖南省党史知识竞赛三个第一名。

【减税降费】 2021年，长沙市累计新增减税降费122.09亿元，其中2021年新出台的政策减税降费54.89亿元，展期实施政策减税降费62.76亿元；2020年年中出台政策在2021年翘尾新增减税降费4.44亿元。此外，2021年四季度落实支持制造业中小微企业税收缓缴政策，共缓税15.38亿元。

【社保非税征管职责划转】 2021年，长沙市灵活就业人员社保平稳有序划转，全市灵活就业人员参保登记人数22.1万人，比2020年增长27.68%。顺利平稳实现水土保持补偿费、地方水库移民扶持基金、排污权出让收入、防空地下室易地建设费、河道砂石经营收益、生态环境损害赔偿资金、土地闲置费、城镇垃圾处理费8项非税收入划转。2021年全市入库社会保险费713.4亿元、非税收入128.92亿元。

表 6　　2021 年长沙市税务局税种收入情况统计表

单位：万元

项目收入	收入额	比 2020 年同期	
		增减额	增减（%）
1. 国内增值税	6544494	588400	9.88
其中：卷烟	967266	68373	7.61
剔烟	5577228	520027	10.28
2. 国内消费税	5495352	633077	13.02
其中：卷烟	5179049	639893	14.10
剔烟	316303	−6816	−2.11
3. 企业所得税	3585060	228726	6.81
其中：卷烟	312867	−10039	−3.11
剔烟	3272193	238765	7.87
4. 个人所得税	1387266	25498	1.87
5. 资源税	7108	2110	42.22
6. 城市维护建设税	568377	51245	9.91
7. 房产税	396194	71457	22.00
8. 印花税	180004	41510	29.97
9. 城镇土地使用税	191278	−1576	−0.82
10. 土地增值税	1318515	98361	8.06
11. 车船税	109102	6095	5.92
12. 烟叶税	6633	−289	−4.18
13. 耕地占用税	86637	−155577	−64.23
14. 契税	1250186	203952	19.49
15. 环境保护税	5720	999	21.16
16. 车辆购置税	420894	−5965	−1.40
17. 其他税收（营业税）	−644	−5704	−112.73

（资料来源：市税务局）

【深化税收征管改革】　2021 年，长沙市契税法和城建税法顺利实施，财行税“十税合一”申报全面推行。推进智慧税务建设，“房产工程项目建安成本造价核算系统”上线并参与项目测算 74 个，土地增值税清算智能化水平大幅提升，全年综合税负提升 1.3 个百分点。“互联网 + 不动产交易纳税申报系统”被评为首届长沙新型智慧城市十大典型应用。完成“数字人民币税费缴纳”省级改革试点，长沙成为全国首个数字人民币全场景全流程纳税缴费城市。做好“精诚共治”省级改革试点，不动产司法拍卖“司法 + 税务”管理机制在长沙落地，全年共办理 2400 余笔，入库税款 2.7 亿元。深化跨境交易涉税信息共享，实现省内首次单笔征收跨境股息红利所得个人所得税 1.32 亿元，实现国际税收征管的重大突破。

【纳税服务】　2021 年，长沙市税费宣传项目“满妹子说税”被评为“全省十佳精准普法创新案例”。创新推出第三方“驻场督导”、首席办税执行官、纳税人缴费人“找碴纠错”、税费服务体验师等措施，制定“我为纳税人缴费人办实事”清单，全年解决群众实际问题 7000 余件。“12366”迁址拓建并与“12345”服务热线归并，提供 7×24 小时全天候咨询，首创推出远程视频咨询，全年接收来电 30.5 万次，人工接通率 95.8%。落实“放管服”改革，常见办税事项办结时效提升 50% 以上，企业开办办理平均时长降至 3 分钟，注销办理时间降至 1.72 天。

【优化税收营商环境】　2021 年，长沙市先后出台涵养税源发展措施 30

2021年12月24日，国家税务总局长沙市雨花区税务局第一税务所工作人员辅导纳税人用数字人民币缴税　　市税务局　供图

条、服务长沙自贸区建设措施10条、落实财源建设工程“2552”行动方案等措施，积极服务“三高四新”战略定位和使命任务。拓展“银税互动”受惠范围，18.73万户纳税人获得信用贷款325.16亿元、比2020年增长160.75%。在2021年全国纳税人满意度调查中排名跃升8位，前进幅度居全国前列。严格落实“首违不罚”清单制度，对10类轻微违法行为实行首违不罚，累计首违不罚3083次。

【税收治理】　2021年，长沙市税务局推送风险应对任务2.3万户次，入库各项收入31.77亿元。加大智慧稽查、科技稽查建设力度，全年立案检查639户，结案593户，查补入库税款45.55亿元，比2020年增长58.77%。完善市县两级公安派驻税务机关定期会商和信息交换制度，检查虚开骗税案件2169户，端除虚开发票窝点4个，获四部委表彰的全国“双打”先进单位。

（本栏撰稿　朱　艳）

审　计

【概况】　2021年，长沙市审计机关完成审计项目241个，查出违规金额35.16亿元。其中，市审计局完成审计项目72个，审计整改金额32.6亿元，审计促进增收节支24.3亿元，移送案件线索57件，1个审计项目获得全国优秀审计项目，3个审计项目获得全省优秀审计项目，获得长沙市领导班子绩效考核优秀、平安建设考核优等，继续保持“全国文明单位”荣誉，被评为“全省法治政府建设示范单位”。

【国家重大政策措施落实情况跟踪审计】　2021年，长沙市审计局紧扣三个“三年行动计划”等“三高四新”政策落实，重点对科技、工业、物流口岸、商贸、文化、金融六大类产业发展资金开展专项审计，审计涉及市级资金42.79亿元，挽回（避免）损失2457.82万元，促进上缴财政资金1938万元。审计中，揭示部分专项资金支持方向交叉雷同，涉及12个专项资金1.95亿元；138家企业同一年度内获取两项性质相似的科技奖补资金2776万元等突出问题，督促收回违规拨付或被套取骗取的专项资金1272.94万元，退回市区两级奖励资金252.54万元，依法追缴4家市场和门店相关资金260万元，助力产业专项资金发挥激励引导作用。

【财政审计】　2021年2—6月，长沙市审计局落实“一级预算单位每年审计一次”的要求，通过“1+9+N”的预算执行审计模式，对市公安局、市自然资源和规划局等9个市直部门单位现场审计，通过大数据分析加疑点核查方式对其他92个一级预算单位进行审计全覆盖。截至2021年12月，市本级预算执行和其他财政收支情况审计工作报告反映的401件问题中368件问题已整改到位，促进上缴财政13.48亿元，社保基金征缴到位7.03亿元，清理盘活存量资金71.02亿元，促进资金拨付到位25.92亿元，挽回或避免损失2.85亿元，推动出台制度办法70余项。4—6月，对长沙市市场服务中心、长沙血液中心开展财政财务收支审计，揭示某单位8517.71万元国有资产存在流失风险等突出问题，促进规范资金管理。3—11月，对新增地方政府专项债券资金、长沙银行授信风险开展专项审计，督促上缴专项债券利息收入6336.21万元，收回违规使用的土储债资金1.56亿元，推动专项债券资金及时形成实物工作量，筑牢经济安全屏障。

【经济责任审计】　2021年2—11月，长沙市审计局对12家单位的16名县处级领导干部开展经济责任审计，界定责任问题214件，促进上缴财政4.36亿元，挽回（避免）损失8375万元，移送线索15件。审计中，揭示1.6亿元城镇职工养老、失业、工伤保险基金征收不到位；未及时足额征缴土地出让收入及违约金4.77亿元；7065万元棚改补贴存在流失风险等突出问题，促进领导干部依法规范用权。5—8月，完成省审计厅统一组织的耒阳市市委书记、市长经济责任审计异地交叉项目，查出问题32件，违规金额1.1亿元，界定直接责任问题1件。审计中，揭示未经上级复核认定，组织实施土地整治项目造成林地破坏；违规向企业出借资金等问题，促进权力规范运行。

【政府投资审计】　2021年1—11月，长沙市审计局对地铁1号、地铁2号线及西延线机电设备采购及管理情况等8个政府投资项目开展审计，揭示某公司未严格执行经市政府批准的土地增值收入分配方案，6.18亿元财政资金存在流失风险；54个工程或服务项目未公开招标，涉及金额16.25亿元；13个项目处置不明来源渣土，增加土方外运成本1.08亿元等突出问题，促进政府投资安全高效使用；8—12月，参加省审计厅统一组织的长株潭城际轨道交通西环线工程阶段性跟踪审计和文津巷路（湘江大道—书院路）道路工程等4个项目的调概审计，助力长株潭都市圈建设。

【民生及专项资金审计】 2021年1月，长沙市审计局参加审计署统一组织的社保基金、住房租赁市场发展补助资金审计，切实维护民生民利；2—6月，对乡村振兴战略实施情况开展专项审计，审计抽查320余个单位（乡镇、村、企业）、调查农户613户，涉及乡村振兴相关资金9.18亿元。通过审计，促进拨付高标准农田建设资金、改厕资金710.3万元，督促相关企业（单位）退回被套取、骗取的农业产业发展资金529.36万元，完成4619座厕改化粪池质量不达标问题的整改，推动乡村振兴战略有效实施。2—11月，对住房公积金、2021年“10件民生实事”实施情况等民生项目和资金开展审计，督促150家企业补缴公积金1825.5元，追回11人重复贷款411.4万元。

【国资国企及园区审计】 2021年7—11月，长沙市审计局对水业集团等5家市属国有企业的经营发展状况进行审计，揭示国有企业主业不强、子公司同质化竞争，部分风险项目管控不严、1.11亿元国有资产面临损失风险，某公司财务负责人涉嫌虚构原材料采购业务侵占公司资产143.98万元等突出问题，助力发挥国有企业“领头羊”作用。6—11月，对长沙高新区等4个园区的经营发展状况和项目建设情况开展审计，揭示招商合同不完善造成财政资金损失1257.88万元，17家违约企业9961.2万元奖励资金未追缴到位，向4家未达合同约定企业拨付资金5.78亿元，平台公司履职不到位造成4731.32万元国有资金损失等突出问题，助力建设“五好”园区。

【资源环保审计】 2021年3—5月，长沙市审计局开展市生态环境局自然资源资产离任（任中）审计和环保专项资金审计，促进拨付生态补偿等奖补资金4610.15万元，督促收回3家单位违规获得的资金105万元；5—8月，参加省审计厅统一组织的自然资源资产离任（任中）审计异地交叉项目，揭示未批先建占用土地53.9公顷，侵占高标准农田、永久基本农田97.96公顷等突出问题，助力生态文明建设。

【审计成果运用】 2021年，长沙市审计局审计发现问题1051件，截至2021年12月底，长沙市审计局反映的已达整改期限的571件问题中，已整改488个，审计整改金额29.34亿元。向长沙市委市政府报送审计要情、审计专报、综合报告等共计51篇，长沙市委市政府主要领导批示28篇次，推动解决一批突出问题。

【审计能力建设】 2021年，长沙市审计局建成长沙市大数据智慧审计系统，举办大数据审计案例分享会3期，建立数据分析模型78个，开展数据查询约10万次，形成大数据审计与传统审计交叉融合的审计新模式。组织审计人员参加各类培训22批次，参训人员737人次，选派审计人员参加审计署、省审计厅“以审代训”，抽调骨干审计人员参加三轮省委巡视5人次、省审计厅税务审计5人次，提升审计专业能力。 （本栏撰稿 刘哲君）

统　计

【概况】 2021年，长沙市统计局围绕“三高四新”、高质量发展、长株潭一体化等战略，在全省率先以两办名义出台《关于进一步加强新形势下统计工作的意见》，创新统计改革发展理念和措施，强化统计保障。紧扣全市发展大局，加强经济形势分析研究，及时反映经济运行中趋势性、苗头性问题，为市委市政府科学决策提供依据。加大统计课题研究，完成10个重点统计科研课题，得到省、市领导肯定批示，省委常委、市委书记吴桂英等市领导对《长沙打造“三个高地”的统计评价体系研究》《长沙打造国家重要先进制造业高地的研究报告》《长沙市高质量推进乡村振兴战略研究》分别作肯定。全年完成统计分析报告145篇，获市级及以上领导批示102篇次，其中吴桂英批示30篇次，市委副书记、市长郑建新批示20篇次。

加强对主要指标和先行指标的跟踪监测，每日跟踪监测联网直报企业数据报送情况；每月开展经济形势研判，《关于上半年全市经济运行短板指标及建议的汇报》等17篇统计分析报告得到省、市领导批示。有序推进“三高四新”统计监测工作，全面监测反映“三高四新”战略成效重点指标以及41项国内生产总值核算基础指标，经验做法被《中国信息报》推介。积极开展省、市绩效考核指标监测，每季收集、整理全市及各县（市、区）经济指标完成情况，围绕全市中心工作积极出谋划策，提出相关建议得到采纳运用，服务全市高质量发展。做好全市高质量发展综合绩效评价指标收集、报送工作；跟踪开展民生实事考核监测，每月报送省、市重点民生实事项目进度，定期开展实地核查和评估认定，确保实事项目落到实处。

丰富统计产品，编印统计年鉴、统计公报、统计手册、运行快报等10余种统计产品，及时发布统计数据，全面展示长沙经济社会发展成果。加大对宏观经济形势和热点问题的解读力度，发布政务信息435篇。发挥社情民意调查统计职能作用，全年开展调查项目12个，收集有效建议近万余条，真实、全面、准确地反映社情民意。开展统计咨询服务，推行首问责任制、服务评价制，对各种来电、来函咨询及时回复，做到统计服务“零投诉”，群众满意率100%。市统计局被国务院被表彰为“第七次全国人口普查先进集体”，继续保持省级文明标兵单位称号。

【统计改革】 2021年，长沙市统计局推进统计方法制度改革，开辟统计工作新领域。巩固国内生产总值核算改革成果。推进地区生产总值统一核算改革，严格按照要求开展国内生产总值统一核算，做好业务指导，确保核算数据真实反映全市及各县（市、区）经济发展状况。开展新区、园区、片区、民营经济、中小企业、文化产业等派生领域增加值核算工作，长沙民营经济核算工作被《中国信息报》推介。深化重点领域改革。积极探索建立“三高四新”等重大战略、重点领域统计指标体系，《长沙打造“三个高地”的统计评价体系研究》《湖南自贸区长沙片区统计指标体系研究》等得到省、市领导肯定批示。及时跟进国家、省统计局改革动态，有序开展先进制造业、临空经济示范区、自贸试验区、乡村振兴等监测工作，创新开展数字经济核心产业增加值测算，开展战略性新兴产业统计监测，全面监测高新产业、高技术产业发展情况。推进园区、片区高质量统计。根据湘江新区扩容新情况，加强对湘江新区统计工作的指导，出台《关于支持湘江新区统计工作的通知》，有效推进新区高质量发展。协助省局建立湖南自贸区统计报表制度，推进长沙片区改革试点相关统计工作。做好六大片区综合评价数据监测服务，及时提供相关指标数据。加强园区统计监测，配合做好园区亩均效益改革试点，《长沙产业园区现状及发展思考》获省委常委、市委书记吴桂英肯定。

【统计基层基础建设】 2021年，长沙市统计局全面落实县、乡统计工作“六化”建设达标规划，推进乡镇街道统计工作法制化、统计手段现代化、统计管理制度化、统计资料档案化、统计服务优质化、统计培训规范化，打造一批特色明、制度全、服务好的“样板点”，全市县级统计局和乡镇街道统计站省级规范化建设达标率居全省之首。推进基层服务“常态化”。深入实施处室联系基层统计工作制度，局内处室（单位）与18个基层统计站点建立对口联系，班子成员及各处室人员每季度下到联点统计站点帮助指导基层统计工作。确定500余家重点企业（单位）作为重点服务对象，采取以会代训、上门讲授、线上培训等方式，对全市基层统计人员进行专题培训4000余人次。对全市1055个“一套表”调查单位开展统计服务，有效夯实企业统计基层基础。加强考核激励。与市政府督查室一道对各县（市、区）、乡镇街道统计工作及贯彻落实统计督察工作情况进行专项督查，促进基层统计工作平衡发展。开展乡镇街道统计站点年度目标管理综合考评，激励基层统计站不断加强规范化建设，提升统计能力。国家统计局先后两次调研橘子洲街道统计基层基础建设情况，给予高度肯定，经验做法被全国推介。

【统计监督】 2021年，长沙市统计局在全市印发《关于深入学习贯彻执行〈统计违纪违法责任人处分处理建议办法〉〈防范和惩治统计造假、弄虚作假督察工作规定〉的通知》《关于健全落实防范和惩治统计造假弄虚作假责任制的通知》，推动中央及省、市关于统计重要文件的再学习再深化再提高、再普及再领会再认识。迎检国家统计督察。成立统计督察工作领导小组和联络组，保障国家统计督察组工作开展，得到国家统计督察组充分认可，初步反馈情况较好。抓好统计督察立行立改，制定《国家统计督察长沙市立行立改十条措施》及实施方案，全面部署问题整改。加大执法检查力度。出台《关于进一步加强和改进统计执法检查工作的通知》，全面推行“双随机、一公开”监管，全市执法检查单位271家，“双随机”抽查246家，立案和行政处罚11家。扩充统计执法检查骨干人才队伍，开展联合执法、区县交叉执法，提高基层人员执法能力和水平。加强普法宣传，推进《中华人民共和国统计法》进党校、进社区、进企业，将统计法治宣传融入到统计工作全过程。

（本栏撰稿 王成亮）

价格管理

【概况】 2021年，市发展改革委做好民生商品保供稳价牵头抓总工作，对重要民生商品价格实行“一日一报告”“一周一分析”，出台系列稳价措施，减免进场交易费，平抑蔬菜市场价格，联动相关部门切实抓好重要时段价格管理，维护价格秩序、保障群众生活。开展价格调控专项补助，有序做好价格调控专项资金申报、审核等工作，发挥财政资金对价格调控的作用。做好房地产价格调控工作，房地产市场平稳有序。执行国家监测报告制度13个，承担国家和省级报表任务29个。市属价格监测采价点44个，监测品种近400个，涵盖重要民生商品（粮油肉蛋菜等十大类）、工业生产资料、日用工业消费、居民服务等主要商品和服务价格监测任务。长沙市价格监测工作质量考核成绩位列全省前茅，长沙市发展改革委被国家发展改革委价格监测中心评选为“2020—2021年度全国价格监测工作先进单位”。

【价格改革】 2021年，市发展改革委贯彻落实清理规范城镇水电气行业收费政策，及时向政府提交《关于清理规范供水供电供气供暖行业收费的工作报告》，拟订《长沙市清理规范城镇供水供电供气供暖行业收费促进行业高质量发展实施方案（送审稿）》，并报送市长办公会审议通过。联动调整采暖季非居民用天然气销售价格，销价下调0.19

表 7　**2021 年长沙市各种物价指数统计表**

项目	以上年价格为 100		以上年价格为 100
商品零售价格指数	102.0	十四、书报杂志及电子出版物	99.5
一、食品	98.4	十五、燃料	115.2
#1. 粮食	102.8	十六、建筑材料及五金电料	101.5
2. 食用油	100.9		
3. 畜肉类	80.0	服务价格指数	101.4
4. 水产品	113.7	居民消费价格总指数	101.1
5. 菜及食用菌	104.7	一、食品烟酒	97.7
二、饮料、烟酒	104.7	#1. 粮食	102.8
三、服装、鞋帽	101.2	2. 食用油	100.8
四、纺织品	101.4	3. 畜肉类	79.9
五、家用电器及音像器材	101.6	4. 水产品	113.6
六、文化办公用品	100.4	5. 菜及食用菌	104.7
七、日用品	100.3	二、衣着	101.2
八、体育娱乐用品	100.9	三、居住	101.9
九、交通通信用品	101.4	四、生活用品及服务	100.5
十、家具	100.8	五、交通和通信	104.7
十一、化妆品	99.5	六、教育文化娱乐	101.2
十二、金银珠宝	99.0	七、医疗保健	100.7
十三、中西药品及医疗保健用品	101.1	八、其他用品和服务	98.9

说明："#"表示其中主要项　　（资料来源：市统计局）

元/立方米。印发《关于核定星沙等城镇第一监管周期管道燃气配气价格的通知》《关于启动天然气上下游价格联动机制调整非居民用气终端销售价格的通知》《关于进一步规范转供电环节价格政策及有关事项的通知》《关于明确再生水价格有关问题的通知》等价格文件，进一步规范供水供电供气行业的价格行为。做好 2021 年度农业水价综合改革工作，完成粮食安全省长责任制考核工作目标。

【价格监督管理】　2021 年，市发展改革委抓好常规价格监测。按照日报、周报、旬报、月报、季度等上报周期向国家及省价格监测中心上报监测数据 64620 条、监测分析 180 篇。其中，国家价格监测中心网站采用 18 篇。在国家及省价格监测质量前三季度考核中均获得满分成绩。强化应急监测预警。全年向市政府及相关领导上报重要民生商品价格日监测报表 280 份，周分析 49 篇。2021 年 8 月，国内新冠肺炎疫情出现反复，分析预警频次进一步加大，做到"日报告日分析"，每日向国家及省发展改革委价格监测中心上报新冠肺炎疫情期间重要民生商品价格数据表及价格走势分析，截至 12 月底，上报 110 份日报表及 110 篇日分析。发挥监测系统合力。合理分配国家和省、市价格监测任务，制定并印发《长沙市 2021 年价格监测工作要点》，指导县（市、区）开展价格监测工作；规范监测经费下拨程序，提高专项经费使用效率，确保数据报送质量。

【价格服务】　2021 年，长沙市落实降本减负政策，降低企业用气成本 1.05 亿元、降低企业用电成本 3.62 亿元，取消非居红线外燃气工程安装费用 2136 万元。推动口岸降费、景区降费，规范名校办民校收费。落实国家"双减"政策，规范中小学课后服务收费和学科类校外培训收费。组织实施进场交易费减免，在春节期间共减免进场交易费近 310 万元。出台长沙市机动车停放服务收费实施细则、"梯位"建设水电气"优先、优质、优惠"服务政策，探索实行电梯虚拟采购模式，破解民生难题。配合市场监管部门，查处违规收费问题，督促退费清算，强化问题整改。高效落实政策咨询、投诉处理、政府信息公开等工作，全年共受理物业收费、商品房价格等方面咨询、投诉、政府信息公开200余件，办结率、满意率100%。

（本栏撰稿　郭洪汝）

市场监督管理

【概况】　截至2021年年末，长沙市市场主体137.51万户，比2020年增长13.7%。其中，企业50.33万户，比2020年增长15.67%；个体工商户85.92万户，比2020年增长12.86%；农民专业合作社1.27万户，比2020年增长1.6%。全年全市新登记市场主体27.35万户，比2020年增长12.69%。其中，企业10.46万户，比2020年增长14.09%；个体工商户16.83万户，比2020年增长11.65%；农民专业合作社0.06万户，比2020年下降24.09%。长沙市深化商事制度改革，落地“证照分离”改革事项106项，“告知承诺制”范围拓宽至五大类；深化“一业一证”“一业一照”等企业开办便利化改革，94%的办理事项实现“键对键”。强化食品安全监管，强化“全链条”“智慧化”监管，建成市、县、乡、村四级监管体系和全市统一的食品安全追溯信息平台。建成全国首个行刑衔接食品检验实验室，信用监管、“三小”治理、餐饮业质量提升等示范引领作用进一步凸显。2021年，湖南省对长沙食品安全评价性抽检合格率99.59%，群众食品安全综合满意度82.27分。致力服务发展，把质量强市作为贯彻落实“三高四新”战略定位和使命任务的重要抓手，实施“质量提升18条”，推进品牌建设，提升质量基础设施水平。隆平高科、铁建重工获第四届中国质量奖提名奖；召开全市质量强市大会，高标准开展市长质量奖评选，建设全国首个标准化集聚区“芙蓉标准化小镇”；将检验检测产业作为全市优势产业链重点推进，质量基础设施“一站式”服务工作入选全国四十大典型案例。市市场监督管理局食品安全综合协调处获“全国市场监管卫士”荣誉称号。

【营商环境优化】　2021年，长沙市推进“证照分离”改革，落地改革事项106项；扩大告知承诺制改革范围，尝试对申请开办只经营乙类非处方药的零售企业审批实行告知承诺制，3.2万户市场主体实现准入即准营。优化“一日办免费办”，刻章免费为企业节约开办成本2800万余元。承接机动车检验机构资质认定、移动式压力容器和气瓶充装资质许可审批权限，将部分药品经营许可和备案、特种设备作业人员证核发权限下放至园区和县（市、区），实现更多事项“就近办一次办”。创新推进“长株潭一体化”市场准入跨域通办，三市联合印发《长株潭企业登记“跨域通办”工作实施方案》。推进湖南自贸试验区长沙片区36项牵头改革事项落地见效，出台集中登记、登记确认、极简审批等系列专项政策；CCC免办事项审批时限由5个工作日压缩到24小时。

【食品安全监管】　2021年，长沙市全力创建国家食品安全示范城市。压实党政同责，市委、市政府每季度听取一次食安工作情况汇报，推进国家食品安全示范城市创建，创新形成食品安全智慧监管等7项示范经验。建设全国首个行刑衔接食品检验实验室等3项工作入选全省食安工作20大典型创新举措。开展“护苗”“护老”“网剑”“湘菜管”“长江禁捕打非断链”、打击野生动物非法交易等专项行动，查办食品安全违法案件3578起。推进食品小作坊规范提质，9家食品小作坊验收合格。加强冷链食品疫情防控，“湘冷链”平台注册企业4006家，发放溯源码513万张。推进外卖配送站标准化建设，完成“互联网+明厨亮灶”5062家。抽检33类42390批次食品，合格率95.95%。

【药械化安全监管】　2021年，长沙市持续加强药械化安全监管。开展农村药品安全、清廉医保、化妆品等专项整治，检查药械化生产经营单位4.3万家（次）。加强疫苗质量监管，推进世卫组织疫苗评估迎检工作，检查新冠病毒疫苗配送和接种单位447家（次），覆盖率100%。加强药店新冠肺炎疫情防控工作，加大对全市药品零售门店检查力度，制定《零售药店在疫情期间防疫防控“八步”程序法》，创建“平安药店”30家。抽检药品、医疗器械、化妆品产品513批次，责令整改1092家，立案266起。上报药械化不良反应（事件）10273例。

【特种设备安全监管】　2021年，长沙市推进特种设备安全监管，开展“打非治违”“强执法防事故”执法检查行动，抽查特种设备使用单位7574家（次），排查整治问题隐患4900件，立案查处140件。建设全市气瓶质量安全公共服务平台，20万只液化石油气瓶实行“一瓶一码、扫码充装”，通过省市场监督管理局验收。探索电梯安全“智慧管理”新模式，组织、指导岳麓区安装智慧电梯5000台。“96366”电梯应急救援指挥中心高效运行，救援平均用时15.86分钟，比2020年平均用时缩短1分钟，救援速度处于全国同类城市先进水平。

【重点工业产品安全监管】　2021年，长沙市推进电线电缆、车用油品、危险化学品等重点工业产品质量安全专项整治，对全市14大类107种重点工业产品实施质量监督抽查1556批次，合格1368批次，不合格产品发现率12.08%，不合格产品后处理率100%。开展产品质量技术帮扶“巡回问诊”活动，帮扶12家企业提升质量管理水平。完成进京专供焰火产品质量保障任务，获国家市场监督管理总局通报表彰。

【质量强市建设】　2021年，长沙市

高位推进“质量强市”，在省政府质量工作考核中位列第一名。开展质量提升行动。评选第二届市长质量奖并举办颁奖仪式，5家组织和2名个人被评为第二届长沙市市长质量奖，5家组织被评为第二届长沙市市长质量奖提名奖。“质量诊断”工作入围全国40大质量基础设施“一站式”服务典型案例，工作经验在全省推广。持续深化品牌建设，中联重科、澳优乳业等跻身全省首个品牌价值评价榜单，“长沙品牌故事会”打造成为全省品牌日活动闪亮名片。发挥标准引领作用。推动兑现标准创新项目奖励22个；指导获批国家级和省级标准化试点示范项目28个；参与制修订国家和湖南地方标准491项，新增自我声明公开标准3563项，新增团体标准125项，居全省第一位。夯实质量基础支撑。长沙市、高新区、芙蓉区获批全省首批质量基础设施“一站式”服务试点。认证认可检验检测蓬勃发展，新增有效认证证书8835张，全省占比53.1%；检验检测机构565家，国家智能网联汽车质量监督检验中心获总局批复筹建。聚焦“民用三表”等计量器具，开展强制检定65.1万台（件）；查办全国首例水效标识计量案件。

【市场秩序整治】 2021年，长沙市全面开展市场秩序整治行动，强化监管执法，推动市场秩序规范有序。综合执法纵深推进。开展“铁拳”“年关守护”“长江禁捕 打非断链”等综合执法行动，全市市场监管系统立案4938起，结案4851起，移送司法机关32起，36起案件入选省市场监督管理局典型案例，长沙市市场监督管理局被评为“全市普法工作先进集体”。承办16省（区、市）侵权假冒伪劣商品集中销毁行动湖南分会场启动仪式、全省农村假冒伪劣食品公开销毁等大型活动，行刑衔接等多项工作得到国家总局推介。竞争执法有效加强。率先采用事后评估方式推进公平竞争审查第三方评估，在全省反垄断系统座谈会上作经验推广。聚焦网络交易、保健品、校外培训等重点领域，集中整治不正当竞争行为，立案查处违法行为25起。开展打击传销专项整治972次，劝遣传销人员761人次；通过第三方加强网络传销监测，加大网络传销打击力度，传销举报下降42%，无传销社区创建率97%，退出“全国聚集式传销重点整治城市”行列。信用监管效能提升。全面推进“双随机、一公开”监管工作，牵头21个市直部门完成抽查任务129项。深化市场监管领域信用体系建设，在全国省会城市率先建立食品生产企业信用风险分类管理专业模型。推动联合惩戒和社会共治，指导督促37个部门归集公示涉企数据307.8万条。市场秩序监管有力。开展涉企收费、水电气、教育、医疗、粮食等领域价费专项检查，清退多收电费2151.1万元。稳步推进长沙“网络市场监管与服务示范区”创建，开展“网剑”专项整治，监测网络交易主体64.8万个次，责令整改网站408个次。强化电视媒体广告监管，监测各类广告46万条次，查办案件345起。开展格式合同专项整治，约谈企业100余家，立案18起。

【消费者权益保护】 2021年1月1日—12月31日，长沙市市场监管系统通过全国“12315”平台、长沙市“12345”业务平台共计接待消费者咨询、投诉、举报278731件，比2020年增长27.54%，为消费者挽回经济损失6613.43万元。其中：咨询8669件，比2020年减少88.49%；投诉203016件，比2020年增长107.28%；举报67046件，比2020年增长48.08%。从投诉举报情况看，商品类投诉95323件，占投诉举报量的35.30%；服务类投诉107693件，占投诉举报量的39.88%；商品类举报45885件，占投诉举报量的16.99%；服务类举报21161件，占投诉举报量的7.83%。从购买方式看，涉及消费者线下购物的投诉举报151079件，占投诉举报量的55.94%；网络购物投诉举报94468件，占比34.98%；电视、电话购物及邮购投诉举报20165件，占比7.47%；其他未告知购物方式的投诉举报4350件。

【推进机构改革】 2021年，长沙市市场监督管理局持续推进机构改革，撤销原市市场监督管理局市场规范管理分局、外地驻长沙企业监督管理分局，将其人员编制和部分职能职责划转到市市场监督管理局机关，补充完善市局机关三定方案。根据改革要求，市市场监督管理局机关新增非公有制经济发展服务处（非公有制经济组织综合党委）、商品交易市场管理处、合同监督管理处、督查考核处4个内设机构，将原市场规范管理分局、外地驻长沙企业监督管理分局干部职工调整安排到局机关各处室。

【第二届长沙市市长质量奖揭晓】 2021年5月7日，长沙市举办第二届长沙市市长质量奖颁奖仪式，市委副书

2021年5月7日，第二届长沙市市长质量奖颁奖仪式　　市市场监管局　供图

2021 年 11 月 18 日，湖南省农村假冒伪劣食品专项执法行动违法食品公开销毁现场

市市场监管局　供图

记、市长、湖南湘江新区党工委书记郑建新为获奖单位及个人颁奖。湘丰茶业集团有限公司、湖南泰嘉新材料科技股份有限公司、湖南星邦智能装备股份有限公司、湖南元亨科技股份有限公司、长沙市轨道交通运营有限公司 5 家单位和浏阳市骨伤科医院名誉院长江林、湖南高升宏福家具有限公司董事长谢沛吾 2 名个人获奖。此外，长沙中联重科环境产业有限公司、长沙格力暖通制冷设备有限公司、澳优乳业（中国）有限公司、湖南高桥大市场股份有限公司、湖南金龙电缆有限公司 5 家组织获第二届长沙市市长质量奖提名奖。

【全国食品安全宣传周长沙启动仪式】2021 年 6 月 23 日，以“尚俭崇信 守护阳光下的盘中餐”为主题的全国食品安全宣传周长沙启动仪式在雨花区高桥大市场举行。长沙市人民政府副市长刘拥兵出席并讲话。长沙市人民政府副秘书长卢兴映，市市场监督管理局党组书记邱山东，雨花区委副书记、区长刘素月共同启动食品安全宣传周活动。高桥大市场股份有限公司、湖南快乐一号贸易有限公司等 20 食品生产经营企业代表公开作出切实履行企业主体责任的放心承诺。现场推介食品安全志愿者和外卖骑手“吹哨人”经验做法，聘请印遇龙、王墨泉、李丽、汪涵等担任长沙食品安全宣传大使。

【长沙市创建国家食品安全示范城市工作动员部署会议】　2021 年 8 月 18 日，长沙市创建国家食品安全示范城市工作动员部署会议召开。省委常委、市委书记吴桂英出席会议，肯定创建工作取得的成效，并强调要深入学习贯彻习近平总书记关于食品安全工作的重要论述精神，以奋勇争先的姿态、奋力冲刺的状态，交出创建国家食品安全示范城市的优异答卷。省市场监管局党组书记、局长向曙光出席，市委副书记、市长、湖南湘江新区党工委书记郑建新部署工作。

【湖南省农村假冒伪劣食品专项执法行动违法食品公开销毁现场会在长沙举行】　2021 年 11 月 18 日，湖南省农村假冒伪劣食品专项执法行动违法食品公开销毁现场会在长沙举行。湖南省市场监管局党组成员、副局长丁珍良宣布全省统一集中销毁活动启动。长沙市政协副主席、长沙市市场监管局局长张庆和主持仪式。湖南省市场监管局执法稽查局局长肖贝通报专项执法行动情况。此次销毁活动中，全省销毁违法食品 70 余吨，货值 178.6 万元，其中长沙市主会场销毁 37.6 吨，货值 77.1 万元，涉及白酒、乳粉、冻品、食用油、面粉、糕点等 28 大类 150 余个品种。

（本栏撰稿　贺小露）

知识产权管理

【概况】　2021 年，在国家公布的 2020 年营商环境评价中长沙的知识产权指标在全国 80 个城市中排名第八位，进入知识产权指标标杆城市，创新经验入选示范引领最佳实践并被国家发展改革委向全国推荐；长沙市知识产权局被人力资源和社会保障部、国家知识产权局评为全国知识产权系统先进集体。

【知识产权创造】　2021 年，长沙市获得专利授权 44574 件，其中发明专利授权 10094 件，比 2020 年增长 41.77%。全市万人有效发明专利拥有量 42.36 件，PCT 国际专利受理量 427 件，专利质量省考指标测算位列全省第一位。累计有效商标注册量 408233 件，占全省 45.23%。新增“望城鲌鱼”“浏阳豆豉”“宁乡五里堆香干”地理标志证明商标 3 件。长沙商标窗口业务量全国排名第三位，获评全国先进窗口，并在全国商标窗口工作会议上作典型发言。在第 22 届中国专利奖评选中，长沙首次获得 2 枚金牌、2 枚银牌的优秀成绩。

【知识产权保护】　2021 年，长沙市知识产权系统办理各类案件 1494 起，其中 11 起案件入选为省级典型案例，1 件实用新型专利侵权纠纷案入选国家知识产权局 2020 年度知识产权保护十大典型案例。在 2021 年公布的国家营商环境评价中，二级指标知识产权全面保护长沙排名全国第一位。在 7 个区县、10 家园区建立保护工作站，构建了“一中心”“多站点”运行模式。为长沙中院等单位出具维权意见书和侵权判定咨询意见 26 份；给予 45 个案件援助资金 106.5 万元。7 次进驻展会开展维权指导，办理电商领域专利侵权纠纷案件 484 件；接收各类知识产权纠纷人民调解案件 729 件，调解成功 134 件。长沙知识产权保护中心在 2020 年度知识产权快速协同保护工作考核位列全国第三位，获第三届全国知识产权快速协同保护业务竞赛二等奖。11月23日，《人民日报》报道长沙“‘一站式’服务、高水平保护”。

【知识产权运营】 2021年，中南大学、湖南大学跻身全国首批知识产权示范高校，长沙理工大学获批全国高校知识产权信息服务中心。全年驻长沙高校成果转化金额近2.15亿元，人民网发文推介长沙经验。全年共完成知识产权质押融资122笔，实现质押融资金额22.88亿元，长沙知识产权质押融资模式被国家发展改革委推介为助推实体经济高质量发展典型案例。长沙市知识产权创投基金完成2亿元资金募集，累计投资项目5个，投资金额1亿元。

【知识产权服务】 2021年，长沙市完成自贸片区知识产权改革3项改革任务6项改革举措。指导宁乡高新、浏阳经开、长沙经开、隆平高科4个省知识产权综合服务分中心建设并通过中期评估验收，雨花经开新获省级知识产权综合服务分中心。全面推进全市知识产权公共服务平台建设，编制全市知识产权公共服务站点服务事项清单，启动知识产权公共服务信息平台建设，完成企业知识产权体检274家，指导知识产权贯标认证38家。开展“助力三高四新、我为群众办实事”知识产权服务活动，服务市场主体300余家，参与人员200余人次，切实解决知识产权问题50余件。完成《长沙市拟上市企业知识产权问题与对策研究报告》、发布《长沙企业上市知识产权服务指导手册》，为科创企业上市提供知识产权合规化指引。

【强化政策导向】 2021年，市委、市政府印发《长沙市强化知识产权保护实施方案》，市政府批准发布长沙知识产权事业发展“十四五”规划，强化知识产权工作指引。《长沙市知识产权保护与促进条例》纳入市人大、市政府立法计划，率先启动知识产权全领域地方立法。出台《长沙市知识产权专项资金管理暂行办法》，增设“先进制造业关键技术高价值专利组合”资助项目。

【专利快速预审】 2021年，长沙市知识产权保护中心将“新一代信息技术产业”纳入专利快审通道，审查范围覆盖全市“智能制造、新材料和信息产业”三大主导产业，IPC分类号由48个增加至83个。全年专利预审申请受理量2793件，累计授权1427件，比2020年增长95.2%。预审案件平均结案周期为3.7个工作日，远低于国家知识产权局要求的7个工作日。发明专利平均授权周期2个月左右（发明专利最快35天授权，实用新型2天授权，外观设计1天授权），创新主体专利授权时间大幅压缩。

【加强专利导航】 2021年，长沙市发挥各级知识产权公共服务平台功能，将指导企业开展专利导航列入公共服务事项，全年市、县两级共指导完成23家企业（单位），涉及工程机构、自主可控信息安全、轨道交通、新一代半导体及集成电路等产业链开展重点产业专利导航，向相关产业链企业免费推送产业专利导航分析报告，为产业发展提供有效参考，有效促进企业专利布局和风险防范。

【商标品牌建设指导】 2021年，长沙市加强重点品牌商标布局和保护，开展重点商标品牌一对一指导、商标维权保护等工作。举办商标品牌集中培训，组织芒果超媒、山河智能等重点企业开展商标品牌专场座谈交流会，就商标品牌培育与保护工作进行现场指导，切实提升企业商标意识。指导16个地理标志完成全省地理标志管理系统信息采集；指导浏阳花炮等9大品牌地理标志完成专用标志转发和规范使用。开展“长沙地理标志发展现状及对策”软课题研究。

【知识产权区域协作】 2021年，市知识产权局贯彻落实市委、市政府着力推进长株潭一体化发展的决策部署，与株洲市、湘潭市知识产权局共同签订《长株潭知识产权资源共建共享合作协议》《长株潭知识产权行政执法协作工作机制》等协议，联合启动“强化知识产权区域协作，护航长株潭一体化发展”的知识产权宣传周活动，深化区域知识产权协作水平。全年组织开展多次知识产权业务培训，有效提高三市知识产权从业人员能力和水平。与北京朝阳区知识产权部门开展战略合作。与武汉、南昌、合肥市场监督管理局（知识产权局）建立知识

2021年12月2日，中国（湖南）自由贸易试验区知识产权质押融资银企对接会在长沙经开区举行 市知识产权局 供图

产权信息共享机制。

【自贸片区知识产权改革】　2021年，自贸区长沙片区完成3项知识产权改革任务6项改革举措。“积极开展知识产权质押融资”“加强海外知识产权保护”“一站式知识产权公共服务平台”等工作列入全市自贸区改革亮点工作，“知识产权质押融资助力企业高质量发展”“知识产权前置保护新模式”“海外知识产权保护新模式助力企业走出去”“四端合力推进高校专利技术高质量发展”“建设便利化知识产权公共服务平台”5个案例入选自贸区长沙片区一周年制度创新案例。知识产权“前置保护”新模式由省知识产权局向全省推广。成功争取国家知识产权局审查协作湖北中心在长沙设立工作站，获批国家海外知识产权纠纷应对指导中心长沙分中心，为自贸区企业知识产权保驾护航。

【代理机构行业管理】　2021年，长沙市开展“双随机一公开”执法检查，共检查商标使用企业88家，核查专利真实性企业33家、专利代理机构47家、商标代理机构65家、专利代理师55人。对全市60家专利代理机构69件专利申请文件抽查评选，提升专利申请文件质量。加强行业监管工作，督促商标代理公司加强行业自律，大大降低了疫情期间恶意注册与疫情相关商标带来的社会影响，同时持续严格管控和严厉打击与疫情相关的非正常商标注册申请行为，切实规范商标注册秩序。

【省人大调研长沙“一法一条例”贯彻实施情况】　2021年3月18日，省人大教科文卫委主任委员梁肇洪带队到长沙就《中华人民共和国专利法》和《湖南省专利条例》贯彻实施情况开展调研。市人大常委会副主任张智勇、市知识产权局局长孙进等领导陪同调研。调研组听取全市贯彻实施情况汇报，实地考察了长沙正奇专利事务所、中冶长天、长沙知识产权法庭、湖南大学知识产权（转化）中心等地。调研组认为，长沙市政府及各有关部门高度重视专利工作，“一法一条例”贯彻实施工作取得显著成效，在全省起到了很好的示范作用，保护理念清晰、保护措施有力、保护形式多样、运用领域广泛，知识产权保护工作始终走在全省前列。

【长株潭三市共同启动2021年知识产权宣传周】　2021年4月20日，2021年长株潭三市知识产权宣传周联合启动仪式在长沙举行，这是湖南省范围内首次知识产权区域协作活动。此次宣传主题为“强化知识产权区域协作，护航长株潭一体化发展”。活动现场，长株潭三方共同签署《长株潭知识产权资源共建共享合作协议》，将在知识产权智库资源、高校知识产权成果、知识产权服务资源、知识产权行政执法协作等方面达成共建共享合作。并组织三市高校、企业知识产权转化项目合作协议签约仪式，中南大学、湖南大学、湖南科技大学3所高校分别与6家企业签署知识产权转化项目合作协议，协议将转化专利14项，其中发明专利8项，实用新型专利6项，转让交易金额共计7453.72万元。宣传周从4月20—26日，长株潭三地集中开展活动80余场次，涵盖发布典型案例、培训讲座、沙龙论坛、知识产权体检、知识产权入园惠企、银企对接会等，全面展示长株潭知识产权事业发展进程，为支撑长株潭一体化高质量发展和“三高四新”战略顺利实施营造良好舆论氛围。

2021年4月20日，2021长株潭知识产权宣传周联合启动仪式在长沙举行

市知识产权局　供图

【第二届驻长沙高校知识产权在长沙转化表彰会议】　2021年12月14日，长沙市第二届驻长沙高校知识产权在长转化表彰会议暨2021年度长株潭知识产权转化对接活动在长沙举办。会议对驻长沙高校知识产权在长沙转化突出贡献高校、优秀创新团队、优秀服务机构进行表彰，对3家高校知识产权转化专门机构授牌，8个长株潭校企知识产权转化项目现场签约，5个长株潭高校知识产权成果项目路演。其中3个突出贡献奖高校湖南大学、中南大学、湖南农业大学2020年通过专利转让、许可、作价入股等方式在长沙转化3.37亿元，中南大学透明计算院士张尧学团队等10个创新团队2020年在长沙转化经济效益4.5亿元以上。

【长沙市知识产权局被评为“全国知识产权系统先进集体”】　2021年12月23日，人力资源社会保障部、国家知识产权局印发《关于表彰全国知识产权系统先进集体和先进个人的决定》，长沙市知识产权局被评为全国知识产权（专利）系统先进集体，是长沙连续三次获此荣誉。长沙是全国唯一一个集国家五项知识产权改革创新工作（首批国家知识产权综合管理改革试点城市、首批国家知识产权强市创建市、重点产业知识产权保护中心建设城市、首批国家知识产权运营服务体系建设重点城市、知识产权军民融合首批试点地区）于一体的城市，国家知识产权示范城市工作考核连续3年位居地级市第一位，知识产权运营服务体系建设中期评估排名全国第一位，2017年度、2019年度知识产权工作获湖南省人民政府真抓实干表扬激励，知识产权创造、保护和运用指标在2020年全国城市营商环境评价中居第八位，进入知识产权指标标杆城市。

【《长沙企业上市知识产权指导手册》发布】 2021年12月24日，市知识产权局、市金融办在湘江基金小镇共同发布《长沙企业上市知识产权指导手册》，为长沙科创企业上市提供“导航仪”和“加速器”。该指导手册主要由长沙知识产权保护中心与长沙市企业上市服务中心合作完成，10余家专业机构20余位知识产权和上市辅导业界专家参与。手册聚焦科创板上市过程中的知识产权审核要点，全面梳理各板块企业上市知识产权有关规定；以科创板近200家企业为样本，将上市过程中的知识产权典型案例进行深入分析和全面总结，共归纳为三大类9项、55个知识产权问题要点；手册结合案例分析结论，从知识产权规划、辅导、合规化等不同层面对长沙拟上市企业给出针对性建议和指引。 （本栏撰稿 尹江健）

口岸管理

【概况】 2021年，在运输计划极度稀缺、国内竞争十分激烈和省内资源严重分散等诸多困难下，中欧班列年开行量首次逾1000列，超额完成目标任务。创新国际邮件、国际快件和跨境电商业务集约式监管模式，成为湖南自贸区首个国家推广案例。全年在飞国际货运航线14条，货邮吞吐量首次逾20万吨，其中国际货邮首次逾9万吨，完成对欧盟、东盟、美国三大经济体的空中布局。长株潭物流信息平台完成建设，首次开展三市物流一体化统计分析，被中国物流与采购联合会评为“2021年度物流统计工作先进单位”；出台《长株铁路货运一体化高质量发展实施方案》，长株潭铁路货运资源充分整合。坚持“外防输入、内防反弹”总策略，高规格组建口岸防疫专班，发挥部门和地方联动作用，全面实施严格闭环管理，全年未发生1例口岸输入性感染扩散病例，口岸防控措施获国务院督导组肯定。长沙被评为全国跨境贸易营商环境优异城市，经验做法入选《中国营商环境报告2021》和中央电视台“2021城市营商环境创新经验”特色栏目。

【国际物流通道】 2021年，长沙市在连续3年居全国第一方阵的基础上，中欧班列（长沙）开行1030列，比2020年增长94.3%。3月，省委常委、市委书记吴桂英调研中欧班列，市委副书记、市长郑建新成功争取二连浩特图定线条，新开越南河内和乌克兰基辅等2条新线路，开行三一集团、吉利汽车等制造业专列和湖南自贸专列90列，中部率先推行铁路快速通关和出口直装试点。全年在飞国际货运航线14条，货邮吞吐量首次逾20万吨，其中国际货邮首次逾9万吨，在全球新冠肺炎疫情严重影响下，超额完成年度任务，货邮吞吐总量和国际货邮吞吐量双双新创历史最高水平。2021年水运口岸实现逆势增长，集装箱年吞吐量20.02万标箱，比2020年增长38.02%，创历史新高。长沙港汽车滚装码头实现滚装商品汽车43350辆，比2020年增长40%。设立烟花爆竹港口装运专用运输通道，解决浏阳烟花本地装运出港受阻难题。

【口岸营商环境】 2021年，长沙市对码头和铁路口岸环节收费实行政府购买服务，带动企业降本增效上亿元；高位协调海关总署配置2000万元一台的H986，推广“提前申报”，1—9月出口通关时间0.97小时，较2017年压缩93.15%；打击走私综合治理工作获全省打击走私绩效考核第一名；跨境贸易营商环境八项指标优于世界银行标准，2020年获国家优异并排名全省第一位，2021年获全省评价排名第一位。建立健全口岸工作联席会议制度，统筹推进海关特殊监管区、跨境电商综合试验区等开放平台协同发展，协调推进黄花综保区（二期）和机场3号货站建成并通过验收；黄花综保区实现进出口额444.07亿元、金霞保税中心实现进出口额

2021年3月31日，长沙开通长沙—河内东盟国际货运班列。图为首发仪式

市政府物流口岸办 供图

184.04 亿元；长沙跨境电商综试区全年累计申报单量 8838.39 万单、比 2020 年增长 43.28%，申报货值 20.55 亿美元、增长 78.23%，排名中部第二位、全国第八位；国际贸易“单一窗口”覆盖率 100%，建成地方特色协同平台，实现全市主要口岸作业区互联互通。3 个制度创新成果入选省、市自贸创新案例，其中创新国际邮件、国际快件和跨境电商业务集约式监管模式，成为湖南自贸区首个国家推广案例；高铁快运创新开发当日达、次日达、空铁联运等产品，稳定开行长沙至广州、贵阳的高铁快运线路；完成铁路运单物权凭证首单试点。

【国际航线通道】 2021 年 1 月 15 日，长沙至贝尔格莱德不定期货运航线首航，由长沙吉晟航空服务有限公司负责运营。该货运航线是中部机场首次开通至东欧的全货机航班，有助于带动本地跨境电商产业发展，更好地打造内陆开放新高地。

3 月 31 日，长沙开通长沙至河内东盟国际货运班列。东盟已成为中国第一大贸易伙伴，该航线的开通助推长沙由内陆腹地变身开放前沿，深化拓展东盟贸易市场。

5 月 15 日，开通长沙至迪拜不定期货运航线，此为中部机场首次市场化开通至东欧的航点，实现长沙与国际重要航空枢纽节点城市的空中对接。

6 月 2 日，开通长沙至特拉维夫不定期货运航线，是长沙稳外贸开辟的又一重要航点，推动中南地区跨境电商业务向长沙集聚。

6 月 30 日，长沙至法兰克福哈恩定期货运航线首航，由中外运联合云航宝负责运营。该航线架起长沙与德国的“空中桥梁”，对拓展长沙及中部地区连接欧洲的物流通道、助力长沙建设中部国际物流枢纽城市具有重要意义。

7 月 19 日，市场化开通长沙至米兰不定期货运航线，这也是湖南省直达意大利的首条货运航线，出口货物将由电商货物扩大到防疫物资、机械零配件等普通货物，让更多湖南商品走进欧洲，对进一步畅通湘欧空中通道、推进湘欧经贸往来具有重要意义。

12 月 8 日，市场化开通长沙至布鲁塞尔不定期货运航线，由深圳市柏威国际科技物流有限公司负责运营。该航线的开通，填补了因疫情原因停飞的长沙至列日、哈恩的欧洲航空通道，将进一步畅通长沙至欧洲的国际航空物流通道，有利于提升长沙国际客货运航空枢纽吸附效应。

【全市口岸营商环境专题培训】 2021 年 7 月 15 日，全市口岸营商环境专题培训在市会议中心举办，全市出口企业负责人、各县（市、区）商务（口岸）相关业务分管领导和业务骨干，以及营商环境企业服务专员共 200 家企业 300 余人参与该期线上线下同频培训。此次培训市政府物流口岸办全面系统介绍长沙优化口岸营商环境的系列政策、举措和成效。星沙海关和长沙电子口岸分别介绍提前申报等通关改革举措以及国际贸易“单一窗口”标准应用和地方特色应用最新进展。

【3 个案例入选湖南自贸区长沙片区三十大案例】 2021 年 11 月 20 日，邮快跨集约式发展、单一窗口协同平台、高铁快运 3 个案例入选湖南自贸区长沙片区三十大案例，其中《国际邮件、国际快件和跨境电商业务集约式发展新模式》为湖南自贸区首创案例，入选湖南自贸区长沙片区十大案例，获全国推广。

【长沙成为中部首个建成中国（长沙）国际贸易“单一窗口”地方特色信息化项目的城市】 2021 年 12 年 17 日，长沙成为中部首个建成中国（长沙）国际贸易“单一窗口”地方特色信息化项目的城市，实现全市主要口岸作业区互联互通，通关物流效率大幅提升。国际贸易“单一窗口”是指进出口企业只需一次登录该平台，能一站式完成资质备案、报关、许可证申领、原产地证申领和打印、税费支付、出口退税等通关服务，不用再分头跑每个部门办理，使通关效率大幅提升，帮助企业降低成本。近 3 年来，长沙物流与口岸信息化投入累计约 3500 万元，建设了电子提箱系统、长沙国际铁路港海关监管区二期、长沙“单一窗口”大数据分析系统、口岸物流协同系统、长沙跨境电商综式区线上综合服务平台等地方特色应用系统，尤其是口岸物流协同系统实现长沙水运口岸、铁路口岸和航空口岸主要作业监管区的信息共享与互联互通，极大提升长沙口岸通关时效和物流成本。

（本栏撰稿 刘志辉）

海 关

【概况】 2021 年，星沙海关审结报关单 10.19 万票，比 2020 年（下同）增长 25.4%；监管货运量 162.37 万吨，增长 46.5%；货值 673.35 亿元，增长 18.9%；税收入库 34.79 亿元。完成货物检验检疫 5.38 万批，货值 177.97 亿元。完成出口货物包装检验 2.57 万批；签发电子底账 1.42 万单，各类检验检疫证书 7.37 万份。签发各类原产地证书 1.87 万份，签证金额 13.78 亿美元，增长 5%，为出口产品获取目标国进口关税减让 5394 万美元。审批办理减免税 986 批次，货值 3.43 亿美元，减免税款 5.11 亿元。办理加工贸易货物电子化手册设立 83 本，核销手册 72 本，办理加工贸易货物销毁 41 批次。办理非贸业务 722 批次。办理企业备案 1918 家，注销 857 家；办理出口食品生产企业备案 38 家，注销 1 家，进口食品进口商备案 96 家。截至年底，辖区有进出口收发货人企业、报关企业 10184 家，出口食品生产企业 99 家，进口食品进口商 411 家。

2021年5月26日，星沙海关关员在袁氏种业出口稻种育种基地开展田间监测

星沙海关　供图

【新冠肺炎疫情防控】　2021，星沙海关落实“外防输入、内防反弹”总策略，成立两个专班开展相关监管工作，切实做好进口冷链食品、非冷链高风险集装箱货物疫情防控工作。全年监管进口冷链食品272批，监管非冷链进口高风险货物2273批。

【助力装备制造业发展】　2021年，星沙海关持续落实重装减免税优惠政策，全年为辖区企业减免税款5亿元，涉及货值3.26亿美元。指导重点企业择优适用自贸协定，共为辖区装备制造业企业签发出口原产地证书约1640份，签证金额3.18亿美元，获关税减让1582万美元。重点对接装备制造业企业，指导其就大型工程机械、智能制药设备、5G电子设备、新型锂离子电池四大类商品所需进口零部件、原材料提出12项税则修订调整建议，获海关总署采用3条。

【支持开放平台建设】　2021年，星沙海关在霞凝港海关监管场所新增配置1台H986大型机检查验设备，实行非侵入式查验，大幅降低企业物流成本，提升通关效率。开展出口直装和铁路快速通关模式试点，助推中欧班列、“长沙—东盟”班列提量、提速、提效，中欧班列（长沙）全年开行1030列，增长92.12%，创历史新高；货值27.69亿美元，增长98.58%，货重68.03万吨，增长95.45%。

【支持新兴贸易业态发展】　2021年，长沙市相继开通跨境电商一般出口、B2B直接出口、出口“海外仓”等模式，全年跨境电商9610出口947万单，货值11.66亿元，分别增长38.59%、160.35%。推进通关监管机制创新支持市场采购贸易发展，在市场采购业务中实行全国通关一体化模式，积极推动出口预包装食品试点，市场采购贸易出口1.78万单，货值90.21亿元，增长32.12%。

【促进湖南自贸试验区长沙片区建设】2021年，星沙海关成立工作专班，加强与相关部门的沟通对接，发挥主动性和创造性，开展调查研究，结合长沙片区实际积极开展探索，推进自贸工作落实落地落细，成效显著。如：推进企业集团保税改革，指导蓝思科技集团获批首批试点资质，企业预测每年可为其节约700万余元；支持对非易货贸易业务顺利开展试单；指导山河智能顺利出口湖南省首台二手工程机械；保障第二届中非经贸博览会顺利举办；高级认证企业比2020年增长10%。

【优化海关营商环境】　2021年，星沙海关推进“提前申报”“两步申报”、关税保证保险等海关业务改革，进一步推广应用国际贸易“单一窗口”，主要业务申报率达到100%。全面推广原产地证书自助打印，实现17种出口原产地证书由企业自行打印，全年签发各类原产地证书1.87万份，签证金额13.78亿美元，为出口产品获取关税减让5394万美元。开展“我为群众办实事”活动，为企业解决重难点问题33件，其中指导企业补办自贸协定原产地证书，助其获关税减让25.3万美元；指导企业由加贸电子化手册升级为联网监管账册，为其节约担保金210万余元；指导辖区企业生产的双金属复合钢带出口东南亚国家，向企业推送智能审核、自助打印、不见面申领等一系列原产地签证便捷服务措施，共为其签发中国—东盟自贸协定项下优惠原产地证书10份，签证金额42.42万美元，分别增长150%、218%，助其获得进口国关税减让约3万美元。

【保障安全】　2021年，星沙海关开展“国门利剑2021”“蓝天2021”等打私专项行动，全力打击象牙等濒危物种及其制品、“洋垃圾”、毒品、枪支弹药、野生动物及其产品等走私，共计查获固体废物“工业级混合油”16.8吨，查获进口旧铁工具7.18吨，查获侵犯知识产权案件7起。全年共涉关线索61条，办理“两简”案件85起，罚没5.97万元；办结涉检案件5起；查处刑事案件1起。

（本栏撰稿　彭铃涵）

农 业

AGRICULTURE

编辑　吴丫丫

综　述

【概况】 2021年，长沙市实现农林牧渔业总产值731.5亿元，比2020年增长10.1%；第一产业实现增加值425.56亿元，比2020年增长9.1%。农村居民人均可支配收入38195元，比2020年增长9.9%。全市完成粮食播种面积31.34万公顷，总产量216万吨；其中水稻播种面积28.65万公顷，产量201.53万吨。全市完成油料播种5.74万公顷，产量10.41万吨。实施高标准农田建设1.46万公顷。

【现代农民培训】 2021年，长沙市完成市级以上农业农村人才培训2523人，其中部省高素质农民培训任务1753人、市级培训770人，认定新型职业农民1971人，发放中高级新型职业农民认定补助资金1290.5万元；建设农科教结合示范基地18个，基层农技推广补助项目围绕14个主导产业确定23项主推技术，建设6个示范基地，派出103名技术指导员服务2456户科技示范户，新增特岗计划定向培养农技员25名。开展“全国十佳农民”、“全省十佳农民”、农业农村部“百优保供先锋”等典型评选活动，2021年长沙市望城区广源种植合作社负责人肖定被评为“湖南省十佳农民”，浏阳市荷香醉人农业开发有限公司负责人张临英获“湖南省十佳农民”提名奖。

【农技推广】 2021年，长沙市高标准实施基层农技推广补助项目，围绕14个主导产业确定23项主推技术，建设6个示范基地，派出103名技术指导员服务2456户科技示范户。加大农科教结合工作力度，项目建设资金由300万元增加到400万元，支持18家项目单位开展新技术、新品种、新模式创新试验示范，如水果省力化栽培技术模式推广、红薯新品种引进及新技术应用、水稻+南美白对虾稻田综合种养推广、智慧农机应用等十余项新技术、新模式，推进长沙农业探索推广运用新技术、新农艺，提升长沙现代农业科技发展水平。开展五星级农技站复核工作，长沙县金井、宁乡双江口、浏阳金刚、浏阳永安及浏阳古港5家农技站通过复核，长沙县沃园生态农业科技有限公司农民田间学校、湖南柳吉现代农业科技股份有限公司农民田间学校、宁乡湘上农人水果专业合作社农民田间学校3家被评为湖南省农民田间学校示范校。浏阳市与湖南农大合作，开展全国农业科技现代化先行县共建项目建设。2021年新增特岗计划定向培养农技员25名。开展“全国星级农业服务组织”、农业科研杰出人才、湖南省“最美牧技员”等评选活动，宁乡市农业技术推广中心刘文斌被评为“湖南省十佳农技推广标兵”。加大转基因生物安全宣传，在全市开展农业转基因生物抽样检测，抽取水稻、玉米、大豆、油菜样品220个，检测结果全部为阴性。加强农业极端天气预警与重大气象信息预报，发布农业气象灾害预警15期，发布农业气象专题报告90余期。

【“菜篮子”稳产保供】 2021年，长

表8　**长沙市农业总产值统计表**

单位：万元

指标	2021年农、林、牧、渔业总产值					
	合计	市区	#望城区	长沙县	浏阳市	宁乡市
农林牧渔业总产值（现价）	7315233	1298784	1004045	1495595	2265052	2255803
一、农业产值	4516665	905507	672010	1066142	1243357	1301660
1. 谷物及其他作物	872044	134825	114463	192373	262898	281948
2. 蔬菜园艺作物	3051679	733445	530191	535501	843316	939418
3. 水果、坚果、饮料和香料作物	532601	36858	27044	336192	92402	67149
4. 中药材	[illegible]	[illegible]	819	2075	11741	13146
二、林业产值	391920	18800	14847	45793	251251	76076
三、牧业产值	1701658	177411	153128	272155	582630	669462
四、渔业产值	274659	115188	94567	33753	53353	72365
五、服务业	400332	81878	69494	77752	134462	136240

说明：“#”表示其中主要项

（资料来源：市统计局）

表 9

长沙市农作物产品产量统计表

单位：吨

指标	2021 年产量					
	合计	市区	#望城区	长沙县	浏阳市	宁乡市
粮食产量	2160423	362703	306004	506075	562412	729233
#谷物	2079611	354015	298659	466517	542313	716766
薯类	59392	7410	6301	28924	13829	9229
豆类	21420	1278	1044	10634	6270	3238
棉花总产量	5	—	—	—	—	5
油料作物总产量	104106	14721	12398	16128	58519	14738
#油菜籽	90222	11300	9249	13856	55379	9687
烟叶	11176	—	—	15	5838	5323
蔬菜总产量	5746452	1502960	1259305	1101296	1468928	1673268
茶叶产量	47062	870	819	39826	1744	4622
水果产量	395018	65133	46604	80592	189923	59370
#柑橘	108257	10780	6827	17497	57549	22431

说明：“#”表示其中主要项

（资料来源：市统计局）

表 10

长沙市肉类、牛奶、禽蛋、水产品产量统计表

指标	单位	2021 年产量					
		合计	市区	#望城区	长沙县	浏阳市	宁乡市
水产品产量	吨	120660	51645	38950	14426	22814	31775
#鲜鱼	吨	105534	40547	28245	13850	22426	28711
年末存栏生猪	万吨	227.71	23.98	20.48	44.6	80.16	78.97
年内出栏肉猪	万吨	361.91	36.61	31.84	66.48	130.89	127.93
牛存栏	头	112200	10300	9500	9000	37000	55900
羊年末数	万只	49.75	2.42	1.76	1.83	38.1	7.4
牛羊奶产量	吨	4200	1100	1100	700	—	2400
#牛奶	吨	4200	1100	1100	700	0	2400
猪肉产量	吨	264100	26300	22800	47800	96500	93500
牛羊肉产量	吨	18100	1300	1200	1200	10000	5600
禽蛋产量	吨	48300	15700	13400	7100	14500	11000
禽肉产量	吨	69300	5700	4800	4100	17500	42000

说明：“#”表示其中主要项

（资料来源：市统计局）

沙市进一步落实“菜篮子”市长负责制，加大蔬菜、生猪、水产规模化基地建设力度，全市实施设施蔬菜项目70个、蔬菜规模生产项目139个、建成年出栏万头以上生猪规模养殖场65个，全市6家定点屠宰企业每日屠宰数稳定在4000头以上，依托当地“菜篮子”产品基地，保障“菜篮子”主要农产品质量安全、供给充足、价格稳定。实行“菜篮子”产品价格监测定期调度制度，通过监测汇总分析海吉星、大河西、红星、水渡河四大批发市场“菜篮子”价格走势，综合调度种植业、畜牧业、水产业、动物防疫、屠宰管理及相关行业动态，在生产、储备、屠宰、市场4个层面加强市场监测预警，发布“菜篮子”行情简报53期。

【村级集体经济】　2021年，长沙市农村村级集体经济快速发展，全市950个村级集体经济组织收入全部超过20万元，村平均收入128万元，提前一年完成三年行动目标。长沙探索适应新时代要求的村级集体经济组织形式、发展模式、推进方式，涌现一批壮大集体经济实现强村富民的优秀典型，长沙县黄花镇银龙村通过“村集体＋骨干文旅企业＋全域发展”的“1+3+N”融合发展模式，以农旅融合带动村民共同致富，休闲农业经营收入1680万元，村集体收入82万元；浏阳市大围山镇同幸村以村级集体经济参与的方式打造“同幸蜂蜜”品牌，“同幸蜂蜜”为村级集体经济带来60万余元收入。

（本栏撰稿　范朝朝）

种植业

【粮食生产】　2021年，长沙市落实粮食播种面积31.34万公顷。其中，早稻9.67万公顷，中稻及一季晚稻9.09万公顷，双季晚稻9.9万公顷，旱杂粮2.69万公顷。粮食总产量216.04万吨，超省下达任务3.5万吨，比2020年增长2%，增幅超全国全省平均水平。全年粮食亩产459.6千克，创近十年新高。长沙市被评为全省粮食生产先进市，长沙县、宁乡市、望城区被评为全省粮食生产先进县。9月22—23日，“庆丰收、感党恩”2021中国农民丰收节在长沙县设立分会场，召开粮食安全与稻作文化论坛。浏阳市农业发展事务中心副主任田丰和望城区四祥生态种养专业合作社彭兴辉被评为全国粮食生产先进个人。

【油料生产】　2021年，长沙市油料作物播种面积5.74万公顷，总产量10.41万吨。其中，油菜播种面积79.06万公顷，产量9.02万吨；花生播种面积4120公顷，产量1.28万吨；芝麻播种面积620公顷，产量0.08万吨。

【蔬菜】　2021年，长沙市蔬菜播种面积16.36万公顷，比2020年增长3%；产量574.65万吨，比2020年增长3.9%。2021年新建蔬菜钢架大棚面积120.9万平方米，全市蔬菜规模化、设施化程度进一步增强，13.33公顷以上的规模基地170个，有3万平方米以上钢架大棚的蔬菜基地116个，蔬菜大中棚占地面积2533公顷。

【茶叶】　2021年，长沙市新增茶园188.67公顷，茶园面积1.59万公顷；干毛茶产量4.3万吨，比2020年增长8.63%；干毛茶产值14.04亿元，比2020年增长8.79%。名优茶产量3187吨，比2020年增长7.74%，名优茶产值6.75亿元，比2020年增长7.88%。在广西召开的17届中国茶业经济年会上，长沙县被评为中国“智慧茶叶”样板十强县。

【水果】　2021年，长沙市水果（含西甜瓜）种植面积3.42万公顷，比2020年增长5.5%；产量48.62万吨，比2020年减少3%；产值17.14亿元，比2020年增长2.8%。

【中药材】　2021年，长沙市中药材种植总面积5726.7公顷，比2020年增长5%；产量7.35万吨，比2020年增长7%；产值实现3.05亿元，比2020年增长7.2%。“宁乡栀子”获国家地理标志农产品认证。

【化肥农药减量行动】　2021年，长沙市推广测土配方施肥、水肥一体化、有机肥替代化肥、绿肥种植、秸秆还田、病虫害绿色防控、专业化统防统治等化肥农药减量技术措施，推进施肥用药方式改进。全市化肥使用量比2020年减少1.66%，农药使用总量比2020年减少3.31%。在2021年度全省化肥农药减量工作考核中，化肥减量工作被评为优秀，农药减量工作被评为良好。（本栏撰稿　范朝朝）

林　业

【概况】　2021年，长沙市国土面积约118万公顷，全市有林地面积60.27万公顷，占全市国土面积51.01%。森林面积58.67万公顷，活立木总蓄积量3397万立方米，其中森林蓄积量3086万立方米。森林覆盖率55%，稳定率100%，位居省会城市前三位。全市湿地总面积39812.29公顷（国家湿地二调数据），湿地保护面积28617.91公顷，湿地保护率71.88%。国家级湿地公园5个（千龙湖、金洲湖、松雅湖、浏阳河、洋湖），省级湿地公园1个（靳江）。全市有国家保护野生植物13种，其中一级2种、二级11种；国家重点保护野生动物31种，其中一级5种、二级26种；人工繁育国家重点保护动物78种，其中国家一级物种28种、国家二级物种50种。全市自然保护地整合优化后，省级以上自然保护地28个（含未整合优化的风景名胜区6个），总面积7.2万公顷，占全市国土面积的6.08%。其中未整合优化的风景名胜区6个，总面积4.12万公顷，完成整合优化的自然保护地22个，其中自然保护区 1 个、森林公园 15 个、湿地公园 6 个，总面积 3.07 万公顷。全市有古树名木 6139 株，其中一级（500 年以上）古树 208 株、二级（300~499 年）古树 474 株、三级（100~299 年）古树 5254 株，名木 203 株，古树后备资源（80~99 年）1069 株。

2021 年，全市林业系统深入贯彻习近平生态文明思想，推进生态修复、生态保护、生态惠民。全市发生较大森林火灾 1 起，火灾发生率 0.166 次 /10 万公顷，远低于小于 20 次 /10 万公顷的省控目标；森林受害面积 6.13 公顷，受害率 0.01‰，未发生重特大森林火灾事故。半专业森林消防队 601 支，1108 人；群众森林消防队 1030 支，23290 人。长沙市林业局联合气象部门建立全省首家林业物候监测基地，在绿心区设立全省首家森林防火村级消防站。长沙市林业局被评为 2021 年度全省森林火灾风险普查工作优秀单位。全市林业有害生物无公害防治率 99.81%，高于省控指标（88%）11.81 个百分点，林业有害生物成灾率控制在省控目标以下，在全省率先启动五年攻坚行动，建成全省首个林业有害生物防治标准示范站，去冬今春疫木清除合格率 100%，松材线虫病疫情发生面积无新增、无扩散。长沙市被评为 2016—2020 年松材线虫病等重大林业有害生物防控工作履责评价“优秀”等次，市林业技术推广站、市森保站被评为湖南林业 70 周年先进集体。落实国家林草局“三个到位”要求，国家挂牌督办件、2018 年及 2019 年森林督查案件实现“双清零”；2020 年森林督查整改到位率 98.17%，高于省“湘林杯”指标（90%）8.17 个百分点；2021 年森林督查涉嫌违法图斑面积比 2020 年下降 28.06%。在全省率先建立行刑衔接机制，推进“清风行动”“洞庭清波”等专项整治行动，行政执法案件办结率 94.5%，完成野生动物投诉处理 12 宗。完成古树名木后备资源（80~99 年大树）普查，抢救复壮古树名木 141 株。禁食野生动物养殖户转产转型帮扶工作走在全省前列，全市养殖户转产 198 户，资金拨付率、帮扶完成率均 100%。完成人工造林 933.33 公顷，重点防护林工程建设 933.33 公顷，生态廊道建设 506.67 公顷，创建绿化美化示范村 16 个。全市有林业站 97 个，独立林业站 7 个。履行绿心区保护责任，推进“绿心区”林相改造 666.67 公顷，长沙市林业局被评为 2021 年“湘林杯”考核优胜单位。

【林业产业发展】 2021 年，长沙市林业产业总产值 475.21 亿元，比 2020 年增长 5.41%。全市有国家级林业产业龙头企业 6 家，其中浏阳市 3 家、宁乡市 2 家、长沙县 1 家；有国家级专业合作社 4 家，其中浏阳市 3 家、宁乡市 1 家。有国家级林下经济示范基地 2 家，均在浏阳市。全市油茶林面积 6.59 万公顷，2021 年总产值约 70 亿元，占全省的 10.57%。浏阳是全国油茶重点县（市），有油茶林 5.21 万公顷，占湖南油茶面积的 3.69%、全国油茶面积的 1.19%。全年新建或提质油茶丰产林 1466.67 公顷，其中高标准示范基地 193.33 公顷，通过低产林改造，亩平茶油产量较未改前提高 5 倍以上；升级改造茶油小作坊 40 家，建成茶油商超社区专柜专店 10 个，建成高桥出口产品集聚区“长沙茶油”展示展销馆；建成油茶果初加工与茶籽仓储交易中心 2 个，推进浏阳镇头油茶特色小镇建设，建成油茶庄园 1 个。引领花卉苗木产业发展，长沙市花木种植面积 3.14 万公顷（其中观赏苗木 2.98 万公顷、花卉 1600 公顷），占全省花木面积的 28.4%，年直接销售额 72.8 亿元，占全省的 52%，年综合产值约 200 亿元，占全省综合产值的 33%。建设完成花卉苗木示范基地 24 个、花木特色小镇 4 个、花木主题公园 7 个。举办 2021 年湖南省花卉苗木博览会、沩山茶旅文化节、第十三届大围山杜鹃花节，创建湖南省龙洞生态园林有限公司为省级林业特色产业园，长沙中欧班列返程木材专列到达 89 列。

【林长制体系建立】 “林长制”是党中央继推行河（湖）长制之后，进一步统筹山水林田湖草系统治理作出的重大决策部署，是加强生态文明建设的重要制度安排。2021 年 10 月，长沙市委、市政府出台《长沙市全面推行林长制实施方案》（以下简称《方案》），通过建立健全以党政领导负责制为核心的责任体系，加快推进生态强市和“美丽长沙”建设。根据《方案》要求，2021 年，全面建立四级林长体系、各项工作制度和“长三员”管护体系；到 2025 年，森林蓄积量 3500 万立方米以上，森林覆盖率稳中有进；到 2035 年，森林蓄积量 4700 万立方米以上，湿地保护率稳定在 76% 以上，林业治理体系和治理能力现代化基本实现。长沙市市、县、乡、村四级林长体系全面建立，市级林长由省委常委、长沙市委书记吴桂英担任，第一副林长由长沙市委副书记、市长郑建新担任，副林长由党委、政府相关负责人担任。县、乡两级参照市级设立林长、副林长。村级林长、副林长由村（社区）党组织书记和两委成员担任。按照“市级抓县级、县级管乡级、乡级包村级”的原则，全市设立市级林长 9 名、县级林长 73 名、乡级林长 786 名、村级林长 2005 名。基本建立 12 项工作制度，全面构建“市统、县建、乡管、村用”的林长制责任机制，全市划分管护网格 1347 个，配备护林员 1266 名、监管员 772 名、执法员（执法协管员）636 名。市级将林长制专项经费纳入财政预算，每年安排 1000 万元，县级累计安排林长制专项经费 2500 万元。浏阳市在全省率先推进智能化巡护，浏阳市 369 名专职护林员全部纳入护林员巡护系统，配备智能巡护终端，启动全域覆盖的护林巡护，全市配备无人机 42 架，32 个乡镇（街道）实现无人机巡林全覆盖，为镇村两级林长和专职护林员配备科技产品，真正实现“天上看、地上查、网上管”的立体管护。

2021 年 10 月 15—17 日，2021 年湖南省花木博览会在长沙举行。图为长沙展区

市林业局　供图

【2021 年湖南省花木博览会】　2021 年 10 月 15—17 日在雨花区跳马镇石燕湖景区举行。该届花木博览会由湖南省林业局、长沙市人民政府主办，湖南省绿化委员会办公室、湖南省花卉协会、长沙市林业局、长沙市雨花区人民政府承办。展会以“礼赞建党百年 共建大美湖南”为主题，结合长株潭一体化发展和绿心中央公园建设，设置“绿盎心动 雨润花开”的副主题。以“一心、二廊、十二韵”为整体设计思路，分设室内展区 27 个、室外展园 6 个和特色花木基地展区 3 个，展览面积约 7 万平方米。全省 14 个市（州）和企业参加博览会，参展花木品种 300 余个、展品 2 万余件。有两条观赏廊道将展区串联起来，一条是用于步行的“锦绣时代画廊”，以百花为主题；一条是用于车行的“绿水青山走廊”，以自然山水为主题。会展期间，长沙市获最佳组织奖，长沙市馆获展区金奖，参展县（市、区）取得展区金奖 3 个和展区银奖 3 个，66 项参赛展品获奖。

【长沙市入选国家首批国土绿化试点示范项目】　2021 年 4 月，国家林业和草原局、财政部联合发布《2021 年林业改革发展资金拟支持国土绿化试点示范项目名单》，长沙市国土绿化试点示范项目是全国 20 个入选项目之一，是湖南省唯一入选项目。按照项目实施方案，2021—2022 年，总投资 3.13 亿元（中央财政补助 1.5 亿元，地方财政和社会投资 1.63 亿元），围绕“一心、一江、多区、多廊道”（“一心”指长沙市境内长株潭生态绿心后区；“一江”指湘江；“多区”指国有林场、自然公园、油茶主要分布区域、松材线虫病危害严重区域；“多廊道”以纳入省级生态廊道范围为主，主要为“一江六河”两岸和铁路、高速公路、国道两旁及长沙黄花国际机场周边区域），开展营造林和油茶营造 1.16 万公顷，其中人工造林 226.67 公顷、退化林修复 4473.33 公顷、森林抚育 3066.67 公顷、油茶新造 520 公顷、油茶低改 3333.33 公顷。通过项目实施，不断提升森林质量和生态功能，建设一批高产稳产样板基地，引领全省油茶高质量发展，探索形成一条可操作、可复制、可推广的国土绿化新模式。

【长江中游城市群在浏阳认领“碳中和林”7.07 公顷】　2021 年 10 月 15 日，2021 长江中游城市群碳达峰与碳中和峰会开幕前，27 个参会的城市共同在浏阳市沙市镇团农村认领“碳中和林”7.07 公顷。认领“碳中和林”，秉承绿色办会理念，营造绿色、低碳氛围，代表长江中游各城市凝心聚力、共谋发展、共助实现“双碳”目标的决心。良好的森林资源对碳中和有着重要作用，相较于工业固碳、减排技术，林业碳汇具有投入少、成本低、碳汇量大、生态附加值高等优势，是国际社会公认的碳中和最经济有效的手段。该次被认领的“碳中和林”主要树种为国外松、木荷、青冈、大叶香樟等。

【长沙首批 72 处市级重要湿地名录公布】　2021 年 6 月，长沙市公布《长沙市市级重要湿地名录》（以下简称《名录》）。确定该次市级重要湿地的认定标准：对区域生态安全具有重要意义，且已纳入相关规划保护控制范围，位于宽度 30 米以上、长度 10 千米以上的江河干支流的河流湿地；城市规划区内 3 公顷以上的湖泊湿地，城市规划区外 10 公顷以上的湖泊湿地；城市规划区内 10 公顷以上的人工湿地，城市规划区外 50 公顷以上的人工湿地等。该次纳入《名录》的市级重要湿地，包括 72 处湿地，总面积 34133.97 公顷，其中河流湿地 25610.22 公顷、人工湿地 8427.5 公顷、湖泊湿地 96.25 公顷。《名录》明确各湿地的面积、界限、主管部门和具体管理单位。比如，湘江长沙段市级重要湿地分天心区、岳麓区、开福区、望城区 4 段，由各区政府分别主管，每一段具体责任落实到相关街道。纳入《名录》的市级重要湿地，除涉及公共利益的建设项目依法征收、征用外，不得改变名录范围内湿地的用途。在名录范围内的湿地上建设建筑物、构筑物，应当依法办理相关手续。依法征收、征用名录范围内的湿地，应当按照占补平衡的要求保持湿地面积总量不减少。自 2005 年 10 月 1 日《湖南省湿地保护条例》实施以来，长沙是湖南首个公布市级重要湿地名录的城市。

【长沙市林业信息综合态势平台项目一期项目主体建设完成】　2021 年 7 月以

来，长沙市林业信息综合态势平台项目进场建设，标志着长沙市智慧林业信息化建设进入快速发展期。年底一期项目数据库体系完成，总计整合33大类、54小类，约100万条数据；平台开发完成，建成九大子系统、69个功能模块，256个功能点。长沙市林业信息综合态势平台项目是长沙智慧林业信息化建设的1.0版，是推进长沙林业工作迈向智慧化管理、提升长沙林业治理能力现代化的里程碑。该项目发挥长沙在全省林业工作中的引领示范作用，先行先试，由长沙市人民政府专项投资，长沙市林业局主体实施，长沙市规划勘测设计院承建。项目一期投资418万元，主要针对长沙市资源监管评估不精准，协同共享不畅，应用系统多源、建管独立，缺乏综合的监管平台与移动终端，林业综合治理能力提升不快，难以适应新形势下智慧林业发展综合监管要求的现状，应用云计算、物联网、互联网+、大数据、卫星遥感、无人机等新一代信息技术，构建林业时空大数据体系和综合监管平台，实现林业工作数据感知一体化、决策可视化、管理协同化、监管实时化、服务集成化，推进长沙市林业工作高质量发展。项目一期建成后，形成包括"一库、一平台、多应用、一终端"，即林业时空大数据库、林业信息服务支撑云平台、林业时空大数据管理与共享系统、林业资源动态监管系统、林业资源信息综合态势展示系统、林长制网格化管理系统、林业综合执法系统、林业信息化运维管理系统、林业资源综合管理移动终端、接口建设10大块内容的综合信息化平台系统。初步实现全市林业管理一套数据、一套口径、一盘活棋，做到数据可查、资源可看、趋势可知、监管精准、服务高效、生态价值凸显。

【长沙市生态动物园诞生全国首例河马双胞胎】　2021年6月11日，长沙生态动物园里的河马爸爸"京京"和河马妈妈"乐乐"产下双胞胎宝宝，据考证，该对河马双胞胎是全球第二例、全国首例河马双胞胎。2021年，长沙生态动物园野生动物繁殖取得较好成绩，新生且存活动物19种，47只/羽，创造动物价值约135万元；引进一对金丝猴，完成金钱豹、绿狒狒、河马等45只（羽）动物的转让、交换工作，动物园野生动物资源进一步优化。长沙生态动物园是副处级差额拨款公益二类事业单位，履行动物保护、科学研究、科普教育、公众游览、野生动物救护、疫源疫病监测等职责，是湖南省内唯一一家由国家林业和草原局、农业农村部许可人工繁育国家重点保护的一、二类野生动物的专类动物园。园区面积97.11公顷，分步行游览区、车行猛兽游览区、科普教育区、生态景观区、休闲娱乐区、后勤服务区、入口广场区七大区，其中，车行区、步行区为游客主要游赏区。

【长沙市"十行状元　百优工匠"园艺设计技能竞赛】　2021年9月14日在雨花区跳马镇育景园举办，技能竞赛由长沙市总工会、长沙市林业局联合主办，长沙市花卉苗木行业协会承办。各县（市、区）的8支队伍、60名园艺师进入市级决赛，通过理论知识笔试和技能操作，评选出长沙市十行状元1名、百优工匠9名，长沙市林业局被评为优秀组织单位。

（本栏撰稿　凌　可）

畜牧业

【概况】　2021年，长沙市生猪存栏227.71万头，能繁母猪19.01万头，生猪出栏361.91万头，牛存栏10.28万头，出栏6.16万头，羊存栏40.5万只，出栏67.64万只，家禽存笼2196.5万羽，出笼4772.54万羽，年出栏500头以上生猪规模养殖场631个，其中万头猪场65个。持续推进高起点、高标准、高质量的现代化万头生猪标准化环保生态养殖场建设，全市在建生猪规模养殖场41个，其中万头猪场30个。

【宁乡花猪产业发展】　2021年，宁乡花猪出栏38万头，占全市出栏生猪的10.5%。产业链综合产值约36亿元，品牌价值52.4亿元。全市宁乡花猪从业企业250余家，其中国家级龙头企业1家、省级龙头企业4家、国家级示范合作社2个、国家五星级休闲农庄1处，产品进入麦德龙、盒马鲜生、平和堂等高档商超，开设体验店、专卖店、商超专柜等128家，精细分割产品均价100~160元/千克，初步形成覆盖保种、养殖、屠宰、加工、销售、农旅的全产业链条。宁乡花猪被评为2021年湖南省"一县一特"农产品优秀品牌。

【《关于进一步加强动物疫病防控能力建设的意见》出台】　2021年10月29日，长沙市人民政府办公厅印发《关于进一步加强动物疫病防控能力建设的意见》，2021年12月1日起施行，有效期5年，着力提升动物疫病防控指挥能力、生物安全防护能力、动物疫病监测处置能力、动物疫情防控保障能力，从资金、队伍、体制机制等方面做出安排，有利于保障畜禽养殖安全健康发展，更好满足全市人民对放心肉食品、公共卫生安全、优美生态环境的需求。

（本栏撰稿　范朝朝）

水产业

【概况】　2021年，长沙市水产养殖面积2.2万公顷，水产品总产量12.1万吨，比2020年增长6.19%，渔业经济总产值45.55亿元，比2020年增长10.08%。

【水产健康养殖】　2021年，长沙市结合"十四五"期间新一轮渔业发展支持政策，组织实施水产绿色健康养殖技术推广"五大行动"指导，创建15家"五大行动"（生态健康养殖模式示范推广、养殖尾水治理模式推广、水产养殖用药减量、配合饲料替代幼杂鱼、水产种业质量提升）骨干基地，创建市级龙头企业16家，引进培育多种先进养殖模式，推动绿色设施渔业发展，形成望城、宁乡、开福三大示范片区，带动全市渔业设施化水平、质量效益快速提升。推广池塘工程化微流水循环养殖模式，建设池塘微流水循环养殖槽157条，创新推广圆桶工厂化圈养模式，建成355个以圆桶式循环水养殖桶精养鲈鱼、南美白对虾为主的养殖模式，设施数量居全省首位，发展黄材水库坝下冷水性鱼类流水养殖26680平方米，小龙虾设施大棚养殖面积约1.8万平方米，工厂化设施面积5万立方米，设施大棚3.5万平方米。全市先后创建农业农村部水产健康养殖示范场64家、省级休闲渔业示范点24家，国家级休闲渔业示范基地8家、精品休闲渔业示范基地（休闲渔业主题公园）1家。长沙市有全国渔业健康养殖示范县1个、浏阳河特有鱼类国家级水产种质资源保护区1个。

【水生生物保护】　2021年，长沙市依照《水生野生动物保护条例》等法律法规，加强水生野生动物保护管理等工作，对各辖区内海洋馆、水簇馆、动物园、宠物市场等重点场所开展“清风行动”专项检查，发放《国家重点保护水生野生动物名录》宣传手册1000余份，排查各经营利用场所可能存在的违法行为和安全生产隐患，出动执法人员45人次、执法车辆19台次，检查各类野生动物经营利用场所33家，张贴发放宣传资料820余份，办理水生野生动物人工繁育许可证25本。（本栏撰稿　范朝朝）

农产品质量监管

【概况】　2021年，长沙市推进“两证＋追溯”农产品质量安全监管体系建设。截至2021年年底，全市注册国家农产品质量安全追溯管理信息平台企业1046家，湖南省农产品“身份证”平台企业466家、产品1337个，实行合格证管理企业986家，累计开具合格证近20万张，附带合格证上市农产品3.4万余吨。统筹实施例行监测、专项监测和监督抽查，市级完成检测4788批次，其中例行检测3065批次，合格率99.7%。

【农产品质量安全专项整治】　2021年，长沙市启动实施食用农产品“治违禁　控药残　促提升”三年行动。六部门联合出台实施方案，印发《关于开展全市食用农产品“治违禁　控药残　促提升”集中整治行动暨监督抽检的通知》，全面抽检摸底重点治理品种。开展农资打假、“湘剑护农”、“生猪屠宰”等专项整治行动，全年全市开展执法检查8548次，出动执法人员80056人次，检查责任主体、个人共6593家（人），发放宣传资料7.55万余份，立案612起，移送公安机关81起，追究刑事责任99人，罚没款277.22万元。其中李某等非法捕捞水产品案被农业农村部定为农业行政执法指导性案例在全国推广；长沙县查获外省违规调运生猪案例被农业农村部通报推广，宁乡市被评为“省农产品质量安全县”。

【农产品品牌建设】　2021年，长沙市新增“两品一标”农产品72个，全市有“两品一标”农产品368个，其中绿色食品331个、有机农产品27个、农产品地理标志10个，宁乡栀子新列入农产品地理标志。

（本栏撰稿　范朝朝）

农机管理

【概况】　2021年，长沙市新增农机具2642台套，全市农机具保有量420163台套，总动力623.29万千瓦，其中农田耕整地机具91549台套、插（抛）秧机2449台、谷物联合收割机4657台、谷物烘干机1196台、植保无人机373架。2021年全市水稻耕种收综合机械化水平83.51%，比2020年提高1.56个百分点；油菜耕种收综合机械化水平77.79%，比2020年提高1.61个百分点。

【农机购置补贴】　2021年，长沙市落实农机补贴资金5074.2万元，补贴机具2906台，受益农户和农机服务组织1096个。为应对中晚稻收获期间异常天气，制定中晚稻烘干作业补助实施办法，全市补助526个主体，补助资金总额197.88万元。

【主要农作物机械化】　2021年，长沙市新建育秧大棚3.2万平方米，新增成套育秧设备14套。开展水稻机插秧和有序机抛秧作业补贴试点，组织机插机抛演示5场次，新增有序抛秧机45台、插秧机132台、北斗终端1126台，实施机插机抛作业补贴试点面积1.35万余公顷。全市全年实施机插机抛总面积9.85万公顷，机插抛率45.53%，比2020年提高5.13个百分点。开展机收减损宣贯活动9场次，组织机收作业比武5场次，新增烘干能力3600吨，全市机收平均损失率由以往的3.8%降低至2.6%。通过实施农机社会化服务项目，验收认定28个粮食生产全程机械化示范基地，市级补助420万元。

【农机专业化合作组织】　2021年，长沙市新增农机合作社12个，农机生产经营主体达658个，其中农机合作社585个、涉农装备制造企业12家、农机销售服务公司61家。创建省级现代农机合作社4个、省级现代农机示范合作社4个、全程机械化综合农事服务中心2个。全市有省级现代农机合作社139个、省级示范合作社38个。

【平安农机建设】　2021年，长沙市新创建“平安农机”示范镇2个、示范村12个、示范合作社14个。全年组织5次农机隐患大排查行动，排查一般隐患3271起，发放农机安全宣传资料22588份。以变型拖拉机整治为重点，全市清查牌证注销未灭失未拆解报废324台，报废拆解323台，拆解报废率99.67%；系统存量1113台，提前报废25台。全市开展联合执法1568次，立案查处变型拖拉机53台，其他拖拉机162台，扣押拖拉机29台，罚款11万元，形成打击拖拉机违法违规上路高压态势。推动购买安责险4064单，农机合作社参保比例98.6%。全年发生2起农机一般事故，农机安全稳定向好。

【智慧智能农机产业链建设】 2021年，长沙市按照打造智慧智能农机“研发—示范—应用”产业链发展目标，支持中联重科牵头建设智慧智能农机研发中心。推广智慧智能农机应用，推广北斗终端在农机上的应用，新增北斗终端1126台，全市抛秧机、高速插秧机北斗终端应用率80%。

【全国首个双季稻无人农场建成】 2021年，在长沙市望城区高塘岭街道新阳村全能农机专业合作社，建成全国首个双季稻无人农场，项目建设第一期集中示范面积18.67公顷，主要包括高标准农田、智慧农机、智能灌溉、天空地一体化精准农情遥感监测系统四大板块，实现全天候、全过程、全空间的无人化生产作业模式，无人农场减少田间用工70%以上，提高工作效率30%以上，节约灌溉用水20%以上，节约肥料投入50%以上，减少农药投入30%以上，实现核心示范区增产10%以上，全面提升农业现代化水平和综合效益。（本栏撰稿　范朝朝）

农田水利

【河湖长制工作】 2021年，长沙市制定“一江一湖六河”综合治理三年行动计划，铺排综合治理任务319项。探索依法治理河湖新模式，全面建立长沙市“河（湖）长+检察长”协作机制。建设20个小微水体管护示范片区、10条美丽幸福河、104条样板河，创建浏阳市达浒镇书香村和望城区乌山街道团山湖村两个“水美湘村”项目省级试点，水利逐渐成为长沙乡村振兴的示范窗口。全市32个国、省控水质监测断面水质优良率100%。全年市、县、乡、村四级河湖长巡河湖7.6万人次，解决问题410件。5月10日，副省长隋忠诚一行到长沙市浏阳市，先后到官渡镇竹联村、古港镇梅田湖村、高坪镇浏阳河双江口文化公园等地，调研壮大集体经济、农村人居环境整治及河湖长制等工作。长沙市河湖长制工作获国务院、省政府督查激励，长沙市河长制办公室被命名为2021年“全国工人先锋号”。全国首部反映河长制工作的现实题材电影《浏阳河上》上映。全国首届河湖长制与河湖保护高峰论坛在长沙市举办。

【水利工程建设】 2021年，长沙市重大水利工程推进。椒花水库完成投资11.25亿元，导流洞提前27天贯通，大坝枢纽启动围堰截流。富岭水库、万年桥水闸等13处病险水库水闸除险加固全面完成，浏阳河观礼台段、捞刀河流域、大溪河等10个中小河流治理推进。农村供水保障推进。新增农村自来水入户人口12.43万人，完成22个单村供水工程提质改造项目，长沙县金井水厂被评为水利部农村供水规范化水厂，长沙市水利局被评为全省脱贫攻坚先进集体。水库移民工作开展。编制完成移民后扶“十四五”规划，科学谋划后扶项目，申报移民后扶项目377个，推进8个幸福移民村建设，省级移民产业示范项目建设现场会在长沙市举行。水利工程质量管理水平提升。湘江西岸防洪保安工程潇湘北路堤防三期工程、洞庭湖生态经济区大众垸防洪整治工程、水塘垸堤防达标工程被评为湖南省优质工程，长沙市在全省水利建设质量考核中排名A类第一名。

【涉水监督管理】 2021年，长沙市在全省率先建立高规格长沙市节约用水工作联席会议制度，高标准完成浏阳市、宁乡市县域节水型达标建设，3家节水载体被国家3部委联合确定为公共机构水效领跑者，《人民日报》专版报道长沙市以节水优先引领城市高质量发展。长沙市实施水土保持“管理对象网格化、管理措施标准化、管理手段信息化”等手段，强化水土流失监管，经验被《中国水利报》和《中国水土保持》杂志推介。结合农村水系治理、面源污染防治、人居环境整治等，加强水土流失综合治理，宁乡东湖塘风电场入选国家水土保持示范项目。长沙市“放心满意小型水库创建”活动推进。创建放心满意标准化小型水库200座，浏阳市创建国家级小型水库管理体制改革样板县，岳麓区、浏阳市入选湖南省第一批深化小型水库管理体制改革样板县，长沙市小型水库管护模式在全省推介。长沙市全面推行“三集中三到位”改革，实行行政审批规范化、标准化、便利化，全局审批事项实现“一件事一次办”和全程网办，园区下放事项实行承诺制审批、容缺审批、极简审批，审批时限压缩。水利工程管理全面规范。完成大中型和重点小型水库管理与保护范围划定，完成全市水库工程、199段堤防工程和1222座水闸工程注册登记基础信息录入，水利工程管理逐步制度化、规范化和信息化。水利监管方面，全方位开展水利财务及专项资金监督检查，2021年财政资金重点绩效评价结果为“优秀”。在全省率先启动流域面积10平方千米~50平方千米河流划界工作，全市15条重要河流完成岸线保护与利用规划，编制完成《涉河建设项目审批事项事中事后监管指南》，成为全省第一个规范化、标准化涉河建设项目事中事后监管的市。水事执法方面，出动执法人员4000人次，开展联合执法行动28

次，执法检查涉水项目290个，常态巡查监管市管河湖120次，实现河湖“四乱”问题动态清零。全国《河长制湖长制工作简报》专题推介长沙市强化水政执法监管经验。

【浏阳市永安联合水厂和长沙县金井水厂入选全国农村供水规范化水厂】 2021年1月和8月，水利部分别公布2020年度和2021年度100个全国农村供水规范化水厂名单，浏阳市永安联合水厂、长沙县金井水厂分别入选2020年度全国农村供水规范化水厂和2021年度全国农村供水规范化水厂。浏阳市永安联合水厂位于永安镇，总占地面积5.04公顷，2016年建成投产，总设计规模8万立方米/日，水源取自株树桥水库，供水范围主要为金阳新城，涉及浏阳经开区（高新区）、永安、洞阳、蕉溪、北盛等地区，保障10万名群众的饮水安全。金井水厂位于长沙县金井镇湘丰村栗树湾组，设计规模5万立方米/日，总占地面积4.03公顷，总投资1.4亿元，水厂水源为金井水库、团结水库和白石洞水库，金井水库为泵船压力输送，团结水库和白石洞水库利用水库水位重力输送。

【河湖长制获表彰】 2021年3月，湖南省河长制工作委员会办公室印发通知，推广全省2020年市县河湖长制典型做法，其中，长沙市浏阳河创建全国示范河湖、推进小微水体管护治理、打造市级美丽河流、落实“一河（湖）一策”、迎接水利部主办的“逐梦幸福河”集中采访、推进中小河流治理6项典型做法获推介。

4月27日，中华全国总工会发布关于表彰2021年全国“五一”劳动节和全国工人先锋号的决定。长沙市河道湖泊事务中心长沙市河长制办公室被命名为“全国工人先锋号”。长沙市河长制办公室通过全面建立河湖长制、强化河湖长履职、推进河湖水体治理、突出示范创建，建立治水兴水管水的长效机制，全市河湖生态环境得到改善。

5月7日，国务院办公厅发布通报，对2020年落实有关重大政策措施真抓实干成效明显地方予以督查激励，长沙市河湖长制工作上榜。根据部署，2021年国务院对长沙市在安排中央财政水利发展资金时适当倾斜，给予2000万元奖励，用于河长制湖长制及河湖管理保护工作。

5月28日，水利部发布《关于表彰全面推行河长制湖长制先进集体和先进个人的决定》。湖南省长沙市水利局党组书记、局长曹彪被评为“全面推行河长制湖长制工作先进工作者”，长沙县人民政府党组成员、副县长毛葵，望城区白沙洲街道办事处党工委书记资涵被评为“全国优秀河（湖）长”。

9月1日，全国《河长制湖长制简报》推介长沙水政执法监管经验。近年，长沙市水利部门围绕河湖长制工作重点，加强境内河湖综合治理，加大水政执法监管力度，对非法采砂、非法取水、妨害行洪安全、破坏堤防安全和破坏水生态水环境等涉水违法行为，共出动执法人员1.26万余人次，执法检查水利（涉水）工程和其他水事项目630余个，整改问题690余件，开展专项和联合执法行动93次，立案查处水事违法案件17起，推动河湖长制工作从“有名有责”到“有能有效”。

【全市第一总河长会议】 2021年6月1日，省委常委、市委书记吴桂英主持召开全市第一总河长会议。市委副书记、市长、湖南湘江新区党工委书记郑建新出席并讲话，市领导阚保勇、谭勇、沈裕谋、朱东铁等出席。会上播放全市河湖长制工作专题片，市河长办汇报全市河湖长制工作情况。雨花区、望城区、长沙县、浏阳市第一总河长在会上述职，长沙高新区、其他县（市、区）和相关市直部门作书面述职。

【宁乡东湖塘风电场入选国家水土保持示范名单】 2021年11月，水利部发布“2021年度国家水土保持示范名单”，宁乡东湖塘风电场入选。宁乡东湖塘风电场项目位于长沙市宁乡市东湖塘镇和坝塘镇境内，地处中东南部地区，属于典型的低风速山地丘陵风电场。该项目通过水土保持措施的实施，共整治水土流失面积22.99公顷，扰动土地治理率逾98%；减少了水土流失量5378吨，治理后该项目区的土壤流失量远低于容许的500吨/平方千米·日流失量，减沙减蚀率90%以上；增加区域的植被绿化覆盖率，有利于改善贴地小气候，改善区域内的生态环境。

【首部反映河长制工作的电影《浏阳河上》全国首映】 2021年12月16日，庆祝河长制实施5周年献礼影片《浏阳河上》全国首映式在长沙举行。电影《浏阳河上》是全国首部反映河长制工作的现实题材电影。电影由水利部河湖管理司指导，湖南省河长办、湖南省水利厅、湖南省电影局、长沙市委宣传部、长沙市河长办、长沙市水利局、浏阳市委市政府联合湖南潇影第二影业有限公司、潇湘电影集团有限公司联合拍摄。影片以认真践行习近平生态文明思想、全面推动河湖长制为大背景，讲述镇党委书记兼镇级河长响应市委、市政府号召，在民间河长和广大干部群众的共同努力下，克服困难，实现浏阳河两岸养殖第二次退养的故事。

（本栏撰稿　刘铁伟）

工业·建筑业

INDUSTRY AND CONSTRUCTION

编辑　刘盼盼

工业经济运行

【概况】 2021年，长沙市规模工业增加值比2020年增长7.2%，增速较2020年提升2.1个百分点，分别低于全国、全省2.4和1.2个百分点，增速在全省各市（州）位列第12位、中部六省会城市位列第六位，在全国省会城市位列第19位；工业增加值占GDP比重为28.8%，较2020年提升0.3个百分点；制造业增加值占GDP比重为27.3%，较2020年提升0.1个百分点；工业投资比2020年增长11.5%，增速较2020年提升7.6个百分点，其中工业技改投资比2020年增长19.5%；工业税收936.6亿元，比2020年增长9.3%，增速较2020年提升5.3个百分点；工业用电量196亿千瓦时，比2020年增长16%，增速较2020年提升8.4个百分点；制造业用电量134.3亿千瓦时，比2020年增长17.5%，增速较2020年提升8.6个百分点。

【智能制造】 2021年，长沙市新增市级智能制造试点企业213家，总数达到1254家。被评为国家级智能制造示范工厂，揭榜单位6家（数量居全国第一名），国家级智能制造优秀场景9个（数量居全国第三名）。此次长沙获批工信部智能制造示范工厂数量居全国第一位，标志着长沙智能制造发展继续走在全国前列。

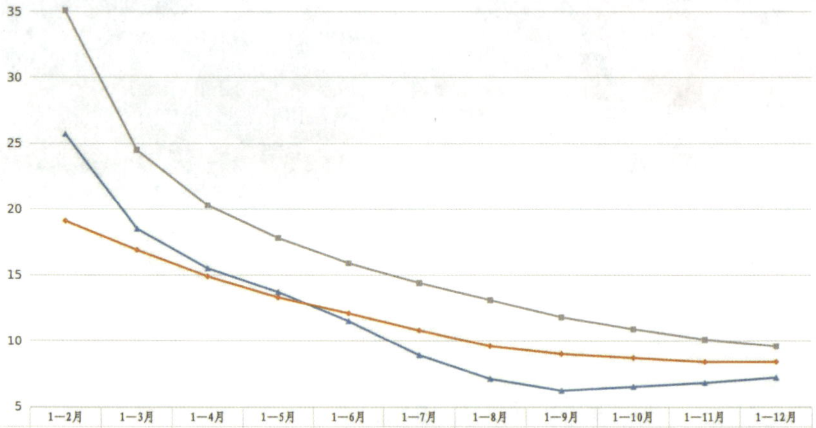

	1—2月	1—3月	1—4月	1—5月	1—6月	1—7月	1—8月	1—9月	1—10月	1—11月	1—12月
长沙	25.7	18.5	15.5	13.7	11.5	8.9	7.1	6.2	6.5	6.8	7.2
湖南	19.1	16.9	14.9	13.3	12.1	10.8	9.6	9	8.7	8.4	8.4
全国	35.1	24.5	20.3	17.8	15.9	14.4	13.1	11.8	10.9	10.1	9.6

图1 2021年全国、全省、全市规模工业增加值增速对比图（%）

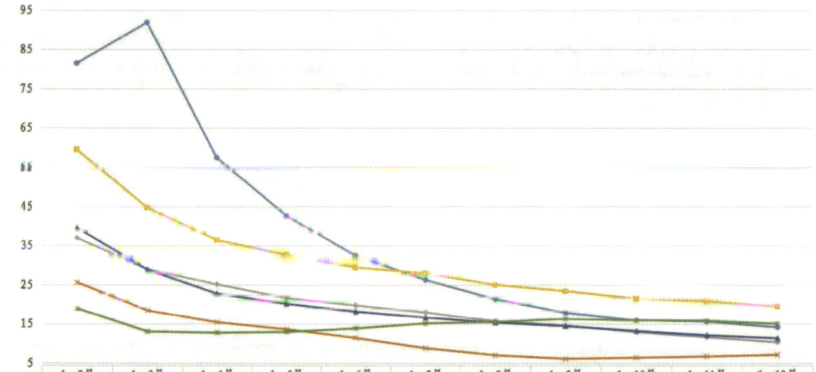

	1—2月	1—3月	1—4月	1—5月	1—6月	1—7月	1—8月	1—9月	1—10月	1—11月	1—12月
武汉	81.5	92	57.5	42.6	32.5	26.3	21.4	17.9	16.1	15.7	14.2
长沙	25.7	18.5	15.5	13.7	11.5	8.9	7.1	6.2	6.5	6.8	7.2
郑州	37	29	25.2	21.7	19.8	18	15.8	14.7	13	11.7	10.4
合肥	59.6	44.7	36.5	32.7	29.5	28	25.1	23.5	21.6	20.9	19.6
南昌	39.5	28.9	22.8	20.2	18.2	16.7	15.4	14.5	13.3	12.2	11.4
太原	19	13.1	12.8	13	13.9	15.2	15.6	16.4	16	15.9	15.1

图2 2021年中部六省会城市规模工业增加值增速对比图（%）

【产业链建设】 2021年，长沙市产业链共引进投资额过2亿元的重大项目116个（2020年97个），计划总投资1145.2亿元，其中投资额过100亿元项目2个，50亿~100亿元的项目4个，10亿~50亿元项目22个。新引进长远锂科新能源生产基地、网易长沙数字产业基地项目等42个“三类500强”产业链项目，计划总投资432.54亿元。产业链新上市企业较2020年有提升。2021年，爱威科技、铁建重工、华纳大药厂、长远锂科、丽臣实业、可孚医疗、五新隧装、达嘉维康共8家产业链企业上市（2020年新上市7家），长沙市上市公司78家，总数继续领跑中部城市，位居全国省会城市第五位。产业链龙头企业竞争力较2020年有提升。三一集团、中联重科在“2021全球工程机械制造商50强”榜单中，分别较2020年提升1个、5个名次，均进入全球工程机械前5强；三一集团首次进入《福布斯》2021年全球企业500强，排名468位，较2020年大幅提升235位。首届“全球全断面隧道掘进机制造商5强”榜单中，铁建重工位列榜首。2021年湖南省软件和信息技术服务业50强企业榜单中，长沙占据47席（2020年50强中长沙占据44席）。部分产业链规模以上工业营收较2020年有较大增长。2021年，先进储能材料、自主可控及信息安全、航空航天（含北斗）、大数据（含地理信息）、新一代半导体及集成电路、新型合金（含3D打印）、物流等7条产业链营收比2020年增长超过20%，其中先进储能材料产业链营收比2020年增长96.9%。

【新一代信息技术】 2021年，长沙市软件和信息技术服务业呈现加速增长态势，产业结构持续优化，产业集聚发展水平提升，产业发展环境不断优化。全市软件与信息技术服务业企业营业收入超过1300亿元，比2020年增长接近14%，其中软件业务收入超过800亿元，软件业从业人员总数达到14.5万人。截至2021年，全市拥有移动互联网及应用软件产业相关企业总数超过1.6万家，沪深上市企业21家，上市后备企业51家，超过30家知名软件和互联网企业在长沙设立了全国总部或区域性总部。2021年湖南省软件与信息技术服务业企业50强榜单中长沙企业47家，占比94%。2021年新开通5G基站20493个（其中宏站新开通7932个，室分新开通12561个）。

【创新能力】 2021年，长沙市分别新增国家级、省级和市级小巨人企业53家、132家和100家（总数分别达到69家、312家和502家），27家企业获评国家重点支持的专精特新小巨人企业。

【企业帮扶】 2021年，长沙市94家企业共获省中小企业专项资金2480万元，13家企业共获得中央中小企业专项资金2165万元。为不断提升融资保障能力，扩大中小企业信用贷款规模，风险补偿基金支持9家合作银行向7729家小微企业发放信用类贷款145亿元，贷款余额76.18亿元；中小企业转贷基金累计服务企业479家，转贷金额100.34亿元，为企业节约转贷成本约1.01亿元。

【出台政策规划】 2021年，长沙市出台《长沙市促进大飞机产业发展若干政策（试行）实施细则》《长沙市关于加快网络安全产业发展若干政策补充意见的实施细则》《长沙市推动先进制造业高质量发展若干政策实施细则》《中国（湖南）自由贸易试验区长沙片区创新创业动态支持实施办法（试行）》《长沙市预拌砂浆布局规划（2021—2030年）》《推进“五好”园区建设提高亩均效益盘活产业园区低效工业用地的指导意见》《长沙市“十四五”服务型制造发展规划（2021—2025年）》《长沙市“十四五”先进储能材料产业发展规划》《长沙市先进储能材料产业集群三年行动计划（2022—2024）》《长沙市“十四五”制造业新兴产业发展规划（2021—2025年）》《长沙市小微企业创业创新天使投资基金管理细则》《长沙市加快先进计算产业发展若干政策》《长沙市加快先进计算产业发展三年行动计划（2022—2024年）等系列政策，形成推动制造业高质量发展政策体系。

【多家企业获国家级荣誉】 2021年12月3日，工业和信息化部科技

表11　　2021年长沙市规模以上工业增加值统计表

指标	增加值比2020年增长（%）
规模以上工业企业	7.2
在总计中：芙蓉区	5.3
天心区	5.9
岳麓区	5.4
开福区	7.0
雨花区	7.8
望城区	7.1
长沙县	7.0
浏阳市	7.1
宁乡市	8.5
按经济类型分：国有企业	5.8
集体企业	−7.6
股份制经济	7.7
外商及港澳台投资经济	8.9
其它企业	−5.0
在总计中：国有及国有控股企业	26.5
大中型企业	13.1

（资料来源：市统计局）

司公布2021年全国质量标杆典型经验遴选结果，长城信息股份有限公司被评为国家工业质量标杆企业。宇环数控机床股份有限公司，山河智能装备股份有限公司被评为国家级工业产品绿色设计示范企业。湖南中伟新能源科技有限公司等7家企业被评为国家级绿色工厂，湖南红太阳新能源科技有限公司等17家企业被评为国家级绿色设计产品，广汽三菱汽车有限公司被评为国家级绿色供应链管理企业。

【4家企业获国家级制造业单项冠军认定】 2021年，长沙市有中联重科的混凝土泵车、中冶长天的烧结成套设备、长高高压的隔离开关接地开关类产品、中车时代通号的列车运行记录装置（LKJ）4家企业获国家级制造业单项冠军认定。

【省级绿色制造示范】 2021年，长沙市加快构建绿色制造体系，金驰新能源材料有限公司等25家企业被评为省级绿色工厂，湖南博世科环保科技有限公司等7家企业被评为省级绿色设计产品。

【省级制造业单项冠军产品】 2021年，长沙市有湖南湘投金天新材料有限公司的钛焊管，湖南中伟新能源科技有限公司的四氧化三钴，晟通科技集团有限公司的食品包装用双零铝箔（0.006毫米~0.0065毫米），长沙族兴新材料股份有限公司的工业颜料（铝颜料），长沙思胜智能设备有限公司的数控拉床5家企业获省级家级制造业单项冠军认定。

【数字经济】 2021年，长沙市数字经济总量接近4000亿元，年增速保持在13%以上；其中，数字产业化增加值规模超过700亿元，产业数字化规模接近3300亿元。先进制造业集群建设，新一代自主安全计算系统产业集群总产值逾1300亿元，近3年平均增长率超30%，集群现有企业1100余家，其中上市公司10家，

表12　2021年长沙市规模以上分行业工业增加值统计表

指标	企业单位数（个）	增加值比2020年增长（%）
规模以上工业企业合计	2872	7.2
按工业行业中类分组		
（一）采矿业	27	−8.3
1. 黑色金属矿采选业	2	11.1
2. 有色金属矿采选业	5	9.9
3. 非金属矿采选业	20	−13.4
（二）制造业	2778	7.1
1. 农副食品加工业	165	−1.8
2. 食品制造业	100	5.1
3. 酒、饮料和精制茶制造业	46	7.4
4. 烟草制品业	2	3.9
5. 纺织业	24	−18.4
6. 纺织服装、服饰业	13	−2.3
7. 皮革、毛皮、羽毛及其制品和制鞋业	4	30.1
8. 木材加工和木、竹、藤、棕、草制品业	38	1.8
9. 家具制造业	35	−0.4
10. 造纸和纸制品业	69	−10.0
11. 印刷和记录媒介复制业	73	−9.5
12. 文教、工美、体育和娱乐用品制造业	12	−15.9
13. 石油加工、炼焦和核燃料加工业	11	−23.7

续表 12

指标	企业单位数（个）	增加值比 2020 年增长（%）
14. 化学原料和化学制品制造业	436	-0.5
15. 医药制造业	102	-1.0
16. 橡胶和塑料制品业	91	-16.1
17. 非金属矿物制品业	287	-8.3
18. 黑色金属冶炼和压延加工业	6	-15.0
19. 有色金属冶炼和压延加工业	46	131.7
20. 金属制品业	175	-0.6
21. 通用设备制造业	267	0.4
22. 专用设备制造业	235	0.4
23. 汽车制造业	133	7.2
24. 铁路、船舶、航空航天和其他运输设备制造业	27	27.5
25. 电气机械和器材制造业	151	24.5
26. 计算机、通信和其他电子设备制造业	139	19.6
27. 仪器仪表制造业	71	2.7
28. 其他制造业	9	17.9
29. 废弃资源综合利用业	11	-3.3
（三）电力、燃气及水的生产和供应业	67	10.6
1. 电力、热力生产和供应业	25	13.2
2. 燃气生产和供应业	17	6.6
3. 水的生产和供应业	25	5.8

（资料来源：市统计局）

表 13

长沙市主要工业产品产量统计表

指标	单位	2021 年	2020 年	2021 年比 2020 年增长（±%）
饲料	万吨	229.2	196.1	16.9
精制食用植物油	万吨	23.1	22.9	1.0
酱油	万吨	20.4	23.2	-11.9
乳制品	万吨	35.3	27.4	28.7
精制茶	万吨	2.4	3.4	-30.6
服装	万件	2368.4	2776.2	-14.7
化学药品原药	万吨	4.3	2.9	46.8
焰火制品	亿元	24.9	23.1	7.7
家具	万件	160.6	139.8	14.9

续表 13

指标	单位	2021 年	2020 年	2021 年比 2020 年增长（±%）
水泥	万吨	673.5	684.2	-1.6
商品混凝土	万立方米	2745.6	2616.5	4.9
起重机	万吨	8.6	5.4	61.0
挖掘、铲土运输机械	万台	1.4	1.0	42.1
压实机械	台	3.2	3.6	-11.2
混凝土机械	万台	7.2	6.0	21.2
环境污染防治专用设备	万台	6757	4514	49.7
汽车	万辆	34.1	35.9	-5.1
光电子器件	亿只	137.7	88.3	55.9
印制电路板	万平方米	1678.9	1276.7	31.5
自来水生产量	万立方米	131958.1	124858.7	5.7
发电量	亿千瓦小时	101.7	82.1	23.9

（资料来源：市统计局）

集聚效应显著，集群获评湖南省 2021 年先进制造业集群，在工业和信息化部 2021 年度先进制造业集群初赛中胜出。产业链建设，全市信息安全产业产值 200 亿元，比 2020 年增长 35%，集聚企业 225 家；全市人工智能及机器人（含传感器）产业规模以上企业营收达到 180 亿元，比 2020 年增长 30%；全市新一代半导体及集成电路产业规模以上企业销售额逾 80 亿元，增速 40%；全市大数据（含地理信息）产业、航空航天（含北斗）产业增速均保持在 30% 以上。新兴数字产业发展势头良好。

（本栏撰稿　阴雅婷）

工程机械工业

【概况】 2021 年，长沙市工程机械产业链规模以上企业营收 1620.3 亿元（三一集团按解捆后统计，市工程机械行业协会按全口径调度统计的 21 家重点企业 2021 年实现营收 2854.5 亿元），产业规模连续多年居全国第一位。

企业创新能力　集群拥有国家级技术创新载体 23 家，其中包含 3 所行业相关双一流大学、4 个国家级企业技术中心、4 个国家重点实验室、5 个国家级博士后科研工作站、2 个国家工程技术研究中心、1 个国家工程研究中心，4 个国家工业设计中心（2021 年新增三一集团、中联重科、山河智能三家工业设计中心），积极创建国家级工程机械制造业创新中心。有效专利 2 万余件，制修订国际标准、国家标准 300 余项。相继研制出世界最长臂架的混凝土泵车、世界最大工作幅度的塔式起重机、世界最强起重能力的轮式起重机、世界最大吨位的履带起重机等一批世界顶尖水平的产品。

集聚程度高　集群拥有 400 余家主机及配套企业，汇聚了三一集团、中联重科、山河智能、铁建重工 4 家全球工程机械 50 强企业，拥有 5 家 A 股上市公司（2021 年新增铁建重工和五新隧装两家上市公司）。长沙工程机械产业集群入围国家首批重点培育的先进制造业集群。

品种规格齐全　长沙工程机械产品涵盖 12 大类、100 余个小类、近 500 个型号，占全国工程机械产品种类的 75%。集群企业生产的混凝土机械、建筑起重机械、挖掘机械、桩工机械、环卫机械、掘进机等产品产销量居全国第一位，其中混凝土机械、挖掘机、建筑起重机、大直径硬岩掘进机等产品产销量居世界第一位。

发展模式创新　集群拥有“国字号”智能制造试点示范企业和专项项目 5 个，智能制造示范工厂 4 家，智能制造优秀场景 4 个；认定省级智能制造示范企业 4 家、示范车间 3 个，离散型智能制造新模式在国内同行业具有示范引领作用，建起一批国际一流水准的智能制造灯塔工厂，培育一批根植行业的工业互联网企业。

国际化加快　通过一系列国外重大资产并购、建立研发生产基地、广泛设立代理商、实施项目和工程承包等，长沙工程机械走出引领同行业的国际化路径。行业正全面推进产品国际化、资本国际化、人才国际化，产品远销到全球180余个国家和地区。

发展潜力　中联重科智慧产业城、三一智联重卡及发动机、铁建重工地下工程装备基地、山河智能山河工业城（三期）、星邦智能国际智造城等一批国际一流水平的重大项目在建设，各龙头企业均制定了“十四五”发展宏伟蓝图。

【山河工业城三期项目开工】　2021年1月6日，山河工业城三期项目开工。该项目总投资15.1亿元，总规划用地28.4公顷，计划2022年全面达产后，山河智能工业城将实现产值超200亿元。三期项目建设围绕高端负极材料、挖掘机、应急救援装备等领域展开，山河智能的挖掘机产业在近年来一直呈上升的趋势。2020年12月25日，山河智能挖掘机经销商年会发布消息，截至2020年11月，山河智能挖掘机销量增速比2019年超过50%，大幅领先行业平均增速。

【长沙市加快建设国家重要先进制造业中心启动仪式暨打造世界级工程机械产业集群推进会】　2021年11月17日，长沙市加快建设国家重要先进制造业中心启动仪式暨打造世界级工程机械产业集群推进会举行。省委常委、市委书记吴桂英讲话并见证签约，市委副书记、市长、湖南湘江新区党工委书记郑建新致辞。推进会就《关于加快建设国家重要先进制造业中心的实施意见》进行解读。该意见包含8个部分共30条，提出到2025年全市制造业的整体目标及所需要重点做好的7个方面工作。会上，市政府与赛迪研究院签署合作框架协议。市工程机械行业协会分别与长沙高新区、长沙经开区、长沙国链安全可靠计算机产业促进中心、长沙市其力先进储能材料产业促进中心签约。近年来，长沙推进制造业高质量发展，全市规模工业总产值超过9000亿元、企业数量逾3000家，百亿元级企业8家，工程机械、食品烟草、汽车及零部件、新材料、电子信息五大千亿元级产业集群蓬勃发展，工程机械入选国家首批公示的先进制造业集群。长沙成为全球唯一同时拥有4家世界工程机械50强企业的城市，也是仅次于美国伊利诺伊州、日本东京的世界第三大工程机械产业集聚地。

【《星邦智能国际智造城项目》合作签约仪式】　2021年10月29日，《星邦智能国际智造城项目》合作签约仪式在宁乡举行。宁乡市委副书记、市长黄滔，宁乡市委常委、高新区党工委书记郑旗，星邦智能董事长刘国良等领导嘉宾出席。星邦智能国际智造城项目计划用地120公顷，新建具备地标性特征的全球总部中心、研发、后勤保障中心，新增臂式智能生产中心、车载智能生产中心和剪叉智能生产中心三大生产基地，打造全球知名的、世界先进的高空作业装备智造城，形成年产值逾百亿的产业集群，为区域经济发展建设新的增长极。

【长沙4家企业上榜“2021全球工程机械制造商50强榜单”】　2021年4月28日，全球工程机械50强峰会组委会在北京发布“2021全球工程机械制造商50强榜单”。此次入榜的50家企业分别来自中国、美国、日本、德国、法国、意大利、英国、瑞典和韩国等13个国家。此次榜单上，中国11家企业上榜，有4家来自长沙——三一重工、中联重科、铁建重工、山河智能，销售额分别为152.16亿美元、99.73亿美元、11.66亿美元、11.43亿美元，分别位居全球第4位、第5位、第30位、第32位。与2020年相比，4家工程机械企业的排位均有上升，三一重工前进1位、中联重科前进5位、铁建重工前进2位、山河智能前进3位。

【2021长沙国际工程机械展】　2021年5月19—22日，2021长沙国际工程机械展在长沙国际会展中心举办。此次展会为期4天，以“智能化新一代工程机械”为主题，展览面积30万平方米，参展企业近1450家。有逾30万人次专业观众现场观展，线上线下观展300万人次，现场成交逾400亿元。同期还有全国自然灾害防治技术装备现代化工程工作会议、长沙国际工程机械产业链发展大会、长沙国际工程机械技术主官（CTO）峰会等主体活动，以及中国工程物质设备采

2021年5月19—22日，2021长沙国际工程机械展在长沙国际会展中心举办

市工信局　供图

购大会、“一带一路”国际基础设施建设论坛等30场行业高端论坛，3场赛事活动和100余场商务活动举办。

【中国铁建重工集团股份有限公司在科创板上市】 2021年6月22日，中国铁建重工集团股份有限公司在上海证券交易所首次公开发行股票，并在科创板挂牌交易。湖南省副省长陈飞，上海证券交易所党委副书记、监事长潘学先，中国铁建党委书记、董事长汪建平等出席上市仪式并致辞。此次公开发行股票12.85亿股，募集资金为36.88亿元，发行后公司总股本为51.41亿股。铁建重工创造了央企A股分拆上市首例、工程机械行业首家科创板上市、专业设备制造领域募资规模最大等多项科创板纪录。此次公开发行引入机构投资者22家，是2021年引入战略投资者最多的科创板企业。 （本栏撰稿 阴雅婷）

汽车及零部件工业

【概况】 2021年，长沙市汽车及零部件企业达到近300家（规模以上企业160家），全市汽车产业链实现营业收入1172.7亿元。整车生产企业汽车产量为43.28万辆，比2020年增长6.5%，其中新能源车产量为12.5万台，比2020年增长184.2%。

【比亚迪DM-i超级混合动力工厂项目建设】 2021年1月，长沙雨花经开区比亚迪DM-i超级混合动力工厂项目启动建设，该项目总投资37亿元、规划用地43.33公顷。项目一期于7月投产，已具备月产6万车付能力，是比亚迪DM-i系统在全国唯一布局的生产基地；二期由5个高端智能制造车间组成，在2022年5月建成，将创造项目1年建成投产的长沙速度。项目全部建成后，长沙比亚迪汽车将成为比亚迪集团车系最全、产能最大、配套最全的战略生产基地，规划生产车型包括全新秦Plus DM-i、宋MAX DM-i及海洋系列等多款新能源汽车，长沙比亚迪汽车可实现年产新能源汽车60万辆以上、年产值550亿元以上，并将推动长沙比亚迪汽车成为全省首家单体产值过五百亿元的汽车企业。

【天际汽车长沙工厂投产】 2021年6月11日，天际新能源汽车长沙工厂投产仪式在长沙高新区举行，仪式现场，天际汽车与京东集团达成战略合作，天际ME5车型预售也全面启动。天际新能源汽车长沙工厂项目总投资51亿元，占地面积26公顷，建筑面积约13万平方米，项目于2019年3月开工建设，建设有焊装车间、涂装车间、总装车间及其生产线，配套能源综合站房、废水处理站、质保检测中心等生产辅助设施。主营方向为新能源高端电动汽车天际ME5车型的生产、销售。全面投产后，可形成年产6万辆新能源乘用车生产规模，年产值约120亿元。

【福田汽车长沙超级卡车工厂投产】 2021年7月8日，福田汽车长沙超级卡车工厂投产活动在长沙经开区举行。福田汽车长沙超级卡车工厂是福田汽车为了充分满足南方以及海外的市场需求，在福田长沙汽车厂制造资源基础上通过全面升级改造，打造的集自动化、智能化、柔性化为一体的南方制造中心，总投资近15亿元，产能超过10万台，达产后年产值150亿元，直接带动就业3000人，间接带动就业10000人。此次投产后，福田汽车计划在南方建成战略基地，重点建设欧航欧马可高端中轻卡全球创造中心、专用车制造中心、时代轻卡南方制造中心、中轻卡核心零部件物流产业园、南方出口中心及环卫装备制造中心。福田汽车长沙超级卡车工厂将带动上下游产业链延伸，立足高端装备制造，实现多产业协同发展，打造多元化产业联盟，吸引上游零部件厂商进行本地化生产，50%零部件实现本地化生产，拉动当地零部件生产链产值40亿~50亿元。

【上汽大众新能源汽车项目开工】 2021年10月8日，上汽大众新能源汽车项目开工，该项目计划总投资约80亿元，2024年起逐步投产MEB平台新能源车型，计划产能10万辆/年。作为转型升级第一步，计划新建的电池车间，规划年产15万套新能源电池，同时预留产能升级空间。项目建成投产后将进一步推动长沙经开区汽车产业的迭代升级，形成以新能源汽车和核心零部件为主导的集聚区。

【广汽三菱“阿图柯”新能源汽车下线】 2021年12月10日，广汽三菱合资新能源SUV车型阿图柯下线仪式在长沙经开区举行。长沙广汽三菱近年来不断丰富产品，先后上市劲炫、欧蓝德、奕歌等产品，主动加快产业转型，加速布局新能源车型，探索绿色能源低碳出行领域。阿图柯定位国际级优质A+级纯电SUV，从内外饰设计、智能网联、车内空间等方面都进行创新，其配置的新一代讯飞XTTS语音、AR实景导航、无感式数字钥匙、360°全景泊车影像等，让人车交互体验感、科技感十足。

【长沙汽车创新研究院建设】 2021年6月21日，长沙市人民政府、吉林大学、湖南湘江新区管理委员会在长沙共同签署《联合共建吉林大学·长沙汽车创新研究院合作协议》。11月12日，长沙汽车创新研究院（以下简称“研究院”）在长沙市事业单位登记管理局登记注册，并被长沙市政府列入“十个重大科技创新标志性项目”。研究院由长沙市人民政府与吉林大学、湖南湘江新区管理委员会共同建设，建设周期为5年（2021—2025年），由吉林大学、长沙市科技局负责日常管理，长沙市人民政府负责指导。注册为不核人员编制、不定机构级别、不提供财政拨款的市属事业单位，依托吉林大学汽车工程学院、汽车仿真与控制国家重点实验室等单位的学科优势及科研力量，在理事会领导下，采用先进的运营机制，围绕智慧新能源汽车领域开展科技攻关、科技服务、成果转化、企业孵化和人才培养等相关工作。

【三一集团首台氢燃料重卡下线】 2021年6月1日，三一集团首台氢燃料重卡下线仪式在长沙三一重卡超级工厂隆重举行。三一集团董事、三一重卡董事长梁林河，三一重卡总经理张红松，三一集团油品事业部总经理周万春，泵送事业部副总经理谈波，董事长办公室氢能规划院院长宛朝辉等出席下线仪式。该款氢燃料重卡各项性能均达到行业最佳水平。其中长续航超过500千米，属业内最好成绩；实现百里氢耗低于10千克，为行业领先水平；氢燃料重卡采用轻量化技术，整车重量只有10.6吨，比竞品轻3%以上；整车温度适应性跨度大，-30℃~50℃均为良好工作区间，具备良好的环境适应性，适用低速、倒短、港口等各类工况和场景。

（本栏撰稿　阴雅婷）

食品工业

【概况】 2021年，长沙市食品产业规模持续壮大，全市食品产业拥有规模工业企业363家（比2018年增加56家），完成规模工业产值1501亿元，工业总产值过亿元的企业达到58家。全市农林牧渔业总产值722.2亿元。产业高质量发展不断突破，本土上市食品企业8家，全市有农业产业化龙头企业238家，其中国家级10家，省级92家，市级136家。食品企业获得两品一标认证品牌数量296个，其中绿色食品260个，有机农产品27个，地理标志农产品9个。行业创新持续增强，全市食品产业拥有高新技术企业55家，市企业技术中心10家，省工程研究中心4家，省企业技术中心5家，国家智能制造试点专项项目1家（加加集团），省级智能制造示范企业和示范车间7个。产业带动成效显著，餐饮业零售额为365.4亿元；全市拥有中华老字号10个，湖南老字号14个。中国驰名商标30个。

【茶颜悦色品牌自研生产基地项目落户】 2021年8月2日，茶颜悦色品牌自研生产基地项目落户望城经开区。望城经开区党工委书记周剀，党工委副书记、管委会主任郑以仁，党工委委员、管委会副主任肖逸，湖南茶悦文化产业发展集团有限公司董事长吕良，总经理孙翠英出席签约仪式。湖南茶悦文化产业发展集团有限公司成立于2017年，是一家集茶饮销售、餐饮管理、商业策划、文创产品于一体的企业，公司总部位于长沙，旗下有"茶颜悦色"茶饮连锁品牌，出售自主设计的饮品和文创产品，是长沙本地比较有代表性的饮品品牌。在长沙、武汉、常德等地直营店铺将近400家，员工5000余人。望城经开区项目计划用地6.8公顷，主要建设茶颜悦色自研品牌生产基地，集茶叶深加工、文创产品研发、物流配送、产品销售等为一体，从线下经营模式全面拓展推广到线上经营。

2021年8月2日，茶颜悦色品牌自研生产基地项目签约仪式在望城经开区举行

市工信局　供图

【翠恋（易家）集团总部暨食品生产基地项目签约】 2021年6月18日，翠恋（易家）集团总部暨食品生产基地项目签约仪式在宁乡经开区举行，宁乡经开区党工委副书记黄瑶，长沙翠恋酒店管理有限公司董事长易罗平出席签约仪式。长沙翠恋酒店管理有限公司计划投资2亿元，选址宁乡经开区农科园，建设翠恋（易家）总部及保鲜辣椒鱼加工基地，整合旗下酒店、餐饮、广告、商超、食品加工在内的全产业供应链到园区，设计保鲜辣椒鱼加工年产量650吨，年产值1.6亿元，计划实现年税收贡献1600万元。

【中百集团长沙鲜食及烘焙食品生产基地项目落户】 2021年6月16日，中百集团长沙鲜食及烘焙食品生产基地项目签约仪式在宁乡经开区举行。中百控股集团股份有限公司党委书记、董事长李军，宁乡经开区党工委副书记、管委会主任张毅代表双方签约。中百控股集团股份有限公司是以连锁超市为主的商业上市公司，拥有中百仓储、中百超市、中百百货、中百罗森便利店等商业品牌，是一家以商业零售为主，涉及物流配送、食品加工、环保包装等领域的现代化商业企业。中百集团负责中百罗森便利店在湖北、湖南市场的开发运营。罗森便利店在全球开店1.7万家，中国门店约3100家，位列中国连锁便利店第5名。中百集团长沙鲜食及烘焙食品生产基地项目的落户，将为中百罗森便利店在湖南的开疆拓土就近提供完善的后勤保障，助力中百罗森便利店跨越式发展。该项目总投资1亿元，租用湘金易国际工业园标准厂房1.74万平方米，建设鲜食及烘焙食品生产基地，主要服务中百罗森在长沙及周边城市便利店的产品生产及配送。

【2021（第六届）中国国际食品餐饮博览会在长沙国际会展中心举行】 2021年9月10—12日，2021（第六届）中国国际食品餐饮博览会（以下简称“食餐会”）在长沙国际会展中心举行。该届食餐会以“促进消费，创新发展”为主题，旨在通过推动餐饮业创新发展，进一步加强食品餐饮业品质消费建设。博览会设置专业展区10个，展览总面积8万平方米，国内18个省（自治区、直辖市）1800余家企业参展、近万家企业采购。另外，韩国、中国香港地区有关机构也参与展会，其中大韩贸易投资振兴公社还将举行韩国专场推介会。

（本栏撰稿　阴雅婷）

烟草工业

【长沙卷烟厂】 长沙卷烟厂为湖南中烟工业有限责任公司（以下简称“公司”）下属不具有企业法人资格的卷烟生产点，是市内唯一烟草生产企业（1961年长沙烟草工业完成社会主义改造和调整至今）。工厂位于长沙市雨花区劳动中路426号。2021年，工厂主厂区占地面积32.38万平方米，大托、圭塘、吉首仓库用地43.65万平方米。年卷烟生产能力685亿支（137万箱/两班生产）。固定资产原值86.67亿元，净值24.7亿元。拥有1条15000千克/小时（联合工房）和1条3600千克/小时制丝生产线（制丝一线）；1条570千克/小时膨胀烟丝生产线，一条300千克/小时薄片线。进口及国产卷接机47台（含2台报废留用），进口及国产包装机45台，进口及国产滤嘴成型机17台，装箱机16台，建有原料高架库、辅料高架库、成品高架库及相关辅联设备、自动物流系统，在岗员工2186人。2021年，长沙卷烟厂完成公司下达的各项目标任务，综合考评排名公司六厂第一名。全年生产内销卷烟114.11万箱，实现工业产值284.89亿元，比2019年增长5.98%；合作生产卷烟36.29万箱，回购卷烟33.77万箱。成品外部抽检合格率100%。安全实现“六无”目标，在公司综合安全绩效考评中被评为优秀单位。“和天下”系列连续8年保持全国高价位卷烟产销量第一（根据年度内公司重新修正的统计数据，和天下在2021年实为连续第8年位列全国高价位卷烟产销量第一）。

【卷烟生产】 2021年，长沙卷烟厂生产、加工卷烟数量：570.54亿支（114.11万箱），其中内销烟570.5亿支（114.1万箱），出口烟0.04亿支（70箱）。一类烟123.28亿支（24.65万箱）、二类烟98.01亿支（19.6万箱）、三类烟349.26亿支（69.85万箱）、四类烟0亿支（0万箱）、五类烟0亿支（0万箱）。牌号有白沙、芙蓉王、万宝路、HEO四个系列，26个规格，其中白沙系列501.79亿支（100.36万箱），芙蓉王系列57.2亿支（11.44万箱），万宝路系列11.5亿支（2.3万箱），HEO系列0.01亿支（22箱）。万元产值综合能耗5.31千克标煤/万元，万支卷烟综合能耗：2.58千克标煤/万支，消耗指标烟叶6.82千克/万支，嘴棒2508.61支/万支，盘纸592.01米/万支，水0.085吨/万支，电12.46千瓦时/万支；停产品牌3个：芙蓉王（硬闪带细支）、芙蓉王（硬红带细支）、芙蓉王（硬蓝细支）。

【质量管控】 2021年，长沙卷烟厂班子成员分别牵头成立11个卷烟外观质量攻坚小组，推动质量疑难问题有效解决。推进烟虫防治新模式，持续巩固烟虫治理效果。从原料入库到成品出库，全流程、全要素梳理“和天下”质量保障短板难题，探索建设生产制造过程“和天下”质量保障体系。鼓励现场创新成果运用，1个QC课题获中南六省质量管理论坛课题发表示范级成果、1个六西格玛项目获中国质量协会成果发表示范级成果。在行业卷烟产品质量监督全国抽查中，白沙（和天下）获得高端高价位类质量总得分第一，白沙（软珍品）、芙蓉王（硬细支）获得包装与卷制质量检验满分，白沙（硬精品三代）和白沙（精品二代）获得卷制与包装质量检验满分。

【设备技术能力提升】 2021年，长沙卷烟厂持续开展长役龄设备管理研究，推进设备更新迭代，完成4台切丝机更换改造。持续推进设备精益管理，中速机、国产高速机、M5高速机台时效率同比分别提升2.4%、4%、4.1%。78#“和天下”人机融合线完成调试验收。新增细支烟卷接设备1台，创造调试投产仅18天的长烟新速度，质量、进度、效率均刷新行业中速新设备调试速度。有序推进新型烟草孵化平台建设，完成薄片线升级改造及调试，开展加热卷烟生产场地改造，“新品孵化及科研试制基地”建设逐步实现。

【行业二维码项目招标能力测试工作】 2021年，长沙卷烟厂负责实施中国烟草行业二维码统一应用项目招标能力测试现场工作。测试中，4000件物料配送实现“零差错”，12台设备符合合格性评价要求，各类风险防控到位。测试完成后，未收到投标方任何质疑，整体工作得到国家烟草专卖局党组、相关司局、公司党组的肯定，公司因此得到国家烟草专卖局生产计划增量奖励。

【烟用香基生产保障】 2021年，长沙卷烟厂历时40天完成现有香基调配区改造，累计生产功能性香基16.26吨。克服各种困难，多次与政府沟通协调，取得政府部门的支持，稳步推进功能性香基临时调配间建设，为确保公司在与相关烟用香基供应商进行业务切割期间，全公司烟用香精香料的供应稳定，彻底解决卷烟生产“卡脖子”技术奠定基础。

【提升管理运行水平】 2021年，长沙卷烟厂配合公司制定《卷烟工厂管理提升实施方案》及配套评价办法，编制《长沙卷烟厂三年管理提升实施方案》。贯彻落实2020年全国烟草行业企业管理电视电话会议精神，与合肥卷烟厂开展对标结对共建工作。围绕公司“4+1”目标，优化目标体系，设计保底、攻坚、挑战三级目标机制，精简非关键指标。制定对标管控三年规划，确立对标递进目标。全年17项对标指标达到2020年行业平均水平，达标率85%。坚持“走出去、请进来”，加强与行业标杆企业、智能制造先进企业的深入学习交流，积极推进易地技改论证工作。

（本栏撰稿　廖　劼）

生物医药产业

【概况】 2021年，长沙市有生物医药（含基因技术）企业1600余家，其中，规模以上企业290家，高新技术企业200余家，上市企业19家，拟上市企业31家。2021年，全市生物医药制造企业入库税收18亿元，增长6.6%。医药工业领域，排名第一位的圣湘生物接近50亿元，排名全国医药工业百强，九芝堂、尔康制药、三诺生物、楚天科技分别在中药、药用辅料、血糖检测、制药机械领域居全国领先行列。医药流通领域涌现一批销售额过百亿元的企业，国药控股湖南公司100亿元，益丰大药房130亿元，老百姓大药房140亿元等。高桥大健康医药城商户总数660余户，兼有中药材、保健品、医疗器械和药品批发等四大经营业态，年销售总额约110亿元。

【上海复星医药集团全资子公司复星诊断科技（上海）有限公司与长沙高新区签约合作】 2021年7月22日，上海复星医药集团全资子公司复星诊断科技（上海）有限公司（以下简称“复星诊断”）与长沙高新区签约合作，计划投资4.98亿元，用地规模3.67公顷，在长沙高新区打造复星诊断第二总部项目。长沙高新区党工委书记周庆年、管委会主任郭力夫、管委会副主任帅军，复星医药（集团）副总裁、复星诊断董事长包勤贵出席并见证现场签约。复星诊断作为复星医药的全资子公司，拥有专业的研发团队和国内领先的技术水平，是国内主要体外诊断试剂品牌，在诊断试剂和仪器设备研发、生产方面优势突出。复星诊断第二总部项目由复星诊断投资，主要聚焦糖尿病、肾功能、心功能、精神疾病等快速诊断试剂及相关配套检测设备的研发、生产和销售，拥有自主研发和自主知识产权优势，部分产品具有国产替代进口的重要意义。签约仪式后，长沙高新区招商、行政审批、资规和土地储备等部门，第一时间对项目落地建设有关事宜进行现场对接。

【3家生物医药企业上市】 2021年12月7日，湖南达嘉维康医药产业股份有限公司在深交所创业板挂牌上市，股票简称“达嘉维康”。达嘉维康发行价为12.37元，上市首日开盘价为26元/股。达嘉维康成立于2002年，位于长沙市岳麓区。面向医院、医疗机构等的医药分销，是达嘉维康最大业务板块，公司经营药品品规1万余种，截至2021年9月30日，经营新特药品规278个，其中经营68个湖南省医疗保险特药品种，在抗肿瘤药、免疫调节用药、心脑血管用药、呼吸系统用药等新特药经营方面独具特色。

2021年6月16日，爱威科技股份有限公司（以下简称“爱威科技”）在科创板上市。爱威科技此次发行1700万股，发行价为14.71元，募资总额2.5亿元。爱威科技主营业务为医疗临床检验分析仪器及配套体外诊断试剂、医用耗材的研发、生产、销售和服务。公司位于湖南省长沙市。

2021年7月13日，湖南华纳大药厂股份有限公司（以下简称“华纳大药厂”）在上海证券交易所上市交易。华纳大药厂是2001年在浏阳经开区创立并成长的创新引领型药品生产企业，经过近20年的发展，现已建成三个生产基地、二个研发平台和一个销售平台；初步完成化学药物产业链、中药产业链的完整布局，发展成为一家以高端化学原料药、中西药制剂为主，集生产、销售、研发于一体的药品生产企业。

【长沙生物医药产业发展座谈会】 2021年5月14日，长沙生物医药产业发展座谈会召开。市委副书记、市长、湖南湘江新区党工委书记郑建新强调，长沙生物医药产业发展要以“坐不住、等不起、慢不得、睡不着”的紧迫感和危机感，正视差距，坚定决心，抢占制高点、培育强动能、打造新支柱。市领导王国海、刘明理、张庆和出席。会议邀请了国药控股湖南公司、三诺生物、九芝堂、楚天科技等11家企业代表，深入探讨交流，听取意见建议。2020年，全市生物医药产业总产值1380亿元，上市企业达到17家，当前上市企业总数量、总市值、拟上市公司数量均居全市22条产业链第一位。

（本栏撰稿　阴雅婷）

材料工业

【概况】 2021年，长沙市新材料产业规模以上企业实现规模工业总产值约1630亿元，增幅约25%。新引入重点项目73个，其中邦盛新能源20

万吨/年磷酸铁锂项目、长远锂科电池正极材料项目被列入湖南省2022年十大重点产业项目名单。长远锂科、丽臣实业两家企业上市；中伟新能源率先实现长沙市100亿元级材料企业零的突破；湖南中锂新材料有限公司、湖南博云东方粉末冶金有限公司等13家企业新获评国家级专精特新小巨人企业；巴斯夫杉杉、中伟新能源获批国家级“绿色工厂”。细分产业发展各有特色。根据长沙市委、市政府聚力打造“1+2+N”集群体系，创建先进储能材料、新一代自主安全计算系统等2个国家级先进制造业集群的要求，储能材料产业链全年实现总产值约700亿元，较2020年实现翻番，位居全国前列，15个在建重大项目全部投产后还将新增产值约840亿元。新型合金材料产业新获评国家级平台9个，省级平台122个。碳基材料产业企业东映碳材的高导热沥青碳纤维制备技术获评国家科技进步二等奖，产品广泛应用于航空航天、5G通信等高技术领域。材料产业在全市工业产业体系中的地位逐步提升。

【长沙先进储能材料产业发展座谈会】 2021年8月10日，长沙先进储能材料产业发展座谈会召开。市委副书记、市长、湖南湘江新区党工委书记郑建新出席会议，副市长邱继兴参加。会议邀请弗迪电池、长远锂科、中伟新能源等8家企业代表深入交流，听取意见建议。截至2021年8月，全市先进储能材料产业企业113家，规模以上企业68家，1—6月实现规模工业产值253.7亿元，比2020年增长69%。

【中国先进材料产业创新与发展大会暨2021长沙新材料产业博览会】 2021年12月25日，中国先进材料产业创新与发展大会暨2021长沙新材料产业博览会在长沙国际会议中心举行开幕式。活动以创新、发展、应用为主题，采用“会＋展”相结合的形式，将举办开幕式及主题报告大会、15场专业论坛、科技成果展示大市场、新材料博览会等主题活动，同期展览面积为5000平方米，将设置粉末冶金材料、航天材料、综合展区三大展区，200余家优质企业参展，1万余名来自全国新材料行业的专家、企业代表参会。开幕式后还举行了2021年全国粉末冶金大会主题报告。国家新材料产业发展专家咨询委员会主任、中国科协先进材料学会联合体主席、中国工程院原副院长、院士干勇，中国工程院化工、冶金与材料工程学部院士聂祚仁，中国科学院院士、材料学专家邹志刚，中国钢研科技集团有限公司党委书记、董事长张少明，中南大学副校长周科朝分别作主题报告，从国家层面对新材料产业各领域发展进行全面解读。除主题大会外，2天内大会还举办湖南省检验检测学会一届三次会员代表大会暨2021学术年会、2021检验检测智能化创新发展暨先进新材料检测技术及仪器发展论坛、2021湖南科技论坛、先进有色金属材料论坛、等分论坛。

（本栏撰稿　阴雅婷）

电子信息产业

【概况】 2021年，长沙市电子信息制造业实现营业收入约1220.98亿元，比2020年增长20.3%；软件和信息技术服务业营业收入逾1300亿元，比2020年增长14%。重点企业平稳增长，电子信息产业百亿企业全省共7家，长沙市占6家。

重点项目推进　湖南三安半导体项目已于2021年实现首批厂房投产，标志着国内首条、全球第三条碳化硅全产业链生产线基本建成。惠科光电项目实现投产，产能总产值可实现150亿元。

产业特色明显　高层次打造以飞腾、鲲鹏CPU和麒麟操作系统为核心的“两芯一生态”体系，现已成为全国信创工程首选技术路线。高质量建设国家网络安全产业园，重点突破一批“卡脖子”关键核心技术，为国家自主安全计算产业高质量发展提供坚实支撑。飞腾CPU、麒麟操作系统获国家科技进步一等奖，景嘉微GPU、国科微SSD芯片填补国内显示与存储领域技术空白。新一代自主安全计算系统产业在国家先进制造业集群决赛胜出。

行业大会相继举办　举办“2021世界计算大会”“2021信息技术应用创新论坛（长沙）”“首届北斗规模应用国际峰会”“2021互联网岳麓峰会”等重大会议，“一个大会一个产业”的品牌效应在显现。

（阳　娟）

【2021互联网岳麓峰会】 2021年4月16日，2021互联网岳麓峰会在长沙举办。省委书记、省人大常委会主任许达哲出席并宣布开幕，省委副书记、省长毛伟明致辞。开幕式前，许达哲、毛伟明会见了出席峰会的嘉宾代表。该次峰会以“智链新百年 云聚新高地”为主题，除开幕式和岳麓论坛外，峰会其余专场活动采取“7+1+1”模式，即7个长沙市内专场，1个长沙市外专场和1个交流活动，同时在线上对开幕式、岳麓论坛和各分场活动进行同步直播。峰会突出智能制造、网络安全、新一代信息技术创新应用等新兴业态，为湖南实施“三高四新”战略赋能增效。岳麓峰会自2014年举办以来，2021年已举办至第八届，成为助力湖南移动互联网产业发展的重要平台。2020年全省移动互联网产业实现营业收入1618亿元，比2019年增长22%，连续7年保持高速增长。

（阴雅婷　李　欣）

【2021世界计算大会在长沙举行】 2021年9月16—18日，2021世界计算大会在长沙国际会议中心举办。此次大会以“计算万物·湘约未来——

计算产业新格局”为主题，31位中外院士、数十位专家学者及知名企业家、400余位产业界精英、100余位媒体代表现场参会，数百万名观众在线参与该届大会。旨在搭建全球化、专业化、高端化的深度交流平台，汇聚计算领域的顶尖科学家和知名企业家，共研发展大势、共商合作大计，促进计算产业发展，增强数字经济发展活力和动力，推动经济社会高质量发展。在大会开幕式上，总投资255.88亿元的世界计算·长沙智谷等7大项目集中开工，大会组织签约产业项目20个、投资规模超过300亿元。大会还分别在各个主题峰会上发布《2021中国先进计算企业竞争力研究报告》《计算产品性能基准系列标准和工具》《先进计算产业发展白皮书（2021）》《中国算力发展指数白皮书（2021）》《中国工业机器视觉产业发展白皮书》等智力成果。（阴雅婷）

【2021长沙·中国1024程序员节】 2021年10月23—24日，“2021长沙·中国1024程序员节”在长沙高新区举行。活动以“开源开放、算据赋能——开启数字经济新时代”为主题，包括长沙智谷项目推介会、岳麓尖峰对话、2021技术英雄大会、18场专业主题论坛/峰会等多场活动，50余家企业参展，联动100余所海内外高校，研讨议题包括数字新基建、数据库技术实践与未来、先进计算与人工智能技术、工业互联网智能制造等。10月23日，“岳麓对话，开启数字新时代”峰会举行，与会嘉宾就开源开放的科技创新及人才培养、数据库领域的前沿课题、科幻与科技跨界对话等展开探讨。先进计算与人工智能、工业互联网和智能制造背后的技术力量、汽车进化的黄金十年等主题论坛同期举行。当天，世界计算·长沙智谷推介会在长沙高新区管委会举行，长沙朗源电子科技有限公司、万兴科技集团有限公司、湖南映客互娱网络信息有限公司等8家企业进签约行入驻。长沙人工智能创新中心揭牌落户，将建设包括1000P算力中心在内的算力综合服务平台，为先进计算产业搭建坚实的算力底座。2021技术英雄会以及数据库技术实践与未来展望、云原生时代的开发者、全场景AI、程序员之夜等论坛活动10月24日在线上和线下进行。（阴雅婷）

【信息技术应用创新论坛在长沙举办】 2021年7月14日，信息技术应用创新论坛在长沙举办。湖南省副省长陈飞，中国工程院院士廖湘科，工业和信息化部信息技术发展司副司长江明涛，湖南省工业和信息化厅党组书记、厅长毛腾飞，长沙市人民政府市长郑建新等出席。来自产学研用金等各界的千余名代表参加此次论坛。会上，廖湘科对“两芯一生态”图谱进行解读，中国工程院和重庆市渝中区人民政府、中国电子工业标准化技术协会信息技术应用创新工作委员会及五项赛道主办单位共同开启2021信创“大比武”活动赛道并做赛道解读，长沙高新区管委会介绍湖南信创产业载体，相关企业分享新产品及应用。该届论坛通过主题演讲、专题报告、用户分享、产品发布、方案演示等活动，分享实践经验、研判产业趋势、探讨发展路径，共话信创产业创新之路，加快信创生态健康发展。（阴雅婷）

烟花爆竹业

【概况】 2021年，浏阳市花炮产业集群总产值实现261.5亿元，其中出口产值33.3亿元，国内销售产值171.7亿元，原辅材料及相关产业实现56.5亿元。浏阳市烟花爆竹生产企业443家（658个生产场所），占长沙地区95.5%、占全省56.4%，其中单基粉生产企业2家，黑火药生产企业6家，引火线生产企业11家，危险化学品原辅材料生产经营单位153家，批发、经营、仓储企业399家，包装、印刷、机械生产等相关企业400余家，每年吸纳从业人员约30万人，年均发放社会工资100亿余元。浏阳花炮内销占全国总量的50%，出口占全国的60%。

【政策调控】 2021年，《长沙市烟花爆竹安全生产与产业引导条例》出台，《关于烟花爆竹企业分类管理的实施办法》的制定工作启动，为产业发展统筹谋划、明确方向。推进传统小产品振兴，落实《浏阳花炮传统小产品保护与扶持实施办法》，对列入保护名录的70家传统小产品生产企业和6类特色典型产品予以重点保护和扶持，引导传统小产品生产企业走专业化、精品化道路。成立浏阳市政协委员花炮行业转型升级实践站，探索转型升级路径，加强技术指导，引导花炮行业淘汰落后产能，截至2020年年底，浏阳市退出烟花爆竹生产企业114家（76家自愿申报退出、38家完成并购重组）、生产区58家，已拨付自愿退出奖补资金7314.92万元。

【科技创新】 2021年，浏阳市鞭炮烟花产业发展中心支持企业自主创新，打造东信研究院、浏阳花炮象形研究院等科技创新平台，培育52家高新技术企业。指导花炮企业开展高新技术企业、专精特新小巨人企业认定、补助资金申请等工作，全年72家花炮生产企业取得奖补资金941万元。与国防科技大学、南京理工大学等专业院校合作，烟花产品工艺创新取得20项成果。研发微烟无硫发射药、新型环保鞭炮、再生植物纤维烟花外筒等安全环保领域前沿创新成果300余个。全面打造“烟花云”产业发展平台，引进工业互联网，搭建信息集成、新闻展示等7个模块平台，以现代科技改造传统产业。组织开展首届湘赣边烟花爆竹产品创意大赛暨第八届湖南省烟花爆竹新产品评比大赛活动，大赛收集到来自湘赣边四大花炮主产区50家企业205款参赛作品，经初赛、决赛两轮专家综合评审，最终评选出金奖7个、银奖12个、铜奖22个。

【质量建设】 2021年，浏阳市鞭炮烟花产业发展中心协同市场监督管理局开展烟花爆竹产品及原辅材料质量专项整治行动工作，对生产、经营、使用环节的原辅材料进行抽检，严查产品质量违法行为，对列入"黑名单"的企业实施惩戒。全年抽检烟花爆竹及原辅材料产品874批次，原材料产品质量合格率达到95.5%，比2020年上升13.7%。制定烟花爆竹网红产品《"加特林"吐珠类产品主要技术参数》行业标准，全市40家吐珠类"加特林"产品生产企业负责人签署行业自律承诺书。国家市场监管重点实验室项目（烟花爆竹质量安全）落户浏阳，有效提升全市花炮产业质量建设水平。国际烟花爆竹标准化技术委员会ISO秘书处、全国烟花爆竹标准化技术委员会等标准制定权威组织均设在浏阳。加快《烟花爆竹安全与质量》《烟花爆竹原材料安全与质量》等国家强制性标准的修制，进一步建立健全质量标准体系，烟花爆竹领域有21项国际标准从浏阳产生。加大浏阳花炮传统小产品奖扶力度，组织浏阳花炮传统小产品专项奖励申报评审工作，有25家企业获得专项奖励，共计奖励金额260万元。

【焰火燃放】 2021年，浏阳焰火企业累计燃放文旅焰火1600余场次，总金额约3亿元，占全国文旅市场85%的份额。塔吉克斯坦独立30周年焰火、省会长沙七一大型音乐焰火表演、庆祝建党百年文艺演出《伟大征程》焰火燃放，浏阳花炮向全国乃至世界展现一场场视觉盛宴。浏阳烟花从过去纯粹输出烟花产品满足市场基本需求，到加入烟花编排、互动体验、场景构建等高附加值环节，逐步向拥有知识产权、在市场上具有识别度和营销优势的品牌文旅焰火发展之路进阶。通过举办重大节庆、庆典焰火燃放与花炮文化节等行业活动的契机，浏阳烟花得以在世界各地绽放，文旅焰火市场份额也显著提升。同时，浏阳已与方特主题公园、深圳世界之窗、上海迪士尼等国内18个景区景点建立合作，推动了烟花与文旅融合发展。

【市场开拓】 2021年，浏阳企业和协会在山东、贵州等地召开产销座谈会，组织600余家企业参加山东、广东等10个省、直辖市订货会，累计订货约40亿元。加强与景区合作打造"烟花小屋""未来焰火空间"，打造零售终端一站式城市烟花消费体验馆，通过打通线上营销与线下经营，提升烟花品牌形象，引导消费习惯，促进日常消费，实现长久安全合法经营，稳定开发市场。推进"花炮信贷通""银企财园通"两大融资项目，帮助企业解决融资难题，共放贷5759万元。推进湘赣边区域合作，4月1日，湘赣边烟花爆竹产业发展委员会在浏阳成立，四大烟花爆竹主产区打破区域壁垒，实现资源共享和战略联盟。

【花炮人才培养】 2021年，浏阳市鞭炮烟花产业发展中心落实推进烟花爆竹高级职称专场评审工作，评审通过正高级职称2人、副高级职称47人，为产业发展提供人才储备。开展2021年度大型焰火燃放操作人员培训，共计培训300余人，不断提高花炮人员专业素养及业务技术水平。开展花炮行业版权保护业务培训，进一步提高花炮企业对加强版权保护工作重要性的认识，强化烟花爆竹行业版权保护的管理水平。举办浏阳市"十佳乡村工匠"竞赛暨"花炮工匠"比赛，推动高技能人才队伍建设。

2021年9月9日晚，由浏阳吉腾烟花集团承担实施的塔吉克斯坦独立30周年庆典活动的焰火燃放

浏阳市鞭炮烟花产业发展中心 供图

【宣传推广】 2021年，浏阳花炮在中央、省、市级媒体宣传100余次，其中包括《湖南日报》专题报道《"草根"到"顶流" 一朵烟花，绚烂世界夜空》、新华社《助推"三高四新"战略助力浏阳花炮高质量发展》等，为推动花炮产业平稳有序高质量发展创造了良好舆论环境。借助《浏阳日报》花炮周刊专题策划36版，运营"浏阳花炮"官方抖音，共计发布92个视频作品，其中4个作品点击量逾100万余人次，"纪念袁隆平院士"的作品点击量达到530万余人次。与市融媒体中心合作创新举办首届"烟花美"短视频大赛，活动

点击量超过1亿人次。

【优化出口】 2021年，浏阳市开通岳阳城陵矶港至香港口岸的出口直航航线，6月25日启动岳阳城陵矶港烟花爆竹永久性堆场和查验场所试运营，新的堆场有504个标准集装箱堆位，配套有烟花爆竹查验平台和查扣仓库。到深圳大铲湾现代港口、省港务集团就烟花爆竹出口通道情况进行调研交流，上海铁安公司拟在浏阳溪江火车站打造烟花物流运输集散中心。

【湘赣边烟花爆竹产业发展委员会成立大会】 2021年4月1日，湘赣边烟花爆竹产业发展委员会成立大会在浏阳市举行。浏阳市委副书记、市长吴新伟，浏阳市政协主席，市委常委、市纪委书记、市监委主任，烟花爆竹产业链链长秦跃平，浏阳市副市长李翔，醴陵市副市长王吉祥，上栗县副县长王均洪，万载县政协二级调研员张鼎明，中国烟花爆竹协会会长钟自奇共同为湘赣边烟花爆竹产业发展委员会揭牌。浏阳、醴陵、上栗、万载四县（市）将打破区域壁垒，以委员会为依托，强化区域协同发展，构建共治共管、同频共振的行业自律共同体，实现资源共享和战略联盟，共同推动产业高质量发展。

【浏阳烟花在长沙庆祝中国共产党成立100周年大型音乐焰火晚会燃放】 2021年6月30日晚，长沙庆祝中国共产党成立100周年大型音乐焰火晚会“党的盛典 人民的节日”在长沙橘子洲燃放。该场焰火分为“梦想启航”“百年华诞”“星火湘传”“奋楫扬帆”4个篇章，由浏阳焰火燃放企业负责实施。浏阳市鞭炮烟花产业发展中心作为燃放工作主要组织和落实单位，制定切实可行的工作方案，与工作小组各成员单位协同配合，从燃放产品原辅材料的质量保障、焰火燃放方案评审、燃放产品的安全生产、燃放产品和炮筒质量检测、燃放产品运输审批，到燃放活动各个环节都紧密协调配合，确保焰火成功燃放。

【浏阳花炮首场国外焰火在塔吉克斯坦燃放】 2021年9月9日晚，由浏阳吉腾烟花集团承担实施的塔吉克斯坦独立30周年庆典活动焰火燃放在塔吉克斯坦首都杜尚别举行，焰火燃放取得圆满成功。此次焰火燃放是2020年以来，浏阳花炮首次国外大规模焰火，燃放总时长6分钟，使用全部来自浏阳烟花企业的燃放产品2万余发，燃放创意设计、施工技术、设备操作等核心成员全部来自吉腾烟花集团。浏阳花炮已经开拓和扩大了“一带一路”沿线国家焰火市场，先后在中亚、东南亚、中东、非洲、东欧等国家和地区承接和实施多场焰火燃放活动。

2021年11月30日，首届湘赣边烟花爆竹产品创意大赛暨第八届湖南省烟花爆竹新产品评比大赛在浏阳举行。图为燃放展示现场　　浏阳市鞭炮烟花产业发展中心　供图

【浏阳烟花在中央电视台2021中秋晚会燃放】 2021年9月21日21：00，在中央广播电视总台2021年中秋晚会上，浏阳烟花绚丽燃放。此次晚会烟花燃放由浏阳花炮企业浏阳市亚太出口烟花有限公司承担。中央电视台2021中秋晚会为录制播出，晚会的焰火燃放于8月16日—9月4日在四川省西昌市录制。录制期间，浏阳花炮企业共配合演出节目实施10场焰火燃放，总时长12分钟，产品总数约7万发，共派出技术、施工人员80余人。为确保该次焰火燃放工作高质量完成，鞭炮产业发展中心安排工作人员到现场全程跟进做好对接协调服务，并组织行业专家到场进行安全、技术、施工现场指导。

【浏阳花炮行业焰火燃放专题培训】 2021年10月22日，浏阳鞭炮烟花产业发展中心2021浏阳焰火燃放专题培训举行。浏阳市焰火燃放企业负责人、项目管理和技术负责人、市场营销负责人等人员参加此次培训。培训会上，高级工艺美术师张秋明从焰火燃放项目综合管理、优秀管理带来的价值、燃放现场管理存在的问题3个方面进行讲解。浏阳市焰火燃放协会负责人黄成围绕如何创建和培育文旅焰火品牌进行分析，并进行案例展示。

【首届湘赣边烟花爆竹产品创意大赛暨第八届湖南省烟花爆竹新产品评比大赛】 2021年11月22日，首届湘赣边烟花爆竹产品创意大赛暨第八届湖南省烟花爆竹新产品评比大赛在浏阳市金滩燃放场举行，此次大赛由湘赣边烟花爆竹产业发展委员会主办，自10月启动报名以来，共收集到来自湘赣边四大花炮主产区50家企业205款参赛作品，大赛分为爆竹类、礼花弹类、组合烟花类、架子烟花类、升空类、玩具烟花6个类别进行燃放展示评比。经初赛、决赛两轮专家综合评审，共评选出金奖7个、银奖12个、铜奖22个。此次大赛已成为花炮产业安全提质、科技创新、质量创优、文化赋能的重要举措之一，对于推动中国烟花爆竹向安全环保和文化创意方向发展、优化产业营商环境、提升产业核心竞争力具有重要意义。

【浏阳市“十佳乡村工匠”竞赛暨“花炮工匠”比赛活动】 2021年11月30日，浏阳市“十佳乡村工匠”竞赛暨“花炮工匠”比赛活动在浏阳举行。经过初评推荐、乡镇审核推荐、全市总决赛，共评出组合烟花手工组盆、礼花弹装球、鞭炮手工结编、燃放产品安全、晨光花手工褙皮5个项目的“十佳花炮工匠”10名。

（本栏撰稿　石慧琼　周慧　邱思维）

电力工业

【电力供应】 2021年1—12月，长沙市全社会用电量484.81亿千瓦时，比2020年增长17.76%。第一产业用电量1.28亿千瓦时，比2020年增长27.79%。第二产业用电量206.02亿千瓦时，比2020年增长15.86%；其中工业用电量195.98亿千瓦时，比2020年增长16.05%。第三产业用电量132.91亿千瓦时，比2020年增长25.5%。城乡居民生活用电量144.61亿千瓦时，比2020年增长13.9%。电网综合线损率5.56%。城市综合电压合格率99.99%，电网最高负荷925.3万千瓦，比2020年增长10.25%；最大日供电量1.91亿千瓦时，比2020年增长10.45%。

【电网建设】 2021年，国网长沙供电公司积极推动新一轮特高压入湘入长，湖南首个1000千伏长沙特高压输变电工程实现年内开工、年内投产，刷新世界特高压建设速度，长沙正式迈入交流特高压时代。深化“政企合作、共建电网”长沙模式，连续四年打赢长沙电网“630攻坚”战，2021年完成投资84亿元，最大供电能力提升至1000万千瓦，进入千万千瓦级城市电网新阶段，电网资源配置能力、安全保障能力、智能化水平大幅提升。持续加大农网建设力度，完成1.04亿元“重点民生实事项目”建设，户均配变容量提升10%。

【保障电力供应】 2021年，国网长沙供电公司积极应对2021年供电紧张形势和夏、冬负荷高峰考验，特别是面对9月、10月电力供需突出矛盾，国网长沙供电公司迅速行动，第一时间建立应急保供机制，有力保障电网安全运行和全市电力供应。面对2021年春节期间低温雨雪灾害天气，广泛开展“冬日暖阳·电力保供 党员在行动”活动，以实际行动践行“人民电业为人民”的企业宗旨。推进供电服务隐患排查治理百日攻坚行动，对长沙重点单位、防汛单位、高危领域及大型小区等进行供电隐患排查治理，提升客户用电安全水平。完成庆祝中国共产党成立100周年、博鳌首届经安大会、省党代会等400余次重要保电任务。

【电力营商环境优化】 2021年，国网长沙供电公司实施优化营商环境两年行动计划，深化“三零”“三省”服务，推出“阳光业扩”服务新模式，拓展市场化交易范围，高、低压办电环节压缩至3个、1个，平均接电时长大幅降低，全年累计降低客户成本约6.41亿元。深化“互联网+服务”，在国内率先实现“网上国网”与市级政务平台（“我的长沙”）融合，中部地区率先推行不动产转移登记联动电力过户。推行“一日接电”、居民购车建桩联动。长沙“获得电力”被国家发展改革委评为营商环境“进步最快指标”，并进入全国“优异”行列，创新经验入选《中国营商环境报告2021》示范引领最佳实践。

【服务品质城市建设】 2021年，国网长沙供电公司推动电力建设融入城市建设中，结合“十四五”发展新要求，开展城区网格化和县域目标网架配网规划修编。完成湘雅医院周边杆线整治等42项民生实事，启动开福寺可靠性示范网格建设。积极配合机场扩建，开辟绿色办电通道，提前完成临时电源送电。投资近3.82亿元，开展老旧小区改造、专改公，完成天心区青山祠老旧小区等老旧城区电力设施提质，惠及全市数百万居民。实施“电靓长沙”行动，为一江两岸、核心商圈、重要景观带等城市亮化提供高可靠电源支撑，助力“夜经济”发展。结合五一商圈等提质改造，实现高品质商圈电力设施高端化、小型化、隐性化，使电力设备与城市生态融为一体。政企联动开展重点片区、道路的占道电力设施清理，还路于民。

【推动能源转型】 2021年，国网长沙供电公司制定“双碳”行动实施细则，建成全省首个区域低碳服务中心，签订全省首个园区低碳发展战略合作协议。全面推动充电桩建设和电动汽车产业发展，建成专用充电站32站620桩，年充电量3715.9万千瓦时，占全省专车充电量的78%。打造浏阳全电烟花、全电楼宇、电铸造、电养殖等一批符合长沙发展实际的示范项目，实现替代电量4.8亿千瓦时，相当于减排二氧化碳418万吨。

【长沙电网2021年“630攻坚”总结暨现代化长沙智慧电网建设推进会议】 2021年7月21日，长沙电网2021年“630攻坚”总结暨现代化长沙智慧电网建设推进会议在国网长沙供电公司召开。省委常委、长沙市委书记吴桂英，国网湖南省电力有限公司党委书记、董事长孟庆强，党委副书记、总经理明煦，长沙市委副书记、市长、湖南湘江新区党工委书记郑建新等出席会议。吴桂英到国网长沙供电公司，看望慰问电力一线职工代表，考察长沙电网调度指挥中心，吴桂英强调，要进一步强化科学分析、科学预测、科学调度，确保电力安全可靠稳定供应、顺利迎峰度夏。2021年，长沙推进智慧电网建设，供电能力从920万千瓦提升至1000万千瓦为推进“三高四新”战略实施、优化营商环境等提供有力支撑。

（本栏撰稿　蔡　茂）

建筑业

【概况】　截至2021年年底，长沙市注册建筑业企业8896家，其中特级企业15家，一级总包企业239家。2021年全市建筑业总产值6823.5亿元，比2020年增长12.6%。建筑业增加值1437.36亿元，增速1.1%。2021年完成税收111.53亿元，较2020年同期增长21.12%。

【建设市场监管】　2021年，长沙市按照工程建设项目招投标突出问题专项整治要求，开展招投标领域问题整治工作。分4批通报处理14名工程建设项目评标专家，下发行政处罚决定书18份，罚款6802.63万元。

【建筑行业执法】　2021年，长沙市公示有关责任主体不诚信行为，曝光123条数据。开展打击“三包一挂”（违法发包、违法分包、转包、挂靠）等违法违规行为的工作。检查项目3840个，长沙县住建局对存在违法发包的4个项目进行行政处罚，罚款6.91万元。

【施工许可管理】　2021年，长沙市优化施工许可办理流程、精简办理前置条件、压缩审批时限，承诺时限压缩至2个工作日，推行“非核心要件‘容缺受理’+建设单位‘告知承诺制’”的方式支持项目报批报建。2021年完成初步设计审查36项，施工图审查307项，招标控制价备案115项，招标文件告知性备案212项，施工许可199项，城建档案验收备案157项，竣工验收备案611项，办结率100%。

【党建工作指导员制度】　2021年，长沙市在政府投资项目中推行党建工作指导员制度，把党建工作、廉洁建设、作风建设要求纳入招标文件。将招标文件中《党建工作的预案或支持开展党建工作的承诺书》《廉洁建设和作风建设承诺书》进行格式化、模板化、通用化，并将投标单位党风廉政情况纳入信用评价体系。规范招标投标投诉活动处理，在全省范围内率先出台投诉处理操作规程。

【行业诚信体系建设】　2021年，长沙市完成住建行业诚信一体化平台升级的整体构架，收录和整理2.08万家本地企业和58.66万家外地企业的基础信息；按照信用体系建设的法治原则梳理4类长沙市住建局公共信用信息目录。建立企业和从业人员失信行为信息查询模块，为事中事后和分级分类监管提供数据支撑。

【施工环境整治】　2021年，长沙市检查建筑施工工地9112个次，对扬尘防治不到位项目下发整改通知书3237份。落实《关于“长沙市建筑施工绿色工地”申报及评定管理工作有关事项的通知》，全年共创造绿色工地530个。开展施工围挡专项整治，印发《长沙市“百日奋战　扮靓星城”施工围挡专项整治工作方案》《长沙市施工围挡标准图集（2021版）》《关于进一步规范全市施工围挡管理工作的通知》，全市累计完成施工围挡提质改造项目2120个，整治不合格施工围挡41.2万米。

【工程建设质量管理】　2021年，长沙市出台《关于进一步加强全市建设工程混凝土质量管理工作的通知》，从行业管理、生产、施工、质量预控和验收全方位加强混凝土质量管理。利用信息化监控系统实施全流程管控，每季度调度通报全市混凝土质量管理状况。开展混凝土原材料专项课题研究，编制《长沙市预拌混凝土原材料质量管控指南》。规范检测机构管理和工程检测行为，加强对检测机构日常监管及检查，2021年检查检测机构75家，其中质量检测机构60家，起重机械检测机构15家，签发整改通知书86份，下发不良行为认定书1份。

【工程施工安全管理】　2021年，长沙市制定《长沙市建筑施工专项整治三年行动“集中攻坚年”工作方案》《长沙市建筑施工安全生产“打非治违”工作方案》《长沙市建筑施工安全生产风险隐患大排查大整治工作方案》《长沙市建筑施工“强监督、遏事故，百日攻坚”行动方案》等系列方案。发布《关于开展雨季汛期建筑施工安全专项整治的通知》《关于开展城市轨道交通工程施工安全隐患专项排查整治工作的通知》《关于开展建筑工地消防安全专项检查的通知》等，开展以地下暗挖、涉水工程、深基坑、高边坡、高支模、建筑起重机械等危大工程和高处作业、临时用电、临建设施、消防安全为重点的大排查大整治。开展4次全市安全生产专项督查，督导检查项目92个，消除安全隐患528处。加大监管执法力度，出动监督执法人员1.5万余人次，消除建筑工地安全隐患1.7万余处。

【建筑业发展】　2021年，长沙市扶持和引导骨干企业、重点企业，通过资源整合、链条延伸、创新升级、资本运作、管理转型等，培育一批建筑行业的龙头企业。鼓励企业适应国家建设投资方向转换，提升在低碳、绿色、新能源、新基建领域的施工能力，加快技术装备升级。按项目所在地区统计，长沙市辖区内4个项目获得鲁班奖，19个项目获得国家优质工程奖。按照企业注册地统计，长沙市19个施工企业18个项目获得鲁班奖，38个施工企业61个项目获得国家优质工程奖。长沙市4项工程被评为“鲁班奖”，17项工程被评为“国家优质工程奖”；7家长沙建筑企业9个项目被评为“鲁班奖”，13家企业30项工程被评为“国家优质工程奖”。

（本栏撰稿　臧　勇）

表14　2015—2021年长沙市建筑业发展情况统计表

	建筑业总产值（亿元）	比2020年增长（%）	建筑业增加值（亿元）	比2020年增长（%）
2015年	3478.18	8.9	737.82	10
2016年	3786.45	8.86	790.95	7.2
2017年	4374.53	15.5	902.15	14.1
2018年	4957.72	13.33	997.78	10.6
2019年	5469.21	10.3	1181	10.33
2020年	6059.07	10.02	1275.93	5.2
2021年	6823.5	12.6	1437.36	1.1

（资料来源：市住建局）

表15　2021年长沙市建筑企业资质情况一览表（施工总承包）

单位：家

分类	特级	一级	二级	三级
企业数量	15	239	509	2353

（资料来源：市住建局）

商贸服务业

TRADE AND
SERVICE INDUSTRY

编辑　吴丫丫

商贸流通

【概况】 2021年，长沙市社会消费品零售总额5111.57亿元，比2020年增长14.4 %，与全省持平，高于全国（12.5%）1.9个百分点。全年新增限上企业（限额以上批零住餐企业：年主营业务收入2000万元及以上的批发业、年主营业务收入500万元及以上的零售业单位、年主营业务收入200万元及以上的住宿和餐饮业单位）502家，限上法人企业（限额以上批零住餐法人企业）2700余家。基本生活类消费平稳增长，限额以上单位烟酒类、日用品类、粮油食品类商品比2020年分别增长20.2%、11.7%、11.2%；升级类消费需求持续释放，家用电器和音像器材类、金银珠宝类、书报杂志类、体育娱乐用品类商品比2020年分别增长23.7%、13.7%、12%和11%；因石油类商品价格高位运行，石油类商品消费实现高速增长，全年石油及制品类商品实现零售额252.71亿元，比2020年增长25.5%，比全国（21.2%）高4.3个百分点；受疫情影响和汽车行业缺“芯”等因素叠加影响，汽车消费继续低速平稳增长，全年汽车类商品消费608.21亿元，比2020年增长9.2%，略高于全国水平（7.6%）。

长沙市出台《中共长沙市委 长沙市人民政府关于创建国际消费中心城市的实施意见》，立足新发展阶段、贯彻新发展理念，把长沙打造成具有“时尚之都”“快乐之都”“活力之都”“休闲之都”美誉的国际消费中心城市。申报入选商务部、市场监管总局确定的国家级服务业标准化试点（商贸流通专项）城市名单，同时推荐湖南高桥大市场股份有限公司、浩通国际货运代理有限公司获批商贸流通标准化专项试点企业。联合市财政局下发《长沙市商务局 长沙市财政局关于开展2021年长沙市促进商贸流通产业发展专项资金申报的通知》，给予81个项目补贴866.5万元。

长沙市新增140个夜间消费示范点，分别被评为2021年长沙夜间消费“示范商圈”“示范街区”“示范名片”“示范门店”。首店经济和首发经济集中发力，国金中心、大悦城形成“首店”集聚效应，大悦城首店101家，占全部品牌的近50%，其中华中首店24家、湖南首店18家。2021年新增绿色商场9家（长沙3家商场上榜商务部2020年绿色商场名单，分别是通程麓山商业广场、天虹购物中心浏阳店、天虹百货沙湾公园店），长沙市有国家级、省级绿色商场18家。长沙“夜经济”各项举措为全国示范推广。2021年长沙夜经济全国排名第二位，《2021“五一”旅行大数据报告》中，长沙入围“五一”黄金周十大热门旅游城市。初步统计，全年吸引和接待包括江苏、浙江、安徽、江西等近50个外省、市考察团考察长沙夜经济，交流夜间经济

表16　　长沙市社会消费品零售总额统计表

单位：万元

指标	1978年	1985年	1990年	1995年	2000年	2005年	2010年	2015年	2020年	2021年	2021年比2020年增长（%）
总计	77191	243928	513871	1655077	3321613	6912442	16220858	31502425	44697628	51115732	14.4
一、按销售单位所在地分组											
市区	—	—	—	1256370	2669100	5199309	11799069	22605983	31024597	35367337	14.0
县区	—	—	—	398707	652513	1713133	4421789	8896441	13673031	15748395	15.2
二、按行业分组											
批发零售业	67281	191952	385805	1278042	2444695	5827325	14411005	28563406	40594288	46320236	14.1
住宿餐饮业	2769	10593	27762	100585	382903	1020732	1809853	2939019	4103340	4795496	16.9
其他	7141	41383	100304	276450	494015	64385	—	—	—	—	—

说明：从2010年开始取消行业分组中的“其他”；根据第四次全国经济普查结果对1993—2019年数据进行调整

（资料来源：市统计局）

发展经验。联合市会展办举办 2021 中国城市夜间经济发展峰会，国内 20 余个城市、28 个行业协会、机构、平台以及相关行业专家、企业代表等 1010 人参加，峰会以“新活力·新特色·新引擎”为主题，包括大会官方活动、经贸合作、夜经济考察三大板块 8 个主体活动。中国商业联合会首次立项的《城市夜间经济发展评价指南》团体标准工作在峰会上启动；发布夜间消费“夜莺奖”和“金猫奖”等，打造夜间消费场景和品牌示范标杆。指导成立长株潭夜间经济联盟，并在 2021 中国城市夜间经济高峰论坛上举行成立仪式。全年举办“春之约、夏之礼、秋之韵、冬之味”促消费活动 800 余场（次），各级政府直接投入近 6000 万元，直接参与商家 2.2 万余家，让利近 100 亿元，拉动销售额同期增长 40% 以上。

【特色街区和商圈建设】 2021 年，长沙市形成 1 个市级商业中心、建成 86 个专业市场、58 个商业综合体、29 条特色商业街的布局。黄兴南路步行街入选全国第二批步行街改造提升试点，阳光 100 凤凰街被评为湖南省示范步行街。推进核心商圈打造成为国际消费中心，整合五一商圈内交通设施、餐饮美食、休闲场所、金融网点、社区服务等资源，开发停车、导购、展示、支付、客流分析等智慧平台，实现一站式购物消费体验。提质升级红星商圈、东塘商圈等传统商圈，丰富经营业态，实施空间一体化微改造和交通微改造，推进特色商贸广场建设。培育新兴商圈，加快梅溪湖商圈、湘府消费中心、滨江金融、月亮岛、高铁会展新城、松雅湖商圈等建设。

【便民生鲜农产品供应体系建设】 2021 年，长沙市推进便民生鲜市场建设，2018 年以来，4 年累计新建改造农贸市场 152 个，新建生鲜门店 132 个，建设改造面积近 20 万平方米。重点推进大型农产品批发市场规模化发展，长沙红星全球农批中心一期水果市场开业并启动二期工程建设；长沙黄兴海吉星国际农产品物流园二期项目完成场地平整和桩基施工；大河西农产品物流中心云仓配送中心、肉牛家禽集中宰杀场所等项目建设完工并投入使用；水渡河农产品市场建立农产品集散、餐饮、食品企业总部、集采集配电商和中央厨房于一体的产业发展平台。

【品牌建设】 2021 年，长沙市“老字号”企业实现创新发展。全市有老字号企业 51 家，其中中华老字号 16 家、湖南老字号 35 家。2021 年指导成立长沙市老字号企业行业协会，推动老字号传承发展。开展 2021 老字号嘉年华——新国潮游园会活动，包括新老国潮品牌论坛、国潮生活集市、坡子街 72 小时游园会慢直播等十大主题活动，助力新老品牌融合发展。推荐老字号企业申报省厅专项资金，12 家企业获 240 万元省级老字号专项资金支持；通过相关程序对 13 家老字号企业给予 125.9 万元的市级商贸流通产业专项资金支持。便利店品牌化连锁化发展。全市品牌连锁便利店门店 2643 个，其中 24 小时门店 874 个。《2021 中国城市便利店发展指数》中长沙名列全国第二位，连续 5 年排名全国前三位。通过流通产业资金政策支持品牌连锁便利店新建门店、培育便利店龙头企业，CCFA 新消费论坛——2021 中国便利店大会在长沙国际会展中心举办，长沙市新佳宜、千惠、珊珊等便利店品牌作为 2021 年度 CCFA 便利店优秀创新案例在大会发布，同时，全市新佳宜等 5 家企业入选《2021 年中国便利店 TOP100 榜单》。

【商务信用体系建设】 2021 年，长沙市按照商务部、商务厅的要求，开展“诚信兴商”活动，制定《2021 年长沙市“诚信兴商宣传月”活动方案》。联合省、市相关部门、单位，举办“诚信兴商宣传月”启动仪式，展现长沙市诚信兴商工作取得的成效，促进全社会增强诚信意识，营造安全放心消费的市场环境。开展“诚信之星”评选活动，以协会组织专家评审与第三方信用服务机构评估相结合的形式，开展商务诚信领域创建评选活动。在商务领域，通过一系列创建评选活动，弘扬诚信经营理念，促进行业自律，树立行业诚信标杆，带动行业诚信建设，激发诚信经商的热情，优化营商环境。

【长沙市“老字号”企业创新发展调研座谈会】 2021 年 1 月 6 日召开。副市长朱东铁带队调研长沙部分“老字号”企业，并召开全市“老字号”企业创新发展调研座谈会。朱东铁一行先后到湖南省湘绣博物馆、火宫殿坡子街总店，详细了解企业发展情况。座谈会上，市商务局局长高伟汇报全市“老字号”企业发展情况。十余家“老字号”品牌负责人先后发言，反映具体问题，提出意见建议等，各与会单位围绕支持“老字号”企业发展回应并介绍有关政策。

【长沙迎春“网上年货节”启动】 2021 年 1 月 25 日，市商务局印发《“2021 年全国网上年货节”活动长沙市工作方案》（以下简称《方案》）。1 月 20 日至 2 月 18 日，长沙以“防疫情、保供应、促消费”为目标，开展的“居家嗨购网上过年——2021 全国网上年货节”活动，引导电商及相关企业为群众采购提供便利。活动期间，鼓励全市商场超市、餐饮、零售企业等主体积极采用线上手段进行数字化升级，提升服务便利性，减轻因新冠肺炎疫情防控需要造成的不利影响。各县（市、区）组织辖内有机食品、地理标志认证产品、老字号等地方高品质特产，打造线上“家乡特色年货”“舌尖上的年味”“品牌年货”等特色大礼包。鼓励有条件的地区通过发放电子消费券等方式，激发消费潜力，鼓励有条件的地区同期举办富有地方特色的线上配套活动。

【CCFA新消费论坛——2021中国便利店大会】 2021年5月12—14日在长沙国际会议中心举办。大会由中国连锁经营协会主办，以“打造便利店双循环发展新格局”为主题，开展多场交流、展览展示和实地考察等活动，分享全国便利店发展经验，探讨行业未来发展。全国各地的品牌便利店、供应商和服务商等3000余人参会，汇米巴、新佳宜、千惠、珊珊等品牌连锁便利店企业参加大会。大会发布的2021年度CCFA便利店优秀创新案例名单中，千惠便利的自有品牌之路、新佳宜冷链物流配送改革及车辆合伙人项目实施、兴盛社区门店管家、珊珊铁路特产开发助力文旅产业发展等案例入选。大会发布2021年度CCFA便利店金牌店长，湖南省新佳宜、汇米巴、好伴、珊珊、千惠的7名店长获该荣誉。大会上，友阿集团介绍了与日本7-ELEVEn的合作经验。友阿获7-ELEVEn湖南特许经营权后，在长沙开设多家门店。罗森等境内外知名便利店在长沙设立湖南总部，对湖南省、长沙市便利店品牌化连锁化发展起到促进作用。

【长株潭跨境电子商务行业培训暨“共建雨花跨境电商”签约仪式】 2021年6月18日在雨花区高桥大市场国际商品展示贸易中心举行。活动由长沙市商务局指导，长沙市雨花区、株洲市石峰区、湘潭市岳塘区三区商务（粮食）部门共同主办，湖南省跨境电子商务协会承办，长株潭120余家企业参加。现场举行“共建雨花跨境电商”项目签约仪式，雨花跨境电商协会成立。湖南省跨境电子商务协会与湖南高桥大市场股份有限公司合作，共同推动雨花跨境电商行业发展。在培训分享会上，长沙市商务局、湖南省跨境电子商务协会，以及eBay、亚马逊、阿里巴巴国际站等跨境电商平台相关负责人，从政策支持、行业趋势以及运营技巧、实操经验等方面进行讲解分享。

【高桥大市场入选国家级服务业标准化试点】 2021年8月，在商务部和国家市场监督管理总局共同发布的“国家级服务业标准化试点（商贸流通专项）”企业名单中，湖南高桥大市场入选。项目由商务部和国家市场监督管理总局共同评审，在全国范围内确定15个试点城市和95家试点企业，旨在推动各地区、行业、各类市场主体在标准制定、实施、应用方面开拓创新，推出一批标准，树立一批标杆，总结提炼一批可复制推广的成功经验。“国家级服务业标准化试点”是高桥大市场继“自贸试验区”“市场采购贸易方式试点”和“中非经贸博览会”三大国家级平台之后，拥有的第四个“国”字号平台。

（本栏撰稿　周　恩）

电子商务

【概况】 2021年，长沙市全年网络零售额1181.8亿元，比2020年增长21.7%，总量占全省比重61%，增速高于全省增速7.1个百分点，其中：农村网络零售额182亿元，比2020年增长20.9%，增速高于全省增速6.2个百分点；全年跨境电商进出口额35.1亿美元，比2020年增长43.3%。

龙头企业发展 2021年，长沙市被评为国家级数字商务企业4家、省级数字商务企业9家，省级及以上示范企业累计71家，占全省比例逾50%。B2C平台年线上销售额逾1亿元的网店36家，较2020年新增12家，排名第一位的店铺逾8亿元。水羊股份、安克创新、兴盛优选、快乐购分别在美妆电商、跨境电商、社区电商、媒体电商等细分领域领先全国，2021年电子商务交易额比2020年增长均超30%。

招培并举 各区县、园区开展招商引资、宣传推介，推动跨境电商新业态和项目逐步落地。引进上市公司天泽信息、聪石科技等跨境龙头企业，友阿跨境荟、跨境电商直播基地、拙燕仓等大批优质项目落地，签订泽宝跨境电商总部合作协议，华凯创意收购易佰进军跨境电商精品领域，“黄花数字贸易港”、“跨境湘商回归”联合运营中心、“新本地化”阿里巴巴服务中心分别引进、孵化中小卖家49家、22家、112家，2021年进出口额分别实现3700万美元、3000万元美元、5100万美元，全市跨境电商产业生态圈日趋完善。

传统企业发展 联合阿里国际站开展“湘商领航、数字出海”系列培训对接活动，通过“一场峰会、N场培训、‘一对一’辅导服务”的活动形式，帮助数十家企业拓展“9710”出口新模式，全市新增生产型企业上线运营数230余家，并带动株洲湘潭40余家企业上线。供应链平台企业纷纷转型，中芯供应链、博深供应链等深耕传统贸易领域的平台企业均布局跨境电商领域。

【跨境电商】 2021年，长沙市联合株洲市、湘潭市商务部门推进跨境电商人才培养和产业发展同频共振，发挥三市“1+1+1 > 3”的聚合效应。共同培养人才。长株潭三市市委组织部、市商务局、市人力资源和社会保障局等部门加强资源整合，新增认定湘潭大学、湖南工业大学2家跨境电商孵化基地，举办长株潭一体化跨境电商人才孵化基地授牌仪式暨跨境电商人才工作推进会，推进三市跨境电商人才一体化发展。产业协同发展。三市商务部门在雨花区高桥大市场举办长株潭跨境电子商务行业培训暨“共建雨花跨境电商”签约仪式，长株潭120余家企业参加，开展业务交流、信息共享、平台共建等活动，促进长株潭跨境电商生态圈快速发展。

完善人才评价体系。制定人才培训及评价标准、课程体系设计、考试标准、考试题库，在全国率先将跨境电商纳入专业技能培训体系并由人社部门考核发证，长沙跨境电商人才评价体系新模式入选《中国（湖南）自由贸易试验区长沙片区一周年制度创新成果选编》。由5所基地培训的149名学生参加首批跨境电商专业职业能力考试，48名考生获专业资格证书。建设培训“孵化器”。认定7所高校为跨境电商综试区人才孵化基地，对相关专业学生开设跨境课程，纳入考试学分，年培训学生3000人以上，毕业生平均留长沙率40%以上。湖南工商大学在全省率先成功申报跨境电商专业，人才培养走在全国前列。实现产学研一体化。发挥中国（长沙）跨境电商综试区产教融合产业联盟作用，整合本科高校、职业院校、行业协会、专业机构等多方资源，新增校企实训基地7个，举办5场跨境电商专场招聘会，为产学研一体化搭建平台，形成“高校基地培养+政府考核认证+企业选人用人+人才择业反哺产业”的完整闭环。

【农村电商】 2021年，长沙市农村电商市场主体快速发展。培育发展兴盛优选、惠农网、芒果生活等一批当地农产品交易第三方平台，其中湖南兴盛优选电子商务有限公司入选国家商务部首批线上线下融合发展数字商务企业。童年记、盐津铺子、俏巧楚、松桂坊等一批线上交易额逾亿元的农产品电商龙头企业，推动全市农产品规模化、标准化发展。加强与阿里巴巴、京东等全国龙头企业的合作，阿里巴巴农村淘宝与浏阳市、宁乡市、望城区签订合作协议，开启全面合作。京东、拼多多等平台农产品电商业务在全市全面铺开。

培育打造网销品牌 推动区域网销品牌发展，有宁乡味道、农品浏香、星沙味道、望城味道4个特色区域网销品牌，实现长望浏宁全覆盖，有效整合地方农特产品资源上线销售。浏阳市启动“数商兴农 我们在行动”村播活动，手把手教农民主播们用好手机“新农具”，学会直播“新农活”，培育村播带货达人。培育网销知名单品，推动大围山土蜂蜜、沩山茶叶、宁乡花猪、长沙绿茶、浏阳茶油等优势产品上线销售，提升品牌内涵和网销力度。湖南蜜蜂哥哥蜂业有限公司开辟自建销售型网站，在京东、天猫、淘宝、阿里巴巴、亚马逊、拍拍等多个电子商务平台发展网络营销业务，2021年实现电商销售额逾1.1亿元。

线上线下消费升级 组织2021全国网上年货节长沙市活动，实现线上销售额73.3亿元，发动200余家企业参与，企业累计投入逾3亿元；举办“我是长沙推荐官·我为星城来打CALL”2021长沙市直播带货暨短视频大赛，225位选手参赛，直播带货522.7万元，带动当地农产品上线销售，助力乡村振兴。长沙市获2021年湖南省直播带货暨短视频大赛优秀组织奖。

【长株潭一体化跨境电商人才孵化基地在长沙授牌】 2021年11月19日，长株潭一体化跨境电商人才孵化基地授牌暨跨境电商人才工作推进会在长沙举行。会议由长沙市委人才办统筹、长沙市商务局具体承办、湖南省跨境电子商务协会协办。长沙市委常委、市委组织部部长罗缵吉，长沙市人民政府党组成员刘汇出席，省委组织部人才办、省长株潭一体化发展事务中心以及湘潭市、株洲市有关部门负责人参加会议，刘汇主持该次推进会。会上，湘潭大学、湖南工业大学被授予“长株潭一体化跨境电商人才孵化基地试点单位”牌匾，至此长株潭范围内已认定7个跨境电商人才孵化基地。长沙市商务局党委书记、局长，中国（湖南）自由贸易试验区长沙片区管委会主任郑平作全市跨境电商产业及人才培养工作汇报。新认定的2所孵化基地湘潭大学和湖南工业大学分别就如何加快推动本市跨境电商人才培养，开展好跨境电商人才工作等相关工作进行发言，湖南工商大学、长沙学院2所长沙市认定的跨境电商人才孵化基地试点单位相关负责人就人才孵化基地如何开展工作，破解跨境电商人才瓶颈作经验分享，其他与会企业和协会代表提出建设性意见。罗缵吉就长株潭三地共同开创跨境电商产业发展和人才培养工作等发表讲话。

（本栏撰稿 周 恩）

物流业

【概况】 2021年，长沙市年物流收入逾1亿元的企业82家，其中年物流收入逾10亿元的企业10家。全市社会物流总额4.12万亿元，比2020年增长9.2%，社会物流总费用1876.5亿元，比2020年增长7.1%，物流总收入1459.5亿元，比2020年增长9.5%，社会物流总费用与GDP的比例为14.1%，比2020年度下降0.3个百分点。

快递产业实现快速增长 长沙市入围国家布局的2035年国际区域性邮政快递枢纽城市、2050年国际全球性邮政快递枢纽城市，被国家邮政局纳入全球性国际邮政快递枢纽集群布局。全市快递许可企业177家，快递从业人员2.73万人，各类快递网点3160个，行政村快递网点覆盖率60%以上，支撑当地电子商务交易平台交易总额逾2000亿元，带动全市农产品销售交易30亿元。全年全市快递业务量完成11.89亿件，快递业务收入90.09亿元，比2020年分别增长27.77%、19.2%。

物流基础设施 全市主要物流园区45个，其中国家级示范物流园区2个（2021年新增1个）、国家优秀物流园区 5 个、省级示范物流园区 3 个、省级优秀物流园区 9 个；建成常温标准仓储 600 万余平方米，新增 100 万余平方米；建成冷库容量 130 万余吨，新增 10 万余吨；联动株洲、湘潭，统筹推进长株潭物流一体化发展，长株潭物流信息平台建设如期完成。

物流产业链工作　编制完成《长沙市物流与口岸“十四五”发展规划》和《长沙市“十四五”快递物流发展规划》。签约德邦、德荣医疗大健康产业园等 5 个重点项目，总投资 41.8 亿元；全年服务调度重点物流项目 21 个，全年完成投资 40 亿元，完成年度投资任务的 106.4%。

【长株潭物流一体化发展】　2021 年 8 月 19 日，长沙市政府物流口岸办组织召开长株潭社会物流统计工作座谈会，湖南省物流与采购联合会、长沙市统计局、株洲市发展改革委、株洲市物流协会、湘潭市发展改革委等物流主管部门和协会负责人参加。会上，湖南省物流与采购联合会就开展长株潭社会物流统计工作的必要性和当前统计工作基本情况以及后期统计重点进行详细概述。市政府物流口岸办物流产业处对长株潭社会物流统计工作的具体内容进行补充，并重点介绍拟定的《长株潭一体化社会物流统计工作四方合作协议》。与会单位对三市物流产业发展以及长株潭社会物流统计工作开展提出建议意见。8 月 27 日，长沙、株洲、湘潭物流主管部门相关负责人，湖南省物流与采购联合会负责人等共同签署长株潭社会物流统计工作四方协议。三市开展物流统计是贯彻省委省政府、市委市政府关于长株潭一体化推进工作的指示精神，全面落实“三高四新”战略精神，推进长株潭三市物流融合发展的重要举措。

【长株潭社会物流统计培训活动】　2021 年 12 月 8—9 日，长沙市政府物流口岸办主办，湖南省物流与采购联合会协办，会同株洲市发展改革委、湘潭市发展改革委共同开展长株潭社会物流统计培训活动。分为长沙、株洲、湘潭 3 个会场，邀请各县（市、区）、园区物流主管部门负责人、重点物流企业负责人和统计员共 400 余人参加培训。通过培训的开展，提高企业做好物流统计工作的认识，熟练物流统计工作的相关业务，推进物流企业做好物流统计工作，对三市后期物流产业发展起到引导支撑的积极作用，有利于物流企业在三市布局与合作发展，提升物流行业服务长株潭都市圈发展的能力和水平。

（本栏撰稿　刘志辉）

供销合作

【概况】　2021 年，长沙市供销合作总社全系统实现营业总收入 71.7 亿元，利润 3.8 亿元。在全省供销系统综合业绩考核中获一等奖，排第一位，实现“三连冠”。2021 年，长沙市委、市政府将持续深化综合改革纳入全市乡村振兴工作布局，将长沙市供销合作总社列为长沙市委实施乡村振兴战略工作小组成员单位。市委“一号文件”、《长沙市政府工作报告》、市委乡村振兴领导小组文件等全市性重要文件将“持续深化供销综合改革”“三位一体综合合作试点”等工作纳入，并重点推进。

【供销合作社综合改革】　2021 年，长沙市委副书记阚保勇实地调研基层供销社、惠农服务中心为农服务情况，2 次专题调度全市供销综合改革进度情况，听取市社重点工作开展情况汇报。副市长李蔚多次听取供销工作情况汇报，组织发改、财政、农业等部门专题研究支持长沙申报全国总社“三位一体”综合合作试点。副市长周志凯专题听取市社工作汇报和调度全市供销综合改革工作。副市长邹特专题听取市社工作汇报，并到市社召开工作座谈会，调研全市综合改革工作。

市委改革办将市供销社纳入市委深改委 2021 年工作要点对接清单，每月调度供销综合改革进度。市政府督查室采取实地和书面督查方式，每季度专项督查供销综合改革目标任务完成进度。市财政局从 2021 年起，把供销改革专项资金预算提增到 1360 万元 / 年，支持全市供销改革发展。市农业农村局支持供销社与新型农业经营主体、村集体合作开展惠农综合服务，参与消费帮扶专馆、专区、专柜建设和运营管理。市商务局推动长沙市茶叶协会打造“长沙绿茶”区域公用品牌，支持长沙千农惠供销合作社农产品流通有限公司“望城鲌鱼”全产业链发展。

各县（市、区）社围绕全面推进乡村振兴，持续深化供销合作社综合改革。长沙县委将持续深化供销合作社综合改革列为 16 项重点改革任务之一。长沙县供销合作社联合社承担农村电子商务职能职责，推进国家电子商务进农村综合示范县项目，创新信用综合合作，分别与湖南星沙农商银行、建行长沙支行达成战略合作，率先开发支持乡村振兴的“供销惠农贷”产品。望城区推进生产、供销、信用“三位一体”综合合作试点，实施培育壮大工程，创建 1 个区级惠农服务平台、2 个乡镇标杆基层社和 1 个村级示范基层社。望城区供销合作社联合社注重融入传统供销元素，提质改造基层社，打造供销特色文化网红打卡点。浏阳市坚持党建引领，深入实施“五个服务到户”工程。浏阳市供销合作社联合社总结试点经验，引导社有企业规范化、专业化、品牌化发展，农资冬储供应工作登上中央电视台《新闻直播间》，大围山镇基层社推进“三位一体”综合试点经验在全省推介。宁乡市推进“三位一体”综合合作试点和“两个到户”建设。宁乡市供销合作社联合社采取

“龙头企业 + 能人 + 农民合作社”方式，领办和创办各类农民专业合作社，建设标杆示范基层社。

【为农服务】 2021 年，长沙市重点培育 20 个乡镇标杆和村级示范基层社。根据中央和省委“一号文件”关于“开展生产、供销、信用‘三位一体’综合合作试点”的要求，市社加大基层组织体系建设力度，统筹市县两级财政资金、社有资本和社会资本，围绕全市乡村振兴示范创建乡镇，在全市择优选择 20 个基层社，按照全国总社“三位一体”和湖南省社“两个到户”的建设标准，重点建设供销合作社、农民合作社、涉农金融服务社“三社融合”的乡镇标杆、村级示范基层社，拓展乡镇惠农服务中心“5+X”、村级惠农综合服务社“4+X”的服务功能，提高基层社为农服务能力，助力乡村振兴。2021 年 6 月，全国总社党组书记、理事会副主任韩立平在长沙县路口镇供销合作社、宁乡市道林镇惠农服务中心调研基层组织体系建设。

农资供应服务 发挥市农资公司、农资协会的平台作用，推动 4 县（市、区）培育具有实际控制力的农资企业，基本构建覆盖市、县、乡、村、组的农资供应服务网络。发挥全市化肥淡季商业储备资金的调节作用，支持系统农资企业承担储备任务，按照“集中谈判、产销对接”的思路，协调系统农资企业加大集中采购、调配力度，继续开拓和保持农资供应主渠道地位。全市系统 7 家骨干农资企业承接全市化肥淡季储备任务，克服疫情影响，及时采购、调运和储备主要农资品种，2021 年累计调入化肥 5.8 万吨，平抑春耕期间尿素快速涨价的势头，保障全市生产用肥供应。长沙县美丰农资公司建设“放心农资”和“惠农服务”品牌，为农业生产提供农资供应、土壤改良、飞防植保等综合服务，业务范围辐射长沙县、望城区、浏阳市等县（市、区）。浏阳市农资公司在全省率先开设农资电商服务平台，利用云端网络实现新的购销模式。

全产业链农业社会化服务 支持 4 县（市、区）重点建设 1 个辐射全县、开展“十代”（代育、代耕、代插、代防、代管、代收、代烘、代储、代加工、代销）服务的区域土地托管服务中心。全面推广“基层社 + 土地托管”模式，建立“区域有龙头企业、乡镇有服务中心、村有服务站点（专员）”的农业社会化服务网络。培育建设长沙县天健“服务大包干”、宁乡市道林“水稻生产全程农业社会化”、浏阳市金盾“无人机飞防服务”等一批托管服务品牌。2021 年，全市有 5 万农户与 33 家供销合作社土地托管中心签订土地托管合作协议，各级供销合作社土地托管中心承接土地托管、代耕代种、统防统治等农业社会化服务面积 5.33 万公顷次。

初步建成“线上线下”农产品流通平台 市级农产品流通综合服务平台初见成效。按照省社“两个到户”的“1+N”模式，采取“实体 + 电商”方式，长沙乐农汇供销合作社农产品电商有限公司初步建成 1 个集电商服务中心、O2O 展示中心、线上 B2C 商城、网红直播于一体的市级农产品流通平台，全市的惠农服务中心、惠农综合服务社、农民合作社、种养大户、脱贫户、监测户可以免费入驻该平台，整合形成一张供销电商服务网络，带动帮助全系统的电商企业、惠农服务中心、惠农综合服务社、农民合作社、种养大户和农户展示、销售当地农产品，提高广大农民的市场适应能力。按照“政府引导、企业运作、定额补助”原则，参与消费扶贫馆、扶贫专区建设，由经发公司负责管理运营湖南省优质农产品展示展销中心长沙市州馆，助推当地农产品的销售。2021 年，市级流通平台实现销售额 1.5 亿元，助推 240 余种当地、外地扶贫产品线上线下进行销售。县级电子商务服务平台持续发展。长沙县社争取中央财政资金 2000 万元，建成县级农村电商公共服务中心，支持路口供销社“和诚电商”建设，创建为全国电子商务进农村示范县，入选“中国县域电商竞争力百强”，并推进“星城供销”县乡村三级物流工程建设。望城区社通过盘活“三资”，建成乌山综合市场农产品流通服务平台，实现农产品年销售额 5000 万元，推进创建全国总社县域流通网络强县。浏阳市社“浏通天下”“供销优选”电商服务平台稳步发展，惠农功能不断完善；主导建设湘赣边农产品展示交易中心，搭建农民直播带货平台，升级供销农村流通和电商服务。宁乡市社与湖南宁静之乡商贸有限公司合作建设网上电商平台，发展电商流通网点。

全市特色农业产业发展 参与特色产业提质发展。按照混合制经济发展模式，与龙头企业进行股份合作，重点扶持“千农惠”“乐农汇”“金井茶叶”“围山公社”“蜜蜂哥哥”等一批自营品牌，助推望城蔬菜、望城水产、长沙绿茶和浏阳水果、蜂蜜等特色农业产业发展。市茶叶协会发挥协会作用，推动“长沙绿茶”产销对接和品牌推广，助力乡村振兴和农民增收。市蜂业协会组织蜂农资源共享，探索产业协作发展新趋势，促进长沙蜂业产业提质增效快速发展。支持“望城鲌鱼”全产业链发展。按照从基地到餐桌全产业链的发展思路，长沙市社、望城区社联合湖南千龙湖投资集团成立长沙供销千农惠优质农产品流通有限公司，搭建望城水产流通服务平台，带动望城周边农户扩大鲌鱼等水产养殖 666.67 公顷，56 家“千农惠”生鲜门店进驻长沙社区，建立“望城鲌鱼”区域公用品牌。2021 年 12 月 2 日，“望城鲌鱼”成为国家地理标志证明商标，长沙千农惠供销公司获“望城鲌鱼”商标使用权。组织产销对接活动。通过举办湖南长沙 · 望城鲌鱼节，组织企业、农

民合作社参加第五届中国（长沙）果品产业博览会等展会活动，推动“大围山梨”、“浏阳金橘”、“望城水产”、宁乡“四小碟”等30余个品种的长沙名优特产拓宽展销渠道，助力长沙特色农业产业发展。浏阳大围山梨被评为“湖南省十大果品公共区域品牌”。

【供销企业改革】 2021年，长沙市供销合作总社推动市社资产公司发展，探索新的投资经营方向，逐步增强经济实力和发展后劲。以项目建设推动社有企业转型发展，企业重点项目归口专门业务处室进行精准对接、精准服务，开展“一项一策”个性化服务，支持、帮助社有企业解决项目建设中遇到的困难和问题，确保项目建设推进。指导、帮助企业科学选择投资项目，促进企业转型升级。天祥日杂公司滨江项目加快建设，引进浙商银行湖南总部进驻，双塔建筑A塔完成主体工程，B塔全面开工建设。黄花项目开发建设加快推进，公司推进项目土地置换工作。天祥日杂公司和金苹果公司合作开发望城桥驿地块办学项目，筹设办学审批、用地调规等前期工作进展顺利。经发公司“新供销大厦”用地审批等基础工作推进。长沙大厦空间品质提升工程、大托经理处机场口项目推进。支持经发公司、农资公司等企业经营发展。支持梦洁公司聚焦高端、提升品牌形象，传承“半条被子”红色文化底蕴、助力乡村振兴，建立“ 屋好货”家居生活服务云平台，领航中国家纺行业智慧新零售。谋划推进供销产业园建设，为系统企业转型升级建设发展平台。应对复杂多变的经济形势，注重经济发展的质量和效益，定期加强系统经济形势的分析研判，强化经济指标的调度考核，确保经济平稳运行。企业遗留问题处理解决。市社实行“五个一”（一个问题、一名领导、一套班子、一个方案、一抓到底）的工作制度，针对不同问题，采取相应措施，帮助企业稳步解决存在的困难和问题。针对系统困难企业，通过调整领导班子、盘活闲置资产、提高企业收入等措施，尽力确保企业正常运转。争取各方支持，确保北城经理处、蓝天公司等困难企业职工能按时退休，维护企业的稳定。针对蓝天公司关停多年，资不抵债、债务矛盾多，多种矛盾错综复杂的情况，市社党委成立工作专班，推进债务化解、债务清偿、招商引资和产业园租赁户清退等工作，争取“一揽子”解决蓝天公司遗留问题和后续发展问题，确保蓝天公司正常运转。争取望城区委、区政府的支持，推进新长久公司金融债务化解，妥善解决新长久乔口商贸城用电、用水、房产证办理等遗留问题。主动帮助企业解决经济诉讼纠纷，先后支持协调新长久、蓝天、东岸、腾飞、洞天等公司应对相关涉诉案件，维护企业的合法权益。

（本栏撰稿　童　箕）

粮食和物资储备

【概况】 2021年，长沙市完成粮食收购工作。建立运作全省首个粮食收购贷款信用保证基金，扩大发放贷款额度至2500万元，助力粮食市场化收购，保护种粮农民利益，推进产业快速发展。执行国家、省、市法律法规要求，健全储备轮换机制，规范储备验收程序，创新储备粮管理模式，强化粮食储备日常管理，全面完成各级储备粮轮换任务。修定《长沙市粮食应急预案》《长沙市粮食应急保障网点管理办法》，为新形势下做好粮食应急管理工作提供制度保障。加强粮油市场监测体系预警作用，加大特殊期间监测频率，对粮油库存、销量、价格及市场动态实行“一日一报”“一周一分析”制度，及时掌握粮食市场供应和价格动态变化情况，为保供稳价提供决策依据。全年累计完成粮油质量安全监测任务466批次。加强政策性粮食出库及超标粮食处置监管，确保超标粮食不流入口粮市场。推动“优质粮油工程”，进一步完善粮食产后服务体系。完成粮食安全责任制考核工作。长沙市发展改革委被评为全省政策性粮油库存检查先进单位。

【粮油加工经营】 2021年，长沙市争取省、市各类粮食项目资金1587万元，全市年度粮油工业总产值计划逾255亿元，比2020年增长3%以上。安排市级粮食专项资金52万元扶持区域粮油公共品牌建设项目，培育优质品牌。健全粮食产后服务体系，安排市级粮食专项资金220万元新建10个粮食产后服务中心，发挥产后服务中心“五代”功能，解决粮农产后问题。完善粮油质量安全检验监测体系，市粮油质监站配备各类检测设备142台（套），通过CMA资质认证项目110项，涵盖原粮及成品粮质量、储存、食安等多项指标。制定出台《长沙市被污染粮食处置实施细则（暂行）》《长沙市推进反食品浪费工作实施办法（试行）》《关于进一步加强粮食收储企业质量安全工作的通知》等政策文件。

【物资储备投放】 2021年，长沙市级储备肉任务活体储备、冻肉储备全部完成入库。组织开展冻肉储备企业新冠肺炎疫情防控工作督查，各承储企业“逢进必检”，进口冻猪肉核酸检测纳入入库前必检项目，市级储备肉数量真实、质量良好。全面发动三大市场组织资源，按时建立蔬菜动态储备3万吨，保障“两节两会”期间蔬菜供应，确保全市居民的“菜篮子”物丰价稳。创新运用招标投标方式确定市级化肥商业淡储承储企业及其任务，建立市级化肥商业淡季储备1.5万吨。

（本栏撰稿　郭洪汝）

专项经营

·烟草专卖·

【卷烟营销】 2021年，长沙市烟草专卖局实现税收26.12亿元，增幅1.79%。落实抓基层打基础工作要求，建立健全零售终端体系。按照城乡网建一体化指导思想，在城网重点推进“湘汇636”建设，高标准严要求吸纳加盟客户逾100家；在农网，结合乡村振兴工作，试点建设农网流通品牌“湘村636”，结合美丽屋场、美丽乡村建设，吸纳17户加盟客户，开创全省农网流通品牌建设先河。授权210家合作终端进行统一标识的形象升级，建立健全合作终端管理机制，实现形象规范化、数据规范化、标签规范化管理。统一VI形象，明确建设标准，完成6971户零售客户新现代终端升级。坚持数据赋能，累计推广智能终端系统6147台，通过科学设计数据管理与控制模型，不断提升数据质量，在线支付比例稳定在50%以上，销订比稳定在80%以上。与城市文明创建相结合，与美丽乡村建设相融合，建设休闲吸烟区、文明吸烟点3300余处。

【烟叶生产】 2021年，长沙市烟草专卖局克服灾害天气和异常气候影响，组织开展抗灾救灾，协调保险理赔和灾害专项救助，最大限度减少因灾损失。实现烤烟户均收入15.6万元，比2020年增加0.53万元，增幅3.5%；晒黄烟户均收入3.74万元，比2020年增加0.6万元，增幅19%。实现烟农总收入3.66亿元，烟叶税6633万元。坚持工业需求导向，进一步优化品种布局，推广湘烟7号新品种950.67公顷，稳定G80品种1234公顷，云烟87品种3503.13公顷，分别占16.7%、21.7%、61.6%。“三深两高”、合理密植、饼肥增香等关键技术到位率提高。新设并聘任市公司、县分公司、烟草站三级烘烤质量岗位人员11人，开展烘烤“110”服务，烘烤质量提升行动效果显著。设32个分级点，100%实行“第三方组织、专业人员、固定场所、集中分级”专业化分级。规范收购行为，严格质量管理，烟叶收购平稳有序。烤烟收购上等烟比例75.56%，比2020年提高2.23个百分点，中部上等烟比例53.09%，比2020年提高2.54个百分点。省局收购和工商交接检查合格率均在全省排名第二位。协调市政府印发《长沙市基本烟田规划建设与永久保护实施意见》，完成9333.33公顷基本烟田永久保护区划定和上图入库。完成2020年度4200.24万元烟基项目建设，建成项目2001个，通过省局验收并获优秀。完善“合作社+互助组+家庭农场、种植专业户”的新型生产组织形式，全市烤烟2公顷以上户数占比55%，比2020年提高8.44个百分点；新增烟农互助组34个，累计170个；新增家庭农场81户，累计112户；户均种植2.5公顷，比2020年提高0.27公顷，高于全省平均水平。推广“两蜂两虫一诱一纸一制剂”病虫害绿色防控技术体系，蚜茧蜂、免疫诱抗剂全覆盖，蠋蝽266.67公顷、异色瓢虫1333.33公顷、赤眼蜂3333.33公顷、性诱剂1666.67公顷，并无偿向大农业推广7333.33公顷；100%推广地膜回收再利用和田间废弃物清理；新推广生物质烤房391座，新能源烤房推广比例达16%，绿色生产受地方政府和烟农好评。继续推进促农增收工作，稳固烟稻复种轮作模式，实施“优质烟叶+优质晚稻”双优工程，加大两场设施和农机具综合利用，挖掘地方特色资源，宁乡高田烟区产业综合体建设纳入国家烟草专卖局试点。

【专卖监管】 2021年，长沙市烟草专卖局累计查处假私烟案件317起，查获假私卷烟3794.88万支，比2020年增长25.28%；假私烟涉案金额5278.43万元，比2020年增长49.33%。刑拘58人，批准逮捕60人，判刑45人，移送追刑人数排全省第一位。浏阳市烟草专卖局“2020·12·15”销售假烟网络案、长沙“8·6”涉嫌走私香烟案被列为部级督办案件，长沙“4·27”走私雪茄烟案、天心区烟草专卖局“7·28”销售假烟网络案获国家烟草专卖局、公安部打击制售假烟网络工作领导小组办公室贺信表彰。被授予全国烟草打假先进集体荣誉称号。开展保护未成年人免受烟侵害“守护成长”专项行动，举办“拒绝烟侵害”校园宣讲10场次，打造“守护成长”活动品牌。推进电子烟全产业链排查，开展中小学校园周边涉烟环境整治。协同新闻媒体播出《保护未成年，远离电子烟》动漫视频和《警惕电子烟花式围猎青少年》系列专题报道。联合公安部门针对酒吧等大型娱乐场所开展打击利用电子烟贩售、吸食新型毒品专项行动。印发电子烟市场监管工作制度。开出向未成年人售烟第一张罚单。联合公安机关破获一起以未成年为主要销售对象的“8·19”特大涉毒电子烟案，抓获783人，刑拘185人，查获各类电子烟4800余支、烟油3254毫升。建立完善线上线下全覆盖的好差评制度，进一步调整优化行政许可审批流程和操作规范，加强许可证网上办理宣传和考核，许可证网办率75%以上。

【卷烟物流管理】 2021年，长沙市烟草专卖局贯彻落实“平台化发展、智能化提升、精益化管理、绿色化链条”的现代物流企业建设思路，保障疫情防控和复工复产，确保全流程零感染、市场供应不断档。持续优化配送区域和车辆线路，依托“数智签收”系统推进卷烟配送提质增速，完成长沙、株洲、湘潭的卷烟配送任务。推动工商协同创新升级、服务升级、管理升级，深耕工商共库业务。拓展区域分拨中心业务，覆盖湖南、湖北、广东、广西、江西、海南6省份82市。彰显应急物流网络功能价值，协助河北中烟应对疫情防控影响，确保河北中烟19个省、158个市州分拨转运全程零差错、零时差。

【社会服务】 2021年，长沙市烟草专卖局深入贯彻中央、省、市关于全面推进乡村振兴、加快农业农村现代化建设的决策部署，推进巩固拓展脱贫攻坚成果同乡村振兴有效衔接。选派工作队进驻宁乡铁冲村，围绕"以烟为主、多元产业融合"的发展思路，全面助力宁乡铁冲村推进乡村振兴，改善农村人居环境，优化乡村治理模式，提高乡风文明程度。发挥长沙烟草"两烟"主业优势和多元化产业优势，重点指导做好烟田优化、烟田流转、职业化烟农培育、烟区产业综合体建设等工作，在烟基设施分配、烟叶生产技能培训和专业化服务等方面予以适当倾斜，做实烟叶、烟后优质稻两大主导产业。突出增强造血功能，强化烟叶与其他经济作物优势互补，推进烤房、农机具等资源共享，因地制宜探索增收新途径。发挥终端网络优势，升级互联网思维，推动农特产品定向产销对接，打通入市"最后一公里"，聚力消费振兴。履行社会责任，派驻8名骨干到社区、园区和企业驻点，协助开展疫情防控工作。 （本栏撰稿 王 洲）

·成品油经营·

【概况】 2021年，中国石化销售股份有限公司湖南长沙石油分公司按照中国石化湖南石油分公司新"1234567"的战略发展思路，聚焦"人、机制、动力、目标、使命"五大重点，落实增创"六个优势"要求和"六个紧盯"措施，完成全年各项目标任务。全年成品油经营总量比2020年增长4%，非油品基础品类销售额比2020年增长37%，LNG直销实现零突破，成为湖南省内第一家LNG实现点供的单位。2021年该公司获中国石化销售股份有限公司全国地市公司综合竞争力排名第20名。新冠肺炎疫情防控实现"零疑似、零感染、零停业"，全年未发生安全、环保、数质量、资金、媒体负面曝光等事故事件。

拓展经营 克服市场困境和疫情影响，增量创效，确保国有资产的保值增值。在维护成品油市场有序竞争的同时，强化内部管理，击破发展瓶颈，努力拓展经营。协助配合政府部门累计取缔非法经营黑窝点10个，查处自建罐25个、非法改装加油车22台，收缴油品120吨。通过激励员工和稳定客户等措施，营造良好营商环境，稳定经营态势，拓展经营业绩。全年成品油销售总量、机出零售量、直批量等经营指标任务完成比和同比增幅均排名全省第一位，指标完成额均创历史新高。

推进加油网点发展，开发新能源加油站 公司本着"重点地区、重点发展"的原则，坚持目标、任务、职责"清单化"管理突破网络发展困局，积极与政府相关部门及合作单位沟通协商，多模式开发网点，扩大市场份额。全年新建投营项目、投营数量及质量创近年新高。开发新能源加油站项目，长沙地区首座加氢站在望城建设完成，新增光伏发电功能站2座、充换电站1座。

加强安全、环保、数质量管理 公司全年贯穿安全环保数质量管理，全面落实HSE目标责任书制度，完善安委会机构设置，被评为"2020年度全市单位内部治安保卫工作成绩突出集体"；开展"绿色基层"创建工作，创建绿色基层达标站点84座，设立县区公司级绿色基层标杆站5座、市公司级标杆站1座。严格数质量管理，全年检验外采油98批次，抽检库站178座次、油样629批次，检测质量全部合格。各级政府职能部门和集团公司全年对公司29座库站开展质量抽检，抽检油样57批次，质量全部合格。

【16家成品油企业开展联合安全应急演练】 2021年1月28日，长沙市成品油行业安全生产应急演练在中国石化湖南长沙石油分公司长沙油库举行，长沙市商务局、市应急管理局、市成品油协会及16家成品油企业代表参加。该次演练模拟"油罐车运输途中被私家车超车碰撞致成品油泄漏事件"，经过伤员救援、消防防控、油品回收、环境监测等环节，成功处置突发事件，演练工作提升了安全环保重大风险的应急处置能力。

【长沙地区实现智慧加油购油】 2021年4月，中国石化湖南长沙石油分公司在推出智慧加油站后，在长沙率先试点推广"石化油你"App，通过"数字油卡"和"二维码提油"功能，客户在手机上就可以办卡、购油下单，提油不需要携带实体油卡，不需要到现场提油，就能将油送到指定地点。智慧加油站、智慧购油是中国石化湖南长沙石油分公司在长沙地区的首创，结合物联网、大数据等信息技术，以客户为中心，形成"互联网+"的综合服务体新模式，打造智慧经营新引擎。（本栏撰稿 黎娜娜）

会展业

【概况】 2021年，长沙市会展工作坚持经济发展与新冠肺炎疫情防控统筹兼顾，坚持重大项目与品牌培育同步落实，坚持顶层设计与基础工作一体推进，会展经济保持平稳发展。中国会展经济研究会发布的全国城市会展综合竞争力指数排名显示，长沙连续6年保持中部第一位，挺进全国前九位，被评为"中国最具竞争力会展城市""中国十大影响力会展城市"等。根据主要会展场馆统计，全年举办展会172个，展览面积250.96万平方米，比2020年增长2%；专业观众346.19万人次，比2020年增长0.5%；成交金额2962.97亿元，比2020年增长97.73%。根据主要会议企业统计，全年举办会议4724个，其中1000人以上会议66个、国际性会议28个。通过国际展览联盟（UFI）、国际会议联盟（ICCA）认证的企业和项目10家，稳居中部省会城市第一名。主要数据显示，尽管受新冠肺炎疫情影响，展览面积、专业观众保持稳中有进，成交金额大幅增长，体现出会展项目高质量、高效益、高价值的发展态势。

会展规划编制　编制完成《长沙市“十四五”会展业发展规划（2021—2025）》，紧扣市十四次党代会的发展目标，深度融入强省会发展战略，聚力锚定建设国际会展名城的发展定位，加快构建“一核引领（国际会展新城）、双区联动（北辰三角洲片区、梅溪湖国际新城为东西‘城市会客厅’，带动一江两岸联动发展）、多点支撑（湖南国际会展中心、红星国际会展中心、湖南美术馆、省展览馆等会展场馆和各类会议型酒店）、区县协同”的会展格局，重点抓好六大任务：服务国家战略，担当重大会展使命；突出产展融合，扛稳产业会展大旗；紧跟“双循环”格局，立起消费会展标杆；擦亮国际名片，挖掘文化会展潜力；捕捉时代风口，拥抱数字会展未来；践行“双碳”目标，抢抓绿色会展机遇。助力“打造‘四个中心’，提升‘四力’水平”，为推进高质量发展、全面建设现代化新长沙赋力赋能赋势。

会展管理基础工作　推进改革创新。按照“为国家试制度、为地方谋发展”的要求，联合市公安局、会展片区管委会、长沙县政府等8家单位，形成安保审批管理、人员设备配置、服务标准规范3项改革成果。摸清会展底数。推进市场主体、行业协会、会展人才摸底统计工作，推动会展项目全流程管理规范化建设，完善会展资金补助管理办法，编制全球、全国、全省、全市知名会展目录，探索构建会展经济统计体系。保障安全底线。对标市联防联控机制要求，压实工作责任，实行全过程监督检查，落实信息必验、身份必录、体温必测、口罩必戴、消毒必做、突发必处的“六必”防疫要求和“成立一个工作专班、制定一套安全方案、组织一次安全演练、落实一次安全培训”的“四个一”安全举措，实现零差错、零感染、零事故，守住安全底线。

【年度重要会展】　长沙国际工程机械展览会于5月19—22日在长沙国际会展中心举办。展览面积30万平方米，较上届增加8.7万平方米，增长40.8%；参展企业1450家，较上届增加300家，增长26.1%；全球工程机械50强32家参展参会，较上届增加8家，增长33.3%；12.7万名专业买家洽谈交易，近30万人次专业观众观展参会，累计逾300万人次线上线下观展，专业观众较上届增加12万人次，增长66.7%；现场成交额逾400亿元，较上届增加200亿元，增长一倍。六大主体活动，32场主题峰会，近100场企业商务论坛同期举办，27个国家的36位大使、公使、参赞、领事，8位院士、30余位行业专家，全球工程机械50强和国内外大型企业代表，集聚全国最权威专家，探讨行业最前沿技术。

第二届中非经贸博览会于2021年9月26—29日在长沙举办。博览会以“新起点、新机遇、新作为”为主题，中央政治局委员、中央外事工作委员会办公室主任杨洁篪出席开幕式并致辞。卢旺达、塞内加尔和阿尔及利亚三国总统等近30个非洲国家政要和国际组织负责人以线上方式出席开幕式或专题活动。阿尔及利亚等6个非洲国家作为主宾国参会，浙江和江西担任主题省。中国和40余个非洲国家的近900家企业、上万名嘉宾参展参会。主展馆面积6.4万平方米，设综合馆、非洲商品馆、省际馆和内外贸融合馆4个单体展馆和1个室外展区。分会场高桥大市场面积3万平方米，设1个常设展馆和5个特色展区。该届博览会征集到合作项目569个，以现场或连线等方式签约135个，累计金额229亿美元。发布《中非经贸合作案例方案集》和《中国与非洲经贸关系报告》，系统梳理中非经贸合作的进展与成果。

博鳌亚洲论坛全球经济发展与安全大会于2021年10月18—20日在长沙国际会议中心举办。全国政协副主席张庆黎出席开幕式并发表主旨演讲，博鳌亚洲论坛副理事长、中方首席代表周小川出席开幕式并致辞。省委书记张庆伟出席开幕式，省委副书记、省长毛伟明致辞，省委副书记乌兰出席，省委常委、市委书记吴桂英，市长郑建新，市委常委彭华松、刘拥兵等领导出席。博鳌亚洲论坛理事长、联合国前秘书长潘基文，世界原子能机构总干事格罗西，日本前首相鸠山由纪夫和澳大利亚前总理陆克文等视频致辞。大会以“大变局下的经济安全与可持续发展”为主题，举办30余场活动，全球52个国家的2600余名代表线上线下出席。12位外国政要、19位外国部长级官员、27个国际组织代表和23位驻华使节与会。

中国国际食品餐饮博览会于2021年9月10—12日在长沙国际会展中心举办。展览面积8万平方米，设5个馆和1个连接厅，分为综合板块和专业板块，其中综合板块设置7个展区，专业板块设置10个展区。参展食品、餐饮企业约1800家，分别来自新疆、江苏、黑龙江、深圳、海南等18个省（直辖市、自治区）市组团，韩国等国家和中国香港地区的有关机构以及湖南省内13个市州。其中食品类企业占比约40%，餐饮类企业占比约60%。世界500强及行业龙头企业占总参展企业数量的12%。根据1000家企业调研，参会客商满意度逾93%，下届续展意向企业逾50%。现场观众总人数逾15.6万人，其中专业观众6.2万人次，包含全国各地102个行业机构、协会组织的专业买家。专业观众中，餐饮类型的数量最多，占比52%。据不完全统计，展会期间实现现场交易

2021 年 9 月 10—12 日，中国国际食品餐饮博览会在长沙国际会展中心举办
市会展办　供图

额及意向订单约 38 亿元。

第 13 届中部（长沙）建材新产品招商暨全屋定制博览会于 2021 年 3 月 26—28 日在长沙国际会展中心举办。展会汇集全国各省、市建材、全屋定制、家具、门业、门窗、五金等 2300 余家企业、3000 余个品牌新产品，展览面积近 11 万平方米，近 31 万人次的观众参观参会，现场成交订货 110 亿余元，成为广大建材企业获取年度订单的重要平台。全国 130 余个相关行业协会组团参观展会和参加相关论坛，为行业企业实现高效快速发展市、县级经销代理商、加盟商，打造企业品牌，建立和完善市场渠道销售网络以及房地产项目全系列产品采购的综合平台。同期举办 2021 中国泛家居产业趋势暨住宅内装产业发展论坛、2021 顶级室内装饰设计获奖作品展、世界技能大赛之精细木工技能大赛及木工创意作品展、中国门窗行业营销模式创新论坛、湖南省家具行业协会 2021 年年会暨颁奖仪式等活动。

【会展品牌发展】 2021 年，长沙市致力于会展项目专业化、市场化、国际化、品牌化发展。展览项目品牌价值提升，长沙国际工程机械展览会、第二届中非经贸博览会、中国国际食品餐饮博览会、湖南（国际）通用航空产业博览会、建博会、长沙国际车展、湖南车展、湖南国际绿色发展博览会、湖南文化旅游产业博览会、芒果儿童博览会等一批本土品牌展会相继举办，为长沙创建国家中心城市、打造“四个中心”赋能赋力。会议项目影响力增强，博鳌亚洲论坛全球经济发展与安全大会、北斗规模应用国际峰会、互联网岳麓峰会、国际稻作发展论坛、世界计算大会、中国城市夜间经济发展峰会、中国区块链产业峰会、中国医药流通贸易大会等一批品牌会议的举办，为长沙打造中高端会议目的地奠定基础。

【会展合作交流】 2021 年，长沙市对外合作持续深化。加强与中央和省、市媒体合作，建立新湖南会展专栏，专业团队升级长沙会展网，拍摄长沙会展宣传片，上海进博会期间组织 2023 长沙国际工程机械展览会招商新闻发布会。加强与国家部委、国家级商协会和国内大型组展组会集团对接沟通，跟踪对接全国会展主办单位和知名会展项目，全国汽车配件交易会、中国医院院长年会等项目引进，上海弛度会展、北京博乾云服科技会展等知名公司注册落地。其中，全国汽车配件交易会展览面积 8.1 万平方米，参会参展人数 6 万人次，参展企业 2000 余家，近 6 万名专业采购商参加大会。组织市内企业到上海参加中国会展业高峰论坛，到杭州参加中国会展活动新技术新设备新服务展览会，宣传推介长沙政策环境。集中组织为期 3 天的全市会展行业培训，邀请知名专家学者和行业大咖分专题授课，提升从业人员的知识水平和业务能力。（本栏撰稿　曹艳青）

表 17　　2021 年度长沙市重点会展项目一览表

序号	项目名称	举办时间	举办地点
1	2021 迪培思长沙国际广告标识及 LED 展暨 2021 迪培思长沙国际图文印刷展	3 月 19—21 日	长沙国际会展中心
2	2021 安团家博会	3 月 20—21 日	湖南国际会展中心
3	中部（长沙）建材新产品暨全屋定制博览会	3 月 26—28 日	长沙国际会展中心
4	湖南长沙国际五金博览会	4 月 1—3 日	长沙国际会展中心
5	第 89 届全国汽车配件交易会	4 月 16—18 日	长沙国际会展中心

续表 17

序号	项目名称	举办时间	举办地点
6	2021 湖南汽车展览会暨长沙第二届汽车消费节	4 月 30 日—5 月 5 日	湖南国际会展中心
7	萌卡 2021 长沙动漫节	5 月 1—2 日	红星国际会展中心
8	2021 长沙智能制造装备博览会	5 月 7—9 日	长沙国际会展中心
9	第 28 届长沙图书交易会	5 月 14—16 日	湖南国际会展中心
10	2021 长沙国际工程机械展览会	5 月 19—22 日	长沙国际会展中心
11	2021 第 21 届中部（长沙）国际糖酒食品博览会	5 月 28—30 日	长沙国际会展中心
12	2022 中国城市夜间经济发展峰会	6 月 1 日	北辰国际会议中心
13	2021 中国产业区块链峰会	6 月 3—5 日	凯宾斯基
14	2021 长沙草莓音乐节	6 月 12—13 日	长沙国际会展中心
15	2021 湖南（国际）通用航空产业博览会	7 月 16—18 日	长沙国际会展中心
16	萌卡同人祭	7 月 24—25 日	红星国际会展中心
17	中国国际食品餐饮博览会	9 月 10—12 日	长沙国际会展中心
18	2021 世界计算机大会	9 月 15—18 日	长沙国际会议中心
19	2021 湖南文化旅游产业博览会	9 月 24—26 日	湖南国际会展中心
20	第二届中国—非洲经贸博览会	9 月 26—29 日	长沙国际会展中心
21	2021 芒果（长沙）国际汽车博览会	10 月 1—5 日	湖南国际会展中心
22	博鳌全球经济发展与安全论坛大会	10 月 18—20 日	长沙国际会议中心
23	2021 中国（长沙）装配式建筑与工程技术博览会暨世界建造业大会	10 月 22—24 日	长沙国际会展中心
24	2021 中国（湖南）国际绿色发展博览会	10 月 22—24 日	湖南国际会展中心
25	2021 第十六届中国长沙（国际）孕婴童产业博览会	12 月 3—6 日	红星国际会展中心
26	中国（长沙）国际汽车博览会	12 月 8—13 日	长沙国际会展中心
27	第十六届中国成长型医药企业发展论坛	12 月 8—14 日	长沙国际会议中心
28	2021 中部（长沙）人工智能产业博览会	12 月 10—12 日	长沙国际会展中心
29	2021 第十三届湖南茶业博览会	12 月 10—13 日	湖南国际会展中心
30	2021 湖南智慧交通产业博览会	12 月 17—18 日	长沙国际会展中心
31	2021 长沙国际园林绿化产业博览会	12 月 17—19 日	长沙国际会展中心
32	第五届中国（长沙）果品产业博览会	12 月 18—20 日	红星国际会展中心

（资料来源：市会展办）

邮　政

【概况】　2021 年，中国邮政集团有限公司长沙市分公司有服务设施完善的城乡邮政服务网点 236 个，其中纯邮务类网点 42 个、叠加邮政储蓄的网点 194 个；有邮政报刊亭 253 个、邮政渠道站点 3704 个、邮乐购服务站点 1153 个、邮政自提点 185 个、邮筒信箱（筒）312 个；有各种邮政运输车辆 324 辆、各类邮政投递车辆 1385 辆、投递人员 1807 人、投递段道 1709 条。2021 年，全市邮政企业累计实现业务收入 15.31 亿元，收入增幅 13.42%。2021 年，中国邮政集团有限公司长沙市分公司被授予集团公司 2020—2021 年跨年度营销竞赛百优地市荣誉称号。

【业务发展】　2021 年，中国邮政集团有限公司长沙市分公司金融业务发展，总资产持续提升，全年全市新增总资产 59.25 亿元，比 2020 年多增 5.43 亿元，余额新增 39.31 亿元，创近 4 年来最佳水平。其中价值存款新增 34.9 亿元，三年期定期存款压降 3.4 亿元，压降规模居全省首位。全年累计代发资金 54.2 亿元，排全省首位。持续推进保险业务转型，全年实现保费 18.65 亿元，元旦首爆日实现保费 10.29 亿元，比 2020 年增幅 38.2%，保费规模和增幅均蝉联全省榜首。有效客户持续增加，全年新增有效客户 7.8 万户，较 2020 年年底多增 4.43 万户。城市金融业务发展明显加快，2021 年城区新增总资产 20.67 亿元、新增余额 12.08 亿元，比 2020 年分别多增 5.19 亿元、4.49 亿元，贡献率较 2020 年分别提升 6.2 个百分点、7.3 个百分点。

寄递业务发展　寄递板块累计完成账面利润 211 万元，超产 33 万元，完成年利润目标的 118%。特快业务发展历史最优，实现收入 2.31 亿元，增幅 38%，较 2020 年提升 3 个百分点。政务项目增幅 39.1%，其中税务项目推进巡回驻点模式实现收入 600.1 万元，增幅 101%；智慧法院集约送达项目实现收入 1922.95 万元，增幅 92.67%。快包业务量质并重，实现收入 4.18 亿元，增幅 33%，提前 42 天完成全年计划，市场占有率较 2020 年年底提高 5.02 个百分点。

传统业务发展　集邮专业成功申报长沙首枚邮资图明信片“橘子洲头”，实现收入 500 万元；联合政府、企业等单位合作开发定向邮品项目 17 个，实现收入 460 万元，排全省首位。函件专业新媒体项目创收 1100 万元，增幅 6%。主题邮局成为全国闻名“网红打卡地标”，创收 220 万元，带动景区门票明信片收入 370 万元，并获全国创新转型项目大奖。报刊发行专业推进政务图书项目，完成流转额 224 万元，进度排全省首位；党报党刊及行业报刊分别完成进度 118% 和 105%。集团公司六大重点协同项目实现收入 3.16 亿元，完成年计划的 171.74%。其中惠农合作、汽车产业链、政务服务和医药市场项目分别实现收入 1.62 亿元、3534 万元、8606.14 万元、2415 万元，完成进度分别为 271.68%、103.79%、108.94% 和 932.54%。

渠道平台转型　网点效能、校园及转型覆盖率和六类转型 3 项指标均排全省首位，邮快合作排全省第三位。渠道平台转型网点完成 195 个，其中校园、主题邮局、商圈转型、社区转型、乡镇转型和边远转型网点分别为 37 个、5 个、15 个、15 个、113 个和 10 个。在全省率先试点建设恒大翡翠华庭社区综合服务中心。农村电商实现稳步发展。持续开展项目营销，第四届“福至新春”年货节实现销售额 1020 万元，排全省首位。“百县万吨　榜首雪天”活动累计销售雪天盐 2033.5 吨，完成省定计划 186.0%，居全省首位，占全省销量的 56%。注重高效增值业务发展，其中简易险实现保费 1231 万元，实现收入 225.4 万元，保费和收入规模均排全省第二位。服务乡村振兴推进。持续开展定点帮扶，全年实现自营农产品交易额 3113 万元，实现基地农产品销售额 466.52 万元。惠农工作有序推进，组建“市—县”两级惠农项目专班，累计走访合作社 1.25 万户，会员发展及惠农 App 推广 5 万余户，进度 105.28%，销售中邮惠农简易险 120 万元，发放涉农贷款 4336 万元，实现寄递收入 1.3 亿元。三级物流体系建设初见成效，长沙县分公司已建成 171 个村级收投服务站，累计收投快递下乡进村包裹 50 万余件，获政府三级物流建设补贴资金 200 万元。浏阳分公司在交邮合作上取得突破。宁乡、望城分公司均在跟进。互联网营销实现突破式发展。探索线上直播带货营销模式，集邮、渠道等专业全年举办 310 场直播带货，累计创收 8500 万元，频次及规模稳居全省首位。培育网红直播团队，选派主播参加首届中国邮政新媒体主播大赛，获优秀团队奖及个人金奖。

【邮政企业管理】　2021 年，中国邮政集团有限公司长沙市分公司财务管理水平日趋精细。紧盯降本增效，通过加强收寄、运输、投递 3 个环节的精细化管控，寄递业务全年压降成本 3158 万元。严抓欠费管控，建立寄递业务收费中心集中销欠及欠费风险预警机制，降低逾期欠费风险，欠费管理进一步规范有序。规范营收资金管理，在营业前台建立聚合码扫码收款方式，从源头上杜绝员工个人账户归集企业资金。强化资产运营管控，全面清查全市 358 处房屋土地自有资产。盘活资产 7 处，新增收入 117 万元；整合租赁资产 6 处，节省成本 143 万元。人力资源管理效能显著提升。严控用工总量，精简压缩高柜，选强配优金融营销队伍，全市配备个人客户经理 258 人，专业营销人员占比 26.8%，较 2020 年上升 4.1 个百分点。劳务派遣用工转移平稳过渡，是全省第一个完成移交的单位，且未出现用工纠纷。着力提升员工能力素质，参加全省邮政特有职业技能竞赛获团体二等奖，4 名选手进入全省个人全能 8 强。组织银行从业资格证考前培训，通过率排全省第一位。采购管理日益规范。采购集中度、公开性、规范性持续提高，全年实施集中采购项目 110 个，总预算 3695.45 万元，合同金额较预算节约 300 万余元。绿色邮政建设推进。强化绿色包装治理，全面完成国家邮政局“2582”工程目标，可循环快递箱（盒）使用 1.28 万个；营业网点、揽投站点布放新增包装废弃物回收装置占比 20%；电商快件不再二次包装率 85%。

【邮政服务能力建设】 2021 年，中国邮政集团有限公司长沙市分公司普遍服务达标提质。以“三升、三降、六个 100%”目标，提高普遍服务质量，15 项重点指标全面达标，其中长沙至全国省会间普邮全程时限平均缩短 1.71 天，排全国第二位。代办局所和营投合一单人局所全面实现“见底清零”。全年未发生一起行政监管处罚，未出现重大通信服务质量事故和重大违规经营案件，机要通信确保万无一失。运质指标稳中有升，全市运营管控时限指标综合达标情况排全省第四位，21 项指标中有 6 项排全省第一位。服务质量在集团公司满意度测评排名较 2020 年前进 18 个位次。持续深化寄递专业改革。在两集中改革上，按照省级“最强大脑”集中指挥调度，成立 5 个管理组，构建“指挥统一、扁平直达、快速响应、闭环反馈”的垂直管控体系。在运输改革上，推行委运模式，全年委运邮件 9312 万件，委运件均单价 0.17 元，较 2020 年节约 427 万余元。在揽投网改革上，加强自提点建设，不断推进网格化作业，人均投递负载力提升。全市建成有效自提点 2974 个，其中邮政自提点 185 个，自提率 74.91%，排全省首位。“专投网”建设成效显著，法院邮件、保单配送、税务专递等业务实现专网专投。重点建设项目稳步推进。投资 280 万元建设市分公司监控中心。宁乡市分公司物流仓储集散中心项目完成政府土地出让等相关手续，取得土地使用权。投资 363.85 万元购置宁乡白马桥网点。工程建设提质升级。在金融网点建设方面，累计投入 1470 万元，对雨厂坪、科大佳园、南门口等 28 个网点进行装修改造。在寄递揽投部站建设方面，累计投入 80 万余元对八一、金邮、省府等 8 个揽投部站进行装修改造；投入 310 万元为揽投部站增配打印机、扫描仪，更新个人终端、便携打印机和蓝牙秤；对邮件集中处理场地配备 17 套狂扫机和传输皮带机。信息化建设不断深入。完成中心机房搬迁，实现 333 条线路、33 台硬件设备无感迁移。支撑新一代营业系统上线，营业网点参与率、演练完成率、全业务演练笔数均排全省前三位。

（本栏撰稿　唐　嵘）

通　信

·中国电信股份有限公司长沙分公司·

【市场经营】 2021 年，中国电信股份有限公司长沙分公司（以下简称“长沙电信”）下辖长沙县、望城区、浏阳市、宁乡市 4 个县级分公司、3 个县域分局、12 个城市分局、6 个政企分局。2021 年，完成业务收入 33 亿元。年末固网用户规模 97 万户，移动用户规模 360 万户，宽带用户规模 160 万户，天翼高清用户规模 130 万户；5G、云网新技术合作业务签约 8 个，DICT 合作项目签约 52 个。

【网络建设】 2021 年，长沙电信累计开通 5G 基站 3757 个、共享联通 5G 基站 2361 个、4G 基站 8222 个；打造“三千兆”精品网络，光网累计端口 370 万个，宽带有线网络全覆盖城区及各乡镇村。加快部署 5G 网络，推进 5G 应用，与三一重工、长沙智能驾驶研究院、湘雅医院等多家国内著名企业签署 5G 战略应用协议，开展 5G+ 智慧工业、5G+ 智慧交通、5G+ 智慧医疗等方面应用。响应政府推进乡村振兴建设数字乡村，全年累计赠送终端 6.78 万个，终端优费 4067 万元；为推动农村基础设施提挡升级，全年农村信息网建设累计投资 683 万元。拨付帮扶资金 6 万元，为村民拓宽销路，累计购买扶贫物资 150 万元。

【网络安全】 2021 年，长沙电信网站备案率大幅提升，全年逾 99%，不良信息处置及时率逾 99%。网站备案接入 IP 地址域名一致准确率提升，建立备案网站和开放互联网端口（80/8080/443 等）IP 台账，做到常态化稽核、清理。防范打击通信信息诈骗投诉通报号码持续压降，国务院联席办下发涉案线索全年 747 条，长沙电信有 158 条，占比 21.2%，3 家运营商中数量最少，多次在长沙市打击通信诈骗联席办工作会议上作先进发言。

【客户服务】 2021 年，长沙电信常态化开展潜在不满意客户修复，组织“总经理接待”、“客户感知体验”、老年人“微讲堂”服务等主题活动。以结果为导向加强协同，提升客户感知，全年客户综合满意度行业排第一位，装维工单十分满意率月均 95%，营业交付十分满意率月均保持在 99% 以上。做好通信保障支撑，全年支撑完成重要通信保障 100 余次，确保“零服务事件”；完成 2021 年第二届中非经贸论坛、习近平总书记考察长沙期间网络保障、湖南卫视《稻花香里说丰年》国庆特别节目、中国电信长沙智慧社区现场会等各项通信保障支撑。湖南省妇幼保健院与重庆市妇幼保健院跨越 900 千米远程会诊、友阿奥特莱斯线路扩容、长沙黄花机场滞留旅客应急通信保障、中央广播电视台·湖南站灵犀专线升级改造、网络安全宣传、电信反诈骗宣传等服务支撑多次得到客户好评；组织 12 家自营厅开展“夏日送清凉”志愿服务，荷花园厅爱心驿站被评为湖南省2021年全国“最美工会户外劳动者服务站点”。

【新冠肺炎疫情防控网络建设】 2021年，长沙电信天翼云电脑、云会议、可视云广播、智慧社区等抗疫八大产品助力科技防疫。通过优化和云化方式，为湖南省卫生健康委核酸检测信息系统向下延伸部署，七天七夜完成从“用户需求”—“方案构建”—“产品转化”—“环境部署”—“系统测试”—“系统保障”等全流程的长沙市卫生健康委核酸检测系统上云；20天完成“外防输入”第一道防线的长沙黄花国际机场茉莉溪空港社区应急信息化建设；48小时完成浏阳市人民医院FTTH紧急扩容，实现130间隔离病房的光纤入室；7×24小时为长沙市政府移动核酸检测方舱实验室平台保障通信；为长沙公共卫生救治中心（沙坪新医院）沙坪新冠备用医院紧急开通电路、支援浏阳工业园洞阳政府11个核酸检测点网络安装、协助社区核酸检测点云广播安装及帐篷搭建等。2021年，长沙电信累计开通天翼云主机资源2012核、带宽升级10T。加载CDN内容分发产品包400个，为湖南居民健康卡、核酸检测、疫苗接种等系统提供24小时核心保障。

（本栏撰稿　夏锡纯）

·中国移动通信集团湖南有限公司长沙分公司·

【市场经营】 中国移动通信集团湖南有限公司长沙分公司（以下简称“长沙移动”）是中国移动在长沙的市级分支机构，下辖天心区、芙蓉区、雨花区、开福区、城西、长沙县、望城区、浏阳市、宁乡市9个县（市、区）分公司。2021年，长沙移动围绕中国共产党成立100周年系列活动，落实“四个三”战略内核，深入实施“5G+”计划。实现通服收入逾63亿元，净利润近15亿元；客户规模逾700万户，客户份额60%，是长沙地区最大的全业务运营商。长沙移动日均通信客户规模逾560万户，全年新增宽带逾50万户，建设湘江新区5G数字人民币项目、宁乡三一汽车起重机械有限公司5G专网服务项目、重客地质博物馆5G研学项目信息化项目近300个。

【网络建设】 2021年，长沙移动建成覆盖广、质量高、业务丰富、服务一流的融合通信网络。落实乡村振兴战略部署，做到乡镇农村5G700兆全覆盖，实现5G“乡乡通”，推进农村宽带覆盖，实现城区覆盖率99%，农村覆盖率96%。

【客户服务】 2021年，长沙移动产品满意度和窗口满意度双线发展，升级投诉和普通投诉两手抓，推动服务质量问题闭环管控。家宽上网质量满意度同比提升5PP，“12345”客户满意度环比年初提升25PP。推出网络信号更优质、5G网络更精彩、宽带品质更可靠、适老服务更暖心、便捷服务更贴心、阳光消费更放心、权益活动更欢心、防范电诈更安全、数智赋能更高效、疫情防控更精准的长沙移动“我为群众办实事”十项为民服务清单，开展“网络挑刺”活动，累计解决客户问题近4000个。推出防疫包、大数据防疫平台、云视讯、云广播及企业视频彩铃等六大防疫产品，助力社会各界防疫抗疫；完成消费扶贫150万元，其中落实购买帮扶100万元，帮助销售55万元；落实推进联点单位驻村工作，为村部开通新冠肺炎疫情防控大数据平台、建设平安乡村，带动当地就业逾20人；推进“断卡行动”，全年拦截骚扰、涉诈电话号码近28万个、垃圾短彩信5万条，“12321”诈骗举报持续降量，推动不良信息集中整治“歼灭战”。

【长沙移动银发服务】 2021年，中国移动董事长杨杰提出，要加快推进新一代信息技术与银发产业融合创新，助力老龄事业全面协调可持续发展。长沙移动为“银发族”提供各类信息化服务，帮助老年人跨越数字鸿沟。65岁以上老年人拨打“10086”客服热线，无须任何按键可直连人工坐席接听；在营业厅设置爱心服务专席，65岁以上老年人可享受优先办理业务；设置爱心座椅，提供无障碍设施，配备老花镜等物品，为老年客户

2021年，长沙移动为“银发族”提供各类信息化服务　　长沙移动　供图

提供便利；推出爱心讲堂增值服务，向老年人介绍实用的信息化新技术、防电信网络诈骗知识等；为老年客户提供现金、银联 POS、第三方支付等多种支付方式；同时，优化简化老年人业务办理流程。

【长沙移动“网络挑刺”便民活动】 2021 年 6 月 1 日至 12 月底，为助推长沙市“移动网络信号提质提速行动”民生实事项目实施，长沙移动结合“我为群众办实事”实践活动，开展“网络挑刺”活动，开放便民通道征集网络问题，了解覆盖建议。强化活动运营，联合终端厂家，制定“挑刺有奖”送流量、手机的活动政策；联合《长沙晚报》、红网等媒体召开对外发布会，扩大宣传覆盖，提升客户参与率。强化活动支撑，建立“长沙移动”微信公众号活动入口，打通 OMO 系统，针对收集问题分层分级、拉单列表、集中处理。强化闭环管理，定期围绕问题处理、流量赠送、满意度修复情况等进行效果评估，推进无线网络提质提速。

【“全民行动·无诈星城”主体宣传活动】 2021 年 5 月 17 日，长沙移动联合长沙市公安局、市打击治理电信网络新型违法犯罪工作联席会议办公室开展的长沙市举行打击治理电信网络新型违法犯罪集中宣传月“全民行动·无诈星城”主题宣传活动启动仪式举办。省通信管理局局长李敏，市人大常委会副主任袁黎明，市人民政府副市长、市公安局局长刘新良等领导出席仪式。公安民警、高校师生、银行职员、通信运营商员工、网约车驾驶员、外卖骑手、社区群众等社会各界人士 1600 余人参加活动。启动仪式上，代表们共同发出“全民行动·无诈星城”的反诈宣言。长沙理工大学青年学生志愿者代表被授予“反诈先锋”队旗，长沙首支高校反诈先锋志愿者服务队成立。活动旨在提升广大老年消费者防范电信网络诈骗安全意识，守护好群众的“钱袋子”，邀请社区、小区、农村等居民现场观看启动仪式、学习防诈知识，通过活动告诉全民防范电信网络诈骗的正确方式，让更多群众了解电信网络诈骗的危害。

【2021 年区块链服务网络应用创新峰会】 2021 年 5 月 28 日在长沙召开。会议由国家信息中心、长沙市人民政府联合主办，国家信息中心主任刘宇南，湖南省委宣传部副部长、省委网信办主任周湘等领导出席活动。会上，星沙区块链产业园、长沙区块链产业园被命名为“区块链服务网络应用创新基地”；长沙市政务外网区块链服务网络平台上线运行；长株潭三市共同签订《长株潭政务外网区块链服务网络平台共建共享战略合作协议》，明确将共建、共享、共管政务区块链服务网络平台和应用，助力建设中部区块链发展增长极。区块链服务网络由国家信息中心、中国移动、中国银联等联合建立，是一个用于部署和运行区块链应用的全球性公共基础设施网络，它将有效降低区块链应用的技术和经济门槛，为长沙智慧城市建设和数字经济发展提供高质量、定制化的技术服务平台支撑。长沙移动作为会议的协办单位，利用自身资源优势，在会议支撑、执行以及网络保障方面提供支持。长沙移动将发挥运营优势，助力 BSN 推进“云网链”融合发展，促进区块链价值网、5G 泛在网、云算力网在底层环境、数据治理和行业应用的协同创新，并结合大数据、AI 等技术发展，打造低成本、优质、高效、泛在、智慧的区块链服务体系。（本栏撰稿　彭亚利）

·中国联合网络通信有限公司长沙市分公司·

【概况】 中国联合网络通信有限公司长沙市分公司（以下简称“长沙联通”）以党的政治建设为统领，围绕“强基固本、守正创新、融合开放”战略，以“1+8+2”战略规划为工作主线，坚持高质量党建引领高质量发展，聚焦五大主责主业，融通五大市场，开展 2 项攻坚行动，强化三大支撑保障，推动公司高质量发展。通过打造 $5G^n$ 新时代文明实践基地，建立面向政府、企业的新名片，树立国企良好形象。完成长沙市人民政府、8 个县（市、区）级政府、5 个国家级经开区政府战略签约，奠定政府高层合作基础；行业市场有规模有亮点，企业市场千万级签约逐步涌现，工业、金融多行业破局，行业竞争力逐渐提升。通过 2B2C 模式，在社区、楼园等细分市场形成自有特色和竞争力，特别是校园市场实现规模突破，在市场份额上占优势。渠道盘面基本稳定，构建一张轻重结合的骨干网。划小承包取得成效，各类承包体的收入贡献持续增大（战客承包体收入同比增长 23%，北新承包体同比增长 29%，线上运营承包体收入同比增长 97%）；探索政府联合“智慧城市”运营模式，雨智公司挂牌成立，攻坚雨花区智慧城市项目孵化，累计合同中标逾 1700 万元。

【中南大学—长沙联通研究生联合培养基地授牌】 2021 年 5 月 13 日，中南大学—长沙联通研究生联合培养基地授牌仪式暨智慧城市工程技术研究中心汇报会在长沙联通召开。中南大学计算机学院党委书记陈志刚、副书记史建权、副院长曾锋及专职组织员刘珍珍一行到长沙联通开展党建调研和校企合作洽谈，双方就人才培养、科学研究、学生实习就业等进行洽谈。

【长沙联通全面开通长沙地铁 5G 网络】 2021 年 7 月 9 日，长沙联通全面开通长沙地铁 1 号、2 号、3 号、4 号、5 号线 5G 网络，长沙市全面进入 5G 地铁时代。经测试，地铁 5G 网络下载速率 1 千兆比特率，上行速率 275 兆比特率。

【长沙联通申报项目入选工信部、国家卫生健康委 5G+ 医疗健康应用试点项目名单】 2021 年 8 月 17 日，工信部和国家卫生健康委公示 5G+ 医疗健康应用试点项目名单，长沙联通参与申报的“湘雅二医院 5G+ 智慧医院多中心管理”项目和“省脑科医院 5G+ 慢病医疗全病程管理”项目入选。5G+ 医疗健康应用试点项目评选由工业和信息化部和国家卫生健康委员会联合组织开展，该次评选立足于 5G 技术在医疗健康行业的应用场景，旨在重点形成一批技术先进、性能优越、效果明显的 5G+ 医疗健康标志性应用，为 5G+ 医疗健康创新发展树立标杆和方向，培育中国 5G 智慧医疗健康创新发展的主力军。

【长沙联通举办《雷锋》杂志落户湖南活动】 2021 年 9 月 3 日，《雷锋》杂志社湖南工作部成立大会暨雷锋杂志 App 上线启动仪式在长沙举行。活动中，《雷锋》杂志社湖南工作部成立，《雷锋》App 开通上线，郭明义学雷锋爱心团队中国联通长沙分公司分队等成立。中央候补委员、中华全国总工会副主席郭明义，《雷锋》杂志社总编辑陶克，省总工会、一级巡视员刘后红等领导出席，省军区现役官兵、学雷锋爱心企业家、雷锋志愿者、“五好战士”黄祖示，“抗冰英雄”魏永景，雷锋生前战友、“时代楷模”姚德奇等英雄典型 100 余人参加。郭明义分别为“郭明义爱心团队雷锋杂志社湖南工作部分队”“中国联通长沙分公司分队”等 4 支新加入的爱心分队授旗。陶克与省委宣传部二级巡视员熊科文一道为《雷锋》杂志社湖南工作部揭牌。郭明义和陶克为“长沙联通雷锋大讲堂”专题党课活动授课，活动通过 5G 网络在线上平台同步直播。

（本栏撰稿　欧阳犇）

居民服务业

·住宿餐饮·

【住宿】 2021 年，长沙市装机开业的旅馆数 7469 家，其中有证旅馆 2182 家、家庭式旅馆 5287 家，总床位数 367169 张。2021 年度全市联网旅馆 7242 家，采集旅客住宿信息 4327.32 万条，比 2020 年全年增加 22.1%，采集量排名前三位的是雨花区、芙蓉区、岳麓区；全市旅馆平均采集旅客住宿信息 1137 条 / 家，排名前三位的是芙蓉区、高新区、岳麓区；安装人证核验终端设备的旅馆 5763 家，采集人脸比对信息 294.54 万余条。各级公安机关治安民警检查旅馆 6795 家，平均检查率 99.17%，天心区、高新区、望城区检查率 100%；全市依法查处违反实名登记、非法经营的案件 174 件，罚款 152.34 万元，排名前三位的是雨花区、开福区、芙蓉区；拘留 19 人，排名前三位的是芙蓉区、岳麓区、宁乡市。各分县市局治安部门在集中宣传月、“我为群众办实事”、“百万警进千万家”等活动时期，持续加强对旅馆的检查，督促落实旅馆接待未成年人入住“五必须”（旅馆经营者接待未成年人入住，必须查验入住未成年人身份，并如实登记报送相关信息；必须询问未成年人父母或者其他监护人的联系方式，并记录备查；必须询问同住人员身份关系等情况，并记录备查；必须加强安全巡查和访客管理，预防针对未成年人的不法侵害；必须立即向公安机关报告可疑情况，并及时联系未成年人的父母或其他监护人，同时采取相应安全保护措施）要求。自实施《中华人民共和国未成年人保护法》以来，全市公安机关检查旅馆 12994 家次，查处旅馆 404 家次，核实未成年人在旅馆入住 372458 人次，未成年人在旅馆入住落实“五必须”要求登记报备 25451 人，核查可疑情况 79 次，帮助找回出走等监护人不知情的未成年人 6 人，预防在旅馆发生侵害未成年人案事件 2 起，制作张贴海报、提示牌等宣传材料 8078 份，组织开展培训 337 场次。联合多部门开展旅馆业“双随机、一公开”检查。制订 2021 年度“双随机、一公开”工作计划，完善抽查工作全流程整合，确保到 2021 年年底，部门内“双随机，一公开”监管全覆盖、常态化，年度随机抽查比例在 3% 以上，抽查检查结果 100% 公示，抽查检查发现的问题后续处理到位。建立监管领域部门联合“双随机、一公开”监管工作机制，确保 2021 年度管辖领域联合抽查常态化。加强双随机抽查与大数据分析、信用风险分类管理等有机结合机制，提高双随机抽查的精确性和问题发现率，确保随机抽查工作的震慑力。强化监管的主体责任，将随机抽查的频次、被抽查概率与抽查对象的信用等级、风险程度直接挂钩，对有不良信用记录、风险高的加大抽查力度，对信用较好、风险较低的相应减少抽查频次。成立执法人才库和检查对象名录库。推广使用“互联网 + 公安政务服务”电子身份证。为落实“互联网 + 公安政务服务”中在旅馆业推广使用电子身份证办理入住举措，按照省公安厅“平台宣传片播出来、宣传展板挂出来、工作宣传台签亮出来、宣传折页摆出来、宣传指引喊出来、推广二维码发出来”工作要求，全市各分县市局全力推动，层层发动，召开各项专题培训会 510 余次，现场指引群众使用电子身份证 1650 余人次，为群众答疑解惑 260 余次，向 1050 万余名旅客推广使用电子身份证。（刘庆湘）

【餐饮业】 2021 年，长沙市餐饮行业主体不断壮大。筹办第六届中国国际食品餐饮博览会，展区面积 2800 平方米，协助企业达成意向成交额2.1亿元。9—12月，开展2021“味道湖南”美食活动，举办湖南省2021“味道湖南”美食季活动启动仪式暨长沙味道浏阳美食周开幕式，牵头举办长沙道地名菜、名优食材食餐会展销活动，名菜、名店、名厨推选活动，“味道湖南”长沙美食季电子消费券发放活动等系列活动。

（周　恩）

【湘菜产业创新发展论坛暨“味道湖南”美食品牌发布仪式】 2021年12月29日在长沙举行。2021“味道湖南”美食季评选活动由湖南省商务厅、省政府新闻办、省农业农村厅、省文旅厅、省乡村振兴局、省广播电视台等联合主办。省人民政府副省长何报翔、省人民政府副秘书长陈献春、省商务厅厅长沈裕谋等领导出席论坛，14个市（州）的300道当地美食参与评选“味道湖南”省级道地名菜。经过近1个月的投票评选，最终决出“味道湖南”金牌菜30道、“味道湖南”银牌菜70道。其中，长沙4道名菜入选金牌菜，11道名菜入选银牌菜，在全省14个市州中位居榜首。代表长沙参赛的40道市级名菜中，辣椒炒肉、小炒黄牛肉、粉皮扣羊肉、米浆三宝4道菜入围前30名，获“味道湖南”金牌菜；脆皖鱼、三年湘黄老母鸡汤、麻辣仔鸡、毛氏红烧肉、花菇无黄蛋、韵味鸭、口味牛蹄、红烧桂鱼、龙田扎肉、小灶吊锅土猪肉、经典香辣水鱼11道菜入围第31至第100名，获“味道湖南”银牌菜。活动中，“味道湖南”美食品牌营销联盟成立。该联盟是在省商务厅、省农业农村厅、省文化和旅游厅、省政府新闻办指导下，由省湘菜行业有关商协会、企业、新闻媒体、科研院所等共同组建，是省湘菜行业有关商协会及成员单位为加强交流合作、促进各自发展、实现共同目标而自愿组成的社会组织联合体。现场发布《“锦绣潇湘·味道湖南”美食旅游精品线路》，并推出“游锦绣潇湘·品味道湖南”文旅联名消费卡。（周　恩）

·养老服务·

【概况】 2021年，长沙市养老服务工作围绕实施积极应对人口老龄化国家战略，借力“三高四新”和“乡村振兴”，统筹城乡养老服务发展，完善市、县（市、区）、街道（乡镇）、社区（村）四级养老服务网络，推进全市养老服务提质增效、高质量发展，满足老年人多层次、多样化的养老服务需求。

完善养老服务政策法规 配合市人大做好《长沙市居家养老服务条例》立法相关工作，《长沙市居家养老服务条例》于2021年6月4日颁布、2022年1月1日起施行。制定相关配套政策文件，印发《关于开展家庭养老床位试点工作的通知》，推进《长沙市新建住宅项目配建居家养老服务用房移交管理办法（试行）》《关于建立养老护理人员岗位补贴制度的通知》《长沙市基本养老服务清单》等配套政策的制定。印发《2021年度长沙市养老服务真抓实干激励工作实施方案》。拟定民政“十四五”规划、乡村振兴纲要、长沙市“一老一小”整体解决方案有关养老服务内容。

推进养老服务设施建设 完成省市民生实事年度任务，建设特困供养服务床位400张（其中护理床位320张），新建社区养老服务设施60家。完成乡村振兴考核任务，建设50家村级居家养老服务站。9个县（市、区）社会福利中心全面完成建设，芙蓉区、天心区、雨花区、长沙县社会福利中心投入运营。推进城企联动普惠养老专项行动，配合市发展改革委做好8个项目的监督检查。配合市慈善总会做好2021年特困老人家居适老化改造“千户计划”工作。

提升养老服务质量 制定养老机构等级评定实施细则，建立长沙市养老机构等级评定专家库、养老机构等级评定专家库管理办法，成立养老机构等级评定委员会等制度，实施养老机构等级评定。县（市、区）完成一、二级养老机构等级评定，市级完成27家申报三、四级养老机构的初评工作，向省民政厅推荐申报3家五级养老机构。分级分批开展养老护理员职业技能培训，培训2098人。开展养老护理职业技能竞赛，推选4名选手参加省赛，其中2人获一等奖、2人获二等奖；长沙3人代表湖南参加全国养老护理职业技能大赛，其中2人获一等奖、1人获二等奖。召开养老服务政银企对接座谈会，推动解决养老机构融资难问题。开展老年人能力评估工作，配合市医保局推进长沙市长期护理保险试点工作。推进医养结合发展，协同市卫生健康委加强和规范医养签约健康服务。

加强养老服务监督管理 常态化开展养老机构安全生产、食品安全监督检查，食品安全示范城市创建国检效果良好。常态化开展养老服务机构疫情防控，指导、督促县（市、区）民政部门和养老服务机构精准开展疫情防控工作。积极防范和协助处置养老服务领域非法集资，做好日常监管、宣传教育、摸排报告、协助处置等工作。推进养老服务监管平台建设，做好“金民工程”全国养老服务系统中养老机构、居家养老服务中心信息的核实完善工作。（陈志伟）

【老龄健康】 2021年，长沙市贯彻落实积极应对人口老龄化国家战略，坚持以老年人健康为中心，加快建设老年健康服务体系，推进医养结合创新发展，构建老年友好社会。长沙市老龄健康工作经验《盘活养老“一张床”　优化养老“一个圈”——长沙构建综合连续、覆盖城乡的老年健康服务体系，满足多元化养老需求》在《长沙晚报》、“学习强国”学习平台等媒体平台刊载推送。

2021 年 12 月 10 日，“创新与高质量发展——2021 中国（湖南）岳麓山养老服务高峰论坛”在长沙举办

市卫生健康委　供图

老年健康服务体系建设　推进老年医学科建设，全市二级及以上综合性医院设立老年医学科比例 62.5%。加大老年人健康管理工作力度，对全市 65 岁以上老年人建立电子健康档案，开展健康状态评估、健康体检和健康指导，落实家庭医生签约服务，推动医、康、护服务延伸至家庭。开展老年友善医疗机构建设，优化老年人就医流程和就医环境，全面落实老年人医疗服务优待政策；长沙市中心医院等 125 家医疗机构被确定为 2021 年长沙市老年友善医疗机构，长沙市第三医院等 12 家医疗机构被评为 2021 年省级老年友善医疗机构。推进安宁疗护试点，推动加快安宁疗护机构标准化、规范化建设，长沙市第三医院安宁疗护病房、长沙老年康复医院安宁疗护中心、长沙康乃馨护理院安宁疗护区、长沙睦邻康复医院宁养病房、浏阳市脑科医院安宁疗护病房 5 家机构安宁疗护病房被确定为 2021 年湖南省安宁疗护标准病房。

医养结合　截至 2021 年年底，全市“双证”（“医疗许可证”和“养老许可证”）齐全或已备案的医养结合机构 32 家、嵌入式医养结合机构 1 家。规范发展医养签约服务，推动养老机构与医疗卫生机构开展多种形式的签约合作，为入住老年人提供急诊急救、慢性病诊疗、中医治疗保健、医疗巡诊等服务，全年全市医养签约率 100%。创新发展智慧医养，推进长沙县果园镇卫生院开展省级智慧医养试点。加强医养项目建设，联合市发展改革委、市民政局开展城企联动普惠养老专项行动，推动长沙红枫康复医院、长沙安华康复医院开展国家卫生健康委老龄健康医养远程协同服务试点工作。

老龄事业发展　开展老年友好社区创建，提升社区老龄服务综合能力和水平。2021 年，长沙市芙蓉区韭菜园街道蓉园社区、岳麓区望城坡街道长华社区、开福区四方坪街道科大景园社区、望城区高塘岭街道湘陵社区、浏阳市关口街道占佳社区、宁乡市黄材镇青羊社区、雨花区圭塘街道中南院社区 7 个社区入选首批全国示范性老年友好型社区。开展以“关注口腔健康、品味老年幸福”为主题的老年健康宣传周活动和以“实施积极应对人口老龄化国家战略，乐享智慧老年生活”为主题的“敬老月”系列活动，指导市老年协会举办长沙市首届老年农民广场舞大赛，聚焦乡村振兴，关爱农村老年人；组织各县（市、区）、老龄委成员单位结合中国共产党成立 100 周年开展走访慰问、文艺会演、助老公益等活动。（肖昭宇）

【2021 中国（湖南）岳麓山养老服务高峰论坛】　2021 年 12 月 10 日，湖南省民政厅联合中国社会保障学会、湖南日报社在长沙市共同主办的“创新与高质量发展——2021 中国（湖南）岳麓山养老服务高峰论坛”在长沙开幕，论坛以“养老服务创新与高质量发展”为主题。全国人大常委会委员、中国社会保障学会会长郑功成，湖南省人大常委会副主任叶红专出席论坛开幕式并致辞。全国 20 余所高校、相关社会团体的养老服务专家学者以及全省（市）州、县（市、区）民政部门、养老企业代表等 200 余名嘉宾参加，聚焦养老服务体系建设政策创新、难点痛点、金融扶持等问题，共商新时代积极应对人口老龄化良策，推动养老服务创新与高质量发展。（陈志伟）

金　融

FINANCE

编辑　刘盼盼

综　述

【概况】　2021年年末，长沙市金融业实现增加值974亿元，比2020年增长5.7%，占GDP（13271亿元）的比重7.34%，占全省金融业增加值的42.57%；全市金融机构各项存款余额2.5万亿元，比2020年增长8.71%；金融机构各项贷款余额2.7万亿元，比2020年增长12.26%，全年新增贷款2974亿元。全市金融业实现税收213.24亿元，占全市同期税收的9.89%。全年新增直接融资2805亿元，比2020年增长30.85%。全市保险业实现原保费收入523亿元（占全省的34.65%），比2020年增长5.27%。全市证券交易成交量累计70935亿元，成交量占全省的57.78%，比2020年增长17.74%。全年新增9家上市公司，首发募资134.26亿元，A股上市公司78家，新增数、首发募资数、总数量、总市值4项指标均位居中部城市第一位。全市共筹建、新设及增资融资担保公司、小贷公司、典当及保理公司共18家（次），其中自贸区内新设及筹建地方金融组织4家。长沙金融工作得到省长毛伟明肯定批示，被推荐为省政府真抓实干项目激励表彰。数字人民币试点工作走在全国第二批试点地区前列，“百行进百企”活动被湖南卫视新闻联播报道。市金融办获全省扫黑除恶专项斗争先进集体。长沙打非工作连续6年获评省对市平安建设考核一类单位，P2P网贷整治工作连续4年在全省做经验推广。

（聂　娟）

【金融组织体系】　2021年，通过引进和培育，全市形成多形式、多结构和多功能的金融组织体系。截至2021年年末，各类金融机构470家，涵盖银行、证券、保险、信托、期货、资产管理、财务公司、汽车金融和消费金融等多类持牌金融机构。其中银行机构41家（法人11家）、证券机构53家（法人3家），保险机构58家（法人1家），信托机构1家，期货公司21家，资产管理公司6家，财务公司5家，汽车金融公司1家，消费金融公司1家，融资担保公司45家，小额贷款公司48家，典当行60家。

（聂　娟）

【金融业高质量发展】　2021年，市金融办高规格谋划，以市委名义印发《关于践行“三高四新”推动金融业高质量发展的实施意见》文件，提升金融服务实体经济能级，明确更高发展目标。出台《长沙市“十四五”金融发展规划》，推动构建产业金融生态系统，提升长沙金融要素集聚和辐射能力，聚力打造引领实体经济发展的区域金融中心。以市委名义召开全市金融工作座谈会，省委常委、市委书记吴桂英，市委副书记、市长郑建新出席并发表讲话，省地方金融监管局、“一行两局”及32家金融机构主要负责人共同为长沙发展出谋划策，推动国开行、交通银行、华夏银行等总行领导与主要领导会晤，深化高层沟通交流。跨区域合作，与北京市朝阳区签订金融合作协议，建立常态化交流机制；先后协调组织31家驻北京、19家驻上海、7家驻粤港澳大湾区金融机构参加长沙投资环境推介会，推动市政府与国家开发银行、交通银行、全国中小企业股转中心、澳门金融资产交易所等7家机构签署合作协议，为长沙发展增强金融要素保障。多部门协同。着力推动多类金融数据平台建设，打通“最后一公里”。会同市数据资源局推进长沙金融专题库及金融大数据服务开放平台建设，已协调推动工商银行等20家银行机构签署协议，为企业授信超22亿元；会同市发展改革委推进市信易贷平台建设，已协调指导42家金融机构及地方金融组织入驻，实现全市300余个金融机构网点全覆盖，上线融资产品166个；会同市农业农村局建设农村综合金融服务平台，已协调工商银行等6家金融机构与平台签署合作协议，归集涉农数据1500万余条，推出生猪贷、惠农贷等多款涉农金融产品。

（聂　娟）

【服务实体经济】　2021年，市金融办创新服务助力企业上市，完善政策抢抓改革机遇。调整资本市场支持政策，抢抓北交所设立机遇，进一步健全和完善企业上市服务工作机制。借力借智提升企业上市业务水平。组建了首支企业上市中介机构、投资机构、银行机构专家志愿服务团。进一步缩短了交易所服务距离。争取上交所科创板企业培育中心（湖南）落户长沙市，让长沙市企业在家门口享受到交易所的定期高频上门服务。深挖后备资源成效显著。组织交易所和专家主动深入园区走访企业160余家次，新发现优质潜力企业30余家，上市后备企业扩充至288家，其中在审和辅导报备企业36家，储备创下历年新高。不断优化企业上市培育和推动工作。结合企业需求全年组织举办10条场大型专题培训和6期科创板培育活动；建立国内首个企业上市专业人才库；新开展“星城投融会”“百名行长走百企”2个上市融资品牌活动，为50余家拟上市企业融资近30亿元。提升产投基金效益。2021年，长沙市产业投资基金新设子基金5只，累计21只。新增基金管理规模27.15亿元，总规模超121亿元，撬动社会资本92.7亿元。全年新增投资项目58个，新增投资金额12.19亿元，超过前5年投资总和，累计投资项目100个，带动社会直接投资112.51亿元，投资范围覆盖长沙市22条新兴优势产业链上企业，并积极参与上市公司再融资、并购重组。提升金融服务节活动质效。组织开展长沙金融服务节“百名行长进百企”“金融助力乡村振兴浏阳行”“数字人民币红包活动”“防范非法集资线上直播”“全民保险知识线上答题挑战赛”6类主题活动。金融助力乡村振兴浏阳行通过发布保险支持乡村振兴产品、涉农金融产品等，推进金融支持服务乡村振兴；数字人民币红包活动共发放4000万元数币红包，超过130万人预约参与，获人民银行总行肯定；防范非法集资线上直播吸引近200个街道、1381个社区逾100万人次观看，有效扩大宣传覆盖面，筑起防范非法集资“防火墙”；保险知识答题挑战赛以市民喜闻乐见的有奖答题形式，让保险宣传更接地气。特别是“百名行长进百企”活动，累计开展15场次活动，组织40余家银行机构负责人近500人次，走访164家企业，为先进制造、科技创新和外贸等优势企业及拟上市企业上门提供定制金融服务，帮助50家企业获得银行意向授信近30亿元。加大乡村振兴金融供给。截至2021年年末，全市涉农贷款4800亿元（占各项贷款的18.3%），比2020年增长9.96%。创新乡村振兴领域金融产品。推动金融机构开展生猪活体抵押贷款试点、浏阳农房抵押贷款试点，加大对涉农主体的融资支持力度。增强乡村振兴领域保险保障。起草并联合市乡村振兴局发布《长沙市防贫综合保险工作实施方案》，巩固脱贫攻坚成果；组织推动人保财险等5家保险公司向2000名低保户和特困户捐赠价值逾27万元、保障金额逾76亿元的“长沙惠民保”；有序推进农村基础保险服务“村村通”试点工作，在浏阳和望城率先全省成立2家保险基础服务村级金融服务站。推进脱贫人口小额信贷发放。2021年新增1482笔、6260万元，到期贷款逾期率0.32%，满足低于1%的考核要求。（聂　娟）

【金融改革创新】　2021年，长沙市数字人民币试点工作走在前列。长沙数字人民币试点较原计划提前3个月实现申报场景100%落地。全市支持数字人民币支付的商户逾11万家，个人及对公钱包累计开立数超2000万户，累计交易超1200万笔，试点指标位第二批地区前列。组织开展数字人民币“市长体验日”“红包活动”“大学生公益广告大赛”“特色示范区建设”，有效提升社会认知度、公众使用率和试点影响力，获人民银行总行肯定和广大市民好评。在试点地区率先实现支持数字人民币民营加油站支付、燃气费支付、全场景全流程缴纳税费、无人智慧零售店支付等多项创新应用，打通ATM机数字人民币与现金双向兑换功能。自贸区金融领域改革成效显著。自贸区长沙片区改革全市113项任务，由市金融办牵头38项金融改革任务，已实施33项。全年自贸区长沙片区新增各类金融机构和组织27家，金融服务体系不断完善。积极建立任务清单、措施清单、进度清单的台账制度和联动省外汇管理局、自贸片区管委会及金融机构的工作协同机制，积极推动各改革事项落地落实，资本项目收入支付便利化、货物贸易外汇收支便利化、保税货物转卖交易结算便利化以及外商投资股权投资企业合格境外有限合伙人（QFLP）等改革试点取得成效，对非经贸合作金融领域探索有突破，成立中非跨境人民币中心，推动跨境电商外汇管理模式更加便利。（聂　娟）

【优化金融生态】　2021年，长沙市建立更高规格的党政“双牵头”的防控非法经营联席会议机制，推动处非条例的贯彻落实。全年统筹推进3次全市风险排查整治专项工作，共摸排企业3万余家，排查重点风险线索300余条，做到风险底数清，情况明。全年组织宣传活动3万余场（大型100余场），参与群众600万余人次。聚焦重点人群，通过“学习强国”学习平台视频、志愿者直播等方式创新宣教手段，持续深化宣传效果。吊销投融资类营业执照68家，注销351家，列入经营异常1055家，立案打击48起，破案32起，“打早打小”成效显著，全年完成60余起，及时清退集资款项9300万余元，遏制增量，加快化解存量，有效管控变量。强化监管。促进地方金融组织发展。指导支持设立融资租赁法人机构2家，跨区域协调支持国网国际融资租赁有限公司设立湖南分公司。推动长沙市长财融资担保有限公司财政转隶和业务转型，推荐4家公司纳入湖南省财政厅政府性融资担保公司名单。支持新设全市注册资本金最大的民营融资担保公司三一融资担保公司（注册资本金10亿元）；支持大型国企或头部企业在自贸区内新设及筹建地方金融组织4家。加强地方金融组织的日常监管。全面推行地方金融组织“双随机，一公开”监管工作，引导6家融资租赁机构有序完成市场退出，依规取消2家融担、10家小贷、6家典当公司业务经营资质。长沙市融担、小贷和典当机构在全省年度分类评级中A类机构数量均居前列。加大政策扶持力度。引导地方金融组织为小微企业和“三农”提供优质低费担保及融资服务，对15家融资担保公司发放920万元专项财政补贴。鼓励政府性融资担保公司聚焦小微、“三农”和战略性新兴产业，截至2021年年末，长沙市“支小支农支新”融资担保在保余额51.1亿元，比2020年增长33.5%。（聂　娟）

【长沙市首个数字人民币特色示范区启动】　2021年10月15日，长沙市首个数字人民币特色示范区——“三一科学城”特色园区启动仪式在长沙县三一魔豆仓举行，标志着长沙市数字人民币特色示范区建设工作开启。数字人民币特色示范区建设是长沙市数字人民币试点深化和创新拓展的重要举措，由长沙市数字人民币试点工作领导小组办公室统筹组织和推进。作为长沙市首个数字人民币特色示范园区，“三一科学城”将推进园区产业数字化发展和数字人民币应用的良好联动，构建形成数字人民币金融生态系统和数字经济大循环。截至2021年9月末，全市支持数字人民币支付的商户逾10万家（位列第二批试点地区第二位），个人及对公钱包累计开立数超800万户，累计交易970万笔，交易金额超40亿元，提前3个月实现所有申报场景100%落地。数字人民币民营加油站支付、燃气费支付、无人智慧零售店支付、涉农财政补贴发放等多项场景迅速发展。随着“三一科学城”特色示范园区的启动建设，长沙后续还将启动数字人民币特色示范村、特色示范镇、特色示范街、特色示范市场和特色示范校园建设，并结合服务“三高四新”战略为要求，围绕《中国数字人民币的研发进展》白皮书，重点宣传数字人民币的研发背景、目标愿景、使用优势、工作进展及反假知识等内容，提升数字人民币认知度、影响力和使用率，推进各县（市、区）在辖内特色街道、社区、乡镇、行政村、园区和校园等特定区域加大宣传推广力度，形成数字人民币全场景应用示范区。（聂　娟）

【长沙市企业上市（挂牌）银行机构专家服务团成立】 2021年11月，长沙市企业上市（挂牌）银行机构专家服务团成立。这是继1月长沙市企业上市（挂牌）中介机构和投资机构专家服务团后，省内率先成立的专门服务企业上市的银行专家库。长沙市企业上市（挂牌）联席办印发《关于组建长沙市企业上市（挂牌）银行专家服务团的实施方案》，向驻长沙的政策性银行、国有银行、股份制银行、外资银行和地方法人银行广发“英雄帖”，邀请银行推荐从业经验丰富、专业知识扎实的专家加入服务团。服务团专家明确要求在长沙地区银行机构工作8年以上，有5年以上信贷业务条线工作经验，担任银行中层管理及以上职务（担任一级支行行长或同等级别及以上），且无重大工作失误、违法违纪和违反职业道德的记录，首批21位符合条件的银行机构“大咖”入选。专家团将参与融资对接活动，为企业提供适合的融资产品、综合服务方案，导入更多金融资源支持企业发展；配合开展资本市场和间接融资相关政策、文件、专业知识的宣传及培训；此外还将联合开展政策研究，参与相关政策和制度的制定等。专家团里的专家服务均为志愿服务，企业无须支付任何费用。（聂　娟）

【《关于银行业保险业落实“三高四新”战略　进一步支持制造业高质量发展的指导意见》印发】 2021年3月，湖南银保监局印发《关于银行业保险业落实“三高四新”战略 进一步支持制造业高质量发展的指导意见》，提出优化资金供给和业务管理、完善金融产品体系、坚持审慎稳健经营等任务。鼓励长沙市银行保险机构探索建立先进制造业融资事业部。支持依托自贸区战略设立的专司中非等跨境经贸的银行机构对接“一带一路”国际产能合作、湖南装备制造“走出去”。支持搭建长沙出口信用保险统保平台，扩大小微企业和民营制造业企业保障覆盖，提升金融服务湖南打造国家重要先进制造业高地整体效能。（雷　琴）

银　行

【概况】 截至2021年年末，长沙市有3家政策性银行、6家大型商业银

表18　　长沙市金融、保险情况统计表

单位：亿元

指标	2021年	2020年	2021年比2020年（±%）
一、金融业			
金融机构存款余额（本外币）	25348.50	23316.81	8.7
住户存款	8311.19	7572.18	9.8
金融机构贷款余额（本外币）	27235.11	24261.26	12.3
#短期贷款	5279.13	5032.76	4.9
中长期贷款余额	20837.64	18407.53	13.2
二、保险业			
原保费收入	522.75	523.66	－0.2
赔付款	181.11	152.90	20.89

说明：1.“#”表示其中主要项

2.因为银保监会调整保险业统计口径，从2021年6月起，数据统计口径不包含处于风险处置阶段的保险机构

（资料来源：市统计局）

行、12家全国性股份制商业银行和6家外资银行，4家金融资产管理公司和1家财务公司的分支机构，以及19家地方法人银行业金融机构。法人机构包括：城市商业银行2家，民营银行1家，省联社1家，农村商业银行5家，村镇银行3家，信托公司1家，财务公司4家，汽车金融公司1家，消费金融公司1家。全市有银行业金融机构网点1731个，从业人员38717人，网点和人数分别占全省总数的17.7%和29.7%。

2021年年末，全市银行业各项存款2.53万亿元、占全省的40.31%，比年初增加2031.7亿元、占全省新增存款的40.81%，比2020年增长8.71%、比2020年同期低2.06个百分点；各项贷款2.72万亿元、占全省的48.77%，比年初增加2973.85亿元、占全省新增贷款的46.16%，比2020年增长12.26%、比2020年同期低1.92个百分点。

全市银行业非金融企业和机关团体中长期贷款增长13.17%，较2020年同期下降1.82个百分点；基础设施行业贷款增长8.03%，较2020年同期下降7.63个百分点；消费贷款增长9.9%，较2020年同期下降4.76个百分点。切实加强对小微企业、“三农”等薄弱环节的金融支持，2021年年末，全市小微企业贷款余额6550.42亿元，较年初增长12.86%；贷款户数42.39万户，较年初增加7.77万户。全市涉农贷款稳步增长，2021年年末，涉农贷款较年初增加462.88亿元，比2020年增长10.67%，较2020年同期下降1.61个百分点。

2021年，全市银行业机构实现利润291.43亿元，比2020年下降31.83亿元，盈利占全省银行业盈利的40.28%，占比较2020年同期下降7.46个百分点，利润比2020年下降9.85%。全市银行业不良贷款率0.81%，比全省平均水平低0.42个百分点，信用风险总体可控。（雷　琴）

【中国人民银行长沙中心支行】 2021年，长沙市金融系统贯彻落实稳健货币政策，全市金融运行总体平稳。存款平稳增长。2021年年末，全市金融机构存款余额25348.5亿元，比2020年增长8.7%。全年新增2031.7亿元，比2020年少增236.7亿元。其中，住户存款新增739.0亿元，比2020年少增232.8亿元；非金融企业存款新增425.3亿元，比2020年多增171.7亿元。贷款稳定增长。2021年年末，全市金融机构贷款余额27235.1亿元，比2020年增长12.3%。全年新增2973.8亿元，比2020年少增38.7亿元。其中，非金融企业及机关团体贷款新增1992.4亿元，比2020年少增41.1亿元；住户贷款新增914.9亿元，比2020年少增109.6亿元。信贷结构优化。制造业贷款同比多增。2021年年末，全市制造业贷款余额比2020年增长16.0%，增速较2020年同期回落1.1个百分点，但高于全市全部贷款增速3.7个百分点；全年新增273.8亿元，比2020年多增30.9亿元。普惠小微贷款同比多增。2021年年末，全市普惠口径小微企业贷款同比增长23.3%，增速较2020年同期回落5.6个百分点，高于全市全部贷款增速11.0个百分点，全年新增358.2亿元，比2020年多增23.1亿元。房地产领域贷款总体同比少增。房地产开发贷款同比少增。2021年年末，全市房地产开发贷款比2020年增长1.1%，增速较2020年同期回落4.5个百分点；全年新增28.3亿元，比2020年少增106.9亿元。个人住房贷款同比多增。全市个人住房贷款比2020年增长12.0%，增速较2020年同期提高0.3百分点；全年新增518.1亿元，比2020年多增65.2亿元。

服务实体经济　推动货币政策精准落实。推动辖内地方法人金融机构保持信贷总量合理适度增长。2021年，全省地方法人机构新增贷款1840.3亿元，比2020年多增41.0亿元，总体达到“总量适度、节奏合理、结构优化”的调控目标。灵活精准使用各项货币政策工具，引导金融机构加大对小微、民营和涉农等薄弱环节的信贷支持。推动落实两项直达工具实施期限延长政策，设立产业链再贷款再贴现专项支持计划，做好再贷款、再贴现与供应链产业链、科技创新、乡村振兴等重点领域和薄弱环节金融服务。全省累计发放再贷款、再贴现957.3亿元。强化中小微企业金融服务。持续推进金融“暖春行动”，推行小微企业金融服务“三张清单”，落实两项直达实体经济货币政策工具、3000亿元支小再贷款等纾困帮扶举措，中小微企业“融资难”“融资贵”问题得到明显缓解。2021年，全省金融机构通过“暖春行动”向15.9万家企业发放贷款9918亿元，12月全省普惠小微型企业贷款加权平均利率比2020年下降37个基点。中小微企业金融服务工作在省促进中小企业发展工作领导小组第三次（扩大）会议上作交流发言，助推企业融资成本下降工作获省政府领导肯定批示。培育新的信贷增长点。牵头省直相关部门出台供应链金融、科技金融等政策措施，出台区域性供应链金融支持政策，联合省直部门发布全省产业链“一链一行”主办行和供应链金融核心企业名录，推行产业链主办行制度。2021年年末，湖南省供应链融资余额5164亿元，比2020年增长42.6%，链属中小微企业融资比2020年增长139.6%，供应链金融工作多次得到人民银行总行、省政府领导肯定。推进绿色金融发展。建立绿色金融工作机制，牵头省直九部门出台金融支持绿色发展指导意见，搭建全省绿色金融政策框架。组织金融机构开展环境信息披露试点工作，8家试点机构如期发布环境信息披露报告。截至2021年12月末，全省绿色贷款余额4324亿元，较年初增长30.3%。巩固脱贫攻坚和推进乡村振兴金融服务工作。联合省直相关部门出台《湖南省金融支持巩固拓展脱贫攻坚成果 全面推进乡村振兴实施方案》，明确5年过渡期内总体安排、目标任务和支持举措。联合印发《湖南省金融支持新型农业经营主体发展的实施意见》，引导金融机构为新型农业经营主体发展生产、增收致富提供金融支持。2021年年末，全省涉农贷款余额比2020年增长14.4%，较全国平均增速高3.5个百分点左右。拓宽直接融资渠道。继续推进“一市一行一债”专项行动，支持地方法人银行发行金融债券。2021年，全省地方法人银行累计发行金融债券139.3亿元。引导金融机构聚焦乡村振兴、绿色低碳等重点领域，支持企业发行债务融资工具。全年全省新发行债务融资工具2206.4亿元，比2020年多发528.6亿元，创历史新高，发行规模居中部六省首位。发行首批乡村振兴债、首单高成长债、首单绿色票据。

外汇管理与跨境人民币业务　推进湖南自贸区金融改革创新。落实湖南自贸区建设实施方案，湖南自贸区金融改革创新任务完成率超90%，承担的两项全国首创改革全部落地见效。在片区、园区举办“金融赋能自贸区建设”活动20余次，构建外汇局、银行和市场主体全链条、优质高效的外汇政策服务体系。创新开展外汇便利化服务。开展“汇学汇赛汇建”系列活动，落实“我为群众办实事”要求，主动服务湖南开放发展。开展“外汇便利化政策畅通年”活动，上线运行全国外汇系统首个备案新媒体“外汇直通车”微信小程序。创新构建经常项目头部企业重点银行“三三六”联系机制，推广资本项目便利化“三个一百”承诺制，外汇管理与服务质效提升。推动扩大人民币跨境使用。落实跨境人民币便利化政策，完善跨境人民币重点企业常态化辅导机制，1—12月全省跨境人民币累计结算金额比2020年增长23.8%。结合湖南自贸区重点工作，依托中非经贸博览会长期落户湖南契机，支持中非跨境人民币中心建设。

风险防控　健全防范化解金融风险工作机制。加强金融委办公室地方协调机制（湖南省）与省金融稳定发展改革领导小组（机制2）常态化信息对接和联动，确保党中央、国务院和金融委的决策部署落到实处。建立存保宣传分片包干制度，实现全省28977个行政村、社区全覆盖。提升监测评估预警水平，摸清辖内重大风险燃点、爆点，及时掌握趋势性、苗头性状况。加强反洗钱监管。首次在全省金融领域启动反洗钱“利剑”专项行动，协查案件21起，打击虚开骗税工作得到省政府领导肯定性批示；推动以“自洗钱”罪立案2起，以洗钱罪起诉案件14起、宣判8起。

金融管理和服务　落实宏观审慎管理要求。贯彻落实房地产金融审慎管理政策，坚持房住不炒定位，推进房地产贷款集中度政策贯彻落实。做好调查统计和金融研究工作。稳步推进金融基础数据统计工作，推动地方金融组织统计制度落地实施。创新开展供应链金融、绿色金融、科技金融等统计工作。作为全国首批6家试点分支行之一，参与国家金融基础数据库大数据分析综合应用工作。金融学会平台作用发挥，举办5期大型专题学术讲座。优化支付环境。推动银行优化账户服务，落实支付手续费减费让利政策，累计实现降费7363万元。推进综合性惠农服务点建设，推动移动支付服务下沉县域乡村，全省累计发放乡村振兴主题卡820万张。强化支付清算系统业务连续性管理，有效提升全省会计核算质量，2021年，湖南省支付系统业务呈增长态势，各类支付系统共处理支付业务4.11亿笔，金额123.63万亿元，比2020年分别增长11.3%和7.45%；14个市运管中心下辖86个营业网点，共处理会计核算业务80984笔，业务处理成功率99.89%；同城票据交换业务连续多年保持“零差错”和“零事故”。持续推进电信网络诈骗打击治理工作，并强化账户管理和联防联控。提高经理国库水平。完善国库现金流预测功能，在全国国库统计分析工作研讨会上作经验交流。开辟退税“快速通道”，全年办理电子退库261万笔、金额388.6亿元。国债恢复发行40周年主题宣传实现市州“一库一特色”。试行“国债服务直通车”模式，打通国债下乡“最后一公里”，全省县乡级累计销售储蓄国债占比较2020年提高5.4个百分点。提升征信服务质效。创新征信服务。在全国首批实现银联“云闪付”App查询个人信用报告和自助机查询企业信用报告，2021年全省人民银行系统累计提供柜台查询服务9.3万笔、自助查询服务358.8万笔。增加征信供给。持续推进区域一体化企业征信体系建设试点，线上撮合融资授信2万余笔，总金额63.4亿元。构建新型农业经营主体信用评价指标体系，推动开展信用积分试点，为4.1万户新型农业经营主体建立信用档案，帮助近2万个新型农业经营主体获得贷款。应收账款融资、动产融资登记稳步进行，央行内部（企业）评级工作数据报送数量与质量持续提升，累计向央评系统报送10684家企业信息，发放信贷资产质押再贷款67.01亿元。强化征信监管。加强金融信用信息基础数据库接入机构、征信机构、评级机构合规管理，促进征信市场高质量发展。妥善处理征信异议和投诉，维护信息主体合法权益。创新开展“信之风”征信宣传志愿服务项目，举办志愿服务活动2049场。加强货币发行管理。积极稳妥推进数字人民币长沙试点工作，支持数字人民币支付商户落地超16万户，提前3个月实现已申报26类试点场景100%落地，商户门店数等业务数据在第二批试点地区名列前茅，多个场景实现全国首创。提升现金服务水平，流通中现金整洁度较2020年提升7个百分点，全省破获26起假币案件，假币浓度明显下降，整治拒收现金依法开出湖南省第一例双罚制罚单。推进科技金融应用。筑牢网络安全生产防线，省级数据中心实现全年安全稳定运行。开展“金融数据综合应用”试点和移动金融App无障碍服务建设，探索通过互联网开展金融业机构信息变更备案与年度验证的相关做法被人民银行总行列入科技条线“我为群众办实事”实践项目并在全国推广。做好金融消费者权益保护。推进多元化非诉调解机制建设，2021年，长沙地区共调解金融纠纷1170笔，标的金额3.8亿元，成功调解59笔，金额3800万元。加强“中国金融消费纠纷调解网”和“人民法院调解平台”融合系统运用，指导全国首例运用对接系统成功调解的金融消费纠纷案例落户湖南，获最高人民法院肯定并全国推介。配合人民银行总行做好世界银行普惠金融全球倡议(FIGI)试点项目成果应用和推广，在人民银行总行举办的培训班上作经验交流。建立湖南省“一村一机构”金融教育主办制。（郑建强）

【中国农业发展银行湖南省分行营业部】 2021年，中国农业发展银行湖南省分行营业部各项工作全面开展，全年累放贷款154.98亿元，年末各项贷款余额475.39亿元，比年初净增18.03亿元。各项存款余额78.75亿元，较年初增加2.32亿元。存款日均余额101.19亿元，比年初增加24.75亿元。办理国际业务7331.68万美元，较2020年同期增加1588.68万美元。实现FTP利润5.6亿元，比2020年增加0.57亿元。贷款规模、贷款累计投放、存款余额、存款日均余额与增量、FTP利润排名均为本行全省系统内第一名。不良贷款继续保持零余额。

业务发展　2021年，累放粮食贷款34.67亿元，其中：各级储备、轮换贷款11.57亿元，地方调控粮贷款12.03亿元，发放市场化收购贷款11.07亿元。基础设施建设贷款91.27亿元，产业类贷款29.03亿元。支持巩固拓展脱贫攻坚成果与乡村振兴有效衔接，各类投放贷款中，巩固衔接类贷款合计39.03亿元，占比25.18%。支持生态环境保护修复，投放水利建设贷款20.68亿元，改善农村人居环境贷款24.09亿元，农村路网建设贷款3.67亿元，生态环境保护贷款2.77亿元。

新型政银企合作　立足国家银行、政府银行的定位，主动融入地方发展大局，注重融资融智并举，多层次参与政府决策，全方位提升金融服务，与政府建立紧密型合作关系。搭建新型“政银企”合作平台，开展大普查、大走访、大营销。坚持“以客户为中心”的发展理念，全年审批接续首年优惠贷款19.89亿元，让利实体企业497万元。

风险防控　继续执行信贷全流程标准化管理，严格按管理部门和上级行相关要求做好评级授信、信贷审查审议审批、作业监督、贷后管理等各项工作，确保流程合规、优质办贷管贷。全面深化贷后管理，以“监测现金流、归集现金流和经营现金流”作为风险防控的重要抓手，增强风险防控的主动性。配合地方政府隐性债务清理，加强与财政局和银保监局等部门的沟通联系，密切跟踪债务转移承接情况，有效强化存量项目后续管理。（罗亚兰）

【中国工商银行长沙分行】 2021年，中国工商银行长沙分行（以下简称“长沙工行”）实现拨备前利润42.94亿元；净利润21.18亿元；中间业务收入9.77亿元，比2020年增加2.49亿元，比2020年增幅34%，总量排名同业第二位，增量排名同业第一位、全国省会行第二位，增幅排名同业第一位、全国省会行第一位。全部存款余额1811.21亿元，较年初增加219.76亿元，总量排名同业第二位，增量排名同业第一位，取得历史性突破。其中：储蓄存款时点余额572.07亿元，较年初增加42.17亿元，总量排名同业第二位；公司存款时点余额403.02亿元，较年初增加75.4亿元，增量排名同业第二位、中部六家省会行第一位；机构存款时点余额624.69亿元，较年初增加50.75亿元，时期余额592.2亿元，较年初增加88.17亿元，4项指标均排名同业第一位；同业存款时点余额211.43亿元，较年初增加51.44亿元，总量、增量均排名同业第二位。机构、同业两项存款总量均创历史新高。各项贷款余额2317.99亿元，较年初增加264.51亿元，总量、增量均排名同业第二位。其中：公司贷款余额1683.76亿元，较年初增加193.51亿元，总量、增量均排名同业第二位，增量排名中部6家省会行第一位；个人贷款余额582.69亿元，较年初增加41.33亿元；个人住房贷款增量排名同业第二位，个人消费贷款增幅排名全国省会行第三位；行内管理信息口径普惠贷款余额90.7亿元，较年初增加36.43亿元，总量、增量均排名中部省会行第一位。不良贷款余额11.74亿元，较年初下降0.48亿元；不良率0.51%，较年初下降0.08个百分点，实现额率双降；累计清收处置不良贷款11.83亿元，较2020年增加6.41亿元，年度处置任务完成率为146.99%；累计清收账销案存资产7789万元，年度任务完成率134.29%，清收处置金额较2020年增加5346万元，创历史最好成绩。

市场拓展　服务实体经济。把总行与湖南省政府签署全面战略合作协议作为长沙分行高质量发展的强大引擎，主动对接“十四五”时期重大项目，积极助推“三高四新”战略、乡村振兴战略和长株潭一体化发展。累计发放制造业贷款141.1亿元，比年初净增37.4亿元；累计发放民营企业贷款302.8亿元，比年初净增63.8亿元；战略性新兴产业贷款余额102亿元，比年初净增70.7亿元。发放全省首笔项目项下供应链融资业务，实现普惠金融业务的新突破。服务乡村振兴。成立金融服务乡村振兴工作领导小组，联合辖内4家县域支行组建重点支行乡村振兴团队，延伸金融服务触角，推进服务转型，通过专业化、特色化、品牌化建设打造普惠金融服务模式，为打造乡村振兴提供金融助力。成功落地省政府各级预算单位通过“乡村振兴馆平台”采购对口帮扶地区农副产品特色场景以及惠农网“惠农e贷”特色场景。针对宁乡、浏阳的烟农种植户制定“烟农贷”特色方案，并发放首笔“烟农贷”。推进第一个人金融银行战略。完善联动营销的协调机制，优化人力资源配置，不断以高质量金融服务满足人民群众高品质的生活需要，提升零售业务的市场竞争力。积极开展“青年合伙人”信用卡营销活动，形成“信用卡业务全行办”的营销态势，带动基层营销人员的工作热情，两项活动共计发卡2.47万张、获客1.64万户。践行“高管营销高端”的理念，重视私人银行客户维护，推进平台获客、场景获客初见成效，聚富通平台建设成果位居全国前列，已投产5个聚富通项目，交易量均排名全国前十位，交易总量占比超过全国一半；加快互联网场景项目推广，实现全辖所有支行场景推广破“零”。推进境内外汇业务首选银行战略。抓住自贸区改革试点建设和中非跨境人民币中心落地的机遇，紧盯市场行情变化，发挥产品与专业服务优势，满足外向型和“走出去”企业的各类金融需求。成立全省首家中非跨境人民币中心自贸区专业支行，积极推动中非经贸合作，持续为湖南自贸区建设贡献力量；助力第二届中非经贸博览会顺利召开，现场服务与对非成果受到上级行及观展嘉宾的肯定和赞赏。长沙分行国际业务中心获湖南省第二届“寻找湖湘最美丝路青年”优秀集体。全年实现国际业务中收9176.69万元，比2020年增幅64%，总量排名同业第一位；国际结算量90.5亿美元，比2020年增幅36.12%，总量排名同业第二位；跨境人民币结算业务量109.58亿元，比2020年增幅50.41%，完成全年任务的115.36%，创历史新高；公司外汇存款余额8.64亿美元，较年初增加6.06亿美元，比2020年增长236.6%。推进重点区域竞争力提升战略。自2015年获得湖南省地方政府债券主承销商资格后，做好地方政府债券发行承销工作，长沙工行全年购买地方政府债508.15亿元，排名同业第一位。全年票据贴现89.08亿元，再创历史新高，比2020年增加21.22亿元，保持全省系统内及可比同业第一位。致力提升全辖发展全量客户的认识，组织开展对公结算账户拓户营销竞赛，调动全员走进园区和市场，驻点市场监督管理局，拓展新型连锁企业，抢抓一切客户资源，促进各专业条线的联动协同，运用工商企业通、政银通、一网通办、小微金融、大额资金监控、工银聚等各类平台与产品拓展账户。全年对公结算账户净增14445户，排名同业第一位。

创新转型　坚持强化金融科技赋能，拓展业务领域。业务发展方面，抢抓历史机遇，把握数字人民币在长沙地区的先发优势，加快数字人民币试点推广，长沙分行上半年数字人民币综合考核排名全国12家试点分行第一位；以第一名的成绩中标湖南省总工会数字人民币合作项目，实现GBC智慧工会场景的成功落地。抓住非金债券市场蓬勃发展的历史机遇，深耕优质客户，非金债券承销业务首次逾百亿元大关，全年承销非金债券16只，承销总额102.82亿元，比2020年增幅400%，排名同业第一位；落实“碳达峰碳中和”战略，承销五凌电力有限公司2021年度绿色超短期融资券发行，是全省系统内承销的首单绿色债券；投放全省首笔“行内+行外”银团跨境并购贷款，为全省开展跨境并购融资业务开辟了新思路。客户发展方面，在省工行的支持下，长沙分行配合做好省、市、县三级联动、持续强化前中后台多点联动，以及公私联动、私私联动，推动客户量质齐升。长沙市财政局首次将长沙工行纳入“政府专项债券项目评审合作银行”，为公司存贷业务发展增加了新的增长点；中标湖南省医保局“全省医保个人账户电子凭证全省通用合作机构”项目，弥补了长沙工行在省级医保市场的空白；成功营销并开立湖南省国有投资经营有限公司社保基金专户，是可比同业中唯一开立此账户的银行，扩大长沙工行社保业务的市场份额；继总后保部财务收付局长沙结算点基本户在内的3个账户、国防科技大学两个总账户全部落户长沙工行之后，成功营销国防科技大学下辖4个副军级单位的全部8个账户；以第一名的成绩成功中标湖南黄金集团有限责任公司企业年金基金托管人招标项目，拓展养老金业务市场；取得合作开发建设长沙市住房和城乡建设局新的商品房预售资金监管系统资格，与市住建局的合作取得重大突破。

风险管控　资产质量管理。强化潜在风险贷款管控力度，突出重点领域的风险管控，加大大户不良贷款的清收处置力度，“长潭西”“恩孚阳光”2户不良贷款亿元大户全部在年内得到处置。不良贷款余额11.74亿元，较年初下降0.48亿元；不良率0.51%，较年初下降0.08个百分点，实现额率双降。内控管理。开展内控案防专项治理行动，领导班子及专业部门“下沉一级”参与支行案防，形成全辖抓内控的良好氛围；完善员工异常行为排查工作机制，落实网格化管理，密切关注员工思想行为动态，做到早预警、早发现、早处置；加强员工合规教育，组织开展“敬畏合规、不踩红线”主题授课等活动，提升全辖员工风险防控意识。2021年，长沙工行实现监管零处罚目标；在国家外汇管理局湖南省分局年度的外汇合规与审慎经营评估中，被评为A类行，考核总分排名同业第一位，成绩创近4年来最佳。保持零案件、无重大风险事件的良好态势。（龙　灿）

【中国农业银行长沙分行】　2021年年末，中国农业银行长沙分行（以下简称“长沙农行”）各项存款日均余额达1263亿元，较年初净增183亿元，创历史新高；各项贷款时点余额1337亿元，实体贷款较年初净增223亿元，创历史新高。实现中间业务收入6.14亿元，比2020年多增1.35亿元，创历史新高。营业收入、净利润分别达到37.8亿元、20.5亿元，较2020年分别增加4.43亿元、6.98亿元。长沙分行在总行重点城市行考核位列第九位，创历史最好成绩。不良贷款较年初下降4.68亿元，不良贷款率较年初下降0.43个百分点，不良贷款实现大幅“双降”。

三大攻坚行动　独家与市乡村振兴局、市国投签署战略合作协议，上线长沙市农村综合金融服务平台。推进“千乡万村”综合营销，惠农e贷净增6亿元，其中农户信息建档贷款净增3.6亿元；村级集体经济组织账户较年初净增71个。落地数字化转型重点项目19个，依托美团电子账户输出、“我的长沙”将获客渠道延伸至全国性流量平台和本地政务平台。抢占数字人民币试点先机，拓展个人钱包520万户、对公钱包17.8万户、打通人行标准场景21类，分别在同业排名第二位、第一位、第一位。加强与省、市科技部门、金融办、园区管委会合作，持续强化“1名主管行长+2名对公客户经理+落地网点”的专职团队服务，全面攻坚辖内11个重点园区。

业务产品创新　面向市场创新研发“保姆e贷”“新农贷”“海吉星租赁贷”“无界信用卡”等一系列新产品。自研搭建全省农行第一个二级分行数据分析平台，打造私行业务远程服务体系，创新落地三一集团、中联重科个人工程机械按揭在线调查及签约、专利权质押担保、自贸区风补平台授信等新模式。因地制宜建设乡村振兴、产业特色、地域文化、红色文化特色网点21个，提升网点新形象。创新推广信贷客户“1+6”、普惠客户“1+8”综合营销、对公存款营销“五转五抓”等新方法。

基础管理　推进清廉金融文化建设，打造宁乡花明楼清廉金融文化教育示范基地。发挥巡察监督“利剑”作用，全年对3个支行、4个本部部门开展常规巡察，从严治党从严治行向纵深发展。获评全国金融系统思想政治工作优秀单位。创建全省金融教育示范基地和全市文明单位，消保工作在人民银行和银保监局年度考评中均排名四行第一名。全辖全年未发生重大负面舆情，未发生案件和事故，未发生疫情群体感染，实现安全平稳运营，获评全市金融系统唯一“红旗等次”平安创建单位。（彭威霖）

【中国银行股份有限公司湖南省分行】

截至2021年年末，中国银行湖南省分行在长沙地区人民币各项贷款时点余额1906亿元，较年初增加165亿元，增幅9.4%；实现业务净收入45.7亿元，增幅3.3%。

支持湖南经济　支持区域协调发展。支持长株潭地区业务发展，成立长沙管理部，以深化银政关系，加强重点客户合作为目的，整合发展力量。与长株潭三市发展改革委独家建立“三高四新”客户推荐机制，三市发展改革委首批推荐客户133户，其中长沙71户、株洲30户、湘潭32户，总授信需求471亿元。支持城乡区域协调发展。助推城市品质改造提升，紧跟老旧小区改造、城市更新等业务，制定湖南省分行城市更新授信业务指导意见。已为观沙岭城市更新片区项目授信8亿元。服务县城居民生活改善，支持水务项目垃圾焚烧发电项目以及医院、学校类项目，2021年对上述客户信贷支持超50亿元。支持农业农村现代化建设。对接省农业农村厅，积极开展“信贷直通车”和“秋冬种活动”，加大对新型农业经营主体金融支持。对接省农担公司，深化在粮食、生猪等重要农产品领域担保融资的合作广度和深度，持续加强“惠农担”产品的推广。支持打造先进制造业高地。加强制造业客群拓展，制造业对公授信客户较年初新增739户。加强制造业客户金融支持，加大贷款投放，全年制造业整体贷款余额374亿元，较年初新增98亿元，累计投放488亿元，比2020年新增18%。积极助推“五好”园区。加强园区授信支持，分析省内143家省级及以上园区并制定营销清单，分类施策、有序发展，围绕每家园区的主导产业和特色产业来进行项目选择。全年批复园区类项目22个，授信金额72.1亿元，已发起项目5个，拟授信金额10.1亿元。支持数字人民币试点。有效提高数字人民币在社会公众特别是高校师生群体的普及范围，被市政府评选为长沙市试点工作“先进单位”，被人民银行评选为湖南省试点工作“先进单位”。支持居民消费升级。科技赋能，个贷新增领跑同业。加大科技引领拓展个人消费贷款，已实现省内多家公积金中心数据接口、全省个人税务数据接口，全省个体工商户税务数据接口等，为更广大群众提供优质便捷的消贷服务。主动服务民生。让利民生缴费，全年开展手机银行水电费缴纳，校园卡充值等生活缴费板块优惠活动。助力消费升级，开展“中国银行周二聚惠日”品牌日营销活动，共计有效参与人次14.37万人；探索直播的新媒体宣传模式，直接拉动消费额1500万元。支持智慧校园建设，本年度全辖教育、园区等场景共下划预算4800万元。支持地方教育信息科技化建设，组织200名相关人员参与由中国银行总行与教育部联合开展的“万名校长”培训活动，为后期共同建设校园信息科技化，夯实人才基础。推动“平安监护+校园支付+综合缴费”的轻型智慧校园模式。

业务发展　发挥国际化优势，服务打造对外改革开放新高地。聚焦服务自贸区建设，完成与岳阳、长沙片区管委会的合作签约；服务便利化试点，实现便利化业务双首发；实现3个自贸区片区网点配置及渠道搭建全覆盖，共服务自贸区企业5890户，较2020年增加1158户，增幅24.47%。聚焦建设中非经贸深度合作先行区，成为第二届中非经贸博览会战略合作伙伴，参与中非经贸促进创新示范园建设。积极探索科技金融。升级“科技贷”服务方案，在长株潭等4个高新园区进行试点；联动上交所和长沙市上市服务中心批量对接有融资需求的科创型企业，全年实现湖南高新技术企业和科技型中小企业客户授信1280户，授信余额248亿元。综合推进绿色金融。创新机制实现绿色信贷、绿色债券、绿色非标理财等业务协同，尝试拓展“投贷联动”绿色信贷产品，支持创新型绿色客户，对公绿色贷款较年初新增109.39亿元，占公司贷款表内余额的22.83%，较年初提升3.36个百分点。

重要活动　2021年9月18日，中国银行股份有限公司被中非经贸博览会组委会秘书处授予“第二届中非经贸博览会金融服务战略合作伙伴”称号。中国银行一直以“融通世界、造福社会”为己任，助力畅通国内国际双循环，服务高水平对外开放，立足本土，布局全球，在非洲八国（南非、赞比亚、摩洛哥、肯尼亚、坦桑尼亚、安哥拉、毛里求斯、吉布提）设有10家机构，初步形成覆盖非洲重点区域的金融网络，为与非洲有经贸往来的企业提供包括南非兰特在内的10种非洲国家货币兑换、结售汇服务以及26种非洲国家货币汇率保值等特色业务。中国银行作为湖南省中非经贸合作研究会副会长单位，第一届中非经贸博览会中行抽调精干员工协助组委会参与来宾接待与随行翻译工作；第二届中非经贸博览会中国银行作为“金融服务战略合作伙伴”积极参与博览会的各项筹备工作，在市场化运营、参展布展、宣传推广等方面发挥积极作用。（李　行）

【中国建设银行湖南省分行】　2021年，中国建设银行湖南省分行（以下简称“建行湖南省分行”）一般性存款时点余额8369亿元，余额比第二名多2889亿元，新增545亿元，全口径存款余额8600亿元，新增618亿元。存款日均新增717亿元，保持常态化高速发展。存款新增四行占比37%。贷款余额7044亿元，余额比第二名多1859亿元，新增834亿元。实现中间业务毛收入70亿元，比2020年增加4.3亿元，四行占比47%，净收入60亿元，比2020年增长9.5%。实现账面利润143亿元、拨备前利润204亿元，利润四行占比42%。贷款不良率0.83%，较年初下降0.25个百分点。逾期率0.68%，较年初下降0.08个百分点。资产质量为近年最优水平。

服务经济社会发展　累计投放各类贷款5166亿元，同业占比15%，信贷营销“五大行动”全面展开，对接重点项目3451个。信贷资源坚持向重点领域倾斜，普惠贷款余额794亿元，新增187亿元；绿色贷款余额619亿元，增速39%，超全口径贷款增速25个百分点；制造业贷款和战略新兴产业贷款均完成总行计划2倍以上。个人全量客户逾3000万户，达到3423万户，新增479万户；AUM600万元以上私行客户5363户，四行占比45%；CTS客户总量415万户。单位结算账户总量36.92万户；对公全量客户27.6万户，新增4.6万户；普惠客户新增1.1万户，小微企业新增创历史新高。近5年全行对公客户新增17.1万户，增幅163%。向社会提供企业债券承销、理财融资、地方政府债投资等非信贷融资834亿元。其中，承销债券145亿元，四行占比39%；认购地方政府债480亿元，市场占比29%。积极响应中央政策，降低社会融资成本，累计减费降息11.75亿元。制定湖南自贸区综合服务方案，赋能开放崛起战略。服务第二届中非经贸博览会，承办“非洲国家专场推介会”及“中非经贸供需对接会”。高信誉客群服务全面铺开，上门营销单位5514家，新增代发单位572家，“湘家和”个贷预授信526亿元，支用33亿元，办理信用卡8.5万张。

数字化经营　平台、生态搭建由拓量向提质转变，生态圈数量从4000余个整合精简到1300余个。企业级数据应用平台点击量逾100万人次，网点全息画像等数据产品得到广泛应用。与省商务厅、住建厅、农业农村厅共建平台、广泛赋能，与“美团、芒果TV、爱奇艺”等互联网头部企业深入合作、实现共赢。12个生态样板间项目入选总行百项计划。手机银行用户新增194万户。“建行生活”在14个地市全面开城，注册用户超80万户。数字人民币落地应用场景10万余个，开立各类钱包超100万户，交易量和交易额四行占比50%。连续5年获总行产品创新评奖“最具创新力”大奖，连续3年获得总行产品创新一等奖。创新推出湘租贷、共享贷、潇湘风补贷等十多款特色信贷产品，创新推出科技企业专属评价体系，科技金融经验在中央电视台《新闻联播》宣传报道。登录敏捷创新系统15.9万人次，落地创新项目1339个。乡村金融生态全面赋能，形成对公和个人两大服务体系，构建组织、制度、产品、运维、风控、培训六大服务体系，累计交易1953万笔，比2020年增长52%；年新增发卡683万张；沉淀资金378亿元，年新增111亿元；农村集体经济组织账户覆盖率超97%。养老金融生态形成基本思路、基本模式和基本方法。住房金融生态完成顶层设计，“要住房 到建行”平台开始研发搭建。长沙市房屋网签备案系统实现一手房、二手房、租赁房业务一网通办，住房网签交款一站式服务实现交易661亿元。

风险管理　推进信贷管理“315工程”“三道防线”不断夯实。放款审核风控成效明显，全年完成审批10.7万笔，金额7194亿元，完成综合授信、评级、项目评估6026笔。“20大”信用风险项目完成化解处置103亿元。存量资产整改工作稳步开展，整改存量资产157亿元。全年处置不良贷款64.45亿元，已核销资产现金回收10.1亿元。信贷结构持续优化，退出高经济资本占用、高风险客户非不良贷款155亿元。“内控合规管理建设年”务实有效，集中整治54个条线突出问题，制定17项针对性措施。员工行为管理系统全面推广，线上员工行为排查393次，覆盖16万人次。重检规章制度1624项。全年无征信违规或案件发生，征信工作继续保持A级。获总行"信访工作先进单位"，被省委省政府评为"平安建设"先进单位。堵截各类案件和风险事件851起，避免资金损失2090万元。系统内率先完成安防物联网项目试点。协助开展"断卡行动"，核查、管控可疑关联账户交易1.2余笔，客户投诉持续减少，声誉风险管理实现舆情属地媒体"零转发零炒作"。机要保密管理作为金融系统唯一代表在全省进行经验交流。

履行社会责任　对口110个定点帮扶村，派驻帮扶干部74名。完成兴农扶贫交易7.8亿元，KPI考核满分。捐赠帮扶项目15个，金额200万元。开展"金智惠民"培训2273期，培训29万人次。涉农贷款余额1390亿元，新增305亿元，创新推出"生猪活体贷"，得到农业部肯定，被人民银行列为支持乡村振兴典型案例。创新综合服务方案及配套信贷产品"湘租贷"，推动公租房盘活提质。深度参与老旧城区改造，助力城市更新。研发乡村振兴共享贷，金融服务乡村振兴效率和水平大幅提升。智慧政务充分赋能，"新湘事成"App、"一件事一次办"小程序集成了46个省直部门、14个市州1849项服务，用户已超1100万户。金湘通服务点入驻2.4万个村党群服务中心或政务服务中心，纳入政府乡村服务名录。乡村信用体系建设稳步推进，一期项目已在衡阳县全辖推广。网点综合竞争力全国省级分行第一。获评银行业千佳网点5个，四行占比36%。网点建设数量创近5年来新高，新建网点80个，网点建设平均时长缩短27天。电子银行渠道实现账务类交易23亿笔，账务类交易占比99.24 %。近年金融科技平台投入超10亿元，智慧政务移动端建设、乡村信用体系研发、各厅局服务平台搭建、金湘通服务点进两个中心等，湖南建行不计回报、无偿投入，利用金融科技优势、人才优势为湖南经济社会发展充分赋能，成为湖南省金融重器。三湘金融领头羊地位更加明显。社会影响力提升，中央电视台《新闻联播》、新华社、《人民日报》、《经济日报》等中央级主流媒体广泛关注，特别是两会发声、建行大学讲座引起热烈反响。建行总行领导及省委省政府主要领导多次肯定和赞扬建行湖南省分行，常务副省长李殿勋批示"建设银行湖南省分行履职担当、主动作为，为湖南高质量发展做出积极贡献，成绩值得肯定"。《建设银行报》12月31日以整报全部版面专题宣传建行湖南省分行，开创创刊24年先河。

（彭新伟）

2021年9月23日，长沙银行投资者教育基地被评为"全国证券期货投资者教育基地"，成为全国首家银行类国家级实体投资者教育基地　　长沙银行　供图

【长沙银行】　截至2021年12月31日（下同），长沙银行一般性存款余额6039.38亿元，较年初增加718.17亿元，增长13.5%。其中储蓄存款余额逾2000亿元，达到2042.6亿元，较年初增长376.06亿元，增长22.57%。信贷稳步投放。表内外授信总额5353.88亿元，较年初增加602.73亿元，增长12.96%。其中，表内授信3767.55亿元，较年初增加583.69亿元，增长18.33%。质效持续提升。资产总额7961.51亿元，较年初增加919.17亿元，增长13.05%。营业收入208.67亿元，增长15.78%；净利润63.04亿元，增长18.09%；实缴税款37.7亿元，增长14.18%；不良贷款率1.2%，较年初下降0.01个百分点；拨备覆盖率297.87%，较年初上升5.19个百分点。

服务大局。服务"三高四新"。出台《服务"三高四新"战略三年行动计划》及配套子方案，开展"三高四新·我们一起向前冲"对接服务186场次，对全省144个园区实现金融服务全覆盖，服务企业13069户。支持服务154个全省先进制造企业重点技改项目，落地全省首笔知识价值信用贷款、累计投放2310万元，为291家专精特新小巨人企业提供授信89.93亿元。制造业中长期贷款、科技金融贷款较年初增长46.57亿元、89.51亿元，分别增长42.3%、33%。参与对非经贸合作和自贸试验区建设，累计投放国际贸易融资82.83亿元。服务地方发展。与14个地市、133个厅（局）、122个区县政府深化合作，通过银行信贷、结构化融资、专项债配套融资、产业基金等，支持湖南三安半导体、中联智慧产业城等一批重点项目建设。服务乡村振兴，涉农贷款余额457.31亿元，增长15.34%。推动长株潭一体化发展，长株潭地区表内贷款余额2470.02亿元，较年初新增326.61亿元，其中长沙地区新增各项贷款228.66亿元，占比70.01%。服务中小企业。完善“敢贷、愿贷、能贷”机制，普惠小微客户新增1.78万户，普惠金融贷款、个人经营性贷款分别新增104.37亿元、65.29亿元，增长36.82%、29.73%。落实两项直达货币政策工具，累计办理10482笔、119.43亿元普惠小微企业贷款本息延期，为企业减费让利超过11.58亿元，获“2021年金融服务中小微企业优秀案例奖”。助力企业做大上市，累计服务本土上市公司110家，服务拟上市公司、新三板及上市后备企业500余家，2021年湖南15家A股新上市公司有12家是长沙银行的服务客户。

改革创新。推进数字转型。推进“16213+”数字化转型战略，望城、东江湖数据中心投产，两地三中心多活体系启动，核心系统日均交易量增长48.82%。创新大数据、人工智能、云计算等技术应用，网络银行用户数新增127万户、达到880万户，交易笔数143亿笔，增长73%；微信快捷支付交易量超3000亿元，排名全国城商行第一位。打造数字人民币主账户工程，成为全国首批、湖南首家登陆数字人民币App的城商行。深化零售转型。客户AUM（资产管理规模）2774亿元，增长24.70%；理财规模增长147亿元，是2020年同期新增规模的3倍。基金销量逾40亿元，跻身基金“全国百强销售机构”并位列城商行第十名；2021年5月启动保险销售，全年保险销量4.3亿元；贵金属销售额逾1亿元，是2020年同期的近4倍；2021年实现财富中间收入2.08亿元，比2020年增长122%。信用卡发卡新增44.6万张、居湖南省第二位，月均活卡新增居湖南省第一位。强化风险防控。加强员工行为管理、合同审查管理、诉讼案件管理和合规文化建设。推动数字风控建设，建立健全垂直独立的风险管理体系、合规管理体系和内部审计体系，推行业务条线风险嵌入式管理。攻坚不良资产清收及抵债资产处置，资产质量持续优化，抗风险能力不断加强。优化内部管理。坚持周调度、月讲评、季总结、年复盘，构建完善管理闭环，推动战略执行落地。加强数字中台建设，推进智慧财务、数据治理、流程变革，管理的数字化、可视化、精细化水平不断提升。加强资产负债管理、费用预算管理和成本管控，开展降本增效专项活动，节省费用开支超1亿元。（徐　磊）

【交通银行湖南省分行】 截至2021年年末，交通银行湖南省分行人民币存款余额2016亿元，较年初增加188亿元；人民币贷款余额2070亿元，较年初增长302亿元。

服务经济社会发展　落实交行总行与湖南省政府“十四五”战略合作协议要求，在服务长江经济带建设、中部崛起和“三高四新”战略中发挥主力军作用。聚焦先进制造、科创、文化、民生、军民融合、基础设施建设，以及战略新兴、绿色低碳等重点领域，抓牢优质项目储备和投放。对公实质性贷款较年初增加155.68亿元；制造业、战略新兴产业、绿色贷款较年初增长17.53%、85.55%、19.13%。中标全省最大单体投资项目—长沙黄花机场改扩建工程银团牵头行资格。创新业务产品，拓宽收入来源。落地系统内首笔NRA项下跨境并购银团贷款、支持独立院校转设并购贷款业务，实现分行交银康联资管保债业务、撮合业务和“融资租赁+信用证+福费廷”新业务模式破“零”。全年落地银团贷款业务8笔、为历年之最，参与首只湖南省地方政府柜台债发行。

加大普惠金融发展　聚焦大交通、医疗、住建、教育四大领域，以惠民就医、数字人民币推广为抓手，持续开展“一件事”服务方案探索，全方位、多渠道搭建服务场景，为市民提供高效金融服务。深化与园区、商圈等平台合作，推广交湘科E贷、冷链贷，以及知识价值信用贷款等特色产品，推动普惠金融跃上更高台阶。服务乡村振兴，成立乡村振兴金融部，组建乡村振兴推进委员会，持续完善工作机制，推进赤卫村等8个定点帮扶点的驻村帮扶工作，在乡村环境改善、基建领域，以及水电、风电、储能电站等县域建设项目方面给予专项授信支持。

防范化解金融风险　以风险授信板块改革为契机，不断健全“全覆盖、全流程、责任制、专业化”的风险管理体系，高风险资产管控形势出现方向性好转。强化全面风险管理。完善全面风险管理与内控委员会机制，定期围绕资产业务相关议题开展调研，提出管控目标措施。以贷（投）后管理月度例会和临期管理检视会为抓手，建立健全重大事项集体议事和决策机制；组建贷（投）后管理团队，滚动开展专项检查和风险核查。抓实内控合规管理。开展内控案防专项治理、“内控合规主题日”活动、反洗钱“利剑”专项行动，推进辖行风险授信与反洗钱改革，持续打造良性、高效的合规管理文化。推进常规审计、专项审计及问题整改，筑牢内控合规底线。

深化改革转型　以党史学习教育为契机，树立正确价值导向，突出政治标准、德才兼备、以德为先，强化基层导向、前台导向、业绩导向，依托改革推动完善流程机制，持续加快干部人才队伍建设。构建有竞争性的评价体系和用人机制。完善本部经营单位分类业务族群激励考核管理办法，多维度、多岗位地锻炼和培养复合型人才。推进经营模式架构改革。优化公司板块架构，整合大客户部、长沙营管部职能，完善投行部职责，成立网络金融部，服务前台、触达客户的营销机制持续完善。推进零售、营运融合转型试点工作。践行“共创共荣共享共担共赢”员工发展理念。将员工生命健康安全摆在首位，统筹推进疫情防控工作。（高　莹）

【中国民生银行长沙分行】 截至2021年年末，中国民生银行长沙分行资产总额1030亿元，贷款投向突出制造业和小微企业两个重点，制造业贷款增幅40%，高于同业平均水平；小微新增授信22亿元，2021年累计投放89亿元。负债总额852亿元。截至2021年年末，该行辖内机构46家，其中5家二级分行、22家传统支行、17家社区支行、2家小微支行。机构网点覆盖长沙、衡阳、株洲、湘潭、常德、岳阳六地市。2021年，中国民生银行长沙分行贯彻落实国家战略，与省、市各级政府建立从上至下的全方位合作，积极投入服务实体经济、推进转型升级的进程之中，为湖南经济发展引进各类融资超1000亿元。

支持先进制造业发展 重点支持产业基础再造相关行业，积极支持战略性新型产业领域，为工程机械、轨道交通装备等重点，通过发债、托管、产业链供应链金融等产品为湘企提供更便捷更优质的综合金融服务。截至2021年年末，制造业对公贷款余额（含普惠贷款口径）89亿元，较年初增加26亿元，增幅40%；其中中长期贷款余额54亿元，较年初增15亿元，增幅37%。在2021年湖南金融机构工作讲评会上，该行作为信贷投放围绕“三高四新”战略、服务重点制造业表现突出的金融机构被通报表扬。

服务乡村振兴 贯彻《中国银保监会办公厅关于2021年银行业保险业高质量服务乡村振兴的通知》要求，建立服务乡村振兴内设机构，明确乡村振兴工作领导小组工作职责；进一步加大贷款资源投入，优化信贷资源配置；优化扶贫贷款资产定价机制，加大创利补贴支持（对新发放普惠型涉农、绿色信贷、精准扶贫、乡村振兴贷款分别补贴0.75%、0.3%、0.75%、0.5%）；持续优化风险政策支持措施，加大扶贫贷款金融产品创新支持。截至2021年年末，该行对公涉农贷款余额30亿元，比年初新增5亿元。

创新小微产品服务 中国民生银行长沙分行将小微金融作为全行战略推进，以专业化经营持续改进和完善小微金融服务体系，打造涵盖“线上+线下”、“生意圈+生活圈”、“结算+授信+财富”、以“数字化+专业团队”为支撑的小微3.0模式。13年来，该行累计投放小微贷款超750亿元，服务小微客户近14万户，普惠金融规模位居股份制银行前列。2019—2021年降低小微客户资金成本2.7%，切实做到“让利于民”。在湖南省普惠金融工作（2016—2020年）总结表彰会上获“推进湖南省普惠金融发展贡献奖”。新冠肺炎疫情期间，该行开展“彼此相连”小微金融特别服务年活动，向市场发出了民生小微“火热的声音”，在危难之际与万千小微商户同舟共济。通过“线上自助转期—无还本续贷”，已累计为小微客户提供超14亿元续贷支持。

风险管控 强化常态化管控。全面贯彻“合规经营就是核心竞争力”的理念，将制度建设作为各项工作顺利开展的前提，明确提出“高举高打，高度重视；查严查深，查漏补缺；抓实抓细，抓铁有痕；常抓常紧，常态管理”的具体工作要求，不断加强严格依法合规，保证安全平稳运行。充实风险管理队伍。按照监管部门和总行要求，配备反洗钱、消保等专职人员，加强合规文化建设，全面提升专职团队专业能力和工作水平。做实金融消保工作。落实“以人民为中心”的发展思想，顺应金融消保新形势新要求。强化投诉处理质效，及时回应社会关切及投诉人诉求，将矛盾和问题解决在基层，解决在萌芽状态，避免矛盾升级。 （谭 拓）

【长沙农商银行】 截至2021年年末，长沙农商银行资产总额1596亿元，较2020年末增加117亿元，增幅7.93%；存款余额1221亿元，较2020年末增加84亿元，增幅7.41%；贷款余额912亿元，较2020年末增加111亿元，增幅13.84%；不良率1.60%，保持在全国银行业较好水平。

做优顶层设计 聚焦地方经济金融业态和社会民生福祉，长沙农商银行出台“十四五”时期的改革发展总体规划，服务普惠金融、乡村振兴、“三高四新”三个专项规划，以及数字化转型工作方案，战略方向进一步明确。

服务“三高四新” 发放全省首笔科技型企业知识价值体系风险补偿基金贷款，累计发放贷款户数23户、总额5610万元，取得发放户数全省第一名，发放总额全省第二名的成绩，被评为“湖南省科技信贷优秀服务机构”。启动“入链”工程，紧扣长沙市22条工业新兴及优势产业链，推进企业产业链、创新链、价值链“三链融合”，依托专注、专业、专营的“三专”经营理念，年内向1329余家产业链企业投放贷款29.3亿元，获“第十届长沙金融服务节最佳金融服务奖”。

助力乡村振兴 制定服务乡村振兴战略实施工作方案，扶持农业优势特色千亿产业发展，壮大集体经济，推出“乡村振兴卡”，在69个行政村开展整村授信，覆盖面达到37%，其中支持省级乡村振兴示范村16个；累计开立村级经济合作社账户200余个，覆盖面达到60%，成为长沙市乡村振兴主办行。洪江、绥宁、桑植、江永、新田、双牌、城步7家村镇银行全部实现营业。截至2021年12月末，长沙农商银行涉农贷款余额189.8亿元，占各项贷款余额的20.81%。

发展普惠金融 “5050”项目持续推进，全年129个网点完成5050项目156个，超额完成目标任务，两年来累计覆盖近30万人口、2万户商户。“拓优计划”与“星火计划”累计服务超4000户中小微企业，信贷支持超47亿元。打造普惠金融“高桥模式”，形成“三走三不走、三谈三不谈、四做四不做”的典型经验，年末商户走访面86.3%，建档面62.43%，授信面27.73%。启动首届“助农支小农商微贷节”，发行小微金融债20亿元。“电子挎包”项目获人民银行“湖南省金融科技创新竞赛”一等奖。截至2021年12月末，全行小微企业贷款余额407.47亿元，小微企业贷款户数21659户。省、市领导多次在长沙农商银行工作汇报和调研报告上批示，对该行服务地方发展给予肯定。围绕该行当前发展的困难与问题，市政府出台会议纪要，形成专题调研报告，供省、市领导决策参考。选派金融村干部，建立党员服务站，设立福祥e站，金融服务深度融入地方基层治理。积极主动履行企业社会责任，登年度“长沙慈善捐赠榜”和“长沙慈善影响力榜”。（颜　彪）

保　险

【概况】　2021年年末，全市有1家法人保险公司，59家省级保险分公司，其中财产险公司24家，人身险公司35家。中心支公司27家，支公司（营业部）190家，营销服务部200家。保险专业中介法人机构32家，其中保险代理公司16家，保险经纪公司9家，保险公估公司7家。全市有保险从业人员22.04万人，保险业资产1242.08亿元，分别占全省总数的49.21%和32.76%。

业务发展平稳健康　2021年，全市保险业实现原保险保费收入522.75亿元，占全省的34.65%，比2020年增长5.27%。其中，财产险公司实现保费收入184.54亿元，比2020年下降0.35%，占全市总保费的35.3%；人身险公司实现保费收入338.22亿元，比2020年增长8.62%，占全市总保费的64.7%。2021年，全市累计赔（给）付支出181.12亿元，占全省的34.24%，比2020年增长20.89%。其中，财产险公司赔付支出124.99亿元，比2020年增长23.48%；人身险公司赔付支出56.13亿元，比2020年增长15.54%。

全市提供财产风险保障34.52万亿元，比2020年增长6.4%。全市寿险业期末有效保险金额18.08万亿元，比2020年增长31.94%。保险业服务经济社会发展能力不断增强。服务“三农”发展。2021年，农业保险累计为长沙市140.57万户次农户提供132.67亿元的风险保障，向13万户次农户赔付3.07亿元。服务实体经济。2021年，全市寿险保单质押贷款余额61亿元，比2020年增长13.13%；信用保证保险为1655家次小微企业提供信用保证风险保障93.19亿元。参与社会治理。2021年，全市保险业代收车船税10.33亿元；安全生产、环境污染、食品安全等责任险保险为全社会提供风险保障17.39万亿元，比2020年增长13.92%，支付赔款4.2亿元，比2020年下降13.42%。

2021年，全市财产险公司综合成本率为100.16%，较2020年同期增加1.41个百分点；业务及管理费用率为16.96%，较2020年同期下降6.34个百分点，高于全省平均水平0.25个百分点。承保利润率为-0.16%，较2020年同期下降1.41个百分点；实现承保利润-0.27亿元，比2020年下降112.13%。人身险公司寿险业务新单期交保费占新单保费的40.89%，续期保费比2020年增长35.07%；退保率为2.67%，与全省平均水平持平。

（雷　琴）

【中国人民财产保险股份有限公司长沙市分公司】　2021年，中国人民财产保险股份有限公司长沙市分公司（以下简称“人保财险长沙市分公司”）下辖10个支公司、12个直属业务部、15个机关部室，区县支公司下设7家社区门店、21家三农营销服务部、86个保险服务站、669个保险服务点，服务网络遍及城乡。2021年，缴纳和代收税款超4.88亿元，承担风险责任近8.4万亿元。凭借优异的经营业绩，人保财险长沙市分公司获总公司“2021年度地市级分公司经营业绩50强”、总公司“先进集体”、省分公司“先进单位”、省分公司分类评级A类分公司、省分公司“综合经营管理二等奖”、省分公司财会工作先进单位“一等奖”、省分公司“理赔质量综合考评一等奖”、省分公司“信息科技工作考核及数据质量管理考核一等奖”、省分公司“优秀工会”等荣誉称号。

护航实体经济　通过开办建筑工程质量保险、住建安责险、市政设施公众责任险、建筑工程一切险、团体建筑施工人员意外伤害保险等险种，助力城市基础设施、市政、工业产业重大项目建设；通过开办首台套、新材料、雇主责任险、公众责任险、财产一切险、机损险、工程机械设备保险等险种，为中联重科、三一集团、山河智能、长沙轨道集团等辖内支柱企业提供风险保障超500亿元。

服务平安长沙　通过开办全市食品安全责任险、校责险、环境污染责任险、交通运输行业安责险、农机安责险、特种设备安责险等险种，在食品、教育、安全生产等行业领域承办一大批行业统保项目；通过开办巨灾保险、综治保险、民生救助等政策性业务，服务长沙社会安全体系建设和社会治理，织密长沙市民生保障网。率先启动“警保联动”工作机制服务交通安全治理，绘制长沙市重点区域风控地图，强化对重点企业、区域的风险监测，并自行购置数百台水浸润设备加强内涝实时监控，助力长沙防灾防损体系完善。

服务健康长沙　承办长沙市城乡居民大病保险、补充工伤保险，创新开办医保个人账户购买商业健康险项目，参与长沙地区党政机关、学校、企事业单位、社会团体承办意外伤害保险、健康保险，构建城乡医疗救助体系。2021年，牵头组建共保体开办长沙城市定制商业医疗保险项目惠民保，服务全市88.48万人，对长沙市参保人员进行医疗费用报销的拓展和延伸，达到提高患病人员报销比例，降低医疗支出的目的，有效建立起“基本医保+大病+商保+救助”的多层次医疗保障体系，助力长沙医疗保障体系完善。

支农惠农　开办生猪综合收入、水稻收入、中药材、烟叶补充等10余个扶贫险种，积极发展地方经济特色农业产品，重点扶植油茶林、茶叶、蔬菜、肉鸡、花卉苗木等特色项目，试点承办农产品价格保险、气象指数保险、生猪价格指数保险，丰富农业保险风险管理工具。发挥商业保险在助力脱贫攻坚的良好作用，聚焦脱贫攻坚，创新推广金农保、惠农保、扶贫特惠保等涉农民生类保险，通过创新保险机制，丰富保险产品，为建档立卡贫困户量身打造家庭综合保障保险，提高贫困人口抵御风险的能力。2021年，为长沙市种植、养殖业提供27.22亿元风险保障，全年支付各类农险赔款7491.36万元。开展种植业、养殖业等特色农险项目，有效提高农民开展农业生产积极性，增强农民抵御市场风险的能力。

支持新冠肺炎疫情防控和复工复产　推出6项保险服务专项支持，率先推出企业复工复产疫情防控综合保险，为数千家企业复工复产提供了逾18亿元的综合风险保障，为长沙广大医护人员及家属赠送2亿元的新冠肺炎感染风险的保障。2021年，累计在长沙地区投入理赔服务人员144765人次，出动理赔服务车辆82700次，服务客户206808位，为客户无偿提供各类保障物资及增值服务50931次。（吴紫微）

【中国人寿保险股份有限公司长沙市分公司】　2021年，中国人寿保险股份有限公司长沙市分公司（以下简称“长沙市分公司”）各项业务持续健康发展，增速均超系统和市场。长沙市分公司全年总保费收入45.6亿元，比2020年增长12.59%；首年标保、首年期交、10年期交等主要经营指标规模位列全国大中城市前20名，完成率排名全省系统前三名，贡献度分别提升至17.3%、18.5%和17.2%，均实现历史新高。大短险保费规模逾4.5亿元，位列全国大中城市第12位，较2020年度提升4个名次；大短险在全省保费贡献度21.72%，较2020年提升1.3个百分点。

大个险渠道　主要核心指标超额达成，预算达成率均高于全省均值。首年标保、首年期交、10年期交规模分别位列全国大中城市第20位、21位、20位，比2020年分别提升12、6、4个位次。营销一部、收展一部首年期交过亿，营销一部、收展一部、营销二部、收展二部4家单位首年标保规模超过2家地市分公司。营销渠道首年期交、首年标保、10年期交分别逾4.6亿元、2亿元、2.6亿元，在全省营销渠道达成率排名较2020年度分别提升4个、3个和1个名次，在全省营销渠道的贡献度分别上升1.8、0.4、2.4个百分点；营销一部、二部、四部、长沙县营销分别达成两个核心业务指标的年度预算目标。收展渠道首年标保、首年期交、10年期交三项核心指标的达成率和绝对值均居全省第一位，在全省贡献度创历史新高，贡献度分别提升2.5个、3.3个、2.4个百分点，首年期交为全省唯一一家正增长的单位，在大个险渠道中的占比均提升1个百分点以上。收展五部、收展一部、收展二部、宁乡收展、收展四部三项核心指标均超额完成年度预算。

银保渠道　全年实现首年期交2.04亿元，5年期以上期交1.17亿元，首年标保2667万元。3项核心业务指标均顶格达成年度预算，比2020年增长70%以上，在全省的贡献度20%以上；在全国大中城市排名中首年标保、五年期交跃居第三位，首年期交位列第七位，3项核心业务指标首次跻身全国前十行列，实现历史性跨越。城区二部、长沙县、浏阳均顶格达成三项核心指标年度预算，城区二部和长沙县成为全省的“领头雁”。

团险渠道　团短险保费规模逾3亿元，规模位列全国大中城市第十位，较2020年提升1个名次；增长率14.57%，排名全国大中城市第八位，较2020年提升10个名次。在全省保费贡献度21.92%，较2020年提升2.8个百分点。学平险、民生业务、法人业务三大板块新增均过千万元，雨花、长沙县、天心达成率排名前三名。

健康险渠道　政策性健康险保费1.8亿元，预算达成率101.7%，比2020年增长21.99%；在新增一家入围公司的情况下，实现第三轮大病保险主体地位不动摇；牵头全省13家共保体，主导“湖南爱民保”项目推进。

销售队伍建设　2021年长沙市分公司围绕“促进队伍稳量提质”目标，抓项目落地，稳固发展根基。大个险一年内新人月均十三留14.37%，排名全省第一位；月均七留58.36%，排名全省第二位；月均新人长举32.21%，较2020年提升6个百分点，月均三晋率61%，其中营销二部、宁乡支公司育成指标排名靠前。营销渠道持证人力、举绩人力、有效人力超额完成年度预算，星级人力全省贡献度稳中有升；营销二部四项核心指标超额完成年度预算，营销三部、营销四部、营销五部、长沙县营销、宁乡营销均超额完成三项核心指标的年度预算目标。收展渠道持证人力、举绩人力、星级人力超额完成年度预算，四项核心队伍指标全省贡献度全面提升。收展五部、收展一部、宁乡收展、营销一部收展四项核心指标均超额完成年度预算。银保渠道客户经理季均实动人力223人，比2020年增长30%；出勤人力228人，比2020年增长28%；人均期交产能130万元，比2020年增长176%。团险渠道以“专业引领、精干高效”为队伍建设理念，强化专业化能力建设，组建9支民生团队和5支战投法人团队，人均产能比2020年提升24.9个百分点。

实施“复兴长沙”战略　自2019年实施“复兴长沙”战略以来，通过“切割、包夹、反击”的复兴路径，全市竞争局面显著改观。个险销售人力对标比值1.04，比2020年提升42个百分点，成功实现逆转，反超主要竞争对手；个险折算期交对标比值0.95，比2020年提升20个百分点。县域竞争优势持续巩固，浏阳支公司个险折算期交领先主要竞争对手，实现反超。

成本管控　分公司积极响应党中央和总、省公司过“紧日子”的要求，强化成本管控，提升经营效益。优先保障员工薪酬，压缩行政办公费用。全年员工薪酬实现正增长，固定类费用比2020年下降6.2%。争取上级资源，实现投入产出效益最大化。通过做实队伍、狠抓考核、踩准节点，全年从省公司获取业务推动奖励9373万元，比2020年增加41.7%。细化过程管控，实现年度收支平衡。2021年收入预算和支出预算实现双结余，其中：收入预算执行率95.8%，支出预算执行率91.6%。各项支出均控制在预算范围内，其中：销售费用预算控制率89.7%，固定类费用预算控制率为97.5%，业务招待费控制率89.3%，会议费控制率88.5%。

客户服务提升　推进客户服务集约化、便民化，保全服务E化率、电子化通知覆盖率、互联网用户活跃率比2020年大幅提升。全年客服进职场培训近800场次，开展85场网络视频培训，推出“老年客户专柜”等多项适老举措。

风险防控　点面结合提升风险防控能力。以“防治未病”为风险防控理念，固化工作例会制度，结合专题会议、技能培训，强化合规理念，提升风控技能。搭建平台防控风险。整合系统内外高风险人员信息并发销售人员入司前准入大数据匹配平台，强化事前监控。提升诉讼案件胜诉率。通过优化工作流程，加强应诉策略的沟通，2021年诉讼案件胜诉9件，胜诉率比2020年上升9.5个百分点。　（阳爱萍）

【中国太平洋财产保险股份有限公司长沙中心支公司】　2021年年末，中国太平洋财产保险股份有限公司长沙中心支公司（以下简称“太平洋产险长沙中支”）下辖3县6区10个支公司：宁乡支公司、浏阳支公司、长沙县支公司、岳麓支公司、天心支公司、湘江新区支公司、开福支公司、雨花支公司、望城支公司、芙蓉支公司。5个专业化销售团队：车商业务部、线上平台部、代理业务部、政保业务部、公司业务部，8个管理服务部门：综合管理部、财务部、客户服务部、农险部、综合市场部、个客中心客服理赔部、法人客户市场发展部、法客中心客服理赔部，拥有正式员工368人，营销员2000余人。2021年，太平洋产险长沙中支虽然经受了3次商改影响、行业自律、保单升级等多重压力，但全公司坚持精细化管理和精准施策，有序推进各项重点工作落地实施，业务发展情况逐步转好，成效逐步显现。尤其在上半年综合成本率超百居高不下的情况下，通过组织架构调整、业务结构重塑、业务品质管控、资源配置优化、保全保足、理赔提速、打假降赔等一系列举措，有效保费占比持续提升。全年实现保费收入108601万元，实现利润3347万元，综合成本率96.5 %，优于行业3.8个百分点，全年赔款总额74280万元，税务贡献总额12633.88万元（含代扣代缴）。

业务发展　突出车商、车综核心渠道优势，提升车商送返修资源利用，加强渠道融合建设，促进车商稳新、个代星火燎原、商用车提质增量、代理渠道保费过亿计划的达成。通过政策牵引，开拓优质团体业务，细化商用车品质管控，剔除劣质业务。设立客户经营方面专岗，融入非车险价值及老客标识，重视个人客户成本价值核算。通过“太好检”、长辈服务、服务体验等活动企划及车非活动方案，加强与客户的强交互关联，提供多层次多险种供给满足方案，确保个人客户价值贡献最大化，实现客户线上享权、产品购买、提升客户留存等核心目标，提升车非融合客户渗透率。设立续保专职管理岗，实行精专续保管理，形成一整套续保追踪及分析体系，实时监控续回数据，垂直化管理到责任人，并定期回溯检视，确保优质客户续回率提升。契合湖南省三高四新发展战略，精准布局目标发展行业。以《重要客户和重大项目管理办法》为牵引，推进重大项目建设，形成体系战斗。2021年大项目申报认领项目90个，落地入账项目45个，项目入账保费8056万元。以法客地图为依托，紧盯客户跟踪，先后中标长沙轨道交通4条线路工程险、现代投资集团财产险、水电八局椒花水库项目建工险等大型项目，同时深挖拓展中铁五局、中铁城建、港航局等单位的重大项目。三级联动推动政保业务发展。聚焦城镇职工大病、长沙食品安全项目、首台套、退役军人、防贫保等政策性项目，三级联动畅通渠道、疏通堵点、协调资源，形成优势互补合力，加速推进项目落地。长沙市本级和宁乡城乡居民大病、长沙县城乡居民意外险、浏阳退役军人补充医疗、浏阳市西北片区防贫保已出单；食责险项目、宁乡防贫保已中标等；学平险保费1584.62万元，比2020年增长30.97%。加强专业化团队建设。重点布局互联网平台领域、政保业务领域、基础建设领域、装备制造领域、现代物流领域。各领域团队制定符合本团队专业化发展方向的行业化作战地图，按照目标计划进行拓展。团队整体专业化率90.86%，团队有效人力从38人增加到43人。浏阳支公司、宁乡支公司在2020年未入围遴选的情况下，通过长沙市农业农村局菜篮子工程，在上半年实现都市农险创新突破。浏阳支公司蔬菜及温室大棚实现 保费收入464.42万元，宁乡水果种植保险实现保费收入73.74万元。长沙县支公司通过申报省级创新试点项目，获批生猪价格“保险＋期货”试点，项目总保费可至750万元，已完成签单361.7万元。望城支公司在省、市、县三级的共同努力下，完成小龙虾的续保工作，保额由原来的2000元提标至3000元，实现保费收入588.31万元，比2020年增长34.65%。古树名木保险得到省林业局认可，首期试点150万元，计划2022年可实现项目落地。

理赔服务　2021年8月11日，在收到湖南省气象局发布长沙地区橙色暴雨预警后，个人客户理赔部立马响应，精准预测，精准施策，树立典型的全员防灾工作要求，迅速组织防汛机动组，开展积水路段风险排查和易淹车库风险排查工作。积水路段风险排查：防灾防损小组对沿途路经的低洼地带进行走访，并告知提前做好防灾警示，在低洼路段、桥洞、立交等高风险地点进行巡逻排查，发放带有太平洋产险长沙中支司标志的警示牌，做好风险提示及防灾措施的宣导，排查清点停放在高风险区域的太保承保车辆，并逐一联系客户，提前将车辆转移到太平洋产险长沙中支免费提供的专属停车场进行避险。易淹车库风险排查：聚焦易淹车库的风险排查，防灾防损小组对山水新城小区、鑫远.鼎泰坤苑小区，广泰锦苑小区、八方小区、进行水淹风险排查，协助物业对低洼水淹风险车库，停放车辆进行引导避险，按照《湖南分公司汛期风险排查表》，逐项对小区车库水淹风险进行评估，并提醒物业做好地下车库集水坑、排水泵等设施的完好状况以及挡水闸板、沙袋等防灾物资的配备情况。

风险防控　完成辖内10家支公司的全覆盖审计检查工作，形成审计检查报告，并对发现的问题及时督促整改；配合华中审计完成长沙中支离任审计，沟通协调各方关系，并完成审计缺陷整改；配合并参与上级公司的各项合规审计检查等，对存在的问题及时督促进行整改；对于审计、检查中发现的共性风险问题，中支下发风险提示函，违规问责通报等；审核公司各类合同、协议的合规性并提出改进意见；组织各类合规学习；开展反洗钱、反欺诈、警惕非法集资、风险排查等活动，营造公司合规经营环境。

（刘芳芳）

证　券

【概况】　长沙市证券交易成交量累计70935亿元，成交量占全省的57.78%，比2020年增长17.74%。全年新增9家上市公司，首发募资134.26亿元，A股上市公司78家，新增数、首发募资数、总数量、总市值4项指标均位居中部城市第一位。全市共筹建、新设及增资融资担保公司、小贷公司、典当及保理公司共18家（次），其中自贸区内新设及筹建地方金融组织4家。

【融资担保体系建设】　2021年，长沙市通过构建以市级融资担保公司为龙头，国有融资担保公司为主体，优质民营融资担保公司为补充的多层次、多样化、广覆盖融资担保体系，发挥融资担保公司作用，增强融资担保能力。5月，长沙市长财融资担保有限公司转型为政府性融担公司后，公司普惠业务发展成效显著。自8月12日工行首笔“银担E贷”业务落地，截至10月20日，公司新增普惠业务担保金额22736万元，158户，户均144万元。公司合作的建行“银担E贷”业务，10月13日首笔业务落地，仅6个工作日即开展业务7032万元，87户。长财融担公司响应国务院、省政府及相关部门陆续出台惠企助企政策，落实降费让利政策，开展“暖冬行动”主题活动，在约定代偿率上限的批量担保业务中，对注册地在长沙市区域范围的小微企业、“三农”主体和符合条件的战略性新兴产业，免收担保费。长沙市引导政府性融资担保机构发挥政府性融资担保杠杆作用，撬动更多金融“活水”流向实体经济等普惠领域。同时，支持集团公司发起设立民营融资担保公司，与政府性融资担保机构优势互补错位发展。2021年支持新设注册资本10亿元的民营融资担保公司三一融资担保公司。平安普惠融资担保公司湖南分公司依托集团背景拓展业务，预计2021年将实现税收1.4亿元。截至2021年9月末，全市纳入监管的融资担保公司45家。在保余额139.44亿元（含置业担保），较2020年同期增加15.5%，1—9月新增融资担保业务90.12亿元（含置业担保），较2020年同期增加16.5%。

【“长沙市企业上市服务中心·前行58小镇辅导基地”授牌】　2021年4月27日，“长沙市企业上市服务中心·前行58小镇辅导基地”授牌暨中小企业融资路演活动在前行科创总部举行。长沙市政府金融办党组书记、主任李晓斌，湖南省工信厅中小企业服务指导处副处长谭中文，长沙市政府金融办党组成员、副主任段永松等省、市部门负责人，前行科创董事长吴阔，高级副总裁钟娟，副总裁刘翔等出席授牌仪式。仪式现场，段永松为前行58小镇授予“长沙市企业上市服务中心·前行58小镇辅导基地”牌匾。前行科创通过战略布局“新经济产业、乡村振兴产业、跨境贸易产业、5G产业、文化创意产业、直播产业、产教融合”七大产品线，已经在全国最具产业活力和潜力的40座城市打造50座科创园，服务新经济企业数超过5000家，孵化与投资100余家成长性企业，成为中国领先的科创服务平台。前行科创将围绕技术创新“破零倍增”计划、上市融资服务活动等重点工作，从后备企业培育，上市跟踪服务、专家团队组建、交流平台搭建、相关政策普及，融资信息共享等多方面发力，为企业上市提供战略、营销、运营、财务、资本等专业配套服务，持续赋能企业发展。仪式结束后，中小企业投融资对接活动相继启动。来自互联网、人工智能、智能制造、科技等领域的29家企业进行一系列路演。

【科创板企业培育中心（湖南）落户长沙】　2021年3月30日，科创板企业培育中心（湖南）开班仪式暨首期培训在长沙举行，现场科创板企业培育中心（湖南）揭牌。科创板企业培育中心是上海证券交易所推出的精品化服务品牌。科创板企业培育中心（湖南）依托于上交所资本市场服务湖南基地，将向学员企业提供上市答疑、大咖讲坛、一对一服务、网上路演、在线课程、学员交流等综合服务。首期培训为期两天，包含科创板数据研究报告、科创板差异化制度安排、科创企业上市支持政策介绍、辅导工作重点、企业内部控制建设及案例分享、公司并购重组概要与实务、媒体关系管理及案例分享、上市公司经验分享等内容，邀请来自上交所、湖南证监局、湖南省科技厅、证券公司、中介机构、高校等机构的专家授课。此次科创板企业培育中心落户湖南，助力湖南科创企业对接融合资本市场，打造高质量科技创新高地。

【长沙首支企业上市中介机构专家服务团和投资机构专家服务团成立】 2021年1月，长沙市企业上市（挂牌）中介机构专家服务团和投资机构专家服务团在长沙成立。长沙市专家服务团分为中介机构和投资机构两个大类，其中中介机构专家服务团细分为券商、律所、会所3个细分领域。上市服务中心为确保专家团入库的专家能够代表辖区内中介和投资领域的最高职业水平、最高职业素养，制定严格的入库标准，确保“天团”含金量。其中，中介机构专家明确要求所在机构IPO成功企业数量在近3年全国排名均在前50名，专家个人具有IPO业务工作经验5年（含）以上，担任IPO项目负责人或签字保荐代表人、签字注册会计师、签字律师，且无重大工作失误、违法违纪和违反职业道德的记录；投资机构专家要求所在机构管理资金规模10亿元以上，有3个以上在长投资项目并取得较好的经济效益，在长沙本土有固定团队，专家从事股权类投资业务不低于10年，为投资机构的核心管理团队人员，主导投资过2个以上在长沙投资项目并取得较好的经济效益或专注某一产业投资并有成功退出案例，且没有重大工作失误、违法违纪和违反职业道德的记录。经过头部机构推荐和层层筛选，首批71位符合条件的业内“大咖”入选。各有关部门、拟上市企业和上市公司，可根据自身需要“点单”，提出专家指导服务的实际需求，长沙市企业上市服务中心“按需定制”专业服务，及时联系并组织相关专家开展“上门”的“多对一”指导服务。政府组织专家团里的专家提供志愿服务，企业不需要支付任何费用。

【长沙市企业上市专业人才库上线运营】 2021年12月中旬，长沙市企业上市专业人才库（董事会秘书、证券事务代表、投融资经理）上线运营，这是首个专门服务企业上市和上市公司高质量发展的专业人才库，是长沙市进一步优化上市服务工作、助力企业高质量发展的又一“新招式”和新平台。为助推企业加快上市和高质量发展提供有力人才保证和智力支撑，长沙市企业上市服务中心在官网开设了“长沙市企业上市专业人才库”专栏，设置“我要人才”和“我要入库”两个端口，面向全国相关人员和全市相关企业征集个人简历或人才需求。全国符合条件并有志于服务于长沙市上市公司和拟上市企业的董事会秘书、证券事务代表、投融资经理等岗位的相关人员，可登录“我要入库”端口申请入库。长沙市上市公司和拟上市企业可随时登录“我要人才”端口登记招聘需求或将人才招聘需求表发送至指定邮箱。长沙市企业上市服务中心负责收集审核收到的人才简历，并对相关信息严格保密，在征求本人同意情况下将简历定向推送至有需要的企业。企业可随时提交人才需求，并免费获得中心推送的人才信息。同时，入库人才还可免费参与长沙市组织的各类培训、交流等活动，可被优先推荐进入市级中高端人才名录以及享受入驻人才公寓等专项服务；企业可优先免费参加中心组织开展的各类线下招聘活动。长沙已有20余家重点拟上市企业面向全国优秀人才抛出数十个中高端岗位，最高年薪100万元。

【“星城投融荟”系列活动之深交所服务基地投融资常态化路演第一期活动】 2021年11月30日，“星城投融荟”系列活动之深交所服务基地投融资常态化路演第一期活动在湘江基金小镇举行。该次路演是长沙市与深交所长沙服务基地创新企业投融资对接方式，采用“线上＋线下”“长沙＋全国”“专家点评＋定向推送”相结合等方式，为长沙市企业对接全国的优秀投资机构。参加此次路演的6家企业，分别来自高端制造、大消费、软件信息等多个领域，深创投、兴湘资本、天巽投资、鼎信泰和等投资机构，农发行、工商银行、农业银行、长沙农商行等50余家投资机构和在长沙银行机构参加现场路演，同时还有全国近80位投资人在线上参加路演。活动邀请了线上、线下4位“投资”大咖嘉宾对路演企业进行点评并提出宝贵的融资意见和建议。现场路演结束后，深交所燧石星火平台把6家企业的相关情况、路演视频和融资需求向全国近2800家投资机构进行定点推送。“星城投融荟”活动是为长沙市服务企业股权融资打造的品牌活动，自2020年年开始每月一期，已为50余家上市后备企业对接国内多家投资机构，帮助近10家企业获得股权融资超1亿元。

【“星城投融荟”系列活动之长沙县高端制造行业专场培训及路演活动】 2021年3月25日，“星城投融荟”系列活动之长沙县高端制造行业专场培训及路演活动举行。参加路演的4家企业获得意向投资金额1.6亿元。“星城投融荟”系列活动是长沙市企业上市服务中心为全面落实“三高四新”战略、推进企业高质量发展，着力打造的特色品牌活动。系列活动依托长沙市企业上市（挂牌）投资机构专家服务团、各园区和县（市、区）上市服务工作站，持续开展贯穿全年的内容丰富的投融资路演（对接）、培训和交流，充分挖掘和培育具有上市意愿和潜力的企业，打通企业股权融资通道，帮助企业高效高质融资，助力企业加速成长。该次在长沙县举办的“长沙县高端制造行业专场培训及路演活动”是“星城投融资荟”系列活动第一场。专场活动邀请省内高端制造行业知名大伽，为企业讲解“公司估值”“股权融资的要点”；邀请国内30余家投资机构、部分金融机构，与企业开展面对面的投融资对接。（本栏撰稿　聂　娟）

旅　游

TOURISM

编辑　江　雷

综　述

【概况】 2021年，长沙市文化旅游广电局组织编制《长沙市红色旅游发展规划2021—2035》，开展“红色文旅年”走红长沙季、多彩湘赣边、情满浏阳河、红动岳麓山、畅想星城梦等系列活动，策划组织“春之约”“夏之恋”“秋之颂·赏长沙”文旅消费季，面向重要客群实施精准营销。创新举办省会长沙庆祝建党100周年大型音乐焰火晚会。争取国家、省级资金2550万元，推进8个革命文物保护利用示范项目建设；指导45个红色景点提质改造工程；配合组织部提质30个红色旅游村；开发红色旅游电子地图。组织编制《长沙市旅游交通规划》，实施90处景区交通标识系统提质工程；加强景区管理，成立长沙市景区协会，出台景区暗访办法，重新核定等级景区标准。滨江文化园全面提升AAAA级景区服务质量，年内入园游客341万人次。元旦期间，长沙位列热门旅游目的地第四名；春节长假，长沙上榜全国景区旅游十大热点城市；清明假期，长沙进入全国红色旅游热门目的地前十名。长沙入围“五一”假期十大热门旅游城市，排名新晋夜游目的地城市第二位，并于端午假期再次入围十大热门旅游目的地。长沙成为全国十大红色旅游目的地，位列第4名；岳麓山排名“90”后、“00”后年轻人全国最爱打卡的红色旅游景区第3名。五一商圈、阳光壹佰凤凰街获评国家夜间文化和旅游消费集聚区。评选十佳特色文旅小镇、十佳红色旅游景区、十佳文旅消费新场景等10大品牌，共奖励752万元。年内实现旅游总收入1926.44亿元，接待国内外游客1.82亿人次。

（陆明榜　刘　婷）

【长沙乡村旅游】 2021年，长沙发展乡村游、生态游、康养游等“文旅+”业态，组织评定9家四星级乡村旅游区点，评选十佳旅游景区、十佳乡村旅游区点等品牌。推动民宿产业集聚发展，培育新增10家精品民宿。长沙县开慧镇被评为全国乡村旅游重点乡镇，望城区铜官街道被评为湖南省乡村旅游重点镇，开慧镇开慧村、大围山镇楚东村、文家市镇文家市村、沙田乡长冲村、中和镇苍坊村5个村被评为全国红色美丽村庄。2021年，长沙接待乡村游的游客约6000万人次，实现乡村旅游收入约530亿元，比2020年增长15%、18%。（郑晓萍）

【第八届长沙阳光娱乐节】 2021年3月19日，由长沙市委宣传部、市文化旅游广电局、市公安局、市市场监管局、市文化市场综合执法局等单位联合主办的长沙文化旅游市场转型升级高质量发展研讨会暨第八届阳光娱乐节闭幕式举行，部分优秀文旅企业和个人在会上受到表彰。第八届长沙阳光娱乐节主动响应国家文旅部、省文旅厅和市委、市政府阳光娱乐新要求，推介文旅消费新产品，成立文旅消费联盟、推出文旅惠民新政策，组织近千家企业参与活动，开展“文旅联盟惠万家”长沙市文化旅游联盟秋冬消费季、“镜像文旅·大美长沙”长沙市第八届阳光娱乐节摄影大赛等四大主题活动，提升市场参与度，提振市场活力，展示长沙形象。活动举办期间，长沙市接待旅游者约3500万人次，旅游总收入约350亿元，促进文化旅游领域经济发展，树立全市文旅产业健康文明形象，助推长沙文化旅游市场转型升级和高质量发展。第八届阳光娱乐节闭幕式上，还对“镜像文旅·大美长沙”长沙市第八届阳光娱乐节摄影大赛及长沙市旅行社组团引流优秀集体的获奖单位和个人进行颁奖。长沙文化旅游市场转型升级高质量发展研讨会上，专家学者、企业家代表共话长沙文旅行业发展。其中，北京道略文旅产业研究院院长毛修炳，携程集团国内政府合作业务CEO张旭，华强方特文化科技集团第三事业部总经理李乾程，湖南茶悦文化产业发展集团有限公司董事长、茶颜悦色创始人吕良，长沙文和友合伙人孙平先后围绕“经济新常态下的文旅新机遇”“互联网赋能文旅大融合”等议题作主题发言。（郑晓萍）

【长沙庆祝中国共产党成立100周年大型音乐焰火晚会】 2021年6月30日晚，长沙在橘子洲焰火广场举办“党的盛典 人民的节日”——省会长沙庆祝中国共产党成立100周年大型音乐焰火晚会。该焰火晚会是长沙市庆祝建党百年重点活动之一，时长20分钟，首创长沙独有的山、水、洲、城景色与焰火融为一体的全景艺术焰火表演模式，分为“梦想启航”“百年华诞”“星火湘传”“奋楫扬帆”4个篇章。“一江两岸”灯光秀、现场音乐等交相辉映，精心呈献一场壮丽璀璨、形式新颖、触动人心的高品质晚会。一枚鲜红“党徽”伴随着彩色绽放的烟花升空，拉开焰火晚会的序幕。20时30分，在慷慨激昂的乐声中，高空特效焰火文字“1921—2021”出现在湘江上空，点亮长沙夜色，也点燃红色热土喜迎百年华诞的激情。

（郑晓萍）

【“光辉百年路　走红长株潭”红色之旅百团首发式】 2021年3月28日，由湖南省文化和旅游厅指导，长沙市委宣传部、长沙市文化旅游广电局、株洲市文化旅游广电体育局、湘潭市文化旅游广电体育局共同举办的“光辉百年路　走红长株潭”红色之旅百团首发式暨2021长株潭红色文旅年启动式在长沙橘子洲头举行。湖南省文化和旅游厅党组成员、副厅长、省文物局局长陈远平，长沙市委常委、宣传部部长陈刚，长沙市副市长刘明理等领导出席活动。启动式上集中发布“走红长株潭”“多彩湘赣边”“同饮湘江水”“共圆融城梦”等2021长株潭红色文旅年的相关活动。湖南省金牌导游员集中推介包括工农运动之旅、缅怀伟人之旅、伟人求学之旅、星火燎原之旅、璀璨将星之旅、红色圣地体验之旅、革命老区溯源之旅、红色文化传承之旅在内的8条长株潭及湘赣边红色旅游路线，对韶山旅游区、刘少奇故里·花明楼景区、苍坊旅游区、乌石旅游区等长株潭三市12个重要的红色景点进行推介。长株潭三市旅行社行业以此次首发为契机，建立客源互送战略合作关系，开展多层次、多角度的合作，争取每年互相组织旅行社同行踩线考察活动不少于4次，互通300人以上旅游组团专列10趟次，组织长沙游客到株洲、湘潭各15万人次，株洲、湘潭游客到长沙各10万人次，株洲、湘潭两地之间互送游客10万人次，共同打造长株潭一体化的文化旅游市场。为加强长株潭三市文化旅游资源协同发展，长沙、株洲、湘潭三市文化旅游部门还共同签订《区域文化旅游合作发展协议》。通过搭建文化艺术交流机制、成立公共文化服务联盟、搭建景区交流合作桥梁、联合开发旅游产品线路、培育良好市场环境、共同举办文旅推广活动、建立宣传推广联合机制、建立博物馆联动发展机制、促进人才交流培训等举措全方位合作。（郑晓萍）

旅游业态

【“长沙博物馆全景列车”亮相】 2021年4月1日，长沙博物馆在长沙地铁1号线打造一趟全景化、沉浸式的“博物馆专列”，车厢内运用馆内代表性文物、长沙历史沿革表、党史中的“湖南元素”等素材进行设计装饰，对长沙历史文化陈列展厅进行“复刻”。该专列运行时间2个月，总计覆盖乘客182万余人次。整列地铁有6节车厢，车厢1~4以长沙博物馆常设陈列为主，车厢5~6以长沙博物馆2021年度四大特展推介为主。其中，车厢1~3以“湘江北去——长沙古代历史文化陈列”为主题，主打商代象纹大铜铙、“长沙王玺”金印、青釉“君生我未生”瓷壶等10件珍贵文物，其车厢地贴设计以长沙历史沿革表、重点文物线描图、长沙古代历史文化常设陈列展标。车厢4以“中流击水”为主题，打造“红色革命”车厢，为中国共产党成立100周年献礼。车厢5~6以长沙博物馆2021年度四大特展为主，包括：“从里耶到长沙——解码简牍中的湖湘史记”“吉光片羽——湖南考古出土陶瓷特展”“帝国宝藏——法门寺唐代宫廷文物展”“平天下——秦的统一展”，其车厢地贴设计以湖南出土陶瓷两万年极简史和长沙博物馆2021年系列特展时间轴。整列车厢给乘客们营造全景化、沉浸式的畅游长沙博物馆的体验感。（郑晓萍）

【长沙红色旅游导游培训班】 2021年4月6日，由长沙市委、市政府主办，长沙市委宣传部、长沙市文化旅游广电局、长沙市委党史研究室承办的“百年风华 走红长沙”2021长沙红色文旅年系列活动之红色旅游导游培训班开班，来自全市的100余名导游参加培训。此次培训为期5天，采取理论学习、案例分享和现场教学等方式进行，理论课邀请多名专家授课，其中包括湖南省政府参事张志初、原湖南省博物馆副馆长刘小豹、湖南省党史馆副馆长殷海雄、陈树湘纪念馆馆长杨义、湖南省礼仪研究会副会长刘黎、国家金牌导游高奇等业界专家。举办红色故事及场馆讲解案例分析会，到刘少奇纪念馆参观学习。该培训旨在提升红色旅游导游的理论水平和业务能力，让各级红色旅游导游能进一步讲好红色故事，树立长沙形象，传播长沙声音，助推红色旅游高质量发展。（郑晓萍）

【长沙再获“2020年中国城市夜经济影响力十强城市”】 2021年4月24日，新华社瞭望智库联合腾讯发布《中国城市夜经济影响力报告（2020）》，公布“2020中国城市夜经济十大影响力城市”，其中长沙入选，并位列第三位。五一期间夜经济城市商圈流量TOP10城市，长沙名列全国第二名。该报告反映了2020年中国夜经济发展趋势和特征，并从传播力、创新力、产业规模与商圈流量4个维度对中国城市夜经济影响力进行分析。报告还对引领夜经济3.0时代的成都、“网红城市”重庆、“不夜之城”长沙、“青春之岛”青岛4个夜经济十强城市进行重点而全面的分析。数据表明，在2020年新冠肺炎疫情防控形势稳定后，包括上海、深圳、杭州、长沙、成都等在内的全国11个城市最核心商圈客流量，长沙五一商圈位居第二位。整个长沙“夜经济”活动呈现出活动力度“强”、亮点“多”、助力“广”、策划“新”、传播“远”等特点。作为“新一线”城市的长沙，“夜经济”发展正在赶超一线城市。“深夜间经济”延时消费成常态：24小时书店、24小时餐厅、24小时便利店增多，电影院、KTV、网吧、酒吧的午夜场消费火爆。“泛文旅消费”融合业态竞相催生，迷你歌咏亭、电音酒吧、主题酒店、乡村民宿等深受年轻人喜爱。长沙还创新性地推出街头艺人“持证上岗”模式，推行“四容许”“五统一”夜市管理模式，实行柔性执法和审慎包容监管，带动商家入市、群众逛市。从跻身全国网红城市八强、名列中部第一位，到城市夜经济活跃度全国排名第三位，再到入选“最吸引年轻人生活的十大城市”，上榜“中国十大美好生活城市”，连续13年被评为“中国最具幸福感城市”，让长沙成为网红城市标签。（郑晓萍）

【重点红色旅游景区讲解员培训】 2021年4月28日，长沙市文化旅游广电局组织来自橘子洲景区、萧劲光故居、许光达故居等14家重点红色旅游景区的30余名讲解员进行集中培训。这是长沙市继3月底对全市200余名讲解员和导游开展为期10天的培训后，在加强红色旅游讲解员队伍建设方面采取的又一举措。此次培训为期1天，以现场教学与座谈会的形式进行。此次培训旨在对标对表全国优秀讲解员，不断提升长沙市红色旅游讲解员的整体水平，让每一名红色旅游讲解员能更加出色地传递好长沙声音，讲好长沙红色故事，助推长沙红色旅游高质量发展。长沙市还组织相关专家和业内权威人士，对这14家重点红色景区的讲解员进行一对一的业务辅导。（郑晓萍）

【“走红长沙”短视频征集大赛】2021年5月，由长沙市文化旅游广电局主办的“走红长沙”短视频征集大赛，从不同角度，推荐长沙旅游攻略，传播长沙旅游形象魅力，吸引广大游客、民众自发拍摄视频，打卡长沙，UGC（用户生产内容）、PGC（专业生产内容）视频作品上线1015个，视频内容从星城长沙、有爱长沙、人文底蕴、青春活力、青山绿水、人间烟火等多个维度诠释长沙的独特魅力。“520”上线的长沙文旅卡通形象——“星火宝宝”，刷新大众视野，“文旅长沙”抖音官方账号发布的“星火宝宝”视频播放量超380万次，活动以星火燎原之势发展开来，赋予长沙一个新的内涵形象——“长沙，一座有爱的城市”。在整个五月，长沙文旅星推官产出的优质视频更是引发热潮，相关视频定向五一广场、橘子洲头等地精准推送，集中定推人流聚集地，在提高外省游客对长沙文旅、文娱认知的同时，更吸引浙江、广西、云南、福建等地“达人”输出优质视频。（郑晓萍）

【“长沙—龙山”旅游专列开通】2021年5月10日，“岳麓山—八面山”走红龙山旅游年启动仪式暨2021龙山文旅宣传推介活动在长沙举行。活动上，长沙市至龙山县旅游专列首班车发车，车次号C8609“岳麓山—八面山”文化旅游专列载着200余名游客驶出长沙站。黔张常铁路“长沙—龙山”旅游专列车型选择为2A车型，车次为C8069、C8071，停靠站点为益阳、常德、张家界、龙山北站，专列开通后龙山至长沙全程缩短至3.5小时。推介会上，龙山县还推荐红色之旅、研学之旅、洗心之旅3条精品旅游线路。发布一系列针对长沙市居民的旅游优惠政策。龙山县有里耶—乌龙山国家级风景名胜区、湘西世界地质公园洛塔园区、“南方空中草原”八面山、湘西四大古镇之一的里耶古城、“佛教圣地”太平山、惹巴拉等知名旅游资源讲述。此次文化旅游宣传推介活动，旨在宣传龙山县历史文化、旅游资源、风土人情、民俗文化，展示长沙市对口帮扶龙山县27年的丰硕成果，促进两地人文交流，加深两地人民之间的深厚情谊，推动龙山县文化旅游产业高质量发展。（郑晓萍）

【全域新旅游新媒体峰会在长沙举行】2021年5月19日，“点亮中国夜经济版图湖南站暨第一届（湖南）全域新旅游新媒体”峰会在华谊兄弟（长沙）电影小镇举行。现场，世界旅游城市联合会（WTCF）特聘专家，中国社会科学院旅游研究中心特约研究员王笑宇分析在疫情常态化下，中国旅游市场发展趋势以及旅游市场消费趋势的变化。他表示，2021年“五一”假期市场迅速恢复，这得益于政策限制放宽、市场结构发生变化、消费需求也在不断改变。振兴旅游行业，需要探索消费者的深度需求并逐步细化，也要稳步持续推进康养、体育、生态等休闲旅游产品多元化发展。微博旅游运营总监李一毛就新浪、微博旅游板块以及趋势作分享。知名旅游博主结合运营经验就微博应该怎么玩，进行详细解读。此次峰会，华谊兄弟（长沙）电影小镇获湖南网红旅游景区奖项。华谊兄弟（长沙）电影小镇致力于新媒体新旅游的融合模式，吸引众多明星网红、旅游“达人”打卡长沙。（郑晓萍）

【长沙市举行景区讲解拉练讲评会】2021年5月19日，全市景区讲解拉练讲评第一次会议在湖南第一师范举行。来自长沙市40余个景区的主要负责人和讲解员，走进雷锋纪念馆、湖南省党史馆、湖南第一师范，听取优秀讲解员现场讲解，聆听集中点评。“一个有魅力的讲解员，不但有颜值，还要有言值、研值，更要有严值、延值。”讲评会上，湖南省大众语言艺术研究会演讲首席专家蒋维表示，所谓“言值”是指语言表达能力；“研值”是对一个问题的研究水准，要成为专家型讲解员；“严值”是要提升站位，突出严肃性和政治性；“延值”是有延伸发散的能力，讲得既要有意义，又要有意思。为提升讲解员队伍素质，长沙坚持市级强化培训、县（市、区）全员培训、景点专题培训，实现专职讲解员培训全覆盖，做到“一日一练”“一周一训”。建立遴选退出机制、日常考核机制、奖励保障机制等，定期测评，根据游客评价实行动态管理，营造良性竞争氛围。（郑晓萍）

【2021年长沙市导游（讲解员）大赛】2021年5月30日，由长沙市文化旅游广电局主办，长沙市导游人员管理服务中心承办，长沙市导游协会执行的2021年长沙市导游（讲解员）大赛决赛举行。长沙市文化旅游广电局党组副书记、局长郭润葵出席开幕式并致辞。该次赛事得到各县（市、区）文旅部门、旅游景区、旅行社、市导游协会和广大导游讲解员的广泛关注和支持。大赛本着公平、公开、公正的原则，邀请旅游专业院校、旅游企业专家作为大赛裁判，评审严格，层层把关，力求通过大赛树立示范引领作用，选出一批讲政治、专业精、服务好的优秀导游。经过各县（市、区）初赛选拔，共60名精英选手入围决赛。该次大赛设金奖3名、银奖7名、铜奖18名，优秀奖和单位组织奖若干。通过激烈的角逐，来自华大国旅的谷祥慧，明珠国际的田黎，湖南革

命烈士陵园的高奇分别获一、二、三名。此次大赛对于锤炼广大导游讲解员的专业技能，推动导游讲解员队伍建设具有重要意义，为备战全省和全国导游大赛选拔储备了一批优秀选手。

（郑晓萍）

【“我讲长沙红”红色故事讲述大赛】 2021年6月19日，“我讲长沙红”红色故事讲述大赛决赛在长沙音乐厅举行。该次活动由长沙市委宣传部、长沙市文化旅游广电局、长沙市委党史研究室共同主办。比赛分为专业组、志愿组、青少年组3个组别，24组选手依次登台，结合背景音乐和幻灯片，采用站立式讲述以长沙市红色景点、红色人物、历史事件为题材的反映湖湘共产党员及革命先烈的光辉事迹与精神风范，让现场观众深刻感受到湖湘红色精神。专业选手们的演讲题目《一只松鹤图竹笔筒的故事》《了不起的“革命母亲”》《理想之光不灭》等，用生动且极富感染力的语言，讲述刘少奇、葛健豪、夏明翰等革命英烈的故事，赢得在场评委的肯定和观众的阵阵掌声。青少年选手将《红星照耀中国“红小鬼”的故事》形象而又生动地展现给观众，表示将来也要向“红小鬼”学习，做一个勇敢的人。一个个感人至深的故事，生动展现了中国共产党百年奋斗征程里，湖湘儿女为党和人民做出的巨大奉献和牺牲。最终，选手周密凭借《藏在衣柜里的父子情》获专业组最高分。周文娟讲述的《桂花树下的守望者》获志愿组最高分。耿静好讲述的《永不消逝的电波》获青少年组最高分。该次大赛 从4月启动，设海选、初赛、复赛和总决赛等环节，有来自全市各个县（市、区）的1800余人报名参与海选，160人进入复赛，最终24组选手参加全市总决赛。（郑晓萍）

【2021长沙红色文旅年系列活动展示暨颁奖典礼】 2021年7月23日，“百年风华·走红长沙”2021长沙红色文旅年系列活动展示暨颁奖典礼在长沙市群众艺术馆举行。该活动由长沙市委宣传部、长沙市文化旅游广电局、长沙市委党史研究室共同主办。活动现场对2021长沙红色文旅年系列活动之“我讲长沙红”红色故事讲述大赛、“我写长沙红”导游词征集大赛80余名获奖选手进行表彰，其中穿插系列活动参赛选手的风采展示节目。“百年风华·走红长沙”2021长沙红色文旅年系列活动于3月启动，其中包含“我爱长沙红”红色导游讲解员培训班、“我讲长沙红”红色故事讲述大赛、“我写长沙红”红色导游词征集大赛等活动。“我爱长沙红”红色讲解员培训活动，通过理论学习、案例分享和现场教学，对长沙各红色景点和旅行社的200余名解说员、导游员进行集中统一培训。“我写长沙红”红色导游词征集评选大赛，历经3个月层层选拔，有39篇作品从500余篇征文中脱颖而出，分别获一、二、三等奖和纪念奖；“我讲长沙红”红色故事讲述大赛有1800余人报名参赛，经过海选、初赛、复赛层层筛选，最终24名专业讲解员和志愿讲解员及青少年讲解员选手在舞台上角逐。

（郑晓萍）

【长沙市旅游景区协会成立】 2021年9月17日，“心动长株潭·百景金秋行”启动式暨长沙市旅游景区协会成立大会在长沙召开。由长沙市委宣传部、长沙市文化旅游广电局、株洲市文化旅游广电体育局、湘潭市文化旅游广电体育局共同主办，长沙市旅游景区协会承办。长株潭三市联合推出大型文旅消费季活动，助力培育文旅消费新热点，撬动文旅消费再升温。在长沙市文化旅游广电局的推动下，长沙市旅游景区协会成立。154家会员单位涵盖景区、乡村旅游区（点）、旅游民宿等多元化文旅业态，共同打造文旅资源共享平台、产业互助平台。市委宣传部副部长、市文化旅游广电局党组副书记、局长郭润葵在会上寄语旅游景区协会，要乐于当企业的“服务员”，善于当政府的“参谋员”，敢于当市场的“监督员”，推进行业自律，促进旅游景区服务质量提升。她指出，长株潭三地文旅部门共同联手举办“百景金秋行”活动，释放了三地加强区域协同的强烈信号，为长株潭文旅一体化带来新气象。大会现场，长株潭旅游行业协会代表签署《长株潭旅游景区联盟合作协议》，加强长株潭文化旅游行业交流与合作，实现优势互补、信息互通、资源共享、合作共赢。“心动长株潭·百景金秋行”文旅消费季活动于9月17日发布，时间持续至10月底结束。（郑晓萍）

【长沙获2021年湖南省导游大赛“两金两银”】 2021年12月15日，由省文化和旅游厅、省人力资源和社会保障厅、省总工会、共青团湖南省委、省妇女联合会共同主办的“武陵源杯——2021年湖南导游大赛”在张家界市武陵源区闭幕。通过全省14个市州的层层选拔，63名优秀导游在全省3万余名持证导游员中脱颖而出，入围此次全省导游大赛。12月14—15日，大赛通过“现场答题、元素推介、一对一对抗、模拟带团”四轮比赛，长沙市文化旅游广电局选拔培养的导游选手田黎、韩琦获金奖，分别列第一名、第二名；胡悉庭、徐扩获银奖，分别列第四名、第五名。省人力资源和社会保障厅授予田黎“湖南省技术能手”荣誉称号，省总工会授予田黎“湖南省五一劳动奖章”荣誉称号，共青团湖南省委授予田黎、韩琦“湖南省青年岗位能手”荣誉称号。长沙市文化旅游广电局等7家单位获该次大赛“最佳组织奖”。该届大赛为“后疫情时代”导游行业复苏发展注入了活力，为培养“一专多能型”导游人才起到了示范引领作用。

（郑晓萍）

【“智慧文旅·寻宝长沙”——沿着红色地图去寻宝启动式】 2021年12月17日，“智慧文旅·寻宝长沙”——沿着红色地图去寻宝启动式暨中建·梅澜坊7周年感恩活动举行。现场发布“智慧文旅·寻宝长沙”——沿着红色地图去寻宝首站中建·梅澜坊站活动，以及湘江百里画廊“长沙百景图”手绘长卷，手绘百景元素同步在红色地图寻宝活动中呈现，用科技探索世界、走遍城市。该活动由湖南省文化和旅游厅、长沙市委宣传部指导，长沙市文化旅游广电局主办。为持续推广红色地图，助力红色旅游，长沙市文旅广电局策划开展“智慧文旅·寻宝长沙”——沿着红色地图去寻宝线上活动，以打卡、寻宝方式串联红色景区，吸引更多游客参与完成红色景点线上打卡、线下AR打卡的融合互动，进一步推动文化与科技、文化与旅游深度融合。“智慧文旅·寻宝长沙”平台线上将长沙特色美食、特产、名人名胜融进互动游戏，变成相关的游戏道具、奖品，增强平台的长沙本土特色与湖湘文化影响力；线下结合AR技术，增强游客与景区互动；结合动漫、国风如汉服、美食等热点网红类产品，开发各类相关文化产品，促进文旅新消费。湘江百里画廊“长沙百景图”手绘长卷包含全景主图卷、联景副卷多幅、单景102幅，展现长沙“名山、名城、名河”汇聚的“百里画廊”恢弘气势与美景，彰显了深厚历史底蕴与现代都市风貌。湘江百里画廊“长沙百景图”手绘长卷已作为省、市两级推广长沙城市新形象的重要作品，在深圳文博会湖南厅长沙市展厅、湖南省旅博会长沙展厅进行先期巡展，此次是首次在长沙市的红色文旅活动中进行发布并展示。（郑晓萍）

【《长沙文化旅游攻略》出版】2021年，《带一本书游长沙——长沙文化旅游攻略》出版，该书精选细编了长沙的旖旎山水、丰厚文脉、红色文化、乡愁乡趣、艺术雅韵、美食美宿和快乐嗨购等内容，娓娓讲述长沙的诗意与风雅、青春与活力，带读者悠游山水洲城、聆听日夜江声、赏鉴四时美景，是探寻城市文化肌理、逐梦诗和远方的最佳“伴旅”。全书分七编：诗画长沙、文脉长沙、芳草长沙、乡愁长沙、雅韵长沙、美美长沙、嗨购长沙。手执一书，且读且游，不禁让人赞叹：长沙，全城皆盛景，手可摘星辰。该书在景区、饭店、游客集散中心及文旅示范点摆放，为市民游客提供详尽、便捷、权威的深度游玩攻略。（郑晓萍）

旅游资源

【长沙石燕湖景区入围2020年湖泊型景区品牌】2021年1月21日，2020年湖泊型景区品牌100强发布。长沙石燕湖旅游风景区位列湖南省第一位，全国第七位。石燕湖旅游区是AAAA级旅游景区、湖南省十大水体旅游景区、国内专业的拓展训练基地、是长沙市民最受欢迎的十佳旅游景区之一。该景区得天独厚的自然环境，森林覆盖茂密，被誉为“都市人的天然氧吧”。石燕湖致力于推动体验式旅游发展，在景区产品和推广方式上不断创新，疫情期间，采用短视频+直播相结合方式，挖掘景区自有网红项目，官方抖音号获“湖南省十佳文旅网红”称号。开展夜场活动，电音泼水狂欢节获评“最美夜购示范名片”。（郑晓萍）

【长沙两个景区入选全国爱国主义教育示范基地】2021年，中央宣传部新命名111个全国爱国主义教育示范基地，其中，长沙新民学会旧址、橘子洲头毛泽东青年艺术雕塑2地上榜。命名工作紧密结合党史学习教育，突出百年党史重要事件、重要地

表19　长沙市旅游业情况统计表

指标	单位	1985年	1990年	1995年	2000年	2005年	2010年	2015年	2020年	2021年
接待境外旅游者人数	人次	20257	51000	119122	221772	255475	702141	1203141	36297	37911
外国人	人次	9706	13103	54444	128105	182656	459228	690102	18053	24755
港、澳、台同胞	人次	10551	37879	64678	93667	72919	242913	513039	18244	13156
接待境外旅游者人天数	人天	85079	204000	416975	652576	1098542	2643911	4126091	79600	67098
外国人	人天	41501	85082	226975	384315	785421	1699145	2484367	41800	51069
港、澳、台同胞	人天	43578	118918	189952	268261	313121	944766	1641724	37800	16029
旅游外汇收入	万美元	1446	2897	4500	11900	20198	52878	79312	1098	994

（资料来源：市统计局）

点、重要人物，突出新中国特别是新时代的大国重器和建设成就。中宣部要求，进一步发挥全国爱国主义教育示范基地在庆祝中国共产党成立100周年和党史学习教育等重大活动中的作用，改进展览陈列，优化参观线路，进一步发挥宣传教育功能，讲好中国故事，讲好中国共产党故事，讲好新时代中国特色社会主义故事。

（郑晓萍）

【长沙新增1个省级旅游度假区】 2021年12月3日，湖南省文旅厅公示2021年省级旅游度假区，长沙市大围山旅游度假区在内的5家单位入围。浏阳大围山位于湘赣界，是连云山脉的腹地，它既是浏阳河的发源地，又是湘东第一高峰。距省会长沙119千米，浏阳市67千米。大围山旅游干线公路建成通车，高速公路直通景区，长沙地区游客1小时入园。游客车辆可直达红莲寺停车场，然后步行或换乘景区公交车至七星岭。大围山获国家森林公园、国家地质公园、国家AAAA级景区、国家级生态旅游示范区、省级风景名胜区等国家和省级荣誉，旅游品牌的知名度和美誉度持续攀升。浏阳大围山拥有华中地区规模最大的原生态野生杜鹃花群落，主要以开大红色花的映山红，开粉红色花的云锦杜鹃、鹿角杜鹃，开淡紫色花的满山红为主，以灯笼杜鹃、红毛杜鹃、猴头杜鹃、羊踯躅等为辅，集中分布在七星岭、红莲寺、五指石景区海拔1.2千米以上的溪谷及坡顶，形成杜鹃花海景观。

（郑晓萍）

【长沙3个街区上榜"湖南省历史文化街区"】 2021年，湖南省政府统一公布53处湖南省历史文化街区。其中，长沙有3个街区上榜，分别是：长沙市太平街历史文化街区、长沙市潮宗街历史文化街区、长沙市铜官老街历史文化街区。太平街是长沙保留原有街巷格局最完整的一条古街道，位于长沙老城区南部，街区以太平街为主线，北至五一大道，南到解放路，西接卫国街，东到三兴街、三泰街；其中重点地段为沿太平街、西牌楼、马家巷、孚嘉巷、金线街、太傅里两侧的历史街区。潮宗街因临城门潮宗门而名，又名草场门正街，位于开福区，北至营盘路，南到中山西路，西至湘江大道，东到黄兴北路，是长沙市仅存的3条麻石大街之一，潮宗街保留了自明清以来形成的街巷格局，有宋古城墙遗址等历史遗迹和潮宗街教堂、九如里公馆等多处各级文物保护单位和近现代保护建筑。铜官古街位于铜官古镇南端，是中国乡村旅游创客示范基地，长约500米，宽约6~8米。此街依山傍水，在唐代就已形成，是铜官历史上商贸繁华的中心地带，大量铜官窑陶瓷在此远销海外。

（郑晓萍）

【长沙"五一商圈"、阳光壹佰凤凰街入选第一批国家级夜间文化和旅游消费集聚区】 2021年11月，文化和旅游部公布第一批国家级夜间文化和旅游消费集聚区名单，首批120个名单中，长沙"五一商圈"、阳光壹佰凤凰街两地入选。长沙"五一商圈"夜间经济发展拥有商业街20余条，商业网点2万余个，商业综合体占长沙市三分之二以上，以杜甫江阁为核心的沿江经济带、太平老街、坡子街、黄兴南路步行街等网红"打卡地"都在"五一商圈"。阳光壹佰凤凰街于2020年12月16日批准为国家AAA级旅游景区，位于长沙市岳麓区猴子石大桥西、岳麓山南、湘江西岸、岳麓大学城中，独具特色的超人气打卡地众多：网红戏剧地标303阳光剧场、树王广场、帆船广场、水秀广场，也是长沙首届岳麓山青年戏剧节主办地。

（郑晓萍）

【长沙挖掘红色资源打造文旅融合特色小镇】 2021年4月10日，长沙市获中央电视台《新闻联播》"挖掘红色资源 打造文旅融合特色小镇"推介报道，节目时长2分26秒。新闻报道了长沙浏阳文家市镇依托"秋收起义"会师地这一红色资源，打造红色研学、红色文创和红色旅游为一体的特色小镇的成功做法。视频中，文家市初级中学的学生们走进"秋收起义"纪念馆，接受红色文化教育。在纪念馆不远处的红色旅游营地，学生们还可以参加田间课堂，体验农耕文化。文家市镇围绕研学游的民宿、农家乐10余个，带动农民增收200万余元，乡村服务业成了农民增收的新渠道。长沙挖掘丰厚的红色文化资源，在保护、升级、提质的基础上，打造出一批以红色研学、红色文创和红色旅游相融合的特色小镇，成为人们了解红色历史、接受红色教育的精神家园，助力乡村振兴。

（郑晓萍）

旅游推介

【概况】 2021年，长沙出台《长沙市城市推广三年行动计划》，擦亮"世界媒体艺术之都""东亚文化之都"金字招牌，举办中国—东盟文化旅游活动周，受到文旅部、中国—东盟中心、澜湄旅游城市联盟、东盟各国驻华使节的高度赞誉。组团参加第九届澳门国际旅游（产业）博览会，作为"美丽中国"活动国内唯一城市代表发言。与京津冀、长江中游城市群、长三角、粤港澳开展文旅交流合作，举办朝阳区文旅产业推介会、南京杭州扬州文交会、长沙—广州文化周等活动，加入湘鄂赣三省旅游产业联盟。到绍兴、敦煌、哈尔滨等地开展国内"东亚文化之都"城市文旅交流合作。紧扣"强省会"战略，重点推动长株潭文化旅游一体化发展，签署长株潭文化旅游合作框架协议，牵头组建博物馆、图书馆、文化馆、旅行社联盟，举办"光辉百年路·走红长株潭"、长株潭旅游市场一体化大会、长株潭大学生音乐节等活动，受到长株潭一体化领导小组办公室专题推介。推进湘赣边合作示范区建设，发行"初心源"文旅

一卡通6万余张，举办湖南省（秋季）乡村文化旅游节暨湘鄂赣首届客家文化旅游节。（陆明椿　刘　婷）

【长沙参加2021“东亚文化之都·中国绍兴活动年”开幕式】 2021年3月31日，2021“东亚文化之都·中国绍兴活动年”开幕式在绍兴举行，市人民政府副市长刘明理代表长沙在中国“东亚文化之都”工作机制成立仪式上进行主旨发言以《建设幸福快乐长沙彰显东亚文都魅力》为题，围绕“东亚文化之都为长沙市民带来的改变”这一角度进行宣传推介。期间，举办中国“东亚文化之都”工作机制成立仪式，文化和旅游部副部长张旭、外交部亚洲司公使郭燕、文化和旅游部国际交流局副局长张西龙参加仪式。会上通过中国“东亚文化之都”工作机制方案，历届中国“东亚文化之都”城市按照当选顺序（泉州、青岛、宁波、长沙、哈尔滨、西安、扬州、绍兴、敦煌）依次发言。“东亚文化之都”是中日韩三国共同创立的国际城市文化名片，中国的绍兴市与敦煌市、日本的北九州市、韩国的顺天市共同当选2021年“东亚文化之都”。

（郑晓萍）

【“春满湘鄂赣·美好新生活”2021文旅消费季】 2021年4月8日，“春满湘鄂赣·美好新生活”2021文旅消费季启动暨初心源·湘鄂赣文旅一卡通首发仪式在长沙新湖南大厦举行。这是一张寻访初心的红色之卡、助推消费的振兴之卡、科技赋能的便捷之卡、扮美生活的惠民之卡、促进交流的友谊之卡。第一批加盟的9个县（市区）景区、酒店、餐饮店、购物点共300余家，一卡通累计使用价值超3000元，而卡的价格仅为99元，在一年有效期内，持卡可无限次免费进入加盟景区，享受酒店、民宿、餐饮等加盟商户折扣优惠。长沙在发展文旅事业中，高度重视湘鄂赣区域合作，坚持以文旅为媒，寻求在红色旅游、文物保护、非物质文化遗产传承等方面拓展交流合作空间。首发仪式现场，通过宣传片展示湘鄂赣丰富多彩的文旅资源，发布红色体验之旅、文化传承之旅、康养休闲之旅、美食购物之旅共4条湘鄂赣精品旅游线路。（郑晓萍）

【“活力大湾区爱上红色长沙”文旅推广活动】 2021年5月25日，“活力大湾区爱上红色长沙”——粤港澳大湾区主流媒体、摄影师、网红大V聚焦长沙”红色文旅推广活动在长沙启幕。该活动由长沙市文化旅游广电局主办，香港《经济导报》社承办。采访团由来自香港《经济导报》《香港商报》《香港镜报》《凤凰网》《澳门商报》《广州日报》《广州电视台》《深圳特区报》《深圳商报》《深圳新闻网》等粤港澳主流媒体记者及网络大咖共20余人组成。自《粤港澳大湾区发展规划纲要》发布之后，粤港澳大湾区建设成为中国经济发展的重点“热词”。长沙作为毗邻大湾区的省会城市，在对接粤港澳大湾区发展有着得天独厚的优势条件。推动文化旅游对接大湾区成为《湖南省对接粤港澳大湾区实施方案（2020—2025年）》的重点内容之一。随着京港高铁全线通车，香港与湖南进入“3小时旅游圈”，凭借两地之间实现“早发夕回”的便捷交通，长沙文旅对接大湾区的区位优势日益凸显。该次活动到访主流媒体发稿150余篇、图片近500幅，网络大咖在网络媒体及自媒体平台发稿及转载稿件70余篇、图片近300幅，主流媒体稿件点击量逾9500万人次、自媒体平台点击量逾3000万人次。（郑晓萍）

【长沙参加第九届澳门国际旅游（产业）博览会】 2021年7月9日，由文化和旅游部、澳门特别行政区政府旅游局主办、澳门旅行社协会承办的第九届澳门国际旅游（产业）博览会在澳门开幕。为全面对接融入粤港澳大湾区发展建设，长沙市文化旅游广电局组织，带领县（市、区）局、市非遗中心和相关文旅企业组成的代表团参展，扩大长沙文化旅游在国际旅游市场上的影响力和知名度，为恢复入境旅游打下坚实基础，吸引更多的境外游客到长沙观光旅游。长沙展台占地36平方米，现场通过长沙市非物质文化遗产陶艺、面塑和香等产品展示、现场体验活动、旅游线路手册展示等方式，吸引大量的游客观赏并咨询购买，许多专业买家被吸引到长沙展位，与长沙的文化旅游企业进行接洽，寻找合作商机。除利用展台全天候展示长沙文化旅游风貌外，长沙还举行长沙文旅专题推介会，现场通过有奖竞答等方式，讲述长沙故事、推介长沙产品、介绍长沙线路，为到场观众提供丰富多彩的文化和旅游内容。长沙市代表团走访了澳门旅行社协会，与澳门当地旅游企业展开交流。展会期间，长沙市邀请湖南省文旅厅副厅长黄东红给澳门长沙推广宣传中心授牌。由长沙市文化旅游广电局、中国国旅（澳门）国际旅行社有限公司联合打造的澳门长沙推广宣传中心将发挥澳门旅行社在旅游产品推介、线路制定等方面优势，建立双方合作沟通机制，打造长沙对外宣传、文化旅游营销的国际交流推广平台。

（郑晓萍）

【星潮京韵·长来朝往——2021长沙文化旅游产业（项目）北京推介会】 2021年7月22日，星潮京韵·长来朝往——2021长沙文化旅游产业（项目）北京推介会在北京举行。该次活动由长沙市委宣传部指导，长沙市文化旅游广电局主办，北京市朝阳区委宣传部、北京市朝阳区文化和旅游局特别支持。国家广电总局设计院副院长何建平、北京市朝阳区文化和旅游局党委书记、局长高春利、朝阳区委宣传部副部长丰春秋、长沙市文化旅游广电局局长郭润葵出席会议。推介会上，马栏山视频文创产业园、宁乡市文化旅游投资有限公司、天心区文化旅游体育局等单位分别进行项目推介，来自北京与长沙文化旅游产业的重点项目实现深度合作，签署合作协议。长沙市马栏山视频文创产业园先后与北京市中科睿芯音视频技术研发中心、中国四达马栏山创新中心、中广电广播电影电视设计研究院、中关村数字文化产业联盟、北京多彩数智科技有限公司五家单位签约，北京广告协会与湖南省广告协会、北京市旅游行业协会旅行社分会与长沙市旅行社协会、北京市东道品牌创意集团与长沙市文化旅游广电局达成合作意向并签署相关协议。推介会由长沙市文化旅游形象大使、著名主持人汪涵与湖南卫视主持人刘佳颖联袂主持，汪涵以“韵味长沙”为题，分享“旅游达人游长沙”感受，从不同的角度生动诠释长沙旅游资源的精彩。会上还重点推介长沙红色旅游线路及夏季旅游线路。在活动现场，有长沙市各区县旅游局带来的湘绣、菊花石、铜官窑、棕叶编等文创类精品，也有国家非物质文化遗产项目长沙弹词、湖南非物质文化遗产——传统乐器大筒实地演出，还准备地方特色的礼品进行现场赠送。推介会后，与会嘉宾代表进行2021长沙文化旅游产业（项目）北京座谈会，长沙市各县（市、区）文旅（广）体局领导和200余名北京市重点文旅企业负责人全程参与，数十家媒体及抖音百万级大V号“潇洒玩北京”对推介会进行相关报道和全程直播，引发各界关注。两地文旅部门以该次活动为契机，继续创新手段、开阔思路、升级合作，在招商引资、文化交流、宣传推广、客源互送等方面开展更加广泛深入的交流合作。

（郑晓萍）

【“花城话长沙 手可摘星辰”长沙文化旅游（广州）推介会】 2021年7月30日，由长沙市文化旅游广电局主办的“长沙文化旅游（广州）推介会”在“花城”广州悦汇城举行。推介会以“花城话长沙 手可摘星辰”为主题，通过“文旅推介＋文艺演出＋非遗展销＋互动体验”的多元推广形式，展示长沙文化旅游魅力，从视觉、听觉、触觉等方面为广州市民献上多姿多彩的长沙韵味，向广州市民发出到长沙打卡度假的热忱邀请，领略快乐长沙的休闲新潮。广州市文化广电旅游局、长沙市文化旅游广电局、长沙市各县（市、区）文旅广（体）局代表出席活动，广州和长沙文旅协会、企业和媒体代表等近百人参加推介会。推介会从书香韵味厚、红色韵味浓、老街韵味足、夜游韵味火、新潮韵味丰等角度，生动诠释与分享长沙文旅资源的精彩，通过动态视频、PPT图文、微信抽奖等形式，与广州民众进行互动，让大众身临其境般感受长沙的独特魅力。长沙市歌舞剧院带来的舞蹈《盛汉遗风》、花鼓戏《刘海砍樵》、器乐演奏《浏阳河》等湘味浓郁的特色文艺节目表演，让现场观众深深沉浸在传统的文化意韵之中。在活动现场，为了加强长沙文化与广州民众的互动，打破时空与城际距离，设置了“长沙非遗展示展演区”，包括有“星城有艺”“星城有味”“星城有趣”分区。长沙市非物质文化遗产保护中心选取优秀非物质文化遗产代表性项目进行跨城展示，既有湘绣、铜官窑陶瓷、浏阳夏布、金杵面塑等文创类精品呈现，也有火宫殿臭豆腐、金井绿茶、郭福娭毑小钵子甜酒、宁乡四碟、沙利文传统糕点、江四爷腊八豆等地道美食，还有非物质文化遗产传承人棕叶编、核雕和香制作技艺展示。（郑晓萍）

【2021年中国—东盟文化旅游活动周开幕式在长沙举行】 2021年12月27日，为期一周的中国—东盟文化旅游活动周开幕式在长沙举行，中国文化和旅游部副部长张旭发表书面致辞。湖南省副省长何报翔，国际山地旅游联盟副主席邵琪伟，泰国驻华大使阿塔育·习萨目，中国—东盟中心秘书长陈德海，长沙市委副书记、市长郑建新，长沙市领导陈澎、刘明理，以及泰国、马来西亚、老挝、缅甸、印度尼西亚、越南、柬埔寨等驻华使馆代表出席开幕式。该活动以“共建‘一带一路’，共赢可持续发展”为主题，设有湖南长沙文化旅游推介会、文化和旅游可持续发展对话等主题活动。长沙文旅精品通过中国—东盟、澜湄合作平台，向世界进行集中推介和展示。（郑晓萍）

文旅产业

【概况】 2021年，长沙举办消费引导活动，联合市直单位、各区县举办四季文旅消费活动1200余场，推出抖音城市美好生活节、文旅星消费·偏偏爱长沙等活动，打造长沙、上海、成都、杭州、厦门5城“长沙号”超级文旅地铁专列。发放文旅消费券500万张，带动产生销售额4700万余元。推出“心动长株潭·百景金秋行”“1元游”等活动，有效带动景区文旅商贸消费2000万余元。发行星消费超级权益卡7万余张，持续升温长沙文旅消费市场。重大节假日，长沙均入围全国十大热门旅游城市、全国十大最热门周边游目的地。（郑晓萍）

【长沙市获“国家文化和旅游消费示范城市”授牌】 2021年4月1日，在2021年全国文化和旅游消费工作培训班上，举行第一批国家文化和旅游消费示范城市授牌仪式，长沙市副市长刘明理代表长沙接受国家文化和旅游消费示范城市牌匾。2021年全国文化和旅游消费工作培训班于3月29—4月2日在山东济南举办，该次培训采取专题教学、案例教学和经验交流相结合的方式进行，主要内容包括文化和旅游消费理论介绍、夜间文化和旅游消费、新型文化和旅游业态及新消费模式、消费金融及支付便利化、消费数据监测分析、实地考察等，推动各地持续推进文化和旅游消费工作。（郑晓萍）

【夏之恋文旅消费季活动新闻发布会】2021年4月26日，“百年风华 走红长沙·长沙红色文旅年——夏之恋文旅消费季”活动新闻发布会在长沙人民会堂举行。该次新闻发布会由长沙市人民政府副市长刘明理主持，长沙市委常委、宣传部部长陈刚出席。会上发布2021年“夏之恋”文旅消费季活动，在“五一黄金周”到来前，推动长沙假日文旅消费创新高。5月1日—6月30日，长沙推出“当红活动伴您游”“网红线路任您游”“优惠红包请您游”共三大板块、12条精品线路、3大优惠活动，整合近3000万元文旅消费“红包”，为市民游客提供一场夏日文旅活动。该次推出的“当红活动伴您游·美好生活季”包括都市夜生活、乡村慢生活、文艺雅生活、创意潮生活、赏花悦生活、百姓惠生活六大系列文旅活动。“当红活动伴您游.走红长沙季”则有七大系列活动：红色讲解提升行动、“百年风华”——庆祝建党百年长沙市红色戏剧展演季、“国际博物馆日”系列活动、“人民的非遗 人民共享”庆祝建党百年非遗活动、“颂歌向党”庆祝建党百年群文活动、“走红长沙”文化旅游宣传短视频征集活动和“光辉百年路”区域宣传推广活动。“网红线路任您游”重点向大家推荐缅怀伟人之旅、伟人求学之旅、星火燎原之旅、休闲体验之旅、研学旅行之旅、主题乐园之旅、红动星沙之旅、工农运动之旅、社会研习之旅、滑雪观瀑之旅、湘楚古镇之旅、文博鉴赏之旅12条长株潭精品旅游线路。

（郑晓萍）

【长沙市浏阳河文旅产业带规划建设调研推进会】 2021年5月8日，长沙市浏阳河文旅产业带规划建设调研推进会举行。市委常委、市委宣传部部长陈刚带队先后前往马王堆汉文化数字体验馆、浏阳河汉桥等地，调研浏阳河文旅产业带建设的资源特点、文化内涵、目标方向等。陈刚指出，一直以来，省委省政府、市委市政府都重视浏阳河文旅产业带的开发建设工作，多次提到要加快浏阳河百里画廊建设。他强调，浏阳河文旅产业带要强化主体责任，发挥好领导小组牵头总职能，履行好沿线区县主体建设责任，抓好市直部门业务指导，尽快形成“政策库”“项目库”“案例库”，既要做好“河岸文章”，也要做好“水上文章”；要坚持创新实干，环境保护要强治理强保护，基础设施要强配套强连接，文化品牌要强红色强特色，项目建设要强品质强进度，举全市之力合力推动浏阳河文化旅游产业带的开发建设。（郑晓萍）

【“星动520 长沙更有爱”主题城市热点宣传活动】 5月19日是中国旅游日，长沙文旅卡通新形象——星火宝宝首show发布会在黄兴路步行街广场举行，拉开了“星动520长沙更有爱”主题城市热点宣传活动帷幕。该活动由长沙市委宣传部指导、长沙市文化旅游广电局主办，紧扣热门节点“520”，从“百年风华更有爱”“全城热恋更有爱”“文旅形象更有爱”出发，通过开展文旅形象发布、打卡区表白墙自拍、星火宝宝玩偶巡游等线下活动，以及以抖音为平台的抖音话题互动、“星火宝宝”抖音贴纸、抖音开屏海报、主题视频大赛等线上活动，全方位提升长沙市文化旅游形象魅力。在发布会上，长沙市文化旅游广电局专属IP形象——“星火宝宝”亮相，长沙市文化旅游广电局局长郭润葵向市民游客介绍了“星火宝宝”：长沙被称之为“星城”，是革命摇篮、红色热土，“星星之火，可以燎原”，“星火宝宝”的名字由此诞生。出生在长沙的“星火宝宝”，是一个友善可爱、喜欢结交新朋友的水瓶座。他来自于伟人故里，饱满的红色肌肤代表着红色热土；他来自于无辣不欢，火焰般的头发代表着长沙美食红辣椒造型；他来自于山水洲城，纯净的蓝色衣服代表着长沙秀美的自然风光；他来自于幸福之城，阳光的形象代表着长沙的热情友善。发布会后，星火宝宝巡游启动，星火宝宝沿着黄兴路步行街、九龙仓国金中心、五一广场以及解放西路这条最长沙的路线巡游，引发广大市民游客围观互动。活动现场还设置了“星动表白墙”以及“星动打卡区”，在“520”这个有爱的日子里，供大家心动长沙、大胆说爱。“送你一朵云烟花”“七夕爱心红绿灯”“女神节粉色斑马线”等多个长沙本地节庆热点多次惊艳全国网友，该次“星动520长沙更有爱”活动，表达长沙这座城市的爱与温度，让市民和游客在长沙这座“有爱之城”，感受长沙的独特魅力和热情友善的城市氛围。

（郑晓萍）

【《长沙市“十四五”文化和旅游融合发展规划》通过专家评审】 2021年6月18日，长沙市文化旅游广电局组织召开《长沙市“十四五”文化和旅游融合发展规划》（以下简称《规划》）专家评审会，局党组书记李文格，党组成员、副局长曾卫军，市直有关部门，湘江新区、高新区和各县（市、区）文旅行政管理单位，局有关处室负责人共54人参加评审会。专家评审组由国家文化和旅游部、中南财经政法大学、中南大学、湖南师范大学、长沙市委党校等单位5名专家组成。专家共同推选湖南师范大学许春晓教授担任专家评审组组长。在许春晓主持下，专家评审组集中听取规划编制单位长沙学院、武汉大学国家文化发展研究院《规划》编制成果的汇报和各有关部门结合职能发表的意见，与会专家进行自由发言，专家评审组开展集体讨论，最终形成专家评审组评审意见，一致同意通过《规划》评审。专家评审组认为，《规划》深入贯彻中共十九届五中全会精神，立足长沙发展基础，科学研判发展形势，形成全面系统的规划成果。《规划》体例完整、逻辑清晰、内容翔实、亮点突出，总体目标定位科学，重点任务彰显长沙特色和文旅融合工作实际，对“十四五”时期长沙文化和旅游融合发展具有重要指导意义。（郑晓萍）

【2021长沙红色文旅年“夏之恋”文旅消费券发布】 2021年6月29日，2021长沙红色文旅年“夏之恋”文旅消费季消费券暨红色文旅信用卡发布仪式在湘江之畔举行。长沙市文化旅游广电局局长郭润葵、副局长岳锋，长沙银行行长赵小中、副行长王铸铭、张曼，携程集团副总裁王韦、政府合作部总经理张旭等领导出席发布仪式。发布仪式上启动2021长沙红色文旅年“夏之恋”文旅消费季消费券补贴发放活动。该活动由长沙市文化旅游广电局与携程集团合作，全面发放长沙“夏之恋”文旅消费券，7月1日开始全月通过携程App等在线平台发放500万元的文旅消费券补贴，包括长沙机票、酒店和景区演艺门票三大产线，分别为游客补贴50万元、350万元和100万元。游客在携程平台预订长沙至北京、上海、广州、深圳、西安、成都、重庆七地的往返机票，立减现金30元；预订入驻携程平台3星以上600余家酒店的客房，实行8折优惠，最高满减200元；预订入驻携程平台的120余家景区、演艺场馆的门票，按重点补贴景区、常规补贴景区、周末限时限量抢购3种方式，分别给予6折、7.5折、5折优惠。发布仪式上长沙市文化旅游广电局与长沙银行合作，联合发行3万张红色文旅信用卡，共投入250万余元，推出红旅首刷礼、出行礼、景区消费5折优惠等众多优惠活动，以吸引广大市民游客参与，扩大本地文旅消费市场。长沙市文化旅游广电局与长沙银行还签订了战略合作协议，在产业升级、产业创新、促进文旅消费等领域开展合作，推出文旅消费金融产品，为文旅企业提供信贷支持，推进全市文旅公共服务设施建设，实现文旅融合高质量发展。（郑晓萍）

【2021长沙市“夏之恋”文化旅游消费季启动】 2021年7月20日，2021长沙市“夏之恋”文化旅游消费季暨华谊兄弟（长沙）电影小镇“天宫”星空探索季启动。该次活动由长沙市委宣传部、长沙市文化旅游广电局主办，长沙市岳麓区委宣传部、湘潭市雨湖区委宣传部、长沙市岳麓区文化旅游体育局、长沙市岳麓区教育局、湘潭市雨湖区文化旅游广电体育局承办。湖南省文化和旅游厅副厅长黄东红宣布活动启动，长沙市委常委、宣传部部长陈刚出席启动仪式。活动以“手可摘星辰，岳麓亮晶晶”为主题，重点发布2021年长沙市十大暑期文旅产品，包括华谊兄弟（长沙）电影小镇“天宫”星空探索季、铜官窑古镇“梦回铜官窑，奇妙大唐夜”、湘江欢乐城悬浮电音节等，涵盖长沙主要的文化场馆、主题乐园、旅游景区、体育场馆，可戏水、漂流、观星、看展，内容丰富多样、乐趣横生，呈现出“文旅体”融合大戏，创新点亮长沙暑期生活。

（郑晓萍）

【2021“秋之颂·赏长沙”文旅消费季新闻发布会】 2021年9月16日，2021“秋之颂·赏长沙”文旅消费季新闻发布会在市政府新闻发布厅举行。市委宣传部副部长、市文化旅游局党组副书记、局长郭润葵发布长沙市秋季系列文旅活动。该次发布会由市委外宣办主任陈智主持，长沙市人民政府副市长刘明理出席，市文化旅游广电局副局长谭旭、岳锋就大家关心的问题回答了记者提问，并举行了“长沙·手可摘星辰”官方文旅星球号上线仪式。为有效应对新冠肺炎疫情影响，进一步推动长沙秋季文旅市场升温，长沙市整合全市优质文旅资源，于2021年9—11月在全市开展“秋之颂·赏长沙”文旅消费季系列活动，推出“文旅星消费·偏偏爱长沙”文旅消费季活动、“心动长株潭·百景金秋行”文旅消费季活动、“逐梦新时代·畅游长株潭”旅游市场一体化大会及抖音国庆——打卡美好长沙活动等四大主题活动，通过省内省外互动、长株潭区域协同、线上线下联动，瞄准青年群体、打造热点话题、推出丰富产品，以网络流量促客源增量，吸引更多游客打卡长沙，促推秋季文旅消费提振。举办聆秋声、赏秋景、醉秋意、品秋味、寻秋色五大系列文旅活动，推出星消费超级权益卡、百景金秋行·国庆1块玩儿、秋季大促长沙文旅消费券三大优惠促销活动。郭润葵表示，长沙在假期文旅工作方面已经做好了充分准备，邀请广大游客相约长沙，一同欣赏“霜叶红于二月花”的盛秋美景，一同感受“中流击水，浪遏飞舟”的伟人豪情，一同体验“手可摘星辰”的举手幸福，徜徉秋之盛宴，共度美好时光。（郑晓萍）

【“文旅星消费·偏偏爱长沙”长沙文化和旅游消费季】 2021年12月22日，由长沙市文化旅游广电局主办的“文旅星消费·偏偏爱长沙”长沙文化和旅游消费季活动启动。活动现场，国内首张以城市为IP的超级权益卡——“@长沙·城市IP消费畅玩卡”亮相。由“长沙必打卡、必体验”头部品牌组合成的城市超级权益卡，深度解锁长沙畅玩攻略，玩转长沙文旅地标，凭借这张99元消费畅玩卡，可领取茶颜悦色、长沙文和友、黑色经典、费大厨等10余家长沙超级品牌的招牌产品，更有厦门航空出行助力，享有进出长沙机票优惠。该活动通过“线上+线下+电商服务”的方式，集各方资源打造全国首个城市生态影响力数字化营销新模式，将城市影响力传播从单一型转变为复合型传播，让省内外乃至全国更多游客一起“偏爱长沙”。（郑晓萍）

房地产业

REAL ESTATE

编辑　周海波

房地产开发

【概况】 2021年房地产开发投资额2236.12亿元，比2020年增长19.7%。截至2021年6月，全市有房地产开发企业1425家，其中一级开发企业22家，二级开发企业112家，三级开发企业460家，四级开发企业420家，暂定资质411家。中国房地产百强企业中有52家进驻长沙，其中前十强均在长沙设立分公司进行房地产开发。截至2021年年底，全市施工面积1.29亿平方米，比2020年增长1.7%。（臧　勇）

【装配式建筑应用】 2021年，长沙市城镇（包含长沙县、望城区、浏阳市、宁乡市）通过施工图审查采用装配式技术建造的建筑总面积1786.3万平方米，占总建筑面积比例39.6%，比2020年增长9.4%；2021年全市城镇新开工采用装配式技术建造的建筑面积1190.6万平方米，占总建筑面积比例35.2%，比2020年增长8.9%。长沙市培育国家级装配式示范基地13个，省级装配式建筑基地30个；全市装配式混凝土构件生产基地企业18家，钢结构生产基地企业14家，装配式混凝土构件生产线设计产能200万立方米，钢结构生产能力逾60万吨。将装配式建筑工作纳入对县（市、区）政府考核，成立长沙市装配式建筑专家委员会。引导和鼓励行业申报省、市装配式建筑示范奖励资金，申请奖补资金约1100万元。长沙市受邀在住建部新型城市基础设施建设试点经验交流会议上向全国各省、市作典型介绍。承办中国（长沙）筑博会筑博会组织及布展工作。（臧　勇）

【全装修推广】 2021年，长沙市强化全装修商品住宅品质监管，实现从全装修施工图审查、施工许可办理、质量安全监管、竣工验收备案到全装修住宅交付的全过程监管。制定发布《新建商品住宅不同价位全装修材料（设备）交付参考标准》《新建商品住宅不同价位全装修施工内容价格组成参考标准》《买卖商品住宅全装修补充合同（参考文本）》。探索形成按套计价模式，由政府定价向控价转变，由事前价格备案向事后合同备案转变。（臧　勇）

【公共服务配套】 2021年，长沙市聚焦“五位”完善公共配套服务设施，修定《长沙市居住公共服务设施配置规定》《长沙市城市规划管理技术规定补充规定》。实施“四增两减”（增加公共绿地、增加公共空间、增加配套设施、增加支路网密度，减少居住人口密度、减少开发强度）政策，2021年完成规划修改项目中增加公共服务设施用地面积约43.2万平方米。加快推进既有多层住宅增设电梯，全市既有多层住宅增设电梯规划备案1180台。长沙市149个项目（61824户）新申请预售许可的项目纳入交房交证范围。（陈　昆）

【2021中国（长沙）国际装配式建筑与工程技术博览会】 2021年10月22—24日，在长沙国际会展中心举办。2021年，经中国贸促会批准，“筑博会”升级为“中国筑博会”，由湖南省住建厅、长沙市政府、湖南省贸促会主办，展览面积6万平方米，设置四大展馆。该届筑博会展览内容分为“湖南省住房城乡建设成就展”“先进技术产品展”两大板块。“湖南省住房城乡建设成就展”集中展示全省14个市（州）和相关园区住建发展成果，结合庆祝中国共产党成立100周年主题，设置“走进建筑学党史”专题展示。“先进技术产品展”内容涵盖装配式建筑、绿色建筑、智能建造、建筑设计与咨询、BIM技术（Building Information Modeling建筑信息模型）、绿色施工、浅层地热能建筑规模化应用、城乡人居环境、地下综合管廊、乡村绿色住房等领域。近年来，长沙市将装配式建筑产业链确定为22条优势产业链之一，构建现代产业体系，推广装配式建筑，重点推进区域内项目全部采用，推进区域内项目40%面积采用。截至2021年年底，长沙培育国家级装配式示范基地13个，省级装配式建筑基地30个；全产业链有上下游骨干企业400余家，其中规模以上企业逾300家。（臧　勇）

2021年10月22日，2021中国（长沙）国际装配式建筑与工程技术博览会在长沙国际会展中心开幕

市住建局　供图

房地产市场管理

【房地产市场调控】 2021年7月22日，中央电视台新闻频道以“房住不炒，群众安居又乐业”为题介绍长沙房地产调控经验。住房建设部对长沙住房租赁市场试点经验进行重点推介，对长沙市在住房租赁试点方面取得进展给予肯定。11月1日，长沙召开全市房地产工作座谈会。 （臧 勇）

【房地产市场执法】 2021年3月22日，长沙市住建局、市市场监管局、市委网信办三部门启动2021房地产市场联合执法检查“云霆行动”，严查7类房地产市场违法违规行为。这是长沙连续第5年开展房地产市场春季专项执法检查，实现执法检查全年常态化。5月31日至6月20日，开展房地产市场联合执法专项检查行动，重点检查二手房源是否取得房源核验码。

（臧 勇）

【房屋交易信息管理】 2021年，长沙市下发《关于加强房屋交易信息发布管理的通知》。从市场主体、房屋交易信息发布、网络信息平台主体责任以及联合监管和维护市场秩序4个方面进行规范管理。4月25日，长沙市房屋交易管理中心发布《长沙市存量房房源核验及信息发布操作规程（试行）》，从5月1日起存量房将有专属核验码和二维码，无核验二维码房源不得发布。 （臧 勇）

【不动产登记改革】 2021年，长沙市推进省、市8个部门12类信息互联共享，推出“互联网+不动产抵押”云平台“长沙不动产”App。不动产登记业务下沉内五区，实现平均2个工作日办结，工厂、仓库类不动产转移登记仅需1个工作日，部分业务“即来即办”“立等可取”。长沙市完成不动产登记业务总量111.30万笔，发证总量87.80万本，各项收费总计1.44亿元。 （陈 昆）

【房地产办证问题化解】 2021年，长沙市摸排问题项目302个（涉及119570户），纳入化解范围项目262个（涉及90303户），化解241个项目，解决约80756户办证问题，化解率91.98%，长沙高新区、芙蓉区、长沙县化解率100%。 （陈 昆）

【不动产登记下沉】 2021年2月26日，长沙市落实《关于印发长沙市不动产登记业务全面下沉工作实施方案的通知》要求，在天心区、开福区、芙蓉区、岳麓区、雨花区启动下沉。

（陈 昆）

房屋管理

【建筑外立面管理】 2021年，长沙市出台《长沙市既有建筑外立面管理办法（试行）》，印发《长沙市既有建筑外立面整治三年行动工作方案》，推动城市危房排查治理工作。

【房屋安全管理】 2021年，长沙市落实《全市安全生产专项整治三年行动实施方案》。加强房屋安全鉴定机构管理，向社会公布2021年房屋安全鉴定机构名录单位，加强对各县（市、区）房屋安全鉴定备案工作的检查和指导。

【自然灾害综合风险普查】 2021年，长沙市住建领域自然灾害综合风险普查，获取房屋建筑和市政设施承灾体信息，摸清灾害风险隐患底数，查明重点区域抗灾能力，建立自然灾害综合风险与减灾能力数据库。普查范围为全市所有房屋建筑、供排水设施，普查内容包括调查房屋建筑的地理位置、建筑用途、建筑面积、结构类型、抗震设防情况和使用情况；调查供排水线路、供排水厂及其设施的类型、数量、设防等基本信息。普查采用全面调查的方法，以内外业相结合的方式开展。 （本栏撰稿 臧 勇）

物业服务

【概况】 2021年，长沙市围绕“品质长沙”建设，加强小区治理、协同开展既有小区品质提升和既有多层住宅加装电梯等工作。全市物业服务企业1095家，管理各类物业项目3832个，物业管理覆盖率80.32%，管理面积2.5亿平方米，从业人员15万余人。

【物业行业管理】 2021年，长沙市成立长沙市物业行业党委，指导成立物业服务企业党支部198个，物业小区党支部1778个，党员人数10.71万人。落实“街道吹哨、部门报到”，执法进小区制度，将街道（社区）、区直部门工作职责以及联系方式在小区公示，建立投诉和问题处理台账。上线“住建行业统一诚信”平台，运用物业“红黑榜”对物业项目和企业开展诚信评定，“黑榜”曝光62个项目，“红榜”表扬126个项目。出台业主大会续聘、选聘、解聘物业服务企业和物业服务企业退出和进驻工作指引，增强物业管理规范性。制定《全市物业管理工作绩效考核实施方案》，出台住宅小区物业管理和服务标准化建设（小区治理）评价清单，将小区治理“五进”（党建进小区、文明创建进小区、‘微改造’进小区、物业管理进小区、网格化管理进小区）工作纳入绩效考核内容。

【既有多层住宅加装电梯】 2021年，长沙市加装电梯1205台。在各县（市、区）政务中心设立“一站式”审批窗口。出台《长沙市既有多层住宅加装电梯指导图示》；印发《长沙市既有多层住宅加装电梯业务办理参考范本》。从规划设计、施工图审、安装施工、运行维护4个方面明确要求。

（本栏撰稿 臧 勇）

交 通

TRANSPORTATION

编辑　吴丫丫

综　述

【概况】　2021年，长沙市交通基础设施建设投资完成38.25亿元（不含高速公路），比2020年减少23%。其中国省干线公路建设15.91亿元，比2020年减少43%；农村公路建设5.89亿元，比2020年减少18%；路网结构改造1.12亿元，比2020年减少62%；客货站场建设10.89亿元，比2020年增长7%；水运4.41亿元，比2020年增长380%；信息化建设0.04亿元，比2020年减少87%。地铁、磁浮快线、城铁等轨道交通运输与全市约94.9%的公交线路实现接驳。城市公交日均客运量122.8万人次，地铁日均客运量160万乘次。全市纯电动公交车占公交车总量的69.39%，新能源和清洁能源公交车占公交车总量的100%。

（唐慕妮）

【春节运输】　2021年春运始于1月28日，止于3月4日，全市完成旅客发送量685.3万人次，比2020年增长1.2%，其中道路运输完成客运量185.39万人次，比2020年减少14.93%；铁路完成旅客发送量365.53万人次（普铁55.32万人次，比2020年减少18.8%；长株潭城铁68.49万人次，比2020年增长38.2%；长沙南站241.73万人次，比2020年增长18%），比2020年增长13.4%；民航完成旅客吞吐量134.38万人次，比2020年减少9.9%。城市公共交通方面，公交刷卡客运量3610.47万人次，比2020年增长55.4%；出租客运量1615.4万人次，比2020年增长13.82%；地铁客运量4719.88万人次，比2020年增长223.47%；磁悬浮客运量29.06万人次，比2020年增长21.59%。

（唐慕妮）

【交通运输信息化】　2021年，长沙市交通综合运行协调与应急指挥中心（TOCC）项目被评为长沙市新型智慧城市“十大优秀典型应用”。长沙市交通旅游服务大数据应用试点工程和长沙市交通运输大数据服务应用试点项目进入建设阶段。依托TOCC大数据分析，全年发布400余期日报、月报及节假日出行预测报告，其中，“国庆旅游出行指南”阅读量逾50万人次，助推交通与旅游融合发展。推动数字人民币在公交、出租等行业落地应用，全市7575台公交车、8521台出租车、各轨道站点均实现数字人民币支付，数字人民币交通运输支付场景覆盖率100%。新增2条智慧公交线路，更新5613台出租车车载终端。推进黄花机场T3航站楼等综合交通枢纽新基建建设，推动北斗产业在智慧交通领域的深度融合，探索北斗、区块链等技术在交通运输领域的落地应用。打通数据传输通道，全年传输数据逾10亿条，数据资源量在全市排前列。升级数据管理平台，提升数据治理能力。

（唐慕妮）

【长沙市重大交通设施建设事务中心成立】　2020年，市委、市政府决定进一步整合资源、理顺关系，将分散在相关单位的铁路、轨道、港口、水运、码头、民航机场、公共停车等重大交通设施建设职责进行整合，经省委编办批复，将长沙市轨道交通建设管理办公室更名为长沙市重大交通设施建设事务中心（以下简称“市交建中心”）。根据湘编办复字〔2020〕16号、长编办〔2020〕154号文件精神，市交建中心为财政全额拨款正处级公益一类事业单位，归口市政府办公厅管理，主要职责是统筹协调全市铁路、轨道、港口、码头、水运、民航机场、公共停车等重大交通基础设施建设。市铁路建设领导小组办公室和市静态交通管理领导小组办公室设在市交建中心。2021年4月21日，市交建中心揭牌。市委常委、常务副市长夏建平和市政府办公厅有关领导出席揭牌仪式。

（唐　灿）

公　路

【公路建设】　2021年，长沙市公路总里程16280千米，其中国道1076千米、省道1799千米、县道2145千米、乡道2710千米、村道8550千米。公路建设方面，宁韶高速、江杉高速完成年度投资12亿元，为年度目标任务的128%；推进干线公路建设115.5千米，完成年度投资15.9亿元，为年度目标任务的230%；望城区桥驿—汨罗公路、G319天马山隧道等建成通车；暮坪湘江特大桥项目主桥梁桩基施工

2021年4月21日，长沙市重大交通设施建设事务中心工作调研会议暨揭牌仪式举行

市重大交通设施建设事务中心　供图

全部完成。完善农村公路路网，全年完成农村公路新改建1023千米，为目标任务的170%，实现乡镇通三级以上公路比例98.6%；完成安防工程871千米，为目标任务的145%；完成农村公路危桥改造5座。开展“四好农村路”示范创建，长沙市被评为省级“四好农村路”示范市、全国首批“四好农村路”示范创建突出市，浏阳市、望城区被评为全国“四好农村路”示范县，望城区双桂至上水库公路获评部、省“最美农村路”，全年创建“四好农村路”市级示范乡镇10个。

【公路养护】 2021年，长沙市深化农村公路管养体制改革，出台《长沙市深化农村公路管理养护体制改革实施方案》和《长沙市深化农村公路管理养护体制改革试点工作方案》，落实养护增量资金，推进“路长制”工作，设立路长制工作专项奖励资金1100万元，创新养护模式，推进各项试点任务。全年完成干线公路大中修62.3千米，县道44.171千米大修及89279平方米中修。预防性养护里程132.01千米26个项目全部实施完毕，占全市管养总里程的11.47%。实施危桥改造8座，年度养护计划内项目开工率、批复工期内完工率、危桥隧处治率、干线公路养护项目交（竣）工验收完成率均100%。全年省、市、县三级财政投入农村公路养护资金1.92亿元。农村公路列养率100%，县乡道经常性养护率100%，村道经常性养护率92%，乡镇管养机构设置率100%。新创建文明示范路318.762千米（长沙县29.5千米、望城区31.5千米、宁乡市134.1千米、浏阳市40.4千米、岳麓区29千米、开福区13.895千米、雨花区31.931千米、天心区8.436千米）。根据年末第三方路况检测结果，长沙市国省道PQI值92，优良路率97%，分别超省定目标3个和6个百分点，农村公路年末路况PQI中等路率91.9%，超年度目标6.9个百分点。长沙市普通国省道和农村公路均被评为全省“十三五”养护管理优秀单位（全省唯一市州）。2021年年底，干线公路养护综合排名全省第二位，省抽检长沙市农村公路路况中等路率97.58%，综合考评全省排名第一位。

【交通行政执法】 2021年，长沙市查处违法违规行为5165起（不含船舶），其中非法营运467起、道路旅客运输违规177起、出租汽车行业违规（含网约车行业）3082起、道路货物运输违规1309起、公交线路违规115起，公路路政、机动车维修、轨道行业违规共15起。

2021年，长沙市新建不停车超限检测系统6套、改建3套。非现场执法查处超限超载案件1629起，比2020年提高192%，非现场执法本地结案率96.3%，比2020年上升33%。255家货物源头企业视频监控及称重数据全部接入市、区县平台，在全省率先实现所有货物源头企业信息化监管措施。开展路警联合5060次，检测货运车辆375万余台，查处超限超载车辆12964台、非法改（拼）装车辆812台，吊销（注销）车辆营运证、驾驶人从业资格证22本，处罚（责令改正、责令停业整顿）货物源头74家，普通公路超限超载率控制在0.46%，高速公路超限超载率控制在0.28%。公路治超非现场执法列入长沙市全面推行行政执法“三项制度”成效、社会治理现代化创新成果，超限超载治理工作在全省综合考核和顽瘴痼疾集中整治考核中排名第一位。

【客货运输】 2021年，长沙市有营运“两客”车辆2826台、货车57930台（不包含4.5吨以下车辆）。2021年，省重点营运车辆平台入网率100%，上线率100%。超速报警由121台次下降至87台次，年度超速报警率由2.4%降到1.84%。所有“两客一危”车辆均安装主动安全防范系统车载设备，实现驾驶员行为视频智能识别，事前预警驾驶员的危险驾驶行为，预警提醒危险驾驶行为对事故进行预防预控，降低交通事故发生概率。

【货运物流】 2021年，长沙市推进网络货运创新发展，推行网络货运平台，提高货运物流在集聚税收、拉动GDP方面做出的贡献。长沙市有17家企业获网络货运经营资质，占比全省40.5%，有7家企业获规模化发展奖励合计90万元，3家企业获税收贡献奖励合计1011万元。创建部省“司机之家”项目试点，湖南高星物流园开发有限公司司机之家试点项目通过验收。

【城市绿色货运配送】 2021年，交通运输部、公安部、商务部命名长沙市为全国首批“绿色货运配送示范城市”。2018—2021年，通过3年努力，长沙市中心城区城市配送车辆吨公里运输成本降低18.73%，单车行驶里程提高30.2%，百吨公里周转量燃料消耗降低24.59%，中心城区商贸流通企业采用共同（集中、夜间）配送的比例67.7%，推进建设绿色交通、助力碳达峰、碳中和。2021年落实资金奖补政策，支持绿色货运配送企业发展，资金扶持新能源货运配送车辆营运、配送中心建设、先进组织模式推广应用、市场主体培育等方面。向12家城市配送企业及1008台新能源车辆配送运营送出1793万元的“红包”。

【驾培管理】 2021年，长沙市有驾培机构168所（其中城区97所、长沙县27所、望城区19所、浏阳市8所、宁乡市17所）、教练员9094人、教练车10367辆，全年招生25.85万人（比2020年增长16.7%）。全市有道路运输驾驶员从业资格及继续教育、出租汽车驾驶员从业资格培训考点14家，全年组织各类考试527场，考试合格29504人，整理各类驾驶员从业资格证档案28682份，办理道路运输驾驶员诚信考核签章4266人次。

（本栏撰稿 唐慕妮）

铁　路

【概况】　2021年，长沙在建铁路1条，常益长铁路；在建铁路枢纽站1座，长沙西站；开展立项前期铁路1条，长赣铁路。截至2021年年底，经长沙通车运营的铁路有8条：洛湛铁路、石长铁路、京广铁路（普铁）、京广高铁、沪昆铁路、长株潭城际铁路、长株潭城际铁路与石长铁路联络线、浩吉铁路，境内运营里程486.3千米。2021年，长沙市重大交通设施建设事务中心（以下简称“市交建中心”）完成项目前期准备、施工建设、征拆扫尾、涉铁协调等各项工作，针对重点工作项目提前部署，提出工作计划和时间节点，及时联合多方研究解决项目推进中的疑难问题，确保常益长铁路、长沙高铁西站建设和长赣铁路前期工作的推进。

长沙车站位于湖南省长沙市芙蓉区车站中路406号，管辖京广线普铁长沙站及13个长株潭城际车站（长沙城际场、树木岭站、香樟路站、湘府路站、洞井站、先锋站、开福寺站、观沙岭站、八方山站、谷山站、尖山站、麓谷站、长沙西站）。以完善“1+7”安全管理体系为纽带，以城铁和旅客列车安全为核心，推进《接发列车作业标准》修订、长沙西站施工、“城际快巴”开行等工作，加强安全风险研判和安全预警，研判明确风险项点183项，发布安全预警通知书53份，统筹完成劳动安全、施工安全、接发列车安全、调车安全、防洪安全、应急处置、标准化规范化建设等重点工作，以安全大检查为主线，贯穿全年开展各类安全攻关活动，坚持问题导向，加强考核激励，形成“人防、技防、物防”群防机制和全员保安全的良好氛围，确保安全持续稳定。截至2021年12月31日，车站实现连续无责任铁路交通一般D类及以上事故2389天，实现安全年。贯彻落实集团公司、地方政府关于新冠肺炎疫情防控的工作部署，坚持“外防输入、内防反弹”总基调，车站设置柱式红外自动测温仪23台，进站口配备自助扫码口罩机18台、“健康码”查验机10台，落实进出站100%测温、100%验码、100%佩戴口罩，完成旅客测温3602万余人次，配合地方防疫人员规范转运入境旅客27人、发热旅客58人、就医旅客58人、红码旅客34人、黄码旅客19人。加强职工自身防护和职工健康管理，实现职工“零感染”、新冠肺炎疫情“零传播”。结合新冠肺炎疫情防控常态化实际，统筹新冠肺炎疫情防控和车站安全生产，把握春运、暑运、黄金周、小长假等关键时期，发挥长株潭城际、黔常、石长线的省内短途运输优势，突出“城际快巴”“一日一图”，合理安排运能运力。全站全年累计发送旅客1905.2万人，全年完成运输收入12.87亿元，其中5月1日发送旅客18.69万人，创长沙站单日旅客发送量历史新高。建设发展方面，继年初提质改造之后，车站完成普速场、城际站进站口改造和玻璃幕墙升级，分别增加站房室内面积587平方米、356平方米，并同步迁移显示屏等设备设施。推进站房外立面、站台地面、立柱以及行包仓库、地道的整修工作，完成行包车间大型安检仪的更新施工，并更新行包拖车、普速场的3台双维安检仪，增设10台台式液体探测仪和6套智能安检辅助值机系统。拆除车站原有垃圾站，建设新型环保封闭式垃圾站，并完成过渡垃圾站的改造施工，确保垃圾处理符合地方环保工作要求。建设职工文化长廊、健康长廊，提升旅客出行体验，改善职工生产生活环境，提升长沙车站整体形象，更好地满足城市发展和旅客出行需求。

（唐　灿　徐宁星）

【常益长铁路建设】　长沙境内全长34.8千米，设长沙西、宁乡西两客站及长沙西动车运用所。2021年，全线完成投资56亿元，开累完成投资174亿元。长沙市境内2021年度完成投资13.5亿元，开累完成投资51.7亿元。工程方面，截至2021年年底，全线路基土石方完成96.9%，桥梁完成91.8%，隧道完成99.1%，站前工程综合完成90%；电力线路及接触网完成30%，牵引变电所完成50%，生产生活房屋完成26.7%，站后工程综合完成40%。长沙境内实物工作量完成与全线进度基本同步。市交建中心做好用地手续办理、征拆扫尾及其他遗留问题的处理。用地问题方面。常益长铁路长沙境内站后用地约25.33公顷，前期主线已办理用地审批手续，后续用地需要补报用地审批手续。为实现2022年6月益阳至长沙段通车目标，市交建中心对接沟通，协调各区县按照省政府的工作要求办理临时用地审批，保障施工用地，完成站后正式用地用地审批手续报批，并在10月底及时完成望城区、宁乡市项目环保线内房屋的拆迁工作，完成长沙西站拌合站选址环保审批工作。联调联试准备工作方面。为确保2022年3月常益长铁路益阳至长沙段顺利进行联调联试工作，市交建中心到沿线县（市、区）召开项目协调会，督促各部门按照时间倒排工作机制，妥善解决沿线征地拆迁及施工建设遗留问题。因施工影响的道路损坏、居民饮水、水系恢复、资金补偿、房屋代征等问题得到解决。

（唐　灿）

【长沙西站建设】　长沙西站为长沙第二座高铁综合交通枢纽，位于常益长铁路与长赣铁路的交会点，是《中长期铁路网规划》中“八纵八横”高速铁路主通道之一“厦渝通道”的重要组成部分，是长株潭城际铁路西延线终点站，也是环长株潭城市群铁路枢纽的重要节点站。2021年2月，国铁集团、湖南省人民政府批复关于新建常德经益阳至长沙铁路长沙西站站房及相关工程修改初步设计。长沙西站站房面积按8.54万平方米控制，站台雨棚面积20670平方米。站场总规

2021 年 8 月 25 日，长沙高铁西站综合交通枢纽工程开工动员仪式在长沙市望城区工程现场举行　　长沙市重大交通设施建设事务中心　供图

模 12 台 22 线，其中，常益长场 6 台 11 线，预留常德端联络线引入条件；长株潭城际场 3 台 6 线及车场间 1 条动车走线工程提前实施，预留 3 台 5 线线下工程。站房工程结合长沙枢纽总图规划，在长沙西站南侧规划预留普速车场及相关设施。站房及相关工程修改初步设计概算按 307224 万元控制（与项目同步实施的市政配套工程、项目提前实施的长株潭城际场及预留的线下工程不纳入项目总概算），项目工期暂按 36 个月安排。7 月 30 日，长沙西站完成招投标，站房施工单位进场，8 月 25 日，长沙西站开工建设。截至 2021 年年底，开工累计完成投资 2.5 亿元，完成年度计划 100%。站房及相关工程方面，国铁工程桩完成 856 根，占总量 29%；围护桩完成 923 根，占总量 41.9%；土方开挖完成 71.6 万立方米，占总量 35.8%；边坡支护 9000 平方米，占总量 33.9%。轨道交通 2 号线西延二期工程长沙西站土建施工工程方面，地铁工围护桩完成 582 根。8 月 25 日，长沙高铁西站综合交通枢纽工程开工动员仪式在长沙市望城区工程现场举行，省委书记、省人大常委会主任许达哲宣布开工。

（唐　灿）

【长赣铁路建设】 长赣铁路为国家高速铁路网“八纵八横”中“一横”渝长厦铁路的关键区段，自长沙经萍乡、上栗、莲花、永新、井冈山、遂川至赣州，长沙境内设长沙西站、黄花机场站、浏阳站 3 个站。2016 年项目启动前期研究，2019 年开展预可研评审，经过近 3 年的比选、优化、调整方案，长沙境内方案基本稳定。方案经省委常委会研究通过，可研报告 2021 年 2 月上报国铁集团审查通过，5 月上报国家发展改革委，7 月中铁四院开展项目定测工作，9 月国家发展改革委委托中咨公司组织国家铁路局、国铁集团及相关专家评估长赣铁路可行性研究报告，出具专家意见，并联合自然资源部、生态环境部、国家铁路局、国铁集团等单位召开视频调度会，协调重大铁路项目前期工作。涉及长沙市境内的前置性工作基本完成。设计定测方面。3 月，省自然资源事务中心牵头市自然资源和规划局、沿线县（市、区）政府开展长沙境内征地拆迁实物量调查及测算工作，为项目概算的准确性做好基础工作。为加快长赣铁路项目整体进度，中铁四院 6 月 10 日开始实施全线定测。市交建中心派专人配合、全程调度。截至 2021 年年底，除部分立交协议、取弃土场、梁场等大临用地需签协议外定测工作基本完成。用地预审与选址工作方面。11 月，通过市自然资源和规划局牵头对接，长沙县、浏阳市、望城区的基本农田补划指标和用地预审完成。经过市交建中心与市轨道交通集团、市自然资源和规划局、雨花区政府和中铁四院协调，确定长赣铁路制梁场选址潭阳洲，确保长赣铁路全线在长沙境内制梁场选址工作完成。土地综合开发用地的选址，市交建中心与怀邵衡铁路公司对接办理土地综合开发框架协议。涉及征拆费用差额及学校搬迁问题解决。经长沙市与省发展改革委、省自然资源厅多次沟通汇报，争取国铁集团支持征拆费用差缩少至 30 亿元，并争取将差额部分纳入资本公积，由省级统筹融资解决。根据《湖南省人民政府办公厅关于进一步完善铁路建设投融资机制的意见》文件精神，测算长赣铁路长沙市需承担约 134 亿元，由市财政局牵头，对接省财政厅提出筹资方案并上报。舆论环境方面。就代表、委员提出的长赣铁路规划建议，及时做好办理办复工作，及时回应沿线市民关心的热点问题。

（唐　灿）

【长赣铁路黄花机场段先期实施工程建设】 2021 年，根据 3 月湖南省发展改革委批复的长赣铁路黄花机场段先期实施工程初步设计，黄花机场站设在规划机场 T3 航站楼南侧 300 米处，与机场 T3 航站楼及其 GTC、城市轨道交通 6 号线、10 号线（预留）、S2 线（预留）、磁浮轨道交通组成综合交通枢纽，机场站站房按照地下 3 层布置，规模按 10.23 万平方米控制，铁路客站地下第 1、2 层停车库规模按 1.94 万平方米控制，项目建设工期 3 年，初步设计总概算按 16.02 亿元控制（含黄花机场站与规划轨道交通 6 号线、10 号线及 S2 线同步实施工程投资 5800 万元，全部为静态投资）。5 月 20 日，省委常委、常务副省长谢建辉在研究推进全省铁路建设会上要求长赣铁路机场段 6 月 30 日开工。5 月 28 日，市委常委、常务副市长夏建平在专题调度全市铁路建设有关问题时作出确保长赣铁路先期开工段黄花机场站与黄花机场 T3 航站楼 6 月 30 日同步开工建设的要求。6 月 28 日，长沙机场改扩建工程综合交通枢纽工程开工，开工仪式在长沙机场综合交通中心举行。前期，为确保黄花机场站开工建设，就黄花机场站站区正线与内隔墙间增设的救援通道与正线线路中心的距离问题，市交建中心配合中南大学完成黄花机场T3航站楼风洞测验，并组织专家评审会确定方案，在8月11日提交风压动模型试验报告，助推长赣铁路黄花机场先期实施工程的建设。（唐　灿）

【长沙货运枢纽建设】 2021年，结合长沙城市产业布局，规划货车外绕线上预留物流基地建设条件，城区内既有铁路货场转型升级为城市物流配送中心；长沙南、长沙西等动车段所（存车场）预留办理高铁快运作业条件，在黄花机场站预留空铁联运中心。望城西站（望城货场），望城货场规划初期、近期、远期承担货运量分别为160万吨、517万吨、632万吨，主要货物品类为成件包装、笨重、散装（石砂）、集装箱等货物，初期规划用地14.4公顷，近期规划用地46.67公顷，远期规划总用地77.47公顷。2010年实施一期建设，2017年投入使用，规模200万吨；二期建设，规模500万吨，2021年筹划中。长沙北（霞凝）货场，项目三期是基于一期、二期之后的扩建工程，功能布局主要为承担冷链、国内集装箱、怕湿货物及散堆装货物。三期拟增加吞吐量约800万吨/年，拟增加建设用地40~53.33公顷。2021年长沙市与广铁集团多次会商，研究明确长沙北货场三期工程建设主体以及资金来源，广铁集团委托铁四院编制《长沙北货场三期工程预可行性研究报告》。树木岭货场，该货场用地规模24.67公顷，设计运量300万吨，由于市区交通管制导致货物进出困难，运量不足100万吨，且货场铁路列车往来噪声问题引发周边居民多次投诉，随着长沙北（霞凝）货场二期投产，需关闭树木岭货场。2021年，长沙市与广铁集团协商筹备长沙北站三期建设以及关闭树木岭货场相关事宜。（唐　灿）

【铁路春运服务】 2021年，长沙车站推动实施“U彩”客运服务品牌创建方案，建设“星火雷锋服务站”及重点服务通道，做到标识醒目、引导清晰、功能齐全，按规定补强轮椅、担架、便民服务箱等备品，持续做好重点旅客接送站等特色服务。完成普速场进站口雨棚、城际场检票口等关键位置设备设施改造，优化完善站区揭示标识内容，丰富站区服务功能。运用服务质量考核奖励机制，激励职工提升服务意识，改善服务质量，满足旅客美好出行需要，使旅客出行体验更加美好。2021年春运始于1月28日，止于3月8日，春运期间累计发送旅客143.5万人，完成运输收入9796万元。（徐宇星）

航　空

【概况】 2021年，长沙黄花国际机场完成旅客吞吐量1998.3万人次，保障运输起降16.2万架次，完成货邮吞吐量20.9万吨，比2020年分别增长3.95%、4.28%和8.88%；分别恢复至2019年的74.3%、83.1%和118.8%。2021年，长沙黄花国际机场市场恢复情况好于全国平均水平，旅客吞吐量时隔4年重新位居中部机场榜首，全国排名第12位。

安全形势　落实新《中华人民共和国安全生产法》要求，开展“问题隐患清零”行动，加强西跑道大修、供水供电、消防安全、鸟击防范等重点隐患治理，推进安全整治三年行动任务落实，长沙黄花国际机场完成阶段性任务151项，完成率92.1%。推进“平安民航”建设，开展应急指挥体系镜像演练，提升应急处置能力。2021年，长沙黄花国际机场未发生事故征候以上不安全事件。

运行保障　2021年，长沙黄花国际机场通航国内外105个机场，其中国内95个、国际10个。全年新增包头、凯里等20个航点，推出“长兴”“湘沪”“北极星”等精品航线；长沙至济南、重庆等10条航线实现多家航司共同经营常态化；推动时刻增量资源向基地航司倾斜，支持基地航司发展，2021年长沙黄花国际机场的基地航司市场份额提升至42%。推进西跑道大修、Ⅱ类灯光运行改造及离港系统升级，C楼远机位登机口、T1新增安检通道项目投入使用，新增5个远机位登机口和4条安检通道。推进绿色低碳发展，长沙黄花国际机场新能源车辆占比提升至31%，比行业平均水平高11个百分点，桥载设备对接率100%，创收2000万余元，2021

2021年4月22日，中国航信与长沙黄花国际机场联合举办以“乐享经长飞，湘遇在星城”为主题的机场旅客中转便利化暨省际跨航司行李直挂服务发布会　　长沙黄花国际机场　供图

年长沙黄花国际机场自用能耗比 2019 年下降近 10%。

服务品质　在“民航服务质量标准建设年”活动期间，结合党史学习教育，开展“为旅客办实事”活动，面向旅客服务痛点的 60 条服务新举措全面完成。协调空管常态化进驻 AOCC，提升机场运管委协同决策能力，全年航班正常率 89.7%，连续 4 年超过 85%。在全国率先推出 10 项无障碍服务承诺，升级发布 42 项旅客服务承诺，新增 483 条服务标准，构建机场服务新格局。深化中转服务品牌建设，一年来中转旅客比 2020 年增长 10%。推动旅客“易安检”上线运行，优化“乐湘伴”关爱服务内容，为老年人及特殊旅客提供线上预约、线下全程陪护、健康码申报帮扶等系列贴心服务，提升旅客“安全、健康、准点、舒适”出行体验，长沙黄花国际机场连续 3 年登“SKYTRAX 全球最佳机场百强榜”。

【机场中转服务升级】　2021 年，长沙黄花国际机场在全国率先推出跨航司中转平台、中转通小程序并建立中转联盟，中转最短衔接时间（MCT）、急转保障、中转产品处于全国同类机场前列。“智慧中转平台建设”获 CAPSE 创新服务奖，基本实现一次支付、一次值机、一次安检、行李直挂、无忧中转服务。全年长沙黄花国际机场中转旅客吞吐量 83.6 万人次，比 2020 年增长 10%，高于旅客吞吐量增幅。中转占比 4.2%，比 2020 年增长 5%，急转成功率比 2020 年提升 32%。

2021 年 4 月 22 日，长沙黄花国际机场联合中国民航信息网络股份有限公司举办以“乐享经长飞，湘遇在星城”为主题的机场旅客中转便利化暨省际跨航司行李直挂服务发布会，在长沙黄花国际机场的倡议下，长沙、深圳、昆明、郑州、兰州 5 家机场共同组成“跨省中转通机场联盟”。此后，旅客在该 5 家机场中转，可实现一次值机、一次安检、行李直挂、无忧中转的畅行旅途，长沙黄花国际机场成为国内首批实现省级跨航司行李直挂服务的机场。

2021 年 11 月 9 日，长沙黄花国际机场西跑道及相关滑行道大修工程通过行业验收。图为施工现场　　长沙黄花国际机场　供图

【中国首条“国内—长沙—韶山”红色旅游线路空铁地联运产品上线】
2021 年 4 月 22 日，“力行天地·红动潇湘”空铁地联运暨党史红旅首发仪式在湖南韶山举行。仪式由湖南省韶山管理局、湖南省文化和旅游厅、东方航空股份有限公司、广州铁路集团、中国铁道科学研究院、湖南省机场管理集团主办，湖南省副省长陈飞、中国民用航空局总工程师殷时军等领导和嘉宾出席。中国首条“国内—长沙—韶山”红色旅游线路空铁地联运产品上线，旅客可以一站式购买航空与高铁车次组合的联运产品到韶山。该空铁地联运产品利用全国首条自主知识产权中低速磁浮轨道交通，借助长沙高铁“八纵八横”布局，整合航司、铁路、磁浮轨道以及韶旅集团资源，发布全国首条“国内—长沙—韶山”空铁联运红色旅游线路，初步建立空铁地多式联运机制。

【长沙黄花国际机场西跑道及相关滑行道大修工程通过行业验收】　长沙黄花国际机场原有西跑道 2007 年加铺，已接近设计使用寿命，2021 年，长沙黄花国际机场对跑道及相关滑行道、周边排水沟、土面区进行大修整治，同时升级改造助航灯光。2021 年 11 月 9 日，长沙黄花国际机场西跑道及相关滑行道大修工程通过行业验收。该次大修工程采用不停航施工方式，总工期耗时 40 天，实现铣刨 30 万平方米、摊铺 60 万平方米，创造全国同类项目不停航施工新速度。

【长沙机场发布 42 项服务承诺】　2021 年 11 月 26 日，长沙黄花国际机场举行“用心承诺，友善星程”服务承诺发布会，发布会由湖南省机场管理集团有限公司、民航湖南安全监督管理局指导，长沙黄花国际机场分公司、湖南红网新媒体集团承办。会上发布 42 项服务承诺，重点推出 10 项无障碍承诺。与 2018 年版本的 39 项服务承诺相比，该次 42 项服务承诺额外增加交通集成、出行顺畅、便捷停车、磁浮城市航站楼值机等 19 项特色条款，其中明确提出 95% 的国内航班经济舱旅客等候及办理乘机手续时间不超过 10 分钟；95% 的国内航班旅客等候安全检查的排队时间不超过 12 分钟；首件行李在第一位旅客到达行李领取转盘后 10 分钟内出现；托运行李晚到，行李运抵长沙后 24 小时内送达长沙市区旅客地址；95% 出租车排队等候时间不超过 12 分钟；95% 市区专线巴士等候时间不超过 30 分钟等一系列举措。在全国无障碍服务推行的大背景下，长沙黄花国际机场从最需要帮助的群体入手，精准分析不同群体个性化服务需求，在《长沙黄花国际机场旅客服务承诺（2021年版）》的基础上，特别细化10项“无障碍服务承诺”，推出系列适老、关爱特殊旅客的定制服务。

（本栏撰稿　欧阳婷）

水　路

【概况】　2021年，长沙市有湘江、浏阳河、捞刀河等河流12条，航道里程538千米（等级航道345千米、等外级航道193千米），其中二级航道（湘江）74千米、四级（维护等级）航道42千米、五级航道49千米、六级航道137千米、七级航道43千米。长沙港现行规划霞凝港区、铜官港区、新康港区及客运港区四大客货运港区和旅游停靠点码头。长沙港有客运、货运码头泊位150个，其中千吨级及以上货运泊位64个。全年全市规模以上港口货物吞吐量3133万吨。全市有水路运输企业29家、水路运输辅助业企业11家，注册资本4.5亿元，营运船舶226艘，船舶总运力67.89万吨。2021年货物周转量188438.96万吨千米。

2021年6月4日，长沙市水运事务中心在湘江长沙段蔡家洲水域举行防汛应急演练

市水运事务中心　供图

【水运管理】　2021年，长沙市推进24小时应急值守与定期巡航，全年巡航110余天次，电子巡航1.2万余次，监控过往船舶23918艘次。处置人员落水搜救和水域环境污染等水上应急事件17起，组织完成年度水上搜救和水域环境污染处置应急演练。设立“长沙市船舶定点检验基地”，在全省率先开展定点检验与上门检验相结合的船舶检验模式，全年派出检验人员442批次1053人次，累计完成建造（改建）检验20艘次，审图21套件，营运检验489艘次，船用产品检验32件次。开展无人机巡航，对浏阳河、捞刀河42千米航道实施无人机巡航16次。对浏阳河、捞刀河重点航道30座岸标进行基座加固、部分标体更换等维护工作。全年修正航标352座次，采购设置二类PE航标70座，新设智能航标18座，全年航标维护量16224座天，未发生因航标原因引起的水上事故。推进内河船舶涉海运输整治行动，开展灭失船舶集中注销登记，调查核实558艘清单船舶，督促87艘船舶所有人办理相关手续。推进船舶岸电设施改造，年内完成63艘船舶改造任务。开展非法码头整治收尾工作，取缔拆除非法码头1处，规范提升码头13处。完成辖区4家危险货物港口经营人年度资质核验。开展危险货物港口作业安全生产专项整治，排查整改5处重大安全隐患。推进实施港口岸电设施改造项目，完成港口岸电设施新改造24套。开展汛期、节假日及重点时段水路运输巡查，举办2021年防汛应急演练，汛期储备应急运力船舶20艘、2.25万载重吨、168客位，保障防汛及应急运输要求。

【水上执法】　2021年，长沙市开展执法行动3703余次，出动执法人员16575余人次，检查生产经营单位和船舶34130余家（艘），水上交通处罚186起，罚款实缴金额165.67万元。落实退捕禁捕工作，销毁三无船舶26艘。组织开展汛期安全检查，汛期辖区水域未发生水上安全事故。

（本栏撰稿　唐慕妮）

经贸合作

ECONOMIC AND TRADE COOPERATION

编辑　吴丫丫

招商引资

【概况】 2021年，长沙市实际使用外资及港澳台资（商务部口径）20.07亿美元，占全省总量的83.1%，首次超过武汉，居中部省会城市第一位；比2020年增长88.09%，分别高于全国、全省增幅15.8个百分点、67.9个百分点；实际到位内资2028.0亿元，比2020年增长34.5%。2021年，全市引进重大招商引资项目155个，总投资额1818.6亿元。引进“三类500强”企业投资项目67个，总投资833.7亿元。全市新增282家外商投资企业，续存外资企业1164家。根据2020年外资企业年报，全市外资企业营业收入2268.6亿元，纳税126.9亿元，吸纳就业人数逾20.2万人，成为推动全市经济社会发展的主要力量。

“三类500强”及重大项目 2021年，全市引进“三类500强”项目67个，总投资833.7亿元，占全省引进数量近1/4。德国巴斯夫、瑞士德科、日本永旺等境外世界500强企业在内的10家500强企业首次在长沙市投资落户。引进重大招商引资项目155个，总投资额1818.6亿元，其中工业制造业项目96个，占比61.9%。代表性项目：中国电信天翼云中南数字产业园项目、邦盛年产20万吨磷酸铁锂项目、华润万象城城市综合体项目、雅士林桑蚕丝绸智造项目。落户长沙市的世界500强企业178家，其中境外世界500强104家。

外资项目建设 卓伯根中国总部项目实现整体工程封顶，长沙英格卡购物中心、立邦新型材料华中区域生产基地、中通智慧电商物流园实现竣工投产运营，巴斯夫杉杉锂离子电池正极材料、永旺梦乐城项目开工。2021年，巴斯夫、广菲克、九龙仓、兴盛优选、到家优享、达运物流、华润万象城、文和友总部等项目实际到资逾5000万美元，外资实现梯度到位。

投资来源 长沙市续存的外资企业1164家，65个国家和地区在长沙投资，新增马耳他、巴拿马、南非、越南等。从引进资金看，长沙市实际使用外资及港澳台资（商务部口径）10.67亿美元，来源于15个国家和地区。其中，利用港资（商务部口径）10.22亿美元，占全市比重95.8%。随着“一带一路”建设及中非合作的推进，有22个“一带一路”沿线国家和地区在长沙投资，包括新加坡（44家）、以色列（16家）、马来西亚（10家）、巴基斯坦（5家）、泰国（5家）、俄罗斯（4家）、也门共和国（3家）、伊朗（3家）等109家企业，占全市外商投资企业的9.37%。主要分布在批发和零售业、科学研究和技术服务业、商务服务业、交通运输、制造业、仓储等行业。

产业结构 2021年，全市服务业实际使用外资及港澳台资18.13亿美元，占利用外资及港澳台资总量的90.33%，其中，交通运输、仓储和邮政业，租赁和商务服务业，信息传输、软件和信息技术服务业，批发和零售业增长较快，增速分别为2575.6%、221.52%、153.34%、128.16%。第二产业实际使用外资及港澳台资1.8亿美元，占利用外资及港澳台资总量的8.99%，其中制造业实际使用外资及港澳台资1.64亿美元，占利用外资及港澳台资总量的8.17%。

产业园区和主城区承载作用 405家外商投资企业落户长沙市国家级、省级园区，占全市外商投资企业总数的34.8%；616家落户在芙蓉区、天心区、岳麓区、开福区、雨花区等主城区，外资企业占比52.9%；143家落户在望城区、长沙县、浏阳市、宁乡市（以上不含园区），占比12.3%。

【招商全局】 2021年，长沙市加大对投资10亿元以上重点在谈项目的市级统筹力度。全流程跟踪服务大华股份，市政府与大华签订合作框架协议，智慧物联终端制造基地及华中智造总部项目落户望城经开区，项目从首次接洽到正式签约仅用时76天，展现制造业重大项目引进的“长沙速度”。加大省级、市级重大招商活动签约项目调度力度。按照“一周一调度、一月一讲评、一季一督查、年终考核”的工作机制推进项目实施，2020—2021年省级重大活动签约项目和“三类500强”项目履约率、开工率、资金到位率分别为91.03%、93.94%、57.37%。

招商活动 2021年，全市举办各类招商活动80余场。北京推介会拓展京津冀全方位合作空间，签署框架合作协议12个，签约重大项目114个；上海经贸会聚焦长三角跨国企业和世界500强，43个重大项目签约，积极对接德国舍弗勒、菲亚特克莱斯勒、新加坡凯德集团；深圳推介会主动融入粤港澳大湾区国家战略，签约51个重大项目，腾讯长沙城市超级大脑二期、华为音视频产业创新中心等达成合作意向；“港洽周”长沙分场活动，与株洲、湘潭联合承办省级专题活动“湖南先进制造业推介会”，47个项目签约，总投资539.2亿元；举办博鳌亚洲论坛经安会首届大会，全球52个国家和地区的2600余名代表参加。

招商工作基础 推动市委、市政府主要领导出席重大活动、接洽重要客商、督促项目建设，促进大华、邦盛等重点项目落地。实行周调度、季通报的常态化工作机制，编制《长沙市招商引资动态信息专报》39期，及时掌握招商动态，跟踪落实重点项目推进情况和重要企业投资信息。下发《关于进一步明晰产业发展定位，严禁恶性争抢招商项目的通知》，搭建长沙产业投资数字地图，联合普华永道编制《2021年长沙市招商画册》《2021年长沙市投资环境评估报告》，发布《长株潭都市圈2021年度先进制造业招商项目册》《2021—2022年长沙市重大招商引资项目册》。长沙市被评为“2020中国最具投资吸引力城市”和“2020 中国十佳外商投资最满意城市”。

政策引领　支持和指导各县（市、区）、园区及项目单位申报 2021 年湖南省招商引资资金，全市 22 个项目获省级奖励资金 8379 万元，占全省总量的 42%；全市利用外商直接投资、省级签约项目履约工作获省里肯定；长沙经开区、望城经开区、浏阳经开区、宁乡经开区、芙蓉区、岳麓区、天心经开区均获省里表彰；修定出台《长沙市进一步扩大利用外资促进经济高质量发展若干措施》，开展长沙市开放型经济发展专项资金（招商引资部分）及扩大利用外资专项资金（商务口）公开申报，分别兑现市级奖励资金 3010 万元、2332 万元；举办全市“2021 年招商引资统计及业务工作培训班”，编印《最新外商投资相关法律、法规、政策汇编》，加大对《中华人民共和国外商投资法》《中华人民共和国统计法》等法律、政策的宣传贯彻力度；组织 6 家外资研发中心成功申报相关资质。

【区域合作】　2021 年，长沙市推进长株潭一体化发展工作，在长株潭一体化发展第三届市委书记联席会议上，长沙市商务局与株洲市商务局、湘潭市商务局共同签署《长株潭一体化发展商务经济开放合作协议》，长沙市商务局成立长沙市商务局推进长株潭一体化发展工作领导小组，印发《长沙市商务局推进长株潭一体化商务领域开放合作发展工作方案》；三市联合发布《2021 年度长株潭都市圈先进制造业招商引资项目册》，在 2021 湖南—粤港澳大湾区投资贸易洽谈活动（港洽周）上，三市首次进行联合招商，共同举行“智能制造、智享未来”湖南先进制造业推介会，签约 18 个项目，总投资 203.7 亿元。在第 15 届湘台经贸文化交流合作会长株潭三市产业对接会上，三市签约 6 个代表性台资项目，总投资 27.2 亿元。联合打造“湘企出海 +”综合服务平台长株潭专区，推动企业抱团出海。联动建设“长株潭 · 名优产品出口展销馆”，助力三市特色产业和名优产品出口。推动成立长株潭夜间经济联盟，以发展长株潭夜间经济为目标，促进长株潭夜间消费升级。对接粤港澳大湾区、长江经济带、长江中游城市群相关工作，推动形成优势互补的区域合作发展新格局。落实示范创建乡镇宁乡市巷子口镇的联点牵头单位责任，联点相关工作全面有序开展，乡村振兴各项重点任务推进。做好椒花新村巩固脱贫攻坚成果同乡村振兴有效衔接，推进对口帮扶湖南省龙山县助力乡村振兴、湖北省兴山县古夫镇对口支援工作。

【营商环境】　2021 年，长沙市贯彻落实准入前国民待遇加负面清单的管理制度。2021 年，全市新成立外资企业 282 家，比 2020 年增长 34.9%，其中三井物产收购湘研种业项目是长沙市落实新版外资准入负面清单、放宽小麦种业准入后引入的首个外资种业项目。全面执行外商投资信息报告制度。长沙市商务局指导全市 1164 家外资企业参加 2021 年度外商投资企业年报，并与市市场监管局开展外资企业“双随机、一公开”检查，完善对外商投资企业的事中、事后监管。进一步建立健全对重点外资企业和在谈、在建项目的常态化协调服务机制。全年铺排近 50 个重点外资在谈、在建项目，由区县、园区建立外资工作专班，协调解决外资项目遇到的手续办理、人员出入境、要素保障、融资需求等困难和问题，形成洽谈一批、签约一批、建设一批、竣工一批的良好态势。不断完善外商投诉工作机制，保护外商合法权益，及时协调解决不公平对待外资企业问题，维护公平竞争秩序。指导自贸区长沙片区挂牌设立“外商投资‘一站式’服务联络点”，为外商提供人员出入境、投资咨询、企业注册、项目建设、生产运营、投诉处理等全流程服务，协调和解决外商在长沙投资的重要关切问题。降低自贸区长沙片区外资企业准入门槛。放宽自贸区长沙片区设立外商投资性公司的申请条件（申请前一年外国投资者的资产总额不低于 2 亿美元，取消对外国投资者在中国境内已设立外商投资企业的数量要求）等，截至 2021 年年底，自贸区长沙片区有 8 家投资总额 1000 万美元以上的外商投资的投资性公司落户。

【中国（湖南）自贸试验区中非经贸合作促进创新示范园 2021 年首批入驻企业集中签约】　2021 年 1 月 7 日，中国（湖南）自贸试验区中非经贸合作促进创新示范园 2021 年首批入驻企业集中签约仪式暨“一站式”全程代办服务中心揭牌仪式在湖南高桥大市场举行。副省长何报翔、副市长朱东铁出席。中国（湖南）自贸试验区长沙片区雨花高桥区块招商引资，有 120 余家企业申请入园，首批集中入驻企业 72 家。活动现场，中非跨境电商综合服务平台、湖南中芯供应链公司、友阿易货贸易销售结算公司、上海凌航实业集团、青岛思锐国际物流公司等 23 家企业和服务中心上台签约。雨花区委常委、常务副区长龚畅为“中非经贸深度合作先行区‘一站式’全程代办服务中心”揭牌，区行政审批局局长朱映凯作中心推介。中非经贸合作促进创新示范园一期 15 万平方米建成，二期 9 万平方米加快建设中。

【中国（湖南）自由贸易试验区长沙片区在深圳推介】　2021 年 1 月 10 日，中国（湖南）自由贸易试验区长沙片区推介会暨深圳市长沙商会 2021 年迎新春联谊会在深圳举行。会上，中国（湖南）自由贸易试验区长沙片区向在深圳湘商发出邀请，长沙市商务局副局长孙春华、长沙市政协副主席彭继球分别作讲话，宣传推介长沙。中国（湖南）自由贸易试验区长沙片区面积 79.98 平方千米，占湖南自贸试验区总面积的 2/3。自 2020

年9月22日揭牌以来，围绕“打造全球高端装备制造业基地、内陆地区高端现代服务业中心、中非经贸深度合作先行区和中部地区崛起增长极”发展目标，中国（湖南）自由贸易试验区长沙片区在加快转变政府职能、深化投资领域改革、推动贸易高质量发展、深化金融领域开放创新、探索中非经贸合作新路径新机制等7个领域提出113项改革事项、320项落地举措，以制度创新红利激发市场主体活力。会上，深圳市长沙商会分别与长沙市投资促进事务中心、前海金融同业公会、中国健康管理协会大湾区签订战略合作协议，并对第三届深圳市长沙商会理事会、监事会，创会会长、永远名誉会长、创会监事长、永远名誉监事长，长沙市百家商会千户企业家招商行动招商大使进行授牌。

【长沙市被评为“2020中国最具投资吸引力城市”和“2020中国十佳外商投资最满意城市”】 2021年4月2日，2021环球城市招商引资推介大会在北京举行，活动现场发布《中国城市投资吸引力指数报告》。长沙市被评为“2020中国最具投资吸引力城市”和“2020中国十佳外商投资最满意城市”。市政府副秘书长厉江华代表长沙出席活动，并作城市推介。

【长沙投资环境推介会】 2021年5月22日在北京举行，160余家驻北京央企、外资企业、跨国公司、金融企业、驻京院校科研机构的近300名各界嘉宾在北京市湖南大厦参加长沙投资环境北京推介会。推介会上，湖南省委常委、长沙市委书记吴桂英，北京市朝阳区委书记王灏分别致辞。长沙市委副书记、市长、湖南湘江新区党工委书记郑建新主持。长沙市委常委、常务副市长夏建平从产业基础、开放通道、消费市场、创新资源、营商生态5个方面作长沙主题推介。长沙市人民政府与中国中铁股份有限公司、中国铁建股份有限公司等企业（机构）签署12个框架合作协议，深入拓展产业发展、基础设施、金融证券等领域的合作空间，湘江新区、湖南自贸试验区长沙片区、长沙市5个国家级园区与中车环境科技有限公司、京东方科技集团等企业（机构）签订10个项目合作协议，涉及云计算、汽车产业、绿色能源等高新技术产业和长沙传统优势产业。推介会期间，114个重大招商引资项目签约，总投资额逾1000亿元，其中投资方来自北京的项目95个，涵盖智能制造、总部经济、片区综合开发、新基建等多种业态。“三类500强”企业投资项目40个，包括在推介会现场签约的北汽福田商用车南方基地项目、华电智慧能源项目等；工业制造业项目25个，总投资298亿元；京东方数科总部、美团交通事业华中区总部等总部经济项目27个；金融类项目8个；科技研发类项目15个。

【2021年长沙市招商引资统计及业务工作培训班】 2021年6月8日，长沙市商务局举办2021年长沙市招商引资统计及业务工作培训班。市商务局副局长孙春华出席培训班并讲话，各县（市、区）、园区商务主管部门分管负责人，市投资促进中心及市商务局投资管理处、招商处、经协处、财务处负责人等参加培训。在培训学习环节，省商务厅投资管理处处长王海梅解读《中华人民共和国外商投资法》的发展历程、主要内容，并就如何“以开放的视角做好招商引资工作”给予指导；省商务厅投资管理处三级主任科员罗亚丽详细讲解外商投资统计实务，并就依法开展外资统计工作提出要求；市统计局统计执法监督处处长王浩宣讲统计法律法规；市市场监管局信用监管处四级主任科员金成讲解外商投资年度信息报告实务。在工作交流环节，孙春华肯定各县（市、区）、园区商务主管部门2021年以来招商引资工作取得的成绩。

【长株潭三市联合发布产业招商项目】 2021年6月10日，长沙市商务局联合株洲市商务局、湘潭市商务局共同发布《2021年度长株潭都市圈先进制造业招商引资项目册》。该项目册围绕长株潭三市产业空间和功能布局，经三市严格筛选，编入192个制造业重点项目，涵盖汽车产业链、显示功能器产业链、工程机械产业链、先进轨道交通装备产业链等，注重工业新兴及优势产业延链补链。如长沙高新区新能源商用汽车产业园项目、长沙经开区工程机械核心零部件项目、株洲轨道交通创新产业园三期项目、湘潭天易智能装备产业园项目等。该项目册的发布，是长株潭三市商务局落实省、市关于推进长株潭都市圈一体化发展的重要举措。

【2021湖南—粤港澳大湾区投资贸易洽谈活动】 2021年7月28日，2021湖南—粤港澳大湾区投资贸易洽谈活动（以下简称“港洽周”）在深圳举办。2021“港洽周”是新冠肺炎疫情发生以来，湖南在粤港澳大湾区举办的第一场全省性重大经贸活动，也是“十四五”开局后湖南在省外举办的首场规格最高、规模最大的经贸活动。在主体活动湖南“三高四新”战略暨中国（湖南）自由贸易试验区推介会上，长沙现场签约5大项目：湖南湘江新区网易长沙数字产业基地项目、雨花区诺贝尔脑科学健康中心项目、宁乡经开区华润怡宝纯净水生产基地项目、华为马栏山视频产业深化合作项目、望城经开区华秋电子5G产业园项目，总投资90亿元。其中，网易长沙数字产业基地、华润怡宝纯净水生产基地项目和华为马栏山视频产业深化合作项目均为“三类500强”（世界财富500强、中国企业500强和民营企业500强）项目，该次签约项目涵盖智能制造、电子信息、医疗健康等。

【湖南自贸试验区长沙片区外商投资企业“一站式”服务联络点挂牌】 2021年8月26日，湖南自贸试验区长沙片区外商投资企业“一站式”服务联络点挂牌。湖南自贸试验区长沙片区外商投资企业“一站式”服务联络点（以下简称“联络点”）为外商提供投资咨询、设立指引、协调服务、信息报告指导、投诉处理等“一站式”服务，协调和解决外商在长沙投资的重要关切问题，提高自贸区利用外资质量和水平。联络点采用“1+5”的模式，长沙片区的总联络点设在湖南自贸区长沙片区综合服务中心，中心有公安、税务、海关、市监、贸促、科技、人社、商务8个部门入驻办理业务；长沙经开区区块、临空区块、会展区块、雨花区块、芙蓉区块5个区块则分别设立“外资服务分联络点”。专人负责现场受理和业务办理，真正实现企业“进一张门，办所有事”。

【长沙市推进“三高四新”战略暨投资环境（上海）推介会】 2021年9月6日在上海举行，250余家驻上海央企、外资企业、跨国公司、金融企业等各界嘉宾近300人参会。会上，湖南省委常委、长沙市委书记吴桂英致辞，长沙市委副书记、市长、湖南湘江新区党工委书记郑建新主持推介会。推介会现场介绍长沙市情，并作打造内陆地区开放高地暨中国（湖南）自贸试验区长沙片区推介。企业代表交通银行股份有限公司党委副书记徐吉明，国药控股集团党委书记、董事长于清明，巴斯夫电池材料全球业务部副总裁杨捷先后发言。推介会期间，43个项目签约，总投资582.7亿元。其中投资方来自长三角的项目35个，涵盖智能制造、总部经济、片区综合开发、新基建等多种业态；“三类500强”企业投资项目14个，包括在推介会现场签约的巴斯夫与杉杉能源合作项目、复星国际健康科创城项目等；工业制造业项目20个，总投资305.78亿元，如邦盛20万吨/年磷酸铁锂项目，总投资约120亿元。与以往相比，该次长沙着力在引龙头、聚集群、补链条上下功夫，在招“大”、引“新”、强“链”上求突破，重点对接一批体量大、质量高、影响广的实力强劲的行业领军企业、跨国世界500强，如德国舍弗勒、菲亚特克莱斯勒、新加坡凯德集团等。

【长沙市推进“三高四新”战略暨投资环境（深圳）推介会】 2021年10月12日在深圳举行，近300名来自粤港澳大湾区先进制造、金融、科创、现代服务等领域嘉宾参会。湖南省委常委、长沙市委书记吴桂英致辞，长沙市委副书记、市长、湖南湘江新区党工委书记郑建新主持推介会。推介会介绍长沙市情，企业代表华润集团党委委员、副总经理，华润微电子有限公司董事长陈小军，华为技术有限公司董事、高级副总裁、全球政企BG总裁彭中阳先后发言。推介会期间，51个项目签约，总投资约623亿元。推介会现场签约项目24个，成果项目27个。投资方来自粤港澳大湾区的项目46个，“三类500强”企业投资项目10个。

【长沙与浙江大华技术股份有限公司签订合作框架协议】 2021年11月17日，长沙市人民政府与浙江大华技术股份有限公司（以下简称“大华股份”）签署合作框架协议，双方在人工智能、大数据应用、智慧城市、智慧教育、智慧消防、智能交通及智慧安防等领域开展深度合作。市委副书记、市长、湖南湘江新区党工委书记郑建新，浙江大华技术股份有限公司董事长傅利泉出席签约仪式并讲话，市委常委、市政府党组副书记彭华松主持签约仪式，副市长邱继兴代表长沙市政府签约。长沙市商务局党委书记、局长，中国（湖南）自贸试验区长沙片区管委会主任郑平，市商务局副局长孙春华参加签约仪式。现场，大华股份与望城经开区签署智慧物联终端制造基地及华中智造总部项目入园协议。浙江大华技术股份有限公司成立于2001年，是全球领先的以视频为核心的智慧物联解决方案提供商和运营服务商，为城市、企业、家庭数字化转型提供“一站式”智慧物联服务与解决方案，位列2021年《财富》中国500强第384位。公司有国家级博士后科研工作站，是国家高新技术企业、国家认定企业技术中心、国家创新型试点企业，在研国家火炬计划项目4项、国家高新技术产业化重大专项5项。大华股份申请专利逾4500项，其中国际专利360余项。

【长沙被评为“商务吸引力领军城市”】 2021年12月10日，由参考消息报社、新华社新闻信息中心联合主办的首届“中国城市国际传播论坛”在北京举行。论坛主题为“推动国际传播，提升城市形象”。论坛上，参考消息报社发布《中国城市海外影响力分析报告（2021）》，北京、成都、广州、杭州等十座城市被评为“中国国际传播综合影响力先锋城市”；海口被评为“国际沟通力领军城市”，成都被评为“国际表达力领军城市”，长沙被评为“商务吸引力领军城市”，重庆被评为“海外社交亲和力领军城市”，宁波被评为“文化旅游美誉度领军城市”。东莞、贵阳等5座城市入选“中国城市国际传播特色案例”。

（本栏撰稿　周　恩）

对外贸易

【概况】 2021年，长沙市对外贸易实现进出口总额2780.3亿元，比2020年（同比，下同）增长18.2%，较全省低4.4个百分点，较全国低3.2个百分点。其中，出口1977.5亿元，比2020年上涨27.71%，较全省高0.2个百分点，较全国高6.2个百分点；进口802.8亿元，比2020年下降0.18%，较全省低12.4个百分点，较全国低21.4个百分点。

国际市场　稳固东盟、美国、欧盟等传统市场，全年全市对东盟（10国）进出口515.4亿元，增长6.6%；对美国进出口375.1亿元，增长64%；对欧盟（27国，不含英国）进出口319.2亿元，增长5.8%。拓展"一带一路"沿线国家、非洲国家等新兴市场，稳步扩大新兴市场进出口规模。全年全市对"一带一路"沿线国家（地区）、RCEP成员国、非洲国家进出口额分别为915.8亿元、919.7亿元和142.7亿元，增幅分别为14.2%、15.8%和77.65%。

外贸主体　2021年，全市有外贸进出口实绩的企业3578家。其中进出口10亿元以上企业28家，进出口总额986.3亿元，占全市总额的35.5%；进出口1亿元以上企业575家，比2020年增加130家。聚焦全国外贸200强企业，开展对接行动，浙江大华、迈瑞生物医疗、英捷迅、九立供应链等企业落户长沙。

外贸平台　推进自贸区长沙片区高质量发展。2021年自贸区长沙片区完成进出口额948.94亿元，比2020年增长25.07%。113项改革任务已实施106项，已形成制度创新成果34项，26项入选省级制度创新案例。出台自贸人才新政45条，吸引3.2万人通过人才新政落户。获评两大贸易平台。长沙市加工贸易产业园被评为国家级加工贸易产业园，成为全国首批13个加工贸易产业园之一；新添国家级外贸转型升级基地，长沙高新区和宁乡高新区分别被评为生物医药和装备制造2个国家级外贸转型升级基地，全市国家外贸转型升级基地累计7家。

物流通道　2021年，中欧班列（长沙）年开行量首次逾1000列，连续3年稳居全国第一方阵。全年在飞国际货运航线14条，货邮吞吐量首次逾20万吨，其中国际货邮首次逾9万吨，完成对欧盟、东盟、美国三大经济体的空中布局。国际水运通道建设提速，长沙新港（三期）铁路专用线及配套仓库开工建设，2021年水运口岸汽车滚装码头实现滚装商品汽车43350辆，比2020年增长40%；货物吞吐量1450万吨。

外贸业态　跨境电商综试区建设。以"湘商回归"和"人才培育"为主，全面构建跨境电商生态圈，全年实现跨境电商进出口额35.1亿美元，比2020年增长43%。市场采购贸易总量稳步提升，开通5个重点口岸全国通关一体化试点，建立市场采购金融服务体系，出台市场采购风险补偿金工作方案。2021年，长沙市市场采购贸易出口金额12.8亿美元，比2020年增长近30%。外贸综合服务健康发展。园区外贸综合服务中心基本实现省级以上园区全覆盖，2021年为企业提供各类外贸咨询服务1万余次，帮助逾300家企业首次实现进出口实绩，逾100家企业实现外贸业绩成倍增长。易货贸易全国首单试单成功，实现建材及小商品与南非易货红西柚。二手工程机械设备"首单"成功报关出口，二手旋挖钻机成功报关运抵乌干达。

【服务外包】　2021年，长沙市服务外包实现执行额48.51亿美元，比2020年（同比，下同）增长23%，其中承接离岸服务外包执行额10.68亿美元，增长20.1%。服务外包执行额在全国38个服务外包示范城市（地区）中排名第17位，在中部地区中排名第2位，仅次于合肥。2021年，全市信息技术外包（ITO）完成执行额18.92亿美元，增长12.1%，占全市服务外包总执行额39%，比2020年下降3.8个百分点，其中离岸信息技术外包完成执行额6.14亿美元，增长37.4%；业务流程外包（BPO）完成执行额15.87亿美元，增长84.7%，占全市服务外包总执行额32.7%，比2020年上升10.9个百分点，其中离岸业务流程外包完成执行额1.63亿美元，增长168.6%；知识流程外包（KPO）完成执行额13.72亿美元，下降1.9%，占全市服务外包总执行额28.3%，比2020年下降7.2个百分点，其中离岸知识流程外包完成执行额2.92亿美元，下降23.7%。

2021年，长沙市纳入商务部服务外包统计监测系统企业新增126家，企业总量1229家，其中有业绩体现企业296家，比2020年增加68家，离岸有业绩体现企业84家。服务外包执行额在1亿美元以上的企业13家，包含离岸企业2家，5000万~1亿美元企业15家，1000万~5000万美元的企业62家。

2021年，长沙市企业承接国际服务外包业务的市场86个，比2020年增加8个，承接美国服务外包业务执行额2.17亿美元，增长46.9%，承接东盟服务外包业务执行额1.76亿美元，增长28%。美国、东盟分别占全市国际服务外包执行额的20.3%和16.4%。全年全市承接"一带一路"沿线国家地区的服务外包业务执行额2.33亿美元，增长23.9%。

2021年，长沙高新区继续引领全市服务外包快速发展，完成服务外包执行额26.29亿美元，增长9.1%，占全市服务外包总执行额的54.2%；长沙经开区完成执行额2.22亿美元，岳麓区、长沙县分别完成执行额2.3亿美元和1.38亿美元，分别增长155.9%和165.4%；浏阳市、宁乡市分别实现增长14801.7%和426%。离岸服务外包方面，长沙高新区完成执行额7.4亿美元，增长15.3%，占全市离岸服务外包执行额的69.3%；岳麓区完成执行额0.78亿美元，增长2445%，隆平高科园、浏阳市均实现17.8倍增长。

【浏阳花炮等湖南七大地标"网红"入列中欧地理标志】　2021年3月1日，中欧地理标志协定生效。该协定是中国对外商签的第一个全面的、高水平的地理标志协定。全国有275个地理标志产品入选，其中湖南省入选产品有浏阳花炮、安化黑茶、酒鬼酒、醴陵瓷器、古丈毛尖、保靖黄金茶、永丰辣酱。

【利比里亚共和国离岸（中国）产业创新与交流中心揭牌】 2021年3月17日，利比里亚共和国离岸（中国）产业创新与交流中心在中国（湖南）自由贸易试验区长沙片区芙蓉区块揭牌。芙蓉区政府常务副区长谭雄伟与利比里亚驻华大使馆商务参赞莫巴卡威共同为利比里亚共和国离岸（中国）产业创新与交流中心揭牌。中利双方签署《利比里亚驻华大使馆商务处与湖南省对非贸易有限公司友好合作备忘录》。莫巴卡威一行参观隆平水稻博物馆，听取自贸区长沙片区芙蓉区块相关情况介绍。在座谈会上，中利双方就特色产品进出口贸易往来、“线上”和“线下”经贸交流活动、重点产业项目和投资“入非”“来华”进行洽谈。利比里亚共和国离岸（中国）产业创新与交流中心落户在自贸区长沙片区芙蓉区块，是芙蓉区重点国际产业创新商务平台——国际产业创新与交流中心对外经贸产物。国际产业创新与交流中心由省、市外事办与芙蓉区政府联合搭建，旨在持续吸引非洲国家离岸（中国）产业创新与交流中心、国际机构、非洲国家行业10强企业、跨国企业总部等入驻，推进自贸试验区建设。同时帮助湖南省优势行业对接非洲优质原材料资源，探索在产业领域实现国内国际双循环。

【长沙市参加国家加工贸易产业园专家评审会】 2021年8月18日，商务部举行国家加工贸易产业园申报工作线上视频专家评审会，湖南省商务厅副厅长周越、长沙市人民政府副市长刘拥兵出席会议，长沙市商务局党委书记、提名局长、中国（湖南）自由贸易试验区长沙片区管委会主任（兼）郑平，市商务局副局长汪东华，长沙经开区、浏阳经开区、黄花综保区商务部门负责人参加会议。郑平代表长沙市向商务部领导和评审专家汇报长沙市及加工贸易产业园加工贸易发展、加工贸易产业园空间布局、产业园开发运营以及与东部地区共建合作机制等7个方面的情况。刘拥兵向商务部领导和专家介绍长沙市的区位优势和产业基础。在答辩环节，郑平、汪东华回答专家提出的问题。

【长沙市加工贸易产业园晋升国家级】 2021年9月1日，商务部网站公示首批国家加工贸易产业园认定名单，湖南省长沙市加工贸易产业园成为全国首批13家国家加工贸易产业园之一。2021年4月，商务部下发关于开展国家加工贸易产业园申报认定工作的通知，决定培育建设一批国家加工贸易产业园。为进一步推进长沙加工贸易转型升级，长沙市商务局组织申报国家加工贸易产业园。长沙市加工贸易产业园位于长沙主城区东侧，包含中国（湖南）自由贸易试验区长沙片区临空区块、长沙经济技术开发区、浏阳市经济技术开发区3个国家级园区。依托当前发展基础，产业园构建“一主四特”（以电子信息产业为主，以工程机械产业、生物医药产业、汽车及零部件产业、智能装备制造为特色）的产业发展格局。

【“长株潭·名优产品出口展销馆”开馆仪式暨市场采购招商推介会（长株潭专场）】 2021年9月26日，由长沙市商务局主办的第二届中国—非洲经贸博览会高桥分展馆对非出口产品消费节——“长株潭·名优产品出口展销馆”开馆仪式暨市场采购招商推介会（长株潭专场）活动在长沙举办。长沙市人民政府副秘书长刘汇，长沙市商务局、自贸区长沙片区管委会、株洲市商务局、湘潭市口岸办公室、长沙市雨花区政府、湖南自贸区长沙片区雨花管委会等相关领导，湖南高桥大市场董事总经理罗晓，以及境外采购商和供应商200余人参加活动。长沙市商务局党委书记、局长，中国（湖南）自由贸易试验区长沙片区管委会主任郑平主持开馆仪式。展销馆设立长沙馆、株洲馆、湘潭馆三大展馆，长沙馆内汇聚各类医疗器械产品；株洲馆内以服装服饰为主；湘潭馆汇集各类红色文创及特色农产品等。

【“湘企出海+”综合服务平台“长株潭专区”上线】 2021年，长沙市商务局联动株洲、湘潭市商务局共同建设“湘企出海+”综合服务平台“长株潭专区”，以实现“平台同用”。整合长沙、株洲、湘潭三市优势资源，更好地实现“走出去”和“引进来”互联互通、国际合作服务体系共建共享，推动企业抱团出海。作为湖南省先行先试的首家市级平台、长沙对外经济合作资讯官方发布窗口，“湘企出海+”综合服务平台“长沙专区”自2018年上线以来，立足企业国际合作需求，整合境内外资源，建立专业完善的服务体系，提供精准线上线下国际合作服务，服务企业1000余家，其成功模式与经验在全省各市（州）借鉴推广，成为湖南省“开放崛起”的示范性综合服务平台。该专区将增设自贸区和对非经贸板块内容，打造成为自贸长沙片区改革可复制推广的创新成果和先进典型。

【博鳌亚洲论坛全球经济发展与安全论坛首届大会全体大会】 2021年10月18日在长沙举行。省委副书记、省长毛伟明出席并致辞，国际原子能机构总干事格罗西，芬兰发展合作与外贸部长斯基纳里，塞内加尔经济、计划和合作部长奥特通过视频形式致辞，全国政协外事委员会主任楼继伟、博鳌亚洲论坛秘书长李保东、省委副书记乌兰出席。省领导谢建辉、许显辉，全国政协社会和法制委员会副主任陈智敏出席，会议由国家禁毒委副主任、博鳌亚洲论坛全球经济发展与安全论坛大会主席曾伟雄主持。湖南省委常委、长沙市委书记吴桂英，中国贸促会副会长陈建安，新疆维吾尔自治区副主席赵青在会上致辞；联合国难民事务高级专员格兰迪、博鳌亚洲论坛理事古铁雷斯、红十字会与红新月会国际联合会秘书长亚干·查普干、博鳌亚洲论坛咨委弗里斯特、世界自然基金会总干事兰博蒂尼作视频致辞，世界知识产权组织中国办事处主任刘华宣读世界知识产权组织贺信。中央部委及部分省（自治区、直辖市）负责人，部分驻华使节、合作伙伴会员代表、企业家、专家学者等1000余人出席会议。全球经济发展与安全论坛是博鳌亚洲论坛推出的第三个全球专题论坛，是博鳌亚洲论坛向经济发展与安全领域拓展的首个专题会议。该次大会以“大变局下的经济安全与可持续发展”为主题，旨在搭建全球性平台，为各国应对经济发展与安全新挑战、实现可持续发展提供“博鳌方案”、贡献亚洲智慧。（本栏撰稿　周　恩）

对外经济合作

【对外投资】　2021年，长沙市对外实际投资额14.65亿美元，占全省份额92.2%，总量居中部省会城市第一位；中方合同投资额7亿美元，占全省份额86.1%，新增备案境外投资项目31个，主要分布在越南、老挝、日本、英国等20个国家和地区，涉及电子设备制造业、医药制造、零售业、服务业等行业，“一带一路”国家和地区依然是长沙市对外投资企业聚集度较高区域，有18个项目分布在“一带一路”沿线国家和地区，占境外投资项目总数的58%；蓝思科技、长沙戴卡、圣湘生物、泰嘉新材等一批企业积极“走出去”，布局海外市场。境外园区建设稳步推进，促进产业集聚发展。阿治曼中国城一期项目进行提质改造，二期新建项目规划向加工制造型园区升级，已立项，完成可研设计工作；柬埔寨尔康产业园入驻年产18万吨的马德望淀粉厂、医药中间体生产等7个项目，企业原料药产业链不断向上延伸布局；乌干达湖南工业园项目加快推进，与当地政府合作推进土地相关事宜，同时进行园区政策谈判、规划设计、招商推介等工作，建设中非“产能合作、产业转移”基地；中国—巴西农业科技产业园区一期工程技术升级改造陆续完工并投入使用，华南农大巴西玉米育种基地等入驻；马达加斯加农业产业园完成12520公顷杂交水稻、木薯、畜牧业产业基地建设，被纳入马达加斯加重点推广农业项目。

【对外承包工程】　2021年，长沙市对外承包工程市场以“一带一路”沿线、非洲国家为主，主要涉及建筑工程、水利、电力、道路桥梁等基础设施建设领域。龙头集聚效应显著，对外承包工程主力在长沙央企、湘企等大型企业，凭借在市场开拓和经营中的资源整合优势，积极承揽项目建设。2021年，湖南建工集团签约孟加拉国拉杰沙希地表水处理厂项目；中国电建集团中南院承建越南海上风电项目；中建五局参建中泰高铁项目4–3标段。非洲市场潜力进一步释放，中建五局阿尔及利亚谢赫谢勒17千米绕城高速公路项目、水电八局乌干达卡鲁玛水电站工程项目等“湘军”品牌，同龙建筑埃及项目、中地海外喀麦隆、乍得等承包工程项目持续实施。

【对外劳务合作】　2021年，受新冠肺炎疫情持续波及，长沙市对外劳务业务仍受一定影响，但比2020年有所复苏，长沙市对外劳务合作企业在马来西亚、尼日利亚、印度尼西亚、新加坡等地持续开展外派业务，主要涉及建筑业、制造业、护理等行业。对外劳务队伍不断扩大，新增湖南佳林建设集团有限公司办理对外劳务合作经营资格证书。结合全球疫情下长沙市对外劳务企业经营实际，长沙市对外劳务合作企业联盟开展“护照、出入境管理政策解读及境外新冠疫情防控培训”“劳动用工法律专题培训”等业务培训，加强指导，助力对外劳务企业稳步“走出去”。

【外经平台服务】　2021年，“湘企出海+”综合服务平台“长株潭专区”（长沙）改版，功能日趋完善，增设自贸区和对非经贸板块内容，实现长株潭信息共享，英文网站实现同步上线，截至2021年12月底，累计上传7912条国内外双向信息，其成功模式与经验在全省各市州中借鉴推广，平台建设被纳入湖南自贸试验区长沙片区重要改革事项。长沙市对外投资及经济合作企业协会发挥政府与企业之间的桥梁、纽带作用，发布《长沙市2021年度对外投资和经济合作典型案例》，宣传推介17个长沙市优秀外经项目。推动驻外之家中非经贸合作服务平台建设，由全国工商联批准的中非民间商会长沙办事处成立，办公地设在驻外之家。全年开展2021“走出去”企业业务政策培训、2021湘企出海·中非经贸国际交流合作能力实战培训会等11场培训，为企业多层次解读省、市政策和业务知识，提振企业“走出去”信心；举办中国（长沙）—阿尔及利亚经贸合作线上交流会、2021中国（湖南）—非洲四国经贸推介暨圆桌交流会等5场线上线下重点推介活动，推动务实合作。

【第二届中国—非洲经贸博览会】　2021年9月26—29日在长沙举行。博览会以“新起点、新机遇、新作为”为主题，展商及展品涉及47个非洲国家、12个行业领域。采用“线下为主、线上线下相结合”模式推出云上博览会平台，同步开启“云会议、云展览、云交易”，实现开幕式实时信号直传非洲，云展览线上参展企业320家，展品品类近2300个，云交易额逾2.5亿元。主展馆设在长沙国际会展中心，布展面积6.4万平方米。分展馆位于高桥大市场，设1个常设展馆和5个特色展区。博览会征集到合作项目569个，会期内以现场或连线等方式签约135个，累计金额229亿美元，签约项目的数量和金额均超过首届博览会。近500家中非贸易企业开展会前会中磋商对接，意向成交额2亿美元。《中非经贸合作案例方案集》《中国与非洲经贸关系报告》同期发布。长沙作为主办城市，签约24个项目，涉及金额33.9亿美元，占全省的75%，主要类别有贸易、投资、重要战略合作、工程承包等。其中较大的项目有乌干达维多利亚生态产业新城项目，项目金额10亿美元，位于乌干达坎帕拉，拟打造成东非最大的跨境电商服务中心之一，同时探索打造新型国际城市综合体。

（本栏撰稿　周　恩）

经贸促进

【概况】　2021年，中国国际贸易促进委员会长沙支会（以下简称“市贸促会”）不断加强贸易投资促进、商事法律服务、参与全球经济治理体系改革，取得新成效。

经贸交流合作　主动联络境内外国际商协会组织，与韩国龟尾市中国贸易合作代表处等5家国际商协会在长沙组织建立联系，保持联系的境内外国际商协会101家。参加知名商协会召开的专业性交流座谈活动，组织山河智能、长沙亿美博等液压行业的头部企业参加由中国液压气动密封件工业协会和汉诺威米兰展览（上海）有限公司主办的PTC ASIA火花创造营——工程机械主题交流会。拜访、邀请境外有关机构，与美国驻武汉总领馆、澳大利亚贸易投资委员会、美洲工业集团中国区高级顾问等面对面交流。长沙市贸促会被评为2021年度国际联络工作先进单位。探索中日韩企业交流中心长沙分中心作用发挥路径，组织相关企业参加2021中日韩（成都）中小企业经贸创新峰会，聘请长沙大长今文化传播有限公司负责人担任长沙分中心顾问，进一步增强中心促进长沙与日韩经贸交流的作用。

企业外向发展　组织企业、园区参加第22届中国环博会、第18届中国—东盟博览会、第24届北京科博会、2021广州国际食品食材展等市外国际性展会。面对面向斯里兰卡、马来西亚、澳大利亚、白俄罗斯、乌兹别克斯坦、墨西哥、布隆迪等国家驻华大使馆大使、商务参赞等定向推介长沙发展情况、贸易和投资促进政策，开拓国家和地区经贸往来渠道。出席和派专人服务2021年长沙国际工程机械展会、长江中游城市群“双碳”峰会暨湖南绿博会、第二届中非经贸博览会、中国（长沙）筑博会、2021湖南（国际）通用航空产业博览会、2021中国国际食品餐饮博览会、2021中国国际轨道交通和装备制造产业博览会。

涉外商事法律　举办第四届国际商事法律合作论坛，首个全国企业合规师培训基地在长沙启动。紧扣长株潭一体化工作要求，签署《长株潭三市贸促会法律工作合作框架协议》，建立三市涉外商事法律联席会议机制，推动涉外商事法律事业区域协同发展。组织205家长株潭引领企业开展企业贸易合规评估与清样调查活动，为每家企业出具企业专属合规风险评估报告。中国贸促会湖南调解中心长沙办事处揭牌，建立调解机构和调解员队伍；中国贸促会湖南自贸区（长沙）经贸摩擦预警点获中国贸促会审批。制作一般原产地证和优惠原产地证相关办事指南，全年签发原产证620份。

联系服务企业　解决湖南忘不了服饰有限公司对非跨境出口问题等企业诉求，做好贸促市场开拓资金补贴工作，为29家单位发放各项资金补贴约45万元。邀请中南大学商学院教授吴金明、中国贸促会商事法律服务中心副主任张顺等专家教授开展实务培训。发展8家企业加入长沙国际商会，为长沙国际商会新一届理事会成员单位举行授牌仪式，举办首期会员沙龙活动，增进与国际商会会员企业的沟通交流。启动贸促会兼职副会长探索工作。加强资讯服务，聚焦贸易政策和市场环境，收集并发布18期350条国际经贸信息。做好研究分析，围绕贸促会重点工作和全球经贸形势，编撰11期《贸促专报》。企业管理服务系统开发完毕并运行。制定《长沙市贸促会“十四五”发展规划纲要》，形成《长沙市贸促会深化改革方案》。

【《长沙市贸促会深化改革方案》印发】　2021年5月8日，长沙市委办公厅、长沙市人民政府办公厅联合下发《长沙市贸促会深化改革方案》。方案分为总体要求、改革内容、保障措施、组织实施4个部分，包含“推动外贸稳定增长和转型升级”“促进产业合作、双向投资协调发展”“加强各类经贸活动筹划组织”“整合资源深化国际交流合作”“强化经济政策研究和信息咨询”“履行‘代言工商’、为企纾困”“优化商事法律综合服务”“深化长沙国际商会改革”8个方面改革内容。

【长沙市贸促会（长沙国际商会）主题培训会】　2021年6月10日在长沙举办，中南大学商学院教授、省政协经科委主任吴金明以《中美贸易战与国内国际“双循环”》为题授课，80余家企业100余名代表参加。会上，举行长沙国际商会新一届理事会成员单位授牌仪式。

【长株潭企业国际贸易合规及法律风险防控实务培训会】　2021年7月28日在长沙举办，中国贸促会商事法律服务中心副主任张顺、中伦文德（长沙）律师事务所国际部主任段优授课，150余家企业180余名代表参会。会上，中国贸促会湖南调解中心长沙办事处揭牌，该办事处经中国贸促会

2021 年 7 月 28 日，长株潭三市贸促会签署《长株潭三市贸促会法律工作合作框架协议》　　市贸促会　供图

调解中心和湖南省贸促会批准成立，致力于发挥地方涉外商事法律服务的政策和资源优势，拓展贸促涉外商事法律工作职能，帮助企业解决走出去过程中面临的风险大、保障低、维权难等现实问题。长株潭三市贸促会签署《长株潭三市贸促会法律工作合作框架协议》，三市贸促会涉外商事法律工作资源进一步整合。

【长株潭引领性企业贸易合规评估与清样调查】　2021 年 7—12 月，开展长株潭引领企业贸易合规评估与清样调查，活动经长沙市人民政府批准，由中国国际贸易促进委员会长沙支会、长沙市商务局以及长株潭相关单位联合开展，并由江苏律回网络技术有限公司与北京中伦文德（长沙）律师事务所共同服务，205 家企业参与，调查对象范围涵盖长株潭地区各类有进出口实绩的企业，同时含有少量货运代理、供应链金融企业。活动结束形成调查报告《长株潭引领企业贸易合规评估与清样调查报告》。

【参加第 18 届中国东盟博览会】
2021 年 9 月 10—13 日，第 18 届东盟博览会峰会在广西南宁举办。长沙市贸促会组织长沙经开区、望城经开区等园区招商部门及湘江智能、大汉无忧等企业参展。市贸促会党组副书记、副会长喻霞元与中新国际联合研究院首席科学家余龙、科技部外国专家服务司副司长李昕、姜标等现场交流，就用好用足相关政策平台、研发平台、合作平台，对接长沙企业的贸易和投资需求等方面进行探讨。

【组织企业参加 2021 中日韩（成都）中小企业经贸创新峰会】　2021 年 10 月 21 日，2021 中日韩（成都）中小企业经贸创新峰会在成都开幕，长沙市贸促会中日韩企业交流中心长沙分中心组织大长今文化传播、茶美家健康管理、富春科技等企业参加峰会。长沙大长今文化传播有限公司与成都纽莱茵医疗美容医院在两地医美患者输送、技术交流及业务培训等方面达成合作意向。

【2021 国际商事法律合作论坛】
2021 年 12 月 15—16 日在长沙举办。论坛由中国国际贸易促进委员会主办，中国贸促会法律事务部、中国贸促会商事法律服务中心、长沙市人民政府联合承办，长沙市贸促会执行承办，中国贸促会党组成员、副会长卢鹏起，中国企业联合会副理事长刘鹏，湖南省贸促会党组书记、会长贺坚，长沙市委常委、市政府党组副书记彭华松出席论坛开幕式并致辞，新加坡文化、社区及青年部长兼律政部第二部长唐振辉，老挝工业和贸易部部长坎平・赛宋平进行线上视频致辞。论坛以“创新引领发展，规则促进开放”为主题，进一步汇集多方资源。墨西哥、斯里兰卡、马来西亚等 25 个国家的驻华使节、权威专家学者、知名律师事务所代表、大型企业代表 2000 余人参会，线上观看和参与人数 40.06 万次。论坛聚焦“法律沟通、法律融合、国际合作”，立足“以国内大循环为主体、国内国际双循环相互促进的新发展格局”，开辟“法治与营商环境优化”“新发展格局下企业合规”“国际商事争端预防与解决”“解读 RCEP”等板块，涵盖贸易投资法律政策、国际商事争端解决、知识产权保护、合规管理等法律热点，包括贸易便利化、国别营商环境、外商投资保障等政策指引。首个全国企业合规师培训基地在长沙启动，中国贸促会商事法律服务中心与深圳市贸促委、深圳市经理进修学院、潍坊市贸促会、潍坊职业学院、长沙贸促会、湖南师范大学法学院签署共建企业合规师培训示范基地战略合作协议，首批 75 名合规师获授牌。

（本栏撰稿　杨易霖）

开发区

DEVEL UPMENTAREA

编辑　刘盼盼

综　述

【概况】　截至2021年年底，长沙有国家级产业园区5个（长沙高新区、长沙经开区、宁乡经开区、浏阳经开区和望城经开区）；省级产业园区5个（雨花经开区、金霞经开区、天心经开区、宁乡高新区、岳麓高新区），参照省级园区管理1个（隆平高科技园）。园区规模工业企业1621家，完成规模工业总产值6893.3亿元，规模工业增加值增速11.7%，高于全市平均增速4.5个百分点，新增规模工业以上企业174家，完成进出口总额243亿美元，完成技工贸总收入1.2亿元，实现税收收入688亿元。

综合实力增强　长沙经开区和宁乡高新区连续两年获评五星级国家新型工业化产业示范基地称号。在工信部发布的“2021中国先进制造业百强园区”中，长沙市有三家园区上榜，其中长沙高新区排名第九位，长沙经开区排名第31位，宁乡经开区排名第86位。根据《湖南省产业园区建设领导小组关于2020年度、2021年度“五好”园区创建综合评价的情况通报》，总分排名位于前5位的国家园区中，长沙有3家，分别是浏阳经开区、长沙高新区和长沙经开区，其中浏阳经开区位列全省第一位，总分排名前5位的省级园区中，长沙有2家，分别为雨花经开区和宁乡高新区，其中，雨花经开区位列全省第二位；营商环境评价排名前十的园区中，长沙有2家，分别为天心经开区和雨花经开区。在商务部公布的2021年国家级经济技术开发区综合发展水平考核评价结果中，长沙经开区在217家国家级经开区位列14名，较2020年前进3个排名，为湖南省唯一进入综合排名前30的国家级经开区。

项目推动建设　印发《2021年度长沙市园区绩效考核项目认定管理办法》，在园区年度绩效考核确立“项目为王”的导向，项目实投考核不设计分上限，推动项目建设。实现项目全过程管理。建立园区新签约、新开工、在建、新竣工、新投产五类项目台账，月调度、季督查、年考核，实现项目全过程精细管理。建立重大项目联点帮扶机制。对投资10亿元以上的重大制造业项目，建立联点帮扶机制，及时了解项目进度，对项目建设存在的困难问题建立台账，实行交办制度，定期督查问题解决进度，发现9个问题，已全部解决。截至12月底，园区新签约项目402个，较2020年同期增加119个，合同计划总投资1076亿元，较2020年同期增加119.55亿元，增长12%；新开工项目484个，较2020年同期多246个，其中，亿元以上项目202个，较2020年同期多62个；在建项目764个，累计完成投资1754亿元，2021年度完成投资1081亿元；新竣工投产项目341个，较2020年同期多71个，实际完成投资额407亿元。

政策推动　以市委、市政府名义印发《关于创建“五好”园区　推动新发展阶段园区高质量发展的实施意见》，并配套出台《长沙市推动园区高质量发展的若干政策》和《长沙市产业园区“十四五”发展规划》。推动园区依法调规扩区，强化亩均效益导向，开展新型产业用地试点，用真金白银激发园区内生动力，从园区用地、创新、金融、人才、招商、项目建设等方面进行明确有力的支持，2022年起每年将新增财政资金1亿元用于支持“五好园区”建设。

亩均效益改革　建立园区规模以上工业企业数据库。摸底调查全市园区1579家规模以上工业企业的亩均效益相关数据，建立企业营业收入、税收、研发投入、劳动用工等4项指标综合评价体系，摸清规模以上工业企业用地底数和效益状况。印发《2021年度园区规模以上工业企业亩均效益考核实施细则》，将亩均效益引入园区绩效考核，引导各产业园区建立以质量和效益为核心的亩均效益改革机制，将“亩均效益”改革作为转变发展方式、优化经济质量、转换增长动力的有力抓手。是会同市资规局联合印发《推进“五好”园区建设提高亩均效益盘活产业园区低效工业用地的指导意见》，给园区开展低效用地盘活提供政策支持。全年盘活园区低效用地80公顷，加强园区用地保障。编写《2020年度园区亩均效益调研报告》，获市政府主要领导高度重视和重要批示。

产业布局优化　经过充分调研，根据各园区产业发展基础和“十四五”发展需要，经市政府主要领导研究审定，重新优化调整各园区的主特产业定位。坚持国家级园区两主一特，省级园区一主一特的产业发展要求。2021年，国家级园区主特产业产值占比达到70%以上，省级园区达到60%以上。培育工程机械、食品、汽车及零部件、新材料、电子信息五大产业集群，其中工程机械产业规模逾2000亿元，已经成为世界级产业集群。

【365个重大项目集中开竣工】

2021年6月23日，长沙市举行2021年重大项目集中开竣工活动，365个重大项目集中开竣工，预估总投资1757亿元。省委常委、市委书记吴桂英在集中开工主会场宣布项目开工。市委副书记、市长、湖南湘江新区党工委书记郑建新出席并讲话。该轮集中开竣工活动设主会场和分会场，采取“1+1+8”的模式，设1个全市集中开工主会场、1个全市集中竣工主会场和8个开竣工分会场。集中开工主会场设在天心区的新韶山南路项目现场。该项目属长株潭一体化基础设施项目“三干两轨四连线”中的四连线之一，是加强长株潭三市南北向联系的重要通道。项目北端起于西湖路与韶山南路交叉口，南端顺接湘潭市昭山大道，全线长6.7千米，预估总投资约20.7亿元，建设周期为36个月。此次参加集中开工活动的重大项目165个，涵盖产业发展、基础设施、公共服务等多个领域，预估总投资984亿元，2021年度计划投资214亿元，总投资50亿元以上的项目有3个。全市还有湖南三安半导体产业园项目等200个重大项目集中竣工，总投资额773亿元。其中，基础设施类项目55个，产业发展类项目114个，社会民生和生态环保类项目31个。

【全市园区高质量发展工作推进会】2021年6月24日召开。省委常委、市委书记吴桂英强调要落实全省产业园区高质量发展推进会精神，加快创建“五好”园区，推动园区高质量发展。市委副书记、市长、湖南湘江新区党工委书记郑建新作点评讲话。会前，与会人员前往长沙经开区，考察了三一智联重卡和工程机械扩产项目、磐吉奥（湖南）工业有限公司。长沙经开区、长沙高新区、宁乡经开区和岳麓山大学科技城、马栏山视频文创产业园主要负责人在会上汇报了创建“五好”园区，推进新发展阶段园区高质量发展的情况。

（本栏撰稿　阴雅婷）

国家级开发区

·长沙高新技术产业开发区·

【概况】　2021年，长沙高新技术产业开发区（以下简称“长沙高新区”）实现企业总收入3240亿元，增长15%；规模工业总产值1047.67亿元，增长1.3%；固定资产投资355.78亿元，增长13%；一般公共预算收入167.16亿元，增长23.4%；税收收入158.1亿元，增长22.8%，税占比94.6%，外贸进出口总额增长7.8%，外商直接投资占全省53.7%。在工业和信息化部赛迪顾问发布的“2021中国先进制造业百强园区”中排名第九位，位列全省园区第一位。

产业发展　全年新增商事主体8350家、企业5500家、新增规模工业企业31家、市级智能制造试点企业30家、市级人工智能企业16家，28家企业入选国家级专精特新小巨人企业。形成以新一代信息技术为首位，工程机械为优势，生物医药、先进储能及新能源汽车、北斗（航空航天）为特色的“113”产业布局。国家重点小巨人、国家专精特新企业获批数量居全省第一位，单项冠军产品、国家级智能制造获批量居全省第一位。实施企业领跑、企业倍增、低效产能企业转型升级、软件再出发三年行动四项计划，首批18家领跑企业参与制定99项国内外标准，50家倍增企业中景嘉微电子、华曙高科、长远锂科等26家增长25%以上。

项目引建　全年引进重大项目76个，投资总额376亿元，其中，过100亿元项目1个，过10亿元项目5个，“三类500强”项目5个，其中世界计算·长沙智谷项目总投资180亿元。全年铺排购地项目95个，实现新开工项目41个，新竣工项目30个，中联智慧产业城、湖南三安半导体产业园、世界计算·长沙智谷、长远锂科锂电池正极材料生产基地、北斗产业园五个项目列入全市“十个重大引领性产业项目”。全年完成新拆和征收项目32个，拆迁腾地336.67公顷，累计土方调运850万立方米，保障项目建设。

科技创新　打造创新载体。国家第三代半导体技术创新中心（湖南）、长沙先进计算技术创新联合体、湖南先进研究院等九个创新平台落户麓谷。北京大学计算与数字经济研究院、人工智能创新中心列入全市“十个重大科技创新标志性项目”。引进创新人才。建设“麓谷人才小镇”，布局实施人才服务中心、智能人才市场、高级专家公寓、青年人才驿站、人才大数据平台等十大项目，打造人才发展“四全”生态，被评为“全国人才工作创新最佳案例（全省唯一）”；启动实施“千博万硕”引才工程，计划用三年时间，投入10亿元，聚焦全球知名高校和“高精尖缺”领域，引进博士1000名、硕士1万名。推动科技攻关。中联重科高端液压元器件、东映碳材高性能碳纤维、楚微半导体8英寸集成电路成套装备入选全省“十大科技攻关项目”；在全市“揭榜挂帅”重大科技项目活动中，园区5家企业成功揭榜，占全市一半。做强创新主体，麓谷园区新增高新技术企业200家，总数达到1525家，占全市的29%，全省的15%。新增上市企业4家，总数达到50家，占全市的65%；全省的38%。入选科技部国家高新区企业创新积分制首批试点单位，推出企业创新积分制信息系统，打造七大运用场景，为企业发展注入“创新力量”。

营商环境　入选全市优化营商环境典型案例。实施“五减”行动，推出告知承诺制“升级版”，提高行政效能；启动“企业帮扶新三年”行动，精准帮扶680家重点企业，揭牌运营上市公司协会，率先开展惠企政策“免申即享”，在全市园区率先开设“领军企业总裁研修班”和“高成长企业总裁研修班”，提升服务环境。践行绿色发展理念，被评为“国家级工业绿色园区”。龙王港、肖河治理得到省、市纪委督查组高度肯定。统筹安全与发展，加强和创新基层社会治理，实现“五个不发生”、6年零非访，被评为省级平安建设红旗区县。

社会民生　加快推进公共事业。提质改造19个中小学校、幼儿园；合作举办雅礼高新中学，实现与名校办高中“零”突破。推进医联体建设，常态化开展新冠肺炎疫情防控，第一针疫苗接种率和全程接种率均位居全市第一位。完善保障体系。年度发放居民低保金592.82万元，累计发放10117人次，发放特困供养保障金164.85万元，累计发放1324人次；3个保障房项目启动开工建设，4个保障房项目实现分房安置，年度安置人口创历年来新高；促进高质量就业，全年新增城镇就业9288人。生活垃圾分类树立标杆，年度厨余垃圾占比

30.13%，排名全市第一名，行政村垃圾分类减量覆盖率100%。

城市品质　提升城市环境，谋划“一轴两区三带”城市布局，打造以桐梓坡路为发展主轴，做强环管委会和高铁西站两大发展片区，建设麓谷大道创意支撑带、东方红路商业支撑带和许龙路产业支撑带；坚持“四精五有”理念，在维持现状建设形式功能的基础上，对岳麓大道实施全要素提质改造，涵盖市政设施、道路空间、景观绿化、夜景照明等5项要素，成为省内示范标杆性道路；开展市容环境整治，市政道路设施维护完好率98%；提质升级综合展示馆，打造园区城市“第一客厅”。

深化改革　深化投融资体制改革，设立200亿元产业发展基金，赋能企业加快发展；深化国企改革，麓谷发展集团提前两年获得AAA主体信用等级，大幅提升融资能力；深化相对集中行政许可权改革、工程建设项目审批制度改革和政务服务数字化改革，“放管服”改革经验获全市推广、全省表扬。扩大对外开放。策划构建“中国（湖南）中非经贸国际交流中心”，成为湖南省对非合作唯一以国际创新交流资源为主的项目载体；获批国家外贸出口转型升级基地（生物医药），成为省内首个高新技术类出口基地；全年实现外商直接投资额居全省第一位，全年对外贸易额总量位列全省国家级园区第一位，全年服务外包合同执行额位列全省第一位，为长沙市力保“国家服务外包示范城市”国家级招牌做出重要贡献。

【首批18家制造业高质量发展领跑企业集中授牌】　2021年2月4日，长沙高新区为首批18家制造业高质量发展领跑企业集中授牌。中联重科、盈峰中联环境、力合科技、威胜集团、三德科技、三诺生物、圣湘生物等18家企业代表上台接受授牌。作为高新区第一批制造业示范标杆企业，该18家企业是高新区在工业和信息化部发布的细分领域前三位或全球市场占有率前五位的基准下，列入的首批名单，代表了高新区制造业发展的实力、潜力和形象。长沙高新区计划出台《长沙高新区制造业高质量发展“领跑企业”带动计划三年行动方案》，在资金、技改、人才、服务等方面给予“领跑企业”重点扶持，支持其参与国家标准、细分行业标准的制订，提高“领跑企业”在全国行业内的标杆地位，争取更多国家重大专项、国家技术中心落户园区，带动形成制造业高质量发展的示范效应。

【长沙高新区2021推进高质量发展暨政策兑现大会】　2021年3月9日，长沙高新区2021推进高质量发展暨政策兑现大会召开，现场兑现1.59亿元政策扶持资金。2020年，高新区累计兑现的产业发展、创新创业、招商引资、招才引智等相关政策以及争取的国家、省、市各项政策扶持资金，共计43.24亿元，资金总额比2019年增长17.2%，惠及全区889家企业及个人。此次长沙高新区兑现的区一级产业类政策中，关于加强自主创新促进产业高质量发展的33条新政为2021年首次兑现，单个政策兑现额超过1亿元，支持项目类别1062项。此外，人工智能与智能制造政策支持49项，奖励金额2614.94万元，生物医药政策支持87项，奖金金额1550万元。

【天际汽车匠心智造工厂投产】　2021年6月11日，天际汽车长沙匠心智造工厂投产仪式在长沙高新区举行。仪式现场，天际汽车与京东集团达成战略合作，天际ME5车型预售全面启动，标志着天际汽车长沙工厂将进入大规模量产阶段，满产产能6万辆，实现年产值120亿元以上。天际新能源汽车长沙工厂项目总投资51亿元，占地面积26公顷，建筑面积约13万平方米，项目于2019年3月开工建设，建有焊装车间，涂装车间，总装车间及其生产线，配套能源综合站房、废水处理站、质保检测中心等生产辅助设施。主要量产主力车型为新能源高端电动汽车天际ME5。此次投产的智造工厂是长沙第一个投产的纯新能源汽车工厂。

【长沙高新区排名全国先进制造业百强园区第九位】　2021年6月16日，赛迪顾问智能装备产业研究中心对全国218家国家级经开区和168家国家高新区进行分析评价，发布先进制造业百强园区榜单。长沙高新区脱颖而出，排名全国第九位，较2020年上升一个名次，成为湖南唯一一个入围此榜单前十名的国家级园区。赛迪顾问此次研究建立“五力”评估模型，从经济实力、创新潜力、融合能力、产业聚力和绿色动力5个维度对国家级园区先进制造业综合发展水平进行评价，以更科学全面地评估国家级产业园区在先进制造业方面发展的综合水平。位列第一方阵1~11名，分别为：中关村科技园区、深圳市高新技术产业园区、上海张江高新技术产业开发区、广州经济技术开发区、北京经济技术开发区、苏州工业园区、武汉东湖新技术开发区、成都高新技术产业开发区、长沙高新技术产业开发区、西安高新技术产业开发区、广州高新技术产业开发区。

【湖南三安半导体产业园项目一期投产】　2021年6月23日，湖南三安半导体产业园项目一期投产，这是国内首条、全球第三条碳化硅全产业链生产线。湖南三安半导体产业园项目将分两期建设，总投资160亿元，用地面积66.67公顷。项目一期首批三个厂房已进入试投产阶段，每月可生产碳化硅芯片3000片、氮化镓芯片1000片。一期全线厂房2021年12月底试投产，2022年3月全面竣工。二期计划于2022年6月启动建设，2024年6月全面竣工，2025年年底全面达产。项目瞄准第三代化合物半导体材料与

2021 年 6 月 23 日，湖南三安半导体产业园项目一期投产。图为项目现场　　长沙高新区　供图

器件的研发与生产，建设以碳化硅、氮化镓等为主的具备自主知识产权的第三代半导体全产业链生产与研发基地，主要客户为新能源汽车、高铁机车、航空航天和无线通信等。第三代半导体是国家的重要战略性新兴产业，也是湖南省、长沙市重点支持的先导性产业。

【2021 世界计算大会创新创造与生态融合生态专场】　2021 年 9 月 17 日，2021 世界计算大会创新创造与生态融合生态专场召开，会上《长沙市加快先进计算产业发展三年行动计划（2022—2024 年）和若干政策》发布，明确产业集聚、自主创新、算力提升、绿色发展 4 个目标，并提出以长沙高新区建设世界计算·长沙智谷为契机，建设高质量发展的长沙市计算产业集聚区。世界计算·长沙智谷项目是长沙先进计算产业集聚区的核心区。项目占地 60.87 公顷，总投资约 180 亿元。围绕算力、算法、算据和计算应用等进行功能分区，进一步强链、延链、补链，培育和引进一批主营业务收入过亿元的计算产业相关企业，拓展先进计算在工业制造、数字内容、政务服务、交通、医疗和教育等领域的应用。全部建成后可吸引 20 家龙头企业、50 家总部企业、1500 家中小企业和 8 万人入驻发展。此外，以公共交通为导向，将生态保护与“山水洲城”精美建设有机融合，实现“以人为本”的产业社区建设新典范。

【长沙人工智能创新中心揭牌】 2021 年 10 月 23 日，第二届“长沙·中国 1024 程序员节”在长沙举行。作为此次活动的专场活动之一，世界计算·长沙智谷推介会在长沙高新区举行。会上，长沙人工智能创新中心揭牌，8 家企业现场签约入驻。长沙人工智能创新中心将落户世界计算·长沙智谷。该中心将依托世界计算·长沙智谷良好发展优势，建设包括 1000P 算力中心在内的算力综合服务平台，为先进计算产业搭建坚实的算力底座。

【国家第三代半导体技术创新中心（湖南）落户】　2021 年 11 月 19 日，国家第三代半导体技术创新中心（湖南）在长沙揭牌。国家第三代半导体技术创新中心由科技部统筹，在长沙主要布局建设装备平台，重点聚焦第三代半导体装备领域，集聚国内外一流人才，通过产学研用合作，重点解决“卡脖子”问题，开展“锻长板”关键技术和基础共性技术研究，形成一批新技术、新装备、新产品，打通“科学变技术、技术变产品、产品变产业”创新链。湖南的第三代半导体产业具有深厚基础并形成显著产业集聚态势，是湖南省着力打造具有核心竞争力的科技创新高地的重点布局方向之一。湖南中心将通过建设国产核心装备技术研发与中试平台，形成完善的装备研发及产业化创新体系，推动国产装备的应用示范，促进装备支撑、技术支持、运维保障、升级服务等上下游产业不断提升，辐射带动形成一批具有核心创新能力的一流装备企业，支撑湖南省第三代半导体装备产业高质量发展，提升第三代半导体装备的竞争力。

【“千博万硕”引才工程启动】 2021 年 12 月 21 日，长沙高新区举行“千博万硕”引才工程启动仪式，省内高校院所、园区企业、人力资源机构代表 200 余人参加活动。“千博万硕”引才工程，即用 3 年时间，投入 10 亿元资金，举办 100 场活动，引进 1000 名博士、1 万名硕士。该引才工程总投入 10 亿元，给予产业博士每人 50 万元至 70 万元补贴，事业单位博士每人 40 万元补贴，创业博士每人 30 万元至 100 万元补贴，对顶尖人才领衔的项目最高给予 1 亿元资助。长沙高新区前期对企业人才需求进行深入调研，制定产业人才需求目录，还将以实施“千博万硕”工程为契机，与高校、企业、人力资源机构建立合作引才机制，联合开展“千博万硕工程进高校”“博硕人才麓谷行”等招才引智活动。近年来，长沙高新区实施系列人才政策，人才总量逾 20 万人，高层次人才数量居全省园区首位，人才净流入量居全国高新区前十位。

（本栏撰稿　李　欣）

·长沙经济技术开发区·

【概况】　2021年，长沙经济技术开发区（以下简称“长沙经开区”）技工贸总收入增长10%；规模工业总产值增长14.3%；规模工业增加值增长10.9%；全社会固定资产投资增长11.5%，其中产业投资增长30.6%；研发投入占营业收入比重为3.7%；规模工业用电量增长2.5%；财政总收入比2020年增长2.3%；实际利用外资增长10.2%，进出口总额增长40%。在商务部国家级经开区综合发展水平考核中位列第14位。

“五好”园区创建　先进制造业发展质效良好。完成习近平视察园区和自贸区建设两个“一周年”各项工作任务，获国家新型工业化示范基地五星评价，获批国家加工贸易产业园、国家级绿色工业园区，打造全球高端装备制造业基地的基础更加夯实。高质量发展理念深入人心。推动自贸试验区、“五好”园区1+3政策体系等指导文件落地见效。创新的理念和举措是核心竞争力、决策的层级决定发展的能级、以产业链思维壮大产业集群、“瞄准三端”（前端、高端、尖端）、“三生融合”（生产、生活、生态）、“三态协同”（规划形态、园区业态、产业生态）、以科技创新赋能推动园区由“重”转“轻”，以及打造研发、生产、服务一体化的产业综合体等发展理念已在园区形成共识。主阵地主战场主引擎作用进一步增强。全市园区高质量发展推进会、全省三季度重大项目开工、全国战略性新兴产业集群建设现场经验交流会在园区举办；“腾笼换鸟”等调研分析报告获市委市政府主要领导批示并印发全市园区学习。

自贸区建设　重大平台加快建设。聚焦“高端化、国际化、平台化、便利化”，加速推进“一城两港三中心”重大功能性平台见行见效，4个平台获省级授牌，三一科学城举行全球招标，遴选国际最优设计方案。“国家海外知识产权应对指导中心长沙分中心”和“专利审查协作湖北中心长沙工作站”两块金字招牌落户园区。改革创新领先发力。自贸改革年度任务实施率100%，完成率85%以上。创新成果位列五个区块之首，二手装备出口新模式、“一码集成”涉企检查等4项案例入选商务部研究院发布的《中国自由贸易试验区发展报告2021》，获中央电视台报道点赞。知识产权“前置保护”新模式在全省率先复制推广。区域发展联动升级。主动融入、辐射带动长株潭一体化发展，走访并与株洲、湘潭园区签署合作备忘录；湖南自贸试验区知识产权综合服务中心联动岳阳、郴州面向全省提供国际化、专业化服务，入选国家知识产权信息公共服务网点名单；自贸区长株潭企业服务中心和自贸区创新中心启动建设；举办2021年长株潭人力资源服务创新发展大会。

产业发展　世界级工程机械产业集群建设加速推进。三一集团首次挺进福布斯世界500强，形成5家工程机械上市公司齐聚园区的“世界级”产业现象，助力长沙市工程机械集群在工信部先进制造业集群决赛中胜出。汽车产业转型步伐明显加快。上汽大众新车型成功导入、新能源车项目开工开建，广汽三菱“阿图柯”纯电动汽车下线，比亚迪新能源车项目快速高效推进，广汽菲克广州工厂整体迁入，江南汽车加快产业重整。举办全省汽车产业配套对接会，签约金额超过50亿元，汽车产业发展生态进一步完善。特色新兴产业蓬勃发展。电子信息产业、以区块链为核心的数字经济产业、生物技术与生命健康产业彰显更大活力，蓝思科技获评国家智能制造试点示范工厂，国科微电子获批国家级企业技术中心，同济源品再生医学转化与应用科创中心项目正式落地。

项目引建　重大项目投资超额完成。81个市级重大项目累计投资完成率155.7%。三一无人电动化、山河智能工业城（三期）等重点产业项目建设有力有效、振奋人心。“五个十大”项目推进有力。5个项目列入省、市“十大核心技术攻关”项目，铁建重工入选国家重点研发计划“高性能制造技术与重大装备”和“工业软件”两个专项，大型国产掘进机主轴承技术攻坚克难取得重大突破。天河国云获批省级唯一的区块链创新中心，入选国家区块链创新应用试点名单。精准招商初见成效。聚焦高端装备制造业特别是核心零部件环节，新引进5000万元以上项目26个，总投资额241.1亿元，其中三类500强项目4个，上汽大众奥迪新车型（50亿元）、广汽菲克品牌振兴项目（30亿元）、中电产业园（8亿元）、中企云商（7.5亿元）、诺玛液压（2.5亿元）等“三端”项目落户园区。

市场培育　规模倍增成效明显。拿出2亿元的真金白银，出台“原地倍增”政策，全年新增产值过百亿元企业2家（山河智能、铁建重工）；新增产值过50亿元企业1家（黄金珠宝）。累计新增企业市场主体3996家，比2020年增长38%，其中，自贸区新增企业3500家，新设立金融机构21家，“两区”叠加比较优势加快凸显。专精特新扶培有力。新增国家级专精特新小巨人7家，省级17家，市级11家。中车通号“列车运行记录装置（LKJ）”获国家级制造业单项冠军产品；中大创远入选国家级重点专精特新小巨人企业。企业上市厚积薄发。铁建重工、五新隧装和丽臣实业分别登陆科创板、北交所和深交所上市，首次实现三大交易所上市“大满贯”，取得历年来最好成绩。

环境优化　在最新的国家级经开区营商环境排名中位列全国第七位、蝉联中部第一位，较2020年提升两个名次，提升幅度位列全国第三位。企业服务进一步优化。开展暖企行动，坚持“一线工作法”精准服务企业，每周走访重点项目和企业，研究解决企业面临的发展难题449个。及时分析企业亏损面，适时采取“一企一法”“一企一策”惠企纾困，减轻企业负担，推动项目建设。要素保障进一步增强。启动调规扩区，创新编制提升亩均效益、开展新兴产业用地试点等支持政策，想方设法拓展园区发展空间。持续提升配套水平，全省最大公租房项目英萃园小区交付入住，推进与华夏集团、师大附中合作办学，南雅星沙实验学校、长沙经开医院等配套项目加快建设。盘活“四资”，成立产业投资基金，金融集市为企业提供融资支持超20亿元。区县财、税部门协调联动，培育税源，在减税降费背景下实现税收正增长。审批效能进一步提速。全国首创环评、排污、排水许可三证合一，将审批时限从13个工作日压缩至5个。全省率先试点“我要开工”一件事一次办，深化外贸经营资质“七合一”套餐，“四零”服务品牌初步形成。

【重大项目集中签约开工竣工】2021年1月6日，长沙经开区、长沙县、长沙高铁会展新城2021年第一次重大项目集中签约开工竣工活动举行。30个重大项目开工，总投资182.72亿元。35个重大项目竣工，总投资159.39亿元。集中签约项目47个，总投资362.41亿元。长沙经开区开竣工项目包括山河工业城三期、铁建第二产业园、国际交流区一期、道依茨发动机、晟象智慧物流基地、新长海服务外包基地等。

【第二次重大项目集中签约】 2021年4月9日，长沙经开区、长沙县、长沙高铁会展新城高质量建设中国（湖南）自由贸易试验区半年度改革创新经验发布会暨2021年第二次重大项目集中签约活动举行。签约14个产业项目，涵盖装备制造、智能制造、现代服务、总部经济、智慧物流等多个领域，总投资325.7亿元。其中，中国（湖南）自由贸易试验区三一科学城项目，由三一集团和长沙经开区联合打造，总投资180亿元。长沙经开区发布8项高质量发展政策文件，并推介中国（湖南）自由贸易试验区三一科学城、国际金融港、国际人才港、国际先进制造业总部经济中心、湖南（长沙经开区）知识产权服务中心等“一城两港两中心”5个重大功能性平台。

【4家企业入榜全球工程机械制造商50强】 2021年4月28日，全球工程机械50强峰会组委会和《中国工程机械》杂志主办“2021全球工程机械制造商50强榜单”新闻发布会。三一重工、中联重科、铁建重工、山河智能分别排行第四位、第五位、第30位和第32位。在上榜的中国工程机械制造商中分列第二位、第三位、第五位、第七位。

【参加长沙投资环境北京推介会】
2021年5月22日，长沙投资环境北京推介会举行。160余家驻北京央企、外资企业、跨国公司、金融企业、驻京院校科研机构近300名各界嘉宾出席，共114个重大招商引资项目签约，总投资额超过1000亿元。会上，长沙经开区与北汽福田汽车股份有限公司签约福田汽车南方基地产业项目。该项目计划总投资32.7亿元，可实现年产值198.4亿元，实现年税收4.69亿元。

【英萃园员工小区项目一期交付使用】
2021年6月1日，长沙经开区英萃园员工小区项目一期完工并交付使用。该项目总投资163497.24万元。总建筑面积447459.13平方米，其中地上建筑面积331678.69平方米，地下建筑面积115780.44平方米，停车位3365个，项目分为二期建设，由多层集体宿舍、高层公寓组成。该项目按照“全省示范、国内一流”的高标准，首次采用PPP模式建设，可为长沙经开区产业工人、管理人员及各类人才提供多样化房屋，真正实现拎包入住。

【福田汽车长沙超级卡车工厂投产】
2021年7月8日，福田汽车长沙超级卡车工厂投产。该项目总投资15亿元，产能超过10万台，达产后年产值150亿元，将带动上下游产业链延伸，立足高端装备制造，实现多产业协同发展，打造多元化产业联盟，吸引上游零部件厂商进行本地化生产，50%零部件实现本地化生产，拉动当地零部件生产链产值40亿~50亿元。

【国产最大土压平衡盾构机下线】
2021年7月10日，一台超大直径盾构

2021年7月10日，国产最大土压平衡盾构机下线　　长沙经开区　供图

机在铁建重工长沙第二产业园下线，这是国内至2021年研制具有完全自主知识产权的最大直径土压平衡盾构机。该机由中铁十四局集团和中国铁建重工集团联合打造。最大开挖直径12.79米，总长135米，总重3000吨。

【参加长沙投资环境上海推介会】 2021年9月6日，长沙市推进“三高四新”战略暨投资环境（上海）推介会举行。驻沪企业、外资企业、跨国公司、金融机构近300名嘉宾参加。推介会期间，共签约43个项目，总投资582.7亿元，涵盖智能制造、总部经济、片区综合开发、新基建等多种业态。会上，长沙经开区与上海丰树管理有限公司签署丰树星沙国际食品智能制造项目协议。

【轮履两用多功能开带机下线】 2021年9月7日，山河智能研制的SWRM155W轮履两用多功能开带机下线。该机是中国首台15吨级的轮履两用开带机，《一种轮履两用多功能开带机》专利已获国家知识产权局批准通过。SWRM155W轮履两用多功能开带机，是根据使用场景，基于山河智能18吨挖掘机的平台，研制的一款产品。通过多处细节设计，该款产品优势明显：通过加装德国采埃孚（ZF）车桥、八个车轮和液压动力系统，实现开带机以25千米/小时的时速行驶；新增轮式行走机构，可让设备进行履带行走和车轮行走的快速切换，满足山地、滩涂地、湿地等不同行驶路况的移动；轮式行走装置可拆卸，可进行长周期土方施工作业；无须依赖平板车托运，机动灵活，转场速度快，不拖施工作业后腿；在原来18吨挖掘机的基础上，上车回转平台提升160毫米，满足接近角和离地角20度的设计要求。轮式机构托起后，将传统挖机底盘离地间隙提高到了410毫米，大大提高整车在特殊地形中的通过性；前端工作装置，除配备开带机属具，还可选配液压剪、破碎锤、液压夹等属具，实现剪切、冲击破碎、抓取等多功能，作业范围更广。SWRM155W轮履两用多功能开带机是应国家林业和草原局要求开发的现代化机械，将首先应用于大兴安岭森林。

【全省第三次重大项目集中开竣工长沙主会场活动】 2021年10月8日，省委、省政府举行2021年全省第三次重大项目集中开竣工活动，长沙主会场设在长沙经开区上汽大众新能源汽车项目现场。长沙经开区集中开工项目10个，总投资116.64亿元。上汽大众新能源汽车项目、福瑞印刷高端包装印刷智能工厂技改搬迁建设项目、国家电网湖南防灾科技产业园等项目集中开工。总投资80亿元的上汽大众新能源汽车项目，计划2024年起逐步投产MEB平台新能源车型，产能达10万辆/年。作为转型升级第一步，计划新建的电池车间，规划年产能15万套新能源电池，同时预留产能升级空间，为后续新能源车型投产打下坚实基础。

【参加长沙投资环境深圳推介会】 2021年10月12日，长沙市推进“三高四新”战略暨投资环境（深圳）推介会举行，活动期间有51个项目签约，总投资623亿元，粤港澳大湾区投资的项目占46个。长沙经开区与索恩格汽车部件（中国）有限公司签署索恩格新能源汽车技术全球研发中心项目合作协议，与长沙中电光谷智能产业园发展有限公司签约长沙中电数智园项目。

【被评为省中小微企业创业创新基地】 2021年11月3日，省工信厅认定44家单位为湖南省中小微企业创业创新基地，长沙经开区铭诚·绿谷智慧产业园、长沙科技新城、星为·创芯园、高峰智能制造产业园、物丰机电产业园、和祥科技园、新长海服务外包基地7家工业地产园上榜。

【“I”系列5G+智能钻机下线】 2021年12月1日，山河智能自主研发的“I”系列5G+智能钻机下线，该产品是全球首台露天矿山爆破施工无人驾驶潜孔钻机，也是全球首台5G远程遥控潜孔钻机，关键性能参数行业领先，多项关键核心技术为世界首创。

2021年12月1日，山河智能自主研发的“I”系列5G+智能钻机下线

长沙经开区　供图

【汽车产业协作配套对接会】 2021年11月30日，长沙经开区承办湖南省汽车产业协作配套对接会，部分省

内零部件企业作经验交流和产品推介，邀请专家作《湖南省汽车产业链发展的思考》专题报告。印发《湖南省汽车产业整车企业零部件采购需求清单》《湖南省汽车产业零部件企业推介资料》，涵盖37家省内整车制造企业近1000项零部件需求情况，200余家零部件生产企业生产经营及重点产品情况。广汽三菱、广汽菲克、三一集团、北汽福田等整车企业分别与省内一批零部件企业签署采购协议，合同金额50亿元。

【国科微电子研发中国首款8K超高清视频芯片】 2021年11月19日，国科微电子成功研发中国首款8K超高清芯片GK6525V100，该芯片支持6G内存，128G，120码率，WIFI6。北京2022年冬奥会将采用8K直播，8K将成为超高清视频产业的新高地。

【自贸区知识产权质押融资银企对接会】 2021年12月2日，中国（湖南）自由贸易试验区知识产权质押融资银企对接会在长沙经开区举行，6家银行、13家企业进行知识产权质押融资项目现场签约，签约贷款总金额9620万元。

【新能源SUV阿图柯下线】 2021年12月10日，广汽三菱合资新能源SUV车型阿图柯下线。阿图柯定位国际级优质A+级纯电SUV，从内外饰设计、智能网联、车内空间等方面进行创新，配置新一代讯飞XTTS语音、AR实景导航、无感式数字钥匙、360°全景泊车影像，让人车交互体验感、科技感十足。车重配比50∶50，搭配前麦弗逊+后多连杆运动悬架，最小离地间隙160毫米，扭矩350牛顿米，可实现CLTC 520千米续航。

【3家企业入选智能制造试点示范工厂揭榜单位】 2021年12月28日，工业和信息化部公布《关于2021年度智能制造试点示范工厂揭榜单位和优秀场景名单的公示》，三一集团高端泵送工程装备智能制造示范工厂、山河智能高端工程装备智能制造示范工厂、蓝思科技（长沙）有限公司显示元器件智能制造示范工厂入选全国2021年度智能制造试点示范工厂揭榜单位。

【长沙经开区综合发展水平考核位列第14位】 2022年1月27日，商务部公布2021年国家级经济技术开发区综合发展水平考核评价结果。长沙经开区在217家国家级经开区位列14位，较2020年前进3个排名，为湖南省唯一进入前30强的国家级经开区。

（本栏撰稿　李钒溆）

·宁乡经济技术开发区·

【概况】 2021年，宁乡经济技术开发区（以下简称“宁乡经开区”）实现技工贸总收入1065亿元、规模工业总产值753亿元、规模工业增加值184亿元，完成固定资产投资280亿元，完成财政收入66.3亿元、税收34.15亿元。在工业和信息化部赛迪研究院发布的“2021中国先进制造业百强园区”中排第86位，获评湖南省环保诚信园区，托管的宁乡农科园在科技部考核中获评优秀等次。对口帮扶龙山县红岩溪镇、双江口镇左家山村，助力乡村振兴。

品质招商　精准开展靶向招商、平台招商，全年签约引进产业链优质项目42个，合同引资230亿元，其中“三类500强”项目引进4个，新注册“三类500强”企业2家，上市企业及行业龙头企业17家，外贸增速和投资10亿元项目引进个数均排名长沙市国家级园区第一位。开辟“颜值经济”新赛道，高起点、高标准建设美妆谷，引进11家美妆企业。省药品监督管理局将美妆谷列入“十四五”规划发展重点项目。

项目建设　开展“产业项目竞赛年”活动，全年铺排项目104个，总投资705亿元，其中重点产业项目68个，总投资527亿元，年度实现投资177亿元，其中32个项目开工建设，21个项目竣工投产。格力智能装备产业园、楚天科技智能医疗装备产业园、中伟新能源（中国）总部产业基地获评全省2020年度综合绩效优秀产业项目。创新项目建设模式，10个月时间建成晶弘冰箱28万平方米高标准厂房。优化项目“五制”，升级“保姆式”服务，8个服务小分队全年为企业代办各类事项1300余件，解决各类问题600余件。

企业发展　中伟新能源被评为国家绿色工厂，实现年产值130亿元，进出口11亿美元，成为园区第一家百亿产值工业企业。楚天科技承担全国80%以上的疫苗生产核心装备产能，入选2021全国民营企业研发投入500强、发明专利500强，被评为国家智能制造示范工厂、中国疫苗行业协会“表现突出的抗疫集体”和第一届“新湖南贡献奖”先进集体。长沙格力被评为2021年度中国质量协会质量技术奖二等奖。邦弗特获评国家专精特新小巨人企业、国家级绿色设计产品。飞翼股份参与制定国家全尾砂膏体制备与堆存技术规范，湿法冶炼核心装备打破国际垄断。松井股份“国产大飞机电致变色功能涂层材料关键技术”入选省十大技术攻关“揭榜挂帅”项目。4家企业入选湖南省制造业企业100强。新增规模工业企业20家、长沙市智能制造试点示范企业20家。全年研发投入比2020年增长11.8%，新增授权专利比2020年增长19%，其中新增授权发明专利比2020年增长39.2%；完成技术交易合同成交额14.14亿元，比2020年增长88%。

要素保障　守住不发生金融风险底线，债券发行成本比2020年下降1.2个百分点，高息非标债务全面清零，确保发展、化债两不误。搭建银企合作桥梁，举办银企对接活动15场次，新引进3家银行分支机构，新增企业贷款20亿余元。全年拆迁274户、征地69.73公顷、腾地178.67公顷，拆违2.8万平方米，报批土地106.2公顷、挂牌出让178.2公顷，实现"地等项目"。电力配网实现智能化升级，完成18条电力线路提质改造；天宁热电新增3台燃气热力锅炉，克服煤炭价格暴涨影响；滨江供水通道、南太湖送水泵房和输水管道建成通水，日供水量增加5000立方米。

优化环境　升级打造"无收费园区"，为企业节约成本8440万元，指导90余家企业争取各级惠企资金1亿余元。持续提速审批效能，项目报建缩短为20个工作日，实行水电气汽外线审批一条龙办结制度。为园区企业招聘到位7000余人，用工保障成为园区招商引资靓丽名片。全面升级园区路灯系统，完成雨污管网修复130处，整改道路交通安全隐患270处。明德蓝月谷学校建成开学，新增学位2550个；新建人才公寓2891套，完成蓝月谷综合服务中心、永佳停车场建设；引进各类餐饮、商超等业态50余家，园区更加宜业宜居。

深化改革　出台《宁乡经开区识别调整不胜任现岗位干部职工实施办法（试行）》，形成"能者上、平者让、庸者下"的鲜明用人导向。深化经建投公司市场化改革，强化"1+3+X"的管理体制，巩固AA+信用评级，开发经营取得突破，新增土地资产84.2公顷、物业资产53.6万平方米，实现经营性收入和向上争资2.81亿元，造血功能不断增强。推进亩均效益改革，实施闲置土地和低效用地处置三年行动计划，对61家低闲企业全面摸底，成立工作专班，推进"一企一策"，加速腾笼换鸟、转型升级，成功盘活9宗、33.33公顷低效闲置资产。

【2021年经济工作暨2020年度"产业项目建设年"争先创优活动表彰大会】　2021年1月15日，宁乡经开区召开2021年经济工作暨2020年度"产业项目建设年"争先创优活动表彰大会。总结回顾2020年及"十三五"经济工作，统筹部署2021年工作及"十四五"全局工作。区党工委书记、宁乡市委书记于新凡主持会议并讲话，区党工委副书记、管委会主任张毅作大会报告。

【美妆谷一期项目开工】　2021年3月8日，宁乡经开区美妆谷一期项目开工。美妆谷项目规划总用地面积345.6公顷，计划总投资45亿元，建设以美妆、妇孕婴童产业为主的美妆产业新地标。一期项目占地29.33公顷，计划打造25万平方米美妆产业园。

2021年3月8日，美妆谷一期项目开工　　宁乡经开区　供图

【3个项目被评为湖南省"2020年度综合绩效优秀产业项目"】　2021年3月29日，湖南省实施"三高四新"战略产业项目建设推进现场观摩会在长沙举行，共20家企业被授予"2020年度综合绩效优秀产业项目"称号，宁乡经开区格力智能装备产业园项目、楚天科技智能医疗装备产业园项目、中伟新能源（中国）总部产业基地3个项目获奖。

【楚天科技被评为"表现突出的抗疫集体"】　2021年4月12日，中国疫苗行业协会发布《关于对抗疫工作中表现突出的集体和个人（第一批）予以通报表扬的决定》，授予楚天科技"表现突出的抗疫集体"荣誉称号，授予楚天科技董事长兼总裁唐岳"表现突出的抗疫个人"荣誉称号。作为医药装备领域领军企业之一，楚天科技是北京生物制品研究所、北京科兴等新冠病毒疫苗生产企业的重要合作单位，楚天科技洗烘灌封联动生产线、智能检测设备、后包装生产线等核心装备在新冠病毒疫苗生产中发挥了重要作用，对中国新冠病毒疫苗规模生产、产能提升作出重要贡献。

【湖南省政府与格力电器签署战略合作协议】　2021年5月13日，湖南省人民政府与珠海格力电器股份有限公司签署战略合作框架协议。省委副书记、省长毛伟明与格力电器董事长、总裁董明珠座谈并共同见证签约。省委常委、常务副省长谢建辉，珠海格力电器股份有限公司总裁助理李刚飞分别代表双方签约，省政府秘书长王群参加。双方将加强在生产投资、科技创新、人才培养等方面的合作，将格力长沙基地打造成仅次于珠海总部的国内第二大生产基地。自2010年以来，格力电器已在宁乡经开区布局家用空调生产基地、大型商用空调生产基地、冰箱洗衣机生产基地、大型商用空调及智能装备研发中心、再生资源基地、区域销售物流中心6个项目，总占地166.67公顷、总投资超100亿元。

【中国电子信息行业联合会人工智能产业促进会成果发布暨中电数科项目竣工投产仪式】 2021年7月18日，中国电子信息行业联合会人工智能产业促进会成果发布暨中电数科项目竣工投产仪式在宁乡经开区举行。该项目投产后将成为国内最大智能零售服务终端生产线，年产可实现20万台智能零售终端。该项目联合中国联通、中国移动，搭建工业领域的5G企业专网，为智能制造平台提供“5G+工业互联网”的测试和应用环境，这一湖南首个5G独立核心网工业创新应用，有力保障“5G+工业互联网”数字工厂的通信安全。会上，PK体系嵌入式系统联合实验室揭牌。实验室由中电互联、飞腾科技、麒麟软件三方共同创建，基于PK体系架构，聚焦国家重点行业，面向智能零售、工业自动化、物联网数据采集、人工智能等应用领域，打造自主、安全、可信的嵌入式产品与技术平台，为各重点领域提供全国产化的工业控制和互联网终端解决方案。会议还集中发布多项最新科技成果，涵盖智能零售服务、5G轻量级核心网系统、5G仓储物流、物联网、工业互联网等重要领域。

【宁乡经开区工会第二次代表大会】 2021年12月24日，宁乡经开区工会举行第二次代表大会，选举产生区总工会第二届委员会，黄瑶当选为宁乡经开区总工会第二届委员会主席，严柏军、彭飞（兼职）当选为副主席。

【明德蓝月谷学校建成开学】 2021年9月1日，宁乡经开区明德蓝月谷学校建成开学，迎接第一批新生。该校为九年一贯制公办学校，共开设54个班，其中小学部30个班、初中部24个班，学生容纳规模为2550名，更多的园区企业员工、本地居民子女能在家门口享受优质的公办学校资源。

【创建“五好”园区动员大会】 2021年9月3日，宁乡经开区召开创建“五好”园区动员大会，会议下发《关于2021年度部门和个人绩效考核结果的通报》《关于贯彻落实强省会战略的行动方案（2022—2026年）》，并就宁乡经开区贯彻落实“强省会”战略行动方案进行工作部署。《关于贯彻落实强省会战略的行动方案（2022—2026年）》明确荣誉品牌、经济实力、科技创新、区域贡献4个方向的目标任务，推进制造强区、创新引领、开放融通、要素保障、绿色低碳等五大专项行动，强化蓝月谷智能家电产业小镇、美妆谷、经建投公司、政务服务中心等平台支撑。

（本栏撰稿　黄　亮）

·浏阳经济技术开发区·

【概况】 2021年，浏阳经济技术开发区（以下简称“浏阳经开区”）实现技工贸总收入1280亿元，比2020年增长12.5%；完成规模工业总产值955.5亿元，比2020年增长20.7%，规模工业增加值比2020年增长16.6%；完成固定资产投资524.6亿元，比2020年增长21.2%，产业投资485.9亿元，比2020年增长22.8%，工业投资434.2亿元，比2020年增长23.2%，技改投资177.4亿元，比2020年增长68.6%；实现税收收入79亿元，比2020年增长14.5%。先后获评“十四五”时期重点支持的县城产业转型升级示范园区、国家外贸转型升级基地、首批国家加工贸易产业园。创建全省“五好”园区首倡之地，在长沙市产业园区中率先制定实施《创建“五好”园区三年行动计划（2021—2023年）》，创建经验被省政府表扬通报，在2020、2021年湖南“五好”园区创建综合评价中得分排名第一位（全省134家园区）。

招商引资　全年引进项目128个，合同引资243亿元，其中50亿元以上项目1个，5亿~20亿元项目15个。新引进亨通集团等“三类500强”项目3个，新注册日照兴业集团子公司等“三类500强”公司2个。重大项目频频落户，六顺生物湖南一类创新药转化基地项目将填补湖南省抗癌及抗老年痴呆一类创新药的空白，泽睿新材料成为现阶段唯一提供航空发动机碳化硅纤维国产企业，九典制药二期项目将助推九典制药在全省率先打造50亿元产值生物医药龙头企业。

项目建设　开展重点项目建设百日攻坚大会战，推进项目建设提速增效。88个项目纳入长沙市重点项目，全年完成投资310亿元，占年度计划的120%。天地恒一等4个项目列入省重点建设项目，豪恩声学等3个项目纳入省“三高四新”战略重大产业项目，惠科光电等2个项目列入2021年长沙市制造业标志性项目，33个项目竣工投产。总投资70亿元的雅士林长沙（国际）蚕桑丝绸智造项目实现当年引进、当年试生产，惠科光电第11条产线点亮投产，金阳智中心一期完成建设。在长沙市“强省会 兴产业”项目建设现场观摩会中，园区项目考核排名蝉联第一名。要素保障全面强化，为规模以上企业供电、水、蒸汽、燃气分别比2020年增长24%、20%、30%、25.5%。

企业发展　全年新增30家规模以上企业、30家智能制造试点企业，净增52家高新技术企业；华纳药厂挂牌上市，A股上市企业8家，31家企业纳入上市后备库；11家企业入选“长沙市企业践行‘三高四新’战略百强榜”。全年完成规模工业企业研发经费投入39.4亿元，比2020年增长14%；全年专利授权1212件，比2020年增长37.9%；完成技术贸易合同登记12.46亿元，比2020年增长91.4%。新增2家国家企业技术中心、1家省级企业技术中心、2家省级新型研发机构、3家长沙市企业技术中心、4家长沙市技术创新中心，市级以上科研平台112家；新增专精特新小巨人企业38家，其中国家级7家、省级18家、长沙市级13家。启泰传感“高性能压力传感器”项目入选省十大技术攻关项目，金阳烯碳“动力锂电池用石墨烯导电材料关键技术研究”获批长沙市“揭榜挂帅”十大重大科技项目。国有企业做强做优，金发集团、金阳集团获主体信用等级AA+评级。

营商环境　审批管理优质高效。进一步推动改革再深化、服务再提质、管理再创新，打造“公开、透明、舒适、廉洁”的政务服务环境。推进工程建设项目审批在线办理，全年80%以上项目提前开工。对所有管理权限实行清单式动态管理，确保“清单之外无审批”，“放管服”改革经验在长沙市作先进典型推介。暖企惠企精细精准。申报企业政策资金3.5亿元，其中省技术改造税收增量奖补专项占全省的1/4；为中小微企业授信70亿余元，放贷40亿余元。开展“千企帮扶”“企业三员”“联点帮扶”活动，解决企业实际问题185件，为企业输送劳动力3.5万人以上。新增高层次人才认定35名，增长53%。蓝思科技周群飞被认定为A类国际顶尖级人才，盐津铺子张学武、绿之韵胡国安分别荣获国家、湖南省五一劳动奖章，九典制药朱志宏、奇异生物李昌珠获评长沙市优秀科技创新创业领军人才。

产城融合　金阳新城被长沙市第十四次党代会列入“十个重大城市片区”，国土空间规划基本完成，片区规划形成初步成果。金阳新城基础工程、公共配套、重大产业、品质提升“四个十大”项目清单出台，总投资1400亿元。布局优质医疗教育资源，石齐学校、长郡二小建成招生，电子职院、湘麓医药完成主体施工。“智慧金阳”加快建设，完成智慧环保等系统建设和验收，智慧土地管理、智慧城管、智慧应急等系统上线试运行，数字化新城稳步推进。开展“扮靓金阳新城 喜迎百年华诞”城乡环境整治、交通问题顽瘴痼疾专项整治行动，市容和交通秩序、环境卫生水平全面提升。加强生态环境治理和保护，空气优良天数比例达到96%以上，捞刀河断面水质持续稳定达标。全面加强平安园区建设，不断强化安全稳定保障，全年实现安全生产“零事故”，在全省2021年度安全生产和消防工作考核中排名园区类第一位，同时在长沙市国家级园区中获评唯一的优秀单位。

【湘北威尔曼募投项目开工奠基】2021年1月6日，湘北威尔曼募投项目开工奠基.威尔曼是最早入驻园区的医药企业之一，已成为全球第二大抗耐药抗生素的研发、生产企业集团及中国医药工业百强企业，同时也是湖南省医药行业纳税前5名的企业，为园区经济发展做出了突出贡献。项目总投资2亿元，占地3.33公顷，达产后可实现销售收入3亿元。该项目的实施将提升抗耐药注射头孢粉针产品的产能和质量，优化生产工艺，降低生产成本，提高市场占有率。

【长沙惠科第8.6代超高清新型显示功能器件生产线项目投产】　2021年1月23日，长沙惠科第8.6代超高清新型显示功能器件生产线项目投产，填补了湖南显示屏制造领域空白，该项目总投资280亿元，将协同蓝思科技上下游企业集群，形成显示功能器件产业千亿集群。项目全部建成达产后，可实现年产值200亿元，税收20亿元以上，新增就业3500人。

【雅士林长沙（国际）蚕桑丝绸智造产业项目开工奠基】　2021年3月28日，总投资70亿元的雅士林长沙（国际）蚕桑丝绸智造产业项目在浏阳经开区开工奠基。项目用地面积约122.6公顷，总投资70亿元，建筑面积约90万平方米，含基因筛选蚕种繁育中心，工厂智能化养蚕、缫丝、纺纱、织造、印染、服装、保健食品、生物医药等内容，涉及丝绸博物馆、丝绸文化街、桑树植物园等，集智能制造、科普科教、工业旅游于一体，全面融合一、二、三产业。项目可实现年产值300亿元，年创外汇超5亿美元，占领国际丝绸原材料市场超50%，并将带动4.33万公顷桑园种植，打造全球丝绸之都和乡村振兴示范区。

【全省产业园区高质量发展推进会在浏阳经开区举行】　2021年6月3日，全省产业园区高质量发展推进会在浏阳经开区举行。省委书记、省人大常委会主任许达哲，省委副书记、省长毛伟明出席并讲话，省领导黄兰香、谢建辉、张剑飞、王成、吴桂英、何报翔、陈飞出席会议。会前，与会人员到浏阳经开区，考察了盐津铺子食品、蓝思科技、天地恒一制药、宇环数控机床等企业。长沙市、祁阳市、株洲高新区、国家开发银行湖南省分行负责人在会上作典型发言。

【浏阳经济区被评为国家“十四五”重点支持的县城产业转型升级示范园区】　2021年6月21日，国家发展改革委员会下发《关于产业转型升级示范区建设2020年度评估结果及下一步重点工作的通知》，浏阳经济区被评为国家“十四五”重点支持的县城产业转型升级示范园区，是湖南省唯一上榜的园区。2021年以来，园区开展“动起来、干起来、严起来”大竞赛活动，已引进项目33个，合同引资181.18亿元；园区88个项目纳入长沙市级重大项目，截至2021年6月，新建和续建项目中72个项目已实现开复工，开复工率92.31%。

【湖南华纳大药厂股份有限公司上市】2021年7月13日，湖南华纳大药厂股份有限公司在上海证券交易所科创板上市交易（股票代码：688799），是园区第8家A股上市企业。华纳药厂成立于2001年，已成为一家以化学原料药、化学药制剂和中药制剂的研发、

2021 年 7 月 13 日，湖南华纳大药厂股份有限公司上市　　浏阳经开区　供图

生产与销售为主营业务的药品生产企业，具备片剂、胶囊、颗粒、散剂、干混悬剂、吸入溶液剂、小容量注射剂、滴眼剂、冻干粉针剂等多种剂型和化学原料药的生产能力，主要产品分布于消化、呼吸、抗感染等领域。2011 年获得国家发展改革委员会颁发的“国家高技术产业化示范工程”；2019 年公司因主导产品胶体果胶铋原料药及其制剂被工业和信息化部评为第一批专精特新小巨人企业。

（本栏撰稿　袁村平）

·望城经济技术开发区·

【概况】　2021 年，望城经济技术开发区（以下简称“望城经开区”）实现技工贸收入 1123 亿元，比 2020 年增长 15.0%；实现规模工业产值 747.2 亿元，比 2020 年增长 10.4%，规模工业增加值比 2020 年增长 12.6%；实现限上社零额 113.6 亿元，比 2020 年增长 24.0%；实现固定资产投资 320.7 亿元，比 2020 年增长 18.0%；实现财政收入 69.1 亿元，比 2020 年增长 28.7%；实现税收收入 64.0 亿元，比 2020 年增长 23.1%。至 2021 年，园区已入驻企业 5300 余家，“四上”企业 378 家，规模以上工业企业 236 家，高新技术企业 208 家。形成以荣耀科技、比亚迪电子、德赛电池为代表的智能终端产业集群，以中信戴卡、晟通科技、长远锂科为代表的新材料先进制造产业集群，以澳优乳业、旺旺食品、蓝河乳业为代表的绿色健康食品产业集群，以吴赣制药、华纳大药厂、湘仪动力仪器为代表的医药医疗器械产业集群。近年来，园区贯彻落实省、市决策部署，抢占“三智一芯”战略高地，把发展智能终端作为产业升级的主攻方向。三年来，智能终端产业从零起步、乘风破浪，已聚集华为、荣耀、比亚迪电子、德赛电池、大华股份等产业链项目 90 个。获评“2021 年十大最具投资价值产业园区、2021 年度创新创业生态典范园区”等荣誉称号，获 3 项“长沙市创新实干推进高质量发展成效明显单位”奖项，蝉联全省高质量发展园区，“五好”园区建设走在全省前列，5G 智能终端产业园领航全省重大产业项目。

项目建设　以产业项目为引领，探索项目招引、建设新办法、新机制。全年引进产业项目 96 个，合同引资 352 亿元，德赛储能电芯、大华股份、吉祥腾达、利亚德光电等一批引领型、旗舰型项目签约，“三类 500 强”企业、投资过 50 亿元项目引进数量名列全市第一位。推行项目建设“揭榜挂帅”制度，以“六个十大”重点项目为主抓，开展“十快十慢”项目建设大竞赛。5G 智能终端产业园、桑特液压等 70 个新建项目开工建设，立邦新材、兆恒科技、永杉锂业、恒茂高科、金浩粮油、利亚德光电等一大批龙头项目竣工投产。围绕项目建设需求，破除“人地钱”关键性瓶颈，推动资源要素协同高效。全年向上争取专项债 28.5 亿元，获得上级财政支持 3.5 亿元，拆迁交地 160 余公顷，助企招工 1.9 万余人，持续构建“地等项目、房等项目”新格局。

产业升级　新材料先进制造、食品医药瞄准产业链终端、价值链高端，加快新旧动能转换，分别实现 15.0%、18.2% 的高速增长。智能终端强势崛起，聚集链上项目 90 余个，发展动能由智能手机“独木支撑”到通信终端、智能安防、汽车电子“多点发力”，“一主三特”产业体系结构更优、质量更好。比亚迪电子、京东物流站稳百亿级台阶，晟通科技、金驰能源、澳优乳业向百亿级企业进军，税收过 5000 万元企业 17 家，多点支撑的龙头矩阵更加坚实有力。新增“四上”企业 42 家，新增智能制造示范企业 25 家，长高高压开关产品获评“国家单项冠军产品”，湘江涂料、衡开智能等 4 家企业入选国家专精特新小巨人名录，晟通科技、冰溪生物等 3 家企业荣获省科学技术进步一等奖，联智科技向深交所提交上市申请。实施“科技创新三年行动计划”，新增高新技术企业 52 家，新增院士、博士工作站 3 家，新增市级以上创新中心 5 家，实施省、市重大项目攻关 50 余项，长沙创新药物研究院、湖南航天传感技术研究院落户，研发投入比 2020 年增长 10.3%，创新转型经验获工业和信息化部、省发展改革委、省工信厅推介。

园区建设　坚持基础先行、建管并重，推动园区功能更强、品质更优、环境更美。抢抓国土空间规划编制“窗口期”，经开区南拓、铜官工业园东拓取得实质性成果。对接高铁西城建设，优化重点片区控规研究，推动产业布局更加合理、产城融合焕发新貌。高铁西站启动建设，医院、学校、商超等大型设施加快布局。沿河路、月亮岛路、高原路等6条市政道路全线贯通，南雅望城学校、明德望城学校交付使用，园区支撑力、承载力和功能性大幅提升。金桥商圈、同心湾商圈、亿达商圈日趋成熟，58科创园、新谷直播产业园等一批生产服务企业落户，三生融合、三态协同模式有力推进。抓好新冠肺炎疫情常态化防控，“外防输入、内防反弹”防线持续筑牢，疫苗接种应接尽接。全面强化企业内部管理，推进平安园区建设。在全省率先推行“环保管家”，环保服务水平再上台阶。

改革创新　推进“一枚印章管审批”改革，实施项目审批和水电气全程“帮代办”，向企业延伸政务驿站7个，便捷高效政务服务触手可及。实施“企业吹哨、部门报到”专项行动，累计帮助企业解决问题378件，“无事不扰、有呼必应”成为营商新名片。推行惠企政策“免申即享”，兑现资金2.7亿元，改革经验获《人民日报》推介。推动金融、科技、人才等生产要素良性循环，帮助企业融资90亿元，开拓市场达成交易额超15亿元，“望城服务”更加可触可感。实施产出效益倍增计划，加大闲置资源清理盘活，促成7家企业“二次投资”，盘活9宗闲置土地、7家僵尸企业，亩均税收比2020年增长16.9%，亩均收入比2020年增长10%，发展质效得到新提升。集团公司聚焦竞争类企业定位，实质性开展资产运营、股权投资、金融投资、土地运营业务，入股8家高科技企业，实现经营性收入3.1亿元，总资产比2020年增长11%。

2021年3月1日，5G智能终端产业园项目开工。图为项目建设现场

望城经开区　供图

【全省重大项目集中开工活动长沙主会场在望城经开区举行】　2021年3月1日，2021年全省重大项目集中开工活动长沙主会场在望城经开区5G智能终端产业园举行，省委书记、省人大常委会主任许达哲出席5G智能终端产业园项目开工仪式并宣布开工。省委副书记、省长毛伟明讲话，省政协主席李微微出席。省领导谢建辉主持，张剑飞、吴桂英等出席长沙主会场开工仪式。5G智能终端产业园总投资52亿元，用地面积25.13公顷，创新应用5G专网、无线视频监控、人脸识别、智能机器人、智慧楼宇等多项智慧元素，打造5G智慧产业园区。项目主要建设“一核心、三组团、多配套”，生产厂房采用“大承重、大间距、大跨度”设计，满足产业链上不同企业生产需求。与华秋电子、宝新创、利亚德等企业达成合作意向。园区全面投运后可实现年产值180亿元，税收8亿元，打造中部地区5G智慧产业园区新标杆。

【蓝河乳业集团暨国际羊乳营养研究中心启用】　2021年3月16日，蓝河乳业集团暨国际羊乳营养研究中心在望城经开区亿达智造小镇启用。望城区委副书记、区长范焱斌等领导出席。动现场蓝河乳业集团与分众、腾讯进行3年战略合作伙伴签约以及综艺节目总冠名签约。蓝河乳业入驻望城以来，围绕“满足母婴更多更好营养健康品类需求”的发展使命，运用资本、技术的领先优势，整合绵羊奶上游资源，成为全球绵羊奶核心原料第一供应商，集团累计产值已超过50亿元，累计实现纳税3.42亿元。

【立邦新型材料华中区域生产基地项目投产】　2021年6月6日，立邦新型材料华中区域生产基地项目在望城经开区投产。该项目由全球顶尖涂料企业立邦集团投资建设，总投资10亿元，占地面积10公顷，规划总建筑面积10万平方米，主要生产新型仿石材涂料、新型保温砂浆及粉料系列产品，致力打造一座数字化、绿色、环保的智慧工厂。项目一期投产，二期同步启动建设，全部投产后年可实现销售收入16亿元，税收6500万元以上。立邦新材华中区域生产基地项目的投产，是望城实施强链计划、做优增量的又一大成果，推动新材料产业向更高端迈进。

【全国"专精特新"中小企业高峰论坛在长沙举行】　2021年7月27日，全国“专精特新”中小企业高峰论坛在长沙举办，望城经开区党工委书记周剀受邀作题为《打造大中小企业融通型双创载体　构建中小企业专精特新发展格局》的典型经验交流。作为2020年全省唯一创建国家级大中小企业融通型双创特色载体的园区，望城经开区以大中小企业产业链、供应链、创新链、资金链全方位融通发展为目标，以龙头企业引领、平台支撑、创新驱动、服务保障为抓手，形成大中小企业融通发展的良好生态。

【利亚德光电智造产业园及华中区域总部项目落户】 2021年3月9日，利亚德光电智造产业园及华中区域总部项目落户望城经开区。7月29日，利亚德长沙智能终端产业园在望城经开区投产。项目总投资5亿元，主要生产LED显示屏及相关产品，全部达产后可实现年产值20亿元、年税收6000万元以上，园区智能终端产业再添中流砥柱。利亚德光电股份有限公司成立于1995年，2012年创业板上市，是全球视听科技领创者、中国电子信息百强企业，主营业务为智能显示、城市光环境、文旅新业态、虚拟现实技术四大板块，产品主要运用在中华人民共和国成立70周年庆典、深圳改革开放40周年等重大庆典活动，产品销往国内外多个地区，连续4年蝉联全球LED显示产品市占率第一位。

【长沙市与浙江大华技术股份有限公司签署合作框架协议】 2021年11月17日，长沙市人民政府与浙江大华技术股份有限公司签署合作框架协议，双方将在人工智能、大数据应用、智慧城市、智慧教育、智慧消防、智能交通及智慧安防等领域开展深度合作。市委副书记、市长、湖南湘江新区党工委书记郑建新，浙江大华技术股份有限公司董事长傅利泉出席签约仪式并讲话，市委常委、市政府党组副书记彭华松主持签约仪式，副市长邱继兴代表长沙市政府签约。大华股份与望城经开区签署智慧物联终端制造基地及华中智造总部项目入园协议。望城区委副书记、区长孔令强，望城经开区党工委书记周剀，党工委副书记、管委会主任郑以仁参加签约仪式。智慧物联终端制造基地及华中智造总部项目总投资50亿元，全部投产后可实现年营业收入100亿元，年税收4亿元以上。大华股份是全球领先的以视频为核心的智慧物联解决方案提供商和运营服务商，为城市、企业、家庭数字化转型提供一站式智慧物联服务与解决方案，拥有国家级博士后科研工作站，是国家高新技术企业、国家认定企业技术中心、国家创新型试点企业，在研国家火炬计划项目4项、国家高新技术产业化重大专项5项，是中国智慧城市建设推荐品牌和中国安防最具影响力的品牌之一。

（本栏撰稿　周雅婷）

·中国（湖南）自由贸易试验区长沙片区临空区·

【概况】 中国（湖南）自由贸易试验区长沙片区临空区（以下简称“长沙自贸临空区”）由长沙黄花综合保税区和长沙临空产业开发区组建而成，2021年8月19日挂牌，实际管辖面积66.7平方千米，涵盖黄花镇、江背镇、黄兴会展区和榔梨街道4个镇（街道），其中属于湖南自贸试验区范围15.94平方千米。2021年长沙自贸临空区有基地航司4家，指定口岸功能4个。辖区内黄花国际机场已开通国际货运航线14条，通航国际城市58个。全年产生税收18.2亿元，实现外贸进出口额71.65亿美元，完成固投58.98亿元，新增企业1392家。被评为省自贸试验区先进单位，市六大片区评价排位第一位，并获长沙市做优片区先进单位奖励100万元。

园区建设　高标准编制片区国土空间控规、风貌规划导则、机场周边排水专项规划，持续优化产业布局及发展空间。争取专项债资金34亿元，推进项目建设，黄花综保区实现整区封关，进出口商品展示交易中心、养天和总部医药物流园、顺丰二期等建成投用；临空北路等4条道路实现通车；湖南自贸试验区展览展示馆、上水堂国际公寓、机场集疏运道路、空铁联动发展示范带、开慧机场改扩建及梅花工贸新区建设等正抓紧推动，以高品质项目建设推动临空经济高质量发展。

产业招商　按照“南工北城中贸易”产业布局，聚焦航空偏好型和外向型产业进行精准招商。新引进重点产业项目23个（含“三类500强”企业2个），建成每年可产生税收23.1亿元、实现外贸业绩25.4亿美元。有在谈项目44个、总投资467亿元。国际货运航线累计14条，全年货量8.1万吨，较2020年增长37%。

自贸建设　重点推进8项制度创新，形成6项初步成果，特别是“邮快跨”集约发展新模式为湖南自贸试验区获批以来首例且唯一个刊入《国务院自贸试验区工作部际联席会议简报》的国家级创新案例；“同飞工程”反向飞地企业零的突破——昌龙同飞公司、长龙同飞公司、毛家同飞公司、长沙宜选公司、湖南湘免国际贸易公司；加快跨境电商新零售试点，友阿跨境荟计划2022年五一节前对外营

2021年8月19日，中国（湖南）自由贸易试验区长沙片区临空党工委、管委会挂牌

长沙自贸临空区　供图

业；探索实施“标准地+承诺制”改革试点，北京声迅项目用地以“标准地”模式摘牌，实现开工建设；工程机械二手设备再制造向埃及、越南出口设备7台、23万美元；国际文化艺术品交易回流海外文物379件入区。

【湖南自贸试验区首个数字贸易特色园区——黄花数字贸易港开园】 2021年3月19日，湖南自贸试验区首个以数字贸易为特色的专业子园区——“黄花数字贸易港”在长沙黄花综合保税区举行开园暨首批入园企业签约活动。作为湖南自贸试验区首个以数字贸易为特色的项目，承载黄花综保区未来产业发展的重要平台载体，黄花数字贸易港重点突出跨境贸易、产业数字化等方向，在数字贸易、服务贸易、产业孵化等方面进行重点招商，已引进或意向入驻企业20余家，平台服务商10余家，与7家湖南本地高校达成合作，跨境电商、数字直播、人才培训等板块已基本成型。项目投入运营后3年内可实现外贸进出口额超15亿美元。

【长沙黄花综合保税区（二期）通过联合验收】 2021年6月17日，长沙黄花综合保税区（二期）通过联合验收组的实地查验和综合评审，省政府口岸办主任郭宁代表湖南省人民政府与长沙海关副关长、联合验收组组长韦泳亮共同签署《长沙黄花综合保税区（二期）验收纪要》。此次验收通过的综合保税区二期，建设面积0.58平方千米（围网内面积0.53平方千米），主要功能分为保税加工服务区、保税仓储物流区两大板块，规划建设14栋、面积超52万平方米的标准厂房、标准仓库。进一步拓展长沙黄花综保区发展空间，为园区加快产业转型升级、拓展保税研发制造、物流分拨、检测维修等功能业态奠定基础，也有利于推动更多开放创新举措在长沙黄花综保区先行先试，为区内企业提供更具国际竞争力的监管制度环境和优惠政策支持。

【长沙自贸临空区获批国家加工贸易产业园】 2021年9月1日，商务部网站公示首批全国加工贸易产业园审核认定名单，湖南省长沙市加工贸易产业园名列其中，成为全国首批13家国家加工贸易产业园之一。长沙市加工贸易产业园位于长沙市主城区东侧，包含中国（湖南）自由贸易试验区长沙片区临空区块、长沙经济技术开发区、浏阳经开区（高新区）等三个国家级平台，总面积47.54平方千米。依托当前发展基础，产业园将构建“一主四特”（以电子信息产业为主，以工程机械产业、生物医药产业、汽车及零部件产业、智能装备制造为特色）的产业发展格局。作为长沙市国家加工贸易产业园建设的重要载体，自贸临空区依托区域内的长沙黄花综合保税区和国家航空口岸——长沙黄花国际机场，在加工贸易方面形成以电子信息和医疗器械产业为主导，航空高端装备、保税维修及再制造产业为特色的发展格局，发展潜力巨大。

【中国（湖南）自由贸易试验区首个国家级制度创新案例】 2021年12月20日，国务院自由贸易试验区工作部际联席会议简报（第25期）刊发“湖南自贸试验区长沙片区着力推进‘三个一体化’实现国际邮件、国际快件和跨境电商业务集约发展”案例，这是自2020年9月21日中国（湖南）自由贸易试验区获批以来的首个国家级案例。该案例高度聚焦国际邮件、国际快件和跨境电商三类业务（以下简称“邮快跨”业务）企业需求和产业发展实际，创新实施口岸监管通关一体化、业务信息一体化、体制机制一体化，在全国率先将3个场所、3套监管系统合而为一，实现“邮快跨”业务一站式通关，在不断降低企业运营成本、提升监管服务效能的同时，有效促进跨境电商产业集聚发展。

【湖南自贸试验区长沙片区外商投资企业“一站式”服务联络点挂牌】 2021年8月26日，湖南自贸试验区长沙片区外商投资企业“一站式”服务联络点（以下简称“联络点”）挂牌。联络点将为外商提供投资咨询、设立指引、协调服务、信息报告指导、投诉处理等“一站式”服务，协调和解决外商在长沙投资的重要关切问题，提高自贸区利用外资质量和水平。联络点采用“1+5”的模式，长沙片区的总联络点设在湖南自贸区长沙片区综合服务中心，中心已有公安、税务、海关、市监、贸促、科技、人社、商务8个部门入驻办理业务；长沙经开区区块、临空区块、会展区块、雨花区块、芙蓉区块5个区块则将分别设立“外资服务分联络点”。专人负责现场受理和业务办理，实现企业“进一张门，办所有事”。

【友阿跨境荟跨境电商新零售项目签约】 2021年12月27日，友阿跨境荟跨境电商新零售项目签约仪式在长沙自贸临空区展示交易中心举行，双方将合力打造以跨境电商新零售为特色的自贸区高端消费中心。友阿跨境荟项目位于自贸临空区进出口商品展示交易中心，紧邻长沙黄花国际机场，是全省唯一能叠加综保区保税展示交易、跨境电商等功能以及机场国际口岸复合优势的商业载体，总建筑面积10.4万平方米，总投资6.8亿元。项目计划2022年5月1日投入运营。 （本栏撰稿　刘香娥）

省级开发区

·长沙高新技术产业开发区隆平高科技园·

【概况】 2021年，长沙高新技术产业开发区隆平高科技园（以下简称“隆平高科技园”）新增企业1210家，园区企业总数4285家。2021年，隆平高科技园完成技工贸总收入268亿元；完成规模工业总产值41.78亿元，比2020年增长1.8%，规模工业增加值增长2.7%；完成“四上”服务业总营业收入173.8亿元，增长24.49 %，社会消费品零售总额22.53亿元，增长19.65%；限额以上批发额121.97亿元，增长29.76 %。完成其他营利性服务业营业收入18.09亿元，增长46.36 %。完成固定资产投资53.83亿元，增长21.9%。完成全口径税收23.49亿元，比2020年增长31.89%；园区亩均营收和亩均税收分别为924.97万元、31.7万元，分别排在省级园区第二位和第一位。芙蓉区现代农业产业园作为湖南省唯一代表向农业农村部报送全国产业园建设典型案例，在全省农业发展规划会议上作典范发言。

招商引资　全年到深圳、珠海、福建、重庆、广州、上海等地开展招商活动35次，领导带队拜访并洽谈项目近50个。参加各种展会及重大签约活动10余次，其中在首届中国·长沙岳麓种业峰会上，与先正达集团、日本三井物产、北大荒垦丰种业、国药种业等10余家国内外知名企业签署种业产业链招商协议。全年引进企业1210家，产业项目96个（其中投资过亿元以上项目22个），比2020年增长25%，总投资额117.52亿元，增长58%。重大招商项目。山润铺子通过法拍方式获得原今升购物闲置土地1.33公顷打造山润茶油湖南总部基地项目；广发隆平摘牌2.4公顷工业用地，投资3.6亿元打造长沙医疗器械科技创新产业园。浩天建工商业地块、顺兴糖酒地块已摘牌。平行线智慧物流数字平台项目初步实现业务正常运行。产业链项目招商。发挥中央专项资金、市级种业硅谷专项资金作用，推动全市种业产业链项目向隆平集聚。优化产业空间布局，推动种业硅谷“一园六镇”协同发展，联合春华镇共建种业硅谷春华基地，努力构建“总部+基地”“核心+配套”的发展格局。全年引进优质产业链企业64家，其中正邦农牧、海大集团为“三类500强”企业；引进山润茶油湖南总部基地等8个过亿元项目，实现产业链总投资51.7亿元。华智生物企业总部基地新签约入驻甲天下鳖龟种业科技、旭兴农业、立诚生态、湖南生猪大数据工程中心以及中国企业500强正邦集团旗下中农正邦等一批企业。

产业发展　优化产业结构。规模以上工业战略性新兴产业企业17家，占规模以上工业企业总数比重为36%。高技术服务业营收占规模服务业营收比重为26%。动态监测四上企业盈亏情况，40家重点监测企业总营收增长17.4%。推进绿色发展，完成重点行业低挥发性有机物含量原辅材料推广使用工作。加大科技创新。全年高新技术产值增长18%。规模工业研发投入强度为4.21%。完成技术合同登记7.99亿元，增长40%。完成知识产权质押融资3112万元、知识产权转化合同303.5万元。新增“四上”企业26家。两批申报高新技术企业51家，年末有效高企110家，净增35家。完成上市报辅1家（隆平发展），15家进入长沙市上市企业后备库。智能制造试点企业完成2家。推动产业链建设。岳麓山种业创新中心完成“2+8”研究体系建设，启动建设省农业种质资源创新数据库，入选省“数字新基建”100个标志性项目，获批3个新型研发机构、12项湖南省种业“卡脖子”重大攻关项目，“油茶高产稳产品种选育及区域化配制关键技术”获批长沙市“揭榜挂帅”重大科技项目。“2021年长沙市现代农业高质量高水平发展项目”立项并争资100万元，现代种业产业链获批产业链工作经费35万元。释放产业人才活力。新增市级以上高层次人才26人，截至年底园区有市级以上高精尖人才127名，其中，国家顶尖重点人才计划4名，占全市1/2；省“百人计划”14名，约占全市1/5；拥有全省唯一一个省“百人团队”。以岳麓山种业创新中心和隆平高科为依托，成功获批全省作物种业产业高级职称评审权限，29名产业人才最终获批。

项目建设　广发隆平3124万元成交2.4公顷工业用地，并办结全部土地手续；长沙医疗器械科技创新产业园项目完成地下室土方60%的工程量；仁孚汽车完成地下室土方及基坑支护；大红陶瓷胚体仓库项目完成主体施工；凯德隆盛、丰兴实业（三期）、平商创智完成项目建设；琴海数码项目完成建设并按要求完成项目观摩工作；一带一路米业种业生产基地完成主体四层；隆平生物种业创新中心项目已完成地下室基坑土方和边坡支护施工，全面进行人工挖孔桩基础施工。

优化营商环境　开展“百日暖企”行动为企业纾困解难，安排60名干部联点帮扶128家重点企业，帮助湘茶集团等26家企业解决出口、供电、用地难题95个，帮助扬翔农牧等企业实现融资7450万元，解决23名高端人才购房、子女入学等困难。举办芙蓉区“蓉易贷”政银企对接会，广发隆平、凯德自控等企业获银行授信政府背书。兑现21家企业2020年第二批中小企业贷款贴息137.63万元。协助绿叶生物等10家企业进行创新平台储备；组织树人牧业等18家企业申报养老保险缴费费率过渡试点；组织广发隆平、丰兴实业做好2020年度工业地产项目年度评估。召开高质量发展政策兑现大会，推行政策免申即享改革，开展线上政策宣讲，编制惠企“政策包”，助企申报科技、人才、技改等项目60余项，兑现政策资金1.2亿元，惠及企业400余家。开展营商环境对标行动，围绕“一门、一网、一次”目标，开展“帮代办”全流程服务1620次，“不打烊”全日制服务5664次，实现“不见面”企业登记1372次，942次政务服务事项100%“一网”通办，2225件企业办事实现“一次不用跑”。省知识产权（隆平园）分中心通过省局中期评估，自贸区分中心挂牌。专利审查时限从两年多缩短至3个月；举办主题培训6场。知识产权特色服务被中国市场监管报、中国知识产权报专题报道，并纳入长沙市营商环境改革创新典型案例。

园区建设　隆平生物种业产业园产业（一期）及配套建设达到项目建设预期；对山路项目已启动建设。长农路东段和小古城路已建成通车；红湖路、新安路道路项目已完成初步设计方案及新安路建设工程规划许可；营盘路10千伏高压杆线下地已完成并通电运行；雨污分流雨水管改造项目已完成建设；人民东路F60地块低压杆线拆除工程已完成建设；张公岭片区路灯移交工程已完成移交。当疫情形势平稳，调整防控工作组，让经济部门集中精力抓发展；当疫情发生反复时，第一时间调度，先后组织开展全园集中接种33场，累计接种1.8万人次，实现零感染、零隔离。抓好环保错锋生产、污染防治和日常监测，班子成员91次带队开展安全隐患排查整治，整改隐患263处，移送案件14起。举办反诈代言人宣传活动，全年解决信访问题14起，化解矛盾纠纷20个。防范化解债务风险，稳步推进隆创投公司市场化转型。讲好隆平故事，市级以上媒体正面报道园区332篇次。

【隆平高科技园政策兑现暨高质量发展推进大会】　2021年4月29日，隆平高科技园召开政策兑现暨高质量发展推进大会，215家获奖企业、236位获奖代表参加，集中兑现政策奖励。园区党工委书记、芙蓉区委副书记卓精华等班子成员出席大会并为获奖企业代表颁奖。自2020年以来，园区已陆续兑现各类奖补6692万元，2021年兑现6600万余元。大会现场还发布《关于鼓励支持企业高质量发展的若干政策》。

【优秀共产党员、优秀党务工作者和先进基层党组织表彰大会】　2021年6月25日，隆平高科技园举行优秀共产党员、优秀党务工作者和先进基层党组织表彰大会，隆平高科技园全体县级领导，机关党总支全体党员，基层党组织书记、党建专干，先进集体和优秀个人及2021年新发展党员共130人参会。大会表彰了中共湖南广发隆平高科技园创业服务有限公司联合支部委员会等12个先进基层党组织、周蓉芳等44名优秀共产党员、冯超等21名优秀党务工作者。

【重大项目集中开竣工活动】　2021年6月23日，长沙市二季度重大项目集中开竣工活动芙蓉区分会场在隆平高科技园的长沙医疗器械科技创新产业园举行。市人大常委会党组书记、主任谢卫东宣布重大项目集中开竣工。此次集中开工重大项目12个，总投资约60亿元，年度预计投资约25亿元，涉及特色园区建设、新基建、现代商贸等重大产业项目；集中竣工重大项目21个，总投资约27亿元，主要涉及种业硅谷建设、隆平新区路网建设、中央商务区建设等。

【中国·长沙岳麓种业峰会】　2021年10月9日，由隆平高科技园主办的中国·长沙岳麓种业峰会在长沙举办。峰会以“种业振兴新使命，创新引领新征程”为主题，种业界院士、知名专家以及国内相关企业代表约300人参会。峰会旨在通过研讨观摩，凝聚共识，交流经验，共创未来，打好种业翻身仗，为国家粮食安全做贡献。会上，湖南省科技厅与中国农村技术开发中心举行“100+N”战略签约，岳麓山种业创新中心与中信农业、华智生物、湖南大学国家超算长沙中心等签署共建协议，隆平高科技园与先正达集团、日本三井物产、北大荒垦丰种业、国药种业等企业签署种业产业链招商协议。除开幕式主论坛外，峰会还包括种业高峰论坛及作物、畜禽、水产、中药材、油茶种业振兴论坛。其中种业高峰论坛站在战略高度，把脉种业振兴大课题，围绕种业知识产权保护、种质资源源头创新能力提升、育种共性关键技术公共平台建设、种业产业升级等领域贡献智慧方案。振兴论坛紧扣湖南地缘特色，分享作物种业、畜禽、水产、油茶、中药材方面的经验。

【新增两名院士】　2021年11月18日，2021年两院院士增选结果中，湖南省农业科学院教授柏连阳、研究员单杨当选中国工程院院士，隆平高科技园院士增至7人（官春云、邹学校、印遇龙、柏连阳、单杨、刘少军、刘仲华）。　（本栏撰稿　周　密）

2021年10月9日，中国·长沙岳麓种业峰会在长沙举办　　隆平高科技园　供图

·长沙天心经济开发区·

【概况】 2021年，长沙天心经济开发区（以下简称“天心经开区”）完成技工贸总收入450亿元，比2020年增长25%；完成服务业主营业务收入247.5亿元，比2020年增长30%；2021年全口径税收11.83亿元，比2020年增长40.83%；2021年全口径税收11.83亿元，比2020年增长40.83%。外贸进出口额2.54亿美元，比2020年增长26.5%。

招商引资　全年开展小分队招商24次，外出组织和参加节会招商5次，接待或走访客商400余批次。全年新引进中湘智建、科锐国际、湖南思极等企业2000家，其中新引进世界500强项目3个，总投资120亿元的中国电信天翼云中南数字产业园项目实现当年签约、当年开工，是2021年全省投资最大的新基建项目。构建“大招商、招大商”的工作格局，出台《关于加强财源建设实施全员招商工作方案》，推行全员招商，完善“全员招商”工作季度考核奖励办法。建立招商工作联席会议制度、重大招商引资项目风险管控制度及招商引资合同履约动态管理制度，强化招商统筹，提高招商引资项目质量和效益。强化合作促中介招商，针对园区产业规划，通过专业中介机构深圳爱米粒科技文化有限公司和广州商会沟通项目，协助园区重点招商。以商招商，坚持“访厅拜院、产业链招商”，推动省地质院所属单位、国家电网供应商集聚园区，13家入长沙的地质企业预计新增年产值40亿元。举办节会招商，2021第十届全球地理信息开发者大会首次在湖南举办，现场签约20个项目。到北京开展2021中国长沙人力资源服务产业园北京招商推介会，文广园借助“十四五”产业发展规划调研暨招商推介。

数字经济发展　致力“软件业再出发”，率先打造长沙天心软件产业园，形成“一核多点”产业格局，软件企业快速集群，新增软件业企业121家。加速“天空地一体化”数据资源集聚，自然资源湖南省卫星应用技术中心、高分气象卫星应用中心建成，湖南能源大数据中心入驻，湖南地质大数据中心、湖南气象大数据中心加快落地。推动5G建设发展，与长沙理工大学、百度云手机等5家企事业单位合作建设5G创新应用示范区。全方位支持企业做大做强，市场主体更加活跃，成功推广“酷哇智慧环卫”等20个应用场景项目落地。肯耐珂萨是HCM SaaS行业唯一获评2020“新基建”产业独角兽（人工智能）企业，绿盟科技入选工业和信息化部2019—2020年度物联网关键技术与平台创新类示范项目，“V零工平台”蚂蚁天承实现高速发展，长沙人力资源创新中心等3家入选长沙市众创空间。做好“入规、升高、上市、扩面”工作，全年新增规模以上服务企业18家，新认定高新技术企业127家，后备上市资源库企业14家，新增智能制造试点项目2个；获得知识产权质押融资1000万元。

项目建设　2021年产业投资项目92个，其中产业链、主特项目36个，其他产业项目56个。全省唯一的数据要素与数字资产交易场所湖南大数据交易中心完成建设并实现试运营，天经国际、软件产业园二期、园区道路新建及提质改造等24个项目建设加快推进。

营商环境　2021年，天心经开区在全省“五好园区”优化营商环境评价中获第一名。人才服务，召开长株潭人才一体化发展联席会议，长株潭人才一体化联席会议办公室、长株潭人才协同发展研究院同步落户园区。同株洲、湘潭人力资源服务产业园签订长株潭人力资源服务产业园联盟合作框架协议。建立9个海外人才工作站，为长株潭地区引进高层次人才416名。联合长沙市企业上市服务中心开展长沙市重点拟上市企业中高端人才招聘线上活动专场，32家重点拟上市企业提供230余个中高端岗位，招聘人才650人；联合长株潭三市人社部门开展“稳岗送春风，温暖长株潭”三市千企万岗招聘月活动，并采取线上与线下相结合方式，在招聘月中分批开设天心区、岳塘区、石峰区重点企业线下专场招聘会，线上、线下长株潭3000余家企业参与，发布岗位数超6.4万个，求职人数超2万人，简历总投递次数近2.3万次。围绕“人才发展”主题，组织开展“橘洲大讲堂”活动4次，企业赋能大讲堂系列沙龙活动及政策解读会8次。聚焦数智化人力资源赋能，为企业提供“线上+线下”综合性、系统化人才发展服务方案，促进员工与组织发展。为中车、中联重科、三一集团、中国航发南方公司等重点企业，提供人才标准制定、人才培养、人才测评、数字化培训等数智化人力资源服务累计超5000人次。金融服务，出台《长沙天心经济开发区推动区域经济高质量发展的若干政策》，依托企业服务专员开展“送政策上门”活动，精准服务企业，全年政策兑现项目149个，涉及企业118家，落实园区政策兑现资金3717万元。召开银企对接会4次，企业共获批融资额度13亿元，实际投放企业资金约8亿元，为企业高质量发展提供有力的资金保障。联合《长沙晚报》、长沙银行共同组织“三高四新”战略金融服务大行动活动，打造金融服务+新闻宣传+智库服务三位一体的长沙产业金融服务站天心经开区站。促进麓星光电公司与湖南大学完成知识产权成果转化金额超3000万元，同时鼓励企业利用专利等知识产权进行质押贷款，成功促成大唐先一公司与华融湘江银行1000万元专利质押融资顺利落地。为减小企业融资压力，园区争取市政府支持，与银行深度合作，打造个性化融资产品，由市政府、园区、银行共同组建了1亿元园区企业风险补偿基金，鼓励合作银行向园区中小微企业发放贷款。支持10家获得小微企业风险补偿基金贷款2850万元，有效解决小微企业贷款与货款回笼周转等难题。产销对接，在全市率先成立企业产销对接服务中心，中心主动服务企业，帮助企业推广新技术、新产品、新服务，采取“摆特色、列需求、拉清单”的方式，建立企业供需匹配名册，打通供需渠道，实现企业产销对接“内循环”。园区全年召开产销供需对接会议5场次，组织企业开展上门对接活动20余次，其中杰诚空间中标天心区地下管网排查业务项目，威阿智能中标天心区青园中信小学智慧校园项目，蚂蚁天承与园区6家企业达成灵活用工合作，全年预计实现产值4000万元。园区95名干部走访企业500余家，共帮助78家企业协调解决各类问题174件，赢得良好口碑。保权益方面，在全省率先成立“诉源治理”工作室，制定《关于加强诉源治理、建立多元化纠纷解决机制既优化营商环境的工作方案》，深化、扩大多元纠纷解决机制改革，构建诉调对接工作平台。自“诉源治理”工作室成立以来，调解完成各类纠纷320余件。其中，特别调解完成超世公司与天佑公司系列案80件。通过建立工单办理通报机制、不满意工单的信息反馈机制、出台《“12345”热线和群众投诉处理管理办法》等措施提高工单办理质量和群众满意度。全年“12345”政务热线已办结工单604件，办结率100%，回访工单578件，回访满意率96.02%。完成区委督查室网络问政办结19件，领导信箱办结12件，天心区网格化综合管理平台诉求案件办结13件。入选湖南省首批省级园区相对集中行政许可权改革试点单位，75个事项列入改革试点范畴。加大申请市、区两级对园区的放权力度，申请区政府对园区赋权事项58项。建立重大项目对口跟踪服务机制，设立项目建设服务窗口，推行告知承诺制审批，开展模拟审批。2021年，园区政务大厅受理行政审批事项406件，完成商标业务受理总数量8661件，业务受理量稳居全国275家京外窗口中的第三位，实现“园区事园区办”。

【长沙人力资源服务产业园】 2021年，长沙人力资源服务产业园（以下简称“长沙人力园”）主园区年产值45亿元，税收逾1亿元。已建设成为省内规模最大、功能最完备的现代人力资源服务产业园。长沙人力园以独特的区位优势、政策优势和全方位服务，吸引各人力资源品牌机构的进入与聚集，通过引进有实力、有影响力的人力资源服务机构入驻并植根产业园，不断形成外来品牌和自主品牌的融合。截至2021年年底，长沙人力园已入驻企业258家、入驻率91%，其中大中华地区人力资源服务品牌100强机构16家，并集聚了湖南人才市场、株洲钻石人力、湖南湘楚人力等本土知名人力资源服务机构，引入湖南省人力资源服务协会、湖南省人力资源管理学会两大行业机构，初步了形成集人事代理业务、劳务派遣服务、人力资源服务外包、人才招聘服务、高级人才寻访、培训开发、管理咨询、人才测评、互联网+人力资源的人力资源链式产业生态。编制全省大学生就业状况白皮书—《湖南省普通高校毕业生就业发展报告（2018—2020）》《长株潭城市群对应届毕业生吸引力分析报告（2017—2020）》《长株潭地区企业用工需求调研报告》等报告。云研科技发布2020年长沙市对应届毕业生人才吸引力报告，分析长沙市对应届毕业生人才吸引现状与成绩，并与对标城市进行多维度对比，分析长沙市毕业生吸引力的区位优势和成功经验。

【长沙天心文化（广告）产业园】 长沙天心文化（广告）产业园集国家文化产业示范园和国家广告产业园区于一体，是长沙天心经开区的重要产业发展平台。2021年，园区有各类企业1200余家，其中上市挂牌企业3家，规模以上服务企业38家，高新技术企业41家，产值过亿元企业11家，聚集顺凯传媒、微算互联、顺风传媒、金铠文化、亚文传媒、大唐先一、红网、东道品牌、幻维数码、山猫吉咪、大球泥瓷艺、中合慧景等龙头骨干企业。此外，园区引进湖南省广告协会、湖南省动漫游戏协会、湖南省标识行业协会、中国通信工业协会电子竞技分会等专业化产业平台，建成运营国家知识产权局商标业务长沙受理窗口、中华版权代理总公司长沙工作站、湖南版权基层工作站、长沙商标品牌指导中心等公共服务平台。与湖南省动漫游戏协会合作举办“第七届湖湘动漫月暨长沙（国际）动漫游戏嘉年华天心经开区分会场”活动，12月15日举办“第五届天心阁峰会暨第七届湖湘动漫月创谷游戏电竞健康发展高峰论坛通过动漫游戏高峰论坛”，并参加全省动漫展，提升园区动漫、游戏产业影响力，吸引更多优质动漫、游戏企业落户园区。与湖南省中小企业服务中心建立合作，园区作为服务机构通过中心平台为中小企业提供品牌提升服务，同时中心为园区企业提供创业、信息、融资、管理、法律、人才、技术创新、市场开拓等多种业务咨询服务。贴近企业做好精准服务工作。1月20日，首届“何绍基杯”全国书法篆刻精品展开幕式暨新春书法笔会活动在园区创视界展览馆举办，园区组织省、市区书协书法家为园区企业写对联、送福字，受到园区企业好评。7月21日，与长沙理工大学继续教育学院签订协议达成合作，共建“长沙理工大学继续教育学院创谷培训基地”，为园区企业提供职业技能培训以及学历提升培训服务。引进第三方机构打造园区公共健身房，让企业员工在工作之余能够更好地休闲、健身。9月10日，举办“智慧天心·才聚经开——涉企犯罪常见罪名及风险提示”讲座，为企业普及法律知识，做好法律服务保障。2021年长沙商标受理窗口全年接待各类咨询2.04万人次，受理商标业务总计9983件，在全国296个窗口排名第三位。6月被国家知识产权局商标局授予荣誉奖状，并在国家知识产权局商标局会议上做了经验发言。在知识产权日发布园区“知识产权领航企业培育计划”，挑选了具有一定知识产权基础的20家企业定向提供服务，全年走访企业共计40次，举办园区知识产权领航企业相关专题讲座5次。

【长沙融城经济发展集团有限公司】 2021年3月9日，原“湖南天南实业有限公司”更名成立长沙融城经济发展集团有限公司（以下简称“融发集团”），注册资本10亿元。融发集团本部设“三部一室”，下有4家直属全资子公司，分别为：湖南天环经济开发有限责任公司，主要负责对外投资及产业基金工作；湖南天祥置业有限责任公司，主要负责地产项目开发建设工作；湖南天长置业有限责任公司，主要负责市政工程建设；湖南天新资产经营管理有限公司，主要负责国有资产运营管理工作，是天心经开区产城融合的“主力军”、项目建设的“主阵地”、财税增长的“主渠道”、产业投资的“主平台”，是推动天心经开区深化发展的中坚力量。融发集团以“为融城而生”为企业宗旨，围绕“两建一投”产业布局，旨在打造高效可持续的国有资本运营平台和片区城市资源综合开发运营商，也是天心区生态绿心退出地区资产运营的市场化主体。融发集团已完成43家企业94.67公顷土地收储收购，公司资产及后续开发运营能力雄厚，推动“天心数谷”片区开发、湖南大数据交易中心及融发菁英汇项目建设。2021年，融发集团顺利完成AA主体信用评级，融发集团资产规模快速扩充。负责经开区范围内23个市政基础设施项目建设项目，总投资额约10亿元，完成片区约20千米路长建设任务，拉通“三园合一”以来困滞多年的“断头路”“瓶颈路”，打通园区路网“微循环”。在产业及配套项目开发建设工作中，融发集团摘得了长沙市（124）号（人才公寓）地块；启动“天心数谷”一期项目建设；完成湖南大数据交易所建设，自持产业平台实现从0到1的突破。对外投资工作中，融发集团设立天心区首支政府产业投资基金，并已对外投资5家企业。

【11个重大项目集中开工】 2021年3月1日，天心区重大项目集中开工仪式在长沙天心经开区软件产业园杰峰基地二期项目工地举行。长沙市委常委、市委统战部部长谭小平出席开工仪式并宣布开工。长沙市副市长、市公安局党委书记、局长刘新良等领导出席。天心区此次集中开工的项目涵盖产业园区、市政道路、商业广场、学校、居民住宅等多个方面，其中，长沙天心软件产业园杰峰基地二期项目是实施“三高四新”战略、“软件业再出发”的重点项目，位于天心区新岭路与新兰路交会处，总投资约2.7亿元。“杰峰基地”建成后，将引进500余家相关企业、实现年产值40亿元以上。

【天空地一体化信息技术发展与应用高峰论坛】 2021年3月31日，“天空地一体化信息技术发展与应用高峰论坛”在长沙天心经开区软件产业园举办。该论坛由中国地理信息产业协会、中国遥感应用协会、中南大学地球科学与信息物理学院指导，北京东方至远科技股份有限公司、湖南东方至远科技有限公司联合主办。来自行业内的专家学者、企业代表等共同探讨天空地一体化应用未来新走向。中国工程院院士、国家基础地理信息中心陈军教授通过远程视频接入对大会进行开幕式致辞，中南大学教授、长沙市政协副主席朱建军等分别对大会做开幕致辞。此次会议邀请中国自然资源航空物探遥感中心副主任孙承志、国防科技大学电子科学学院教授雷琳、中南大学地球科学与信息物理学院副院长李志伟、清华大学中国城市研究院新城建中心执行主任吴永兴、湖南大学土木工程学院副院长周云、东方至远空天技术研究院执行院长朱茂等专家学者做报告。

【长株潭人才协同发展研究院成立】 2021年4月23日，省委组织部人才办、省人社厅、长株潭三市组织人社系统以及天心区、岳塘区、石峰区等相关领导，在位于天心区的中国长沙人力资源服务产业园为长株潭人才协同发展研究院揭牌，并召开长株潭人才一体化发展联席会议。长株潭人才协同发展研究院由湖南省委组织部、省人社厅指导，依托长株潭三市组织人社部门、中国长沙人力资源服务产业园，并联合湖南省人力资源服务协会、湖南省人力资源管理学会、知名人力资源服务机构、高校科研院所人力资源专家、省内重点产业企业人力资源负责人而成立。长株潭人才协同发展研究院发布首批研究成果，同时长株潭三市在贺龙体育场举办联合招聘活动。

【中国电信天翼云中南数字产业园项目签约】 2021年4月27日，中国电信集团有限公司湖南分公司与长沙天心经开区管委会在湘麓山庄举行中国电信天翼云中南数字产业园项目签约仪式，该项目是至2021年湖南省投资最大的数字新基建标志性项目。长沙市委副书记、市长、湖南湘江新区党工委书记郑建新出席仪式并讲话，中国电信集团公司副总经理刘桂清视频连线讲话，长沙市委常委、市委统战部部长谭小平出席。中国电信天翼云中南数字产业园项目选址在长沙天心经开区内，规划总用地约20公顷，总建筑面积28万平方米，拟新建22栋单体建筑，共容纳40万台服务器。计划总投资120亿元，采取“分期开发、同步设计、高标准建设”模式，分2期开发，其中一期投资约60亿元，建筑面积约14万平方米，共配备1.6万个标准IDC机柜。一期计划2021年下半年动工，2022年投产，二期将在一期竣工后随即开始建设，将建设成为中国电信集团全国区域级数据中心，服务覆盖湖南、湖北、江西、广西和安徽等多个省份。

【第十届全球地理信息开发者大会在长沙举办】 2021年5月18—19日，WGDC2021（第十届）全球地理信息开发者大会在长沙举办，长沙市委副书记、市长、湖南湘江新区党工委书记郑建新，中国测绘学会理事长宋超智、湖南省政府副省长陈文浩在开幕式上致辞。中国科学院院士、中国工程院院士李德仁等10余名院士专家出席活动并作主题演讲，300余家企业共话产业发展。开幕式上，中国测绘学会、天心区政府、天心经开区和泰伯网发布四方合作战略。天心区人民政府、长沙天心经济开发区管委会与企业代表现场集中签约20个重大合作项目，涵盖时空大数据、地理信息、商业航天、人工智能、自动驾驶、产业互联网等领域。作为WGDC大会每年延续的重要成果，泰伯研究院和知卓集团联合发布《2021地理空间产业趋势报告》。泰伯智库全球专家顾问委员、知卓集团董事长陶闯对报告进行详细解读。会上还首次发布《湖南地理信息科技创新白皮书（2021）》，该白皮书从宏观趋势、重大创新、应用赋能等方面，对湖南地理信息产业发展举措和成效进行全面梳理。此次大会采取线上和线下相结合的模式举行。大会主、分论坛同期开设，八大核心论坛、50余个热门议题涵盖未来城市、未来交通、实景三维、数字经济与空天产业、商业航天、G-TECH、高精地图与自动驾驶、数字政府与治理现代化、卫星互联网与“新基建” 等领域。

【长沙三大数字产业项目集中开工】 2021年12月2日，中国电信天翼云中南数字产业园（以下简称“天翼云”）、“天心数谷”一期、长沙总部基地云谷项目三大数字经济产业项目在长沙市天心区集中开工。省委常委、长沙市委书记吴桂英出席并宣布项目开工，长沙市委副书记、市长、湖南湘江新区党工委书记郑建新出席并讲话，中国电信集团公司党组副书记邵广禄以视频连线方式致辞。近年来，长沙市围绕“数字产业化”和“产业数字化”，布局先进计算、信息安全、移动互联、智能网联等数字产业，推进新一代信息技术与制造业深度融合，加快打造“1+2+N”先进制造业产业集群。全市数字经济企业年产值已逾2000亿元。此次集中开工的三大项目计划总投资200亿元。其中“天翼云”项目总投资120亿元，截至2021年全省投资最大的数字新基建标志性项目，定位为国家级区域数据中心，是“国家云池”的重要组成部分。“天心数谷”一期是天心区绿心工业企业退出后省、市重点支持的“腾笼换鸟”产业转型项目，将打造成以大数据、软件、人工智能为主的高技术生产性现代服务业集聚区。长沙总部基地云谷项目为长沙总部基地第四期，建成后将打通“大数据＋云计算”产业链发展新模式，为打造中南地区信息高地奠定坚实基础。

【第五届天心阁峰会暨第七届湖湘动漫月创谷游戏电竞健康发展高峰论坛】 2021年12月15日，“第五届天心阁峰会暨第七届湖湘动漫月创谷游戏电竞健康发展高峰论坛”在天心经开区文广园举行。此次论坛是第七届湖湘动漫月的重要论坛活动，也是天心经开区推动园区文化产业数字化转型，和大数据产业深度结合的一次有效探讨。活动现场，全国的游戏电竞行业专家和大咖们就游戏电竞行业如何实现健康发展，如何与数字产业深度融合高效发展等热门话题进行交流。天心经开区分别与湖南省动漫游戏协会、奥云电竞就动漫人数据项目“虎漫视听动漫综合服务平台”、游戏大数据项目“湖南电竞游戏领域监测监管平台”进行签约。在主题演讲环节，《游戏日报》总经理宋鹏展分析游戏行业的发展趋势；Multi-MetaVers总裁许怡然以专业视角解读了在“元宇宙”时代，动漫游戏企业如何发展；亚马逊云科技华中大区解决方案架构师付晓明展示游戏带给现实世界的改变，并从未来游戏客户全球化趋势的角度与大家展开探讨。在圆桌论坛环节，与会嘉宾围绕“新技术助力游戏发展”“电子竞技在中国”两个话题展开讨论。近年来，长沙天心文化（广告）产业园发展“文化＋科技”“文化＋大数据”融合的动漫游戏产业，吸引猫吉咪、幻维影视、微算互联、璀璨电竞等龙头企业，中国通信工业协会电子竞技分会、湖南省动漫游戏协会、湖南省电竞协会等行业协会在此落户。 （本栏撰稿　陈晓宇）

·长沙金霞经济开发区·

【概况】 2021年，长沙金霞经济开发区（以下简称“金霞经开区”）完成技工贸总收入约840亿元，比2020年增长9.03%；完成规模工业总产值（含物流）548.57亿元，比2020年增长18.16%；税收总额41.25亿元，比2020年增长20.09%；固定资产投资比2020年增长5.1%，产业投资比2020年增长18.3%；完成外贸进出口额34.93亿美元，比2020年增长32.8%，主要经济指标均在全市省级园区中处于领先。获2021年度全省商务工作先进园区、全省商务系统稳外贸考核优秀单位、2021中国（长沙）国际装配式建筑与工程技术博览会“优秀组织单位”、长沙市2021年度安全生产与消防工作考核优秀单位、全市外贸工作先进单位、全市招商引资工作先进单位、全市外资工作先进单位等荣誉，获长沙市2021年创新实干推进高质量发展成效明显地区（单位）、深化“放管服”改革优化营商环境创新示范案例等表彰奖励。

产业培育　招商引资坚持精准舍得，围绕“一主一特”产业定位，紧盯智能制造、现代物流产业中高端招大引强。全年签约引进项目183个、引资113亿元，新增供地面积83.33公顷，其中，投资过30亿元的项目1个、投资过10亿元的项目5个、投资1亿~10亿元的项目8个，“三类500强”企业投资项目7个。项目建设坚持落地为王，力促纸上投资为实物投资，全年落地开工项目184个、实投116亿元。推行“告知承诺＋帮代办”，华南光电、高铁时代、传化四期等项目开工建设提前至少50天。华建新材项目实现当年开工当年竣工当年投产，东鹏特饮项目从签约到开工仅用3个月时间。企业培育突出专精特新，新增高新技术企业68家、规模以上企业40家、市级智能制造试点企业3家、省级智能制造系统解决方案服务商2家，新增市场主体7021户、比2020年增长103.2%。上市公司天泽信息总部落户园区，友谊咨询启动上市工作，恒昌医药、德荣医疗完成上市辅导报备。

改革创新　深化大城北体制改革，加快推动区园深度融合发展，更新完善园区“三定”方案，做好“三定”方案的“后半篇文章”，构建职责明确、运转高效的体制机制。实施国企改革三年行动，推动湖南金霞发展集团提高效率、增强活力、提升核心竞争力，集团市场化转型取得阶段性成果，在成本持续降低的同时融资渠道不断拓展，为园区产业发展提供坚实保障。推进“放管服”改革，新增市区赋权39项，基本实现“园区事园区办”。创新工程规划许可证、施工许可证“双证齐发”模式，经验做法收录至《2021年长沙市“一件事一次办”“优化营商环境”经验材料汇编》。创新围绕产业发展，聚集关键要素。聚集创新项目，大飞机动力试验平台项目入选“全市十大科技创新标志性项目”，“基于力反馈功能的一体化智能手术机器人研发项目”入选省技术攻关“揭榜挂帅”十大项目。聚集创新人才，获批省级院士专家工作站1家、市级专家工作站2家。聚集战略平台，深化产学研合作，与岳麓山大科城建立深度合作关系。

开放合作　融入“一带一路”、区域全面经济合作伙伴关系协定（RCEP）开放大战略，创建“一带一路”（金霞）中小企业合作区、中非经贸深度合作先行区，打造湖南—老挝国际经贸双边合作共建区。中欧班列（长沙）全年发行1030列、首次逾1000列，新开通长沙—河内和长沙—基辅国际货运班列。跨境电商新业态稳步发展，新引进跨境电商企业35家，新增进出口额3000万美元以上的跨境电商企业6家，带动株洲、湘潭地区新增13家企业开展跨境电商业务。开通长沙至柬埔寨、泰国、越南跨境电商卡车航班。主动融入长株潭一体化，打造长株潭通江达海、物流全球的“桥头堡”，承担重点项目3个、完成投资43.37亿元。

营商环境　开展“火炬暖企”金霞行动，建立领导干部帮扶企业长效机制，有效满足企业在人力资源、资金保障、产业配套方面的需求。举办中高端人才洽谈会，为国控湖南等20余家重点企业引进中高技能人才170余人。搭建人力资源共享平台，促成企业生产淡旺季用工互补。开设“政策兑现”专窗，全年累计兑现企业扶持资金2.82亿元，为企业争取上级扶持资金5000万余元。推出“免申即享”政策清单，完成2批次、49家企业、464万元奖励资金兑现，企业获得感不断增强。着眼产业需要，完善公建配套，新启动市政道路23条、续建13条、竣工18条。租赁性住房项目6个、房源2747套陆续投入使用。

底线防线　新冠肺炎疫情防控不留死角，采取“不漏一企、不漏一人、不漏一环”闭环式工作法，实现零传染、零疑似、零确诊。开展安全生产大检查96家次，整改处置安全隐患292处。提高企业安全责任意识，开展新《中华人民共和国安全生产法》专题培训、“安全生产月”活动。落实生态环保要求，开展巡查监管164次，完成13批次14项整改任务。牢牢控制债务风险，化解政府隐性债务2.61亿元。

【2021年湖南省重大项目集中开工活动（长沙市开福分会场）】　2021年3月1日，2021年湖南省重大项目集中开工活动（长沙市开福分会场）在园区长沙大飞机产业与研发基地举行，长沙大飞机产业及研发基地等22个重大项目集中开工，总投资103.6亿元，主要涵盖基础设施、产业和社会民生项目三大类。其中，新开工重大产业项目10个，总投资84.3亿元。长沙大飞机产业及研发基地项目规划建设面积约26.67公顷，总投资10亿元以上，主要建设大飞机地面动力学试验平台，包含滑轨台架系统及其配套基础设施、车载台架系统及其配套基础设施，动力学研发楼、生产和生活配套用房等。依托该平台将引入一批全球航空航天上下游产业链项目集聚湖南。

【天泽信息总部项目签约】　2021年3月26日，上市公司天泽信息总部项目在园区进行签约，区委常委、园区党工委书记李国军主持签约仪式，园区管委会主任康镇麟与天泽方签订协议，标志着天泽信息税务关系转入开福区，成为开福区第五家上市企业。

【庆祝中国共产党成立100周年暨践行“三高四新”战略推进高质量发展大会】　2021年6月29日，长沙金霞经济开发区庆祝中国共产党成立100周年暨践行“三高四新”战略推进高质量发展大会召开，现场表彰一批优秀党员、党建之友，优秀企业家、科技带头人、优秀经理人等先进群体及在打赢三大攻坚战、常态化新冠肺炎疫情防控、优化营商环境等工作中涌现出来的先进个人，会场以“众星拱月”的形式向优秀党员和新时代的奋斗者致敬。

【东鹏饮料华中区域总部及长沙生产基地项目开工】 2021年11月9日，东鹏饮料华中区域总部及长沙生产基地项目开工奠基仪式在园区举行。该项目是东鹏饮料在全国的第八个生产基地，将以高标准、高起点设计，高效的建设速度，打造一个全新的现代化智慧工厂。项目占地面积约10公顷，总投资6亿元，配备6条自动化智能饮料生产线，主要生产“东鹏特饮”等畅销产品。项目全部投产后可实现年产值10亿元，年上缴税收8000万元以上。该项目从洽谈到签约仅用时一个月，从签约到产业园奠基开工仅用时3个月。

【中国商飞长沙航空产业及研发基地项目滑轨工程“首联浇筑”仪式举行】 2021年11月12日，中国商飞长沙航空产业及研发基地项目滑轨工程“首联浇筑”仪式在园区举行。中国工程院院士黄伯云，市、区、园区领导王体泽、高伟、朱江等参加。“首联浇筑”是滑轨试验线承台发射端第一段的混凝土浇筑施工，标志着大飞机地面动力学试验平台核心装置的关键工程启动。中国商飞长沙航空产业及研发基地项目分两期建设，规划总用地2.27公顷。一期主要建设由国家发展改革委批准立项的大飞机地面动力学试验平台以及相关配套设施。二期将围绕飞机起降系统开展研发成果转化和配套产业孵化，开展飞机起降系统试验验证、研发、制造工作，形成世界级的航空航天产业集群。

【“传承红色基因 赓续精神血脉”省会民营企业家助力乡村振兴龙山行活动】 2021年12月9—10日，长沙市工商联、长沙金霞经开区到龙山县茨岩塘镇，开展“传承红色基因 赓续精神血脉”省会民营企业家助力乡村振兴龙山行活动。金霞经开区向茨岩塘镇支援1450万元专项产业帮扶资金，同时，长沙市工商联、金霞经开区向茨岩塘镇政府资助工作经费80万元；项目签约仪式上，长沙市企业代表分别与茨岩塘镇政府、龙山县企业签订了产业发展、人才振兴、农产品购销合作协议与蔬菜加工项目等合作协议。

【长沙新港集装箱吞吐量首次逾20万标箱】 2021年12月28日18时8分，长沙水运口岸新港作业区集装箱年吞吐量首破20万标箱，创造长沙港发展史上一个新的“里程碑”。新冠肺炎疫情发生以来，航运市场剧烈波动，港口物流行业普遍受到严重影响。作为全国内河36个主要港口之一的长沙港主动作为，实现疫情防控常态化，在省、市物流口岸、交通行政主管部门以及海关的支持下，推行“七项服务承诺”、车船直装、费率减免、环保提质等系列创新举措。长沙水运口岸新港作业区货运吞吐量逆势增长，继2020年迈入千万吨级港口行列之后，2021年货物吞吐量达到1450万吨，再创历史新高。

（本栏撰稿　蒋　溪）

2021年11月12日，中国商飞长沙航空产业及研发基地项目滑轨工程“首联浇筑”仪式举行　　金霞经开区　供图

·长沙雨花经济开发区·

【概况】 2021年，长沙雨花经济开发区（以下简称“雨花经开区”）完成规模工业总产值502.8亿元，比2020年增长22%；规模工业增加值比2020年增长12.4%。固定资产投资比2020年增长18.1%。新能源汽车及零配件产业链产值比2020年增长25%，人工智能及传感器产业链产值比2020年增长14%。在全省综合评价中，连续9年居全市省级园区第一位（其中3次位列全省省级园区第一位）；连续5年位列全市产业项目观摩内五区第一名，较好地发挥了产业园区的示范带动作用。在2020、2021两年度全省产业园区综合评价中，雨花经开区成为全省唯一被评为“‘五好’园区创建工作先进园区”和“营商环境先进园区”的省级园区；在2021年长沙市创新实干督查激励表彰中，获得打造国家先进制造业高地、打造科技创新高地、打造内陆开放高地、深化“放管服”改革优化营商环境4项表扬激励，是获表彰最多的省级园区。

新冠肺炎疫情防控　搭建“二组一员”全园分片包企包干。“二组一员”的防疫系统——即综合保障组、社会防控组、下沉企业的防疫指导员。

启动应急响应后，全体干部职工取消休假，全员全时运转，下沉一线开展地毯式排查。“片区责任制”，将园区557.87公顷工业用地精细划分为六大责任片区，每个片区每个地块由县级领导带队，派驻相应的干部下沉一线，以“店小二”的服务开展“扫楼式”的排查和精准对接，将责任压实到具体的部门和个人，精准摸排，不漏一企，不漏一人，做到全方位调度，全覆盖排查。凝聚“三色合力”，医、警、民齐上阵。第一道关卡，民辅警和志愿者负责外围秩序，企业员工按班小组分时段来到现场，戴好口罩有序排队入场，通关技能是出示健康码行程码、测量体温。第二道关卡处是企业工作人员和医护人员协同做好人员信息登记录入系统并发放试管，这关系到员工是否可以及时拿到自己的核酸结果。第三道关卡志愿者根据人流情况进行分流，十人一组进入采样，出口处工作人员也严阵以待，确保出口只出不进，避免人员聚集交叉，前有防范，后有防守，五关把控，实现人员采样单向闭环。实施“四区联动”，确保无缝对接。作为湖南率先推行工业地产的园区，园区工业地产项目22个，累计引进企业千余家。园区探索四方联动机制，织密园区、厂区、社区、小区（工业地产）防控网，着力推动防疫各项工作往深里走、往实里走、往前端走，筑牢疫情联防联控第一线。

产业发展　发挥园区作为经济发展的主战场、创新的试验田、项目的承载地最大作用，推进产业集群化发展。2021年，园区固定资产投资比2020年增长18.1%，全口径税收逾49亿元，比2020年增长均实现两位数增长。从重点企业来看，重点企业比亚迪、晓光模具、大族激光、长泰智能、长步道产值分别增长24.7%、94%、58%、51%、143%。全年新增企业主体1523家，累计7606家；新增纳税过百万元企业20家，总计147家。全面开启“十四五”新征程，以雨花经开区“三个高地”三年行动计划为纲领，三大产业集群加速形成，“一体两翼”空间布局加快推进。以“升高、扩面、入规、上市”为核心，新培育一批科创平台，如长泰智能获批“中国轻工业造纸智能装备工程技术研究中心”、湘能楚天被认定为“省工程研究中心”，园区现有企业技术中心、工程研究中心、院士工作站等省级以上科技创新平台26个。高新技术企业总数172家，继续位列全市省级园区第一位。新增规模以上工业企业7家，累计56家。同时，推进企业上市“梯度培育”，对进入上市后备库的14家重点企业开展“订单式”服务，可孚医疗2021年10月在深交所上市。红星冷链已开展省证监局的辅导报备工作，申亿五金已完成省证监局的辅导报备。通过实施科研项目揭榜挂帅“技术赋能”等举措，一批卡脖子技术得到突破，如云箭智能的信创产品入围工信部确定国产替代产品企业目录，长沙仅有3家；可孚攻关突破红外热电堆传感器卡脖子技术，实现红外线体温计核心技术完全自主掌控；长泰机器人牵头的国家工业互联网创新发展工程专项通过验收等。出台《开放型经济发展扶植奖励办法》，加快建设“自由贸易试验区”延伸区，进出口贸易、实际利用外资、省外境内资金均提前超额完成全年任务。2021年8月，园区在湖南省2020年度开发区土地集约利用评价工作中排名省级园区第一位。

项目建设　2021年，新签约主特产业链上重大产业项目18个，其中引进中铁六局集团路桥公司总部等“500强”项目1个，投资亿元以上项目5个；新引进产业链企业39家；在谈储备项目有18个。龙头企业比亚迪启动比亚迪DM-i超级混合动力工厂项目，总投资37亿元，汽车月产能从5000辆提高到5万辆以上，2022年产值将超550亿元。全年铺排重点项目72个，总投资146.52亿元。纳入全市重大项目41个，其中9个新建项目已全部开工，实现竣工投产项目25个，6个预备项目提前转化2个。在产业项目建设的主赛场，实行“一个项目、一名领导、一套方案、一抓到底”的推进机制，全面实行告知承诺制审批和区域评估制度，将项目调规和审批同步进行，项目审批时间平均缩短50%以上。完成金钟亿利达、兴马实业、华宇发展等“腾笼换鸟”二次开发工业项目的规划修改。探索实行土地摘牌前提前完成项目方案评审和指标预核，实现拿地即开工。雨花智能制造中心（大族激光二期）入选省“三高四新”战略产业项目，已完成交付；可孚医疗智能装备总部入选全市制造业标志性重点项目，一期工程主体已封顶。长株潭一体化工作走在全省前列，与韶山高新区合作的雨韶智能制造产业园一期竣工，其中6栋标准厂房交付使用，二期主体已经封顶。与湘潭经开区合作的雨华智能制造产业园一期已启动建设。同时，一批企业完成对接合作，企业协同发展越来越好。申亿五金与株洲、湘潭的54家上下游企业在紧固件、标准件上形成长期合作；可孚医疗与株洲、湘潭的连锁药房形成业务覆盖网络；长泰智能发挥自身在电子设备集成、操控系统、减速机上的技术优势，实现长株潭地区本地配套率80%。

营商环境　打造全省一流、国内领先的营商环境样板园区，被香港经济导报社评为2021年“优化营商环境示范园区”。安全生产第一线，突出抓好疫情防控、安全生产教育、安全应急演练、安全隐患排查化解；在为民服务第一线，开展道路提质行动，推进环保大道东延线、白秋路、晓光路提质改造，完善长株潭融城路网布局建设。新建人才公寓423套，妥善解决200余名企业职工子女就学，防暑防疫慰问35家企业近2000名职工。在全市省级园区率先推进相对集中行政审批服务改革，率先打造24小时政务服务自助大厅，编制“一件事一次办”惠企政策手册，推进“互联网+

政务服务”和“帮代办”，新增知识产权中心、金融服务超市，推进园区事、园区办，企业办事“一件事一次办”。不断增强生态环境保护治理能力，引入环保第三方治理工作服务模式，为长沙市省级园区首家落地园区，提升园区生态环境保护管理水平，打造宜居宜业的平安园区，继2020年获国家绿色工业园区后，2021年在全省2020年度140余家产业园区环保信用评价中被评为首批“环保诚信园区”。在全省率先与株洲国投、渌口产发集团发起成立首支1亿元规模的长株潭科创基金。搭建涵盖转贷基金、风补基金等系列产品的金融服务超市，为企业融资难提供系统解决方案和投融资服务。年初率全市之先启动金融竞赛，46家银行机构服务329家企业，总放款30.93亿元，新增贷款户数比2020年增长97%，贷款平均利率比2020年下降1.28%。知识产权质押融资完成6笔，超额完成考核任务。

公司运营　开发公司：2021年，围绕园区党工委、管委会“小园区、大公司”战略构想，推进1+X集团化发展模式，新成立2家子公司，加快子公司实体化运营，形成母公司管战略抓大放小，子公司管业绩独立核算的工作态势。完成智能制造中心三期、联盟人才公寓装修，5G+工业互联网及软件产业园二期场地平整，雨韶营销中心完成建设并投入使用，截至12月底完成建设投资约4亿元。融资化债推进，完成还本付息6229万元，国开行流贷还款1.5亿元。新增授信18.074亿元；与湘潭经开区管委会签订近66.67公顷的雨花智能制造·工程机械配套产业园项目商务协议，11.59公顷商住用地和23.38公顷工业用地顺利完成摘牌、缴款等工作，工业项目一期已启动建设。创投公司：发起成立雨花融城创业投资基金，与株洲国投、株洲渌口产发集团三方共同组建长株潭地区科创基金，规模1亿元；对可孚医疗进行股权投资、上市辅导与培育。10月25日，可孚医疗在深交所上市，成为雨花经开区本土培育的首家上市企业，也是湖南省历史以来首发募集资金最多的民营企业；向园区企业申亿五金注资2000万元，助力申亿五金打造高端零部件智能制造基地。申亿五金已完成完成股改，计划年内完成省证监局的辅导报备工作。

【20个重大项目集中开工】　2021年3月1日，2021年全市重大项目集中开工（雨花区会场）活动在位于雨花经开区的长沙5G+工业互联网及软件产业园二期项目举行，长沙市委常委、市委宣传部部长陈刚出席活动并宣布开工，雨花区委副书记、区长刘素月致辞，相关区领导参加。此次有雨花建筑垃圾资源化利用项目、雨花区智慧城市建设项目等20个重大项目集中开工，投资总额超142亿元，涵盖智能制造、市政基础、商贸物流、现代服务、“四新”经济、节能环保和学校教育等多个专业领域，具有投资体量大、发展前景好、带动能力强等特点，集中代表了全区上下大抓项目的新目标、新方向。其中，长沙5G+工业互联网及软件产业园二期项目是此次项目集中开工的主会场，位于雨花经开区湖南工业机器人产业示范区，总用地面积1.8公顷，项目总投资2.1亿元。项目定位雨花经开区“一主一特”产业链，旨在抢抓“长沙软件产业再出发”重大战略机遇，形成产业集聚效应，推动工业软件和智能制造机器人装备产业的深度融合发展，实现产业智能化和智能产业化，建成后将引入互联网及工业软件开发高新技术企业60余家，可实现工业互联网及软件产业年产值10亿元，利税1亿元。

【奋力实施“三高四新”战略全面推进高质量发展大会】　2021年3月3日，雨花经开区以“多会合一”形式召开奋力实施“三高四新”战略全面推进高质量发展大会，对打造“三个高地”、党建工作、平安园区建设、洁净园区建设进行集中部署、集中攻坚。会议上，雨花经开区印发《雨花经开区奋力打造“三个高地”全面推进经济高质量发展三年行动计划》《聚焦新战略 彰显新作为关于雨花经开区2021年度全面推行“驻企联络员”工作机制做好联络服务的通知》等一揽子政策文件。从2021年开始，用三年时间，园区将全面推进产业集群提质行动、科技创新攻坚行动、产业项目建设行动、人才培育培养行动、营商环境优化行动五大行动，突出产业协同、规划协同、人才协同，在长株潭一体化发展中展现新作为。到2023年，推动先进制造业上新台阶，科技创新实现新突破，对外开放迈上新台阶，将园区打造为全省最具综合实力、最具特色的高质量发展的千亿元级产业园区。

【雨花经开区企业组团到株洲对接产业合作】　2021年3月18日，雨花区委副书记、区长刘素月带领雨花经开区的多家人工智能企业到株洲市石峰区和株洲经开区对接产业合作。现场促成4家企业签约，主要涉及汽车零部件、机械零部件智能设备、高端厨电智能制造、智慧环保、技能人才培养等方面的深度合作。相关区领导参加。前期，雨花区与株洲经开区签署区域一体化发展框架协议，搭建两地全方位、多层面合作的桥梁。双方在规划系统沟通协调、政务服务事项办理等方面开展深度合作，实现规划对接常态化、21项政务服务事项“跨市通办”等成效。

【参加全省实施“三高四新”战略产业项目建设推进现场观摩会】　2021年3月29日，全省实施“三高四新”战略产业项目建设推进现场观摩会在长沙召开。省委书记、省人大常委会主任许达哲，省委副书记、省长毛伟明率队的产业项目观摩团到长沙雨花经开区，现场考察长步道、晓光科技、中南智能3家企业。会议要求，要突出重点，坚持产业是根基、项目是抓手、平台是载体、科技是支撑、改革是动力、环境是重点、人才是关键、智造是方向、增效是目的，突出“五个100”工程，优质高效推进产业项目建设。要突出优势特色抓产业项目，着力推进“八大工程”，持续发展先进装备制造业，谋划实施一批战略性新兴产业和未来产业项目。要着力保障产业链供应链安全抓产业项目，建链延链补链强链，提升产业链现代化水平，着力实施产业基础再造工程。要以重大发展平台为载体抓产业项目，建设和利用好全省各类发展平台，特别是抢抓长株潭都市圈建设写入国家“十四五”规划纲要的重大战略机遇，推动长株潭一体化取得新的重大突破，打造一批产业发展的大舞台和企业的聚集地。要围绕惠民生抓产业项目，紧扣保障改善民生谋划、培育和引进产业项目，推动消费升级和新型消费，形成以扩大内需带动产业发展、以产业发展更好满足社会需求的良性循环。要以企业为主体抓产业项目，通过抓产业项目建设催生新的市场主体，不断做强做优做大市场主体，致力做强大企业、培育小巨人。

【首个“飞地园区”实现产业协同一体化】 2021年4月14日，长沙市雨花区第一个“飞地园区”，全省首个立足推进长株潭一体化的“飞地园区”——长沙雨花经开区（韶山）智能制造产业园一期6家企业签约入驻暨二期开工仪式在韶山举行。此为继4月10日长株潭一体化发展第三届市委书记联席会议后，推动长株潭一体化深度融合发展快速落地的具体行动和重要成果之一。现场6家签约入驻“飞地园区”的企业，基本都是雨花经开区在园或配套的关联企业，雨花经开区和韶山高新区共同打造的长沙雨花经开区（韶山）智能制造产业园，将进一步强化两地产业园区和企业的紧密协作、深度联结，形成产业协同互补的高质量发展态势，打造成为长株潭一体化产业同兴共建共享的样板。

【全国首个“设计产业园公共服务标准化试点”项目通过验收】 2021年5月26日，湖南省市场质量监督管理局组织专家，对湖南同天投资管理有限公司承担的“设计产业园公共服务标准化试点”项目进行终期考核评估。该试点项目承接单位坐落于长沙雨花经开区，为全国范围内首创设计产业园公共服务标准化体系，专家组对该试点项目综合考核评分92.5分，一致同意通过验收。围绕标准化试点内容进行现场检查。专家组认真评议和讨论后形成验收意见，对湖南同天承担的设计产业园公共服务标准化试点项目给予肯定。由湖南同天运营的位于雨花经开区内的全省首个设计集聚项目——中国（长沙）创新设计产业园（以下简称“设计园”），已入驻各类设计企业120余家，产学研合作高校31所，陆续开展设计与关联产业对接活动100余场，已初步构建了“特色鲜明、示范引领、配套完善、功能齐全”的发展格局，建设成集工业设计、建筑·旅游设计、包装设计等于一体的现代设计创意集聚区。

2021年，长沙雨花经开区（韶山）智能制造产业园项目建设现场 雨花经开区 供图

【庆祝中国共产党成立100周年表彰大会】 2021年6月28日，雨花经开区召开庆祝中国共产党成立100周年表彰大会，14个先进基层党组织、86名优秀个人获得表彰，大会通过微宣讲、情景剧、朗诵、合唱等方式，向伟大的中国共产党深情告白，激励全园各级党组织和广大共产党员从党的光辉历史中汲取砥砺奋进的精神力量。雨花经开区全体干部职工、开发公司和创投公司全体党员，同升街道相关负责人、园区非公企业党组织支委成员、部分获奖代表以及2021年发展党员对象参加会议。雨花经开区围绕发展、围绕服务、围绕人才抓牢抓实党建工作，探索园区发展党员的三个三分之一，即1/3来自管理人才，1/3来自专业人才，1/3来自一线工人，将支部建在产业上，能人聚在产业上，党员示范在产业上，经济发展在产业上，构建起机关党建、非公党建、国企党建、项目党建、青春党建“五位一体”党建格局。

【首批援助中国老挝应对气候变化南南合作项目仪式举行】 2021年7月23日，首批援助中国老挝应对气候变化南南合作项目——万象赛色塔低碳示范区的新能源车发运仪式在长沙雨花经开区举行，中老双方政府领导、比亚迪汽车及媒体代表参加28辆比亚迪新能源汽车的发运仪式。此次捐赠的28辆新能源车来自雨花经开区比亚迪，12辆C8纯电动大巴与8辆T5D纯电动卡车是当地的首批纯电动商用车。投入运营后，预计该批新能源车辆每年将助力当地减少约1243吨碳排放，相当于植树超10万棵。老挝驻长沙总领事馆总领事本·印塔巴迪表示，此次举行新能源汽车发运仪式，是对老挝自然资源与环境部和中国生态环境部在2020年7月签署的谅解备忘录的具体落实。这是体现中老两国长期相互支持的合作项目，是中老双方在应对气候变化领域共同协商达成的结果。比亚迪已在全球设立多个生产基地，实现全球六大洲的战略布局。其中，比亚迪纯电动大巴的足迹已遍布全球50余个国家和地区的300余个城市，在全球累计交付超6.5万辆纯电动大巴，是首个进入欧、美、日等发达国家市场的中国汽车品牌。

【2021首届中国（长沙）传感器产业创新发展高峰论坛】 2021年7月23日，2021首届中国（长沙）传感器产业创新发展高峰论坛在长沙举行，由雨花经开区承办。此次论坛以“感知世界，智联万物”为主题，旨在从技术、应用、市场多角度、全方位梳理湖南传感器产业发展现状，科学规划、精心布局湖南传感器产业未来发展。论坛开始前，副省长陈飞会见前来参会的中国科学院院士彭练矛，九三学社中央科技委副主任、中国传感器与物联网产业联盟副理事长郭源生等。论坛上，彭练矛、郭源生以及武汉大学工业科学研究院院长刘胜分别以《基于纳米结构的先进传感技术：机遇与挑战》《物联网感知技术生态体系建设与理念创新》《物联网传感器与智能制造》为主题进行演讲。论坛现场为湖南省传感器产业促进会授牌，向彭练矛院士颁发促进会名誉会长聘书。国家智能传感器创新中心与湖南启泰传感科技有限公司、传感器国家工程研究中心与湖南航天磁电有限责任公司分别签约合作。

【可孚医疗登陆创业板】 2021年10月25日，可孚医疗科技股份有限公司（以下简称“可孚医疗”）登陆深交所创业板（股票代码301087）。位于雨花经开区的可孚医疗，是全省人工智能及传感器产业链的龙头企业之一。是一家专业从事医疗器械的研发、生产、销售和服务的全生命周期个人健康管理医疗领先企业，被评为国家级专精特新小巨人企业，拥有163项专利，自主研发的血压计、雾化器、助听器、听力计、红外线体温计、医用制氧机等产品处于国内领先水平。该公司紧急技术攻关的红外热电堆传感器，在新冠肺炎疫情防控中发挥重要作用。

【雨花经开创新投资有限公司注资申亿五金标准件有限公司】 2021年11月30日—12月1日，雨花经开创新投资有限公司采用产业基金的形式，向雨花经开区重点企业湖南申亿五金标准件有限公司投资2000万元，并配合其做好公司股改工作。申亿五金是国内领先的以紧固件技术服务为先导，集研发设计、生产装配、检验检测和产品销售为一体的专业化供应链集成服务企业，是省内工程机械产业供应链核心企业。在雨花经开14年，逐步形成湖南申亿五金标准件有限公司+中机申亿检测中心、申亿机械应用研究院、申亿智慧工厂“四位一体”发展布局。雨花经开创新投资有限公司成立三年以来发挥党组织的战斗堡垒作用，在成立产业基金、加强产业投资、扶持企业上市、做大做强国有资本等领域发力。

（本栏撰稿　张文香）

·宁乡高新技术产业园区·

【概况】 2021年，宁乡高新技术产业园区（以下简称“宁乡高新区”）实现规模工业总产值680亿元，比2020年增长19.4%；完成规模工业增加值168.9亿元，比2020年增长16.2%；实现全口径税收27.8亿元，比2020年增长48.83%。宁乡高新区获评国家外贸转型升级基地（装备制造），国家新型工业化产业示范基地—电池材料示范基地被工业和信息化部评定为五星级；在湖南省科技厅创新发展绩效评价综合排名省级高新区第一名；打造国家先进制造业高地、打造科技创新高地2项工作获得长沙市2021年创新实干推进高质量发展激励；在全省“五好”园区创建综合排名中，位列湖南省园区第10名。

产业链建设　围绕“1+1+2”（即先进智能装备产业、先进储能材料产业、医疗器械产业、国防科工产业）的产业体系推进产业链建设。先进智能装备制造产业以三一、星邦为龙头，2021年实现产值310亿元，比2020年增长7%，成为长沙市打造世界级工程机械产业集群的重要增长极。先进储能材料产业构建了中部第一名、国内领先的完整绿色产业链条，2021年实现产值221亿元，增长122%。出台《促进医疗健康产业发展的实施意见（试行）》和《〈促进医疗健康产业发展的实施意见（试行）〉的实施细则》，引进医疗器械高科技企业20余家，医疗器械产业园一期成为湖南省唯一同类项目获批4100万元中央预算内投资。国防科工产业拥有微纳坤宸、航天三丰等龙头“民参军”企业24家，7月19日微纳坤宸接受湖南省委书记、省人大常委会主任许达哲视察调研。

招商引资　2021年新引进项目54个，总投资额283.4亿元，主特产业项目占比达到65.3%。2021年，落地世界500强项目1个——三一两室；引进100亿元以上项目1个——邦盛新能源，也是长沙2021年引进的唯一投资过百亿元、产值过百亿元的制造业项目；引进2亿元以上重大项目19个，在长沙市省级园区排名第一位，内外资增速分别为58%和55倍，在长沙市省级园区排名第一位；星邦智能投资60亿元建设智能国际智造城，达产后产值将突破百亿元，成为全国高空作业平台第一名。

项目建设　树立“项目为王”的理念，坚持重点项目领导联点、周一早餐会定期调度制度，推动项目建设。2021年，调度项目90个，新开工项目34个，竣工项目37个，竣工面积80万余平米，完成投资约91.13亿元。比亚迪动力电池一期四条生产线全面投产，日产刀片电池7万片以上；三一中起6个月实现从启动建设到竣工投产，星邦二期、鹏博新材料投入运营，邦盛新能源项目入选湖南省十大产业项目，比亚迪动力电池、三一中起、三一“两室”、云轮科技入选湖南省“三高四新”引领性产业项目。金洲大道南片区六大项目全面铺开，总用地达到92.6公顷，规划建筑计容面积105万平方米，达产后可新增产值245亿元，创造税收7.7亿元。承办长沙和宁乡奋力实施“三高四新”战略奋力推动高质量发展项目开工两大活动。

科技创新　企业研发费用投入22.17亿元，占主营业务收入比重3.45%，万人有效发明专利授权18.1件，园区高新企业145家。新入规企业15家、扩面13家，均居长沙市省级园区第一位；中材中锂、族兴新材、航天三丰、大和钻具获评国家级专精特新小巨人企业，园区累计达6家，占全市的3/4；星邦智能入选工业和信息化部2021年度智能制造试点示范工厂；巴斯夫杉杉和长高成套获批工业和信息化部绿色工厂；微纳坤宸获中国专利银奖，与中国工程院院士黄瑞松联手建立院士专家工作站；华翔增量成功开发出国内首个获得三类医疗器械许可证的多孔型椎体融合器。2021年，16家企业实现产值倍增，35家企业实现税收倍增，实现产值100亿元以上和50亿元以上企业各1家，产值10亿元以上企业7家，税收过亿元的企业4家。

营商环境　开展党员“三联”活动，组织201名干部职工联系394家企业、45个项目，2021年解决企业项目问题395件，解决率98%。新建4个停车场，新增机动车停车位1294个。安装道路中心护栏1.5万米，完成交通隐患点整治127处。开展以危化品、厂中厂、违章建筑等七大专项整治为重点的“霹雳行动”，共出动检查人员1954人次，检查企业（项目）796家次，责令企业整改重大隐患55个，对80家企业（个人）进行行政处罚共计133.94万元。完成中央环保督察任务。疫苗接种率达到98.6%。组建1亿元的中小微企业风补基金，累计为23家企业投放金额9130万元，为30余家企业提供纯信用担保融资1.5亿元，年利率均低于5.5%。为企业减税降费2.2亿元，向上争资2.5亿元。制定《宁乡高新区企业彩化花化工作方案》，开展美丽厂区评选，完成金洲大道彩化升级，星邦智能等企业美化成为典范。

【华翔增量国内首个金属3D打印多孔型椎体融合器产品获批上市】　2021年2月10日，拥有完全自主知识产权，基于国产金属3D打印技术研发的多孔型椎体融合器产品通过国家药品监督管理局（NMPA）审批。该产品由湖南华锐科技集团股份有限公司旗下湖南华翔增量制造股份有限公司和南华大学附属第一医院脊柱外科团队联合研发，历时五年，经10余次结构设计迭代优化改进，大小动物试验共计200余例，在全国5家三级甲等医院多中心临床试验108例，是国内首个利用选区激光熔化技术（DMLS）研发骨科植入假体获得三类医疗器械许可证的产品，填补中国在此领域的空白。金属3D打印多孔型椎体融合器产品，适用于颈椎退行性疾病、颈椎骨折、颈椎畸形和结核以及其他原因的椎体切除术中的椎体替代。

【三一中起项目投产】　2021年2月20日，长沙市重大项目集中开工仪式举行，主会场设在宁乡高新区三一中型起重机械有限公司项目现场。宁乡高新区三一两室、中科星城石墨锂电池负极材料生产基地、邦普动力电池循环利用等28个重大项目集中开工，总投资195亿元。三一中起项目总投资33亿元，采用世界最先进的智能化全自动生产线，致力打造先进制造的“灯塔”工厂，第一台130吨全地面起重机下线，标志着三一中起项目投产。

【宁乡高新区获评国家外贸转型升级基地（装备制造）】　2021年6月21日，商务部公示2021年度国家外贸转型升级基地考核认定名单，宁乡高新

2021年2月20日，宁乡高新区三一中型起重机项目现场，第一台130吨全地面起重机下线

宁乡高新区　供图

区获评国家外贸转型升级基地（装备制造），是湖南省新认定的4家基地之一。国家外贸转型升级专业型示范基地，是指在国内某一特定类别产品中，出口规模、出口潜力和技术水平位居全国前列，有较强示范带动作用的产业集聚区。此次被评为国家外贸转型升级基地，对宁乡市壮大基地产业集群，培育基地外贸竞争新优势，发挥基地在稳外贸稳外资、保产业链供应链稳定等方面产生积极促进作用。

【邦盛项目落户】 2021年8月30日，宁乡高新区与湖南邦盛实业控股集团有限公司磷酸铁锂项目签约仪式举行。宁乡市委副书记、代市长黄滔，市委常委、宁乡高新区党工委书记郑旗，湖南邦盛实业控股集团有限公司董事长刘国忠、首席顾问黄邵明等参加签约仪式。项目选址在宁乡高新区，项目总投资120亿元，其中固定资产投资30亿元，建设年产20万吨磷酸铁锂项目，将布局40条生产线。该项目与中南大学全方位深度合作，依托中南大学锂电“黄埔军校”的科研成果，采用国内最领先的制备技术、生产性能最好的磷酸铁锂锂电正极材料，产品市场主要面向宁德时代、比亚迪等国内电池企业。项目建成后，可实现年产值100亿元，年纳税额在3亿元以上，解决就业近千人。

【19个项目集中签约】 2021年10月29日，宁乡高新区举行“深入贯彻‘两会’精神、建设‘五好’园区”重大招商项目集中签约仪式，集中签约项目19个，投资总额100.8亿元，全部投产后可新增年产值251亿元。此次集中签约项目包括总投资60亿元的星邦智能国际智造城项目、总投资8亿元的万鑫精工重型掘进机项目等19个项目，涵盖先进装备制造和先进储能材料等领域。宁乡市委副书记、市长黄滔，长沙市工业和信息化局党组副书记、副局长周双恺，长沙市商务局党委委员、副局长孙春华，宁乡高新区党工委书记郑旗等领导出席签约仪式。

【星邦智能入选全球自行走式高空作业平台制造商十强和全球工程机械制造商PLUS 50强】 2021年11月22日，全球工程机械50强峰会暨中国设备租赁峰会（T50峰会）在上海举行，会上，星邦智能入选《2021全球自行式高空作业平台制造商十强》（位列第8）、《2021全球工程机械制造商PLUS 50强排行榜》（位列第13位）。

（本栏撰稿　肖　婧）

·岳麓高新技术产业开发区·

【概况】 2021年，岳麓高新技术产业开发区（以下简称“岳麓高新区”）完成固投139.3亿元、规模以上工业产值19亿元、规服营收26亿元，比2020年分别增长3.9%、35%、23%；实现全口径税收26.69亿元，比2020年增长45%；完成外贸进出口1.86亿美元，实际利用外资直投1600万美元，外资完成进度和总额排名全省省级园区第一位，在全省高新区创新发展绩效评价中排名第三位，主要经济指标均实现正增长，经济运行稳中有进、质效向好。

招商引资　全年园区项目招引成果丰硕。组织外出招商25次，举办“湘粤未来·网联同行”岳麓高新区智能制造暨智能网联产业投资交流会，引入拓普联科高速连接器、中龙通信芯片模组等代表性智能制造产业项目。开展联合招商、平台招商、以商招商，招引江河华晟、禾信仪器等检验检测产业链企业35家、东华软件、阿斯星科技等人工智能产业关联企业46家，世界500强企业国检集团、中汽院和中国民营企业500强企业江河华晟、大汉电子落户园区。

项目建设　全年园区铺排建设项目155个，计划投资123.02亿元，年度投资完成率超140%，40个涉市重大项目开工率100%，鑫高益、美联医学等13个产业项目实现竣工；电都云、泛海统联等项目加速建设，国网电科院一期投入运营，二期三期完成主体建设；中通智慧电商产业园如期开园冲刺“双11”“双12”，含浦大道4S城段改扩建工程加速建设，玉赤大道下穿长潭西节点工程、玉谷路、玉荷路建成通车，人工智能、白鹤、翰林苑三个安居工程一期即将建成分房。长沙智能驾驶研究院产业园观摩项目实现首台无舱式矿卡下线；国检集团华中区域总部项目完成主体封顶，计划打造成集区域智慧运营、创新实验、智检技术及智能检测设备研发为一体的“智慧中心”。

产业培育　2021年，完成企业“入规”19家，“升高”36家全年园区科学制定主特产业发展规划和配套政策，印发《岳麓高新区创建“五好”园区推进工作实施方案》、印发《国家级高新区创建工作执行方案》、编制《岳麓高新技术产业开发区“十四五”发展规划》《岳麓高新技术产业开发区智能网联汽车产业发展规划（2021—2025年）》《岳麓高新区开展“全员联企行”活动实施方案》全面启动。主动服务融入省、市千亿元级产业集群，依托国家智能网络汽车测试区先后获批智能网联汽车国检中心和“双智试点城市”，被评为省质量基础设施“一站式”服务平台试点。持续开展产业链强链延链富链升级行动，组织安博、通量与莱茵、必维等国际机构建立深度合作，举办检验检测数字化创新发展高峰论坛和第52届世界标准日——标准创新助力长株潭产业发展活动，国家技术标准创新基地（长株潭）落户园区，湘江智能被评为智能网联汽车标准创新中心。全年兑现智能汽车产业生态“火炬计划”、“135”工程升级版奖补、湘江智谷·人工智能科技城入园企业等产业政策2800万余元，惠及企业40余家。

检验检测产业链　岳麓高新区强链延链补链打造检验检测产业强军，以产业链专班为单位，靶向性、针对性开展择商选资，引进国检集团、中汽院智能网联汽车检测中心等2家世界500强企业、江河华晟1家中国民营企业500强，共集聚检验检测产业链企业机构165家。2021年检验检测服务业营收20亿元，年增速16%，全产业链产值预计80亿元，比2020年增长18%。精细铺排检验检测产业链项目建设，突出“三类500强”项目、专精特新小巨人项目和具有带动效应的投资项目。发挥国家级平台的优势，园区率先实现国内构建智能网联汽车测试检验、研发认证、标准创新、应用落地的全过程闭环。

企业服务　全年园区全面启动“全员联企行”，建立“一企一策”服务机制，兑现产业政策2800万余元，惠及企业60余家，辅导爱威科技、达嘉维康、泛海统联、力得尔成功上市，助推赛恩斯获批国家级专精特新小巨人企业、希迪智驾冲进国内最具投资潜力独角兽企业前50强、湘江智能获批国家技术标准创新中心、锐异资环获湖南省科学技术奖、致力工程获评长沙市院士专家工作站。推进“放管服”改革，启用“智谷云”信息化平台，开通“好差评”系统，与赣江新区实现政务服务跨域通办，推行“容缺受理”“拿地即开工”审批改革，大幅提高工业投资项目落地效率。主动提供“帮代办”服务和特色金融服务。组织园区优质企业赴长株潭高校开展“青春岳麓·才聚湘江”招才引智活动5次，达成人才异地就业515人。邀请长株潭三地园区、企业、高校和人社部门负责人举办首届三地人才交流沙龙活动，畅通园区、企业、高效人才互动供需通道，组织检验检测企业对接长株潭千亿产业集群，开展产销路演，拓展外检需求27项。在省级园区中率先建设“青年人才驿站”“人才公寓”，免费提供住宿服务，暖心服务深入人心。园区企业（党群）服务中心被评为长沙市巾帼文明岗。以高质量的政务公开助力营商环境优化，在全省省级园区中唯一获省政务管理服务局通报表扬，多举并措打造服务型园区。

平台提级　全年园区坚持稳住三资盘活“基本盘”。强化预算约束，建立“预算编制有目标、预算完成有评价、评价结果有应用”的预算机制，预算收入执行率100%。加强财源建设，完成专项债券发行8.12亿元，智谷集团10亿元非公开公司债券成功簿记发行。防范债务风险，有效化解债务8.49亿元。推进土地出让，东山湾国际新城首开区、白鹤4S城西片等7宗商住地块和艾瑞特、拓普联科2宗工业地块成功出让，实现土地收入19.99亿元。打出资产运营“组合拳”。稳步推进浦洋节能项目工业用地产权过户和商业用地前期摘牌工作，盘活检验检测园和孵化器物业资产1.49万平方米，新增租售合同金额1182万元，实现经营性收入5504万元、物业收入586万元。智谷集团与社会资本方合作进军土地二级市场，引进明德智谷中学，与湖南中医附一完成岳麓院区项目供地签约，片区价值不断提升。蹚出市场拓展“新路子”。鼓励智谷集团多维拓展业务板块，新引进新能源充电桩项目和屋顶光伏发电项目。成立湖南智融供应链管理有限公司，进军供应链市场，实现合同金额超6000万元。湘江智谷母基金投决达晨、明势等8支子基金，投资2300万元参股安卓公司，对长沙智能驾驶研究院进行基金投资9000万元，实现部分投资收益286.29万元，投资回报率10%，借力资本反哺园区主特产业发展。

平安园区　全年园区深化“平安园区”创建，开展信访维稳、土地征拆、项目建设、环境保护、安全生产及交通顽瘴痼疾专项整治等工作。完成园区全体员工涉毒筛查工作；制定《2021年“平安园区”创建工作计划》《“平安企业”创建活动实施方案》等文件；开展“平安创建”宣传月活动，提升群众对平安建设工作的知晓率、支持率；创新组建地区联合安委会，构建片区联动的“大平安”监管机制，加强企业安全生产警示教育和工地施工、楼宇消防、电梯安全等重点领域安全隐患排查整治，排查隐患2300条，整改1950条，实现全年无安全事故发生；推选园区企业湖南省晚安家居实业有限公司和湖南智谷投资发展集团有限公司为年度“平安创建”先进单位培育对象，指导企业落实平安各项工作要求；完成清表扫尾项目12个，面积65.93公顷；新启动集体土地拆迁项目6个，面积41.15公顷，其中3个项目已完成私房拆除，3个项目办理前期手续；完成结算拆迁项目6个；统筹发展与安全，化解浦洋节能烂尾、汀湘十里小区门楼违建、春光药业5.6公顷、白鹤“两安”用地征拆等重点历史遗留问题，确保园区发展和谐稳定。推进大气污染防治和水环境治理，完成学士路高排口、橡树湾高排口和玉赤河排口的污染源排查溯源调查，靳江河、玉赤河截污装置安装到位，玉赤河全程密布抽样监控点76个，园区污水处理厂建设有序推进。严把“两高”项目准入关口，加快推进产业结构，推动淘汰落后产能。推行绿色低碳生产方式，全面提高资源利用效率。

疫情防控　2021年新冠肺炎疫情防控期间，按照“外防输入、内防扩散”的工作要求，对重点楼宇、重点企业、重大项目等实行封控管理，执行“三看一洗一问”最严门岗制度，推广工地新冠肺炎疫情防控“小喇叭”，拍摄发布工地防疫操作指南小视频，累计走访企业项目380个，排查人员18366人，督促疫苗接种15740人。解决企业防疫物资短缺、用工人员不足、疫苗接种困难等问题。

【全市省级园区首个“诉源治理工作站”揭牌】　2021年1月12日，“长沙市岳麓区人民法院驻岳麓高新区诉源治理工作站”和“岳麓高新区企业家权益保护法律服务工作站”揭牌，这在全市省级园区中为首创。岳麓区委常委、园区党工委书记屈志

2021年1月12日，“长沙市岳麓区人民法院驻岳麓高新区诉源治理工作站”和“岳麓高新区企业家权益保护法律服务工作站”揭牌成立　　岳麓高新区　供图

峰，岳麓区人民法院院长张帅共同为工作站揭牌。工作站依托企业（党群）服务中心设立，调解团队力量充足，由员额法官、法官助理和辅助人员组成，通过整合各种层次的纠纷解决方式，引导当事人选择最合乎实际、对自己最有帮助的一种方式解决矛盾，将极大提升解决纠纷效率，降低解决纠纷成本，更好地保障当事人的综合利益；同时极大地便利了法院与园区诉源工作开展的有序对接，也便于为园区企业提供法律咨询、调解指导、多元解纷、司法确认、诉调对接等高效便捷的诉前司法“一站式”服务。

【长沙市首个地区安全生产联合委员会成立】　2021年3月24日，长沙岳麓高新区地区安全生产联合委员会正式成立，这是长沙市首个地区安全生产联合委员会。近年来，岳麓高新区经历快速开发，建设项目日益增多，极易发生安全事故，在园区积极监督下，开展排查事故风险和安全事故。基于企业的安全生产工作机制，岳麓高新区、学士街道积极配合，成立专职的安全员队伍对辖区进行24小时全方位监管，同时依托“小安大爱”云服务平台，园街共享，实现安全生产监管信息采集自动化、数据分析智能化、隐患管理数字化和地区安全生产风险分级管控，安全风险辨识管控从“人防”向“技防”逐步转变。为进一步探索地区安全生产协同联动新模式，岳麓高新区成立地区安全生产联合委员会，通过“2+1”的叠加模式，改变以往职能多权分立、效能反复浪费和动能拖累企业的不良现象，实现安全工作领域的园街融合，让企业履行主体责任、部门监管和属地管理并向而行。

【长株潭区域一体化园区“一体三互”先行战略合作框架协议》签订】　2022年4月15日，根据《长株潭一体化发展2021年行动计划》，岳麓高新区、株洲金山科技工业园、湘潭雨湖高新区三大园区在株洲，签订《长株潭区域一体化园区“一体三互”先行战略合作框架协议》，率先布局“规划、产业和服务三位一体”和“产销互供、招培互补、人才互动”的“一体三互”战略举措。三大园区将继续开展人才服务汇智行动，与高校签订就业服务协议，促进高校学院与企业达成实训基地及定向培养合作；打通政策壁垒，形成人才及企业均可享受的一体化政策圈；开通信息化平台，建立沟通协同机制，线上服务企业；协同招商，定期举办三地企业产销互供会。

【2021年全民国家安全教育日宣传活动】　2021年4月15日，岳麓高新区与湖南省地质院核素检测中心联合举办2021年全民国家安全教育日，并举行核科普基地公众开放日启动仪式。启动仪式由核素检测中心主任李石清主持，湖南省地质院党委委员全铁军致辞，省委军民融合办科技质量处、省科技厅政策法规与创新体系建设处、省自然资源厅科技发展处、岳麓高新区等单位相关领导参加活动。活动期间，湖南省地质院核素检测中心将开设室内和室外两个展区，室内核科普基地大厅循环播放核科普视频，让公众重温“两弹一星”精神和核科学发展历程，展示核辐射安全事故经典案例。在现场还可穿戴不同的核与辐射应急防护服，实际操作便携式放射性测量仪器设备，让公众深入了解核辐射、核安全以及核技术应用相关知识。

【岳麓高新区人才服务汇智系列行动】　2021年4月15日，岳麓高新区“以产聚才、以才兴产”长株潭一体化人才服务汇智系列行动2021年春季校园招聘第二站在湘潭大学举行。岳麓高新区发挥“长株潭”区域人才服务合作协同优势，组织园区15家优质企业走进校园，面向高校毕业生提供需求岗位64个，招聘人数280余人。需求专业包括了环境工程、化学分析、食品检测、工艺设计、计算机等理工科岗位，同时也包括会计、行政、销售、文秘等文科岗位。

【长沙江河华晟医学检验实验室有限公司开业】　2021年9月13日，长沙江河华晟医学检验实验室有限公司开业庆典暨校企战略合作签约仪式在长沙江河华晟医学办公楼前坪举行。长沙江河华晟医学检验实验室是公司在江苏省外投资建设的首家实验室，全面投产后，年产值可实现1.5亿元，解决就业300余人。该项目致力于打造医疗检验技术攻关和产学研综合基地，填补了湖南省区基层医疗检验的空白，通过运用先进的检验诊断技术和互联网数智驱动手段，推进医疗资源布局的整合优化，有效提升区域医疗服务保障能力，满足基层老百姓预防重大疾病和就近看病的医疗需求。

【国家技术标准创新基地入驻】 2021年10月14日，2021年第52届世界标准日标准创新助力长株潭产业发展活动在湖南省检验检测特色产业园举行。当天，国家技术标准创新基地（长株潭）揭牌入驻湖南省检验检测特色产业园，并为中联重科股份有限公司、湖南湘江智能科技创新中心有限公司等10家获批“国家技术标准创新中心”的企业进行现场授牌。长株潭国家技术标准创新基地于2019年9月获得国家标准化管理委员会批复成立。基地已成立长株潭基地理事会，三市120余家企业参与，并与国家标准化权威单位和省内标准、计量、检测、认证等机构签订战略合作协议。

【国检集团华中区域总部落户】 2021年11月18日，中国国检测试控股集团湖南公司（以下简称“国检集团”）与湖南省碧桂园科技发展有限公司签署战略合作协议。国检集团党委副书记、总经理朱连滨，岳麓区委书记周凡，区领导唐继发、屈志峰，碧桂园集团副总裁、湖南区域总裁张志远等参加签约仪式。国检集团计划在岳麓高新区湘江智谷·人工智能科技城投资2.25亿元设立华中区域总部，打造国检集团数字化转型示范基地。

【第四届“青春岳麓·才聚湘江”企业高校人才交流系列活动】 2021年11月23日，第四届“青春岳麓·才聚湘江”企业高校人才交流系列活动在岳麓高新区举办，活动分别到湖南工业大学、湖南农业大学、湖南科技大学开展校园招聘，同时还举办重点人才和重点群体专场招聘会，有55家企业参与，发布岗位400余个，近4000人参加，达成就业意向300余人。12月14日，岳麓高新区“青春岳麓·才聚湘江”暨“有你更青春”长株潭人才交流沙龙活动举行。活动现场，长沙市岳麓区人社局、湘潭市雨湖区人社局、株洲市荷塘区人社局共同签订了长株潭“人才互动”就业服务一体化合作协议。三地将建立协调互联、就业互动、培训互补、业务互通、权益互维、人才互流六大机制，共同推进长株潭一体化进程。

【首届“金融集市”活动】 2021年11月24日，岳麓高新区首届“金融集市”活动在湖南省检验检测特色产业园举办。10余家金融机构代表和40余家企业代表参加。集市上，来自银行、基金、交易所等不同业态的10家金融机构集中展示一系列贴合园区企业特点和需求的普惠金融产品，40余家企业负责人现场边逛边提问。金融机构结合企业实际情况提供了有针对性的咨询答疑服务，并给予专业性建议。

【首家本土培育公司上市】 2021年12月7日，湖南达嘉维康医药产业股份有限公司（以下简称“达嘉维康”，股票代码“301126”）在深交所创业板上市，这是2021年以来长沙新增的第8家A股上市公司。截至2021年12月，全市A股上市总数达到78家，占全省的60%，数量居全国省会城市第五位，中部省会城市第一位。省委常委、长沙市委书记吴桂英，副省长何报翔等出席活动。达嘉维康成立于2002年12月，总部位于岳麓高新区，是一家以药品批发和零售业务为核心、产业链延伸业务为补充，集产学研一体的综合性创新型医药企业，是湖南省民营企业100强，湖南省医药行业龙头企业之一。

（本栏撰稿　陈思甜）

2021年11月23日，第四届“青春岳麓·才聚湘江”企业高校人才交流系列活动举行。图为活动现场

岳麓高新区　供图

·马栏山视频文创产业园·

【概况】 2021年，马栏山视频文创产业园（以下简称“马栏山视频文创园”）实现企业营收519.81亿元，相比建园之初增长187.81亿元；完成企业税收30.16亿元，比2020年增长20.1%，高出全市增速3.1个百分点；完成重大项目投资73.2亿元，超年度任务29.4个百分点。

项目建设　2021年，园区铺排

重大项目36个。创意设计总部大厦获全省钢结构金奖，顺利投放市场；中广天择总部基地（一期）建成使用，去化率位居全市首位；绿地星城光塔、兴旺科技总部基地分别获“全球未来设计奖”、全国AAA级安全文明标准化工地。马栏山公园、体育公园建成开放，园区绿化率50%，在全省率先创建近零碳示范园区。新建或改建134个5G基站，实现5G信号全覆盖。马栏山人才公寓、绿地清水塘小学基本建成，绿地V岛、长沙当代府MOMA、朝阳中小学等项目加快建设。

招商引资　围绕视频文创产业、5G高新视频多场景应用两条产业链，对接洽谈行业影响力较大、技术创新力较强、产业带动力较好的企业。全年新增入规企业30家；新引进企业850家，累计新注册企业2412家，企业总量超3600家。引进投资额10亿元以上项目2个，引进“三类500强”项目2个，中科睿芯、中电港等24家头部企业落地。与华为公司达成实质性合作，区域总部项目前期工作顺利推进，全国音视频技术研发中心建设迈开坚实步伐。企业承载空间实现第一轮集中投放，22万平方米办公楼宇企业入驻率超过62%。举办IEF2021国际电竞大赛、青年力创造发展论坛（海南三亚）、2021互联网岳麓峰会智慧星城马栏山专场等活动。

创新驱动　新增高新技术企业40家；新增企业自主知识产权近千项。成立华为云音视频创新中心；5G高新视频重点实验室推出全国第一个综艺节目虚拟主持人；马栏山产业云平台助力71家企业，VR/XR视频渲染效率最高提升23倍；完成1964年版黑白电影《雷锋》高格式彩色修复和《国歌》《毛泽东在1925》《刘少奇的44天》等红色经典影视作品4K修复；人工智能手语播报系统应用于252家电视台和融媒体中心；5G智慧电台创新“嫁接”区块链技术，安装落地528频，年节目输出量达9000小时。先进制造业5G云VR公共服务平台与中国铁建、中车集团合作形成一批创新成果；“马栏山盒子”（5G高码率低延时编解码终端）1.0版本进入投产批量测试阶段；中国“V”链数字交易平台开启市场验证，存证作品超过100万件。

营商环境　国家广电总局与省政府联合召开“部省共建”推进会，深化巩固合作成果；省政府出台《进一步支持马栏山视频文创产业园发展若干政策》。组织、宣传、发改、财政、人社、教育、文旅、广电、科技、商务等省直单位给予全方位的支持。实现100项行政审批事项实现“园区事园区办”，48项文化审批服务全程帮代办，294件“多规合一”办件均在24小时内办结，企业入驻奖补、房租补贴即申即审，企业“入规”奖励、高新企业入驻奖励“免申即享”，兑现扶持资金1亿元，为企业提供风险补偿贷款3920万元。配合省、市出台文化创意企业高层次人才认定目录，2名人才入选湖南省“百人计划”，1名人才享受省政府特殊津贴，36人被认定长沙市高层次人才，兑现各类人才奖励近700万元。举办33期“马栏山大讲堂”，逾29万人次线上线下参与。组织园区干部、企业家代表130余人到苏州工业园开展2期园区高质量发展学习班。

【兴旺V视界封顶暨签约仪式】

2021年1月2日，马栏山视频文创园重点项目兴旺V视界举行封顶盛典暨签约仪式。兴旺集团作为湖南省前30强的多元化民营企业集团，拥有布局全球的27家子公司，专注于发展多元科技前沿产业。兴旺V视界项目总建筑面积11.5万平方米，总投资12亿元，集高端酒店、IDC机房、视频技术研发、文创企业办公等功能于一体，预计可容纳200家企业入驻。封顶盛典现场进行企业入驻签约仪式，4家协会、18家企业现场签约，一次性为项目去化50%，预计税收过亿元，解决就业数千个。

【2021马栏山版权保护与创新论坛】

2021年4月8—9日，2021马栏山版权保护与创新论坛在马栏山视频文创园举行。湖南省委常委、省委宣传部部长张宏森，中宣部版权管理局局长、中国版权协会常务副理事长于慈珂出席开幕式并致辞。开幕式上，《马栏山版权宣言》对外发布，马栏山视频文创产业园被国家版权局授予“全国版权示范园区”称号，长沙市“全国版

2021年1月2日，马栏山视频文创园重点项目兴旺V视界封顶盛典暨签约仪式举行

马栏山视频文创产业园　供图

权示范城市”创建行动启动。论坛现场，来自全国、省、市主管部门以及版权产业、研究机构、互联网企业等五百余位嘉宾参加，瞻望发展前景，探讨实践经验，共谋创新良策。

【2021 互联网岳麓峰会智慧星城马栏山专场】 2021 年 4 月 16 日，2021 互联网岳麓峰会智慧星城马栏山专场在马栏山视频文创园举行。湖南省委网络安全和信息化委员会办公室主任周湘，湖南省委网络安全和信息化委员会办公室副主任刘厚，九三学社湖南省委副主委李少阳，长沙市人大常委会党组成员、副主任、开福区委书记曹再兴，长沙市人民政府副市长邱继兴等领导出席。马栏山专场会议沿袭了岳麓峰会“惟楚有才、于斯为盛”的湖湘精神，以“构筑创新高地，智绘未来新城”为主题，包括“总部落地签约”“未来已来——现场体验展”“主题演讲—专家大咖秀”“岳麓话剑—圆桌论坛”4 个篇章。

【“百年风华，视听传颂”马栏山杯红色视听作品大赛】 “百年风华，视听传颂”马栏山杯红色视听作品大赛于 2021 年 7 月 12 日启动征集，8 月 30 日完成作品征集。围绕红色革命历史题材、正能量现实主义题材、马栏山风采展示题材三大征集题材，此次活动共面向全国征集红色微电影、短视频、音频作品三类形式的视听作品 1126 件。《我的长沙》《马栏山的夏天》《红色光谱系列》分别获得三个类别金奖。

【马栏山视频文创园上海招商推介会】 2021 年 9 月 6 日，马栏山视频文创园招商引资推介会暨重大项目签约仪式在上海举行。湖南省人民政府驻上海办事处党组书记、主任黄赞佳，湖南省人民政府驻上海办事处党组成员、副主任姚晓翔，长沙市委常委、市委宣传部部长陈刚出席活动。此次推介会，共签约天翼马栏山云网融合项目、腾讯电竞·长沙 TES 俱乐部、蜻蜓 FM 马栏山第二总部项目、绿地酒旅集团等 12 个战略合作协议和投资项目。其中天翼马栏山云网融合项目将与马栏山共同建设面向大视频业务的融合视频能力平台，共同推进视频云建设，为行业提供更全面、更安全的数据保障。

【第二届“马栏山杯”国际音视频算法大赛】 2021 年 9 月 17 日，世界计算大会专题活动——由芒果 TV 联合马栏山视频文创园举办的第二届“马栏山杯”国际音视频算法大赛颁奖盛典暨高峰论坛举行。国防科技大学计算机学院研究员、中国工程院院士廖湘科，湖南省委宣传部副部长、省广播电视局党组书记、局长张严，湖南省委宣传部副部长、省委网信办主任周湘，湖南广播影视集团有限公司（湖南广播电视台）党委书记、董事长、芒果超媒股份有限公司党委书记、董事长张华立，国防科技大学计算机学院副院长黄子中等出席活动现场。活动现场颁发该届算法大赛视频补全、视频推荐与音乐节拍检测三大赛题的冠亚季军奖，并公布芒果 TV 首个虚拟主持人“YAOYAO”。

【2021“马栏山指数”发布暨数字资产交易平台上线】 2021 年 12 月 20 日，2021“马栏山指数”发布暨数字资产交易平台上线仪式在马栏山视频文创园举行。省委宣传部副部长、省广播电视局党组书记、局长张严，省委宣传部部务会成员、省文资委专职副主任刘尤碧，长沙市委副书记阚保勇，市委常委、宣传部部长、市人民政府副市长陈澎出席活动。会上，广电总局发展研究中心主任祝燕南通过视频连线方式代表课题组发布“马栏山指数”研究成果，包括 2021“马栏山指数”核心产业指标和发展环境指标。会上还举行了马栏山数字资产交易平台“中国 V 链”上线仪式。“中国 V 链”是以区块链技术为核心构建的版权数字资产流通平台，将内容、产品、数字权益等转化为版权数字资产，构建数字版权交易生态，进而从机制上彻底改变传统文化作品“确权难、维权难、流通难”的问题。

（本栏撰稿　陈　旋）

湖南湘江新区

XIANGJIANG NEWLY
DEVELOPED ZONE OF
HUNAN PROVINCE

编辑　刘盼盼

综　述

【概况】　2021年，湖南湘江新区（以下简称“湘江新区”）地区生产总值3674.2亿元，比2020年增长8.4%，规模以上工业增加值比2020年增长9.0%，固定资产投资比2020年增长9.9%，社会消费品零售总额比2020年增长14.4%，一般公共预算收入比2020年增长17.5%，主要经济指标增速快于省、市。应对复杂经济形势和疫情反弹冲击，着力抓项目、促投资、稳增长、优环境，高质量发展取得新成效。发展质量持续优化。全年新增注册市场主体5.1万家，增长7.6%，新增上市企业4家（包含1家外地迁入），总数45家，占全省的34%、全市的57%。新增国家专精特新小巨人企业29家，市级智能制造试点企业115家；高新技术企业总数达2662家。区市、园区提质进位。岳麓区、望城区分别位列全国发展百强区第41位、51位；宁乡市排名全国县域百强第15位。长沙高新区挺进全国产业园区竞争力百强第九位；宁乡经开区连续两年蝉联全国先进制造业百强园区；望城经开区获批国家知识产权示范园区；宁乡高新区获评国家外贸转型升级基地（装备制造）；岳麓高新区外资完成情况排名全省省级园区第一位。

【产业发展】　2021年，湘江新区聚焦“三智一芯”，推动制造业高质量发展，构建现代产业体系。主特产业加速壮大。强化国家级园区“两主一特”、省级园区“一主一特”产业定位，做大做强优势产业。工程机械产业全年总产值逾千亿元；新材料、电子信息产业规模以上工业产值增速分别为52.1%、27.4%。全年产值过100亿元企业6家、过50亿元（含百亿元）13家、过10亿元（含百亿元、50亿元）82家；税收过亿元企业56家、亿元楼宇10栋；中伟新能源、邦普新能源、长远锂科、楚天科技等企业产值倍增。三安半导体（一期）投产，中联智慧产业城首开区建成厂房27万平方米，比亚迪动力电池、三一中型起重机械、智能终端产业园等一批重点产业项目加快建设。新兴产业加速培育。与三一集团、中联重科开展战略合作，与腾讯、华为、中国电信、吉林大学等联合搭建创新平台，获批筹建国家智能网联汽车质量监督检验中心，助力长沙成为唯一获得四块国家级牌照的城市。建成全国首个“硬件+软件”华为鲲鹏生态基地，助力长沙成为实现芯片三大件设计国产自主的城市。湖南金融中心新引入各类金融机构、企业115家，总数超600家，全年可实现税收51亿元，比2020年增长42%；湘江基金小镇共入驻基金机构380家，基金管理规模1066亿元，全年创税近6亿元。招商引资加速突破。举办或参加2021岳麓峰会、港洽周、北上深推介会、2021中部（长沙）人工智能产业博览会、2021世界计算机大会、湘阴新片区招商推介会等重大活动。新区全年引进重大产业项目137个。其中，投资5000万元（含）以上先进制造和高新技术产业项目103个，合同引资679.86亿元；现代服务业产业项目34个，合同引资621.02亿元。

【城市建设】　2021年，湘江新区全面落实“五区”建设、“四精五有”要求，统筹推进“人城产”融合发展，133个基础设施项目年度投资完成率超100%，加快打造高端品质新城。原有片区品质提升。梅溪湖一期片区完成文化艺术中心周边交通设施改造，麓景路隧道建成通车。滨江新城片区基础设施持续完善，“一江两岸”亮化有序推进。洋湖片区品质提升一期提前竣工。大王山片区加快推进路网提质改造，“六纵六横”立体交通体系日趋完善。重大片区全面开建。梅溪湖国际新城二期完成城市设计优化和整体开发方案，泰康湘园完成建设。大王山欢乐海洋完成主体建设。市府北片改造启动征地拆迁，湘雅路过江通道、新湘雅健康城建设加快推进。高铁西城片区站场站房及配套项目加快建设。湘江融城科技小镇首开区80公顷土地完成征拆。通航小镇坪塘通用机场临时起降点获军方批复，傅家洲星空飞行营地投入运营。人工智能科技城已开工29万平方米，入驻高新科技企业50余家。湘江科创基地一期投入运营。龙王港治理被列为省级突出生态环境问题整改正面典型，原长沙铬盐厂污染治理已上报省生态环境厅进行阶段销号。新片区蓄势待发。九华16平方千米、湘阴14平方千米等量置换纳入新区核心区范围。出台“一共享五统筹一统一”实施意见，统筹推进两大新片区建设，九华片区36.07公顷土地顺利摘牌，暮坪湘江特大桥加快建设。湘阴片区金龙先导区启动规划建设；虞公港完成港区联动开发可行性论证，正加快引进合作开发商。

【科技创新】　2021年，湘江新区出台《关于推进科技创新高地建设的若干政策》，提质科技创新发展。科创引擎做大做强。以岳麓山大学科技城为龙头，加快打造湘江西岸科创走廊。发挥湘江科创基地（一期）、中南大学、湖南大学科创转化基地等集聚效应，新落户科创企业600余家，总数6450家；中南大学科技园被认定为国家大学科技园，国家战略性稀有金属矿产资源高效开发与精深加工技术创新中心已上报科技部。会同长株潭高校启动人才聚合行动，举办人工智能训练营和创业就业夏令营，开展高端人才需求信息集中发布，入选市ABCD类高层次人才1377人，占全市的56%。创新创业升级发展。编制实施《新区国家大众创业万众创新示范基地建设方案（2021—2023年）》，兑现各类奖补资金近1.5亿元，参加或举办2021年全国“双创”

周湖南分会场、2021院士高峰论坛、“创响中国”新区站等活动20余场。国家级创新平台80余个、省级创新平台500余个。科创成果加速转化。4个项目入选省十大技术攻关项目，5个项目入选市十大重大科技项目，新区实施的首批3个科技研发“揭榜挂帅”核心技术攻关项目正由中南大学、湖南大学教授团队牵头攻关。张尧学、钟掘、王耀南等院士团队科技成果加速转化落地。完成技术交易合同3500余件，交易额超165亿元。

【深化改革】 2021年，湘江新区推进系列重大改革，加快补齐开放短板，构筑发展新优势。体制机制改革。争取中编办、省委编办重视支持，被明确为正厅级单位。高效完成管理机构清理规范、雇员核查等工作，出台雇员岗位聘任制办法。建立完善统计制度，将湘阴、九华新片区纳入新区统计范畴。审批改革推进。出台《新区办事指南》等，深化“三集中三到位”改革，做到进窗、审批、制证、盖章、出窗一体化。推动在线审批改革，审批无纸化率91%。与赣江新区实现25项高频政务服务事项跨省通办、全程网办。获批省知识产权综合服务湘江新区分中心。入选《中国营商环境报告2021》改革荟萃“新区实践篇”，劳动力市场监管指标在18个国家级新区中位列第二位，招标投标、办理建筑许可等5个指标在全国表现优秀。国企改革助推发展。湘江集团全面加速市场转型，连续4年维持国内最高AAA主体信用等级，营收、利润总额、净利润比2020年大幅增长，基本完成“千百十”计划。湘江国投完善公司法人治理结构，累计培育上市企业30家，“一库一平台”成为省、市数字经济重点项目，保理公司挂牌运营。湘江智能健全现代企业管理制度，形成智能网联、产城开发、产业投资“一主两辅”业务布局。对外开放全面提升。获批国家中欧区域政策合作中方案例地区。海归小镇启动建设。举办欧美同学会第二届“双创”大赛、中非青年创新创业论坛、第八届“海归论坛”等国际性活动。全年进出口总额比2020年增长超16%。

【湖南湘江新区获全国首批“节约型机关”称号】 2021年8月23日，国家机关事务管理局、中共中央直属机关事务管理局、国家发展改革委员会、财政部联合公布首批节约型机关建成单位名单，湖南湘江新区获“节约型机关”称号。12月10日，全省节约型机关创建工作推进会观摩走进湖南湘江新区，深入了解新区创建“节约型机关”的先进经验和典型做法。通过狠抓各项节能措施，湘江新区2021年各项能耗比2020年均呈下降趋势，近两年生活垃圾回收利用率每月超35%。

【“风险备案机制激励干部担当作为”入选“中国改革2021年度案例”】 2021年，湖南湘江新区“风险备案机制激励干部担当作为”入选“中国改革2021年度案例”。湘江新区围绕党员干部“既要干净又要干事”，探索以改革创新风险备案为引领，涵盖事前、事中、事后的“五位一体”激励关爱干部担当作为机制，形成为担当者担当、为改革者撑腰、为干事者鼓劲的鲜明导向。首创改革创新、干部担当作为“两个风险备案”的特色做法，允许党员干部在“试错”中“试对”，用好用活国家级新区先行先试权。对尚被性、探索性的事项，比如，新产业新业态新模式发展、优化营商环境以及化解重大风险、解决历史遗留问题等6个方面，可向纪检监察机关事前申请风险备案，其中，对改革事项，予以“改革创新风险备案”，破除改革创新“过度求稳、不敢越雷池半步”的不良倾向；对历史遗留问题以及其他复杂、具体问题，予以“担当作为风险备案”，破除基层干部“怕失误”“怕问责”的顾虑。制度系统集成，形成贯穿全过程的“五位一体”激励关爱干部担当作为机制，事前“两备案、一防控”：改革创新、担当作为风险备案制度，让改革者无顾虑；廉政风险防控机制，让行权者明界限、不越线；事中“容错纠错＋澄清正名”：容错纠错机制，让担当者不担心；澄清正名机制，让干事者有底气、不“泄气”；事后，关爱回访：让一时犯错者干事创业“不掉队”。2021年10月，在第7次新区工作经验交流暨工作推动会上，国家发展改革委点名表扬并向全国新区推介；《人民日报》《中国纪检监察报》等专题报道推介。

重大项目建设

【长沙湘雅路过江通道工程项目“星盛号”盾构机始发仪式】 2021年3月30日，长沙湘雅路过江通道工程项目现场举行“星盛号”盾构机始发仪式，标志着由长沙市城发集团投资建设、中铁十四局集团承建的湘雅路过江通道工程建设进入新的阶段，开启“穿越湘江”之旅。湘雅路过江通道工程是湖南省截至2021年最大直径的盾构隧道，也是长沙市第一条双向六车道过江隧道。湘雅路过江通道工程将解决长沙中心城区过江交通“瓶颈”问题，是缓解过江压力和完善两岸交通网络、实现城市深度开发和提升周边用地价值、改善城市居住环境和创造舒适宜居城市、发挥区域龙头作用和促进周边经济发展的重要通道。

【长沙大王山朗豪酒店开业】 2021年4月28日，位于大王山旅游度假

2021 年 4 月 28 日，长沙大王山朗豪酒店迎客。图为长沙大王山朗豪酒店“雪靴”外形

湘江新区　供图

区的长沙大王山朗豪酒店迎客，标志着位于长株潭融城核心区域的大王山片区游、娱、购、住、行等文旅产业闭环基本形成。长沙大王山朗豪酒店由湘江发展集团有限公司投资建设，朗廷酒店集团运营管理，总投资约 12 亿元。酒店主楼的立面为曲线造型，就像一个大写的“S”，其酒店大楼外形酷似一只“雪靴”，由解构主义的代表和当代建筑探索的急先锋——奥地利蓝天组（Coop Himmelblau）建筑大师 Wolf D. Prix 设计。其每层楼面的形状和大小都不一致，整体从下往上逐渐变大，异型钢结构多，单层最大面积 2200 平方米，最小 1200 平方米，外墙 3000 千余片单元体幕墙的弧度都各不相同，均为量身定做。该项目获第十二届（2015—2016 年度）“中国钢结构金奖”工程。

【湖南低空旅游首航暨星空飞行营地启航仪式在长沙市傅家洲举行】 2021 年 4 月 30 日，湖南低空旅游首航暨星空飞行营地启航仪式在长沙市傅家洲举行，标志湖南省低空旅游迎来加速时代。省委常委、长沙市委书记吴桂英宣布启航。长沙在全省率先推出低空旅游项目，旨在促进空中观光旅游与地面网红打卡多维度融合，提升游客对长沙岳麓山、橘子洲头、梅溪湖、大王山等热门景点的消费体验，打造网红长沙空中新名片。对于长沙乃至全省旅游市场创新和通航产业高质量发展的深度融合，提升“山水洲城、快乐长沙”旅游品牌具有重大意义。

【英格卡购物中心国内首个综合体项目长沙荟聚（购物中心）开业】 2021 年 7 月 2 日，长沙荟聚（购物中心）在湖南湘江新区洋湖生态新城开业，标志着英格卡购物中心国内首个综合体项目揭幕。作为英格卡购物中心在中国投资开发的首个商业综合体项目，长沙荟聚项目总投资额约 40 亿元，总建筑面积约为 40 万平方米。长沙荟聚（购物中心）是英格卡购物中心在中国投资的首个大型商业综合体长沙荟聚二期组成部分。此前，该综合体的一期项目湖南首家宜家商场、“荟聚之光”商务公寓已试运营。

【长沙高铁西站综合交通枢纽工程开工动员仪式】 2021 年 8 月 25 日，长沙高铁西站综合交通枢纽工程开工动员仪式在长沙市望城区举行，省委书记、省人大常委会主任许达哲宣布开工，中国铁路广州局集团有限公司党委书记、董事长武勇致辞。长沙高铁西站位于长益常高铁与长赣高铁的交汇点，是中国“八纵八横”高铁网中“厦渝通道”的重要枢纽，是长株潭城际铁路西延线终点站，是长沙市往西辐射的桥头堡，同时也是环长株潭城市群铁路枢纽的重要节点站。站房规模为 8.54 万平方米，综合枢纽规模为 40 万平方米，站房及相关工程总投资约 34 亿元，站场总规模 12 台 22 线，分为两场，其中高铁场 6 台 11 线，为路改桥结构，城际场 6 台 11 线，采用路基结构，同时预留未来扩场 4 台 8 线的普速场接建条件。车站计划年旅客发送量 2030 年 1515 万人，2040 年 2020 万人，最高聚集人数 3000 人，预计 2025 年通车。

产业发展

【国家智能网联汽车质量监督检验中心（湖南）获国家市场监督管理总局批准】 2021 年 1 月 29 日，由湖南湘江智能科技创新中心有限公司与中国汽车工程研究院股份有限公司成立的合资公司中汽院智能网联汽车检测中心（湖南）有限公司，申请筹建的国家智能网联汽车质量监督检验中心（湖南）获国家市场监督管理总局的批准。这是继国家智能网联汽车（长沙）测试区和国家级车联网先导区之后，长沙获得的第三块国家级牌照。截至 2021 年，长沙是全国唯一一座在智能网联汽车领域获得三块国家级牌照的城市。国家智能网联汽车质量监督检验中心（湖南）的获批，标志着长沙能为智能网联汽车产业相关企业提供全流程智能网联测试检验和研发验证服务。

【第十届长沙金融服务节开幕式暨金融工作座谈会】 2021年4月9日，第十届长沙金融服务节开幕式暨金融工作座谈会在湘江基金小镇举行。由湖南湘江新区联合长沙市数据资源管理局开发建设的长沙市金融专题库和金融大数据服务开放平台上线。该平台以“原始数据不出库”及“数据可用不可见”为基本原则，确保数据平台政务数据安全和公民个人隐私数据安全。平台基于政务、金融机构、社会企业、互联网行为等多维数据，旨在通过直连银行业务系统，实现政务数据流通全线上化，缓解银企信息不对称，助力长沙普惠金融发展。将进一步推进数据要素市场化配置，赋能金融机构数字化转型，缓解中小微企业“融资难”“融资贵”的问题。

【与中国免税品（集团）有限责任公司签署战略合作协议】 2021年4月27日，湘江发展集团有限公司与中国免税品（集团）有限责任公司在长沙签署战略合作协议，双方就共同推进长沙首家市内免税店落地，同时在机场、物流中心、港口、免税综合体等方面开展深入合作，助推长沙、湖南湘江新区打造区域性国际消费中心。双方合作填补了长沙市内免税业务的空白，打造高水平的商业环境和服务水平，提升消费购物体验，成为长沙旅游零售业的新亮点，为长沙市构建区域性国际消费中心助力。

【长沙被确定为智慧城市基础设施与智能网联汽车协同发展首批试点城市】 2021年4月28日，《住房和城乡建设部 工业和信息化部关于确定智慧城市基础设施与智能网联汽车协同发展第一批试点城市的通知》（以下简称《通知》）发布。按照《通知》有关工作安排，在各城市申报和省级主管部门审核基础上，经组织专家评审和实地调研，确定北京、上海、广州、武汉、长沙、无锡6个城市为智慧城市基础设施与智能网联汽车协同发展第一批试点城市。新区智能网联汽车产业再添一项国家级荣誉，助力长沙成为唯一获得4块国家级牌照的城市。

【欧美同学会第二届“双创”大赛智能制造产业赛区启动仪式】 2021年5月11日，以“海归智汇新时代，聚力创赢新发展”为主题的欧美同学会第二届“双创”大赛智能制造产业赛区启动仪式在梅溪湖国际文化艺术中心小剧场举行。湖南省委常委、统战部部长黄兰香宣布赛事启动。活动现场发布智能制造产业赛区赛程及相关规则，并同步开启赛区海选网络报名通道。该次活动由欧美同学会（中国留学人员联谊会）主办，湖南欧美同学会、长沙市人民政府、湖南湘江新区管理委员会承办，旨在贯彻落实国家创新驱动发展战略，助力产业转型升级和经济高质量发展，助力海内外高层次留学人才创新创业创造。

【“百年正青春”湖南省庆祝中国共产党成立100周年文艺晚会在梅溪湖国际文化艺术中心首演】 2021年6月19日晚，“百年正青春”湖南省庆祝中国共产党成立100周年文艺晚会在梅溪湖国际文化艺术中心首演。晚会讴歌了党的百年光辉历程和丰功伟绩，深情表达对党的无限热爱和美好祝福。省委书记、省人大常委会主任许达哲观看演出并致辞，省委副书记、省长毛伟明，省政协主席李微微等省、市领导出席并观看演出。

【大型民族歌剧《半条红军被》在梅溪湖国际文化艺术中心大剧院首演】 2021年7月9日晚，重大革命历史题材民族歌剧《半条红军被》在梅溪湖国际文化艺术中心大剧院首演，省委常委、长沙市委书记吴桂英，省人大常委会党组书记、副主任刘莲玉等省、市领导与故事主人公徐解秀老人的家属代表一道观看演出。《半条红军被》是以发生在湖南省郴州市汝城县文明瑶族乡沙洲瑶族村的“半条被子”故事为原型进行艺术创作的，是湖南省、长沙市庆祝中国共产党成立100周年的重点作品，作为湖南唯一一部歌剧，获文旅部2020—2021年度“中国民族歌剧传承发展工程”7部重点扶持剧目之一和“庆祝中国共产党成立100周年舞台艺术精品创作工程”“百年百部”创作剧目。

2021年7月9日晚，重大革命历史题材民族歌剧《半条红军被》在梅溪湖国际文化艺术中心大剧院首演。图为演出现场　　湘江新区　供图

2021 年 9 月 28 日，智能网联峰会 2021 在长沙举办　　湘江新区　供图

【中非青年创新创业论坛在长沙举办】2021 年 9 月 26 日，由国家商务部、湖南省人民政府主办，省商务厅、湖南湘江新区管理委员会、共青团省委、省中非经贸合作研究会共同承办的中非青年创新创业论坛在湘江基金小镇举办。这是第二届中非经贸博览会的重要经贸洽谈活动之一。此次论坛以“潮涌湘江，智创非凡”为主题，分为开幕式、圆桌对话、项目路演、项目推介、重点合作项目签约等环节，来自中国和肯尼亚、贝宁、埃塞俄比亚、尼日利亚、卢旺达等十余个非洲国家与地区的青年创业者和学生采取线上线下联动的方式，共话合作发展，共创美好未来。

【智能网联峰会 2021 在长沙举办】2021 年 9 月 28 日，以“聪明的车 智慧的路 创新的城”为主题的智能网联峰会 2021 在长沙举办。此次峰会由湖南省工业和信息化厅、长沙市人民政府、湘江新区管理委员会主办，长沙市工业和信息化局、湘江新区产业促进局、华为公司、湘江智能共同承办。湘江智能—华为智能网联联合创新实验室、湖南长沙—华为智能网联样板点发布。智能网联联合创新实验室瞄准智能网联和智慧城市“双智”试点的融合应用，通过深入业务需求，孵化创新与领先的解决方案。华为与湘江智能双方将优势互补，在协作式智慧泊车、协作式智慧公交、混合流随行服务和智能网联二阶段标准场景等四个前沿课题领域发力探索。同时，华为联合湘江智能共同打造“一区，一云，一中心”的智能驾驶第一城样板点。

【第八届海归论坛在湘江新区举行】2021 年 10 月 17—18 日，第八届海归论坛在湘江新区举行。该届论坛主题为“海聚湘江、智造未来”，由致公党中央留学人员委员会、致公党省委会、省政府侨办、湘江新区管委会、省侨联、湖南欧美同学会（湖南留学人员联合会）联合主办。此次论坛为期 3 天，包含开放兴湘海归谈、青年海归共话发展暨暖心陪伴、海归人才洽谈会、留学人员创业启动支持计划项目选拔大赛决赛、创新创业专题展会等主题活动，共 150 余名归国留学人员参加。在充分整合线下功能的基础上，搭建海归人才为湖南“三高四新”战略建言献策平台、海归人才创新创业平台、海归凝聚共识平台等六大平台。该届论坛聚焦服务归国留学人员创新创业，讲好湖南故事，为用人单位和广大海外人才提供便捷高效的对接渠道，助力湖南“三高四新”战略实施。

（本栏撰稿　何　慧）

城市建设与管理

URBAN CONSTRUCTION
AND MANAGEMENT

编辑　周海波

规划设计

【规划编制】 2021年，长沙市确立国土空间总体规划“1+1+3+6+1”（市级国土空间总规划；1个主体成果，1个信息平台，3个专项规划，6个专题研究，1个体检评估）任务体系，《长沙市国土空间总体规划（2021—2035年）》完成阶段成果并向社会公示，长沙县、望城区、浏阳市和宁乡市推进国土空间总体规划编制。生态保护红线第9版方案上报自然资源部。2021年开展11个专项规划编制，其中《长沙市电力设施专项规划（2019—2035）》《长沙市建筑垃圾治理专项规划（2020—2035）》《长沙市渣土消纳场布局规划（2021—2035）》获批。启动70个乡镇国土空间总体规划和760个“多规合一”村庄规划编制工作，实现21个乡村振兴示范创建联点乡镇村庄规划方案全覆盖。 （陈　昆）

【规划研究】 2021年，长沙市完成《长沙市近十年城市设计、建筑和景观发展研究》《“一江六河”周边重要城市景观界面及天际线优化研究》《自然资源保护利用管理方法借鉴研究》《古城风貌区规划政策研究》《古城风貌区交通规划专题研究》《长沙市历史资源普查》《长沙市城市原点标识与场地景观设计》等课题研究，启动《长沙市实现现代化评估与规划策略研究》《长沙大都市圈规划远景研究》《长沙南城中轴线规划方案研究》等系列新课题的研究。 （陈　昆）

【规划管控】 2021年，长沙市成立长沙市国土空间规划委员会。2021年召开3次长沙市国土空间规划委员会会议会议，表决通过事项38项，研究事项2项。召开各类专家会议117次，审议规划修改及方案评审项目234个，完成控规修改项目167个，其中非经营性用地项目154个，占92.2%。编制综合交通、历史文化名城保护等专项规划，推进黄花机场片、枫林路以南片等10片控制性详细规划编制与审查。 （陈　昆）

【规划实施】 2021年，长沙市统筹“十个重大城市片区”建设主体，完善片区发展战略规划、控制性详细规划、城市设计、专项规划。完成重大交通设施规划、绿心和周边地区空间发展策略专题研究成果。召开全国专家审查会，修改完善《长株潭城市群都市区空间发展战略规划》。编制《长株潭城市中央公园长沙起步区选址及规划研究》，结合长沙奥体中心公园规划选址方案及湖南省花木博览会，完善起步区规划研究，建立起步区近期建设项目库。 （陈　昆）

【设计审查】 2021年，全市完成建筑工程初步设计审查41.89万平方米，完成建筑工程施工图审查备案1412.62万平方米。建筑工程勘察设计施工图文件数字化审查覆盖率100%，提升“联合审图”效率，消防设计审查全过程纳入施工图审查管理信息系统，项目办理总用时较2020年减少11.4%。2021年10月31日起，市政基础设施的BIM审查系统正式运行。2021年，全市155个项目在设计阶段应用BIM技术并进行BIM施工图审查。2021年，长沙市下达19个市政项目的方案设计审查意见、14个市政项目的初步设计批复，完成37个市政项目（含项目分项）的施工图设计审查备案。项目浏阳河人行景观工程（汉桥）入选2020—2021年度第一批国家优质工程奖，长沙市岳麓区污水处理厂提标改造及扩建工程获湖南省优秀工程勘察设计一等奖，长沙市新开铺污水处理厂二期改扩建工程BIM咨询获第三届湖南省BIM技术应用大赛三等奖。 （臧　勇）

【改革创新】 2021年，长沙市出台《长沙市工程建设项目策划生成实施细则》《关于优化社会投资简易低风险工程建设项目审批服务的通知（试行）》《临时建设规划管理规定》《内五区分局行政审批流程规定》，实施工程建设项目策划生成，优化社会投资简易低风险工程建设项目审批服务，新建简易低风险工业仓储项目审批时限由11个工作日缩短为1个工作日。推进无纸化审批改革，首批梳理26个审批事项，实现工程建设项目审批等事项“无纸化、不见面、零跑腿”。铺开“交房即交证”改革，湘江新区“用地清单制＋告知承诺制”纳入省级改革试点。2021年核发《用地预审与选址意见书》201份、“建设用地规划许可证”180个，用地面积686.32万平方米、核发总平面图125份、“建设工程规划许可证”647个，面积1706.74万平方米，管线长度200.28千米。 （陈　昆）

【规范性文件管理】 2021年，长沙市制定《立案查处自然资源和规划违法行为工作规范（试行）》，修定《长沙市自然资源和规划行政处罚裁量权基准（土地、规划部分）》，完成集体土地征地补偿标准（土地部分）调整。2021年办理行政诉讼案件71件，审查采购项目200个，审查规范性文件14件，审查非规范性文件2000件。 （陈　昆）

【公众参与】 2021年，自然资源和规划局（以下简称“市资规局”）在中央、省、市各类媒体发布新闻报道546篇。结合“4·22”地球日、“5·12”防灾减灾日、“6·25”土地日、“8·29”测绘法宣传日等开展86场线上线下公众参与活动，参与逾10万人次。办理“12345”热线工单、市长信箱、局长信箱、问政湖南等1.29万件，办结率100%。规范依申请公开办理，受理申请722件。畅通信访渠道，接待来访群众346批967人次，收到邮寄信访件302封，信访系统网信件611件，共1259件。排查群体性矛盾纠纷57起，收集不稳定因素情报信息43条，排查掌握不稳定问题51个，调处化解矛盾纠纷43起，防范化解群体性事件39起。向公安机关及纪检监察机关移送自然资

2021年8月28日，长沙市国土空间规划学会成立大会暨“我为市民讲规划”学术沙龙在长沙规划展示馆召开。图为湖南大学建筑学院教授魏春雨分享“城市空间支点”主题讲课　　市资规局　供图

源违法案件25件。未发生群体性事件、恶性事件和重大集体访。　（陈　昆）

【长沙市国土空间规划学会成立】　2021年8月28日，长沙市国土空间规划学会成立大会暨“我为市民讲规划”学术沙龙在长沙规划展示馆召开。长沙市国土空间规划学会（以下简称“学会”）是全国第一家以“国土空间规划”命名的省会城市社会团体。活动邀请来自湖南大学、长沙市规划勘测设计研究院、长沙市规划信息服务中心等国土空间规划领域的专家学者、一线设计师来到现场，并召集10名“市民规划师”，从学术、技术、实际案例等各个方面分享经验，为市民讲述什么是新体系下的国土空间规划，并针对市民感兴趣的长沙市发展规划等问题进行答疑解惑。长沙市规划勘测设计研究院副院长邓凌云分享《“美丽山水洲城”与国土空间总体规划》。湖南大学建筑学院教授魏春雨分享“城市空间支点”主题讲课。湖南省自然资源厅国土空间规划局一级调研员赵亚辉，长沙市民政局社会组织管理局副局长兰旋，学会理事单位成员、监事会成员、个人会员、市民代表等参加会议。

（陈　昆）

【长沙市国土空间规划委员会成立】　2021年12月20日，长沙市印发《关于成立长沙国土空间规划委员会的通知》，决定撤销中共长沙市委城乡规划工作领导小组、长沙市城乡规划委员会，成立长沙市国土空间规划委员会（以下简称“市规委会”）。市规委会是长沙市市委、市政府统一指导、协调、监督全市国土空间规划工作的议事协调机构，主要负责审议审查、协调全市国土空间规划体系的建立和监督实施等重大事项，依据有关国土空间规划的法律、法规和规章，监督规划实施。　（陈　昆）

【《长沙市基础测绘“十四五”规划》发布】　2021年7月19日，长沙市印发《长沙市基础测绘“十四五”规划》，对标上位规划和政策，将基础测绘工作纳入自然资源和规划管理整体业务和经济社会发展中统一谋划，分析已有工作基础的优势和劣势，结合长沙市经济发展水平，确定基础测绘的工作方向和重点目标。提出到2025年，建立以基础地理信息获取全息化、实时化，处理自动化、智能化，服务网络化、社会化为特征的新型基础测绘体系，打造开放型、服务型和创新型测绘发展格局。　（陈　昆）

【长沙市自然资源和规划行政执法支队成立】　2021年6月30日，长沙市自然资源和规划行政执法支队成立。市自然资源和规划行政执法支队为市资规局下属事业单位，承担检查、指导全市自然资源开发利用保护状况和规划实施执行情况，依法组织开展全市自然资源和规划行政执法工作等职能职责。是全省范围内第一家整合国土执法和规划执法的市级执法队伍。湘江新区国土规划局及政务服务中心负责人，高新区、经开区、各县（市、区）自然资源和规划主管部门主要负责人，人事处、机关党委、机关纪委负责人，市自然资源和规划行政执法支队全体在编人员，望城区、长沙县、浏阳市、宁乡市国土资源和规划执法大队负责人以及长沙市规划勘测设计研究院、市规划信息服务中心负责人参加成立大会暨揭牌仪式。　（陈　昆）

城市建设

·建设管理·

【基础设施建设】　2021年，长沙市制定《长沙市基础测绘“十四五”规划》，编制《长沙市工程建设项目“多测合一技术规定”（2021年修订版）》，办理完成竣工阶段“多测合一”项目773项，规划放线828项，定位图制作644处，地形图1050项，地籍测绘和土地勘测定界2986宗，市政道路线路测量160项，市政工程放线定位340项，管线测量项目570项，其他零星工程测量项目483项，实现“多测合一”全流程全覆盖。编制《长沙市新型智慧城市示范城市自然资源和规划领域建设专项规划（2021—2025年）》，形成自然资源和规划全生命周期管理服务平台2.0。　（陈　昆）

【宜居城市建设】　2021年，长沙市推进总体城市设计与风貌区规划编制，明确“百里江廊、东西辉映、聚心控城、八脉通江”的总体空间风貌格局，完成铜官老街历史文化街区、天心区历史步道示范段两厢、开福区历史步道示范段两厢街区层次城市设计和大小古道巷周边地区项目策划及城市设计，探索开展地块城市设计。开展《重点片区（中央CBD）城市设计》《长沙城市标志（区域）研究》研究，搭建城市设计管控平台，完成《“一江六河”周边重要城市景观界面和天际线优化研究》专题研究，召开长沙市城市和建筑景观风貌专题审查会4次，审查项目40个，审批项目70个。长沙市历史步道规划设计获2021年湖南省国土空间规划优秀案例一等奖，入选自然资源部优秀案例。（陈　昆）

【儿童友好城市建设】 2021年，长沙市制订儿童友好新三年行动计划，出版《相约未来——创建儿童友好型城市理念与实践》。举办“我和春天有个约会”儿童友好成长林植树节活动、“生态文明建设”发现星城活动、“山水洲城，与你‘童’行”系列活动以及“11·20”世界儿童日主题月活动。组织全国儿童友好城市建设专题调研座谈会、亚洲儿童友好城市圆桌论坛、“对话历史与现代”长沙儿童友好型城市建设实践沙龙等活动，获联合国儿童基金会高度肯定。（陈　昆）

【城市基础设施建设】 2021年，长沙市编制《长沙市综合交通体系规划（2017—2035）》，编制《长株潭城市群都市区空间发展战略规划》，构建长株潭三市交通规划一张图。完成《长沙市轨道实施性研究和用地控制规划》，深化《长沙市通用机场布局研究》，构建“一体两翼多平台”的通用机场网络格局，完成长沙市海绵城市总体规划大纲和浏阳河水系海绵城市专项规划编审，完成机场综合交通枢纽工程（GTC）项目审批及T3航站楼修规审查，完成2021年度智慧电网“630攻坚”任务。（陈　昆）

【市政基础设施建设】 2021年全市市政基础设施项目铺排续建及新建项目620个（其中续建项目319个、新建项目301个），预计项目总投资2465.65亿元（其中续建项目1610.88亿元、新建项目854.77亿元），2021年年度计划投资534.79亿元（其中续建项目334.41亿元、新建项目200.38亿元）。截至2021年年底，完成投资625.27亿元，比2020年增长10.78%；占年度计划投资的116.9%。芙蓉大道快改、潇湘大道三段、时代阳光大道东延线、麓景路南延、长望路西延线（藕塘隧道—金星路）完成建设；地铁7号线一期工程、新韶山南路、暮坪大桥、兴联路过江通道、香炉洲大桥开工建设；长株潭城际轨道交通西环线、湘雅路过江通道稳步推进。完成112个配套路由所涉市政项目的计划铺排，累计完成投资28.73亿元，支持“630攻坚”电网项目建设。开展电力管线迁改项目检查，切实加强政府投资项目电力管线迁改工程的质量管理。研究制定加强城市地下市政设施建设管理实施方案。（臧　勇）

【断头路瓶颈路打通】 2021年，长沙市铺排城区断头路、瓶颈路项目14个（其中续建项目12个，新建项目2个），预计项目总投资62.87亿元，2021年年度计划投资10.02亿元（其中续建项目6.87亿元、新建项目3.15亿元）。截至2021年12月底，累计完成投资12.6亿元，占年度计划投资的125.75%。14个项目全部完工，分别为麓景路南延工程、靳江河路、时代阳光大道东延线、白兰路、石坝路、岳华路、先锋路、洪山路、盼盼路、观沙路、青山路、中意路、文津巷路、谷岳路。（臧　勇）

【地下管廊管线建设】 截至2021年年底，全市建成管廊长度63.11千米，开展电力、给水等管线入廊38千米，4个控制中心全部建成并投入使用，综合管廊工程安全运营1459天。启动中意路、月季路、梧桐路等试点外综合管廊项目建设。中意路综合管廊建成综合管廊项目长度3.1千米；月季路综合管廊建成管廊主体2.71千米。开展管线综合初步设计审查，完成地下管线综合信息管理平台（一期）初步验收。编制并下发《长沙市2021年城市地下管线建设计划》。开展“城市生命线系统”前期研究，印发《长沙市城市生命线工程建设实施方案》，启动“城市生命线系统”建设。发布《长沙市地下管线探测技术规程》，规范地下管线探测技术要求，做好新增地下管线数据入库。（臧　勇）

2021年11月20日，“世界儿童日”当日湘江两岸楼宇灯光秀点亮“点亮儿童未来，汇聚你我声量”等主题标语　市资规局　供图

【城建重点工程】 2021年，全市1575

个重大项目累计完成投资 5004.5 亿元（数据来源于重大项目信息系统，下同），占年度计划的 127.8%。其中政府投资类项目 577 个，年度预估投资 1218 亿元，累计完成投资 1490.8 亿元，占年度计划的 122.4%。（郭洪汝）

【“精美长沙”建设】 2021 年，长沙市印发 119 个“精美长沙”建设示范项目计划。31 个具有典型示范效应建设项目被评选为 2021 年“精美长沙”建设示范项目。印发《2021 年“精美长沙”建设示范项目名单》，其中精美建筑 4 个、精美街道 7 个、精美社区 9 个、精美环境 4 个、精美生活 7 个。推进既有小区品质提升印发《长沙市既有小区品质提升三年行动方案 2021—2023 年》《长沙市既有小区品质提升行动实施细则（试行）》《长沙市设计师进小区工作方案》《关于优化物业专项维修资金使用管理支持既有小区提质改造的通知》《关于规范既有小区品质提升使用物业专项维修资金办理流程的通知》等政策文件，推进既有小区品质提升工作实施落地。在全市推进实施既有小区品质提升项目 108 个，惠及居民约 78 万人。2021 年开展 12 个精美建设标准体系课题研究，印发《长沙市城区建筑住宅二次供水标准化泵房指导图集》《长沙市精美建筑建设评价导则》《长沙市房屋建筑及市政公用工程方案设计、初步设计和施工图审查要点》《长沙市既有建筑外立面整治及维护技术指南》《长沙市既有小区品质提升设计导则》等一系列标准、导则。组织“精美长沙”建设金点子征集活动和“精美长沙”短视频征集活动，征集金点子 443 个、短视频 50 件，评选出对长沙城市品质提升有参考意义的“金点子”17 个、短视频 10 件。制作“精美长沙”宣传片，开展精美建设项目、既有小区品质提升项目专题系列报道。推出《精美长沙大家谈》专题节目。（臧　勇）

表 20　2021 年长沙市 10 亿元以上政府投资重大项目清单一览表

单位：万元

序号	项目单位	项目名称	2021 年建设内容	起止年限	项目预估总投资	本年预估投资
1	梅溪湖投资（长沙）有限公司及其他社会资本	梅溪湖国际新城二期	1. 国际商务组团用地出让 2. 总部服务基地启动前期工作 3. 象鼻窝森林公园开工建设	2021—2025	980000	320000
2	湖南湘江智能科技创新中心有限公司	智能网联产业先导区	打造三一物流示范项目；完成梅溪湖片区智慧交通顶层设计；完成智能网联汽车产业新区的顶层设计，开展孵化楼基地项目土方工程等建设工作；完成长沙智能驾驶研究院一期部分主体建设	2021—2035	6150000	20000
3	岳麓山国家大学科技城管委会	岳麓山大学科技城建设项目	“五基地”项目启动或基本完成物理空间建设，着手搭建检验检测、成果孵化、企业服务、综合展示等公共服务平台；基础设施项目启动前期工作	2020—2025	1677000	100000
4	长沙城发集团及其他社会资本	湘江海归小镇	1. 片区提质改造：基本完成片区内的洋湖湿地公园和 20 条道路的环境整治与品质提升； 2. 洋湖国际社区：推进一站式服务平台建设，制订《国际社区服务指南》； 3. 中德智能制造（湖南）创新中心：推进项目装修施工，对接相关国际机构和国际合作伙伴； 4. 长沙（洋湖）国际人才创新创业服务基地：完成国际人才创新创业孵化基地、外国专家书屋、多媒体会议室建设并对外运营	2018—2022	210000	60000

续表 20

序号	项目单位	项目名称	2021 年建设内容	起止年限	项目预估总投资	本年预估投资
5	湖南梅溪湖新城医疗投资有限公司、当代集团、绿地集团、亿达科技集团、泰康人寿、前海人寿、爱尔眼科、市医疗投等	梅溪湖大健康产业园	1. 梅溪湖数字健康产业示范园二期完成主体封顶； 2. 当代集团生物医药和医疗器械产业园（梅溪湖数字健康产业示范园一期）完成设计，启动土方工程建设； 3. 绿地梅溪湖国际医养城颐养社区一期主体竣工，二期主体建设基本完成；国际医学中心主体施工； 4. 亿达国际健康医疗城 C35 地块基本完成建设，C39 地块基本完成主体建设； 5. 泰康湘园智慧养老开放体验馆，一期部分楼栋完成精装修； 6. 前海人寿健康养老完成设计，计划 10 月启动土方工程建设； 7. 爱尔眼科开展基坑施工； 8. 市口腔医院河西分院完成设计，启动土方工程建设； 9. 市妇幼保健院河西新院完成设计，启动土方工程建设	2021—2025	4500000	100000
6	中国中车	中车智能（长沙）产业园	开展前期工作	2020—2025	500000	50000
7	湖南湘江新区投资集团有限公司	融城科技小镇	融城一路启动建设，暮坪大桥西延线、大王山水质净化厂完成部分前期工作	2021—2025	862000	61000
8	腾讯、华为（长沙）研究所、网易数字、京东、中国电信、中电湘江、千寻公司	数字经济产业园	腾讯总部大厦、华为（长沙）研究院项目，完成项目选址、前期工作、启动建设；网易、京东、中电湘江、千寻等产业项目有序推进	2020—2025	300000	15000
9	中南大学、长沙麓山投资控股集团有限公司	湘雅三医院门诊医技楼改扩建及新湘雅健康城片区城市更新项目	完成片区城市设计、规划优化、立项批复等前期工作；全面推进湘雅三医院门诊医技楼、湘雅医学院护理大楼及药学大楼、湖南中医研究院传承中心大楼、湖南师范大学综合楼等项目建设；完成河西中央商务区挂牌并启动建设；推动市国投和长房集团按照“按需定制、租售并举、实现合作共赢”模式启动湘雅三医院新院区（冷柜厂地块）建设前期工作；启动公园绿地、双塘路南段的设计及建设前期工作	2021—2023	2650000	540000

续表 20

序号	项目单位	项目名称	2021 年建设内容	起止年限	项目预估总投资	本年预估投资
10	长沙城发集团及其他社会资本	湘江基金小镇	完成片区招商工作任务，引进金融机构及企业 100 家以上；完成长沙市金融专题库和金融大数据服务开放平台开发；完成金融中心街景整治（支路八街景整治）、潇湘中路（营盘路隧道口—渔人码头段）、提质改造工程等基础设施项目建设	2019—2022	1100000	20000
11	区城管局、中邮信城、长沙交通投、广铁集团、龙骧集团	长沙火车站片区城市更新项目	完成火车站广场采取提质改造	2021—	1340000	4000
12	怀邵衡铁路有限责任公司	常益长铁路项目	完成部分建设	2019—2022	730000	167000
13	市轨道交通集团	轨道交通 6 号线东延段工程	开工建设	2021—2025	279900	20000
14	湖南椒花水利枢纽开发建设股份有限公司	椒花水库	完成导流洞贯通和围堰截流，启动坝肩开挖和供水隧洞施工	2019—2024	591781	70000
15	市城市发展集团（机场迁建公司）	S326 浏阳澄潭江至宁乡沙田公路工程子项—暮坪湘江特大桥	完成部分桩基及承台施工	2021—2024	282236	45000
16	湖南浦湘环保能源股份有限公司	长沙市污水处理厂污泥与生活垃圾清洁焚烧协同处置二期工程项目	完成场内道路、设备安装、污水处理厂、污泥干化系统、钢结构、外立面、精装修、景观绿化等工程	2018—2021	235800	55000
17	市轨道交通集团	轨道交通 6 号线	完成车站主体结构，区间洞通，完成部分机电安装工程	2017—2022	3694302	730000
18	长沙麓谷建设发展有限公司	桥头家园二期	主体施工	2020—2022	190162	96800
19	长沙城发恒伟置业有限公司	洋湖人才公寓项目	一期主体外立面工程完成；二期主体完成 50%	2020—2023	269046	90000
20	省宁韶高速公路建设开发有限公司	宁韶高速公路	完成部分路基、桥涵工程	2019—2022	378427	63500
21	长沙城投城乡开发建设有限公司	朝正垸城中村改造及环境整治工程（1—6 期）	完成征拆	2012—2022	757658	12933
22	市轨道交通集团	长沙磁浮东延线接入 T3 航站楼工程	完成部分车站主体结构施工	2021—2025	272100	30000

续表 20

序号	项目单位	项目名称	2021 年建设内容	起止年限	项目预估总投资	本年预估投资
23	市轨道交通集团	长株潭城际轨道交通西环线一期工程	完成车站主体结构，完成部分区间，开始机电安装工程施工	2019—2023	958820	150000
24	长沙麓谷建设发展有限公司	真人桥家园二期	主体施工	2020—2022	140000	70000
25	市交通投资集团（置业公司）	陈家湖公交站场综合开发	完成部分土方开挖施工	2021—2024	116000	4000
26	省江杉高速公路建设开发有限公司	江杉高速公路	完成部分路基、桥涵工程	2019—2022	215000	29750
27	长沙市排水有限责任公司	长沙市花桥污水处理厂改三期扩建工程	完成 10 万吨 / 日规模的通水运行，视拆迁进度启动第二组 10 万吨 / 日二沉池施工	2019—2021	115687	25687
28	市城市发展集团（机场迁建公司）	牛角塘村城中村改造项目	完成项目一期征拆及扫尾清零，并开展第二批用地手续办理及征拆工作	2019—2024	500000	62452
29	市轨道交通集团	轨道交通 7 号线一期工程（云塘—五里牌站）	开工建设	2021—2027	1830000	10000
30	长沙麓谷建设发展有限公司	桥头家园三期	主体施工	2020—2022	107051	54500
31	市轨道交通集团	轨道交通 1 号线北延一期	完成部分车站主体结构、部分区间工程施工	2020—2024	599065	46000
32	市轨道交通集团	轨道交通 2 号线西延二期	完成交通疏解、绿化迁移、管线迁改和部分车站围护结构施工，启动主体结构施工	2020—2025	951300	25000
33	湖南建工经开区产业配套园项目管理有限公司	产业员工生活配套园项目	进行二期基础工程施工	2017—2022	148960	4500
34	望城区水投集团	大众垸防洪整治工程	完成建设	2016—2021	254138	20000
35	长沙市城市更新投资建设运营有限公司	湖橡小区周边城市更新单元项目	一、二期用地征收拆迁工作及前期研究工作	2021—2025	600000	50000
36	怀邵衡铁路有限责任公司	长沙至赣州铁路	完成部分建设	2021—2025	2380000	400000
37	市交通投资集团（置业公司）	湘雅路公共停车综合体	完成湘雅医院和湘雅路地下空间主体基坑围护桩、土方开挖及部分主体结构施工	2020—2024	220000	30000

续表 20

序号	项目单位	项目名称	2021 年建设内容	起止年限	项目预估总投资	本年预估投资
38	芙蓉新城置业有限公司	隆平新区城中村改造项目	完成部分征收	2020—2022	393100	80000
39	宁乡经济技术开发区建设投资有限公司	宁乡经开区城市智能配电网项目	变电站完成建设和投入运营	2020—2021	108000	50000
40	湖南省机场管理集团有限公司	长沙黄花机场改扩建工程（机场工程）	T3 航站楼、综合交通枢纽（GTC）场地平整和基坑工程，配套区地基处理和土方工程，综合业务用房土建工程完成至正负零，机场公安局主体工程，信息中心（ITC）大楼主体工程，完成部分供电、雨水、污水、污物处理、能源中心土建工程，综合管廊、进场道路、地道工程，代建高铁车站围护和基坑	2021—2025	4150000	998082
41	浏阳市交通建设投资有限公司、浏阳市交通运输局	G319、S109 浏阳集里至蕉溪公路建设项目（金阳大道三期工程）	完成部分建设	2016—2022	246967	49000
42	芙蓉区公建中心	韭菜园街道棚改安置小区（一期）	完成主体工程	2018—2022	139667	33000
43	湖南湘江新区投资集团有限公司	坪塘北片保障性住房（二期）	启动建设	2021—2024	107086	1000
44	中煤三建（长沙）市政项目建设管理有限公司	黄兴大道及其片区改造 PPP 项目	园建、建构筑物施工及项目扫尾验收、污水管道非开挖修复及项目扫尾验收	2017—2021	147700	2000
45	北控水务长沙中科成污水净化有限公司	金霞污水处理厂提标改造及扩建工程		2019—2023	100000	20000
46	中铁五局（长沙）市政项目建设管理有限公司	盼盼路及其片区改造 PPP 项目	盼盼路提质改造施工、盼盼路上跨京港澳桥施工、新安路提质改造施工、盼盼路新建段施工	2017—2021	139752	2000
47	长沙经开区双创工场项目管理有限公司	长沙经开区双创工场及配套设施 PPP 项目	蓝田路（新远大路—人民路）地下综合管沟、道路、人行道、绿化、交通及照明等配套工程；漓湘东路（长湘路—黄花税务所）地下综合管沟、道路、人行道、绿化、交通及照明等配套工程；新远大路（蓝田路—龙峰大道）地下综合管沟给水管、弱电管沟；凉塘东路截污干管：长 3.52 千米，DN1000，西起华湘路，东至龙峰大道，顶管施工；龙峰大道（长永高速—漓湘东路）地下综合管沟、道路、人行道、绿化、交通及照明等配套工程	2021—2024	238256	35000

续表 20

序号	项目单位	项目名称	2021 年建设内容	起止年限	项目预估总投资	本年预估投资
48	长沙市新河三角洲开发建设有限公司	黄兴北路棚户区改造工程	按照政府安排，继续投资项目征地拆迁工作	2011—2022	978066	32237
49	天心区城建投资集团	天心区城中村折迁改造拆迁	完成部分征拆	2018—2022	300000	80000
50	长沙经济技术开发区星沙产业基地开发有限公司	长沙经开区星沙产业基地区块链产业园	一期总部大楼建设施工	2021—2023	150000	50000
51	长沙中冶凯信项目管理有限公司	黄花及大众片区PPP 项目	龙峰大道完成路面部分沥青摊铺；新远大路完成雨水箱涵 700 米施工，雨污水管道完成 3000 米；支路十六正在前期阶段；华阳路正在施工图设计阶段；大众北路完成路基施工；龙峰大道完成箱涵施工；财富大道完成路基施工	2017—2022	216500	10000
52	天心区顺之安棚改公司	湖南机床厂及周边地块棚改项目	完成部分征拆	2020—2022	114500	50000
53	湖南湘江新区投资集团有限公司	欢乐海洋	完成主体建设及 60% 配套专业工程施工	2019—2022	147000	34000
54	望城经开区建设开发公司	银星路长益复线连接线	隧道贯通、桥梁完成主体、道路完成建设	2019—2022	100000	40000
55	宁乡市住房和城乡建设局	宁乡市城乡排水一体化 PPP 项目	开展配套污水管网、污水处理厂建设	2021—2022	220000	70000
56	长沙市铬污染物治理有限公司	原长沙铬盐厂铬污染整体治理项目（第一阶段）	柔性垂直风险系统完成施工；污染介质治理工程完成施工	2017—2021	150810	42000
57	天心区人居环境局	下碧湘街片区城市更新	完成部分征收	2020—2025	289000	5000
58	市城市发展集团（项目公司）	新韶山南路（西湖路—昭山大道）	在解决土规指标问题的前提下，适时开工建设	2021—2024	189000	16000
59	市城市发展集团（项目公司）	湘雅路过江通道	北线盾构完成 80%，河东明挖段完成 30%	2019—2023	532780	65000
60	市城市发展集团（项目公司）	红旗路（战备路—绕城高速）道路	一期完成建设，二期完成路基土石方工程及排水工程，高架桥完成桩基及部分主体结构工程	2018—2022	124840	30000
61	湖南智谷投资发展集团	翰林苑安置房	完成一期主体工程及部分楼栋交房	2020—2022	190303	80000
62	湖南智谷投资发展集团	人工智能科技园安居工程	完成一期部分主体工程及部分楼栋交房	2020—2023	135348	70000

续表 20

序号	项目单位	项目名称	2021 年建设内容	起止年限	项目预估总投资	本年预估投资
63	市城市发展集团（会展公司）	湘府东路(浏阳河—黄兴大道，含湘府路浏阳河大桥)	完成跨浏阳河桥的桥梁下部结构施工，启动浏阳河—黄兴大道段建设	2020—2023	300300	15000
64	国网湖南省电力有限公司	湖南长沙果园 1000 千伏输变电工程	建设 1000 千伏长沙交流特高压工程，新建 1000 千伏长沙至荆门、长沙至南昌特高压输电线路	2020—2023	487853	290000
65	国网湖南省电力有限公司	长沙市 220 千伏及以上输变电工程	新改建 220 千伏至 500 千伏项目 20 项，新增线路长度 718 千米，新增变电容量 756 万千伏安	2020—2022	529000	380000
66	浏阳市住房保障服务中心	浏阳市城镇棚户区改造项目	完成建设	2021—	100000	100000
67	国网长沙供电公司	长沙市 110 至 35 千伏输变电工程	新改建 110 千伏至 35 千伏项目 52 项，新增线路长度 438 千米，新增变电容量 279 万千伏安	2020—2022	197000	134000
68	望城区城投集团	区人民医院项目	完成部分建设	2020—2023	153320	31619
69	长沙市大城北棚户区改造投资有限公司	幸福桥片区棚改项目（凯雪）	完成部分征收	2020—2022	125000	30000
70	长沙高铁西城建设投资有限公司	长沙高铁西站综合客运枢纽	项目委托代建部分由广铁集团协同西站站房、站房进度统一安排组织建设。项目自建部分由高铁西城公司组织完成方案设计。	2021—2023	101200	44936
71	宁乡市玉潭街道办事处	宁乡老城区(香山片区)城市有机更新	开展主体工程建设	2021—2023	100000	30000
72	长沙市雨花城市建设投资集团有限公司	和景家园（原园博家园）	部分楼栋及幼儿园主体封顶并开始进行装修	2019—2025	199760	41000
73	长沙市雨花城市建设投资集团有限公司	东升家园	完成基础部分施工，进行主体建设	2019—2023	103653	16500
74	市城市发展集团（机场迁建公司）	中意路（新岭路—伊莱克斯大道）	一标段完成新岭路—圭白路段道路扫尾施工并交付使用；二标段完成圭白路—黎塘路的道路和管廊主体建设；三标段完成黎塘路至伊莱克斯大道部分管廊及道路工程	2018—2022	202112	28000
75	长沙市雅塘新城建设投资有限责任公司	中城苑	完成第一区主体部分建设，进行二区、三区安装及装饰装修工程	2016—2025	151103	24000

续表 20

序号	项目单位	项目名称	2021 年建设内容	起止年限	项目预估总投资	本年预估投资
76	长沙市体育馆、雨花区人民政府	长沙市国际体育中心	启动竞技训练管理中心建设，同时优化体育馆设计方案，力争与竞技训练管理中心同步开工	2020—2023	290675	80000
77	湖南湘江新区发展集团有限公司（暂定）	青山路（望青路—青城路）	审定规划线型方案，基本完成拆迁，适时启动建设（可分段实施）	2021—2023	127000	31000
78	湖南湘江新区投资集团有限公司	岳麓山大学科技城配套公共基础设施项目	完成区间工程的 30%	2021—2023	130000	31000
79	长沙市第一医院	长沙市公共卫生救治中心改扩建项目	完成项目前期报建手续及土方开挖	2021—2025	120000	10000
80	雨花区人居环境局、长沙市雨花棚改投资有限责任公司、雨花区征收办	劳动东路地块更新项目	进行签约工作	2016—2022	128636	20000
81	市城市发展集团（水利投公司）	西龙路及配套排水工程	完成高排箱涵主体结构及部分土方工程	2019—2022	116319	27000
82	长沙市第四医院	长沙市第四医院滨水新城院区建设项目基本医疗部分（一期）	整体竣工验收，投入运营使用	2016—2021	120000	40000
83	望城区城投集团	斑马湖兴园限价房项目	完成部分建设	2019—2024	105000	14400
84	长沙市教育产业投资有限公司	长沙幼儿师范高等专科学校建设项目	完成项目主体建设	2021—2022	120000	60000
85	长沙市教育产业投资有限公司（委托公建中心）	湖南信息职业技术学院新校区建设项目（一期）	完成项目主体建设	2021—2022	150000	80000
86	市交通投资集团（湘行建设公司）	长益复线至兴联路大通道工程	开展前期工作，完成可研、初步设计，启动管线迁改、交通疏解、桥梁下部结构施工工作	2021—2025	346000	37000
87	长沙中建国际高铁西产业城投资有限公司	长沙高铁西站产业新城一期项目市政综合配套工程（ppp 项目）	启动站前北路、站前南路土地合规段（临时用地段）建设；东高架完成部分桩基施工；沿河路完成路基及排水施工	2020—2023	224512	68265
88	长沙卫生职业学院	长沙卫生职业学院新校区附属医院建设项目	完成设计及前期报建手续，启动建设	2021—2024	100000	8000

续表 20

序号	项目单位	项目名称	2021 年建设内容	起止年限	项目预估总投资	本年预估投资
89	市公建中心	红旗渠水系改造项目	在建设资金落实到位和完成招投标工作的前提下，完成溢流污染控制子项的部分内容（截污干管、调蓄池、智能截污井、国祯湘湖污水处理厂厂前泵站改造）	2019—2023	135700	20000
90	市公建中心	芙蓉大道快速化改造工程	完成建设	2019—2021	202576	3000
91	长沙高级技工学校	长沙高级技工学校整体迁建暨筹建长沙技师学院项目	项目用地选址望城及开展项目相关前期准备工作。	2021—2023	120000	40000
92	望城区城投集团	海归小镇	完成部分建设	2021—2025	573376	136018
93	望城区城投集团	香炉洲大桥	完成部分建设	2021—2023	256000	40000
94	湖南湘江新区投资集团有限公司	大王山游客集散中心及停车场建设 PPP 项目	山塘（北部）游客集散中心：完成地下室建设；观音港（南部）旅客集散中心：完成地下室建设；大王山社会停车场：完成两层主体结构建设；欢乐城社会停车场：完成地下室建设	2020—2022	142000	50000
95	湖南湘江新区投资集团有限公司	长沙市大王山旅游基础设施项目	完成受西环线和山塘北游客集散中心影响之外的土建和安装（符合土规部分）	2019—2022	102000	25000
96	湖南湘江新区投资集团有限公司	梅浦联络线	北段完成道路建设；南段隧道单洞掘进累计完成 400 米	2019—2023	178000	10500
97	湖南湘江新区投资集团有限公司	长望路西延线（西二环—黄金大道）	完成藕塘隧道至金星路以东 200 米范围的主体建设；西二环至金星路段视拆迁腾地情况，适时启动建设	2017—2023	147375	14000
98	湖南湘江新区投资集团有限公司	麓景路南延工程（南接含浦大道）	完成建设（声屏障、管理用房除外）	2017—2021	147463	2000
99	湖南湘江新区投资集团有限公司	靳江河路	（莲坪大道—绕城高速）段 6 月完成建设；莲坪大道—山泉路段完成施工图设计	2019—2025	114711	500
100	长沙市宁信开发建设有限公司	曾家河片区一期综合开发建设	开展路基工程及曾家河防洪堤建设	2021—2023	300000	60000
101	望城区城投集团	湘江大道北延线二期（彩陶路至誓港大道）	全部完成建设	2019—2021	140000	15000
102	长沙县医健建设投资有限公司	长沙县人民医院建设项目	砌体、二次结构、初装修完成，幕墙外装饰完成 80%，精装修完成 30%，机电安装完成 80%	2019—2023	244435	50000

续表 20

序号	项目单位	项目名称	2021 年建设内容	起止年限	项目预估总投资	本年预估投资
103	长沙岳麓山国家大学科技城建设投资有限公司	湘江科创基地	湘江科创基地升华大道（麓景路至西二环）、湘江科创基地科园一路（麓景路至科创路）、科创路（科研路至湘江科创基地二期北侧范围线）启动路网及管线建设；配套项目（公园、停车场等）启动项目建设；湘江科创基地（一期）（原科技创意园）完成建设；湘江科创基地（二、三期）（原科创服务中心建设项目）完成拆迁一期拆迁扫尾任务	2019—2024	255496	27713
104	长沙供水有限公司	长沙市第二水厂扩建工程	全面完成 25 万吨 / 日规模的单体施工，力争完成设备安装	2020—2022	111514	50000
105	长沙县重点建设项目事务中心	万家丽路快速化改造北延线（含电力隧道）工程	电力隧道完成建设；高架桥完成绝大桩基及承台、墩柱、新建排水管等	2019—2022	257970	78842

（资料来源：市发展改革委）

【工改 2.0 推广】 2021 年，长沙市工程审批制度改革（以下简称“工改”）2.0 版试点经验获得全省推广。长沙经开区、望城区获批工改 2.0 版本全省唯一试点园区、区县，试点极简审批、分阶段核发施工许可证等举措取得预期效果，省住建厅向全省推广长沙试点经验。对四类投资项目审批事项进行界定，印发《长沙市四类典型工程代表案例项目审批事项清单（试行）》；制定细化城镇老旧小区改造建设项目（不涉及用地审批）、既有住宅加装电梯相关审批指南和审批流程图；社会投资工业和小型项目（非必须监理项目）可以不需要选取监理单位。出台简易低风险项目审批服务意见。印发《关于优化社会投资简易低风险工程建设项目审批服务的通知（试行）》，明确适用范围、推行“告知承诺制”、实行“多证联发”、实施全过程“多测合一”。实施一窗“无差别受理”。在长沙市政务服务大厅设立的 8 个工程建设综合窗口均可无差别受理 41 个工程建设项目审批事项。设立 2 个帮代办窗口。 （臧　勇）

·交　通·

【公交都市建设】 2021 年，长沙市推广定制公交、园区公交、旅游公交，打造“公交都市”升级版，新增公交线路 4 条，优化调整公交线路 37 条，调整公交站点 90 个，逾 94.9% 的公交线网覆盖到地铁，长沙地铁、公交车支持微信、支付宝、和包支付等多种支付方式。 （唐慕妮）

【城市公交】 2021 年，长沙公交集团整合过去 8 家公交企业主体，为国有控股、民营参股混改企业，是长沙市城区地面公交唯一运营企业。长沙公交集团于 2021 年 4 月 15 日完成工商注册，4 月 28 日实现整合运营，5 月 17 日正式挂牌运营，拥有常规公交线路 293 条，各类定制公交线路 140 条，开通城际公交线路 1 条，在册运营车辆 7575 辆，公交线路总长度 5616.43 千米，年客运量约 4.49 亿人次。2021 年，中心城区公交站点 500 米覆盖率 100%。 （唐慕妮）

【城市出租汽车】 2021 年长沙市有出租汽车 8521 台，出租车行驶总里程 13.09 亿千米，其中载客里程 7.81 亿千米，载客车次总数 1.19 亿车次，客运量 2.61 亿人次。 （唐慕妮）

【城市网约出租车】 2021 年，长沙市累计授予神州优车（福建）信息技术有限公司长沙分公司、首约科技（北京）有限公司长沙分公司、杭州优行科技有限公司长沙分公司、湖南妙盛出行科技有限公司、长沙嘟嘟网约出租汽车有限公司、武汉斑马快跑科技有限公司长沙分公司、长沙天下易达信息科技有限公司、深圳万顺叫车云信息技术有限公司长沙分公司、长沙城发智慧出行投资运营有限公司、滴滴出行科技有限公司长沙分公司、湖南玖玖华安网络科技有限公司、天津出行有限公司长沙分公司、大连天方企业管理有限公司长沙分公司、湖南飞豹网络科技有限公司、浏阳市和兴汽车租赁服务有限公司、湖南光彩神舟网约车有限责任公司、上海久柏易游信息科技有限公司长沙分公司、上海路团科技有限公司长沙分公司、云南天谷科技开发有限公司长沙分公司、山东及时雨汽车科技有限公司湖南分公司、长燃智享（宁夏）新能源科技有限公司长沙分公司、天津海豚出游科技有限公司长沙分公司、南京领行科技股份有限公司长沙分公司、杭州携华网络科技有限公司长沙分公司、湖南僖行天下科技有限公司、昆明盛智易联科技有限公司长沙分公司、威海市兴安达信息技术有限责任公司长沙分公司、武汉风韵出行信息科技有限公司长沙分公司、网路（天津）电子商务有限公司长沙分公司、上海赛可出行科技服务有限公司长沙分公司、湖南喜行网络科技有限公司、量子出行（广州）科技有限公司长沙分公司、广州祺宸科技有限公司长沙分公司、北京假日阳光环球旅行社有限公司长沙分公司34家平台公司经营许可证，累计核准网约车驾驶员从业资格59736人。（唐慕妮）

【《2020年长沙市交通状况年度报告》发布】 2021年2月，长沙市《2020年长沙市交通状况年度报告》发布。该报告在展示长沙市人民政府各职能部门和相关运营管理单位梳理统计的交通数据的同时，运用交通大数据对城市交通的需求、服务能力和运行情况进行分析，并对城市交通的状态水平进行评估。（陈　昆）

【地铁运营】 截至2021年年底，长沙地铁安全运营2803天，累计客运量20.67亿人次。2021年，长沙地铁线网客运量5.85亿人次，日均客运量160.22万人次，5月1日创单日新高285.12万人次。其中：地铁1号线日均客运量比2020年增长34.76%，地铁2号线日均客运量比2020年增长31.63%，地铁3号线日均客运量比2020年增长17.28%，地铁4号线日均客运量比2020年增长53.63%，地铁5号线日均客运量比2020年增长19.61%。线网最短行车间隔压缩至3分18秒，2021年开行列车63.96万列次，运营正点率99.98%，运行图兑现率99.99%。长沙市轨道交通运营有限公司获国家级荣誉2项，省、市级荣誉81项，其中：橘子洲站“580女子青莲服务队”被评为中华全国总工会“全国五一巾帼标兵岗”和湖南省宣传部“湖南省学雷锋活动示范点”；被评为中国交通企业管理协会“第十八届全国交通企业管理现代化创新成果二等奖”，被评为湖南省交通运输厅“2021年湖南省交通运输行业标准化母婴关爱室”，被评为长沙市人民政府“第二届长沙市市长质量奖”。（龙梓冈）

【磁浮运营】 截至2021年年底，长沙磁浮快线安全运营2066天，累计客运量1821.37万人次。2021年，长沙磁浮快线客运量310.61万人次，日均客运量约0.85万人次。其中：5月1日创造的日客运量18012人次为历史新高。长沙磁浮快线提速工作完成，完成“十三五”科研项目子任务“磁浮车辆运用组织技术研究”工作及省重大专项160千米/小时快速磁浮列车研制与示范研究项目子课题“160千米/小时快速磁浮列车供电轨防冰冻”研究工作等。2021年被评为“2020年长沙市道路运输行业统计工作先进单位”，被评为长沙市城市公共交通安全保卫工作领导小组“2020年度公共交通内保消防工作先进集体”，被评为长沙市消防救援支队“2021年度全市先进消防安全重点单位”，被评为中共长沙市国资委委员会“先进党组织”，被评为长沙市自然资源和规划局、湖南日报社新闻培训学院、长沙规划展示馆、《湖南日报》小记者组委会“2021年‘发现星城·共建儿童友好长沙’最佳合作单位”。磁浮高铁站班组被评为长沙市安全生产委员会办公室“2021年度长沙市安全生产标准化班组”。（龙梓冈）

【轨道交通基础设施建设】 2021年，长株潭城际轨道交通西环线一期工程线路全长约17.3千米，起自湘潭市湘潭北站，止于长沙市岳麓区山塘站，设站8座，其中地下站4座，高架站4座。长沙市地铁6号线工程线路全长约48.1千米，起自长沙市高新区谢家桥站，止于长沙县黄花机场T1、T2站，设站34座，均为地下站。长沙市地铁1号线北延一期工程线路全长约9.9千米，起自金盆丘站，止于开福区政府站，设站5座，其中地下站3座，高架站2座。长沙市地铁2号线西延二期工程线路全长约13.8千米，起自长沙西站，止于梅溪湖西站，设站11座，均为地下站。长沙磁浮东延线接入T3航站楼工程线路全长约4.6千米，自长沙大道与临空大道西北侧既有长沙磁浮快线接出，接入拟建T3航站楼。设站2座，均为地下站。长沙市地铁6号线东延段工程线路全长约4.2千米，起自黄花机场T1、T2站，止于黄花机场T3站。设站1座，为地下站。长沙市轨道交通7号线一期工程（云塘站—五里牌站）线路全长约16.8千米，起自云塘站，止于五里牌站。设站16座，均为地下站。（龙梓冈）

【轨道交通重点项目建设】 2021年，长沙市轨道交通集团（以下简称“市轨道集团”）完成重大项目投资173.7亿元，占年度计划的157%。长沙市地铁6号线工程于2021年12月24日实现通车试运行。长株潭城际轨道交通西环线一期工程全线8座车站主体结构封顶，2段盾构单线区间洞通，8段盾构单线区间进行盾构施工；全线5段高架区间桥通。长沙市地铁1号线北延一期工程3座车站主体封顶，2座车站进行主体结构施工，3个高架区间进行桩基、墩柱和承台施工，1个暗挖区间竖井结构施工完成。长沙市地铁2号线西延二期工程1座车站主体封顶，9座车站展开主体维护结构施工。长沙磁浮东延线接入T3航站楼工程磁浮T2站封顶，磁浮T3站进行主体结构施工，明挖区间进行主体结构施工。长沙市地铁6号线东延段工程中间风井进行基坑土方外运及主体结构施工，黄花机场T3站进行围护结构施工。长沙市地铁7号线一期工程（云塘站—五里牌站）于2021年12月24日开工建设。推进武广片区续建、新建项目。（龙梓冈）

【地铁经营开发】 2021年，市轨道集团经营总收入16.84亿元。其中：土地出让及物业开发销售收入15.07亿元，广通商资源经营收入1.2亿元，物业租赁及管理收入4820.51万元，其他经营收入855.19万元。2021年5家合资公司完成投资额31.50亿元，完成销售签约总额29.27亿元，其中5个房地产项目完成投资额28.06亿元，完成销售签约额25.02亿元；3个上盖物业项目完成投资额3.44亿元，完成销售签约额4.25亿元。武广片区完成土地挂牌项目4个，完成零星地整合项目1个，签订产业协议项目2个。2021年12月1日，完成地铁6号线芙蓉中路站与华远华时代地下连通项目的主体建设。完成地铁1~5号线街电充电宝自助设备项目招商。建成长沙地铁洙湾镇站数字艺术馆。（龙梓冈）

【地铁筹资融资】 2021年，市轨道集团132.58亿元（间接融资57.58亿元、直接融资75亿元），到位财政资金46.05亿元（资本金37.9亿元，乘客票价补贴8.02亿元，国有资本预算资金0.13亿元）。争取到全市土地出让收入中统筹轨道交通发展专项资金比例由3%调增至6%。对接合作银行，与18家银行新签订57份协定存款合同，将满足协定存款条件的账户利率全部调整为最新利率，利率区间在1.61%~1.9%之间，较之前存款利率区间1%~1.61%，整体提高30bp~60bp。3月15日发行首单25亿元超短融，期限270天，票面利率3%。9月16日发行首笔10亿元优质主体企业债券，期限10年，票面利率3.95%。10月28日续发第二期25亿元超短融，期限270天，票面利率2.8%。11月22日争取5.3亿元磁浮东延线接入T3航站楼项目地方政府专项债券资金，期限20年，票面利率3.54%。（龙梓冈）

【长沙轨道交通线网在建及运营里程逾276千米】 2021年12月24日，地铁7号线一期工程（云塘站—五里牌站）进入施工阶段，地铁7号线一期工程（云塘站—五里牌站）位于长沙市河东范围，线路起于云塘站，止于五里牌站，线路全长16.8千米，设车站16座，其中换乘站9座，平均站间距1.106千米。线路主要沿韶山路、八一路敷设，衔接红星商圈、东塘商圈、袁家岭商圈等主要商圈，覆盖韶山路客流走廊，串联汽车南站、长沙火车站等交通枢纽，是河东主城区的一条加密型补充线路。同日，地铁6号线实现通车试运行，地铁6号线2017年11月开工建设，投资总概算369亿元，线路全长48.11千米，贯穿长沙城区东西方向到黄花机场，设车站34座，其中换乘站13座（与9条地铁、1条磁浮线路、2条城际线路换乘），平均站间距1.44千米，是长沙市目前里程最长、换乘站点最多、涵盖区域最广、施工最复杂的线路，也是下穿铁路（京广和城际）、高铁（武广）、地铁（1号、2号、3号、5号线）、河流（湘江、浏阳河等5条河流）、油气、高速公路最多的一条地铁线路。（龙梓冈）

【地铁客流】 2021年5月1日，长沙地铁以285.12万人次创下线网单日客流纪录。2021年10月1—7日国庆节期间，长沙地铁客流强度分别以1.55万人次/（千米·日）、1.35万人次/（千米·日）、1.33万人次/（千米·日）、1.29万人次/（千米·日）、1.28万人次/（千米·日）、1.50万人次/（千米·日）、1.46万人次/（千米·日）连续七天登陆榜首，居中国内地第一位。（龙梓冈）

【磁浮快线提速】 2021年，长沙磁浮快线既有磁浮列车运营速度由100千米/小时提升至110千米/小时，新增购的1列磁浮列车按140千米/小时上线运营，后续增购的3列磁浮列车将按140千米/小时投入运营。长沙磁浮快线单程运行时间由原19分40秒缩短，即110千米/小时磁浮列车单程运行时间17分钟，140千米/小时磁浮列车单程运行时间16分钟，行车间隔也由原11分40秒缩短至10分钟，成为世界上首条按140千米/小时投入商业运营的中低速磁浮线路。（龙梓冈）

【湖南省建设工程芙蓉奖】 2021年11月15日，湖南省建筑业协会公布2019—2020年度第二批“湖南省建设工程芙蓉奖”获奖名单，长沙市地铁5号线一期工程被评为“湖南省建设工程芙蓉奖”。“湖南省建设工程芙蓉奖”是湖南省建筑行业工程质量方面的最高奖项，获奖工程由湖南省建筑业协会授予荣誉证书及奖牌并通报表彰。长沙市轨道交通5号线一期工程沿万家丽路布设，呈南北走向，南起雨花区毛竹塘站，途经芙蓉区、开福区，北至长沙县水渡河站，线路长22.5千米，设车站18座，均为地下车站，其中换乘站7座。线路于2015年11月开工建设，2019年12月30日全线通车试运行，2020年6月28日载客初期运营。（龙梓冈）

【长沙地铁获第二届长沙市市长质量奖】 2021年5月8日，长沙市质量强市、智慧品质城市提升暨“百日奋战 扮靓星城”市容环境整治推进会议在长沙市会议中心召开。市委副书记、市长、湖南湘江新区党工委书记郑建新为被评为第二届长沙市市长质量奖的组织及个人颁奖。长沙地铁被评为第二届长沙市市长质量奖，市轨道集团党委书记、董事长邹刚代表公司上台领奖。长沙市轨道交通运营有限公司凭借“与城市品质共生”的品牌质量管理模式，从全市101家申报企业中脱颖而出，经长沙市人民政府审定，长沙地铁成为全市5个获此项殊荣的企业之一。长沙轨道交通运营有限公司也成为国内少有以运营为主体被评为市长质量奖的地铁运营企业。“长沙市市长质量奖”是长沙市人民政府为推进质量强市战略，引领企业建立和实施卓越绩效模式设立的最高质量奖项。（龙梓冈）

·停车管理·

【概况】 2021年，长沙市新增停车场329个，新增车位21.57万个，完成34个停车难重点区域治理任务，完成全市70%公共停车场接入智慧停车管理平台。2月24日，长沙市出台《长沙市解决停车难治理停车乱两年行动计划（2021—2022年）》（以下简称《两年行动计划》），明确城市停车工作的总体目标、基本任务、主要任务和保障措施，提出解决停车难治理停车乱的时间表和路线图。3月31日，长沙成立市静态交通管理领导小组。

【数据采集】 2021年，长沙市重大交通设施建设事务中心（以下简称“市交建中心”）组织开展首次全市范围的停车数据采集工作，完成专班组建、宣传动员、方案研制、程序制作、采集试点、人员培训等工作。通过15天时间对全市9个县（市、区）和高新区的831个社区停车数据采集，收集全市6016个停车场，207万个泊位基础数据。同时摸排出全市69个停车难重点区域，并根据采集行动数据，编制《2021年度长沙市停车数据采集分析研究报告》，建成长沙停车资源分布数据库。

【车位建设】 2021年，长沙市完成新改建停车场329座，增加停车位21.57万个，其中累计完成路内泊位建设3.2万个。岳麓区、长沙县完成停车泊位数2.8万余个，雨花区完成停车泊位数2.2万余个。市住建局、市人居环境局结合老旧小区改造，拆除违章建筑“腾”出停车位。市卫健委开展医院停车场“微循环”秩序优化工作。

【平台搭建】 2021年，长沙市按照全市停车“一张网”的目标，长沙交通投资控股集团有限公司完成智慧停车数据接入平台建设。市数据资源局出台《关于长沙市停车管理平台建设指导意见》。市交建中心发布《长沙市机动车停车场接入方案（试行）》等标准，推动全市停车资源接入智慧停车管理平台，完成全市（第一批）公共停车场70%接入。

【重点区域治理】 2021年，长沙市根据《两年行动计划》部署，各县（市、区）加快推进重点区域治理，完成34个停车重点区域治理。组织召开专题会议联点雨花区省儿童医院周边停车难问题，通过组织医院及周边交通优化，改造市第十五中学地下停车场等措施，解决省儿童医院周边交通拥堵问题。高新区打造充电、洗车一体的麓谷公园配套停车场并开通智慧定制公交线路引导公交出行。开福区开展湘雅附一周边集中整治，通过与复兴时代1200个车位共享解决就医停车难问题。浏阳市通过新建唐家洲停车场，纳入智慧停车平台、新增隧道分流等措施完成天马路大桥周边区域治理。

【政策规范完善】 2021年，长沙市审议通过《关于推动长沙市停车设施发展意见》，为加快补齐城市停车供给短板提供政策支持。市城管执法局、市公安交警支队编制《解决停车难治理停车乱强化执法管理方案》，加强区域违停执法。制定《长沙市机动车停放服务收费实施细则》，通过价格杠杆调节停车收费问题。市优化办发布《关于双休日及法定节假日市、县（市、区）政府机关大院地面停车位对社会有序免费开放的通知》，整合停车资源。市交建中心启动《长沙市停车管理条例（暂定名）》立法工作。

（本栏撰稿　唐　灿）

·供　气·

【概况】 2021年，长沙市供应天然气10.2亿立方米，供应液化气8.3万吨。修定《2021年度长沙市管道天然气迎峰度冬保供应急预案》，全市燃气供应安全稳定。

【燃气安全检查】 2021年，长沙市开展燃气行业大排查大整治专项行动，实行挂牌督办、清单销号。排查燃气小区7454个，开具整改通知书11082张；排查燃气场站128座、充装站33座、燃气经营网点2702个、大型综合体、餐饮、集贸市场等非居民用户27139户，对排查出的7051处安全隐患督促限期整改。

【燃气事故预防宣传】 2021年，长沙市开展燃气安全知识宣传和教育培训，发放燃气安全宣传资料2.5万余份，推送安全用气短信10.7万余条，投放户外宣传广告超过150天，设置集中宣传点132个，布置横幅、展板、挂图等170余处，现场答疑1000余人次，入户安检16500余户，推广波纹管2956根，赠送液化气保险35户、13千克液化气钢瓶30个，免费更换胶管和减压阀12套。印制宣传单页30万张、海报2万张、燃气安全知识笔记本4万本，发放各企业和相关学校。针对全市液化气行业城区送气人员开展岗位培训15场次，参培人员948名；开展燃气行业从业人员和安全管理人员安全知识及新《安全生产法》集中宣传培训，培训人员1631人次。

【燃气安全宣传进社区】 2021年11月18日，长沙市城市管理和综合执法局、湖南省长沙燃气燃具监督检测中心、雨花区城管局、雨花亭街道办事处举办的燃气燃烧器具使用安全知识进社区宣传活动在新星小区举行。工作人员向参与群众发放燃气具安全手册，邀请群众扫码观看科普视频，并结合政府出台的最新政策，辖区内燃气使用的安全状况等，为居民讲解燃气燃烧器具安全使用知识，增强用户安全意识，确保防患于未“燃”。居民了解要通过官方授权的实体店或线上旗舰店等正规渠道购买燃气具，燃气灶具要配备熄火保护装置，要确定列入有效期内的《长沙市管道燃气燃烧器具气源适配性目录》（可登录长沙城管局官网查看）的产品型号，只有在《目录》内的产品，有资质的安装维修企业才能负责安装，燃气经营企业才能验收通气。

（本栏撰稿 李 敏）

·供 水·

【概况】 2021年，长沙市城区有9个水厂，分别为猴子石水厂、南湖水厂、南托水厂、洋湖水厂、银盆岭水厂、新河水厂、秀峰水厂、廖家祠堂水厂、望城水厂，设计供水能力290万吨/日，城市供水管道总长度约6699千米（DN75及以上），服务人口约577万人，城区供水普及率100%，出厂水水质达到GB 5749—2006《生活饮用水卫生标准》要求。

【供水建设】 截至2021年年底，洋湖水厂扩建工程（扩建规模25万吨/日）完成建设，进入通水试运行，该水厂设计供水能力提升至35万吨/日。完成城区新建供水管网65千米，改造供水管网25千米，改造二次供水设施24座。

【二次供水管理】 2021年，长沙市作为“湖南省城市二次供水设施建设改造试点”城市，对照《湖南省城镇二次供水设施技术标准》改造24个标准化二次供水泵房，制定发布《长沙市城区新建住宅二次供水标准化泵房指导图集》，形成新建住宅二次供水泵房建设指导依据。截至2021年年底，长沙市累计接管居民小区泵房1362个，定期进行泵房巡检及维护保养。建立二次供水管理平台，实现二次供水设备在线监测、自动报警、远程控制等功能。

【消火栓管理】 形成《加强消火栓建设管理迫在眉睫——关于我市消火栓建设管理的调研与思考》调研报告。在坪塘片区开展智慧消火栓试点工作，安装728个智能消火栓。

【供水行业管理】 2021年，长沙市修改颁布《长沙市城市供水用水管理条例》，于2021年10月20日起施行。市住建局制定发布《长沙市“十四五”供水规划（2021—2025年）》。2021年12月，印发《关于进一步贯彻落实困难群体水费减免政策的通知》，把城市分散供养特困人员纳入水费减免范围，规范困难群体水费减免的实施流程。开发建设“长沙市城镇供水监管系统”。优化营商环境，用水报装实行“零跑腿、零资料、零审批、零费用”的“四零”服务模式。

【节水型城市创建】 2021年4月，长沙市政府召开创建国家节水型城市工作调度会议，下发《长沙市创建国家节水型城市“补短板”任务清单》。强化非居民用户单位用水计划与定额管理，2021年给全市3427家非居民用户单位下达用水指标。2021年评定7个湖南省节水型企业、1个湖南省节水型单位、5个湖南省节水型居民小区。5月9—15日开展“节水主题直播访谈”“水质、消火栓知识进校园”“我为群众办实事——党员干部供水服务进社区”等城市节约用水宣传周系列活动。2021年完成城区21处老旧市政管网改造、32个小区老旧庭院管网改造。

【2021节水宣传周】 2021年是全国城市节约用水宣传周活动开展30周年，5月9日，长沙市城市节约用水宣传周活动启动。活动由长沙市人民政府主办，长沙市住房和城乡建设局、长沙水业集团有限公司联合承办。5月11日，长沙市住房和城乡建设局党组成员、副局长胡汉清，长沙供水有限公司党委副书记、总经理欧阳林以及湖南省建筑设计集团有限公司副总工程师罗惠云进行节水主题直播访谈，从主管部门、供水企业、行业专家三个角度，围绕节水型城市建设发展，为市民答疑解惑。节水主题直播访谈是长沙市城市节约用水宣传周系列活动之一，胡汉清对“长沙市推进节水型城市建设的意义”，欧阳林对长沙在创建节水型城市中遇到的如“管网漏损控制”“老旧管网改造”等困难，罗惠云对“什么才是节水型城市”进行答疑直播。长沙市2021节水宣传周围绕“贯彻新发展理念，建设节水型城市”活动主题，开展“水质、消火栓知识进校园”“节水经验交流”“二次供水标准化泵房参观”“节水技术和产品推广”等活动。

（本栏撰稿 臧 勇）

·排水与污水处理·

【污水设施建设】 2021年，长沙市主城区污水处理厂建成并运行14座，长沙市主城区污水处理能力提升至247.5万吨/日，处理污水8.7亿吨，日均处理污水238万吨，城市污水处理率98.5%，处理水质达到一级A或优于一级A标排放标准，出水在线平台检测合格率100%。苏托垸污水处理厂进入商业运行，出水达到准四类排放标准；花桥污水处理厂扩建20万吨/日规模完成，通水试运行；新开铺9万吨/日扩改工程完成建设，正在调试运行；

开福污水处理厂三期扩建工程完成，扩建15万吨/日处理规模，提标原30万吨/日处理规模，总处理规模45万吨/日，通水试运行。岳麓、长善垸两个污泥分散处理处置及资源化利用项目，累计处理处置污泥18.5万吨（含水率80%），平均日产泥506吨；污泥集中处置（黑麋峰垃圾填埋场）处理处置污泥（含水率80%）36.9万吨，污泥无害化处置率100%。

【海绵城市建设】 2021年，长沙市开展2021长沙市海绵城市建设自评估工作。长沙市建成区海绵城市建设达标面积约138平方千米，建成区32.8%的面积达到海绵城市建设目标要求。各县（市、区）开展城区海绵城市建设，鼓励各建设单位开展项目海绵城市建设，引导新建小区融入海绵城市建设理念。望城区滨水新城北部、中轴公园、敢胜垸防洪堤景观工程、匝道合围调蓄水体等项目建成。雨花市政围绕圭塘河两岸截污管网、调蓄池等进行维护管理，圭塘河井塘段、植物园段城市“双修”及海绵城市建设有序推进，井塘段于2021年7月建成开放，《“黑臭水”变“绿腰带”——探访长沙首个海绵城市示范公园》获《湖南日报》报道。

【防涝排渍】 2021年，长沙市针城区15处易涝风险点，下发《关于下发2021年易涝风险点整改任务的通知》，整治完成11处。全市城区排水管网完成清浚153.45万米，清淤1.2万吨，清淘雨水箅子14.87万个，清淘明沟11.28万米。2021年应对18场强降雨考验，处置各类雨情、渍情、舆情。2021年7月，长沙分两批派出10台大型排水设备、43名抢险人员前往郑州市参加排水抢险。

（本栏撰稿 臧 勇）

·垃圾处理·

【概况】 2021年，长沙市生活垃圾分类工作从“提升”阶段步入“深化”阶段。全市生活垃圾无害化处理量295万吨，其中厨余垃圾占比逾22.8%，全市生活垃圾回收利用率40.85%，生活垃圾无害化处理率100%。9月底，清洁焚烧二期项目投产运行，2期清洁焚烧项目实际最大处理能力1万吨/日，长沙率先在全国省会城市具备生活垃圾全量焚烧能力。7月，建成厨余垃圾处理厂配套厌氧消化处理项目，项目设计日处理厨余垃圾压榨滤液能力400吨，匹配长沙市市每日2000吨的厨余垃圾处理能力。制定厢房建设指导意见，安排3000万余元以奖代补资金，鼓励县（市、区）将垃圾分类投放点逐步升级改造为厢房式集中投放点。全市完成厢房建设800余个，把垃圾关进“厢房”。以“食品安全城市”创建为契机，推动厨余垃圾分类规范化处置，城区餐饮服务单位餐厨废弃物规范处置率100%，家庭厨余垃圾日收集量增长至900吨左右。年初对2020年评定的示范街道、社区开展复查，确保示范片区发挥作用。2021年继续创建和表彰一批示范街道、社区、机关、学校、医院、商超（场馆）、酒店（宾馆）。在全市范围开展“进社区入家庭”主题宣传活动，设计并印制22万册《长沙市居民家庭生活垃圾分类宣传指导手册》发放至各县（市、区）。长沙生活垃圾分类宣传教育联合餐厨基地、万容基地、地铁4号线和地铁专列被评为“全国首批生活垃圾分类示范教育基地”，长沙市生活垃圾分类工作3个案例获得全国市长研修学院（住房和城乡建设部干部学院）推介。

【生活垃圾全量焚烧】 2021年9月30日，长沙市污水处理厂污泥与生活垃圾清洁焚烧协同处置二期工程项目（以下简称“焚烧二期项目”）完成最后两台焚烧炉安装、调试及试运工作，“四炉两机”投产，日处理生活垃圾3000余吨，污泥500吨。与2018年1月投产的长沙市生活垃圾深度综合处理（清洁焚烧）项目一起，黑麋峰环保园区生活垃圾最大处理能力约1万吨/日，满足长沙市8000余吨生活垃圾的处理需要。长沙市生活垃圾处理告别“填埋”，进入全量焚烧的“新时代”。2期焚烧项目在处理生活垃圾的同时，年发电量逾15亿千瓦时，折合每天节约标准煤耗约1200吨，可供约164万名普通城镇居民的生活用电需求。焚烧二期项目总投资23.58亿元，位于望城区桥驿镇黑麋峰环保园区内，配置4套750吨/日机械炉排焚烧线和2套45兆瓦汽轮发电机组，主要建设内容为主厂房、烟囱、升压站、冷却塔、污水处理站等。该项目由长沙市城管执法局统筹调度，湖南军信环保股份有限公司具体实施，2018年12月28日开工建设。

【垃圾分类定时定点投放】 2021年，长沙生活垃圾分类进入“撤桶并点”和“定时定点投放”新阶段。根据《长沙市生活垃圾分类集中投放点（厢房）建设及运行指导意见（试行）》（以下简称《指导意见》），垃圾分类厢房以小区为单位，每300户设置1个投放厢房。应当结合居民投放习惯、日常管理和垃圾收运作业时间等情况，合理确定集中投放点（厢房）定时投放时间。采取定时投放的集中投放点（厢房）每日开放时长应不少于4小时，开放时间可安排在7：00——9：00、12：30——14：30和18：30——20：30居民投放垃圾的高峰时段，后期根据实际运行情况作相应调整。同时，集中投放点（厢房）应定期冲洗、消杀、除臭，其中厨余垃圾收集容器每日清洗不少于1次，其他收集容器每周清洗不少于2次。

（本栏撰稿 李 敏）

·园林绿化·

【概况】 2021年，长沙市推进国家生态园林城市创建，编制《长沙市创建国家生态园林城市综合评估报告》《长沙市建成区园林绿化遥感调查报告》《长沙市创建国家生态园林城市行动纲要》，出台《长沙市创建国家生态园林城市行动计划》。建成街角花园50个，创建人民满意公园10个，园林式居住单位（小区）10个，打造增花点位、主题花雕110余处，"花化彩化"22.8万平方米，栽植各类花卉1200万余盆，建成区绿化覆盖面积和公园绿地面积增长，全市建成区绿地率40.85%。

【公园管理】 2021年，长沙市制定《关于进一步加强湖南烈士公园环境秩序管理的通告》《湖南烈士公园公共资源有偿使用方案》，拟定《湖南烈士公园经营项目管理规定》。加强区级公园管理，每季度、重要节假日开展一次安全生产专项检查，推动区级公园参与人民满意公园创建、专业提升培训、养护技能比武等活动。加强公园体制调查研究，拟定《关于进一步理顺长沙市城市公园管理体制机制的通知》，完成湘府文化园、狮子山公园建设项目验收、进窗结算等前期工作，理顺公园建设遗留问题。

【城市绿化管理】 2021年，长沙市推进应用先进机械设备和专业作业设施。制订月、周养护计划。优化树木修剪方案，做好灌水、排涝，加强生长季节不间断中耕除草，做好相应施肥和浇水，清理绿带浮土、覆盖树池，清理植物树干及叶面积尘。以"十六纵十六横"为重点，以精品样板路段为标杆，延伸至其他路段。推动园林式居住区（单位）创建活动，推动县（市、区）创建国家级、省级园林城市创建活动，推动县（市、区）园林绿化品质提升。组织开展绿化维护专业知识培训，培训新入职人员，开展维护人员作业技能大比武活动。建立辖区内绿地附属设施台账，定时开展绿地附属设施维护集中行动。拆除影响美观、妨碍市民参与的护栏等障碍设施。对绿地破损的附属设施进行更换、翻新。完善市级绿化维护考核标准与细则，建立市、县（市、区）两级绿化维护日常巡查机制，加强日常巡和数字化采集力度。健全全市园林绿化管理与执法协同工作机制，加强园林绿化专业执法队伍建设。加快智慧园林建设。按照创城要求，加快推进市区两级园林绿化专项数字化信息管理系统建设。

【城市绿化监管】 2021年，长沙市贯彻"四级九统"（政务服务事项的事项名称、设定依据、事项类型、事项编码、办理时限、办理流程、提交材料、表单内容及办理结果要素在市、县（市、区）、乡镇（街道）、社区（村居）四级的统一和"最多跑一次"的改革要求，开展城市规划区内改变绿化规划、绿化用地的使用性质审批，加强对于伐移城市树木审批、修剪城市树木审批、临时占用城市绿化用地审批、占用0.1公顷以下公共绿地或者0.4公顷以下其他绿地审批等政务服务事项加强技术性指导和事中、事后监管，对非法占绿、毁绿行为加大查处力度。

【园林绿化顶层设计】 2021年，长沙市开展新一轮全市城市绿地系统规划修编，编制《长沙市城市绿地系统专项规划（2020—2035）》，开展湖南烈士公园规划编制，形成成果。出台园林绿化相关技术指导文件，编制《长沙市城市道路绿化设计导则》《长沙市园林工程设计导则》《长沙市园林绿化竣工验收及养护规程》《长沙市园林工程常用苗木（木本苗）标准》《长沙市装配式立体绿化建设技术导则》等标准和规程，在设计、施工、验收等环节完善园林绿化建设管理标准。推进智慧园林平台建设，完成长沙市园林绿化专项数字化信息管理系统建设项目可行性研究和专家评审论证。

【徐州园博会长沙展园布展】 2021年，长沙市总投资738万元布展徐州园博会长沙展园，面积约6000平方米，以长沙古代第一座宫苑园林——东池为载体，采用自然山水式的写意造园手法，以历史文化为内涵，打造彰显"长沙园林"特色的山水园林。

（本栏撰稿　李　敏）

·市容管理·

【概况】 2021年，长沙市按照"四精五有"（四精：精准规划、精美建设、精致管理、精明增长；五有：有颜值、有气质、有内涵、有格调、有品位）的理念和标准，以"补短板、促提升"为原则，推进城市精致管理品质提升行动，实施"一环两带十六纵十六横"、长望浏宁"四城二十四街"65条主次干道品质提升工程，配套实施28个出入城口品质提升工程。三一大道—岳麓大道提质项目完工，在全省率先试点"多杆合一"模式、探索桥下空间提质，新增人行道1.1千米，拓宽非机动车道2.2千米，实现人行、骑行、车行"三线贯通"，道路硬化、绿化、亮化、美化升级，打造成城市品质提升的样板路；书院路—新开铺路道路空间品质提升工程完工。2021年，长沙市城区修补路面约44万平方米，修补人行道约20万平方米，更换维修侧平石约5.3万套米，维修、调整、更换市政类井座、井盖约1.3万套，完成人行道无障碍设施整改2000余处，路面、人行道等市政设施完好率逾97%。

2021年，长沙市集中整治小区违法建设及顶楼平台"圈地占用"，整治圈地占用1995处、3.7万平方米，拆违控违46.4万平方米；实施违停整治，办理违停案件10.2万件次，拖离"僵尸车"858辆；集中整治"牛皮癣"，创建一批"无牛皮癣"住宅小区；开展违规夜市检查458次，开展农贸市场、校园周边专项整治，教育整治流动摊贩、店外经营等问题3.75万余处，主次干道、重点部位市容秩序提档升级。突出广告整治，修订完善商业性户外广告有偿设置规定、户外广告设置位置使用权价值估算方法指引，布点规划大型户外广告55处；实施违规广告专项整治，整治违规广告招牌和小广告等1.8万余处。出台《长沙市渣土消纳场布局规划（2021—2035）》，规划渣土消纳场57处、总库容量1.7亿立方米；推动纯电动智慧渣土车运营试点，执行渣土运输安全“七个一律”惩戒措施（长沙市城区渣土运输交通安全“七个一律”惩戒措施：1. 凡渣土运输企业被市安委办通报列入“全市货运车辆违章前50名公司排名”的，一律责令企业停运整改5天；凡渣土运输车辆被市安委办通报列入“全市货运车辆违章前30名车辆排名”的，一律责令企业对该车辆停运整改10天。2. 凡渣土运输企业主要负责人和安全生产管理人员未按交通运输部门要求取得安全生产知识和管理能力考核合格证明，经查属实的，对相关企业一律暂停渣土处置业务办理。3. 根据交警部门抄送数据，凡渣土运输车辆有超速、闯灯等交通违法行为的，一律责令相关企业对该车辆停运整改5天；渣土运输企业所属渣土运输车辆，一个月内累计发生5次（含）以上超速、闯灯等交通违法行为的，对该企业一律暂停10天渣土处置业务办理。4. 凡渣土处置工地（消纳场）未按要求落实渣土运输领导带班工作制度和班前会，经查属实的，一律责令停工整改。5. 凡渣土运输发生致人死亡交通事故的，一律责令相关企业停运整改5天，待交警部门事故责任认定后，渣土车负同责（含）以上的，对相关企业一律暂停15天渣土处置业务办理；凡渣土运输企业年度内发生2起（含）以上负同责以上渣土运输致人死亡交通事故或发生1起渣土运输致2人（含）以上死亡负同责以上交通事故的，一律退出城区渣土运输企业名录，不得在长沙市城区从事渣土运输工作。6. 凡发生致人死亡渣土运输交通事故且负同责（含）以上的责任驾驶员，五年内不得在长沙市城区从事渣土运输工作。7. 凡渣土运输企业、渣土运输车辆及驾驶员存在安全隐患被查实，责令整改而拒不整改或整改不到位的，一律责令停止渣土运输，并暂停渣土处置业务办理），实行渣土运输排名通报和“五佳五差”管理，对违规渣土运输公司进行约谈、停运、退市，办理渣土案件4200起，渣土运输事故、交通违法行为较2020年减少逾80%。深化城管执法队伍“强基础、转作风、树形象”行动，规范城管执法行政处罚自由裁量权，打造规范化城管执法大队3个、中队33个。

2021年处置回复代表建议、提案9件，群众信访及网络舆情41件。组织全市（含长望浏宁）开展2021年湖南省住房和城乡建设行业（机动清扫工）职业技能大赛（长沙赛区）初赛，选拔前6名选手参加省级决赛。带队参加2021年湖南省住房和城乡建设行业（机动清扫工）职业技能大赛，长沙市获团队一等奖、优秀组织奖，并取得个人一等奖一名、二等奖1名、三等奖2名；对接湖南省健康公益基金会科普教育委员会为各区约400名环卫职工安排专业指导老师开展安全健康普及宣教工作。

【城管综合执法】 2021年，长沙市中心城区办理城市管理各类案件11.93万起，处罚3509万元。2021年4月开展“百日奋战 扮靓星城”市容环境整治，全市整治拆除违规广告招牌3096处，整治违规户外宣传、小广告等问题1.4万余处，整改修复破损广告招牌发光字不亮问题1100起，查处机动车、非机动车违停10.2万余起，拖离“僵尸车”858余辆，清理占道墩柱杆、违规地锁567处。

【市容环境卫生秩序整治提升】 2021年，长沙市开展迎新春市容环境秩序大提升行动、市容环境秩序“30日大攻坚”行动及“百日奋战 扮靓星城”市容环境卫生三大行动（“城市窗口”洁净、“洁净家园”创建、“裸露垃圾”歼灭）。三大行动期间，环卫部门日均出动清扫作业人员1.6万余人，投入各类环卫作业车辆约2500余台（含长望浏宁），落实24小时巡回维护保洁机制和快速处置突发污染机制。对生活垃圾围池、裸露生活垃圾、白色垃圾、大件垃圾、建筑垃圾开展排查整改，整治物业小区乱堆乱放乱象现象，整治不规范设点、不按点投放、混合投放等现象。采集交办、动态清理裸露垃圾2544处，各区自行清理裸露垃圾1.2万余处，历史性生活垃圾围池基本清零。新建公厕26座、改建公厕2座、垃圾站10座、配置新能源环卫车辆71辆。购买19台新能源环卫设备赠送各区政府、烈士公园和桥隧中心，用于主次干道、桥梁隧道的清扫保洁；协调中联环境捐赠12台新能源设备。加强对渣土运输路线、工地周边、城区道路和城乡接合部道路进行清洗清扫和洒水降尘。做好中央环保督察“回头看”前期保障工作及资料准备工作；做好全国文明城市创建指标申报及芙蓉区督查工作；落实2020年省级环保督察“回头看”典型案例整改进展；做好蓝天保卫战相关保障工作；落实环卫系统安全生产工作；调度做好高温防护及冰冻天气应急准备工作；调度“一江一湖六河”河湖保洁巡查工作，重点调度湘江河道（长沙段）河道保洁和汛期水面漂浮物打捞工作。制订《关于加强“一江一湖六河”河湖保洁工作有关事项通知》，督促专业打捞公司做好河湖水面漂浮物打捞和沿岸滩涂垃圾清理工作，加强各县（市、区）河湖保洁工作的监管、巡查，促进河湖保洁长效常态管理。做好湘江河道长沙段水面和滩涂一体化保洁项目招投标前期准备工作，推动滩涂及湘江枢纽区域保洁纳入一体化项目开展招投标。在城区范围内（城五区）开展第一批城管系统环卫行业公益性岗位住房困难职工公租房租赁补贴工作，全市一线环卫职工1000人享受补贴；对接新华人寿保险基金会向环卫工人捐赠保险9858人；慈济慈善事业基金会捐赠环卫、园林工人973人；全年长沙市环卫职工因公伤亡救助资金发放27人，发放金额51.02万元。

【基层管理指导】 2021年，长沙市印发《长沙市城市管理工作2021年度考核细则》，完善“日常考核＋专项暗访考核＋层级考核”三位一体的考核模式，设置“一网打尽”和成绩“自动生成”的考核规则。全年日常考核采集问题44万余个，问题解决率99.96%，开展36次专项暗访考核，抽查544个（次）网格，发现城市管理问题2733个，拍摄市容环境暗访讲评片3期。制订《关于2021年创建城市管理示范集镇工作的通知》，对长沙县、望城区、浏阳市、宁乡市集镇公共基础设施、环境综合治理和常态长效管理工作进行指导、督促、验收，评定长沙县青山铺镇、望城区靖港镇、浏阳市官渡镇3个集镇为一类单位，长沙县春华镇，望城区白箬铺镇，浏阳市龙伏镇，宁乡市老粮仓镇、流沙河镇5个集镇为二类单位，拨付奖励经费95万元。

【户外广告管理】 2021年，长沙市修定《长沙市商业性户外广告有偿设置管理规定》，完成《户外广告设置位置使用权价值估算方法指引（试行）》编制，规划布点五一路、韶山路、解放路、芙蓉路、三环线（西南段、西北段）等55处大型户外广告规划点位。受理临时户外广告申请1394件，经组织现场查勘，同意办理许可1011件，建议不予许可382件，撤销申请1件。2021年，长沙市为第23届中国（中部）农业博览会、2021长江中游城市群碳达峰与碳中和峰会、博鳌亚洲论坛全球经济发展与安全论坛首届大会、2021世界计算大会、首届北斗规模应用国际峰会、2021年湖南省花木博览会、第二届中国·非洲经贸博览会、2021中国城市夜间经济发展峰会、2021中部（长沙）建材新产品暨全屋定制博览会、2021（第六届）中国国际食品餐饮博览会等重大会议和活动的临时户外宣传办理审批。

【围挡整治】 2021年，长沙市推进施工围挡专项整治工作。按照《长沙市施工围挡标准图集（2021版）》规范标准，对全市范围内不规范施工围挡进行专项清查，通过数字化采集1833条围挡问题，并形成专项整治任务清单。全市完成施工围挡提质改造2120处，整治不合格施工围挡41.2万米，其中拆除、翻新实体砖砌围挡（A类）约18.5万米，拆除、安装新型装配式围挡（B类）约13.1万米，更换水马围挡（C类）约9.6万米，拆除商业广告围挡2.1万米。

【照明管理】 2021年，长沙市完成“一江两岸”城市照明提质工程（二期）建设。按照“补齐暗区、强化联动”原则，提质225幢楼宇和部分桥梁、岸线，与一期融为一体。工程于2021年6月底亮灯，9月底全部完工。制定《关于规范“一江两岸”城市照明管理的通知》《长沙市照明设施日常考核工作方案》，并草拟《长沙市城市照明管理办法》。做好日常维护管理，组织对各平台公司、各区政府、社会企业实施建设的景观亮化设施进行摸排，掌握全市夜景亮化建设与维护管理情况，实施台账式管理，明确主体责任单位。组织对景观亮化设施进行督查整治，加大景观亮化采集交办力度，将景观亮化维护管理纳入城市管理层级考核。

启动城市照明体制改革工作。6月5日，清查长沙市路灯管理所负责维护的10万余火路灯、352台地柜、809台变压器等管理台账内资产，签订《资产移交确认书》《代运维业务移交确认书》。起草移交框架协议，明确四方职责及边界划分、移交及变更事项、业务委托事项、过渡期的设置与过渡期内职责、人员安置等内容。8月27日，市城管执法局与国网湖南省电力有限公司长沙供电分公司、市路灯管理所、长沙城市发展集团有限公司签订《长沙市城市照明移交框架协议》。按照省住建厅“三化”工作要求，梳理、整合和优化长沙市路灯管理所原有的10项窗口审批业务（道路照明设计审查、道路照明设施迁移、道路照明验收移交等），编制“城市照明设施设计审查及验收”“城市道路照明拆迁”审批流程，新增“建设工程夜景亮化方案审查”审批事项，9月1日进驻市政务服务中心窗口办理。办理涉及功能照明（路灯）审批件55件。开展迎峰度夏节电调度等工作，成立应急队，起草应急预案，参与箱变跳闸、线路故障、高压故障等19起突发事故处理。印发《长沙市城市照明设施普查工作方案》，明确市质监中心、桥隧中心及各区县城管执法局普查任务及工作责任。

【防雪除冰应急演练】 2021年1月11日，长沙市城市管理应急保障处置中心组织开展防雪除冰应急演练。该次演练以车辆机械化作业为主，按照“高效有序，团结配合，快速反应”的工作原则，重点检验铲雪车的使用和配合，以及车辆实战性能检查。演练模拟道路积雪时除雪车作业情况，使用砂石模拟积雪，在上坡处设置路障，副驾驶安全员与车长配合清理或避开路障后，驾驶车辆清除道路积雪，发挥车辆除雪的机械化作用，提高除雪速度。

【一江两岸亮化提质完成】 2021年，长沙对湘江两岸重要节点部位楼宇及跨江桥梁的城市照明设施提质改造。长沙夜景亮化控制中心的24块电子屏幕实时滚动显示600余处亮化设施的运行情况，全市夜景亮化实现统一操控。长沙设计夜景亮化的12种主题模式，每日18：30开启，每5分钟更换一个主题，循环播放。该次一江两岸亮化提质，包括湘江两岸的“万达广场”“杜甫江阁”“保利广场”“金融中心”4个组团以及岳麓山、橘子洲6座跨江大桥等重要景观。照明主题内容分为日常模式和节日模式。日常模式以“沁园春长沙”城市宣传为主题内容，以毛主席诗词开篇，分为“秀色长沙”“厚重长沙”“快乐长沙”“创意长沙”4个篇章呈现。节日模式紧扣节日主题，搭配应季应节的画面呈现。

【学校周边食品摊贩经营区划定】 2021年9月3日，长沙市严禁学校、幼儿园周边200米划定食品摊贩经营区域及其他临时设摊点，严禁设置共享单车停放点以及教学期间各种户外商业宣传。城管执法队员检查沿街门店，对店外经营等行为进行劝导。长沙市开展秋季开学市容秩序保障和食品安全“护苗”行动，管控全市中小学学校、幼儿园周边200米市容秩序，确保无流动摊贩、无店外经营，无机动车占道停放、共享单车乱停放等违法行为，并对校园周边市容秩序开展暗访暗查、日常巡查督导和数字化采集。

【“百日奋战 扮靓星城”行动】 2021年4月，长沙实施推进“百日奋战 扮靓星城”市容环境整治，开展环境卫生“三大行动”（“洁净家园”创建行动、“城市窗口”洁净行动、“裸露垃圾”歼灭行动）、推进市容秩序“四大整治”（施工围挡整治、路灯照明整治、广告招牌整治和违法停车整治）。5月14日，来自清水塘社区的工作人员、党员志愿者以及小区物业人员、热心居民30余人在公路局宿舍小区内开展“洁净家园”行动。“洁净家园”创建行动，只是长沙市实施“百日奋战 扮靓星城”市容环境卫生“三大行动”的内容之一。同日，施工人员拆除开福区湘雅路中南大学湘雅口腔医院大楼侧立面的广告牌匾，城管执法人员进行秩序维护和安全疏导。6月底，该路段违规广告招牌完成拆除。

长沙市摸底全市951条主次支路、842条背街小巷、39个出入城口、16个商业街区、180处地下通道、29986个垃圾分类桶、62273根路灯杆、265处垃圾围池等情况，明确清洁范围。“五一”期间，长沙出动环卫作业人员7万余人次，环卫作业车、垃圾运输车1.9万余车次，清理边沟积泥积沙、卫生死角、“牛皮癣”小广告等2万余处，日均清运处理生活垃圾9000余吨，日收集处理厨余垃圾2000余吨（含餐厨垃圾、家庭厨余和其他厨余垃圾）。长沙城管执法人员采取“设岗驻点+步行巡查”的模式，加强路面显性勤务。长沙市查处整改乱张贴、乱摆卖问题2359处，清理违规种菜58处，整治破损广告招牌686处、违规小广告、“牛皮癣”2677处、违规户外宣传354处、违规横幅477处，查处机动车、共享单车违停9498起，累计治理各类乱象问题1.5万起，办理案件874起。

【猴子石大桥桥墩被撞击险情处置】 2021年7月23日17时30分，湖南至友物流有限公司“至友002”货船（空载）自湘江上游向下航行，触碰湘江猴子石大桥桥墩。23日23时，查找到涉事船舶“至友002”号。执法人员经比对相关视频和航迹确认，对该船舶进行立案调查，完成笔录询问、取证调查。长沙市公安局交警支队限制载重货车上桥通行，对相关路段实施临时性交通管制——24日2时28分，猴子石大桥交通实施双向全封闭；4时，大桥东往西方向放开交通，西往东方向实行交通管制。为保障水域安全，大桥水域实施临时管制。市城管执法局调度下属市桥隧事务中心启动突发事件应急预案。桥隧工程技术、桥梁监管部门以及桥隧养护公司对猴子石大桥进行勘查，开展桥梁安全和稳固性深度检测。24日3时，主墩水上部分排查完成：被撞桥墩为西往东方向5号桥墩，撞击对象为上游幅河西侧第一个主墩，撞击点离墩帽下缘3.2米左右，撞击痕深3~8厘米，长约60厘米，位于该墩上游侧（圆弧面），该处以下至水面约3.5米范围局部有擦痕，检查梯被拉断破坏，其他水面以上未见明显结构裂缝等敏感损伤。6时至9时进行水下检测作业。24日，对猴子石大桥两侧新增设6处自动化监测站，感应器不间断对桥梁状态进行监测。综合检测结果与专家组意见，24日11时40分猴子石大桥放开管制，恢复通行。

【5起典型案例】 2021年3月24日，市蓝天办曝光5起环境违法案例。1月18日，市生态环境局执法人员在长沙东站旁调查核实，发现鲁某某（砂场）存在扬尘物料未密闭、未正确设置围挡、未采取措施防治扬尘污染等问题。依据相关法律规定，市生态环境局处罚款1.1万元。2月19日，芙蓉区蓝天办执法人员巡查中发现朝阳街道朝阳路329号旁味庄饭店燃放鞭炮，移交芙蓉区公安分局经办。经查，肖某某在朝阳路329号味庄专业长沙菜饭店燃放鞭炮属实，依据相关法律规定，芙蓉区公安分局对肖某某处罚款500元。2月20日，望城区城管局大泽湖街道执法中队在执法检查中发现曹某在潇湘北路南塘路智慧城展览馆附近露天焚烧枯草。依据相关法律规定，望城区城管执法局责令立即停止违法行为，并罚款500元。2月20日，天心区大托铺街道蓝天办工作人员在日常巡查过程中发现，大托新村巧与智幼儿园附近露天焚烧垃圾枯枝树叶等。工作人员组织灭火并移交天心区城管执法中队办理。依据相关法律规定，天心区城管执法局对当事人进行教育并处罚款500元。3月14日，天心区新开铺街道城管一办在巡查时发现猴子石水厂工地内违规燃放鞭炮并移交天心区公安分局查办。依据相关法律规定，天心区公安分局对当事人邓某处罚款500元。

（本栏撰稿　李　敏）

表 21　长沙市公用事业情况统计表

指标	单位	2021 年	2020 年	2021 年比 2020 年增长（±%）
一、自来水				
全市水厂个数	个	9	8	12.5
全市自来水生产能力	万吨 / 日	285	240	18.8
年末供水管总长度	千米	7709	7532	2.3
二、公共交通				
全年客运总量	万人次	128362	98765	30.0
年末实有公共汽车营运车辆	辆	10063	11858	15.1
年末实有出租汽车	辆	8164	8080	1.0
三、天然气、液化气				
（一）天然气供气总量	万立方米	101748	90568	12.3
# 家庭用量	万立方米	46873	38079	23.1
家庭用天然气人口	万人	497.89	460.79	8.1
（二）液化气供应总量	吨	82835	69164	19.8
# 家庭用量	吨	40656	36510	11.4
家庭用液化气人口	万人	88.9	86.6	2.7
四、年末城市住宅建筑面积	万平方米	24109	25819	−6.6
人均住房面积	平方米	40.9	41.2	0.7
五、城市供电				
全年用电量	亿千瓦时	485	412	17.8
# 工业用电	亿千瓦时	196	169	16.0
城乡居民生活用电	亿千瓦时	145	127	13.9
六、道路				
年末实有城市道路面积	万平方米	8930.7	6987.56	27.8
七、城市下水道长度	千米	6526	3521	85.3
八、路灯盏数	盏	120103	107939	11.3
九、城市环卫				
生活垃圾无害化处理	万吨	295.5	257.4	14.8
十、城市园林绿化				
园林绿化地面积	公顷	17888.0	14472.0	23.6
# 公共绿化地面积	公顷	6371	4620	37.9

说明：从 2014 年起，全年客运总量包括轨道交通客运量；“#”表示其中主要项　　（资料来源：市统计局）

乡村振兴

RURAL REVITALIZATION

编辑　周海波

乡村产业

【概况】 2021年，长沙市出台《推进现代农业高质量高水平发展若干政策》，发布76条项目扶持政策，支持农业设施化、规模化、机械化、科技化、绿色化、品牌化、融合化、安全化、特色化。全市实施高质量发展项目1696个，安排资金3亿元，高质量发展项目59个，安排资金6946万元。推进一、二、三产业融合，全市全年完成农产品加工销售收入2920.5亿元，比2020年增长7.8%，新增国家级农业龙头企业4家，总数14家。休闲农业与乡村旅游接待游客4119.5万人次，比2020年增长6.5%，实现经营收入74.3亿元，比2020年增长5%，浏阳市入选首批60个全国休闲农业重点县（市）名单，望城区白箬铺镇光明村、长沙县开慧镇开慧村被评为2021年中国美丽休闲乡村。全市农村创业创新日渐活跃，全市新增创业创新主体总数414个，达到20998个，新增创业创新园区8个，全市50个，农村创业创新总人数28132人，农民就业人数109.26万人，平均月收入3556.6元。（范朝朝）

【长沙市建设乡村振兴示范市】 2021年5月14日，长沙市政府举行建设乡村振兴示范市政策文件新闻发布会，发布《关于建设乡村振兴示范市加快农业农村现代化的实施意见》《长沙市建设乡村振兴示范市规划纲要（2021—2025）》《长沙市建设乡村振兴七大专项行动方案》《长沙市乡村振兴示范创建乡镇联点工作方案》《长沙市全域推进美丽宜居村庄实施办法》《长沙市乡村振兴产业人才队伍建设若干措施》《长沙市建设乡村振兴示范市推进农业高质量高水平发展若干政策》《长沙市建设乡村振兴示范市推进农业高质量高水平发展若干政策实施细则》八大政策文件，任务书和路线图，形成完善的建设乡村振兴示范市的规划布局和政策体系。（范朝朝）

【长沙市发布乡村振兴产业人才“1+13”系列政策】 2021年6月8日，长沙市乡村振兴产业人才系列政策发布暨落实推进会在市会议中心召开，发布《长沙市乡村振兴产业人才队伍建设若干措施》的13个配套实施办法，市委常委、组织部部长、市委人才工作领导小组副组长张宏益、市人民政府副市长李蔚出席会议。此次发布的13个实施办法是全国首个系统性的乡村产业人才认定支持政策体系，涉及现代农业产业领军人才、新型职业农民、乡村工匠、科技特派员、青年引才、返乡创业等各类人才和项目。至2021年年底，“1+13”系列政策陆续兑现，46名“农创客”被认定为现代农业产业领军人才，1971名“田秀才”被认定为新型职业农民，661名“土专家”被认定为乡村工匠，兑现各类补助补贴资金近4000万元。（范朝朝）

【长沙市乡村振兴局挂牌】 2021年5月6日，长沙市乡村振兴局挂牌成立。副市长李蔚为长沙市乡村振兴局揭牌。根据省委编办关于调整市州扶贫工作机构设置的通知要求，长沙市农业农村局（扶贫开发办公室）调整为长沙市农业农村局（乡村振兴局）。（范朝朝）

乡村建设

【美丽宜居村庄建设】 2021年，长沙市制定出台《长沙市全域推进美丽宜居村庄建设实施办法》，明确45项美丽宜居村庄创建标准，以自然村落（屋场）为主体，推进农村人居环境整治，提升农民生活品质，着力打造生态美、村庄美、产业美、生活美、风尚美“五美”的美丽宜居村庄，铺排建设924个美丽宜居村庄。（范朝朝）

【乡村振兴示范镇建设】 2021年，长沙市印发《长沙市乡村振兴示范创建乡镇联点工作方案》，明确21名市领导、42个后盾单位联点21个乡镇开展乡村振兴示范创建，选派420支工作队驻村联点帮扶。11月14日，《长沙市乡村振兴示范市创建研究报告》发布会在湖南师范大学举行，报告由湖南师范大学中国乡村振兴研究院院长陈文胜代表研究团队推出，研究报告指出，长沙市按照乡村振兴实现“农业强、农村美、农民富”的根本要求，以推动高质量发展为主题，举全市之力建设乡村振兴示范市，加快形成农业高质高效、乡村宜居宜业、农民富裕富足的新图景。长沙市社科联（院）党组成员、副主席（副院长）赵景利主持发布会，全国人大农业与农村委员会委员、中国社科院农发所所长魏后凯，中共湖南省委党校常务副校长曹健华，湖南省乡村振兴局副局长赵成新，长沙市领导陈刚，长沙市社科联、长沙市农业局以及部分高校领导、专家学者等出席此次发布会。（范朝朝）

【长沙市农村综合金融服务平台上线】 2021年5月28日，长沙市乡村振兴局与中国农业银行长沙分行、长沙市国有资本投资运营集团有限公司签署乡村振兴金融服务项目三方合作框架协议，并上线长沙市农村综合金融服务平台，以金融创新赋能长沙乡村振兴示范市建设。平台上线运营后，将联合农业银行等金融机构，实现“3分钟申请、1秒钟放款、0人工干预”的“310”模式，为有需求的“三农”群体在线快速完成无抵押、免担保的纯信用申贷流程，其中单个涉农企业贷款额度最高可达300万元。未来五年，该平台将为全市20万~30万户涉农中小微企业、新型农村经营主体提供授信服务，授信总额度达到300亿元。长沙市人民政府副市长李蔚，中国农业银行湖南省分行党委书记、行长陶伟梁，长沙市农业农村局党组书记、局长、市乡村振兴局局长邹春林，长沙市国资委党委书记、主任王雄文，长沙市国投集团党委书记、董事长刘剑锋等出席并见证签约。（范朝朝）

【农村生态建设】2021年，长沙市落实“十年禁渔”，牵头建立长株潭长江流域重点水域联合执法机制，在全省率先利用移动大数据平台发送“十年禁渔”短信通知，发放各类宣传资料15万余份。全市各级禁渔执法监管部门共开展巡查、执法9.1万余次，联合巡查、执法行动628次，清理违规渔具2693张，取缔涉渔“三无”船舶112艘，查办涉渔案件420起，其中行政处罚案件219起、行政处罚金额19.265万元；刑事案件201起、采取刑事强制措施262人。全面开展化肥减量自查自纠，启动创建20个有机肥替代化肥示范基地，推广种植绿肥4万公顷。全市污染地块安全利用率逾90%，受污染耕地安全利用率逾91%。保持秸秆禁烧高压态势，健全秸秆收储运网络，全市秸秆综合利用率逾91%，超过全省平均水平5个百分点。推进重点河流沿岸畜禽养殖污染问题整改，依法依规推动禁养区、环境敏感区养殖场（户）合理退出，推动养殖主体向发展种养结合、特色种植转型，实现种养平衡和绿色可持续发展，畜禽粪污综合利用率逾93%、规模畜禽养殖场粪污处理设施配套率100%。（范朝朝）

【特色小城镇建设】2021年，长沙市印发《关于公布第三批长沙市特色小城镇的通知》，确定大围山镇、社港镇，宁乡市煤炭坝镇、巷子口镇、双凫铺镇5个乡镇为第三批长沙市特色小城镇。出台《长沙市推动特色小城镇特色小村庄高质量发展行动计划（2021—2023年）》《长沙市推动特色小村庄高质量发展工作方案》文件，巩固提升19个市级特色小城镇，并以镇代村重点培育建设特色小村庄100个。2021年，遴选63个村为第一批市级特色小村庄培育创建对象。浏阳市入选全省美丽宜居乡村共同缔造4个试点示范县之一。（臧　勇）

【农村危房改造】2021年，长沙市推动农村低收入群体危房动态清零工作，印发《关于做好农村低收入群体等重点对象住房安全保障工作的通知》，加强对农村低收入群体等重点对象的住房安全动态监测工作。2021年，全市完成农村危房改造561户，争取中央资金991万元。长沙市住房和城乡建设局被湖南省委、省政府表彰为“湖南省脱贫攻坚先进集体”。（臧　勇）

【农村住房建设监管】2021年，长沙市出台《长沙市农村建筑工匠管理办法》，加强农村工匠职业技能培训，2021年完成建筑工匠培训860人次，累计完成约4200人次。制定《长沙市农村住房建筑风貌设计推荐图集》，供村民建房选用。推进农村房屋安全隐患排查整治工作，全国信息平台采集录入84.37万户，基本完成所有农村房屋排查和用作经营的农村自建房阶段性整治。（臧　勇）

【乡镇污水设施建设】2021年，长沙市建成乡镇生活污水处理厂91座，其中岳麓区3座，望城区12座、长沙县16座、浏阳市29座、宁乡市31座；建成乡镇污水配套管网约965千米，日处理能力13万吨。全市所有乡镇污水处理厂均委托专业单位运行，其中尾水排放标准达地表水准Ⅳ类的3座，一级A排放标准66座，一级B排放标准22座，全部实现达标排放。长沙市率先全省实现建制镇污水处理厂全覆盖，长沙县、浏阳市被评为住建部“农村污水治理示范县”。（臧　勇）

乡村治理

【概况】2021年，长沙市推广长沙县“党建＋五零”、望城区“党建＋乡贤”、浏阳市“党建＋微网格”、宁乡市“道德积分”等乡村治理新模式，新增全国乡村治理示范镇1个、示范村4个，全市有全国乡村治理示范镇2个、示范村6个。以整治群众反映强烈的婚丧嫁娶负担重等问题为切入点，培育文明乡风、良好家风、淳朴民风。发挥群众自治作用，在1294个村（社区）成立红白理事会、道德评议会、村民议事会、禁毒禁赌协会，发放各类移风易俗、摒弃陋习的倡议书约60万份，初步形成婚事新办、丧事简办、其他事项不办的农村文明新风尚。（范朝朝）

【农村人居环境整治】2021年，长沙市围绕建设乡村振兴示范市，推进村庄清洁行动和农村“五治”（治厕、治垃圾、治水、治房、治风）。2021年省委农村工作会议上，长沙市就全面推进农村人居环境整治、加快实施乡村建设行动主题作典型发言。长沙市被评为全省农村人居环境整治先进市、美丽乡村建设先进市，所辖浏阳市被评为国务院“开展农村人居环境整治成效明显激励县”、全国农村污水治理示范县；所辖长沙县被评为全国农村生活垃圾分类和资源化利用示范县。新（改）建农村无害化户厕2.218万个、无害化公共厕所100座，按照“愿改尽改、应改尽改”要求，在全省率先实现农村无害化户厕全覆盖。推行“首厕过关制”“培训上岗制”“工程监理制”“产品抽检制”，以首厕过关划定标准线。全面推行“首厕过关制”，按照“首厕过关后，方可全面推开”思路，现场组织培训、指导、安装、验收，邀请省、市专家分批分片开展62场农村改厕培训会，累计培训改厕监管和施工人员7800余人，发放上岗资格证书7769本，经第三方机构评估显示，群众对改

表 22　　长沙市农村基本情况统计表

指标	单位	2021 年					
		全市	市区	# 望城区	长沙县	浏阳市	宁乡市
一、农村乡（镇）个数	个	74	8	5	13	28	25
二、乡村户数	万户	77.01	19.54	8.55	10.01	23.38	24.08
乡村人口数	万人	254.37	61.68	27.40	35.04	82.34	75.31
乡村劳动力资源数	万人	173.70	40.29	18.38	21.42	53.93	58.06
三、养殖水域面积	千公顷	22.02	7.57	5.88	2.98	4.06	7.42
四、农用柴油使用量	吨	63653.67	3154.67	2266.00	9750.00	38151.00	12598.00
农业生产用化肥（折纯）	吨	167515.48	25056.77	18188.05	28572.20	50163.81	63722.70
五、农村用电量	万千瓦时	191929.36	47165.33	10234.00	64619.03	52059.00	28086.00

说明："#"表示其中主要项　　（资料来源：市统计局）

厕工作满意率 99.81%。健全农村日常保洁机制和垃圾收运处理机制，累计建成 93 个农村压缩式垃圾中转站，实现建制镇全覆盖；为每个农户配备可回收、其他垃圾 2 个垃圾桶，方便群众分类投放；按每 150 户一人的标准在 871 个涉农行政村（社区）全部配备保洁员，保洁员 2~3 天上户清运 1 次，实行农村生活垃圾分类减量行政村 100%，农膜回收率 85%。农户垃圾分类减量率 60%。（范朝朝）

【农村建房管理】　2021 年，长沙市成立全市农村村民住宅建设管理工作领导小组，理顺农村宅基地和农房建设管理机制，在各乡镇（街道）建立一窗口受理、多部门联动的联审联办机制，在每个村设立 1 名协管员，做到逢建必审，全市新审批宅基地 8061 宗，用地 119.76 公顷。全市新建农房推荐图集推广率 100%，采用率 40%。推进村民集中居住，完成 10 个村民集中居住试点的建设，58 个乡镇（街道）开展村民集中居住试点，规划新建村民住房约 34465 户。开展“空心房”清理整治行动，累计拆除“空心房”“一户多宅”29722 户。望城区茶亭镇静慎村“带地入建”模式，引导农民集中居住，入选湖南基层改革探索 100 例。（范朝朝）

【新型城镇化】　2021 年年末，长沙市常住人口 1023.93 万人，常住人口城镇化率 83.16%，常住人口总数和城镇化率均处于全省首位。2021 年，印发《长沙市新型城镇化发展规划（2021—2025）》，明确长沙市新型城镇化发展的总体要求，从推进城镇公共服务均等化、完善城镇化空间布局、提升城镇化品质和加强实施保障等多个方面提出全市城镇化发展的主要目标和重点任务。（臧　勇）

生态环境

ECOLOGICAL ENVIRONMENT

编辑 周海波

环境状况

【空气环境质量】 2021年，长沙市城区（指长沙高新区、长沙经开区和内五区）空气质量优良率83.3%，优良天数304天。城区空气质量主要监测指标中细颗粒物（$PM_{2.5}$）、可吸入颗粒物（PM_{10}）、二氧化氮（NO_2）、二氧化硫（SO_2）的年平均浓度43微克/立方米、52微克/立方米、29微克/立方米、7微克/立方米；臭氧（O_3）浓度144微克/立方米，一氧化碳（CO）浓度1.1毫克/立方米。长沙县、望城区、宁乡市和浏阳市环境空气质量均达到《环境空气质量标准》（GB 3095—2012）中的二级标准，空气质量优良率90.4%、88.8%、94.2%、98.1%；主要污染物浓度中，细颗粒物（$PM_{2.5}$）浓度范围26~35微克/立方米，可吸入颗粒物（PM_{10}）浓度范围44~53微克/立方米，二氧化氮（NO_2）浓度范围15~23微克/立方米，二氧化硫（SO_2）浓度范围5~6微克/立方米，臭氧（O_3）浓度范围113~138微克/立方米，一氧化碳（CO）浓度范围1.2~1.4毫克/立方米。

【水环境质量】 2021年，长沙市地表水水质总体优。湘江长沙段、浏阳河、捞刀河、沩水、靳江河及绿水澄潭江年度水质均为优；千龙湖年度水质良好，综合营养状态为中营养。市级和县级集中式生活饮用水水源地水质达标率保持在100%。长沙市32个地表水国控、省控考核断面年度水质优良率100%，其中Ⅰ类水质断面2个，占6.2%；Ⅱ类水质断面27个，占84.4%；Ⅲ类水质断面3个，占9.4%；无Ⅳ类、Ⅴ类、劣Ⅴ类水质断面。长沙市市级集中式生活饮用水水源地浏阳河株树桥水库年度水质为Ⅰ类，湘江长沙段长沙七水厂、猴子石、橘子洲、五一桥断面年度水质均为Ⅱ类。县级集中式生活饮用水水源地湘江长沙段望城水厂、浏阳河浏阳三水厂及榔梨水厂、捞刀河星沙水厂及黄花水厂、沩水鳝鱼洲断面年度水质均为Ⅱ类。

【声环境质量】 2021年，长沙市声环境质量监测点位覆盖面积由124平方千米增长到516平方千米，覆盖道路由355.66千米增长到408.13千米，网格大小1000米×1000米，布设区域噪声监测点位129个、交通噪声监测点位101个、功能区噪声监测点位20个。区域环境噪声昼间平均等效声级54.3dB（A），与2020年持平，总体水平为“二级”，区域声环境质量处于“较好”水平。道路交通噪声昼间平均等效声级68.6dB（A），强度等级为“二级”，道路交通声环境质量处于“较好”水平，与2020年相比，昼间平均等效声级减少0.7dB（A）。功能区噪声昼间、夜间点次达标率100%、73.8%，较2020年分别增长21.7%、23.8%，功能区声环境质量有所改善。（本栏撰稿 陈 谱）

生态建设

【生态保护与修复】 2021年，长沙市完成“绿盾2021”自然保护地强化监督工作问题整改销号。做好绿心地区生态状况监管工作。开展生物多样性保护工作，举办以“呵护自然，人人有责”为主题的“生物多样性日宣传周”活动，做好“加拿大一枝黄花”等外来入侵物种的防治工作。加强农村生态环境保护，完成71个村环境综合整治和1条黑臭水体治理。浏阳市农村环境综合整治被评为湖南省政府“2021年度生态环境领域真抓实干”。（陈 谱）

【生态文明创建】 2021年10月12日，长沙县被生态环境部命名为第五批国家级生态文明建设示范县，浏阳市被生态环境部命名为第五批“绿水青山就是金山银山”实践创新基地。组织开展2021年度（第一批）市级生态文明建设示范镇（乡）、村创建，10个镇（乡）、20个村通过首批市级生态文明示范创建验收。（陈 谱）

【生态损害赔偿】 2021年，长沙市出台《长沙市生态环境损害赔偿制度改革工作实施方案》。印发《生态环境损害赔偿与法检公的衔接机制》，实现在生态环境损害赔偿领域行政执法与刑事司法的衔接。2021年，长沙市启动办理生态环境损害赔偿案件62起，磋商结案案件覆盖六大类别44起，办结率71%，涉案金额196.53万元。（陈 谱）

【自然资源调查监测】 2021年，长沙市第三次国土调查成果通过市级审议，完成耕地后备资源、耕地资源质量分类、农村空心房、城镇低效用地等专项调查，构建自然资源二维数据管理系统，形成二维空间数据资源库54个，同时，推进全域三维建模，实现二维和三维自然资源空间数据浏览、三维自然资源体属性查看、三维地下资源体分层浏览、数据统计、指标监测等应用。（陈 昆）

【国土空间生态修复】 2021年，长沙市核查历史遗留矿山图斑2029个，编制《长沙市矿山地质环境保护规划（2021—2025年）》，督促13家在生产矿企完成《矿山生态保护修复方案》编制及评审。长沙市启动自然资源领域生态环境损害赔偿案件7起，办结5起。长沙市长江经济带废弃露天矿山生态修复工程（雨花区、望城区）入选湖南省首届国土空间生态修复十大范例名单。（陈 昆）

【《关于长株潭三市保护生态环境、共建生态文明的实施意见》签署】 2021年4月10日，长株潭一体化发展第三届市委书记联席会议在湘潭韶山召开。签署《关于长株潭三市保护生态环境、共建生态文明的实施意见》，通过优化生态空间布局，提升生态涵养功能，推进生态文明创建，推动生态环境治理体系和治理能力现代化，把长株潭三市建设成为山川秀美、经济发展、社会和谐、人民幸福的中部地区生态屏障建设先导区。

（陈　谱）

节能减排

【能源保障】　2021年，长沙市启动新一轮电网“630攻坚”建设，南昌—长沙1000千伏特高压交流工程投产送电，累计投产宁乡500千伏等输变电工程40项，全年电网供电能力达到1050万千瓦。应对2021年夏季负荷多次创新高的考验。推动天然气分布式能源站建设。宁乡市资福镇风电场建成投产。建设公共充电桩2000余根。推动“储能+”项目发展，开展氢能产业前期调研，增强新能源消纳能力。

【“双碳”工作】　2021年，长沙市推进碳达峰碳中和（以下简称“双碳”）工作，印发《长沙市推进碳达峰碳中和工作方案》，推动构建“双碳”政策体系，起草全市“双碳”实施意见及实施方案，举办全国首个区域性以“双碳”为主题的交流平台——2021年长江中游城市群碳达峰碳中和峰会，成立长江经济带创新与绿色发展智库。

【建筑节能】　2021年，长沙市完成节能建筑设计3577.41万平方米，全市竣工验收的新建民用节能建筑面积2615.74万平方米，新建建筑设计和施工阶段建筑节能标准执行率100%。

【绿色建筑发展】　2021年，长沙市新增竣工绿色建筑项目总面积2539.84万平方米，占新建建筑面积的97.1%。全市新增绿色建筑标识项目123个，总建筑面积1358.59万平方米。

【可再生能源建筑应用】　2021年，长沙市望城区滨水新城项目、马栏山视频文创产业园区域能源项目成为湖南省浅层地热能规模化应用试点。2021年马栏山项目建成能源站1个，供能规模100万平方米，完成管网铺设10.3千米，完成建筑应用面积60万平方米，完成投资2.56亿元；望城区滨水新城项目规划供能规模约400万平方米，2个能源站正在建设中，2021年全市争取到湖南省浅层地热能建筑规模化应用试点项目省级财政奖补资金2300万元。

【能耗监测系统建设】　截至2021年年底，长沙市能耗监测中心监测建筑总数逾430栋。开展2021年度全市民用建筑能源资源消耗统计工作，长沙市上报建筑基本信息1382栋，建筑能耗信息1379栋，占全省统计建筑数量（2724栋）的比例50.62%，建筑面积2664万平方米，占全省统计建筑面积（4619万平方米）的比例57.67%，统计覆盖辖区内所有的县（市、区）。

【建筑垃圾资源化利用】　2021年，长沙市印发《2021年长沙市建筑垃圾管理和资源化利用工作要点》，铺排2021年工作任务。印发《关于进一步明确长沙市各县（市、区）建筑垃圾资源化利用特许经营工作核心事项的通知》，明确规划、用地、招标条件、建设方案等节点问题。印发《长沙市建筑垃圾资源化利用特许经营工作评价指南（试行）》，定期开展评价考核。印发《关于进一步加强建筑垃圾资源化利用产品应用工作的通知（试行）》。启动《长沙市建筑垃圾资源化利用管理条例》立法工作，完成初稿和论证报告编制。

【2021长江中游城市群碳达峰与碳中和峰会】　2021年10月22日，2021长江中游城市群碳达峰与碳中和峰会（以下简称“双碳峰会”）在长沙开幕。这是中国首个区域性以碳达峰碳中和为主题的交流平台。双碳峰会围绕“双碳”（Carbon）、城市群（Cities）、合作（Cooperation）的3C理念构建核心议题，线上线下相结合探讨“双碳”目标下经济高质量发展的战略、路径、政策与行动。以“低碳·循环·发展”为主题的湖南国际绿色发展博览会同期开幕，围绕低碳、环保、节能、新能源、循环经济等领域，搭建权威的绿色环保行业展示平台。峰会期间，中国社科院牵头发起成立“长江经济带创新与绿色发展智库”，发布“长江中游城市群碳达峰碳中和绿色宣言”，发布《长江经济带绿色科技创新调研报告》等多个成果。

（本栏撰稿　郭洪汝）

污染防治

【水污染防治】　2021年，长沙市完成湘江保护和治理第三个“三年行动计划”主要目标任务，编制实施《长沙市2021年水污染防治行动计划》，发布长沙市“一江一湖六河”2021年度地表水环境质量监测网络设置方案。建立以国控、省控断面结果为考核依据，以市控断面和水质自动监测站监测结果为参考的评估考核机制。加强饮用水水源保护，划定2个“千吨万人”、17个“千人以上”饮用水水源保护区，完成9个“千人以上”饮用水水源地生态环境问题专项整治并销号，县级及以上饮用水水源地环境状况评估报告被省生态环境厅认定为优秀。补齐基础设施建设短板，全市新建城镇排水管网42千米，新增城镇污水处理规模47万吨/日，污水厂尾水提标至准Ⅳ类标准31.5万吨/日。推进湘江干支流入河排污口排查整治工作，印发长沙市《长沙市湘江干流和浏阳河入河排污口排查建档工作方案》，完成浏阳河280个入河排污口排查建档工作。加强园区水环境管理，完成长沙市湘江流域铊污染排查专项整治各项任务，推动建立园区水环境管理档案，完成园区生态环境管理工作自评估工作，实现省级及以上园区第三方治理进园区全覆盖。推进重点流域项目建设，完成圭塘河（井圭段）海绵城市、金竹河水系治理工程，启动捞刀河流域尾水湿地建设项目。开展美丽河湖示范案例创建，雨花区圭塘河、宁乡市沩水河、岳麓区后湖、浏阳市株树桥水库被评为湖南省“美丽河湖优秀案例”。

【大气污染防治】 2021年，长沙市完善“三级执法、两级巡查”［市级、县（市、区）、街道三级执法及市级、县（市、区）两级巡查制度］、负面清单机制。出台《长沙市持续提升空气质量坚决打赢蓝天保卫战三年行动计划（2021—2023年）》。修定《长沙市重污染天气应急预案》《重污染天气应急减排清单》。整合国控站、组分站、小微站、源解析等项目监测数据，开展污染溯源分析。启动4次重污染天气应急预案。完成130个重点行业VOCs（挥发性有机物）综合治理任务以及48家“一企一策”挥发性有机物企业综合整治任务。完成非道路移动机械编码登记1.87万台。检测机动车90.5万台次，固定式机动车尾气遥感监测系统共监测有效数791.3万辆。推动$PM_{2.5}$和臭氧协同治理，开展夏秋季十大专项整治行动，对建筑工地、渣土工地、混凝土搅拌站、成品油、汽修、工业企业、非道路移动机械、高排放车辆、面源污染等领域进行专项整治，立案处罚1300余件，处罚金额1000万余元。对马坡岭区域开展精准帮扶。有序推进应对气候变化工作，启动温室气体排放清单和“十四五”应对气候变化规划编制工作，开展马栏山等园区、金惠等社区低碳试点示范。

【土壤污染防治】 2021年，长沙市完成湖南省人大常委会土壤污染防治法执法检查问题整改。推进污染地块安全利用，组织开展地块的土壤污染状况调查、详细调查和风险评估等工作。开展重点监管单位土壤污染隐患排查，35家土壤重点监管单位完成自行监测和隐患点整改。推进耕地周边涉镉等重金属行业企业排查整治，完成2轮排查，暂未发现涉镉。加快推进土壤污染防治项目实施，原长沙铬盐厂治理项目第一阶段工程完成验收和阶段性销号，浏阳市永和镇宝山村铁山村遗留工业场地受污染地块土壤修复工程、原七宝山乡磺矿矿渣废水污染土壤治理修复工程、七宝山历史遗留矿区锰入河污染综合治理项目一期工程完成验收及效果评估。

【噪声污染防治】 2021年，长沙市加强工业噪声监管，新建、改建、扩建可能产生噪声污染的建设项目依法进行环境影响评价和实施排污许可管理。开展“三考”和“新三考”期间噪声污染专项执法行动。加强建筑施工噪声监督管理，全市在建施工工地（5000平方米以上）1383个，安装噪声自动监测系统的施工工地数915个，使用低噪声施工设备、隔音罩、隔声棚、移动声屏障等数量476个；夜间施工审批的规模以上施工工地数679个；全市办理建筑施工噪声案件453起，罚款179.28万元。发布《关于进一步加强长沙城区机动车噪声污染治理工作的通告》；新增禁鸣交通标志151块，调整优化雀园路省文化旅游厅幼儿园路段、万家丽路天际岭隧道路段等多处减速标线；全市查处在禁止鸣喇叭的区域或者路段鸣喇叭的交通违法行316起。创建噪声污染防治控制示范区9个。查处社会生活噪音案件3起，罚款3000元。

【核与辐射和固体废弃物污染防治】 2021年，长沙市发放辐射安全许可证392本；完成辐射类环评审批16项，配合湖南省生态环境厅出具辐射许可及环评的预审意见76项，办理放射源转让审批3项，发放危险废物经营许可证4家次，出具危险废物处置利用证和初审意见7家次，办理危险废物跨省转移出具核查意见16批次，办理一般固废跨省转移出具核查意见13批21家次。按照两个100%的要求，做好疫情防控医疗废物医疗废水收集处置。完成辐射安全隐患大排查年度工作任务。落实危险废物专项整治三年（2020—2022）行动计划，推动新一轮危险废物大排查大整治工作。

【生态环境保护督察问题整改】 2021年，长沙市印发《长沙市配合中央生态环境保护督察协调联络组工作方案》，配合中央第六生态环境保护督察组对湖南省开展为期1个月的中央第二轮生态环境保护督察。印发《长沙市贯彻落实省生态环境保护督察“回头看”及城乡环境基础设施建设专项督察反馈意见整改方案》。5轮次环保督察及“回头看”转办长沙市的4946件信访件，已办结4898件、阶段办结23件，暂未办结25件；反馈问题157项，已完成整改111项，其余46项均达到序时进度。2021省生态环境警示片披露的7个问题完成整改5个，其余2个均达到序时进度。

（本栏撰稿　陈　谱）

环境监管

【环境执法检查】 2021年，长沙市开展各类执法行动272次，办理生态环境违法案件651起（其中一般行政处罚案件611起，查封扣押7起、限产停产3起、移送行政拘留26起、移送涉嫌环境污染犯罪4起），处罚金额2377.51万元。优化改进监管执法方式，严格落实“双随机、一公开”监管，统一使用湖南省“双随机、一公开”监管工作平台开展部门内抽查3个、部门联合抽查13个，抽查各类单位2563家，发现并要求整改环境管理问题305家；实施监督执法正面清单，对正面清单内562家企业开展非现场检查904家次，对存在轻微违法行为且改正12家企业减免处罚，帮扶指导企业743家次；构建“在线监控＋视频监控+用能监控”三位一体科技监侦体系，建成在线监控230个点位，视频监控192个点位，用能监控387个点位，并将视频监控系统、执法记录仪系统、对讲机系统与会议系统有机整合，建设远程执法指挥调度平台。全市受理群众投诉4358件，比2020年减少11.19%。建立环境污染有奖举报机制，对6条符合要求的线索给予奖励。在2021年湖南省生态环境综合行政执法大比武活动中获市级团体一等奖、辐射类团体一等奖。

【科技监测】 2021年，长沙市完成“智慧环保”项目建设。编制《长沙市“十四五”生态环境监测能力建设规划》，发布《2021年长沙市重点排污单位名录》。建立“十四五”环境质量监测网络，加强监测网络精细化管理，建立健全数据值守、分析、通报机制。探索“测管协同”，逐步建立以排污许可为基础的企业自行监测体系。开展企业清洁生产审核9家，完成验收6家。湖南省第十四届生态环境监测专业技术人员大比武，长沙县站、浏阳市站分获县级团体一、二等奖和优秀组织奖；湖南省第十五届生态环境监测专业技术人员大比武，浏阳站获县市（区）分析技能组团体一等奖，长沙县站、浏阳站、宁乡站分别获县市（区）废水样品采样组团体一、二、三等奖，16人获得个人奖项。

【行政审批与政务服务】 2021年，长沙市严格环境准入，审批建设项目环境影响评价文件1183个。实施排污许可“一证式”监管，全年办理464家企业排污许可证；完成109个重点管理、489个简化管理和222个登记管理排污许可核查与整改；完成1708家执证企业执行报告和128家企业限期整改情况核查与整改。建立全市环评文件质量常态化抽查机制，开展3个季度全市环评文件的抽查复核，抽查环评报告书（表）72个，对7个环评单位和相关环评师分别进行失信扣分，对9家环评单位和相关环评师进行通报约谈和责令改正。开展环评单位和环评师信用档案排查，对全市200家环评单位和361个环评师开展逐一上门排查，摸清家底，建立诚信档案，规范环评市场行为。

【环境宣传】 2021年，长沙市召开生态环境保护新闻发布会4场，在主流媒体开展宣传报道350余条，通报各类典型案例57起。“长沙生态环境”微信公众号发布推送985篇，粉丝24万余人。承办“全国低碳日”湖南主场活动。举办“长沙市低碳节能宣传月”活动。6月5日，“人与自然和谐共生”六五环境日长沙主场活动在望城区雷锋公园举行。 （本栏撰稿 陈 谱）

表23 长沙市环境污染及治理情况统计表

指标	单位	1979年	1985年	1990年	1995年	2000年	2005年	2010年	2015年	2020年	2021年
一、工业废水排放总量	万吨/年	5000	6394	13878	6298	5533	4065	4336	5102	4537	4395
#符合排放标准的	万吨/年	200	2342	10259	3804	4213	3562	3955	—	—	—
二、工业废气排放量	万标立方米/年	115000	839385	1441740	1890488	2624324	3078324	6269499	4803775	11973900	14219779
三、工业粉尘排放量	万吨/年	6	1.26	4.61	0.85	7.81	10.06	10.52	1.16	0.4	0.23
四、工业固体废物产生量	万吨/年	47	39.49	57.07	75.18	137.53	109.7	148.8	107.6	141.93	157.02
#综合利用量	万吨/年	23.97	2.79	15.49	58.13	101.79	98.4	148.4	92.7	114.06	132.31
五、锅炉总数	台	666	1046	819	489	407	307	284	272	345	300
#达标数	台	220	597	647	433	359	243	256	—	—	—
六、工业窑炉	台	670	683	578	395	465	222	219	124	259	259
#达标数	台	73	91	288	271	232	117	151	—	—	—

说明：从2011年起，工业粉尘排放量（去除量）指标已改为工业烟尘排放量（去除量）；“#”表示其中主要项；“—”表示缺少相关数据

（资料来源：市统计局）

长株潭都市圈

CHANGSHA-ZHUZHOU-XIANGTAN
METROPOLITAN AREA

编辑　刘盼盼

综 述

【概况】 长株潭地理交通优越，三市沿湘江呈“品”字形分布，两两相距不足40千米，轨道交通、高速公路、干线公路密集覆盖，形成半小时通勤圈。发展基础良好，三市自然资源富集、人口分布稠密、经济基础较好，以仅占全省13.2%的土地，承载了25.1%的人口，创造41.8%的全省生产总值，2021年三市地区生产总值1.92万亿元。创新资源汇聚，全省60%以上的创业平台、70%以上的高新技术企业、80%以上的高校科研机构、85%以上的科研成果都聚集在长株潭。2020年9月，习近平总书记考察湖南时，作出“长株潭一体化发展要继续抓下去，抓出更大成效”的重要指示，为长株潭一体化发展指明前进的方向。长株潭都市圈列入国家“十四五”规划，赋予“全国重要增长极”的重大历史使命。中央关于新时代推动中部地区高质量发展的意见要求“支持长株潭都市圈建设，增强长沙区域中心城市辐射带动能力。”2021年，长株潭一体化发展50项重点任务和三十大标志工程推进，重点任务全面完成，三十大标志工程完成年度投资580.35亿元，为年计划的112%。

【顶层设计】 2021年，湖南省成立的领导小组及办公室并两次召开领导小组会议，研究部署重大事项，三市均成立领导小组，组建工作专班。完善一体化推进机制。出台五年行动计划，制定领导小组及办公室工作规则；对年度重点任务和标志工程实行在线管理、月度调度通报；设立一体化专项资金，下拨8840万元；对23个省直部门进行绩效考核。三市召开第三届联席会议，签署14项合作协议，推进实施50项合作。构建一体化规划体系。长株潭都市圈发展规划、多层次轨道交通规划上报国家发展改革委待批，是全国第3个编制多层次轨道交通规划的地区。都市圈国土空间、综合交通枢纽体系、产业园区空间布局、物流枢纽建设4个规划和方案编制完成。绿心中央公园城市设计方案抓紧编制。

【基础设施建设】 2021年，湖南加快对外开放通道建设。拓展向东通道，韶山至井冈山红色旅游铁路开通运营；拓展向南、向西通道，加速融入“一带一路”，中欧班列开行逾1000列，湘粤非铁海联运班列首发开通。提升开放空间，长沙机场改扩建工程完成年度投资81.75亿元。加快区域内互联互通建设。共建“轨道上的长株潭”，长株潭城际轨道交通西环线一期项目加快建设。打造长沙向西辐射的桥头堡，长沙高铁西站综合交通枢纽工程开工建设。延伸长沙南部东西向高速通道，江背至干杉高速公路加速推进；打通长株潭南环线，沪昆醴娄扩容工程稳步推进。加快长株潭港口融合发展，湘潭九华中心港提质改造完成。强化能源保供，长岭至黄花国际机场航煤油输送管道开工建设。

【产业协同发展】 2021年，湖南省出台推进长株潭重大产业高质量协同发展意见，编制长株潭产业协同发展指导目录，特色明显、相互衔接的产业协同发展格局正在形成。推进飞地园区建设，雨花经开区（韶山）智能制造产业园一期部分交付使用。促进共同优势产业发展。长沙工程机械、株洲先进轨道交通装备入选首批国家先进制造业集群。长株潭8个项目纳入全省十大产业项目，投资额1310亿元，占全省的84.2%。三一智联重卡、三安半导体、中联智慧产业城等重大项目稳步推进。长株潭共同举办“智能制造、智享未来”先进制造业推介会，签约项目18个，总投资203.7亿元。建立主特产业创新联盟。共建长株潭智能电力设备产业技术创新战略联盟，启动风电产业技术创新联盟建设。

【改革创新】 2021年，长株潭获批国家首批产教融合试点城市、国家文化和旅游消费试点城市。争取要素市场化配置综合改革纳入国家试点范围。加快省级层面改革创新。出台加快长株潭人才一体化发展意见，促进高端人才集聚长株潭。出台长株潭金融改革方案，推进供应链金融、科创金融等领域改革。建立长株潭城乡建设用地指标统筹管理机制，实现区域交易零障碍。推进低空空域管理改革试点，编制低空空域规划，签署首份军地民三方的飞行服务运行保障协议。推进三市协同改革。湘江新区核心区优化调整，与湘潭九华、岳阳湘阴达成合作协议，在九华、湘阴新片区实行共享统一政策。建成潇湘要素大市场长株潭三市分市场，推动组建合作联盟。

【科技创新能力建设】 2021年，长株潭自主创新示范区实施创新高地建设等专项行动，高新技术企业总数6700家，比2020年增长25%。推进科技创新平台建设。新获批国家耐盐碱水稻技术创新中心等4个国家级创新平台。岳麓山种业创新中心加快创建国家实验室，完成2个共性技术中心组建。岳麓山工业创新中心启动新材料、未来交通领域建设。中车株机和中南大学合作启动重组大功率交流传动电力机车系统集成国家重点实验室建设。推进科技攻关重大项目建设。组织实施长株潭科技创新攻关项目62个。省十大技术攻关项目全部在长株潭，突破8英寸离子注入机制备等一批关键技术。

【生态环境保护】 2021年，株洲清水塘完成5个企业地块、片区土壤修复治理，推进霞湾生态景观带项目土壤污染治理。湘潭竹埠港持续推进场地污染综合治理工程一期建设。加强湘江流域保护治理。湘江保护治理第三个“三年行动计划”完成。率先开展河湖生态缓冲带修复试点示范。开展生态文明示范创建。长沙县、韶山市创建成为国家生态文明建设示范区，浏阳市创建国家“绿水青山就是金山银山”实践基地。开展美丽示范乡村创建，创建省级示范村 74 个。

【基本公共服务共享】 2021 年，长株潭加快政务服务同城化。发布长株潭政务服务跨域通办事项清单，在线办理达 149 项。长株潭货车通行证（电子通行码）实现网上统一办理和互认。出台长株潭基本医疗保险和生育保险统筹管理方案，实现政策、流程、信息统一。加快民生领域服务同城化。推进优质教育资源共享，长沙市一中株洲学校及湘大附属学校、湖南师大附属九华步步高实验小学建成使用。电子健康卡应用环境改造完成率 95% 以上，实现就医、结算、健康管理“一卡通”。成立 13 个医学专科联盟，医联体建设逐步完善。公共图书馆联盟实现 681 家图书馆一证通行。

（本栏撰稿　胡功明）

长株潭一体化建设

【概况】 2021 年，长沙市贯彻落实省委、省政府关于长株潭一体化发展总体部署，紧扣“一体化”和“高质量”两个关键词推进长株潭一体化发展。成立长沙市推进长株潭一体化发展领导小组，下设办公室，办公室下设 7 个专项工作组。制定《长沙市推进长株潭一体化发展领导小组工作规则》，明确各项工作制度。3 月 11 日，由十三届全国人大四次会议批准的国家“十四五”规划和 2035 年远景目标纲要明确提出：“推动长江中游城市群协同发展，加快武汉、长株潭都市圈建设，打造全国重要增长极”。

编制《长沙市“十四五”推进长株潭区域一体化发展规划》，制定《长沙市落实〈长株潭一体化发展五年行动计划（2021—2025 年）〉实施方案》，落实落地规划纲要和五年行动计划。按照省定重点任务（含涉及长沙的三十大标志工程）、三市合作任务、长沙市自行提出的重点任务、园区和县（市、区）层面推进的工作等 4 个层面，印发《长沙市推进长株潭一体化发展 2021 年重点工作和重点项目清单》，重点工作共 121 项，重点项目 203 个，年度投资 1191.23 亿元。推进长株潭一体化省定任务 64 项，完成投资 546.42 亿元，达年度投资计划的 106.6%。22 个涉及长沙的三十大标志工程推进有力，完成投资 472.2 亿元，为年度计划的 108%，完成投资在三十大标志工程中占比达到 84.5%；推进湖南湘江新区和市本级层面重点项目 68 个，完成投资 696.02 亿元，完成年度计划的 102.6%；推进各园区、县（市、区）级层面重点项目 135 个，完成投资 697.33 亿元，占年度计划的 135.9%。推进长沙牵头的三市合作事项共 41 项，完成投资 551.13 亿元，占年度计划的 104.9%。市直各部门履行牵头责任，主动作为，成效显著。

2021 年，长株潭三市在国土空间、交通网络、土地利用、产业发展等规划方面实现同步对接。长沙高铁西站综合交通枢纽工程开工建设，长株潭城际轨道交通西环线一期工程主体工程全面施工，1000 千伏南昌至长沙特高压交流线路投产。长株潭先进储能材料产业联盟成立。三市实现社保卡省内跨地区异地联网即时结算、图书资源共建共享、住房公积金互认互贷，实现劳动保障监察资源共享、成果共认和拖欠农民工工资“失信联合惩戒对象名单”共享，并建立联合惩戒机制，实现 149 个高频事项线上跨域通办。《2021 年度长株潭都市圈先进制造业招商引资项目册》发布，中非跨境人民币中心设立，中非易货贸易平台加速构建，中非易货贸易首单顺利完成。

各县（市、区）主动对接株洲湘潭有关区县开展合作洽谈，谋求区域合作共赢的最大效益。天心区与株洲市石峰区、湘潭市岳塘区实现老年人优待证办理、生育服务登记等 18 个事项跨域办理。雨花区联合湘潭岳塘区、株洲云龙示范区、石峰区发布“长株潭人社服务一体化工作”线上招聘会第一期岗位信息，涉及岗位近 100 个，招聘人数超过 1000 人。浏阳市联合株洲、醴陵市等 9 区县共同发布初心源·湘鄂赣文旅一卡通。长沙县发布长沙县（开慧镇）—韶山市（毛泽东故居）等四条长株潭红色旅游直通经典线路。

三市园区在产业协同、科技创新、对外开放等方面合作范围更广、互动频率更高，三市园区整体影响力和辐射力不断提高。三市国家高新区联盟成立。全省首个立足推进长株潭一体化的“飞地园区”——长沙雨花经开区（韶山）智能制造产业园成立，并完成一期建设。隆平生物种业产业园硅谷企业总部基地投入使用，湖南大数据交易中心完成主体结构封顶，山河工业城三期工程项目、蓝思科技视窗触控玻璃面板生产项目、三一智联重卡零部件和工程机械扩产项目均已实现年内投产。国家耐盐碱水稻技术创新中心、国家智能网联汽车质量监督检验中心落户长沙，授牌成立岳麓山种业创新中心湘潭分中心。三一科学城、国际金融港、国际人才港等大批开放平台全速建设。

【长株潭一体化发展第三届市委书记联席会议】 2021 年 4 月 10 日，长株潭一体化发展第三届市委书记联席会议在湘潭韶山举行。省委书记、省人大常委会主任、长株潭一体化发展领导小组组长许达哲和省委副书记、省长、长株潭一体化发展领导小组第一副组长毛伟明对长株潭一体化发展工作作出批示。长株潭三市市委书记出席会议并讲话。会议通报长株潭一体化发展第三届市委书记联席会议筹备情况及相关文件起草说明。会上，三市审议并签署《长株潭一体化发展 2021 年行动计划》《关于深入实施“三高四新”战略 全面推进长株潭重大产业协同发展的意见》《关于长株潭三市保护生态环境、共建生态文明的实施意见》；湖南湘江新区管委会与湘潭市人民政府共同签署《湖南湘江新区 湘潭市人民政府关于九华片区综合开发战略合作协议》；三市发展改革委、工信局、人社局、商务局、科技局、自然资源规划局、文化旅游局、卫健委、交通运输局等部门签署三市一体化专项工作合作框架协议。

【政务服务跨域合作】 2021年2月18日，长沙市天心区、株洲市石峰区、湘潭市岳塘区签订《政务服务“跨域通办”合作协议》。按照“高频优先、应上尽上”“线上优先、线下补充”“实现一批、公布一批”的原则，围绕个人、企业服务高频事项中与群众生活、企业生产密切相关、有异地办事需求的事项，梳理三方“跨域通办”事项目录清单。首批公布老年人优待证办理、生育服务登记等涉及人社、医保、卫健等领域的18个事项，实现跨域办理。“跨域通办”工作的推行，打破了地域阻隔和部门壁垒，进一步融合“线上＋线下”服务手段，线上依托省政务服务网、移动端App、小程序等实现统一身份认证互通，用户信息互认，实现全程异地办理；线下开设“跨域通办”专窗，对不符合全程网办标准的事项，采用远程视频会商、本地收件、邮寄异地办理等方式解决，构建“互联网＋窗口”服务新模式，实现办事群众异地办事“马上办、网上办、就近办、一地办”。此次三方签订政务服务“跨域通办”合作协议，实现三市政务服务新跨越。

【长株潭首个“飞地园区”成立】 2021年4月14日，长株潭首个“飞地园区”——长沙雨花经开区（韶山）智能制造产业园一期企业签约入驻暨二期开工仪式在韶山举行。产业园二期项目建筑面积约11.2万平方米，包括5栋独栋厂房、2栋多层厂房和1栋高层厂房，预计2022年下半年交付使用。产业园总规划面积40公顷，项目总投资30亿元，分两期实施。根据产业定位，该“飞地园区”将重点承接人工智能及机器人（含传感器）、新能源汽车及零部件、航天航空与其他战略性新兴产业及配套服务产业。项目建成后可引进20家国内外智能制造细分市场龙头企业和近300家相关联上下游配套企业，并吸引长株潭周边企业集聚，推进形成新的产业集群。

【《关于加快推进长株潭人才一体化发展的意见》印发】 2021年4月11日，湖南省委人才工作领导小组印发《关于加快推进长株潭人才一体化发展的意见》（以下简称《意见》）。《意见》指出，在构建区域人才发展新格局方面，重点要培育产业人才集群、优化区域人才结构、深化区域人才改革。支持三市根据人才资源禀赋跨区域开展片区人才功能重组，支持长株潭建立健全区域人才招聘、薪酬、考核、科研管理、社会保障等制度，在区域内探索开展国际人才管理改革试点。在扩大区域人才对外开放方面，《意见》提出建设人才开放平台，支持长株潭举办承办全球性创新创业大赛、高水平学术交流活动等，支持区域内企事业单位积极申报国家博士后科研工作站和省博士后创新实践基地等。支持长株潭互融互通国内外引才资源，互相开放引才渠道，共建共享国内外重点人才信息库、国内外引才引智工作站、海外人才离岸创新创业基地，在黄花机场等口岸建立长株潭人才驿站，提高国际人才综合服务水平等。《意见》明确，建立创新平台人才合作机制、人才培养合作机制、人才联评互认机制。其中，建立长株潭高层次人才认定制度，按照统一标准分层分类认定高层次人才。探索建立区域骨干人才积分制度，不符合高层次人才认定标准的，可按照统一标准进行积分登记，申请享受相应人才待遇。《意见》指出，要推进人才服务共享、信息共享、柔性共享。建立区域高层次人才服务卡制度，三市统一认定的高层次人才可持卡在三市内按层级享受相应的教育、医疗、安居、文化旅游等公共服务，住房公积金个人账户可实现转移接续，医疗保险缴费年限可互认累积。建立以人才供求为主要内容的信息交换和发布机制，实现三市人才资源供求信息实时查询、同步共享。建立区域人才柔性共享激励机制，鼓励各类人才按照“市场配置、契约管理”的原则跨区域、跨单位、跨岗位柔性流动；对积极参与共享的用人单位给予适度补贴；引导长沙市域内的教育、医疗、文化等领域专业技术人才到株洲、湘潭服务等。

【“光辉百年路 走红长株潭”红色之旅百团首发式】 2021年3月28日，“光辉百年路 走红长株潭”红色之旅百团首发式暨2021长株潭红色文旅年启动式在长沙橘子洲头举行。长株潭三市文旅广（体）局代表共同签订《区域文化旅游合作发展协议》。在启动式上，集中发布“走红长株潭”“多彩湘赣边”“同饮湘江水”“共圆融城梦”等2021红色文旅年活动；湖南省金牌导游员为集中推介8条长株潭及湘赣边红色旅游路线，主要包括工农运动之旅、缅怀伟人之旅、伟人求学之旅、星火燎原之旅、璀璨将星之旅、红色圣地体验之旅、革命老区溯源之旅、红色文化传承之旅；对长株潭三市包括韶山旅游区、刘少奇故里·花明楼景区、苍坊旅游区、乌石旅游区、岳麓山·橘子洲旅游区、杨开慧纪念馆、秋收起义纪念园、炎陵县红军标语博物馆、茶陵县工农兵政府旧址、东山学院旧址、陈赓同志故居、湖南省立第一师范学校旧址在内的12个重要红色景点进行推介。

【城际铁路开启“公交化”运营】 2021年5月8日，湖南城际铁路有限公司新购的5组CJ6型四编组动车组车底投入使用，上线运营的动车组车底达到21组。当天同步启用新的列车运行图，长株潭城际铁路本线开行的动车组列车最高将达到100.5对，开启“公交化”运营模式。按照“城内地铁化，城外城际化”的思路，新的列车运行图进一步优化停站安排。长沙至芙蓉南区间实行“站站停”地铁化模式。株洲市、湘潭市范围内实行“错站停”。长沙至暮云区间的平均发车间隔为10.3分钟，株洲、湘潭区间平均发车间隔为21分钟，麓谷至株洲南、湘潭方向的列车由调图前的21对增加至32对，并增开了4对长沙往返麓谷的列车。根据车站配套设施及沿线站点客流情况，合理安排列车停点，有效减少旅客在途时间。

【2021湘江马拉松赛】 2021年5月9日，庆祝中国共产党成立100周年“传承红色基因·践行‘三高四新’”2021年长株潭大型体育赛事系列活动启动仪式暨战马2021湘江马拉松赛·长沙站在长沙橘子洲景区青年毛泽东雕像广场举办。与此同时，在株洲中国动力谷展示中心和湘潭九华湖中华德文化公园，三地1.4万名跑者，同时出发，与湘江奔跑。2021湘江马拉松赛·长沙站以“敢为人先·与湘江奔跑”为主题，起点在设在橘子洲景区青年毛泽东雕像广场，终点设在湘江欢乐天街，全长约21千米。赛程全线配置525名竞赛志愿者，36名医疗工作者、50名救援组织工作者、43名裁判员，为参赛运动员提供医疗救援、电子计时、存取衣、更衣、移动厕所、补水、能量补给、摆渡、收容等服务。此次赛事既是长株潭一体化发展的先行者，也是区域体育赛事合作的典型代表。三市通过联合打造参与度高、影响力大、示范性强的长株潭品牌赛事，提升联合举办重大赛事的能力，构建长株潭联合办赛的机制体制，探索长株潭一体化发展的制度体系和路径模式，进而助力“长株潭”产业融合发展，推动体育市场一体化发展。

【长株潭生态环境保护一体化发展第一次联席会议】 2021年5月13日，长株潭生态环境保护一体化发展第一次联席会议在长沙举行。会议通过《长株潭生态环境保护一体化发展2021年行动计划》，长沙、株洲、湘潭三市联合开展碳达峰示范引领、大气污染联防联控、区域水污染防治、交叉联合执法、跨区域监测联动、绿心生态保护、应急演练7项重点工作，将三市建成中部地区生态文明建设先行区。

在开展碳达峰示范引领方面，在长株潭三市范围内开展新建项目碳排放影响评价、建立国有企业和上市公司等重点企业碳排放信息披露制度、争取纳入国家气候投融资试点。开展环境质量达标与碳排放达峰“双达”试点示范，以降碳为总抓手，实施碳强度和碳排放总量控制制度，调整优化环境治理模式，加快推动从末端治理向源头治理转变，支持重点行业、重点企业率先达锋，构建清洁低碳、安全高效的能源体系，推进工业、建筑、交通等领域低碳转型，提升生态系统碳汇能力。开展碳达峰示范创建，打造一批示范园区、示范项目、示范企业等。在强化大气污染联防联控方面，共同建立机动车、非道路移动机械登记、检测、超标排放等相关信息共享机制，对机动车、非道路移动机械超标排放进行协同监管。在强化区域水污染防治方面，推进湘江流域综合治理，国控省控考核断面水质达标率100%，湘江干流交界断面水质达到Ⅱ类。强化饮用水水源地生态环境保护，科学合理划分调整水源保护区；进一步推进铊、锑等重金属污染治理和风险管控；加强城镇污水处理厂提标扩容和配套管网建设，完善雨污分流，逐步实现县级以上城市建成区污水收集管网全覆盖，集镇污水实际收集处理率达90%以上；持续开展船舶、港口水污染防治；推进湘江流域排口排查整治；落实“十年禁渔”，推动三市河湖休养生息；持续推进三市流域生态补偿，实现上下联动、流域共治。在开展交叉联合执法方面，加强三市跨区域、跨流域、跨行业的联合执法与执法协同，紧盯涉重、涉危、涉化、涉挥发性有机物（VOCs）等重点行业环境违法问题，每年开展不少于2次的联合执法行动，查处一批典型案例；每年开展不少于2次的交叉执法检查，持续保持共同打击环境违法行为的高压态势。在加强绿心生态保护方面，加强绿心地区的源头管控，严格环境准入。进一步完善绿心地区“三线一单”约束机制，强化准入管理。分区分类设置产业准入环境标准，提升环境保护优化产业布局和经济发展的能力。严格建设项目污染物排放要求，严格绿心地区建设项目的环评审批，严控高能耗、高物耗、高水耗和产能过剩、低水平重复的项目准入，探索综合生态状况监测。在加强应急演练方面，根据突发环境事件应急预案要求，各市每年组织突发环境事件应急演练时，邀请其他两市共同观摩学习。同时，可根据污染物的转移特征、湘江流域上下游关系等情况，在省厅的统一协调下，开展跨界的突发环境事件应急演练。 （本栏撰稿　李尚琪）

“两型”建设

【“两型”示范创建】 2021年，长沙市结合“双碳”、拒塑、光盘等行动部署，出台《长沙市两型示范（创建）单位测评细则（试行）》，进一步规范“两型”示范创建项目评审，全年培育市级“两型”示范创建项目40家，打造桃花井社区、华月湖社区、卢浮社区等典型样板，累计培育省、市级“两型”单位1125家，示范效应不断彰显。

【餐厨油烟净化治理】 2021年，长沙市执行老旧小区居民家庭餐厨油烟净化治理验收管理办法，完成2020年55620户安装任务市级验收，对37个小区组织开展抽样检测，做到各县（市、区）所有标段、所有产品全覆盖，截至2021年年底，全市累计完成治理任务23.36万户，下拨市级专项补贴资金10771.45万元，为打赢蓝天保卫战做出贡献。落实蓝天保卫战新三年行动计划要求，铺排餐厨油烟净化治理任务1.64万户，协调新增市级补贴预算706万元，为实现“到2023年安装户数应达到25万户”夯实基础。

【绿色发展宣传】 2021年，长沙市结合世界环境日等重要节点，加强宣传引导，广泛开展绿色生活创建，创新宣传方式，遴选“两型”公益宣讲员、培育“两型”宣教基地、“两型”公益组织，举办“两型”地铁、“两型”融媒体、“两型”宣传月等活动，建设“两型”主题公园跳马文化展厅、开发“两型”研习线路，搭建长沙市绿色积分平台，不断探索“互联网+两型”的公众参与模式，累计带动约3600万人次，“两型社会”和生态文明建设的影响力和参与度全面提升。

【“两型建设促发展 融城聚力谱新篇”暨2021年长沙市“两型”宣传月活动】 2021年6月23日，“两型建设促发展 融城聚力谱新篇”暨2021年长沙市“两型”宣传月活动启动仪式在长沙市望城区月亮岛街道桃花井社区举行。各县（市、区）“两型”部门、“两型社会”组织相关负责人及月亮岛街道居民代表和志愿者200余人参加活动。活动举办以“两型”生活节目表演、“两型”产品现场体验、“两型社会”成果展示等为主的线下活动，长沙市“两型”中心创新宣传方式，面向长沙市12岁以下儿童进行长沙“两型社会”建设绘画作品线上征集，共收到546幅作品，经初审、专家评审和网络投票，35幅作品脱颖而出并在宣传月启动仪式上进行展览，累计带动4万余人次参加，有效深化“两型社会”建设公众参与机制。

【机构调整】 2021年8月27日，省委编办印发《关于长沙市两型社会建设服务中心更名的批复》，明确市“两型”中心更名为长沙市长株潭一体化发展事务中心，12月30日，市委编办印发《长沙市长株潭一体化发展事务中心职能配置、内设机构和人员编制规定》，明确中心为市发展改革委直属正处级公益一类事业单位，承担长株潭一体化发展建设相关事务性、服务性工作，长株潭都市圈发展体制机制保障进一步增强。

（本栏撰稿　李婷婷）

绿心生态保护

【绿心监管】 2021年，长沙市完善绿心片区规划，开展绿心4个片区规划编制工作（雨花区同升—跳马片区、浏阳市柏加—镇头片区、岳麓区坪塘片区和天心区暮云片区），形成《长沙市绿心地区片区规划（2019—2030年）（送审稿）》。严格绿心项目准入，全年40个项目获得绿心准入批复。强化绿心执法监管，开展现场巡查60天次，及时处理宗违法违规项目（行为），按要求完成整改验收，实现在2021年第二轮中央环保督察期间长沙市绿心地区问题零反馈、零交办，长株潭“绿心”环境问题整治入选中央督察办“督察整改看成效”典型案例汇编。市区安排6.17亿元资金用于开展绿心工业企业退出攻坚战，两年内567家绿心地区工业企业全面退出，多次组织开展“回头看”工作，已退出工业企业均无反弹，有效遏制违法违规现象。

【实施生态补偿】 2021年，长沙市绿心地区生态补偿资金5889.68万元，其中省级项目资金1962万元、市级奖补资金1800万元、绿心各区（市）级基础性补偿资金2127.68万元（天心区320.97万元、雨花区1300万元、岳麓区132.84万元、浏阳市373.87万元）。出台《长沙市绿心生态补偿办法实施细则》和《长沙市绿心地区生态环境评估考核实施细则》，进一步发挥生态补偿资金效益。开展长沙绿心地区多元化生态补偿课题研究，助力乡村振兴，落实雨花区跳马镇乡村振兴工作有关要求，推动解决绿心生态补偿偏低等问题。

【项目建设】 2021年，长沙市择优支持12个生态类项目，雨花区绿道一期、田心桥村柳树塘矽砂矿、新田村石门水泥厂等一批生态项目建设成效显著，持续改善绿心地区生态环境，维护社会和谐稳定，提高绿心地区人民群众的生态获得感。完成绿心保护标志智能化改造，安排省“两型”资金418万元保障智能化改造项目，长沙生态绿心地区共设置保护标志413个，其中，两面立柱8个，界牌49个，界桩356个。

【长沙市生态绿心保护标志设置规划及智能化改造项目验收】 2021年9月16日，长沙市生态绿心保护标志设置规划及智能化改造项目完成验收。在长沙生态绿心地区，共设置保护标志413个，其中，两面立柱8个，界牌49个，界桩356个，全部接入长株潭绿心保护标志智能管理系统，做到界桩、界牌的导航追踪和现状实时监测，形成长株潭生态绿心保护的数字化、智能化、制度化管理。为落实绿心保护条例，按照省长株潭一体化事务中心下发的《长株潭生态绿心禁止开发区、限制开发区保护标志的建议》文件要求，自2020年6月起，省第二测绘院以地理信息技术、卫星遥感技术、物联网技术等手段为依托，通过外业摸底调查、内业规划设置、外业勘察定标、保护标志智能化改造、管理系统研发、管理制度编制等工作环节，在长株潭绿心地区的禁止开发区、限制开发区开展绿心保护标志设置工作。所有标志都已安装智能定位预警装置，并接入省第二测绘院开发的长株潭生态绿心保护标志智能管理系统，通过对接绿心地区“天眼”监控，实现导航追踪和实时监测，可自动上报自身位置。绿心保护标志智能管理系统融合了卫星遥感、物联网传输等多项先进技术，是国内多维智能标志的首创，同时绿心保护标志给其他行业领域，如不可移动文物、基本农田、水利设施和自然保护区等标志设置提供了借鉴案例。

（本栏撰稿　李婷婷）

南部融城片区建设

【完善顶层设计】　2021年，长沙市落实长株潭绿心总体规划要求，高标准组织系列规划编制，进一步完善片区发展建设依据。解放垸—大托城市设计通过整合，深化形成初步成果，以“未来共生都芯　山水洲城厅堂”为目标定位，打造生态都芯、智慧都芯、梦想都芯，将解放垸—大托片区建设成为长株潭品质城市新地标。对接省级长株潭绿心中央公园总体城市设计编制，主动谋划长沙市中央公园起步区布局、重点项目策划等内容，长沙奥体中心公园、花博园规划选址均经省长专题会议研究确定，其中，长沙奥体中心公园选址范围确定为天心区暮云南片，项目内容包含长沙奥体中心、国家和省体育训练基地、湖南体育职业学院三大核心功能；花博园选址位于雨花区跳马镇，拟布局花博园国际会展展馆、两山发展峰会论坛、绿心规划展示馆等功能。片区详细规划稳步推进，暮云东、西、南三片和雨花经开区和牛角塘起步区控规成果经规委会审议，金屏起步区控规已完成初步成果审查；片区禁、限开区村庄规划稳步推进，均已形成初步成果。

【重点项目建设】　2021年，南部融城片区铺排重点基础设施项目88个，其中续建项目27个，新建项目37个，预备项目24个，累计完成投资34.86亿元。融城骨干路网不断拓展，“一桥一路”开工建设，新韶山南路南延线启动建设，实现项目提前半年开工，暮坪湘江大桥建设顺利推进，建成后将打通一江两岸互动通道，开辟长沙、湘潭融合发展新通道。洞株公路和芙蓉南路快改全面完成建设，先锋路通车运行。中意路城市化改造工程一、二标段放开通车，伊莱克斯大道西延线全面拉通。环保大道东延线、圭白路和新梅路、新菊路、新竹路等次支道路加快建设。已建成区域市政功能不断提升，西湖路、月塘路（二期）通车运行，天心经开区南托路、南湖大道等13条道路完成提质改造。起步区建设启动推进，牛角塘城中村改造有序进行，完成征地拆迁约33公顷，累计征拆逾66.67公顷。推进暮云大道、圭白路建设前期工作，开展片区招商工作。

【产业转型】　2021年，南部融城片区立足特色优势产业，加快新兴产业导入，围绕大数据、人力资源服务、人工智能和传感器产业链建设，推进招商引资，促进产业转型升级。2021年片区内共实施产业项目133个，完成投资51.49亿元。推动园区优势产业集群发展，全省唯一的数据要素与数字资源交易场所湖南大数据交易中心投入试运营，青苹果数据城项目建设顺利推进，可孚医疗顺利上市，比亚迪DM-i超级混合动力项目生产与建设双向发力，产业集群优势逐步显现。开展起步区产业策划，牛角塘起步区产业策划形成初步成果，明确牛角塘起步区采用“一主一特”理念，围绕湘雅医院新院区、湖南大数据交易中心等主特产业项目，打造医学中心、大数据中心、地理信息中心，拓展延伸上、下游产业链，打造产业汇聚、生态友好的绿色产业高地。加快工业退出区产业转型，天心区针对原暮云工业园13.33公顷退出工业用地，成立国资平台收购86.67公顷，通过“短租、快改、轻重建、重装修”的模式，盘活片区内闲置资产，吸引启迪智汇教育集团等8家学校企业入驻，总计实现有机更新20万余平方米，同时启动“天翼云”中南数字产业园和“天心数谷”两大重点产业项目建设。雨花区针对退出工业用地散、小现状，以金屏小镇为重点，谋划文旅、科研教育等产业发展，为盛中学（原跳马涧建材）已进入建设阶段，香香食品厂明确转型为青少年国防教育培训基地。

【暮坪湘江特大桥启动建设】　2021年3月，暮坪湘江特大桥启动建设。暮坪湘江特大桥是S326浏阳澄潭江至宁乡沙田公路工程（长沙市南横线）的过江通道。项目东起万家丽路与中意路交叉路口以西800米，向西依次跨越京广铁路、规划一路、湘江大道、湘江、潇湘大道、观音湖路，终于坪塘大道以东768米。线路全长4.41千米，其中桥梁全长3.95千米，设计标准为以及公路兼顾城市道路功能。根据规划，暮坪湘江特大桥将于2024年6月建成投入使用。暮坪湘江特大桥项目的建设完善了长沙南部六横八纵的交通路骨干路网格局，是连接南部片区与大王山片区的重要通道，对于促进长株潭融城核心区的发展具有重要的推动作用。

【新韶山南路南延线（西湖路—昭山大道）启动建设】　2021年6月23日，新韶山南路南延线（西湖路—昭山大道）启动建设。该项目车道规模为伊莱克斯大道以北主线双向8车道，以南双向6车道，设计速度每小时60千米，全长约6.7千米。由南往北依次与规划的南湖路、融城路、暮石路、暮黄路、许兴路等相交，南端顺接湘潭昭山大道，全线设置桥梁3座，分别上跨融城路、沪昆高铁沿线河流，预留远期城市快速路条件。新韶山南路南延线（西湖路—昭山大道）项目属于“三干两轨四连线”项目之一，是形成长沙市南部片区快速路网体系重要组成部分，对于促进长株潭一体化发展意义重大。

（本栏撰稿　李婷婷）

科学技术

SCIENCE AND TECHNOLOGY

编辑　刘盼盼

综　述

【概况】　2021年，长沙市高新技术企业逾5200家、入库科技型中小企业4451家，分别占全省47.2%、39%；技术合同成交额533.7亿元，占全省42.3%；高新技术产业增加值增速15%。2020年度全社会研发投入357亿元，占全省41.3%，研发经费投入强度2.94%，2021年度全社会研发投入增速预计13%。获国家科技奖13项，其中主持完成9项。创新能力在国家创新型城市评价中保持排名前八位，连续两年获评“魅力中国——外籍人才眼中最具吸引力的中国城市”最具潜力城市，获2021年度省政府真抓实干督查激励第一名。

创新创业载体建设　高端创新平台引育。加速推进“三区两山两中心”建设，长沙自创区完成扩区，优化形成由市委主要领导牵头的推委会，建立园区创新评价和调度机制；湘江新区谋划建设湘江科学城，自贸区全国首创外国人来华一站式服务中心；岳麓山大学科技城新增科创企业2631家，马栏山视频文创产业园新注册企业744家；岳麓山种业创新中心加快构建“2+8”研发体系，岳麓山工业创新中心推进半导体、新材料研究院建设。十个重大科技创新标志性项目有序实施，半导体、汽车创新研究院完成事业单位法人登记，新一代人工智能创新中心启动项目论证，计算与数字经济创新研究院共建协议加快审核，先进运载装备与材料技术创新中心、极端环境电能变换装置有序推进。高标准建设国家新一代人工智能创新发展试验区，立项人工智能科技重大专项10项，认定10家开放创新平台。科技创新平台建设。2021年，获批国家新一代人工智能创新发展试验区、国家耐盐碱水稻技术创新中心等国字号创新平台7个。全年长沙市新增省级以上创新平台74家。新增市级创新平台55家，其中组建市级技术创新中心51家，依托湖南大学、吉林大学等单位在新一代半导体、智慧新能源汽车等领域，推动组建4家新型研发机构。支持创业孵化平台发展。重新修订市本级孵化器和众创空间的管理办法，推荐省级孵化器3家、众创空间备案15家；推荐国家级科技企业孵化器1家、众创空间备案3家。深化与京津冀、长三角、粤港澳等区域科技创新协作。与北京大学共建计算与数字经济研究院，清华大学、北京大学两批学生实践团到长沙开展实践，与同济大学共建干细胞与再生医学创新研究院。与香港城市大学深圳研究院共建异地孵化器，设立专项经费支持香港城市大学创新中心建设，启动40余个港长合作项目。

推进关键核心技术攻关　省重大技术攻关项目。在长沙的8个省十大技术攻关项目全年完成投资6.67亿元，占年度计划的101.6%；完成研发投入4.45亿元，占年度计划的115.18%，突破关键技术37项，建设创新平台5个。39个省“三高四新”战略产业项目完成投资19.67亿元，完成率118.12%，完成研发投入11.71亿元，完成率128.28%，突破关键技术105项，建设创新平台21个。在全省率先“揭榜挂帅”实施市重大科技项目。征集“揭榜挂帅”核心技术攻关需求43个，立项10项，三年滚动支持资金8000万元，引入清华大学高端研发团队承担2项重大科技项目，智能手术机器人、挖掘机分布式智能液压阀控系统等17项关键技术取得重大突破。实施市科技重大专项。在电子信息、生物与新医药、新材料等领域新立项17项重大专项，滚动支持36项，共计支持资金7600万元。强化计算与数字经济领域技术布局。布局人工智能领域攻关项目400余项，推动计算与数字经济创新发展高地建设。

提升企业创新水平　推动高新技术企业“量质双升”。培育以“科技型中小企业—高新技术企业—创新型领军企业”为主线的科技型企业梯队，2021年高企比2020年净增1000家以上，科技型中小企业净增1830家。高企培育管理系统运行，发放高企奖补2.55亿元。2021年组建先进计算、先进储能材料、医疗器械3家创新联合体。支持企业加大研发投入。2021年长沙规模以上企业研发投入279.8亿元，占全社会研发投入比例78.3%，比2020年增加35.8亿元，增速14.7%。为1885家企业争取省研发奖补资金4.58亿元。推动创新资源向企业集聚。建立以企业为主体的科技资金配置体系，企业承担市科技重大专项、重点研发计划项目数占比70%、90%以上。组建了以36家企业为主体的产业技术创新战略联盟，成员单位1400家左右。深化科技企业孵化器和众创空间改革，突出以高新技术企业、科技型中小企业等产出为评价导向。加大科技企业产品应用，共计107家企业的331个产品纳入政府采购“两型”产品认定目录并进入评审环节。

科技成果转化　深化市校合作。与11所在长沙高校组建市校创新发展联盟，并扩展到长株潭三市政府和15所高校，加快建设两单两库一平台，与4所驻长沙高校签订三高四新合作协议。优化成果转化服务。主办市内高校对接活动4场，市（境）外高校技术转移机构举办成果技术对接活动9场。新增2个技术合同登记点，全市合同登记点5个。启动四省会科技资源共享平台二期建设。2021年科技成果本地转化率33%。强化源头创新。推动10个国家重点实验室资源向企业等社会主体开放共享，建立重大平台与市场主体信息共享渠道。全年实施自科基金400余项，支持资金2800万余元。完善技术交易体系。认定技术交易服务机构22家，发放技术交易奖励1730万元，技术转移转化基地11家，新增技术经纪人470名。

优化科技创新生态　全面优化政策环境。成立书记牵头的市委科创委，出台建设国家科技创新中心实施意见等24个科技创新政策文件，市委、市政府全年共计29次会议研究部署科技创新工作。引育创新人才梯队。2021年新增两院院士5人，认定科技领军人才20名、杰出创新青年23名，选派农业特派员348名，资助引智项目44个。在全国率先实现外国人来华证件一窗一次办理，建设国际人才创新创业服务基地，在长沙外国人才数量687人。深化科技金融结合。成立首期3亿元的成果转化母基金，出台成果转化基金管理办法、设立原则等，在人工智能、医疗器械等领域筹建子基金。高企风补资金池累计为103家企业授信3.22亿元，对95家企业补贴科技保费369.7万元，科服基金投资2800万元。推进长株潭科技创新一体化。召开长株潭三市科技合作会议、活动7场，签订《长株潭一体化科技合作框架协议》，组建长株潭智能电力、轨道交通、风力发电3个产业技术联盟，24682项科技资源、仪器设施实现共享。优化科创环境。全年科技发展专项资金6.15亿元，获中央、省级科技资金5.8亿元。财政绩效评价连续6年获优秀，审计问题整改获市人大满意评价（第一名），获“市信用建设优秀单位”称号。

【科技政策体系】 2021年，长沙市科技局梳理科技创新工作发展思路，成立市委科创委，出台科技创新高地三年行动方案、长株潭自主创新示范区三年行动计划、建设国家科技创新中心的实施意见等7个市级政策文件以及17个局内政策文件。总结归纳各项科技发展成果，完成党代会、政府工作报告、打造科技创新高地等调研材料。梳理出台《长沙2021年科学技术发展报告》，整理编纂《长沙年鉴》《地方志资料年报》《湖南省科技年鉴》《市委纪事》《2022年长沙国民经济和社会发展报告部门篇——科学技术》等相关资料。

【培育科技创新创业人才】 2021年，长沙市实施“长沙市科技创新创业领军人才计划”，面向22条工业新兴及优势产业链领域企业中具有重大发明和技术创新的高端人才开展领军人才认定工作。2021年经过初审、考察、复审、评审等环节，并报市政府批准，共认定20名“长沙市科技创新创业领军人才”。

【科技与金融结合】 2021年，长沙市在科技金融领域探索创新中，通过“基金+补偿+保险”多措并举方式，助力科技企业扫障过“坎”。组建长沙市科技成果转化基金，由市人民政府出资设立，成立首期3亿元的成果转化母基金，并出台《长沙市科技成果转化基金管理办法》以及《长沙市科技成果转化基金设立原则》，并推动在人工智能、医疗器械等领域筹建子基金。扩充“长沙市高新技术企业信贷风险补偿资金池”，截至2021年12月底，为103家企业提供贷款和风险补偿服务，实际使用贷款金额2.87亿元。开展科技保险费补贴工作，2021年对95家企业申报的129项2020年科技保险费补贴项目保费给予70%补贴，共补贴369.7万元。

【区域科技合作】 2021年，长沙市与国内知名高校、科研院所建立全面合作关系。与北京大学共建计算与数字经济研究院，清华大学、北京大学两批学生实践团到长沙开展实践，与同济大学共建干细胞与再生医学创新研究院。与香港城市大学深圳研究院共建异地孵化器，设立专项经费支持香港城市大学创新中心建设，启动40余个港长合作项目。9月在岳麓山大学城举办香港城市大学新材料领域产学研合作对接会。组织香港城市大学专家教授发布“高比能长寿命锂离子电池正极材料的产业化开发”“新型金属微点阵超材料”“纳米多级结构材料在汽车减重构件中的应用”等6个新材料领域的最新成果。

【国际科技合作】 2021年，长沙市受理出库市科技计划国际与区域科技合作项目32项，立项18个。向省科技厅推荐省国际与区域科技合作项目5项，推荐省级国际科技合作基地5个，引才引智示范基地5个。在深圳和长沙分别举办创汇香湘创新创业大赛初赛和决赛，《Li++新能源汽车维保设备》项目获大赛一等奖，《导电银胶的国产替代》《基于鸿蒙OS+UNITY底层开发的智慧医疗病区系统》获二等奖，《递送细胞和生物制品的新一代微针给药医疗器械》《SeeWall视障人群生态系统》《开放式游戏化自适应多语言平台》项目获三等奖。

【长沙获批建设国家新一代人工智能创新发展试验区】 2021年3月24日，长沙获批建设国家新一代人工智能创新发展试验区，成为全国第十五个获批城市。根据科技部复函，长沙高标准建设国家新一代人工智能创新发展试验区，示范带动中部地区和长江经济带高质量发展，出台《长沙市建设国家新一代人工智能创新发展试验区三年行动计划（2021—2023年）》，人工智能算力中心一期200P算力动工，立项人工智能科技重大专项10项，认定10家开放创新平台，与湖南师大、湖南工商大学共建人工智能伦理研究机构和社会实验室。

【长株潭三市签署《长株潭一体化发展科技合作协议》】 2021年4月10日，长株潭三市科技部门签署《长株潭一体化发展科技合作协议》，从共建人工智能创新中心、共同打造湘江湾科创走廊、联合开展关键核心技术攻关、建立科技成果转化合作机制和建立科技创新资源共享机制五方面开展深度合作。2021年举办长株潭三市活动7场，组建长株潭智能电力、轨道交通、风力发电3个产业技术联盟，24682项科技资源、仪器设施实现共享。

【在全省率先实施“揭榜挂帅”市重大科技项目】 2021年4月21日，长沙在全省率先实施“揭榜挂帅”市重大科技项目。征集核心技术攻关需求43个，立项10项，3年滚动支持资金8000万元，清华大学揭榜2项，智能手术机器人、挖掘机分布式智能液压阀控系统等17项关键技术取得重大突破。与此同时，通过推进省重大技术攻关项目等，全年实现量子点激光器、8英寸集成电路成套装备等重大技术突破超过100项。

【长沙市与清华大学、北京大学签署全面合作协议】 2021年5月21日，长沙市与清华大学、北京大学签署全面合作协议，从共建新型研发机构、“揭榜挂帅”核心技术攻关、实践基地建设等方面开展合作，开启了校地合作的新篇章。这是长沙首次与北京大学、清华大学这两所世界一流高校签署全方位、可持续、有支撑的合作协议，标志着长沙从单纯技术成果引进到通过与高校、科研院所全面合作的重大转变。2021年，长沙还与同济大学、上海交通大学、香港科技大学、香港城市大学等形成全面战略合作，为长沙高质量发展注入强大动能。 （本栏撰稿 刘伊岱）

表24 2021年长沙科技重大专项（含滚动支持）一览表

单位：万元

序号	计划编号	项目名称	项目承担单位	推荐单位	立项年度	金额	备注
1	Kq2103001	自主无人系统智能导航与测姿关键技术研究和产业化	长沙学院	长沙学院	2020	150	
2	Kq2103002	长沙段湘江古镇群数字化重建技术与网络虚拟旅游的产业化实现	长沙学院	长沙学院	2020	150	
3	kq2104001	饲用益生菌高效利用关键技术研究与产业化	湖南普菲克生物科技有限公司	开福区科技局	2018	100	
4	kq2104002	基于凸轮驱动的小型产品智能装配通用平台研发与产业化	湖南先步信息股份有限公司	长沙国家高新技术产业开发区管委会	2018	100	
5	kq2104003	高精度光纤陀螺惯导技术研究及产业化	湖南航天机电设备与特种材料研究所	岳麓区科技局	2018	100	
6	kq2104004	无线多普勒胎心智能监护系统	中聚科技股份有限公司	长沙国家高新技术产业开发区管委会	2018	100	
7	kq2104005	基于增材制造的新概念仿生口腔种植体关键技术研究及应用示范	中南大学	中南大学	2018	100	
8	kq2104006	真空磁浮列车试验线项目	远大科技集团有限公司	国家级长沙经济技术开发区管委会	2018	100	
9	kq2104007	装配式建筑密封新材料研发及产业化项目	湖南柯盛新材料有限公司	国家级长沙经济技术开发区管委会	2018	100	
10	kh2102001	5G环境下可信智能视觉关键技术研究及应用	智慧眼科技股份有限公司	长沙国家高新技术产业开发区管委会	2020	150	

续表 24

序号	计划编号	项目名称	项目承担单位	推荐单位	立项年度	金额	备注
11	kh2102002	高性能嵌入式图形处理芯片研制及产业化	长沙景嘉微电子股份有限公司	长沙国家高新技术产业开发区管委会	2020	150	
12	kh2102003	全球首颗12/14纳米的北斗三号军民两用抗干扰高精度导航芯片研发及产业化	长沙海格北斗信息技术有限公司	长沙国家高新技术产业开发区管委会	2020	150	
13	kh2102004	遥感大数据SAR卫星关键技术及应用研究	长沙天仪空间科技研究院有限公司	长沙国家高新技术产业开发区管委会	2020	150	
14	kh2102005	面向智慧健康医疗的大数据分析平台及应用系统关键技术研究	湖南创星科技股份有限公司	长沙国家高新技术产业开发区管委会	2020	150	
15	kh2102006	智慧园区可控物联及智能服务关键技术研究与产业化	湖南华宽通科技股份有限公司	长沙国家高新技术产业开发区管委会	2020	150	
16	kh2102007	智慧型高压开关物联网技术应用研究与产业化	湖南长高高压开关有限公司	望城区科技局	2020	150	
17	kh2102008	猴头菌丝体及其制剂产业化与新药创制	湖南新汇制药股份有限公司	望城区科技局	2020	150	
18	kh2102009	新型小分子靶向药物托法替布原料药研发及产业化	湖南华纳大药厂手性药物有限公司	国家级望城经济技术开发区管委会	2020	150	
19	kh2102010	免电子媒介的微创CGM（连续动态血糖监测）关键技术研究及产业化	三诺生物传感股份有限公司	长沙国家高新技术产业开发区管委会	2020	150	
20	kh2102011	智能辅助诊断仪器在新发和突发传染病防控中的应用	圣湘生物科技股份有限公司	长沙国家高新技术产业开发区管委会	2020	150	
21	kh2102012	高档优质杂交稻资源创制、新品种选育及产业链开发	湖南金健种业科技有限公司	长沙国家高新技术产业开发区隆平高科技园管委会	2020	150	
22	kh2102013	高镉、低值稻米高值化利用技术研究与产业化	中南林业科技大学	中南林业科技大学	2020	150	
23	kh2102014	金属粉末注射成形多孔载药镍钛合金血管支架的制造及研究	中南大学湘雅二医院	中南大学湘雅二医院	2020	150	
24	kh2102015	三相仿生套筒ACL重建移植物构建及其功能活性优化研究	中南大学湘雅医院	中南大学湘雅医院	2020	150	

续表 24

序号	计划编号	项目名称	项目承担单位	推荐单位	立项年度	金额	备注
25	kh2102016	激光3D打印钽金属医用植入体关键技术的研究和应用	中南大学湘雅医院	中南大学湘雅医院	2020	150	
26	kh2102017	高导热油基中间相沥青碳纤维的研发及产业化	湖南大学	湖南大学	2020	150	
27	kh2102018	大型固体运载火箭发动机喷管用碳/碳喉衬材料制备关键技术	湖南博云新材料股份有限公司	长沙国家高新技术产业开发区管委会	2020	150	
28	kh2102019	新一代高镍低钴化锂电池正极材料关键技术研发与产业化	湖南杉杉新能源有限公司	宁乡高新技术产业园区管理委员会	2020	150	
29	kh2102020	装配式建筑隔离型绿色节能饰面材料关键技术研究与产业化	湖南固特邦土木技术发展有限公司	长沙国家高新技术产业开发区管委会	2020	150	
30	kh2102021	4D打印AlON/AlN陶瓷粉末及制品关键技术研究与应用	香港城市大学	香港城市大学	2020	150	
31	kh2102022	高端智能液压挖掘机关键技术研究及产业化	中联重科股份有限公司	中联重科股份有限公司	2020	150	
32	kh2102023	面向重大疫情的应急防控救护智能机器人	湖南大学	湖南大学	2020	150	
33	kh2102024	新一代智能居家健康服务机器人关键技术研究与应用	湖南超能机器人技术有限公司	开福区科技局	2020	150	
34	kh2102025	高效精密磨削抛光关键技术研究及其应用	宇环数控机床股份有限公司	浏阳高新技术产业开发区管委会	2020	150	
35	kh2102026	新一代LKJ列车运行控制系统关键技术研究及产业化	湖南中车时代通信信号有限公司	国家级长沙经济技术开发区管委会	2020	150	
36	kh2102027	重型卡车整车集成和整车控制器关键技术研究和产业化	三一集团有限公司	国家级长沙经济技术开发区管委会	2020	150	
37	kq2105001	面向大型塔式起重设备的高效高精度视觉伺服传感系统关键技术及应用研究	长沙学院	长沙学院	2021	150	
38	kh2103001	空天地一体化智能感知平台研究及农业应用示范	湖南航天远望科技有限公司	岳麓区科技局	2021	150	
39	kh2103002	国产智能DSP产品关键技术研究及产业化推广	湖南长城银河科技有限公司	长沙国家高新技术产业开发区管委会	2021	150	

续表 24

序号	计划编号	项目名称	项目承担单位	推荐单位	立项年度	金额	备注
40	kh2103003	基于PK体系和鲲鹏体系的安全的自主可控图数据库管理系统	湖南大学	湖南大学	2021	150	
41	kh2103004	面向数据共享流通的区块链底层关键技术研究与产业化	湖南天河国云科技有限公司	国家级长沙经济技术开发区管委会	2021	150	
42	kh2103005	降脂新药瑞舒伐他汀钙关键技术研究及产业化项目	湖南九典制药股份有限公司	国家级浏阳经济技术开发区管委会	2021	150	
43	kh2103006	治疗慢性肾功能衰竭的中药新药肾复舒颗粒的研究与开发	中南大学湘雅二医院	中南大学湘雅二医院	2021	150	
44	kh2103007	高性能超声手术刀系统的关键技术研究与产业化	湖南瀚德微创医疗科技有限公司	长沙国家高新技术产业开发区管委会	2021	150	
45	kh2103008	3D生物打印类脊髓支架移植物构建及原位修复效应研究	中南大学湘雅医院	中南大学湘雅医院	2021	150	
46	kh2103009	人工智能分析仪器在女性生殖道感染检验中的研发与创新应用	爱威科技股份有限公司	长沙国家高新技术产业开发区管委会	2021	150	
47	kh2103010	柔性纳米生物芯片的制造及其在凝血功能综合评估中的应用研究	中南大学湘雅二医院	中南大学湘雅二医院	2021	150	
48	kh2103011	20吨/年碳化硅纤维的产业化及其构件制备技术研究	湖南博翔新材料有限公司	长沙国家高新技术产业开发区管委会	2021	150	
49	kh2103012	第三代宽禁带半导体SiC单晶用高纯碳基材料关键技术研究和产业化	湖南顶立科技有限公司	国家级长沙经济技术开发区管委会	2021	150	
50	kh2103013	新能源汽车锂离子电池用快充型高能量密度负极材料制备关键技术研究与产业化	湖南中科星城石墨有限公司	宁乡高新技术产业园区管理委员会	2021	150	
51	kh2103014	基于TMR技术的高精度非接触式磁性旋转编码器的研制与产业化	湖南航天磁电有限责任公司	国家级望城经济技术开发区管委会	2021	150	
52	kh2103015	大型掘进机主轴承控形控性精密制造关键技术	中国铁建重工集团股份有限公司	国家级长沙经济技术开发区管委会	2021	150	
53	kh2103016	基于增强虚拟现实技术（AR）的湖湘红色资源体验传播平台建设	中南大学	中南大学	2021	150	

（资料来源：市科技局）

表 25　　省实施“三高四新”战略产业项目建设活动科技攻关项目一览表

序号	所在市州、县（区）	项目名称	项目实施单位
1	长沙高新区	基于北斗三号的军民两用抗干扰高精度导航芯片研发及产业化	长沙海格北斗信息技术有限公司
2	长沙高新区	免电子媒介的微创 CGM（连续动态血糖监测）关键技术研究及产业化	三诺生物传感股份有限公司
3	长沙高新区	遥感大数据 SAR 卫星关键技术及应用研究	长沙天仪空间科技研究院有限公司
4	望城经开区	智慧型高压开关物联网技术应用研究与产业化	湖南长高高压开关有限公司
5	长沙高新区	8 英寸集成电路成套装备	中国电子科技集团公司第四十八研究所、湖南楚微半导体科技有限公司
6	长沙经开区	大型掘进机主轴承研制及试验技术	中国铁建重工集团股份有限公司
7	长沙天心区	第三代半导体核心装备国产化关键技术攻关	中国电子科技集团公司第四十八研究所
8	长沙经开区	第三代 SiC/GaN 半导体用关键材料与装备核心技术研究及产业化	湖南顶立科技有限公司
9	长沙岳麓区	树图联盟链底层技术与 BaaS 平台的研发及应用示范	湖南湘江树图信息科技创新中心有限公司等
10	长沙高新区	高性能沥青基碳纤维关键技术攻关	湖南东映碳材料科技有限公司
11	长沙经开区	地下工程装备数字样机及数字孪生技术与系统研发	中国铁建重工集团股份有限公司
12	长沙湘江新区	硅基量子点激光器	湖南汇思光电科技有限公司
13	长沙经开区	产业区块链底层关键技术攻关与应用研究	湖南天河国云科技有限公司
14	长沙经开区	旋挖钻机数字样机及孪生技术科技攻关	山河智能装备股份有限公司
15	浏阳经开区（高新区）	用于液压装备的金属基薄膜压敏芯片及传感器研制与产业化	湖南启泰传感科技有限公司
16	长沙高新区	智能化电液一体多路阀关键技术研究及产业化	中联重科股份有限公司 / 常德中联液压有限公司
17	长沙市长沙县	高压柱塞泵及数字化关键技术研究及产业化	三一重工
18	长沙高新区	HIV 检测试剂研发及在艾滋病防治中的应用研究	圣湘生物科技股份有限公司
19	长沙高新区	低轨卫星导航增强试验验证系统	湖南矩阵电子科技有限公司
20	长沙望城区	国家专利优秀奖猴头菌丝体成果转化及其新药开发	湖南新汇制药股份有限公司
21	长沙望城区	基于国产密码体系的高安全性自主可控云平台产品研发及产业化	长沙证通云计算有限公司

续表 25

序号	所在市州、县（区）	项目名称	项目实施单位
22	长沙高新区	基于自主可控 GPU 的系列显卡研制及产业化	长沙景嘉微电子股份有限公司
23	长沙市长沙县	7.0T 超高场核磁共振 & 脑影像研究	湖南迈太科医疗科技有限公司
24	长沙高新区	电磁推射微小卫星	湖南省军民融合装备技术创新中心
25	长沙	封闭特定场景无人驾驶通用底盘平台开发关键共性技术研究与应用	湖南湖大艾盛汽车技术开发有限公司
26	长沙望城区	高端原料药关键技术研究及产业化	湖南华纳大药厂手性药物有限公司
27	长沙高新区	高镍多元复合正极材料合成关键技术与产业化集成应用	巴斯夫杉杉电池材料有限公司（原名：湖南杉杉能源科技股份有限公司）
28	长沙高新区	固体火箭冲压发动机	湖南宏大日晟航天动力技术有限公司
29	长沙岳麓区	光纤通信器件封装制造技术与装备研制及其产业化	中南大学
30	长沙岳麓区	海洋工程特种电能变换关键技术与重大装备研发	湖南大学、湖南中科电气股份有限公司
31	长沙高新区	湖南省天然甜素工程 技术研究中心	湖南华诚生物资源 股份有限公司
32	长沙高新区	基于人工智能氘代技术新药开发平台	湖南华腾制药有限公司
33	长沙芙蓉区	水稻优质绿色高效种质创制与重大新品种培育项目	袁隆平农业高科技股份有限公司、 湖南农业大学、 湖南杂交水稻研究中心、 湖南省水稻研究所、 湖南希望种业科技股份有限公司、 湖南金色农丰种业有限公司、 湖南亚华种业科学研究院。
34	宁乡经开区	特种功能树脂及汽车部件涂料研发及产业化	湖南松井新材料股份有限公司
35	长沙高新区	物联网网络层关键技术产品研发及扩产技改项目	威胜信息技术股份有限公司
36	长沙经开区	新一代 LKJ 列车运行监控系统关键技术研究及产业化项目	湖南中车时代通信信号有限公司
37	长沙岳麓区	异种胰岛移植关键技术研究及产业化	中南大学、 湖南赛诺生物科技股份有限公司
38	长沙高新区	银河飞腾 DSP 科技成果转化与产业化项目	国防科技大学、 湖南长城银河科技有限公司
39	长沙天心区	省部共建木本油料资源利用国家重点实验室	湖南省林业科学院

（资料来源：市科技局）

表 26　　2021 年长沙市科技创新创业领军人才一览表

序号	姓名	性别	单位
1	马立坤	男	国防科技大学
2	彭　勃	男	国防科技大学
3	王少锋	男	中南大学
4	李芳芳	女	中南大学
5	周小平	男	湖南大学
6	王　石	男	湖南师范大学
7	王　凯	男	中南大学
8	陈　如	男	湖南大学
9	吴　伟	男	长沙理工大学
10	邓　鹏	男	湖南大学
11	焦金真	女	中国科学院亚热带农业生态研究所
12	陈小敏	女	长沙理工大学
13	周新星	男	湖南师范大学
14	喻　娟	女	湖南中医药大学
15	牛沧志	男	湖南农业大学
16	康　雷	男	湖南农业大学
17	高　钢	男	中国农业科学院麻类研究所
18	徐海音	男	中南林业科技大学
19	王天抗	男	湖南省农业科学院
20	李　闯	男	湖南工商大学
21	李　锟	男	长沙学院
22	刘思思	女	湖南省林业科学院
23	李必鑫	男	湖南第一师范学院

（资料来源：市科技局）

科技平台

【技术研发平台】　截至 2021 年年底，长沙市有国家级重点实验室 11 家，工程技术研究中心 14 家，工程研究中心（工程实验室）15 家，企业技术中心 26 家，临床医学研究中心 3 家，技术创新中心 1 家；省部共建重点实验室 2 家，工程研究中心（工程实验室）23 家；省级重点实验室 237 家，工程技术研究中心 260 家，工程研究中心（工程实验室）140 家，企业技术中心 114 家，临床医学研究中心 83 家；市级工程技术研究中心 194 家，企业技术中心 259 家，技术创新中心 51 家，新型研发机构 10 家。通过持续支持，长沙科技创新研发平台已形成一定规模，总量已近1500家。2021年，国家耐盐碱水稻技术创新中心获科技部正式批复，湖南天河国云科技有限公司“湖南省区块链技术创新中心”获批首家省级技术创新中心；长沙北斗产业安全技术研究院有限公司等30家新型研发机构获省科技厅备案；中南大学湘雅医院“湖南省癫痫疾病临床医学研究中心”等26个科技平台获批省级临床医学中心，全年长沙市新增省级创新平台74家。

【企业孵化平台】 2021年，《长沙市科技企业孵化器和众创空间管理办法》修定，2022年1月1日起执行。2021年对2020年认定并通过考核的16家市级众创空间共给予480万元的资金支持。完善各级孵化体系，对申报的6家省科技企业孵化器进行现场考察，并向省科技厅推荐通过考察3家科技企业孵化器，前行58小镇、湘江科创园孵化器、长沙云图孵化器被认定为省级科技企业孵化器。同时受省科技厅委托，对申报的22家省众创空间组织专家评审和现场考察，并向省科技厅推荐通过评审和考察的15家众创空间备案。截至2021年年底，长沙市有经认定的科技企业孵化器52家，其中国家级14家，省级23家，市级15家。有经认定（备案）的众创空间168家，其中国家备案30家，国家专业化示范2家，省级82家，市级54家。

【新型研发机构】 2021年，由市科技局牵头，联合山河智能装备股份有限公司和湖南源品细胞生物科技有限公司等单位，开展“长沙特种工程装备工业技术研究院”和“长沙干细胞与再生医学工业技术研究院”的建设工作，市政府已批复同意组建。持续支持“长沙半导体技术与应用创新研究院”“长沙智慧新能源汽车创新研究院”“长沙现代食品创新研究院”“长沙创新药物工业技术研究院”等新型研发机构的建设工作，2021年拨付新型研发机构支持经费1.73亿元。

（本栏撰稿 刘伊岱）

表27 2021年长沙市新增省级新型研发机构一览表

序号	申报单位	负责人	备案时间
1	长沙北斗产业安全技术研究院有限公司	明德祥	2021
2	湖南进芯电子科技有限公司	黄嵩人	2021
3	华智生物技术有限公司	肖金华	2021
4	长沙工研院环保有限公司	李婕	2021
5	长沙军民先进技术研究有限公司	苑洪亮	2021
6	湖南容大智能变速器股份有限公司	王韶峰	2021
7	长沙智能机器人研究院有限公司	熊洛	2021
8	湖南远泰生物技术有限公司	向双林	2021
9	湖南普瑞玛药物研究中心有限公司	陈志	2021
10	湖南省正源储能材料与器件研究所	尚雷	2021
11	湖南中盛交通高科技研究院	盛德军	2021
12	湖南潇湘大数据研究院	何流	2021
13	岳麓山种业创新中心有限公司	田冰川	2021
14	湖南松井先进表面处理与功能涂层研究院有限公司	余喜红	2021
15	长沙新材料产业研究院有限公司	段东北	2021
16	湖南宏大日晟航天动力技术有限公司	胡建新	2021

续表 27

序号	申报单位	负责人	备案时间
17	长沙安牧泉智能科技有限公司	彭新华	2021
18	湖南恒兴医药科技有限公司	郭建军	2021
19	“航天之星”军民融合创新研究院	郝振辉	2021
20	湖南省马栏山计算媒体研究院	高春鸣	2021
21	湖南湖大艾盛汽车技术开发有限公司	成艾国	2021
22	长沙智能驾驶研究院有限公司	宇 军	2021
23	湖南飞机起降系统技术研发有限公司	姜 锋	2021
24	长沙天仪空间科技研究院有限公司	杨 峰	2021
25	湖南岳麓山中药材种业创新中心有限公司	曾建国	2021
26	湖南美柏生物医药有限公司	肖 锷	2021
27	湖南网数科技有限公司	刘 政	2021
28	湖南冠牧生物科技有限公司	陈 敏	2021
29	湖南光琇高新生命科技有限公司	卢光琇	2021
30	湖南智领通信科技有限公司	罗扬眉	2021

（资料来源：市科技局）

表 28　　2021 年长沙市新增市级新型研发机构一览表

序号	机构名称	依托单位	获批时间
1	长沙特种工程装备工业技术研究院	山河智能装备股份有限公司	2021
2	长沙干细胞与再生医学工业技术研究院	湖南源品细胞生物科技有限公司	2021

（资料来源：市科技局）

表 29　　2021 年长沙市新增众创空间

序号	众创空间名称	运营主体名称	级别	年份
1	麓谷科创空间	长沙高新开发区岳麓山大学科技园科技服务有限公司	省级	2021
2	COFOLAND・海梦岛国际创新社区	湖南领众信息科技发展有限公司	省级	2021
3	智汇开福・湘域创新创业基地	湖南国科启航科技发展有限公司	省级	2021
4	友琛创业工场－软件及新技术企业创新空间	湖南友琛创联科技发展有限公司	省级	2021
5	湖南创大基地众创空间	长沙中部智谷企业管理有限公司	省级	2021

续表 29

序号	众创空间名称	运营主体名称	级别	年份
6	英维之星众创空间	湖南英维之星孵化器管理有限公司	省级	2021
7	谷山芯谷众创空间	湖南天玥科技有限公司	省级	2021
8	长沙学院大学生创新创业孵化基地	长沙学院	省级	2021
9	长沙中健众创空间	湖南中健众创创业服务股份有限公司	省级	2021
10	Vstartup（长沙）创新中心	长沙橄榄云耕科技服务有限公司	省级	2021
11	SEEDER 众创空间	湖南先导电子陶瓷科技产业园发展有限公司	省级	2021
12	“楚怡”大学生科技创新创业孵化基地	湖南工业职业技术学院	省级	2021
13	马栏山月湖文创小镇众创空间	湖南月湖文化创意有限公司	省级	2021
14	德必岳麓山人工智能创新工场	湖南德铭文化科技有限公司	省级	2021
15	恰到好处众创空间	湖南省恰到好处创业服务有限公司	省级	2021

（资料来源：市科技局）

表 30　　2021 年长沙市科技企业孵化器一览表

序号	孵化器名称	运营主体名称	所在区县（园区）	级别	年份
1	长沙高新技术产业开发区创业服务中心（孵化器）	长沙高新技术产业开发区创业服务中心	高新区	国家级	2003
2	湖南岳麓山国家大学科技园创业服务中心	湖南岳麓山国家大学科技园创业服务中心	岳麓区	国家级	2010
3	浏阳经济技术开发区产业化服务中心（孵化器）	浏阳经济技术开发区产业化服务中心	浏阳市	国家级	2010
4	湖南金荣雅创科技服务有限公司（孵化器）	湖南金荣雅创科技服务有限公司	高新区	国家级	2011
5	湖南广发隆平高科技园创业服务有限公司（孵化器）	湖南广发隆平高科技园创业服务有限公司	芙蓉区	国家级	2012
6	长沙湘能科技企业孵化器有限公司（孵化器）	长沙湘能科技企业孵化器有限公司	高新区	国家级	2013
7	湖南妙盛企业孵化港有限公司（孵化器）	湖南妙盛企业孵化港有限公司	宁乡市	国家级	2014
8	长海创业基地	湖南长海科技创业服务有限公司	高新区	国家级	2014
9	长沙黄金创业园	湖南知众创业服务有限公司	望城区	国家级	2016
10	长沙中电软件园	长沙中电软件园有限公司	高新区	国家级	2016
11	长沙软件园	长沙软件园有限公司	高新区	国家级	2017

续表 30

序号	孵化器名称	运营主体名称	所在区县（园区）	级别	年份
12	豪丹科技园	湖南豪丹科技园创业服务有限公司	芙蓉区	国家级	2019
13	三一众创孵化器	湖南三一众创孵化器有限公司	长沙县	国家级	2019
14	曾氏企业创业园	湖南省曾氏企业有限公司	高新区	国家级	2020
15	湖南大学科技园有限公司（孵化器）	湖南大学科技园有限公司	高新区	省级	2010
16	长沙高新开发区橡树园企业创业服务有限公司（孵化器）	长沙高新开发区橡树园企业创业服务有限公司	高新区	省级	2012
17	恩吉创业园	长沙恩吉实业投资有限公司	宁乡市	省级	2014
18	宁乡经济技术开发区创业服务中心（孵化器）	宁乡经济技术开发区创业服务中心	宁乡市	省级	2015
19	湖南麓谷国际医疗器械产业园	湖南麓谷国际医疗器械产业园有限公司	高新区	省级	2015
20	湖南省大中专学校学生信息咨询与就业指导中心（孵化器）	湖南省大中专学校学生信息咨询与就业指导中心	雨花区	省级	2015
21	浏阳高新科创服务有限公司（孵化器）	浏阳高新科创服务有限公司	浏阳市	省级	2016
22	长沙岳麓科技产业园管理委员会（孵化器）	长沙岳麓高新技术产业开发区管理委员会	综合	省级	2016
23	新长海服务外包基地	湖南新长海科技产业发展有限公司	长沙县	省级	2017
24	湖南金丹科技投资有限公司（孵化器）	湖南金丹科技投资有限公司	芙蓉区	省级	2017
25	湖南山河生物医学技术孵化中心（孵化器）	湖南山河生物医学技术孵化中心	开福区	省级	2018
26	长沙广发隆平标准厂房开发有限公司（孵化器）	长沙广发隆平标准厂房开发有限公司	望城区	省级	2018
27	长沙启迪科技孵化器有限公司（孵化器）	长沙启迪科技孵化器有限公司	天心区	省级	2018
28	麓谷企业广场科技企业孵化器	湖南汇智科技孵化器有限公司	高新区	省级	2019
29	长沙金鹰文化创意园	长沙金达创意文化产业发展有限公司	高新区	省级	2019
30	猪八戒“互联网 +”文创企业孵化器	湖南西湖双创孵化基地有限公司	岳麓区	省级	2019
31	中南大学科技园（湖南）发展有限公司科技孵化器	中南大学科技园（湖南）发展有限公司	岳麓区	省级	2020
32	湖南麓谷信息港科技企业孵化器	湖南麓谷信息港开发有限公司	高新区	省级	2020
33	湖南省检验检测特色产业园孵化器	湖南慧谷实业有限责任公司	岳麓区	省级	2020

续表 30

序号	孵化器名称	运营主体名称	所在区县（园区）	级别	年份
34	长沙九天银河产业园科技孵化器	长沙市云海通信设备有限公司	高新区	省级	2020
35	前行 58 小镇	湖南前行科创有限公司	岳麓区	省级	2021
36	湘江科创园孵化器	长沙岳麓山国家大学科技城建设投资有限公司	岳麓区	省级	2021
37	长沙云图孵化器	长沙云图孵化器有限公司	岳麓区	省级	2021
38	长沙经济技术开发区和祥科技园（孵化器）	长沙经济技术开发区和祥科技园	长沙县	市级	2011
39	湖南金荣生产力促进中心有限公司（孵化器）	湖南金荣生产力促进中心有限公司	高新区	市级	2015
40	金贝转创中心科技企业孵化器	湖南金贝基业集团有限公司	天心区	市级	2019
41	58 众创－湘江社区	湖南五八科创有限公司	岳麓区	市级	2019
42	中国（长沙）创新设计产业园	湖南同天投资管理有限公司	雨花区	市级	2019
43	长沙高新区中关村湘军创业园	长沙中关村湘军创业服务有限公司	高新区	市级	2019
44	国科开福军融双创基地	国科高精科技集团有限公司	开福区	市级	2019
45	五矿有色科技企业孵化器	湖南有色中央研究院有限公司	望城区	市级	2020
46	湖南中德科技孵化器	湖南中德科技孵化器有限公司	望城区	市级	2020
47	浏阳“两型”产业科技企业孵化器	浏阳市广宇建设投资开发有限公司	浏阳市	市级	2020
48	智汇开福·湘域创新创业基地	湖南国科启航科技发展有限公司	开福区	市级	2020

（资料来源：市科技局）

表 31　2021 年长沙市星创天地一览表

序号	单位名称	星创天地名称	联系人	联系电话	推荐单位
1	浏阳市浏安农业科技综合开发有限公司	“浏安”星创天地	罗　专	13873111832	浏阳科技局
2	浏阳市新期绿种植专业合作联合社	新期绿种植星创天地	郑建如	13874861413	浏阳科技局
3	湖南智粮农业股份有限公司	智粮绿世界农业星创天地	王　婷	13787180679	长沙县科技局
4	长沙市望城区绿地生态农庄有限公司	绿地生态农庄星创天地	徐　灿	13875996122	望城科技局
5	湖南亮点农业开发有限公司	亮点农业星创天地	陈　丽	15115095868	望城科技局
6	宁乡县关山农业科技有限公司	宁乡糯稻星创天地	宋晓燕	13808419207	宁乡科技局

（资料来源：市科技局）

科技成果

【技术创新战略联盟】 2021年，长沙市对33家长沙市产业技术创新战略联盟进行2020年度绩效考核，支持新组建联盟和考核奖励资金375万元。推荐3家联盟申报市民政局“三社联动”项目。指导联盟根据发展需求，逐步吸纳株洲、湘潭的企业加入联盟，促进产业链、创新链深度融合。发动联盟积极组织企业参加2021年中国（长沙）激光技术及产业发展大会、2021世界5G大会、第二届“双创”大赛智能制造产业赛区欧美同学会湖南长沙大赛、中国先进材料产业创新与发展大会暨2021长沙新材料产业博览会等多场活动。

【技术市场】 2021年，长沙市出台《长沙市技术交易奖励操作规程》《长沙市技术交易服务机构备案和管理规程》，进一步规范管理。集中举办长沙市科技系统、长沙学院、岳麓区、高新区四期技术经纪人培训，新增技术经纪人470人，总数767人。新认定中南林业科技大学等4家技术转移转化基地。对已认定的中南大学等7家基地进行评价。新认定技术交易服务机构22家，总数达到52家。争取省科技厅支持，新增岳麓山大科城、长沙经开区省级技术合同登记点2个，长沙登记点总数达到5个。加大对技术交易的支持，下达技术交易奖励资金1730.81万元。2021年完成技术合同成交额533.7亿元。

【科技成果对接活动】 2021年，长沙市与中南大学、湖南大学、湖南师范大学、湖南工商大学签订《实施“三高四新”战略框架合作协议》，组建“长沙市与高等院校（科研院所）创新发展联盟”。联合中南大学、湖南大学、湖南师范大学等主办四场“长株潭三市科技成果转化对接会”，30个项目签约，签约总金额1.8亿元。

（本栏撰稿　左　列）

表32　2021年长沙市产业技术创新战略联盟一览表

序号	名称	成立时间
1	长沙市先进电池材料及电池产业技术创新战略联盟	2007
2	长沙市汽车及零部件产业技术创新战略联盟	2007
3	长沙市农产品精深加工产业技术创新战略联盟	2007
4	长沙市泵阀产业技术创新战略联盟	2008
5	长沙市高端化学原料药产业技术创新战略联盟	2008
6	长沙市钻凿机械产业技术创新战略联盟	2008
7	长沙市数控装备产业技术创新战略联盟	2009
8	长沙市中药产业技术创新战略联盟	2009
9	长沙市现代农业特色产业科技示范基地创新战略联盟	2009
10	长沙市集成电路设计与应用产业技术创新战略联盟	2010
11	长沙市建筑节能与绿色建筑产业技术创新战略联盟	2011
12	长沙市智能电力设备产业技术创新战略联盟	2013
13	长沙市机器人产业技术创新战略联盟	2014
14	长沙市海绵城市生态产业技术创新战略联盟	2016
15	长沙市北斗导航产业技术创新战略联盟	2016
16	长沙市生物育种产业技术创新战略联盟	2016
17	长沙市3D打印产业技术创新战略联盟	2017

续表 32

序号	名称	成立时间
18	长沙市工程机械再制造产业技术创新战略联盟	2017
19	长沙市新材料检验检测产业技术创新战略联盟	2017
20	长沙市药物评价产业技术创新战略联盟	2017
21	长沙市自主可控及信息安全产业技术创新战略联盟	2018
22	长沙市装配式建筑产业技术创新战略联盟	2018
23	长沙市无人系统产业技术创新战略联盟	2018
24	长沙市兵工特种装备产业技术创新战略联盟	2018
25	长沙市杂交水稻机械化制种产业技术创新战略联盟	2018
26	长沙市大数据产业技术创新战略联盟	2018
27	长沙市土壤修复产业技术创新战略联盟	2018
28	长沙市碳基材料产业技术创新战略联盟	2019
29	长沙市环保管家产业技术创新战略联盟	2019
30	长沙市战略金属新材料产业技术创新战略联盟	2019
31	长沙市植物提取物产业技术创新战略联盟	2019
32	长沙市护理产业技术创新战略联盟	2019
33	长沙市人工智能产业技术创新战略联盟	2020
34	长沙市鲲鹏计算产业技术创新战略联盟	2020
35	长沙市商用密码产业技术创新战略联盟	2020
36	长沙市葛根资源高值化利用产业技术创新战略联盟	2020

（资料来源：市科技局）

科技创新

【高新技术企业培育】 2021年，长沙市建立“长沙市高新技术企业培育管理系统”，精准对接服务，助推高新技术企业认定数量创新高，2021年认定高新技术企业2191家，全市有效高企逾5200家。加强政策激励，引导企业加大研发投入，2021年发放“升高”奖补资金2.55亿元。注重高企的梯队建设，培育以“科技型中小企业—高新技术企业—创新型领军企业”为主线的科技型企业梯队，着力培育一批前景好、成长性强的科技企业。在2021年科技型中小企业入库评价工作中，入库科技型中小企业4451家。

【重大科技创新项目建设】 长沙区域内39个省实施“三高四新”战略产业项目建设活动科技攻关，总投资46.84亿元，2021年计划投资16.66亿元，计划研发投入9.13亿元。2021年，39个项目已完成投资18.95亿元，完成率113.7%，所有项目完成年度项目投入指标；完成研发投入11.71亿元，完成率128.26%，所有项目完成年度研发投入任务。共申请专利389件，授权专利265件，实现销售收入26.48亿元，贡献税收1.14亿元，完成成果转化（技术合同交易额）7.46亿元，新增就业872人，实现关键技术突破105项，建设创新平台22个，长沙市配套支持2260万元，引进人才91人。

【科技服务业发展】 2021年，长沙市科技服务业发展势头良好，技术合同成效额533.7亿元。组织企业申报湖南省2021年技术先进型服务企业认定，中软国际科技服务（湖南）有限公司等3家单位获评。组织企业申报湖南省2020—2021年科研基础设施和科研仪器向社会开放共享双向补贴，推荐湖南大麓科技有限公司等71家企业用户和长沙德玛检测技术服务有限公司等16家管理单位到省科技厅。组织企业申报2021年度长沙市服务业龙头企业，推荐中国能源建设集团湖南省电力设计院有限公司等3家企业。

【长沙科技创新大会暨国家新一代人工智能创新发展试验区建设推进会】 2021年6月29日，长沙科技创新大会暨国家新一代人工智能创新发展试验区建设推进会举行，会上，科技部战略规划司副司长张旭宣读《科技部关于支持长沙市建设国家新一代人工智能创新发展试验区的函》；长沙市委副书记、市长、湖南湘江新区党工委书记郑建新就全市科技创新工作和国家新一代人工智能创新发展试验区建设工作作部署；副市长邱继兴宣读《长沙市优秀科技创新创业领军人才、优秀杰出创新青年、重大科技成果转化项目团队及研发投入突出单位的通报》；并为科技创新工作做出突出贡献的部分优秀单位和个人代表颁发证书；长沙高新区、中南大学、湖南中南智能装备有限公司负责人在会上作交流发言。

【长沙市国家科技创新中心启动建设】 2021年12月10日，2021中部（长沙）人工智能产业博览会开幕式举行，启动式上湖南省委常委、长沙市委书记吴桂英宣布长沙市启动建设国家科技创新中心，同日《关于加快建设国家科技创新中心的实施意见》（以下简称《实施意见》）和“十大重大科技创新标志性项目”发布。《实施意见》明确提出两个阶段发展

表33　2021年长沙市科技创新创业领军人才一览表

序号	姓名	申报单位	职务
1	黄广炎	湖南艾尔防务技术有限公司	首席科学家
2	刘　维	湖南锐异资环科技有限公司	总经理
3	徐　海	长沙标朗住工科技有限公司	首席科学家
4	肖　力	湖南凌翔磁浮科技有限责任公司	董事长兼总经理
5	肖湘江	湖南超能机器人技术有限公司	董事长
6	帅放文	湖南尔康制药股份有限公司	董事长
7	周　斌	长沙百川超硬材料工具有限公司	总经理
8	赵　丹	湖南源科创新科技有限公司	总经理
9	易　伟	长沙晶优新材料科技有限公司	总经理
10	毛　聪	湖南中铁五新重工有限公司	技术总监
11	申锟铓	湖南麒麟信安科技股份有限公司	高级副总裁
12	袁凯南	中机国际工程设计研究院有限责任公司	技术总监
13	毕　林	长沙迪迈数码科技股份有限公司	研发总经理
14	刘国跃	湖南泰嘉新材料科技股份有限公司	研发部部长
15	黄华东	长沙湘计海盾科技有限公司	董事长
16	唐红辉	湖南邦普循环科技有限公司	副总裁
17	胡盛青	湖南航天磁电有限责任公司	党委副书记、总经理
18	曾　睿	湖南艾布鲁环保科技股份有限公司	副总经理
19	缪培凯	湖南松井新材料股份有限公司	副总裁
20	何　莉	湖南九典制药股份有限公司	技术总监

（资料来源：市科技局）

表34　2021年国家技术创新中心（长沙地区）一览表

序号	项目名称	牵头单位名称	获批时间
1	国家耐盐碱水稻技术创新中心	湖南杂交水稻研究中心	2021

（资料来源：市科技局）

表35　2021年湖南省技术创新中心（长沙地区）一览表

序号	项目名称	牵头单位名称	获批时间
1	湖南省区块链技术创新中心	湖南天河国云科技有限公司	2021

（资料来源：市科技局）

表36　2021年长沙市技术创新中心一览表

序号	项目名称	申报单位名称	获批时间
1	长沙市新型装配式建筑技术创新中心	湖南建工集团有限公司	2021
2	长沙市高盐有机废水综合治理及资源化利用技术创新中心	中蓝长化工程科技有限公司	2021
3	长沙市智能AI环卫机器人技术创新中心	长沙中联重科环境产业有限公司	2021
4	长沙市汽车摩擦材料技术创新中心	湖南博云汽车制动材料有限公司	2021
5	长沙市智能交通技术创新中心	湖南省交通科学研究院有限公司	2021
6	长沙市有色金属尾矿资源综合利用工程技术创新中心	湖南有色金属研究院	2021
7	长沙市智能矿山技术创新中心	长沙迪迈数码科技股份有限公司	2021
8	长沙市数据中心冷却节能技术创新中心	长沙麦融高科股份有限公司	2021
9	长沙市先进锂电材料技术创新中心	金驰能源材料有限公司	2021
10	长沙市绿色表面活性剂技术创新中心	湖南丽臣奥威实业有限公司	2021
11	长沙市散料装备智能制造技术创新中心	湖南长重机器股份有限公司	2021
12	长沙市餐厨垃圾处理技术创新中心	湖南北控威保特环境科技股份有限公司	2021
13	长沙市轨道交通通信信号系统技术创新中心	湖南中车时代通信信号有限公司	2021
14	长沙市应急排水抢险设备技术创新中心	长沙迪沃机械科技有限公司	2021
15	长沙市特种防护涂料技术创新中心	湖南航天三丰科工有限公司	2021
16	长沙市中高压大功率变频软起技术创新中心	长沙奥托自动化技术有限公司	2021
17	长沙市能源智慧运营技术创新中心	五凌电力有限公司	2021

续表 36

序号	项目名称	申报单位名称	获批时间
18	长沙市药食两用资源高效提取及综合开发利用技术创新中心	绿之韵生物工程集团有限公司	2021
19	长沙市建筑固废资源化利用技术创新中心	湖南云中再生科技股份有限公司	2021
20	长沙市飞机起落架系统技术创新中心	中航飞机起落架有限责任公司	2021
21	长沙市有机废弃物基料化技术创新中心	湖南省湘晖农业技术开发有限公司	2021
22	长沙市电力物联网技术创新中心	威胜信息技术股份有限公司	2021
23	长沙市金融终端设备技术创新中心	长城信息股份有限公司	2021
24	长沙市空气治理技术创新中心	航天凯天环保科技股份有限公司	2021
25	长沙市高空作业平台技术创新中心	湖南星邦智能装备股份有限公司	2021
26	长沙市高精密减速器技术创新中心	万鑫精工（湖南）有限公司	2021
27	长沙市废旧电池清洁循环利用技术创新中心	湖南邦普循环科技有限公司	2021
28	长沙市安全可控技术区域智慧医疗云平台技术创新中心	湖南长城医疗科技有限公司	2021
29	长沙市车用动力多元材料技术创新中心	湖南长远锂科股份有限公司	2021
30	长沙市电能计量装备智能制造技术创新中心	威胜集团有限公司	2021
31	长沙市港口起重机械技术创新中心	湖南中铁五新重工有限公司	2021
32	长沙市高性能电磁检测技术创新中心	长沙天恒测控技术有限公司	2021
33	长沙市功能油脂技术创新中心	湖南湘纯农业科技有限公司	2021
34	长沙市工程质量智能检测设备技术创新中心	中大检测（湖南）股份有限公司	2021
35	长沙市工业机器视觉工程技术创新中心	湖南科创信息技术股份有限公司	2021
36	长沙市晶硅太阳电池技术创新中心	湖南红太阳光电科技有限公司	2021
37	长沙市抗肿瘤原料药技术创新中心	湖南欧亚药业有限公司	2021
38	长沙市汽车覆盖件模具技术创新中心	湖南同心模具制造有限公司	2021
39	长沙市轻合金汽车结构件热加工技术创新中心	长沙博大科工股份有限公司	2021
40	长沙市轻商务男装技术创新中心	湖南东方时装有限公司（长沙服装设计研发工程技术研究中心）	2021
41	长沙市商业航天测控通信导航技术创新中心	湖南矩阵电子科技有限公司	2021
42	长沙市水处理过程与装备技术创新中心	中机国际工程设计研究院有限责任公司	2021
43	长沙市特种炭基材料技术创新中心	湖南省长宁炭素股份有限公司	2021

续表 36

序号	项目名称	申报单位名称	获批时间
44	长沙市微波器件与装备技术创新中心	湖南航天诚远精密机械有限公司	2021
45	长沙市先进涂料树脂技术创新中心	邦弗特新材料股份有限公司	2021
46	长沙市新奥法隧道施工装备技术创新中心	湖南五新隧道智能装备股份有限公司	2021
47	长沙市新型高精密柔性电路板技术创新中心	湖南维胜科技有限公司	2021
48	长沙市新型抗耐药菌复方抗生素技术创新中心	湘北威尔曼制药股份有限公司	2021
49	长沙市新型透明围护结构与健康住宅协同技术创新中心	湖南固尔邦幕墙装饰股份有限公司	2021
50	长沙市有色冶炼污酸治理与资源化技术创新中心	赛恩斯环保股份有限公司	2021
51	长沙市重金属污染土壤植物修复技术创新中心	湖南艾布鲁环保科技股份有限公司	2021

（资料来源：市科技局）

目标，即到2025年，协同创新四大板块建设取得显著成效，十个重大科技创新标志性项目实现重大突破；力争岳麓山实验室以及环形正负电子对撞机（CEPC）、大飞机地面动力学试验平台、极端环境电能变换装置等科技基础设施纳入国家计划；新增国家技术创新中心、制造业创新中心、产业创新中心等创新平台3家以上。到2035年，具有全国影响力的科技创新中心建成。“十大重大科技创新标志性项目”按照“1-2-4-3”进行实施，到2025年基本完成建设任务。“1”即岳麓山实验室；“2”即大飞机地面动力学重大科技基础设施和极端环境电能变换重大科技基础设施；“4”即岳麓山（工业）创新中心、战略性稀有金属矿产高效开发与精深加工技术创新中心、人工智能创新中心、先进运载装备与材料技术创新中心；“3”即与高校共建的3个新型研发机构。现场8个重大科技创新项目签约，活动还向获评“国家文化和科技融合示范基地”的湖南明和光电设备有限公司、获评“湖南省区块链技术创新中心”的湖南天河国云科技有限公司授牌。

（本栏撰稿　刘伊岱）

科技服务

【科技特派员】　2021年，长沙市印发《长沙市乡村振兴产业人才队伍建设若干措施》，明确全市常年选派农业科技特派员300名以上，2021年全市选派345名农业科技特派员，其中市本级62名，安排工作经费620万元，组建蔬菜、畜牧加工、水产、水稻等方面的9个专家服务团队，全方位服务“一县一特”特色农业产业链。服务各类农业企业和合作社623家，组织各类培训1376次，培训技术人员、农民、农民工7.13万人次，引进新技术（新品种、新产品）358项、推广276项，帮助派驻单位增收4.96亿元、增收农户5496户。

【农业新科技开发】　2021年，长沙市以高校和科研院所为技术依托，开展蔬菜、生猪、水果、食品加工、病害防治等“菜篮子”领域的关键技术研发攻关和科技成果转化，立项支持21个项目465万元，兑付46个后补助项目840万元。推荐31个项目争取省科技资金支持。湖南农业大学组织申报各级各类纵向科研项目获立项资助420余项，签订各类横向科研项目260余项，总到账科研经费首次逾3亿元，创历史新高。湖南省农科院全年新上项目472项，获批国家自科基金15项，其中获批重点项目1项。新上岳麓山种业创新项目2项，省重点研发计划10项，到位科研经费2.79亿元。长沙市科学研究院选育出2个丝瓜新组合“碧玉”、早优20号通过内部认定，申报长研1611、长研长剑辣椒2个新品种进行国家品种登记，已通过省级审核推荐，上报农业农村部终审。承担的《长沙市优势粮油作物绿色生产技术集成研究》项目，通过湖南农业大学、湖南省农业厅植保站等相关专家进行的成果评价，达到省内领先水平。

【农业科技服务体系建设】　2021年，长沙市认定宁乡县关山农业科技有限公司等6家单位为“长沙市星创天地”，安排经费50万元补助资金支持2020年认定的10家市级“星创天地”。2020年认定的10家市级星创天地实现累计投资额3623万元，服务场地面积由33.8万平米增至70.9万平方

表 37　　2021 年长沙新增农业特派员及派驻、派出单位一览表

序号	派驻单位信息	科技特派员信息	
	派驻单位（开始年份）	姓　名	派出单位
1	长沙智博苗木基地有限公司（2021）	彭湘莲	中南林业科技大学
2	湖南风向农业科技发展有限公司（2021）	王红权	湖南农业大学
3	长沙市望城区新农夫生态农业发展有限公司（2021）	李　鑫	湖南省农业科学院
4	长沙市海曦家庭农场有限公司（2021）	曾国清	湖南省水产科学研究所
5	湖南景色大地生态科技发展有限公司（2021）	廖飞勇	中南林业科技大学
6	长沙智康农业科技有限公司（2021）	熊　钢	湖南生物机电职业技术学院
7	湖南慧兴华农业科技发展有限公司（2021）	向　静	长沙学院
8	长沙县智欢种养专业合作社（2021）	娄爱华	湖南农业大学
9	浏阳市沙市镇秀山村村民委员会（2021）	罗　征	湖南省农业科学院
10	浏阳市双丰农业科技发展有限公司（2021）	姜性坚	湖南省食用菌研究所
11	浏阳市林森农业科技发展有限公司（2021）	孙术国	中南林业科技大学
12	湖南省普迹夹洲岛农业开发有限公司（2021）	胡新喜	湖南农业大学
13	宁乡县林福林牧有限公司（2021）	程　毅	中国农业科学院麻类研究所
14	长沙煤城农业开发有限公司（2021）	戴思慧	湖南农业大学
15	长沙欣恒农业开发有限公司（2021）	李绍明	湖南省水产科学研究所
16	湖南省长沙市宁乡市灰汤镇将军村村民委员会（2021）	傅爱斌	湖南生物机电职业技术学院
17	长沙森溪农业开发有限公司（2021）	卢晓鹏	湖南农业大学
18	宁乡县檀农水稻种植专业合作社（2021）	易镇邪	湖南农业大学农学院
19	湖南和道源现代农庄股份有限公司（2021）	李　翀	湖南农业大学
20	长沙市开福区烟坡生态农庄（2021）	翁　波	湖南农业大学
21	长沙市蓝中鲜农业科技有限公司（2021）	陈章发	湖南省农业科学院
22	长沙市岳麓区五丰和农业科技有限公司（2021）	李炎林	湖南农业大学
23	长沙湘润农业科技开发有限公司（2021）	戴雄泽	湖南农业大学
24	长沙裕成农业开发有限公司（2021）	贾　来	长沙市农产品质量监测中心

（资料来源：市科技局）

米，实现收入1612万元，引进转化新技术、新品种26个，举办创新创业活动和培训70余次、培训人员2144人，在孵企业（创客）55家（人），毕业32家（人），孵化企业实现销售3766万元，解决就业523人，取得良好的经济和社会效益。

【科技助力乡村振兴】 2021年，长沙市科技局第一时间明确负责领导，并派驻工作队长，确定驻村工作队工作联络机制。市科技局主要领导多次带队深入联点单位调研指导智慧农业、科普基地、美丽宜居村庄、农业科技特派员等方面工作，为美丽宜居村庄建设解决资金缺口68万元。先后两次到联点村支援抗疫、捐赠新冠肺炎疫情防控物资，开展支部共建活动，并安排驻村工作队梳理果园镇及浔龙河村优势产业及项目，找好科技支持的切入点，从科技项目口加大支持帮扶力度，支持果园镇高新技术企业金创新材有限公司申报长沙市科技计划项目。 （本栏撰稿 刘伊岱）

科学技术普及

【科技活动周】 2021年，长沙市科技活动周以“百年回望：中国共产党领导科技发展”为主题，市级层面上设置25个主体活动，各县（市、区）、园区举办90余场科普活动。有2021年科技活动周启动式、组织一批红色文化科普场馆面向社会免费开放、推进9家重点实验室对社会开放、青少年科普教育系列活动、普及后疫情时代的健康生活理念、结合行业特点开展特色科普活动、首届“星城杯”青年科技人才创新创业大赛暨第十八届大学生科技创新创业大赛等一系列科普活动。其间，“学习强国”学习平台、红网、《长沙晚报》等新闻媒体围绕全市开展一系列重点科技科普类主题活动，通过开设报道专栏、发表新闻通讯，利用报纸、网站、客户端等及时报道全市科技创新和科普工作的突出成果。

【创新创业大赛】 2021年，长沙市对大学生创新创业大赛进行创造性地改革，与大科城积极衔接，负责组织实施首届“星城杯”青年科技人才创新创业大赛，将高校和科研院所的青年科研人员纳入支持范畴，活跃创新创业氛围。大赛有22所高校、科研院所参赛（其中高校18所、科研院所4所）。前期通过高校、科研院所初赛筛选，共收到各高校、科研院所推荐上报的155个参赛项目。经复评，最终38个项目进入决赛，产生获奖项目31个，优秀组织单位15个、优秀参与单位7个、优秀工作者23人，涌现一大批优秀的科技创新项目。大赛为青年科技人才创新创业搭台，持续激发高校科研人员和学生创新创业热情，加快培养创新创业人才，以科技竞赛为长沙的高质量发展添砖加瓦。

【科普阵地建设】 2021年，长沙市科技局指导市科普场馆（基地）开展近百场科普活动。在天文学、垃圾清

表38　2021年长沙市科普专业场馆（基地）一览表

序号	场馆（基地）名称	依托单位
1	非物质文化遗产－湘绣科学技术普及场馆	湖南省沙坪湘绣博物馆
2	蜂业科学技术普及场馆	湖南省明园蜂业有限公司
3	医药科学技术普及场馆	湖南金阳智慧园区管理服务有限公司
4	林业生态科学技术普及基地	湖南省林业科学院
5	水生生物科学技术普及场馆	海底世界（湖南）有限公司
6	昆虫科学技术普及场馆	湖南农业大学
7	果茶良种繁育科学技术普及基地	湖南省优质果茶良种繁育场
8	长沙生态动物园	长沙生态动物园
9	湖南中医药大学中药标本馆	湖南中医药大学
10	水利水电科学技术普及场馆	华自科技股份有限公司
11	长沙窑陶瓷文化科学技术普及场馆	长沙铜官窑遗址管理处

续表 38

序号	场馆（基地）名称	依托单位
12	简牍文化科学技术普及场馆	长沙简牍博物馆
13	花炮科学技术普及场馆	浏阳市大瑶镇人民政府
14	植物科学技术普及场馆	湖南省森林植物园
15	动植物标本科学技术普及场馆	湖南师范大学
16	全球制冷科技体验馆	湖南盛世欣兴格力贸易有限公司
17	无土栽培科学技术普及场馆	湖南柯柯农艺梦工厂有限公司
18	名优苗木花卉培育科普示范基地	长沙市苗圃（长沙园林生态园）
19	光明大观园蝴蝶谷	长沙市望城区白箬铺城建投资开发有限公司光明大观园分公司
20	长沙比亚迪新能源汽车工业旅游基地	长沙市比亚迪汽车有限公司
21	茶叶科学技术普及场馆	湖南省茶叶博物馆
22	光伏新能源科学技术普及场馆	湖南红太阳光电科技有限公司
23	污水处理科学技术普及基地	湖南先导洋湖再生水有限公司
24	特种动物科学技术普及场馆	湖南省柏乐文化投资有限公司
25	面制食品科学技术普及场馆	长沙克明面业有限公司
26	废弃物资源化科学技术普及场馆	湖南万容科技股份有限公司
27	炭河里青铜博物馆科普基地	宁乡市炭河里遗址管理处
28	隆平水稻博物馆	隆平水稻博物馆
29	隆平高科关山核心研发基地	袁隆平农业高科技股份有限公司
30	雨花非遗馆	湖南雨花非遗文化传播有限公司
31	浏阳市农业科普展馆	浏阳市车田土地专业合作社
32	长沙市示范性综合实践基地科技体验馆	长沙市中小学素质教育实践基地岳麓营地
33	九芝堂中医药文化宣传教育基地	九芝堂股份有限公司
34	贝拉小镇集合空间科普场馆	湖南酷贝岛景区运营管理有限公司
35	长沙航空职业技术学院航空馆	长沙航空职业技术学院
36	湖南省蚕桑科技文化中心	湖南省蚕桑科学研究所
37	长沙规划展示馆	长沙规划展示馆
38	天仪航天科普基地	长沙天仪空间科技研究院有限公司

续表 38

序号	场馆（基地）名称	依托单位
39	长沙中联重科工程机械科普基地	中联重科股份有限公司
40	中南大学“铁路园”科普教育基地	中南大学
41	防灾应急体验馆	湖南咸亨国际应急技术服务有限公司
42	长沙市盛砚砚台博物馆	长沙市盛砚砚台博物馆
43	湖南省宋旦汉字艺术博物馆	湖南省宋旦汉字艺术博物馆
44	浏阳夏布文创及推广中心	浏阳心之夏文化创意有限公司
45	中南大学科技园（研发）总部科技成果展示馆	中南大学科技园（湖南）发展有限公司
46	青少年智慧教育科普基地	湖南创智慧教育有限公司
47	园艺园林科普基地	湖南省园艺研究所
48	智能制造与创新教育科普基地	长沙学院
49	创新设计教育科普馆	湖南同天投资管理有限公司
50	海洋采矿科普基地	长沙矿冶研究院有限责任公司
51	浏阳菊花石地质博物馆科普基地	长沙烟花石文化传播有限公司
52	北斗探梦科普基地	长沙学院
53	工业 4.0 创新技术科普基地	湖南中南智能装备有限公司
54	浏阳夏布科普馆	浏阳市梁氏夏布发展有限公司
55	湖南师范大学天文馆	湖南师范大学
56	青少年素质教育科普基地	长沙龙源湖生态农业有限公司
57	生活垃圾清洁焚烧发电科普教育基地	浦湘生物能源股份有限公司
58	浏阳市艺术科技馆	浏阳市第五中学
59	蓝鹰研学实践科普场馆	湖南蓝鹰农业发展有限公司
60	新希望南山牛奶科普体验基地	湖南新希望南山液态乳业有限公司
61	湖南兰天研学实践教育基地	湖南兰天研学实践教育服务有限公司
62	秧田村耕读文化馆	湖南省长沙市浏阳市沙市镇秧田村村民委员会
63	陈康白科教报国生平业绩陈列馆	路口镇人民政府
64	宁乡花猪科普基地	湖南省流沙河花猪生态牧业股份有限公司
65	长沙市青少年眼健康科普教育实践基地	爱尔眼科医院集团股份有限公司长沙爱尔眼科医院

续表 38

序号	场馆（基地）名称	依托单位
66	马栏山创智园科技文化融合展馆	湖南马栏山商业管理有限公司
67	大汉职业体验科普基地	湖南大汉无忧智慧科技有限公司
68	中华老种子博物馆	浏阳市湾塘盘古生态种养专业合作社
69	旱杂粮文化科普示范基地	长沙沃园文化传播有限公司

（资料来源：市科技局）

洁焚烧、农作物种子、流沙河花猪等领域新认定市级科普场馆（基地）15家，并对20家已认定的市级科普场馆（基地）进行评价，共支持科普基地建设资金288万元。征集并遴选中南大学科技园（研发）总部科技成果展示馆、简牍文化科学技术普及场馆、长沙规划展示馆等18家专业科普场馆（基地）在活动周期间向社会免费开放。（本栏撰稿　刘伊岱）

气　象

【气象现代化建设】　2021年，长沙市委、市政府印发《长沙市防汛气象预警应急响应机制（试行）》，率先建立以暴雨预警信号为先导的应急响应机制。市政府印发《长沙市气象灾害应急预案》，气象灾害应急响应机制进一步健全，气象灾害防范、处置能力进一步提高。与市发展改革委联合印发《长沙气象事业发展"十四五"规划》；市、县两级落实地方经费，市本级实现同城同待遇，为气象事业稳定发展提供了有力支撑。争取中国气象局将全国唯一的气象雷达标校中心建在长沙。完成立项批复、土规和城规批复等手续以及一期可研和方案设计工作，二期征地范围已基本确定，水、电、路等先期工程已进场施工。申报世界气象组织长沙（中国）地基综合气象观测测量牵头中心。完成"卫星导航探空仪、接收机测试评估"等5项国家级试验项目，效果良好，得到中国气象局气象探测中心基地室的肯定。与宜通华盛签订框架合作协议，开展天气雷达观测试验业务，与景嘉微开展面雨量雷达评估试验；接待中小学科普教育1000余人次，承接湖南分院实地教学任务及国防科大气象海洋学院学生实习任务200余人次。国家一级农业试验站开工建设。编写完成《长沙农业气象试验站建设方案》并上报省气象局；流转气象生态科普园和国家一级农业气象试验站土地4.35公顷，已进场施工。完成气象科普馆布展。展馆面积是全国最大的气象科普馆之一。已做好开馆前期准备工作。

【气象服务保障】　2021年，长沙市防灾减灾能力不断提升。组织召开气象灾害应急联席会，与市应急管理局、市资规局等15个部门建立应急联动机制。完善城区防涝排渍监测预报预警联动机制，城区防涝排渍气象服务形成预警、响应及信息反馈的规范化运行。与林业部门签署框架合作协议，联合建立全省首家林业物候监测基地。长沙县在全省率先完成试点县风险普查任务，暴雨技术报告作为模板在全省推广。开展基层气象灾害防御应急处置培训及宣教活动。升级完善城区区域自动气象站配置，建立两小时备件圈。重大气象服务保障。全年出现寒潮、强降水、高温热害、低温连阴雨（寒露风）等灾害性天气过程30次，全市气象部门积极应对，全力做好气象保障服务，市领导4次批示，高频调度气象灾害防御工作。临灾警报。面向防汛责任人发布暴雨预警信号38.4万人次，强降雨临灾警报11.42万人次。精准靶向发布暴雨红色预警信号18期，强降雨红色临灾警报80期，共计1184万人次；联合市自然资源规划局向全市10.1万切坡建房户发布地质灾害风险临近预警43万人次。服务保障重点行业、领域。联合生态环境部门建立大气污染联防联控预报预警会商机制，增加特护期重污染天气会商频次。常态化实施改善空气质量、森林防灭火等生态修复型人工影响天气作业206次。开展城市热岛效应强度评估，落实相关经费。推动温室气体站网建设和业务规范纳入《长沙市推进碳达峰、碳中和工作方案》。开展新型农业经营主体"直通式"气象服务和农业气象减灾实用技术培训。发布地质灾害预警109期、森林火险气象预警57期；为在建重大项目和交通、电力、社区等提供针对性气象服务。

【气象改革与法制建设】　2021年，长沙市按要求落实好省政府第三批"一件事一次办"改革业务，已将全市具有甲级资质的中介机构服务全部纳入"一件事一次办"流程。做好防雷安全监管工作。持续抓好防雷和施放气球安全监管，全市开展防雷安全全监管执法387次，发出整改通知书83

份，立案3起。组建创新团队，聘请省局8名正研级高工指导；全省预报竞赛取得历史最好成绩。

【全省首家林业物候监测基地在长沙揭牌】 2021年9月17日，长沙林业物候监测基地揭牌，是湖南省首家林业物候监测基地。该基地主要研究气象气候因素对林业生产活动的影响，助力实现生态强市和美丽长沙建设。该基地设在长沙国家综合气象观测试验基地及气象生态科普园，由市气象局和市林业局联手打造，将利用现有气象资源，以花卉、苗木、油茶等林业特色经济作物为主要监测对象，开展气象要素对林业作物生长环境的影响评估，包括进行花卉苗木物候监测、油茶对比观测研究、林业生态及病虫害监测等。林业与气象联系密切，气象因素影响着林木的生长、更新与产量。当天，双方签署框架协议，明确将建立顺畅、高效、常态化的信息共享、联合会商、预警发布、科学研究、定期交流互访机制，全面提升林业生产、防火、减灾能力。同时在重点林区和湿地自然保护地单独设立气象监测站，提供小范围区域更加精准的气象预报；依托长沙国家综合气象观测试验基地等建设全市森林防火宣传教育基地，针对市民和中小学生开展防火科普宣教活动，不断增强全民森林防火意识。

【中国气象局长沙气象雷达标校中心建设】 2021年，中国气象局长沙气象雷达标校中心已完成立项批复、土规和城规批复等手续以及一期可研和方案设计工作，二期征地范围已基本确定，水、电、路等先期工程已进场施工。市委常委、市政府党组副书记彭华松，副市长周志凯专题调度雷达标校中心雷达阵地建设工作，出台会议纪要，要求开辟绿色通道、并联审批，支持项目建设。9月28日，中国气象局气象探测中心主任李良序一行调研长沙国家综合气象观测试验基地（以下简称“长沙基地”），实地查看并指导即将开建的中国气象局长沙气象雷达标校中心建设工作。湖南省气象局党组书记、局长刘家清，副局长胡爱军陪同。中国气象局气象探测中心、湖南省气象局相关负责人分别就中国气象局雷达气象中心、中国气象局长沙气象雷达标校中心建设以及长沙基地建设、业务开展情况、下一步工作目标等做了交流汇报。中国气象局观测司运行管理处处长佘万明对中国气象局长沙气象雷达标校中心的雷达布局、数量、标准提出要求。中国气象局长沙气象雷达标校中心将按照世界先进水平实施建设，建成后能够进一步完善中国气象雷达标定业务，提升数据质量，满足精密监测和精准预报的要求，同时力争推动长沙基地“产、学、研”协同发展，建设成为全国“网红打卡”地。

【市气局申报世界气象组织（WMO）长沙地基综合气象观测测量牵头中心】 2021年4月，世界气象组织（WMO）“观测、基础设施和信息系统委员会”（INFCOM）第一次届会（第三部分会议）上，通过决议指定湖南长沙为世界气象组织（WMO）地基综合气象观测测试基地，并以测量牵头中心的单一概念取代世界气象组织仪器和观测方法委员会（CIMO）测试基地和牵头中心的现有概念，命名为世界气象组织（WMO）长沙地基综合气象观测测量牵头中心。该测量牵头中心是在长沙国家综合气象观测试验基地的基础上进行申报，为全国唯一重点领域为地基遥感观测，将代表中国承担世界气象组织（WMO）相关的仪器与观测方法的各种国际比对任务。

（本栏撰稿　卢晓晴）

2021年9月17日，长沙林业物候监测基地揭牌　市气象局　供图

教育

EDUCATION

编辑　吴丫丫

综 述

【概况】 2021年，长沙市有各级各类学校3861所，在校学生286.68万人，教职工20.65万人。其中，普通高校52所（市管11所），普通在校大学生81.03万人（包含在校研究生），教职工5.64万人；成人高校4所，在校学生27.53万人，教职工257人；中职学校59所，在校学生11.48万人，教职工0.68万人；普通中学365所，在校学生47.18万人，教职工4.55万人；小学923所（另有小学教学点139个），在校学生76.13万人，教职工3.94万人；幼儿园2453所，在园幼儿42.9万人，在职教职工5.76万人；特殊教育学校4所，在校学生4254人，教职工459人；专门学校1所，在校学生31人，教职工53人。2021年，全市教育经费总投入355.12亿元，其中国家财政性教育经费272.69亿元、事业收入80.69亿元、其他教育经费1.74亿元。

优质教育资源建设　把学位建设列入“我为群众办实事”首位，扩充公办幼儿园学位6.75万个，公办幼儿园在园幼儿占比56.18%，新增义务教育优质学位5.7万个、公办高中学位3000余个。建成省级标准化乡镇寄宿制学校25所，提质乡村小规模学校和薄改校64所，建设智慧校园212所，立项未来学校24所，遴选网络学习空间应用优秀校22所，交互式多媒体配备率86%，网络联校覆盖所有农村边远学校，受益学生100万人次。提质改造专门学校、新建普通学校特殊教育班7个。建设第一批标准化中职学校27所，遴选校企合作实习实训基地16家，被评为首批全国产教融合试点城市。立项市级高职教育重点项目2个，完成长沙幼儿师范专科学校和湖南信息职业学院的新校区主体工程。16所学校与北京朝阳区学校结对发展，51所优质学校结对帮扶龙山县的学校，长株潭2所合作学校开学。

育人方式创新　建成市级人工智能体验中心，组建网络研修工作室46个、网络教研联盟296个，推动教与学的变革。组织30所红色基因学校向全国发出“赓续红色血脉”倡议、120余所大中小学进行“手拉手”思政一体化备课，“童心向党”主题教育、“百年正青春”主题团队日分别在中央文明办和共青团中央工作简报推介。国家语言文字达标校建成率85.7%。遴选“三师”行动计划试点校66所，体育中考合格率95.7%，获省中运会奖牌总数和团体总分“双第一”。完善“三全心育”体系，中学生心理健康档案覆盖率100%。开发线上美育课程，承办全省中小学生艺术展演，24个选送节目均获省一等奖，职业院校学生参加技能竞赛获全省团体第一名、全国一等奖3个。认定劳动与实践教育基地73个，成为全国首批中小学劳动教育试验区。

教育改革工作　出台“双减”实施方案，成立校外教育培训监管处，在全国率先研发作业管理系统，全市所有义务教育学校建立作业公示制度，所有学校作业时量控制在政策规定时间之内，在全国率先建设课后服务管理系统，全市中小学校课后服务覆盖率100%，学科类培训机构从1462家压减到231家，“营转非”完成率、资金监管账户开设率均100%。引导3452所各级各类民办学校完成分类登记。承办全省教育评价改革现场推进会，教育质量综合评价成为全国基础教育信息化创新应用典型案例，综合素质评价共同体被评为教育部基础教育应用优秀项目。教育政务服务事项100%全程网办，行政许可案例编入

表39　长沙市各类学校基本情况统计表

单位：人

指标	2021年				2020年			
	学校数（所）	在校学生数	毕业生数	教职工人数	学校数（所）	在校学生数	毕业生数	教职工人数
总计	1421	2113293	467460	151805	1437	1994606	439591	142189
高等学校	52	726846	185102	56434	52	697407	177151	55925
中等职业学校	59	114845	38657	6768	57	114643	35337	5844
技工学校	28	34235	5202	3228	27	27197	3132	2685
普通中学	365	471805	137894	45454	345	441520	130240	41429
小学	923	761276	100110	39409	951	710213	93230	35843
盲聋哑学校	4	4254	491	459	4	3559	476	413
工读学校	1	32	4	53	1	67	25	50

（资料来源：市统计局）

《全国行政执法典型案例》。

教育综合治理 出台深化新时代教育督导体制机制改革的若干措施、义务教育质量监测结果应用实施意见，开展县级人民政府和县级党政主要领导干部履行教育职责评价，推动实现全市义务教育学校教师年平均工资收入水平略高于全市公务员年平均工资收入水平，督导体制机制改革经验在全省推介。争取市财政追加教育专项资金5亿元，完成争资保项10.9亿元。启动新一轮平安校园建设，创建省、市、县平安校园702所，全市中小学幼儿园疫情防控零输入、零感染。新增“中美携手”项目校7所，“进校园”项目比2020年压缩68.7%，文明城市和食品安全城市国检测评获满分。长沙市教育局被评为“2016—2020年全国普法工作先进单位”、省政府真抓实干表彰激励、全省脱贫攻坚先进集体等省级以上荣誉11个，教育评价、作业管理、劳动教育、近视防控等8项工作在全国推介，国家级主流媒体报道长沙教育287篇次。

新冠肺炎疫情防控 长沙市建立健全市、县（市、区）、学校、年级和班级“五级防控网络”，坚持机关干部联点指导，常态化开展疫情防控专项督查，压实主体责任。落实常态化新冠肺炎疫情防控措施，严把校门关，严控聚集性活动，坚持开展健康教育。开发新冠肺炎疫情管理系统，落实“日报告、零报告”制度，第一时间开展重点人群排查，统筹疫苗接种工作。2021年度召开专题会议7次，开展专项督查7次，督查学校120余所，覆盖全市所有市直（管）公、民办学校和城内六区部分中小学校、幼儿园、培训机构。教职员工全程接种率97.36%，12~17岁人群全程接种率98.06%，3~11岁人群全程接种率62.14%。 （汪建业 胡 平）

【机构调整】 2021年8月9日，经市委编办同意，设立长沙市长郡智谷中学为市教育局直属正科级公益二类事业单位。10月13日，经省委编办同意，明确长沙幼儿师范高等专科学校为长沙市政府主管的公益类事业单位，不再保留长沙幼儿师范学校事业单位建制，其领导职数一并核销。11月11日，经市委编办同意，长沙市教育局增设内设机构校外教育培训监管处，核增处长（乡科级正职）领导职数1名、副处长（乡科级副职）领导职数1名。明确该处室主要职责：统筹协调全市中小学生、幼儿园儿童的校外教育培训管理工作；拟定全市校外教育培训规范管理政策；负责校外教育培训相关标准和制度的落实并监督执行。 （江 晨）

【高考录取】 2021年为湖南省“新高考”落地首考之年。“新高考”科目实行“3+1+2”模式，由全国统考科目语文、数学、外语和湖南省普通高中学业水平选考科目组成。选考科目每科考试时长调整为75分钟。各类招生计划由原来的按文科、理科分类编排调整为按照首选科目分物理科目组合、历史科目组合编排。按平行志愿投档的院校专业的计划编排由“院校+专业”调整为“院校专业组”模式。长沙市高考报名8.37万人，设置39个考点。首选历史科目3.03万人，首选物理科目3.18万人，职高对口类考生2.13万人；应届生6.87万人，往届生1.51万人，高职单招提前录取2.11万人，高考实际参考人数5.76万人。全市高考录取考生7.17万人，录取率85.56%，其中本科录取3.77万人、专科录取3.4万人。全市民航招飞录取28人。 （陈慧敏）

【中考工作】 2021年，长沙市初三年级报名参加中考8.87万人，初二年级报名参加中考9.53万人，比2020年增加1.34万人。初三年级270个学校参考，初二年级281个学校参考。全市按行政区划分为10个考区（含高新区），设置117个考点。初三3014个考室，初二3235个考室。外地回长沙考生安排在长沙市雅礼麓谷学校参考。全市设1个总保密室、26个中心保密室，远程巡考指挥平台覆盖所有考区中心保密室。 （陈慧敏）

【教育督导】 开展县域义务教育优质均衡发展监测，完成市级、9个县（市、区）和高新区监测报告。推荐芙蓉区、天心区申报国家义务教育优质均衡发展先行创建区。对照评估标准，各县（市、区）政府确定优质均衡通过督导评估时间，制定长沙市县域义务教育优质均衡通过国家评估规划进度表。2021年5月，对申报2021年学前教育普及普惠县（市、区）的芙蓉区、天心区开展市级复核。

2021年5月27—28日，2021年国家义务教育质量监测举行。该次监测增加心理健康教育学科，时间调整为1天半，长沙市完成2021年国家义务教育质量监测（数学、体育及心理健康教育）组织实施工作，长沙市教育局被教育部基础教育质量监测中心评为“优秀组织单位”。组织分析2019年国家义务教育质量监测结果，制定2019年长沙市义务教育质量监测结果应用行动改进方案。监测报告主要问题向县（市、区）政府反馈，指导各县（市、区）整改相关问题，探索质量监测结果应用工作路径，督促各县（市、区）政府高度重视监测结果应用工作。

2021年9月，长沙市委办公厅、市政府办公厅印发《长沙市深化新时代教育督导体制机制改革的若干措施》，全面推进教育督导改革。市政府办公厅印发《县级人民政府和县级党政主要领导干部履行教育职责评价方案》，出台履职评价细则。研制《长沙市实施中小学综合督导评估五年规划》《长沙市国家义务教育质量监测结果应用实施意见》等文件。2021年，在全省深化教育督导体制机制改革推进工作电视电话会议上，长沙市作经验介绍。

长沙市教育局牵头完成省政府对

市政府履行教育职责评价自评工作，做好接受实地核查准备。研制开发县级人民政府履行教育职责评价系统，2021年12月，组织开展县级人民政府和县级党政主要领导干部履行教育职责评价。开展义务教育教师工资收入不低于公务员工资收入专项督导，督促县（市、区）政府落实国家政策。（周　波）

【教育资助】　2021年，长沙市205.4万人次义务教育学生享受免杂费入学，191.3万人次公办义务教育学生享受免“一费制”入学，补助9.59万人次义务教育家庭经济困难学生生活费。发放2.62万人次普通高中学生国家助学金，免除8144人次普通高中建档立卡等家庭学生学杂费、教材费、教辅材料费。发放6.2万人次中职（技校）学生国家奖、助学金，补贴2896人次长沙户籍中职（技校）学生学费，免除22.43万人次中职（技校）学生学费。发放4.78万人次市属高校学生国家奖、助学金，为2231名高校学生办理生源地信用助学贷款。发放2.8万人次家庭经济困难学前幼儿资助金。全年投入免费入学和资助经费18.37亿元，比2020年增长10.3%。（张京民）

【教育扶贫】　2021年，长沙市教育局全面梳理帮扶龙山县教育脱贫工作情况，持续拨付龙山县教育基础建设资金150万元、400名贫困学生助学金120万元，新增拨付36所长沙市各县（市、区）结对帮扶学校帮扶资金360万余元。做好结对帮扶宁乡市沙田乡宝云村有关工作，协调争取基础设施资金50万元，帮助贫困户销售农产品40万元，10户贫困户实现全部脱贫。（杨群义）

【庆祝中国共产党成立100周年和党史学习教育系列活动】　2021年“七一”建党节期间，长沙市教育局党委开展“在立德树人中践行初心与使命”主题活动，举办“百年辉煌　我心向党”先锋故事会，表彰全市教育系统“两优一先”（优秀共产党员、优秀党务工作者和先进基层党组织）各100名。坚持“规定动作到位、自选动作有特色”的总原则，举办专题读书班6期，按要求落实中心组学习和党史学习教育4个专题学习研讨。推出“一十百千”学习教育载体，组织百万师生同看“百年一课”，办好群众关切的“十件实事”，组织书记、校长和广大教师带头讲党课，遴选百堂精品党课，评选认定千名党史宣讲员。挖掘“校史中的红色基因”，召开“用好红色资源　赓续红色血脉”座谈会，30所红色基因学校向全国中小学发出“赓续红色血脉”倡议。党史学习教育有关经验做法被长沙市委党史学习教育简报单篇推介。（黄军山）

【《长沙市“十四五”教育事业发展规划》出台】　2021年11月4日，长沙市人民政府办公厅印发《关于印发长沙市“十四五”教育事业发展规划（2021—2025年）的通知》。该规划提出未来5年长沙教育改革发展的主要目标任务：建设五大教育体系、完成8项主要任务、实施6个专项工程、推进8个重点改革事项，努力建设现代化教育强市。五大教育体系：建设科学民主高效的现代教育治理体系、建设优质均衡发展的教育基本公共服务体系、建设支撑长沙高质量发展的人才培养体系、构建德智体美劳全面培养的教育体系、建设服务全民终身学习的现代教育体系。8项主要任务：促进学生德智体美劳全面发展，发展公平而有质量的基础教育、提升职业教育现代化水平和服务能力、增强高等教育创新能力和服务水平、创新终身教育发展机制、全面规范民办教育发展、培养高素质专业化教师队伍、提高教育治理现代化水平。6个专项工程：学生身心健康发展水平促进工程、基础教育优质学位攻坚工程、职业教育提质培优工程、高等教育人才培养质量提升工程、校长教师素养提升工程、平安校园建设工程。8个重点改革事项：深化教育评价综合改革、系统推进“双减”工作落地见效、建设全国智慧教育示范区、推进现代化校园建设、完善中小学考试招生制度、深化校长教师人事制度改革、打造职业教育发展高地、推进教育国际和区域合作。（汪建业）

【深化新时代教育评价改革】　2021年，长沙市作为全省深化新时代教育评价改革地区试点的5个市州之一，成立深化新时代教育评价改革试点工作领导小组，加强对教育评价改革试点工作的统筹领导。印发《长沙市深化新时代教育评价改革试点方案》，明确五大主体68项具体任务。围绕教育评价改革总体要求，组织各县（市、区）党委教育工作领导小组、教育行政部门申报确立改革试点项目。组织领导小组成员单位、县（市、区）和学校全面清理近年出台的制度文件，排查并纠治负面清单相关事项65项。推进五大主体、22项改革任务，向省以上总结和推介教育增值评价、职业教育人才培养质量监控等6个教育评价改革典型案例。（刘凯希）

【真抓实干督查激励项目获全省一类地区第一名】　2021年，由教育部门组织实施的真抓实干督查激励事项主要包括深化新时代教育评价改革、加快公办园学位建设、促进义务教育均衡发展和城乡一体化、推进职业教育改革发展4项。长沙市教育局将真抓实干督查激励项目纳入对各县（市、区）教育局，各相关处室、各相关学校年度绩效考核内容，印发《关于推进落实2021年湖南省教育厅真抓实干督查激励项目的通知》，加强工作调度和联系沟通，增强推进工作的针对性和主动性，各项工作做法与成效均在省级以上产生积极影响。在省政府真抓实干督查激励项目年度集中考评

中，长沙市排名一类地区第一名，长沙市雨花区、岳麓区、天心区、长沙县、望城区均在一类地区县（市、区）前十名。　（刘凯希）

【涉校项目整合优化】　2021年，按照《关于贯彻落实上级有关精神切实减轻基层学校和教师负担的通知》要求，长沙市清理涉校项目，印发《长沙市2021年涉校“督检考评”项目清单》《长沙市2021年各类教育“进校园”项目清单》，整合优化所有涉校项目，全市涉校“督检考评”和“进校园”项目减少到40项，项目总数比2020年精简68.7%。长沙全面实行“进校园”项目清单管理的做法在8月18日《中国教育报》头版报道。　（刘凯希）

【2021年全市教育工作会议】　2021年1月28日召开，回顾总结2020年及“十三五”教育事业发展情况，谋划部署“十四五”教育事业发展和2021年重点工作。会议确立“十四五”长沙教育发展的主要预期目标：学前三年教育毛入园率97%，公办园在园幼儿占比50%以上，义务教育巩固率保持在99.9%，适龄残疾儿童少年义务教育入学率96%，高质量普及高中阶段教育，智慧校园覆盖率100%，教育服务水平和人民群众对教育满意度不断提升，基本形成高质量教育发展体系；明确2021年全市教育工作6项重点任务：以更强的党建引领事业发展，以更新的理念提升育人质量，以更优的资源回应群众关切，以更活的机制增强发展动力，以更实的举措推进人才兴教，以更好的环境保障持续发展。　（汪建业）

【长沙市与北京市朝阳区联合举办智慧教育主题论坛】　2021年7月20日，长沙市与北京市朝阳区在长沙联合举办智慧教育主题论坛暨结对学校合作协议签订仪式。长沙市政府副市长刘明理、北京朝阳区政府副区长朱晟出席活动并分别致辞和讲话。长沙市教育局党委书记、局长孙传贵主持活动，朝阳区教委主任肖汶出席活动。长沙市教育局副局长缪雅琴、朝阳区教委副主任孙迅、长沙市十一中校长聂庭芳、北京中学校长夏青峰围绕智慧教育主题作经验分享发言。2021年以来，长沙全面加强与北京市朝阳区的交流合作，两地签订1个总体框架合作协议和12个专项合作协议，《北京市朝阳区湖南省长沙市教育合作协议》是12个专项合作协议之一。按照该协议，两地适时联合开展校际交流研讨、教育专题研究、培养优秀人才、共建共享数字资源等工作，推动两地教育高质量发展。长郡中学与北京中学等32所学校签订结对合作办学协议，结对学校之间定期开展教育教学研讨、管理经验交流、教师学生互访、职业技能竞赛等活动，实现互帮互学，共同发展进步，力争打造在全国有影响力的区域教育合作典型。　（汪建业）

【政务服务事项“三化”改革】　2021年，长沙市教育局开展政务服务标准化、规范化、便利化攻坚工作，提质优化76项政务服务事项，推进13项“一件事一次办”事项流程再造，公布“三化”的办事指南和流程图，承担全省教育系统中22项行政许可事项的“三化”工作，全程网办比率提升至100%，即办件比率提升至27%。先后2次缩短办事时限，行政许可事项由原来的平均16.7个工作日减少到平均9个工作日，所有事项承诺时限压缩比达87%。完成“互联网＋政务服务”平台、“我的长沙”城市移动综合服务平台的业务协同、数据共享工作，拓展网上政务服务事项，实现高频事项在“互联网＋政务服务”一体化平台、“我的长沙”多平台同标准办理，落实“网间办”“指尖办”“就近办”，办事效率、服务水平、便捷程度提升，全年办理政务服务事项10515件。　（陈智球）

【校园安全】　2021年，长沙市建立和落实预防学生溺水联合治理机制。长沙以市委教育工作领导小组牵头开展专项工作，出台防范学生溺水专项行动总方案1个、子方案13个，明确各级各部门防范学生溺水职责，全面构建和落实“党委政府领导、部门分工协作、社会广泛参与、家校联防联控”的责任体系，全市发生的溺水事故比2020年下降30%。

长沙市人民政府修定《长沙市校车安全管理办法》，健全完善校车安全管理制度机制；联合交警、交通等部门，建立落实每5个工作日向交警推送平台报警信息、县（市、区）每月开展2次以上联合执法、校车联网联控、发车前检验等制度，利用“长沙市校车监管服务平台”加强运营车辆监控，全年没有发生校车责任事故。长沙市校车管理经验被教育部推介。

按照中央教育工作领导小组的安排部署，全面推进校园安全专项整顿，定期检查并通报校园视频监控与公安联网情况检查；将全市校园安全指挥平台和校车监管服务平台纳入长沙智慧教育系统建设进行升级改造；出台措施提高保安待遇，明确新入职保安年龄在45周岁以下；配合市公安机关在校门口重要位加装人像识别摄像机，全市中小学幼儿园26747路摄像头接入“雪亮工程”；在各级各类学校推进学校风险分级管控和隐患排查治理双重预防体系建设。

长沙将市级安全文明校园创建调整为市级平安校园建设，出台新的创建标准，开展新一轮平安校园建设。年内全市有117所学校被评为市级平安校园，芙蓉区、岳麓区立项“省平安校园建设示范区”，市教育局平安创建、安全生产、维护稳定工作在全市考评中被评为先进，市教育局安全人民防线、禁毒等工作获省级表彰，平安校园建设工作在省考评中名列第一等次。　（姜赐坤）

【教育系统常态开展文明创建工作】　2021年，长沙市教育局以庆祝中国共产党成立100周年为主线，突出培育和践行社会主义核心价值观，常态开展“扣好人生第一粒扣子”“我们的节日”等主题教育实践活动，加强文明创建常态长效建设。长沙“童心向党”主题教育经验获中央文明办《未成年人思想道德建设工作简报》推介，长沙“开学第一课”经验做法被省文明办《湖南精神文明建设》（简报）推介。推评2名学生被评为全国新时代好少年，1家单位被评为“全国学雷锋活动示范点”，1家单位被评为“省文明窗口单位”，1名个人被评为湖南省“四个一”先进个人，74人获省、市“新时代好少年”“道德模范”“长沙好人·身边雷锋”等荣誉；推荐130所学校被评为市级文明（标兵）校园，推选9所中小学被评为“创建全国文明校园先进学校”。长沙教育系统创建活动先后被中国文明网、“学习强国”学习平台、新湖南等省级以上媒体报道100余次。完成迎省检、国检及全国典范城市测评各项任务。

（曹　攀）

【境外交流与合作】　2021年，在全国第六届“中美千校携手”项目申报中，长沙市麓山国际实验小学、高新区金桥小学、长沙市开福区长雅中学、长沙市实验小学、岳麓区博才小学、岳麓区实验小学、雨花区枫树山小学7所学校申报成功。9月10日，长沙麓山国际实验小学与巴巴多斯查尔斯布鲁姆小学签订姊妹校协议；11月24日，巴哈马沃克中学与长郡梅溪湖中学建立友好合作关系，双方在学校管理、教师培训、学生成长等方面进行交流。

（周卓莹）

【教育民生服务】　2021年，教育阳光服务平台受理各类服务事项2693件，其中投诉举报事项1501件、政策咨询事项1054件、求助帮扶事项15件、意见建议123件。各县（市、区）阳光服务平台全年受理服务事项51924件，比2020年（42022件）增长23.56%，其中受理投诉事项2798件，比2020年（2647件）增长5.7%。43个局直属学校阳光服务平台受理服务事项11735件，其中投诉事项1003件，比2020年（575件）增长74.43%。全年签收“12345”政务热线工单5970件，比2020年（3593件）增长66.16%；受理事项回访群众满意率93%。诉求事项主要集中在学区划分、楼盘配套入学、学校建设滞后、学校广播扰民、节假日补课等方面。4月和9月当月工单数量760件以上。市教育局本级接待到访2907人次，比2020年增长80.45%；办理群众来信59件次、网络信访268件次、省长信箱35件次、国家信访局交办疑难复杂信访事项11件；接待集访56批1436人次，比2020年批次增长154.55%，人次增长165.43%。所有事项按期办结率100%，全年未发生大规模极端恶性事件、网络负面舆情炒作事件。全年办理建议提案92件，其中省政协委员提案3件（独办1件、主办1件、会办1件）、市人大代表建议31件（独办4件、主办8件、分办2件、会办17件）、市政协委员提案58件（独办13件、主办23件、会办22件），答复率、见面率、满意率均100%。长沙市教育局被评为“长沙市建议提案办理工作优秀单位”。全年接收长沙生源高校毕业生学生档案22180份，办理高校毕业生档案转出6328份，接待档案资料查阅1500人次，接受电话咨询11610人次、现场咨询6370人次。（陈　亮　周卓莹）

【长沙教育助推乡村振兴】　2021年，长沙县、望城区、浏阳市、宁乡市建设乡镇标准化寄宿制学校25所，提质改造乡村小规模学校26所。建设交互式多媒体教室12521间，交互式多媒体教室覆盖率85.95%；市本级56所网络主校通过“网络联校”对接168所农村学校（教学点），80%以上主校音体美、英语和特色课程实现同步上课。完成15个市级名师农村工作站建站工作，招收农村公费定向师范生459人，发放乡村教师乡镇工作补贴1.42亿元。全年补助5.49万名原义务教育阶段建档立卡等家庭经济困难学生生活费，发放补助资金3616.29万元。（周利明）

基础教育

【概况】　2021年，长沙市有各级各类幼儿园2453所，其中公办幼儿园1097所、民办幼儿园1356所（普惠性民办幼儿园992所），全市公办幼儿园和普惠性民办幼儿园占幼儿园总数的85.2%。在园幼儿42.9万人，其中公办幼儿园24.1万人，占全市在园幼儿总数的56.18%。学前三年毛入园率96.3%。全市园长及专任教师2.98万人，专科以上学历2.76万人，大专合格率93%。全市通过以项目实事园建设新改扩建一批，做好城镇小区配套幼儿园治理工作回收一批，委托管理、合作办园创新机制盘活一批等方式，新增公办园学位67490个，完成湖南省政府为民办实事项目下达任务（39700个）的170%，完成学位建设总量及增幅均居全省第一位，公办园在园幼儿数占比56.18%，比2020年提高15.6个百分点。

2021年，全市中小学校1432所，其中小学1062所（含教学点139个）、初中学校259所（含九年一贯制学校）、普通高中学校106所（含完全中学、十二年一贯制学校）、特殊学校4所、专门学校1所。全市中小学生123.33万人，其中小学76.13万人、初中29.63万人、普通高中17.57万人。全市中小学教职工8.49万人，其中小学教职工3.94万人、初中教职工2.3万人、普通高中教职工2.25万人。2021年，长沙市城区初中毕业生体育中考合格率95.73%；高一学业水平考试一次性合格率99.85%，高二学业水平考试一次性合格率99.86%。“科学减负、提质增效”做法在全省推进“双减”工作视频会推介。教育部《关于加强义务教育学校作业管理的通知》新闻通气会专题推介长沙《构建三个体系 优化作业质量》典型经验。长沙教育质量综合评价改革被《人民教育》评为教育部2020年度基础教育典型案例，教育部《义务教育质量评价指南》新闻发布会专题推介，《中国教育报》深度报道。长沙人工智能社会实验被中央网信办等评为全国优秀案例，长沙被评为教育部人工智能助推教师队伍建设试点城市。长沙在全国智慧教育示范区建设经验交流研讨会作经验推介，网络学习空间下的综合素质评价共同体被评为教育部基础教育应用优秀项目。

（雷　俐　吴三文）

【特殊教育】　2021年，长沙市有4所特殊教育学校，5个校区（长沙市特殊教育学校一校两址），安置学生1452名（含部分非长沙地区户口学生）。长沙市特殊教育学校、宁乡市特殊教育学校、浏阳市特殊教育学校附设学前部，长沙市特殊教育学校附设中职部。全市开设7个普通学校特教班，其中开福区、高新区、岳麓区、雨花区、天心区各设1个班，芙蓉区设2个班。根据“长沙市残疾儿童信息管理平台”数据统计，2021年全市持证适龄残疾儿童3940人，已入学3822人，未入学118人，入学率97%。在普通学校随班就读的学生3125人，随班就读比例79.31%。已建资源教室91间，均配备兼职资源教师。按属地原则继续推进送教上门工作，全市送教上门学生930名。2021年，长沙市教育局组织开展1次随班就读工作实地评估指导和送教上门工作自查指导，组织开展各级师资培训28次，参培3000人次，第一批融合教育教师培训中71名教师学习合格毕业。全市设立11个特殊教育研究培训中心，市级研训中心投入20万元日常办公经费。市、县（市、区）级财政每年为特殊教育安排专项经费，建设无障碍设施、教育教学设施设备，改善特殊教育办学条件，提升教师待遇，健全随班就读支持保障体系。逐年提高公用经费标准，除浏阳市、望城区生均公用经费6000元/年外，市内其他区县生均经费8000元/年，天心区送教上门学生生均公用经费20000元/年。特殊教育学校落实国家规定的15%特殊教育教师津贴和长沙市政府规定的特殊教育学校本单位绩效工资基准线或在职教师基本工资的60%增核特殊教师岗位补贴。　（刘建洪）

【普惠性民办幼儿园发展】　2021年，全市普惠性民办幼儿园992所，其中新认定51所、升级22所；一、二、三级（县级示范园及以上）普惠性民办幼儿园共735所，占比普惠性民办幼儿园总数的75.85%，普惠园覆盖率（公办幼儿园和普惠性民办幼儿园在园幼儿数）占比91.88%；市本级安排普惠性民办幼儿园奖补资金1.83亿元。

（雷　俐）

【学前保教质量提升】　2021年，长沙市推动养成教育实践，通过园本教研示范园开放、养成教育优秀案例征集与展示，推动全市幼儿养成教育特色课程的实施；启动第七批幼儿园对口支援工作；科学研制《长沙市幼儿园保教质量评价指南》，涵盖幼儿发展、教师发展、园所发展三大核心板块，研制87条指标、153个观测点；推进游戏活动和幼小衔接2项试点，推进36所试点园、试点校工作；开展第十个全国学前教育宣传月系列活动，举行长沙市“砥砺十年，奠基未来”学前教育宣传月启动仪式。（雷　俐）

【学校建设】　2021年，长沙市教育局编制2021—2025年度乡镇标准化寄宿制学校建设项目规划，全市“十四五”期间规划建设省级乡镇标准化寄宿制学校135所，预计总投资11.28亿元。2021年完成建设25所，完成投资2亿元。编制2021—2025年度乡村小规模学校优化提质工作方案，全市“十四五”期间规划对102所乡村小规模学校进行优化提质或择址重建，预计总投资2.25亿元。2021年完成优化提质26所，完成投资0.1亿元。“十四五”期间，长沙继续实施“薄改与能力提升”工程，补齐农村义务教育办学条件短板，全市“十四五”期间规划项目学校153所，预计总投资23.46亿元。2021年完成38所学校建设任务，完成投资2.44亿元。全年完成义务教育扩容建设项目校35所，增加学位57390个，完成率116.7%；完成新改扩建公办幼儿园36所，完成率120%。2021年，推进一批市直单位重大项目建设，东雅中学投入使用，一中城南中学、麓山梅溪湖实验中学、坪山中学等7所中学均启动建设或者列入重大项目投资计划。2021年，根据市政府《关于下达2021年政府投资重大项目计划的通知》的安排，局直属单位基本建设项目24个，完成投资8.7亿元。　（王仁彪）

【基本消除中小学大班额】　根据湖南省教育厅《关于全省2021年度消除义务教育和普通高中大班额工作进展情况的通报》：2021年，长沙市义务教育阶段学校大班额全面消除。普通高中班级总数3561个，2021年大班额消除任务数64个，超大班额1个。全市消除大班额142个、超大班额1个，实现超大班额清零，大班额任务完成占比221.88%，剩余大班额26个，全市大班额占比0.7%，是湖南省消除大班额任务完成比例最高的3个市州之一。　（刘建洪）

【心理健康教育】　2021年1月，长沙市委、市政府办公厅下发《中共长沙市委办公厅长沙市人民政府办公厅关于进一步加强新时代学生心理健康教育的实施意见》。为推进学校心理健康教育工作，11月，市委教育工作领导小组组织召开全市中小学心理健康教育工作会议。

多举措推进心理健康教育　2021年，长沙市教育局为市级心理辅导中心下拨20万元，补助区县80万元用于心理健康教育工作。加大心理健康教师引进力度，全市2021年比2020年增加114名专职心理健康教育教师。加大心理健康教师培训，2021年开展专题培训，培训专兼职心理健康教育教师18378人次。规范心理辅导室建设，建成规范心理辅导室983个，比2020年增加146个。

开展心理健康教育系列活动　2021年5月，长沙市教育局组织“心理健康教育活动月”活动，全市500余所学校开展3000余场专题活动。组织第三届校园心理剧比赛，收到457个原创剧目；开展首届治愈系心理漫画比赛，收到作品12万余份；常态化开展中高考考前心理辅导讲座，全年服务学生近10万人。组织教师参加省教育厅举办的2021年“心理健康月”活动案例评比，报送的6个单位获5个一等奖、1个三等奖。组织教师参加省教育厅组织的中小学心理健康教育教师专业能力比赛，选送的5位教师全部获一等奖。开展全市中学生心理健康专项调研，实施“心花怒放”教师心理关爱计划，与省、市知名医院建立心理咨询绿色通道。

家校协同推进心理健康教育　2021年，全市开展心理健康教育进社区活动54场，服务家长及学生2886人；编印《父母就是最好的老师——儿童青少年心理健康知识读本》和《青春治愈集——长沙市治愈系心理漫画优秀作品集》2本科普知识读本1万册，免费发放到各社区。开展全市学生心理健康普查，建立心理档案，及早发现、及时干预疑似有心理障碍的学生，确保安全。（胡　平）

【劳动教育】　2021年，长沙市教育局多举措推进劳动教育。增加劳动场所。打造立体校园，丰富劳动实践场所，认定市级劳动与实践教育基地127个，纳入市综合实践服务平台统一管理。联动协同增加劳动时间。中小学劳动教育课每周不少于1课时，综合实践活动课程中劳动教育内容不少于50%。构建学校、家庭、社会劳动教育共同体，通过建立劳动社团、评选“劳动达人”、开展劳动技能竞赛、承包校内公共区域卫生等方式落实劳动教育。推广总结劳动教育经验。遴选中小学劳动教育典型案例31个、中小学劳动教育实践特色项目46个，市级中小学劳动实践试点学校23所；长沙市被教育部认定为全国劳动教育实验区，劳动教育经验“长沙市因地制宜推动劳动教育开展”在教育部网站上推介；劳动教育《筑牢“主阵地”开发“特色课”用好“指挥棒”》被评为全国优秀案例。（胡　平）

【体育活动】　2021年，长沙市教育局举办全市体育与健康教学评优活动，评出一等奖37节。开展大课间体育绳操及云赛PK活动和其他户外体育活动，常态化推进“体艺2+1”，全市小学六年级学生达标率95.11%，初中生三年级学生达标率94.01%，体育中考合格率95.73%。

推进智慧体育　2021年，长沙市教育局通过组织校内的大课间、体育训练、社团活动和校外的体育作业打卡、云PK比赛等活动，推进智慧体育。全市1816万余人次参与跳绳比赛。实施体质健康抽查，全市中小学生体质健康合格率94.9%，比2020年提升0.5%，优秀率15%。

参加省、市体育赛事　2021年，长沙市教育局组织17支队伍参加省第四届中学生运动会的全部项目比赛，成绩居全省第一位。组织师生参加长沙市第十届运动会开幕式排演，承办青少年组所有比赛，1.34万余名运动员参加比赛。市教育局被评为长沙市十运会突出贡献单位，在省第四届中学生运动会奖牌总数居全省第一位、总分第一位，被评为优秀代表团。“双减”政策落地，智慧体育助力学生健康成长在“学习强国”学习平台全国推介。（胡　平）

【美育教育】　2021年，长沙市组织开展博物馆课程进校园活动。线上授课与线下导赏相结合，开发“博物馆里的美育课”“馆校合作的特色课程资源”“‘三点半’特色课程”“美育课程进校园——音乐专题”线上课程24节，供学生免费学习。

开展艺术比赛　2021年，长沙市教育局组织举办2021年长沙市中小学生“独唱、独奏、独舞”比赛。9778位独唱、独奏、独舞选手参加市级决赛，评出一等奖2479名、二等奖3465名、三等奖3834名，1189名教师获“优秀指导老师奖”。高中组有37人参与省级比赛，其中22人获省级一等奖。组织全市中小学生“绘画、书法、摄影”比赛，收到绘画、书法、摄影等作品8357幅，评出一等奖1995件、二等奖2966件、三等奖3396件。979名教师获“优秀指导老师奖”。该次比赛增加现场赛环节，组织市初选一等奖入围选手参与现场赛，市直、区县设置10个分赛场，通过现场赛展现学生艺术创作基本功和创造力。“独唱、独奏、独舞”和“绘画、书法、摄影”比赛区县学校参与率90%，市直学校参与率95%以上。

艺术教师培训　2021年4—11月，长沙市少年宫先后组织长沙市中小学音乐、美术教师参加“中小学合唱指挥技巧”“新时代儿童美术教育的发展要求及创新课例研究”“中小学戏剧教育”“艺术工作坊实践”4次主题培训及“中小学戏剧教育成果展”交流会，累计1200余人次参加学习交流，全方位提升艺术教师的综合素养与实践能力。（胡　平）

【健康教育】　2021年，长沙市常态化推进“两课两操”，增加户外运动，开展4次视力筛查，开展近视防控宣传月活动，遴选优秀案例、短视频258个。全市中小学生近视率59.38%，比2020年下降0.51%。全市有省、市近视防控示范（试点）区5个、示范（试点）校30所；近视防控工作经验《健全近视综合防控机制 全力呵护学生眼健康》在全国现场会上交流。2021年，培育专业队伍，与省人民医院联合举办2期校医培训班，与湘雅附三医院联合举办8期应急救护培训班；培训救护师资30名。

（胡 平）

【特色学校建设】 2021年，长沙市9所学校被评为“全国中华优秀传统文化传承学校”。11所学校被评为全国体育、艺术、急救等特色示范校。5个区县被评为省、市近视防控示范（试点）区，30所学校被评为省、市近视防控示范（试点）校。创建体育特色校30所、市垃圾分类示范校23所、书香校园26所。 （胡 平）

【体艺后备人才基地建设】 2021年，长沙市教育局继续开展初中体艺后备人才遴选，认定体艺后备人才基地校41所、体艺项目17个，联合市文旅广电局、市体育局共同遴选和管理，招收后备人才622名。（胡 平）

【创新实施“三师”行动】 2021年，长沙市制定出台《长沙市中小学校幼儿园“三师”（营养师、心理咨询师、运动管理师）行动计划实施方案（2021—2025）》，市、县（市、区）分别开展“三师”培训，遴选市、区两级试点校66所。 （胡 平）

【青少年科技创新】 2021年，长沙市举办第38届长沙市青少年科技创新大赛，收到1735件参赛作品，1050件学生作品获奖；33个项目进入省级比赛，18个项目获省一等奖，一等奖占比55%。将原来机器人比赛AB两类改为ABC三类，全市454支队伍、835名选手参加，377支队伍获奖。举办第四届长沙市青少年创客节，包括创客大赛、创客教育与学科融合研讨会、创意工作坊等，1.1万名学生参与，收到作品882件。第16届中小学生现场创意编程竞赛参与人数逐年增多，2021年3000余人参赛。“奇思妙想”纸质结构模型普及竞赛初赛人数逾50万人，形成长沙品牌。考核评估第一批科技教育特色学校，长郡梅溪湖中学等9所科技教育特色学校考核评估合格。 （胡 平）

【承办湖南省第七届中小学生艺术展演】 2021年，长沙市教育局承办湖南省第七届中小学生艺术展演。全省各市州报送艺术表演节目274个参加视频评审、报送案例55篇，美术作品278件选送的节目。长沙代表队选送24个艺术表演类节目均获省一等奖，其中14个节目选送全国参赛。优秀案例类选送5篇，4篇获省一等奖并选送全国参赛，1篇获省二等奖。艺术工作坊类选送5个均获省一等奖，其中4个选送全国参赛。美术作品类选送24幅，17幅获省一等奖，7幅作品选送全国参赛。长沙市教育局获省艺术展演、建制班级合唱比赛优秀组织奖。

（胡 平）

【市委常委会会议听取“双减”工作汇报】 2021年8月19日，长沙市委常委会会议听取长沙市教育局党委书记、局长孙传贵关于学习贯彻《进一步减轻义务教育阶段学生作业负担和校外培训负担的意见》的情况汇报。会议指出，做好“双减”工作是全面贯彻党的教育方针、落实立德树人根本任务的重大举，是坚持人民至上、回应群众关切的重大举措，是发展更加公平更高质量的教育，促进学生全面发展健康成长的重大举措。要把握好政策，深入学习、全面领会、坚决贯彻中央“双减”文件精神，确保平稳落地；要提升教育教学质量，学校要发挥主阵地作用，做到应教尽教，确保学生在校内学足学好；要加强领导，对标对表上级精神，紧密结合长沙实际，明确目标、方法、路径，在全省发挥示范带动作用。会议明确，由市教育局负责研究制定细化方案，推进工作落地落实。

（周小青 汪建业）

【“双减”实施方案审议】 2021年10月28日，长沙市委常委会会议听取长沙市教育局党委书记、局长孙传贵关于《长沙市进一步减轻义务教育阶段学生作业负担和校外培训负担的实施方案》起草情况的汇报。会议指出，“双减”工作是党中央从国之大计、党之大计的高度作出的重大决策部署，全市各级各有关部门要全面推进，形成长效机制。要强化学校教书育人主体功能。发挥主阵地作用，提升教育教学质量、课后服务水平。要保障教师地位待遇，配足师资力量。要推进义务教育优质均衡发展，加大校长、教师交流力度。推进校外培训机构治理，帮扶引导转型。要明确责任抓落实，推动“双减”工作落地见效。会议原则同意《长沙市进一步减轻义务教育阶段学生作业负担和校外培训负担的实施方案》，按程序发文实施。10月29日，长沙市人民政府常务会审议《长沙市进一步减轻义务教育阶段学生作业负担和校外培训负担的实施方案（送审稿）》，会议指出，“双减”工作重点在校内，难点在校外；要强化协作联动，坚持政府与社会共同推进、校内与校外双向发力、规范与整治一并推进。市教育局要统筹协调，全市各级各相关部门要通力协作、同向发力，确保“双减”工作落地落实；同时，要提升学校教育教学质量，提供全覆盖、高品质的课后服务，让学生学习更好回归校园。

（周小青 汪建业）

【“双减”系列政策出台】 2021年10月28日，长沙市委教育工作领导小组下发《关于成立长沙市“双减”

暨规范民办义务教育发展工作协调小组的通知》，文件决定，长沙市“双减”暨规范民办义务教育发展工作协调小组归口长沙市委教育工作领导小组领导，由市委副书记任组长，市人民政府分管教育工作的副市长任第一副组长，市委、市政府联系教育工作的副秘书长和市教育局局长任副组长，26 个有关市直部门的分管负责人为成员。协调小组办公室设市委教育工作领导小组秘书组（市教育局），承担日常工作、组织会议活动、编发工作简报等工作。11 月 4 日，长沙市委办公厅、市政府办公厅印发《长沙市进一步减轻义务教育阶段学校作业负担和校外培训负担实施方案》的通知，文件提出，按照“校内保障、校外治理、疏堵结合、标本策治、协同推进”的总体思路，强化学校教育主阵地作用，深化校外培训机构治理，防止侵害群众利益行为，构建教育良好生态，缓解家长焦虑情绪，促进学生全面发展、健康成长。学生过重作业负担和校外培训负担、家庭教育支出和家长相应精力负担 1 年内有效减轻、3 年内成效显著、人民群众教育满意度明显提升。文件从建设高质量基础教育体系、强化作业统筹管理、加强学校考试组织管理、提升学校课后服务水平、加强校外培训综合治理、推进基础教育综合改革 6 个方面明确 28 条具体措施。

（周小青　汪建业）

【全市“双减”工作推进会】　2021 年 11 月 5 日，市委教育工作领导小组在召开全市“双减”工作推进会。市委副书记、市委教育工作领导小组组长阚保勇出席会议并讲话，市人民政府副市长刘明理主持会议，市委、市政府相关领导干部，市直部门、县（市、区）相关负责人等约 80 人参加会议。市委教育工作领导小组秘书组组长、市教育局党委书记、局长孙传贯在会上报告长沙市前段时间“双减”工作推进情况。会议结合《长沙市关于进一步减轻义务教育阶段学生作业负担和校外培训负担的实施方案》，安排部署全市“双减”工作。芙蓉区、雨花区、市科技局、市人力资源和社会保障局分别就“双减”工作推进情况作交流发言。

（王　威）

【“双减”工作推进】　2021 年，长沙市率先出台中小学作业管理“六要”“六不得”等减负文件，采取“四不两直”方式实行“一月一督查、一月一通报”；开辟师德师风问题线索“码”上举报。优化评价方式，长沙市作为全国首批教育质量综合评价改革实验区，连续 4 年发布市、县、校三级教育质量综合评价报告。抓住长沙市创建为全国首批智慧教育示范区的契机，推进智慧课堂、智慧教学和智慧研训等，让学生在校内“上得好、学得足”。截至 2021 年年底，教育部基础教育“双减”工作监测平台显示：全市建立作业公示制度的学校、作业时间控制达标的学校、制度化开展校本教研的学校、实施“零起点”教学的小学、建立经费保障的县区等 9 项指标达标率均 100%。全市中小学生对校内减负提质满意度 97.7%、家长对校内减负提质满意度 97.84%。中小学生课业负担减轻，长沙“双减”工作经验在全省全国推广。教育部新闻发布会多次推介《湖南省长沙市：推进增值评价引领基础教育创新发展》《湖南省长沙市：学生反馈　教师试做》《长沙市优化作业管理设计的探索与实践》等。

（刘建洪）

【“双减”“五项管理”专项督导】　2021 年，长沙市教育局将“双减”“五项管理”列入教育督导重点工作，市级教育督导部门和基教部门联合开展“双减”专项督导，从 2021 年 6 月至年底，以督学责任区为单位对全市中小学校开展“五项管理”督导，学校覆盖比例 100%，建立问题台账，及时整改问题，取得阶段成效。长沙市岳麓区、开福区接受国务院教育督导办“五项管理”实地督查。　（周　波）

【课后服务推行】　2021 年 12 月，长沙市教育局联合市发展改革委、市财政局、市人力资源和社会保障局下发《关于下发〈长沙市中小学课后服务工作实施办法〉的通知》；实施课后服务实施一站式管理，具有政策发布、网上选课、缴费退费、第三方监管等功能。2021 年秋季，全市 1116 所中小学校实施课后服务，覆盖率 100%，参与学生 89.9 万人，参与率 100%；参与服务教师 6.2 万人，参与率 98.58%。　（胡　平　刘建洪）

【校外培训监管】　2021 年，长沙市教育局联合公安、市监、城管、住建等部门开展校外培训专项治理行动 5 次，发布通报 5 期，查处有证培训机构违法违规行为并予以行政处罚的 46 起，查处无证办学机构并予以行政处罚（罚款）的 44 起。截至 12 月底，全市 1462 家义务教育学科类培训机构关停或转型 1231 家，剩余 231 家机构从事义务教育学科类培训。成立培训机构课程审核鉴定专家委员会，制定评审标准，审核课程 4343 项，鉴定学科类培训课程 2239 个、非学科类培训课程 2104 个。指导各县（市、区）全面公示义务教育学科培训、高中学科培训和非学科培训 3 类机构名单。推进基教司基础教育“双减”工作监测平台和监管司全国校外教育培训监管与服务综合平台数据填报工作，“营转非”、转型和注销完成率 100%。建立培训机构资金监管平台，强化资金监管，已纳入资金监管（不含已注销培训机构）完成率 100%。督促指导县（市、区）核查处置教育部反馈第二批“双减”问题中 705 个线索。委托《潇湘晨报》和政法频道两家媒体开展暗访督查。联合市发展改革委印发《关于长沙市义务教育阶段学科类校外培训收费有关问题的通知》，明确培训收费的政府指导价。指导和督促相关区县对伯明汉、温斯顿、树童等非正常关停机构开展专项审计，并将问题线索移交至市公安局。

（王　威）

【长沙市中华经典诵写讲大赛】 2021年5—12月，长沙市组织以“传承中华经典，庆祝建党百年”为主题的中华经典诵写讲大赛，包括“诵读中国”经典诵读大赛、“诗教中国”诗词讲解大赛、“笔墨中国”汉字书写大赛、“印记中国”师生篆刻大赛、“湘语时光”诗文朗诵大赛5项赛事。长沙市获“湖南省第五届中华经典诗文诵读大赛优秀组织奖”。（雷　俐）

【长沙市幼儿园教师普通话水平监测】 2021年，按照省教育厅《关于开展全省幼儿园教师普通话水平监测的通知》的相关要求，11月28日至12月2日，长沙市完成563名幼儿园教师的省级普通话水平监测，参测率100%，优秀率80.88%，合格率99.82%，均居全省第一位，获“湖南省幼儿园教师普通话水平监测优秀组织单位”。

（雷　俐）

【普通高中新课程新教材实施国家级示范区建设】 长沙发挥智慧教育优势，挖掘新教材育人功能，探索普通高中新课程新教材背景下的课堂教学改革。2021年11月23日，长沙市实验中学、长沙市第十一中学、长沙市南雅中学3所国家级示范校联合长沙市周南中学、长沙市天心区雅礼书院中学、北京第八十中学、北京陈经纶中学等学校，采用线上线下同步模式，举办主题课堂教学研讨活动，邀请多名国内专家进行指导，发挥示范区、示范校的辐射功能。宁乡市和长沙市周南中学、长沙麓山国际实验学校、长沙市雅礼洋湖实验中学、天心区雅礼书院中学、长沙县第一中学5所普通高中申报成为省级示范县区（校），长沙市长郡中学、长沙市雅礼中学等十余所普通高中开展新课程、新教材主题教学开放活动。11月，经省教育厅批准，长沙市天心区雅礼书院中学成为全省首个“创新教育实验学校”，重点开展高中育人方式转变创新实践。12月，实地视导26所市直学校，重点督导新课程新教材实施、课业负担及考试等相关情况，全面推进普通高中新课程新教材实施国家级示范区建设。

（吴三文）

【基础教育集团化办学】 2021年，长沙市65所优质中小学校通过集团化办学，辐射中小学校341所，其中市直学校12所、辐射学校121所。落实长沙市《关于进一步规范基础教育集团化办学的指导意见》，麓山兰亭小学、周南梅溪湖小学、麓山中加等学校退出集团化办学。（吴三文）

【全国智慧教育示范区创建】 2021年，长沙市建设“长沙智慧教育云平台”和长沙人工智能体验中心。完善人人通云平台，汇聚学生成长数据，全市教师空间80063个，学生空间1171095个，实现“一人一空间、人人用空间”常态化。打造中小学在线学习公益大课堂，参与人数逾8万人，点播课堂60万余节。通过一个大平台，实现教育教学、体质监测、教育评价、互联网+政务、校园管理等各类应用的数字化转型和数据汇聚。融合推进规模化“因材施教”。转变育人方式，推动信息技术在“教学管评测”全面融合，以智慧课堂提升课堂教学效益。探索智慧作业管理系统，运用人工智能、大数据等现代信息技术，为学生提供适量、难易适度作业安排，助力“双减”落地见效。利用智能终端，开展人机协同、以学定教，助力精准教学。应用千博手语、盲汉互译等智能助手让残障儿童无障碍享受教育，实现全纳教育。以教师转型推动人才培养创新。组建46个网络研修工作室、296个教研联盟，举行“智慧课堂教研展示”活动15次，开展跨时空研训和大数据精准教研，帮助教师提升智慧教育能力。以资源共享推进城乡教育优质均衡。全市中小学校多媒体教室建设率100%，智慧校园183所，市直学校教室交互式多媒体配备率100%，望城区、长沙县、浏阳市、宁乡市4县（市、区）新建交互式多媒体教室1661个，覆盖率85.95%。建设网络联校，名校、名师课堂覆盖所有农村偏远学校、教学点，受益学生100万人次，化解农村优质资源缺乏及教师结构性缺编问题。开展全市“基础教育精品课”遴选活动，组织全市年度智慧教育示范区、网络学习空间优秀区域（学校）和未来学校遴选等。（吴三文）

【全国基础教育国家级优秀教学成果推广应用示范区（长沙）建设工作启动会议】 2021年3月12日在长沙市长郡双语实验中学召开。湖南省教育科学研究院副院长杨敏和长沙市教育局党委委员、副局长仁增达杰出席会议。会议由长沙市教育局基础教育处处长肖碧芳主持。市教育局基础教育处、学生工作处、市教育科学研究院负责人，各县（市、区）教育局主管副局长、基础教育科、学生工作科、教科中心（教研室）负责人，成果推广专家工作组（坊）及各成果示范学校校长等200余人参加会议。杨敏代表湖南省教育科学研究院讲话。成果持有者长沙市教育科学研究院教授姜平从成果推广方案、成果推广工作机制、成果推广模式与操作细则等7个方面，全面解读《“综合实践活动课程建设、推进与实施”成果推广指南》。长郡双语实验中学副校长莫方代表成果推广示范校发言。

（姜　平）

【2021年长沙市中小学招生入学政策改革调整】 2021年3月24日，长沙市教育局举行2021年长沙市中小学招生入学政策发布会，市教育局党委书记、局长孙传贵，副局长缪雅琴出席发布会。义务教育阶段招生入学政策保持稳定，初中学业水平考试成绩呈现形式2021年起由等级呈现调整为分数呈现，将原6A调整为6个120分，录取总分720分。2021年设立过渡期一年，录取总分610分。调整取

消直升生招生计划，从2021年起，所有初中毕业生未参加初中学业水平考试的，一律不能参与高中阶段学校的录取。加大指标生招生计划。从2021年起，指标生招生计划调整为优质普通高中学校招生计划数的50%，每所城区公办或子弟初中学校原则上分配2所或以上优质普通高中学校的指标生。严控跨区域招生，从2021年起，长沙市一中、湖南师大附中、长郡中学、雅礼中学等现代教育实验学校及明德中学艺术班不再安排跨区域招生计划。降低中考命题难度，中考命题强化基础知识和基本技能等义务教育阶段必须掌握的内容，试题内容不超标，不与奥赛内容挂钩，不出偏题、怪题，引导减少死记硬背和“机械刷题”现象，减轻学生课业负担。

（肖碧芳）

【长沙市“五项管理”工作推进会】 2021年6月12日在长沙市教育局召开。市教育局副局长缪雅琴出席会议并讲话。各县（市、区）教育局分管基础教育、民办教育副局长，基础教育、民办教育科科长，省、市直属中小学校（含民办、子弟学校）教学副校长参加会议。会议通报省教育厅督查长沙贯彻落实“五项管理”工作的基本情况，结合教育部、省厅相关文件精神，详细解读落实“五项管理”工作的具体内容、要点及要求，对各县（市、区）教育局、各中小学校进一步贯彻落实“五项管理”提出工作要求。

（吴三文）

【湖南省基础教育评价改革现场推介会】 2021年6月24日在长沙召开，主题推介长沙市教育质量评价改革经验。推介会上展示长沙教育评价改革成果，市教育局党委书记、局长孙传贵发布长沙市2020年普通中学教育质量评价报告。2021年长沙连续第四年发布年度评价报告，全市10个县（市、区）253所初中、81所普高的108440名学生、30270名专任教师及部分家长参与测评。市教育局副局长缪雅琴及长沙市第十一中学校长聂庭芳作经验推介。会议由省教育厅副厅长王玉清主持。省教育厅党组书记、厅长、省委教育工委书记蒋昌忠，长沙市副市长刘明理出席会议并讲话。全省14个市州及13个教育评价整体改革试点县市（区）教育局局长、教育质量评价相关部门及学校主要负责人共160余人参加会议。

（肖碧芳）

【2021年长沙市城区小学毕业生升初中联合微机派位】 2021年6月30日在芙蓉区长沙市一中双语实验学校举行。市委、市人大、市政府、市政协领导，特邀教育督导员、民主监督员，市教育局班子成员，芙蓉区委、区人大、区政府、区政协领导，市中心城区分管副区长，教育局局长、副局长、纪检组组长出席微机派位会议。城区小学的校长、家长代表以及民办中学教师代表近500人现场见证微机派位。2021年全市城区有小学毕业生51756人，其中残障儿童、体艺基地后备人才和特色学校招生等1975人，高新区划片招生2420人。五区派位总数47361人。城区21所民办学校、子弟学校，除配套入学、体艺基地后备人才、特色学校招生、九年一贯制小学部直升等提前录取外，有8409个计划面向小学毕业生进行派位。

（王海军）

【2022届普通中学教育质量综合评价学业相关因素测评培训】 2021年12月21日在长郡滨江中学举办。长沙市教育局副局长缪雅琴，市教育局基教处处长肖碧芳，副处长王海军、吴三文，长沙市教育科学研究院副院长章勇，长沙市教育质量监测与评估中心主任邹良等出席会议，各县（市、区）教育局分管领导、基教科科长、各中学主管副校长等300余人参加会议。会议整体回顾与总结长沙市2021年度教育质量综合评价工作，培训与部署2022届学业相关因素测评工作。培训会介绍长沙市增值评价的主要办法，全面安排2021年高三高考适应性考试，举行评价报告应用优秀案例颁奖仪式，公布2021年《长沙市普通中学教育质量综合评价报告》结果应用优秀案例评审结果，雨花区教育局等42个单位分别获一、二、三等奖。

（吴三文）

【“庆祝建党100周年主题阅读”活动】 2021年，长沙市教育局组织开展“庆祝建党100周年主题阅读”活动，评出优秀书香校园20所、书香班级226个、书香教师100名、书香少年2177名。组织“学习新思想 做好接班人”中小学生新媒体演讲主持大赛，通过阅读红色经典，展现新时代好少年的精神风貌。

（胡　平）

职业教育

【概况】 2021年，长沙市有各级各类职业院校126所，在长沙省属高职院校25所，市属高职院10所，中职学校54所、技工院校38所。职业院校在校生规模40万人。开设机械制造类、电子电工类、现代服务类等18个专业大类，共136个专业，初步建成与长沙区域产业布局紧密对接的特色专业体系。

【职业教育改革】 2021年，长沙市以长沙市政府办公厅名义下发《长沙市推进职业教育现代化服务“三高四新”战略的实施意见》，围绕“三高四新”战略要求，发挥省会城市的担当和先锋作用，推进育人方式、办学模式、管理体制、保障机制改革，提高长沙市职业教育人才培养质量，提升职业教育现代化水平。打通中职升学通道，推动中高职深度合作，5所中职学校开展中高职“3+2”衔接试点举办专科层次专业。2021年，长沙市在推动职业教育改革方面上榜湖南省真抓实干成效明显地区表扬激励名单。

【职校标准化学校建设】 2021年，长沙市印发《长沙市中等职业教育标准化建设工程实施方案》，在全市开展中等职业教育标准化学校建设工程的同时创新性地开展中等职业学校公共基础课标准化实施工程3项建设。通过组织学校自检、申报和现场核查验收，并结合2021年湖南省中等职业学校基本办学条件专项核查情况，认定第一批标准化学校27所。其余未达到建设标准的学校制定拟达标时间，最迟2022年年底以前验收达标。

【职业教育招生】 2021年，长沙改革中职招生制度，组织人员开展实地核查，根据学校办学条件、年度评估、违规行为等参数下达指导性招生计划，进行公布并接受社会监督，严格新增专业申报与招生计划审批标准与流程，建立招生经费管理制度，探索从源头规范学校招生行为。全市中职学校（含技工学校）的秋季新生注册数5.57万人，职普招生规模比46%。长沙市通过改扩建，发掘公办学校学位增长潜力，全市公办中职学校2021年招生增加3851个公办学位，增幅9%。

【职业院校活动】 2021年，长沙电子工业学校、长沙高新工程学校承办2021年全国职业院校职业技能大赛3个赛项，长沙在全国职业院校学生技能竞赛中获一等奖3个，在全省技能竞赛中获全省唯一的团体一等奖。组织长株潭学生技能竞赛，助推长株潭一体化发展全面提速。组织全市中职学生参加全省文化课普测和市级技能抽测工作。全市中等职业学校高二年级所有专业在籍学生参加普测，5187名学生参与专业考查，总体成绩在2020年基础上全面提升。动员全市职业学校参与劳动教育实践基地申报。10月，长沙市教育局副局长杨庆江在全国职业院校劳动教育经验交流会上分享长沙职业学校“夯实基础、拓宽渠道，以劳动教育培养工匠精神”的做法。长沙中职学校教师在全省班主任大赛上获4个一等奖，获奖率占全省80%。认定长沙汽车工业学校姚博瀚汽车专业等6个名师工作室为2021年湖南省职业教育“双师型”名师工作室，占全省中职60%；认定长沙建筑工程学校砌筑技艺技能传承创新平台1个。推进思政教育，推动长沙市以“课程思政”为目标的课堂教学改革，开展课程思政教学改革及教学能力提升培训活动，参加培训人数250人次。组织省级、市级中职学校教师思政教育教学能力竞赛活动，共300人次。完成职业学校教师素质提升工作。组织全市中职学校教师参加国家、省、市三级培训，完成22个国家级、11个省级、3个市级培训项目的培训任务，共1200人次。

（本栏撰稿　李智琼）

高等教育

【概况】 2021年，长沙市辖区内有全日制普通高校58所，包括本科院校23所（含国防科技大学、5所独立学院）、高职专科院校35所（含5所民办高职院校）。其中市属高校11所，含1所公办本科院校、5所公办高职高专院校和5所民办高职院校。2021年，在长沙高校在校生105.02万人，其中全日制在校生776319人（含博士14894人、硕士64018人、普通本科生356363人、普通专科生341044人，其中留学生4746人）；教职工56189人，其中专任教师38041人。

（李　滔）

【长沙学院】2021年，长沙学院占地约131.33公顷，校舍建筑面积约40万平方米，教学科研仪器设备总值约2.3亿元，藏书146.8万册。有14个学院，49个本科专业，全日制本科生15632人，联合培养硕士、博士研究生423人。有教职工1160人，其中专任教师930人。专任教师中具有正高级专业技术职务114人，具有副高级专业技术职务255人，具有博士学位教师357人。学校有国家一流本科专业建设点1个、省级一流本科专业建设点18个，教育部大学生校外实践教育基地1个，国家精品视频公开课1门、国家级线上一流课程1门。截至2021年年底，学校获得各级各类纵向科研项目共计1960余项，纵向科研项目经费近2亿元。学校教师承担国家自科基金和国家社科基金项目120项，其中国家自科基金重点项目2项，国家社科基金重大项目1项；承担省部级科研项目807项。获省部级以上科研成果奖励24项，获得国家发明专利授权230项。

人才培养　思想政治工作。推进部校共建马克思主义学院，新增省“一流课程”2门、省思政“金课”1门，思政课教师参加全国教学竞赛活动获全国一等奖2项、二等奖1项；实施“三全育人”十大重点工程，师生原创的《百年党史百米剪纸长卷》《十八洞的新苗歌》《应尽之责》3个优秀作品被纳入《百年珍贵记忆——全国高校庆祝中国共产党成立100周年原创精品档案》。专业课程建设。获批2项教育部新文科研究与改革实践项目（省内排名第四位），物流管理专业获教育部高等学校物流与工程类教指委首批建设试点专业（省内唯一）。获批国家级一流课程1门、省级一流课程26门。教育教学能力水平。2021年，学校教师参加全国相关教学竞赛获一等奖2项、二等奖4项、三等奖10项；学生参加各类学科竞赛获省级以上奖励520项，其中国家级奖项160项、省级奖项360项。关心下一代工作心理育人工作。学校关工委被评为“全国教育系统关心下一代工作先进集体”；校心理健康教育中心被评为2021年“湖南省文明窗口”。招生就业创新创业工作。生源质量稳步提升，在历史类、物理类各专业组平行一志愿投档线均位列省内2020年新升一本院校首位；2021届毕业生就业率84.94%；学生创新创业孵化基地入选省级“众创空间”。继续教育。2021级3391名新生完成成人教育注册，2021届3251名毕业生顺利毕业。附属中学。推进“五项管理”和“双减”落实落地，强化生本课题研究，注重教育教学质量，办学水平有提升。

学校内涵建设　师资队伍建设。实施人才强校战略，2021年引进高层次人才11人，专任教师中具有博士学位教师占比提升至38%；完成2021年度教师系列分级聘任工作；开展师德师风教育年活动，深化教师评价改革。科技创新能力。全年立项纵向科研项目161项，其中国家级项目27项，特别是国家自然科学基金区域创新发展联合基金重点项目2项（省内学院类高校唯一）。获湖南省科学技术奖励6项，其中以第一单位获得4项，自然科学奖二等奖1项、三等奖3项；获湖南省社会科学优秀成果奖8项，其中以第一单位获得一等奖1项、二等奖2项、三等奖3项。“升硕”工作。确定两批共10个硕士学位建设点名单，与衡阳师范学院、长沙矿山研究院签订联合培养协议；提请省教育厅同意将学校更名大学纳入省高校设置“十四五”规划；推进平台建设，获批省高校重点实验室1个、省高校哲学社会科学重点研究基地2个，新增省级社科研究基地2个、省工程技术研究中心1个。特色学科建设。坚持“文化＋科技”，进一步凝练学科建设方向，服务长沙打造国际文化创意中心，“传统村落数字化传承与保护”入选联合国教科文组织十年发展（2011—2021）十大代表性成果。政产学研用深度融合。与长沙市高新区签署合作协议，共建岳麓山国家大学科技园，学校联合科技攻关和成果孵化转化增添国家级平台。2021年，新增横向科研项目68项，科研项目合同经费3278万元，完成技术合同认定登记总金额超5000万元。“北斗导航应用技术研发团队”入选市重大科技成果转化项目团队，“工程机械智能制造创新团队”成为市高校知识产权在长转化创新团队。马栏山新媒体学院建设。服务省委、省政府打造“中国V谷”的重大决策部署，举办“马栏山新媒体学院发展高峰论坛”；入选教育部2021年中外人文交流全媒体产教融合项目首批合作院校（省内唯一）。

学校建设　学校治理能力增强。推进学校章程修订、法治校园建设；推进职称评聘、科研管理、财务支出等各方面改革，完善相关制度40余项；科学编制学校《“十四五”暨中长期发展规划》。服务保障水平提升。科学编制财务预算，筹措办学经费；规范有序做好资产采购，加强资产管理、住房管理；推进审计全覆盖；推进学校信息化项目建设；完成5万余册图书、38个数字资源、606种期刊采购工作；推动学报建设与学科建设相适应，打造《文化与创意》等特色栏目，学报办刊质量不断提升。校园基础设施持续改善。工程实验实训中心投入使用，经管类专业实训中心建设完成，新建弘昱学生宿舍封顶；完成长盛楼维修改造工程等项目3项，完成东来阁周边环境提质工程等项目140项，校园环境和生活条件持续改善。平安建设水平提升。坚持“人民至上、生命至上”理念，抓细抓实安全工作。全面升级智慧安防，新增255个监控点位，5个消防控制室实现人机双值守，校园安全管理科技化、专业化、智能化水平持续提升。被评为省“平安建设示范校”。

（张　敏）

【长沙商贸旅游职业技术学院】2021年，长沙商贸旅游职业技术学院在校学生9630人。设湘菜学院、湘商学院、湘旅学院、会计金融学院、文化创意学院、软件学院、创业学院、马克思主义学院（课程思政研究中心）和公共课教研部9个教学部门。教职工535人，其中专任教师406人，教授、副教授职称教师151人，中青年教师基本具有博士或硕士学位，12位知名专家或行业大师担任客座教授。

招生与就业创业　2021年，学校全年招生计划3400人，在全国20个省份共录取3393人，其中湖南省录取3052人、外省录取341人。单招报名4872人，参考4131人，录取1697人，考录比2.43：1；统招录取1696人。在湖南高职专科批次第一次投档分数线为：历史类（文史）407分，物理类（理工）363分。有3270名学生报到入学，整体报到率96.37%。学校2021届初次毕业去向落实率89.47%。湖南省内就业率78.64%，其中长沙市就业人数占省内就业人数的83.82%。毕业生对当前就业情况的满意度80.44%，用人单位对毕业生总体满意度100%。

教育教学管理　2021年，学校专业人才培养方案合格性评审结果为“合格”，餐饮智能管理、会展策划与管理、金融服务与管理、电子商务、计算机应用技术5个专业获2021年湖南省高职高专院校专业人才培养方案优秀等级评价。餐饮智能管理教师团队入选第二批国家级职业教育教学创新团队。立项国家级课程思政教学名师及团队2个。7月，学校组织第3届校级教学成果奖的评选，并推荐8项成果参评湖南省教学成果奖评审。学校成功申报17个1+X证书试点，全年有441名学生参加考核并获取证书。开发精品微党课6门，立项湖南省普通高校思政课金课建设课程1门。入选湖南省高校十大育人示范案例8个。学校被评为省学生军训工作先进单位，湘菜学院被评为“湖南省工人先锋号”，会计金融学院被评为“长沙市工人先锋号”。

科研学术交流　各类课题超过立项100项，项目经费共272.82万元。其中，省教育科学规划课题11项。获市哲学社会科学优秀成果奖16项。申报省级专业教学资源库项目1个，出版教材16本、著作18本。

（鲁　曼）

【长沙职业技术学院】2021年，长沙职业技术学院在校学生11045人，教职工581人，其中专任教师458人，离退休教职工169人。学校是湖南省唯一的特殊教育师资培训基地，国家发展改革委、教育部、中残联“特殊教育学校二期建设”项目单位、中央财政的实训基地建设项目单位、中央财政提升专业服务产业能力建设项目单位，湖南省教育科学研究基地等，建有国家职业技能鉴定所和再就业培训基地。学校设特殊教育学院、学前教育学院、智能制造工程学院、汽车工程学院、经济贸易与信息技术学院、建筑与艺术设计学院6个二级学院以及思想政治课教学部、体育课教学部、基础课教学部、继续教育学院。开设工业机器人技术、新能源汽车技术、建筑工程技术等28个专业。2021年，学校立项湖南省高校心理健康示范中心、立项湖南省高校课程思政示范中心。学校被授予“2020年度全面从严治党工作目标考核先进单位”“长沙市平安建设（综治工作）优秀等次单位”“长沙市工人先锋号”“长沙市共青团红旗单位”“湖南省高校心理健康教育先进单位”“长沙市阳光服务平台建设先进单位”等荣誉称号。学校文明创建工作经市文明创建办复查合格，保持长沙市文明标兵校园称号。

招生就业　2021年，27144人填报学校志愿。三年制招生计划3200人，录取新生3192人，五年制公费师范生录取31人。新生报到3084人。毕业生3061人，就业落实率93.69%。落实就业“一把手”工程，全年就业平台新增820家入驻企业，举办网络视频双选会1场、线下专场招聘会12场。落实求职创业补贴政策，发放补贴60.3万元。成立创新创业学院，持续推进25个创新创业孵化基地建设。依托就业创业指导教研室，建立一支38人的专兼结合就业创业指导教师队伍，其中10人进入长沙市创业培训资源库。

师资建设　2021年，引进硕士学位专任教师30人，其中教授1人、副教授3人。引进42名行业、企业高层次人才担任兼职教师。组织120名教师到同济大学进行专业、课程、辅导员工作专题培训，选派40名教师参加国培、省培，安排46名教师下企业一线顶岗实践。出台双师型教师认定与管理办法，初步认定“双师型”教师230人，占专任教师50%。参加湖南省教师职业能力竞赛，获一等奖1项、三等奖8项，参加湖南省课程思政教学能力比赛，获二等奖1项、三等奖2项。2人晋升专技三级岗位，2人通过正高级职称评审、5人通过副高级职称评审、24人通过中级职称评审，学校副高及以上职称教师130人。3人入选湖南省青年骨干教师培养对象，3人入选国内访问学者培养对象，3人入选2021年度湖南省普通高校青年骨干教师培养对象。罗慧玲获“黄炎培职业教育杰出贡献奖”，李吉珊获“长银教育奖”，陈赛莲被授予“湖南省高校双带头人标兵”称号。

教育教学　健全内部质量保证体系，省级诊改现场复核结论“有效”。立项“跨境电子商务专业教学资源库”省级专业教学资源库。新增WEB中级1+X职业资格证书试点，累计21个。28个专业人才培养方案均通过省教育厅人才培养方案合格性评估，其中机械制造及自动化、建筑工程技术2个专业人才培养方案被评定为优秀等级。认定1门、立项5门湖南省精品在线开放课程，建设校级精品课程44门，启动第三批55门校级优质课程建设工作。推进网络教学平台课程的建设与应用，全年拍摄课程导学46个，微课数量1205个，微课程课件1207个，音频数量1125个，线上教学课程总数281门，资源总访问量1.12亿次，师生在平台上讨论数82.2万次。

科研工作　2021年，教授黄锦玲主持申报的《学前融合教育质量提升研究》立项为教育部人文社科项目。立项省级课题28项、市（厅）级课题28项。发表论文345篇，其中中文核心（北核）及以上4篇，《湖南日报》文章2篇，一般期刊论文339篇。出版专著4本。获批专利45个、软件著作权11个。在长沙市第二十届社科优秀成果奖中获三等奖1项、优秀奖1项。被授予长沙市商业经济学会“优秀理事单位”称号。（曹译心）

【长沙卫生职业学院】2021年，长沙卫生职业学院（以下简称“长卫职院”）设5个二级学院、两部、两中心、一所10个教学部门，12个党政管理机构，在校全日制学生7632人，建制班142个，教职工338人（在编）。长卫职院按医、药、护、技四类开设临床医学、预防医学、口腔医学等16个专业。2021年，长卫职院获湖南省高职高专院校“教学资源20强”、湖南省高职高专院校信息素养大赛优秀组织奖、湖南省高校思想政治理论课教学先进单位等荣誉。工作经验和理论研究先后被《人民日报》《中国教育报》《思想政治工作研究》《工作情况交流》《湖南日报》《湖南教育快讯》《长沙党建》和“学习强国”学习平台等中央、省、市媒体推介。

专业及专业群建设　长卫职院推进湖南省高等职业教育一流特色专业群建设，构建与湖南省健康服务业及养老产业发展高度契合的健康照护、基层医疗服务、药品技术与服务3个特色专业群。其中健康照护专业群、基层医疗服务专业群为湖南省高等职业教育一流特色专业群。护理和口腔医学技术专业为中央财政支持提升专业服务产业发展能力的专业。长卫职院被列入国家紧缺人才培养基地和全国职业院校健康服务类示范专业点。口腔医学专业入选湖南省教学资源库建设项目。口腔医学技术专业是湖南省高职校企合作生产性实习实训基地项目。

教师队伍建设　2021年，长卫职院公开招聘31人，其中副高职称教师6人、硕士研究生23人；设立教授工作室12个、博士工作室4个、大师工作室1个；培养博士、省级访问学者、省级骨干教师9人；选拔省级教学课程教学团队8个、校级课程教学团队20个；新聘任高级职称人员13人，中级职称人员13人。

教育教学改革　长卫职院完成16个专业人才培养、技能抽查考核、专业实习、毕业设计标准的制定。健康照护群、口腔医学技术校企合作省级示范生产实训基地通过验收。口腔医学省级资源库完成国库课程1门、省库课程3门。推进精品课程建设，建成院级精品在线课程37门，其中省级精品在线课程14门。持续推进“1+X”证书试点，全年增设母婴护理、药品购销、体重管理、美容光电仪器操作、产后恢复等职业技能等级证书试点5个。

人才培养　长卫职院强化“三个注重”高水平人才培养理念，建立“五育并进”高素质人才培养标准，创新“四对接两融合”高技能人才培养机制，成立学校生物医药产业学院和大学生创新创业研究院，开展医教协同、校企合作、社会实践、服务产业和医卫人才培养提升工作，毕业生参加助理执业医师考试通过率排全省第一位，护士资格考试通过率99%。毕业设计合格率100%。

招生就业　2021年，长卫职院高招计划2730人，录取2727人，单招计划1249人，录取1225人。争取邵阳和岳阳地区的本土化培养任务，录取免费临床医学生65人，招录湘西土家族苗族自治州贫困生7名，与长沙县、宁乡市、浏阳市政府合作实施乡村医生本土化培养，定向培养学生136人。落实就业“一把手”工程，推动更充分更高质量就业，2021年毕业生就业率94.26%。

科研工作　2021年，长卫职院立项科研项目78项，其中省级9项、市厅级56项、校级课题13项。发表论文282篇，专利32项，软著5项，优秀论文成果奖37项。

校企合作　长卫职院与铜官循环经济工业基地管委会、湘江新区管理委员会、韩国美丽健康产业协会、上海茜茜纤美美容科技有限公司、三诺生物传感股份有限公司、可孚医疗科技股份有限公司等经济开发区、企业合作，开展工学交替、多元协同育人模式。与湖南康泰健牙科技术有限公司、星创集团（宝岛眼镜）、老百姓大药房连锁股份有限公司等企业举办订单班，培养学生677人。（彭　昆）

【湖南信息职业技术学院】2021年，湖南信息职业技术学院在校学生“12351”人，毕业学生3675人，到校新生4021人，普招录取历史类分数405，物理类分数线393；教师587人，其中副高以上职称189人，博士、硕士以上学历420人。编制完成学院《第十四个五年规划和2035年远景目标纲要》，确立“三步走”基本构想和“三大攻坚目标”。学院被评为“湖南省文明校园”“湖南省高职院校育人成效20强”“第六届湖南省黄炎培职业教育奖杰出校长奖”“质量诊改复核有效通过”“2021年度绩效考核优秀”“长沙市2021年度平安建设考核优秀等次”。

师资建设　2021年，学院公开招考录取教师56名，选送6人攻读博士，新晋正高职称5人、副高职称4人、中级职称21人、初级职称2人；遴选第三批“双百卓越人才”第一梯队16人，第二梯队14人，结成“传帮带”师徒33对；完成教师资格证认定28人，校内培训1600余人次，业务外派培训120人，举办首届学院教师教学技能比武，提高教职工能力素质。75名中层干部通过竞聘上岗，优化干部队伍年龄、学历、能力、性别结构；完成教师、干部队伍人事档案的初审，规范教师队伍管理。4月，学院参照长沙学院政策引进高层次人才20名。

教育教学　2021年，学院成立专业建设指导委员会，成功申报区块链技术应用与视觉传达设计专业，电子信息类、装备制造类专业占专业总数的比例上升到74.3%；修（制）订专业技能考核标准、题库32个，专业人才培养方案抽查合格率、学生技能抽查合格率、毕业设计省级抽查合格率均为100%。成功申报4个职业技能等级认定职业工种，9个专业获批教育部“1+X”证书试点项目，第一批校内职业技能等级认定获证率83.3%；计算机信息技术专项能力考核人数2274人，比2020年增长34.7%，普通话测试人数3260人，三甲等级以上获证率98%。经济管理学院“数智商科虚拟仿真实训基地”入选2021年湖南省职业教育示范性虚拟仿真实训基地培育单位。电子工程学院《发挥校企共育共建，助推教师队伍成长》被评为现代学徒制试点项目优秀案例。

招生就业　2021年，学院改组形成以二级学院为主的招生目标管理团队，到校学生4021人，到校率96.7%，录取工作零投诉。毕业生去向落实率91.59%，升入本科深造360人，占毕业生总数9.80%，湖南本地毕业生去向落实率75.38%，长沙本地毕业生去向落实率63.73%，“建档立卡贫困毕业生”100%就业。“互联网+大学生创新创业大赛”“黄炎培职业教育创业奖规划大赛”中共获省级三等奖4项。召开湖南校友会议并设立湖南信息职业技术学院湖南校友会联络办公室，校友基金34080元。

科技服务与校企合作　2021年，学院修订学术委员会章程，制定《科研类专项奖励性绩效考核与发放细则》，立项省级课题5项、市厅级课题27项、校级课题13项、学会协会课题10项；完成课题开题12项，完成课题结题7项，教师发表论文421篇，其中核心期刊论文3篇。立项20门院级在线开放课程，4个院级专业教学资源库，41个项目院级“课程思政”项目，6门院级思想政治理论课“示范课堂”，立项建设8个院级专业教学创新团队。新签订校企合作协议17个，完成教师企业一线实践112人次。长沙兆兴博拓科技有限公司在新校区投入价值500万余元生产设备，与比亚迪总部洽谈建设比亚迪学院。承办长沙市第一届职业技能大赛，获4枚金牌、1枚银牌、1枚铜牌及“突出贡献奖”。

学生管理与校园文化建设　2021年，学院构建1·2·4·5+N的“线—面—体”综合育人体系，4个案例入选湖南省高校“十大育人”示范案例。开展“湘信盛典·四季花开”系列主题活动，全覆盖开展劳动教育，开展“四项考核”“走下网络、走出宿舍、走向操场”体育锻炼活动引领学生养成健康文明习惯。立项省级思想政治教育教学团队1个，“师魂映党旗”湖南省师德师风演讲总决赛获一等奖1个；获长沙市2021年度“优秀思政课教师”1人；“身边的好老师”省级征文获二等奖3个、三等奖4个，学院获优秀组织奖。举办第一届心理剧大赛，完成2021级心理健康状况普查并一对一回访。“湘信·我”学雷锋志愿服务队入围2021年度长沙市“青年文明号”。

信息化建设与智慧校园　校园信息门户网站迁移至华为云，完成网站的IPv6的升级改造。上线移动网上办事服务大厅，建成移动校园信息化生态体系，147项掌上办事服务应用，覆盖教、学、管、评、督等方面。“校园报修”信息化管理平台，处理师生校园报修事务1100余项，最短耗时3分钟，师生评价满意度98%；32659人次使用校园“AI智能问答”系统，解答师生问题152156个，成功解答率96.55%。完成市公安局“护网2021攻防演练”防守任务，成为参加演练的高校单位中唯一满分的学校。

校园民生改善　2021年，学院足额提取事业收入经费4%，发放助学金5370人次，发放金额843.67万元。学院为学生提供109个勤工助学岗位，5036名家庭经济困难学生每人至少获得一项资助。完成2020年度岗位晋级人员156人工资调整，以动态核编方式发放绩效工资总额。完成学院2020年纸质图书采购项目履约验收，新增图书4.6万余册。学院新校区一期建设进展顺利，除体育馆外所有建筑物完成封顶；二期13.74万平方米建设用地获长沙市发展改革委员会立项，三期建设用地已控规67万平方米。

（熊　勇）

【长沙幼儿师范高等专科学校】2020年3月，经湖南省人民政府批复，以长沙幼儿师范学校为基础设立长沙幼儿师范高等专科学校，由长沙市人民政府主管，教育业务由湖南省教育厅管理。学校前身为湖南省宁乡师范学校和长沙艺术实验学校，始建于1903年，1953年开办学前教育专业，2001年开始承担长沙市小学教育和学前教育师资培训。学校位于长沙市雨花区职业教育基地，总用地面积20.37万平方米，建筑面积13.26万平方米。新校区在长沙湘江新区香山教育城，总用地面积39.85万平方米，总建筑面积20.84万平方米，首期投资12亿元。2021年，在校学生3971人，其中三年制大专生1400人、中职生2571人，在职教职工364人，专任教师231人。开设中专层次专业6个、高专层次专业11个。

教师队伍建设　2021年，学校引进具备硕士学历学位教师10人；20人晋升中级职称，12人晋升副高级职称，1人晋升正高级职称。学校有高级职称教师95人、中级职称教师106人；专任教师中具有研究生学历、硕士学位94人；学校选派81名教师下企业、7名教师到高校锻炼。2021年，学校一批教师获省、市奖励，朱凤英获湖南省教书育人楷模提名奖，林静获湖南省教育系统优秀共产党员，阳艳波获湖南省第六届黄炎培职业教育杰出教师奖，何曙光获长沙市财信育才教育奖，廖小勇获长沙市育邦关爱留守学生教育奖，吴佳蒂、阳艳波被列为湖南省高校青年骨干教师培养对象，李科、宋志强、万荃双、林颖、彭繁珍5人被长沙市人力资源和社会保障局记功，肖浩等68人受嘉奖。

教学科研　2021年，高三对口高考本科录取147人，专科录取555人，高考录取率72.41%。教师参加技能竞赛获省二等奖2个、三等奖2个，获市一等奖1个、二等奖4个；省级在线集体备课大赛获一等奖3个、二等奖1个。学生参加技能竞赛获省一等奖2个，市一等奖3个、二等奖3个；获市信息素养大赛一等奖3个、二等奖4个；第四届中外电视舞蹈大赛全国总决赛获专业组特等奖；“舞蹈世界”大赛获湖南赛区一等奖；“笔墨中国”获国家级三等奖1项、省级一等奖1项、市级一等奖1项。2021年，学校立项课题19项，结题7项。论文发表155篇，论文获奖63篇。

专业建设　根据学校发展调整专业结构，除因与长沙师范学院合作探索6年制本科办学招收2年制幼儿保育专业外，其他中职专业全部停招。2020年已开设的专科层次专业有3年制学前教育、美术教育、舞蹈教育、数字媒体应用技术、视觉传达设计和5年制早期教育专业，2021年增设3年制早期教育、云计算技术、软件技术、舞蹈表演和五年制学前教育专业。初步形成以教育类为主体，文化艺术和信息技术为支撑的专业格局。

招生就业　2021年，学校录取提档1100人，报到注册1027人，报到率93.36%。其中学前教育556人、早期教育45人、美术教育45人、舞蹈教育45人、舞蹈表演41人、视觉传达设计39人、数字媒体应用技术83人、软件技术36人、云计算技术41人、早期教育（5年制）50人、舞蹈表演（5年制）46人。毕业生1138人，其中升学804人，占比70.65%；直接就业334人，占比29.35%。直接就业的334人中，对口就业317人，占比94.91%，本地就业率100%。

社会服务　2021年，长沙市学前教育培训中心举办培训8期，培训847人。学校对口帮扶浏阳市洞阳镇北园村，派出驻村干部，采取“结对子”消费扶贫的形式，认筹2万余元采购近4000千克大米，建立“校地党建共建大学生社会实践基地”，开展大学生“三下乡”社会实践活动，组织送教下乡，协助完成洞阳镇庆祝中国共产党成立100周年文艺会演。舞蹈教师宋舒宁和书法教师李剑波到浏阳沿溪中学开展“护苗”志愿送教上门活动。美术教师何艺鸿到九龙岭镇中心学校开展“名师同心讲坛”推进教育扶贫。（彭　丹）

【高校毕业生就业情况】　2021年12月，长沙市教育局印发《长沙市促进在长高校毕业生本地就业工作激励办法》，对毕业生当地就业工作突出的单位给予奖励。2021年，长沙市辖区内全日制普通高校毕业生总数207807人，就业人数（含升学）185584人，就业率89.31%；能划分就业地域的就业人数143889人，其中在长沙就业69490人，在长沙就业率48.29%。（李　滔）

【校企合作】　2021年，长沙市教育局鼓励各市属高职院校对接地方产业，根据长沙市22条产业链布局适时调整专业设置，适应产业人才培养需求，2021年各市属高职院校新增大数据与财务管理、物联网应用技术、人工智能技术应用、跨境电子商务、智能建造技术、网络营销与直播电商、建筑室内设计、云计算技术应用、视觉训练与康复、休闲体育、小学英语教育、早期教育等专业。2021年，全市10所市属高职院校通过预备员工制、现代学徒制等形式签订的订单班班级数151个，与全市10所市属高职院校签订合同的校企合作企业数472家，其他类型的校企合作企业数501家。校企共建的实习实训基地数337个。长沙市商务局、市教育局、市人力资源和社会保障局联合发文认定长沙市服务外包人才培训基地，从2017年起认定的长沙市服务外包人才培训基地22家。（李　滔）

【长沙工业学院转设筹建工作】　2021年1月，湖南省教育厅召开独立学院转设工作推进会，传达湖南省政府同意湖南师范大学树达学院转设后由长沙市政府举办的意见。2月，市政府第47次常务会议审议通过《长沙市人民政府湖南师范大学合作推进树达学院转设方案》。4月，市委、市政府同意参照支持长沙学院人才引进政策执行长沙工业学院高层次人才引进；望城区政府同意年内完成湖南信息职院新校区（一期）南侧13.73公顷地块的调规、用地报批、征地拆迁前置工作等；并同意关于筹建长沙工业学院控规66.67公顷用地需求，控规时限2025年。5月，长沙市推进湖南师范大学树达学院转设工作领导小组发文，成立综合协调和材料组、校区建设和征地控规组、人才引进和师资队伍建设组、学科专业建设组、资金保障组5个工作组，明确各工作组工作职责。7月，转设工作领导小组召开第一次会议，原则通过《湖南师范大学长沙市人民政府湖南师范大学树达学院推进湖南师范大学树达学院转设工作合作框架协议》与《长沙市推进湖南师范大学树达学院转设工作任务分解表（征求意见稿）》。10月，长沙市政府举行长沙市人民政府湖南师范大学合作推进湖南师范大学树达学院转设协议暨市校深度融合发展战略合作协议签署仪式，标志转设工作进入转设过渡期。（李　滔）

表40　2021年长沙市普通高等学校一览表

（截至2021年9月30日）

序号	学校名称	学校标识码	主管部门	所在地	办学层次	备注
1	湖南大学	4143010532	教育部	长沙市	本科	
2	中南大学	4143010533	教育部	长沙市	本科	
3	长沙理工大学	4143010536	湖南省	长沙市	本科	
4	湖南农业大学	4143010537	湖南省	长沙市	本科	
5	中南林业科技大学	4143010538	湖南省	长沙市	本科	
6	湖南中医药大学	4143010541	湖南省	长沙市	本科	

续表 40

序号	学校名称	学校标识码	主管部门	所在地	办学层次	备注
7	湖南师范大学	4143010542	湖南省	长沙市	本科	
8	湖南工商大学	4143010554	湖南省	长沙市	本科	
9	长沙医学院	4143010823	湖南省教育厅	长沙市	本科	民办
10	长沙学院	4143011077	湖南省	长沙市	本科	
11	湖南财政经济学院	4143011532	湖南省	长沙市	本科	
12	湖南警察学院	4143011534	湖南省	长沙市	本科	
13	湖南女子学院	4143011538	湖南省	长沙市	本科	
14	湖南第一师范学院	4143012034	湖南省	长沙市	本科	
15	湖南涉外经济学院	4143012303	湖南省教育厅	长沙市	本科	民办
16	湖南师范大学树达学院	4143012652	湖南省教育厅	长沙市	本科	民办
17	湖南农业大学东方科技学院	4143012653	湖南省教育厅	长沙市	本科	民办
18	中南林业科技大学涉外学院	4143012656	湖南省教育厅	长沙市	本科	民办
19	湖南中医药大学湘杏学院	4143012661	湖南省教育厅	长沙市	本科	民办
20	长沙理工大学城南学院	4143013635	湖南省教育厅	长沙市	本科	民办
21	长沙师范学院	4143013806	湖南省	长沙市	本科	
22	湖南信息学院	4143013836	湖南省教育厅	长沙市	本科	民办
23	长沙民政职业技术学院	4143010827	湖南省	长沙市	专科	
24	湖南工业职业技术学院	4143010830	湖南省	长沙市	专科	
25	湖南信息职业技术学院	4143010865	湖南省	长沙市	专科	
26	湖南税务高等专科学校	4143011601	湖南省	长沙市	专科	
27	长沙航空职业技术学院	4143012055	空军装备部	长沙市	专科	
28	湖南大众传媒职业技术学院	4143012300	湖南省	长沙市	专科	
29	湖南科技职业学院	4143012304	湖南省	长沙市	专科	
30	湖南生物机电职业技术学院	4143012343	湖南省	长沙市	专科	
31	湖南交通职业技术学院	4143012397	湖南省	长沙市	专科	
32	湖南商务职业技术学院	4143012401	湖南省	长沙市	专科	
33	湖南体育职业学院	4143012423	湖南省	长沙市	专科	

续表 40

序号	学校名称	学校标识码	主管部门	所在地	办学层次	备注
34	湖南工程职业技术学院	4143012425	湖南省	长沙市	专科	
35	保险职业学院	4143012596	湖南省	长沙市	专科	
36	湖南外贸职业学院	4143012597	湖南省	长沙市	专科	
37	湖南网络工程职业学院	4143012598	湖南省	长沙市	专科	
38	湖南司法警官职业学院	4143012601	湖南省	长沙市	专科	
39	长沙商贸旅游职业技术学院	4143012603	湖南省	长沙市	专科	
40	湖南邮电职业技术学院	4143012845	湖南省	长沙市	专科	
41	长沙环境保护职业技术学院	4143013031	湖南省	长沙市	专科	
42	湖南艺术职业学院	4143013032	湖南省	长沙市	专科	
43	湖南机电职业技术学院	4143013033	湖南省	长沙市	专科	
44	长沙职业技术学院	4143013036	湖南省	长沙市	专科	
45	长沙南方职业学院	4143013041	湖南省教育厅	长沙市	专科	民办
46	长沙电力职业技术学院	4143013938	湖南省	长沙市	专科	
47	湖南水利水电职业技术学院	4143013939	湖南省	长沙市	专科	
48	湖南现代物流职业技术学院	4143013940	湖南省	长沙市	专科	
49	湖南安全技术职业学院	4143014025	湖南省	长沙市	专科	
50	湖南外国语职业学院	4143014072	湖南省教育厅	长沙市	专科	民办
51	湖南都市职业学院	4143014121	湖南省教育厅	长沙市	专科	民办
52	湖南电子科技职业学院	4143014122	湖南省教育厅	长沙市	专科	民办
53	湖南三一工业职业技术学院	4143014322	湖南省教育厅	长沙市	专科	民办
54	长沙卫生职业学院	4143014358	湖南省	长沙市	专科	
55	湖南食品药品职业学院	4143014359	湖南省	长沙市	专科	
56	湖南劳动人事职业学院	4143014508	湖南省	长沙市	专科	
57	长沙幼儿师范高等专科学校	4143014692	湖南省	长沙市	专科	

说明：截至2021年9月30日，根据教育部官网公布高校名单，全国高等学校共3012所，其中：普通高等学校2756所（本科1270所、专科1486所），成人高等学校256所。本名单未包含香港特别行政区、澳门特别行政区和台湾地区高等学校。湖南省共128所。长沙市共57所（不含国防科大）

（资料来源：市教育局）

社会教育

【概况】 2021年，长沙市组织完成全市社区教育微课竞赛、科研申报、长沙市教师库及教师选拔、长沙市第八届“终身学习活动品牌”、第八届“百姓学习之星”、第四届“优秀学习团队”、第三届“学习型家庭”、第九届社区教育全民摄影大赛、第五届“味道长沙”社区美食烹饪大赛及评选第五批老年教育基地等工作。开展精品社区建设活动，在南城社区、江湾社区累计开课179场，参培1551人次。开展“老年人运用智能技术”百课进社区活动，送课120节，参训4000人次。开展“终身学习精品课程进社区”活动，为社区开设线上课程，送课134次，覆盖社区56个，参训2490人次。全民终身学习活动周期间为市民开设市民教育、法律宣传、乡村振兴、文明素养、传统文化、智慧助老六大类课程，完成送课153次，覆盖116个社区，参训4306人次。2021年，长沙市社区教育人员有1人被评为全国“事迹特别感人的百姓学习之星”（全国共17名），1个项目入选全国“特别受百姓喜爱的终身学习品牌项目”（全国共17个），系湖南省唯一入选项目（个人），有1人入选“百姓学习之星”。在省教育厅开展的老年教育学习体验基地等六大类100个社区教育项目评选中，长沙占18席。

【2021年全国区域终身学习发展共同体项目工作会议】 2021年4月15—16日，由中国成人教育协会主办、长沙社区大学协办的“2021区域终身学习发展共同体项目”会议在长沙举行。中国成人教育协会副会长张昭文和湖南省教育厅、长沙市教育局、上海开放大学、福建广播电视大学等单位负责人出席，全国各实验点单位的170名代表参与会议。会议开幕式上，举行“终身学习一体化发展”网络平台开通仪式，并为项目组专家和组长颁发聘书，增补四川省南充广播电视大学（四川省南充社区大学）等11个单位为项目实验点并授牌。为期两天的会议包括审议项目组年度工作计划和共同体管理办法，并安排3场专家主题讲座、10场共同体经验交流、共同体分组讨论等。

【长沙社区教育、老年教育工作在全国、全省推介】 2021年4月16日，在长沙举行的2021区域终身学习发展共同体项目会议上，长沙广播电视大学就中西部地区区域终身学习发展共同体项目的主要做法作分享。5月11日，在青岛举行的智能化时代社区教育与老年教育融合发展创新研讨会暨第33期社区教育骨干研修班上，长沙广播电视大学作题为《现代化社区教育基础能力建设推进策略——以长沙的思考和实践为例》的专题发言。在湖南省全民终身学习活动周上，长沙作题为《积极打造长沙“1234”模式　不断浓厚全民终身学习氛围》等3个经验发言。

【2021年长沙市全民终身学习活动周】 2021年12月3日，长沙举行以“庆建党百年华诞　谱终身学习新篇”为主题的2021年长沙市全民终身学习周开幕式在长沙市教育局举行。长沙市社区教育工作领导小组办公室主任、长沙市教育局副局长杨庆江，长沙广播电视大学党委书记林涛等领导及各县（市、区）教育局相关负责人出席开幕式。启动仪式上，获2021年度市级老年教育基地、终身学习学习品牌、百姓学习之星、优秀学习团队和学习型家庭等荣誉的项目和个人受表彰。活动周期间，各县（市、区）及市直部门开展适应居民需求的各类培训活动逾400场次。

（本栏撰稿　蒋新扬）

民办教育

【概况】 2021年，长沙市有教育行政部门审批管理的各级各类民办学校3517所，其中高职院校5所、专修学院38所（含长郡卫星远程学校）、中职学校30所、中小学65所（含国际学校1所）、幼儿园1595所、培训学校1784所。市教育局直管民办学校（含市县共管）94所，包括高职院校5所、专修学院38所（含长郡卫星远程学校）、中职学校28所、中学23所（含国际学校1所）。评估2020年度办学情况，市本级82所参评学校中，22所学校被认定为“优秀”，47所学校被认定为“合格”，9所学校被认定为“基本合格”，4所学校被认定为“不合格”。强化民办学校日常监管，研制民办教育“十四五”发展规划，宏观指导全市民办教育规范有序高质量发展。聘请国家教育发展中心专家来长沙解读新法新政，并举办浙江大学专题培训班，引导民办学校举办者增强规范办学的自觉性、主动性。开展第二批民办中职学校专项审计，重点审计执行国家政策、举办者投入、资产负债及法人财产权落实、财务收支及学生资助等情况，防范化解办学风险。加强监督监管，加强民办学校招生工作管理，落实阳光招生政策；开展民办学校安全专项检查，下发整改通知书；做好民办学校非行政审批事项服务工作，确保办学平稳有序；研制《长沙市民办非学历教育高等学校管理办法》，规范专修学院办学行为；全年先后约谈民办学校举办者等10余人次，下达限期整改和督办通知10余份，78所民办学校得到专项资金的奖补。　（张春晗）

【义务教育学科类培训机构登记完成】 2021年，长沙市教育局联合市民政局、市市场监管局、市行政审批与服务局和市税务局印发《关于做好面向义务教育阶段学生的学科类培训机构登记为非营利性机构工作的通知》，在全省率先指导督促县（市、区）开展风险评估，截至12月31日，231家义务教育阶段学科类培训机构统一登记为非营利性机构。（王 威）

【整治校外违规培训联合督查行动】 2021年11月5—10日，根据《关于开展减轻义务教育阶段学生校外培训负担联合整治专项行动的通知》文件精神，在长沙市清理整治无证办学工作联席会议办公室的统筹下，长沙市教育局联合市公安局、市市场监管局、市民政局、市城管局、市住建局等部门，分成3个督查组，对各县（市、区）开展校外培训机构整治情况以及全市56家校外培训机构进行实地督查，查处21家培训机构各类违法违规行为42起。（王 威）

【义务教育学科类培训机构压减】 截至2021年12月31日，长沙市1462家学科类培训机构中，继续从事义务教育学科类培训的机构为231家，机构压减率84.2%；正在营业的学科类培训机构中从业人员约6800人；参培中小学生约3.6万人，比7月减少82%以上。（王 威）

【规范民办义务教育发展】 2021年，长沙市研制《长沙市规范民办义务教育发展工作方案》，明确优化民办义务教育结构的任务目标，明确公有主体举办或参与举办的民办义务教育学校专项整治工作举措。成立长沙市"双减"暨规范民办义务教育发展工作协调小组，下设规范民办义务教育工作专班。印发《长沙市规范公有主体举办或者参与举办民办义务教育学校工作方案》，召开全市"公参民"学校专项治理工作启动会，组织各县（市、区）教育局及17所"公参民"义务教育学校集中学习文件，全面部署"公参民"学校专项整治工作，按照"一校一案"原则，要求该转公必须转公，公办该退出的必须限期退出，该整改的必须限期整改。有序开展规范学校名称、清退公办教师、风险评估分析等工作，规范民办义务教育学校招生办学行为。（张春晗）

【民办学校分类登记】 截至2021年12月底，长沙市有各级各类民办学校3619所，完成分类登记的3495所，完成率96.57%。开展调研，拟定《长沙市现有民办完全中学、十二年一贯制学校分类登记工作规程》，从保障受教育者、教职工和举办者的合法权益出发，实行"一校一策"，为民办学校发展创造良好环境。在分类登记中，重点把握民办学校财务清算环节，尤其是对于公参民办学校，由民办学校、参与办学的公办学校、会计师事务所以及教育主管部门组成财务清算组，会同国资部门对国有资产部分进行重点审查，确保国有资产不流失。

（张春晗）

师资建设

【概况】 2021年，长沙市各级各类学校有教职工20.65万人。师德师风建设工作2次在全省推介。修订优秀教育人才引进细则和优秀教师市内跨区域交流办法，引进优秀教师1557人，交流中小学骨干教师259人，招（转）聘备案制教师1553人。推进信息技术应用能力提升工程2.0，被评为全国人工智能助推教师队伍建设试点城市，组织市级以上教师培训5.3万人次，新建名师工作室7个，遴选卓越教师600人，举办"星城杯"教学竞赛，促进教师业务能力不断提升，8名教师获全省中小学青年教师教学竞赛、中职班主任大赛一等奖，占总数的1/3。继续发放乡村教师生活补助和人才津贴，成立名师农村工作站15个，培养定向公费师范生459人，305名乡村教师被评为基层中小学高级职称。（汪建业）

【长沙市乡村教师职称制度实施办法出台】 2021年5月，长沙市教育局联合市人力资源和社会保障局、市财政局制定《长沙市基层中小学岗位乡村教师职称制度实施办法（试行）》和《长沙市资深乡村教师职称评审办法（试行）》，为全市基层中小学职称评审工作提供指导。全市完成基层中小学岗位乡村教师、资深乡村教师评审申报材料审核、评审工作，参评490人，通过405人。（张 群）

【长沙市遴选第四批市级中小学卓越教师】 2021年8月，经个人申报、单位推荐、专家遴选、长沙市教育局党委审核和公示，遴选第四批市级中小学卓越教师600名，其中学科带头人51名、骨干教师250名、教学能手299名。（张 群）

【一批名师工作站、工作室成立】 2021年10月，长沙市新建第六批名师农村中小学工作站15个，选派雷丹等31位名师驻站开展工作，遴选屈友恨等300名乡村青年骨干教师为工作站学员。新建第四届第三批市级名师工作室7个，遴选7名工作室首席名师和110余名工作室顾问、名师团队成员和学员。（黄雪蕾）

【第二批市级名校长工作室任期考核】 2021年12月，长沙市教育局组织对2018年成立的第二批8个市级名校长工作室开展任期考核，谢永红校长工作室、廖德泉校长工作室、翁光龙校长工作室、肖建军校长工作室、邓智刚校长工作室、刘菲菲校长工作室、张娟英校长工作室、罗伟光校长工作室被评为优秀等次。（江 晨）

【市直单位人才引进工作】 2021年，长沙市修定《长沙市优秀教育人才引进实施细则》《长沙市优秀在编教师市内跨区域交流管理办法》。2021

年，市直单位公开招录备案制教师142人，择优转聘备案制教师53人，引进公费师范生21人，引进“双一流”高校研究生169人，引进优秀教育人才26人，骨干教师选调76人，特殊教育学校招录77人，市教育局幼儿园招录2人，人事调配105人。

（郑 敏）

【市直单位编制管理工作】 2021年，长沙市教育局配合省教育厅、市委编办完成教职工编制管理等专项调研和调整工作，完成对市直学校2021—2022学年教职工编制重新核定。核定36所公办学校及长沙大学附属中学教职工总额10572名，其中教职工编制9532名、附加员额1040名；核定市直教育系统工勤控制数1832名。市直教育系统超编问题基本解决。雷锋学校初中教师分流全部完成。

（郑 敏）

【支教工作】 2021年，长沙市教育局选派398名教师到邵阳等地开展“三区”支教工作，组织支教教师参加全省2020—2021学年“支教路·‘三区’情”征文，全市202篇教师类作品获奖，获奖作品数量占全省的27.82%；49篇管理类作品获奖，获奖作品数量占全省的56.32%，其中长沙市教育局人事处撰写的《为“三区”教育注入源头活水》获管理类作品一等奖；长沙市教育局获“优秀组织奖”；组织编印《长沙支教印记》（2019—2020学年）。为创建拥军模范城市，2021年，长沙市教育局从市直学校选派10名教师到国防科大附属中学开展为期3年的支教工作，帮促国防科大附中提高教育教学质量。开展受援地老师跟岗培训，2021年，长沙市接受绥宁县、武冈市、涟源市、新邵县、安化县、益阳市各地50名教师和西藏自治区山南地区12名教师到长沙市进行跟岗培训，加大教育扶贫的力度。

（郑 敏）

2021年9月9日，长沙市庆祝第37个教师节暨优秀教师表彰大会在长沙市会议中心举行

市教育局 供图

【长沙市庆祝第37个教师节暨优秀教师表彰大会】 2021年9月9日在长沙市会议中心举行。市委副书记、市委政法委书记、市委教育工作领导小组组长阚保勇，市人大常委会副主任张智勇，市人民政府副市长刘明理，市委副秘书长谭慧慧，市人民政府副秘书长肖思源，市教育基金会名誉理事长张伟玦，市教育基金会理事长彭新，市教育局党委书记、局长孙传贵，相关企业负责人出席会议。大会评选表彰各类企业奖21个、优秀教师195名以上、先进集体13个、优秀教育科研项目45个。 （郑 敏）

【“星城杯”普通中小学青年教师教学竞赛】 2021年6月27日，长沙市教育局举办“星城杯”普通中小学青年教师教学竞赛初赛，7月11日组织决赛。初赛、决赛分别有228名、164名选手参赛，最终决胜出高中、初中、小学语数英及高中思想政治3个阶段组别的10位冠军选手。7月底，长沙市10名冠军选手参加“湖南省第二届中小学青年教师教学竞赛”，4人获一等奖，3人获二等奖，3人获三等奖。“星城杯”教师教学竞赛由长沙市教育局主办，冠军选手由市总工会颁发长沙市“五一”劳动奖章。

（刘建元）

文 化

CULTURE

编辑 江 雷

公共文化

【概况】　2021年，长沙全面建成100个标准化村（社区）综合文化服务中心、30个文旅融合咨询服务中心，在全国公共文化领域重点改革总结会议上作典型推介发言。长沙市文化旅游广电局获评全国文化和旅游系统先进集体，在全省文化和旅游真抓实干督查激励考核中排名第一位。太平街入围国家级旅游休闲街区。全市组织开展“百团百角唱百年”竞演、“颂歌向党”合唱比赛等大型群众文化活动。市图书馆年内流通图书255万册次，获“湖南省工人先锋号”称号。市歌、市湘、市花等院团完成“百场千村文化进万家”惠民演出1374场。市电影中心、银宫放映公益电影6339场。市群艺馆被评为“国家一级馆”“中国民族音乐普及推广中心”。市美术馆获市庆祝建党百年系列活动贡献奖。长沙县福临镇综合文化站等7个公共文化场馆获评“最美潇湘文化阵地”。　（陆明榜　刘　婷）

【公共文化服务建设】　长沙市群众艺术馆与15个社区联合开办公益艺术培训社区分校，在浏阳市朝阳社区、西正社区和田汉故里果园镇果园社区开设分校，将培训送到社区、农村，送到市民群众家门口。长沙市图书馆构建以总分馆体系为基础、覆盖全市的现代阅读服务网络，初步形成具有高品质阅读资源、高品位阅读空间、高质量阅读服务的城乡一体化全民阅读生态。依托1个市级智慧图书馆、9个县级数字图书馆、48个自助图书分馆建设智慧型阅读设施体系，实施“书香地铁”项目，建成12家地铁图书分馆。长沙音乐厅、梅溪湖大剧院打造“高贵不贵”的文化体验，梅溪湖大剧院“打开艺术之门”活动作为针对4~12岁孩子成长需求而打造的演出季品牌，包括儿童剧、舞台剧、音乐剧、互动沉浸剧等艺术表演形式，票价均不高于100元。

持续推出“圆梦”公益品牌活动，包括“市民开放日”“大学生艺术圆梦计划”“大剧院艺术圆梦之旅”，其中“大学生艺术圆梦计划”与湖南11所高校展开合作推出学生特惠票。长沙音乐厅为老百姓打造家门口的专业舞台“百姓舞台·百姓家”，在每月的第四个周末，市民可以免费登上专业舞台进行才艺展示，可免费参观长沙音乐厅。截至2021年7月底，“百姓舞台·百姓家”举办59期，受益市民逾5万人次。从市财政设立2000万元政府向社会力量购买公共文化服务专项资金，鼓励民办博物馆、实体书店、艺术团体发展，扶持民营博物馆20余家，组建“长沙人艺话剧社”“长沙人艺歌舞团”等10家民办公助文艺团体，打造一批惠民演出基地。推出“长沙之夜”“百姓大讲堂”“百姓大展厅”“百姓大舞台”等系列活动品牌，公共文化惠民服务广泛覆盖。　（郑晓萍）

【文艺院团改革】　2021年，长沙市委、市政府出台《长沙市关于深化国有文艺院团改革的实施意见》，从国有文艺院团的功能定位、改革方式、剧目生产、人才培养、剧场供应等方面作出明确规定。经市委机构编制委员会同意，长沙市湘剧保护传承中心、长沙市花鼓戏保护传承中心由公益二类事业单位调整为公益一类事业单位。长沙歌舞剧院转企改制后保留事业身份的退休人员按照全额事业单位纳入财政预算，保留事业身份的在职人员达到退休年龄时按照全额标准执行。实施杜鹃花人才工程，发挥艺术家的传帮带作用，培养一批青年领军人才。办好杜鹃花戏剧大赛，给青年人才展现平台，选拔一批优秀青年人才。将原广电大楼改造成长沙市戏剧艺术中心，新的办公大楼可满足市歌、市花、市艺研院关于节目制作、排练、办公、基本生活服务保障需求，协调长沙梅溪湖大剧院、长沙音乐厅、长沙实验剧场、303剧场、湘江剧场等场馆给市属文艺院团作为精品剧目演出基地。

（李典琼）

【纸短情长——湖湘红色家书诗词主题书法展】　2021年1月1日，“纸短情长——湖湘红色家书诗词主题书法展”在长沙图书馆二楼展厅开展。16封红色家书，28幅革命诗词，15名书法家精心书写创作，带领参展者走近百年湖湘党史人物，领略仁人志士的家国情怀和革命精神，庆祝中国共产党成立100周年。该展览挑选杨开慧、毛岸英、毛泽建、向警予、夏明翰、郭亮等湖南著名党史人物红色家书，展出新中国成立后伟大领袖毛泽东以及毛岸英烈士写给家人的信件手稿。一封封家书就是一个个崇高鲜活的人物，一段段感人肺腑的故事。44幅风格迥异的书法作品，或朴实雍容，或笔走龙蛇，或行云流水，或挺遒流畅，串联起理想与信念的颂歌，展览被《人民日报》刊文报道。

（郑晓萍）

【长沙公共文化服务经验被全国推介】2021年4月22—24日，文化和旅游部公共文化旅游领域重点工作总结部署会在江苏苏州召开。4月23日，长沙市副市长刘明理代表长沙就构建城乡一体的图书馆阅读体系作典型经验发言。长沙实施公共文化服务体系建设三年行动，新建5个市、县图书馆新馆，170个乡镇（街道）图书室、1100个村（社区）图书服务点设施全部提质，全市农家书屋纳入总分馆体系，农村阅读空间全面扩容。在景区、商场、非物质文化遗产展厅、地铁等跨界打造共享型阅读空间，吸纳18家民办图书馆、6家企业、机关图书馆成为分馆，让市民在家门口就可以品味书香。长沙图书馆推出分龄分众特色阅读品牌41个，打造“阅读社交”品牌，引进“剧本游戏”“读演俱乐部”等体验式、互动式阅读项目，开展“书香夜市”“阅见长沙”等文旅融合活动。成立“和阅联盟”，与全市30余个学校合作。成立长沙阅读推广研究中心，由总馆负责图书采购、编目、物流配送，实现技术统一管理、资源统一配置、人员统一培训、阅读活动统一配送。通过“智慧长图”对各分馆开放管理、馆藏资源、阅读活动等跟进指导，对各图书馆分馆实行“月统计、季通报、年考核”、限期整改、末位退出等机制。（郑晓萍）

【2021欢乐潇湘·品质长沙——“颂歌向党”长沙市庆祝中国共产党成立100周年群众合唱比赛】 2021年5月14日，由长沙市文化旅游广电局主办，长沙市群艺馆、各县市（区）文旅广（体）局承办的2021欢乐潇湘·品质长沙——“颂歌向党”长沙市庆祝中国共产党成立100周年群众合唱比赛在长沙实验剧场举行。该活动以“颂歌向党”为主题，结合实施2021年“我们的中国梦”文化进万家活动等文化惠民项目，引导群众以歌声献礼中国共产党百年华诞，讴歌党、讴歌祖国、讴歌人民、讴歌英雄。长沙市各县市（区）的10支优秀合唱团以大合唱的形式讴歌党的光辉历程，用嘹亮的歌声向伟大的中国共产党献上诚挚的祝福。比赛在浏阳市教师合唱团演唱的《唱支山歌给党听》和《伟大的中国伟大的党》中拉开序幕，岳麓区扬帆合唱团、宁乡市天籁合唱团、开福区耀青春合唱团、长沙市人艺合唱团、雨花区教师合唱团、天心区丽爱天使合唱团、芙蓉区老干部大学合唱团、望城区晨曦合唱团、长沙县星沙合唱团纷纷登场，以歌声颂扬中国共产党百年走过的光辉历程和取得的伟大成就，唱出人民群众心中满满的自豪。经过比赛，雨花区教师合唱团获特别奖，长沙市人艺合唱团等3支队伍获金奖，芙蓉区老干部大学合唱团等6支队伍获银奖。该活动辐射全市100余个街道（乡镇）、400余个社区（村），吸引全市600余支业余文艺合唱团队、约5万名群众参与。（张　涛）

【庆祝中国共产党成立100周年大型交响合唱音乐会】 2021年6月28日，“大江大河交响季·百里画廊百年歌”省会长沙庆祝中国共产党成立100周年大型交响合唱音乐会在长沙音乐厅举行。省委常委、市委书记吴桂英观看演出并致辞。省委宣传部副部长、省文明办主任肖凌之，省委党史学习教育第九巡回指导组组长宋建民，市委副书记、市长、湖南湘江新区党工委书记郑建新，市领导谢卫东、文树勋、钟钢、夏建平、胡卫兵、谭小平、陈刚、张宏益、谭勇、冯紫英、朱东铁等观看演出。吴桂英在致辞中代表市委、市人大常委会、市政府、市政协、长沙警备区，向全市广大党员干部致以节日的祝贺，向社会各界人士致以诚挚问候。该音乐会在主题上紧扣“党的盛典　人民的节日”，以《东方红》《党啊　亲爱的妈妈》《没有共产党就没有新中国》等耳熟能详的歌曲表达对党的深情讴歌，以合唱的文艺语言体现人民群众的广泛参与性，以管风琴与唢呐共同奏响《东方红》为序曲，分《光辉百年》《幸福的能量》《向上的祖国》三个篇章，在一曲经典的《浏阳河》及全场大合唱《没有共产党就没有新中国》中，礼赞党、礼赞人民、礼赞新时代。音乐会现场，来自全市各行各业的15个观众方阵代表共1088人，在音乐会开始前现场拉歌，表达欢度党的生日的满腔热情。（郑晓萍）

【2021长沙市群众艺术馆公益艺术培训成果展示活动】 2021年7月12日，以“学党史　悟思想　办实事　开新局”为主题的2021长沙市群众艺术馆公益艺术培训成果展示活动举行。该次演出分为3个篇章15个节目，涵盖合唱、舞蹈、器乐、歌伴舞等多种艺术形式，380余名学员登上舞台参加汇报演出。100余幅美术、书法、篆刻作品登台亮相，展示长沙公益艺术培训的教学成果和广大学员的艺术风采，线上直播累计访问量17万人次。长沙市群众艺术馆公益艺术培训自2014年9月启动，坚持“以人民为中心”的工作导向，坚持“总分校体系”理念，从市馆主阵地辐射全市社区，馆内阵地培训和社区分校培训双管齐下，常年面向普通市民开展免费艺术培训。长沙市群众艺术馆公益艺术培训从开始的3个班次到每年150余个班次，培训人数从不足百人增加到每年2万余人次，艺术门类增加到20余个，反

2021年5月14日，2021欢乐潇湘·品质长沙——“颂歌向党”长沙市庆祝中国共产党成立100周年群众合唱比赛举行

市文化旅游广电局　供图

映了长沙群众文艺的飞速繁荣。长沙市群众艺术馆主动与15个社区联合开办公益艺术培训社区分校，将培训送到社区、农村，送到市民群众的家门口，让公益艺术培训更加便民、惠民、利民，把实事好事真正办到市民群众心坎里。（郑晓萍）

【《长沙走马楼三国吴简·竹简》（壹—玖）获中国出版政府奖】2021年7月29日，第五届中国出版政府奖表彰大会在北京举行。会上发布《国家新闻出版署关于表彰第五届中国出版政府奖获奖出版物、出版单位和出版人物的决定》和第五届中国出版政府奖获奖名单。由长沙简牍博物馆等单位编著、文物出版社出版的《长沙走马楼三国吴简·竹简》（壹—玖）（9卷27册）获“图书奖”。这是出土文献类图书首次获该荣誉。中国出版政府奖是中国新闻出版领域的最高奖，每三年评选一次，旨在表彰和奖励国内新闻出版业优秀出版物、出版单位和个人。1996年10月，湖南省长沙市走马楼J22号井窖出土大批三国吴简，轰动国内外。这批吴简有10万余枚，相当于此前中国出土简牍的总和，内容涵盖政治、经济、军事、民族、文化、交通等多个领域，给三国史研究提供了大量最新的资料，受到学术界的高度重视。《长沙走马楼三国吴简·竹简》共九卷，刊出了走马楼吴简中竹简的图版和释文，共6.7万余个简号，其学术意义非常重要。各卷不仅有图版，释文，还附有简牍总平面分布图、总立面分布图、揭剥位置示意图等考古信息，以及人名索引、地名索引、纪年索引，为学者从事相关研究提供了很大便利。《长沙走马楼三国吴简·竹简（壹—玖）》系列整理成果达到了相当高的学术水准，它所创立的整理方式也为未来同类简牍的整理树立了典范，其内容的学术价值和学术影响巨大，是一部不可多得的优秀古籍整理著作。（郑晓萍）

【“伟人故里行”四市书画名家作品邀请展（长沙站）】2021年8月3—15日，由湖南省文旅厅指导，长沙、湘潭、淮安、南充四市文化旅游广电局联合主办的庆祝中国共产党成立100周年“伟人故里行”四市书画名家作品邀请展（长沙站）在长沙简牍博物馆启动线上展。该展览是长沙、湘潭、淮安、南充四市巡展的第二站（第一站是湘潭），展出来自毛泽东、刘少奇、周恩来、朱德四位伟人故里的100名艺术家的100幅书画作品，其中书法41件、国画31件、西画28件。艺术家用手中的画笔书写对党和革命先烈的崇高敬意，用笔下的丹青描绘新中国在党的带领下建设美好生活的时代新篇，凝聚东方审美意象，庆祝建党百年华诞。受疫情影响，书画展开幕式以及线下展览被取消。在长沙市文化旅游广电局指导下，承办单位迅速启用“线上云展厅”的形式，为展览提供创新展示新路径。“线上云展厅”采用全景VR以及多热点采集技术相结合的新型虚拟数字展示形式，观众通过云展厅观展，可以自由地、身临其境地感受展览的现场之美。“线上云展厅”以数据的形式保存在云端，永久开放给所有观众。（郑晓萍）

【长株潭文化（群艺）馆联盟成立】2021年9月27日，长株潭文化（群艺）馆联盟成立暨2021“相约长株潭 融城梦扬帆”长株潭优秀群众文艺作品巡演活动在长沙实验剧场启动。该活动由长沙市文化旅游广电局、株洲市文旅广体局、湘潭市文旅广体局主办，长沙市群众艺术馆、株洲市文化馆、湘潭市群众艺术馆承办。省文旅厅党组成员、副厅长尚斌，公共服务处处长龚铁军，省文化馆馆长叶伟平，三市文旅广（电）体局和26个联盟馆负责人出席。活动中，长沙、株洲、湘潭三市文化（群艺）馆馆长共同签署《长株潭文化馆（群众艺术馆）联盟协议》，约定紧扣“一体化”和“高质量”两个关键词，推动各成员馆在资源联通、活动联办、人才联培、宣传联动、服务联强等方面开展专业交流与业务合作，为长株潭区域一体化高质量发展提供坚实的文化支撑。长株潭优秀群众文艺作品巡演首场演出举行，长沙市红叶组合的歌舞《中国的四季》、株洲市文化馆选送的少儿舞蹈《赶鹅》、湘潭市群艺馆选送的歌曲《月圆的时候》、湖南红星曲艺传承社群口快板《红色潇湘映朝晖》等节目上演。（郑晓萍）

【长沙博物馆“哇哦博物馆”儿童展览及相关活动被评为2021年度优秀文博社教案例】2021年11月16—17日，由中国文物报社、中国教育电视台共同主办的首届全国“十佳文博社教案例宣传推介活动”终评会在北京举办。经现场审议、投票等环节，长沙博物馆“哇哦博物馆”儿童展览及相关活动被评为2021年度优秀文博社教案例。“哇哦博物馆”儿童展览是长沙博物馆的原创儿童展览，位于儿童区博乐园。它以5~12岁儿童为对象，以“体验式互动展览”的形式，引导儿童积极参与探究博物馆的台前幕后，激发儿童对博物馆和长沙历史文化的兴趣。展览相关活动——考古体验营、文物医生、藏品小管家、小小研究员、博物馆代言人等，灵活地结合长沙历史文化陈列和特展，进行拓展，丰富博物馆的儿童体验探索学习体系。2017年9月至2020年12月，博乐园“哇哦博物馆”儿童展览及相关活动举办600余场，7000余名儿童参加。深受儿童喜欢与家长欢迎，成为长沙博物馆儿童友好博物馆建设的重要举措，并推出展览同名儿童读本。（郑晓萍）

【公共文化机构文旅融合示范点建设】2021年4月，长沙市召开公共文化机构文旅融合示范点建设现场推进会，全面铺开公共文化机构与旅游咨询服务中心的融合发展，在定王台、坡子街、莲花镇、沙坪街道、铜官街道、桥驿镇、开慧镇、金井镇、中和镇、灰汤镇、沩山乡等地，一座座从内到外焕然一新的综合文化服务中心，成为当地的文化景观。11月8日，长沙市文化旅游广电局指出，长沙30个公共文化机构文旅融合一体化示范点建成并对外开放。这些依托公共文化机构阵地，在完善文化设施基础上，采取改扩建或新建的办法，优化功能布局，增设旅游咨询服务，全新打造成的主客共享新型文旅空间，实现多种文旅服务的打包整合：既是公共文化服务中心，又是新时代文明实践场所，还是文创产品展示中心，更是旅游咨询服务中心。这些文旅融合示范点有效联结了市民、游客、景区和文旅企业，提升了旅游服务质量，成为探索文旅公共服务融合新路径的有益尝试。（郑晓萍）

【2021长沙后湖艺术周】 2021年11月25日，“艺术之眼·后湖星潮——2021长沙后湖艺术周”开幕，来自全国各地的百余名艺术家、策展人、教授等专家学者汇聚于长沙岳麓区后湖，共同开启一场美妙的艺术活动。该活动由长沙市委宣传部、长沙市文化旅游广电局、长沙市文联指导，长沙市岳麓区委、岳麓区人民政府、岳麓山大学科技城管委会主办。该活动从2021年11月25日开始，持续举办到2021年12月1日，采用“1＋N”的方式开展，“1”即在岳麓区文化馆/图书馆举办艺术之眼·后湖星潮——2021长沙后湖艺术周启动式，“N”即为该次艺术周的四大板块，分别为：后湖话锋、“出湖/入湘”邀请展、“青鸥计划”青年策展人扶持项目、“进框出圈”后湖公共艺术展。该届艺术周覆盖岳麓区文化馆、长沙市后湖艺术园内多个展区，引领市民广泛参与，产生对文化艺术的全新情感体验和视觉认知。

（郑晓萍）

文化场馆

【长沙图书馆】 2021年全年开展阅读推广活动共2363场，线上线下讲座活动130场，覆盖读者140万余人，借书132万册次、还书123万册次，新增注册读者人数6万人，全年入藏中文图书15万余册，征集地方文献4600册。征集有声阅读作品1250篇，新增数字资源本地镜像资源31.53TB。全年累计图文阅读总量200.7万次，数字资源访问人次867万次，比2020年增长16.06%。微信公众号全年新增粉丝7.9万人，官方微博被评为长沙市最具影响力政务微博荣誉称号，“藏在图书馆里一眼万年的文物”在人民日报新媒体人民号发布。相继被评为国家一级图书馆、湖南省文明单位、全国全民阅读示范基地、湖南省最美图书馆、城市图书馆服务效能之星。王自洋被评为文化和旅游部先进工作者，“五一”期间湖南电台“了不起的湖南人”专题报道视障室馆员王岳平，馆办公室被评为长沙市巾帼文明岗。完成中图学会阅读推广课题2项，发表核心期刊3篇。《天天向上》世界读书日期间播出图书馆特辑节目，观看人次超过1500万人次，微信视频号观看人数29.06万余人次。全年媒体报道300余次，“世界读书日”期间中央电视台新闻慢直播呈现馆内阅读氛围，南方周末文化版专版报道《不止是书：一座城市图书馆的24小时》，“泡在图书馆”播出各县（市、区）图书馆10篇专题报道；以建党100周年为契机，推出《党史学习教育》《三湘党史》《我为群众办实事》《党史周周读》《100讲长沙党史故事》等红色教育专栏，总分馆开辟党史学习教育主题书架，“橘洲讲坛”“星城科学讲堂”系列公益讲座推出百年党史系列板块。与长沙市属高校图书馆资源共建共享，完成与长沙学院图书馆联网。以总分馆体系为基础，加强乡村图书馆（室）建设，新建分馆8家，流通服务站（点）6个，争取总分馆书库立项。全年总分馆开展阅读推广活动5000余场，开展各类主题展览1679场。牵头成立“长株潭”公共图书馆联盟，长株潭三市图书馆总分馆实现资源联通、宣传联动、活动联办、服务联强、人才联培，均衡发展，三地读者凭证享受681家图书馆一证通行，921万册图书一卡借还，长沙构建城乡一体的公共阅读体系经验在全国推广。响应助力“双减”，推出“周末去哪儿，图书馆喊你来打卡”等活动。建设院士阅读指导站，扩大“阅天下·邂逅图书馆之美”活动的影响力。成立高质量发展宣传工作组，组织20余位中青年业务骨干深入基层调研推广，推动涌现年外借量超过20万册的望城区松果分馆等先进典型。完成智能场景服务小程序上线，集活动报名、在线办证、图书查询续借、支付等功能于一体，累计用户7.34万人，访问143.3万次。2021年长沙全民阅读志愿者联合会新增注册志愿者3169人，团队志愿者53个，其中团队注册人数1985人。组织志愿者培训18场，开展阅读活动1600余场，服务时长12万余小时，服务读者10万余人次。联动全国图书馆开展“星火耀中国”游学打卡和党史答题年度主题活动，推出明星馆员挑战赛、图书馆奇妙夜打卡、长株潭党史知识竞赛等10余场活动，全国参与活动的图书馆达900多个。“阅读，一个都不能少”走进50余所中小学，进校服务20次。筹集资金80万余元采购服务中小学生的校园流动图书车，举办馆校共建成果展览2场。暑期开展“借阅之星”“静阅之星”“旅图之星”“活动之星”系列评比活动30场，寒假开展“小小管理员”社会实践活动之“我言传我情”朗诵作品征集等活动，全方位服务小读者。以庆祝建党100周年为契机，开展创意“书·画·文作品展”等线上线下主题展览6场。开展“星城科学讲堂”20场，吸引全年龄段约157.3万名市民参与，微博话题热度21万人次。打造特色研学路线，“阅见长沙·乡村阅读奇妙旅”推进文旅融合，盘活乡村文旅资源。全国首创“剧本阅读解谜体验”沉浸式阅读项目。“你的 book 我买单”线上线下读者选书活动，全年共服务 12088 人，上门送书 36819 册。关心关爱残障人士，推出信息无障碍服务及爱心窗口，国际盲人节为浏阳市盲协赠送听书机 123 台，中央一套《今日说法》“有爱无碍”报道视障文献借阅室工作。坚持开门办馆，馆长信箱处理读者来信 420 封，读者满意率 99.6%。（刘 婷 郑晓萍）

【长沙博物馆】 2021 年，长沙博物馆接待观众近 70 万人次，完成讲解接待 2018 批次，收到观众留言点赞 15680 条。征集购买文物 46 件（套），接受捐赠文物 23 件（套）。年内累计保养修复文物 32 件（套）；完成馆藏 37314 件（套）藏品的“健康风险评估”工作，为每件藏品建立“文物风险等级评估卡”；对 69 件馆藏文物（样品）进行超景深显微、X 射线探伤、XRF（X 射线荧光分析）、SEM-EDS（扫描电镜能谱分析）、RAMAN（拉曼光谱）测试，获数据（照片）192 条。长沙市博物馆被选为中国博协陶瓷专委会常务委员单位，馆长王立华当选为第一届常务委员。馆公共服务部获“第 20 届全国青年文明号”荣誉称号。社会教育部被评为“长沙市工人先锋号”。2021 年 1 月 19 日《人民日报（海外版）》刊登《长沙市博物馆“来自星星的你”》专题推荐。优化升级票务系统，实现全网预约和湖南健康码联动核查，启动“全员预约”模式。上线“吉光片羽”“地宫宝藏”“龙翔九天”等虚拟展厅，文物实验室正式对预约公众限时开放，首创文物库房对社会公众开放模式，开省内之先河。馆内新媒体矩阵平台全年推送发布信息 1975 条，粉丝用户 65 万人，年度总阅读量逾 9000 万人次，点赞 13 万余次，转发 3.8 万余次，各项指标都较上年度增长 1 倍以上。长沙市博物馆官方抖音《长沙文物故事解读传播》系列短视频，阅读量逾 580 万人次，获国家文物局“第二届中华文物全媒体传播精品”（新媒体）推介项目。原创展览“从里耶到长沙解码简牍中的湖湘史记”展览荣获国家文物局 2021 年度“弘扬优秀传统文化、培育社会主义核心价值观”主题展览推介项目；引进展览“南张北溥张大千、溥心畬早期书画特展”登上 2021 年 1 月的中国博物馆十大热搜推介展榜单；“平天下——秦的统一”参观人数创新高，兵马俑特色雪糕火爆全城，展览荣登 2021 年 6 月的中国博物馆十大热搜推介展榜单；“地宫宝藏法门寺唐代宫廷文物精粹特展”获 2021 年 7—8 月中文博热搜榜十大热搜展览，展览中首创“法门梦影”沉浸式剧本游引起文博圈热议。与长沙简牍博物馆联合举办“永远的旗帜庆祝中国共产党成立 100 周年”专题展览；参与武汉大学万林艺术博物馆主题陈列；拍摄《百年风华·长沙记忆革命文物中的长沙党史》系列 15 集短视频；推出“红色百年革命文物图片展”在长株潭地区巡展，开展红色主题宣讲 20 场次，受众近万人次。推出“学党史·知长沙·爱长沙”长博红系列党建品牌活动，共举办活动 30 场次，受众 3000 余人。举办“星星之火”小小红色文化宣讲员选拔赛，发起“2020 长沙记忆 当代物证”征集活动，共征集实物 87 件（套），照片视频资料 410 份。“哇哦博物馆”儿童展览及相关活动获评 2021 年度全国（首届）优秀文博社教案例。长沙市博物馆智慧博物馆项目案例入选《中国智慧博物馆蓝皮书·2020》，被评为首届长沙市新型智慧城市典型应用和优秀解决方案。牵头成立长株潭区域博物馆联盟，联合省内外各大博物馆原创策划和合作举办“从里耶到长沙”“南张北溥”“平天下”“地宫宝藏”“吉光片羽”等 8 个特展，编辑出版《从里耶到长沙——解码简牍中的湖湘史记》和《山川出云天下雨——晚清民国时期湖南绘画艺术特展》两本学术著作。承办 2021 生肖文化传播论坛暨“壬寅（虎年）新春生肖文物图片联展”策展研讨会，来自全国近 50 家博物馆的 100 余名专家、学者出席此次论坛及研讨会。全年举办各类教育活动 600 余场，近 4 万人次参与，线上点击量 350 万余人次。组织 96 位志愿者参与展览的讲解、引导、社会教育配套活动协助等服务工作，长沙县 6 所乡村少年宫开展 15 次爱心支教活动，为 1000 余名乡村学生送去奇妙的“博物馆之旅”。推出原创网络课程《长沙故事：天上一颗长沙星》，特别设计制作 3 项中学生观展挑战星活动。举办 23 场线上讲座和专家导赏，点击量 321.1 万余人次；举办湘城讲坛、湘城之旅导赏、湘城访古团 34 场。

（刘 婷 郑晓萍）

【长沙简牍博物馆】 长沙简牍博物馆是集简牍收藏、保护、研究和陈列展示于一体的现代化专题博物馆。2021 年，该馆线下接待观众近 60 万人次，开展讲解 385 批次；全年开展博物馆社教活动 470 场，其中简博俱乐部常设活动及专场活动 150 场、“小馆员岗位实践活动”221 场，流动展览及讲座 60 场，市民文化遗产讲堂 5 场，线上直播活动 34 场，线上服务观众近 5 万人。投放观众意见调查表 2683 份，观众好评率 98.7%，实现全年零投诉。获评“长沙市中小学研学实践基地”，获湖南省人力资源和社会保障厅、湖南省文化和旅游厅联合颁发的“全省文化和旅游系统标兵集体”。启动“文明之路——简牍公益行”馆际交流项目，先后与益阳市博物馆、常德博物馆开展特色社会教育活动“礼尚简博”、非遗彩绘油纸伞。开展跨省交流，与成都武侯祠博物馆合作，将简牍文化送到成都。全年原创策划举办《清平乐——黄河流域汉唐宋元乐舞戏曲精品文物展》等大型展览 4 场，举办临展 30 余场，全方位保证基本陈列《湘水流过——湖南地区出土简牍展》和《文明之路——长沙简牍博物馆基本陈列》的观展品质。协助长沙市博物馆举办《从里耶到长沙——解码简牍中的湖湘史记》，协助湖南美术出版社举办《湖湘经典——

湖湘千年书法大展》，配合中国文物交流中心《大三国志》全国巡展。完成《流沙坠简——甘肃简牍文物精品展》陈列方案及形式设计和《书于竹木——长沙简牍博物馆巡展》形式设计方案。《长沙走马楼三国吴简·竹简（壹—玖）》获得国家新闻出版署颁发的“第五届中国出版政府奖图书奖”。全年发表学术论文5篇，组织开展馆内学术会议6场。在湖南人民广播电台潇湘之声、芒果动听App、喜马拉雅App同步推出大型声音类节目《简牍里的中国精神》，节目受到观众一致好评并受邀入驻“学习强国”学习平台。邀请中央电视台十套《探索·发现》栏目组拍摄制作“渔阳墓”专题纪录片。策划系列丛书《简牍的秘密》，结合馆藏珍品，推出AR科普类儿童绘本《简牍的诞生》与《纤纤渔阳》。拍摄制作抖音科普小视频《简说》系列，推出《文明之路》馆报4期，推广至全国80余家博物馆。基本陈列数字展览云游虚拟博物馆及“千年简牍说贪腐”获中国电视艺术交流协会、中国文物报社颁发的“全国文化遗产云传播优秀项目”。年内完成文物总账1800枚条，文物分类账8869条。简牍数据库信息平台录入释文数据15730条，图片数据15704条。对2195枚西汉简逐枚进行核对，测量尺寸、描述完残现状、核对原始图版和释文，并对700余枚有拼接问题的西汉简进行核对扫描。完成1件春秋时期铭文青铜鼎的征集入藏工作。全年接收捐赠作品108幅，接收市文物局移交的长沙碑刻拓片近300幅，并对其进行整理归档。完成35枚走马楼西汉竹简的重新拼对与粘接、16枚吴简大木简的粘贴修复、13件渔阳墓漆木器修补复原等1件；完成524枚大木简的包装，191枚简牍的矫形，完成简牍一库全部大木简的464个囊匣盒更换工作。（刘 婷 郑晓萍）

【长沙音乐厅】 2021年，长沙音乐厅组织完成各类演出活动约290场，出票上座率68%，平均票价226元，顾客满意度约97%，年接待观众逾15万人次。联合媒体及自媒体进行线上云直播共4场，直播累计观看近100万人次，点赞数超80万次，新颖的演艺形态获得了乐迷的一致称赞。作为中国巡演第一站，长沙音乐厅承办郎朗2021巴赫《哥德堡变奏曲》钢琴独奏专场，与长沙交响乐团联合举办谭盾《慈悲颂》《武侠三部曲》《巴赫摇滚》等具有影响力的交响音乐会，承接彩虹合唱团、歌颂·王晰巡回音乐会长沙站等超高人气个人与团体演出；配合政府高质量举办杜鹃花艺术节系列展演、民族歌剧《半条红军被》发布会、长沙首届非遗音乐周以及庆祝中国共产党成立100周年《大江大河交响音乐季》等重要活动。音乐厅于2021年先后获得湖南省级文旅系统行业“标兵集体”（省内剧院类唯一）、长沙市送戏下乡文化惠——“优秀剧场”等荣誉。由于新冠疫情反复暴发，全市文化演出及活动安排间接性停演超3个月。长沙音乐厅结合实际情况，根据重大活动节点，调节演出活动安排，策划：长沙音乐厅新春音乐季、长沙音乐厅2021市民音乐会、夏之恋·长沙国际音乐艺术季、秋之颂·长沙国际音乐艺术季、第六届打开艺术之门音乐艺术季等演出品牌。结合端午节、七夕节、建党节、建军节等重大节日庆典策划惠民活动回馈广大乐迷，为隆重纪念中国共产党成立100周年，精心策划唱支歌儿给党听·庆祝中国共产党成立100周年音乐艺术季，用实际行动深情献礼中国共产党百年征程；配合人民的非遗·人民共享——庆祝建党100周年“星非遗·新征程”组织策划长沙首届非遗音乐周系列活动。上海交响乐团、国家大剧院管弦乐团、新九州爱乐乐团、亚洲首席爱乐乐团、彩虹合唱团等国内著名乐团纷踏而至；郎朗、吕思清、谭盾、石倚洁、龚琳娜、迪里拜尔等享誉国际的顶级艺术家接踵亮相；“音为有你·艺6精彩”·长沙音乐厅六周年音乐艺术系列多场超高水准音乐会得到乐迷一致称赞；音乐下午茶、湘音·湘情·湘韵等特色演出系列，更添“湘”味高雅艺术辨识度。坚守“月月公益场次·场场惠民票价”承诺，百姓舞台百姓家、公益讲座、大师班、高雅艺术进校园等免费公益活动开展。响应“厅团合一”部署，在省、市共建机制支持下，长沙音乐厅、长沙交响乐团“厅团合一”加大合作力度，从宣传、服务、沟通机制等方面提升，打造更多优质的品牌演出季，宣传策划各类活动，擦亮乐团品牌知名度。打造爆款形象IP“小贝”“小莫”。联合长沙图书馆搭建“侧耳倾听”公益助盲平台，累计帮助130余位残障人士实现聆听高雅音乐的梦想。开展标准化管理建设工作，根据剧院公司新版《剧院经营管理规范》实施要求，在公司内部落地运行，配合剧院公司完成ISO质量管理体系与新版《剧院经营管理规范》融合工作。（刘 婷 郑晓萍）

【长沙市群众艺术馆】 长沙市群众艺术馆为副县级公共文化服务机构，公益一类事业单位，肩负着推动公共文化事业发展、繁荣群众文艺创作、丰富市民文化生活、提升市民艺术素养、传承优秀非物质文化遗产、培养“群文湘军”等重任。2007年搬迁至雨花区劳动东路“一馆三中心”，馆舍面积10186.5平方米。馆内设有实验剧场、多功能厅、学术报告厅、展览厅、琴房、舞蹈室、音乐室等文化活动室，免费对外开放。设置戏剧、曲艺、音乐、舞蹈、文学、美术、书法、摄影、调研、音乐制作、非物质文化遗产保护等12个专业门类，专业人员配备齐全，分设办公室、文艺部、培训部、创作中心、数字文化服务中心、实验剧场6个工作部门。2021年，长沙市群众艺术馆在严格落实新冠肺炎疫情防控措施的基础上，实行错时、预约、限流开放，每天开放时长12小时以上。团队管理和剧场管理日益规范，综合楼为40余支群众文艺团队解决排练场地，为长沙市聋人协会、天心区百花越剧团、市老干文联诗词学会、长沙市人社局、长沙市退役军人事务局等单位提供朗诵比赛、讲座、演出场地25次。建立自助图书室对外开放，并纳入长沙图书馆总分馆服务体系，进一步丰富服务内容。完成首届中老年春晚及“老爸老妈唱起来”总决赛、“崇德向善迎新春 红红火火过大年”2021年长沙市新春文化惠民演出月、“就认这个理”——“雨花时代先声”理论宣讲报告会暨表彰大会、2020年度“长沙慈善榜”发布典礼、儿童剧《巨人计划之勇气》、“永远跟党走·退役不褪色”主题演讲比赛、杜鹃花艺术月、湖南省第七届艺术节等活动128场次。推进数字文化馆项目建设，打造数字平台线上服务阵地。年内开展“我们的中国梦·文化进万家”、“万里长沙·江山如画”诗文朗诵会、“艺耀星城”、《长沙匠心》《长沙党史故事100讲（文字+音频）》《艺术人生　一节好课》、“百团百角唱百年”等一系列线上展演活动，单场直播最高访问量34万人次，全年线上服务人次逾500万人次。发挥志愿者专业优势，下基层服务45次，组织文化志愿者开展场馆服务100余次。常态化开展丰富多彩的文化惠民活动，推出“我们的节日”系列文化惠民演出，组织湖南省第十届农民工春节文艺晚会长沙分会场暨长沙市群众文艺轻骑队走进浏阳文家市惠民演出、“艺起过年　在长沙”等十大主题活动，被评为2021年度中国民族音乐普及推广中心。组织雨花区教师合唱团代表我市参加“欢乐潇湘·颂歌向党”全省群众合唱比赛，以最高分获得金奖。组织7支队伍参加“大江大河交响季·百里画廊百年歌”省会长沙庆祝中国共产党成立100周年大型交响合唱音乐会，获“大江大河交响季·百里画廊百年歌”长沙市庆祝中国共产党成立100周年系列活动贡献奖。组织策划“照亮大地的启明星·长沙党史故事100讲”，制作100个音频、20个视频，在“学习强国”学习平台、芒果动听、长沙新闻广播、交通广播等平台播出。“欢乐潇湘·品质长沙——颂歌向党”群众合唱比赛和“照亮大地的启明星·长沙党史故事100讲”获“大江大河交响季·百里画廊百年歌”长沙市庆祝中国共产党成立100周年系列活动优秀项目奖。第七届湖南艺术节成果丰硕，组织策划五个专业门类60个节目举办全市选拔赛4场，《太阳晒在山坡坡》《外卖哥》《村里的健身房》《远方远方》《奶奶忘不了》《鸡咯咯鸭嘎嘎》《十八洞夏令营》等14个节目入围全省“三湘群星奖”。推进国家级非遗项目“长弹常新”长沙弹词保护工作、湘绣保护工作。编辑制作《长沙群文》杂志4期，开设“群文湘军”专栏，入围第四届全国文化（群艺）馆期刊交流展示。2021年公益艺术培训馆阵地班次由25个新增至41个，新增社区分校5所，总校和全市20所分校共开设声乐、舞蹈、书法、爵士舞、尤克里里等公益艺术培训班171个，培训学员51550余人次。举办“百姓大讲堂·打开艺术之门”公益系列讲座10期，邀请专家讲授舞蹈、音乐、表演等艺术课程，深受市民喜爱，推动全民艺术普及向纵深发展。

（刘　婷　郑晓萍）

艺术创作

【概况】　2021年，长沙举办国际音乐艺术季、城市交响乐团长沙峰会、杜鹃花艺术节等文化艺术活动，参加第七届湖南省艺术节，1台艺术节目获“田汉大奖”，2台艺术节目获“田汉新创剧目奖”；18个作品获“三湘群星奖”，其中8个金奖；书法、美术、摄影等11个作品获“齐白石艺术奖”。组织“唱支歌儿给党听·交响合唱音乐会”“长沙之夜”等大型文艺演出。省、市共建长沙交响乐团，聘请著名艺术家谭盾担任终身荣誉艺术总监和指挥。（陆明榜　刘　婷）

【花鼓戏《蔡和森求学记》展演】在2021年中国共产党成立100周年之际，长沙市花鼓戏保护传承中心、长沙市艺术创作研究院联合创排《蔡和森求学记》。2021年9月6日，该剧在长沙实验剧场进行审查演出，得到省、市领导认可，也得到剧作家盛和煜等老师的肯定和推荐。10月15日、16日该剧参加市委宣传部指导、市文化旅游广电局、岳麓区委、岳麓区政府主办的长沙市第二届岳麓山青年戏剧节红色剧目展演季活动，献礼建党100周年，在长沙303阳光剧场演出。12月26日，该剧在长沙实验剧场参加第七届湖南艺术节新创大型舞台剧目展演，获“田汉新剧目奖”，王勇、冯正和、廖可玉、田凤云等获田汉个人单项奖。该剧由国家二级编剧、长沙市艺术创作研究院副院长殷婷编剧，国家一级导演何艺光执导，长沙市花鼓戏保护传承中心党支部书记、国家一级演奏员冯正和与湖南艺术职业学院副教授陈梦联合作曲。

（李典琼）

【湘剧《国歌·时候》展演】　2021年，长沙市湘剧保护传承中心、长沙市艺术创作研究院联合创排大型现代湘剧《国歌·时候》。该剧入选湖南省“庆祝中国共产党成立100周年优秀剧目展巡演（播）”活动和岳麓山青年戏剧节展演。在湖南省文化和旅游厅、长沙市委宣传部、长沙市文化旅游广电局组织指导下，该剧于1月启动二度创作，6月1日在湖南戏曲演出中心举行“庆祝中国共产党成立100周年优秀剧目展巡演（播）”活动。演出当天“一通文化”新媒体平台同步直播，线上观看20万余人次、点赞量近3万次。9月24—25日，在岳麓区阳光壹佰凤凰街303阳光剧场，参加由市委宣传部指导，市文化旅游广电局和岳麓区委、区政府主办的长沙第二届岳麓山青年戏剧节红色剧目展演季，让观众充分感受戏剧文化的艺术魅力。通过参加展演活动，以高度的思想性、艺术性、惠民性，多层次的传播效果，给观众带来一部政治思想鲜明、社会反响热烈、观众喜闻乐见的历史正剧，弘扬中华传统美德，践行社会主义核心价值观，让红色精神在广大党员干部和当代青少年中薪火相传、血脉永续。（李典琼）

【民族歌剧《半条红军被》首演】 2021年，长沙歌舞剧院、长沙交响乐团联合创作民族歌剧《半条红军被》。该剧于2021年5月进入创排，市领导吴桂英、郑建新、陈刚先后到剧场探班，调研剧目创排工作。7月9日、10日，该剧在梅溪湖大剧院首演，许达哲、乌兰、张剑飞、吴桂英、郑建新等省、市领导出席观摩演出，对剧目给予肯定。民族歌剧《半条红军被》作为长沙—广州文化周的重要内容，在广州大剧院巡演。10月，该剧在山东济南参加“第四届中国歌剧节”展演，获优秀剧目奖。该剧作为湖南唯一一部歌剧，入围文旅部2020—2021年度“中国民族歌剧传承发展工程”和“庆祝中国共产党成立100周年舞台艺术精品创作工程”重点扶持“百年百部”创作计划。文旅部先后3次组织座谈会，乔佩娟、仲呈祥等专家们一致认为该剧具有独特的精神高度，具有深刻的文化内涵，具有很高的艺术价值，是一部叫得响、传得开、留得住的艺术精品。（李典琼）

【2021长沙市杜鹃花艺术节】 2021年，杜鹃花艺术节策划十大主题活动，包括百余场演出、讲座、展览等活动，线下线上参与观看人数逾300万人。艺术节全面展示长沙市文艺院团改革发展的优秀成果，推动全市文艺事业创新发展，满足群众日益增长的精神文化需要，深受市民群众喜爱。作为长沙市杜鹃花艺术节最重要的活动之一，长沙市“杜鹃花奖”青年戏剧大赛于2021年1月8—11日举行，11个文艺院团、64个剧（节）目、79名参赛选手同台竞技。大赛最终由权威专家评出获奖名单，周帆、江喻旺、戴哪吒、赵月红、李凯丽、杜明军获杜鹃花表演奖，王姝曜等35人获杜鹃花优秀演员奖，李景梅等35人获优秀演员提名奖。在该届艺术节中，民族歌剧《半条红军被》等5部新创大戏获优秀剧目一等奖，舞剧《伯牙绝弦》等5部大戏获优秀剧目二等奖，著名导演、杜鹃花人才工程导师黄定山获“杜鹃花”终身成就奖，殷婷获优秀编剧，王蕾、宋纪刚获优秀导演。（李典琼）

【2021年长沙市艺术工作推进会】 2021年8月25日，2021年长沙市艺术工作会议在长沙市会议中心第三会堂召开。会上总结长沙市前段艺术工作成果，部署下阶段长沙市艺术工作重点，表彰长沙市送戏下乡文化惠民、部署杜鹃花人才工程等重点工作。湖南省文旅厅二级巡视员王鹏，市委宣传部二级巡视员、常务副部长杨长江，省文旅厅艺术处处长倪文华，市委宣传部副部长、市文化旅游广电局局长郭润葵，市委宣传部部务会成员胡述斌，市文化旅游广电局党组书记李文格等领导出席。会上，郭润葵作长沙市艺术工作报告。报告指出，长沙市贯彻落实习近平总书记关于文艺工作的重要讲话精神，全市广大文艺工作者自觉担当使命任务，不断增强推进繁荣发展社会主义文艺的自觉性、责任感、使命感。2021年，创作《半条红军被》《国歌·时候》等一大批精品剧目，策划“大江大河交响季·百里画廊百年歌”实景交响诗系列演出、岳麓山青年戏剧节等一系列艺术活动，开展送戏进景区、长沙之夜露天文艺晚会等一连串惠民活动，为长沙市民提供了丰富的精神食粮，为中国共产党成立100周年营造了浓厚的节日氛围。会上对2020年长沙市送戏下乡文化惠民优秀单位、优秀个人进行表彰通报，并颁发证书。长沙市持续实施杜鹃花人才工程。通过对上一年度人才工程实施情况审核结项，在杜鹃花戏剧大赛中考核评比，最终聘任黄定山等导师10人，评选出王蕾等青年人才15人，赵浩舟等艺术新星21人。会上对2021年长沙市杜鹃花人才工程评选结果进行通报，并颁发证书。（李典琼）

【“艺心向党”红色微剧决赛暨展演活动】 2021年12月15日，长沙市文化旅游广电局系统在长沙实验剧场举办“艺心向党”红色微剧决赛暨展演活动。该微剧比赛创排13个红色微剧作品，300余人登上舞台参加演出。经过初赛选拔，民族歌剧《半条红军被》选段、情景剧《若兰》和《烽火弦歌》、舞台剧《红岩》等8个红色微剧作品进入决赛展演。感人肺腑的动人故事、激情澎湃的革命诗词、刻骨铭心的红色家书，通过红色微剧决赛展演，呈现了建党百年的浴血荣光与苦难辉煌，引导广大党员干部在红色精神的激励下坚定信仰、凝聚力量、升华理想，为加快创建国家中心城市、全面建设以“三高四新”为引领的现代化新长沙注入磅礴之力。（李典琼）

【长沙在全省群艺技能比赛中获奖】 2021年，全省开展第五届文化（群艺）馆（站）业务技能比赛，由湖南省文化和旅游厅主办。竞赛每三年一届，其目的是提高全省群文系统业务人员专业素质，营造加强沟通、学习、交流、进步的浓厚氛围，促进群文事业繁荣发展。该比赛分舞台艺术、理论调研、展览艺术、群文辅导、活动策划五个门类，在永州举行。长沙市报送舞台艺术作品4个、理论调研文章4篇、书法美术摄影作品9件、群文辅导2人、活动策划1组参赛。最终获6个一等奖、5个二等奖、8个三等奖。当代舞《播种》、女声小组唱

《一个闪亮的名字》、独唱《以人民为中心》获舞台艺术一等奖，符瑛、周琛调研报告《公益培训社区分校+数字文化馆协作模式的调研报告——以长沙市群众艺术馆公益性社区分校为例》、颜蜜如论文《和合共生，融合让文化馆事业更有生气——文旅融合背景下文化馆事业高质量发展策略研究》获理论调研类一等奖，一组策划获活动策划类一等奖。另有5件作品和8件作品分获二、三等奖。

（李典琼）

【长沙歌舞剧院在省文艺院团竞演中获“双十佳”】　2021年3月起，由湖南省委宣传部、湖南省文化和旅游厅、湖南广播电视台和湖南省演艺集团主办，湖南广播电视台都市频道承办的“百团百角唱百年”湖南省文艺院团竞演活动展开。该活动吸引728家文艺院团投入比赛，1.2万余名演员参与。经过网络投票环节，21个节目进决赛。2021年6月25日，“百团百角唱百年”湖南省文艺院团竞演活动总决赛在长沙梅溪湖国际文化艺术中心举行。通过专家和大众评审，评选出“十佳节目”和“十佳演员”。长沙歌舞剧院选送的民族歌剧《沂蒙山》选段《沂蒙山，永远的爹娘》获“十佳节目”。长沙歌舞剧院歌剧团青年女高音李凯丽获“十佳演员”。总决赛中，京剧、歌剧、湘剧、祁剧、汉剧、阳戏、花鼓戏、常德丝弦、歌舞、话剧，多种舞台艺术门类争奇斗艳，省、市县各级国有文艺院团、民间文艺院团各展风采，精彩纷呈的演出感染了观众。

（李典琼）

【2021城市交响乐团“长沙峰会”】　2021年12月15日，2021城市交响乐团“长沙峰会”在长沙举行。长沙市人民政府副市长刘明理，湖南省演艺集团董事长吴友云，中国交响乐发展基金会理事长陈光宪，长沙交响乐团终身荣誉艺术总监、指挥谭盾，长沙市委宣传部副部长、市文化旅游广电局党组书记、局长郭润葵等领导嘉宾出席开幕式。该峰会由湖南省演艺集团、长沙市委宣传部、长沙市文化旅游广电局共同主办，中国交响乐发展基金会支持，长沙交响乐团、长沙音乐厅承办，以“总结交流百年庆典重要经验，携手加强城市乐团规范建设”为主题，邀请深圳交响乐团、苏州交响乐团、青岛交响乐团、武汉爱乐乐团、四川交响乐团、安徽乐团、上海城市交响乐团等乐团团长及负责人，中国交响乐发展基金会、上海市对外文化交流协会等单位负责人到长沙，通过展示城市交响乐团的发展成果、总结经验以及加强城市交响乐团之间的交流合作、贡献交响乐团在城市发展中的智慧力量，推动省、市共建长沙交响乐团的改革和发展。峰会为期两天，包括开闭幕式和3个议题交流会议以及一场专题音乐会。与会乐团代表交流音乐艺术，展示城市交响乐团的发展成果，总结城市交响乐团的专业经验，促进城市交响乐规范建设。

（李典琼）

文物保护

【概况】　2021年，长沙市委、市政府出台《关于加强文物保护利用改革的实施意见》，建设博物馆之城，新增4家非国有博物馆，推出《红色百年——革命文物图片展》等10个精品展览，开展考古调查、勘探、发掘项目52个，在各级各类刊物发表学术论文50余篇次。《人民日报》专题推荐长沙市博物馆，《从里耶到长沙——解码简牍中的湖湘史记》获国家文物局优秀主题展览。简牍博物馆《长沙走马楼三国吴简·竹简》获图书出版界最高荣誉“中国出版政府奖图书奖”。市非遗中心、市考古所等场馆开展“人民的非遗人民共享”——长沙市非遗宣传展示、“发现长沙”考古成果分享会等文化和自然遗产日、国际博物馆日系列活动，吸引市民游客100万余人次。全市不可移动文物2473处，其中全国重点文物保护单位29处，省级文物保护单位105处，市级文物保护单位201处。（陆明椄　刘　婷）

【长沙市文物考古研究所炭河里工作站建成】　2021年1月28日，位于宁乡市黄材镇的长沙市文物考古研究所炭河里工作站举行揭牌仪式，长沙市第一个县区考古工作站正式建成并投入使用。炭河里工作站由长沙市文物考古研究所与宁乡市炭河里遗址管理处联合设立，双方共建共用，主要职能是开展炭河里遗址和沩水流域商周青铜文化相关课题考古工作、综合研究以及长沙地区出土青铜器的修复保护等，以补充完善炭河里遗址、周边遗址群的聚落布局和文化内涵以及探索炭河里文化源流和演变，兼顾和辐射整个宁乡地区的考古工作，以构建和完善长沙地区文化发展序列，探索长沙地区文明化进程。工作站启用后，围绕职能定位和工作目标，以考古工作带动学术研究，组建专业队伍，制订系统工作规划，申报学术课题和考古项目，组织实施专项考古调查、主动性考古发掘和考古资料整理出版等工作。推动炭河里国家考古遗址公园发展，为炭河里遗址系统保护、重点展示及综合研究提供科学考古资料，为建设中国特色、中国风格、中国气派的考古学贡献长沙力量，为促进长沙地区文旅融合发展，服务乡村振兴作贡献。

（郑晓萍）

【革命文物消防安全督察检查】　2021年6月23日，市文化旅游广电局、市消防救援支队联合印发《关于加强革命文物建筑消防安全工作的通知》。6月29日，市消防救援支队副支队长李文才、市文化旅游广电局党组成员曹凛带队对岳麓区革命文物新民学会旧址进行督察检查，岳麓区文旅体局、岳麓区消防救援大队、长沙近现代文物保护管理中心相关负责人参加检查。李文才对长沙市文物消防两部门联合工作机制给予肯定，在检查中指出，做好革命文物建筑的防火工作，重点是要加强电气线路火灾隐患自查自纠，对老旧电气线路进行改造，重点关注电线电缆、开关插座是否安装在可燃装修材料上；确保微型消防站“有人员、有器材、有战斗力”，各革命文物管理单位要加强对微型消防站建设及消防专业知识培训，安排专项经费用于专业人员招聘、培训以及购买专业器材，加强消防安全建设。曹凛强调，2021年正值迎接建党100周年系列庆祝活动的关键时期，保证全市革命文物建筑消防安全形势稳定是一项重要的政治任务，全市各级文物和消防部门要积极行动起来，进一步健全部门定期会商、情况通报、信息共享、联合执法等机制，形成工作合力，提升监管质态，有效预防和遏制文物火灾事故发生。（郑晓萍）

【“2020长沙记忆·当代物证”征集成果发布会】 2021年12月13日，长沙博物馆举办“2020长沙记忆·当代物证”征集成果发布会，共征集来自16家企事业单位、11名个人的捐赠物品，反映不同主题的实物资料100件（套），实际数量393件，照片视频资料585件。11家捐赠集体和6名个人捐赠者应邀参加发布会。长沙市规划设计院设计师李中峰作为捐赠单位代表上台发言，长沙2路公交车司机肖壬根作为个人捐赠者代表上台发言。长沙市文化旅游广电局党组成员曹凛出席发布会，向与会代表们发放收藏证书。活动发起人长沙博物馆馆长王立华解读了长沙博物馆进行当代物证征集的缘起和意义。长沙博物馆作为湖南省会城市博物馆，以让公众认识长沙、热爱长沙为宗旨，保存长沙城市发展历史，讲好城市发展故事，真实记录长沙人民追求美好生活不懈奋斗的历程，是长沙博物馆的责任与使命。征集当代物证，是博物馆可持续发展的必然趋势，也是博物馆关注当下、回应社会关切、沟通广大市民、发挥博物馆力量的实际举措。活动得到社会各界与市民支持，经过市民投票和专家评选，遴选出代表2020长沙记忆的十大物证。（郑晓萍）

【湖南省十大考古发现暨百件出土文物精品推介活动颁奖典礼在长沙举行】 2021年12月30日，“庆祝中国考古百年”湖南省十大考古发现暨百件出土文物精品推介活动颁奖典礼在长沙新湖南大厦举行。长沙宁乡炭河里遗址、马王堆汉墓、走马楼三国孙吴简牍、铜官窑遗址4项考古发现被评为“湖南省十大考古发现”，长沙马王堆汉墓还被评为“湖南省十大网络人气考古发现”，81项文物被评为“湖南省百件（套）出土文物精品”，3项文物被评为“湖南省网络人气出土文物精品”。（郑晓萍）

非物质文化遗产保护

【概况】 2021年，长沙出台《长沙市传统工艺振兴计划》，评定17家长沙市第二批示范性非物质文化遗产传习所、展示馆，评定30家全市第一批传统工艺示范性就业工坊。8个项目入选省级非物质文化遗产名录。打造长株潭非物质文化遗产集市，举办首届长株潭三市大学生传统工艺创新创意大赛，收到参赛作品1000余件，通过“企业——作品”现场签约仪式实现成果转换。（陆明榜　刘　婷）

【长沙非物质文化遗产传承人在全国脱贫攻坚总结表彰大会上受表彰】 2021年2月25日，全国脱贫攻坚总结表彰大会在北京人民大会堂举行，对全国脱贫攻坚先进个人、先进集体进行表彰。长沙浏阳油纸伞制作工艺市级非物质文化遗产代表性传承人李忠国获先进个人奖。通过振兴传统工艺，助力精准扶贫，将非物质文化遗产与脱贫致富相结合，将百年传承的技艺与乡村振兴相联结，李忠国走出了一条极具特色的产业发展道路，彰显了非物质文化遗产传承人新时代的使命与担当。（郑晓萍）

【《长沙市传统工艺振兴计划》发布实施】 2021年5月7日，长沙市文化旅游广电局、长沙市工业和信息化局、长沙市财政局联合发布实施《长沙市传统工艺振兴计划》，全面推动长沙市优秀传统文化创造性转化、创新性发展，促进长沙市传统工艺振兴发展。（吕红绯）

【长沙新增一项国家级非遗代表性项目】 2021年5月24日，国务院公布第五批国家级非物质文化遗产代表性项目名录。火宫殿臭豆腐制作技艺入选第五批国家级非物质文化遗产代表性项目名录。（吕红绯）

【长沙市第七批非物质文化遗产代表性项目评定】 2021年5月26日，长沙市人民政府办公厅发布《关于公布长沙市第七批市级非物质文化遗产代表性项目名录的通知》，认定大筒演奏、赛龙舟、灰汤杂技等25项非物质文化遗产项目入选长沙市第七批市级非物质文化遗产代表性项目名录。（吕红绯）

【长沙市非物质文化遗产宣传展示系列活动】 2021年6月6—13日，长沙市文化旅游广电局举办“人民的非遗 人民共享”——庆祝建党100周年“星非遗·新征程”2021年“文化和自然遗产日”长沙市非物质文化遗产宣传展示系列活动。该活动以庆祝建党100周年为主线，通过“互联网+”线上线下开放融合，开展2021年“文化和自然遗产日”长沙市非物质文化遗产宣传展示活动开幕式”“星非遗·新征程”长沙首届非遗音乐周活动”“非遗购物节”和“律动潮长沙·神韵湘绣”等活动，让市民、游客共同加入非物质文化遗产保护和传承。线下活动期间，发放50万元文旅惠民消费券，全部在活动期间内领券并消费完毕。活动现场有350余人参与打卡互动环节，有300人完成打卡要求并领取非物质文化遗产大礼包，直接带动非物质文化遗产展演、技艺、美食以及文创产品等线下消费。参展的非物质文化遗产传承人通过该次活动推广传播，获得更广泛的市场认可，承接了新的客户订单。在非物质文化遗产音乐周期间，2000余人现场观看了演出，在长沙非物质文化遗产与QQ炫舞跨界合作活动中，“律动潮长沙万人绣湘绣”活动吸引万余人参与绣制QQ炫舞巨幅湘绣作品。该活动开幕式进行全程现场直播，30.86万名观众线上观看，还在抖音平台发布线上“打卡长沙非遗”话题，实现多角度展示、多元化宣传，让非物质文化遗产走进更多人的心中。（吕红绰）

【2021年首届长株潭三市大学生传统工艺创新创意大赛】　2021年8月，长株潭三市大学生传统工艺创新创意大赛举办。该赛事由湖南省文化和旅游厅、湖南省教育厅指导，长沙市文化旅游广电局、株洲市文化旅游广电体育局、湘潭市文化旅游广电体育局联合主办，旨在为贯彻落实《长株潭一体化发展2021年行动计划》和《关于深入实施“三高四新”战略全面推进长株潭重大产业协同发展的意见》，助力长株潭三市文旅一体化高质量发展，促进传统手工艺发展与振兴。此次大赛以“创新艺·造青春”为主题，创新性引入“任务项目制”赛制，以能将设计作品落地转化，为传统工艺助力赋能为出发点，致力于打通文化对接，挖掘优秀设计项目，培养年轻创新人才，来自湘潭大学的两部获奖作品分别与湘潭宇昌工艺伞业股份有限公司和龙牌食品股份有限公司签订《设计作品落地转化助力协议》，成为首批助力落地转化签约项目。此次大赛为长株潭三市高等院校首次联动，学生首次联合的传统工艺创新创意大赛，对助力长株潭三市文旅一体化高质量发展，促进传统手工艺发展与振兴起到积极推进作用。（吕红绰）

【长沙铜官窑应邀参加2021年海丝申遗城市联盟联席会议】　2021年11月12日，由国家文物局指导，广州海丝联合申遗办和宁波市人民政府举办的“2021年海上丝绸之路保护和联合申报世界文化遗产城市联盟联席会议”在宁波召开。此次会议通过线上会议的方式进行，长沙铜官窑作为长沙唯一一处海丝史迹点，应邀参加长沙分会场会议。长沙市副市长刘明理表示，海上丝绸之路保护和联合申报世界文化遗产是落实国家发展倡议、加强海丝遗产保护、促进“一带一路”建设的重要举措。长沙铜官窑自2019年列入“海上丝绸之路·中国史迹”预备名单遗产点以来，在遗址保护、展示利用、宣传推广和合作交流等方面取得较大进展，要充分挖掘利用好厚重的历史文化资源，在海上丝绸之路保护、管理和申遗工作等方面不断取得新的成绩，为海上丝绸之路保护和申报世界文化遗产打好基础、体现担当、实现作为。（郑晓萍）

【长沙新增九项省级非物质文化遗产代表性项目】　2021年12月30日，湖南省人民政府发布《关于公布第五批省级非物质文化遗产代表性项目名录的通知》，浏阳夏布、李氏正脊疗法等9个市级非物质文化遗产代表性项目入选湖南省第五批省级非物质文化遗产代表性项目名录。（吕红绰）

【数字化抢救记录建档工作】　2021年，长沙完成江氏正骨术和浏阳木活字印刷术的数字化抢救记录建档工作。这是长沙市文化旅游广电局与长沙市国家档案馆连续第四年合作，对非物质文化遗产项目进行抢救性记录建档工作。（吕红绰）

社会科学

【概况】　2021年，长沙市社会科学界开展读史分享会和党史学习评比，利用长沙市丰富的红色资源和革命文化，用好用活各级爱国主义教育基地，发挥社科理论界在宣讲普及、研究阐释等方面的优势，创新学习教育宣讲载体。开展理论研究与阐释，组织全市社科界专家学者，召开理论研讨会，为长沙经济社会发展服务，部分专家的主要观点发布在《长沙晚报》理论专版。强化重大课题攻关，经市委、市政府主要领导确定，2021年围绕“三个高地”战略确定《长沙打造国家重要先进制造业高地研究》《长沙打造具有核心竞争力的科技创新高地研究》《长沙打造内陆地区改革开放高地研究》三个重大课题。2020年两个重大课题《产生建设“国家软件名城”研究》《长沙加快建设现代化宜居都市研究》完成结项，成果在《湖南日报》《中国科技信息》《湖南工人报》《科学与技术》刊物上发表4篇文章。畅通成果转化渠道，精选年度重大项目成果和典型，汇编《长沙市哲学社会科学优秀成果文库精选（2020—2021）》。针对上年度实用性、指导性较强的项目，编辑10期《成果要报》向市领导和相关部门推介。推出《长沙智库》，及时将一些有质量、有高度、可操作、可适用的社科成果，上报市委市政府，传送市直部门、园区和县（市、区），推动成果运用，建立起更为畅通的社科成果通达机制。评选出长沙市第二十一届社会科学优秀成果89项，获一等奖的优秀成果作者或单位在社科联第七次代表大会上得到省、市领导的肯定并颁奖，。打造社科普及活动品牌，发挥“联”的特色、“合”的优势，利用“社科普及活动周”开展

“与‘理’在长沙”系列社科普及活动，一改传统宣讲式、展示式、灌输式的普及形式，用做游戏、看表演以及故地重游等创新互动的方式与广大市民进行别开生面的社科普及交流，参与人数10万余人次。开展“麓山论道”——新青年谈新思想的社科理论宣讲活动，邀请社科专家学者、青年精英代表坐而论道，以视频的形式推出融媒系列专题。同步启动“理在长沙——社科知识竞赛活动”，将严肃枯燥的知识竞赛生动化、趣味化、悬念化，吸引数万名市民群众参与竞赛答题。加强市社科类社会组织党建工作，推进党支部标准化建设，指导箴言书院等6家社会组织成立党支部。组织党支部书记培训，指导历史学会等8家社会组织党支部开展党史学习教育，组织开展“学党史、感恩党、跟党走”活动。推进“为民办实事”，两次督促指导尚上心理党支部开展“共情教育”留守儿童心理支持计划、指导蓝宇心理研究院制定完善“学党史、感恩党、跟党走”系列活动相关制度、

表41　　长沙市国家级非物质文化遗产代表性项目一览表

序号	项目名称	项目类别	批次
1	湘绣	传统美术	第一批
2	浏阳花炮制作技艺	传统技艺	第一批
3	湘剧	传统戏剧	第二批
4	长沙弹词	曲艺	第二批
5	庙会（火宫殿庙会）	民俗	第二批
6	石雕（菊花石雕）	传统美术	第二批
7	长沙窑铜官陶瓷烧制技艺	传统技艺	第三批
8	浏阳文庙祭孔音乐	传统音乐	第四批
9	小吃（火宫殿臭豆腐）制作技艺	传统技艺	第五批

（资料来源：市文化旅游广电局）

表42　　长沙市省级非物质文化遗产代表性项目一览表

序号	项目名称	项目类别	批次
1	麻山锣鼓	传统音乐	第一批
2	火宫殿八大传统小吃制作技艺	传统技艺	第二批
3	民间剪纸	传统美术	第二批
4	龙舞（洞井龙舞）	传统舞蹈	第二批
5	棕编（长沙棕叶编）	传统技艺	第三批
6	长沙玉和醋传统酿醋技艺	传统技艺	第三批
7	长沙陶公庙会	民俗	第三批
8	花鼓戏（长沙花鼓戏）	传统戏剧	第三批
9	中医正骨疗法（江氏正骨术）	传统医药	第四批

续表 42

序号	项目名称	项目类别	批 次
10	金银细工制作技艺（唐市金银首饰加工技艺）	传统技艺	第四批
11	绿茶制作技艺（金井绿茶制作技艺）	传统技艺	第四批
12	皮影戏（长沙皮影戏）	传统戏剧	第四批
13	长沙山歌	传统音乐	第四批
14	刀剪锻制技艺（捞刀河刀剪制作技艺）	传统技艺	第四批
15	花鼓戏（长沙花鼓戏）	传统戏剧	第四批
16	花鼓戏（长沙花鼓戏）	传统戏剧	第四批
17	巫家拳	传统体育、游艺与竞技	第四批
18	童谣（长沙童谣）	民间文学	第五批
19	湖南埃山子午棍	传统体育、游艺与竞技	第五批
20	传统木构建筑营造技艺	传统技艺	第五批
21	家具制作技艺（榫卯结构小木作技艺）	传统技艺	第五批
22	夏布织造技艺（浏阳夏布）	传统技艺	第五批
23	腊八豆制作技艺	传统技艺	第五批
24	竹纸制作技艺（浏阳手工竹纸制作技艺）	传统技艺	第五批
25	中医正骨疗法（李氏正脊疗法）	传统医药	第五批
26	中药炮制技艺（戎氏黑膏药古法炮制技艺）	传统医药	第五批

（资料来源：市文化旅游广电局）

表 43　　长沙市市级非物质文化遗产代表性项目一览表

序号	项目名称	项目类别	批 次
1	长沙县双江锣鼓亭子	传统音乐	第一批
2	宁乡对子花鼓	传统舞蹈	第一批
3	长沙县双江滚灯车	传统舞蹈	第一批
4	岳麓山民间故事	民间文学	第二批
5	长沙谜语	民间文学	第二批
6	宁乡周氏双龙舞	传统舞蹈	第二批
7	长沙杨裕兴鸡蛋面制作技艺	传统技艺	第二批
8	长沙玉楼东六大传统湘菜制作技艺	传统技艺	第二批
9	子午棍	传统体育、游艺与竞技	第三批

续表 43

序号	项目名称	项目类别	批次
10	天顶杂技	传统体育、游艺与竞技	第三批
11	长沙弹词（拓展项目）	曲艺	第三批
12	炭精画	传统美术	第三批
13	长沙棕编（拓展项目）	传统技艺	第三批
14	手工热锻嵌钢（夹钢） 菜刀技艺（拓展项目）	传统技艺	第三批
15	彩带编制方法（拓展项目）	传统技艺	第三批
16	浏阳河酒制作技艺	传统技艺	第三批
17	八拳	传统体育、游艺与竞技	第四批
18	长沙快板	曲艺	第四批
19	沩山擂茶制作技艺	传统技艺	第四批
20	浏阳小曲古法酿造技艺	传统技艺	第四批
21	望城新康木雕技艺	传统技艺	第四批
22	徐长兴烤鸭制作技艺	传统技艺	第四批
23	丁字湾麻石雕刻技艺	传统技艺	第四批
24	流沙河土花猪饲养技术	传统技艺	第四批
25	浏阳蒸菜传统制作技艺	传统技艺	第五批
26	浏阳油纸伞制作工艺	传统技艺	第五批
27	浏阳豆豉传统制作技艺	传统技艺	第五批
28	浏阳油饼制作技艺	传统技艺	第五批
29	李氏唢呐制作技艺	传统技艺	第五批
30	麻山鼓制作技艺	传统技艺	第五批
31	密印寺传说故事	民间文学	第五批
32	宁乡四碟（刀豆花、砂仁糕、紫苏梅、冰姜）加工技艺	传统技艺	第五批
33	北山布龙	传统舞蹈	第五批
34	天心手工杆秤制作技艺	传统技艺	第五批
35	太乙游龙拳	传统体育、游艺与杂技	第五批
36	望城花鼓戏	传统戏剧	第五批
37	湖南柔术	传统体育、游艺与杂技	第五批
38	长沙古琴艺术	传统音乐	第五批

续表 43

序号	项目名称	项目类别	批次
39	堆字匾牌制作技艺	传统技艺	第五批
40	雨花手工棕垫制作技艺	传统技艺	第五批
41	湘绣用线漂染技艺	传统技艺	第五批
42	湖南自然门功夫	传统体育、游艺与杂技	第五批
43	药用湘艾制作技艺	传统医药	第五批
44	褚桂亭太极拳	传统体育、游艺与杂技	第五批
45	浏阳祭孔大典	民俗	第六批
46	浏阳洞阳山道教音乐	传统音乐	第六批
47	浏阳弹词（长沙弹词拓展项目）	曲艺	第六批
48	春华皮影	传统戏剧	第六批
49	宁乡木偶戏	传统戏剧	第六批
50	浏阳青面狮表演	传统体育、游艺与杂技	第六批
51	浏阳王家拳	传统体育、游艺与杂技	第六批
52	靖港纸扎	传统美术	第六批
53	长沙篆刻	传统美术	第六批
54	望城传统炭画（合并到长沙炭精画项目）	传统美术	第六批
55	青山竹编	传统技艺	第六批
56	谷山砚雕刻技艺	传统技艺	第六批
57	陶蔬恋窖藏罈子菜	传统技艺	第六批
58	靖港八大碗	传统技艺	第六批
59	南一门老料法饼制作技艺	传统技艺	第六批
60	浏阳木活字印刷术	传统技艺	第六批
61	浏阳牛胶膏传统制作技艺	传统技艺	第六批
62	德胜斋浏阳茴饼制作技艺	传统技艺	第六批
63	长沙甘长顺传统手工米粉及五大炒码制作技艺	传统技艺	第六批
64	郭福娭毑小钵子甜酒	传统技艺	第六批
65	怡华楼祖传杠子面	传统技艺	第六批
66	高家甜酒酿造技艺	传统技艺	第六批
67	祖塔喉科医术	传统医药	第六批

续表 43

序号	项目名称	项目类别	批 次
68	江公膏药制作技艺	传统医药	第六批
69	刘氏烧烫伤疗法	传统医药	第六批
70	大筒演奏	传统音乐	第七批
71	赛龙舟（长沙赛龙舟、浏阳赛龙舟）	传统体育、游艺与杂技	第七批
72	灰汤杂技	传统体育、游艺与杂技	第七批
73	浏阳龙狮表演	传统体育、游艺与杂技	第七批
74	长沙剪纸（雨花剪纸、宁乡剪纸、浏阳剪纸）	传统美术	第七批
75	长沙传统菜肴制作技艺 （彭家老屋梅菜扣肉制作技艺、官渡唆螺）	传统技艺	第七批
76	传统和香制作技艺	传统技艺	第七批
77	核雕制作技艺	传统技艺	第七批
78	面塑制作技艺	传统技艺	第七批
79	沙利文传统糕点制作技艺	传统技艺	第七批
80	黄精滋补豆制作技艺	传统技艺	第七批
81	湖湘木帆船制作技艺	传统技艺	第七批
82	莲花根雕	传统技艺	第七批
83	传统园林花木营造技艺	传统技艺	第七批
84	王兴太手工刀具制作技艺	传统技艺	第七批
85	传统酒曲制作技艺（黄药子铺酒曲制作技艺）	传统技艺	第七批
86	腐乳制作技艺（邱氏腐乳制作技艺）	传统技艺	第七批
87	卤菜制作技艺 （浏阳卤菜制作技艺、宁乡协昌裕酱卤菜制作技艺）	传统技艺	第七批
88	宁乡沙田包子制作技艺	传统技艺	第七批
89	麻姑井糯米黄酒酿造技艺	传统技艺	第七批
90	乔氏正骨手法	传统医药	第七批
91	长沙铜官窑祭拜窑神习俗	民俗	第七批
92	花炮始祖公祭	民俗	第七批
93	长沙吆喝	民俗	第七批

（资料来源：市文化旅游广电局）

表 44　长沙市国家级非物质文化遗产代表性项目代表性传承人一览表

序号	姓 名	项目名称	批 次
1	刘爱云	湘绣	第一批
2	曾金贵	湘剧	第三批
3	曹汝龙	湘剧	第三批
4	钟自奇	浏阳花炮制作技艺	第三批
5	柳建新	湘绣	第四批
6	江再红	湘绣	第四批
7	曹明珠	菊花石雕	第五批
8	刘坤庠	长沙窑铜官陶瓷烧制技艺	第五批
9	邱少求	浏阳文庙祭孔古乐	第五批

（资料来源：市文化旅游广电局）

表 45　长沙市省级非物质文化遗产代表性项目代表性传承人一览表

序号	姓 名	项目名称	批 次
1	杨天福	麻山锣鼓	第一批
2	陈继武	菊花石雕	第一批
3	黄蔚德	浏阳花炮制作技艺	第一批
4	左季纯	湘绣	第二批
5	陈玉莲	湘剧	第三批
6	贺艾云	长沙花鼓戏	第三批
7	毛　珊	湘绣	第三批
8	黄　笛	湘绣	第三批
9	秦石蛟	民间剪纸（望城）	第三批
10	王文定	长沙棕叶编	第三批
11	罗志勇	湘剧	第四批
12	刘志广	长沙窑铜官陶瓷烧制技艺	第四批
13	江　林	浏阳江氏正骨术	第四批
14	李　艳	湘绣	第四批
15	许菊云	湘菜烹饪技艺	第四批

（资料来源：市文化旅游广电局）

表 46　长沙市市级非物质文化遗产代表性项目代表性传承人一览表

序号	姓名	项目名称	批次
1	敖耀寰	长沙谜语	第一批
2	黄耀华	湘剧	第一批
3	彭若君	湘绣	第一批
4	邬建美	湘绣	第一批
5	罗利香	湘绣	第一批
6	彭望球	长沙窑铜官陶瓷烧制技艺	第一批
7	张仕其	杨裕兴鸡蛋面及五大油码制作技艺	第一批
8	吕望国	杨裕兴鸡蛋面及五大油码制作技艺	第一批
9	王美莲	长沙花鼓戏	第二批
10	李国安	杨裕兴鸡蛋面及五大油码制作技艺	第二批
11	周海泉	巫家拳	第二批
12	周佳霖	长沙棕叶编	第二批
13	王　炜	长沙谜语	第二批
14	喻继贤	长沙谜语	第二批
15	羊定国	八拳	第二批
16	佘建辉	天顶杂技	第二批
17	朱国强	长沙皮影戏（望城皮影戏）	第二批
18	胡　建	新康木雕	第二批
19	周　旭	丁字湾麻石雕刻技艺	第二批
20	吴乐华	长沙县双江滚灯车	第二批
21	周长树	长沙绿茶制作工艺	第二批
22	陈江柱	腊八豆制作工艺	第二批
23	熊梦鹤	长沙快板	第二批
24	陈克辉	长沙山歌	第二批
25	卢炳辉	浏阳花炮制作工艺	第二批
26	李　舟	浏阳菊花石雕刻工艺	第二批
27	王娜娜	浏阳文庙祭孔音乐	第二批
28	张文清	浏阳客家山歌	第二批
29	李武伟	浏阳小曲酒法酿造技艺	第二批
30	高天佑	浏阳花鼓戏	第二批
31	高佩山	沩山擂茶	第二批

续表 46

序号	姓名	项目名称	批次
32	姜红兵	黄材山歌	第二批
33	阳许华	宁乡对子花鼓	第二批
34	周忠瑞	周氏双龙舞	第二批
35	谭建国	湘剧	第三批
36	莫雪美	湘绣	第三批
37	宋志辉	湘绣	第三批
38	谭异超	长沙窑铜官陶瓷烧制技艺	第三批
39	张明星	长沙弹词	第三批
40	王志敏	长沙弹词	第三批
41	余小平	长沙山歌	第三批
42	李建均	麻山锣鼓	第三批
43	周招弟	洞井龙舞	第三批
44	毛甲玉	长沙花鼓戏	第三批
45	冯正和	长沙花鼓戏	第三批
46	何志明	长沙皮影戏（望城皮影戏）	第三批
47	宋伟军	长沙皮影戏（浏阳皮影戏）	第三批
48	秦岭春	民间剪纸（望城剪纸）	第三批
49	彭泽林	捞刀河刀剪制作技艺	第三批
50	吴干军	捞刀河刀剪制作技艺	第三批
51	何谷良	火宫殿八大传统小吃制作技艺	第三批
52	马　力	火宫殿八大传统小吃制作技艺	第三批
53	黄小平	长沙棕叶编	第三批
54	胡立东	长沙玉和醋传统酿醋技艺	第三批
55	沈宗武	唐市金银首饰加工技艺	第三批
56	蔡颖强	童谣（长沙童谣）	第三批
57	尹海军	长沙谜语	第三批
58	龚阳初	密印寺传说故事	第三批
59	周　毅	长沙古琴艺术	第三批
60	吴金刚	北山布龙	第三批
61	卞定福	望城花鼓戏	第三批
62	羊　帆	八拳	第三批

续表 46

序号	姓名	项目名称	批次
63	汪国义	湖南埃山子午棍	第三批
64	吴学光	自然门功夫	第三批
65	曾强胜	褚桂亭太极拳	第三批
66	余安仁	太乙游龙拳	第三批
67	赵双午	湖南柔术	第三批
68	文志飞	手工杆秤制作	第三批
69	李科洪	唢呐制作技艺	第三批
70	杨　奇	麻山鼓制作技艺	第三批
71	李正才	流沙河土花猪饲养技术	第三批
72	彭雪辉	宁乡四碟加工技艺	第三批
73	梁长进	夏布织造技艺（浏阳夏布）	第三批
74	谭智祥	夏布织造技艺（浏阳夏布）	第三批
75	梁源根	浏阳油纸伞制作工艺	第三批
76	李忠国	浏阳油纸伞制作工艺	第三批
77	王金山	浏阳豆豉传统手工技艺	第三批
78	黄迪全	浏阳豆豉传统手工技艺	第三批
79	黄隆根	浏阳手工竹纸制作技艺	第三批
80	彭长林	浏阳油饼制作技艺	第三批
81	罗俊扬	长沙棕编	第三批
82	黄　刚	湘绣用线漂染技艺	第三批
83	刘灿庄	药用湘艾	第三批
84	李祝意	雨花区手工棕垫制作技艺	第三批
85	刘上四	堆字匾牌制作技艺	第三批
86	苏　波	石雕（菊花石雕）	第四批
87	林旭平	长沙篆刻	第四批
88	罗光磊	长沙篆刻	第四批
89	刘　雅	湘绣	第四批
90	吴　宁	湘绣	第四批
91	吕　妮	湘绣	第四批
92	蒲宇凤	湘绣	第四批
93	肖　瑛	湘绣	第四批

续表 46

序号	姓名	项目名称	批次
94	李杏芳	湘绣	第四批
95	胡义平	湘绣	第四批
96	徐向荣	湘绣	第四批
97	袁 苹	湘绣	第四批
98	万 勇	靖港纸扎	第四批
99	周 帆	湘剧	第四批
100	郭川南	湘剧	第四批
101	万铁军	长沙皮影戏（宁乡皮影戏）	第四批
102	魏懋央	宁乡花鼓戏	第四批
103	文 君	长沙花鼓戏	第四批
104	胡建忠	长沙花鼓戏	第四批
105	陈年秋	长沙花鼓戏	第四批
106	付国成	宁乡木偶戏	第四批
107	胡利忠	春华皮影	第四批
108	张阳华	浏阳弹词	第四批
109	游流辉	浏阳祭孔大典	第四批
110	王天鹏	浏阳青面狮表演	第四批
111	程一夫	湖南埃山子午棍	第四批
112	王绍钦	王家拳	第四批
113	刘晓军	刘氏烧烫伤疗法	第四批
114	李剑波	中医正骨疗法（李氏正脊疗法）	第四批
115	石定平	祖塔喉科	第四批
116	江 涛	江氏正骨术	第四批
117	周庆冬	浏阳洞阳山道教音乐	第四批
118	张运舟	长沙山歌	第四批
119	罗立忠	浏阳河酒制作技艺	第四批
120	徐 明	徐长兴烤鸭制作技艺	第四批
121	韦佳辰	南一门老料法饼制作技艺	第四批
122	刘正华	家具制作技艺（榫卯结构小木作技艺）	第四批
123	李 旭	陶蔬恋窖藏罈子菜	第四批
124	雷运华	谷山砚雕刻技艺	第四批

续表 46

序号	姓名	项目名称	批次
125	肖　力	靖港八大碗	第四批
126	易国宁	怡华楼祖传杠子面	第四批
127	赵海臣	郭福娭毑小钵子甜酒	第四批
128	刘嘉豪	长沙窑铜官陶瓷烧制技艺	第四批
129	周世洪	长沙窑铜官陶瓷烧制技艺	第四批
130	沈颖利	长沙窑铜官陶瓷烧制技艺	第四批
131	高炜强	高家甜酒酿造技艺	第四批
132	吴汉涌	浏阳木活字印刷术	第四批
133	张　冬	浏阳牛胶膏传统制作技艺	第四批
134	杨　斌	德胜斋浏阳茴饼制作技艺	第四批
135	黄隆信	浏阳手工竹纸制作技艺	第四批
136	杨六纯	青山竹编	第四批
137	周　宇	金井绿茶制作技艺	第四批

（资料来源：市文化旅游广电局）

方案，引导基层党组织将学习党史落实到“我为群众办实事”实践活动。营造社科研究学术氛围，贯彻落实市第十四次党代会精神，形成《长沙市践行以人民为中心的发展思想，着力打造共同富裕先行区研究》等成果。从内容、形式上对《长沙社科》进行全面改版。参加全国城市社科院第三十一次院长联席会议，长沙市社科院获“全国城市社科院‘先进单位’”称号。组织召开长株潭三市建设研究交流会暨长株潭社科联第一次联席会议，探索三地合作长效机制，实现智慧共聚、成果共享，打造长株潭社科品牌。整合资源，在湖南师范大学乡村振兴研究院、长沙学院马克思主义学院新建社科研究基地，围绕特色题材开展课题研究。

【“与‘理’在长沙”系列活动】 2021年，市社科联组织开展“与‘理’在长沙”系列活动，该活动贯穿全年，分为理看长沙、理听长沙、理战长沙三个板块，线上线下融合，吸引全市干部群众参与。年内市社科联在线上绘制40个基地的动态地图，线下刻制40个基地的“理”字印章，组织广大市民以线上学习签到、线下参观打卡、开展集章兑奖的方式，使社科基地走进人们的视野，让市民切身感受到社科知识的魅力所在。市社科联开展“麓山论道”——新青年谈新思想的社科理论宣讲活动。在每个月第二周的周末，邀请社科专家学者、青年精英代表坐而论道，采用网台融合方式，以视频的形式推出融媒系列专题，让人们感受到最新鲜最生动的理论宣讲。2021年4月，市社科联启动“理在长沙——社科知识竞赛活动”。

【社科专家基层行】 2021年，长沙市社科联依托社科专家力量，开展“社科专家基层行”，推进专家进学校、进机关、进社区、进企业、进农村、进军营“六进”活动，分别在浏阳石灰嘴村、望城光明村、湖南师范大学挂牌成立“乡村振兴研究基地”，让社科普及真正融入群众生活。组织社科专家到浏阳、望城、长沙县开展乡村产业发展调研，形成“新时代长沙乡村振兴调研与思考”系列咨询报告，为基层发展提供智力支持。为做好2021年长沙市社科联“社科专家基层行”活动，推进《脱贫攻坚与乡村振兴有效衔接的长沙实践》课题研究，8月31日，市社科联（院）党组书记姚建刚、党组成员、副主席（副院长）赵景利和《脱贫攻坚与乡村振兴有效衔接的长沙实践》课题组陈文胜一行到长沙县就乡村农业发展进行调研。在长沙县委宣传部副部长、县社科联主席陈合宴陪同下，调研团队到安沙镇万亩花卉示范园、长龙街道龙井社区、杨祠盈商小镇、春华镇武塘纪念亭以及春华万亩粮食示范基地考察。座谈会上，长沙县农业农村局、长沙县文旅局、长沙县农业示范区管委会以及长沙县春华镇政府的相关负责人结合自身工作向课题组作情况介绍。

【社科普及基地考察评审】 2021年6月起，在全市范围内开展市级社会科学普及基地创建工作。经过自主申报、主管单位推荐、资料评审，长沙市尚上心理科普公益服务中心、湖南省升印轩米升博物馆、长沙市芙蓉区修业学校等6个单位进入实地考察阶段。7月9日，长沙市社科联（院）党组成员、副主席（副院长）吴昌伟，四级调研员皮丕新分别带队对拟创建的6个申报对象进行实地考察评估，详细了解组织领导、阵地建设、队伍建设、管理制度、社科普及活动开展、社会影响等情况，就市级基地创建标准、各申报基地存在的不足、如何更好发挥优势开展社科普及活动等进行面对面指导。在实地考察基础上，市社科联组成评审组进行综合评估，通过评估报社科联党组会议集体研究认定，经市委宣传部审定公示后，授予“长沙市社科普及基地”称号。9月3日，市社科联组织召开长沙市社科普及基地考核评估集中评审会，评审组通过听取汇报、查看材料、现场提问等形式，对2016—2020年认定为“长沙市级社科普及基地”的31个单位组织机构、阵地建设、基地管理、经费管理、社科普及活动、社会效益等方面情况进行评估，加大《湖南省社会科学普及条例》的宣传普及力度，进一步规范基地创建、管理、考评、激励机制。

【留守儿童心理支持计划项目培训】 2021年9月29日，“共情教育”——留守儿童心理支持计划项目第三期培训暨项目总结汇报会在浏阳市沙市完小召开，市社科联（院）党组成员、副主席（副院长）吴昌伟出席会议并讲话。该培训邀请中南大学湘雅二医院医学心理中心副主任吴大兴作《学习养育心理学，做优秀家长》专题授课，从心理学视角为留守儿童家长提供促进亲子关系改善的专业建议。会上，项目执行单位长沙市尚上心理科普公益服务中心理事长颜晶、项目落地单位浏阳市沙市镇完全小学校长凌溢宝分别就“共情教育”——留守儿童心理支持计划项目自启动以来的实施情况与项目成效作总结汇报，为项目参训教师颁发心理技能师资提高班培训及实践活动结业证书。长沙市“共情教育”——留守儿童心理支持计划项目是长沙市全国社会心理体系建设第二批重点试点项目，由长沙市尚上心理科普公益中心负责执行，长沙市社科联作为业务主管单位予以支持及督导。项目于2020年12月23日在浏阳市沙市镇沙市完全小学启动，以“关爱农村留守儿童心理健康成长”为核心，开展面向留守儿童的“一对一跟踪心理辅导”，面向学校教师的“心理健康知识专项培训”，面向家长的“亲子关系培训”，全面搭建关爱留守儿童公益平台，改善留守儿童身心成长环境，帮助孩子们健康成长。通过项目实施，帮助200余名农村留守儿童树立人生的目标，提高他们的学习兴趣，使他们成长为有目标、有方向、乐观积极的好少年，500余名儿童和家长间接受益，开设团体辅导与课程30余场次，个体咨询服务50余人次，项目受到农村留守儿童与家长欢迎，得到国家卫生健康和疾控中心调研组专家的肯定和认可。

【长株潭三市建设研究交流会暨长株潭社科联第一次联席会议】 2021年10月22日，由湖南省社科联主办的长株潭三市建设研究交流会暨长株潭社科联第一次联席会议在长沙召开。该次会议旨在探索长株潭三地合作的长效机制，实现智慧共聚，成果共享，打造长株潭社科品牌。出席会议的领导有湖南省社科联党组成员、副主席丁宇，省社科联软科学研究室主任李邦铭；长沙市委宣传部副部长唐曙光；长沙市社科联（院）党组书记姚建刚，株洲市社科联（院）党组书记、主席欧阳元初，湘潭市社科联党组书记、副主席李锋以及三市社科联的其他班子成员和处室长、芙蓉区委常委、宣传部部长杨光华以及社科专家代表、媒体朋友参加该次会议。唐曙光主持会议，杨光华致辞。长沙、株洲、湘潭三市社科联领导纷纷就如何推进长株潭一体化发展和哲学社会科学工作进行交流发言，努力发挥社科联“思想库”“智囊团”的重要作用，让社会科学更好助力长株潭一体化发展。会上，长株潭三市共同签署《长株潭一体化社会科学战略合作协议》。根据协议，三市社科联从“专家资源共享、科研成果互通、学会共联共建”3个方面来进行深度合作，为实现哲学社会科学跨越发展奠定基础。丁宇强调，社科界要从“打造理论创新高地、打造高端智库平台、打造成果转化枢纽”3个方面共同发力，加强联系，增进交流、探讨、研究、合作，为推进长株潭一体化深度发展贡献智慧和力量。

【《长沙市乡村振兴示范市创建研究报告》发布会】 2021年11月14日，《长沙市乡村振兴示范市创建研究报告》发布会在湖南师范大学红楼宾馆五楼会议室召开，来自中国社科院以及

2021年10月22日，长株潭三市建设研究交流会暨长株潭社科联第一次联席会议在长沙召开

市社科联　供图

省、市部分高校领导、专家学者出席会议。会议由市社科联（院）党组成员、副主席（副院长）赵景利主持。《长沙市乡村振兴示范市创建报告》是湖南师范大学乡村振兴研究院院长陈文胜团队在长沙市社科联的委托下开展的课题调研成果。前期，经过课题组与市社科联多次联合调研、召开座谈会、征集意见建议，才得以形成报告成果。会上，陈文胜代表团队发布《长沙市乡村振兴示范市创建报告》。报告立足对长沙市典型县（区）、典型村庄的调查研究，总结分析长沙市实施乡村振兴战略取得的显著成效、当前存在的六大挑战，在此基础上提出推进长沙乡村振兴示范市创建的对策建议。市社科联（院）党组书记姚建刚对《长沙市乡村振兴示范市创建研究报告》的发布表示祝贺，对研究团队的辛勤付出表示感谢。市农村农业局副局长彭万贵在发言中讲到，《长沙市乡村振兴示范市创建研究报告》是对长沙乡村振兴工作的深度总结、凝炼概括，对长沙乡村振兴方面存在的挑战把握得十分精准，尤其是意见建议也是十分中肯，具有理论意义、现实意义、指导意义，作为具体负责乡村振兴工作的一线干部，将认真学习、研究、消化好《长沙市乡村振兴示范市创建研究报告》，推动报告中金点子的实际运用。

【“21世纪马克思主义”研究中心成立】 2021年11月23日，由长沙市社科联与长沙学院马克思主义学院合作共建的长沙市哲学社会科学研究基地——“21世纪马克思主义”研究中心成立并挂牌，挂牌仪式由长沙学院副校长张世英主持，长沙学院校长黄立宏、市社科联（院）党组书记姚建刚、党组成员、副主席（副院长）赵景利等领导出席。挂牌仪式后，双方围绕就如何推动基地建设进行交流。根据合作双方签署的合作协议，“21世纪马克思主义”研究中心从新时代高质量建设现代化长沙新征程实际需要出发，按照明确主攻方向，聚焦优秀团队，打造优势学校，创造学术精品，深化有长沙风格的哲学社会科学研究，努力构建长沙社科领域的学术研究高地。会上，姚建刚对长沙学院马克思主义学院给予长沙社科事业的发展表示感谢，表示对这次合作充满信心和期待。黄立宏对长沙市社科联与长沙学院马克思主义学院的此次合作表示祝贺。希望双方竭诚合作，将“21世纪马克思主义”研究中心建设成为全省乃至全国的长沙市哲学社会科学研究基地样板和典范。

【全市社科类社会组织工作座谈暨经验交流会】 2021年7月29日，长沙市社科联组织召开2021年度长沙市社科类社会组织工作座谈暨经验交流会。长沙市社科类社会组织负责人、党支部书记40余人参加会议。市社科联（院）党组成员、副主席（副院长）吴昌伟出席会议并讲话。长沙市尚上心理科普公益服务中心、长沙市心理学会、长沙市健康管理学会、长沙箴言书院文化研究会、长沙市钱币学会、长沙市会计学会6家社会组织结合自身实际围绕学会管理工作特色亮点、发挥作用优势、党建业务融合发展等方面的内容进行交流发言。

【2021年度长沙市社科类社会组织党支部书记、负责人培训班】 2021年7月29—30日，长沙市社科联在望城区委党校举办为期两天的2021年度长沙市社科类社会组织党支部书记、负责人培训，全市社科类社会组织负责人、党支部书记共40余人参加培训学习。长沙市社科联（院）党组书记姚建刚、长沙市委“两新”工委专职副书记肖剑锋、中共望城区委党校（湖南雷锋学院）常务副校长姚杰出席开班式，长沙市社科联（院）党组成员、副主席（副院长）吴昌伟主持会议。开班式上，姚建刚从学习没有休止符，要学以养身；学习是场接力赛，要学以积能；学习重在后半篇，要学以致用3个方面作动员讲话。肖剑锋宣读《关于同意成立中共长沙市衡岳心理学研究院党支部的批复》等6个批复。为增强培训针对性，保障学习效果，该次培训采取专题辅导、座谈交流、现场教学相结合的形式，特邀长沙市委“两新”工委专职副书记肖剑锋、省社科联科普办副主任彭培根、市委网信办副主任杨平分别围绕“两新”组织党建工作、如何做好社会科学普及工作、网络舆情与应对作专题辅导，望城区委党校理论教员张琴作《雷锋精神永远值得弘扬》党课专题教学。培训期间，参训人员还参观郭亮纪念园、湖南和平解放秘密电台工作站旧址。

【全市基层社科联工作会议】 2021年11月5日，全市基层社科联工作会议在市政府一办11楼东会议室召开。市社科联（院）党组书记姚建刚及其他党组成员，各县（市、区）社科联、市委党校社科联、市属高校社科联有关负责人和市社科联全体干部职工参加会议。会议由市社科联（院）党组成员、副主席（副院长）赵景利主持。会议首先由市社科联（院）党组成员、副主席（副院长）吴昌伟传达11月4日市委常委会研究市社科联工作的有关会议精神。赵景利就市社科联换届工作进行安排部署，要求各基层社科联落实换届工作报告修改建议、代表委员推选、大会前期宣传、换届工作纪律等相关工作。市委党校社科联、5所市属高校社科联和9个县（市、区）社科联负责人汇报社科工作的特色、亮点，对全市社科工作发展提出建议。姚建刚强调，社科界工作者应当各自发挥专长，团结合作，以“有为才有位、同心方同力、敬人则敬己”的思想认识，当好护旗手，当好智囊团，当好助推器，当好娘家人，当好播种机；做到市县同心、同向发力，党政同心、同声相应，社会同心、同频共振。市社科联将继续完善表彰奖励制度、日常考核制度、工作调度制度，推动全市社科工作再上新台阶。

【市社科联调研部分高校基层社科联】 2021年11月23—24日，市社科联（院）党组书记姚建刚一行到部分市属高等院校基层社科联进行考察调研，听取基层对社科工作意见建议。市社科联（院）党组成员、副主席（副院长）赵景利及有关人员参加调研。调研组先后到长沙学院、长沙商贸旅游职业技术学院、长沙职业技术学院，通过参观考察、听取汇报、组织座谈等形式，详细了解社科研究基地阵地建设和制度建设，走访听取各高校对第六届委员会工作报告的修改意见，并征求对社科联下一步工作的意见建议。姚建刚对长沙学院、长沙商贸旅游职业技术学院、长沙职业技术学院的社科研究工作给予肯定。

【长沙市社会科学界联合会第七次代表大会】 2021 年 12 月 8—9 日，市社科联组织召开长沙市社会科学界联合会第七次代表大会，会议学习上级有关指示精神，听取并审议第六届委员会工作报告，修改《长沙市社会科学界联合会章程》，选举产生新一届领导机构。在第七届委员会第一次全体会上，市委常委、宣传部部长、副市长陈澎当选为市社科联第七届委员会主席，选出专职副主席 3 名、兼职副主席 11 名、秘书长 1 名。大会得到省、市领导的肯定，在各级媒体上进行专题、专版报道。省委常委、市委书记吴桂英出席开幕式并讲话。省社科联党组书记、常务副主席宋智富，省社科院党组书记、院长曹普华，市委副书记、市长、湖南湘江新区党工委书记郑建新出席，市领导阚保勇、罗缵吉、陈澎、刘拥兵、张智勇、周志凯、文丽霞出席。

【“社科专家服务团长沙行”活动在马栏山视频文创产业园举行】 2021 年 12 月 22 日，由湖南省社会科学界联合会主办，长沙市社会科学界联合会承办的 2021 年省社科联“社科专家服务团长沙行”活动在马栏山视频文创产业园举行。省社科联党组书记、常务副主席宋智富，省委宣传部部务会成员、省文资委专职副主任刘尤碧，省社科联党组成员、副主席戴树源，省社科院副院长贺培育，省文旅厅二级巡视员王鹏，湖南科技大学党委副书记、教授刘友金，省社科院产业所所长邓子纲、中南大学文化法研究中心执行主任周刚志及长沙学院马栏山新媒体学院院长、教授黄柏青一行到马栏山视频文创产业园进行调研和座谈。专家团队先后到月湖文创小镇调研宏达威爱、千博手语、区块链研究院三家企业，参观华为云音视频产业创新中心和创智园 1 号展厅，专家们深入实际调研，了解马栏山的文创产业、科技产业等情况。专家咨询会上，马栏山视频文创产业园相关负责人向专家们介绍情况，与会人员进行深入探讨交流，专家团队提出许多颇有深度与创新的观点，表示将开展调查研究、提供咨询服务与解决实际问题有机结合起来，切实为马栏山文创产业园文化和科技融合发展贡献社科智慧。

（本栏撰稿 周青青）

2021 年 12 月 8—9 日，长沙市社会科学界联合会第七次代表大会召开　　市社科联　供图

新闻出版

【第 28 届长沙图书交易会】 2021 年 5 月 14—16 日，由湖南省新闻出版局、中国书刊发行业协会指导，长沙市委宣传部、长沙市新闻出版局主办的第 28 届长沙图书交易会在湖南国际会展中心举行。该届图书交易会以“网红之城—书香致远”为主题，展览面积 4 万平方米，有 1500 余个国际标准展位，共设有 4 个专区，包括党史优秀出版物专区，湘版精品图书展区，科技、创新、绿色、环保类优秀图书展区，优秀教辅图书展区，为庆祝建党 100 周年，现场特别设置党史优秀出版物专区。来自全国各地的出版社、民营书商汇聚长沙，近 50 家企业在长沙举办年度经销商大会，展会参展批发商带动各地零售商近 4 万余家，带动长沙餐饮、住宿、商贸、交通、旅游等周边消费近亿元，有效拉动了文旅消费。期间，举行中国南方书刊印刷基地恳谈会，发布长沙书刊印刷质量标准征求意见，推行“用图书标准印教辅，以工匠精神做图书”，把长沙印刷业打造成为全国出版发行界心目中过得硬、信得过的合作伙伴。

【“书香长沙”全民阅读活动】 2021 年，长沙市围绕庆祝中国共产党成立 100 周年，开展“书香长沙”全民阅读活动，在实体书店开展宣讲中国共产党百年光辉成就、读“四史”等 100 场专题读书活动，开展“红书签·爱满星城”公益阅读活动，推进“好书伴我成长”“青苗计划”“声音图书馆——用声音传播书香”等品牌活动。2021 年，长沙已经连续第 5 年发放 300 万元专项资金扶持实体书店发展。印发《关于开展 2021 年度长沙市实体书店扶持专项资金申报工作的通知》，通过申报、初审复核、实地考察、专家评审、公示，共扶持实体书店19家。实体书店开展讲座、文学沙龙、爱国电影放映、朗读会、手工等各类主题活动。

【长沙创建全国版权示范城市】 2021年4月，长沙市政府印发《长沙市创建全国版权示范城市工作实施方案》，召开创建全国版权示范城市工作推进暨版权创新与保护专题讲座会议，布置创建全国版权示范城市主要任务。在国家版权局的指导下，中国版权协会、湖南省委宣传部和长沙市人民政府举办2021年马栏山版权保护与创新论坛，优酷、快手、芒果TV、爱奇艺等10家机构代表共同签署并发表《网络版权保护与创新“马栏山宣言”》。马栏山视频文创园获批成为全国版权示范园区，湖南盘子女人坊文化科技有限公司和山猫咭咪传媒股份有限公司成为全国版权示范单位。截至2021年年底，全市有版权示范园区2家，全国版权示范企业6家。

【农家书屋】 2021年，长沙市组织“2021新时代乡村阅读季”活动，在全市评选出200名“乡村阅读榜样”、25个优秀组织单位，组织2021年“我的书屋我的梦”农村少年儿童阅读实践活动，以全市1364个农家书屋为依托，共开展针对农村少年儿童阅读活动398场次，参加活动的农村少年儿童12596人次，共收到各类参赛作品235件，最终选出征文20篇、软笔书法作品40幅、硬笔作品15幅、手抄报13份、绘画作品47幅参加全省评选。以农家书屋为载体，开展党史学习教育，让农家书屋这块“小阵地”发挥更多“大能量”，成为广大农民群众学习党史的精神阵地，让百年党史学习教育接地气、“活”起来，让农家书屋成为党员群众学习党史的“红色书屋”。浏阳市沙市镇秧田村农家书屋被评为第九届全国服务农民、服务基层文化建设先进集体。（本栏撰稿　曾艳华）

广播电视

【建党100周年庆祝活动重要保障期安全播出任务完成】 2021年，长沙市广播电视行业以确保庆祝中国共产党成立100周年安全播出为主线，重点围绕广播电视行业开展献礼建党百年安全播出保障专项行动。长沙市文化旅游广电局成立市广播电视安全播出领导小组，修定《长沙市广播电视安全播出应急预案》《长沙市文化旅游广电网络安全事件应急预案（试行）》，联合市委宣传部印发《关于做好迎接中国共产党成立100周年全市广播电视和网络视听安全播出保障有关专项工作的通知》，召开专题会议研究制定《长沙市广播电视安全播出工作方案》，组织召开迎接建党100周年全市广播电视行业安全播出和安全生产保障工作部署会、全市广播电视播出单位自查工作业务培训会。组织长沙市各广播电视播出机构开展安全播出大检查工作，全面排查问题隐患、采取各种措施整改。组织开展系列演练，检验完善应急预案完成国家广电总局、省广电局检查组对长沙市的安全播放大检查。2021年第二季度，长沙市广播电视播出机构全面实施“安全播出季”高等级保障，加强值班值守、运行维护。年内做好元旦、春节、全国“两会”、建党100周年庆祝活动、“十一”国庆节等重要保障期以及全国脱贫攻坚总结表彰大会、中共十九届六中全会新闻发布会等多个重大政治活动节目转播工作。（谭明辉）

【长沙市两家单位被评为全国新闻出版广播影视系统先进集体】 2021年1月22日，人力资源社会保障部、国家广播电视总局、国家新闻出版署发布《关于表彰全国新闻出版广播影视系统先进集体先进工作者和劳动模范的决定》，湖南省10个单位、7名个人分获“全国新闻出版广播影视系统先进集体、先进工作者和劳动模范”荣誉称号。长沙市文化旅游广电局、浏阳市融媒体中心两家单位被授予“全国新闻出版广播影视系统先进集体”称号。（郑晓萍）

【长沙广电获“TV地标”（2021）中国电视和网络视听综合实力大奖】 2021年，“TV地标”（2021）中国电视和网络视听综合实力大型调研成果发布，长沙市广播电视台连续九年获“年度综合实力城市台”荣誉称号，长沙广电新闻中心策划制作的融媒体节目《踏遍青山——探访湘赣边》获“年度城市台优秀节目”，中广天择传媒获“年度优秀节目制作机构”，《是这样的，法官》获“年度优秀纪录片”，《守护解放西》节目团队获“年度优秀电视制作团队”，由中广天择和东方卫视联合打造的《时间的答卷》获“省级卫视年度品牌影响力节目”。2021年，长沙广电牢记党台职责使命，围绕中心，服务大局，做强做优新闻宣传主业，组织推出融媒体节目《百年一课》《踏遍青山》和广播剧《一大代表毛泽东》，中广天择与全国多家卫视联合制作推出《时间的答卷》等庆祝建党百年大型专题节目。媒体深度融合加速突破，“融媒体+城市服务”融合平台获评2021年度全国广播电视媒体融合典型案例，人工智能手语电视播报系统获评2021年全国广播电视媒体融合成长项目。（郑晓萍）

【长沙广电再获两项国家广电总局大奖】 2021年11月19日，国家广电总局网站发布《国家广播电视总局办公厅关于公示2021年全国广播电视媒体融合先导单位、典型案例、成长项目征集评选结果的通知》，长沙广电获“2021年全国广播电视媒体融合典型案例”和“2021年全国广播电视媒体融合成长项目”两个奖项。（郑晓萍）

史志档案

·党史研究·

【概况】 2021年，在长沙市委的坚强领导下，市委党史研究室深入贯彻落实习近平总书记考察湖南重要讲话精神，紧扣庆祝建党百年这条主线，围绕服务党史学习教育这个中心，推进《湘区丰碑》专题陈列，统筹推进党史研究、党史宣传、党史征编各项工作，为开启新征程建设现代化新长沙提供智力支撑和精神力量。党史学教对标对表，年内室领导班子理论学习中心组共开展14次集中学习研讨，选派2名机关干部脱产参加市委党史学习教育办工作，室班子带头有7名同志参加市委党史学习教育宣讲团，累计宣讲280余场次。完成“我为群众做实事”项目33个，为40余家市直部门提供党史咨询服务。深化新民主主义革命时期、社会主义革命和建设时期党史研究，推进改革开放、社会主义现代化建设新时期和中国特色社会主义新时代专题研究及资料征编，及时跟进“脱贫攻坚”“乡村振兴”“新冠肺炎疫情防控”等重大课题研究。组织参与“红军长征在湖南”专题征集研究及长征国家文化公园（湖南段）建设相关党史业务，做好党史事件和党史人物纪念研讨活动。围绕党史学习教育和建党100周年，开展红色故事征集宣讲等重点活动，深化“四史”学习宣传教育，普及党史知识。切实承担起反对历史虚无主义业务管理职能，坚持做好党史舆情研判，加强党史领域意识形态工作。指导各县（市、区）对红色革命基地进行提质改造和展陈优化，进一步加强红色资源保护利用及红色场馆建设。（王长盈）

【开展并服务全市党史学习教育】 2021年，市委党史研究室按照市委统一部署，采取多种方式开展党史专题学习研讨，加强理论武装，提高思想认识。组织室（馆）全体干部职工参加“学习习近平在庆祝中国共产党成立100周年大会上的重要讲话精神”“学习十九届六中全会精神”知识网络自测活动。以“学史力行 以行践知”为主题，到望城区调研指导基层党史工作，到长沙县福临镇孙家桥村开展“我为群众办实事”实践活动并调研乡村振兴工作，到开福区清水塘街道清水塘社区开展“党史进社区”党建共建活动，捐赠一批红色书籍200余册，为社区党员讲述《“荡平天下不平”的革命绝唱》等革命故事，放映党史纪录片《红旗漫卷西风》，开展系列微党课宣讲。引进“红船起航”暨“一大代表故里行”展览，为全市党史学习教育提供特色平台。开发“中共党史上的长沙贡献”“湘区，永远高耸的丰碑”精品党课；指导编印长沙党史学习教育地图；创作开发“秒懂长沙百年党

表47　　长沙市文化、新闻、出版事业情况统计表

指标	单位	1978年	1985年	1990年	1995年	2000年	2005年	2010年	2015年	2020年	2021年
一、艺术表演团体	个	13	14	12	12	13	12	12	12	12	12
艺术表演观众人数	万人次	351.0	207.0	118.6	130.3	121.0	247.0	271.2	201.8	101.8	96.8
二、公共图书馆	个	5	7	7	7	7	12	12	12	12	12
图书馆藏书数	万册	—	—	—	—	480.10	521.00	633.10	797.28	1210.09	1246.55
三、文化馆	个	10	11	11	11	11	10	10	10	10	10
四、图书出版印数	万册	1983	18850	32135	33677	24844	30483	31109	48495	48269	50893
五、杂志出版印数	万册	2680	5149	5144	7636	10404	10925	12540	13918	9414	9116
六、报纸出版印数	万印张	30057	59431	40325	55721	62354	75309	101861	105635	48754	45129

（资料来源：市统计局）

史”“清”享好声音等视频、作品45个；开展红色故事宣讲大赛2次；为市纪委、市委宣传部、市警备区、市委组织部、市直工委等40余家单位审核党史题材文稿、视频等200余个；为《长沙晚报》“学习强国”学习平台提供党史类题目1000余道。室领导班子成员示范引领，参加市委党史学教宣讲团，1人获中宣部金牌讲解员，1人获全国优秀基层宣讲员，2人获全市党史学习教育先进个人。发挥长沙党史馆阵地优势，服务全市党史学习教育，接待观众90.1万人次，提供讲解服务4512批次，其中服务中央、省、市重要接待87批次。

（易佳雨）

【《湘区丰碑》专题陈列和红色资源保护利用及红色场馆建设】 2021年，市委党史研究室加强基地建设，扩大红色纪念场馆、红色景点的宣传效应，推进《湘区丰碑》专题陈列项目建设。该项目被列为2021年长沙市十大公共文化服务建设项目之首，得到全市各级党委、市直各部门的全力支持和协同推进。《湘区丰碑》专题陈列主题突出，集中反映1921年至1927年以长沙清水塘为中心的中国共产党长沙地方组织早期历史，是一座永久性党史专题陈列，设《湘区丰碑》和《人间知己》两个分专题。其中，《湘区丰碑》精心设计4个部分，通过410余幅珍贵图片、120余件（套）文物实物、6组艺术品创作雕塑，全景式再现中共湘区委、湖南区委的卓越成就。《人间知己》分相知、相伴、相思3个部分，歌颂毛泽东与杨开慧之间的真挚爱情。6月30日，在庆祝中国共产党成立100周年之际，长沙红色新地标——《湘区丰碑》专题陈列展在中国共产党长沙历史馆开展，省委常委、长沙市委书记吴桂英为专题陈列揭幕，并带领党员重温入党誓词。以长沙党史馆为核心，以《湘区丰碑》项目建设为示范标杆，指导县（市、区）陈列布展《长沙县历史陈列》《岳麓区庆祝建党100周年主题展》，提质改造徐特立、萧劲光、许光达、李维汉故居和红一方面军成立旧址李家大屋、湖南省苏维埃政府旧址锦绶堂、湘鄂赣省第一次代表大会旧址楚东山大屋纪念场馆。支持建设红军攻打长沙纪念园、杨开慧就义纪念公园和筹建长征文化主题公园，进一步扩大全国及各级爱国主义教育基地的知名度和享誉度服务推动党史学习教育常态化长效化。

（胡　慧）

【党史征集研究】 2021年，市委党史研究室编撰出版《中共长沙市委工作纪事2021》《长沙重点工程建设项目纪实2021》。完成《湖湘红色基因文库》之《中国共产党长沙历史1920—1949（第一卷）》（修订本）、《湘鄂赣革命根据地》、《秋收起义》《红军两次攻打长沙》四本书编撰任务。落实《新中国成立前湘籍留苏共产党人》书稿编撰任务，组织完成34位长沙籍留苏人员的资料收集整理。指导浏阳市编纂《浏阳党和国家领导人及部分红色革命英烈故事汇》。配合市委宣传部收录整理1949—2021年长沙全面小康工程大事记；启动《湖南脱贫攻坚口述史》长沙篇征编工作；收集整理“新冠肺炎疫情防控”相关实物资料、文件、图片，及时记录和保存长沙人民抗击疫情的珍贵史料。

（曹馨尹）

【党史宣传教育】 2021年，市委党史研究室编辑制作《长沙党史》季刊，编印《红色记忆·中国共产党长沙百年画册》。联合市直工委组织开展“传承红色基因，汲取奋进力量”长沙市红色故事宣讲大赛。联合湖南日报长沙分社举办“初心如炬·长沙印记”庆祝中国共产党成立100周年主题报

表48　　长沙市广播、电视基本情况统计表

指标	单位	1978年	1985年	1990年	1995年	2000年	2005年	2010年	2015年	2020年	2021年
市台平均日播音时长	分′秒″	—	10′45″	11′30″	16′30″	37′40″	88′96″	139′71″	147′14″	—	—
市电台覆盖率	%	—	76.00	—	95.00	95.00	96.88	99.14	99.41	100	100
县（市）区广播台、站	个	5	5	5	5	4	4	4	4	4	4
市电视台每周播出时长	分′秒″	—	16′00″	56′00″	42′00″	206′30″	858′12″	1060′47″	1114′78″	—	—
市电视台覆盖率	%	—	23.60	90.00	98.00	97.30	97.88	98.49	98.91	100	100

（资料来源：市统计局）

道；联合《长沙晚报》开展“‘百年风华正青春’党史知识大家答”活动，精心拟制党史竞赛题目，并联合举办“百年党史·长沙足迹”之“学史力行在长沙”庆祝中国共产党成立100周年专栏。组织各县（市、区）党史部门、部分革命纪念场馆工作人员参加全市党史学习教育专题研讨班；完成市委组织部“学‘四史’、守初心、担使命”党员教育专题学习活动、市委办公厅“建党先声显初心”微视频、市文化旅游广电局长沙市重点红色旅游景区（景点）讲解词（导游词）、新华社红色地图中长沙红色景点等信息资料审定工作；协助市纪委清廉长沙网站“百年‘纪’——中国共产党反腐倡廉史上的‘第一’”专题稿件审核；协助团市委编撰出版青少年读本《从小学先锋长大做先锋——长沙红色故事》；承办长沙市警备区长沙党史百年展览内容策划与陈列方案等系列工作；参与宣传部《就认这个理》百年一课《恰同学少年》思政理论教育节目的审片工作；为市委宣传部、市总工会《职工群众心向党》“学习强国”学习平台达人竞赛提供党史题库；审核关工委“学雷锋志愿服务发展中心”党史知识竞赛题目、长沙移动频道革命场馆视频、市编办党课课件等。（吉建良）

【落实意识形态工作责任制】 2021年，建立长沙市委党史研究室国家安全文化领域及意识形态领域工作协调机制，严格落实意识形态工作责任制，坚持党管意识形态不动摇，牢牢把握意识形态工作领导权，严把涉党史题材作品政治关、史实关。组织召开意识形态领域专题分析研判会议，组建党史网络评论队伍及时落实网宣专题任务，做好“七一”前后意识形态风险防控工作，完成2021年度网络安全工作情况报告，拟制室机关《国家安全文化领域及意识形态领域工作协调机制》方案，完成网络安全等级保护相关工作。（曹馨尹）

【学术研讨】 2021年4月12日，联合中央党史和文献研究院、湖南省委党史研究院和中共长沙县委、长沙县人民政府共同承办纪念刘少奇湖南农村调查60周年学术研讨会暨刘少奇思想生平研究会2021年会。6月24日，指导开福区委党史研究室组织召开“庆祝建党百年，挖掘红色资源”——开福区沈家大屋秋收起义策源地专家研讨会。撰文参加省委党史研究院“毛泽东等党史人物与百年大党理论研讨”、省委组织部“中国共产党建党100周年党的建设成就与经验理论研讨”“湘鄂川黔革命根据地历史价值与新时代乡村振兴”“中国共产党与叶挺独立团北伐首战首捷攸县渌田”等学术研讨会，多篇文章入选优秀论文或获评奖项。10月11日，联合中央党史和文献研究院、湖南省委党史研究院与长沙市委办公厅、长沙市委宣传部共同承办纪念中共湖南支部成立100周年学术研讨会。征集到全国16个省、直辖市、自治区的高校、党校、科研院所和党史部门论文稿件100余篇。在《长沙晚报》推出专版，深入宣传中共湖南支部和湘籍建党先驱的光辉历史。（王长盈）

·地方志工作·

【概 况】 2021年，长沙市地方志工作完成全年工作目标和任务，《长沙市志（1988—2012）》面世，《长沙年鉴（2020）》和《浏阳年鉴（2020）》入选第五批“中国精品年鉴”，并获第八届全国地方志优秀成果特等年鉴。长沙市地方志编纂室获湖南省地方志机构先进集体荣誉。年内完成2012年至2020年《长沙大事记》约12万字初稿。宣传读志传志用志，开展“六进”（进机关、进院校、进企业、进军营、进社区、进乡村）、志书发行活动，向全国各级地方志机构、图书馆、学校等发行赠阅志鉴书籍、地情刊物2200余册（套），交换入库书籍170余册。探索创新“互联网+地方志”宣传模式，在方志长沙官方微信号推出“志说系列”文章，4篇推文被“学习强国”长沙学习平台刊发。资料年报工作常态推进，对130余家承报单位下发组稿通知、2020年表彰通报、注意事项及编写要求。

【《长沙市志（1988—2012）》出版发行】 2020年12月，《长沙市志（1988—2012）》经方志出版社出版，2021年10月开始公开发行。全书共810万字（共6册），印刷5000（套）。全志按照自然、政治、经济、文化、社会部类排列，共设专志27篇（187章、931节），另设总述、大事记、人物、附录、索引、编后记。志书较全面、系统、客观地反映

2021年10月，《长沙市志（1988—2012）》公开发行　　市地方志编纂室　供图

长沙市 1988—2012 年经济社会发展所取得的巨大成就和经验教训，较突出地反映长沙改革开放的时代特点、地方特色和行业特点。该志编纂工作自 2008 年 9 月 11 日召开长沙市第二轮修志工作动员大会，至完成出版印刷，历时 13 年。历经发动准备、志稿分纂、总纂出版三个阶段，先后有 160 余家市志承编单位 1000 余名工作人员参与其中。

【《梅花小区志》出版发行】 2021 年 4 月 8 日，全国首部城市居民小区志《梅花小区志》公开出版发行。该书由方志出版社出版发行，系浏阳市地方志机构联合淮川街道为梅花小区编纂，由中国地方志指导小组秘书长、中国地方志指导小组办公室主任冀祥德作序。梅花小区见证了浏阳城市发展变迁，涌现众多新风新事，曾被时任湖南省委书记杨正午誉为“城中之城”。志书翔实记载了梅花小区的发展演变过程、城市家庭面貌、居民生产生活，在结构、章法、语言风格上进行大胆探索与创新。该书不仅有大事记、基本地情、地方特色、社会百业与人民生活等“宏大叙事”内容，还有家风故事、家训家规、民间文艺、回忆文章等特色内容，文字风格朴实流畅，颇具风趣性、可读性，更符合百姓阅读习惯。

【年鉴编纂】 2021 年，长沙年鉴编纂工作坚持精品意识，结合全市中心工作及年度特色优化框架结构，深化组稿，细化编校，采取多轮审校、多方集成编纂模式，严格审校把关，确保编纂质量。美化装帧设计，对卷首彩页、随文图片及全书色彩进行统一调色，更新审核行政区划图、文化地图、核心城区图，展现长沙最新版图情况。拓展年鉴表现形式，适应新时代发展，制作智能手机版“掌上年鉴”，同步推出网络版年鉴。开展《长沙年鉴》年度人物、年度事件评选活动，讲好长沙故事，传播正能量。《长沙年鉴（2020）》入选第五批“中国精品年鉴”，获第八届全国地方志优秀成果（年鉴类）特等年鉴，并入选全国“精品年鉴品读季”重版品读年鉴。《长沙年鉴》编纂成果及经验被《方志中国》刊物（2021 年第 7 期，总第 121 期）刊载，在全国年鉴会议上作为优秀典型推介。加强年鉴编纂理论研究，一篇文章入选第五届全国年鉴论坛论文集。组织参加中国地方志指导小组办公室与湖南省地方志编纂院联合主办的首届“韩公亭杯”2021 年地方志理论研究征文评比，《年鉴“长株潭都市圈”特色篇目研究》论文获评一等奖。根据上级要求，完成“记录全面建成小康社会大事记”整理上传工作，共整理上传《长沙年鉴》1987 年创刊以来 30 余年的记录小康社会大事记资料。拟制关于建立长株潭都市圈年鉴工作协同机制方案报省志院，促进长株潭三市年鉴篇目协同设置。完成《湖南年鉴（2021）》组稿报送工作。加强对部门年鉴评审指导，完成《长沙教育年鉴（2021）》评审工作。推进精品年鉴区域建设，对申报中国精品年鉴的单位进行调研督导和重点培育，组织召开县（市、区）年鉴评议会，对参评稿件进行评审指导，对宁乡市、芙蓉区年鉴组稿人员进行授课培训，促进年鉴编纂质量整体提升。年内《浏阳年鉴（2020）》入选第五批“中国精品年鉴”，获第八届全国地方志优秀成果（年鉴类）特等年鉴，《望城年鉴（2020）》《长沙县年鉴（2020）》获一等年鉴。

【全市地方志工作业务培训会】 2021 年 3 月 18 日，全市地方志工作业务培训会召开，148 家组稿单位、180 余名组稿人员参加培训。会议由市地方志编纂室党组成员、副主任肖清平主持。江苏省地方志办公室党组成员、副主任牟国义以《迈向记录新高度——年鉴选材与记述问题》为题，从年鉴编纂基本认识、年鉴选材具体要求、年鉴撰稿注意事项 3 个方面进行授课，培训内容针对性、实践性强，与会人员反响良好。长沙市地方志编纂室党组书记、主任王刁加对江苏省地方志办公室给予长沙年鉴工作的支持表示感谢；就全市年鉴、年报工作提出具体要求，并就下一步《长沙市开发区志》《长沙市开发区图志》《长沙乡镇简志》等系列丛书的出版发行工作进行部署；对长沙市名镇志名村志文化工程进行强调，要求各县（市、区）全面推进该项工作。市地方志编纂室全体班子成员和干部职工参加会议。

2021 年 3 月 18 日，全市地方志工作业务培训会召开　　市地方志编纂室　供图

【地方志文化走进凌冲村】　2021年5月17日，长沙市地方志编纂室、望城区地方志编纂室、靖港镇政府在靖港镇凌冲村联合组织一次“学史力行 宣传方志 为群众办实事——地方志文化进凌冲村活动”。湖南省地方志编纂院市县志工作部副主任杨帆，长沙市地方志编纂室党组书记、主任王习加，党组成员、副主任贺国成、肖清平，望城区地方志编纂室主任苏景文、副主任龙宇，靖港镇副镇长彭阳出席。市地方志编纂室党组成员、副主任张列群主持。王习加指出，《凌冲村志》编修工作，对于传承凌冲村的历史文化，宣传建设成就，展示美丽风貌，必将发挥重要的积极作用；同时希望此次活动能够抛砖引玉，帮助村民们打开创业致富的思路，真正做到为民办实事，助推乡村振兴。省地方志编纂院、市地方志编纂室、望城区地方志编纂室向村图书室集体赠送了书籍，长沙市地方志文创中心工作人员现场开设了学习制作汉服的手工课程，现场约100人参加活动。

【长沙探索精品年鉴区域经验在全国推广】　2021年11月2—4日，中国地方志指导小组办公室举办第六期全国年鉴主编培训班，各省（自治区、直辖市）和新疆生产建设兵团地方志工作机构、中央军委党史军史工作领导小组办公室相关人员参会或通过“云视频会议室”收看直播。长沙市地方志编纂室党组书记、主任王习加以《精品年鉴区域创建的“长沙模式”》为题，从构建“四种机制”、把握“五个突出”、注重“三个深化”3个方面，在长沙分会场通过现场会议+直播的形式与全国方志同仁分享长沙市创中国精品年鉴和探索精品年鉴区域建设经验做法。

【特色志书编纂】　2021年，长沙市地方志编纂室坚持质量第一的原则，做好乡镇简志编修出版工作。“名”志系列文化工程全面铺开。结合地情特点，优化《城南路街道志》等5部名镇名村志系列丛书的篇目，并指导修改。召开《秧田村志》评审暨现场观摩会，采取以会带训形式对第一批名镇志名村志主笔进行培训。指导的全国首部城市小区志、长沙市第一部名镇志名村志系列丛书《梅花小区志》公开出版。年内《凌冲村志》等4部志书正进行初稿编纂，《秧田村志》正验收终审稿。召开湖南省特色志《岳麓山志》《大沩山志》修改工作协调会，《岳麓山志》已进入出版前修改阶段。《长沙市开发区图志系列丛书》《长沙市乡镇简志系列丛书》的编修进展顺利，11个开发区及9个县（市、区）全部完成初稿编纂，并送出版社排版、评审。

（本栏撰稿　陈丹青）

·档案工作·

【概况】　2021年，长沙市档案工作落实《“十四五”长沙市档案事业发展规划》总体要求，对“全国示范数字档案馆”测试工作进行后续完善，组织对馆藏民国及以前的珍贵档案，按最新标准重新进行著录，对部分档案重新进行数字化和缩微处理，年内完成著录6.9万余条，数字化10万余页。对局域网的馆藏信息管理系统进行等保二级测试，将已停用的党政内部专网的网络安全设备迁移到局域网上重新部署调试，为局域网部署安全隔离设备，保证数据离线接收时，数据只能通过堡垒机单向上传，解决数据传输过程中的安全问题。对数据资源总库中的所有数字档案进行异质备份，刻录蓝光光盘400余张，备份光盘累计658张，将一套完整的备份光盘数据移送至贵阳市档案馆异地异质备份，确保档案数据安全。制定《档案移交接收管理制度补充规定》，对档案整理有关流程作出更详细的要求，进馆档案质量标准和档案移交程序更加规范完善。2021年接收42家单位的档案进馆，案卷共7720卷，归档文件1.02万盒、11.36万件，接收电子档案2.59万卷、34.26万件，实现实体档案和电子档案同步进馆。按省、市局要求制定精准扶贫和新冠肺炎疫情防控两类档案移交工作方案，对两类档案成员单位进行细致指导，收集汇总两类档案共计26.8万条上报省档案馆。对市级非物质文化遗产项目“浏阳小河益兴堂木活字印刷术”开展收集和抢救性建档，通过文字、录音、录像、数字化等手段，对非物质文化遗产项目和非物质文化遗产传承人进行真实、全面、系统的记录，采集并编辑传承人口述录音和影像素材，收录精选照片60余张，制作项目综述片、传承教学片各一部。征集抗美援朝珍贵声像、实物、文字档案资料40余件，建立抗美援朝档案数据库，湖南电台就这批档案进行采访并制作新闻专题片《朝鲜临津江畔“兄妹”情》。以中国共产党成立100周年为契机，对接市党史办、市图书馆等单位，以交换档案重复件、扫描件等方式接收电子图片800余张、资料17件。发挥爱国主义教育基地作用，举办7场档案馆开放日和青少年社会实践活动，近300名学生到市档案馆学习参观；开展“我的专业我的党”“档案话百年——走进国家综合档案馆”为主题的专业实践和党史学习教育活动，接待长沙财经学校、湖南计算厂等5个单位100余人走进档案馆参观体验。配合中央电视台国家记忆栏目完成馆藏夏明翰烈士档案的拍摄，夏明翰烈士档案在中央电视台《绝笔》第六集节目中首次亮相。参与国家档案局“凝百年之辉，筑兰台之梦”主题微视频征集活动，长沙档案馆拍摄制作的《逐梦兰台 砥砺前行——走进长沙市国家综合档案馆》获全国档案系统庆祝建党100周年微视频入围作品，并获全省档案微视频大赛二等奖。与红网时刻新闻合作，推出《让色彩照进百年历史》报道10期；与湖南省档案馆联合，启动《档案里的湘江故事》记录片拍摄，讲述十名湘籍革命伟人投身革命的心路历程和感人事迹。2021年，档案查阅窗口接待群众查阅档案3400余人次，调阅档案1.2万余卷。其中机关事业单位调档2200余人次，利用档案1.06万卷（盒）；企业调档1200余人次，利用档案1400余卷册。收集市直机关2020年度的公开政策文件36份，印制近10万字的《2020年长沙市委市政府惠民政策汇编》，免费发放给来查阅档案的老百姓。自助查阅利用率逐年上升，年内自助查阅1200余人次，共推送档案资料1.5万余份，为群众带来数字档案馆的便捷体验。完成档案库房的维修改造，更新库房管理系统，新系统集温湿度控制、视频监控、门禁管理系统于一体；更换库房消防保险门，完成3个档案库房的密集架智能化改造。更换9个库房除湿机，将原有已出故障的除湿机和精密空调更换成36台除湿机。按新修定《档案法》要求鉴定开放档案，对馆藏1990—1995年可开放档案向社会进行开放，对2022年需开放的1996年档案进行初步鉴定，涉及102个全宗，共鉴定档案3757卷，其中可开放档案629卷，长沙档案馆将鉴定结果致函各进馆单位，确保档案开放鉴定审核程序合法合规。

【馆藏夏明翰烈士档案在中央电视台《国家记忆》亮相】 2021年4月8日，《国家记忆》栏目组拍摄的《绝笔》第六集《切切在心夏明翰、拳拳在念高君宇》在CCTV-4首播，长沙市档案馆积极发挥资源优势，运用红色档案，馆藏夏明翰烈士档案在节目中首次亮相，这批档案包括1956年3月20日夏明翰妻子填写的夏明翰烈士追恤登记表、中央人民政府内务部部长谢觉哉为夏明翰烈士妻子出具的证明书等，彰显了档案部门在服务建党百年庆祝活动和党史学习教育中的主动作为，展现了夏明翰烈士追求真理、为中国革命事业英勇献身的光辉一生。

【长沙记忆系列档案展览《流金岁月——档案里的长沙金融记忆》开展】 2021年7月30日，长沙市档案馆、长沙市图书馆、长沙金融业联合会举办长沙记忆系列档案展览《流金岁月——档案里的长沙金融记忆》在市图书馆三楼开展。该展览分为"钱"尘往事、人民金融、锦绣"钱"程三个单元，通过大量珍贵的档案和图片回顾了长沙金融的历史足迹，展示金融在社会发展中的重要作用，讲述近代以来长沙金融的艰难发展及长沙和平解放后在中国共产党领导下人民金融一路走来的流金岁月。

【长沙市档案馆到贵阳开展馆藏数字档案异地备份工作】 2021年12月8—10日，由馆工会主席、四级调研员谢辉兵带队到贵阳市档案馆开展馆藏数字档案异地备份工作。双方介绍单位情况和近期开展的主要工作，在档案保管保护、数字档案馆创建、电子数据安全、档案利用等方面进行深入交流。长沙市档案馆向贵阳市档案馆移交13个片匣、329张蓝光光盘的档案数据。该次备份工作的完成，提升了长沙档案馆数字档案资源库的容灾能力，确保档案数据的安全。

【国家级重点档案保护和开发项目《长沙市档案馆藏抗日战争善后与祭悼英烈档案汇编》出版】 2021年12月，国家档案局主持编印的"抗日战争档案汇编"项目、长沙市档案馆编纂的《长沙市档案馆藏抗日战争善后与祭悼英烈档案汇编》一书由中华书局正式出版。该书选自长沙市档案馆所保管的抗战时期长沙从事战争善后与祭悼英烈的公文档案，包括各种调查表册、报告、指令、训令、电报等，集中真实地反映了长沙进行抗日战争善后、掩埋阵亡将士骸骨和祭悼英烈的活动。全书采用高标准高质量彩色印刷，确保了档案的真实性和权威性，发挥了档案在抗战史料研究中的重要作用。（本栏撰稿　杨　佳）

文化交流

【概况】 2021年，长沙市融入国内国际双循环，开展全方位文化交流合作，与京津冀、长江中游城市群、长三角、粤港澳开展文旅交流合作，举办朝阳区文旅产业推介会、南京杭州扬州文交会、长沙—广州文化周等活动，加入湘鄂赣三省文化旅游产业联盟，到绍兴、敦煌、哈尔滨等地开展国内东亚文化之都城市文旅交流合作。

（陆明榜　刘　婷）

【2021年中国—东盟文化旅游活动周开幕式在长沙举行】 2021年12月27日，为期一周的中国—东盟文化旅游活动周开幕式在长沙举行，中国文化和旅游部副部长张旭发表书面致辞。湖南省副省长何报翔，国际山地旅游联盟副主席邵琪伟，泰国驻华大使阿塔育·习萨目，中国—东盟中心秘书长陈德海，长沙市委副书记、市长郑建新，长沙市领导陈澎、刘明理，以及泰国、马来西亚、老挝、缅甸、印度尼西亚、越南、柬埔寨等驻华使馆代表出席开幕式。该活动以"共建'一带一路'，共赢可持续发展"为主题，设有湖南长沙文化旅游推介会、文化和旅游可持续发展对话等主题活动。长沙文旅精品通过中国—东盟、澜湄合作平台，向世界进行集中推介和展示。（郑晓萍）

【长沙参与2021英国中国旅游文化周活动】 2021年5月，"美丽中国·造福人民——2021第三届英国中国旅游文化周"举行，这是驻英文旅团队继2021年第一季度"欢乐春节·尽在指尖"之后，再次与各方联手，在驻英国大使馆和中国文化和旅游部、地方文化和旅游厅局的支持下，5—6月开展的文旅重点品牌活动。本年度主题是"美丽中国·造福人民"，为期两个月旅游文化周荟萃一批思想精深、艺术精湛、制作精良的在线精品，促进文明交流互鉴，展现"人类

2021 年 7 月 30 日，长沙记忆系列档案展览《流金岁月——档案里的长沙金融记忆》在市图书馆开展　　市档案馆　供图

命运共同体”“人类卫生健康共同体”和“人与自然生命共同体”理念，向中英两国公众奉上一场丰富的文旅盛宴。中国驻英国大使馆临时代办杨晓光在活动致辞中指出，希望中英两国能够持续深化文旅合作，不断谱写中英交流互鉴、团结合作、同舟共济、共克时艰的新篇章。长沙市文化旅游广电局局长郭润葵通过视频表达她对该届旅游文化周的祝贺，她表示很高兴长沙作为中国地方代表，参与此次文旅部在英国举办的 2021 年中国旅游文化周系列活动。长沙市文化旅游广电局将持续和使馆文化处和伦敦旅游办加强合作，共同推进长沙和英国的文化旅游交流互鉴。（郑晓萍）

【2021 长株潭大学生音乐节】 2021 长株潭大学生音乐节于 5 月启动，11 月 21 日在长沙梅溪湖国际文化艺术中心举行颁奖音乐会。该音乐节旨在贯彻落实《长株潭一体化发展 2021 年行动计划》，以音乐为纽带助力长株潭一体化高质量发展，推动高校大学生交流互动。音乐节由湖南省文化和旅游厅、湖南省广播电视局、共青团湖南省委员会指导，长沙市委宣传部、长沙市文化旅游广电局、共青团长沙市委员会、株洲市文化旅游广电体育局、湘潭市文化旅游广电体育局共同主办。音乐节赛事包含主题曲的征集、歌手和乐队的展示竞赛两大板块，从 150 余个作品中选出《一起上》作为主题曲。在歌手、乐队比赛环节，长株潭三市的 35 所高校推荐、选拔 77 名歌手、24 支乐队参赛。经过初赛、复赛，20 名歌手和 15 支乐队参加决赛，最终评选出歌手、乐队各前三名，还评选出十佳歌手及乐队。（李典琼）

【长沙歌舞剧院与湖南大剧院联合出品《伯牙绝弦》首演】 2021 年 3 月 26—27 日，由长沙歌舞剧院与湖南大剧院联合出品的舞剧《伯牙绝弦》在湖南大剧院正式开启全国首演，全国各地多个知名演出商到长沙观看。该剧 2021 年在上海、浙江、广州等多个城市演出。该剧运用当代审美表达，在舞台上再现伯牙与子期的知音之情，以现代人的视角解读“知音”，诠释“信任”“理解”和“欣赏”。剧中巧妙地设定伯牙妻这一角色，更加深刻全面地展现出阶层的隔阂、偏见，以及人物本身的情感复杂性。舞剧《伯牙绝弦》在立足传统的基础上大胆创新，剧中道具“门”的运用巧妙多样，寓意深远。古典音乐与现代音乐巧妙融合，结尾富于现代感的主题曲完美地表达该剧的主旨。以中国意境为基础的艺术特色融入在服饰、色彩、舞蹈语言的设计编排中，轻盈灵动的舞姿与得失之间的氛围尽显艺术之美。（郑晓萍）

【长沙花鼓戏《胡子将军》入选全国采茶戏会演】 2021 年 10 月，浏阳市永红艺术团创排的长沙花鼓戏《胡子将军》作为湖南唯一代表，参加在江西抚州举办的 2021 年“茶香中国”第二届全国采茶戏会演。2021 年“茶香中国”第二届全国采茶戏会演由文化和旅游部艺术司和江西方面共同举办。花鼓戏和采茶戏属于同一个声腔系统，2021 年 5 月，文化和旅游部向徽、闽、赣、鄂、湘、粤、桂、黔等相关省份的文旅厅发出申报参演剧目的通知，8 月公示了 8 台大戏、15 个折子戏。长沙花鼓戏《胡子将军》入选参演的大戏剧目。《胡子将军》取材于王震 1959 年回故乡浏阳探亲的故事。2018 年是王震诞辰 110 周年，带着对将军的敬仰和怀念，浏阳市永红艺术团创作编排《胡子将军》，受到观众热烈欢迎，得到专家肯定。从 2018 年首演开始，《胡子将军》演出近 30 场，已成为院团的保留剧目。（郑晓萍）

市场管理

【概况】 截至 2021 年年底，长沙市有娱乐场所 533 家，新增 99 家，互联网上网服务场所 1511 家，新增 180 家，旅游星级饭店 41 家，旅行社 515 家，新增 52 家。2021 年，长沙市文化旅游广电局组织主办文化和旅游市场“质量月”活动，开展“扫黄打非”、校园周边文化市场、广播电视商业广告等专项整治。全市出动执法人员 9 万余人次，检查各类文化经营单位 3 万余家次，立案 463 起，结案 431 起；办结旅游投诉 734 起，涉及退赔金额 132 万元。市文化旅游广电局被评为“全市禁毒工作成绩突出成员单位”，市执法局被评为“全省打黄扫非先进

单位”。4个案件被评为2020—2021全省文化市场综合执法重大案件。3个案件被评为2019—2021全省文化市场综合执法优秀案件。1个案件被评为市“以案释法”十大典型行政执法案例，并入选文化和旅游部重点地区五起典型案例之一；3本案卷被评为全省优秀案卷。印制《文旅市场疫情常态化防控技术指南》6000份，指导文旅市场经营单位科学开展新冠肺炎疫情防控工作。新冠肺炎疫情期间督导检查文旅经营场所2500余家次，排查整改600余起，关停80余家次。以正道（清源、固边）、新风（净网、新风、护苗）两个集中行动为平台，组织开展近十项集中行动。开展“护苗2021”暨“绿书签行动”系列宣传活动，倡导绿色阅读、文明上网，提升青少年安全意识和法治素养。市“扫黄打非”办公室处理各级转办案件线索101条，全市查办行政案件101起，刑事案件4起，其中省挂牌督办案件3起，省备案重点案件7起。启动“扫黄打非”进基层示范点创建工作，创建1个全国示范点，1个省级示范标兵，2个省级示范点，10个市级示范点。（陆明榜　刘　婷）

【长株潭三市文化市场综合执法协作机制框架协议签订】 2021年6月25日，长株潭文化市场综合执法协作机制框架协议签约仪式在长沙举行，三市就文化执法工作、文化执法改革及执法协作建议进行座谈，深入交换意见。长株潭三市同饮湘江水，共谋发展路，随着三市融城加快，推动长株潭文化市场综合执法协作机制建设，是对文旅市场发展需求的积极回应，更是对省、市党委政府关于推动长株潭一体化建设精神的具体落实。根据《长株潭文化市场综合执法协作机制框架协议》，长株潭三市文化执法抢抓历史机遇，实施“三高四新”战略，贯彻“稳、进、高、新”工作方针，在执法监管、队伍建设、业务研究等方面开展全面协作，努力实现市场同治，共同维护文旅市场健康发展，为长株潭一体化高质量发展作贡献。（郑晓萍）

【“文旅有礼抗疫同行”线上活动】 2021年，新冠肺炎疫情防控期间，为丰富正在隔离的群众和不便出行的市民精神文化生活，长沙市文化旅游广电局策划开展“文旅有礼抗疫同行”线上活动。该活动依托微信公众号“文旅长沙”，集合文旅系统资源，开设“云游长沙”“云览场馆”“云享活动”3个专栏。通过欣赏长沙美景大图云游长沙；通过海量数字图书资源、线上主题展览、非遗传承体验、场馆3D导览等活动云览场馆；通过发布长株潭文化旅游活动资讯、党史故事100讲、优秀舞台艺术作品展、线上活动等预报云享活动。长沙图书馆对原定2021年8月举办的1500场阅读活动，通过转为线上和延期举办的做法，满足在家读者的精神文化需求。“云锦飞书”活动，让市民游客享受一键下单即可在家坐等送书上门的便利。长沙博物馆开发网上虚拟展览，打造“24小时线上博物馆”，大家可以在线上观看基本陈列，还可以观看特展“平天下——秦的统一”。长沙群艺馆推出线上艺术课堂，免费提供器乐、声乐、舞蹈、戏曲、书法等多个门类的艺术课程。雨花区非遗馆组织非物质文化遗产传承人进行线上直播和推广。（郑晓萍）

【全市文旅系统新冠肺炎疫情防控工作】 2021年，长沙市文化旅游广电局通过加强督查、下沉指导、严防严控等手段，确保全市文化旅游广电系统和行业整体安全稳定。统筹新冠肺炎疫情防控工作，主要领导亲自调度，多次组织召开专题会议调度推进系统行业新冠肺炎疫情防控工作。通过健全机制、下发文件、暗访督查等举措，抓防控保障。建立长沙市文化旅游广电局新冠肺炎疫情联防联控工作机制，组建工作专班，实行日调度、日报告和24小时领导带班干部值班工作机制；提请市防指下发《关于做好文旅经营单位（场所）新冠肺炎疫情防控工作的紧急通知》指导性文件，就景区场馆限流、酒店入住标准等问题进行明确；对各县（市、区）文旅广体局、文旅经营单位及重点场所工作人员下发《关于对未按要求落实防疫措施的文旅经营单位的处理办法》《关于进一步做好重点场所工作人员核酸检测和疫情防控工作的通知》。全面排查督促整改，由局领导带队，对局系统二级单位进行全面检查，派出11个督导组到9个区县及湘江新区和高新区，对经营场所、单位特别是密闭场所进行督促检查，对部分防控措施落实不力的文化旅游市场经营单位和场所进行督导整改和复核工作，关停部分敷衍塞责、整改不到位的经营场所；各县（市、区）文旅广局全面下沉督查、排查行业经营性场所。引导开放的景区、场馆在严格执行疫情防控要求下有序开放，严格落实限流、验健康码、测体温、戴口罩、实名登记等接待措施。（郑晓萍）

卫生健康

MEDICAL TREATMENT
AND PUBLIC HEALTH

编辑　吴丫丫

医疗机构

【概况】 2021年，长沙市辖区内有注册登记的各级各类医疗卫生机构4925个，其中三级医院30家、二级医院50家、社区卫生服务中心97个、社区卫生服务站298个、乡镇卫生院86个、村卫生室1261个。全市医疗卫生机构实有病床8.72万张，在岗职工11.32万人，其中卫生技术人员9.47万人。平均每千人口有卫技人员9.25人、每千人口执业医师数3.46人、每千人口护士数4.51人、每千人口床位数8.51张，居中部省会城市前列，高于全国平均水平。全市医疗卫生机构总诊疗人次6087.09万人次，门急诊人次数5676.42万人次，出院人数268.77万人次，分别较2020年增长22.90%、20.07%和9.38%（2020年受新冠肺炎疫情影响较低）。

2021年，长沙市深入贯彻落实全国医改工作电视电话会议精神，按照国家、省医改的总体要求，以"健康长沙"建设为引领，以构建整合型医疗卫生服务体系为目标，深入学习推广三明医改经验，不断深化公共卫生体系改革，建立健全现代医院管理制度，持续推进医疗保障制度改革，全市深化医改工作取得良好效果。中央电视台、《人民日报》、《湖南日报》、湖南卫视、《长沙晚报》、红网等中央、省级媒体报道长沙综合医改相关情况，并评价长沙市医改创新举措。其中《长沙晚报》以《健康福祉惠及星城千家万户》为题专题专版报道长沙公立医院高质量发展。2021年，长沙医改获省级及以上媒体报道555篇次。

（万　胜　罗国清）

【编制"十四五"卫生健康事业发展规划】 2021年，长沙市着眼于融入长株潭一体化等宏观战略，编制《长沙市"十四五"卫生健康事业发展规划》《健康长沙行动推进委员会工作规则》等系列文件，加快推进"健康长沙"15项重大行动。长沙市妇幼河西分院、市口腔河西分院、市公卫中心二期等重大项目开工或立项。全面搭建"健康长沙"智能技术、业务应用、数据标准、数据治理四大体系，创新建设智慧门诊系统、住院自助结算系统等，全市二级以上公立医院和181家基层医疗机构均完成"健康长沙"便民门户接入和电子健康卡环境改造。 （梁建明　周梦华）

【重点医学学科建设】 2021年，长沙市制定全市"十四五"学科建设规划、医学重点建设评估标准，推进33个医学重点学（专）科建设。加大对名医工作室的投入，完善名医工程建设项目现场评审及考核方案，3家名医工作室、6家名医工作站被市委人才工作领导小组评为优秀。新成立老年病、呼吸内科质控中心，开展质控培训30余次，推动全市医学（专）科跨越发展。加强与中南大学、湖南中医药大学等战略合作和医教协同，长沙市第一医院联合创建传染病国家区域医疗中心。 （梁建明　周梦华）

【医药卫生体制改革】 2021年，长沙市下发《低值医用耗材及检验试剂集中招标采购工作实施方案》等文件，对第一批国家药品耗材集中采购医保资金结余部分优化分配。加强医改指标监测，健全约谈机制，药占比小于30%，百元医疗收入耗材小于20元。优化医联体双向转诊程序，重点畅通向下转诊渠道，全年双向转诊病人上转人数2.76万人，比2020年减少32.8%，下转人数1.2万人，比2020年增长44.3%，浏阳市、宁乡市域内就诊率保持在95%。在全省率先实施公立医院薪酬制度改革，创新医院主要负责人薪酬"双脱钩"、医院

表49　长沙市卫生事业基本情况统计表

指标	单位	1978年	1985年	1990年	1995年	2000年	2005年	2010年	2015年	2020年	2021年	2021年比2020年增长(%)
卫生机构数	个	1195	1403	1346	1100	1036	1519	2655	4661	4681	4925	5.2
#医院、卫生院	个	248	291	297	205	263	260	255	284	339	334	−1.5
床位数	张	12976	13743	18349	21378	20590	27395	42629	66036	83180	87161	4.8
#医院、卫生院	张	11036	11503	14766	17594	17281	25501	39983	59927	76122	78796	3.5
卫生工作人员	人	21583	29620	34190	37115	36225	37711	59738	84857	106139	113084	6.5
#卫生技术人员	人	16068	21611	26307	27553	27460	28943	48791	69634	87987	94633	7.6
#执业医师和执业助理医师数	人	7247	10187	12423	12107	12345	12088	18258	25599	32785	35435	8.1

说明："#"表示其中主要项

（资料来源：市统计局）

班子副职薪酬拉开差距等制度，激发医院发展活力。（梁建明　周梦华）

【健康长沙民生项目】　2021年，长沙市完成5家乡镇卫生院（社区卫生服务中心）、20家村卫生室以及162个建制乡镇卫生院中医馆建设提质。全市60周岁（女55周岁）以下在岗乡村医生参加居民养老保险率、45周岁以下在岗乡村医生参加企业职工养老保险率100%，紧密型乡村卫生一体化管理工作被评为“中国改革2021年度地方全面深化改革典型案例”，中央电视台《经济半小时》专题推介。推动爱国卫生运动，创建3个湖南省卫生乡镇，国家级、省级卫生乡镇占比47%。农村和城镇低保适龄妇女“两癌”（乳腺癌、宫颈癌）免费检查96505人，完成进度110.07%，被评为全省“两癌”免费检查重点民生实事项目先进单位；全市孕产妇死亡率1.80/10万，5岁以下儿童死亡率3.16‰，婴儿死亡率1.73‰，出生缺陷发生率147.74/万，处于全国领先水平；“智慧卫监”全面上线应用，治理医托、号贩子等行业乱象，处理黑救护车线索3条。（梁建明　周梦华）

【中医药事业传承创新】　2021年，长沙市出台《关于促进中医药传承创新发展的实施意见》等文件，启动建设中医经典病房和中西医协同科室试点；培养西学中300人，推广基层中医诊疗技术20种、中医药适宜技术15项。（梁建明　周梦华）

【全市卫生应急体系构建】　2021年，长沙市组建市、区县、乡镇、社区“四级”流调溯源队伍5392支，共14488人，均培训合格。争取各级财政投入3300万余元，高质量完成8家疾控机构标准化建设。完成28家发热门诊严格按标准建设，投资12亿元启动市公共卫生救治中心建设。出台《公共卫生应急物资储备工作方案》《突发事件紧急医学救援应急预案》等系列文件，物资储备159种共6984万元，完成15台负压救护车调拨及手续办理。新建省级命名公众急救知识技能普及基地17家，培训导师218名、第一目击者1.4万名；组建紧急医学救援队47支，120大王山航空救援急救点运行。（梁建明　周梦华）

【公立医院改革】　2021年，长沙市重点推进公立医院管理体制、运行机制和薪酬制度改革，每季度对医改指标实施监控并通报调度指标控制情况。对医改指标超标严重的公立医院组织实施约谈，确保各项医改指标达标。2021年，市直7家公立医院门诊次均费用增幅–1.59%，住院次均费用增幅2.54%，均控制在省里要求标准内；全市公立医院药占比（不含中药饮片）22.35%，远低于30%的要求；医疗服务收入（不含药品、耗材、检查、化验收入）占医疗收入的比例34.04%，高于省里要求的30.5%标准。全面实行工资总量考核控制制度，按照公立医院“两个允许”工作要求，根据长沙市经济发展状况、财政状况以及公立医院各单位工作量、服务质量、公益目标完成度、成本控制、绩效考核结果等情况合理确定公立医院的薪酬水平和薪酬总量。为促进医疗新技术及时进入临床使用，满足群众医疗服务需求，对市属19家二级及以上公立医疗机构开展新增特需医疗服务项目的申报工作，及时组织全市62家公立医疗机构和162家基层医疗卫生机构共560人，进行医疗服务价格动态调整监测评估制度工作培训。（万　胜　罗国清）

【三医联动改革】　2021年，长沙市学习、推广福建省和三明市的医改经验，进一步完善医改组织领导和统筹协调机制，市县两级均实现一名政府负责人统一分管“医保、医疗、医药”工作，将承接省里全面深化改革的5项工作和2个试点项目全部纳入市委全面深化改革重点事项，将统筹推进公立医院综合改革纳入政府绩效考核内容。推进国家组织药品耗材集中采购医保资金结余留用工作，通过医保部门不断完善采购和支付政策，卫健部门督促医疗机构优先使用，市场监管部门加强质量监测，财政部门强化结算管理，三医联动不断深化。协调市医保推进完善总额控制下按病种分值付费方式、按病种收付费、按床日付费、按人头付费、按项目付费等多元复合式医保支付方式的改革。出台《长沙市康复病组按价值付费医保支付管理办法（试行）》等文件，建立医、康、护一体的全病程管理体系，通过分级康复合理控制医疗成本，实现医疗机构、患者、医保基金负担“三可控”的良性格局。（万　胜　罗国清）

【现代医院管理】　2021年，长沙市推进1家国家级试点医院和4家省级试点医院探索建立健全现代医院管理。推进全市二级以上公立医院开展现代医院管理制度建设，完善医院外部治理，强化医院内部管理，聚焦补偿运行、监管评价、费用控制、医保支付等关键机制建设。2021年，全市所有公立医院完成医院章程制定，落实党委领导下的院长负责制。加强公立医院财务和预算管理，全市所有三级公立医院均按要求设置总会计师岗位。（万　胜　罗国清）

【分级诊疗】　2021年，长沙市按照“规划发展、分区包段、防治结合、行业监管”原则，全市中心城区均已按照网格化布局原则，建立一家由市级公立三级综合医院牵头、基层医疗卫生机构参与的城市医疗体，2家市级专科医院与基层医院建立专科联盟2个。望城区、长沙县、浏阳市、宁乡市4县（市、区）县域内的医共体形成。医联体牵头医院通过派驻医师至基层坐诊、设立下派专家工作室、设置住院联合病房等机制，推动优质医疗资源下沉。牵头单位为成员单位医务人员到牵头单位进修培训提供便利。2021年，长沙市医联体牵头单位下派专家驻基层3299人，开展各类培训、讲座1239次，免费接收基层医务人员进修531人。各医联体牵头单位利用互联网及信息化发展带来的各种便利，通过搭建各类平台，为医联体成员单位提供远程指导。全市搭建远程心电诊断网络平台、远程放射诊断平台、远程病理诊断平台等各类平台11个。2021年，长沙市医联体内，远程会诊病例近18万次，较2020年有明显增长。各医联体根据内部章程，推行急慢分治，并在医联体内部建立畅通的双向转诊通道。各医联体单位安排专人负责双向转诊工作，对双向转诊患者实行优先检查、优先住院政策，对危急重症患者开通“超绿色”转诊通道。2021年，长沙市医联体内患者上转27555人次，较2020年减少32.8%，下转13082人次，较2020年增长44.3%。基层就医比例明显增加。截至2021年年底，全市家庭医生团队1510个，签约居民2374601人，重点人群签约率78.35%。全市管理高血压患者591326人，按照规范要求进行健康管理402076人，规范管理率68%；全市管理2型糖尿病患者205953人，按照规范要求进行健康管理143494人，规范管理率69.67%。重点加强县域内常见病、多发病相关专业，以及传染病、急诊急救、重症医学、妇产科、儿科、中医、康复等临床专科建设，全市县级医院申请创建32个省级重点专科，浏阳市妇幼保健院创建为三级妇幼保健院，宁乡市妇幼保健院创建为二级甲等妇幼保健院。长沙市逐步优化医疗资源结构配置，推进优质医疗资源的公平性与可及性，让老百姓在家门口就能享受到与三级医院同质化的医疗服务。（陈　胜）

新冠肺炎疫情防控

【概况】　2021年，长沙市高效处置2起反弹新冠肺炎疫情，仅报告9个阳性病例，无1例二代病例；入境航班区县轮值转运接待机制、“大数据+网格化”筛查等举措得到国务院、省联防联控机制肯定和经验推广；累计接待入境航班33批次、国际货机1026趟，直接入境人员6635人次。

【新冠肺炎疫情防控组织体系构建】2021年10月，按照省委关于调整新型冠状病毒感染的肺炎疫情防控工作领导小组文件要求，长沙市整合各单位和部门力量，对领导小组成员进行相应调整。为做好应对极端情况下的疫情防控准备，对指挥机构进行优化调整。市委新冠肺炎疫情防控工作领导小组实行书记、市长双组长制，负责统一领导、统一指挥全市新冠肺炎疫情防控工作；领导小组下设市疫情防控指挥部，市长任总指挥长，市疫情防控指挥部设置综合组、疫情防控组、医疗救治组、市场管理组、宣传组、防疫物资保障组、生活物资保障组、交通运输组、社会稳定组、外事组、疫苗接种组、数据组、口岸组、核酸检测组、隔离场所组、教育组、督查组17个工作组。各工作组成员单位根据疫情防控形势及时调整。高新区、各县（市、区）参照调整新型冠状病毒感染的肺炎疫情防控工作领导小组。

【“三站一场”管控】　2021年，长沙市在“三站一场”（火车站、高铁站、长途汽车站、机场）投入400余人坚守第一线，承担首防责任。黄花机场实行远端48小时核酸证明登机，对到长沙人员实行免费落地检测。同时，根据周边省份新冠肺炎疫情形势，加强高速公路长沙出入口管理，对可能存在输入风险的人群提前赋码、提级管控。

【外来人员双向排查】　2021年，长沙市开展新冠肺炎涉疫地区大数据获取和人员排查，加大外地中高风险地区来长返长人员双向排查管控。对街道、社区的排查力量予以支持，将力量下沉到社区、网格，对辖区内小区、居民楼、企事业单位、经营场所等实行“街道干部+社区工作人员+志愿者”包干制度。全年累计排查103万人次、集中隔离11018人，市级赋码62144人。

【新冠肺炎病人收治】　长沙市公共卫生救治中心作为唯一省、市两级新冠肺炎定点救治医疗机构，该中心承担新冠患者救治及排查任务，2021年收治境外输入和本土新发确诊患者93人、无症状感染者73人、待排及其他99人。

【全面开展核酸检测】　2021年，长沙市核酸检测由长沙市卫生健康委员会（以下简称“市卫生健康委”）牵头、各县（市、区）分别负责。全市具备核酸检测能力的疾控机构、医疗机构和第三方检测机构共97家，另有8台移动方舱实验室，达到每天54.6万单管的能力，其中第三方检测能力27.2万管。全市规划设置采样点5322个，采样台8452台。2021年8月初南京新冠肺炎疫情期间，每个县（市、区）分别开展实战演练。全年累计完成核酸检测2339.51万人次。

【流调队伍建设】　2021年，长沙市在全国率先创新大数据流调模式，每一起新冠肺炎疫情均第一时间派出疾控、公安应急机动队，迅速对涉疫人员及场所进行流调、排查和管控，流调排查做到不漏一人、不漏一个环节，反复复盘。实行“逢阳必报、逢阳即报、接报即查”，优化完善信息汇集、上报、研判、决策、处置、反馈的闭环机制，确保各项防疫措施落实落细。由市卫生健康委、市公安局联合牵头，组建市、区县、街道（乡镇）、村（社区）四级流调队伍。市级成立20支联合流调队伍，其中疾控100人、公安150人；县级成立至少10支队伍；街道（乡镇）人口5万人以下的至少成立1支队伍，5万~10万人至少2支队伍，10万~15万人至少3支队伍，15万人以上至少4支队伍；社区（村）成立流调协查小组3支以上。

【新冠病毒疫苗接种】 2021年，长沙市通过指挥部调度会议压实任务、发函引导发动退休干部职工、创新宣传方式等工作，推进18岁以上人群加强针接种和60岁以上老年人疫苗接种。累计接种2111.76万剂次；3~11岁人群第一剂接种完成率96%，第二剂接种完成率73.9%。3岁以上人群全程接种率94.9%，全市60岁及以上人群接种覆盖率64.7%。

（本栏撰稿　周梦华）

疾病预防控制

【概况】 2021年，长沙市疾控工作坚守疾病防控底线，统筹新冠肺炎疫情防控和常规防病工作，当地反弹新冠肺炎疫情应对迅速高效。高效应对新冠肺炎疫情，快速处置宁乡市、天心区、长沙县、雨花区4起外地输入关联疫情，迅速实现无新增感染。完成来长沙国际客运航班33趟、货运航班1026趟防控接待工作，排查入境人员线索4万余条，累计管理入境人员1.77万人次，摸排中高风险地区及所在市来长沙人员线索103万条，严防新冠肺炎疫情输入。科学高效处置突发公共卫生事件，所有事件均得到及时有效处置，未发生次生、衍生事件。免疫规划工作稳妥开展，未发生接种事故或重大影响事件，免疫规划疫苗接种率95%以上，推进新冠病毒疫苗接种工作，完成接种2111.76万剂次。艾滋病、结核病等重点传染病防治工作稳中有进，寄生虫病、地方病防控成效显著。加强幼儿园、中小学疾病防控工作，完成2.58万余名学生的近视、常见病及健康危害因素调查。推进长沙市全国社会心理服务体系建设试点工作，特色做法及经验在全省推广。全市9个县（市、区）均被评为省级慢性病综合防控示范区，国家级慢性病综合防控示范区占全省的1/3。健康教育和宣传取得新突破，市疾控中心官方微信2次获全国疾控系统微信Top20。

（龚　鹏）

【急性传染病及重点疾病防控】 2021年，长沙市稳妥、高效应对新型冠状病毒肺炎疫情。建立和完善疾控、公安“前台混编、后台合署、共同研判”的疫情事件处置工作模式，快速处置宁乡市、天心区、长沙县、雨花区4起外地输入新冠肺炎关联疫情，一周内实现无新增感染，工作模式获国家和省级肯定，并在全省推广。践行“外防输入、内防反弹”防控策略，严防新冠肺炎疫情输入。全年完成33趟到长沙国际客运航班、1026趟货运航班的防控接待工作，严格实行闭环管理。根据省级政策对入境14天隔离后到长沙人员严格做好闭环转运、“14+7+7”管理和核酸检测措施，排查入境人员线索4万余条，管理入境人员1.77万人。全年保持高度警惕，抓好重点地区旅居史人员大数据排查和社区自主排查，摸排中高风险地区及所在市到长沙人员线索103万条，对在长沙人员做好新冠肺炎疫情防控管理，严防国内反弹疫情输入。开展新冠病毒监测，定期开展重点岗位人员和重点场所环境核酸检测。

常规传染病防控监测和应急处置　修定和落实《长沙市2021年重点急性传染病防控工作方案》，抓好霍乱、手足口病、狂犬病、流感、人感染禽流感等重点传染病监测工作。及时规范处置流感、感染性腹泻、手足口病等聚集性疫情和1起人感染H9N2流感事件，年内未发生霍乱、狂犬病报告。

艾滋病综合防治　推进全国艾滋病综合防治示范区创建工作，制订《2021年长沙市第四轮全国艾滋病综合防治城市示范区工作计划》，通过国家、省示范区督导检查工作。多次召开卫健、公安、教育、宣传等多部门工作会议，针对公安抓获人员HIV（人类免疫缺陷病毒）检测管理、学校艾滋病防控等重点、难点问题开展工作协调和现场调研，完善全市艾滋病防治联防联控机制。推动全市乡（镇）卫生院、社区卫生服务中心开展艾滋病快速检测工作，推进长沙县、浏阳市及宁乡市抗病毒治疗点建设，提升全市艾滋病感染者治疗率以及服务水平；支持志愿服务机构等社会力量参与艾滋病防治项目，为HIV感染者和病人提供咨询解答、关怀资助、宣传动员等免费服务。开展HIV筛查、CD4（免疫细胞）检测等服务，加大开展自愿咨询检测（VCT）和哨点监测工作力度。举办2021年艾滋病防治知识健康科普大赛，选送作品获省级总决赛第一名。探索青年学生和老年群体防治艾滋病有效模式，开展2021年秋季“大学新生第一课”主题巡讲，举办全市高校世界艾滋病日宣传周活动。

结核病防治规划策略和措施　建立并强化疾控机构牵头的综合服务体系，完成《长沙市“十三五”结核病防治规划》终期评估工作，以“终结结核流行，自由健康呼吸”为主题组织开展“世界防治结核病日”宣传活动，做好全市学校结核病疫情状况动态监测，加强对学生、工厂、企业等高发人群、重点行业人群的疫情监测，做好结核病疫情发现、预警和处理工作。

（龚　鹏　邓美芝　黄　妍）

【免疫规划】 2021年，长沙市完成疫苗代储代运新一轮招标工作，有效发挥第三方公司冷链专业性、容量充足性、温度实时监控、全程溯源等优势，提升冷链管理水平和效能，保障新冠病毒疫苗接种和常规免疫规划工作稳妥实施。推进新冠病毒疫苗接种工作，累计接种新冠病毒疫苗2111.76万剂次，其中基础免疫1988.12万剂次、加强针123.64万剂次，已接种第一剂人群的全程接种率96.6%。开展预防接种知识宣传，通过“长沙疾控”微信公众号发表宣传稿件37篇，在《长沙晚报》开设专栏进行新冠病毒疫苗接种工作开展情况及相关健康科普宣传；在地铁二号线列车开展为期20天的新冠病毒疫苗接种宣传。规范高效实施预防接种服务，开展全市接种率调查，各县（市、区）各类免疫规划疫苗接种率均达到国家标准要求。（龚 鹏）

【精神卫生与心理健康服务工作】2021年，长沙市逐步完善严重精神障碍患者管理工作机制、强化管理措施、落实惠民政策，加大严重精神障碍患者排查管控、救治救助力度，推进全市严重精神障碍服务工作。实现全市精神卫生综合管理小组全覆盖，省、市、县三级精神卫生专业机构服务全覆盖，公安、卫健信息交互机制初显成效。在册患者规范管理率、面访率等各项指标均达到省级工作要求。完成长沙市全国社会心理服务体系建设试点工作，以项目为抓手，实施22项重点项目，推进试点工作纵深发展，发挥各级各部门优势，提高全社会参与度，全方位实现政府治理、社会调节、居民自治良性互动机制，试点特色做法及经验在全省推广。（黄舒瑶）

【慢病防控与健康教育】2021年，长沙市开展全市2018—2020年死因漏报调查，覆盖9个县（市、区）27个乡镇/街道308万人，测算出2020年长沙市人均期望寿命80.41岁，居全省第一位。推进慢性病综合防控实力提升，9个县（市、区）均被评为省级慢性病综合防控示范区，国家级慢性病综合防控示范区占全省的1/3。城市癌症早诊早治项目连续多年获省级肯定，其中6个区（市）获国家癌症中心颁发的“肿瘤登记工作进步奖”。慢性病及危险因素监测、肿瘤防治、儿童口腔窝沟封闭、脑卒中防治、心血管病防治等项目工作推进。推进健康教育工作。做好《长沙晚报》的《一周健康预报》栏目，形成固定收视群体。开展健康知识进机关活动，全年累计在50所机关开展健康教育讲座。“长沙疾控”微信公众号宣传平台2次获中国疾病预防控制中心统计的疾控系统微信Top20。天心区、芙蓉区通过健康促进区省级技术评估，建设一批健康机关、健康学校、健康社区（村）、健康企业、健康主题公园和健康步道。编写《长沙市2020年度卫生与人群健康状况报告》，梳理全市人群健康现状，充实卫生健康大数据，为党委政府卫生工作决策提供科学参考。（邓美芝）

【职业病防控】2021年，长沙市推进长沙市用人单位职业病防治基本情况调查摸底工作，全面了解全市存在职业病危害的用人单位数量及用人单位分布，掌握全市存在的职业病危害因素种类、劳动者数量等情况，建立完善全市职业病危害现状数据库，为政府职业病防治工作精准施策提供基础依据，全市上报“长沙市职业病防治调查”App存在职业病危害因素企业6327家，入网填报审核通过4896家。成立由省、市职业病防治知名专家为主的20人讲师团（高级职称占比70%），全年完成工伤预防职业卫生培训20余家企业，19场次培训，培训重点岗位人员及一线职工5400余人。全年长沙市应随访管理职业性尘肺病患者1127例，完成率100%。浏阳市、长沙县被选定为国家尘肺病主动监测点，每个县（市）的任务为240例共480例，全市完成532例（长沙县267例、浏阳市265例），完成率108.96%。2021年，救治救助农民工尘肺患者431例，完成全年任务538.75%（全年任务80例）。2021年，第一批国家基层医疗卫生机构澄潭江镇尘肺病康复站通过省级验收达标，浏阳市金刚镇纳入第二批国家基层医疗卫生机构尘肺病康复站建设项目。2021年，省级下发长沙市工作场所职业病危害因素监测项目任务数521家，全市完成566家用人单位监测，完成率108.64%，监测用人单位职业病危害申报率100%，现场复核56家，完成率107.69%。推荐长沙市“职业健康达人”候选人90余人，经长沙市总工会、市卫生计生综合监督执法局以及市疾控中心专家评审通过，确定市级30名“职业健康达人”名单上报省卫生健康委。组织开展第19个《中华人民共和国职业病防治法》宣传周活动。全市各级卫健、人社、总工会等部门和用人单位，以“共创健康中国，共享职业健康”为主题，开展宣讲活动245次、咨询活动403次、警示教育活动152次，印发宣传材料286490份，出动宣传人员3442人次。（邱 玲）

【血吸虫病及地方病防控】2021年，长沙市检测碘缺乏病2700人、盐碘2700份、8~12岁儿童氟斑牙804人，碘缺乏病、饮水型地方性氟中毒等重点地方病持续保持消除状态。坚持“预防为主、标本兼治、综合治理、群防群控、联防联控”工作方针，推进血吸虫病地方病综合防控措施，查灭钉螺、查病化疗、疫情监测、业务培训等年度项目任务均超额完成，全年查螺4358.09万平方米、药物灭螺（蚴）484.16万平方米、环改灭螺35.23万平方米、查病107747人、化疗421人。全市未查到感染性钉螺，人、畜血吸虫病零感染。落实各项综合防治措施，较好地完成各项工作任务，连续十余年未发现当地感染的急性血吸虫病病例，全市血吸虫病防治工作取得成效。（卓如翠）

基层卫生

【概况】2021年，长沙市围绕“保基本、强基层、建机制”的要求，统筹推进疫情防控和基层医疗卫生体制综合改革、基层医疗卫生服务体系建设、基层医疗卫生服务能力提升、巩固拓展健康扶贫成果与乡村振兴战略有效衔接等各项工作。截至2021年年底，全市设置乡镇卫生院86个、社区卫生服务中心97个、社区卫生服务站298个，在岗乡村医生1316名。

【基层卫生服务体系建设】 2021年，长沙市推行紧密型乡村卫生一体化管理工作，全市所有符合条件的乡村医生全部纳入一体化管理，与乡镇卫生院签订聘用合同并购买养老保险，推进乡村卫生管理，提升基层卫生服务能力，城乡居民获得感和满意度提升。长沙市紧密型乡村卫生一体化管理工作在中央电视台《经济半小时》栏目作专题推介，并经省委改革办推荐，入选“中国改革2021年度地方全面深化改革典型案例”。规范开展优质服务基层行活动，全市通过省级复评达到推荐标准的机构52家，达到基本标准的机构119家，占全市基层医疗卫生机构总数的比例93.99%，提高基层医疗机构医疗服务总体水平。深化基层医疗卫生机构规范化建设三年行动内涵，梳理计划落实情况，推进重点项目建设。2021年，新改扩建乡镇卫生院8家、社区卫生服务中心8家（其中岳麓区望月湖社区卫生服务中心，因原改扩建计划有扩大调整，已申请中央专项债计划，待中央审批下达再实施计划）、村卫生室54家，总建设面积7.85万平方米。

【基本公共卫生服务】 2021年，长沙市在全市范围内开展为期2个月的基本公共卫生服务项目“回头看”，以问题为导向，以实现全市基本公共卫生服务逐步均等化为引领，为全市居民提供全方位和全生命周期的健康管理。截至2021年年底，累计建立居民电子健康档案805.66万份，建档率95.98%，全市居民规范化电子健康档案覆盖率95.9%，并推进居民电子健康档案向居民个人开放；高血压、糖尿病等慢性病患者健康管理人数分别为59.13万人和20.59万人；为72.41万名65岁及以上老年人提供健康体检；适龄儿童国家免疫规划疫苗接种率保持在95%以上。推进家庭医生签约服务，以家庭医生签约服务免费包为基础，不断丰富个性化签约服务包，对接居民日益多样化的健康服务需求。组建家庭医生团队1510个，237.46万名城乡居民与家庭医生团队建立稳定的健康管理服务关系。

【巩固拓展健康扶贫成果同乡村振兴战略有效衔接】 2021年是巩固拓展健康扶贫成果同乡村振兴有效衔接的开局之年。长沙市卫生健康委联合市12部门制定印发《关于巩固拓展健康扶贫成果同乡村振兴有效衔接实施方案的通知》。通过加强组织领导、部门协作、政策倾斜和宣传引导等，保持健康扶贫政策总体稳定，抓好基本医疗保障工作，推进乡村振兴示范市建设，做好脱贫人口大病专项救治工作，健全防贫动态监测和帮扶机制，严防农村脱贫人口“因病返贫”。重点做实四类慢病脱贫人口家庭签约服务，确保签约服务全覆盖，加强工作指导和督查，及时发现和解决问题，推动政策落实落地。全市乡村医疗卫生服务能力水平持续提升，推动健康乡村振兴示范市创建高质量发展，被中共长沙市委实施乡村振兴战略工作领导小组表彰为服务乡村振兴“先进单位”。

（本栏撰稿　廖　凯）

妇幼保健

【概况】 2021年，长沙市获2021年湖南省母婴安全急救技能竞赛第一名，被评为全省“两癌”（宫颈癌和乳腺癌）免费检查重点民生实事项目先进集体。全市孕产妇死亡率、5岁以下儿童死亡率和婴儿死亡率3项核心指标持续控制在历史较低水平，农村和城镇低保适龄妇女“两癌”免费检查、孕产妇免费产前筛查2项省重点民生实事超额完成目标任务，各项妇幼重大公卫和基本公卫项目顺利实施，保障全市妇女儿童生命安全与健康。

【妇幼保健机构新冠疫情防控工作】 2021年，长沙市贯彻落实国家、省妇幼健康领域防控工作要求，将日常防控与应急机制有效结合，结合工作实际，制定《关于做好全市妇幼健康领域新冠肺炎防控工作的通知》《关于疫情防控期间确保母婴安全的通知》，以孕产妇和儿童“零感染”为目标，制定并完善妇幼疫情防控工作应急预案、处理制度等，避免交叉感染事件发生。及时沟通解决孕产妇及儿童就诊、转诊救治中遇到的困难和问题，对即将分娩的孕产妇，畅通转运绿色通道，由专人专车全封闭通道护送服务对象至定点机构；各定点医院接诊健康码为黄、红码的孕产妇和儿童，不以任何理由拒诊，满足孕产妇安全分娩及就诊的服务需求。长沙市妇幼保健机构规范预检分诊和发热门诊工作流程，严格探视和陪护管理，及时排查风险并采取处置措施，避免交叉感染，严禁截留和收治发热病人，完善院感防控与医疗废物处置工作流程。开发孕产妇和儿童疫情防控相关宣教折页，组织规范培训妇幼保健机构全体人员；配齐配足妇幼保健机构医用防护和消毒品，分区域、分人群组织疑似新冠肺炎患者的就诊处置应急演练，确保一旦发生应急情况，人员快速响应及处置落实到位。实行“日自查、日整改、日上报”工作制度，10月，国家卫生健康委妇幼司专家组一行到长沙市调研疫情防控工作落实情况，长沙市对专家组提出的问题认真分析，制定整改措施，持续落实整改情况，保障妇女儿童生命安全与健康。

【母婴安全保障工作】 2021年，长沙市助产机构活产数81768人，户籍活产数55618人，住院分娩率100%，孕产妇死亡率 1.80/10 万，5 岁以下儿童死亡率 3.16‰，婴儿死亡率 1.73‰，新生儿死亡率 0.95‰，均持续保持在历史较低水平。长沙市落实母婴安全五项核心制度，完善孕产妇和新生儿危急重症救治与转诊机制，规范全市危重孕产妇及儿童转诊、救治流程，畅通绿色转诊和救治通道，印发《全市孕产妇死亡和孕产妇妊娠风险情况的通报》《关于进一步加强全市危重孕产妇评审结果运用的通知》《关于加强冬春季节母婴安全保障工作的通知》《关于开展助产机构产科门诊规范化建设工作的通知》等系列文件，督促各助产医疗机构发挥母婴安全管理办公室职能，对接诊孕产妇进行妊娠风险筛查及评估，对筛查阳性孕产妇进行专案管理和跟踪随访；建立危重孕产妇及死亡孕产妇定期分析、经验总结等制度。推进市、县两级危重新生儿救治中心建设，提升新生儿救治能力；按照标准督促检查辖区内所有助产机构。创新开展“网格化管理 + 下沉式服务”孕产妇妊娠风险管理服务，进行孕情摸底，组织孕妇进行高危筛查，规范孕产妇分类指导。加强与 120 急救中心的团结合作与高效融合，探索构建分级负责、应对有序、转运高效的母婴安全急救体系。

【妇幼健康体系建设】 2021 年，长沙市根据国家和省里部署安排，结合工作实际，制定实施方案，明确绩效考核具体时间、节点和实施步骤，制定考核指标；组织线上为主、线上线下相结合的系列培训，加强全程监管，优化数据填报功能及审核流程，做好数据质控，进行分析总结，以问题为导向，查找管理和医疗服务等环节存在的差距，促进妇幼保健机构可持续发展。推进妇幼保健机构等级建设工作，浏阳市妇幼保健院申报“三级”创建，长沙县妇幼保健院创建为全省唯一的县级三级妇幼保健院，宁乡市妇幼保健院进行“二甲”创建。加强妇幼健康专业人才队伍建设，推进“互联网 +N”健康教育；基于“互联网 + 学习 + 妇幼健康培训及健康教育”模式，以线上培训和健康教育为主，线下培训及实践为辅，组织开展网络学校学习，加强母婴安全、优生优育和妇幼保健知识宣传，市级举办各类业务培训班 26 期，参训人数 5754 人。

【妇幼健康管理】 2021 年，长沙市规范母婴保健专项技术服务管理。严格母婴保健技术服务机构和人员准入，依法做好全市婚前医学检查、助产技术、计划生育手术等母婴保健执业机构和执业人员许可审批，校验通过 23 家母婴保健技术服务机构，新审核批准 1 家助产技术服务机构（湖南光琇医院）。提高出生医学证明的首次签发率。开展出生证明签发管理及现场督导及质量控制，杜绝违法违规行为发生；全市首次签发 82226 份，换发 635 份，补发 2242 份，废证 106 份；出生首次签发率 97.64%，废证率 0.12%。收集上报全市出生医学证明管理、签发机构责任科室及人员情况、出生医学证明专用章印模样式，按要求做好备案。加强产前筛查机构管理。制定《关于进一步加强产前筛查技术服务管理的通知》，产前筛查机构全面自查后提交备案资料，进行资料审核和现场抽查。开展妇幼健康宣传教育。市、县、乡、村四级妇幼健康教育网络健全，定期开展辖区妇幼健康教育质量控制与评估，全市妇幼健康教育覆盖率 100%，孕妇学校培训覆盖率 78%，母婴保健核心知识知晓率 92.04%，母婴健康行为形成率 91.28%。

【妇幼公共卫生服务】 2021 年，长沙市加强孕产妇及儿童健康管理。严格执行《国家基本公共卫生服务规范》，全面落实孕产妇和 0~6 岁儿童的基本公共服务。提升早孕健康管理和产后访视质量，及时发现早孕和产后异常，降低不良事件发生，每月抽查核实孕产妇健康管理服务及档案录入情况。2021 年，全市母子健康手册使用率 100%，早孕建册率 95.9%，早孕检查率 97.91%，孕期规范产检率 98.20%，产后访视率 98.26%，孕产妇系统管理率 97.15%，均超过工作目标要求。加强 0~6 岁儿童健康管理。2021 年，全市 0~6 岁儿童保健管理率 96.84%，3 岁以下儿童系统管理率 93.62%，新生儿访视率 99.52%，0~6 岁儿童血红蛋白检测率 86.96%，5 岁以下儿童贫血患病率 4.59%；低体重率 0.39%，生长迟缓率 0.5%，儿童健康各项指标控制在较

2021 年 12 月 1—3 日，长沙市卫生健康委举办 2021 年度托育机构负责人培训班，并为 11 家市级托育服务示范单位进行授牌　　市卫生健康委 供图

好水平。率先将托育机构卫生保健从业人员纳入培训范畴，制定托育机构卫生评价标准（试行）并推广应用。规范实施0~6岁儿童眼保健和视力检查工作，全市0~6岁儿童眼保健及视力筛查保健覆盖率95.7%。推进“艾梅乙”重大公共卫生服务项目。制定《长沙市预防艾滋病、梅毒和乙肝母婴传播工作规范》《长沙市预防艾滋病、梅毒和乙肝母婴传播项目工作资金管理办法》，孕产妇艾滋病、梅毒和乙肝检测率100%、孕早期检测率98.03%、艾滋病感染孕产妇所生婴儿抗病毒用药率均为100%；梅毒感染孕产妇梅毒治疗率97.83%，梅毒感染产妇所生儿童预防性治疗率98.59%；乙肝表面抗原阳性孕妇所生新生儿乙肝免疫球蛋白注射率99.77%，均超过目标值。

【“两癌”检查及产前筛查】 作为省、市重点民生实事项目，市委、市政府将项目纳入对县（市、区）政府绩效考核和市卫生健康重点考核指标，经费足额纳入财政预算。2021年，孕产妇免费产筛66564人，全年任务数6.5万人，完成率102.41%，高危人群干预诊断率99.16%，风险人群妊娠结局随访率98.89%；长沙市在辖区出生活产数不断下降的情况下，通过有效措施和周密部署，完成目标任务，有效避免严重缺陷儿的出生。2021年，农村和城镇低保适龄妇女“两癌”免费检查全年任务数87675人，实际完成检查96505人，完成率110%；宫颈癌早诊率95.88%，乳腺癌早诊率79.41%；长沙市适龄妇女“两癌”免费检查项目完成检查147969人，宫颈癌早诊率95.63%，乳腺癌早诊率79.25%，宫颈癌前病变检出率628.99/10万，宫颈癌检出率50.67/10万；乳腺癌前病变检出率8.79/10万，乳腺癌检出率110.16/10万。

【出生缺陷综合防控】 2021年，长沙市围产儿出生缺陷发生率175.05/万，活产出生缺陷发生率147/万。长沙市全面构建出生缺陷三级综合防控体系，在全国率先实施遗传性罕见病综合防控项目，为夫妻一方具有长沙市户籍或女方具有长沙市居住证的待孕夫妇或孕13周内早孕夫妇免费提供家系调查和遗传咨询；经遗传咨询确认为遗传性罕见病风险人群，提供免费遗传学检测；遗传学检测阳性对象如有生育意愿或已早孕，提供1次产前诊断或（和）1次植入前胚胎遗传学检测部分费用补助。依托婚前医学检查、孕前优生健康检查、免费叶酸发放、血清学产前筛查、孕妇外周血胎儿游离DNA产前筛查（NIPT检测）、新生儿遗传性耳聋基因检测、新生儿多种遗传代谢病串联质谱筛查、结构性畸形筛查和干预治疗等妇幼公卫服务项目，做好出生缺陷一、二、三级预防有机衔接。2021年，全市完成NIPT检测69915人，发现21-三体高风险124例、13-三体高风险41例、18-三体高风险58例；通过产前诊断，确诊21-三体78例、13-三体7例、18-三体18例。全市完成新生儿多种遗传代谢病筛查71663人，发现初筛阳性儿童4525例，确诊先天性甲状腺功能低下症62例、苯丙酮尿症1例、葡萄糖-6-磷酸脱氢酶缺乏症281例、先天性肾上腺皮质增生症1例、新生儿串联质谱遗传代谢性疾病22例。完成新生儿遗传性耳聋基因检测71756人，发现初筛阳性儿童3291人。全市完成孕前优生健康检查36342人，目标人群覆盖率108.16%；完成免费婚前医学检查56163人，婚检率88.56%；叶酸服用率98.56%，服用依从率94.16%；参与省免费新生儿先天性心脏病筛查试点项目，率先开展先天性免疫缺乏病筛查项目，完善新生儿听力筛查信息系统开发。　（本栏撰稿　刘翔燕）

卫生监督执法

【概况】 2021年，长沙市卫生健康监督执法工作以重点难点问题为导向，抓住信息化建设和卫生监督多元化改革机遇，不断创新监管体制机制，全市卫生健康综合监督执法水平和能力稳步提升。长沙市卫生健康委被评为“全省卫生健康综合监督工作先进单位”“长沙市食品安全工作优秀单位”，医疗服务多元化监管作为试点城市在全国会议上作典型发言；长沙市卫生计生综合监督执法局被评为湖南省卫健委“依法办事示范窗口”、湖南省卫健委“七五”普法先进集体、长沙市普法工作先进集体、长沙市十大典型行政执法案例，全市行政执法案卷质量评查优秀单位，行政执法全过程记录制度被评为典范并在全市推广，综合监督执法工作和食品安全工作在全省工作会议上作典型经验交流发言。全市办理各类卫生违法案件1396件，其中一般程序案件1083件，吊销“医疗机构执业许可证”6起，吊销“医师执业证书”4起。3个行政处罚案件分别获“湖南省卫生健康监督执法案例”一等奖和二等奖。

【监督执法体系建设】 2021年，长沙市推进监督机构规范化建设，完善市、县、乡、村四级监督执法体系。开展医疗服务多元化监管试点。通过强化行业自律，加强部门联合执法，探索“专家+监督”方式和精准普法模式，推进智慧卫监信息化建设，完善工作制度，开展法治医院创建和警示教育等举措，进一步规范医疗服务市场秩序，全行业、全过程监管理念进一步深入人心，机构自治、行业自律、政府监管、社会监督相结合的多元化综合监管体系初步建立，各方齐抓共管的工作格局初步显现。

【医疗执业监督】 2021年，长沙市开展打击非法医疗美容、口腔医疗机构依法执业专项整治等行动。全年查处无证行医案件28起，向公安机关移送案件14起。开展扫黑除恶专项斗争。全市出动监督执法人员15595人次、检查医疗机构8843家，收集非法行医、医托等线索58条，办理案件86起，罚没款351.22万元。整治医疗行业乱象。开展近视防治、保健市场乱象、眼科质量和打击“黑救护车”“号贩子”“医托”等专项检查，严厉查处违法违规行为。强化放射卫生监管。开展放射卫生、个人剂量监测等专项检查。全市对56家放射诊疗机构予以行政处罚，罚没款53.57万元。严厉打击“两非”（非医学需要的胎儿性别鉴定、非医学需要的人工终止妊娠）。开展母婴保健、人类辅助生殖技术服务机构等专项检查。全市查处计划生育类案件2起，罚没款27.41万元。

【传染病防治监督】 2021年，长沙市开展消毒产品专项整治工作，全年全市检查各类消毒产品经营、使用单位1771家次，检查消毒产品2807个次，针对消毒产品整治立案查处34宗，罚款金额6.09万元。组织开展新冠肺炎疫情防控卫生监督，着重监督检查医疗机构、“三站一场”、学校、企业等重点场所，配合市疫情防控指挥部开展全市疫情防控工作督查，全市监督检查各类单位4272家次。开展传染病防治监督抽查工作，2021年国家卫生健康监督信息平台下达双随机抽查任务240家检查机构（24家二级以上医院、10家一级医院和206家其他医疗机构），双随机抽查工作按时完结率100%。组织开展2次病原微生物实验室生物安全专项检查，检查单位243家，出具卫生监督意见书64份。加强医疗废物监管。全市检查医疗机构5983家，立案查处117家。针对因医疗废物、医疗污水处置不规范被处罚的医疗机构，开展不定期突击检查，确保工作实效。

【公共场所和学校卫生监管】 2021年，长沙市办理行政处罚案件540起，罚款64.67万元。对全市9139家单位开展量化分级工作，其中A级单位99家。开展公共场所新冠肺炎疫情防控卫生监督、住宿场所专项监督、游泳场所专项监督、爱卫专项检查、控烟专项检查等专项整治。推行公共场所卫生许可告知承诺制，落实“先审批后核查”原则，简化群众办事流程，全市完成2859家许可承诺制办理公共场所卫生许可证的现场核查。加大学校卫生监管力度。组织开展学校传染病防控监督检查、近视防治监督、“三考”保障、校园及周边综合整治、食品安全“护苗”行动、托育机构卫生检查6次专项行动，消除学校卫生安全隐患。

【食品安全保障】 2021年，长沙市检查单位104余家次，出动监督执法人员215人次。实验室检测集中消毒餐饮具样品656批次，合格率98.01%；现场感官检测953套，合格率96.43%。采取多种形式开展食品安全标准跟踪评价工作。各级卫生健康行政部门均在官网链接食品安全国家标准跟踪评价及意见反馈平台，宣传食品安全国家标准和地方标准，并发动相关单位、企业、广大群众通过平台反馈针对食品安全标准的意见和建议。采取问卷调查和座谈访谈等形式及时征集相关食品监管部门、行业协会（学会）、生产经营者等针对食品安全标准的意见和建议。在食品安全宣传周活动期间，宣传相关食品安全国家标准和地方标准。

【饮水安全保障】 2021年，长沙市监督检查集中式供水单位167余家次、二次供水单位1122家次，抽检二次供水样品105批次，合格105批次，合格率100%。监督抽检农村集中式供水单位样品160批次，合格160批次，合格率100%。监督检查其他供水单位如现制现售饮用水563家。严格处罚违法行为，办理生活饮用水行政处罚案件38起，罚没款7.84万元。开展农村集中式供水单位专项检查。重点巡查农村集中式供水单位或设施的水质净化消毒设施的配备与运行、日常水质自检、供管水人员健康体检等情况。开展城区集中式供水单位卫生监督。全市城区范围内有8家集中式供水单位，其中7家市政供水单位、1家小型集中式供水，对城区集中式供水单位持续实施季度监督模式，开展针对性监督指导。推进学校分质供水卫生许可工作，以市政供水为原水，取得分质供水卫生许可的学校由2020年年底的401家上升至524家，许可率93.91%。 （本栏撰稿　张长翊）

中医药事业

【概况】 2021年，长沙市中医药工作以巩固“全国基层中医药工作先进单位”为目标，加强中医药传承创新与发展，提升基层中医药服务能力，强化内涵建设，促进全市中医药事业发展。截至2021年年底，全市有各级各类中医医疗机构793家，其中中医医院17家（政府办6家、社会办11家）、中医门诊部112家、诊所664家（只提供传统中医药服务诊所398家）；全市172个建制乡镇卫生院和社区卫生服务中心均开设中医科和中药房，1320个村卫生室（社区服务站）均有1名中医或能西会中的乡村医生。在深入学习贯彻中央、省中医药工作会议精神的基础上，长沙市先后出台促进辖区中医药事业发展的具体举措。市委、市政府出台《关于促进长沙市中医药传承创新发展的实施意见》，将工作任务分解到各县（市、区）政府和各部门。市政府办公厅出台《长沙市中医药服务“基层惠民”工程实施方案》，制定一系列支持中医药事业发展的具体措施和方案。从2022年起，市财政将市中医药事业经费从500万元增加至1500万元，用于支持中医药事业的发展。市卫生健康委联合市医保局、市财政局出台《关于医疗保障支持中医药传承创新发展的若干措施》，涉及医保支持中医药政策13条。召开全市中医药工作联席会议成员调研座谈会。副市长刘明理带领10余个政府部门调研中医药工作。

【基层中医药建设】 2021年，长沙市推进中医馆民生实事项目。支持乡镇卫生院和社区卫生服务中心的中医馆改扩建项目15个，100%的乡镇卫生院和社区卫生服务中心均建有中医馆，有场地、有人员、有设备，能够开展6类10种以上中医药适宜技术；100%的社区卫生服务站和90%以上的村卫生室能够规范开展4类以上的中医药适宜技术，开展中医药知识和方法宣传，营造良好的中医药氛围。市级举办中医药适宜技术培训班1期，开展15种以上的中医药适宜技术和20种基层常见病多发病中医诊疗技术培训。雨花区、芙蓉区、望城区、浏阳市、宁乡市、长沙县卫生健康局分批分层次各举办1期中医药适宜技术培训。加强中医药特色人才培养。组织实施中医类别全科医生转岗培训项目，市级培训58人通过考核，选送乡镇卫生院和社区卫生服务中心的中医医师32人继续参加省局组织的全科医生转岗培训。市级依托湖南中医药大学中医学院组织开展西学中培训228人，浏阳市联合开展西学中培训72人，培养一批业务素质较高、具有发展潜力的中西医结合人才。

【中医药传承创新】 2021年，长沙市鼓励研发院内制剂。《中华人民共和国中医药法》实施以来，长沙市医疗机构应用传统工艺配置的中药制剂实行备案管理，市级财政给予2万~10万元的经费补助。开展传统中药技能竞赛。联合市总工会、市人力资源和社会保障局、市市场监管局开展长沙市第二届中医药传统技能竞赛，分为医疗卫生组、中药饮片生产企业组参加比赛，各设一、二、三等奖，第一名获“五一劳动奖章”和“市岗位能手”称号。加强重点专科建设。加强2个国家级重点专科、16个省级重点专科和6个市级重点专科建设；加强心脑血管病、脾胃病、肾病、肿瘤、中医儿科、皮肤科、妇科等中医优势专科建设；加强国医大师孙光荣浏阳传承工作室、石学敏院长专家工作站与省、市名中医传承工作室有机衔接。开展中医经典病房和中西医协同试点。制定中医经典病房、中西医协同科室建设标准，在长沙市中医医院、浏阳市中医医院开设中医经典病房（床）试点；在长沙市第一医院、市妇幼保健院、浏阳市人民医院、长沙县妇幼保健院各遴选1个科室开展中西医协同特色科室建设试点，建立中西医多学科诊疗机制。加强医联体建设。市县级中医医院加强中医医联体和县域医共体建设，3个二级中医医院开展对口支援工作，市中医医院与芙蓉区卫生健康局建立中医联盟，中医医师定期下基层坐诊。县级中医医院共建紧密型医供体16个，医联体81个，专科医联体39个。持续对中医医疗质量安全监管。加强新冠肺炎疫情常态化防控工作，加强中医医院预检分诊、发热门诊、感染性疾病、呼吸和急诊、重症医学等科室建设和管理。加大医院感染培训管理，加强对中医医院的院感督查和应急演练，确保有效应对突发公共卫生事件。

（本栏撰稿　许　佳）

医政管理

【概况】 2021年，长沙市医疗管理工作推进疫情防控，并推动医疗质量和服务提升。在抗疫斗争取得重大战略成果的同时，继续实现医疗核心工作“三升一降”，即全市医疗服务质量得到持续提升、老百姓就医满意度提升、全市医疗秩序稳步提升、全市医疗纠纷及安全事件不断下降。长沙县妇幼保健院和浏阳市妇幼保健院通过湖南省卫健委二级妇幼专科医院评审，长沙县精神病医院和望城区精神病医院通过二级精神病专科医院评审。（陈　胜）

【新冠肺炎医疗救治】 2021年，长沙市作为湖南省会城市，承担省、市两级医疗救治任务，确定长沙市第一医院作为湖南省、长沙市两级定点新型冠状病毒肺炎定点救治医院，在后疫情时期一直担负湖南省境外输入及长沙市本土病例任务。自从2021年1月1日以来收治确诊新冠病例74人、无症状感染者71例，其中重型3人、复阳病例19人、排查病例76人，治愈率100%，实现“在院确诊病例全部清零、全体医务人员零感染、院内零交

2021年11月10—11日，长沙市举行2021年长沙市第二届中医药传统技能竞赛　市卫生健康委 供图

叉感染”3个清零目标。（陈　胜）

【医疗服务体系建设】　2021年，长沙市医疗核心竞争力不断增强。长沙县妇幼保健院和浏阳市妇幼保健院通过湖南省卫健委三级妇幼专科医院评审，长沙县精神病医院和望城区精神病医院通过二级精神病专科医院评审，长沙市第一医院呼吸内科通过省级临床重点专科复评验收，长沙市第三医院呼吸内科、长沙市第四医院普通外科通过市级省临床重点专科复评验收，浏阳市人民医院呼吸内科通过县级省临床重点专科复评验收。完善院前急救体系建设，增设急救站点、缩短急救半径，新增4个急救站点、1个急救分站，组织全市各急救网络医院专业人员培训2394余人次。实施改善医疗服务行动计划，加快推进远程医疗、预约诊疗、日间手术等医疗服务新模式，改善人民群众就医的等待体验、诊疗体验、人文体验和费用支付方式体验。提高疾病应急救助基金补助标准，全年救助547人次、支付293.7万余元。强化医疗服务能力提升。开展培训逾80次，培训人员逾5万人次（含网络培训参加人次）。组织开展2021年“中国医师节”庆祝活动，评选“优秀医师”100名、“德艺双馨最美医师”20名，营造尊医重卫良好氛围。（陈　胜）

【医疗机构行业监管】　2021年，长沙市落实“巡查、点评、通报、处罚、约谈”质控管理5项核心制度。组织各质控中心至少开展1次专科督查，重点组织进行重症医学、血液透析、肿瘤化疗专科督查，医院病案首页自查、优秀病历评比等督查活动，对督查情况进行全市通报。年初通报2020年度医疗机构校验结果，暂缓校验（即停业）医疗机构5家，6家机构纳入重点监管对象，11月开展2021年度全市医疗机构校验，对50家一级及以下医疗机构进行现场评分及点评。根据医疗投诉情况，重点约谈投诉较多的医疗机构，共约谈5次，21家医疗机构，约谈后各机构投诉数量明显减少。处理涉嫌医疗欺诈类投诉较多的2家男科医院，长沙博大泌尿专科医院2020年9月予以注销，长沙五洲泌尿专科医院2021年8月予以降级处理。

继续实施《关于加强二级以上公立医院辅助药物临床使用管理工作的通知》，要求各医疗机构遴选编制辅助用药重点监控目录，重点监控目录至少包括各医疗机构上年度消耗金额排序前10位药品中的辅助用药，并实施动态管理，加强辅助用药使用点评和监测，对超常使用的辅助用药实施跟踪监控。规范抗菌药物使用，将抗菌药物指标纳入委直属医院年度绩效考核内容。2021年，全市各级医院住院和门诊患者抗菌药物使用率分别为36.13%和7.5%，抗菌药物使用强度为35.52DDDs。大型设备检查阳性率逾70%。（陈　胜）

【“平安医院”建设】　2021年，长沙市直属（管）13所三级公立医院和14所二级公立医院建立警务室，每个警务室配有至少1名专职民警和若干辅警；全部医疗机构做到统一投诉渠道，部分重点医院设立统一投诉处理中心，做到“一站式”投诉；二级以上医院均设监控室，实行24小时监控，重点医院基本实现医疗场所监控摄像全覆盖，安装一键式报警装置，重要部位安装与110联网的报警装置。重点医院完善“四室”（警务室、投诉接待室、调解室、监控室）建设，并实现投诉室温馨化、调解室人性化、监控室高端化、警务室标准化。发挥省、市、县（市、区）、街道、医院的多级医疗纠纷调解体系，确保医院各类矛盾纠纷化解到位，2021年，长沙医疗纠纷调解中心接待咨询237人次，受理案件89起（其中部省级医院案件37起），调解结案76起，有效化解长沙地区部、省、市各级医院大部分医疗纠纷。（陈　胜）

【血液管理】　2021年，长沙市面对全国多地新冠肺炎疫情反弹及散发局面，统筹做好疫情防控与用血保障工作。通过持续推进精准预约献血，继续开展“抗疫情、捐热血”志愿服务活动、“大学第一课”、企业团体公益活动等，年采供血量实现逆势增长，均创历史之最。全年无偿献血163856人次，采集血液59.23吨，比2020年分别增长8%和11.64%，千人口献血率16.31，持续保持全国前列水平。供应临床各类血液品种130.38吨，比2020年增加19.22%。根据新冠肺炎疫情联防联控机制及省、市部署要求，集合全省力量，采集、调集和供应恢复期血浆4600毫升，多次通过航空、高铁、高速等调配支援陕西、甘肃、贵州、四川等地的医疗救治。组建疫情防控青年突击队，到株洲支援当地核酸检测工作。通过开展核酸检测、常态审核及临床科学用血督查指导等工作，全年血液检测零差错、血液供应零事故，及时安全供应全市临床用血。协助临床完成疑难血液检测和基因检测1.1万人份，辐照血液稳定供应，重启冰冻加甘油红细胞深低温冷冻保存技术，开展小剂量红细胞产品分装，确保稀有血型急症患者和儿童用血需求。（陈　胜）

【实验室生物安全管理】　2021年，长沙市加强实验室生物安全工作，规范新型冠状病毒检测样本运输，加大对核酸检测机构实验室生物安全的督查力度，重点排查人员防护措施、样本采集和运输、样本保藏和处置、实验室废弃物处置、实验室规范消毒等风险隐患，照单整改。做好核酸检测实验室技术评估和生物安全备案工作，指导建设各级各类医疗卫生机构核酸检测实验室92家。

（王开智）

药政管理

【概况】 2021年，长沙市围绕医改总体部署，坚持保基本、强基层、建机制的原则，巩固完善国家基本药物制度的实施，加强医疗机构药品配备使用管理，促进药品供应保障体系建设，确保人民群众基本用药安全。探索新思路、新做法，完善优化全市药政工作，为全市健康事业发展做实事。

【基本药物制度】 2021年，长沙市为进一步贯彻落实国家基本药物制度，加强全市对基本药物制度实施工作的监管，向市财政争取基药经费900万元（由2018万元增加至约2900万元）并将基药考核情况与基层实施基本药物制度补助资金拨付大幅挂钩，组织有关专家对各区县进行基本药物制度绩效考核评价，根据排名激发各区县落实基药制度积极性。结合长沙市实际，将各级医疗机构基本药物配备使用金额占比和基药品种数占比在省级要求的基础上各增加5%，将国家基本药物制度实施落实到位。

【合理用药信息化系统建设】 2021年，长沙市为优化基层医疗机构临床合理用药，将信息化系统与临床路径有效连接，天心区卫生健康局、浏阳市卫生健康局率先上线区域合理用药监测系统平台，平台依托卫健系统内部现有资源，覆盖到所有基层医疗机构（浏阳市覆盖到村），所有临床医生电脑站安装合理用药客户端的方式，在医院信息系统中建立7×24小时的合理用药监控体系，为医生提供实时合理用药监控、分析和提示功能，通过自动收集和有针对性的分析医生站的不合理处方和医嘱数据，确保区域内基层医疗机构、村卫生室的安全和合理用药，降低医疗成本。自上线使用以来，全面有效管控处方和医嘱质量，彻底改变传统用药管理的事后管理方式；建立良好的医患关系，逐步推进药学服务从“以药品为中心”转变为“以病人为中心”。多个区县陆续探索借鉴，岳麓区与航天医院签订接入航天医院审方系统框架协议，信息化系统的建设全面促进基层安全和合理用药工作的发展，弥补基层药师素质不高的短板。

【智慧药房建设】 2021年，长沙市第一医院率先建设智慧化药房，开展智慧化药品管理。门诊智慧药房引进全球最先进的全自动发药机——药品自动存储分发管理系统，实现药品管理、发放等环节的信息化控制。调配每张处方时间为12～15秒。静配中心与住院药房采用省内首创的一体化管理模式，住院药房引进无纸化调剂系统、药品智能存取系统。5月中旬，静配中心全面运行，在15个临床科室开展静脉输液调配服务，配备水平层流台、生物安全柜、配液机器人、全自动视觉贴签机、全自动智能分拣机、自动洗筐机等先进智能化设备。药库完成智能化改造，实现扫码入库、电子标签、二级库房扫码入库。各药房均配备智能精麻柜、温湿度监测系统、自动除湿机，实现药品信息化、智能化、精细化管理，提高药品配发的效率与准确率。

【药学服务门诊建设】 2021年，长沙市中心医院、长沙市第一医院、长沙市第三医院等多家三级医疗机构陆续开展药学服务门诊，设置独立诊室，由不同专业的专科临床药师坐诊，专业领域涵盖抗感染、呼吸、肿瘤、心血管、神经内科、内分泌等，临床药师为患者建立药物治疗管理档案，整理目前用药，进行处方精简、药物重整，同时对生活方式和饮食改进给予专业建议。通过开展个性化的用药教育，帮助患者安全合理地使用药物。基层医疗机构药学服务门诊建设进行中，开福区自2021年下半年鼓励所有基层医疗卫生机构开展药学门诊，为慢性病患者或使用多种药物的患者提供药物咨询、讲解和合并优化药物治疗方案等药学服务，提高药物治疗安全性、有效性、依从性和经济性。全区13家中心均开设药学门诊，为患者提供精准用药教育，指导药品按照正确的使用方法应用，预防药品不良反应发生，减少药源性疾病发生，提高居民的健康意识，提高治疗效益/费用的比值。在降低和节约药物治疗费用、合理利用医药资源等方面取得成效。

【药品保价稳供体系建设】 2021年，长沙市建立短缺药品储备协同调用机制。宁乡市、长沙县成立短缺药品保供中心。基层医院根据“按需及时、提早储备”原则，及时上报该单位短缺药品品种和数量至协同保供中心，短缺药品预警监测中心做好信息评估，筛选临床不可替代药品品种统一公布以后协调供应，确保满足基层医疗急抢救药等短缺药品临床需求。雨花区制订短缺药品目录和储备计划，区卫生健康局制定《雨花区短缺药品保障工作方案》，根据各单位短缺药品品种和需求数量等情况，科学制订区短缺药品目录和储备计划。在当年遴选的药品配送企业中选择规模较大、管理较先进和诚信等级较高的药品企业建立短缺药品储备点，保证短缺药品有效供给。基层医疗卫生机构与建立短缺药品储备点的药品配送企业签订短缺药品保障协议，制定回款的优先保障政策。雨花区卫生健康局每半年考察核实短缺药品储备点短缺药保障情况，如连续2次、2个以上品种短缺药品未配送到位，取消该企业配送药品经费的优先保障资格。

【医疗机构优先使用当地药品】 2021年，为推动使用当地企业产品医疗机构工作，支持园区医药企业发展，浏阳市由浏阳市卫生健康局牵头组织全市医疗机构到园区22家医药企业对接交流，参观药品生产整个流程，了解园区医药企业的诉求，根据园区企业产品调整各医疗机构药品使用目录，在同等条件下优先采购园区基本药物，将园区未挂网药品列入补充议价和备案采购，通过实地考察与座谈交流，园区医药企业了解各级医疗机构的药品采购配送使用政策和用药需求，加强业务对接与协作。全年采购园区药品企业药品3500万元，其中基本药物采购品种与金额占比90%以上，连续3年保持在10%以上速度增长。

【处方流转试点工作】 2021年，为进一步深化公立医院改革，改善居民就医购药体验，提升湖南省医疗健康便民服务水平，根据国务院办公厅《关于促进“互联网+医疗健康”发展的意见》、省政府办公厅《关于促进“互联网+医疗健康”发展的实施意见》等文件精神，长沙市卫生健康委推进处方流转与监管试点工作，选取长沙市中心医院、长沙市第一医院、长沙市第三医院作为处方流转试点医院。全市处方流转试点工作情况整体开展顺利，各试点医院处方流转平稳有序，自平台系统5月基本建设完成以来，3家试点医院均完成系统改造，实现平台对接，并开展不同程度的线上处方流转工作，3家医院医生流转处方权限授权进度不一，市中心医院授权661名，市第三医院授权400名，市第一医院授权500名。自愿进行系统改造与平台联网对接的零售药店（以下简称“联网药店”）有10家（市中心医院4家、市第一医院3家、市第三医院3家）。通过处方流转平台的处方外延服务，将患者需要但该单位药品目录中没有的药品流转到联网药店，提高群众就医购药服务，保障患者用药选择权，实现让处方信息多跑路、群众就医购药少跑腿，在一定程度上增强医生外延处方的可及性，强化医疗机构外流处方的监管，同时强化卫生健康部门、药品监管部门和医疗机构自身对外流处方的监管。

【基层药事管理】 2021年，长沙市各县（市、区）借助医联体、医供体及联点省、市级医院对辖区内基层医疗机构开展以基本药物临床应用指南、处方集及药事管理为重点的全覆盖培训，并加强行政管理人员基本药物相关政策培训。芙蓉区卫生健康局邀请湖南省人民医院药学部专家、长沙市中医医院中药学专家对全区社区卫生服务中心分别开展7次处方点评和专题培训；安排11个政府办中心药学人员，采取分年度、分批次到湖南省人民医院全脱产下临床培训，为期1个月，全年安排11人参加培训。岳麓区成立药政管理技术指导中心，挂靠湖南航天医院。依托湖南航天医院，组织14家街道社区卫生服务中心、乡镇卫生院的分管领导、药剂科主任等相关人员通过开设药学管理培训班、跟班进修、现场业务指导以及打造标准化药事管理等举措，深入基层，全面改善、优化、提升药事管理能力。加强三级医疗机构对基层医疗机构的指导和培训，实现医联体内药学服务的连续化、同质化建设，强化基本药物合理使用和管理水平。长沙县成立临床用药质量控制中心，各县乡医疗机构按层级分配工作职责，在县卫生健康局组织下开展药学管理，统一全县处方点评总结模板、《不合理处方一览表》，优化药事管理与药物治疗学组例会。组建1个县域医共体、5个区域医联体，上下级医联体机构用药衔接政策和责任分工，医联体牵头单位参加各片区基层医疗机构药事管理与药物治疗组季度例会，负责组织领导、统筹推进医联体药品供应保障、处方点评等工作，实现医联体内药品供应保障一体化，提升药学管理、药学服务能力。 （本栏撰稿 凌 轶）

医学科研教育

【概况】 2021年，长沙市医学科研教育工作聚焦高质量发展，统筹推进重点学科建设、科技创新、医教协同、生物安全、人才培养等工作。全市33个医学重点学（专）科发展加快，综合实力增强。2021年各医疗卫生机构立项科研项目248项，其中国家级立项3项、省部级立项79项、市厅级立项166项。

【医学科研】 2021年，长沙市统筹推进重点学（专）科建设。对标先进地区先进做法，对焦新技术新领域发展，对照本学科优势短板，制定33个医学重点学（专）科具有前瞻性、指导性、可操作性的“十四五”学（专）科建设发展规划。以“强内涵、建特色、促品牌”的思路，稳步提升综合医疗服务能力。科研及科普工作取得新成果。2021年各医疗卫生机构立项项目248项，其中国家级立项3项、省部级立项79项、市厅级立项166项。2021年委属医疗机构发表北大核心70篇、科技核心176篇、SCI130篇。长沙市中心医院获湖南省第三届医学技能创新创业大赛二等奖、三等奖；长沙市第一医院获全国妇幼健康科学技术奖二等奖、中国医院协会医院科技创新奖三等奖、第十八届湖南医学科技奖三等奖、2021年度“中国医疗器械创新创业大赛”医工组二等奖；长沙市第四医院开展的“豆蔻年华、生命无价”科普活动被中国科学技术协会评为2021年“全国科普日优秀活动”；长沙市第八医院获2021年度“天地恒一”杯湖南省中医药科技奖一等奖；长沙市妇幼保健院获第四届2021年妇幼健康科学技术奖二等奖、湖南省中医药和中西结合学会“湖南省中医药科技奖”二等奖、第十届湖南省优秀科普作品三等奖、优秀奖。科研伦理及诚信强化管理。加强医疗卫生机构伦理审查及伦理审查组织建设，促进医学学术规范、严谨、求真。在全民健康保障信息平台上备案机构25家。完成全市已发表16275篇论文的学术审查，完成对全市在研789项科研项目审查，均符合基本科研诚信及相关行为规范。科技特派员工作推进。选派24名中青年骨干为市派科技特派员进行驻点扶持，服务年限1年。通过开展科技下乡工作，让更多的优质医疗资源下沉，让老百姓在家门口就能享受到三级甲等综合医院专家的优质服务，就医满意率实现同步增长。

【医学教育】 2021年，长沙市提升住培工作质量。组织做好住培质量评估工作，按照国家住培基地评估标准，评估第一批和第二批国家住培基地基本条件、培训管理、师资管理、培训质量、保障措施等方面，推进住培工作落实。全年住院医师规范化培训计划招录160人，完成147人，完成率91.87%。结业考核169人，通过158人，通过率93.49%。持续巩固强化以"5+3"全科医生规范化培训为主体，以全科医生转岗培训、"3+2"助理全科医生培训、农村订单定向免费医学生培养为有效补充的全科医生人才培训体系。2021年，全科医生转岗培训招录281人，完成率100%；助理全科医生招录63人，完成率100%；农村订单定向免费医学生培养计划招收18人，完成率100%。对长沙市第四医院、浏阳市人民医院、宁乡市人民医院等助理全科医生培训基地进行"回头看"检查，督导培训基地标准化建设和规范化培训。长沙市第四医院增补为全科医生转岗培训基地。

【国际交流合作】 2021年，长沙市加强援非医疗合作，选派优秀医疗队员开展医疗援助。长沙市第一医院、长沙市第八医院、浏阳市中医医院三派兵参加中国第19批援津巴布韦医疗队；长沙市中心医院、宁乡市人民医院三派兵参加中国第23批援塞拉利昂医疗队。 （本栏撰稿　王开智）

健康促进

【概况】 2021年，长沙市贯彻落实《国务院关于开展爱国卫生运动的意见》，出台《长沙市爱国卫生运动委员会关于开展爱国卫生运动的意见》，加强爱卫工作保障，推进新时代各项爱国卫生工作开展。在全省率先出台《长沙市健康村镇建设指南(试行)》，争取相关经费支持，开展健康村镇试点建设工作，第一批选点长沙县金井镇、长沙县路口镇、浏阳市北盛镇、浏阳市大瑶镇、浏阳市中和镇、浏阳市小河乡、宁乡市夏铎铺镇7个乡镇，以及金井镇湘丰村等15个村开展健康村镇试点工作。

【控烟行动】 2021年，长沙市推进长沙市无烟党政机关、无烟医疗卫生机构、无烟学校、无烟家庭、青少年烟草流行监测等工作，成立长沙市爱国卫生工作暨健康科普讲师团，组织第三方暗访督查，启动"无烟青春 健康同行"驻长沙57所高校控烟科普巡展暨深化无烟学校建设活动。全年全市创建无烟党政机关718家、无烟医疗卫生机构281家（其中公共卫生机构29家、二级以上医疗卫生机构97家100%创建）、无烟学校2556所。

【卫生创建】 2021年，浏阳市创建国家卫生城市获国家命名，长沙县通过国家卫生县城复审。长沙市爱国卫生运动委员会办公室在浏阳市组织召开全市爱国卫生工作现场观摩推进会，并分别在宁乡市、浏阳市、长沙县召开卫生创建培训班。全年创建湖南省卫生镇3个、湖南省卫生村31个、湖南省文明卫生单位14个、长沙市卫生镇7个、长沙市卫生村36个、长沙市文明卫生单位24个；望城区靖港镇、浏阳市镇头镇通过省级卫生乡镇复审。

【病媒生物预防控制】 2021年，长沙市创新在全市开展病媒生物防制示范小区和无蚊村建设，城区建设31个示范小区，安装太阳能灭蚊灯300余盏、诱蝇笼1000余个，在长沙县湘峰村试点全省首家无蚊村建设。市区两级组织开展病媒生物防制知识专题培训6次，在"健康长沙"微信公众号和"长沙疾控"微信公众号刊播病媒生物防制知识10余期，邀请《长沙晚报》、长沙电视台进行专题报道。2021年，长沙市通过省爱卫办病媒生物（鼠蟑）密度控制水平B级达标技术评估。

【群众性爱国卫生运动】 2021年，长沙市围绕常态化疫情防控工作，部署开展冬春季爱国卫生运动、第33个爱国卫生月活动等群众性爱国卫生运动，全市开展健康知识宣传、环境卫生整治、病媒生物预防控制等活动500余次。倡导文明健康绿色环保生活方式，市民群众参与文明健康绿色环保生活方式问卷答题逾6万人次，群众健康知识知晓率和健康行为养成率提高。 （本栏撰稿　李挽归）

体　育

SPORTS

编辑　周海波

群众体育

【概况】　2021年，长沙市举办“传承红色基因·践行‘三高四新’”长株潭城市群系列体育赛事。建成200个智慧社区健身中心，打造“城区15分钟健身圈”升级版。推出《激情燃烧红五月，同心奔腾耀三城》等15期主题宣传，开设《乐说体育》栏目，制播10期科学健身节目，打造“全民健身·你我同行”主题宣传列车；望城区、长沙县、浏阳市3县（市、区）文旅广体局、贺龙体育运动学校、体操学校、市羽毛球协会、明德中学、南雅中学、麓山国际实验小学被评为“2017—2020年度全国群众体育先进单位”。

【2021年长株潭城市群系列体育赛事暨湘江马拉松赛】　2021年5月9日，庆祝中国共产党成立100周年“传承红色基因·践行‘三高四新’”2021年长株潭城市群大型体育赛事系列活动启动仪式暨湘江马拉松赛长沙站在长沙橘子洲景区青年毛泽东雕像广场鸣枪开跑。长沙市人大常委会主任谢卫东，湖南省体育局党组副书记、副局长熊倪，长沙市人民政府副市长刘明理等出席活动启动仪式并为比赛鸣枪。比赛起点设在橘子洲景区青年毛泽东雕像广场，终点设在湘江欢乐天街，全长约21.1千米。经过角逐，程乾育以1小时8分13秒的成绩获得长沙站男子组冠军，杨冰洋以1小时20分17秒的成绩获得长沙站女子组冠军。

【2021长株潭融城半程马拉松赛暨绿心乡村生态旅游节】　2021年3月28日在长沙市天心区暮云街道许兴村启动。湖南省体育局党组书记、局长李舜，湖南省文化和旅游厅副厅长尚斌，湖南省长株潭“两型社会”建设服务中心一级巡视员、党委委员、副主任周上游，长沙市人民政府副市长刘明理等出席活动。活动设半程马拉松赛、融城方阵欢乐跑2个项目，3000余名选手参赛。

【2021年宁乡灰汤温泉半程马拉松举办】　2021年5月30日，“红色基因相约灰汤”2021年宁乡灰汤温泉半程马拉松在宁乡灰汤游客中心鸣枪起跑。该次赛事设半程马拉松、迷你马拉松、健康跑、欢乐跑4个项目。湖南省体育局党组副书记、副局长熊倪，湖南省田径运动管理中心主任、省田径协会主席张连标，湖南省田径协会秘书长刘少威等出席活动。经过角逐，管油胜以1小时9分30秒的成绩获得半马男子组冠军，杨冰洋以1小时23分14秒的成绩获得半马女子组冠军。

2021年5月9日，庆祝中国共产党成立100周年“传承红色基因·践行‘三高四新’”2021年长株潭城市群大型体育赛事系列活动暨湘江马拉松赛长沙站在长沙橘子洲景区启动

市体育局　供图

【2021望城湘江穿越跑】　2021年5月29日，2021年长株潭城市群大型体育赛事系列活动之“红色意志”2021望城湘江穿越跑在长沙市望城区鸣枪起跑。该次赛事分男子组、女子组12千米2个组别，从望城区东湖湿地公园出发，终点为靖港古镇，吸引3000余名跑步爱好者参赛。来自贵阳的管油胜以36分30秒的成绩获得男子组冠军，来自湘潭大学大四学生张妮以42分25秒的成绩获得女子组冠军。

【2021“红色庆典”长株潭·中华传统体育国际锦标赛】　2021年6月14日在雨花区石燕湖生态公园举行。赛事设立传统舞龙、传统舞狮、传统鼓艺、传统舞麒麟、传统高桩醒狮等5大项目9个小项，吸引33支队伍，482名运动员参加。来自甘肃的关圣宫龙狮团、福建福州高湖龙狮团、咸阳的秦汉民俗文化传承公司、长沙市雨花区欣农龙狮文化艺术团分别获得高桩醒狮、传统舞狮、传统鼓艺、传统舞龙项目冠军。

【2021长沙县第十届环松雅湖自行车赛举办】　2021年11月27日，“传承红色基因·践行‘三高四新’”2021年长株潭城市群大型体育赛事系列活动“红色忠诚”2021长沙县第十届环松雅湖自行车赛在松雅湖国家湿地公园开赛，来自省内近400名骑友参赛。赛事设山地车男女子精英组和山地车男女子大师组4个组别，比赛全程约30千米。陈贻恩、李思、陈湘源、袁薇分别获得山地车男子、女子精英组和山地车男子、女子大师组的冠军。

【长沙市第23届门球大赛】　2021年11月22—26日在长沙市老年人体育活动中心举行。比赛吸引来自全市各县

（市、区）71 支代表队、700 余名老年人门球爱好者参赛。长沙市体育局副局长苏敏芳宣布开赛。2021 年 6—10 月，市门球协会分别举办“庆建党 100 周年”门球友谊赛、“夕阳红”杯门球赛、庆“建党百年·喜迎国庆”军休杯门球邀请赛、星城联盟“庆重阳·感党恩”门球友谊赛等 7 场赛事，吸引来自全市各县（市、区）、社区百余支代表队、上千人参赛。该次赛事由长沙市老年人体育活动中心、长沙市老年人体育协会主办，长沙市门球协会承办。

【湖南省第十届老年人运动会门球比赛在浏阳举行】 2021 年 4 月 13 日，2021 年湖南省第十届老年人运动会门球比赛在浏阳老年体育健身中心开赛，来自全省 21 支代表队近 400 名运动员参加。比赛设男子五人制、女子五人制团体赛两个组别，衡阳男队和株洲女队分别获得团体冠军。

（本栏撰稿　杨　宇）

竞技体育

【概况】 在 2021 年湖南省锦标赛中，长沙运动员获金牌 239 块，金牌总数和团体总分均居全省第一位；长沙市十运会比赛项目 43 个、总参赛人数逾 3.2 万人，创历年之最，运动员竞技水平和参赛成绩较往届明显提升；长沙勇胜职业男篮俱乐部参加 NBL（全国男子篮球联赛）获全国第 4 名。建立全市统一的青少年赛事体系，在长沙市十运会青少年组比赛中，实现统一报名、统一注册、统一组织；评定市级体育传统项目学校 137 所，安排奖励资金 300 万元，加强对体育传统项目学校和体育后备人才基地的支持保障；县（市、区）加大对青少年“三大球”、游泳等重点运动项目的普及，芙蓉区在全区中小学统一推广游泳项目，预防溺水事故，望城区入选首批“全国县域足球典型县”，天心区被评为“全国青少年校园足球试点县（区）”；出台《长沙市社会体育俱乐部管理暂行办法》。

【中国网球巡回赛（长沙望城站）举办】 2021 年 7 月 11—18 日，中国网球巡回赛（长沙望城站）暨“湘江新区杯”长沙网球公开赛开幕式在月亮岛法网——罗兰·加洛斯红土网球公园举行。国家体育总局网球运动管理中心副主任、中国网球协会副主席黄玮，湖南省体育局党组书记李舜，湖南省人大常委会委员、联工委主任程水泉，中国体育场馆协会委员、湖南省教育厅党组成员、省委教育工委副书记王建华，长沙市人民政府副市长刘明理等出席开幕仪式。该次赛事历时 7 天，特日格乐获得男单冠军，郭涵煜获得女单冠军，吴昊、肖霖昂获得男双冠军，韩馨蕴、叶秋语获得女双冠军。同时，该赛区被国家体育总局网球运动管理中心评为“年度优秀赛区”。

2021 年 7 月 11 日，中国网球巡回赛（长沙望城站）暨“湘江新区杯”长沙网球公开赛开幕式在月亮岛法网——罗兰·加洛斯红土网球公园举行　　市体育局　供图

【中国城市少儿足球联赛长沙赛区】 2020—2021“中国足球发展基金会杯”中国城市少儿足球联赛长沙赛区由国家体育总局青少年体育司、中国足球协会指导，中国足球发展基金会、湖南省体育局、湖南省足球协会支持，全国体育运动学校联合会主办，长沙市足球协会承办。赛事设 U8~U9 男女混合组、U10~U12 男子组 5 个组别，其中 U8~U10 组采用 5 人制、U11~U12 组采用 8 人制；比赛为双循环赛制。赛季设北京市、上海市、重庆市、成都市、广州市、大连市、长沙市、开远市（云南）、西安市、济南市 10 个分赛区。长沙赛区于 5 月 9 日开赛，11 月 14 日闭幕。整个赛季历时 7 个月，56 支队伍参赛，近 900 名运动员和教练员参赛。经过 500 余场比赛的激烈角逐，周南梅溪湖小学、湖南奥星俱乐部、乾进俱乐部、长郡雨外小学和长郡滨江小学分别夺得 U8~U12 各组别冠军。

【长沙举办第十届运动会】 2021 年 4—11 月，长沙市举办第十届运动会。该届运动会设置老年组、成年组、青年组、少年组、公开组 5 个竞赛组别，开展足球、篮球、游泳、田径、武术、围棋等 43 个运动项目比赛，参赛人数逾 3.2 万人，创历年之最。其中，岳麓区、芙蓉区、天心区分列城区金牌榜、总分榜前三名，长沙县名列县（市）金牌榜、总分榜第一名，长郡中学、雅礼实验、雅礼中学分列城区中学金牌榜前三名，长郡中学、麓山滨江、雅礼实验分列城区

2021 年 10 月 21 日，长沙市第十届运动会举行开幕式联排　　市体育局　供图

中学总分榜前三名。

【2021 长沙马拉松线上赛举办】 2021 年 12 月 10—26 日，2021 长沙马拉松调整为长沙马拉松线上赛。比赛设置三大类别，分别为欢乐跑（5 千米和 10 千米）、半程马拉松（21.1 千米）、全程马拉松（42.2 千米）。赛事吸引包含港澳台同胞在内 24 万人报名参赛，20 万余人完赛，完赛率逾 85%。

【2021“薪火传承·中国健康跑”浏阳站举办】 2021 年 12 月 19 日，庆祝中国共产党成立 100 周年“传承红色基因·助力 5A 创建”2021“薪火传承·中国健康跑”浏阳站暨长株潭城市群大型体育赛事系列活动——第七届浏阳市冬季马路赛跑在浏阳市中和镇苍坊旅游区耀邦广场上鸣枪开跑，来自全省的 600 位爱好者参加。该站赛事设 3 大竞赛项目 5 个组别，分别为经典跑男女组、火炬传承跑男女组、传承跑组。曾文波、黄菲分别获得经典跑男、女组冠军；肖琦、何茗分别获得火炬传承跑男、女组冠军。

【2021“湘江新区杯”长沙网球公开赛举办】 2021“湘江新区杯”长沙网球公开赛参照“4+1 赛事体系”，由积分赛（4 站）、年终总决赛（1 站）组成，分别于 4 月、6 月、9 月、11 月、12 月在月亮岛红土网球公园举行。该赛事为长沙市打造的高端业余 IP 赛事［IP（Intellectual Property 知识产权）赛事：指赛事产权及其相关衍生产品］，总决赛积分获中国网球协会认可，纳入全国积分排名。赛事吸引国内外 1740 名运动员参赛，累计举办比赛 2300 场。玉苏普艾力·艾则孜获得男单冠军，张瑞恩获得女单冠军，陆漳武、陈奕达获得男双冠军，马雨桁、唐文曦获得女双冠军。

（本栏撰稿　杨　宇）

体育产业

【概况】 2021 年，长沙市出台《长沙市重点项目教练员、运动员管理办法（试行）》，建立全市各运动项目的教练员、运动员数据库；组织中国式摔跤等 8 个项目 200 余名体育教练员参加国家和省、市级的专业培训，教练员专业素养和执教水平普遍提高；落实 2020 年省锦标赛参赛奖励和 2018—2020 年奥运周期的人才输送奖励。出台《长沙市推进国家体育消费试点城市建设实施方案》，完成年度试点工作任务，举办长沙市首届体育消费节，拉动体育消费逾 1000 万元。设计创办长沙网球公开赛，制定 3 年发展规划，赛事被纳入全国职业网球积分体系；举办中国网球巡回赛（长沙望城站），被国家体育总局网球运动中心评为“优秀赛区”，月亮岛红土网球公园被中国网协确定为“国家网球训练基地”；创新举办长沙马拉松线上赛，巩固长沙马拉松品牌效应；举办 2021 湘江马拉松赛，首次实现长株潭三市同时开跑，成为长株潭三市联合办赛的标杆项目。全市体育产业增加值逾 135 亿元，体育产业增加值和增速均稳居全省第一位；全市完成体育彩票销售总额 14.79 亿元；鼓励社会资本投资体育场馆建设、运营管理、举办赛事，推动“体育 +”融合发展，湖南乐运智能科技有限责任公司获得“全国体育事业突出贡献奖”。

【长沙市全民健身总结大会落幕】 2021 年 1 月 9 日，2020 年度长沙市全民健身总结大会在马栏山运动公园举行。全体领导班子成员出席并为优秀组织承办单位颁奖。县（市、区）文旅（广）体局、优秀社会体育指导员代表及 2020 年度全民健身优秀赛事活动获奖单位等相关负责人参加该次大会。2020 年，长沙市举办社会体育指导员技能比武大赛、市社区广场舞大赛、市直机关工间操比赛、“全民健身日”展演活动、县（市、区）“公仆杯”篮球赛、全民健身挑战日·健康湖南 e 起来（长沙站）等系列赛事活动。市、县（市、区）两级政府、线上线下两条线举办全民健身赛事活动 170 余场，直接参与健身人群 83 万人次。该次大会评选长沙市“杜鹃花”万人广场舞大赛等 10 个活动为“2020 年度长沙市全民健身优秀赛事活动；肖晓华等 100 人为长沙市 2019—2020 年度优秀社会体育指导员；芙蓉区文化旅游体育局等 10 个单位获得“2020 年长沙市县（市、区）优秀品牌赛事活动组织奖”。

2021年7月10日，2021长沙市首届体育消费节在长沙贺龙体育中心举办

市体育局　供图

【2021长沙市首届体育消费节举办】2021年7月10日，长沙市首届体育消费节在贺龙体育中心启动，长沙市体育局和上百家体育企业通过微信小程序“融城体育消费平台”和服务展销会现场派发逾1000万元体育消费券。市民在领取消费券后可以在相应体育场馆、体育培训机构、体育装备用品门店、体育旅游单位消费直接抵扣现金，活动至7月31日。该次体育消费节由长沙市体育局主办，长沙贺龙体育中心、长沙市体育产业协会承办，长沙银行、各县（市、区）文化旅游（广电）体育局协办，旨在通过政府和体育企业线上派发千万体育消费券，线上线下立体化宣传，拉动体育消费。活动期间派发的消费券由两部分组成，第一部分为长沙市体育局提供100万元消费券，券面组成20元/张（10000张）、50元/张（6000张）、100元/张（5000张），市民可在“融城体育消费平台”免费领取，每种优惠券每人限领取一张，先领先得，领完截止。第二部分是参与该次活动的各体育商户提供的优惠券或优惠套餐，总优惠金额逾1000万元。体育消费节推出系列主题活动，包括“千万体育消费券大派送”“体育服务展销会”“全城热练体育文化节”“‘约战星城’足球旅行季”“‘定向夜跑·国潮来袭’橘洲站”“先锋中华‘星晨杯’全国大龄青年业余羽毛球邀请赛”等内容。

【智慧社区健身中心启用】2021年12月27日，2021年长沙市重点民生实事项目智慧社区健身中心启用仪式在开福区湘雅路街道华盛·新外滩小区举行。2021年，长沙市新建200家智慧社区健身中心，其中芙蓉区21家、天心区22家、岳麓区31家、开福区26家、雨花区39家、望城区7家、长沙县23家、浏阳市6家、宁乡市17家、长沙高新区8家。长沙智慧社区健身中心总数230个，在城市社区覆盖率30.3%。

【长沙籍运动员所获成绩】2021年5月9日，2021年全国体操锦标赛暨东京奥运会选拔赛、第14届全国运动会体操资格赛在四川成都举行，长沙市体操学校输送的运动员张博恒在该次比赛中夺得男子自由体操金牌和男子团体、全能2枚银牌。7月23日至8月8日，第32届奥运会在日本东京举行。长沙籍运动员孙文雁获得女子花样游泳双人、女子花样游泳团体2枚银牌；王宇微获得赛艇女子八人单桨有舵手铜牌。第14届全国运动会于9月15—27日在陕西省举行，长沙65名运动员参加比赛，获得5枚金牌、5枚银牌、2枚铜牌。其中，孙文雁获得女子花样游泳双人自选、女子花样游泳集体项目金牌，刘英姿获得射击飞碟金牌，王宇微获得赛艇女子八人单桨有舵手金牌，黄美霞获得田径女子4×400米接力金牌；雅礼女篮刘贝等16人获得篮球五人制女子U19组银牌，陈利斌获得公路自行车男子个人赛银牌，闵喆获得女子水球银牌，张博恒获得体操男子团体、男子个人全能2枚银牌；廖翊、傅翔2人获得男子水球铜牌，张博恒获得自由体操铜牌。10月22日，2021年世界体操锦标赛在日本北九州举行。长沙籍运动员张博恒以自由操、跳马、双杠3个单项第一，吊环、单杠2个单项第二，总分87.981分，获得全能金牌，成为中国第六位男子全能世界冠军。

（本栏撰稿　杨　宇）

人民生活

PEOPLE'S LIFE

编辑　吴丫丫

人口家庭

·生育健康服务·

【概况】 2021年，全年出生人口64259人，符合政策生育率97.78%，出生人口性别比110.23，31家托育机构完成备案登记，其中11家托育机构被评为长沙市托育服务示范单位，全市托位数20655个，千人托位比2.05个；计生家庭特别扶助资金发放到位率和“三个全覆盖”制度落实率均100%；全员人口信息与公安数据匹配率97.36%。

【配套政策】 2021年，长沙市开展基于“七人普”数据的人口形势研究，重点分析“全面两孩”政策实施以来出生人口数量、孩次、性别比等要素的变化趋势，研判长沙市“十四五”期间人口发展趋势。3月和11月，2次组织调查摸底全市托育机构，掌握机构的类别规模、经营形式、收费标准、人员资质等情况。10月，完成全市母婴设施建设情况摸底，建成各类母婴室337个，其中标准化母婴室310个，“两个1万”场所实现应建尽建，地铁站、企业、园区、商务楼宇等基本全覆盖，满足婴幼儿家庭对公共服务的需求。

主动对接协调 8月，市卫生健康委与市财政局、市国资委联合印发《关于明确国有企业国有控股企业独生子女父母奖励金筹资收缴管理有关问题的通知》，明确独生子女父母奖励金收缴工作的部门职责、筹资方式和缴纳程序，理顺困难企业专项补助的申请程序，保障城镇独生子女父母享受奖励制度的权利。10月，市卫生健康委与市发展改革委共同实施“城企联动”专项行动，完成年度托育建设中央预算内投资计划805万元，调整2个普惠托育项目资金160万元，13家托育机构新增965个普惠托位。通过政企校研协作的方式，同步推进《托育机构负责人和保育人员培训大纲》教材研究和婴幼儿照护服务专家库建设。

强化队伍建设 10月，举办为期2天的人口监测与家庭发展业务培训，县乡两级309人参训。12月，组织全市350余家托育机构负责人集中培训3天，采取线上线下相结合的方式，探讨托育机构营销规划、托幼一体化等管理模式，详解婴幼儿营养等专业知识，解读食安、消防等法律法规，促进托育机构规范发展。

【措施落实】 2021年，长沙市开展专项督查。印发《计划生育特殊家庭联系人制度等“三个全覆盖”工作实施方案》，通过数据比对明确重点人群，要求县乡两级全面自查计生特殊家庭“三个全覆盖”落实情况和奖扶惠民惠农财政补贴资金“一卡通”发放情况，市级按比例进行电话抽查933人、问卷调查755份，通报反馈督查结果，要求问题限时清零。

表50　　2021年长沙市人口自然变动情况统计表

地区	年末总户数（户）	年末总人口（人）	全年出生人数（人）	全年死亡人数（人）	年出生率（‰）	年死亡率（‰）	年自然增长率（‰）
总计	2523149	7600387	64259	63682	8.53	8.45	0.08
市区	1374014	3870861	36648	27082	9.63	7.12	2.51
芙蓉区	143270	429701	3049	3084	7.11	7.19	−0.08
天心区	204017	531030	4813	3802	9.18	7.26	1.93
岳麓区	318527	899289	9903	4960	11.31	5.66	5.64
开福区	209734	541024	4734	4517	8.87	8.46	0.41
雨花区	287472	786917	7239	5194	9.36	6.72	2.64
望城区	210994	682900	6910	5525	10.34	8.27	2.07
县（市）	1149135	3729526	27611	36600	7.40	9.81	−2.41
长沙县	287645	833514	7359	6552	8.87	7.89	0.97
浏阳市	413169	1480623	10351	16745	6.97	11.28	−4.31
宁乡市	448321	1415389	9901	13303	6.98	9.38	−2.40

（资料来源：市统计局）

强化日常监管　印发《关于强化全员人口数据质量和信息安全有关工作的通知》，集中开展人口数据清理和规范数据使用，全员人口数据准确率从年初的95.49%提高到97.36%。7月，制定《长沙市2021年托育机构安全监督检查方案》，联合公安、消防、住建等8个部门，抽查27家托育机构，现场交办问题清单，要求所属区县落实管理责任，确保整改实效。10月，按照《关于做好秋冬季托育机构疫情防控工作的通知》要求，开展托育机构卫生监督专项检查，抽查79家托育机构的传染病防控、卫生保健和生活应用水卫生管理等，行政执法人员现场下达整改通知书并要求限期整改到位。

保障财力支撑　落实湖南省卫生健康委人口家庭处《关于加强人口监测项目经费保障的通知》要求，在基本公卫资金中明确人均1元的标准下拨，通过绩效评价保证项目资金的定向投入和规范使用。市级财政对农村奖扶、特扶、城独等7个项目投入12288.92万元，惠及401889人；投入计生特殊家庭住院陪护费20万元，特殊家庭“一键通”居家急救项目试点费28万元，下拨39.46万元专项补贴开展“火把传递”行动的社会组织，对被评为长沙市托育服务示范单位的11家托育机构以奖代补52万元，用于机构完善软硬件设施建设。

【生育服务】　2021年，长沙市破解特殊人员养老难题。在“十四五”规划中，明确将“三个全覆盖”全面纳入“两扶”政策内容，协调民政部门将抚养困难的计生特殊人员全部纳入“三无”和“五保”供养对象，免费入住养老机构提供养老和临终关怀服务。对于其他计生特殊家庭人员优先入住公办养老机构，鼓励民办养老机构对入住的计划生育特殊家庭人员优先优惠。

“火把传递”行动开展　全市17家社会组织签约开展计生特殊家庭“火把传递”行动，各级政府投入300万元惠及特殊人群5300人。在4月国家人口家庭工作电视电话会议和6月全国计生特殊家庭扶助关怀工作现场推进会上，市卫生健康委主任周敏分别以《“三化”融合发展　不断提升计划生育特扶工作水平》和《聚“三社”之力　开展“火把传递”项目　探索特殊家庭帮扶新模式》为题作经验交流发言。

“一老一小”方案整体推进　将《长沙市婴幼儿照护托育服务整体解决方案》纳入市政府《“一老一小”整体解决方案》重要组成部分，明确“十四五”期间全市千人托位数、家庭科学养育指导到位率、婴幼儿照护托育服务体系建设3项整体目标，托育机构登记备案率、社区托育服务覆盖率、普惠性托位占比、财政投入等10项具体措施，以重点任务和保障要素为支撑，建设长沙托育服务升级版。

生育服务登记高效有序　生育服务登记坚持实行“承诺制”和“只跑一次”服务，网上办理、首接责任制等便民举措满足群众需求。各基层单位加强点对点协作沟通和信息共享，实现“让信息多跑路、群众少跑腿”。全年办理生育服务登记53274人（不含手工办证），其中一孩26695人，生育服务到位率99.43%，二孩25636人，生育服务到位率94.95%。

（本栏撰稿　谢　靖）

·婚姻家庭·

【概况】　2021年，长沙市9个婚姻登记机关办理结婚登记40666对，比2020年下降14.52%；离婚登记14805对，比2020年下降38.48%。印发《本市内地居民结婚登记全市通办试点工作方案》，5月1日，启动本市内地居民结婚登记全市通办试点工作。在各婚姻登记窗口对市民开展防范“杀猪盘”诈骗精准宣传工作。2021年12月14日，岳麓区启用新的婚姻登记场地，新场地按AAAA级标准建设装修，至此，全市达到AAA级以上标准的婚姻登记机关7个，其中1个AAAAA级、3个AAAA级、3个AAA级。做好集中登记期间婚姻登记服务保障工作，2021年5月20日，全市办理结婚登记1819对，为2020年结婚登记日均对数的9.6倍，比2020年“5·20”下降33.73%。

（本栏撰稿　陈志伟）

·殡葬管理·

【概况】　2021年，长沙市火化户籍居民遗体47853具，持续巩固长沙市全域强制火化成果，遗体火化率100%。全市有3个殡仪馆、9个经营性公墓、53个乡镇农村公益性公墓。2021年，长沙市市县两级财政拨付3053.38万元用于惠民殡葬支出，26428名已故市民享受包括遗体接运、火化、冷藏、卫生棺、骨灰盒等基本殡葬服务补助和节地生态安葬奖补。部署清明祭扫工作，以市防指名义印发《关于做好疫情期间清明祭扫工作的通知》。联合市文明办印发《2021年殡葬改革宣传月活动方案》，启动“殡改宣传月”活动。联合市文明办、市蓝天办发布《2021年清明节文明祭扫倡议书》。与市林业局等8部门联合印发《长沙市殡葬业价格秩序、公益性安葬设施建设经营及私建硬化大墓、活人墓专项整治工作实施方案》，进一步加强安葬（放）设施违规建设经营和违建墓地整治工作。2021年12月10日，推动市人大修定出台《长沙市殡葬管理条例》。

【《长沙市殡葬管理条例》出台】　2021年12月10日，长沙市民政局推动市人大修定出台《长沙市殡葬管理条例》（以下简称《条例》）。《条例》于2022年9月1日实施。新的《条例》建立基本殡葬服务费用免除制度、节地生态安葬奖补制度、遗体信息管理制度；规范遗体接运管理、太平间管理、殡葬服务管理；启动重新编制新时期殡葬设施建设专项规划；明确“96321”为全市唯一遗体接运服务电话，严禁城区违规搭棚治丧，进一步倡导绿色、文明、低碳、安全祭扫。

（本栏撰稿　陈志伟）

就业创业

【概况】 2021年，长沙市落实稳就业、保就业政策，开展促进就业创新实干督查激励，全年城镇新增就业14.71万人，超额完成目标任务，城镇调查失业率5.1%，为全省最低。

落实政策援企稳岗　延续实施部分减负稳岗扩就业政策，为企业降低失业、工伤保险费9亿余元，支出就业补助资金3.75亿元。出台稳岗留工“暖心八条”，引导4.64万名省外务工人员留长沙安心过年，春节后、三季度通过招工小分队等各渠道分别帮助重点企业招工3万人、5.9万人。与全省51个脱贫县续签劳务协作协议，搭建重点企业与省内118个产业工人培养基地、全市10所中高职院校协作平台。

精准帮扶重点群体　简化高校毕业生求职就业手续，取消入职重复体检，推出“123”进校园服务，实名制帮扶1.37万名离校未就业毕业生。开展“311”就业援助，以及“湘融湘爱”农民工权益保障、平安旅途等服务保障六大行动，全市失业人员再就业11.12万人、就业困难对象实现就业3.83万人、新增农村劳动力转移就业2.02万人，均超额完成目标任务，零就业家庭保持动态清零。

不断激发“双创”活力　完成创业培训5.74万人次，超过“十三五”时期总和，居全省第一位。举办首届长沙创新创业高峰论坛，2名选手分别获全国创业培训讲师大赛湖南省选拔赛一等奖、二等奖。分别新增国家级、省级、市级创业孵化基地1家、3家、20家，扶持创新创业项目349个，发放扶持资金3713.6万元。

着力优化就业服务　加强就业形势监测分析，每季度形成报告，与统计调查部门建立“一对一”联系机制，开展城镇调查失业率模拟试点调查，确保工作前瞻性和主动性。重点创建184个省级充分就业社区（村），打造20个示范性村级就业服务平台。推动成立全省首所“巾帼学院”。举办线上线下招聘活动440余场。推出浏阳烟花爆竹制作工等特色劳务品牌。

【创业孵化基地】 2021年，长沙市湖南知众创业孵化基地被评为国家级创业孵化示范基地，湖南麓谷国际医疗器械产业园等3家基地被评为省级创业孵化基地，新增20家市级孵化基地。截至2021年年底，长沙市有国家级、省级、市级创业孵化基地分别为4家、18家、79家。

【长沙“暖心八条”稳岗留工】 2021年2月，长沙市政府发布《长沙市“迎新春送温暖、稳岗留工”专项行动工作方案》，针对就地过年的农民工等务工人员及医用物资生产等重点企业，通过派发留长礼包、过年福利等“八大暖心”举措，确保农民工等务工人员实现就地过年有关怀、企业开工复工有保障、农村劳动力等重点帮扶群体节后务工有支持。截至3月底，在政策的撬动和影响下，留长沙过年的外省务工人员4.64万人，占总人数的1/3，发放补贴资金3026.9万元。

【《关于进一步优化就业服务规范人力资源市场管理有关事项的通知》印发】 2021年6月，长沙市人力资源和社会保障局践行“我为群众办实事”，联合市教育局、市卫生健康委印发《关于进一步优化就业服务规范人力资源市场管理有关事项的通知》，从简化就业手续、取消重复体检、丰富公共就业服务、提升职称工作效率、规范人力资源市场管理5个方面进一步简化劳动者求职手续，优化人力资源市场管理，提升人力资源市场活跃度。一方面，简化就业手续，特别是初次就业手续。对非公有制单位接收应届高校毕业生，取消由所在地公共人力资源服务机构在就业协议书上签章环节；报到证不作为接收流动人员人事档案的必备材料；对初次就业的流动人员取消办理转正定级手续等。另一方面，丰富公共就业服务，线上线下同时开展各类就业服务活动，实现“月月有招聘活动，时时有就业服务”。搭建全市职称在线核验平台，实现专业技术资格跨地区互认。畅通各类职称申报渠道，实现所有从事专业技术工作的人员均可根据其学历、资历申报相应职称。加强人力资源市场整治，促进公平就业，进一步规范网络招聘，保护劳动者合法权益。同时，文件就毕业生关注的求职重复体检的问题作出明确规定：从2021年6月起，长沙市管理的各高校取消毕业体检环节；市内用人单位录用高校毕业生，常规入职体检结果在有效期内互认，不得要求劳动者入职重复体检。

2021年10月20日，湖南女子学院与长沙人才集团签约共建湖南首所“巾帼学院”。图为“巾帼学院”共建签约、揭牌仪式　　市人力资源和社会保障局　供图

【《焦点访谈》报道长沙招工小分队和大学生创业服务工作】 2021年2月18日，长沙市2021年度“春风行动”赴外援企招工出发仪式在长沙市人力资源和社会保障局举行。派出29支援企招工小分队到省内42个县招聘，各渠道带动企业招聘3万余人。中央电视台《焦点访谈》栏目中国答卷决战脱贫专题宣传，点名报道长沙招工小分队的工作。8月16日，中央电视台《焦点访谈》栏目以湖南女子学院2021届本科毕业生肖思嘉的创业故事为切入点，讲述长沙市通过SYB创业培训、创业孵化服务、创业专家辅导等方式服务大学生创业的典型经验。

【湖南省产业工人定向培养基地服务重点企业劳务对接座谈会】 2021年5月21日在浏阳市举行。活动由长沙市人力资源和社会保障局、浏阳市人民政府、浏阳经开区管委会主办，省人力资源和社会保障厅党组副书记、副厅长、一级巡视员黎石秋出席座谈会并讲话，省就业服务中心党委书记、主任周光明，以及省、市人力资源和社会保障部门相关负责人、浏阳市政府、浏阳经开区管委会领导参加活动。15个劳动力输送重点县人力资源和社会保障局负责人和118个产业工人定向培养基地（乡镇）负责人300余人参加。座谈会上，浏阳市介绍服务重点企业用工的经验做法，省内产业工人定向培养基地石牌镇和低庄镇以及劳务输出大县永顺县作交流发言。与会人员共同到长沙市重点企业蓝思科技开展现场劳务协作对接。劳务协作从2016年试点对接湘西州，到2017年拓展至16县，2018年覆盖全省51个脱贫县，再到2021年与全省118个产业工人培养基地（乡镇）对接协作，实现从试点到全省、从市州到区县、乡镇的深入对接。2016年以来，劳务协作辐射带动逾60万人次到长沙就业。

【长沙创新创业高峰论坛】 2021年6月3日，长沙创新创业高峰论坛暨第三届马兰花全国创业培训讲师大赛长沙市选拔赛启动仪式在马栏山视频文化园举行。湖南省人力资源和社

2021年6月3日，长沙创新创业高峰论坛暨第三届马兰花全国创业培训讲师大赛长沙市选拔赛在马栏山视频文化园举行　　市人力资源和社会保障局　供图

表51　　长沙市年末分行业单位从业人数统计表

单位：人

行业	2005年	2010年	2015年	2020年	2021年	2021年比2020年增长(%)
总计	729738	1105562	1304623	1425867	1550531	8.7
按行业分						
（一）农、林、牧、渔业	3004	505	1062	1257	1559	24.0
（二）采矿业	11610	9954	3804	469	521	11.0
（三）制造业	168420	305091	372613	278974	333569	19.6
（四）电力、热力、燃气及水生产和供应业	7573	16147	8133	8917	42093	372.1
（五）建筑业	122285	169912	241895	217543	209717	−3.6
（六）批发和零售业	45294	66543	79853	84543	86191	1.9
（七）交通运输、仓储和邮政业	30442	28120	49916	70740	70438	−0.4
（八）住宿和餐饮业	31889	44017	35210	33974	36154	6.4
（九）信息传输、软件和信息技术服务业	10518	16945	22901	34836	42288	21.4
（十）金融业	23398	53141	64388	95210	92087	−3.3

续表 51

行业	2005 年	2010 年	2015 年	2020 年	2021 年	2021 年比 2020 年增长（%）
（十一）房地产业	23064	41564	48848	62936	61357	-2.5
（十二）租赁和商务服务业	16334	21333	28772	40013	66350	65.8
（十三）科学研究和技术服务业	24270	38114	45681	62069	69043	11.2
（十四）水利、环境和公共设施管理业	7530	17171	10618	14231	14136	-0.7
（十五）居民服务、修理和其他服务业	2417	5205	5447	7461	8011	7.4
（十六）教育	83364	109835	101389	182289	180155	-1.2
（十七）卫生和社会工作	34838	57216	68254	86545	90966	5.1
（十八）文化、体育和娱乐业	15737	19224	22307	23672	25062	5.9
（十九）公共管理、社会保障和社会组织	67751	85525	93532	120190	120836	0.5
（二十）国际组织	—	—	—	—	—	—

（资料来源：市统计局）

会保障厅党组成员、副厅长焦华芳，省政协常委、长沙市政协副主席彭继球出席活动并讲话。市委组织部副部长，市人力资源和社会保障局党委书记、局长张白云出席活动并致辞。马栏山视频文创园管委会主任黎明以及盘古智库理事长易鹏、优客工场董事长毛大庆、大汉集团董事长傅胜龙、湖南茶悦餐饮创始人孙翠英等嘉宾出席活动。长株潭三市就业创业部门负责人，长沙市各县（市、区）人力资源和社会保障局创业工作分管领导及相关负责人、部分企业家代表、各创业培训定点机构负责人、部分创业培训讲师 300 余人参加活动。活动以“‘三高四新’领头雁 ‘守正创新’看长沙”为主题，由市人力资源和社会保障局主办、马栏山视频文创园协办、市创业指导中心承办，主要围绕创业精神培养、创业人才引育、创业环境优化、创新城市发展等课题，通过学术研讨、实地考察、战略签约等形式，汇聚创新资源、凝聚创新力量、集聚创新优势，助力长沙经济社会高质量发展。

（本栏撰稿　李敏楚）

移民开发

【概况】　2021 年，长沙市收到各类移民资金 8279.64 万元，其中：用于大中型水库移民直补资金 2483.94 万元（直补人口 41399 人），淹地不淹房的连带影响人口口粮补贴 95.97 万元（涉及人口 5756 户），用于移民后扶项目建设 5624.73 万元（实施移民项目 403 个），用于监测评估、信息系统建设等专项资金 75 万元。完成 2019 年 8 个重点移民村建设验收，加快推进 2020 年 7 个重点移民村建设，确定 3 个移民村纳入 2021 年整村推进重点移民村建设。全年编制 5 个批次的移民项目计划，申报移民项目 403 个，包括农田水利配套、道路交通、安全饮水、搬迁安置、新农村建设、移民培训、生产开发等项目，涉及移民资金 5624.73 万元。

【新建水库移民搬迁安置】　2021 年，长沙市完成湘江长沙综合枢纽工程 29.7 米正常蓄水位移民安置终验工作。完成宁乡市大坝塘水库“禁建通告”下达。推进湖南省椒花水库工程移民安置工作，批复下达椒花水库移民搬迁安置资金年度计划。

【移民培训】　2021 年，长沙市开展各类移民就业技能培训，培训移民 1295 人，其中中长期职业教育 312 人、短期就业技能培训 110 人、自主培训 13 人、农业技能培训 860 人。推荐 35 人参加省库区移民事务中心举办的各类移民培训班。

【重点移民村建设】　2021 年，长沙市验收的 8 个重点移民村长沙县金井镇金龙村、望城区靖港镇格塘村、浏阳市普迹镇新街村、永和镇铁山村、沙市镇赤马村、宁乡市沩山乡祖塔村、黄材镇石狮庵村、岳麓区雨敞坪镇泉水湖村，因村施策、因地制宜发展主导或特色产业，带动移民增收，推动壮大村集体收入。　（本栏撰稿　刘铁伟）

收入消费

【城镇居民生活状况分析】　2021 年，长沙城镇居民人均可支配收入

62145元，比2020年增长7.2%；城镇居民人均消费支出41324元，比2020增长5.6%。

居民收入　工资性收入稳步提升。长沙城镇居民人均工资性收入34834元，比2020年增长7%，占城镇居民人均可支配收入的比重56.1%，对收入增长贡献率54.9%，是拉动居民可支配收入增长的主要来源。工资性收入稳步增长主要因素：就业形势向好。全年全市城镇新增就业14.7万人，完成年度目标任务的110.6%；城镇调查失业率保持全省最低。就业服务优化。开展线上援企招工“春风行动”、高校毕业生就业服务季等活动，推行零就业家庭援助“三级响应”服务，促进劳动力市场供需匹配。人才集聚程度提升。出台《助力“三高四新”战略 铸造“长沙工匠”工程2021年长沙市职业技能提升行动实施方案》，发挥专账资金效能。落实“人才政策22条”，长沙“人才高地”集聚效应显现，带动人才活力促进经济发展。经营净收入持续增加。长沙城镇居民人均经营净收入8094元，比2020年增长6.9%，占城镇居民人均可支配收入的比重13%，对收入增长贡献率12.6%。经营净收入持续增加的主要因素：不断优化营商环境。出台营商环境优化工程2021年行动方案，并建立营商环境问题工作处理机制，长沙成为营商便利度提升最快的城市之一。着力帮扶经营业主。加大减费降税力度，聚焦企业筹资问题，进一步激发经营市场活力。加快复苏消费市场。出台《长沙市创建区域性国际消费中心城市暨长沙市消费升级三年行动方案（2021—2023年）》，促进各类消费市场提质升级；组织开展四季促消费活动，实现客流和营收双提升。财产净收入稳中有增。长沙城镇居民人均财产净收入7846元，比2020年增长5.7%，占城镇居民人均可支配收入的比重12.6%，对收入增长贡献率10.2%。财产净收入增长的主要因素：居民存款余额不断增加。截至2021年年底，全市金融机构住户存款余额8311亿元，比年初增长9.8%，拉动居民利息收入增加。房屋租赁市场升温。长沙外来人口增长较快，城镇老旧小区改造、新增学校和大型建设项目等，推动房屋租赁市场发展，长沙居民消费价格指数显示2021年租赁房房租比2020年增长2.4%，长沙城镇居民出租房屋方面的财产净收入增加。投资理财渠道拓宽。城镇居民家庭投资理财渠道不断拓展，各种理财产品、保险、黄金等，带动居民财产性收入增加。转移净收入增长较快。长沙城镇居民人均转移净收入11372元，比2020年增长8.9%，占城镇居民人均可支配收入比重18.3%，对收入增长贡献率22.3%。转移净收入较快增长的主要因素：居民养老保险基础养老金和企业退休人员养老金实现“16连调”。从2021年1月1日起，居民基础养老金

表52　长沙市城镇居民家庭生活调查主要指标统计表

指标	单位	2021年	2020年	2021年比2020年增长（%）
一、调查户数	户	570	570	0.0
二、平均每户人口	人	3.19	3.28	−2.7
平均每一就业者负担人数	人	1.96	1.96	0.0
三、人均总收入（未扣除生产费用）	元	70762	67577	4.7
人均可支配收入	元	62145	57971	7.2
四、人均消费支出	元	41324	39133	5.6
（一）食品烟酒	元	11076	10568	4.8
（二）衣着	元	2623	2522	4.0
（三）生活用品及服务	元	2992	2890	3.5
（四）医疗保健	元	2904	2922	−0.6
（五）交通通信	元	4516	4627	−2.4
（六）教育文化娱乐	元	8523	7180	18.7
（七）居住	元	7754	7567	2.5
（八）其他用品和服务	元	936	857	9.3

（资料来源：国家统计局长沙调查队）

由每人每月208元调整为218元，退休人员养老金月人均增加128元。在全国率先实施城乡低保一体化，城乡低保标准统一为750元，增幅15.4%。持续实施急难、医疗、住房、就业和基本生活“五帮扶”措施，探索城市特殊困难群体帮扶路径，确保城镇重点群体转移性收入稳步增长。

居民消费　2021年，长沙城镇居民人均消费支出41324元，比2020年增长5.6%。八大类消费支出呈现“六增二降”格局，除交通通信、医疗保健消费支出增速略有下降外，食品烟酒、衣着、居住、生活用品及服务、教育文化娱乐、其他用品和服务六类消费支出均保持不同程度增长。2021年，长沙城镇居民家庭食品烟酒、衣着、居住等生存型生活消费支出21453元，比2020年增长3.9%，拉动城镇居民生活消费支出增长2个百分点，对居民生活消费支出增长贡献率36.3%。从消费结构看，生存型消费支出占人均生活消费支出的比重51.9%，比2020年同期下降0.9个百分点，恩格尔系数由27%下降至26.8%，回落0.2个百分点。在疫情防控常态化管理下，居民消费水平逐步回升，服务性消费需求不断释放。2021年，长沙城镇居民人均服务性消费支出19395元，比2020年增长8.6%，占消费支出比重46.9%，比重较2020年同期增长1.3个百分点。其中，以在外饮食为主的食品烟酒服务性支出、以鞋服维修保养为主的衣着服务性支出快速增长，增速分别为21.1%和40.5%。得益于疫情防控和经济发展成果，在长沙“网红经济”“夜经济”崛起和线上线下购物节等系列消费活动的推动作用下，长沙文旅消费、美容美发等其他用品和服务市场持续升温，居民发展享受型消费呈现快速恢复态势。2021年，长沙城镇居民教育文化娱乐消费支出比2020年增长18.7%；其他用品及服务消费支出比2020年增长9.3%。

城镇居民生活质量提高　居民家庭耐用消费品更加普及。2021年，城镇居民家庭每百户家用汽车拥有量67.7辆，比2020年增加4.2辆，增长6.7%。每百户摩托车、电冰箱、微波炉、彩色电视机、空调、洗碗机拥有量分别为22.1辆、111.4台、61.9台、120.9台、261.1台、4.9台，比2020年分别增长16.7%、3.3%、3.8%、3.1%、3.2%和3.7%。居民家庭信息化程度持续提高。截至2021年年底，长沙城镇居民每百户居民家庭拥有计算机96.1台，其中接入互联网的计算机89.1台，接入率92.7%；每百户居民家庭有移动电话263.9部，其中接入互联网的255.3部，接入率96.7%。　（侯　璇）

【农村居民生活状况分析】　2021年，长沙农村居民收入和消费均实现快速增长。长沙农村居民人均可支配收入38195元，比2020年增长9.9%；长沙农村居民人均生活消费支出27676元，比2020年增长13.3%。

居民收入　随着新冠肺炎疫情形势好转，全市持续加大“六稳”工作力度，落实“六保”要求，推动农业高质量发展，加快乡村振兴步伐，收入持续加快回升。2021年，长沙农村居民人均可支配收入38195元，比2020年增长9.9%。城乡居民收入差距继续缩小。长沙农村居民人均可支配收入增速高于城镇2.7个百分点。长沙统筹城乡协调发展，推进乡村振兴发展，农村居民收入增速持续较快增长，城乡居民收入分配格局持续优化，城乡居民收入差距在不断缩小。长沙城乡居民收入比（以农村收入为1）由2017年的1.72缩小至2021年的1.63，呈逐年缩小态势。2021年，长沙农村居民四大类收入增幅均呈增长态势。就业政策落实到位，为工资性收入稳步增长打下基础。2021年长沙农村居民人均工资性收入23293元，比2020年增长9.8%，对可支配收入增长贡献率60.5%，占人均可支配收入的比重61%，是拉动农村居民可支配收入增长的主要来源。长沙统筹推进疫情防控和稳就业工作，多项政策、多措并举稳定农民工就业。精准服务农民工返岗复工，现场提供“一站式”服务，保障农民工就业创业，保障农村居民工资性收入稳步增长。稳企措施为农村居民经营净收入的恢复提供支撑。2021年长沙农村居民人均经营净收入10972元，比2020年增长8.6%，对可支配收入增长贡献率25.4%，占农村居民人均可支配收入的比重28.7%。长沙通过推进农业供给侧结构性改革，培育壮大新型农业经营主体，推动农村一、二、三产业深度融合，推进农业生产、种植结构调整等方式，粮食稳产丰收，生猪稳产保供各项政策落实落地见效，生猪生产形势总体良好。打造长沙绿茶、宁乡花猪、浏阳油茶、望城蔬菜、小龙虾和花卉苗木六大“一县一特”特色产业集群，现代农业产业链逐步延长，激活农村经济，提升农村居民收入水平。增收渠道的拓宽，助推财产净收入快速增长。2021年，长沙农村居民人均财产净收入由2020年的497元提高至651元，比2020年增长31.1%，为四大类收入增速之首，对可支配收入增长贡献率4.5%。随着居民家庭财富的增加和投资理财方式的增多，理财渠道不断扩展，理财收入成为长沙居民家庭收入的一个重要来源，理财产品、保险、黄金，等等，带动居民财产净收入增长；2021年以来，长沙全域推进乡村振兴发展，持续巩固脱贫攻坚成果，出台推进乡村振兴发展若干政策，乡村经济改善明显，特色产业发展。2021年，长沙村级集体经济收入全部超过20万元，促进农村居民集体分红收入、土地流转收入、房屋出租收入等稳步增长。政策保障发力，为农村居民转移净收入增长提供保障。2021年长沙农村居民人均转移净收入3279元，比2020年增长11.2%，对收入增长贡献率9.6%，占人均可支配收入的比重8.6%。农村社会保障不断完善。长沙以统筹城乡

表 53　　农村住户调查主要指标统计表

指标	单位	2021 年					2020 年
		全市	望城区	长沙县	浏阳市	宁乡市	全市
一、调查户数	户	310	—	—	—	—	310
家庭常住人口	人	1193	—	—	—	—	1153
平均每户人口	人	3.85	—	—	—	—	3.72
二、人均总收入（未扣除生产费用）	元	43769	47542	45169	51331	36252	42031
三、人均总支出	元	41748	42107	43072	43260	37079	37181
（一）消费支出	元	27676	27826	27265	24302	27909	24427
1. 食品烟酒	元	6971	7589	6842	5815	7368	6177
2. 衣着	元	1408	1544	1651	1096	1296	1323
3. 居住	元	5250	5571	5474	4507	4706	4973
4. 生活用品及服务	元	1875	1580	2569	1663	1665	1572
5. 交通通信	元	4617	4089	3819	4402	5084	4441
6. 教育文化娱乐	元	5472	5476	5691	4245	5894	4114
7. 医疗保健	元	1680	1655	991	2174	1537	1471
8. 其他用品和服务	元	403	322	224	399	359	357
（二）生产经营费用支出	元	3981	3988	2981	8646	507	3628
四、农民人均可支配收入	元	38195	41512	40781	40758	34788	34754
五、自有现住房建筑面积	平方米	61.00	—	—	—	—	62.40

（资料来源：国家统计局长沙调查队）

经济社会发展、推进城乡一体化为主线，惠民、惠农政策不断升级；城乡居民养老保险基础养老金、企业退休人员养老金均实现“16 连调”；城乡低保再次提档，全市最低生活保障标准提高到 750 元，特困人员基本生活标准按低保标准的 1.3 倍执行，提升到 975 元；城乡统筹医疗制度进一步完善，为农村居民转移净收入增长提供保障。

居民消费支出　2021 年，长沙农村居民人均生活消费支出 27676 元，比 2020 年增长 13.3%，农村居民消费信心增强，消费持续升级，居民生活质量稳步提升。长沙农村居民消费增长快于城镇。长沙农村居民人均消费支出 27676 元，比 2020 年增长 13.3%，两年平均增长 9.5%，分别比城镇快 7.7 个和 7.2 个百分点，农村居民消费增势较好，疫情对农村消费影响相对较小，下拉效应并不明显。长沙农村居民八大类生活消费支出呈全面增长态势。面对受新冠疫情影响较大的消费市场，农村居民八大类消费均保持正增长，教育文化娱乐、生活用品及服务比 2020 年保持较高增速，增速分别为 33% 和 19.2%，其余六大类消费支出比 2020 年同期均保持稳定长，食品烟酒、衣着、居住、交通通信、医疗保健、其他用品和服务分别增长 12.9%、6.4%、5.6%、4%、14.3%、13.1%。食品烟酒消费成为拉动消费增长的主要动力。长沙农村居民人均食品烟酒消费支出 6971 元，比 2020 年增长 12.9%，对人均生活消费增长贡献率 24.4%，占人均可支配收入的比重 25.2%，为八大类消费支出中贡献率最大。医疗保健支出增速提升。长沙农村居民人均医疗保健消费支出 1680 元，比 2020 年增长 14.3%，增速上升 2.7 个百分点。在疫情的影响下，居民的医疗保健意识提升，口罩、医用酒精、体温计等常用医疗用品及医疗检测费等消费增加，带动医疗保健支出增速提升。农村居民人均教育文化娱乐消费支出 5472 元，比 2020 年增长 33.0%，为近年来最大增幅。主要由于 2020 年教育文化娱乐行业受疫情影响较大，各大教育机构、文化娱乐场所、景点关门歇业时间较长，2021年以来呈现较快恢复增长。交通通信消费支出稳步增长。长沙农村居民人均交通通信消费支出4617元，比2020年增长4.0%，对人均生活消费支出贡献率5.4%，占人均生活消费支出的16.7%。交通消费稳步增长主要归因于家用汽车消费。截至2021年年底，每百户农村居民家庭有55.9辆家用汽车，加上油价不断上调，全年交通费和通信工具用燃料分别增长27.3%和29.8%。提振消费的政策不断出台，衣着消费、居住消费、生活用品及服务、其他用品和服务消费稳步复苏。长沙农村居民人均衣着消费1408元，比2020年增长6.4%；农村居民人均居住消费5250元，比2020年增长5.6%；农村居民生活用品及服务消费人均支出1875元，比2020年增长19.2%；农村居民人均其他用品和服务支出403元，比2020年增长13.1%。截至2021年年底，长沙农村居民平均每百户家庭有洗衣机111台、电冰箱120台、空调181.3台、微波炉31台。

（许　婷）

社会保险

【概况】　2021年，长沙市加强社保体系建设。修定《长沙市城乡居民基本养老保险办法》，在全省率先提高缴费困难群体政府代缴档次。出台被征地农民社会保障改革工作方案，指导宁乡市完成试点任务。推进全民参保计划，全市养老、失业、工伤保险参保人数分别为727.57万人、207.27万人、180.62万人。企业退休人员基本养老金、城乡居民基础养老金实现“17连调”，月人均养老金分别为2691.6元、238.8元。加固基金安全防线。推进民生实事项目。发挥牵头考核作用，对项目建设实行“按月调度”“季度通报”，建立综合评价制度，开展专项督查，省、市重点民生实事项目30项38个指标完成。助力乡村振兴战略。开展农村转移就业劳动者技能培训8.32万人次。累计建成就业帮扶基地、就业帮扶车间310家，全年就近就地吸纳农村脱贫劳动力就业1.05万人。推进区域协同发展。举办长株潭一体化发展人社局长联席会议，三市人社部门共同签订系列合作文件，开展民营企业巡回招聘周、数字化管理师技能培训等系列专项活动，建立拖欠农民工工资“黑名单”共享和联合惩戒机制，推动组建长株潭人力资源产业园联盟。与北京朝阳区人力资源和社会保障局签订人社服务合作协议，在北京联合举办马栏山文创园专场招聘会、长沙人力资源产业园招商推介会等活动。（李敏楚）

【医疗保障】　2021年，长沙市医疗保障局（以下简称“市医保局”）开展新冠肺炎疫情防控工作，履职协助完成核酸检测、疫苗及接种费用的拨付工作，帮助全市重点人群核酸检测近1000万人次。疫苗接种全年支付接种人次1675.76万人，接种费用16757.62万元，疫苗费用82739.48万元。2021年1月，市医保局作为全省医保系统唯一单位被国家医保局授予全国抗疫先进集体荣誉称号。助推乡村振兴战略。出台《长沙市医疗救助实施细则》，加大对困难人群的救助力度。全市累计补助26.61万名重点人群参加城乡居民医保，补助金额7450.6万元。做好脱贫攻坚与乡村振兴的有效衔接，持续实施倾斜支付政策，全市“六重保障”一站式结算医疗费用69207.44万元，报销63884.26万元，综合报销比例92.31%。推进长株潭一体化。主动牵头，联动株洲市、湘潭市召开联席会议，开展长株潭医疗保障一体化建设，通过三方签订《长株潭一体化医疗保障“零距离”合作协议》，实现异地就医、个人账户、协同监管和经办服务的四个“零距离”：异地就医零距离，实现三级定点医院接入联网结算率100%，二级和一级医院实现愿接尽接；个人账户零距离，依托医保电子凭证，实现长株潭三市医保卡异地直接结算；协同监管零距离，组建3市联合基金监管队伍，开展区域交叉检查、飞行检查等协同专项治理行动；医保服务零距离，在三市接壤地区推进“三市通办、一次办好”医保政务服务新模式，以数据通、系统通、业务通促进线上线下深度融合。

推进监管机制建设　持续深化、升级基金监管的“长沙模式”，其中“完善联席会议制度、签订三方合作备忘录，建立反医疗欺诈大数据实验室、引入第三方监管、网格化监管”等创新举措，在国家医保局终期评比中被评为优秀。集中整治有成效。以集中整治和清廉医保为重点，推进打击欺诈骗保工作，对全市所有医药机构实现“全覆盖”检查，检查医药机构2716家，处理520家，暂停协议52家，解除协议19家，向公安机关移送线索3条，追回违规资金1.27亿元。侦破“12·1”系列医保诈骗案，捣毁1个冒用死亡人员身份骗取医保基金的诈骗团伙。涉嫌欺诈骗保的泰和医院、融城医院、丽人妇产医院的26人被采取刑事措施。信息共享有成果。推动全市12个部门针对死亡人员、服刑在押人员等重点数据，建立全市医疗保障基金风险防控数据共享机制，定期从相关部门获取重点数据进行比对统计、筛查疑点数据，并第一时间由医保经办部门进行处理。通过共享机制获取死亡人员和服刑人员参保异常、个人账户划账、享受待遇等疑点数据，各县（市、区）医保部门、公安部门针对数据进行核实，追回死亡后仍超期享受医保待遇5300人548.21万元。整合监管有举措。建立医保基金监管部门联席会议制度，通过医保与市场、卫健，与公安、第三方数据公司分别签订医疗保障基金联合监管合作备忘录、打击欺诈骗取医保基金三方合作备忘录，建立行业监管的医保“大监管”工作格局；由市医保局牵头，从医疗卫生、市场监管、财税监管等部门抽调人员，组成135人的联合监督执法人员队伍和243人的联合监管专家库，参与医保基金监管等工作。在推进集中整治和“清廉医保”专项监督工作中，各行业部门发挥职能优势，抽调专干到全市集中整治办和打击医保诈骗专案工作小组集中办公、办案，保障集中整治等各项工作推进。数据分析有平台。通过市医保局与数据科技公司联合成立医保反欺诈数据中心，公安部门与数据科技公司联合成立反医保诈骗中心，实现医保数据和公安数据的全面比对，对住院期间人员运动轨迹、医保卡使用地理信息匹配，同一居住区集中外出就医等多个项目进行分析；通过建立的医保疑点数据库，实现对重点关注人群、欺诈骗取医保基金嫌疑对象的外出、疾病、就医、用药等信息进行数据跟踪、汇总分析，提升医保基金监管水平。

提升基本医疗待遇　落实国家和省医疗保障待遇政策，完善长沙市多层次的待遇保障体系。提高基本医疗待遇。2021年，职工医保住院起付线调整为全年累计不超过900元，大病互助最高支付限额提高至45万元，降低职工医疗费用负担；提升居民门诊统筹待遇可及度，同时提高慢性肾功能衰竭等3个特门项目的待遇水平，全市居民门诊统筹待遇享受人次240.56万人，比2020年增长21.3%。梳理糖尿病、高血压“两病”患者信息并逐人落实待遇，全市52.41万人享受“两病”待遇，就诊人次162.74万人次，基金报销1.49亿元，位居全省前列。长沙县“两病”的“保障＋管理＋服务”的管理模式，被省医保局推介为国家示范县。提升市级统筹质量。在2020年“五个清单”促统筹的基础上，实现全市基金统收统支、政策制度统一、保障范围统一、缴费政策统一、待遇水平统一、一体化经办管理。将医保业务系统统一切换到省医疗保障信息平台，推进市级统筹区内统一联网、直接结算。探索医保待遇新补充。引导商业健康保险公司开发普惠型商业险，在对广州、珠海等100余个城市的普惠型保险产品进行分析和长沙市数据精算的基础上，在全省率先推出长沙“惠民保”，长沙惠民保参保人数88.48万人；启动探索长期护理保险工作，向上级申请国家试点城市，起草长护险数据分析报告，形成工作方案，草拟实施方案等，确保一旦申报成功即刻落地。

确保医保改革惠民　以重点改革为工作导向，推进全市医保管理创新。推进药品耗材招采工作。组织完成国家第一、二、三、四批及省抗生菌药品261个品种351个品规带量采购药品落地，全市医疗机构完成进度分别为182.86%、88.72%、199.93%、105.11%、321.59%；规范和督促落实带量采购药品货款在线支付结算工作，带量采购货款在线平均结算率85.92%，各项指标均位列全省各地市第一位。出台《长沙市国家组织药品耗材集中采购医保资金结余使用管理工作实施方案》等文件，推进结余留用工作，拨付资金493.11万元。联合市卫生健康委、市市场监管局开展2021年低值医用耗材及检验试剂集中招标采购工作，96017个产品中标，产品价格平均降幅30%，最大产品降幅90%。加强医疗服务价格管理。组织全市各级公立医疗机构、疾控机构参加广东、湖南等11省省际联盟采购，降低核酸检测服务收费标准。开展对市属19家二级及以上公立医疗机构新增特需医疗服务项目的申报工作，组织全市62家公立医疗机构和162家基层医疗卫生机构560人，进行医疗服务价格动态调整监测评估制度工作培训。委托第三方对全市354个基础性医疗服务项目价格和752个三、四级手术项目价格开展成本审核，为下一步调整全市医疗服务价格提供科学依据。编制《长沙市现行医疗服务价格目录（2021）》，规范医疗服务价格行为。改革医保支付方式。推进完善总额控制下按病种分值付费方式、按病种收付费、按床日付费、按人头付费、按项目付费等多元复合式医保支付方式的改革，提高医疗服务透明度。在全国率先启动以“价值医疗”为导向的三级康复治疗医保支付方式改革，出台《长沙市康复病组按价值付费医保支付管理办法（试行）》等文件，建立医、康、护一体的全病程管理体系，通过分级康复合理控制医疗成本，实现医疗机构、患者、医保基金负担“三可控”的良性格局。9月15日，长沙市康复医疗医保支付方式改革专题论坛在上海召开。发挥长沙市作为全国第二批安宁疗护试点城市的示范作用，起草《关于开展安宁疗护住院医疗费用包干结算试点工作的通知》，依托“康复病组按价值付费医保支付方式改革”工作，探索推进安宁疗护住院医疗费用包干结算，满足需长期维持性治疗和护理的患者需求。支持促进中医药发展。出台《医疗保障支持促进中医药发展若干措施》，通过12项具体举措，提高群众中医就医的便捷度，降低群众中医医疗费用负担，满足群众多元化中医服务需求，推动长沙市中医药事业与产业高质量发展，促进中医药传承创新，发挥中医药原创优势。

改善公共服务能力　优化医疗保障公共管理服务建设。经办程序更便捷。全市9家医疗机构开通门诊费用跨省直接结算，完成既定目标；持续扩大一、二级医疗机构异地联网结算接入量，191家医疗机构实现异地联网结算，其中一、二级医疗机构接入152家，占比79.58%；联合民政、人社、公安等职能部门，为全市死亡人员提供户口注销、丧葬补助、医保清算等身后“一件事”联办服务，在方便群众的同时，从源头杜绝死亡人口享受医保待遇的问题；将大学生参保等2个经办事项下放至区县，推动业务办理实现就近办、一次办；将特门药店准入等5个事项纳入窗口办理，放开特门药店数量、地域、面积等限制，全市特门药店扩展到440家，实现171个乡镇（街道）全覆盖。信息平台更全面。采取点对点的业务和技术指导，完成15项编码贯标工作和定点医药机构接口改造，升级医保专网架构，在全市启用全省统一医保信息平台。医保电子凭证全市激活人数逾270万人，激活率34.8%，两项指标均在省内排名第一位；基本完成长沙智慧医保项目建设，长沙智慧医保调度中心建成，工作展示、监管决策、经办服务等业务功能模块投入使用；在“我的长沙”App中增设医保专区板块，并联合长沙市三大连锁药店与“我的长沙”App合作开发全国首创特门药品寄递服务，参保群众足不出户即可享受送药到家、政务办理、业务查询等便民服务。信访调度更顺畅。每月定期对信访风险点进行预测梳理汇总，有针对性地对群众关心的政策咨询及痛点、堵点、难点问题进行重点宣传、提前预警和跟踪处置，全年处理各类信访件8059件，按时办结率100%。（李　斌）

【长沙市工伤预防实训基地揭牌】 2021年9月26日，长沙市举行工伤预防实训基地揭牌仪式暨大演练活动。市工伤保险服务中心、中国建筑第五工程局有限公司共同为“长沙市工伤预防实训基地”揭牌。市工伤保险服务中心、中国建筑第五工程有限公司及广东省工伤康复中心100余人参加活动。长沙市工伤预防实训基地位于长沙市天心区南托街道，内设一个安全文化长廊和六大实景式标准化培训功能区，分别为脚手架及防护设施培训区、模板支架培训区、临电及机械设备培训区、基础设施施工培训区、基坑工程培训区、应急管理及救援培训区，可满足建筑工程行业理论培训、实操培训及应急演练等工伤预防需要。同日，开展首场应急演练活动。除常态化开展工伤预防工作外，长沙市形成2座基地（长沙市工伤预防警示教育基地，长沙市工伤预防实训基地）、1款游戏（长沙市工伤预防游戏）、1套标准（《企业工伤预防管理工作基本要求》）和1项比赛（长沙市“工伤预防在你身边”文创作品征集比赛）等优秀品牌。（李敏楚）

【长沙市修定出台城乡居民基本养老保险办法】 2021年10月21日，长沙市修定出台《长沙市城乡居民基本养老保险办法》（以下简称《办法》），自2022年1月1日起实施，有效期5年。《办法》包括总则、组织机构及主要职责、养老保险费筹集、基本养老保险待遇、转移接续与制度衔接、基金管理与监督、附则7个部分。修定的主要内容为“一扩大两提高三整合”。“一扩大”：扩大参保范围。为维护港澳台在内地（大陆）居住人员的社会保险合法权益，《办法》明确，在本市范围内居住且办理港澳台居民居住证的未就业港澳台居民，可以在居住地按规定参加城乡居民养老保险。“两提高”：包括提高最低缴费档次标准和缴费困难群体代缴档次。根据城乡居民收入增长的实际情况及待遇结构优化的要求，将普通参保人员最低缴费档次由每人每年100元提高至200元。普通参保人缴费标准设为每人每年200元、300元、400元、500元、600元、700元、800元、900元、1000元、1500元、2000元、2500元、3000元13个档次。参保人自主选择缴费档次，多缴多得。缴费困难群体代缴档次方面，结合长沙经济社会发展水平和人平缴费档次，《办法》明确，对城乡“三无”人员、重度残疾人、城乡低保人员、已纳入国家计划生育特别扶助制度的对象等缴费特别困难群体，县（市、区）人民政府按每人每年200元缴费档次给予全部代缴；对其他缴费困难群体，县（市、区）人民政府按每人每年200元缴费档次给予部分或全部补贴，具体标准由各县（市、区）人民政府确定。“三整合”：系统整合长沙市近年来陆续出台的年限基础养老金、老年基础养老金有关规定。为激励符合条件的城乡居民早参保、长缴费、不断保，对长期缴费、超过最低缴费年限的，加发年限基础养老金，标准为参保人员缴费年限累计超过15年，每增加1年，其基础养老金每月增加2元（不含补缴年限）；对65周岁及以上参保城乡老年居民加发老年基础养老金，按照不同年龄段，每月加发5元、10元、20元不等。整合完善丧葬补助金有关规定。丧葬补助金标准为死亡当月当地的15个月的城乡居民基本养老保险基础养老金（不含年限基础养老金和老年基础养老金）。整合转移接续有关规定。《办法》整合明确城乡居民养老保险转移接续中待遇领取地确定、缴费年限计算等有关问题。明确“十四五”期间，在认定农村和城市低保对象时，城乡居民养老保险基础养老金暂不计入家庭收入，体现对困难群众的倾斜。（李敏楚）

社会救助

【概况】 2021年，市委常委会、市政府常务会议专题研究社会救助工作，并以两办名义出台《关于改革完善社会救助制度的实施办法》，在救助体系上，突出统筹城乡发展，突出应对突发公共事件，兜牢兜实基本民生底线。在救助方式上，扩大社会救助服务供给，深化社会救助放管服改革，力求精准、高效、温暖、智慧。在可持续发展上，提升基层社会救助服务能力，强化各级党委政府职能职责，加大资金投入，鼓励改革创新，激励基层干部担当作为。基本形成最低生活保障、特困人员救助供养、教育救助、就业救助、医疗救助、住房救助、受灾人员救助、急难救助、城市特殊困难群体帮扶和社会力量参与的“8+1+1”的救助体系，构筑城乡统筹、分层分类社会救助格局。改革经验被《中国社会报》以《救助服务提质增效 民生温度直抵人心》为题头版头条报道。

探索全流程网上办理　长沙市民政局按照优化政务服务、简化办事流程、强化数据共享的要求，结合长沙市实际业务需求，主动承担“金民工程一期核对信息系统”本地化及驻点开发“救助通”小程序试点。10月20日，市民政局在试点区开福区开展“救助通”和相关业务培训，11月18日，小程序在开福区上线，上线运行的“救助通”可以提供社会救助在线申请、在线签署核对授权、救助对象生存认证、救助情况在线查询、低收入人口申报5项服务。“救助通”上线后，真正实现社会救助“网上办”“指尖办”，给困难群众和基层经办人员提供便利。试点经验被新华社专题报道，2021年12月6日，民政部进行专题调研并召开会议向全国推广。

【残疾人和流浪救助】 2021年，长沙市残疾人两项补贴标准分别提高20元/人/月，执行困难残疾人生活补贴140元/人/月、重度残疾人护理补贴100元/人/月的新标准。全年全市发放残疾人两项补贴1.8亿元，比2020年增长25.87%，惠及困难残疾人67987人、重度残疾人56088人，人数分别比2020年增长1.68%和4.27%。2021年，全年救助流浪乞讨人员11341人次，比2020年增长5.1%；救助支出1234.73万元，比2020年减少16.29%。

【慈善救助】 2021年，长沙市策划实施“福泽潇湘·彩耀星城‘先锋圆梦’”计划，安排福彩爱心资助金100万元，支持12家公益慈善类社会组织开展公益项目，吸引各行业200余名党员志愿者帮助困难群众点亮“微心愿”，惠及受助对象上万人次，涵盖空巢老人、精障人士、自闭症儿童等群体。举办“福彩有爱·‘益’路‘童’行”学雷锋志愿服务活动（第二期），帮扶事实无人领养的困境青少年40名，每人发放爱心福彩资助金2500元，并给予“红色研学之旅”特别体验。举办长沙市专职雷锋志愿者服装捐赠仪式，向全市专职雷锋志愿者捐赠印有福彩LOGO的帽子马甲2700套，总价值20万元，标志着专属于专职雷锋志愿者的统一服装启用。

（本栏撰稿　陈志伟）

社会福利

【概况】 2021年，长沙市落实《未成年人保护法》，建立未成年人保护工作领导小组，成立市未成年人救助保护中心，开展“未成年人保护工作宣传月”“政策宣讲进村（居）”等活动，组织活动1626场次，参加活动的儿童49207人、家长15353人、工作人员6612人。落实《关于进一步推进儿童福利机构优化提质和创新转型高质量发展和实施意见》要求，建成一家理念先进、设施完备、环境优美、功能全面，集养、教、康、治于一体的市儿童福利院，占地面积6.53公顷，规划床位1000张，总体投资3.38亿元，建筑面积4.14万平方米，填补省会长沙的空白。拨付市辖区孤儿、事实无人抚养儿童资金1258.6万元，其中市本级资金639万元，为全市623名孤儿、1170名事实无人抚养儿童提供保障。将村级儿童之家提质改造纳入乡村振兴重要项目，提质改造村级儿童之家35家，申报创建省级示范儿童之家9家，为农村留守儿童和困境儿童提供更加温馨的活动场地和关爱基地。不断提升基层儿童服务团队工作力量，实现村（居）儿童主任津贴发放100%全覆盖，提升儿童督导员、儿童主任培训质量，全年长沙市、各县（市、区）共开展儿童督导员、儿童主任培训11场（次），参训人员逾2000人，培训内容覆盖政策引导、服务技巧、心理慰籍、应急处置、强制报告等理论及操作课程，实用性强、泛用性广，提高儿童专干处置儿童危机事件、保障儿童基本权益、宣传未保政策要求的能力。开展寒假、暑假农村留守儿童和困境儿童关爱服务，寒假期间为明确专人对散居孤儿、事实无人抚养儿童和337名家长未返乡的留守儿童进行帮扶，确保疫情期间农村留守儿童和困境儿童不因自身、家庭和监护困境受到伤害，慰问儿童2359人，发放慰问金113.28万元；暑期全市各级开展活动1809场（次），参与儿童数81906人，其中农村留守儿童和困境儿童10597人。做好暑期学生防溺水专项督查，指导儿童督导员、儿童主任对暑期登记在册的1162名事实无人抚养儿童、2239名留守儿童、269名散居孤儿进行拉网式逐一上门家访。

【福彩公益】 2021年，长沙市福利彩票销售17.71亿元，比2020年增幅8.07%，占全省份额33.9%，筹集公益金5.45亿元，其中市级1.36亿元，纳税3000万余元。发行全市首款本土即开型福利彩票“沁园春·长沙”8000万元。即开票销售3.86亿元，创历史最高，增幅59.62%，居全国省会城市第五位。被评为2021年度全省福彩工作先进单位（第一名）、全国即开票销售亿元城市单位、局系统事业单位年度绩效考核一等领导班子。

渠道建设　编制新兴渠道建设三年实施方案、长沙福彩进商业综合体项目管理试行办法，建成悦方ID、富兴国际、万家丽广场、黄花机场、黄兴南路步行街、喜盈门范城、方圆荟、星沙中茂城8家商业综合体店。制定长沙福彩福潮店招募三年工作方案，按照省福彩中心建设标准，建成福潮店52家，誉为全国最美投注站。全市网点数量发展至1395家，网点开机率99.14%，超全省平均水平10余个点。化解诸多冲击，包括快乐十分游戏停销、大部分业主收入大幅减少、疫情导致关门停业等，有效防范退机潮。长沙县43015023投注站、天心区43014269投注站被中国福利彩票发行管理中心评为全国电脑票百佳销售网点。在全省新兴渠道建设现场会暨三季度市场形势分析会上，作题为《推进亮相强基 践行福彩潮流》的典型发言。

营销宣传　策划实施“福彩快乐8幸运胆拖秀、购彩抽盲盒、即开票手工艺品大赛、销售暖心、千站竞赛、锦上添彩·奖上奖、快乐8全国2.8亿派奖、百店齐乐你正当红、快乐8试点周年庆购套票送惊喜、全国双色球

12亿派奖”等市场营销和“国庆不打烊，五店同庆嗨翻天”、“双11别单着，福彩专属小可爱送福利”、“双色球超级造福节，带你玩转福潮店”、千店齐乐、万人同诵“沁园春·长沙”等线上引流活动。全年运用官抖、官微、快手等新媒体平台拉新引流，开发新客群，官方抖音号吸粉破百万。在“学习强国”学习平台、人民网、新华网、民政部官网、《中国社会报》、中国福彩官微、《国家彩票》等各级主流媒体发布宣传文稿130余篇。

【长沙市“星城有爱·守护未来”未成年人保护工作主题活动】 2021年6月22日在长沙举办。活动由长沙市未成年人保护委员会主办，长沙市民政局、共青团长沙市委员会承办。活动通过播放未成年人保护工作视频宣传片，讲解《中华人民共和国未成年人保护法》修定后的十大变化，并通过侵害未成年人案件强制报告制度宣传片，讲述强制报告制度的必要性。4家全市儿童服务类社会组织分享整合资源做好事实孤儿、失母儿童服务的创新做法。活动现场设置《未成年人保护法》、儿童福利政策、未成年人救助保护中心、儿童督导员儿童主任职责等展板。长沙市人民政府副秘书长戴建文针对做好未成年人保护工作提出3点要求：要进一步认清未成年保护工作的新形势，针对新《中华人民共和国未成年人保护法》增加的章节和变化的内容，务必要抓好工作落实；要进一步奏响未成年人保护工作的大合唱，各相关部门要统筹协作、对标对表，共同推动工作落实到位；要进一步浓厚未成年人保护工作的好氛围，良法需善行，要让更多人、更多领域了解未成年人保护的新要求，需要各部门和全社会的共同努力。

【2021年长沙市民政局儿童督导员培训】 2021年6月21—24日，长沙市民政局举办2021年儿童督导员培训班暨“星城有爱·守护未来”未成年人保护主题活动。活动由长沙市未成年人保护委员会主办，长沙市民政局、共青团长沙市委员会承办。市民政局党委副书记、副局长伍仁华及社会事务处（儿童福利处）全员，局属儿童福利和未保机构工作人员，各县（市、区）民政局分管领导和儿童福利、未保专干，各乡镇（街道）儿童督导员，2021年村级儿童之家提质改造项目负责人和部分儿童服务类社会组织代表288人参加培训。课程内容涵盖儿童督导员职责、长沙市儿童福利政策等。

2021年7月6日，长沙福彩“学党史　办实事　先锋圆梦行动发布仪式”在富兴商业广场举行

市民政局　供图

【长沙福彩“学党史　办实事　先锋圆梦行动发布仪式”】 2021年7月6日在富兴商业广场举行。长沙市人民政府副秘书长戴建文，市民政局党委书记、局长陈昌佳，湖南省福彩中心副主任余慧，长沙市直机关工委委员陈国胜，市民政局党委委员、副局长何飞等出席，活动设党史公益有奖问答互动、万人同诵诗词《沁园春·长沙》、现场观众和全市1000余家销售网点齐刮“沁园春·长沙”本土票、福彩公益文化游戏互动等环节，28万人在线直播观看。出席领导现场为长沙市尚景社会工作服务中心、长沙市天心区怡心家园精神障碍人士服务中心、长沙市雨花区爱萌特殊儿童康复中心、长沙县满天星社会工作服务中心等公益慈善社会组织和党员志愿者代表颁发“先锋圆梦”公益授牌，为长沙首批福潮悦方ID、富兴店授牌，并在5楼福潮富兴店体验本土票。

（本栏撰稿　陈志伟）

住房保障

【概况】 2021年，长沙市住房保障工作、保障性租赁住房工作、租赁管理服务平台建设工作等多次在上级工作交流会上作典型发言。住房租赁试点和住房保障工作在人民网、《中国建设报》、中央电视台新闻、《建设工作简报》、《湖南日报》等网站、媒体推广。建立保障性租赁住房项目联审机制、明确准入标准、支持企事业单位利用自有闲置土地建设保障性租赁住房以及使用“保障性租赁住房”App4项工作被住房和城乡建设部纳入可复制可推广经验向全国推广。

（臧　勇）

【公租房建设】 2021年，长沙市开工建设公租房910套，开工率100%，完成年度目标任务。全年发放租赁补贴6607户，完成6600户的租赁补贴发放任务，优先保障城市基本公共服务行业住房困难职工。印发《关于明确我市“十四五”期间公租房建设管理和准入标准有关工作的通知》和《长沙市政府投资公共租赁住房运营管理办法》。加快审核审批速度，加快资格审核公益性岗位人员。优化保障性住房运营管理机制，强化公租房后续管理工作。（臧　勇）

【住房租赁试点】　2021年，长沙市培育住房租赁企业和市场，盘活存量和闲置住房，全年筹集租赁住房47565套，完成率190.26%。从制定配套政策、房源筹集、资金管理、土地供应、税费优惠等方面出台政策文件39个，形成一揽子政策体系。培育专业化规模化住房租赁企业4家。（臧　勇）

【保障性住房租赁】　2021年，长沙市筹集保障性租赁住房4.35万套。成立发展保障性租赁住房工作领导小组牌了，负责统筹、协调、督促、指导全市保障性租赁住房的建设管理。编制“十四五”住房保障规划，确定“十四五”期间筹集保障性租赁住房不少于15万套。印发《关于加快发展保障性租赁住房的实施意见》，编制并颁布《长沙市保障性租赁住房建设运营导则（试行）》。（臧　勇）

【保障性住房资格审核】　2021年，落实保障性住房资格确认工作，全年办理单位职工住房补贴、经济适用住房保障资格准入、退出、认证等7231户。升级市直行政事业单位职工住房补贴系统，制定《长沙市保障性住房通过手机App线上申请的工作方案》，依托“长沙住房”App，增加住房保障业务申办入口，实现住房保障网上申办。（臧　勇）

【住房公积金管理】　2021年，长沙住房公积金管理中心统筹推进住房公积金在稳增长、促改革、惠民生方面各项工作，实现住房公积金制度高质量发展。2021年，全市新增住房公积金开户单位6376家，新增开户职工32.73万人，完成归集197.21亿元；提取住房公积金107.58亿元；发放个人住房贷款22269户，个贷金额105.06亿元；完成业务收入18.85亿元，实现增值收益9.64亿元。

归集扩面　开展灵活就业人员缴存试点工作。参与住房和城乡建设部第二阶段“灵活就业人员”缴存试点工作，探索建立强制缴存与自愿缴存并行机制，更多新市民等群体纳入住房公积金制度范围内，为城镇化进程中“新市民”住房问题提供新的解决途径。有15978名灵活就业人员开户缴存，已为1845名新市民家庭发放贷款73517.2万元。进一步规范缴存。处理欠缴、未缴住房公积金等有关投诉，通过行政执法新增开户单位12家、1282人，新增月缴存额77万元，执法补缴2268人，补缴金额1649万元。统筹做好常态化疫情防控和业务发展，落实企业缓缴住房公积金等制度规定，助力企业复工复产。

贷款业务　调整政策。出台长沙住房公积金缴存、提取、个人住房贷款管理办法。2月1日起，调整开放武汉、合肥、南昌、九江、黄冈等19个城市异地贷款和湖南省内异地贷款。助力自贸区建设。出台《中国（湖南）自由贸易试验区长沙片区高层次人才申请住房公积金贷款实施细则（试行）》，高层次人才家庭公积金贷款额度最高可放宽至长沙市最高贷款额度的4倍。推进组合贷款。全年发放组合贷款6378笔、31.28亿元。

风险防控　加强依法行政。打击骗提骗贷行为，及时发现并处理骗提骗贷行为47起，阻止并及时追回资金513万元。加强内部管理。定期对业务、财务开展内部稽核，扩大稽核内容，创新稽核手段，将组合贷款等业务纳入稽核范围，并聘请第三方会计事务所开展贷款全覆盖稽核工作。配合做好年度预算执行情况和业务审计，确保审计问题整改到位。持续完善对合作银行及担保公司的业务考核细则，确保合作单位规范履行合作协议。坚持“三重一大”集体决策制度，强化大额资金调动、存储党组集体决策。规范财务管理，构建规范化制度体系，对资金运行过程实施“资金全域管理”和“线上适时调剂”。加强数据治理。加强对数据全过程质量管理，规范数据采集，开展业务培训，解决数据录入不完整、不准确的问题，从源头上提高数据质量。加强数据报表审核，根据业务流程变更，及时调整数据模型。加强信息公开。披露《长沙市住房公积金2020年年度报告》，并进行专题解读，每月推送《热点月报》，主动在官网、服务大厅公开政务服务事项，公示办事流程、办理要件、办结时限，接受媒体、缴存职工监督，推动制度透明运行。

信息化建设　更新核心业务系统。升级更新原有核心业务系统，升级网上业务大厅、中心微信公众号，基本实现内嵌电子化征信报告、在线购房提取、在线还贷提取线上申请功能，新增刷脸登录、开具缴存证明等功能。推广线上服务。新增商业贷款还贷提取等线上业务，支持更多业务在线上办结“一次都不跑”。推广使用“我的长沙”App、政务服务旗舰店、全国住房公积金微信小程序等媒介，升级政务服务自助终端，可在线受理离职、退休提取，进行个人信息查询及签章打印，为缴存单位及职工提供“12329”热线、网上业务大厅、微信公众号、全国住房公积金微信小程序、支付宝等线上服务渠道。截至2021年年底，中心微信公众号关注量95万，注册用户77万，网上业务大厅个人版注册人数26.3万，网上业务大厅单位版签约数2.7万家，使用线上服务渠道的缴存单位及职工数量提升。全年，通过网上业务大厅、公众号受理在线提取业务10.6万笔，审批通过10万笔，金额10.9亿元。推进数据共享。与市民政局、市住建局及13家商业银行对接，初步实现缴存职工婚姻信息、房产信息和商业贷款还贷数据共享，为实现业务全部网上办结提供信息支撑。（郭　婷）

【长沙住房公积金管理中心和省直分中心业务政策统一】 2021年2月1日起，长沙市住房公积金管理委员会统一长沙住房公积金管理中心和湖南省直单位住房公积金管理中心在贷款、提取、归集方面43项具体政策问题，有效解决"同城不同策"问题。（郭　婷）

【住房公积金异地贷款政策调整】 2021年2月1日起，长沙市调整开放长江中游城市群异地贷款，合作公约签约城市包括省会城市武汉、长沙、合肥、南昌以及观察员城市黄石、岳阳、九江、黄冈、株洲、抚州、咸宁、湘潭、宜春、宜昌、荆州、孝感、鄂州、天门、仙桃、潜江；开放省内城市异地贷款。（郭　婷）

【在自贸区会展区块、长沙县政务中心设立服务网点】 2021年5月起，长沙住房公积金管理中心相继在自贸区会展区块、长沙县政务中心设立住房公积金服务网点，共为缴存单位及职工提供17个服务网点。（郭　婷）

【长株潭住房公积金一体化发展合作公约签订】 2021年6月28日，长沙、省直、株洲、湘潭住房公积金管理中心签订长株潭住房公积金一体化发展合作公约，合作事项包含信息共享、住房公积金互认互贷等8个方面，为三地人才流通安居提供政策支持。（郭　婷）

【住房公积金"跨省通办"业务】 2021年年底，个人住房公积金缴存贷款等信息查询、出具贷款职工住房公积金缴存使用证明、正常退休提取住房公积金、购房提取住房公积金、住房公积金单位登记开户、提前还清住房公积金贷款、住房公积金单位及个人缴存信息变更、开具住房公积金住房贷款全部还清证明等政务服务事项实现"跨省通办"。（郭　婷）

【"云抵押"试点】 2021年9月，长沙住房公积金管理中心联合市不动产登记中心，在管理部设立"云抵押"便民服务点，通过人脸识别、电子证照等信息化手段，打通贷款业务"最后一公里"，在线办理抵押登记和抵押注销业务，实现贷款业务"最多跑一次"。（郭　婷）

退役军人事务

【概况】 2021年，长沙市"老首长工作室""浏阳市退役军人就业创业孵化基地"成为长沙退役军人工作的闪亮名片，党史学习教育、部分退役士兵社保接续、退役军人就业创业、烈士云祭扫、退役军人公共法律服务等工作获部、省厅推介。服务保障体系建设持续完善，建成1个国家级、14个省级红色退役军人服务站，县、乡两级服务中心（站），300人以上的村（社区）服务站全部达到国家示范型标准。结合党史学习教育，发挥全市退役军人、军休干部、烈士纪念设施等党史"生动教材"的红色资源优势。创新教育方式，首次组织自主择业军转干部和企业军转干部开展红色教育活动。建设长沙"退役军人志愿服务"品牌，735支退役军人志愿者服务队、9000余名退役军人，活跃在城市管理、扶贫帮困、防汛抗疫等各条战线。强化典型引领，多地组织开展"最美退役军人"学习宣传活动，宣传退役军人在疫情防控、抗洪抢险、基层治理中的故事，在退役军人事务部网站、微信公众号及《湖南日报》、湖南经视、红网等省、市主流媒体累计发稿300余篇（条）。落实"常态化联系退役军人"制度，全市确定先进典型、生活困难、矛盾突出等联系对象11969人，按照"一季一联系、半年一走访"的要求，进行日常联系3.7万余次，对口开展思想工作、实行精准帮扶。退役季开展"返乡第一面"活动，为该年度退役士兵提供车站迎接等"一站式"服务，部分人员返乡当天就办好报到手续，结合思想政治工作要求更新适应性培训内容和方式，帮助退役军人扣好退役"第一粒扣子"。

【政策法规】 2021年，长沙市制定"法律政策落实年"活动实施方案及重点任务清单，梳理出216条具体政策点，逐条明确落实举措、责任单位；印发《学习宣传贯彻〈中华人民共和国退役军人保障法〉工作方案》《关于加强退役军人志愿服务工作的通知》等十余个配套法规政策文件。推动法律政策学习宣传，争取将《退役军人保障法》纳入到国家工作人员"学法考法"范畴，通过发放《退役军人保障法》读本、开展法律政策解读等方式，促进法律宣传全覆盖。

【权益维护】 2021年，长沙市在春节、"八一"建军节走访慰问退役军人若干人次，发放慰问金。落实企业军转干部解困调待和增发生活困难补助费政策，受理1000人次医疗救助和遗属救助申请，拨付救助金。开展企业军转干部解困稳定工作，完成在职企业军转干部全年待遇核算及发放工作，企业退休军转干部医疗救助申报实现"一站式"服务。加强自主择业军转干部管理服务工作，审核发放若干人自主择业军转干部退役金，投入经费落实医疗保险、年度体检等社会保障待遇。继续开展下岗（失业）转业志愿兵和转业士官再就业及生活困难帮扶工作，投入资金，新增再就业帮扶168人次，新增生活解困65人次。设立市级退役军人及其他优抚对象困难援助资金，各县（市、区）按照1∶1配套，帮扶援助若干人。探索以医保托底为主、政府救济为辅、商业保险补充的三级医疗保障体系，为重点优抚对象购买重疾商业险。创新开展公共法律服务，成立退役军人公共法律服务站，安排驻点律师坐班，提供法律咨询、法律援助等服务，受理咨询量1000余起，为退役军人挽回经济损失100万余元。全覆盖推进社保接续工作，实际缴费人数、缴费比例、年缴金额等主要指标位居全省第一位，纳入年度绩效考核、“先垫后返”、小贷援助等经验做法获退役军人事务部推介。

【移交安置】 2021年，长沙市接收计划分配军转干部安置任务若干人，全部安置在党政机关和全额拨款事业单位；接收符合政府安排工作条件退役士兵若干名，分别为事业单位接收、企业岗位、财政保障专项岗位、转灵活就业等；接收军休干部，实现应接尽接。完成随调家属安置任务12名、随军家属42名。完成退役军人党组织关系转接若干人。为符合政府安排工作条件退役士兵发放待安置期生活补助金。为自主就业退役士兵拨付自主就业退役士兵一次性经济补助。

【优待抚恤】 2021年，长沙市制定并下发《长沙市优抚资金使用管理暂行办法》，加强优抚资金使用管理工作。及时足额拨付抚恤经费和医疗补助经费（含义务兵家庭优待金）。完成伤残换证若干人，完成伤残评定若干人。开展享受国家抚恤补助优抚对象年度确认工作，年度确认率100%。开展“关爱功臣送医送药”下乡活动2次，免费赠送药品。开展重点优抚对象短期疗养活动20批次945人次。为军供站、长沙县光荣院等5个优抚事业单位申报2021年优抚事业单位补助资金项目，争取上级优抚事业单位专项补助资金，用于维修改造、添置设备等。

【双拥共建】 2021年，长沙市召开双拥创建工作总结大会，表彰80家双拥模范单位和100名双拥模范个人。组织春节和“八一”建军节走访慰问活动，市四大家领导走访驻长沙部队，对驻长沙部队、消防救援部队及长沙舰送去慰问物资。开展“走边关、暖军心”走访慰问活动，对驻守边关的湖南籍官兵进行慰问，发放慰问物资。为驻长沙部队立功官兵发放奖励。为随军家属发放未就业生活补助。出台《长沙市现役军人和残疾军人优待实施办法》，明确长沙籍立功官兵的具体范围，规范立功官兵喜报送达制度。开通国防教育主题地铁专列“强军号”，着手建设“四方坪·双拥站”，全面拓宽全民国防教育、拓展征兵宣传途径。建设双拥创建示范点，2021年首批验收达标28家，涵盖社区、学校、医院、企业等各行各业，并奖补创建资金。

【就业创业】 2021年，长沙市完成若干名退役军人适应性培训，组织自主就业退役士兵参加职业技能培训，若干名大学生士兵复学，全市公务员考试招录退役军人、公安辅警定向招录退役军人、政府专职消防员岗位若干人。组织退役军人线上线下专场招聘会活动40余场，提供就业岗位4.7万个，达成就业意向2000余人。搭建全省首个市级退役军人就业创业服务平台，为退役军人和有用人需求的企业提供求职招聘、教育培训、创业指导等“一站式”服务。在全省第二届退役军人创业创新大赛上，长沙市9家参赛企业，获全省3个一等奖、2个二等奖、4个三等奖，获奖数量居全省首位，并被省厅评为“2021年湖南省退役军人创业创新大赛优秀组织单位”。落实就业创业优惠政策，全市400余家企业享受税收优惠政策，减免税费1300万余元。

【褒扬纪念】 2021年，长沙市升级建设“长沙英烈云祭扫平台”小程序，在清明节和“9·30”烈士纪念日期间开展祭奠英烈活动，访问量1000万人次，获退役军人事务部官网推介。“七一”建党节前对烈士遗属开展走访慰问活动，组织各县（市、区）对中华人民共和国成立前牺牲烈士、参战牺牲烈士、家庭中有多位烈士的遗属等对象开展走访慰问活动。开展“9·30”烈士纪念日线上线下系列活动，指导湖南革命陵园、望城区、长沙县、浏阳市和宁乡市在烈士纪念日当天开展公祭活动。开展县级以下英雄烈士纪念设施整修，长沙市计划迁移数量162座，就地修缮保护110座。完成迁移157座，就地修缮完成111座，配套项目完成10个（浏阳市），签订保护协议195份。开展烈士纪念设施校核工作，校核烈士纪念设施保护单位6个、烈士陵园14个、烈士纪念设施1617处。

【军休工作】 2021年，长沙市落实军休干部“两个”待遇，分配下拨军休经费，推进完成若干个所（站）政府采购预算项目建设。承办全省“老兵永远跟党走”书画、摄影、文章、诗歌作品征集活动，长沙市选送的作品获2个一等奖、5个三等奖。5月，省厅布展推送蔡律勋、徐佐林两名军休干部的典型事迹，9月，在浏阳承办全省军休干部疗养活动。军休活动中心举办军休系统“庆祝党的百年华诞 老兵永远跟党走”主题演讲比赛，开展10余场“庆祝中国共产党成立100周年”进社区、进机关、进农村主题书画、摄影、集邮联展，组织军休摄影社、演讲队、文学创作室到郴州汝城和永州道县开展红色采风活动，编印“庆祝中国共产党成立100周年”《长沙军休》增刊。雨花区军休所被评为“全国军休工作先进单位”，军休干部欧阳世渊缴纳50万元大额党费并被评为“全国先进军休干部”，“老首长工作室”经验做法获退役军人事务部专刊推介。

（本栏撰稿　李　竞）

社区建设

【概况】 2021年，长沙市全面完成1611个村（居）民委员会换届选举。组织全市城乡社区工作者参与全省、全市统一培训，并举办一期城乡社区治理市级示范培训班。推动村（居）规民约落地见效，征集遴选49个市级优秀村（居）规民约案例，推荐9篇被评为全省优秀村（居）规民约。不断深化村（居）务公开，加强日常管理，组织督查村务公开情况，实现村务公开内容、形式和程序规范化目标。牵头推进乡村振兴，按照全市实施乡村振兴战略工作部署，参与政策制定，并牵头做好《长沙市公共服务提优专项行动方案》编制、执行。开展农村社区便民服务（村级公共服务平台）示范点建设，建设58个农村社区便民服务示范点。创新开展城乡社区示范创建，全年创建82个“五型”示范社区（村）。落实社区减负政策，制定出台《关于落实基层群众性自治组织依法自治事项清单、依法协助政府工作事项清单和减负工作事项清单（试行）的工作方案》。组织开展线上长沙市第六届“三社联动”社区服务供需对接活动，全年建设44个“三社联动”社区服务类示范项目。

【社会工作】 截至2021年12月底，长沙市建有171个乡街社工站，社工总站10个，社工站社工340人，本土社工督导65名，民办社工机构163家，社工从业人员1.5万人，持证社工7946人，实现乡镇（街道）社工站全覆盖。2021年，全市社工站社工入户探访6.5万余人次、电话探访11万余人次，开展个案1365例、小组1084个、社区活动2578场，服务21万余人次，招募志愿者3万余人，投入资金2200万余元。邀请社工领域知名学者、专家对社工人才开展培训近7000余人次。2021年11月15日，长沙市民政局印发《长沙市基层社会工作服务站项目实施方案（2021—2023年）》。

【湖南省第八届社会工作主题宣传周活动启动仪式】 2021年3月16日在长沙举行。活动由以“汇聚社工力量 助力乡村振兴”为主题，由湖南省民政厅和长沙市民政局联合主办。省民政厅一级巡视员杨薇出席活动并讲话，全省的150余名优秀社工代表参加。为加强和促进湖南省内各地在社会工作专业建设、人才发展等方面的交流与合作，长沙市社会工作协会与其他7个市州（包括常德、益阳、岳阳、衡阳、邵阳、怀化、湘西）的社工协会、社工总站签订合作协议，探索社会工作协同发展的新型合作模式。活动现场同步启动“湖南省第二届社会工作、志愿服务征文大赛以及第二届社会工作与志愿服务影像大赛”。

【天心区创建全国社区治理和服务创新实验区通过验收】 2021年12月6日，民政部发布《关于确认全国社区治理和服务创新实验区结项评估结果的通知》，确认包括长沙市天心区在内的全国31个实验区完成各项实验任务。天心区成为湖南省获“国字号”荣誉的2个实验区之一。2019年3月，民政部发文批复确认天心区为“全国社区治理和服务创新实验区”。天心区坚持以居民需求为导向，从关乎群众衣食住行等切身利益着手，以社区规划为引领，以机制创新为支撑，实现服务网络全覆盖、服务居民全方位、服务阵地全开放，着力打造“天天开心”的15分钟生活服务圈。2021年9月，天心区创建全国社区治理和服务创新实验区通过民政部专家验收。

（本栏撰稿　陈志伟）

社会组织管理

【概况】 截至2021年12月31日，长沙市登记社会组织5631家，其中社会团体1573家、民办非企业单位4031家、基金会27家。市本级登记社会组织1212家，其中社会团体592家、民办非企业单位602家、基金会18家。社会组织综合党委下辖党组织110家（其中党总支1家），直管党员180人，流动党员1374人。

强化社会组织监管　强化日常监管。出台《长沙市社会组织重大事项报告若干规定（试行）》，加强社会组织重大事项监管力度。持续提升年检监管效能，2020年度市本级社会组织应检1032家，实际参检950家，参检率92.05%，重点抽查62家市本级社会组织，抽查率6%。下发整改通知书160余份。开展打击非法社会组织专项整治行动。提请市政府召开专题工作部署会议，联合市委网信办排查社会组织敏感信息21500余条，及时公布一批涉嫌非法社会组织名单。联合有关部门，依法取缔“中国膜结构行业协会”非法社会组织，劝散4家，引导登记9家。依法查处长沙市善吟共益助学服务中心非法公开募捐问题。全年清理整顿“僵尸型”社会组织424家，其中引导完成注销登记137家，完成撤销登记41家。整治收费。召开全市行业协会商会工作暨法人治理会议，联合发改、市场监管部门，以“两随机一公开”形式抽查40家行业协会商会，发放责令限期整改通知书2份，责令市安全生产协会、市园林绿化协会限期退还违规收费40.48万元。

支持社会组织发展　培育孵化。出台《长沙市培育发展社区社会组织三年行动方案（2021—2023）》，继续实施“三社联动”，投入250万元支持42个社会组织类项目。提升能力。全年面向社会组织分层分类举办8期培训班，培训内容涉及年检、法人治理、财务管理、意识形态、安全生产、涉外活动管理等方面，全年培训2000余人次。塑造品牌。评定39家AAA级以上行业协会商会，推荐1家全国先进社会组织、17家省级“十百千”示范社会组织。修订社会服务机构、慈善组织和基金会等级评估标准，启动60余家社会组织的专项评估工作，通过“以评促建、以评促改”，推动相关社会组织规范发展，打造品牌社会组织。

促进社会组织发挥作用　为企减负。在全市行业协会商会领域开展“我为企业减负担”专项行动。通过减免一批、降低一批、规范一批等举措，市本级136个行业协会商会减免费用997.6万元，惠及会员企业8100余个。落实“双减”。协同教育部门出台长沙市“双减”工作实施方案，在全面摸底、合理引导的基础上，指导县（市、区）做好非营利性义务教育阶段学科类培训机构登记工作，全市新登记181家“营改非”机构，实现“双减”政策落地见效。服务大局。引导社会组织参与新冠肺炎疫情防控、抗灾救灾、扶贫助学、扶老助残等公益事业，促进行业自律，承担社会责任。市应急救援协会、市蓝天应急救援服务中心等参与郑州抗洪救灾，市零售行业协会、市电子商务协会等组织为张家界新冠肺炎疫情防控捐款捐物，市保安协会、市旅游协会等组织开展扶贫助学、助力乡村振兴等活动。

推进行政审批改革　完成42件民政服务事项办事指南更新完善和“一事一标准”上线应用事项审核。“一件事一次办”网上受理率100%，承诺时限进一步压缩，办理深度、即办率、网办率提升，超额完成行政审批服务的优化提升指标任务。

【全市行业协会商会工作暨法人治理会议】　2021年4月26日举行，长沙市民政局党委书记、局长陈昌佳出席会议，部分业务主管单位和行业管理部门相关负责人、280余家市本级行业协会商会负责人参加会议。会议传达部署规范涉企收费、打击整治非法社会组织、脱钩“回头看”等工作，为2020年度获AAA以上评估等级的39家行业协会商会授牌颁证。市邵阳商会、市医疗器械行业协会、市建筑业协会、市标准化协会4家组织作典型发言。会上，市公安局、市财政事务中心、市社会孵化组织服务基地的有关负责人分别就境外非政府组织活动管理、票据使用管理和财务管理作业务培训。

2021年4月26日，长沙召开全市行业协会商会工作暨法人治理培训会议。图为2020年度获AAA等级以上行业协会商会授牌仪式　　市民政局　供图

【社会组织党史学习教育红色经典诵读暨乡村振兴助学活动】　2021年10月11日，长沙市社会组织综合党委在宁乡市煤炭坝镇举办社会组织党史学习教育红色经典诵读暨乡村振兴助学活动。市委“两新”工委、市民政局有关负责人出席活动，110余家社会组织参加。活动以“诵读红色经典、传承革命精神”为主题，各社会组织党组织以诵读、表演等形式抒发对祖国的热爱、对党的忠诚。同时，结合乡村振兴工作，社会组织党组织及爱心单位募集资金近20万余元，用于支援宁乡市煤炭坝镇乡村教育工作。

（本栏撰稿　陈志伟）

民族宗教事务

【民族团结进步创建工作】　2021年，长沙市民族宗教事务局（以下简称“市民宗局”）印发《关于继续开展民族团结进步创建　铸牢中华民族共同体意识工作的通知》，9月在全市范围内系统开展中央民族工作会议精神传达学习及民族团结进步宣传月活动。重点指导4个全省民族团结进步创建重点示范单位（中南大学“56度工作室”、岳麓区阳明山庄社区、望城一中、玉泉寺）开展创建工作，高桥大市场被评为第九批全国民族团结进步示范单位，中南大学“56度中南工作室”、雨花区桔园小学被评为第九批全省民族团结进步示范单位，芙蓉区五一中路小学等10家单位创建为全市民族团结进步创建示范单位。

（周红波）

【少数民族群众服务管理工作】　2021年，长沙市发挥全市24个民族团结进步服务站作用，帮助解决少数民族流动人口实际困难，指导各县（市、区）解决245名到长沙务工人员子女入学问题。指导市民族联谊会开展捐资助学系列活动，建立民族地区优质农产品销售服务平台“悠优美村”，助力全省民族地区乡村振兴工作。开展联谊会成立30周年大走访大调研活动，走访各联谊分会在长沙各战线的民族同胞优秀代表200余名。开展“民族联谊”品牌活动“111工程”（每个会员每年为民族地区办好一件实事），全年为民族地区解决民族同胞就医500余人、务工就业300余人、提供法律服务100余人，捐款捐物475万余元。指导市民族联谊会到村开展“走基层·送温暖”活动，帮助建设“民族情”爱心书屋，捐资赠物10万余元支持崔坪村文化广场建设。与新疆驻湖南工作组协作，加强涉新疆人员服务管理，帮助排忧解难，在全市各县（市、区）同步开展19场、1853人次的到长沙新疆籍务工经商人员的党史学习教育、政策法规大宣讲活动和国家通用语言培训，做到全覆盖。到新疆和田、甘肃、青海等少数民族群众流出较多的地方，与政府签订合作协议书，强化共建共管；联合市人力资源和社会保障局完成浏阳一喜科技163名新疆和田籍员工稳岗工作；审核737名享受高考优惠加分考生和106名公民民族成分变更。较好地处置望城区一新疆籍男子因病正常死亡事宜，保持团结稳定。完成清真“三食”（饮食、副食、肉食）工作，为7046名有清真饮食习俗的少数民族同胞发放清真肉食补贴84.5万元。（周红波）

【普法教育】 2021年，长沙市民宗局以贯彻落实习近平新时代中国特色社会主义思想、总书记关于民族宗教工作的重要论述、中央民族工作会议精神、省委民族工作会议精神、全国宗教工作会议精神，学习《宗教事务条例》《中国共产党统一战线工作条例》《湖南省宗教事务条例》）等为宣传重点，突出“民族团结进步宣传月”和“民族宗教政策法规学习月”。举办基层妇联干部民族宗教政策法规培训班、民族宗教工作干部政策法规培训、宗教界代表人士政策法规培训班，培训人数560人，实现应培尽培工作目标。联合党建结对共建单位——阳明山庄社区开展民族宗教政策法规知识竞赛活动，与星辰在线合作开展宗教工作知识专题智慧普法和线上教学，市民宗局被评为2021年度长沙市落实国家机关“谁执法谁普法”责任制优秀单位。（周红波）

【宗教工作法治化建设】 2021年，长沙市宗教工作强化政治引领。印发《长沙市宗教界庆祝中国共产党建党100周年系列活动方案》，组织市级宗教团体主要负责人到西柏坡、红旗渠等地开展党史学习教育，指导市佛协举办文艺会演、市道协开展“重走红色之路 学百年党史”学习活动、市基督教“两会”开展“追寻红色足迹，弘扬爱国精神”红色教育活动；在宗教界推进“四史”学习教育，收看庆祝中国共产党成立100周年大会实况。印发《长沙市宗教界“国好·法大”为主题的五进五好实践活动团体、场所星级评定方案》，举办宗教界“国好·法大”集中教育学习班，评选五星级场所9个、先进个人12人。强化民宗领域意识形态分析、研判和监管，加强对全市106个涉宗教信息平台的监管。完成全市民族宗教界别市人大代表、政协委员换届人选推荐工作。

加强规范管理 推进《宗教团体管理办法》的施行，修定《关于对市各宗教团体及班子成员实行年度评价的实施办法》，完成2021年度宗教团体班子成员述职和民主评议，建立讲经讲道活动负面清单，初步建立宗教团体、宗教场所和宗教教职人员档案，完成市伊斯兰教换届。推进民宗领域平安建设、安全生产和平安行业创建工作，印发《长沙市宗教活动场所消防安全“三自主两公开一承诺”标准化建设实施方案（试行）》和《长沙市宗教活动场所消防安全专项整治三年行动实施方案》，加大宗教活动场所安全生产检查频率，全年组织开展4次督查行动，推进宗教活动场所消防安全标准化建设工作，寺观教堂微型消防站覆盖率90%以上。推进宗教领域安全隐患整治，对未销号的安全隐患持续跟进督导，加强对老戴公庙、上华山庙的规范管理问题整治，落实民族宗教工作“守底线、保稳定、促和谐”的工作要求。

挖掘民间信仰文化 制定《长沙市挖掘和传承民间信仰优秀传统文化试点工作指导方案》，选择岳麓区吴天元庙、望城区齐天古庙和洪山庵为试点单位，通过挖掘和传承民间信仰优秀传统文化，将场所与乡村振兴、美丽屋场建设等融合，推动全市民间信仰活动场所文化建设水平整体提升。《加强民间信仰事务规范管理的探索》经验材料参评全省统战工作创新课题。（周红波）

【长沙市宗教界党史学习暨“国好·法大”教育辅导报告会】 2021年7月3日由长沙市民宗局举行，会议邀请湖南省社院原副院长、一级巡视员、教授周述杰讲授“国好”课程，湖南省委统战部民宗处处长彭天忠讲授“法大”课程，长沙市民宗局党组成员、副局长王自书讲授“党史教育”课程，全市佛教、道教、伊斯兰教、天主教、基督教代表210余人参加报告会。报告会系统地回顾中国共产党百年辉煌与曲折的历史，深入阐释回答中国共产党为什么“能”、马克思主义为什么“行”、中国特色社会主义为什么“好”。（周红波）

【市民宗局调研少数民族流动人口服务管理工作】 2021年9—10月，为加强少数民族流动人口服务管理工作，确保少数民族流动人口进得来、留得住、发展好，尽快融入长沙，长沙市委统战部副部长刘佳勇、市民宗局党组书记、局长李佑明分批带领民宗、教育、公安、人社及区县民宗局负责人分别到青海海东、甘肃临夏、新疆和田等地区调研少数民族流动人口服务管理等工作，采取“走出去、请进来”的办法，每到一地双方在形成共识的基础上，就每年定期通报少数民族流出人员基本情况和流入人员务工经商遵纪守法情况；协调该地区有关部门帮助解决流动少数民族务工经商人员在房屋租赁、就医就学、就业创业等方面的困难和问题，引导少数民族流动人口合法经营，并提供法律咨询、法律援助等服务；提升少数

2021 年 10 月 13 日，市民宗局组织宗教界人士在崔坪村举行“长沙市宗教界助力乡村振兴活动” 市民宗局 供图

民族流动人口服务管理水平，共同培育典型工作等方面达成协议共识，签订共管合作协议。（卢 曦）

【长沙市宗教界助力乡村振兴活动】2021 年 10 月 13 日，长沙市民宗局组织宗教界人士在宁乡市黄材镇崔坪村举行“长沙市宗教界助力乡村振兴活动”，市民宗局党组成员、副局长何水军出席活动。何水军代表市民宗局党组对长沙市宗教界的爱心善举表示感谢，肯定宗教界在乡村振兴工作中发挥守望相助、和衷共济的济世精神，勉励宗教界代表人士要不忘初心、牢记使命，为长沙的发展做出更大贡献。活动现场，各宗教团体和宗教活动场所筹集善款 16.16 万元。活动结束后，长沙市佛教、伊斯兰教、基督教等宗教界代表人士采购生态米、菜籽油、小米辣等一批农副产品，推动崔坪村的乡村振兴事业。崔坪村实施“美丽屋场”工程，重点进行庭院建设、无害化厕所改造、环境整治和道路维护等项目，全面改善村容村貌和当地村民的居住环境，更好地助力村集体产业经济发展，让崔坪村生态更宜居、乡风更文明、生活更富裕。崔坪村驻村第一书记付长清介绍，该次活动所筹资金主要用于村里的“美丽屋场”项目建设。（付长清）

【民族地区优质农产品销售服务平台“悠优美村”上线】2021 年 12 月 22 日，由长沙市民宗局指导、长沙市民族联谊会打造的民族地区优质农产品销售服务平台“悠优美村”上线。长沙市民族联谊会及各分会负责人，新疆驻湖南工作组、湘西土家族苗族自治州政府驻长沙办、怀化市政府驻长沙办、张家界市政府驻长沙办负责人，长沙 9 个县（市、区）民宗局负责人，怀化新晃县民宗局负责人，怀化新晃县政府驻长沙办、靖州县政府驻长沙办负责人，长沙新疆商会、长沙张家界商会、长沙怀化商会等单位负责人以及省会民族同胞代表等 130 余人参加，共同见证“彰显省会担当·助力乡村振兴”“悠优美村”上线启动仪式。省民宗委一级巡视员、省政协学习联络委员会副主任赵仁秀，省民宗委经发处三级调研员李湘阳，长沙市民宗局党组书记、局长李佑明，长沙市民宗局党组成员、副局长张晓鸣等出席启动仪式。长沙市民族联谊会会长彭勇主持启动仪式。启动仪式现场 3 家采购单位代表与平台签约 500 万余元采购订单。（周红波）

【长沙市伊斯兰教第七次代表会议】2021 年 12 月 23 日召开，市委常委、市委统战部部长何朝晖出席会议并讲话，全市各地的 70 余名各族穆斯林代表参加会议。会议审议通过长沙市伊斯兰教协会第六届委员会工作报告，审议通过《长沙市伊斯兰教协会章程（修正案）》和《长沙市伊斯兰教第七次代表会议决议（草案）》。会议选举产生长沙市伊斯兰教协会第七届理事会新一届领导班子，郑军当选市伊斯兰教协会第七届理事会会长，海勇、翦新华、张毅当选副会长，海勇当选秘书长（兼）。何朝晖希望新一届领导班子弘扬优秀传统，推动伊斯兰教与社会主义社会相适应；全面从严治教，加强宗教团体建设、人才队伍建设和教风建设，提高宗教事务治理法治化水平；发挥独特优势，组织和引导信教群众，为全面建设以“三高四新”为引领的现代化新长沙做出新的贡献。（周红波）

应急管理

EMERGENCY MANAGEMENT

编辑　刘盼盼

防灾减灾

【防汛抗旱】 2021年，长沙市建立防汛抗灾物资联储联调体系，率先开展覆盖各级各部门的中小河流防洪调度演练，防汛抗灾能力提升，全年经历17轮强降雨，异常天气多发频发，未发生因指挥调度不当引发的汛旱失控或重大以上财产损失情形，未出现人员伤亡事故。配合市防办理顺指挥调度体系，明确各级各类防汛责任人4600余名。全面配合做好防汛抗旱工作部署，严格落实防汛抗旱责任制，强化应急处置，启动防汛Ⅳ级应急响应3次。开展“郑州暴雨下在长沙怎么办”的课题研究，查找短板、靶向施策，防患于未然。及时向季节性缺水困难户，发放、张贴应急送水明白卡和送水电话，解决群众燃眉之急。全年共发送预警短信26万余条次，汛期转移群众4500余人次。3月31日，长沙市召开全市防汛抗旱工作电视电话会议。市委副书记、市长、湖南湘江新区党工委书记郑建新对全市防汛抗旱工作进行再动员、再部署。

（刘铁伟　张　娟）

【地质灾害防治】 2021年，长沙市派出工作组600余组次，排查地质灾害隐患点862处，完成隐患排查4000余次，统筹安排地质灾害防治资金310万元，完成50处普适型监测点及2处综合型监测点建设，发放宣传手册17万余册，实现地质灾害隐患点乡镇应急避险演练全覆盖、地质灾害“零伤亡”。

（陈　昆）

【减灾救灾】 2021年，长沙市紧盯重点设施、重点部位、重点区域、重点工程，开展隐患排查专项整治行动和应急演练活动，排查整改隐患411处，登记造册4671人，其中2020年9月的全市森林防灭火演练活动反响大、效果好，提升了全市森林防灭火意识和能力。针对春节、清明、高温季节等关键节点，加强宣传和巡查守卡，严格值班备勤。在森林防火压力逐年加大的背景下，全年仅发生1起森林火灾，未发生因林火死亡事件。推进自然灾害综合风险普查，精心举办“5·12”“10·13”减灾演练活动，2021年全市受灾人口54928人，紧急避险转移1408人，紧急转移安置496人，农作物受灾面积3034公顷，房屋倒塌或严重损坏161户476间，直接经济损失1.4亿元，上报地质灾害4起，下拨救助资金840万元。成功创建省级综合减灾示范社区9个，国家级综合减灾示范社区5个。

（魏　箐）

【地震监测】 2021年，长沙市年度测震和地球物理场观测资料连续率达到99%以上；长沙台分析处理全球地震事件704次，邵阳台分析处理全球地震事件558次，桃源台分析处理全球地震事件421次；完成地球物理场观测数据零异常报告和周报；完成地震监测和地球物理场观测相关报告；加强地震预测研究，落实地震趋势月会商，做好2021年中和2022年度地震分析预报会商工作；完成5个直属台站的地震监测仪器运维，指导常德、湘潭、株洲等9个市州的地震监测仪器运维；确保仪器连续运行率；完成测震和地球物理场观测仪器标定曲线绘制和报告；做好2021年度全国、全省测震和地球物理场观测资料评比；开展流动台野外观测4次；推进地震地质科学研究，申报湖南省防震减灾课题3个；与中国地质调查局武汉地调中心开展交流合作；深化中心站改革，明确一般站内设机构负责人，整合茶陵台、桃源台观测资料，开展一般站巡检巡查。

（魏　箐）

【抗震设防管理】 2021年，长沙市地震局完成长沙市轨道交通7号线一期工程的地震安全性评价监管工作和抗震设防专项论证。根据国务院《建设工程抗震管理条例》，于9月1日起终止地震安全性评价监管相关工作；落实第五代地震动参数区划图要求，确保新建工程、医院、学校等人员密集场所和生命线工程严格按新标准设防，完成浏阳交建投进行的G319、S109浏阳集里至蕉溪公路地震安全整改；以“互联网+”科普、地震风险普查及成果应用为抓手，牵头推进长株潭地震工作一体化；建立长沙地震安全服务系统，链接市政府及应急、资规、国土等系统平台，为政府、部门和公众免费提供地震安全和建筑工程抗震设防服务；开展《长沙市建设工程抗震设防要求管理办法》立法后评估调研；承担长沙市风险普查领导小组办公室工作，推动县（市、区）地震灾害风险普查，指导国家试点之一长沙县完成地震灾害风险普查和国家级、省级验收；完成长沙市基于遥感影像和经验估计的房屋建筑抗震能力快速评估，摸清全市房屋抗震能力底数；防震减灾事务相关“12345”政务热线平台办结率和满意率100%。

（魏　箐）

【防震减灾宣传】 2021年，长沙市以全市29家地震安全社区、74所防震减灾科普示范学校为突破口，在防灾减灾日、全国科技活动周、国际减灾日期间，联合市蓝天救援队等4家民间组织开展地震专题演练、讲座等宣传；联合市教育局开展全国中小学生安全教育日活动，仰天湖中建小学等8所学校参加；“5·12”全国防灾减灾日在周南望城学校、东方红广场开展集中宣传和演练活动；唐山大地震45周年之际，联合市教育局举办“防震减灾、知识先行”湖南省第四届防震减灾知识大赛长沙初赛，选拔出的长沙代表队在全省比赛中获得冠军；“10·13”国际减灾日，以“构建灾害风险适应性和抗灾力”为主题，组织梅溪湖街道金茂社区等示范点开展宣传和演练；完成湖南卫视“新闻大求真”节目录制，向公众科普地震知识；出台《长沙市防震减灾科普基地管理办法》，规范芙蓉区素质教育

2021 年 10 月 13 日，岳麓区丁字湾街道石韵社区联合英蓝金富北城幼儿园开展疏散逃生演练活动　　彭　觉　供图

基地等 4 个科普宣传教育基地管理；建成长沙防震减灾数字科普馆；微信公众号累计关注 19103 人，发布震情服务 176 条、震情应对 28123 条、科普服务 31213 条、信息推送 11424 条；开展微信有奖答题，参加人数 3000 余人。（魏　菁）

【防震减灾示范点创建】　2021 年，长沙市天心区仰天湖中建小学等 2 所学校获“2021 年度国家防震减灾科普示范学校”称号，雨花区砂子塘嘉和小学等 4 所学校获“2021 年度湖南省防震减灾科普教育示范学校”称号；麓山国际实验小学等 8 所学校获“2021 年度长沙市防震减灾科普教育示范学校”称号；岳麓区梅溪湖街道金茂社区等 5 个社区获“2021 年国家级综合减灾示范社区”称号；岳麓区洋湖街道龙骨寺社区等 9 个社区获“2021 年省级综合减灾示范社区”称号，岳麓区梅溪湖街道金茂社区等 2 个社区获“2021 年度长沙市地震安全示范社区”称号；湖南省长沙市天心区黑石铺街道铭安社区天悦嘉园小区（农民保障住房）获“2021 年度长沙市农村民居地震安全工程示范点”称号。（魏　菁）

【长沙中心站改革】　2021 年 3 月，湖南省地震局印发《地震监测中心站改革实施方案》《长沙、邵阳地震监测中心站主要职能、内设机构和人员编制规定的通知》，设长沙中心站，由湖南省地震局管理，为公益一类事业单位，内设综合室、业务一室、业务二室、运维室，编制 20 名，其中站长 1 名、副站长 2 名，整合长沙、桃源、华容、宁乡、茶陵 5 个直属台站的业务和人员，业务辖区包括长沙、株洲、湘潭、张家界、常德、岳阳、益阳、衡阳、郴州 9 个市，改革“过渡期”3~5 年。（魏　菁）

【防灾减灾日宣传活动】　2021 年 5 月 12 日是全国第 13 个“防灾减灾日”，主题是：“防范化解灾害风险，筑牢安全发展基础。”当天，湖南省减灾委、省应急管理厅、长沙市人民政府、市地震局等部门在周南望城学校开展多灾种综合集中宣传演练活动。省委常委、常务副省长谢建辉，省减灾委副主任、省应急管理厅党委书记和厅长李大剑，长沙市人民政府副市长邱继兴等出席活动。市地震局联合湖南大学保卫处、校医院在湖南大学天马学生公寓、东方红广场分会场开展宣传。长沙市蓝天救援队以“增强防震减灾意识，构建湖大平安校园”为主题开展防灾减灾演练。“长沙地震公众服务”微信公众号于 5 月 12—18 日开展“防范化解灾害风险，筑牢安全发展基础”防震减灾知识有奖答题活动，吸引公众参与答题赢得家庭地震应急包。（丁　岩）

【获湖南省第四届防震减灾知识大赛冠军】　2021 年 10 月 17 日，湖南省第四届防震减灾知识竞赛决赛在长郡外国语实验中学举行。大赛由省地震局、省教育厅、省应急厅、省科技厅、省科协 5 家单位联合主办，市地震局、市教育局、天心区教育局、长郡外国语实验中学共同协办，主题为“防震减灾·知识先行”，内容涵盖地震基础知识、应急避险常识、自救互救方法和《中华人民共和国防震减灾法》等内容。比赛分为个人必答题、团体必答题、抢答题和附加题四个环节。全省 13 个市州代表队经过预赛、决赛两个阶段，决出一、二、三等奖。长郡外国语实验中学代表长沙获冠军。（丁　岩）

安全生产

【概况】　2021 年，长沙市人口 1004 万人、市场主体 129 万余家、机动车辆 298 万余台、建成区面积大幅增加，全年发生各类生产安全事故 230 起、死亡 238 人，分别下降 4.2%，3.6%，发生较大事故 2 起，其中 1 起为交通事故（营运车无责）。长沙市获省安全生产和消防工作优秀单位，长沙市应急管理局被评为“全国应急管理新闻宣传暨学报用报先进单位”和省应急管理工作先进单位，长沙市基层应急能力建设、五级视频建设、安责险等工作，在全省会议上作先进典型发言，事故统计、道路交通安全专项整治经验做法和“一会三卡”模式等获省厅专题推广，长沙市应急救援队伍

建设、综合行政执法、宣传教育工作、乡镇（街道）应急能力建设、科技信息化等 7 项重点工作获省应急厅真抓实干激励奖励。郑州“7·20”特大暴雨后，长沙市调度 18 支各类抗洪排渍等重型科技装备救援队伍进行支援，获河南省、郑州各界锦旗 100 余面。

【安全生产管理】　2021 年，长沙市全面履行安全生产综合监管职责，安全生产和消防工作权重由原来 3 分提高至 5 分，同步纳入平安建设考评体系和政治巡察。市领导春节和“五一”前带队检查，交办问题隐患 376 余处。向市委常委会、政府常务会、市长办公会、安委会例会汇报安全生产工作 22 次，组织开展巡查 1 次、各类调度会 50 余场，及时调度解决重大问题。强化“1+10”“大安委 + 专业安委”管理机制，构建市安委办牵头抓总，消安委、交安委、旅安委、校安委等 10 个专委会各负其责的工作格局。持续推进烟花、危化、矿山整治行动，全市烟花生产企业压减至 464 家，数量下降 53.7%；完成城区危化生产企业、化工市场全部关闭、退出或搬迁，建成规范化的危化品“一市场六基地”；23 家重大危险源和危险化工工艺生产企业接入危险化学品监测预警系统，实现重点部位液位、温度、压力等参数远程在线巡查监控；在政府未投入资金的情况下，全市非煤矿山从 3 年前的 300 余家减少至 59 家，全市煤矿全面退出。紧盯重点领域、重要环节、重要时段，以“一情况两清单”为突破口，加大隐患排查，共排查隐患 141413 处、整改完成 123774 处。其中纳入市级调度重大隐患已整改完成 66 处。四方旧货市场、三一大道护坡、四方商贸城、梅溪湖隧道、三兴市场等久拖不决的重大隐患推进。联合市纪委市监委对交通、城管、住建、交警、市监、工信 6 个市直部门启动重车管控调研，形成《重型车辆道路交通安全管控调研报告》，得到市委、市政府主要领导的肯定。督促开展“最严交通整治”，全年道路运输事故起数、死亡人数分别下降 8.2%、7%。持续推进“强执法防事故”行动，全市检查企业 10547 家，责令限期整改 9918 份，责令停产停业整顿 177 家，查出问题 29232 条，立案 868 起，处罚 2596 次，罚款 2763 万元。对“打非治违”做到“全覆盖、零容忍”，群众举报非法违法行为 1611 起、举报核查属实查处 1184 起、兑现奖励 3 万元。严格行政审批，办理行政审批和政务服务事项 33001 件。

【安全宣教】　2021 年，长沙市应急管理局以新《中华人民共和国安全生产法》为重点内容，通过媒体、微课堂、网络直播、村村响、宣传册等方式，及“安全宣传咨询日”“安全知识竞赛”“千人进万企”“最美应急人演讲比赛”等活动，广泛宣传安全知识，群众的安全意识有显著提升，市应急管理局获湖南省“最美应急人”演讲比赛优秀组织奖。紧盯“基层一线、基础工作、基本技能”，持续开展“大宣传、大教育、大培训、大演练”，共组织各类宣讲活动 1650 余次。组织观看“生命重于泰山——学习习近平总书记关于安全生产重要论述”电视专题片和《不可逾越的红线》警示教育片，真正做到警觉、警戒、警醒。继续推广“一会三卡”，全市 37 万余家企业，每天 200 万余名在岗员工召开 3~5 分钟安全班前会，让各类企业事故下降 70% 以上，应急管理部多次调研予以肯定。

【科技兴安】　2021 年，长沙市结合“智慧城市”“天网工程”，将公安、交通、水利、城管、燃气、自然资源规划等 16 个部门和特种行业相关视频数据库接入市应急指挥中心。全市投资 500 万余元，对烟花鞭炮生产企业“智慧视频”系统建设予以补贴，引导传统产业嫁接科技力量；投资 500 万余元，对烟花行业新技术、新装备、创新创意予以专项创新补贴；投入 400 万余元，建立城市安全应急预警短信平台，实现重大风险“一键群发”。“人员聚集热力图”、“电子围栏”等新科技应急应用系统，均已在市应急指挥中心有效运行。长沙县试点的“一会三卡”系统平台，在实践中发挥了良好效果。天心区、雨花区、芙蓉区逐步建成的集线上语音通信、预警信息发布、安全知识宣传为一体的应急“云广播”系统，已进行 50 余次暴雨、大风、雷电山洪等预警信息的播报。

【基层应急能力建设】　2021 年，长沙市围绕乡镇“六有”、村社区“三有”工作标准推进基层应急能力建设，全市 170 个乡镇街道中已有 87% 的乡镇街道通过验收并达标（全省规定目标为 70%），长沙市应急管理局、浏阳市永安镇、雨花区高桥街道鑫华社区分别代表市、乡镇、社区，在全省乡镇（街道）应急能力建设培训班上进行经验分享。推进应急管理综合行政执法改革，起草工作实施方案，将应急管理行政执法工作纳入全市统筹改革事项一体推进。开展安责险工作调研，在直管高危行业生产经营单位实行安责险的基础上，继续推行工贸行业参保试点工作，逐步提升企业本质安全水平。

【全市重型运输车辆安全管控调研工作启动】　2021 年 2 月 23 日，全市重型运输车辆调研会商会举行，此次调研的主要目的是全面摸清全市重型运输车辆安全底数，查找问题分析症结，探索有效措施，进一步防范和遏制重型运输车辆道路交通事故。由市应急局联合市纪委市监委、市交通局、市城管执法局、市住建局、市市场监管局、市公安局交警支队开展重型运输车辆安全监管调研。

【长沙市《安全生产法》宣传周】　2021 年 12 月 1 日，长沙多地采取多种形式开展新《中华人民共和国安全生产法》宣传活动。长沙市芙蓉区东屯渡街道在扬帆小区中心公园开展第五次新《中华人民共和国安全生产法》宣传周及冬季安全生产现场宣传活动。此次集中宣传教育活动有150余人参加，现场共发放、粘贴宣传手册千余份。通过安全主题宣讲、悬挂横幅标语、陈列宣传展板、发放宣传资料等形式，宣传解读新《中华人民共和国安全生产法》、冬季防火用电的安全知识，增强公众风险防范、安全应急意识。

长沙县湘龙街道“安全流动课堂”来到盘龙社区，30余名培训机构负责人名参加。课堂上，安全讲师结合实际案例，对冬季火灾成因、培训机构内的常见火灾风险点、发现初期火灾后的应急方式、如何开展好学生的安全教育课程、如何正确开展人员紧急疏散、常见应急器材的使用与维护保养方法6个方面进详细讲解。

长沙市望城区白沙洲街道公共安全办联合派出所、辖区交警六中队开展“安全生产法宣传周”“全国交通安全日”宣传进农村屋场会。腾飞支村两委及社员群众有60余人参加。宣传大会上，采取播放视频短片、悬挂宣传横幅、发放宣传单等方式进行宣传，并由村安全专干结合视频宣传片及身边事故案例给村民群众们一一进行讲解。同时宣传员结合“一盔一带”的要求，劝告有车的家庭和亲人朋友一定要珍爱生命，安全驾乘车辆，不违法载人载货，不超速行驶，不酒后驾车；骑电动车、摩托车要带头盔，自觉遵守道路交通安全法律法规。会上还对村民冬季取暖用火用电安全、燃气一氧化碳中毒等安全知识进行宣传。

（本栏撰稿　张　娟）

卫生应急

【卫生应急体系建设】　2021年，长沙市加强预案建设，组织制（修）定《长沙市突发事件紧急医学救援应急预案》《长沙市应对变异株新冠病毒肺炎本地疫情应急预案（2021年版）》等预案。在全省首次实行疾控、公安“前台混编、后台合署”的联合流调溯源模式。推进市120指挥调度平台信息化建设。120大王山航空救援急救点运行。梳理组建47支紧急医学救援队伍，规范突发事件紧急医疗救援信息报告要求。协同工信、财政等部门制定《长沙市公共卫生应急物资储备方案》和《长沙市公共卫生应急物资轮换工作实施方案》，共同做好全市首轮公共卫生应急物资储备工作。

【突发公共卫生事件处置】　2021年，长沙市加强对呼吸系统疾病、肠道传染病、自然疫源性疾病的监测，定期开展疫情分析及形势研判。全市报告突发公共卫生事件37起，其中一般级别3起，未分级事件34起，均及时有效进行调查处置，未发生衍生次生事件。接到传染病预警信息2521条，均开展调查核实。加强疾病监测预警和风险评估，完成疫情周分析52期，月分析12期，风险评估报告10期。

【卫生应急保障及紧急医学救援】　2021年，长沙市受理电话629465次，派车93912次，110联动11623次，122电话联动171次，119电话联动171次；接诊无主病人223人次。参与应急医疗救援98次，救治伤病员463名，其中重伤患者67人，轻伤患者388人，所有病例均得到科学救治。出勤570余车次、2510余人次，执行机场等口岸保障任务33架次，转运异常人员220余人次，保障7000余人次旅客的有序入境。参与各类应急演练、保障任务90余次，出动救护车549趟次、急救人员1200余人次。完成省扶贫攻坚总结表彰会、省党代会、中非经贸博览会、博鳌亚洲论坛等120余次重大会议、活动新冠肺炎疫情防控保障任务。

【卫生应急能力提升】　2021年，长沙市以新冠肺炎疫情防控为主线，组织开展人群扩大核酸检测演练、新冠肺炎疫情应急处置演练、重大活动防疫保障演练、紧急医学救援演练。强化新冠肺炎等重点急性传染病监测、学校易发传染病防控，以及院前常见病、多发病及突发卫生事件紧急医学救援培训，不断提升突发事件处置能力。推进公众现场急救技能知识普及，制定长沙市现场救护第一目击者行动实施方案，创建17家公众急救知识技能普及基地医院，发挥基地医院示范引领作用，培训导师218名，培训第一目击者14046名。

【卫生应急宣传】　2021年，长沙市通过省内主流媒体、官网官微，加强新冠肺炎防护、救灾防病、意外伤害预防等卫生应急知识宣传，提升群众自我防护意识。开展《湖南省现场救护条例》宣传活动，组织开展现场救护知识与技能培训导师授课、路演市级比赛，参加全省现场救护知识与技能培训导师授课比赛获一等奖、二等奖，全省现场救护人文科普路演大赛获二等奖等多个奖项。

（本栏撰稿　张华成）

应急救援

【概况】　2021年，长沙市完善53项专项预案，强化“1+53”应急处突管理模式。初步形成50余支队伍稳定、装备精良、训练经常、各具特长的社会救援力量。郑州“7·20”特大暴雨后，第一时间调度18支队伍连夜至郑州参与救灾，受到河南省政府、郑州市政府和灾区人民的高度肯定。率先在全国实行“1+5+N”应急联合值班机制，建成高标准“市应急指挥中心”，实现“信息接收一张桌，指挥调度一个号，力量调配一张图，会议会商一个厅”。由市、县两级投资4800万元，一次性建成涵盖10个区县、170个乡镇街道、1610个村社区的“高清视频指挥系统”，初步实现省、市、县、乡、村五级视频直达，提升安全生产、防灾减灾、应急救援指挥能力。按照“市区共建”思路，建成长沙市应急救援基地一期，这是全省应急改革后第1家建设并即将投入运行的应急救援基地，不仅可以保障全市唯一的化工园区应急救援之需，还可以服务长株潭三地。采取“国企运营，部门共享”思路，建成长沙市航空应急救援基地，3架救援直升机全天候备勤，可保障应急、消防、公安、林业等部门应急需要。（张　娟）

【地震应急救援】　2021年，长沙市引导蓝天救援和大爱无疆参与开展应急自救培训和科普宣传61场，邀请湖南省防震减灾科学传播师为蓝天救援队进行地震应急救援专业培训5场；指导学校开展地震消防疏散演练；联合湖南大学、市蓝天救援队开展大型演练3场；浏阳市绘制城区应急避难场所分布图，完善标识标志、应急物资和公共设施配备，设避难场所193处，可容纳27.7万人避难。

（魏　箐）

【100个微型应急服务站在长沙市投入使用】　2021年，100个微型应急服务站在长沙市100个社区投入使用。微型应急服务站除有应急柜配备齐全的应急救援物资外，还设置了工具柜，A型梯、电钻等市民家中不太常备的应急工具也可在工具柜中找到。当紧急情况发生时，市民可以扫二维码，取用物资。应急工具在用后可以扫码归还，十分便捷。微型应急服务站的屏幕可以服务于安全宣教工作，当安全事件发生时，屏幕可以发布相关动态信息；应急水柜则可以为避难群众提供饮用水。与微型消防站要求专人操作不同，微型应急服务站面向全民，扫码即可使用相关设施。（张　娟）

【长沙第一时间支援郑州】　2021年7月20日，郑州极端暴雨成灾后，长沙消防启动跨区域增援行动，共出动消防指战员55人，派出餐饮消防车、淋浴车、防汛排涝车、医疗保障车、通信先导车等各类车辆12台，同时携带舟艇3艘、救生抛投器3套、无人机4架。21日，长沙市蓝天救援队25名队员、6台车、6艘救生艇从长沙出发，紧急驰援郑州。此次救援全市共调度18支各类抗洪排渍等重型科技装备救援队伍进行支援，转移灾民16970余人，协助地下室排水97.65万立方米，展示长沙的省会担当和救援实力，为郑州抗洪救灾发挥巨大作用，获河南省委、河南省政府以及郑州市的肯定。（张　娟）

【长株潭三市森林防灭火实战演练】　2021年9月26日，湖南省森林防火指挥部在岳麓山桃花岭景区开展长株潭三市森林防灭火实战演练。长沙市森林防火指挥部常务副指挥长、副市长周志凯等负责人参加现场调度。此次演练过火面积超40公顷，参与救援力量超1000人，火灾扑救时间7小时。其中出动省、市、区专业消防救援队伍200余人，动用2架直升机、13台消防车、25台其他救援车辆、4台无人机。直升机吊桶灭火，大功率排水车远距离供水，高压水枪灭火，均为首次投入实演。（张　娟）

【长株潭一体化应急处置协调联动联席会议】　2021年10月15日，长株潭一体化应急处置协调联动联席会议在省应急管理厅举行。会议现场，长沙、株洲、湘潭共同通过《长株潭一体化应急处置协调联动工作方案》（以下简称《方案》），将推动三地构建应急平台互联、应急信息互通、应急资源共享等工作格局，切实提高三地合成协同应急管理能力，保障长株潭三地安全稳定的大局。《方案》涵盖建立联席会议制度、建立信息共享机制、建立协同响应机制、建立共训共练机制等重点关注内容。其中，《方案》明确，遇到紧急情况时，由一方提议，可召开紧急会商会议，防范化解和应对处置区域性事故灾难和自然灾害；对于涉及跨行政区域的险情、灾情、预警和突发事件，就近快速出动；对于一方发生突发事件，合作方在最短时间内联动响应，提供支援。

（张　娟）

【湖南省大型游乐设施应急救援示范性演练在长沙举行】　2021年11月26日，2021年湖南省大型游乐设施应急救援示范性演练在长沙方特东方神画举行。湖南省市场监管局二级巡视员彭利锋、特设局副局长郭林现场观摩演练。演练模拟长沙方特东方神画的勇闯神界过山车项目因限电缘故突发停电，导致设备车辆停留在半空，8名游客被困。现场工作人员迅速开展救援，通过游乐设施运营使用单位内部救援、宁乡市人民政府启动应急响应多部门联合处置、安抚疏散游客、新闻发布等工作后，演练完成。此次应急救援示范性演练，有效检验了大型游乐设施运营使用单位及应急救援部门应对突发事故的快速反应、应急处置和协同作战能力。（贺小露）

消　防

【概况】　2021年，长沙市发生火灾5600起，死亡9人，伤39人，直接财产损失5642.15万元。全市共受理警情15775起，共出动队伍18932队次，出动车辆30111辆次，出动人次183715人次，抢救疏散人员4994人，处置“1·7”宁乡邦普爆炸火灾扑救、“6·5”天心区海智顺物流仓库火灾扑救、“10·28”湾田国际五金机电城火灾扑救等急难险重任务。

【执勤训练】　2021年，长沙市消防救援支队推进全员岗位练兵，抓细演练培训，组织开展指挥员指挥能力实地跟班培训、攻坚组暨作战训练安全培训、案例桌面推演研讨等各类培训19次，在梅溪湖、月亮岛、湘江水域、国金中心以及隧道、地铁站开展大规模装备效能测试，航空救援训练航时超过150小时，高质量举办全市消防行业职业技能选拔赛、全市消防救援队伍夏训操法挑战赛、整建制队站比武竞赛等比武竞赛活动，包揽省消防救援总队举办的全省消防救援队伍体（技）能比武竞赛、全省首届消防行业职业技能竞赛、全省指挥中心和接警调度岗位技能竞赛“三个冠军”，被应急管理部消防救援局评为“2021年度执勤训练工作先进单位”。

【防火监督】 2021年，长沙市发挥消安委统筹议事和协调督办作用，重新调整市消安委组织机构，修定市消安委工作规则及工作职责，每月通报全市消防工作开展情况，定期发送工作提示函、预警通知。推进消防安全专项整治三年行动，开展消防车通道专项治理、“六类”消防安全治理、燃气领域消防安全隐患排查整治，增建300余个停车场和5万余个路内停车泊位，对13769栋高层建筑、125家大型商业综合体、910家易燃易爆场所、506家公众聚集场所开展消防安全检查，完成重大火灾隐患立案593家，销案253家，省级挂牌的2家重大火灾隐患单位已全部销案。全年累计检查单位26272家，办理行政处罚案件3215起，责令“三停”389家，临时查封1536家。

【消防宣传教育】 2021年，长沙市招募消防志愿者18060名，开展消防宣传志愿者活动60余场次。以消防安全宣传教育“五进”为抓手，每周深入街道社区开展周末错时消防宣传活动，对全市各级党政机关领导、行业部门负责人等“八类重点人群”开展针对性培训，做到重点人群100%覆盖。在全市广泛开展“落实消防责任、防范安全风险”消防宣传月活动，在湘江两岸上演消防主题灯光秀，社会反响强烈。联合省、市媒体策划《大暑高温，消防安全来听“蓝朋友”的话》等直播活动，宣传普及居民小区、学校、高层建筑等场所消防安全知识。在望城、浏阳、宁乡偏远山区部署开展“送消防器材三下乡”活动，实现消防宣传全覆盖。全年累计开展各类消防宣传培训活动1829场次，上门入户培训9255次，培训总人数达到38.78万人次。

【消防基础设施】 2021年，长沙市消防救援支队推进消防基础设施建设，11个中心消防站全部驻队执勤，6个消防站全面建成，4个消防站主体完工，2个消防站主体动工，3个消防站完成立项。洋湖站、张公岭、暮云、鹅秀、洞井、虹桥、安沙、月亮岛、武广和麓山门10个消防救援站一次性投入使用，创造全省乃至全国之最。此外，召开湖南省乡镇消防力量建设现场会，购置15台轻型水罐消防车赠予各乡镇，建成乡镇专职消防队69个，村（寨）志愿消防队853个，社区微型消防站734个，重点单位微型消防站3106个。

【消防政策法规】 2021年12月24日，长沙市政府办公厅印发《长沙市“十四五”消防救援事业发展规划（2021—2025年）》（以下简称《规划》）。《规划》由规划背景、总体思路、主要任务、保障措施和规划附件5个部分组成，从消防治理、消防救援、基础建设等方面明确一系列打基础、利长远的战略任务和措施，提出加强消防安全责任体系建设、加强火灾精准防控体系建设、加强消防宣传教育体系建设、加强消防救援能力体系建设、加强消防科技信息体系建设、完善消防职业保障体系建设、加快公共消防基础设施建设、优化消防救援装备体系建设、强化消防战勤保障体系建设和推进多种形式消防队伍10个方面的主要任务，还将新建消防站16个、改建消防站2个，新建长沙消防救援综合模拟训练基地，集中采购消防车辆103台。

【典型案例】 2021年1月7日18时11分，位于长沙市宁乡市金洲镇金洲收费站旁宁乡市邦普有限公司一生产车间爆炸起火。接到报警后，市消防救援支队立即调派蓝月谷、玉潭、东方红、雷锋、梅溪湖、特一、特二、

2021年6月5日，天心区南圫街道芙蓉南路长沙海智顺物流有限公司南塘仓储发生火灾。图为消防救援人员正在进行火灾扑救　　杨印全　供图

石岭塘、黄兴、同升、金霞、龙华、东岸、战保站14个消防站37台消防车和通信保障分队288名消防救援人员赶到现场处置。经过约4个小时扑救，22时40分，火灾被完全扑灭。

2021年6月5日14时40分，位于天心区南托街道芙蓉南路长沙海智顺物流有限公司南塘仓储发生火灾，市消防救援支队指挥中心接到报警，立即调派大托铺、同升、红星、特勤一、特勤二、罗家坡、战保、东岸、九华、暮云10个消防站38辆消防车201名消防救援人员赶到现场处置。经过约3个小时扑救，明火被扑灭。

2021年7月22日22时，应急管理部启动第二轮消防救援队伍跨区域增援河南抗洪抢险救援行动。接到调度命令后，市消防救援支队立即调派12台救援车辆、55名消防救援人员，分别采取高速公路运输和铁路专列投送的方式，前往河南省郑州市执行抢险救援跨区域增援任务。期间，先后至河南郑州、新乡执行增援任务，领受作战任务43次，出动车辆160台次，出动人员990人次，完成郑州大学第一附属医院、郑州市地铁6号、14号线等15个单位的排涝抢险任务，共排出积水105万立方米，路段清淤2.07万立方米，消杀5000平方米。

2021年10月28日18时08分，位于望城区蜡树塘路C11栋122、123号门面飞燕油漆辅材批发店发生火灾，市消防救援支队指挥中心接到报警后，立即调派书堂山站、特勤二站、鹅秀站、特勤一站、金霞站、月亮岛站、战保站8个消防救援站、31辆消防车、156名消防救援人员赶到现场处置。经过约4个小时扑救，大火被成功扑灭。 （本栏撰稿 黎 双）

表54 2021年长沙市分地区火灾基本情况统计表

县（市、区）	起数（起）	死亡（人）	伤人（人）	直接财产损失（万元）	备注
芙蓉区	449	1	3	178.32	
天心区	469	1	3	968.79	放火案亡1人
岳麓区	729	2	2	212.34	放火案亡1人
开福区	544	2	2	169.36	
雨花区	780	1	14	753.45	
高新区	135	0	1	268.13	
经开区	164	0	0	196.21	
长沙县	576	0	0	760.14	放火案亡1人
望城区	465	0	2	868.62	
宁乡市	620	0	7	595.23	燃爆事故1死2伤
浏阳市	666	2	5	528.66	爆燃事故2死1伤
市辖重	3	0	0	142.91	
全市	5600	9	39	5642.15	

说明：1. 该报表包含已审核、审核中、被终止、被回退、待完善、待填报、被驳回、已归档的数据；

2. 放火案、燃爆和爆燃事故造成的人员伤亡未纳入统计；

3. 数据统计时段：2021年01月01日到2021年12月31日，统计时间：2022年1月4日

（资料来源：长沙市消防救援支队）

区县概况

OVERVIEW OF DISTRICTS
AND COUNTIES

编辑　陈晓红

芙蓉区

【概况】 2021年，芙蓉区辖湘湖、定王台、韭菜园、文艺路、朝阳、五里牌、马王堆、荷花园、东屯渡、火星、东岸、马坡岭、东湖13个街道和隆平高科技园（正县级），其中湘湖地区既设街道办事处，又设管理局（副县级）。全区面积43.88平方千米。森林覆盖率27.22%，水质综合达标率100%，空气质量优良率81.0%，浏阳河芙蓉段出境断面水质稳定在Ⅲ类标准。2021年年末全区户籍人口42.79万人，常住人口64.49万人。人口出生率7.09‰，死亡率7.18‰，人口自然下降率9‰。

全年地区生产总值1268.24亿元，比2020年增长8.3%。其中，第一产业实现增加值0.006亿元，比2020年下降2.9%；第二产业实现增加值158.33亿元，比2020年下降0.1%；第三产业实现增加值1109.9亿元，比2020年增长9.5%。第一、二、三产业的比例为0.0：12.5：87.5。完成地方一般公共预算收入36.93亿元，比2020年下降9.27%，其中，区级税收27.56亿元，比2020年下降9.01%；非税收入9.36亿元。城镇居民人均可支配收入66324元，比2020年增长7%。

农林牧渔业总产值134万元，比2020年下降5.4%，实现增加值77万元，比2020年下降4.8%。水产品产量60吨，蔬菜总产量3.45吨。

规模以上工业增加值比2020年增长5.3%。全区规模以上工业企业实现利润1.99亿元，实现利税总额3.1亿元。全年完成建筑业总产值390.1亿元，比2020年增长18.2%，实现增加值108.09亿元，比2020年下降1.2%。实现房屋施工面积1334.37万平方米，房屋竣工面积349.65万平方米。

社会消费品零售总额658.6亿元，比2020年增长14.5%。分行业看，批发业实现零售额140亿元，比2020年增长15.2%；零售业实现零售额440.5亿元，比2020年增长13.9%；住宿业实现零售额9.6亿元，比2020年增长12.2%；餐饮业实现零售额68.5亿元，比2020年增长17.3%。全年亿元以上商品交易市场15个，排名前三位的是湖南省三湘南湖大市场、马王堆海鲜水产批发市场、长沙市马王堆陶瓷建材城恒广区。

固定资产投资比2020年增长6.2%。全年施工项目377个，建成投产252个。全区铺排的133个重点项目中，可纳入统计口径的有101个，其中有投资发生的项目80个，占全部重点项目的79.2%，完成全年投资270.39亿元，占全年预计投资的166.4%，其中房地产投资比2020年增长32.4%。商品房销售面积95.72万平方米，比2020年下降14.3%，其中住宅完成销售面积69.29万平方米，比2020年下降17.1%；完成商品房销售额104.85亿元，比2020年下降13.3%，其中完成住宅销售额72.82亿元，比2020年下降19.2%。

截至2021年年底，芙蓉区有国家AAA级旅游景区2家、国家二级博物馆1个、国家级重点文物保护单位2个、省级重点文物保护单位2处。有国家级现代农业产业园区1个。

【产业发展】 2021年，芙蓉区以楼宇、园区、自贸区为产业平台，推动全域高质量发展。全年新增市场主体22435户，其中企业12743家，比2020年增长49.76%，全区市场主体逾13万户。新增"四上"企业173家，新增年营业收入超过5亿元的服务业企业1家，超过2亿元的服务业企业4家。认定高新技术企业131家，新增韶光铬版、琴海数码等专精特新小巨人企业6家。楼宇经济提质增效，在全省率先设立"24小时楼宇服务微厅"，落实重点楼宇"楼长制"。新培育税收过亿元楼宇4幢，完成楼宇净招商面积15万平方米。培育隆平高科、湖南苏宁易购2家企业进入市级总部企业认定名单。柏悦酒店、湖南首家苹果直营店等国际名品名牌名企先后落户，国金中心营业收入超90亿元，湖南米粉街等网红街区人气兴旺，五一商圈获全国首批夜间文化和旅游消费聚集区。软件业"一园四区"（长沙芙蓉软件产业园，国金中心聚集区、宇成朝阳聚集区、湘域中央聚集区、广发隆平聚集区）聚力蓄能，全年规模以上软件企业28家，实现营业收入18亿元，比2020年增长8%以上，金天鹅、盛鼎等企业被评为省级软件名品。树立"店小二"理念，用户思维，乙方意识，做实做细楼长制、蓉易办、帮代办、"520企业服务日"等服务载体。出台楼宇经济"楼六条"、文化产业"文九条"、黄金珠宝产业"金十条"、百日暖企"二十条"，兑现政策奖励1.04亿元，落实减税降费10.94亿元，提供融资授信64亿元。新引进怡亚通等重点项目61个、"三类500强"项目7个。引进证券、保险、典当、会计师事务所、律师事务所等核心金融机构5家，引进融资租赁、商业保理等金融机构40家，46家企业被纳入省、市上市后备企业库，以研发、设计、律政、咨询等为主的其他营利性服务业增长34%以上。隆平园区提质增速，岳麓山种业创新中心"2+8"研发体系构建，新增国家级创新平台4个。举办首届岳麓种业峰会，签署"100+N"开放协同创新协议，与10家国内外种业企业签订产业与创新战略合作协议。隆平高科获第四届中国质量奖提名奖。引进正邦集团湖南总部、中信种业硅谷商业中心等"三类500强"项目2家，引进种业龙头企业10家、种业产业链企业64家，实现种业产值44.3亿元。自贸片区坚持以制度改革释放发展活力，4个案例被纳入"长沙片区改革实践案例汇编"。自贸大厦总部大楼等12个重点项目、国际产业创新与交流中心等5个功能性平台加快建设。在全省率先开设自贸试验区"专窗"和"一站式"企业服务中心，推行商事主体住所申报登记承诺制、"容缺受理"审批机制，实现"跨省通办"政务服务合作。全国首个中非标准化研究中心、智慧农业创新中心、中国国际可可产业创新平台落户芙蓉标准化小镇，引进英国标协、华晟检测、欧格认证等51家企业（机构）先后入驻，新引进各类企业421家，新增内资企业注册资本68.2亿元，完成外贸进出口总额11.7亿元。

【城市建设】 2021年，芙蓉区铺排各类重点建设项目218个，年度投资185.5亿元。投资总量比2020年增长13.8%。列入市级长株潭一体化重点项目14个，完成投资额34.86亿元，投资完成率226.02%，项目投资完成进度在全市排名第一位。火车站敬天广场西塔楼封顶，佳兆业广场商业部分投入运营，友谊商店东边旧城改造地块挂牌出让。推进袁家岭中央文化区建设，人民新村戏剧街、书香文化艺术街、数字创意街项目立项，省演艺集团、省交响乐团等10余家文化品牌先后入驻。推进精神医学、心血管等国家区域医疗中心建设，18个医疗健康产业项目落户。中南地区首条黄金街建成开街，40余家黄金珠宝品牌入驻。全年全区城镇老旧小区改造项目27个，涉及143幢、5334户、总建筑面积43.93万平方米，开工率及满意率均100%；116处城镇危旧房屋实现开工建设，部分项目已经完工；5个街区微改造项目完成建设；火车站广场片区广场单元完成建设，马浏片区一期、蔡锷中路两厢一、三片区等城市更新项目，湘雅二医院片区交通微循环、环境提质等城市更新高效完成，白果园片区城市更新获中央电视台《新闻联播》点赞。推进“五位”（学位、厕位、床位、车位、梯位）等民生实事建设，38项省、市重点民生实事工作均按要求完成。全年建成“芙蓉学校”3所；新建智慧社区健身中心21个；新建标准化（社区）综合文化服务中心5个；新建改建公共停车场25个，新增停车位11110个；新建“厕位”75个；新增养老床位502张；在全市率先完成既有住宅加装电梯任务，加装电梯208台，累计实现老旧小区加装电梯516台，发放补贴资金1080万余元，涉及辖区内近80个小区、6500余户、1.8万余人，工作经验在全省推介，获2021年度省政府真抓实干督查激励奖；新建5G基础设施1540个；5个变电站项目实现交地建设；新增街角公园、游园6个，新增绿地面积9.1万平方米。隆平片区实施集体土地拆迁，岳麓山实验室首开区启动建设，农大农科院省属单位闲置土地开发；隆平生物种业产业园、隆平种业创新中心、旺德府万象时代、芙蓉自贸大厦、东湖湿地特色文化园、琴海数智产业园等重大项目加快建设。地铁6号线试运行。打通东湖路、合平路、桐西路等断头路和瓶颈路，西龙路、望龙路跨浏阳河桥等市重大项目加快建设。加快推进张公岭交通安全设施建设，拆除人民东路低压杆线，营盘路10千伏高压杆线完成下地并通电运行，人民东路雨污分流雨水管完成改造。

【社会事业】 2021年，芙蓉区有区属中学5所、小学36所、幼儿园17所。中学在校学生10130人，教职工787人；小学在校学生44170人，教职工2658人。全区小学生入学率、普及率、巩固率、小学升初中入学率、适龄人口入学率均100%，初中毕业生升学率99.03%。“一校四园”（育英第三小学、火炬幼儿园、名士豪庭幼儿园、合平幼儿园、张公岭幼儿园）开学，新增学位2430个。东雅中学建成秋季开学。改扩建育英西垅小学，增加学位270个。投入848.5万元将6所普惠性民办园转为公办园，盘活学位1530个，公办园在园幼儿占比55.4%。“防溺水”工作经验获国务院副总理孙春兰肯定批示，“体教融合”工作经验在省委政策研究室《送阅件》刊发，获省委副书记乌兰肯定性批示。“双减”（减轻义务教育阶段学生作业负担和校外培训负担）政策全面落地，义务教育课后服务覆盖率100%，营利性学科类培训机构压减率86.8%。

完善公共文化供给，新建区文化馆、图书馆于2021年10月1日开放试运行，30余家文体活动中心场馆建成开放。年内文化馆被评为国家一级馆。年末全区有区级文化馆1个，街道文化站13个，标准化社区（村）综合文化服务中心70个；区级图书馆1个，区级24小时自助图书馆1个，公共图书分馆15个，备案博物馆4个。年末全区有全民健身设施480余处，健身步道3条，晨晚练点75个。湖南和平解放史事陈列馆全年接待参观者5万余人次。区图书馆开展各类读书活动72场次，参与群众1.5万余人次。办理图书新证1546张，接待读者近10万人次，图书外借量9.93万册次。开展非物质文化遗产保护和宣传工作，传统和香制作技艺入选第七批市级非物质文化遗产代表性项目。组织举办各类送戏送演出进社区、进基层活动60余场次。

全区有各类医疗卫生机构341个，其中社区卫生服务中心13个、社区卫生服务站47个，村卫生室2家。各类医疗卫生机构编制床位数7880张，实有床位数9879张。卫生技术人员13493人，其中注册执业（助理）医师4602人，护士7335人。5岁以下儿童死亡率0.87‰，5岁以下儿童死亡数4人，孕产妇死亡人数0人。推进紧密型城市医联体建设，在全省率先构建基层胸痛救治单元防护体系。全区有60岁以上老人近9万人，80岁以上老人1.4万人，空巢老人4700人，低保老人460人，特困老人58人，100岁以上老人18人，全面落实老年普惠政策。全区拥有福利中心1家，民办养老福利机构4家，街道、社区居家养老服务中心41家，床位2875张。社会福利中心长沙协和颐养院投入运营，街道综合养老和社区居家养老服务中心实现社区全覆盖。

【社会保障】 2021年年末，芙蓉区城镇职工基本医疗保险参保缴费人数 260480 人，新增 23196 人；城乡居民基本医疗保险年末参保缴费人数 92438 人。基本医保参保率稳定在 95%以上。基层医保基金监管制度和方式改革经验获副省长朱忠明批示肯定。全区城乡居民养老保险参保缴费人员 13227 人，征缴收入 20.51 亿元；人均发放城乡居民养老金 247.9 元，在全省排名第一位。企业养老保险参保缴费率 91.82%。全年新增城镇就业人数 14902 人，失业人员再就业 10595 人，就业困难对象实现就业 1417 人，城镇登记失业率控制在 1.66%以内。完成职业技能培训 43201 人次（含以工代训），创业培训 6388 人次。全年发放就业困难人员灵活就业社保补贴 1380.55 万元，补贴 3817 人次。全区拥有综合性服务中心 76 个，城市低保对象 1671 户，共 2304 人，全年发放城市低保金 1763.55 万元；农村低保对象 13 户，共 24 人，后陆续退出，截至 2021 年 12 月 31 日，农村低保全部清零。全年发放低保金 10.07 万元；特困供养对象 67 户，全年发放供养金 98.16 万元。全区拥有敬老院 1 家，床位 300 张，入住老人 24 人。开展“八大慈善救助”（慈善助困、慈善助医、慈善助学、慈善助老、慈善助贫、慈善助葬、慈善助急、慈善助无）项目、“五帮扶”（急难帮扶、医疗帮扶、住房帮扶、就业帮扶、基本生活帮扶）工作，社会综合救助水平居全省首位，创新改革工作经验得到省、市认可，9 月被推荐参与全国优秀典型案例评选。

【乡村振兴】 芙蓉区属于非贫困区县，无贫困村和建档立卡贫困户，乡村振兴主要工作为对口帮扶。2021 年，芙蓉区投入扶贫专项资金 2519 万元，从组织建设和人才培养、改善民生事业、提质基础设施、壮大特色产业、巩固拓展脱贫攻坚成果、提升人居环境等方面，助力怀化市麻阳苗族自治县、湘西土家族苗族自治州龙山县靛房镇持续巩固脱贫攻坚成果，推进乡村振兴。

【芙蓉标准化小镇建设】 2021 年，芙蓉区打造国内首家以标准化为主题的标准化产业集聚区。该项目位于人民东路北侧，合平路西侧，总投资 5 亿元，计划三年分二期完成建设。项目一期国际标准化产业园位于东湖壹号企业总部基地，占地 2.94 公顷，总建筑面积 7.7 万平方米。由芙蓉区政府、隆平高科管委会和长沙市标准化协会联合建设，由希而思（长沙）科技创新研究院有限公司运营。构建以“标准化产业（长沙）创新中心”为基础，以标准化理论研究平台、标准化人才培育平台、标准化项目供给平台、标准化成果展示平台、标准化产业孵化平台为核心的“一中心、五平台”的标准化产业园。围绕打通“质量基础一站式”服务通道，引进国内外优秀标准化组织和知识产权、认证认可、检验检测等上下游技术服务机构，培养标准化、认证、检测等专业人才，向政府和市场提供第三方技术服务。截至 2021 年年底，小镇已集聚标准化产业链上下游相关企业和机构 51 家，在仪器仪表、机器人、化妆品等 20 余个行业先后成立标准化工作委员会，国家技术标准创新基地（长株潭）国际标准化创新服务中心、中非经贸合作研究院中非标准化研究中心、中南林业科技大学“一带一路”热带干旱经济工程技术研究中心标准化研发中心在小镇揭牌。“芙蓉标准化小镇打造标准化聚集区、赋能产业高质量发展”案例入选中国（湖南）自由贸易试验区长沙片区十大改革创新实践案例。9 月 16 日，芙蓉区标准化工作先进经验在 2021 年度全省市场监管系统标准化工作会议上作典型推广。10 月 10 日，以标准化小镇为平台支撑，芙蓉区作为全市唯一区县被确定为湖南省质量基础设施“一站式”服务首批试点地。

【袁家岭中央文化区建设】 2021 年 4 月，芙蓉区启动袁家岭中央文化区建设。该项目东起车站路，西至芙蓉路，南至人民路，北至八一路，面积 3.16 平方千米。该区域曾是长沙城市中心点，聚集湖南图书馆、湖南大剧院、湖南湘绣博物馆、湖南文物商店等省、市主要文化设施，省花鼓戏剧院、省京剧院、省湘剧院等文艺院团，韭菜园路古玩文化街等历史文化遗存及特色名街名巷等。芙蓉区整合袁家岭周边文化产业资源，布局“一核两轴三圈多点”功能分区，即湖湘演艺文化核，五一路城市形象展示轴、解放路国潮文化体验轴，商业文化圈、数字

表 55　2021 年芙蓉区主要经济指标与 2020 年比较统计表

指标名称	地区生产总值（亿元）	农林牧渔业总产值（万元）	社会消费品零售总额（亿元）	地方一般公共预算收入（亿元）	公共财政支出（亿元）	城镇居民人均可支配收入（元）
2020 年	1163.28	129	575.2	40.7	56.2	61985
2021 年	1268.24	134	658.6	36.93	61.81	66324
2021 年比 2020 年增长（%）	8.3	−5.4	14.5	−9.27	9.99	7

（资料来源：芙蓉区地方志编纂室）

创意圈、文化艺术交易圈，打造文化+休闲、文化+体育、文化+科技、文化+创意、文化+医疗等多个节点。加强项目建设，重点推进“八大项目”［湖南文化广场（二期）、惟楚文化广场、佳兆业广场、敬天广场、友谊东项目、长城宾馆改造、湘邮项目、“五一路333号”］和“一广场六街区”（文化广场、人民新村戏剧街、湖南米粉街、韭菜园古文艺术街、康养文化街、朝阳数字创意街、书香文化艺术街）建设。出台《芙蓉区促进文化产业集聚区高质量发展的若干措施》，以政策优惠、资源红利、区位优势，吸引文化、体育、休闲等朝阳产业落户。引进湖南省演艺集团、湖南省交响乐团等10余家文化品牌企业入驻湖南文化广场二期，4.1万平方米的国潮特色商业街12月底在佳兆业广场试营业；面向社会征集中央文化区商标标识创意设计方案；策划组织湖南金秋文物博览会、袁家岭中央文化区主题摄影展、芙蓉区“文旅体”联盟成立暨百日暖企行动等各类活动40余场次，“爱在袁家岭”交响乐快闪活动全网总曝光量超1亿次。发布《文化高铁下一站：袁家岭》主题作品、《遇见袁家岭》原创宣传推广曲，均获100万人次以上阅读量。

【“中国黄金街”开街】 2021年12月12日，中南地区首条黄金街建成并举行开街仪式。活动现场，芙蓉区政府与中国黄金集团黄金珠宝股份有限公司、中国黄金珠宝电子商务有限公司与长沙银行完成战略合作协议的签约仪式，签约双方就共同将黄金街打造成为集商文旅于一体的黄金主题特色商业街进行磋商。同日，由区民政局婚姻登记处联合黄金之城打造的“中国黄金街婚姻登记点”启用。该街北起解放路口，南至人民路口，为建湘南路的一段，长约500米。原为五金机电一条街，有五金机电、化学仪器的商户数十家。2021年9—12月，芙蓉区政府联合中国黄金集团黄金珠宝股份有限公司，投资近4000万元，对该路段进行综合提质改造，涉及建筑提质、景观升级、道路铺装、交通完善、强弱电下地、亮化布局等项目，改造后街域沿线建筑焕然一新，吸引40余家黄金珠宝品牌入驻。

【基层医保基金监管全覆盖】 2021年，芙蓉区探索医保基金监管制度改革，在全省率先建立集中统一的智能监管云平台，实现医保基金全过程全覆盖监管。实行“135”（一个管理中心，三级网格管理体系，五项网格管理制度）网格化监管新模式，提升医保基金的使用效益。网格化监管实现区、街、社区三级队伍联动，整合现有监管资源，促进条块融合，发挥行政监管、属地协管和社会监督的整体合力，基层监管力量不足的矛盾得到有效解决。完善基金监管的制度体系。制定实施相应制度办法，开展定点医药机构医师药师备案登记，完善社会监督、信用管理、行业自律为主要内容的基层监管制度体系，为网格监管扎上制度笼子。拓展基金监管的医保内涵。实现经办服务“一网通办”，将医保服务全流程下沉到网格办理，方便群众“事项就近办理，信息就近获取”，形成医保人在网中走、医保事在格中办的服务新格局。该项改革获得社会各界的好评。该经验在《中国医疗保险》《省委改革调研专报》《市政府决策咨询》上刊发，获副省长朱忠明批示，总结推广芙蓉区经验做法。2021年，国家医疗保障局、公安部等部门先后专题调研芙蓉区医保基金网格化社会监管云平台。

【24小时楼宇政务服务驿站】 2021年7月13日，芙蓉区在全省率先打造“24小时楼宇政务服务驿站”，该驿站设在世茂环球金融中心一楼大厅，服务范围覆盖芙蓉中央商务区周边重点商务楼宇及市场主体，配备5G智慧税务终端、营业执照打印自助服务终端、政务服务终端等自助设备，为企业、市民办理营业执照、税务业务等一系列高频政务服务事项，实现“办事不出楼，服务全天候”。芙蓉区打造“15分钟政务服务圈”助推“365天+24小时”不打烊政务服务的典型经验被湖南省政务管理服务局在2021年11月24日《关于全省政务服务大厅运行管理检查交流有关情况的通报》推介，《长沙市“放管服”和“一件事一次办”改革情况通报》2021年第5期、第7期推介芙蓉区打造全省首个24小时楼宇政务服务驿站，推动自助服务、智慧政务再升级的典型经验，湖南卫视、湖南经视、《长沙晚报》等多家媒体对此进行宣传报道。

【“芙蓉先锋帮代办”党员示范岗】 2021年，芙蓉区在政务大厅打造“芙蓉先锋帮代办”党员示范岗品牌，组织预备党员、入党积极分子、新进人员、后备干部等分批次在政务大厅开展岗位实践实训，为办事企业、群众提供进门引导、政策咨询、办事帮代、“一件事一次办”程序推广等全方位的“保姆式”服务，尤其为特殊人群提供适老适幼适残专属服务。推行“实践+反馈+总结”模式，做到有计划、有培训、有台账、有小结、有评价、有提升，持续优化大厅政务服务。年内上岗实训党员干部20余批次近200人，“一线工作法”和“体验式培训”成为提升“店小二”精神的有效举措，《湖南日报》、《长沙晚报》、湖南经视、湖南都市频道等多家媒体对此进行推介报道，该举措被湖南省人民政府发展研究中心（湖南省人民政府政务服务中心）评为2021年湖南省优化政务服务十大“金点子”一等奖。

【白果园历史文化旅游街区获批国家AAA级旅游景区】 2021年12月，白果园历史文化旅游街区获批国家AAA级旅游景区。该街区东起蔡锷南路，西与黄兴路步行街接壤，南至人民西路，北接解放西路，占地面积0.13平方千米。街区下辖白果园、登隆街、

2021 年，实施有机更新项目完成后的白果园历史文化老街街景

芙蓉区地方志编纂室　供图

苏家巷、观音井、育英街、东茅街、丰盈西里等历史文化老街，历史底蕴深厚，人文情怀浓厚，《湘江评论》印刷旧址、程潜公馆、长沙剧院、公沟遗迹、苏式建筑、丰泉古井等古迹，知名武侠杜心五及其他达官贵人等公馆曾坐落于此。2004 年，百果园巷和化龙池巷列入长沙市 11 条历史古街巷、长沙市保留的 4 条古麻石街之中。2018 年芙蓉区启动对该区域的有机更新，贯彻“整体修旧如旧，局部修新如旧，细节修旧如新”理念，在保留原有建筑风貌的基础上，实施微修复，以解决危房、完善水电气设施为主，改善人居环境，提升群众幸福感。改造涉及居民 2660 余户，街巷 14 条，总投资 4.45 亿元，2020 年年底建成开放。全年接待各级调研参观人员 100 余人次。有机更新后的古街古巷与周边商圈高端服务业形成优势互补和产业融合，吸引清饮烘焙、咖啡甜品、特色民宿、网红餐饮、潮玩文创、民宿古着等多元化业态，成为年轻人创业聚集地。2021 年，芙蓉区推进文旅融合，探索新玩法，通过线上推广、线下引流的方式，推出游赏、玩乐、体验等各类文旅活动，吸引众多市民游客驻足游览。作为具有历史韵味与时尚网红融为一体的文旅片区，白果园片区城市更新获中央电视台《新闻联播》点赞，《人民日报》等中央及省、市媒体多次宣传报道。

【袁隆平农业高科技股份有限公司获第四届中国质量奖提名奖】　2021 年 9 月 16 日，在中国质量（杭州）大会上，袁隆平农业高科技股份有限公司获第四届中国质量奖提名奖。中国质量奖是中国质量领域的最高荣誉，于 2012 年经中央批准设立，每两年评选一次，已开展评选表彰活动四届。该次企业获奖的项目为“首创基于数字化的‘双全双零’质量管理模式”。该模式以“产品零缺陷、服务零遗憾”为目标，自主开发育种测试、农田地理信息、收获管理、质量追溯以及种粮一体化等系统，实现种子“全生命周期、全业务流程”质量管理，确保为农户提供优质综合农业服务解决方案。该模式全面提升了公司研发效率、种子质量、农业服务水平，在国内年推广面积超 533.33 万公顷。（本栏撰稿　苏　洁）

天心区

【概况】　2021 年，天心区下辖坡子街、城南路、裕南街、金盆岭、赤岭路、新开铺、文源、桂花坪、青园、黑石铺、大托铺、先锋、暮云、南托 14 个街道，全区面积 137.4 平方千米。2021 年年末，天心区户籍人口 53.22 万人，常住人口 85.74 万人。人口出生率 6.87‰，死亡率 3.8‰，人口自然增长率 3.07‰。

地区生产总值 1215.37 亿元，比 2020 年增长 7.8%。分产业看，第一产业实现增加值 1.4 亿元，下降 5.4%；第二产业实现增加值 374.24 亿元，增长 4.2%；第三产业实现增加值 839.72 亿元，增长 [illegible]。第一、二、三产业分别拉动 GDP 增长 0 个、1.3 个和 6.5 个百分点，三次产业对 GDP 增长贡献率分别为 -0.1%、10.5% 和 89.6%。第一、二、三产业增加值占地区生产总值的比重分别为 0.1%、30.8% 和 69.1%。一般公共预算收入 154.26 亿元，比 2020 年增长 9%，其中地方一般公共预算收入 67.19 亿元，增长 9.8%。一般公共预算支出 76.98 亿元，增长 13.1%。

农林牧渔业增加值 1.47 亿元，比 2020 年下降 5.4%，其中，农林牧渔服务业增加值 0.06 亿元，下降 4.6%。全年粮食种植面积 0.26 千公顷，总产量 2324 吨，其中稻谷种植面积 0.25 千公顷，产量 2038 吨；蔬菜种植面积 1.04 千公顷，产量 2.75 万吨；生猪出栏 0.52 万头；家禽出笼 5.51 万羽。

工业增加值比 2020 年增长 5.5%，其中规模以上工业增加值增长 5.3%。全区具有建筑业资质等级的独立核算企业 63 家，其中特级 5 家、一级 37 家。全年完成建筑业总产值 1442.95 亿元，比 2020 年增长 14.5%；实现建筑业增加值 249.35 亿元，增长 3.6%。

社会消费品零售总额 463.03 亿元，比 2020 年增长 13.6%，占全市社会消费品零售总额比重 9.1%。按行业分，批发业实现零售额 43.76 亿元，增长 4.1%；零售业实现零售额 349.85 亿元，增长 14.4%；住宿业实现零售额 4.44 亿元，增长 15.7%；餐饮业实现零售额 64.98 亿元，增长 16.4%。

固定资产投资比 2020 年增长

9.3%。全区计划总投资超过5000万元的在库项目（不含房地产开发）81个，完成投资占固定投资总额的57.8%。分产业看，第二产业完成投资下降8.1%，其中工业投资下降8.2%；第三产业完成投资增长18.4%。

【城乡建设】 2021年，天心区制定实施长株潭一体化发展五年行动方案，牵头与湘潭市岳塘区、株洲市石峰区签署人社服务、司法行政、生态共治等合作框架协议，开设长株潭“跨域通办”专窗，举办全球地理信息开发者大会、长株潭千企万岗招聘月、融城马拉松赛、长株潭消费节、长株潭共植“一棵树”植树节等系列活动，湖南省“三十大”标志工程——湖南大数据交易中心封顶，新韶山南路、暮坪湘江特大桥等重点项目启动建设，国家医学中心、长沙奥体中心等一批项目落地。湘江大道等4个“五纵五横”［五纵：花侯路、车站路—开福大道、芙蓉路、湘江大道、金星路—梅溪湖路—麓谷大道；五横：岳麓大道—三一大道、五一路—枫林路（含八一路、韭菜园路）、湘府路、长沙大道、晚报大道—营盘路—咸嘉湖路］项目完成，“一江两岸”城市照明提质工程如期完工。启动下碧湘街片区、新开铺片区、黑石铺片区等6项城市更新项目，提质改造老旧小区60个，创建精美社区2个、精美街道3个。加装小区电梯200台，新增车位1.48万个。坚持精致管理，实行共享单车智慧运维实时调度；成立区级渣土事务中心，推动垃圾分类厢房建设；推进“百日奋战 扮靓星城”专项整治行动，维修路面2.3万平方米，更换老旧燃气管网8.3千米，更新绿植183万株。推进安全生产专项整治三年行动，抓好道路交通、仓储物流等各类安全，推进国家食品安全示范城市创建活动，未发生较大以上安全事故。创建国家文明典范城市，志愿服务成为天心亮丽风景。

【产业发展】 2021年，天心区先后出台贯彻落实“三高四新”战略三个三年行动计划［《长沙市天心区全力打造国家重要先进制造业高地——数字经济三年行动计划（2021—2023年）》《长沙市天心区全力打造具有核心竞争力的科技创新高地三年行动计划（2021—2023年）》《长沙市天心区全力打造内陆地区改革开放高地三年行动计划（2021—2023年）》］、促进区域经济高质量发展奖励办法、优化招商引资工作若干意见。理顺体制机制，新成立存量（闲置）土地资源盘活工作指挥部，优化调整长沙外滩建设协调领导小组暨有机更新指挥部、省府新区建设协调领导小组暨湘府消费中心建设指挥部，构建“1+3”统筹联动工作体系。深化国企改革，研究制定市场化薪酬绩效体系，推进区属国有企业转型升级。推进“智慧天心”建设，打造“智慧天心”驾驶舱平台和智慧政务大厅“一站式”服务新名片。开展项目建设、征地拆迁、闲置资源盘活、土地出让、楼宇去化、招商引资、开发销售、资源争取“八个一批”项目攻坚行动。铺排重大项目205个，完成投资300亿元以上，龙湖天街、五江国际商业广场等一批重点项目加速推进；牛角塘城中村改造二期、湖机棚改等31个项目清零，腾地293.2公顷；盘活青苹果数据城、德胜001等闲置项目，南城雅苑、南湖大厦B座等闲置多年土地启动建设；人才公寓、杜鹃公园安置地等地块挂牌出让；完成楼宇去化11万平方米；新引进百万元税源企业100家，新增“四上”企业（规模以上工业企业、资质等级建筑业企业、限额以上批零住餐企业、国家重点服务业企业）105家；房地产开发入市160万平方米、销售150万平方米；一批新基建项目完成建设，争取资金9.78亿元。

【社会事业】 2021年，天心区开展“我为群众办实事”活动，全面完成区人大代表票决十件实事。坚持教育优先发展，贯彻落实“双减”（有效减轻义务教育阶段学生过重作业负担和校外培训负担）政策，完成师大附中双语等学校建设项目13个，新增学位8190个。开展全民健身项目795项次，全区全民健身运动参加人数62万人次。全年发展社会体育指导员354人，年末拥有各级社会体育指导员3675人，健身辅导站14个，公共体育场地1155个。全年审批环保建设项目26件。全年空气质量优良率85.5%，优良天数312天。全年实现高新技术产业增加值比2020年增长19.4%，专利授权3329件，增长39.9%，其中，

表56　2021年天心区主要经济指标与2020年比较统计表

指标名称	地区生产总值（亿元）	农林牧渔业增加值（亿元）	社会消费品零售总额（亿元）	一般公共预算收入（亿元）	一般公共预算支出（亿元）	城镇居民人均可支配收入（元）
2020年	1120.64	1.57	407.65	150.18	68.05	62293
2021年	1215.37	1.47	463.03	154.26	76.98	66716
2021年比2020年增长（%）	7.8	−5.4	13.6	9.0	13.1	7.1

说明：地区生产总值、产业增加值绝对数按现行价格计算，增长速度按不变价格计算　（资料来源：天心区地方志编纂室）

发明专利授权 933 件，增长 70%。

【社会保障】 2021 年，天心区有注册卫生技术人员 8401 人，比 2020 年增加 459 人，其中，医生 3517 人，比 2020 年增加 275 人；护师护士 4884 人，比 2020 年增加 184 人。落实常态化新冠肺炎疫情防控措施，有效处置输入性新冠肺炎疫情。城乡居民养老保险基数实现“17 连调”，区社会福利中心运营；城镇新增就业 1.23 万人，失业人员再就业 1.23 万人，零就业家庭 100% 动态清零，新增农村劳动力转移就业 350 人，全年累计发放城乡低保金等 2541.48 万元，申请廉租房及廉租房补贴 140 户。全年发放城乡困难居民医疗救助金 629.35 万元，发放特困供养资金 318.27 万元，发放优抚金 3979.18 万元。新建居家养老服务中心 9 个。

【乡村振兴】 2021 年，天心区推进乡村振兴工作，出台“两安”用地（用于安置被征地农民的生活、生产用地）利用管理指导意见、乡村振兴五年行动方案。优化调整暮云片区建设协调领导小组暨乡村振兴指挥部，构建统筹联动工作体系。城乡供水一体化项目完成年度建设任务，与中国供销集团签订乡村振兴项目合作协议，打造美丽屋场 18 个。

【长株潭融城半程马拉松赛在天心区举行】 2021 年 3 月 28 日，“2021 长株潭融城半程马拉松赛暨绿心乡村生态旅游节”在长沙市天心区暮云街道许兴村举行。此次活动是长沙市天心区、株洲市石峰区、湘潭市岳塘区首次共同举办的跨区域大型体育赛事，将融城半程马拉松赛和绿心乡村生态旅游节相结合，让大家感受“城融”“人融”“心融”加速度。活动设半程马拉松赛、融城方阵欢乐跑 2 个项目。半程马拉松赛起点终点均设在许兴村村委会，全长约 21.1 千米，融城方阵欢乐跑全程约 5 千米。参赛选手安振以 1 小时 6 分 22 秒的成绩获得半程马拉松赛男子组冠军，杨冰洋以 1 小时 17 分 29 秒的成绩获得半程马拉松赛女子组冠军。

2021 年 3 月 28 日，“2021 长株潭融城半程马拉松赛暨绿心乡村生态旅游节”在长沙市天心区暮云街道许兴村鸣枪开跑　　天心区政府办　供图

【推进长株潭一体化区域合作联席会议召开】 2021 年 1 月 28 日，长沙市天心区、湘潭市岳塘区推进长株潭一体化区域合作联席会议召开。两区在协商一致的基础上，从 8 个方面加强合作，加快构建“一心一江三带”（“一心”：绿心，加强保护与发展，共建优质生态绿心；“一江”：湘江，共抓湘江大保护；“三带”：湘江路、芙蓉路、新韶山南路 3 条经济发展带）两区融合发展新格局，主动当好引领长株潭一体化发展领头雁，为推动长株潭一体化按下“加速键”。天心区委书记刘汇，岳塘区委书记陈爱民，天心区委副书记、区长黄滔，岳塘区委副书记、区长郭勇等出席。会上，黄滔、郭勇分别介绍天心区、岳塘区区情及区域合作情况，并代表天心区政府、岳塘区政府签署推进长株潭一体化区域合作框架协议。该协议按照省委提出的构建“一核两副三带四区”区域经济格局要求，突破行政壁垒和体制机制障碍，加强区域间的协调联动，推进绿心互保、交通互联、执法互动、数据互通、资源互享、项目互建、文旅互融、人员互派 8 个方面合作。

【第十届全球地理信息开发者大会在天心区召开】 2021 年 5 月 18—19 日，WGDC2021 第十届全球地理信息开发者大会在长沙召开，会议通过聚焦未来城市、未来交通、实景三维、商业航天等领域，邀请包括中国科学院院士、中国工程院院士李德仁在内的 10 余名院士专家，以及 300 余家企业从技术创新、应用创新、资本创新等多维视角展开深入交流探讨。大会以“更智能、更泛在、更融合”为主题，由湖南省自然资源厅、长沙市政府、泰伯网共同主办，长沙市天心区委员会、长沙市天心区政府、长沙天心经济开发区管理委员会承办。湖南省人大常委会副主任、民盟中央常委、湖南省委主委杨维刚，副省长陈文浩，省政府副秘书长黎咸兴，长沙市委副书记、市长、湖南湘江新区党工委书记郑建新，中国测绘学会理事长宋超智，天心区委书记刘汇，区委副书记、代区长周志军，以及省、市、区相关部门负责人出席开幕式。开幕式上，中国测绘学会、天心区政府、天心经开区和泰伯网发布四方合作战略。天心区政府、天心经开区与企业

2021 年 5 月 18—19 日，WGDC2021 第十届全球地理信息开发者大会在长沙天心经开区召开

天心经开区　供图

代表现场集中签约 20 个重大合作项目，涵盖时空大数据、地理信息、商业航天、人工智能、自动驾驶、产业互联网等领域。大会发布《2021 地理空间产业趋势报告》和《2021 湖南地理信息科技创新白皮书》两大报告，并颁发年度最佳口碑产品、年度最具影响力品牌、年度创新应用案例 3 项奖励，以及十年最受欢迎演讲嘉宾和十年最受关注科技企业。天心经开区推介“天心数谷”数字经济产业发展情况：天心区依托全省唯一的湖南地理信息产业园、全市大数据（地理信息）产业链的优势，打造长沙第五谷——天心数谷；通过抢抓长株潭一体化机遇，不断朝着新基建、软件和信息技术、人工智能、人力资源、金融服务、文化创意等高智力、高价值行业方向迈进；截至会议召开时，“天心数谷”初具雏形，聚集地理信息企业 200 余家，其中全国百强企业 12 家，形成“天空地”一体化产业格局。

【天心区选举产生六届党委、纪委、人大、政府、政协领导班子】 2021 年 7 月 30 日，中国共产党长沙市天心区第六次代表大会闭幕，第六届区委第一次全会选举吴新伟为天心区委书记，周志军、叶妙为区委副书记，吴新伟、周志军、叶妙、厉波、刘向、许波、洪孟春、张建、张浩平、罗定豪为区委常委。罗定豪为天心区纪委书记。天心区第六届人民代表大会第一次会议于 10 月 25 日闭幕，大会选举黄文先为天心区人大常委会主任，周志军为天心区政府区长，王海军、彭元强、凌异、张长生、罗孟怡为天心区人大常委会副主任，厉波、张浩平、刘瑜、欧阳伟沙、刘正文、郑州、王钰莹、肖盛辉为天心区政府副区长，罗定豪为天心区监察委员会主任。周丹为天心区人民法院院长，陈芳为天心区人民检察院检察长。政协天心区第六届委员会第一次会议于 10 月 24 日闭幕，大会选举张界贻为政协长沙市天心区第六届委员会主席，黄会、赵英华、蔡逸、秦超、王珊为政协长沙市天心区第六届委员会副主席，易媛媛为政协长沙市天心区第六届委员会秘书长。

（本栏撰稿　李　强）

岳麓区

【概况】 2021 年，岳麓区辖岳麓、橘子洲、望月湖、银盆岭、观沙岭、西湖、望城坡、望岳、咸嘉湖、梅溪湖、天顶、坪塘、洋湖、学士、含浦 15 个街道办事处，莲花、雨敞坪 2 个镇，并设岳麓高新区和岳麓山大学科技园岳麓分园创业服务中心，岳麓山风景名胜管理局（下设麓山景区、橘子洲景区和望月湖公园）。全区面积 558 平方千米。2021 年年末，户籍人口 90 万人，常住人口 157.98 万人。人口出生率 11.4‰，死亡率 5.7‰，人口自然增长率 5.7‰。

地区生产总值 1502 亿元，比 2020 年增长 7.8%。其中第一产业增加值 10.63 亿元，比 2020 年下降 3.8%；第二产业增加值 428.08 亿元，比 2020 年增长 3.4%；第三产业增加值 1063.3 亿元，比 2020 年增长 9.7%。地方一般公共预算收入 67.47 亿元，比 2020 年增长 35.4%。一般公共预算支出 83.86 亿元，比 2020 年增长 10.7%。区本级一般公共预算支出 73.5 亿元，比 2020 年增长 21.4%。

农林牧渔业总产值 16.11 亿元，比 2020 年下降 4.3%。其中农业产值 12.5 亿元，比 2020 年下降 2.9%；林业产值 3953 万元，比 2020 年下降 12%；畜牧业产值 1.31 亿元，比 2020 年下降 10.5%；渔业产值 1.21 亿元，比 2020 年增长 6.3%；农林牧渔专业及辅助性活动产值 6905 万元，比 2020 年下降 4%。全年粮食总产量 43533 吨，出栏肉猪 1600 吨，肉禽出笼 39.41 万羽，水产品产量 6913 吨。

工业增加值 286.58 亿元，比 2020 年增长 5%，其中规模以上工业增加值比 2020 年增长 5.4%。全区建筑业增加值 141.93 亿元，比 2020 年增长 0.3%，完成建筑业总产值 658.9 亿元，比 2020 年增长 11.9%；全年房地产开发投资 577.72 亿元，比 2020 年增长 16.6%；商品房销售面积 674.65 万平方米，比 2020 年增长 36.8%，其中住宅销售面积 611.68 万平方米，比 2020 年增长 40.8%；商品房销售额 871.31 亿元，比 2020 年增长 51.7%，其中住宅销售额 796.72 亿元，比 2020 年增长 58.8%。

社会消费品零售总额 614.94 亿元，比 2020 年增长 12.3%。全年接待国内外旅游者 1393.17 万人次；旅游总收入 171.85 亿元。

固定资产投资比 2020 年增长 9.3%。全年进出口总额（海关口径）74.4 亿元（折合 11.5 亿美元），比 2020 年增长 42%。

【城市建设】 2021 年，岳麓区聚焦创新名城建设，着力引育标志性平台，中南大学科技园获批国家大学科技园，特种玻璃国家工程研究中心等10余家创新平台落地，新材料研究院、网数科技、容大智能等单位备案为湖南省新型研发机构，新增4个省级众创空间和科技企业孵化器。着力引育标志性企业，赛恩斯环保入选国家级专精特新小巨人企业名单，云中再生科技、锐异资环等企业纳入全市上市后备企业名单，引进院士领衔项目6个，新增科技型企业2631家。聚焦产业强城建设，园区经济与楼宇经济同步提升，新增检验检测企业35家、人工智能关联企业43家，长沙智能驾驶研究院、中通智慧电商园等6个产业项目竣工，获批国家技术标准创新基地；达嘉维康登陆主板，实现本土培育上市企业“零的突破”。楼宇经济集聚发展，引进重点楼宇企业超650家，新增亿元楼宇2栋。招大引强与强链补链同向发力，新引进10亿元以上项目20个、“三类500强”关联项目15个，蓝思新能源、外企德科、国检集团等总部企业落户。现代金融发展强劲，新入驻各类金融机构115家，实现金融业税收55亿元，增长42%；文旅产业提速升级，橘子洲景区、岳麓山入选全国“建党百年红色旅游百条精品线路”，新增AAA级及以上景区3家，阳光100凤凰街被评为首批国家级夜间文旅消费集聚区。项目征拆与项目建设同频共振，聚焦青山谷山、坪塘大王山、大科城等区域，征拆腾地400公顷。85个市重大项目完成投资373.9亿元，完成率152.6%；硅基量子点激光器、区块链底层技术等“五个十大”项目全速推进，湘雅路过江通道提速建设，市中小学生科技活动中心主体建设完成。长株潭一体化加速推进，在全市率先开展长株潭园区“一体三互”合作，融城科技小镇、暮坪湘江特大桥等项目加速推进，助力70余家企业实现金企对接、20个产业项目落户，形成“跨域通办”事项75个。城市品质持续升级，观沙岭城市更新片区、新湘雅健康城等城市更新项目进展顺利，渔人码头提质改造全面完成，“一环一带三纵六横一城”环境提质高标准推进，麓景路南延线全线通车，岳华路、坦山路等“断头路”拉通，城市更加舒适宜居。

【社会事业】 2021 年，岳麓区有区属中学18所，小学76所，幼儿园231所。全区投入学生免费入学和资助经费14771.59万元，所有义务教育阶段127341人次学生全部享受免杂费入学，全年接收外来务工人员子女20629名，全年新建和启动新建学校10所（其中楼配套学校4所），扩建学校4所，提质建设维修改造63所中小学运动场及校园。

全区有群众业余文艺团体240个，文化馆9个（含8个文化馆分馆），公共图书馆25个（含24个社区、村图书分馆），博物馆（纪念馆）8个，街道、镇文化站17个，社区（村）综合文化服务中心168个；全民健身工程点250余处。有晨晚练点92处、智慧社区健身中心36个、乡镇全民健身中心11个、健身步道4条。公共文化服务不断完善，已建成103个市级标准化社区（村）综合文化服务中心。

【社会保障】 2021 年，岳麓区有各类医疗卫生机构963个，新增61个，其中一级及以上医院52个、疾病预防控制机构1个。卫生技术人员14822人，床位14288张，新增2740张。

全年全区合法生育率98.2%，出生婴儿男女性别比为112.49：100，计划生育免费技术服务到位率100%。

全区城镇居民人均可支配收入66411元，比2020年增长7.4%。城镇居民人均自有现住房面积40平方米。全区有公办敬老院5家，有床位595张，入住老人220人。拥有各类社区服务设施550个，街道社区服务中心17个，社区公共服务中心122个。全年发放城乡居民最低生活保障金3213.9万元，居民得到政府最低生活保障62597人次，其中城市居民最低生活保障24521人次，农村居民最低生活保障38076人次。城市和农村低保对象月人均发放保障金分别达597.57元和459.23元。全区参加企业职工基本养老保险人数26.24万人，基本养老金社会化发放率100%；参加城乡居民养老保险人数12万人。参加区本级城镇职工基本医疗保险人数24.6万人，参加区本级城乡居民医疗保险人数30.3万人，基本医疗保险覆盖率97.6%。

【乡村振兴】 2021 年，岳麓区全年粮食生产任务面积6533.33公顷（其中早稻600公顷）。评定第一批“岳麓区博士农场”6家，创建省级示范家庭农场5家、国家级、省级示范合作社各1家，市级示范家庭农场7家、示范合作社1家。创建农业部水产健康养殖示范场7个，省级特色农业产业园区1个、国家级标准化示范基地2个，市级以上农业产业化龙头企业10家。

乡村建设 完成100千米通村（组）公路建设。推进乡村小规模学校建设。选派12名优秀教师到农村中小规模学校任挂职校长，招聘16名本科及以上学历水平教师到农村任教，完成首次基层中小学教师职称评审工作，评审通过资深乡村教师13人、小高2人、小中1人。实现农村非无害化卫生厕所动态清零，完成4座农村公厕建设任务，完成43个美丽宜居村庄创建。

农村综合改革 全面完成全区70个农村集体经济组织清产核资工作。完成集体经济组织成员身份认定工作，成员认定人数250991人。全区48个村集体经济收入均逾20万元，其中50万~100万元的村7个，100万元以上的村18个。

基层组织建设 全区1056个党支部“五化”全面达标，学士街道学华村党总支被评为长沙市先进基层党组织，

洋湖街道连山村党总支被评为长沙市示范化“五化”党支部。将村党组织书记年报酬收入提高至不低于7.2万元/年，提升村级运转保障经费，按照合并村80万元/村、非合并村60万元/村的标准安排村级运转保障经费。

乡村人才培养　提升新型农民从业水平，经市级认定高级新型职业农民14人，中级新型职业农民4人，中级乡村工匠1人。从省、市科研院所和高校遴选科技特派员16名，企业开展“一对一”指导服务。

【国检集团华中区域总部落户岳麓】2021年11月18日，中国国检测试控股集团（以下简称“国检集团”）湖南公司与湖南省碧桂园科技发展有限公司签署战略合作协议。国检集团党委副书记、总经理朱连滨，岳麓区委书记周凡，区领导唐继发、屈志峰，碧桂园集团副总裁、湖南区域总裁张志远等参加。国检集团计划在岳麓区湘江智谷·人工智能科技城斥资2.25亿元设立华中区域总部，打造国检集团数字化转型示范基地。国检集团隶属于国务院直管的世界五百强企业中国建材集团，是A股首家“中国”字头、集检验认证为一体的上市公司。截至2021年年底，在华北、华南、华东、西北、西南等区域设有30余家分支机构、32个国家及行业产品质检中心，形成检验检测、认证评价、安全服务、仪器研发、延伸服务五大业务平台。国检集团华中区域总部项目落地建成后，集区域智慧运营、创新实验、智检技术及智能检测设备研发为一体，全面提升区域管理信息化、检测方式智能化、检测数据云端化、数据应用价值化，在湖南打造国检集团具备创新示范作用的新一代业务管理中心、智能检测技术创新中心、智能检测设备研发试制中心、检测数据云中心，全面提升全业务流程智慧化水平。

2021年12月25日，岳麓区图书馆、文化馆开馆　　岳麓区地方志编纂室　供图

【岳麓区两馆开馆】　2021年，岳麓区文化馆、图书馆新馆开馆。岳麓区文化馆新馆公共开放区域共3层，各功能室总面积1万平方米，设有多功能厅、舞蹈排练厅、艺术创作室、录音室、智慧教室等服务功能室，设施齐全、设备先进、功能完善。可开展文艺演出、辅导培训、展览讲座等群众文化活动，提供公众现代化数字文化服务。10月12日试运营，至12月31日，接待群众3000余人。其中岳麓区图书馆使用面积5000平方米，设有综合阅览室、儿童阅览室、视障阅览室、电子阅览室、地方文献室等11个服务功能室，藏书15万册。10月1日，自助书房试运行。至12月31日，接待群众2万余人次。截至2021年年底，全区建立分馆22家，配备了流动图书车，实现总分馆之间一卡“通借通还”借阅服务。

【长沙首台吹雪车投入使用】　2021年12月26日，长沙降下首场大雪，长沙首台吹雪车投入使用，上午11时在西二环附近，吹雪车所过之处，积雪一吹即化。该吹雪车是2021年由区市容环境卫生维护中心引进，主要适用于城市主次干道、高速公路、

表57　　2021年岳麓区主要经济指标与2020年比较统计表

指标名称	地区生产总值（亿元）	农林牧渔业总产值（亿元）	社会消费品零售总额（亿元）	地方一般公共预算收入（亿元）	一般公共预算支出（亿元）	城镇居民人均可支配收入（元）
2020年	1360	16.9	547.55	55	75.77	61835
2021年	1502	16.11	614.94	67.47	83.86	66411
2021年比2020年增长（%）	7.8	−4.3	12.3	35.4	10.7	7.4

（资料来源：岳麓区地方志编纂室）

国省干线公路、机场等道路的清雪、除尘、去水等作业，其吹嘴吹口风速150米/秒，吹风口分为主风口和辅风口（主风口负责主道面，辅风口负责吹轮胎接触面），吹出的风力范围为12米，最大风力13级，且可自由调节定点定向吹。遇上高速因冰雪瘫痪，吹雪车可在最短时间内把积雪和积冰全部吹跑，尽快恢复交通畅通。该吹雪车为岳麓区首次引进的长沙市唯一一台吹雪车。吹雪车可根据天气情况24小时作业，主要运用到环线、快速路等人工除雪困难的区域。

【岳麓区庆祝中国共产党成立100周年系列活动】 2021年是中国共产党成立100周年，长沙市以“党的盛典、人民的节日”为主基调，融合党史学习教育，推进“大江大河交响季·百里画廊百年歌”长沙市庆祝中国共产党成立100周年系列活动。全市各级各部门创新推动各项任务落地落实，在省会长沙唱响“共产党好”的主旋律，激发澎湃的热情和强大的正能量。岳麓区“大江大河交响季·百里画廊百里歌”实景交响诗系列MV、2021长沙第二届岳麓山青年戏剧节红色剧目展演获“特别项目奖”，岳麓区委宣传部、梅溪湖大剧院获“突出贡献奖”，赵杰、王洪、占苗、杨玉玲、袁野获“先进个人奖”。

【第一期国家技术转移专业人才培训班举办】 2021年6月3—5日，长沙市岳麓区联合湘潭市雨湖区举办的第一期国家技术转移专业人才（技术经纪人）培训班举办。此次培训班接受岳麓区与雨湖区相关单位报名推荐，首批招募学员96人进行为期3天的免费培训，邀请省科技厅相关业务处室的负责人、高校科技成果转化专家及科技服务机构的专家，从公共知识、政策法规、实务技能3个模块为学员授课。此次参与全程培训并通过考核的学员，可获得由国家技术转移人才培养基地和湖南省科技成果与技术市场协会联合盖章颁发的“国家技术转移专业人员能力等级技术经纪人（初级）”证书，并报湖南省科技厅统一备案，作为从事技术转移、技术交易等技术经纪执业和技术职称评定依据。

【岳麓区总商会商事调解中心成立】 2021年12月20日，岳麓区总商会商事调解中心在岳麓区法院挂牌成立。区人民法院党组书记、院长张帅，区政协副主席、区工商联主席谢俊，区检察院、区司法局等相关部门负责人及民营企业代表出席揭牌仪式。该中心为当事人提供权威、专业的平台，主要业务面向岳麓区片区内的企业和机构，对他们在生产经营中所产生的涉及贸易、投资、房地产、知识产权等领域的商事纠纷予以调解，并提供相关的咨询服务。

【岳麓区获长沙市第一届职业技能大赛团体一等奖】 2021年12月27日，长沙市第一届职业技能大赛在贺龙体育馆闭幕。全市9个县（市、区）和长沙高新区的10个代表队共600余名选手参赛。岳麓区派出71名优秀选手参加30个比赛项目的角逐，经过3天的激烈比拼，岳麓区代表队获长沙市“团体一等奖”，在工业机器人技术应用、数控车、工业控制、茶艺师等11个赛项上获得4枚金牌、5枚银牌、5枚铜牌，另有24名选手获得优胜奖。（本栏撰稿　李　平）

开福区

【概况】 2021年，开福区辖2区1局1中心（金霞经济开发区、开福高新区、洪山管理局、金霞保税物流中心），16个街道（望麓园、清水塘、湘雅路、伍家岭、新河、东风路、通泰街、四方坪、芙蓉北路、洪山、月湖、浏阳河、秀峰、捞刀河、沙坪、青竹湖）。全区面积188平方千米，其中建成区面积约80平方千米，耕地面积3.02千公顷。2021年年末，户籍人口52万余人，常住人口80万余人。人口出生率8.32‰，死亡率8.05‰，人口自然增长率0.07‰。

地区生产总值1135亿元，比2020年增长8%。其中，第一产业实现增加值1亿元，下降5.4%；第二产业实现增加值162亿元，增长0.5%；第三产业实现增加值972亿元，增长9.4%。一般公共预算收入148.9亿元，比2020年增长12.1%；其中，税收收入129.1亿元，增长12.5%。地方一般公共预算收入66.6亿元，增长10.2%。居民人均可支配收入65412元，比2020年增长7.1%。居民人均消费支出37991元，比2020年增长3.9%。

农林牧渔业增加值1.1亿元，比2020年下降5.4%。全年粮食种植面积1.28千公顷；生猪出栏1.2万头，家禽出笼7.07万羽。

规模以上工业产值比2020年增长13.4%，规模工业以上增加值比2020年增长7%。龙头企业支撑作用明显，全年工业总产值过亿元的企业29家，完成产值104.5亿元，占规模工业总产值81.4%。股份制经济占据主导地位，全年股份制企业完成规模工业总产值98.7亿元，占规模工业总产值76.9%。新增规模工业企业8家。

社会消费品零售总额584亿元，比2020年增长14.2%。其中，限额以上企业完成零售额244.6亿元，比2020年增长11.5%。限额以上企业累计实现零售额居前四位的类别为石油及制品类、汽车类、中西药品类、粮油食品类，分别实现零售额97.8亿元、32亿元、34.8亿元和33.7亿元，分别增长31%、7.5%、-4.7%和0.4%，石油及制品类销售、粮油销售、网络汽车销售成为全区的行业特色。

固定资产投资比2020年增长3.7%。其中，完成产业投资220.9亿元，比2020年增长17.8%。完成房地产开发投资288.3亿元，比2020年增长32.7%；实现商品房销售面积228.3万平方米，增长37.2%；其中，实现

住宅销售面积207.2万平方米，增长50.4%；实现商品房销售额285.8亿元，增长50.6%。（杨　杰）

【项目建设】　2021年，开福区地区生产总值增长9%、固定资产投资增长4%、规模以上工业增加值增长12%、社会消费品零售总额增长15%，完成地方收入100亿元，增长11.1%，其中市区两级税收81.44亿元、增长13.22%，外贸进出口总额41.91亿美元，增长29.87%，新增“四上”企业100家，入选全国高质量发展百强区、幸福百强区、投资竞争力百强区。

全年铺排重大项目218个、完成投资378.4亿元，每季组织重大项目集中开（竣）工仪式，“五个十大”项目加速推进，引进重点产业项目57个，其中过10亿元项目13个、“三类500强”项目9个。马栏山视频文创产业园新注册企业800家，实现营收500亿元、增长25%。长沙（金霞）消费电子产业集聚区、夸特纳斯等制造业龙头项目加快推进，中国运载火箭技术研究院湖南创新总部、超精密制造产业园等重大项目加速布局，国药控股（湖南）医药创新产业园等7个总部经济项目签约落地。新认定高新技术企业190家、总数409家，新增市级以上高层次人才39名、总数169名，R&D经费增长46.7%。陆港型国家物流枢纽核心区加快建设，“公铁水”多式联运体系不断完善，中欧班列开行逾千列，长沙新港成为中部地区首个千万吨级内河港区，全方位开放格局加速形成。举办重大项目集中开（竣）工活动3场，涉及项目85个、总投资近400亿元。长沙大飞机产业及研发基地项目开工，夸特纳斯、长沙银行产业基地、飞腾长沙总部、1094等项目加快推进，长沙北辰国际会议中心、大悦城等标志性项目建成运营。（杨　杰）

【产业发展】　2021年，开福区四大主导产业优势持续巩固，马栏山视频文创产业园新注册企业800家，实现营收500亿元、增长25%，实现税收30亿元、增长20%。中国运载火箭技术研究院湖南创新总部等项目签约落地，金霞消费电子产业集聚区加快建设，完成规模以上工业生产总值116亿元，比2020年增长15.6%。新增物流企业141家，引进国药控股（湖南）医药创新产业园等总部经济项目7个，医药物流营收逾330亿元，比2020年增长8.7%，物流产业规模840亿元，比2020年增长33.54%。新引进金融区域性总部机构5家，亿元楼宇增至16幢。

富兴时代、长沙方圆荟被评为长沙市夜间消费示范商圈，江滨夜市街区被评为长沙市夜间消费示范街区，北辰三角洲大悦城、华创国际广场等7个消费场景获长沙市夜间消费示范名片。潮宗街、吉祥巷等历史文化街区成为时尚消费、品质消费和夜经济新地标。“楼长制”全面推行，全区楼宇去化面积23万平方米。落实区级领导联点企业、项目机制，集中开展暖企惠企行动，全年新增市场主体3万户、增长20%。

新增专精特新小巨人企业11家、科技型中小企业82家，新增高新技术企业123家、总量409家。高新技术产业增加值增速达到20%。新增软件信息企业1400家，总数超5300家。铁路专用线、中南国际陆港集装箱拼箱中心等项目加快建设，跨境电商“一中心两网络四平台”体系加快构建，中欧班列（长沙）新增国际线路2条，开行列数逾1000列，居全国第一方阵。长沙新港货物吞吐量逾1500万吨，成为中部地区首个千万吨级内河港区。（杨　杰）

【城乡建设】　2021年，开福区坚持“四精五有”理念标准，实施“品质城区、精美开福”建设，城市更新、老旧小区改造加快推进，完成幸福桥、广厦园、环宇石英砂厂等棚户区改造，开展“30日攻坚”“百日奋战　扮靓星城”专项整治行动，湘雅医院、国防科技大学、湖南广电等驻区单位周边环境焕然一新。地铁6号线通车试运行，地铁1号线北延一期、湘雅路过江隧道等重点工程有序施工，湘江大道、营盘路等道路品质显著提升，系统治理交通堵点问题，拥堵延时指数全市最低。推进全域文旅示范区建设，与省演艺集团签订战略合作协议，3条最美百里画廊加速打造，文旅融合更富特色。苏托垸片区开发建设蓄势待发，福元路商圈、秀峰商圈1094商业综合体等重点片区开发稳步推进，潮宗街、西园北里、

表58　2021年开福区主要经济指标与2020年比较统计表

指标名称	地区生产总值（亿元）	农林牧渔业增加值（亿元）	社会消费品零售总额（亿元）	一般公共预算收入（亿元）	地方一般公共预算收入（亿元）	城镇居民人均可支配收入（元）
2020年	1041	—	511.4	132.8	60.5	61075
2021年	1135	1.1	584	148.9	66.6	65412
2021年比2020年增长（%）	8	−5.4	14.2	12.1	10.2	7.1

说明：2020年，农林牧渔业总产值为2.5亿元，2021年，该项数据的统计口径改为农林牧渔业增加值

（资料来源：开福区地方志编纂室）

四方商贸市场成为时尚消费网红打卡地，品质开福更聚人气。推进污染防治攻坚战，全面落实河（湖）长制、林长制，中央和省环保督察反馈问题全面整改，天蓝、水碧、山青成为开福最靓底色。（杨　杰）

【社会事业】　2021年，开福区开展“我为群众办实事”实践活动，584个民生项目全部办结，新增学位8100个、车位2340个、床位170张、梯位200台。着眼民生福祉“头等大事”和“关键小事”，统筹抓好底线民生、基本民生、质量民生事业，28项省、市民生实事全面完成，城镇登记失业率控制在4.5%以内，实施教育“卓越”工程，“健康开福”建设推进有力，实施乡村振兴战略，“双减”“三孩”“住房保障”等政策落地见效，群众幸福感、安全感、获得感增强。

开展全民健身活动120余次，全民健身运动参加人数15万余人次。公共文化服务不断完善，公共图书馆22家，含1家市图书馆、1家区图书馆、12家图书分馆（精英路分馆、科大景园分馆、江湾分馆、富雅分馆、百善台分馆、科大佳园分馆、福元分馆、胜利分馆、檀木岭分馆、汉回分馆、一中广雅中学分馆、左岸分馆），7家24小时自助图书馆（烈士公园南门馆、万达广场馆、湘江世纪城馆、月湖公园馆、秀峰山公园馆、东风路馆、马栏山馆）。（杨　杰）

【省重大项目集中开工活动长沙市开福分会场在长沙金霞经开区启动】2021年3月1日，2021年湖南省重大项目集中开工活动长沙市开福分会场在长沙金霞经开区启动，长沙大飞机产业及研发基地等22个重大项目集中开工，总投资103.6亿元。其中长沙大飞机产业及研发基地是中国大飞机起落架及机轮刹车系统试验平台，建成后成为世界第二大的地面动力学试验平台。（杨　杰）

【金霞19个重大项目集中开工】2021年4月23日，长沙市实施“强省会”战略重大项目集中开工活动（开福分会场）在长沙金霞经开区举行。长沙金霞经开区19个重大项目集中开工，总投资81.8亿元。长沙市政协党组书记、主席陈刚宣布项目集中开工。此次集中开工的项目涵盖科技含量高、带动能力强的大项目，包括强根基、保民生的基础设施项目。作为现代医药物流产业的代表项目，谷医堂智慧物流园及大健康产业总部基地占地面积3.6公顷，总投资5亿元，总建筑面积约9.1万平方米。主要建设总部大楼、研发大楼和智慧医药物流配送中心，集产品研发、试制、销售、物流配送等功能于一体。项目全面达产后，预计实现年度营业收入15亿元以上、税收5000万元以上。（杨　杰）

【长沙市二季度重大项目集中开竣工（开福分会场）活动】　2021年6月28日，长沙市二季度重大项目集中开竣工（开福分会场）活动在马栏山视频文创产业园举行。开福区15个重大项目现场集中开工，总投资约140亿元。26个重大项目集中竣工，总投资约53亿元。此次项目涉及文化创意、金融商贸、医药物流、基础设施等。湖南创意设计总部大厦是集中竣工项目之一。项目位于马栏山视频文创产业园，用地面积约2.07公顷，建筑面积约10万平方米，总投资约7亿元。由A、B、C三栋塔楼及部分裙房组成。按照绿色建筑、钢结构装配式、混凝土高层装配式、智能化建筑和BIM应用示范“五示范”的高标准建设，打造集创意设计、商务办公、配套商业为一体的商业服务综合体。（杨　杰）

【开福区金秋招商项目（上海）推介会暨重大项目集中签约】　2021年9月5日，长沙市开福区在上海举行“高擎发展火炬 奋力迈向北强”——2021年开福区金秋招商项目（上海）推介会暨重大项目集中签约仪式，约200名“三类500强企业”、跨国企业、知名上市企业、行业龙头企业负责人参加，开福区委副书记、代区长高伟在会上致辞。有13个项目现场集中签约，总投资额近170亿元。签约项目主要涉及智能制造、现代物流、现代服务业、软件和信息技术、开放型经济、片区开发等多个产业领域。（杨　杰）

【长沙北辰三角洲大悦城开业】　长沙北辰三角洲大悦城位于长沙市开福区北辰三角洲，北接长沙三馆一厅（长沙博物馆、长沙市规划展览馆、长沙图书

2021年9月30日，长沙北辰三角洲大悦城开业。图为北辰三角洲大悦城夜景

北辰三角洲大悦城　供图

馆、长沙音乐厅），周边密布超高层商务写字楼、高层住宅群、超五星级酒店、国际会议中心等地标性建筑。长沙北辰三角洲大悦城商业面积约14万平方米，商业部分共9层，其中地下2层，地上7层，设置停车位1600个。该项目定位“江畔青年时尚生活绿洲”，为消费者营造高街潮牌主秀场、美妆文化输出地、运动品牌城市旗舰、湖湘美食博物馆、全方位娱乐生态体系、一站式亲子娱乐空间等一系列消费场景，创造多元的品质生活新体验。长沙北辰三角洲大悦城创新构筑了“坞里 OPEN HOUSE”、悦酌沿江商业区等主题空间，成为长沙最新网红打卡点。天台上设置了梦幻的“彩虹部落”，近10米高空滑梯，提供全客群互动欢乐场。喷泉广场“I ♥ CHANGSHA”网红打卡装置排列在湘江水畔，傍晚星光熠熠，成为大悦城的网红名片。除此之外，汇聚了众多年轻人喜爱的概念店、跨界店、旗舰店，形成创新的业态组合。其中，引入首店、旗舰店、概念店共101家，占比近50%，涵盖18家华中首店、19家湖南首店，为消费者带来更为优越的前沿时尚消费体验。2021年9月30日，长沙北辰三角洲大悦城开业，9月30日—10月7日，开业期间营业额共3392万元，8天累计客流超60万人次，成为长沙市民新的“吃喝玩乐购”好去处。（武凌涛）

【湘雅医院及周边环境综合整治】 2021年，开福区成立湘雅医院及周边环境整治工作指挥部。区人居环境局牵头统筹制定落实《湘雅医院及周边城市更新和环境整治工作实施方案》，建立“区里日调度、市里周调度”的调度机制。通过城市更新和环境综合整治，完善城市功能、拓展公共空间、提升城市品质。6月26日，迎接市委“百日奋战 扮靓星城”拉练检查，市委书记吴桂英对湘雅医院及周边环境整治工作给予肯定。7月12日，湘雅医院及周边环境整治工作作为“牢记初心使命 争取更大光荣——区县大家谈”首站采访。经综合整治后的湘雅医院周边环境成为“医城融合”的新典范。（杨　杰）

【开福区开展市容环境综合整治行动】 2021年4月15日，开福区召开“百日奋战 扮靓星城”市容环境整治工作部署会，在全区开展“百日奋战 扮靓星城”市容环境综合整治行动，主要聚焦“两大提升”（重点区域“补短板、增亮点”、背街小巷“管理提标、品质提升”）、“三大行动”（“城市窗口”洁净行动、“洁净家园”创建行动、“裸露垃圾”歼灭行动）“四大整治”（施工围挡整治、路灯照明整治、广告招牌整治、违法停车整治），显性改变城市面貌，增强市民群众的获得感、幸福感、安全感。全区推动“三大行动”“四大整治”，经过3个多月的辛勤工作，基本达到“7月1日前实现耳目一新、眼前一亮的显性变化”目标，为庆祝建党百年营造了整洁、靓丽、喜庆的浓厚氛围。（杨　杰）

【全国首个广播区块链技术应用平台落地】 2021年7月29日，在马栏山智慧广播创造营直播课堂上，5G智慧电台发布 iMango 4.0系统，全国首个广播区块链技术应用平台落地。“马栏山智慧广播创造营”是全国首个智慧广播学习实践平台，是5G智慧电台用最先进技术服务中国最基层之外，帮助县级融媒体中心培养与时俱进的全媒体人才的“增值服务”。（杨　杰）

【科技创新暨人才兴区工作大会】 2021年11月16日，长沙市开福区科技创新暨人才兴区工作大会召开。大会发布《开福区“十四五”科技创新发展规划（2021—2025年）》《开福区践行“三高四新”战略 打造科技创新强区三年行动方案（2021—2023年）》《开福区区级领导联系服务高层次人才实施方案》等实施方案，现场兑现人才兴区和科技创新先进单位、个人奖励资金1967万元，湖南日报报业集团大众卫生报记者张丽等80人被评为长沙市开福区“重点支柱产业优秀人才”。全年该区奖励各领域科技人才4122万元。

【砚瓦池社区被评为国家级综合防灾减灾示范社区】 2021年4月，东风路街道砚瓦池社区被评为国家级综合防灾减灾示范社区。该社区在长沙市减灾委、开福区减灾委指导下，牢固树立“党建引领，网格联防，群防群治，科学防灾”的社区综合减灾理念，坚持“预防为主、防救并重”的原则，将基层应急能力建设放在首位，提高社区居民防灾减灾意识和避险自救技能，提高基层应急管理水平，以创建全国综合减灾示范社区为载体，推进社区减灾工作。（杨　杰）

【科大景园社区入选全国示范性老年友好型社区】 2021年10月19日，国家卫生健康委全国老龄办公布《2021年全国示范性老年友好型社区名单》，开福区四方坪街道科大景园社区名列其中，科大景园社区位于国防科大九院南营区宿舍内，占地面积0.54平方千米，有住房71栋，3039户，居住人口7079人。其中，老年人以部队离退休老干部居多，达2000余人，约占居住总人口的30%，包括80岁以上的196人，90岁以上的22人。近年，面对社区年龄结构老龄化的现状，科大景园社区始终坚持党建与社区建设“两手抓”，开创“两建四共”特色工作模式，深化“军民共建、群团共治、党派共创、社会共享”服务项目，探索出一条以“敬老崇文，幸福‘靶’心”为主题的老年友好型社区创建之路，使老年居民群众切身感受到“生活便捷舒适、服务无处不在、幸福就在身边”。（杨　杰）

雨花区

【概况】 2021年，雨花区辖12个街道、1个乡级镇；辖区有1个省级工业园区（长沙雨花经济开发区）、1个市级物流产业园区（雨花电子商务物流园）。全区面积292.2平方千米。2021年年末，常住人口127.3万人，户籍人口78.7万人。人口出生率9.4‰，死亡率4.66‰，人口自然增长率2.36‰。

地区生产总值2360亿元，比2020年增长7.6%。其中，第一产业实现增加值5.7亿元，比2020年增长5.8%；第二产业实现增加值1298.8亿元，比2020年增长5.2%；第三产业实现增加值1055.5亿元，比2020年增长10%。第一、二、三产业分别拉动GDP增长0个、2.8个、4.6个百分点，三次产业对GDP增长的贡献率分别为0.2%、37.9%、61.9%。完成一般公共预算收入167.02亿元，比2020年增长2.57%；实现地方一般公共预算收入80.2亿元，比2020年增长2.75%。地方一般公共预算支出94.3亿元，比2020年下降11.4%。高质量发展位列全国百强区第15位，居中部地区第一位。城镇居民人均可支配收入66958元，比2020增长7.3%。其中，工资性收入35784元，经营净收入9313元，财产净收入5613元，转移净收入16428元。全年城镇居民人均消费支出51378元。

农林牧渔服务业总产值8.88亿元，比2020年增长4.6%。

规模工业总产值807.21亿元，比2020年增长14.6%；其中长烟厂完成规模工业总产值523亿元，比2020年增长6%；不含烟完成规模工业总产值523亿元，比2020年增长20%。2021年全区规模工业增加值增速（不含烟）12.1%，排名全市第一位；含烟规模工业增加值增速7.8%，排名全市第二位。规模以上工业实现增加值比2020年增长7.8%；其中雨花经开区规模以上工业增加值增长12.4%。建筑业增加值比2020年增长1.6%，具有建筑业资质等级的独立核算企业完成建筑业总产值2556.7亿元，比2020年增长17%；其中在外省完成的产值1842.4亿元，比2020年增长23.3%；房屋施工面积24576万平方米，比2020年增长28.1%。

社会消费品零售总额755.08亿元，比2020年增长14.1%。其中，城镇实现消费品零售额743.5亿元，比2020年增长14.1%；乡村实现消费品零售额11.6亿元，比2020年增长14%；批发业实现零售额88.3亿元，比2020年增长8.5%；零售业实现零售额605亿元，比2020年增长14.4%；住宿业实现零售额4.7亿元，比2020年增长18.7%；餐饮业实现零售额57.2亿元，比2020年增长20.4%。限额以上法人零售额278.3亿元，比2020年增长10.5%。其中粮油、食品类比2020年增长44.2%；服装、鞋帽、针纺织品类比2020年下降1.6%；化妆品类比2020年增长7.2%；中西药品类比2020年下降2.5%；石油及制品类比2020年增长17.1%；通信器材类比2020年下降2.6%；汽车类比2020年增长0.1%。

固定资产投资比2020年增长5.7%，其中房地产开发投资增长26.2%。商品房销售面积439.4万平方米，比2020年增长18.2%，其中住宅销售面积358.7万平方米，比2020年增长11.5%；实现商品房销售额461.3亿元，比2020年增长13.5%，其中住宅销售额392.1亿元，比2020年增长12.5%。

【产业发展】 2021年，雨花区围绕打造全省最具综合实力、最具特色的高质量发展的千亿级产业园区目标，聚焦新能源汽车及零配件主导产业，发展人工智能及机器人和含传感器特色产业，深耕“一主一特”（新能源汽车及零配件、人工智能及传感器）产业链，比亚迪DM-i超级混合动力工厂项目建成投产，新能源汽车及零配件产业链产值增长25%，人工智能及机器人产业链产值增长14%。可孚医疗上市，首次发行募集资金37亿余元，创全省历史新高。新增国家级专精特新小巨人企业6家，园区高新技术企业172家，总量和增量均位居全市省级园区首位。长步道、晓光模具、中南智能代表长沙参加全省重点产业观摩获肯定。红星全球农批中心一期、普洛斯、万纬物流、宝湾物流等项目运营，蔚来汽车、京东“七鲜”超市、奈儿宝家庭中心等一批品牌首店入驻，城市公园综合体溪悦荟成为新晋“网红”打卡地。新增“四上”企业124家。高新技术企业总数478家。市场主体总量超21万户，居全省县（市、区）第一位。在2021年度全省产业园区综合评价中，长沙雨花经开区成为全省唯一被评为“‘五好’园区创建工作先进园区”和“营商环境先进园区”的省级园区。

表59　2021年雨花区主要经济指标与2020年比较统计表

指标名称	地区生产总值（亿元）	农林牧渔业总产值（亿元）	社会消费品零售总额（亿元）	地方一般公共预算收入（亿元）	地方一般公共预算支出（亿元）	城镇居民人均可支配收入（元）
2020年	2193.24	8.49	661.7	78.05	106.38	62403
2021年	2360.02	8.88	755.08	80.2	94.3	66958
2021年比2020年增长（%）	7.6	4.6	14.1	2.75	−11.4	7.3

（资料来源：雨花区地方志编纂室）

【城市建设】 2021年，雨花区纳人市级重大项目计划库项目143个，年度计划投资239.95亿元，完成重大项目投资324亿元，占年度计划投资的135%；58个新建项目实现提前开工、77个项目实现竣工、3个预备项目实现转化开工；省“三高四新”重大产业支撑项目、省重点建设项目中非经贸合作示范园二期实现竣工，长沙红星农副产品全球采购中心二期、可孚人工智能可穿戴医疗设备及智能装备产业基地二期全速推进。集体土地铺排项目83个，涉拆面积346.33公顷，应拆合法建筑1105栋。合法房屋签约303栋，拆除369栋，动拆人口1476人。完成片区8号地、9号地、长托村“两安”用地3个地块，雅塘冲路、团头互通、城投16号地等30个项目的拆除清零，完成花桥污水处理厂三期、武广片区城市次干道、城投6号地、中车大道、平吉上城、红星片区天华3个地块等15个项目56.83公顷腾地交付。坚持重大项目跟踪调度，主动服务省、市重点工程建设，7个重点工程项目，片区8号地、9号地项目拆除清零，花桥污水处理厂三期、中车大道、新韶山南路、莲湖小学扩征项目确保先期进场施工。推进长株潭城市群一体化新进程，完成中车大道（长沙段）、长株高速团头互通、新韶山南路等省、市重点工程的拆迁腾地工作。以高铁新城、雅塘、红星三大片区为主战场，攻坚省、市重点工程项目。高铁新城片区铺排项目21个，应拆合法建筑332栋，拆除合法房屋212栋，合法拆除率64%，完成8号地、9号地、27号地、28号地、城投6号地等8个项目拆除清零；汽车体育公园、诺贝尔脑科学健康中心、浏阳河文创基地抓紧建设，浏阳河风光带部分标段、黎托生态公园完成建设。雅塘片区铺排项目10个，完成雅塘冲路、平吉上城2个项目拆除清零，攻破车站南路项目司法拆除工作难题；金茂智慧科学城开工建设，雅塘冲路（曙光路—洞井路）、车站南路完成建设，井塘段城市双修及海绵示范公园实现开园。红星片区启动圭塘河植物园段综合改造，完成天华村3个地块项目的结算交地，天华路、湘华路建成通车，完成圭塘河综合整治（湘府路—立新桥段）拆违清零工作。完成万家丽路（香樟路—木莲冲路）、万家丽路（时代阳光大道—万芙路）、京珠辅道、大桥路、长沙大道跨万家丽路5个电力埋管项目建设；雨花区中心消防站、圭塘小学扩建工程、建丰公寓挡墙支护工程3个项目投入使用，推进花侯小学、德馨园学校、雨花区分局执法办案中心、燕子岭小学、井圭路小学运动场及地下停车场项目5个工程项目建设。智慧电网“630攻坚”按时序推进，建成5G基站2952个。

【城乡管理】 2021年，雨花区推进“百日奋战 扮靓星城”市容环境整治，开展“洁净雨花”行动，全城“大扫除”成为常态，城市管理精细化水平持续提升。集中力量整治重点区域、难点区域的城市管理突出问题，依托数字化平台自查整改各类市容环境问题21万个，办理各类行政执法案件3.5万起，3369家应安装油烟净化器的餐饮门店实现应装尽装。打造花侯路、长沙大道等13条重点示范道路，省人大常委会及周边、高铁南站及周边、红星商圈（德思勤）3个重点示范片区，车站南路、长塘小区、复地星光天地等13个夜市规范点。完成郡阳小学周边道路提质改造、政修路、双塘路、豹塘路、洞井路5条市政道路建设，通车里程3.23千米；推进林科路（南）、香松路（西）、荷叶冲路（西）等12条市政道路以及金海路雨水分流箱涵工程、高升路雨水箱涵工程建设。“新六尺巷”停车场开放运营。清理整治小区顶楼“圈地占用”行为134处。提质改造老旧小区31个，铁路沿线人居环境有效提升，湖橡片区作为全市首批城市更新项目启动实施。推进垃圾分类，抓实前端分流，完善分类设施，严格分收分运，垃圾分类效果走在全市前列。开展“蓝天保卫战”、碧水保卫战，空气优良率85.2%，圭塘河年度水质达到Ⅲ类，被评为湖南省“美丽河湖优秀案例”，入选湖南生态文明建设典型案例。全面铺开农村人居环境整治提升五年行动，创建省级美丽乡村1个，市级美丽宜居村庄17个。

【社会事业】 2021年，雨花区有普通高中4所；初中学校16所，比2020年增加1所；普通小学77所，比2020年增加2所，幼儿园287所，比2020年增加21所。普通高中在校生4186人，初中在校生24017人，普通小学在校生102338人，幼儿园在园幼儿60002人。全区民办学历学校3所，培训学校130所。小学适龄儿童入学率100%，初中适龄人口入学率100%，高中阶段教育毛入学率100%。落实义务教育保障资金16亿元，义务教育阶段合格学校建设3所。艺术表演团体16个，文化馆2个。拥有公共图书馆（区级）1个，图书分馆（含街道、社区两级）11个。有档案馆1个，已开放各类档案1.3万卷（件）。专利授权量5466件，比2020年增长38.2%。其中，发明专利授权量574件，比2020年增长33.8%。签订技术合同1195项，比2020年增长82.4%，技术合同累计成交金额159.4亿元，比2020年增长155.5%。实现高新技术产业增加值比2020年增长18.7%。全区各类体育场地1410个，比2020年增加221个，体育场地面积232.09万平方米。全年开展全民健身项目28项次，全民健身运动参加人数56.9万人。全区有卫生机构数732个，有医院、卫生院56家，社区卫生服务中心12个，有疾病预防控制中心（防疫站）、卫生监督检验机构、妇幼保健院各1家。全区卫生技术人员20987人，比2020年增长7.3%；执业医师和执业助理医师3063人，比2020年增长12.5%；注册护士3993人，比2020增长14.3%。

【社会保障】 2021年，雨花区新增

就业1.9万人，其中，城镇新增就业1.6万人。年末城镇登记失业率2%，安排失业人员再就业1.4万人。年末城镇职工基本养老保险参保人数33.1万人，城乡居民社会养老保险参保人数6.9万人，工伤保险参保人数25.9万人，失业保险参保人数22.3万人。基本医疗保险参保人数122.2万人，其中，城乡居民基本医疗保险参保人数56万人。全年各类收养性社会福利单位收养人员1239人，有床位数1991张。城镇各种社区服务设施1068个，其中综合性社区服务中心141个。筹集社会福利资金3.6万元，直接接收社会捐赠58万元。全年社会救济总人数5082人，其中居民最低生活保障人数4466人、特困供养保障人数616人。农村低保覆盖率100%。新建养老机构2家、社区居家养老服务中心12个。石马雅苑、自然苑等一批保障性住房建成交付。非定向公租房新增审批167户；经济适用住房货币补贴新增审批13户，"半边户"购保障性住房资格审核81户，"世居非农"购保障性住房资格审查22户，非定向公共租赁住房租赁补贴发放289户次、49.09万元，发放商品房屋租赁登记备案证115份，公共租赁住房实物配租签约新增72户，为区直单位发放职工住房补贴13.71万元，为市交通运输局等4家单位21915人次发放公益性岗位租赁补贴款821.81万元。收取并上缴市公租房住户租金437万元，查处违规改造等问题16起。对粟塘小区的消防、供水管网进行改造。

【法治政府建设】 2021年，雨花区法治政府建设工作纳入《长沙市雨花区国民经济和社会发展第十四个五年规划纲要》重点内容，出台《长沙市雨花区"十四五"法治建设规划实施方案（2021—2025年）》《中共长沙市雨花区委全面依法治区委员会2021年工作要点》，将法治建设与经济社会发展同部署、同推进、同督促、同考核、同奖惩。区政府常务会议、区政府党组会议、区长碰头会议多次专题研究法治建设工作，10余次听取公安、检察、法院、司法等部门依法治区有关工作情况汇报，推动法治建设责任落到实处。把各部门单位落实党政主要负责人年度述法和依法行政情况纳入区目标管理考核，开展党政主要负责人履行推进法治建设第一责任人职责和法治政府建设情况督察，持续跟踪问效，坚决抓好整改落实，压实各级法治建设责任，着力形成法治政府建设的强大合力。全区国家工作人员学法考法通过率100%。严把重大行政决策法制审核关，对政府常务会议题涉及重大决策和出台规范性文件的，实行前置合法性审查，审查文件129件、常务会议题184个、政府合同46份，出台规范性文件10件，从源头上防范和化解政府行政决策法律风险。完善政府法律顾问和公职律师制度，实现政府法律顾问全覆盖。持续深化执法体制改革，探索街道（镇）"一支队伍管执法"改革，组建街道（镇）综合行政执法队，推动执法力量下沉。加强行政执法监督，完成19个执法部门、1297宗执法案卷的评查。做好行政执法证件管理工作，推动行政执法人员持证上岗、亮证执法。完善并对外发布区本级和镇街权责清单、公共服务清单，持续做好动态调整工作，做到"清单之外无权力"。推行证明事项告知承诺制，完成14个部门单位备案和74项证明事项公示。清理行政审批中介服务事项，保留26项，规范调整11项，取消3项。整合优化行政复议职责，完成区级行政复议体制改革，审理各类行政复议案件186件，审结151件，加大对违法或不当行政行为纠错力度。坚持和发展新时代"枫桥经验"，全省首创劳动纠纷"一站服务、多元化解"新模式；出台《关于加强小区物业管理的十条措施（试行）》；在全省率先实现"一站式"工作站镇街全覆盖，构建全区"13+X"矛盾纠纷多元化解格局，实现"小事不出村居、大事不出镇街、矛盾不上交"。在全市率先打造全科型政务服务大厅，设置13个"全科综合窗"和7类"专科综合窗"。持续优化办理流程，政府服务重点领域和高频事项基本实现"一件事一次办"，全省第三批"一件事一次办"事项区本级受理权限的248项快速落地，24小时政务自助服务厅投入使用。

【乡村振兴】 2021年，雨花区推进落实乡村振兴战略。挂牌成立雨花区乡村振兴局，夯实农业农村发展基础。

花卉苗木产业转型升级 举办2021年湖南省花木博览会，展出面积约7万平方米，线上线下参展近70万人次。雨花区在2021年省花木博览会上获特别突出贡献奖，雨花馆获室外展区金奖。省花木博览会永久落户雨花区，推动生产和展销结合，擦亮"中国花木之乡"金字招牌。完成跳马园林生态园、育景园花木主题公园建设，完成花木改扩建示范基地136公顷，启动红星花卉市场整体搬迁，促推红星农副产品全球采购中心项目一期建成开业，有效推动以花兴业、以花美景、以花惠民。

农村集体产权制度改革 培育新型农业经营主体，登记注册农民专业合作社201个、家庭农场9个，申报认定省级示范家庭农场1个、市级家庭农场1个。全区村集体经济总收入12.05亿元，比2020年增长35.04%。其中经营性收入2.01亿元，占比16.68%，经营性收入超千万元的村集体经济组织7个，经营性收入超百万元的村集体经济组织24个。

乡村振兴人才队伍建设 全面落实《长沙市乡村振兴产业人才队伍建设若干措施》及其实施细则，以培育新型职业农民、乡村工匠为重点，推进乡村人才振兴。市、区两级共认定新型职业农民3人、乡村工匠224人。推荐29人参加省级和市级培训，培育一批乡村致富领头人；参加市级比赛和评选，1人获得市级园艺设计"行业状元"、4人获得园艺设计"百优工匠"、1人获得市农村青年十佳"领头

雁”称号，为后续产业人才认定管理注入新的活力。

宅基地改革 出台《雨花区农村宅基地建房审批管理办法》，明确村民建房用地标准、规范审批程序，跳马镇审批村民建房89户，发证89户，是全市发证数量最多的地区。开展卫片核查整改工作，核查卫片图斑136个，其中乱占耕地建房4户，3户整改到位，并通过市级验收，第4户上报处置意见。

农村人居环境整治 全面落实“洁净跳马”行动，加强对跳马镇农户房前屋后环境卫生整治工作的督查督办，下达交办函7期，交办问题280余件，交办问题件件有整改、有落实，跳马人居环境明显改观。全面推进示范创建，以实现“五美”（美丽庭院、美丽菜园、美丽村景、美丽村道、美丽田园）为目标，通过发挥村民主体作用，集中投入，共享资源，重点打造美丽宜居村庄20个，其中通过市级验收17个，乡村环境品质持续提升。圭塘河流域治理工作获省级“最美河湖优秀案例”称号和“湖南生态文明建设典型案例（2021）”称号，省人民政府在《关于对省政府2021年重点工作综合大督查发现的典型经验做法给予表扬的通报》中点名表扬“雨花区生态环境保护引领圭塘河治理”。全面推行林长制，构建起区、镇、村三级林长体系，配套制定督查、考核、巡查等11项制度，以制度实施推进生态雨花区建设。

【自贸区建设】 2021年，雨花区推进自贸试验区雨花区块建设。坚持顶层设计先行、推进体系先行、基础设施先行、功能平台先行、改革探索先行、营商环境先行，建设数字化支撑、全链条金融、全方位服务、立体化物流和省、市、区三级政策保障五大服务体系，加大项目投入和资金配套，致力营造环境最优、成本最低、效率最快、流程最简、全国最优的自贸试验区服务。出台中国（湖南）自由贸易试验区长沙片区雨花区块实施方案、产业规划，紧盯把高桥区块建设成为“中非经贸深度合作先行区”和“国内国际双循环引领区”，把高铁新城区块建设成为“高铁枢纽经济开放创新区”和“高端现代服务业集聚区”的目标，推进雨花区块建设。成立由区委、区政府主要领导担任“双组长”的湖南自贸试验区长沙片区雨花区块工作领导小组，设立副处级架构的中国（湖南）自由贸易试验区长沙片区雨花管理委员会。

自贸长沙片区雨花区块构建政府主导、智库协同、企业参与的“政研商”一体化推进体系，通过“地方政府引导、社会资本运营、中非研究会支持、市场主体孵化”模式，打造“六位一体”的中非经贸创新创业生态平台，突破中非经贸业务发展限制，完成易货贸易首单。坚持对标国际水准，赶超前沿地带，以制度创新为核心，大胆闯、大胆试、自主改，探索形成一批可复制可推广的制度成果。搭建“两会一载体”（“两会”：湖南自贸试验区长沙片区雨花管理委员会、中非经贸合作研究会；“一载体”：湖南高桥大市场）提出“政研商”一体化推进机制，在运营管理上在制度创新上突出开放思维，承接长沙片区113项改革事项中的96项，牵头5大项13小项，实施率100%，完成率85%。累计打造全省“10个首创”；形成14项制度创新成果，其中5个编入第一批省级制度创新成果案例库，其中“探索建设中非跨境人民币中心”“中非经贸合作‘政研商’协同新机制”2项为全国首创，“探索市场采购贸易方式发展新路径”“创新实施免罚三清单、助力营商环境优化”“搭建‘智网监测系统’推进信息化监管”3项为全省首创。高桥版块的中非经贸合作促进创新示范园（一、二期）、国际商品展示贸易中心建成投入使用；中非经贸合作促进创新示范园一期入驻龙头企业和机构108家，引进金融机构7家；二期重点打造中非医药健康、中药材进出口基地、中非经贸企业总部中心，投资总额4.8亿元。高铁新城版块的长沙之门（一期）、浏阳河国际文创基地（一期）等11个重大项目加速推进。

突出市场思维，在全国率先探索唯一由市场主体——湖南高桥大市场作为自贸区建设的承载主体，湖南高桥大市场采购贸易方式试点健全政策支持体系，出台专项扶持办法；开通全国通关一体化试点，打通以长沙为中心的向南、向东、向西的水路和陆路出境通道；建立风险补偿机制，开展规范提质专项行动；强化主体培育，举办广州、长株潭、义乌等10余场专场招商推介活动；经国家海关总署食品局批复同意，试点获批开展全国第三、中西部唯一的市场采购贸易出口预包装食品工作。湖南高桥大市场采购贸易方式试点出口84.4亿元，比2020年增长21.6%。构建非洲非资源性产品交易中心、中非经贸企业孵化中心、中非经贸综合服务中心、中非金融服务平台“三中心一平台”，打造非洲产品品牌仓、中非经贸博览会常设展馆、中非直播电商孵化基地打造“一仓一馆一基地”，让传统市场走出“崭新国际范”。

探索中非跨境人民币结算、易货贸易、经贸孵化、金融支持、综合服务等中非经贸深度合作的新机制，依托中非经贸合作促进创新示范园建设，吸引中非经贸合作企业、协会等汇聚高桥，探索形成中非经贸合作的新机制新模式，推动中非贸易再上新台阶，打造中非经贸深度合作先行区。建设中非经贸博览会常设展馆，旨在“永不落幕的中非经贸博览会”，雨花区块被评为“2021年十大最具投资价值产业园区”。

坚持以政策招龙头，以服务留企业，通过代理招商、集群招商、推介招商等方式，紧盯外向型贸易企业、“三类500强”企业、外资直投企业，引进重大产业项目14个，总投资623.3亿元。重大功能性平台8个，其中非洲在华非资源性产品集散和交易中心第一批重点打造的产品——非洲卢旺达干辣椒在中国首发上市，长沙首张咖啡烘焙加工小作坊登记证落地雨花区。创新建立“市场采购贸易方式试点风险补偿机制”和“市场采购贸易方式试点奖扶贷机制”；联合工商银行，推进中非跨境人民币中心建设，赋能中非贸易。成立区国有平台湖南雨非产业投资有限公司，主营供应链金融服务，为辖区轻资产贸易企业解决“融资难、融资贵”的困境，以大胆闯、大胆试的开拓精神走出自贸区金融改革的新路子。承接省级31项、市级25项赋权事项；推出食品进口、大宗农产品进口、跨境电商企业开办、律师事务所（分所）开办、人力资源服务（涉及境外从业人员）、从事留学机构或因私出入境中介服务首批6项“一件事一次办”特色套餐；推出优化营商环境十大改革举措；设立一站式全程代办服务中心；打造24小时政务自助服务厅；制定雨花区块产业扶植政策“黄金十条”和招贤揽才“人才六条”。启动《雨花区现代服务业高质量发展综合评价办法》，评选表彰高端规模型、稳定成长型、活力创新型优质服务业企业11家以及服务业先进工作者60余个；强化企业服务，对中国电建中南院、中国能建湖南院、中轻长沙院等重点科研设计企业开展走访帮扶，推进服务业高质量发展。

【推进长株潭一体化发展】 2021年，雨花区出台《2021年推进长株潭区域一体化发展工作方案》，从规划引领、交通先行、产业融合、服务共享、绿心保护、项目建设6个方面着手，推进雨花区与株洲市、湘潭市的协同发展。按照规划同图、设施同网、三市同城、市场同治、产业同兴、生态同建、创新同为、开放同步、平台同体、服务同享“十同”要求，紧扣“一体化”“高质量”，与湘潭市岳塘区、株洲市石峰区、株洲经开区（云龙示范区）达成战略合作，压实责任、强化举措，争当长株潭一体化“桥头堡”。

推进规划编制　完成跳马镇国土空间规划和11个村庄规划初稿；完成金屏小镇控制性详规送审采购编制；完成优化S7线、S4线路及站点研究初稿；持续跟进《长株潭轨道交通规划》编制进展；在全市率先开展绿心中央公园规划研究及项目包装，编制中央公园先行示范区项目建议书。

交通建设　株洲城际大丰站至长沙南站CZ1路城际公交开通运营，22路公交线路延伸至株洲市联诚南，X50提质改造全线完成，X60提质改造完成招投标；中车大道拆迁工作完成，进入施工，G21长株高速团头互通连接线项目完工；林科路项目建设加快推进。

产业融合　雨韶智能制造产业园项目一期基本完成主体及附属设施建设，6家企业签约入驻，二期建设封顶；雨花区智能制造·工程机械配套产业园项目一期完成土地平整，挖运土方22万立方米，强夯地基处理13万平方米；《雨花经开区—株洲经开区战略合作协议》签署；与石峰区共同发布首期融城楼宇项目44个；湖南出口产品集聚区长株潭展销馆开馆；举办长株潭一体化全民健身文化旅游节和2021湖南省花卉苗木博览会。

共享服务　分别与湘潭市岳塘区、株洲市石峰区、株洲经开区（云龙示范区）梳理“跨市通办”事项清单39项、40项、42项；在区本级、镇（街道）、社区设置“跨市通办”专窗，办件950件；开展长株潭集团化办学、对口帮扶、学校联盟等交流合作活动11次，教育人才交流活动12次，名师在线课堂与研训活动20次，研学实践基地与劳动教育基地考察交流活动4次；组织开展岗位推送、现场招聘及企业招聘宣传等活动，举办多场现场招聘会；组织区内重点企业组成招聘小分队深入系统街镇开展小规模岗位推送；发布4区“长株潭人社服务一体化”线上招聘会岗位信息13期次；黄兴医院发热门诊项目建设施工完成，面向社会公开招聘检查卫生专业技术人才12名；投资1.22亿元完成康雅老年养护院等2个民办养老机构建设。推进绿心地区矿山矿坑修复工作，完成池子塘片石场、四马冲片石场、柳树塘矽沙矿、石门水泥厂4个矿山矿坑生态修复工作；完成绿心地区退出工业用地处置工作，收回禁开区地块4宗8.72公顷、控建区地块1宗3.33公顷，基本完成拟收回地块的评估工作；振东路提质改造完成；洞株路、时代阳光大道两厢环境整治常态化开展。

项目建设　推进长株潭绿心中央公园绿道一期项目，长株潭绿心地区跳马片区绿道项目初步设计通过专家评审会；推进石燕湖创建国家AAAAA级景区工作；石燕湖村国家级旅游乡村重点村创建成功。

交流活动　举办“强化知识产权保护协作　护航长株潭一体化发展”长沙市雨花区·株洲云龙示范区2021年知识产权宣传周活动、“建功自贸区　青春正当时”2021五四青年开放论坛、“青春心向党　聚力新征程”长株潭青年交流活动、“守护长株潭绿心　争做减碳行动派”长株潭绿心守护者护绿行动、湖南省2021年“六一”主题队日活动、“中国Q歌王　唱响长株潭”百万群众歌王大赛活动。

【红星全球农批中心一期开业】 2021年1月16日，“启航农批旗舰·助力乡村振兴”全球优质水果产销对接会暨红星全球农批中心一期竣工活动举行，红星全球农批中心一期建成开业。红星全球农批中心选址雨花区跳马镇白竹村，位于长株潭核心交界处，连通G4京港澳、沪昆、长沙绕城三大高速公路，20分钟高速直达黄花机场，距长沙南站6千米，是省重大产业项目、省重点建设项目、市重点“菜篮子”“果盘子”工程，是长沙南物流中心的重要组成部分，是中国中部地区果蔬集散骨干节点。红星全球农批中心一期总投资20亿元、规

2021 年 1 月 16 日，红星全球农批中心一期建成开业　　雨花区地方志编纂室　供图

划用地 53.33 公顷，主要为水果交易市场，设档位交易区、车板交易区、加工配送区、冷藏保鲜区、办公区、生活及商务配套区，汇聚源自全国 28 个省、市、区及全球 21 个国家与地区的水果，实现买全球、卖全球，致力打造“中部唯一、全国一流”的“中部果业航母”。

【长沙雨花经开区（韶山）智能制造产业园项目二期开工】 2021 年 4 月 14 日，长沙雨花经开区（韶山）智能制造产业园一期企业签约入驻暨二期开工仪式在韶山市举行。长沙市人大常委会主任谢卫东致辞。湘潭市委常委、市委秘书长陈忠红，湘潭市副市长向敏，长沙市人大常委会党组成员、秘书长柳美景，雨花区委书记张敏，韶山市委书记唐杰等出席活动。雨花经开开发建设有限公司与湖南大族激光智能装备有限公司签订战略合作协议；雨花经开开发建设有限公司与湖南索奥检测技术有限公司等 6 家企业签订入驻协议。长沙雨花经开区（韶山）智能制造产业园是长沙雨花经开区与韶山高新区携手打造的“飞地园区”项目，位于韶山高新区旅游主干道东方红路两厢，总规划面积 40 公顷，建筑面积近 30 万平方米，项目总投资 30 亿元，分两期实施。项目集独栋、双拼、钢构厂房、多层厂房及高层厂房多元建筑形态于一身，囊括生产、办公、科研、中试、孵化、培训、体验等多功能于一体。项目重点承接长沙雨花经开区人工智能传感器及机器人、航天航空、新能源汽车及零部件与其他战略性新兴产业及配套服务产业，项目竣工投产后，将有效填补韶山高新区高端智能制造产业空白，形成产业集聚效应。项目建成后，可引进 20 家国内外智能制造细分市场龙头企业和近 300 家相关联上下游配套企业。项目一期建筑面积约 12.7 万平方米，6 栋标准厂房主体建设完成。二期工程建筑面积约 11.2 万平方米，包括 5 栋独栋厂房、2 栋多层厂房和 1 栋高层厂房。

【长沙溪悦荟开园】 2021 年 7 月 2 日，由长沙市雨花区政府与中建五局联合打造的长沙首个 PPP 模式公园商业综合体、首个 4.0 版海绵城市示范公园“溪悦荟”开园。雨花区委书记张敏，中建五局党委书记、董事长田卫国与各方领导代表共同醒狮点睛送祝福。田卫国宣布溪悦荟开园。项目央企代表中建五局党委副书记、董事、总经理刘冬致欢迎辞。雨花区委副书记、区长刘素月讲话。开园仪式后，出席开园仪式的领导共同参观溪悦荟，打卡巨型天幕广场、同心桥、智慧夜光跑道、互动风车等地。

溪悦荟项目于 2018 年 10 月启动建设，是长沙首个海绵城市示范公园，长沙市雨花区生态经济融合重点示范项目，通过公园 + 体育 + 商业的全新商业场景，依托长沙城区唯一内河圭塘河，将复合消费业态、多场景体验和城市历史文化进行创新融合，打造长沙的时尚文化策源地。项目南起香樟路、北至劳动路，有 33.33 公顷城市公园、10 万平方米商业及服务配套，总投资 14.56 亿元，有 2.3 千米河岸

2021 年 7 月 2 日，长沙首个 4.0 版海绵城市示范公园“溪悦荟”开园

雨花区地方志编纂室　供图

线，入席雨花区商圈核心。紧邻雨花区政府，占据长沙南城核心区位，拥有“六位一体”的便捷交通网络，地铁5号线雨花区政府站、木桥站可直达，快速全面融入市民生活。

溪悦荟是长沙市首个城市“双修”和海绵城市示范公园建设项目、雨花区生态经济融合重点示范项目。雨花区加大治理力度，通过政企合作，修复生态河流，重塑长沙“生命之河”。将硬质“三面光”河道恢复到历史上自然蜿蜒的河道形态，将公园南部整体河道向西位移40~70米，增加61.5%的行洪空间。项目建设中，中建五局全面践行投资、建设、运营三商一体战略发展思路，为市民呈现一条生态、文化、旅游融合发展的城市滨水微旅行长廊。完全按“海绵城市”理念建设，同步设计生态岛、沉淀区、浅水湿地等，增加河道的自我净化能力；打造河湖连通、湿地净化等自然呼吸的水生态系统，疏林草地、花海长廊等精致景观系统，重塑河道生态系统，提升城市生态系统功能。作为全国领先的4.0版海绵城市示范公园，在建设智慧河道同时，有序串联圭塘河流域风貌，打造海绵城市生态体验馆、高约30米的互动风车、巨型大幕广场、可托管耕种的都市农场、古韵古香“三塘一井”、智慧夜光跑道、儿童欢乐谷、爱心桥8个城市景观，形成具有丰富多样休闲体验的市民生活公园。蔚来汽车湖南首家、华中区域最大的NIO House，华中首家旗舰店、3.0版本门店全球首家旗舰店极宠家，长沙首个体育大IP、全民健身示范中心运动家体育中心，湖南首家京东七鲜超市等主力品牌；万达影院、探险阳光、华为授权旗舰店、新华书店、茶颜悦色、润泽天、你好大海、云山院、西湖鱼港等约200家品牌入驻。

2021年10月15—17日，2021年湖南省花木博览会在长沙市雨花区石燕湖景区举行。图为湖南省花木博览会雨花展区　　　雨花区地方志编纂室　供图

【湖南省花木博览会在石燕湖景区举行】 2021年10月15—17日，2021年湖南省花木博览会在长沙市雨花区石燕湖景区举行。展会由湖南省林业局、长沙市政府主办，湖南省绿化委员会办公室、湖南省花卉协会、长沙市林业局、长沙市雨花区政府共同承办，集中展示花木产业的新品种、新技术和新成果。湖南省副省长陈文浩，中国花卉协会副会长赵良平，国家林草局林场种苗司副司长杨连清，省政府副秘书长黎咸兴，长沙市委副书记、市长郑建新参加开幕式。展会以“礼赞建党百年，共建大美湖南”为主题，结合长株潭一体化发展和绿心中央公园建设，设置“绿盎心动　雨润花开”的副主题。展会以“一心、二廊、十二韵”为整体设计思路，分为室内展区、室外展区与花卉苗木基地展区，展览面积约7万平方米。其中室内展区1.5万平方米，由湖南省综合展区、科技馆展区、兰花展区、企业展区及14个市（州）形象展区组成；室外展区约1.5万平方米，包括长沙6县市（区）形象展区、主题微景观展示区；花卉苗木基地展区约4万平方米，包括沿入园通道石鸭公路两厢的珍珠红、多肉等专题花卉苗木基地。展会设有花木产业发展论坛、总结表彰大会等主体活动，举办花艺表演、大师插花表演、水上情景演出等活动。展会共展出观赏苗木、盆栽盆景、插花压花、食用药用花卉和新品种等各类展品1000余件。5万余名市民现场赏“花田盛事”，60万余人在线云观展，成为湖南线上线下观展总人数最多的一次花事活动。

【第二届中非经贸博览会高桥分展馆】 2021年9月26—29日，第二届中国—非洲经贸博览会在长沙举行，该届博览会以“新起点、新机遇、新作为”为主题，分为会、展、谈三大板块，采取线上线下相结合的模式。高桥大市场作为第二届中非经贸博览会的唯一分展馆，以“非洲品牌中国发源地、非洲产品全面消费节”为主题，设立中非经贸博览会常设展馆1个，非洲咖啡、非洲可可、非洲农副产品、湖南特色出口产品5个特色展区“1+5”六大展区，展示非洲咖啡、可可、坚果、农副产品及对非出口产品，展示总面积约3.1万平方米，展位425个，11个国家、2180家企业参展。常设展馆总面积约1万平方米，包含中非经贸深度合作先行区、商贸流通双循环2个专题展厅，1个综合馆和37个非洲国家馆，展馆投用后，常态化展示非洲国家的优势产业和产品，打造成“永不落幕的中非经贸博览会”。第二届中国—非洲经贸博览会期间，高桥分展馆“全球商贸双循环展厅”揭幕、全国首家非洲咖啡文化博物馆开业，举办2021中非新能源合作论坛、首届非洲产品消费节、第二届非洲咖啡冠军咖啡师挑战赛、首届非洲产品直播电商节、对非出口产品消费节暨市场采购招商推介会、中非经贸线上系列对接会等主题活动。首批106个非洲品牌产品正式进入市场，形成咖啡、腰果、夏威夷果、可可、芝麻、干辣椒6条进口产业链，有色金属、地方特色出口产品、农产品、箱包皮具小商品4条出口产业链。接待采购商1.3万人，线下参会总人数5.7万人，现场销售2970万元，意向订单64.9亿元，市场采购贸易方式逾5600万美元。雨花区成立由区委书记、区长挂帅的第二届中国—非洲经贸博览会高桥分展馆组委会，下设综合协调组、展览展示组、重大活动组、接待组、新闻宣传组、提质提档暨环境整治组（指挥部）、市场秩序组、安全保卫组、交通秩序组、疫情防控组10个工作组，确保各项工作顺利推进。

【一批龙头企业集中入驻雨花高桥】2021年1月7日，中国（湖南）自贸试验区中非经贸合作促进创新示范园2021年首批入驻企业集中签约仪式暨一站式全程代办服务中心揭牌仪式在长沙举行。长沙市雨花区副区长易静主持活动，区委副书记，区长刘素月致辞。首批集中入驻企业72家。中非跨境电商综合服务平台、中非经贸创新创业孵化基地作为重点平台代表；湖南中芯供应链公司、湖南财盛供应链管理有限公司、湖南中非供应链管理有限公司4家作为金融供应链企业代表；湖南建工集团中湘海外建设发展有限公司、友阿易货贸易销售结算公司、上海凌航实业集团、青岛思锐国际物流公司、湖南京度供应链管理有限公司等10家作为重点贸易类企业代表；驻地中心、法律中心、中非留学生孵化中心、语言中心等7个服务中心作为中非经贸合作研究会首批落地综合服务机构代表上台签约。雨花区委常委、常务副区长龚畅为“中非经贸深度合作先行区一站式全程代办服务中心”揭牌。该中心对标行政审批“一件事一次办”的要求，创新建立接待咨询、受理委托、跟踪办理、协调联动、情况反馈5个标准化服务流程，为投资者提供商事登记、外贸服务、创业辅导、税务服务、品牌建设等16项全天候、全流程、全领域、全周期的一站式管家服务。做到全过程流程式服务，为企业当好助手、为市场做好补充，发挥服务中心的社会效应与经济效应，助力企业稳步成长、快速发展，构建良好的生态圈。区市场监管局局长王金山为新入驻的企业现场颁发营业执照。湖南省副省长何报翔，省政府副秘书长陈献春，省商务厅党组书记、厅长徐湘平，长沙市副市长朱东铁，省、市相关领导以及签约企业代表和媒体人士约220人参加。

【长株潭·名优产品出口展销馆开馆】2021年9月26日，“长株潭·名优产品出口展销馆开馆仪式暨市场采购招商推介会（长株潭专场）”在第二届中国—非洲经贸博览会高桥分展馆举行。长沙市商务局党委书记、局长，中国（湖南）自由贸易试验区长沙片区管委会主任郑平主持开馆仪式。长沙市政府副秘书长刘汇宣布开馆。中国（湖南）自由贸易试验区长沙片区雨花管理委员会主任肖向东作市场采购推介，从市场采购优势、政策支持、贸易生态体系3个方面阐述湖南自由贸易试验区的平台作用和市场采购贸易试点的带动作用，让企业可以真正做到“简单做外贸、轻松做出口”。长沙市商务局党委委员、副局长汪东华重点推介长沙馆规模、入驻企业、产业基础、平台优势。株洲市商务局党组成员、副局长黄克琦，阐述株洲的区位优势、政策优势、出口优势，介绍高新技术、硬质合金、电子元件、服饰、陶瓷等出口特色产品，着重推介株洲馆场馆规模、入驻企业及商品。湘潭市政府口岸办公室主任罗罡，以翔实的数据呈现湘潭在发展理念、科研实力、开放经济、平台搭建、外贸实力等方面取得的成就，着重阐述湘潭馆入驻企业的综合实力。长株潭·名优产品出口展销馆由长株潭三市联动建设，采取常态化设馆，通过发挥自贸试验区和市场采购贸易试点的带动作用和叠加优势，助力三市特色产业和名优产品出口，实现“湘品出海”，推动市场采购新模式在长沙、株洲、湘潭三市间落地、协同发展。展销馆设立长沙馆、株洲馆、湘潭馆3个展馆，长沙馆内汇聚各类医疗器械产品；株洲馆内以服装服饰为主；湘潭馆汇集各类红色文创及特色农产品等。

【企业发展主题沙龙】2021年10月18日，雨花区“贯彻落实‘三高四新’战略，助推自贸区建设”企业发展主题沙龙活动在湖南自贸试验区长沙片区高桥区块举办，围绕“中非经贸”主题，实地调研和深入探讨自贸区支持政策、中非经贸机遇、非洲贸易、加强新兴领域合作等问题，探索中非经贸合作高质量发展之路。沙龙由致公党湖南省委员会、致公党长沙市委员会、长沙市雨花区政府指导，由湖南致公麓商会、致公党长沙市委“致多星”企业家服务平台联合主办，致公党雨花区工委，致公党长沙市委经济金融委员会，中国（湖南）自由贸易试验区长沙片区雨花管理委员会、湖南高桥大市场股份有限公司联合承办。与会人员参观走访高桥自贸区“可视化”建设，按照第二届中非经贸博览会高桥分展馆的巡馆路线，从全国首家“非洲咖啡文化博物馆”的小咖主出发，逐一考察非洲咖啡交易中心、国际商品展示贸易中心、湖南出口集聚区和永不落幕的中非经贸博览会常设展馆，近距离地感受坦桑尼亚的腰果、肯尼亚的咖啡、卢旺达的干辣椒等非洲品牌产品异域风情。雨花区副区长、致公党长沙市委会副主委、致公党雨花区工委主委易静主持沙龙座谈交流会。雨花区委副书记、代理区长黄军其致辞。湖南自贸试验区长沙片区雨花管委会主任肖向东以“中非相约，雨梦同行”为题，介绍湖南自贸试验区长沙片区雨花区块基本情况，解读企业入驻、人才引进、招商中介、外商投资等方面的政策。湖南省人民政府参事、省中非经贸合作研究会会长侯湘平对中非经贸深度合作的整体战略、推进机制、工作进展和未来亟待突破问题进行解读。湖南师范大学非洲研究中心主任、教授、博士生导师陈晓红以“产学政研深度融合，助推中非经贸合作高质量发展”为主题演讲。在互动交流环节，企业家们提出医疗生物、法律服务、原料供应、电商销售等行业对外发展时遇到的问题，专家对此逐一解答；致公党湖南省委经济委员会副主任、美盛投资有限公司董事长申文高对主题沙龙进行专家点评。湖南省政协副主席、致公党湖南省委会主委胡旭晟及致公党员企业家代表60余人参加活动。

【五四青年开放论坛】 2021年4月28日，“建功自贸区·青春正当时”长株潭一体化发展2021五四青年开放论坛在中国（湖南）自贸试验区长沙片区高桥区块中非经贸合作促进创新示范园举办。长沙非拓信息技术有限公司副总经理陈福平进行《后疫情时代：五四精神启示与KILI非洲创业实践》主题演讲。来自长株潭的企业家代表罗晓、文礼、刘星、杨杰等围绕“综合市场创新转型”“传统加工制造业转型”“加快内循环市场开发”等分享企业经营管理的经验。论坛呼吁更多的优秀青年弘扬五四精神，投身中国（湖南）自由贸易试验区建设与长株潭一体化建设，为建设富饶美丽幸福新湖南作出新贡献 。论坛结束后，青年代表参观高桥自贸区展贸中心（非洲可可营销中心）、中非经贸合作促进创新示范园（电商直播孵化基地）、出口产品集聚区，现场体验自贸试验区建设的成果。论坛上，雨花区成立“开放青年企业家联盟、青年志愿者联盟”2个联盟，并发布“高桥自贸区志愿服务项目、创业青年开放学习考察项目、高桥自贸区人才引进项目”3个项目，为三地青年企业家进一步合作架起沟通的桥梁。雨花区可依托2个联盟，面向湖南师范大学生志愿者到高桥自贸区开展特色志愿服务活动；举办经贸考察协作活动，促进青年企业家之间的经济协作，组织长株潭三地青年企业家与北京、上海、广州、深圳等地的有关团体、企业家尤其是青年企业家进行合作交流，为自贸试验区引进高层次人才、海外人才、储备青年人才、加强创新创业支持等方面提供保障。共青团长沙市委副书记赵雪峰，共青团株洲市委副书记钟洁，雨花区委常委、组织部部长李颖，中国（湖南）自由贸易试验区长沙片区雨花管理委员会主任肖向东等参加，来自长沙、株洲、湘潭的青年企业家、志愿者代表等140余人参加论坛活动。

【雨花区入选全国百强区榜单】 2021年8月17日，国内民间智库“赛迪顾问”城市经济研究中心发布《2021年中国城区经济高质量发展白皮书暨2021赛迪百强区》榜单，“赛迪顾问”从遵循科学、系统、客观、可操作、可对比的基本原则，从经济实力、增长动力、内生支撑、区域能级、共享发展5个维度出发，构建包含23个二级指标的城区经济高质量发展评价体系，对全国（除直辖市、中国香港特别行政区、澳门特别行政区和台湾省）906个地级市市辖区高质量发展水平进行评估，评选出全国百强城区榜单，长沙市雨花区居全国百强城区第19位，较2020年上升一位。9月8日，国内知名智库“壹城智库”发布“2021中国市辖区高质量发展报告”，“壹城智库”从综合指标、创新发展、协调发展、绿色发展、开放发展、共享发展、安全发展7个维度出发，对市辖区高质量发展状况进行评价。其中，对213个来自直辖市的市辖区以及行政级别为副省级城市的市辖区，形成直辖市和副省级城市市辖区高质量发展100强榜单；对760个地级市的市辖区，形成地级城市市辖区高质量发展100强榜单，长沙市雨花区居2021市辖区高质量发展百强（地级城市市辖区）第15位，排名中部第一位。12月16日，中国县域工业经济发展论坛（2021）论坛发布《中国工业百强县（市）、百强区发展报告》，雨花区居中国工业百强区第13位。

【雨花区精准扶贫工作小组被评为全国脱贫攻坚先进集体】 2021年2月25日，在全国脱贫攻坚总结表彰大会上，中共中央政治局常委、第十三届全国政协主席汪洋宣读《中共中央、国务院关于表彰全国脱贫攻坚先进个人和先进集体的决定》，雨花区对口帮扶桑植县、龙山县石牌镇精准扶贫工作小组被评为“全国脱贫攻坚先进集体”。 （本栏撰稿　刘科明）

望城区

【概况】 2021年，望城区辖10个街道（其中雷锋街道由高新区托管）、5个镇、91个行政村、19个农村社区、36个城市社区。全区面积969平方千米，耕地面积31.33千公顷。森林覆盖率34.22%。2021年年末，全区常住人口93.47万人，户籍人口62.98万人（不含雷锋街道、白马街道）。人口出生率10.2‰，人口死亡率8.2‰，人口自然增长率2‰。

地区生产总值1002.84亿元（含雷锋街道、白马街道），比2020年增长7.2%。其中，第一产业增加值56.66

亿元，增长8.7%；第二产业增加值427.27亿元，增长5.2%；第三产业增加值518.91亿元，增长8.6%。第一、第二、第三产业分别拉动GDP增长0.6个、2.2个和4.4个百分点，三次产业对GDP增长的贡献率分别为7.5%、30.8%和61.7%。三次产业结构调整为5.7 ∶ 42.6 ∶ 51.7。与2020年相比，第一产业比重下降0.9个百分点，第二产业比重上升4.5个百分点，第三产业比重下降3.6个百分点。工业对经济增长的贡献率为26.9%，拉动GDP增长1.9个百分点，全部工业增加值占GDP比重为30.4%，较2020年提升5.9个百分点。制造业增加值占GDP比重为28.4%。一般公共预算收入130.69亿元，比2020年增加15.46亿元，增长13.4%。其中地方一般公共预算收入86.01亿元，增长17%。实现全口径税收收入109.95亿元，税收收入占一般公共预算收入比重84.1%。全区一般公共预算支出117.62亿元，增长6.3%。全体居民人均可支配收入50608元，比2020年增长8.6%。其中，城镇居民人均可支配收入57917元，增长7.5%；农村居民人均可支配收入41512元，增长10%。全体居民人均消费支出33296元，增长8.5%。其中，城镇居民人均消费支出37851元，增长5.6%；农村居民人均消费支出27626元，增长13.4%。

农林牧渔业增加值61.28亿元，比2020年增长8.6%；完成农林牧渔业总产值100.4亿元，增长9.8%；农林牧渔服务业产值6.95亿元，增长7.3%。年末，全区种植面积8.9万公顷。全年粮食种植面积4.4万公顷，其中水稻种植面积4.2万公顷。全年粮食产量30.6万吨，比2020年减少1.7%，其中水稻总产量29.75万吨，减少1.8%。全年蔬菜种植面积3.5万公顷，比2020年增长4.7%，蔬菜产量125.93万吨，增长5.6%；茶叶产量0.08万吨，增长3%；水果产量4.66万吨，增长1.2%。全年出栏肉猪31.84万头。肉类总产量2.88万吨，比2020年增长14.7%。其中：猪肉产量2.28万吨，家禽产量0.48万吨，牛肉产量0.09万吨，羊肉产量0.03万吨。水产品产量3.87万吨，比2020年增长10.5%。

工业增加值305.33亿元，比2020年增长6.5%。规模以上工业增加值增长7.1%，其中望城经开区规模以上工业增加值增长12.6%。在规模以上工业中，按产品产量统计，移动通信手持机、铝合金、减速机分别比2020年增长31.5%、84.9%和193.1%。按行业统计，计算机、通信和其他电子设备制造业产值比2020年增长54.2%，占规模以上工业产值的比重为14.9%；金属制品业产值比2020年增长284.6%，占规模以上工业产值的比重为12.2%；非金属矿物制品业产值比2020年下降8.8%，占规模以上工业产值的比重为9.9%。按经济类型统计，股份制企业产值比2020年增长3.1%，占规模以上工业产值的比重为82.9%；外商及港、澳、台投资企业产值比2020年增长16.1%，占比15.2%；国有控股企业产值比2020年增长50.5%，占比为14.9%，非公有企业产值比2020年下降0.6%，占比83.7%。规模以上工业企业经营效益略有下降，全年实现营业收入808.32亿元，比2020年增长3.3%；营业成本670.13亿元，增长4.4%；利润总额47.2亿元，下降5.6%。

社会消费品零售总额461.04亿元，比2020年增长15.9%。按行业统计，批发业28.52亿元，增长17.5%；零售业403.49亿元，增长15.7%；住宿业3.4亿元，增长14.3%；餐饮业25.64亿元，增长16.5%。限额以上单位商品零售额227.85亿元，比2020年增长15.2%。按类别统计，汽车类增长6%；家用电器和音像器材类增长94.6%；粮油、食品类增长20.4%；饮料类下降5.5%；服装、鞋帽、针纺织品类增长16.9%；化妆品类增长32.6%；体育、娱乐用品类增长28.4%；文化办公用品类增长0.3%；通信器材类下降47%。全年完成房地产开发投资195.38亿元，比2020年增长8.8%。全区商品房销售面积378.68万平方米，下降7.4%。全区商品房销售额285.76亿元，下降3%，其中住宅销售额265.4亿元。全年完成邮政业务收入1.29亿元，比2020年增长23.7%。全年新开通5G通信基

表60　2021年望城区主要经济指标与2020年比较统计表

指标名称	地区生产总值（亿元）	农林牧渔业总产值（亿元）	社会消费品零售总额（亿元）	一般公共预算收入（亿元）	一般公共预算支出（亿元）	人均可支配收入（元）	
						城镇居民	农村居民
2020年	857.04	99.1	397.94	115.23	110.7	53876	37738
2021年	1002.84	100.4	461.04	130.69	117.62	57917	41512
2021年比2020年增长（%）	7.2	9.8	15.9	13.4	6.3	7.5	10.0

说明：增长速度按可比价计算

（资料来源：望城区地方志编纂室）

站2103个，年末累计开通5G通信基站4023个。年末移动电话用户93.56万户。

固定资产投资比2020年增长10%。其中工业投资增长2.1%，工业技改投资增长1.4%。全区计划总投资额超过5000万元的在建项目（不含房地产开发项目）260个，完成投资占固定投资总额的63.3%。在固定资产投资中，第一产业完成投资比2020年增长13.1%；第二产业完成投资增长2%；第三产业完成投资增长11%。全年基础设施投资建设完成投资增长17.9%。

全区有A级景区10家，其中AAAA级旅游景区7家（雷锋纪念馆、黑麋峰国家森林公园、千龙湖旅游度假区、靖港古镇、新华联铜官窑古镇景区、长沙铜官窑国家考古遗址公园、长沙市望城光明大观园景区），AAA级旅游景区3家（欧阳询文化园、新康戏乡、柏乐园生态旅游区），省级旅游度假区1家，省级五星级农庄15家。

是年，望城区入选2021年中国综合实力百强区、中国工业百强区、中国高质量发展百强城区、中国综合实力和投资潜力百强区、中国领军智慧城区，被评为“四好农村路”全国示范区县、全国第四批节水型社会建设达标县（区）、全国群众体育先进区县、首批全国县域足球典型及湖南省平安县（市、区）。长沙铜官窑国家考古遗址公园和长沙市望城光明大观园景区升级为国家AAAA级旅游景区，白箬铺镇被评为第十一批全国“一村一品”示范镇。

【产业发展】 2021年，望城区聚焦智能终端等六大产业链，链上规模工业企业实现产值496亿元，比2020年增长22%，望城经开区蝉联湖南省产业高质量发展园区。引进利亚德光电、腾达科技等项目80个，协议引资335.5亿元，其中过亿元项目38个，“三类500强”及上市公司7家。5G智能终端产业园、桑特液压、美松科技等项目启动建设，益海嘉里、永杉锂业等项目提速推进，长沙戴湘、立邦新材、恒茂高科、华腾制药等项目竣工投产；比亚迪电子新增高端机型产线，中信戴卡车轮产能规划增至2000万只；瑶华半导体、天卓管业等企业开展生产线智能化改造，新增市级智能制造试点企业40家，激活实体经济发展“新引擎”。推进科技创新，发布海归小镇人才政策，引进产业攻坚博士26名，新增高新技术企业78家，申报省级以上科技创新平台6家。深化“放管服”改革，设立中小微企业融资转贷资金，“免申即享”“金融超市”“一提两免三补贴”纾困惠企，有效降低企业融资成本。现代服务业提档升级，举办新年消费季等系列主题活动60余场，线上线下销售额逾50亿元。升级全域旅游年（联）卡带动文旅消费，推出5条红色旅游精品线路，截至2021年12月30日，全区旅游监测点接待游客人数1073.34万人次，旅游总收入120.16亿元。

【城区建设】 2021年，望城区全面加强城市规划建设管理，优化重点片区控制性详规。滨水新城片区建设步伐加快，大泽湖·海归小镇展示馆建成投运，康佳集团华中区域总部等项目进展顺利；高铁西站综合交通枢纽工程全面启动，省中医药大学附属二医院落户望城；铜官片区文旅融合发展势头良好，太丰垸现代农业公园一期完成建设。城市建管提质增效，普瑞大道、白石湖公园等重要路段、节点焕发新颜，28个城镇老旧小区、7个农安小区蝶变升级，湘江大道北延线二期等重要城市道路建成通车，银星路长益复线连接线等道路加快建设；“解决停车难、治理停车乱”两年行动开展，新增车位1.5万个；城管考核并轨中心城区，153条存量市政道路顺利移交，白沙洲东马重建地等小区提质改造稳步推进，垃圾分类减量经验获住建部推介。

【社会事业】 2021年年末，望城区有小学79所、普通中学39所、中等职业中学1所。小学专任教师3770人，普通中学专任教师2801人，中等职业中学专任教师164人。小学在校学生人数68685人，普通中学在校学生人数33582人，中等职业中学在校学生人数2969人。学前教育阶段公办园幼儿占在园幼儿比重的54.6%，义务教育阶段适龄儿童少年入学率100%。全年完成国家级、省级、市级以及区级各类重大体育赛事共40场，送戏下乡120场，送电影下乡1649场，送图书下乡1158册。建成市级示范性村（社区）文化服务中心13个，全面完成“一圈两场三道”（即15分钟生活圈，停车场、农贸市场，人行道、自行车道、历史文化步道）建设任务86处，全民健身工程覆盖率100%。

【社会保障】 2021年，望城区有各类医院、卫生院、社区卫生服务中心40个，床位3901张，卫生技术人员4670人，其中执业（助理）医师1977人。婴儿死亡率由2010年的5.6‰下降到2021年的2.41‰。城镇新增就业10033人，农村劳动力转移就业3137人，零就业家庭动态清零，城镇登记失业率控制在3%以内，“311”（提供3次职业介绍，一次职业指导，一次职业培训信息）就业援助服务经验全省推介。三项社会保险参保人数70.76万人，全年基金征缴收入14.56亿元，支出养老金13.58亿元，城乡居民养老保险参保覆盖率100%。基本医疗保险参保人数77.72万人，参保率95.4%。其中职工医疗保险参保人数27.64万人，城乡居民医疗保险参保人数50.08万人。开展“我为群众办实事”实践活动，完成省、市、区三级民生实事50件，“六位”（岗位、学位、床位、车位、厕位、梯位）等群众“急难愁盼”问题有效破解。新增财力80%用于民生支出，做好普惠性、基础性、兜底性民生建设，“双减”“三孩”“住房保障”等政策落地见效，区疾控中心标准化建设全面完成，村级卫生室加快提质改造，在全市率先开展乡村卫生一体化管理，基层救治能力提升。

【乡村振兴】　2021年，望城区完善乡村振兴“七个一”（按照一要素、一体系、一目录、一清单、一红线、一分区、一风貌的“七个一”体系，科学编制乡村振兴发展规划。一要素即将用地指标划分至街镇，一体系即设置好乡村振兴指标体系，一目录即制定好产业目录，一清单即列出具体项目清单，一红线即守住生态、基本农田、城镇开发边界等红线，一分区即科学规划功能分区，一风貌即打造特色景观风貌）规划。“一镇一特”“一村一品”产业布局有序推进，全国首家双季稻无人农场项目投入运营，湖南农业大学、华中农业大学产学研合作取得新成果，新建10.2万平方米蔬菜设施大棚，蔬菜产值超28亿元；文和友小龙虾研究院、苗种基地、生态屯养基地等投入运营，荷花虾产业链不断延伸。实施乡村建设行动，提质改造农村公路180千米，创建市级小微水体示范片区5个、省级示范河流1条，湘江东岸、翻身垸堤防综合治理等重大水利项目有序推进。农村环境改善，建设美丽宜居村庄160个、美丽庭院8000户，集中连片打造茶亭惜字塔、靖港思源等示范集群34个，团山湖雷锋精神实践体验基地、乔口虾旅文化主题园区等标志性项目加快建设。乡村经济多元化发展，荷里乔江被评为“湖南网红民宿酒店”，茶亭“某谭小院”获中央电视台推介；50个村集体经济收入超50万元。

（肖　艳）

【湖南重大项目集中开工活动（长沙主会场）在望城举行】　2021年3月1日，湖南重大项目集中开工活动（长沙主会场）在望城经开区电子信息智能终端产业城制造基地（5G智能终端产业园）举行。省委书记、省人大常委会主任许达哲出席开工仪式并宣布开工。此次集中开工的重大项目有1248个，总投资7428亿元，年度计划投资2730亿元。投资10亿元以上的项目有140个，占总数的11.3%，其中，10亿~50亿元项目110个、50亿~100亿元项目21个、过百亿元项目9个。集中开工重大项目中，交通、能源、水利、新基建等基础设施项目有192个、年度投资682亿元，分别占项目总数和年度投资总量的15%、25%；先进制造业、科技创新、现代物流和现代农业、自贸区建设等产业发展项目848个、年度投资1540亿元，分别占项目总数和年度投资总量的68%、57%；养老育幼、医疗教育、老旧小区改造和保障性住房等社会民生项目164个、年度投资273亿元，分别占项目总数和年度投资总量的13%、10%；长江经济带生态保护修复、洞庭湖水环境治理等生态环保项目44个、年度投资235亿元，分别占项目总数和年投资总量的4%、8%。项目社会投资占比80%，发挥民间投资主力军作用。

（彭　荣）

2021年3月1日，全省重大项目集中开工活动（长沙主会场）在望城经开区电子信息智能终端产业城制造基地（5G智能终端产业园）举行　　望城区融媒体中心　供图

【长沙高铁西站综合交通枢纽工程在望城开工】　2021年8月25日，长沙高铁西站综合交通枢纽工程开工动员仪式在长沙市望城区举行。长沙高铁西站综合交通枢纽工程位于长沙市城区金山桥街道和黄金园街道交界处，是“八纵八横”高铁路网之渝长厦高铁（重庆—长沙—厦门）的重要枢纽，同时也是环长株潭城市群铁路枢纽的重要节点站。轨道交通开通运营后，乘客可在长沙南站、长沙火车站、长沙高铁西站间实现“一线换乘”。新建的长沙西站有12个站台和22条股道，预留未来扩建4个站台8条股道的条件，设计总规模达到16个站台和30条股道。与铁路项目同步实施的还包括长途大巴站点、公交站、配套道路以及城市通廊、市政停车场装修工程等相关配套市政工程。长沙西站综合交通枢纽工程规模约40万平方米，其中铁路站房设计规模约8.54万平方米。长沙西站是长株潭铁路枢纽“三主五辅”（三主：长沙高铁西站、长沙站、长沙高铁南站；五辅：黄花机场站、湘潭北站、湘潭站、株洲站、株洲西站）之一的主要客站，建成后，成为汇集高铁、城铁、地铁、城市公交、长途客车、出租车、网约车、社会车辆“八位一体”的区域性重要综合交通枢纽，可实现旅客多种交通方式无缝衔接，提升旅客出行体验。长沙西站计划2025年竣工建成，成为串联川渝、湘赣、闽粤的重要交通枢纽。

（彭　荣）

【“一江两岸”大泽湖片区10个重点项目开工】 2021年11月15日，长沙市望城区“一江两岸”大泽湖片区开发建设项目集中开工仪式举行，长沙市望城区委书记张作林宣布开工，10个重点项目动工。此次集中开工的10个项目为片区重要基础设施项目，包含1个研发平台、1个学校、1个湿地、7条道路。其中研发中心（一期）以智能终端、生命健康产业为发展方向，打造具有世界视野、国际标准的城市地标新名片。湘江学校拟建小学24班、初中18班、高中15班，为片区提供优质教育配套。大泽湖近自然湿地为沿江黄金河水系第一个节点，按照“滨水新城生态IP”定位，打造人与自然和谐相处的天堂。“三横四纵”7条道路中，腾飞路、永通大道新建段横贯东西，是拉通大泽湖片区的交通主动脉；阅江路东临湘江，纵穿南北，为研发中心项目重要配套道路；南塘路以南4条道路以湘江学校为中心，形成教育资源重点配套路网。“一江两岸”大泽湖片区规划面积约6.67平方千米，是望城区“一江两岸”重点建设片区之一。望城将“一江两岸”184.67平方千米范围，按城市功能和发展定位分为8个片区，除大泽湖生态智慧片区外，还有以发展商务总部经济为主的腾飞创新商务总部经济片区，以健康颐养为主的斑马湖健康乐活片区，以文体娱乐为主的月亮岛文旅片区，以及铜官文旅片区、航电书堂片区、丁字中心——何桥片区、双桥片区。八大片区统一规划，联动建设，让省会湘江两岸联系更紧密，形成望城“一江两岸”协调发展城市新格局。（刘湘东）

2021年4月10日，湖南无人农场（望城）项目投运暨2021年春插启动活动在长沙市望城区举行　　望城区融媒体中心　供图

【湖南无人农场（望城）项目投运】 2021年4月10日，湖南无人农场（望城）项目投运暨2021年春插启动活动在长沙市望城区举行，吸引省内外的专家、种植大户和农民群众观看。湖南无人农场（望城）项目位于望城四万亩高标准农田、水稻产业示范园，是全国首个全程无人操作的机械化双季稻无人农场示范园，包括高标准农田、智慧农机、智能灌溉、精准农情遥感监测系统四大建设内容，2021年建设示范面积18.7公顷，计划到2025年达到2666.7公顷，致力打造“智慧农业样板区”“现代农业产业社会化全程服务先行区”“粮食产业功能集成区”“农业转型升级示范区”。活动现场展示水稻生产耕整地、施肥、田间管理、收获、秸秆捡拾压捆、产后处理以及智能灌溉、农情监测等先进适用的现代水稻生产全程无人机械化技术。项目引进中国工程院院士、华南农业大学教授罗锡文团队的无人农场关键技术，使用袁隆平院士团队选育的优良水稻品种，选用中联重科等国内先进农机装备，可以实现水稻耕、种、收生产环节全覆盖。无人农场是智能智慧农机发展的具体应用，是探索智慧农业的重要场所。（彭　荣）

【第八届海归论坛“海归人才潇湘行”活动在长沙市望城区举行】 2021年7月29日，第八届海归论坛“海归人才潇湘行”活动启动仪式在长沙市望城区举行，活动由致公党中央留学人员委员会、致公党湖南省委会、湖南省人民政府侨务办公室、湖南湘江新区管委会、湖南省归国华侨联合会、湖南省欧美同学会主办；致公党长沙市委会、长沙市望城区人民政府、湖南致公麓商会和望城经开区管委会共同承办。致公党湖南省委会副主委刘丹军，湖南湘江新区党工委委员、管委会副主任罗社辉，湖南省侨联党组成员、副主席李祖元等出席活动。活动为期3天，以“海聚湘江　智造未来”为主题，有启动仪式、企业参观考察、高校调研学习、湖南省留学人员创业启动支持计划项目选拔大赛、铜官夜话、望城区考察等多个行程，与会人员先后到大泽湖·海归小镇项目、澳优乳业（中国）有限公司、智能终端配件产业园——瑶华半导体、梅溪湖国际文化艺术中心大剧院、中南大学科技园（研发）总部、卓伯根中国总部等地进行考察交流。此次“海归人才潇湘行”活动围绕开放兴湘海归谈人才洽谈、项目大赛、双创比赛考察交流等专场活动为重点，通过助力留学归国人员创新创业和人才、项目、资金、技术的精准对接，进一步凝聚共识，促进人才、技术、项目洽谈与合作，招才引智、招商引资，双向互动、互利共赢，推动湖南高质量发展。（刘湘东）

【长沙市美丽宜居村庄建设现场观摩推进会在望城举行】 2021年7月2日，长沙市美丽宜居村庄建设现场观摩推进会在望城举行。长沙市委副书

记、政法委书记阚保勇带队，县（市、区）党委政府分管负责人、乡村振兴局主要负责人、美丽宜居村庄建设乡镇主要负责人组成的观摩团，先后参观茶亭镇、铜官街道、乌山街道、白箬铺镇的美丽宜居村庄集群建设。茶亭镇依靠秀美的山水资源，建成享誉的花海品牌，精美的宜居村庄辐射带动全域农旅融合的跨越迈进；铜官街道陶瓦、陶片、陶罐点缀着沿线的护坡、围墙和围栏，因地制宜就地取材，建成亚太农业、五号山谷等产业项目带动村民增收；乌山街道团山湖村作为“雷锋精神发源地”，围绕雷锋文化、零污染屋场、生态治水等方面打造亮点，将雷锋精神贯穿美丽宜居村庄建设始终；白箬铺镇在八曲河示范片的基础上全域推进宜居宜业宜游美丽乡村建设，一个个美丽宜居村庄各具特色，形成白箬之光乡村旅游品牌聚集地。“观摩团”成员通过走、看、听、议，交流农村人居环境整治、美丽宜居村庄建设、新型村级集体经济发展新经验、好做法。在白箬铺镇人民政府召开的座谈会上，望城区、白箬铺镇、光明村、团山湖村作经验发言，阚保勇对望城区美丽宜居村庄的建设理念、建设布局、建设方式、建设效果给予肯定，要求全市贯彻落实党中央关于全面推进乡村振兴的战略部署，在全市上下形成“比学赶超”的浓厚氛围，确保高水准高质量完成美丽宜居村庄建设任务。

（刘湘东）

【第38届长沙市青少年科技创新大赛在望城区长郡斑马湖中学举行】 2021年3月15—21日，第38届长沙市青少年科技创新大赛在望城区长郡斑马湖中学举办，大赛以“创新·体验·成长”为主题，由长沙市科学技术协会、长沙市教育局和长沙市科学技术局联合主办，长沙市科技活动中心、长沙市少年宫、望城区科学技术协会和望城区教育局共同承办。大赛收到各县（市、区）选送作品1735件，总数量比2020年多434件，其中发明作品232件、论文260篇、信息学作品144件、科技实践活动作品90件、科幻画691幅、科学DV作品161个、辅导员作品157件。涵盖青少年与科技辅导员两大竞赛板块，其中青少年板块竞赛内容包括青少年科技创新成果竞赛、青少年科技实践活动比赛、少年儿童科学幻想绘画比赛、青少年科学DV作品比赛，科技辅导员板块竞赛内容含优秀科教制作项目、优秀科技教育方案、优秀科技教师评选。在活动现场，各类机器人发明是赛事的主角之一，如鱼缸清洁机器人、智慧养老院配餐分取塔式机器人、自动巡航路灯机器人、智能建房机器人等。雨季相关发明作品也较多，如带排水功能的连体电动车雨衣、可伸缩式太阳能公交挡雨棚、解放双手的多功能雨伞架、路面智能积水位警示装置等。各类防疫发明，以及北斗人行横道安全平台、智能道路标线、识温杯等从生活体验入手，志在解决实际难题。

（刘湘东）

【2021年全国第六届焊割行业创新发展论坛在望城举行】 2021年12月9日，全国第六届焊割行业创新发展论坛在望城区举行，活动由中国焊接协会主办，园区企业长沙衡开智能科技有限公司承办。活动现场，各专家及企业代表围绕《焊丝智能制造与智能装备》《后疫情时代，国际贸易形势的变革及深入影响的思考》等内容展开主题分享，探讨行业发展新趋势、新形势，增进企业间的沟通交流，促进合作发展。园区优化营商环境，支持搭建更多专业化交流平台，持续助力产业生态构建，聚焦企业转型和产业提质，涌现一批细分领域“隐形冠军”和小巨人企业，形成行业特色鲜明、科技属性突出、发展势头强劲的良好态势，推动焊割产业数字化、智能化、绿色化发展。

（彭　荣）

【“四季同行·一路有我”湖南文明实践志愿服务先进典型发布仪式在望城雷锋大剧院举行】 2021年3月3日，“四季同行·一路有我”湖南文明实践志愿服务先进典型发布仪式在长沙市望城区雷锋大剧院举行。发布仪式上，授予陈旭等96名志愿者为“最美文明实践志愿者”，陈卓钰等20名志愿服务工作者为“最美文明实践志愿服务工作者”，湖南雷锋纪念馆正兴学雷锋志愿服务中心等20个志愿服务组织为“最佳文明实践志愿服务组织”荣誉称号，授予长沙特殊教育学校“翼之梦”送教上门志愿服务项目等20个志愿服务项目为“最佳文明实践志愿服务项目”，长沙市开福区西园社区等20个社区为“最美文明实践志愿服务社区”荣誉称号。现场发布2021年“四季同行·雷锋家乡学雷锋”志愿服务重点项目。

（彭　荣）

【红色连环画《长沙秘密电台·1949》首发】 2021年3月11日，《长沙秘密电台·1949》连环画首发式在长沙紫鑫戴斯大酒店举行。湖南省委党史研究院院长胡振荣、长沙市委党史研究室副主任李敏、湖南科技大学艺术学院党委书记曾向东、副院长文牧江及望城区相关单位和中小学校代表等40余人出席首发式。活动现场连环画主创人员文牧江分享创作思路和创作历程，随后向望城区内中小学校进行赠书。胡振荣表示连环画通俗易懂、主旨清晰深刻、人物惟妙惟肖、情节跌宕起伏、望城元素突出，是传承望城红色基因的匠心力作、乡土气息浓郁的党史教育读本。《长沙秘密电台·1949》是由长沙市望城区委党史联络组、长沙市望城区委党史研究室和湖南科技大学艺术学院合作编著的一部党史题材的红色连环画，用90页惟妙惟肖的铅笔画再现1949年长沙秘密电台建立过程的一波三折、运行过程中的险象环生、工作人员与国民党反动派斗智斗勇，并最终促成湖南和平解放的历史过程。连环画出版发行后，深受青少年喜爱，并于11月重印被省委宣传部采购，送至全省各地农村书屋。（刘湘东）

【望城“无证城市”平台上线试运行】 2021年12月1日，望城“无证城市”平台上线试运行。“无证城市”建设是望城区新型“智慧城市”子项目，于2021年2月启动。望城区政府雷锋政务超市9个部门127项政务服务事项，可以通过“刷脸”或“扫码”获取10类证件（证明），市民不需要携带实体证件，刷脸就可办事。望城区“无证城市”作为湖南省首个以区级政府为建设主体的“无证城市”项目，是首个在“无证城市”—可信电子证照核验服务系统中引入“区块链”技术的先例，是首个“区块链”技术落地到具体政务公共服务中的先例。通过平台，各办事部门之间可共享核查流程，让“群众跑”变成部门与部门间协助、信息共享，实现“数据多跑路，群众少跑路”的服务承诺，让群众、企业办事更简单、更便捷。（肖　艳）

长沙县

【概况】 2021年，长沙县辖13个镇和5个街道办事处，有114个行政村和103个社区。全县面积1756平方千米，其中耕地面积34676.46公顷。2021年年末，户籍人口83.4万人，常住人口140.01万人（城镇人口104.52万人）。人口出生率8.9‰，死亡率7.9‰，人口自然增长率1‰。年均气温18.8℃，年内最高气温38.9℃，最低气温-5.4℃；年降水量1472.9毫米。

地区生产总值2003.2亿元，比2020年增长7.6%。其中，第一产业增加值88.5亿元，比2020年增长9.8%；第二产业增加值1068.1亿元，比2020年增长6.4%；第三产业增加值846.6亿元，比2020年增长8.8%。三次产业对GDP增长的贡献率分别为6.2%、44%、49.8%。全县三次产业结构调整为4.4：53.3：42.3。财政总收入457.7亿元，比2020年增长11.6%。公共财政预算支出177.8亿元，比2020年下降8.7%。城乡居民人均可支配收入50267元，比2020年增长7.9%；城乡居民人均消费支出32219元，比2020年增长8.3%。

农林牧渔业总产值149.6亿元，比2020年增长11%。其中，农业总产值106.6亿元，增长6.5%；林业总产值4.6亿元，增长7.7%；畜牧业总产值27.2亿元，增长25.7%；渔业总产值3.4亿元，增长6.6%。粮食总产量50.6万吨，增长2.8%；蔬菜产量110.1万吨，增长4.6%；水果产量8.1万吨，增长2.9%。肉类总产量5.3万吨，增长26%。茶叶产量4万吨，增长9.1%。新建高标准农田2666.67公顷，高标准农田累计2886.67公顷，农业机械化水平82.8%；新增市级以上农业龙头企业12家，全县各类新型农村合作经济组织2030家。

全县有长沙经济技术开发区、长沙自贸临空区（长沙黄花综合保税区）2个国家级开发园区，另有榔梨产业基地、黄花产业基地等产业园。规模工业增加值比2020年增长7%。工程机械、汽车及零部件产业分别实现产值572亿元、631亿元。依托蓝思科技、国科微电子、维胜科技等企业壮大电子信息产业集群，产值192亿余元，获批全省首个“5G+工业互联网”先导区。服务业新增入统62家，1亿元以上企业35家（其中10亿元以上7家）。金融业贡献税收13.23亿元，比2020年增长24.6%。中国铁建重工集团股份有限公司、湖南五新隧道智能装备股份有限公司和湖南丽臣实业股份有限公司分别在上海证券交易所、北京证券交易所和深圳证券交易所上市挂牌交易。是年，长沙经济技术开发区综合发展水平排名国家级经济技术开发区第14位。

社会消费品零售总额643.4亿元，比2020年增长14.6%。进出口总额152.6亿美元，比2020年增长19.1%。其中进口总额42.3亿美元，出口总额110.3亿美元。外商直接投资2亿美元，引进省外境内资金168.4亿元。湘商世纪城、世景广场等商务楼宇快速发展，长沙县入选国家先进制造业和现代服务业融合发展试点城市。

房地产开发投资291.5亿元，比2020年增长9.8%。商品房销售面积357.6万平方米，增长1%，商品房销售额281.2亿元，增长5.4%。全年接待游客2101万人次，旅游综合收入197.6亿元，年末全县有国家AAA级旅游景区7处，国家AAAA级旅游景区3处。邮电通信业务总量17.4亿元，比2020年增长7.8%。

固定资产投资比2020年增长9.9%。其中第一产业完成投资占全社会固定资产投资的1.5%；第二产业完成投资占全社会固定资产投资的39.1%；第三产业完成投资占全社会固定资产投资的59.4%。全年1亿元以上投资项目361个。

交通邮电业。旅客周转量11328万人千米，公路客运量3785.3万人，货物周转量149832万吨千米，公路货运量2680万吨。全县通车总里程6342.5千米，行政村客运（公交）班线通达率100%，县乡道路硬化率100%。地铁6号线通车试运行，建成香堤北路、凉塘东路、望新路等市政道路，临空北路、思源路等园区主干道通车。万家丽路电力隧道全线贯通，开元路、金茂路、特立路等城区道路及茶培线、泉沿线等干线公路提质改造完成，盼盼路东延线竣工通车。新建开元互通、特立路人行天桥，新增停车位2.8万个。邮电通信业务收入17.4亿元。移动电话用户172.5万户，互联网用户55.1万户。

是年，长沙县排名全国县域经济与县域综合发展实力百强第三位、投资潜力百强第四位、县域经济基本竞争力百强第五位、科技创新百强第六

表61　2021年长沙县主要经济指标与2020年比较统计表

指标名称	地区生产总值（亿元）	农林牧渔业总产值（亿元）	社会消费品零售总额（亿元）	地方财政收入（亿元）	公共财政预算支出（亿元）	城乡居民人均可支配收入（元）
2020年	1808.3	145.9	560	410.3	194.7	46587
2021年	2003.2	149.6	643.4	457.7	177.8	50267
2021年比2020年增长（%）	7.6	11	14.6	11.6	−8.7	7.9

（资料来源：长沙县地方志编纂室）

位、工业百强第七位、投资竞争力百强第九位、社会治理百强第九位，落实重大决策等7项工作获省政府真抓实干表扬激励，科技创新等12项工作获市政府创新实干表扬激励，入选中国最具幸福感城市（县级）。

【城乡建设】　2021年，长沙县实施“南征北战、东拓西融”区域发展战略，县城建成区面积扩大至126平方千米。投入2.68亿元建设美丽宜居村庄162个。首批星沙驿站向市民免费开放，16个老旧小区提质改造，星沙生态公园创建为“人民满意公园”。提质改造12个高速公路出入口，新改建农村公路198千米，城乡公交进入新能源时代。蓝天、碧水、净土保卫战成效持续巩固，空气质量优良率90.4%，县级以上集中式饮用水水源地水质达标率100%，中小河流治理建成全国样板，“林长制”全面推行，被评为国家生态文明建设示范区。

【乡村振兴】　2021年，长沙县投入2.68亿元建设162个美丽宜居村庄。举办中国农民丰收节（湖南主场）。茶产业综合产值45.1亿元，被评为中国茶叶百强县。农村电商销售45亿元，被评为全国县域农业农村信息化发展先进县，全县村级集体经济总收入1亿余元。江背镇、春华镇分别被评为全省机械制造小镇、种业小镇。开慧镇被评为全国乡村旅游重点镇，影珠山景区晋级国家AAAA级旅游景区。承办2021湖南阳光娱乐旅游节，被评为中国文旅融合发展示范县。巩固蓝天、碧水、净土保卫战成效，空气质量优良率90.4%，县级以上集中式饮用水水源地水质达标率100%，中小河流治理成为全国样板，“林长制”全面推行，被评为国家生态文明建设示范区。

【项目建设】　2021年，长沙县铺排重大项目258个。工业技改投资比2020年增长33%，31家企业完成智能化技术改造，天河国云入选国家区块链创新应用试点名单，底层区块链技术入围全省“十大技术攻关项目”。推进湖南投资规模最大单体项目长沙机场改扩建工程，投资约80亿元的上汽大众新能源车项目开工，成为全省第三次重大项目集中开竣工活动标杆项目。南昌—长沙1000千伏特高压交流输变电工程竣工。国家级加工贸易产业园获批，黄花综合保税区整区封关，进出口商品展示交易中心、长沙航空科技体验中心建成运营，黄花数字贸易港、国际人才港、知识产权公共服务中心加快赋能，规模10亿元的临空产业投资基金启动。　（周进银）

【社会事业】　2021年，长沙县实施“五好”教育工程，新扩建中小学校7所，新增学位9780个。各类全日制学校205所（不含幼儿园），其中职业中专9所、普通高中13所、乡镇农校1所、初级中学39所、小学142所、特殊教育学校1所。幼儿园362所（含公办幼儿园157所）。初中入学率100%、初中巩固率99.8%；小学学龄人口入学率、巩固率均100%。免除13.5万人次学生杂费，义务教育阶段学生杂费免除率100%。资助各级各类贫困学生金额1622.8万元。县人民医院项目主体封顶，县妇幼保健院成为全省首家县域三级妇幼保健机构。文化场馆服务870万人次，送戏下乡76场、电影3491场，开展大型群众体育活动25次，参加全民健身运动61万人次。新增国家AAA级旅游景区、国家AAAA级旅游景区各1处，年末国家AAAA级旅游景区3处（杨开慧纪念馆、田汉文化园、影珠山）、国家AAA级旅游景区8处。是年，长沙县被评为全国群众体育先进单位。建成公租房2.59万套，全省最大规模公租房英萃园交付使用。举办招聘活动48场，2万余名劳动者实现就业。开展社保、医保、低保基金专项整治，在全省率先实施重大疾病补充医疗保险，城乡居民基本养老保险基础养老金标准为全省最高。建成12家养老服务中心，被评为全国智慧健康养老示范基地、全省“五化民政”建设示范县。

全社会研发投入比2020年增长21.3%。高新技术总产值1543亿元，比2020年增长4.6%；高新技术增加值439.4亿元，增长7.5%。全年认定国家高新技术企业 382 家，年末总数 790 家。全县专利授权量 7070 件。其中，发明专利授权量 831 件。在全市率先设立“县长质量奖”，引进高层次人才 121 人，面向全球招聘博士 30 名。

全县文化设施面积 157.8 万平方米；有文化站 19 个、文化馆 1 个，公共图书馆 1 个，电影院 16 个，国家综合档案馆 1 个。全年送戏下乡 76 场、电影 3491 场。体育设施面积 326 万平方米。各类体育场地 3843 个，其中：标准体育馆 5 座，标准运动场 100 个，标准游泳池 6 个，各种训练综合用房 240 个。开展大型群众体育活动 25 次，全民健身运动参加人数 61 万人次。广播综合人口覆盖率、电视综合人口覆盖率均 100%。城区有线电视用户 3.1 万户，城区有线电视入户率 90%。各类卫生机构 596 个，其中医院、卫生院 42 个，卫生防疫和防治机构 1 个，妇幼卫生保健机构 1 个，社区服务中心（站）11 个。卫生人员 9558 人，其中执业医师、执业助理医师 4029 人，注册护士 5137 人，卫生防疫和防治机构卫生技术人员 93 人，妇幼卫生机构卫生技术人员 677 人。各类卫生机构拥有病床 7424 张，每千人拥有病床数 5 张，每千人拥有卫生技术人员数 7 人。

【社会保障】 2021 年，长沙县举办招聘活动 48 场，2 万余名劳动者顺利就业。开展社保、医保、低保基金专项整治，在全省率先实施重大疾病补充医疗保险，城乡居民基本养老保险基础养老金全省最高。建成 12 家养老服务中心，被评为全国智慧健康养老示范基地、全省“五化民政”建设示范县。

【社会治理】 2021 年，长沙县履行依法治县、依法行政责任，修定《长沙县人民政府工作规则》，推进行政复议体制改革。接受人大依法监督、政协民主监督、司法监督和社会监督，办理县人大代表建议 49 件、政协委员提案 44 件。开发全省首个村（社区）法律顾问线上管理系统，建成公共法律服务实体平台，新建村级法治文化阵地 102 个，被评为全国普法工作先进单位。基层治理形成新局面。深化“党建 +‘五零’”村（社区）治理，青山铺镇、春华镇春华山村分别被评为全国乡村治理示范镇、村。依托智慧城管、智慧执法全面提速治理现代化，“五级五员”网络综合治理模式获中央网信办推介，被评为全省根治拖欠农民工工资工作先进地区，“我为群众办实事”实践活动 6 次被中央电视台《新闻联播》推介。推进平安建设，整治道路交通顽瘴痼疾，道路交通事故率下降 13.7%。集中攻坚仓储物流、消防等 17 个行业领域安全问题，安全生产事故下降 21.6%。禁毒人民战争、反电诈、打击跨境赌博等专项行动有力有效，㮾梨街道被评为全省禁毒工作先进集体。综治民调居全市第一位，被评为全省安全发展工作示范县。

【科技创新平台建设】 2021 年，长沙县新增国家文化和科技融合示范基地 1 家（湖南明和光电设备有限公司）、省级工程技术研究中心 2 家（湖南中人创远数控装备有限公司、湖南湘联节能科技股份有限公司）、省级备案的新型研发机构 2 家（长沙工研院环保有限公司、湖南潇湘大数据研究院）、省级技术创新中心 1 家（湖南天河国云科技有限公司）。新增立项的市级技术创新中心 5 家（湖南同心模具制造有限公司、湖南维胜科技有限公司、湖南五新隧道智能装备股份有限公司、长沙天恒测控技术有限公司、湖南固尔邦幕墙装饰股份有限公司），新增市级新一代人工智能开放创新平台 1 家（长沙行深智能科技有限公司）。

【黄花数字贸易港开园】 2021 年 3 月 19 日，“黄花数字贸易港”在长沙黄花综合保税区举行开园暨首批入园企业签约活动。作为湖南自贸试验区首个以数字贸易为特色的项目，承载长沙黄花综合保税区未来产业发展的重要平台载体，黄花数字贸易港重点突出跨境贸易、产业数字化等方向，在数字贸易、服务贸易、产业孵化等方面进行重点招商，引进或意向入驻企业 20 余家，平台服务商 10 余家，与 7 家湖南本地高校达成合作，跨境电商、数字直播、人才培训等板块基本成型。

【纪念刘少奇湖南农村调查 60 周年学术研讨会】 2021 年 4 月 12 日，“纪念刘少奇湖南农村调查 60 周年学术研讨会暨刘少奇思想生平研究会年会”在长沙县召开，参会嘉宾和论文代表 90 余人参加研讨会。会议由中国中共文献研究会刘少奇思想生平研究分会、湖南省委党史研究院主办，湖南省中共党史学会、长沙市委党史研究室、长沙市委党史联络组、长沙县委、长沙县政府、刘少奇同志纪念馆（刘少奇故里管理局）承办。长沙市委常委、长沙经开区党工委书记、长沙县委书记、长沙高铁新城党工委书记沈裕谋，长沙市委常委、市委宣传部部长陈刚分别致辞；全国人大财政经济委员会副主任委员刘源，全国政协委员、中央党史和文献研究院原院务委员、刘少奇思想生平研究会会长张宏志，湖南省委常委、省委宣传部部长张宏森，湖南省委党史研究院院长胡振荣等出席会议并讲话。湖南省委党校教授李美玲，刘少奇故里管理局局长、刘少奇同志纪念馆馆长聂勇等 6 位论文作者代表现场交流发言。与会人员参观刘少奇天华调查陈列旧址、陈树湘故居等。组委会收到学术论文 60 篇，入选论文 52 篇。

【第四届中国农民丰收节全国（长沙）主题活动在长沙县举行】 2021 年 9 月 22—23 日，由农业农村部、湖南省人民政府主办，湖南省农业农村厅、长沙市人民政府承办的第四届中国农民丰收节全国（长沙）主题活动在长沙县举行。此次活动围绕“庆丰收、感党恩”主题，举办“国之大者——稻作文化与粮食安全论坛”“全国农民文化艺术展演”2个主场重点活动。在9月22日举办的“国之大者——稻作文化与粮食安全论坛”上，与会专家学者深入挖掘长江流域稻作文明的历史和丰富文化内涵，探讨水稻种植对粮食安全的重要意义。9月23日，2021年中国农民丰收节“全国农民文化艺术展演”在长沙县果园镇田汉文化园举行，分“启动仪式、剧场演出、非遗体验、集市展示”四大板块，展演内容包括非遗类艺术节目表演及特色农产品展示展销，演出30余个农业主题节目。集市展示区展出各市州优质农产品，非遗展示体验区展出稻草工艺品、南湖菱角剪纸、春华皮影戏、双江滚灯车等，白色野餐区展出开慧火龙果、惠阳强韵葡萄等“星沙味道”相关农产品；展销区展出长沙绿茶等“湘赣红”区域公用品牌、“一县一特”等优质品牌农产品，以线上直播推荐和线下展示展销同步进行。当天，与会人员现场观摩长沙县路口镇隆平稻作公园。

【长沙县、长沙经开区召开中国共产党星沙百年座谈会】 2021年7月9日，长沙县、长沙经开区召开中国共产党星沙百年座谈会，回顾中国共产党在星沙的百年光辉历程，缅怀先辈先烈，展望星沙未来的光明前景。省委党史学习教育第九巡回指导组组长宋建民、副组长刘柏生到会指导，长沙市委常委、长沙经开区党工委书记、长沙县委书记沈裕谋出席并讲话，长沙县委副书记、县长张作林主持座谈会。县区领导周虔、李建章、王益枝、周志远、郭瑞、杨溢，省委党史学习教育第九巡回指导组、市委党史学习教育领导小组办公室、市委党史学习教育第一巡回指导组有关成员参加会议。中国共产党成立百年来曾在长沙县（长沙经开区）担任县委书记、党工委书记、管委会主任、县长、县人大常委会主任、县政协主席的领导及家属等30余人应邀参会。长沙县第一任县委书记殷美琮之孙殷勇，县委原书记白乙明之女白小京，县委原书记周桂龙，原县长柳冠群、蒋新祺，长沙经开区管委会原主任易宇欣，县委原副书记欧阳斌等7位老领导（家属）先后发言，重温感人肺腑的奋进故事，展现长沙县人民拼搏争先的奋进足迹。会后，与会人员参观长沙县档案馆展览《中国共产党星沙百年》。

【长沙县被评为“2021中国最具幸福感城市（县级）”】 2021年12月30日，“2021中国幸福城市论坛”在北京举行，长沙县作为获推选城市代表在线参加论坛，长沙县委副书记、县长陈永高通过视频在论坛上作《至善星沙别样红》主旨演讲。论坛发布第十五届中国最具幸福感城市调查推选活动结果，长沙县被评为“中国最具幸福感城市（县级）”。

【长沙县被评为“全国脱贫攻坚先进集体”】 2021年2月25日，全国脱贫攻坚总结表彰大会在北京举行，长沙县对口帮扶领导小组办公室被评为“全国脱贫攻坚先进集体”。2020年，长沙县帮扶非洲埃塞俄比亚，出资1200万元组建中埃合资公司“埃塞湖南工业园运营管理有限公司”。援助内蒙古科右中旗“脱贫致富激励基金”400万元，捐赠物资148万元，采购当地原材料3600万元以上，引导企业投资3.8亿元建设湘蒙农产品加工物流园，投资5000万元建设湘蒙现代农业示范园，投入85万元举办刺绣技术培训班，与113个贫困家庭结对，捐资捐物35万元。累计拨付沅陵县帮扶资金5222.8万元，实现土地增减挂钩资金4.3亿元；沅陵县140余名干部到长沙县挂职锻炼，193人到长沙县开展专题培训；投入资金1962万元，实施稻田“+”养殖、黑猪养殖、蜜蜂养殖、小水果种植等产业扶贫项目39个，带动沅陵县26514户贫困人口实现产业发展；引导3家企业到沅陵投资，带动当地2000余户贫困人口增收；开发“长沙—沅陵周末旅游专线”，累计组织长株潭到沅陵游客人数1.24万人，带动沅陵旅游收入增加2000万余元；培训沅陵县贫困劳动力1500余人，组织专题招聘会30余场，提供岗位3万余个，实现劳务输出和就业2000余人。消费采购沅陵扶贫产品480万余元，组织社会捐赠钱物800万余元。对口帮扶龙山县水田坝镇和召市镇，拨付帮扶资金9100万元。帮扶新疆鄯善县资金9600万元，建设民生工程净水厂和长鄯产业园。投入11.7亿元，与汨罗市经开区共建湖南工程机械配套产业园；引进中立机械、方鼎车身等产业项目34个，总投资额50亿元。

【长沙县入选国家先进制造业和现代服务业融合发展试点城市】 2021年8月26日，国家发展改革委员会公布国家第二批先进制造业和现代服务业融合发展试点名单，长沙县入选。2020年，长沙县、长沙经开区服务业总投资638.4亿元、创造税收98.8亿元，占全部税收比重的49.4%，带动就业5万余人，产业动能持续发力，发展规模持续扩大。以先进制造业和现代服务业融合发展为抓手，长沙县逐步形成以长沙经开区和星沙主城区为核心，以长沙自贸临空区、自贸会展区、松雅湖生态新城为重要支撑的产业发展格局。

【长沙县入选国家生态文明建设示范区】 2021年10月14日，长沙县被生态环境部定为第五批国家生态文明建设示范区。长沙县坚持“生态立县、绿色发展”，推进生态文明建设。打响污染防治攻坚战，实施河长制“一河一策”、大气污染防治、农村环境整治等措施，生态环境质量提升，2020年环境空气优良天数比例91%，地表水、集中式饮用水源地水质优良率100%，连续14年蝉联“中国最具幸福感城市（县级）”。同时，以生态环境保护助力乡村振兴。“一茶一花一民宿”特色生态产业，推动“农文旅”融合发展，建成开慧文旅小镇、田汉艺术小镇等一批红色乡村振兴典范，获“探索乡村振兴新模式全国十佳案例”，成为“全省美丽乡村建设先进县”。

【长沙县被评为“国际化高质量发展环境建设标杆县（市）”】 2021年7月24日，中国城市高质量发展与国际合作大会在北京举行，长沙县被评为“国际化高质量发展环境建设标杆县（市）”称号，并在大会上作典型发言。长沙县在绿色发展、创新发展、营商环境、开放发展、民生保障5个方面成绩优秀，其中民生保障指数最为突出。作为全国18个改革开放典型地区之一，长沙县不断优化营商环境，在2020年赛迪县域营商环境百强县榜单上首次进入全国前十强（位列第九位），连续3年稳居中西部第一位。截至2021年6月，长沙县（含长沙经开区）有市场主体154349户，在5年半内增加10万户；工程机械产值逾1000亿元，三一重工、铁建重工、山河智能居全球工程机械制造商50强；20%以上的省级智能制造系统集成商、工业互联网平台，全省17%的5G、人工智能、云计算等数字新基建项目入驻，5G、人工智能、区块链等新技术在制造业中广泛应用。

【长沙县被评为“中国文旅融合发展示范县”】 2021年11月7日，以“贯彻新发展理念·推动高质量发展”为主题的2021“中国城市高质量发展案例暨城市品牌”发布活动在北京举行。活动中，现场公布2021“中国城市高质量发展案例”典型城市代表，长沙县被评为“中国文旅融合发展示范县”。2020年以来，长沙县以文促旅、以旅彰文，坚持品牌引领带动，深挖文化富矿，印发《关于开展文旅融合样板区建设的三年行动方案》，实施红色资源保护传承行动、文旅重大项目招商行动、文旅服务体系提档行动、消费聚集区打造行动、农旅小镇群建设行动、文旅业态创新行动、文旅链条延伸行动、数字文旅升级行动、文旅要素保障行动、文旅品牌强化行动十大行动，加快推进文化和旅游深度融合发展，不断提高文化旅游发展质量和效益。2021年6月，长沙县在全省率先开展文旅融合样板村创建工作，20个村申报创建，并从资源禀赋情况、文旅发展基本情况、文旅融合产品建设情况、生态环境和传统文化、基础设施建设情况、文旅公共服务设施情况、文旅发展带动效益、经验做法、申报资料、荣誉10个方面进行评选。 （本栏撰稿　周世银）

浏阳市

【概况】 2021年，浏阳市辖4个街道、27个镇、1个乡，326个行政村（社区），区内另设浏阳经开区（高新区）、“两型”产业园、大围山国家森林公园3个园区，全市总面积5007.75平方千米。耕地面积772.4千公顷。年末全市公安户籍户数41.3万户，总人口148万人，常住人口143.01万人。人口出生率6.55‰，人口死亡率6.96‰；人口自然下降率0.41‰。年平均气温18.9℃，年极端最高气温38.7℃，极端最低气温-5.3℃。年降水量1377.7毫米。

地区生产总值1616.6亿元，按可比价计算，比2020年增长7.3%。其中第一产业增加值130.2亿元，第二产业增加值840.9亿元，第三产业增加值645.5亿元，分别增长9.6%、6.4%和7.9%。三次产业对经济增长的贡献率分别为11.5%、44.4%和44.1%，分别拉动经济增长0.8个、3.3个、3.2个百分点；三次产业结构为8.1∶52.0∶39.9。县域经济与县域综合发展居全国第8位。完成一般公共预算收入145.36亿元，增长12.89%，税收收入占一般公共预算收入83.52%，其中地方一般公共预算收入104.26亿元，增长11.58%；全市地方一般公共预算支出163.75亿元，增长8.1%。全年获得国家级荣誉79项、省级奖项236项，其中包括“国际化高质量发展环境建设标杆县（市、区）”“2021优质投资环境城市”等荣誉。

农林牧渔业总产值226.5亿元，按可比价计算，增长10.7%。全年粮食种植面积7.93万公顷，其中稻谷播种面积7.48万公顷；蔬菜种植面积4.46万公顷，增长3.4%；烟叶种植面积3353.33公顷，增长3.1%。全年粮食总产量56.2万吨，增长1.02%；烟叶5838吨，下降12.5%；蔬菜146.9万吨，增长4.8%；出栏生猪130.9万头，增长31.67%。

工业增加值增长6.7%，规模以上工业企业935家，实现规模以上工业增加值增长7.1%，其中，经开区（高新区）实现规模以上工业增加值增长16.6%。规模以上工业企业中，生物医药企业产值增长8.1%；智能装备企业产值增长11.2%；烟花爆竹企业产值增长3.3%；绿色食品企业产值增长0.6%。显示功能器件、生物医药、智能装备、鞭炮烟花产业链规模以上工业总产值分别增长50%、12%、10%、21%。新增高新技术企业132家，增长43.56%；新增百亿级规模以上工业企业1家、国家级专精特新小巨人企业6家；A股上市企业增至9家；新引进项目207个，其中50亿元以上3个。222个长沙在浏阳项目完成投资近700亿元，超过年度计划28个百分点。惠科光电项目9条生产线点亮投产；总投资70亿元的雅士林项目投产；南昌—长沙1000千伏特高压工程投产送电。全省产业园区高质量发展推进会在浏阳举办。经开区入选国家“十四五”重点支持县城产业转型升级示范园区，是全省唯一入选的园区。

社会消费品零售总额442亿元，比2020年增长15.6%，其中，批发业零售额34.5亿元，增长13.8%；零售业零售额357亿元，增长15.5%；住宿业零售额4.2亿元，增长18.6%；餐饮业零售额46.3亿元，增长16.9%。实

表 62　　2021 年浏阳市主要经济指标与 2020 年比较统计表

指标名称	地区生产总值（亿元）	农林牧渔业总产值（亿元）	社会消费品零售总额（亿元）	一般公共预算收入（亿元）	一般公共预算支出（亿元）	人均可支配收入（元）	
						城镇居民	农村居民
2020 年	1493	222.4	382.4	128.8	151.5	52811	37154
2021 年	1616.6	226.5	442	145.4	163.8	56507	40758
2021 年比 2020 年增长(%)	7.3	10.7	15.6	12.9	8.1	7	9.7

（资料来源：浏阳市地方志编纂室）

现自营进出口总额 35.3 亿美元，增长 38.4%。其中进口总额 18.2 亿美元，增长 62.5%；出口总额 17.1 亿美元，增长 19.5%。新增市场主体 20821 户，年末市场主体总数 129131 户。

固定资产投资增长 10%。其中，产业投资增长 13.6%，工业投资增长 12.2%。全市建筑行业实现增加值 37.9 亿元，增长 0.2%。拥有资质建筑企业 51 家，实现建筑业产值 72.2 亿元，增长 5.6%。房地产业实现增加值 46.8 亿元，增长 4.6%。拥有房地产企业 87 家，实现房地产投资额 76.5 亿元，增长 12.9%；商品房销售面积 127.4 万平方米，减少 13.3%。

截至 2021 年年末，浏阳市有 A 级景区 15 个，其中国家 AAAA 级旅游景区 3 家，国家 AAA 级旅游景区 11 家；国家地质公园 1 个，国家森林公园 1 个，全国红色旅游经典景区 2 家，湖南省文旅特色小镇 1 个，省五星级乡村旅游区（点）9 个。五星级旅游饭店 1 家；星级乡村旅游区（点）16 家，其中五星级 9 家；旅行社（独立旅行社、分社、网点）137 家，其中 5 星级 1 家，4 星级 4 家。2021 年，浏阳市接待旅游人数 2908 万人次，下降 6%；旅游产业收入 303.66 亿元，下降 4.02%。大围山被评为省级旅游度假区；提质改造锦绶堂、李白烈士故居、易荡平烈士故居等一批红色革命旧址。发行“初心源”文旅一卡通 6 万余张。

（唐继武）

【城市建设】　2021 年，浏阳市国土空间总体规划编制基本完成，“两级三类”国土空间规划体系不断健全。交通路网更加完善，金阳大道三期于 6 月 15 日全线动工、S326 南横线（柏加—普迹段）于 10 月 20 日全面启动施工，永和通用航空产业基地项目签约，荷文公路提质升级，天马山新隧道竣工通车。拉通城市道路 8 条，承载功能持续增强，启动智慧电网项目建设，新改建雨污分流管网 106 千米，完成西湖山市民公园、观礼台提质改造，新增停车位 1.5 万个。全面完成 10 个既有小区品质提升，改造老旧小区和棚户区 98 个 8162 户，新增保障性住房 3291 套，12 月 10 日，全省城镇老旧小区改造现场推进会在浏阳召开。持续打好污染防治攻坚战，空气质量优良率 98.1%，三大河流水质稳定达标，通过第二轮中央环保督察，申创全国“两山”实践创新基地。

（唐继武）

【社会事业】　2021 年，浏阳市新改扩建学校 22 所、幼儿园 10 所，新增学位 7866 个，截至 2021 年年底，全市有普通小学 305 所（含教学点），普通初中 55 所，普通高中 17 所，中等职业学校 6 所，特殊教育学校 1 所，10 月 30 日，2021 年全省推进“双减”工作视频会在长沙召开。浏阳市作为唯一的区县代表在会上作典型发言。全市有卫生机构 59 个，其中医院 57 所。卫生机构床位数 11586 张，卫生技术人员 10234 人，其中医生 5272 人。年内诊疗 703 万人次，年内治愈率 72%。产妇住院分娩率 100%，婴儿死亡率 1.82‰，5 岁以下儿童死亡率 3.2‰。落实常态化新冠肺炎疫情防控措施，保持年度无阳性感染病例，防疫成果持续巩固。医改经验获《人民日报》专题推介。新建市社会福利中心，城乡居家养老服务中心行政村覆盖率 78.5%。年内新增城镇就业 1.6 万人，农村劳动力转移就业 8600 人。开展双拥优抚工作，退役军人就业创业孵化基地被评为“全国退役军人服务保障先进单位”。市博物馆建成开放，体育中心、欧阳予倩文化艺术中心完成提质改造，被评为全国群众体育先进单位。烟花爆竹转型升级集中区建设获全国观摩点评活动第一名，创新实施安全生产领域真抓实干激励，被评为全省安全生产和消防工作优秀单位。加强食药监管，实现食品安全“零事故”。妥善化解信访积案 300 余件，信访总量下降 34.6%。新时代县域警务、禁毒和反电诈工作持续加强，社会治安呈现平稳有序的良好态势。

（唐继武）

【社会保障】　截至 2021 年年末，浏阳市城镇职工基本养老保险参保人数 18.85 万人；城镇职工基本医疗保险参保人数 20.73 万人；失业保险参保人数 15.33 万人。城乡居民基本养老保险参保人数 82.26 万人，参保率 98%；城乡居民基本医疗保险参保人数 119.34 万人，参保率 100.54%。2021 年，新增城镇就业人员 15435 人，年末城镇登记失业率 1.01%。全市有各种提供住宿的民政服务机构 41 个，床位 5251 个。全年发放城乡居民最低生活保障经费 15736 万元，城乡居民最低生活保障人数 26930 人，城乡低保对象人均月补差标准分别为 578.7 元和 440.65 元。

（唐继武）

【乡村振兴】 2021 年，浏阳全域推进乡村振兴示范创建，改建农村公路 363.5 千米，被评为“四好农村路”全国示范县。截至 2021 年年底，浏阳市开通城乡公交线路 109 条，实现村村通，被评为城乡客运一体化省级示范县。改造农村危房 245 户，完成农村改厕 1 万座，垃圾分类实现全覆盖，建成美丽宜居村庄 275 个，入选全省“美丽宜居共同缔造”试点示范县。争当乡村振兴样板，建成美丽宜居村庄 275 个；村级集体经济收入全部超过 20 万元；脱贫攻坚成果持续巩固拓展；入选国家农业现代化示范区创建名单。11 月 11 日，全省抓党建促乡村振兴现场会在浏阳召开。（唐继武）

【南昌—长沙 1000 千伏特高压线路全线投产送电】 2021 年 12 月 26 日，南昌—长沙 1000 千伏特高压交流工程竣工投产大会以视频方式在北京市、长沙市、南昌市、武汉市 4 个城市同时举行，宣告该项目竣工投产。南昌—长沙 1000 千伏特高压交流工程，是国家“十四五”期间首个开工建设的特高压交流工程，线路全长 343 千米，其中湖南境内 114.1 千米，除 21.5 千米在长沙县外，其余 92.6 千米均在浏阳，因此该项目也是长沙市十大基础设施项目，浏阳 2021 年的重点攻坚项目。工程总投资 102 亿元，新增变电容量 1200 万千伏安，优化了江西省、湖南省主网架结构，增强外电入湘的供电支撑能力，满足湖南省日益增加的电力需求和电源结构转型的需要，为湖南省提供最大 400 万千瓦的电力支撑。（唐继武）

【浏阳市博物馆开馆】 2021 年 6 月 25 日，浏阳市博物馆新馆建成开馆，中央统战部原副部长、全国工商联原党组书记胡德平等浏阳籍革命前辈后代出席活动。浏阳市博物馆新馆位于浏阳市集里街道道吾山路和南泥湾路交汇处，建筑面积 8000 平方米，从选址、建筑设计、主体建设，到陈列内容设计、形式设计、陈列施工，正式开馆共历时 5 年。博物馆一楼以展示浏阳自然地理、古代历史、人文风俗、非遗文化为主，二楼以展示、讴歌近代为民族独立和复兴作出突出贡献的浏阳人为主。截至 2021 年 6 月，博物馆馆藏文物近 1 万件（套），珍贵文物 1000 余件（套），其中革命文物 800 余件（套）。（唐继武）

【浏阳市排名全国县域经济与县域综合发展第 8 位】 2021 年 12 月 6 日，全国县域经济专业智库社会组织——中郡研究所完成并发布《2021 县域经济与县域发展监测评价报告》，揭晓第 21 届全国县域经济与县域综合发展前 100 名县市。浏阳市位列第 8 位，较 2020 年排名第 9 位再进一位。第 21 届县域经济与县域综合发展前 100 名县市竞强争优的基本条件是“富裕绿色活力可持续 ABC”，具体是强县富民，县域经济基本竞争力强，县域相对民富指数 A 级以上；绿色发展，县域相对天蓝指数 B 级以上；可持续发展，县域地区生产总值、地方公共财政收入、投资、消费和居民收入增长率等级 C 级以上；县域发展中安全生产、社会治安、环境保护和主要领导廉政等方面没有重大负面事件信息。浏阳多项指标评价均为 A 级以上，其中经济增长率、财政收入增长率、投资增长率均为 A++，为最高级别；县域相对民富指数、县域相对天蓝指数均为 A+，为最高级别，整体继续保持中部地区的优势领先地位。2021 年前三季度，浏阳地区生产总值（GDP）比 2020 年增长 7.8%，规模工业增加值、固定资产投资、社会消费品零售总额、地方一般公共预算收入比 2020 年增长 5.9%、7.5%、20%、18.9%。1—11 月，全市新引进项目 191 个，计划投资 480.12 亿元，其中 50 亿元以上项目 3 个，10 亿元以上项目 11 个，产业链项目 142 个；222 个在建重点项目年度计划总投资 539.37 亿元，1—11 月累计完成投资 648.16 亿元，为年度计划投资的 120.17%。

（唐继武）

【浏阳农民李忠国受邀参加建党 100 周年庆祝活动】 2021 年 7 月 1 日，庆祝中国共产党成立 100 周年大会在北京天安门广场举行，“全国脱贫攻坚奋进奖”获得者——浏阳市达浒镇椒花新村达兴工艺品厂厂长李忠国作为嘉宾受邀观礼。聆听习近平总书记的重要讲话。6 月初，李忠国接到受邀到北京参加中国共产党成立 100 周年庆祝活动的通知，并于 6 月 27 日随省观礼团到达北京。在北京期间，先后随团观看庆祝中国共产党成立 100 周年大型文艺演出《伟大征程》，参观中国共产党历史展览馆。2015 年，李忠国一家被纳入建档立卡贫困户。在椒花新村驻村帮扶工作队和支村两委的鼓励和支持下，李忠国创办达浒镇达兴工艺品厂，将“非遗”工艺与现代手绘创意结合，生产销售油纸伞等手工艺品。同时，李忠国将手艺传授给 50 余户贫困户，不仅自己摘掉贫困户的帽子，还带领乡邻脱贫致富奔小康。2019 年，达兴工艺品厂实现年销售额 500 万余元，带动参与的贫困户人均年增收 1 万元以上，以一把油纸伞撑开脱贫路。2021 年上半年，油纸伞销售额实现 300 万余元。

（唐继武）

【部督“1·19”危害国家重点保护植物案】 2021 年 1 月 19 日，森林公安接群众报案称：大围山镇上坪村罗洞组境内下罗洞荒田坳山场内的9株野生红豆杉遭盗伐。森林公安迅速出警，在案发山场发现被盗伐疑似红豆杉伐桩10个，经鉴定均为国家一级保护植物——南方红豆杉，案情系特别重大。森林公安于1月22日立案，并成立专案组专案攻坚。经专案组4个月的秘密侦查，查明一个以郑某某为首，晏某某、何某某等10余人参与，组织严密、分工协作、层级清晰的犯罪团伙，该团伙长期盘踞湘赣边界，实施危害国家重点保护植物野生南方红豆杉（国家一级）和桢楠（国家二级）的犯罪行为。5月17日，专案组分8组到江西铜鼓和浏阳大围山、张坊、城区等地实施收网，14名犯罪嫌疑人落网。10月8日该案移送浏阳市人民检察院审查起诉，共破获案件11起，抓获犯罪嫌疑人19人（批准逮捕15人，取保候审4人），查明该团伙作案18次，危害国家一级保护植物南方红豆杉25株、国家二级保护植物桢楠32株，查获红豆杉原木11件、桢楠原木137件、珍贵木材家具24件，是全省近年来侦破的级别最高、数量最大的特大危害国家重点保护植物案件。

（杨　思）

【浏阳被评为“2020十大最具投资吸引力县（市）”】 2021年4月2日，由环球时报社主办的2021环球城市招商引资推介大会暨2020中国城市投资吸引力指数发布会在北京举行，浏阳被评为“2020十大最具投资吸引力县（市）”。2020年，面对新冠肺炎疫情影响的复杂环境，浏阳经济发展逆势上扬，主要指标增速稳居省、长沙市前列。在县域综合发展与县域经济基本竞争力全国百强县排名中，浏阳分别位居第9位、第11位。近年来，浏阳致力打造“营商福地看浏阳”的品牌，推进“最多跑一次”“一件事一次办”行政审批制度改革，推出优服务、提效能、降成本、保权益的具体举措，投资吸引力进一步增强。2020年全市新引进项目200个，计划投资总额超过480亿元；2021年一季度全市新引进项目46个，计划投资总额160.46亿元。

（唐继武）

【浏阳经开区（高新区）入选国家“十四五”重点支持县城产业转型升级示范园区】 2021年6月21日，国家发展改革委下发《关于产业转型升级示范区建设2020年度评估结果及下一步重点工作的通知》（以下简称《通知》），对2020年度产业转型升级示范区建设评估结果及“十四五”时期重点支持的产业转型升级示范区、县城产业转型升级示范园区等进行公布。《通知》指出，经综合评估，原则同意河北正定等20个县城依托现有开发区建设县城产业转型升级示范园区，并参照享受产业转型升级示范区支持政策。其中浏阳经开区（高新区）在国家“十四五”重点支持的县城产业转型升级示范园区名单之列，也是湖南省唯一上榜的园区。浏阳经开区创立于1997年，2012年获批国家级经开区，2020年4月原浏阳高新区并入，按照长沙市构建“一体两翼”的战略布局，建设长沙“东翼”区域性中心城市——金阳新城。截至2021年年底，园区引进培育有蓝思科技、惠科光电、尔康制药等1700余家企业，形成以电子信息、生物医药、智能装备制造为主导，以健康产业、再制造为特色的“三主两特”产业格局，同时是长沙市显示功能器件、生物医药（含基因技术）、环境治理技术及应用3条产业链的牵头园区。园区先后被评为国家新型工业化产业示范基地（电子信息类）、国家生物产业基地、国家医药出口基地、长江经济带国家级转型升级示范开发区、国家外贸转型升级基地等。2020年，园区的主特产业产值占规模工业总产值的78%，以0.76%的土地创造浏阳50%的税收，2021年“五好”（规划定位好、创新平台好、产业项目好、体制机制好、发展形象好）园区创建综合评价排名全省第一位。

（唐继武）

【《浏阳年鉴（2020）》入选“中国精品年鉴”】 2021年4月，中国地方志指导小组办公室公布第五批中国年鉴精品工程“中国精品年鉴”，《浏阳年鉴（2020）》入选，成为湖南省首部县级中国精品年鉴。《浏阳年鉴》创刊于1987年，是由中共浏阳市委、浏阳市人民政府主办，浏阳市地方志编纂室承办的年度资料性文献。《浏阳年鉴（2020）》设36个类目、189个分目、26个子目、1326个条目共1280千余字。2018年，按照中国地方志指导小组办公室《关于印发〈中国年鉴精品工程实施方案〉的通知》，浏阳市启动打造精品年鉴，《浏阳年鉴（2018）》《浏阳年鉴（2019）》分别进入一、二轮评审。《浏阳年鉴（2020）》结合争创精品年鉴以来中指组评审专家和各级意见，在《长沙年鉴》专家指导下，坚持守正创新，进一步深化争创措施，以创新为切入点，突出在谋篇布局、框架设置、分类归属、资料挖掘4个方面创新，全力打造中国精品年鉴。

（唐继武）

宁乡市

【概况】 2021年，宁乡辖21个镇、4个乡、4个街道，215个村、63个社区。全市总面积2906平方千米。2021年年末，全市户籍人口141.54万人，实有人口（包括户籍人口和流动人口）157.71万人。人口出生率6.98‰，死亡率9.38‰，人口自然下降率2.4‰。年内最高气温39.5℃，最低气温-4.5℃；年降水量1299.8毫米。森林覆盖率48.79%，水质综合达标率100%，空气质量优良率94.2%。

地区生产总值1167.02亿元，比2020年增长7.3%。其中，第一产业增加值131.29亿元，增长9.5%；第二产业增加值492.99亿元，增长6.2%；第三产业增加值542.73亿元，增长7.6%。三次产业结构调整为11.3 ∶ 42.2 ∶ 46.5，工业增加值占GDP的比重为37.8%；第一、二、三产业对经济增长的贡献率为16%、34.9%和49.1%，分别拉动GDP增长1.2个、2.5个和3.6个百分点。第21届县域经济基本竞争力排名前移3位，居全国百强第18位，中部第3位；县域经济与县域综合发展排名前移1位，居第15位。全年城乡居民人均可支配收入43992元，比2020年增长8.7%。城镇居民人均可支配收入52690元，增长7.2%。农村居民人均可支配收入34788元，增长10.2%。

农林牧渔业总产值225.58亿元，比2020年增长10.7%。其中，农业产值130.17亿元，增长4%；林业产值7.61亿元，增长8.1%；牧业产值66.95亿元，增长22.9%；渔业产值7.24亿元，增长5.8%；农林牧渔服务业产值13.62亿元，增长7.3%。粮食种植面积106.5千公顷，比2020年增长1.2%，其中稻谷播种面积100.39千公顷，增长1.3%；蔬菜种植面积47.23千公顷，增长3.4%；烟叶种植面积2.55千公顷，增长3.2%。粮食总产量72.92万吨，比2020年增长3.8%；烟叶0.53万吨，增长3%；蔬菜167.33万吨，增长3.4%；出栏肉猪127.93万头，增长32.4%；出笼家禽2778万羽，增长24.1%。

工业增加值比2020年增长6.9%，其中规模以上工业增加值增长8.5%。在规模以上工业中，采矿业增长4.1%，制造业增长8.5%，电力、热力、燃气及水生产和供应业增长7.1%。园区（三区五园）规模以上工业产值占全部规模工业的89.9%，增加值占全部规模工业的89.8%。食品加工、储能材料、智能终端、装备制造、新材料、孕婴童及时尚鞋服六大主导产业产值占全部规模工业比重86.4%，增加值占全部规模工业比重88.3%。全市规模工业实现主营业务收入1435.86亿元，比2020年增长6.4%；利润总额102.59亿元，下降3.3%，利税总额132.94亿元，下降4.7%。全年建筑业增加值51.48亿元，比2020年增长1%。55家具有资质等级的总承包和专业承包建筑业企业实现总产值143.98亿元，增长23.2%；房屋建筑施工面积806.33万平方米，下降22.4%；竣工面积106.7万平方米，下降44.4%。

社会消费品零售总额489.44亿元，比2020年增长15.3%。

全年接待海内外游客1039.5万人次，实现旅游收入88.36亿元。全年房地产开发投资比2020年增长17.7%，占全部投资比重14.5%；商品房销售面积171.13万平方米，下降20.9%。全年完成邮政行业业务总量3.38亿元，比2020年增长25.7%；完成电信业务总量2.13亿元，增长13.9%。年末全市电话用户总数130.15万户，其中移动电话用户124.45万户。固定互联网宽带接入用户38.79万户，比2020年增长11.1%。

固定资产投资比2020年增长8.3%。其中，工业投资增长5.3%，占全部投资比重47.2%；工业技改投资增长11.3%，占全部投资比重39.2%。

2021年，宁乡创建湖南省全域旅游示范区，被评为2021年全国旅游百强县；获全国营商环境百强县第24名；被评为中国智慧城市百佳县市，主动审批大数据服务平台获中国数字政府数字治理十佳典型案例及长沙市首届智慧城市典型应用和解决方案“十大典型应用案例”；深化“放管服”和“一件事一次办”改革连续4年获省政府真抓实干督查激励；被评为全省首批法治政府创建示范市；宁乡花猪获2021年湖南省“一县一特”农产品优秀品牌；宁乡栀子和五里堆香干被评为国家地理标志。宁乡高新区创新发展绩效评价连续3年居省级高新区第一名，被评为五星级国家新型工业化产业示范基地。陈家桥村入选全国乡村治理示范村。综治民调近十年首次排名长沙第一位，创建省级信访“三无”县（市、区），被评为长沙市唯一的全国信访工作示范县（市、区）。

【城区建设】 2021年，宁乡市东进融城全面推进。金洲新城初步完成战略规划编制，纳入长沙市重点建设的

表63　2021年宁乡市主要经济指标与2020年比较统计表

指标名称	地区生产总值（亿元）	农林牧渔业总产值（亿元）	社会消费品零售总额（亿元）	一般公共预算收入（亿元）	公共财政预算支出（亿元）	人均可支配收入（元）	
						城镇居民	农村居民
2020年	1105.92	224.45	424.4	88.8	111.37	49151	31568
2021年	1167.02	225.58	489.44	103.97	120.59	52690	34788
2021年比2020年增长（%）	7.3	10.7	15.3	17.1	7.9	7.2	10.2

（资料来源：宁乡市地方志编纂室）

“三大”产业功能片区。渝长厦高铁和宁韶高速（宁乡段）加速推进，金唐公路二期、黄龙公路、五巷公路等6条干线公路建成通车。长宁磁浮快线纳入《长株潭都市圈多层次轨道交通建设规划》项目库并上报国家发展改革委；长吉高速（宁乡段）完成预工可编制；大坝塘水库完成可研报告初稿；生活垃圾焚烧发电项目完成前期工作；“一江两岸”沿线征拆基本完成。城市功能不断完善。城区建成区面积扩展至70.88平方千米，宁乡成为全省建成区面积最大的县级城市。沙河桥、汽车桥维修加固，建成金全路、东城大道等城区道路4条。城乡排水一体化项目加快推进，直饮水建设经验成为全省典型。首座500千伏安宁变投产送电。新建燃气管道25.3千米、5G基站1244个。52个老旧小区提质改造，筹集保障性租赁住房3408套。建成楼台山等城市公园3个。依法拆除违建12.6万平方米，清零征拆项目30个、腾地262.43公顷。

【社会事业】 2021年，宁乡市落实“双减”（减轻义务教育阶段学生作业负担和校外培训负担）政策，创新推进“五课堂”（“小红花”思政课堂、“小才子”美育课堂、“小健将”体育与健康课堂、“小能手”创新探究实践课堂、“小帮手”劳动综合实践课堂）建设，新（改）建学校6所，完成农村集镇寄宿制学校提质等项目113个，新增学位6060个。基本药物实现全网采购。人民医院流沙河分院、中医医院巷子口分院建成运营；夏铎铺镇纳入国家健康乡镇试点；举办建党百周年系列文艺活动和首届“市长文艺奖”评选，《永远的叔衡》获田汉音乐奖、表演奖。炭河里青铜王国成为全省首个考古研学项目。建成村（社区）综合文化服务中心25个、智慧健身中心17个。社会治理创新实践。坚持和发展新时代“枫桥经验”，基层民主协商对话、行业协会、社会贤达、志愿者等作用积极发挥，开展“四联五到位”［四联：市领导联乡镇（街道）、相关市领导和部门单位负责人联村（社区）、乡镇（街道）干部联组（网格）、党员干部和社会贤达联户；五到位：政策法规宣传到位、社情民意了解到位、群众诉求收集到位、矛盾纠纷化解到位、镇村履职监督到位］民情大走访，累计解决群众身边问题2万余件。处置房地产历史遗留问题32件。实施“十个一律”（工作职责一律严明、工作底数一律严排、重点对象一律严管、隐患路段一律严治、违法违规一律严处、重点车辆一律严查、主要路口一律严守、宣传教育一律严抓、工作情况一律严督、事故发生一律严究）治安举措，实施防疫与安全生产“敲门入户全覆盖”行动，道路交通安全风险隐患协同共治新模式获全省县域警务优秀创新项目，全市道路交通事故起数、死亡人数分别下降24.22%、22.89%。完成5批次包机接待新冠肺炎疫情防控任务，12岁及以上人群疫苗全程接种率97.59%。市工商联被评为全国“五好”县级工商联。扫黑除恶、双拥等工作居长沙前列，被评为全省平安建设年度考核评估先进县（市区）、食品安全工作先进单位。

【社会保障】 2021年，宁乡市参加城镇职工基本养老保险人数20.31万人，参加城乡居民基本养老保险人数77.49万人；参加城镇职工基本医疗保险人数18.04万人，参加城乡居民基本医疗保险人数106.97万人；参加失业保险人数8.67万人，领取失业保险金人数0.32万人；参加工伤保险人数13.62万人；参加生育保险人数12.9万人。年末全市有920人享受城市居民最低生活保障，18366人享受农村居民最低生活保障，10059人享受农村特困人员救助供养，全年临时救助4860人次。

【乡村振兴】 2021年，宁乡市农产品加工业实现总产值552亿元。新增新型职业农民806人、农民合作社92家、家庭农场136家。建成高标准农田5353.33公顷。除险加固小型水库4座、小型水闸26座，整治山塘183口。主要农作物综合机械化水平提升至82.4%。动物疫病防控工作获省、市考核优秀。被评为湖南省农产品质量安全县。人居环境持续改善。接续实施农村人居环境整治提升五年行动，新增农村公厕40座、改厕4280座；打造市级美丽幸福河流3条、小微水体示范片区5处；新（改）建农村公路789千米，加固危桥20座；发挥“四会一约”作用，文明乡风持续涵养，新增市级乡村治理示范镇3个、示范村15个，青山桥镇、双凫铺镇被评为省卫生镇，大成桥镇被评为省文明镇。集体经济提质增量。常态化动态监测帮扶易返致贫人口，提供公益性岗位1878个，全年未发生返贫致贫现象，对口帮扶龙山县咱果乡工作。发展“五型”（土地合作型、资源开发型、物业经营型、文旅融合型和乡村服务型村级集体经济）村级集体经济，108个村（社区）被评为2021年省级乡村振兴示范村；全市240个农村（社区）年集体经济收入均达20万元（经营性收入5万元）以上。

【产业项目】 2021年，宁乡市优势产业不断壮大。工程机械产业链实现产值457亿元，三一重起产值190亿元；储能材料产业链实现产值393亿元，增长120.9%，占全省产值份额近60%；智能家电智能硬件产业链实现产值107亿元，增长38.3%，全国首个智能家电产业小镇建成运营。食品及农产品产业集群实现产值179亿元，华润怡宝、康师傅等11个项目增资扩产。全市产值、税收实现倍增的工业企业分别达34家、85家，三一重起、格力暖通、楚天科技、邦普循环、华润怡宝、中伟新能源、巴斯夫杉杉、星邦智能8家企业税收过亿元；新增规模以上工业企业44家、国家专精特新小巨人企业6家、国家级

2021年12月28日，星邦智能二期数字工厂被工信部评为2021年度智能制造试点示范工厂。图为星邦智能厂房　　宁乡市地方志编纂室　供图

绿色工厂3家；星邦智能、楚天科技被评为国家智能制造示范工厂。园区新引进产业项目176个，其中投资10亿元以上工业项目11个，“三类500强”项目6个。邦普循环六期七期、星城石墨二期、美妆谷、斗禾科技等211个项目加快建设，比亚迪动力电池一期、楚天科技中央工厂、格力晶弘冰箱、二　重起等141个项目建成投产。2021年宁乡经开区、宁乡高新区产值合计1430亿元，制造业占全市GDP比重38%。宁乡经开区蝉联“中国先进制造业百强园区”。宁乡高新区创新发展绩效评价连续3年居省级高新区第一位，被评为五星级国家新型工业化产业示范基地。国家创新型县（市）创建工作全面启动。新认定高新技术企业122家，完成R&D（研究与试验发展）投入32亿元、技术合同成交额30.86亿元，转化科技成果300项，新增发明专利365件，微纳坤宸获全市首件中国专利银奖。新增省、市企业技术中心10家。宁乡农科园获评全国优秀园区。

【道林古镇“千年铁魂·湖南人”景区开园】 2021年9月28日，道林古镇“千年铁魂·湖南人”景区开园。宁乡经开区党工委书记、市委书记于新凡宣布景区开园，市委副书记、代市长黄滔致辞；市委副书记、统战部部长沈光向长沙、株洲、湘潭、娄底、益阳等地旅行社代表授旗。道林古镇“千年铁魂·湖南人”景区占地面积约92公顷，核心景区包含演艺景区、商业街和开心农场三大板块，其中商业街区和开心农场为开放式运营景区，演艺景区为封闭式收费景区。演艺景区以“1+6+N”的模式打造实景演艺剧目集群，通过夜间实景沉浸式大剧、舞台剧、室内小微剧、室外巡游、水上演出等多种表演形式演绎中国三千年冶铁文化和湖南地方传统文化。“1”为主题剧目《千年铁魂·湖南人》，主打节目为国家级非物质文化遗产“打铁花”，是一场由农民编、农民导、农民演的大型山水实景剧，与沉浸式舞台完美融合。“6”为6台小演艺（《站台》《候车大厅》《陈氏家风》《衙门断案》《老娘天生爱吃醋》《古人归来》），演出时间为白天，则由一个个人物形象细致地勾勒演绎出“心忧天下、敢为人先、经世致用”的湖南人。“N”是不定时巡演，如《八门演出》《武术表演》《婚俗巡演》《花鼓戏》《湖南人农村走秀》《八音会》等。开心农场风景优美，可乘坐小火车和牛车穿梭于稻田、荷塘之间。道林古镇“千年铁魂·湖南人”景区集冶炼文化、湖湘文化、乡土文化和创新创意于一体，用舞台呈现精彩、用铁花绽放光芒，向世人展现历史与现代交相辉映、传统与时尚完美融合。

【宁乡栀子和五里堆香干入选国家地理标志】 2021年4月，经中国绿色食品发展中心审查和组织专家评审，宁乡

2021年9月28日，道林古镇“千年铁魂·湖南人”景区开园。图为主题剧目《千年铁魂·湖南人》图片，该主打节目为国家级非物质文化遗产“打铁花”　宁乡市地方志编纂室　供图

栀子符合《农产品地理标志管理办法》规定的登记保护条件，农业农村部拟准予登记，依法实施保护。宁乡栀子种植及药用历史超200年，宁乡栀子花果兼用，色香俱全，四季常青。20世纪70年代，商务部给宁乡颁发“栀子之乡”称号，20世纪80年代，宁乡栀子被列入国家药典的地标性药物。宁乡栀子的主产区喻家坳乡位于湘中丘陵地带，海拔50~200米，坡缓、谷宽，土壤为红壤，2021年全乡种植面积约66.67公顷，乡域居民房前屋后种植的栀子100万株。其栀子苷含量5.05%，超于国家规定的1.8%标准，除高药用价值外，栀子花也是当地的一道广受喜爱的民间传统美食。11月，口感独特、咸香爽口、口感嫩滑的宁乡五里堆香干入选国家地理标志。宁乡五里堆香干含有大量的蛋白质和其他营养物质，是一道老少皆宜的宁乡地方特色家常菜。至此，宁乡市拥有沩山毛尖、宁乡花猪、宁乡栀子、五里堆香干4个国家地理标志农产品。

【中共宁党支部陈列馆揭牌开馆】 2021年7月7日，位于宁乡市玉潭街道梅花中学校区的中共宁党支部陈列馆开馆。1925年2月，中国共产党宁乡县第一个支部在宁乡甲种师范讲习所（简称“甲师”，宁乡师范的前身，后改为玉潭街道梅花中学）成立，代号为“宁党”，意为宁乡的觉醒，直属中共湘区执行委员会领导。中共湘区执行委员会书记李维汉出席宁党支部的成立大会，指导支部的建立。作为湖南省最早建立的党组织之一，宁党支部的成立，标志着宁乡建党的开始，为中共宁乡地方组织的成长、发展、壮大开辟源头、奠定基础。中共宁党支部陈列馆是宁乡结合党史学习教育主题，深挖本地红色资源，在中共宁党支部成立旧址打造的展示宁党支部红色记忆的专题展馆。陈列馆分为“中共宁党支部成立的时代背景”“中共宁党支部的成立发展”“中华人民共和国成立前宁乡党组织的发展历程”“宁乡党组织的早期革命活动”“中华人民共和国成立前宁乡党组织领导的五次重大革命斗争”5个篇章，通过图片、文字、实物相结合，辅以场景还原、视频声像等方式，生动展示宁党支部的建立发展与重大意义，阐述宁乡党组织的艰难曲折与辉煌成就，反映宁乡人的红色基因、斗争精神，是激励宁乡人民奋勇前行的精神丰碑，是宁乡党史学习教育的新地标。

【宁乡智慧城市运营管理中心项目获全国一等奖】 2021年11月19日，在国家信息中心主办的第一届中国新型智慧城市建设峰会举行第一届中国新型智慧城市创新应用大赛颁奖仪式。宁乡市智慧城市运营管理中心获第一届中国新型智慧城市创新应用大赛优政赛道一等奖，是湖南省唯一获一等奖的县（市）。2021年，宁乡加强智慧城市建设。围绕数字政府建设，不断优化行政审批服务平台能力。开发无证明系统，沉淀证明材料71352份、累计办理审批业务7572件；极简审批，依申请事项主动办老年优待证就近办证25108本，城乡居民养老保险主动发放8473人次，高龄津贴发放7910人次；开发“一件事联办系统”，出生一件事办理9877件，身后一件事办理9091件，入学一件事办理61243件，二手车过户一件事办理266件，退休一件事办理28件，二手房水电气过户一件事办理23件。行政审批服务平台推送158万件办件数据至长沙市共享平台汇聚。优化提升政府门户网站建设，新增住房服务、社保服务、数据开放平台、问答知识库等专题板块。统筹电子公文系统、视频会议系统、无纸化办公系统、会议通知系统等数字政府应用建设，举办视频会议327场次、无纸化会议34次、电子公文发文万余次。开发各类便民应用，以“智慧宁乡”App和微信公众号为载体，开发教育微信报名缴费、公交电子站牌、公交扫码支付等应用60余项，构建全方位公共服务惠民体系。建设旅游大数据平台，推进运营商游客数据、网络舆情监测、气象服务数据、“12345”投拆咨询信息，智慧旅游视频监控等数据对接、建模和分析。

【宁乡被评为全省首批法治政府创建示范市】 2021年5月8日，湖南省委依法治省委员会办公室公布第一批全省法治政府创建示范地区（单位）和项目名单，宁乡被评为全省首批法治政府创建示范市。2019年，宁乡设立市委全面依法治市委员会，加强对法治政府建设的领导，抓好学习宣传，强化法治督察，统筹全面依法治市重大问题的研究落实，推动高质量发展和治理体系、治理能力现代化，推进全面依法治国在宁乡的新实践，转变政府职能，优化营商环境，健全政府决策程序，理顺执法体制，完善监督体系，依法化解社会矛盾，狠抓学法用法。至2021年，宁乡市搭建依法治市工作体系和平台，建立市乡村三级全覆盖的法律顾问制度，公共法律服务建成覆盖全市村（社区）的公共法律服务实体平台和网络平台，行政执法制度不断强化，多元解纷机制不断健全，“全民普法”格局逐步形成，依法治市工作取得明显成效。

（本栏撰稿　高　丽）

人　物

PERSONAGES

编辑　吴丫丫

“全国五一劳动奖章”获得者

【黄　斌】　1977年5月出生，中共党员，本科学历，中小学正高级教师，长沙麓山国际实验小学校长、党总支副书记。长沙市少工委副主任（兼），湖南省青年联合会第九届、第十届委员，第十一届常委，湖南师范大学硕士研究生导师，长沙市名校长，湖南省第十二次党代会代表。2021年获“全国五一劳动奖章”。黄斌坚持育人为本的办学理念，坚守教育的初心与理想，担任麓山国际实验小学校长，坚持科学治校，以课程立校，各学科改革与时俱进，开拓创新。倡导“办一所有温度的学校”“做一名有情怀的老师”“让每一个孩子都站在舞台中央”，已成为学校的文化与育人理念。学校先后获“全国文明校园”“全国青年文明号”“全国优秀少先队集体”“全国五四红旗团支部”“全国群众体育先进单位”“湖南省五一劳动奖状”“湖南省职工职业道德标兵单位”“湖南省青年文明号”“湖南省五四红旗团支部”“湖南省五星级红领巾示范学校”“长沙市未来学校”等多项荣誉称号，是全国少工委“少先队改革直接联系示范单位”，获教育部命名“全国中小学中华优秀文化艺术传承学校”“全国青少年校园足球特色学校”“全国青少年篮球特色学校”“全国攀岩特色学校”等。个人先后获“全国青少年校园足球优秀特色学校校长”“全国优秀共青团干部”“湖南省青年五四奖章”“长沙市先进工作者”等多项荣誉。

【贾志光】　1977年11月出生，群众，中专学历，楚天科技股份有限公司生物工程制造部高级焊工，2021年获“全国五一劳动奖章”。他1998年开始从事焊接工作，有20余年焊接经验和技术积累，在医药装备焊接生产中任劳任怨、一丝不苟。凭借精湛的技能和丰富的经验，在紧急项目中仅用3天时间就完成6天的工作量，保障最好的焊接品质，设备试压时无一处渗漏。由楚天科技技能大师工作室主导、贾志光为主试制的箱体夹套焊接工艺改善项目，用MAG焊代替传统的手工电弧焊，可节省30%的时间和成本。在疫情下，主动请缨到国外进行项目现场安装调试，保障境外项目的交期。除焊接生产，他还积极投身焊接人才培养，多年来在楚天科技焊工实训基地、青年技术骨干焊工特训班和宁乡市职业中专等企业内外部焊接培训机构担任培训师，为企业和社会培养一批焊接人才。他在历年各级焊接技能竞赛中成绩优异，获2015年湖南省职工技能大赛焊接项目第六名，2018年在长沙市“十行状元　百优工匠”竞赛中获焊接项目第一名，并被授予“长沙市技术能手”称号，获“长沙市五一劳动奖章”，2019年4月获“湖南省五一劳动奖章”，2021年4月获“全国五一劳动奖章”，2021年11月和徒弟被评为长沙高技能领军人才、劳模工匠“优秀师徒”。

【李新宇】　1965年8月出生，中共党员，本科学历，拓维信息系统股份有限公司创始人、董事长，湖南湘江鲲鹏信息科技有限责任公司董事长。政协湖南省第十一届委员会委员，中宣部“四个一批”文化技术专家，湘籍移动互联网企业家联盟——湖湘汇联合创始人、秘书长，长沙移动互联网产业链智库专家，长沙市软件和信息技术服务业促进会会长。2021年获“全国五一劳动奖章”。他主动承担企业社会责任，不断用自己的实际行动回报社会，打造最具社会责任感的企业。1996年，李新宇在长沙创办拓维信息，从成立之初就立志要成为一家不断创新的科技公司。作为一家在长沙本土成长起来的企业，拓维信息在他的带领下不断创新、开拓未来，2008年在深交所上市，成立25年以来多次获中国互联网企业百强、国家重点软件企业等重大荣誉。在把企业做大做强的同时，他协助政府推动湖南省移动互联网产业的打造与聚集。在面对美国“卡脖子”带来的行业巨变时，他带领拓维信息抓住机会，协助政府与华为构建战略合作，并在湖南落地鲲鹏计算产业，使湖南成为全国唯一一个在国产芯片领域同时拥有鲲鹏体系与“PK”体系的省份，成为华为全国首个“硬件＋软件”鲲鹏生态基地。2020年1月9日，湖南省政府与华为公司签署战略合作协议，推进鲲鹏产业发展，作为湖南省重点项目，“湘江鲲鹏”在他的带领下，新冠肺炎疫情期间仅用120天的时间完成鲲鹏产业园建设，保障第一台“湖南造”服务器如期下线。在国家“新基建”和湖南省实施“三高四新”战略的时期，李新宇勇担责任、奋勇争先，为持续推动湖南计算机产业发展做出贡献。

【万爱军】　1975年7月出生，本科学历，高级技师，中级工程师，广汽三菱汽车有限公司整车品质部解析技术员。2021年获“全国五一劳动奖章”。参加工作20余年来，他一直从事现场技术工作，在多年一线工作实践中，积累专业知识和精湛的专业技术。他常深入车间现场，改进工艺流程，解决“疑难杂症”，攻克技术难关，参与品质改善活动，参加省、市级劳动技能竞赛，取得优秀成绩。2016年获全国QC质量管理小组国优奖，2018年获广汽集团IGA活动金奖。获2016年长沙市汽车维修工职业技能竞赛第一名；获湖南省“十行状元，百优工匠”（汽车修理工）竞赛第二名；2017年，被《中国汽车报》评选为“2016年度中国汽车业十大工匠”，获“湖南省五一劳动奖章”，被评为湖南省技术能手。他不但自己在省、市级竞赛中取得优异的成绩，而且不遗余力地指导公司员工积极备战各类技能竞赛赛事。在他的带领下，团队在广汽集团和长沙市技能竞赛中取得优异成绩。被授予2019年广汽三菱优秀“明星师徒”称号，被授予2020年长沙市高新技能领军人才、劳动工匠师徒结对活动优秀师徒称号。

【张学武】　1974年8月出生，民革党员，本科学历，盐津铺子食品股份有限公司董事长、总经理。第十三届全国人大代表、全国工商联第十二届执委，湖南省工商联副主席。曾被评为“湖南省发展非公有制经济和中小企业先进个人”“长沙市农业劳动模范”“湖南省抗击新冠肺炎疫情先进个人”。2021年获“全国五一劳动奖章”。他引领盐津铺子由传统食品制造向智能制造和数字化全面转型，进入高质量发展快车道。近3年，公司主营业务收入年均复合增长率逾35%，净利润增长率逾50%，净资产收益率逾20%，成为休闲食品上市企业中综合增速最快的现代食品企业。先后被认定为农业产业化国家重点龙头企业、国家高新技术企业、国家绿色工厂国家扶贫就业基地，为社会提供5000余个就业岗位，累计纳税近10亿元。他加速全产业链布局，打造食品产业生态平台，将供应商、经销商、研发机构、设计公司、咨询服务机构等串联起来，形成产业生态圈内“上中下游”协同发展新格局。他主动担当社会责任，相继捐赠数千万元钱物支持科学教育、社会公益和慈善事业。2020年，面对突如其来的新冠肺炎疫情，他紧急启动应急预案，累计捐赠400万余元的紧缺医用物资和食品为抗击新冠肺炎疫情做出贡献；2021年，捐赠资金和物品126万元。

【周志国】　1978年6月出生，湖南涟源人，中共党员，硕士研究生学历，主任医师，长沙市第一医院呼吸内科副主任。湖南省第十二届党代表。2021年获“全国五一劳动奖章”。作为长沙市公共卫生救治中心新冠肺炎隔离病区现场救治专家组组长和医疗总负责人，他从2020年1月17日第一批进入隔离病区收治湖南省第一例新冠肺炎患者开始，到239名确诊病人全部清零，再到收治包机归国人员排查和阳性无症状感染者，在一线坚守90天。他始终秉承“生命至上”的原则，2月初率先总结新冠肺炎救治的长沙经验，并制定长沙市新冠肺炎救治的“专家共识”，发表新冠SCI和北大中文核心论文30篇，其中IF最高18.18和13.5，得到国家督导组和省级专家组的认同，在全国进行推广，向国家贡献湖南的智慧和力量。长沙市公共卫生救治中心的救治成功率99.26%，即使是一位肺损伤80%、多器官衰竭，省外院士等专家会诊都认为救不过来的病人，通过采取人工肺、康复者血浆、干细胞疗法等多种治疗手段，最终康复出院。1月17日至3月14日，短短的58天时间，长沙承担全省1/4的新冠确诊患者救治任务，最终实现“在院确诊病例清零、医务人员零感染、院内零交叉感染”3个目标，完成党和政府交给的任务，长沙市第一医院被评为全国抗击新冠肺炎疫情先进集体，周志国被评为“第六届长沙市道德模范”、“湖南省抗击新冠肺炎疫情先进个人”、全国“白求恩式好医生”、“湖南好人”、“长沙好人”等。

（本栏撰稿　陈劲飞）

第八届全国道德模范

【刘习明】　1959年4月出生，湖南汉寿人，研究生学历，中国民主促进会会员，长沙生殖医学医院院长，中国中西医结合治疗不孕症的首批拓荒者之一、生殖医学学科带头人。先后被评为“全国最美志愿者”“中国好人”“全国文明家庭”“全国劳动模范”“全国百姓放心示范医院优秀管理者”“中国优秀医院院长”“湖南省诚实守信道德模范提名奖”“湖南省百名最美扶贫人物”“湖南百位诚信人物”等。2020年11月24日，作为代表出席“全国劳动模范和先进工作者表彰大会”，习近平总书记等中央领导为劳模代表颁奖。2021年11月5日，第八届全国道德模范颁奖仪式在北京举行，刘习明被授予第八届全国道德模范荣誉称号，刘习明从医40年，研究和治疗不孕症30余年，1995年创建长沙生殖医学医院，打造中医中药、康复理疗、西医手术、宫（腹）腔镜微创手术、人工授精、试管婴儿的不孕症治疗体系，为近3万余个不孕症家庭送去拥有孩子的欢乐，为家庭稳定、社会和谐和民族健康繁衍做出贡献。刘习明医院重视医风医德建设，注重诚实守信职业道德教育。医院建立党支部、工会、团总支、妇联等组织，设立道德讲坛定期授课，健全和完善制度体系，营造风清气正的良好环境，确保全体医务人员以优良的医德医风服务于患者群众。为最大限度地减轻患者的经济负担，能不住院的尽量不住院，必须住院的也只收必要的住院治疗费。对于无法治愈的患者，医院绝对不让他多花一分钱做无谓的治疗。每年，医院都有一些无法治愈的患者，没花一分钱就被劝回去了。有千余名报喜患者为刘习明送来感谢锦旗，2000余封患者寄、送来感谢信。刘习明积极履行社会责任，热心公益事业，尽自己的力量回馈社会。27年来爱心捐款总额1830万余元。

（本栏撰稿　黄喜成）

中国青年志愿者优秀个人奖获得者

【汤俊杰】　1985年6月出生，中共党员，长沙市天心区新村阳光志愿服务中心主任。他是一名双下肢穿假肢的肢体残疾人，关注“小家”，心系“大家”。除照顾自家6口残疾人之外，时刻不忘自己是一名共产党员，尽自己的能力把爱传递给他人，为感恩党和政府对自己困难时期的关心关爱，他主动请缨连续8年志愿加入到抗洪抢险队伍，利用自己的驾驶技能，负责转移居民到安全地点；多年来坚持义务献血2次；2017年10月17日，在南托街道融城社区买蛋糕时“见义勇为”勇救煤气中毒群众；2020年新冠肺炎疫情期间，连续60个小时没睡觉，购买并捐赠1.6万个口罩，捐赠蔬菜2500余千克，带动近百人参与常态化疫情防控；在2021年5月14日中宣部组织的中外记者见面会上，他向中外记者介绍和分享自己的志愿服务体会，多次登上央媒等媒体，让志愿服务的事迹得以广泛宣传。先后被评为“中国好人”和长沙市第六届道德模范、湖南省优秀共产党员、湖南省最美文明实践志愿者等。2021年12月，获第十三届中国青年志愿者优秀个人奖。

（本栏撰稿　高沩锋）

中国工程院院士

【柏连阳】　1967年12月出生，湖南祁阳人，博士研究生学历，教授，中共党员，湖南省农科院党委书记、副院长。他致力于杂草科学研究，是“杂草生物学及安全防控”湖南省重点实验室主任、农业农村部“农田杂草安全高效防控创新团队”带头人。他解析种草抗草甘膦机理和成灾机制等科学问题，研发系列多记标除草剂和植物源安全剂，研创高活性低成本一次性化学除草、杂草抗药性监测治理绿色控草等关键技术，构建农田杂草可持续治理技术体系。曾获发明专利18件，在国内外学术刊物发表论文246篇，出版著作5部，以第一完成人获国家科学技术进步二等奖2项、省部科技奖励一等奖4项。2021年11月18日，两院院士增选结果中，柏连阳当选为中国工程院院士。

（苏　洁）

【单　杨】　1963年2月出生，湖南攸县人，博士研究生学历，工学博士，研究员，中共党员，湖南省农业科学院党委副书记、院长。他主要从事柑橘等果蔬贮藏加工与综合利用基础理论关键技术研究和工程科技应用与推广，创立连续、清洁和标准化加工技术及基础研究，构建资源高效高值综合利用技术及基础研究，创新开发加工原料绿色购（冻）藏技术及配套设施，是国家“万人计划”科技创新领军人才和农业农村部“科研杰出人才”。他以第一完成人获国家科技进步二等奖2项、中国工程院光华工程科技奖和湖南光召科技奖各1项、湖南省技术发明一等奖1项、湖南省科技进步一等奖2项。2021年11月18日，两院院士增选结果中，单杨当选为中国工程院院士。

（苏　洁）

【吴义强】　1967年7月出生，河南省固始县人，研究生学历，博士学位，教授，中共党员，中南林业科技大学党委副书记。1991年毕业于中南林业科技大学木材机械加工专业并留校任教，是教育部“长江学者”特聘教授、国务院学位委员会林业工程学科评议组成员、教育部林业工程教指委副主任委员。他主持国家自然科学基金重大项目课题、重点和面上项目、国家科技支撑计划、湖南省科技重大专项等20余项，发表重要学术期刊论文300余篇，出版《农林剩余物人造板低碳制造理论与技术》等中、英文专著8部，授权国内外发明专利65件。作为第一完成人率领科研团队研发的无烟不燃木基复合材料制造关键技术和农林剩余物功能人造板低碳制造关键技术与产业化分别获2010年度和2018年度国家科技进步二等奖。获全国创新争先奖1项、国家教学成果二等奖1项。他长期致力于木竹、秸秆资源高效利用与人造板绿色低碳制造领域的科研与教学工作。首次提出“木质细胞瞬间皱缩及最大瞬间皱缩理论”及“木质材料阻燃抑烟功能叠加耦合理论”，突破人造板绿色低碳制造、防火防水功能化及秸秆资源材料化利用等重大共性关键技术与装备，为推动中国木竹加工产业结构调整、转型升级与行业科技进步做出贡献。2021年11月18日，两院院士增选结果中，吴义强当选为中国工程院院士。

（吴丫丫）

立功军人名录

【欧阳威】　1974年9月出生，浏阳市达浒镇长丰村鹿角组人，中国人民解放军海军某部队飞行员。1993年12月入伍，毕业于中国人民解放军海军飞行学院。历任战士、班长、参谋、空中引导员、空中指挥长，被评为优秀参谋、优秀基层军官。曾立二等功2次、三等功1次。2021年，因其执行部队工作任务成绩突出，个人再次立二等功一次。

【徐　虎】　1980年7月出生，坪塘街道莲花山村庙山坡组人，1998年12月入伍，2001年入伍，现服役于中国人民解放军空军某基地。在部队苦练机载设备专业本领，成为部队专业技术骨干，多次执行部队的奥运空中安保等重大任务，参加空军组织的“机务尖兵—2015”比武竞赛获机载设备专业第三名，获首届全军优秀士官人才奖，立三等功2次。由于个人专业技术过硬保障飞行安全满18年，2021年立二等功。

【唐　勇】　1980年7月出生，户籍地黑龙江齐齐哈尔，现家庭地址在长沙市岳麓区。1997年入伍，在部队他业务精湛，排除战机故障上千次，保障飞行任务上百次；他认真负责，总是在空军各类演习演练中完成上级赋予的各项任务，得到上级领导和同志们的一致好评。2021年在飞行训练任务中功绩显著，立二等功。

【李海斌】 1979年3月出生，岳麓区雨敞坪镇泉宏村人，1998年9月入伍，在某部队担任后勤保障工作，开展技术人才培养，积极探索学术问题，发表论文近20篇，获优秀论文3篇，参与科研项目9个，“三小”革新成果6个，在1997年度和2020年度工作中，表现突出，先后2次立二等功。

【田 凌】 1991年9月出生，湖南长沙人，研究生学历，中共党员，2014年6月入伍，任武警常德支队执勤三大队临澧中队上尉政治指导员。中队党支部连续5年被总队表彰为“先进基层党组织”，中队连续15年被总队表彰为“基层建设先进中队”，多次被总队表彰为“执勤标兵中队”，连续2年被总部表彰为“基层建设标兵中队”，2020年被支队表彰为“四铁”先进单位，先后立集体二等功1次、集体三等功1次。

【邓友明】 1983年11月出生，长沙市宁乡市老粮仓镇双藕村人，某部工程师。技术功底扎实，业务水平精湛，工作能力强。2020年武汉疫情期间，他克服困难坚守岗位，完成某重大任务，发挥关键作用。功绩显著，有重要贡献，被表彰为“四有革命军人”，2021年立个人二等功。

【欧 伟】 1981年7月出生，宁乡市双凫铺镇双凫铺社区人，现任某部队专业技术上校工程师。他先后多次参加“纪念中国人民抗日战争暨世界反法西斯战争胜利70周年”大阅兵、“国际航空飞镖”等重大演习演练任务，多次被评为“优秀共产党员”“优秀基层干部”“六无达标活动先进个人”，2007年因工作表现突出立三等功，2021年因安全保障飞行时间满1200小时立二等功。

（本栏撰稿 魏珉子）

逝世人物

【袁隆平】 1930年9月出生，江西省德安县人。2021年5月22日，“共和国勋章”获得者、中国工程院院士、国家杂交水稻工程技术研究中心原主任、袁隆平农业高科技股份有限公司名誉董事长袁隆平在长沙逝世，享年91岁。袁隆平一生致力于杂交水稻技术的研究、应用与推广，为杂交水稻事业的发展倾注了毕生心血，在生命的最后时刻仍在组织推进杂交水稻高产技术攻关，为杂交水稻发展事业建立不朽功勋，为中国粮食持续增产与安全保障、世界农业科技发展做出了杰出贡献。隆平高科技园是全国唯一以科学家名字命名的高科技园区。 （周 密）

【陈 建】 1974年1月出生，浏阳市大瑶镇人，中央党校法律专业毕业，本科学历，1997年8月参加工作，2000年6月加入中国共产党，先后在澄潭江镇、市纪委、镇头镇、中和镇工作。2015年4月至2020年1月，先后担任浏阳市“两型”产业园党组副书记、主任，浏阳市古港镇党委副书记、镇长，浏阳市古港镇党委书记、“两型”产业园党组书记，2020年1月调入浏阳市应急管理局任党委副书记、局长。浏阳市分布400余家烟花生产企业，有数十万台机动车辆，2020年地区生产总值近1500亿元，安全生产形势复杂，应急管理任务艰巨。他率先垂范、务实作为，深入基层一线、行业一线、监管一线调研工作，先后调研30余次，召开座谈研讨会20余次。2021年4月，他被评为浏阳市“三牛”（为民服务孺子牛、创新发展拓荒牛、艰苦奋斗老黄牛）型干部。2021年5月5日7时40分左右，他步行到局办公室，准备批阅、处理文件，并参加9时召开的全省“五一”假期值班值守工作总结视频会议途中，突发昏迷和心脏骤停，经过浏阳市中医医院近两小时的抢救未能恢复生命迹象，不幸去世。陈建逝世后，省应急管理厅党委书记、厅长李大剑，省应急厅党委委员、政治部主任刘站一行专程到浏阳吊唁并慰问其亲属。6月25日，陈建被追认为湖南省优秀共产党员；7月26日，应急管理部追授陈建为“全国应急管理系统二级英雄模范”称号，号召全国应急系统广大干部职工和消防指战员向他学习。 （唐继武）

【周春梅】 女，苗族，湖南龙山人，1976年1月出生，共产党员，生前任湖南省高级人民法院审判监督第一庭副庭长、三级高级法官。2021年1月12日，湖南省高级人民法院审监一庭副庭长周春梅因多次拒绝犯罪嫌疑人向某为案件打招呼的非法要求，被向某行凶报复，不幸遇害，年仅45岁。她用生命捍卫了维护社会公平正义的司法防线，兑现了新时代人民法官对党和人民的铮铮誓言。2月，湖南省委追授周春梅“湖南省优秀共产党员”称号。2月27日，人力资源社会保障部、最高人民法院联合印发决定，追授湖南省高级人民法院审判监督第一庭原副庭长、三级高级法官周春梅“全国模范法官”称号。3月，全国妇联做出决定，追授周春梅“全国三八红旗手”称号。

（吴丫丫）

中国好人榜

【2021年“中国好人榜”长沙地区获奖人物】 中国好人榜是由中央文明办、全国总工会、共青团中央、全国妇联组织开展的“我推荐我评议身边好人”活动所产生，群众身边的敬业奉献、诚实守信、助人为乐、孝老爱亲、见义勇为五类道德模范月度榜单。

长沙市2021年度有7人入选“中国好人榜”，他们中退休“厅官”讨做“村官”，振兴乡村11年的朱有志，勇救落水村民献出宝贵生命的谭刚毅，照顾因公致高位截瘫民警，用爱写就“最美爱情”的好妻子肖慧君的先进事迹，在全市产生广泛而深远的影响。“中国好人榜”推荐评选活动，把雷锋精神融入长沙精神的血脉，用真情诠释“雷锋家乡雷锋多”，在全市涌现出许多品德高尚、事迹突出、社会反响好、群众认可度高的好人模范，在全社会营造学习好人、宣传好人、关爱好人、争当好人的浓厚氛围，把先进典型人物的榜样力量转化为全市上下干事创业、勇争一流的生动实践，为全面建设现代化新长沙做出重大贡献。

（胡文浩　何　军）

表64　2021年“中国好人榜”长沙地区获奖人物一览表

序号	姓名	事迹	入选时间	所属类别
1	彭友良	“的哥”20年免费接送老弱病残乘客3100余次	2021年1—2月	助人为乐
2	朱有志	“厅官”讨个“村官”做，朱有志的11年乡村振兴路	2021年3月	敬业奉献
3	陈干武	长沙县七旬老人信守承诺，5年为病逝儿子偿还21万元欠款	2021年3月	诚实守信
4	田　文	长沙“知心阿姨”照顾患病弟弟22载，对半身不遂丈夫不离不弃创造医学奇迹	2021年5月	孝老爱亲
5	谭刚毅	长沙退役军人勇救落水村民牺牲时年仅35岁	2021年7月	见义勇为
6	肖慧军	长沙民警因公致高位截瘫，妻子用爱写就“最美爱情”	2021年9月	孝老爱亲
7	邓利雄	长沙柔弱女子挑起家庭重担照料瘫痪丈夫23载	2021年12月	孝老爱亲

（资料来源：市委宣传部网络文明工作处）

附　录

APPENDIX

编辑　周海波

重要文献

长沙市委常委会向长沙市委十三届十四次全体会议的工作报告

长沙市委书记　吴桂英

（2021年7月19日）

2021年以来，面对国际国内形势的深刻复杂变化，市委常委会以习近平新时代中国特色社会主义思想为指导，深入学习贯彻落实习近平总书记考察湖南重要讲话精神，全面落实党中央、省委决策部署，立足新发展阶段，贯彻新发展理念，融入新发展格局，奋力实施“三高四新”战略，全面推进高质量发展，大力创建国家中心城市，加快建设现代化新长沙，各项工作取得新进步。

市委常委会总揽全局、协调各方，坚持和加强党的全面领导，围绕当好“领头雁”、建设“示范区”、做到“四个率先”，团结带领全市上下坚定不移办好长沙自己的事。我们把学习贯彻习近平总书记考察湖南重要讲话精神作为首要政治任务，落实到长沙“十四五”规划编制、具体政策制定、重大项目推进中，先后召开市委十三届十一次全会、奋力实施“三高四新”战略全面推进高质量发展大会等重要会议，制定实施深入学习贯彻落实的《决定》、打造“三个高地”的三年行动计划、年度实施方案等政策文件，推进长株潭都市圈、湖南自贸区长沙片区等建设，一步一个脚印推动“三高四新”战略在长沙开花结果。我们把开展党史学习教育作为砥砺初心使命的“试金石”，紧扣根本任务，深挖长沙红色文化资源，开展4次专题学习研讨，把明理、增信、崇德、力行贯穿学习教育全过程，广大党员干部学党史、悟思想、办实事、开新局的自觉性明显增强，“学好四本书、办好四大课堂”等做法获中央指导组肯定；开展“我为群众办实事”实践活动，市领导牵头办理的28件民生实事稳步推进，以此带动各地各部门为民办实事、解难题，推动解决一批群众“急难愁盼”问题。我们把握“党的盛典、人民的节日”基调，隆重庆祝建党100周年，召开庆祝建党百年理论研讨会、长沙市庆祝建党百年座谈会，评选表彰“两优一先”，开设《奋斗百年路 启航新征程》等专题专栏，举办“大江大河交响季·百里画廊百年歌”、橘子洲焰火晚会等文化庆典活动，创作播出《大浪淘沙》等电视专题片，为4.7万名老党员颁发“光荣在党50年”纪念章，实施“百日奋战 扮靓星城”市容环境整治行动，营造了共庆百年华诞、共享伟大荣光、共创历史伟业的浓厚氛围。我们把推进高质量发展作为主题主线，牢记省会使命，强化省会担当，抬高发展坐标，坚持创新实干，明确“五个持续”的具体目标，明确“五个着力”的总体要求，明确党建“六件大事”“五区”建设等重点任务，自觉与最优者“对标”、与最强者“比拼”、与最快者“赛跑”，上半年各项工作实现“时间过半、任务过半”，发展质量和效益持续提升。我们把抓好中央生态环保督察、政法队伍教育整顿督导，以及省环保督察和“回头看”反馈问题整改，作为提高政治站位、增强政治能力的现实检验，抓住整改落实和建章立制两个关键，制定整改方案、明确整改时限、压实整改责任，促进了政治生态、自然生态、社会生态同步净化。我们把统筹发展和安全提到更加重要位置，牢牢守住意识形态安全、粮食安全、金融安全、生态安全、能源安全、生产安全等底线，全力做好百年大庆安保维稳，全面做好防汛工作和抗旱备战，抓实抓细常态化疫情防控，有力维护政治安全、社会安定、人民安宁、网络安靖的良好局面，促进了经济社会持续健康发展。我们把抓好城市国土空间总体规划修编作为构建城市发展新格局的重要契机，围绕做大城区、做强园区、做优片区、做实县区、做靓社区（村），科学确定城市功能定位，抓好存量挖潜、增量拓展，做好战略留白，持续提升城市能级和核心竞争力。我们做好市县乡集中换届工作，配强班子整体功能，加强换届风气监督，进一步净化政治生态，完成74个乡镇党委换届选举，选举产生新一届党委委员666人；完成县（市、区）领导班子人事安排，提拔118人、重用40人、交流121人，旗帜鲜明把推动“三高四新”战略实施、推进高质量发展有能力、有办法、有成效的干部选用起来，进一步激发了各级党员干部创新实干的积极性。特别是习近平总书记在庆祝建党100周年大会上发表重要讲话后，我们及时举办市级领导班子读书班，组织开展研讨交流，制定学习宣传方案，起草贯彻落实决定，引领全市上下铭记伟大光荣、弘扬伟大精神、响应伟大号召、奋斗伟大复兴，极大激发了全市上下以史为鉴、开创未来的信心决心。今年以来，主要抓了以下工作：

一、自觉强化理论武装，持续深入学习贯彻习近平新时代中国特色社会主义思想

市委常委会认为，习近平新时代中国特色社会主义思想是推动长沙工作的强大思想武器和科学行动指南，必须学深悟透、学以致用，不断提升政治判断力、政治领悟力、政治执行力，确保在思想上政治上行动上同以习近平同志为核心的党中央始终保持高度一致。

坚持以上率下抓学习。市委常委会发挥领学促学作用，今年召开常委会会议31次，建立及时学习贯彻习近平总书记重要讲话指示精神制度，每次安排议题专题学习。落实“每月一次、上下同题”要求，市委理论学习中心组先后围绕习近平总书记关于对台工作、统战工作、统计工作等重要论述，组织11次集中学习。高质量举办县级领导干部集中轮训和专题培训班，调训干部近1100人，引导各级领导干部进一步筑牢思想理论根基。

坚持多措并举抓宣讲。结合庆祝建党100周年系列活动和党史学习教育，利用“就认这个理”“百人宣讲团”“学习强国”学习平台等重要载体，进行集中宣讲350余场次、微宣讲3000余场次，推动新思想进机关、进企业、进农村、进社区、进校园、进网站；开展“就认这个理、永远跟党走”等专题宣讲，精心制作“百年一课《恰同学少年》”等学习教育节目，掀起学党史、悟思想、开新局、办实事的热潮，推动新思想入脑入心、落地生根。

坚持知行合一抓落地。把抓落实作为重大职责，对习近平总书记重要讲话指示精神和党中央、省委的决策部署，市委常委会第一时间传达学习并抓好落实。作出《关于深入学习贯彻习近平总书记考察湖南重要讲话精神 当好实施“三高四新”战略领头雁、奋力建设现代化新湖南示范区的决定》，起草提交今天市委全会审议的《关于深入学习贯彻习近平总书记在庆祝中国共产党成立100周年大会上的重要讲话精神 奋力谱写新时代坚持和发展中国特色社会主义长沙新篇章的决定（草案）》，把习近平总书记在庆祝建党100周年大会上的重要讲话精神、考察湖南重要讲话精神，转化为具体的发展思路、目标要求和任务举措，并建立抓落实的常态制度，经常对表对标，推动落地见效。

二、奋力实施“三高四新”战略，持续推动高质量发展

市委常委会认为，奋力实施“三高四新”战略是推动高质量发展的关键之举，必须坚定不移抓推进、抓深化。我们坚持以“三高四新”战略为引领，持续推动高质量发展，经济运行呈现稳中加固、稳中有进、稳中向好态势。上半年全市地区生产总值同比增长11.5%，规模工业增加值同比增长11.5%，固定资产投资同比增长5%，社会消费品零售总额同比增长25%，地方一般公共预算收入同比增长22.7%、在中部排名第二位，其中税收占比74.45%、排名全省第1位。主要经济指标数据两年增长平均值均高于全国、全省平均水平，呈现质量和效益齐升态势。

持续打造国家重要先进制造业高地。坚持把制造业作为立市之基、强市之本，出台打造国家重要先进制造业高地三年行动计划，深入实施制造业高质量发展的“七大行动”，推进产业基础高级化和产业链现代化，先进制造业发展的基础不断夯实。大力培育先进制造业集群，全力支持工程机械、先进储能材料、安全可靠计算机及创新应用等优势产业发展，支持智能网联汽车、新一代半导体等新兴产业发展，提升产业就近配套率，24个制造业标志性项目、省市十大产业项目均超额完成年度计划，新引进重大产业项目90个、总投资额超千亿元，其中投资额超50亿元的5个、超10亿元的22个，楚微半导体集成电路、中国商飞地面动力系统实验平台等国家重大战略性项目加快布局，军民融合发展重点区域建设有序实施，三一智能网联重卡、中联智慧产业城、山河工业城二期、格力冰洗等项目稳步推进，国内首条碳化硅全产业链生产线、天际新能源汽车等一批引领性项目建成投产，其中惠科光电创造了14个月建成一座超高清面板生产基地的行业最快速度。大力推动园区提效，召开全市园区工作会议，出台创建“五好”园区的实施意见、推动园区高质量发展的若干政策等文件，推进园区亩均效益改革，引导园区自觉走高质量发展之路。上半年，全市国家级、省级园区主特产业产值占比分别达81%、68%以上，长沙高新区、长沙经开区、宁乡经开区获评“2021中国先进制造业百强园区”，全省产业园区高质量发展推进会在浏阳成功召开，望城经开区等4家园区获全省产业园区高质量发展奖，目前全市53%的规模以上工业企业、61%的高新企业、88.7%的上市企业集中在园区，园区主战场、主阵地、主引擎作用更加凸显。大力提升企业综合竞争力，以龙头企业为核心，促进大中小企业融通发展，促进企业转型升级，新增智能制造企业213家，新增省级小巨人企业132家，4家企业入围国家重点支持的小巨人企业名单，6家企业入围湖南省第一批“5G+工业互联网”示范工厂名单，铁建重工、中兴智能等14家企业产值增速超过100%，山河智能、楚天科技、长远锂科等34家企业产值增速超过50%，三一重工成为全球工程机械市值第二大企业，中联重科市值突破千亿，企业活力持续增强。获批全国首批智慧城市基础设施和智能网联汽车协同发展试点城市，成为全国唯一获得智能网联汽车领域三块国家级牌照的城市、全国唯一实现芯片三大件设计国产自主的城市，举办第二届

国际工程机械展览会，制造业影响力和竞争力不断提升。

持续打造具有核心竞争力的科技创新高地。坚持把创新作为引领发展的第一动力，成立高规格的市科技创新委员会，召开科技创新大会、科技创新高地政策发布会，发布长沙市打造具有核心竞争力的科技创新高地三年行动方案等文件，在建设具有重要影响力的国家区域科技创新中心上迈出了坚实步伐。加强关键核心技术攻关，承担的8个“省十大技术攻关项目”完成投资3.45亿元、占年度计划52.5%，市“十大技术攻关项目”完成投资2.83亿元、占年度计划50.4%，39个省定在长沙“三高四新”战略科技项目完成投资9.35亿元、占年度计划56.1%，组织实施10个“揭榜挂帅”重大科技项目，攻克耐高温压力传感器“卡脖子”技术，在服务“国之大者”上彰显了长沙担当。加强科创服务平台建设，国家自主创新示范区、湘江新区、岳麓山大学科技城、马栏山视频文创产业园、岳麓山种业创新中心、岳麓山（工业）创新中心等建设稳步推进，与清华、北大等高校和科研院所深化产学研合作，新增国家新一代人工智能创新发展试验区、国家耐盐碱水稻技术创新中心、国家智能网联汽车质量监督检验中心3个国家级创新平台，成功跻身全国“科创中国”试点城市，科技创新活力不断释放。上半年全市高新技术产业总产值同比增长18%左右，1601家企业完成国家高新技术企业申报、同比增长35.8%，走在了全国、全省前列。

持续打造内陆地区改革开放高地。坚持把深化改革开放作为关键一招，大胆探索、主动作为，在推动更高水平开放上实现新突破。切实抓好全面深化改革，推进13项重点改革事项、43项改革试点和82项承接落实改革，“三高四新”战略统领性改革、党建聚合力改革、全龄友好型城市改革、产业园区赋能增效改革、文旅体制机制改革等稳步推进，数字人民币改革试点走在全国前列，流通业务笔数在第二批试点城市中居第二位，改革探索的答卷成绩突出。切实抓好湖南自贸区长沙片区建设，113个改革试点实施60.2%、形成制度创新成果44项，制度创新初显成效；长沙黄花综合保税区（二期）通过联合验收，中非经贸合作促进创新示范园一期等项目建成使用，中非跨境人民币中心等服务平台启动运营，三一科学城等重大平台正在全速推进，项目加速聚集，外向型经济增长迅速。切实抓好外资外贸外经工作，上半年中欧班列（长沙）累计发运同比增长66.7%，长沙黄花机场货邮吞吐量同比增长45%，全市实现跨境电商进出口总额逾19亿美元，保持了积极向好、快速上升态势；上半年全市进出口额同比增长25%左右，实际利用外资同比增长86.5%，占全省总量的83%，分别高出全国、全省52.6、27个百分点。

持续融入“双循环”新发展格局。坚持把扩大内需作为促进双循环的重要基点，全力以赴稳投资，坚持“项目为王”导向，大抓项目、抓大项目，全市共铺排重大项目1575个，完成投资2627.7亿元；新引进“三类500强”项目35个，其中世界500强项目23个；举办长沙投资环境北京推介会，成功签约招商引资项目114个、总投资超过1000亿元，目前已有54个项目完成工商注册、23个项目开工建设、11个项目建成投产，成为近年来长沙规格最高、质量最好、效果最实的一次对外招商推介活动，充分展示长沙魅力、长沙速度、长沙力量。全力以赴促消费，制定出台《长沙市创建区域性国际消费中心城市暨长沙市消费升级三年行动方案》，文旅经济、夜经济等发展迅猛，兴盛优选、快乐购等品牌影响力持续提升，重大节假日城市旅游热度排名全国热门城市前十，成功获批首批十五个国家文化和旅游消费示范城市，消费活力得到进一步释放。全力以赴强协同，落实长江经济带发展、中部地区崛起战略，融入“一带一路”、粤港澳大湾区、长三角一体化等战略，推动长株潭都市圈与长江经济带部分城市探索实施政务服务“跨省通办”新模式，牵头策划2021年长江中游城市群碳达峰、碳中和峰会，加快实施湘赣边重点合作事项，主动示范带动全省其他市（州）发展，彰显省会担当、省会作为。

持续推动长株潭都市圈建设。把示范引领长株潭一体化发展摆在突出位置，提高站位，主动作为，加快推进，力求“抓出更大成效”，打造“全国重要增长极”。强化顶层设计，成立长沙推进长株潭一体化发展领导小组，制定长沙五年实施方案和2021年重点工作清单、重点项目清单，完善长株潭一体化发展联席会议制度，召开长株潭一体化发展第三届市委书记联席会议，与株洲、湘潭签署“1+3+10”战略合作协议，发展思路和路径更加清晰。实施“十同”行动，三十大标志工程中涉及长沙的22个项目完成投资292.4亿元，市本级铺排的22项年度重点工作、203个年度重点项目有序推进，“三干两轨四连线”建设基本完成，长株潭城际铁路实现公交化运营，湘江融城科技小镇启动，城市中央公园、暮坪湘江特大桥、新韶南路等启动建设，长株潭都市圈发展迈入快车道，一体化进程明显加快。

持续打造市场化、法治化、国际化营商环境。坚持把优化营商环境作为提升城市竞争力、吸引力的主抓手，长沙再次获评中国最具投资吸引力城市、中国十佳外商投资最满意城市。今年以来全市新开办企业5.12万户，市场主体总量近130万户；A股上市公司新增3家、已过会待发行3家、在审和辅导报备企业24家，总量达73家，位居中部省会城市第一。着力优化政务服务，实施效能提速、实体经济降成本、企业家权益保护、政策落地四大专项行动，403件高频政务服务事项实现“一件事一次办”，348个事项实现一窗无差别受理，更加优质高效。着力建设人才高地，精准实施高层次人才倍增计划、制造业紧缺急需人才集聚工程，持续深入实施“人才政策22条”，制定“乡村8条”“自贸区45条”等人才政策，加快建设海归小镇，成立长株潭人才协同发展研究院，为各方英才在长创新创业提供灿烂的阳光、滋润的雨露、适宜的土壤，长沙被列入全国人才高地建设城市之一，今年认定4批656名高层次人才，再创新高。

三、认真推动“五区”建设，持续提升城市功能品质

市委常委会认为，高标准、高水平、高质量推进城区、园区、片区、县区、社区（村）建设，是新时代长沙提升功能品质、创建国家中心城市的重要抓手。我们以调优存量、做大增量、提升质量为导向，不断做大城区、做强园区、做优片区、做实县区、做靓社区（村），城市能级和核心竞争力提升，城镇化率达到82.6%，城乡面貌发生显著变化。

大力优化空间结构。坚持把城市发展放到落实“三高四新”战略、推动高质量发展、创建国家中心城市、建设现代化新长沙的使命任务上来谋划，放到融入长江经济带、中部地区崛起、长江中游城市群和长株潭都市圈等国家战略上来定位，严守“三条红线”，科学编制全市国土空间总体规划，框定城市容量，确定城市空间，建立不能触碰的负面清单，严格保护山体、水体、古树、历史遗存，优化城市功能布局、产业规划和要素配置，城市承载力和吸引力持续增长。目前，长沙城市人口达1004.79万人，近十年增加了300.38万人，其中岳麓区人口增加了72.5万人、增长90.4%，天心区、雨花区、望城区、开福区、长沙县人口增长超过40%。

大力提升城市品质。强化精品意识，补齐功能短板，着力打造品质长沙，城市发展更有温度。强化规划执行，实施城市和建筑景观风貌品质提升行动，严格规范城市天际线、建筑控高、建筑外立面风貌、景观小品、广告标识，城市格调和品位不断提升。强化城市功能，着力打造陆港型物流枢纽、国际铁路枢纽、空港国家物流枢纽，稳步推进高铁会展新城、高铁西城、解放垸—大托片区等建设，加快长沙机场改扩建工程、香炉洲大桥等重大基础设施建设，推进轨道交通1号线北延、2号线西延、6号线建设，城市枢纽功能、服务功能持续增强。强化市容整治，全面推进8个重点片区城市更新，启动100个城区精美小区和一批街道提质改造，推进“一江两岸”、长沙火车站周边、岳麓大道等重要窗口环境整治，“城市封面”全面“增花添彩”。

大力推动乡村振兴。立足省会实际，出台《长沙市建设乡村振兴示范市规划纲要》，建立乡村振兴示范创建乡镇联点等制度，乡村振兴迈出坚实步伐。着力巩固脱贫攻坚成果，推进脱贫攻坚与乡村振兴有效衔接，加强对易返贫致贫户的监测帮扶，守住了不发生规模性返贫的底线。着力创建乡村振兴示范市，铺排“一县一特”重点产业项目165个，启动71个村农村环境综合整治、21个示范性乡镇创建，推进800个美丽宜居村庄建设，以“镇村一体”模式同步推进“多规合一”村庄规划编制，加大龙山等地对口帮扶力度，农业高质高效、乡村宜居宜业、农民富裕富足的发展格局初步形成。着力建设湘赣边乡村振兴示范区，构建常态交流机制，畅通区域交通、强化产业协作、深化联防联治，打造跨省合作典范。

四、加强民主法治建设，持续巩固安定团结良好局面

市委常委会认为，民主法治是激发社会活力、实现社会和谐的重要基础，必须坚持党的领导、人民当家作主、依法治国有机统一，大力激发各领域、各战线、各行业创新实干热情，投身实施“三高四新”战略主战场，持续巩固和发展生动活泼、安定团结的政治局面。

积极发展社会主义民主政治。市委常委会听取市人大常委会、市政府、市政协、市中院、市检察院党组工作汇报，支持和保证同级国家机关和其他组织依法依章履行职能。坚持和完善人民代表大会制度，围绕长株潭一体化、生态环境、民生保障、安全生产、科技创新等主题，加强地方立法、开展人大监督、做出人大决定、发挥代表作用，出台《长沙市居家养老服务条例》等法规，作出《关于推动和保障长株潭一体化高质量发展的决定》，352件代表建议完成64.2%。发挥政协作为专门协商机构的作用，市委常委带头督办委员重点提案，湖南自贸区长沙片区建设、湘江新区建设、“蓝天保卫战”等专题协商和民主评议取得初步成果，336个提案高质量推进，9个民主监督项目扎实有序开展。持续巩固爱国统一战线，连续29年开展“新春第一访”，组织全市领导干部学习《中国共产党统一战线工作条例》，召开民营企业家座谈会等重要会议，指导完成民主党派市委会、市工商联、市知联会领导班子换届，创建民营经济示范城市，表彰一批优秀民营经济人士。全面做好民族、宗教、外事、侨务、港澳、对台等各项工作。

推进全面依法治市工作。深入学习贯彻习近平法治思想，全面加强依法治市顶层设计，召开全面依法治市委员会会议，编制市“十四五”法治建设规划，明确法治长沙建设的指导思想、目标任务和总体要求。全面推进法治长沙、法治政府、法治社会一体建设，制定《长沙市重大行政决策程序实施办法》，严格落实行政执法“三项制度”，高效完成全市行政复议体制改革，天心区、宁乡市等7个单位成功创建省级法治政府建设示范地区。全面深化政法队伍教育整顿，把学习教育贯穿始终，开展政治轮训51场次，选树宣传先进典型、政法英模397人；聚焦“六大顽瘴痼疾”开展专项整治，发现整改问题4600多条，形成制度成果69项；以自我革命精神清除害群之马，立案调查涉嫌违纪违法干警207人、留置12人，有效维护政法队伍肌体健康。经过这场深刻的政治洗礼，全市政法队伍素质更优、干劲更足、作风更实，完成全国“两会”、建党100周年等重要节点的安保任务。

五、坚持守正创新，持续加强宣传思想文化工作

市委常委会认为，宣传思想工作的本质是政治工作、群众工作，必须始终牢记举旗帜、聚民心、育新人、兴文化、展形象的使命任务，把牢正确导向，坚持守正创新，不断巩固全市人民向第二个百年奋斗目标前进的思想基础。

*着力落实意识形态工作责任制。*充分认识做好新时代意识形态工作的极端重要性，出台各级党委（党组）意识形态工作责任制实施方案，推动意识形态工作制度化、规范化、常态化。加强网络内容建设管理，开展“正道”“清查历史虚无主义”等专项整治，全面清理网上涉及长沙的沙有害信息历史沉渣，依法关闭和封堵一批网站、微信公众号、应用程序，营造风清气朗的网络空间，确保网络安靖。

*着力弘扬主旋律讲好长沙故事。*坚持团结稳定鼓劲、正面宣传为主，聚焦建党百年、党史学习教育、高质量发展等主题，策划系列宣传专题专栏，为长沙迈向第二个百年奋斗目标凝聚了强大共识。大力培育和践行社会主义核心价值观，推进“文明城市全域提质年”行动，持续擦亮“雷锋家乡学雷锋”志愿服务品牌，“中国好人榜”入选人数居全国省会城市首位。加大城市推广工作力度，精心筹备“一带一路”青年创意与遗产论坛、世界媒体艺术博览会等活动，举办互联网岳麓峰会、中国网络诚信大会，进一步讲好长沙故事，全面展示世界媒体艺术之都的魅力与风采，长沙的外向度、美誉度、影响力全面提升。

*着力促进文化事业大繁荣。*优化公共文化服务供给，以群众文化需求为导向，推动村（社区）综合文化服务中心、图书馆和文化馆分馆提质扩面，推动文化惠民全覆盖；坚持把社会效益放在首位，加大文艺作品创造，《半条红军被》等获得好评。大力传承红色基因、弘扬革命精神，精心策划走红长沙季、多彩湘赣边、情满浏阳河等系列活动，推动锦绶堂、许光达故居、易荡平故居、李白故居等一批革命纪念馆展陈升级改造，让浸染了历史风云和先辈热血的故居、旧址、遗址“活”了起来，成为最生动的“教科书”“营养剂”“清醒剂”。加快文化产业发展，深化国际文化创意中心建设，出台实施三年行动计划，获批创建全国版权示范城市；马栏山视频文创产业园入选创建国家文化产业示范区名单，国际新媒体中心进展顺利，电视AI手语播报系统在省外20余家电视台使用，红色经典影片修复稳步推进。

六、大力践行以人民为中心的发展思想，持续保障改善民生、维护社会稳定

市委常委会认为，我们的一切工作都是为了满足人民群众对美好生活的向往，必须坚持以人民为中心的发展思想，持续保障和改善民生，增强人民群众的获得感、幸福感、安全感。

*全力以赴办实事、惠民生。*坚持尽力而为、量力而行，持续加大民生投入，民生支出占公共预算支出比重达到70%以上。落实就业优先政策，实现城镇新增就业7.33万人，城镇登记失业率2.43%。织密扎牢社会保障安全网，企业退休人员基本养老金、城乡居民基础养老金实现“17连涨”。办好民生实事项目，推动解决“学位、床位、车位、厕位、梯位”等群众“急难愁盼”问题，上半年新增学位2.9万个、床位1570个、车位8.26万个、老旧小区加装电梯412台，改造户用无害化厕所1.11万座，老百姓幸福感在家门口实现升级。针对湘雅医院及周边脏乱差问题，推动实施环境提质改造、破堵治乱行动，铺排实施40个项目，取得阶段性成效，获得省委肯定。房地产调控保持定力，新建商品房供应同比增长9.94%，成交同比增长4.03%，保持了“地价稳、房价稳、预期稳”态势。提升公共服务水平，完成25所义务教育学校主体工程、6所公办幼儿园建设任务，市妇幼保健院河西分院、长沙市公共卫生救治中心动工建设，岳麓书院、烈士公园、地铁站点等地无障碍环境建设深入推动，实现143个社区卫生服务中心、建制乡镇卫生院中医药服务能力全覆盖，基础教育和公共医疗优势持续巩固。

*全力以赴抓环保、优生态。*把良好生态环境作为最普惠的民生福祉，持续打好蓝天、碧水、净土保卫战，启动实施蓝天保卫战“新三年”计划，推进美丽河湖创建，推进涉镉污染源排查整治和污染地块治理与修复。上半年全市空气质量优良天数为153天、优良率84.5%，32个国、省控考核断面平均水质优良率100%，继续稳定在较好水平。建设国家低碳试点城市，开展“碳达峰、碳中和长沙行动”，加强长株潭绿心保护修复，山水洲城的生态之美更加凸显。

*全力以赴保安全、促稳定。*树牢底线思维、强化风险意识，坚决打好维护社会安全稳定的主动仗，深入实施严打整治“百日会战”专项行动、安保维稳“平安一号”行动，全面推进打击治理电信网络诈骗犯罪工作，持续加强社会面管控，全国“两会”、七一建党百年大庆期间做到零非访、零集访、零事故。推进安全生产专项整治三年行动集中攻坚，开展燃气安全、道路安全等大排查大整治，安全生产事故起数、伤亡人数保持“双下降”，安全生产形势持续向好。及时有力应对汛情，妥善应对湘江2021年一号洪水和今年最强降雨，全市未发生严重洪涝。慎终如始抓好常态化疫情防控，上半年接待入境客机17趟次，国际货运航班680趟次，在全省率先完成第一、第二剂次疫苗阶段性接种任务，18岁及以上人群第一剂次接种进度79.2%，已连续515天无新增本土确诊病例。

七、全面从严管党治党，持续营造风清气正的政治生态

市委常委会认为，全面从严治党是党心民心所向，是事业发展所需，也是责任所系，必须按照新时代党的建设总

要求，深入践行新时代党的组织路线，把管党治党作为最根本的职责立起来，推动全面从严治党向纵深发展，以高质量党建引领高质量发展。

突出抓好政治建设。坚持把政治建设摆在首位，教育引导全市广大党员干部树牢“四个意识”、坚定“四个自信”、做到“两个维护”，切实增强政治判断力、政治领悟力、政治执行力。坚持以政治建设为统领，做好集中换届考察、干部调整配备、各项考察考核、各类表彰奖励等工作，切实把讲政治体现到主责主业上、落实到具体行动中。持续深化政治巡察，健全巡察整改督查评估制度，对排名靠后单位主要负责人进行约谈。严格执行请示报告制度，今年向省委请示报告工作 57 次。

突出抓好班子队伍。以市县乡集中换届为契机，把牢“以实绩论英雄、凭实绩论干部”用人导向，着力改善县（市、区）和乡镇领导班子年龄、性别、党派、经历、专业等结构，切实增强领导班子整体功能。严格抓好干部监督管理，落实“凡提四必”要求，开展“一报告两评议”，有效防止“带病提拔”。健全优秀年轻干部日常发现、动态管理、持续培养、适时使用的“全链条”机制，年轻干部使用力度进一步加大。今年来，提拔重用干部 164 人次，职级晋升 130 人次，其中晋升一级巡视员 3 人，晋升二级巡视员 31 人；县（市、区）换届人事安排中，年轻干部占 29.4%，全日制大学以上占 39.2%，干部队伍得到进一步优化。

突出抓好党建聚合力工程。出台深入实施“党建聚合力”工程的试行意见，一体推进各领域、各层级党的建设，有效整合党建要素、各类资源，为长沙发展提质、治理升级提供重要支撑。着力提升组织力，出台《关于加强和改进新时代全市机关党的建设的实施意见》，推进“三表率一模范”机关建设，扩大“两新”组织“两个覆盖”，全域推进、整体提升城市基层党建，组织举行县（市、区）、市直行业系统党（工）委书记抓基层党建暨落实意识形态工作责任制述职会议，持续抓基层、打基础。着力激励干部创新实干，完善推动高质量发展的政绩考核评价体系，坚持“三个区分开来”导向，完善干部正向激励、容错纠错、澄清关怀机制，提振了干部干事创业的精气神。着力以党建引领基层治理，建立网格发现、社区呼叫、分级响应、协同处置的工作机制，制定街道社区“吹哨”、职能部门“应哨”权责清单，全面加强小区物业治理，推进“三零”社区（村）建设，基层治理服务水平不断提升。着力加大关爱基层一线力度，落实省委关于全面加强基层建设“1+5”文件要求，持续为基层赋权增能减负。

突出抓好正风肃纪。坚持一体推进不敢腐、不能腐、不想腐，把严的主基调贯穿始终。保持反腐败高压态势，紧盯工程建设招投标、欺诈骗取医疗保障基金等重点领域和行业，严查群众身边腐败和作风问题，今年以来全市立案 1461 件，结案 1310 件，处分 1205 人。常态化开展扫黑除恶，今年以来受理涉黑涉恶腐败和“保护伞”问题线索 5 件，给予党纪政务处分 9 人、组织处理 12 人。加强警示教育，连续 13 年举行“3・23”廉政警示教育活动，拍摄并组织观看警示片《迷途》，用身边事教育身边人。紧盯违反中央八项规定精神问题不放，今年以来查处问题 192 件，处理 368 人，公开通报典型问题 27 起，形成强大震慑力。

市委常委会认真履行党管武装职责，召开市委军民融合发展委员会会议，稳步推动国防动员和后备力量建设，抓好民兵建设、征兵工作、兵员储备等重点任务落实，高标准高质量完成阶段性建设任务；坚持拥军优属、服务三军，着力加强退役军人管理，推动解决一批涉及驻长沙部队建设发展的大事要事、官兵后院后代后路的难事急事。

市委常委会坚持不懈加强班子自身建设，严格落实民主集中制，完善“三重一大”集体决策等制度，建立市委常委向市委常委会定期述职，以及联县（市、区）、联产业链、联重点企业和重大项目等制度，探索创新拉练点评、“月调度、季讲评、年考核”等工作方法，定期听取全市安全、信访、市容环境、“12345”政务热线等重点工作情况汇报，确保各项工作高质量开展。严格落实中央八项规定及其实施细则精神，旗帜鲜明反对形式主义、官僚主义，下大力气解决群众反映强烈的突出问题。全面履行“一岗双责”，严格管好亲属和身边工作人员，带头营造海晏河清的政治生态。

在总结成绩的同时，我们也清醒地认识到，市委常委会工作存在一些问题和不足。主要体现在：加快培育新动能、推进高质量发展需要下更大功夫，区域之间、城乡之间发展不平衡问题依然突出，保障改善民生与群众期待还有差距，污染防治减存量、控增量压力较大，防范意识形态、地方性政府债务、安全生产等领域风险需拿出更有效办法，干部担当精神、斗争精神有待加强，等等。对这些问题的解决，市委常委会将以上率下、紧抓不放、持续用力，确保取得实效。

市委常委会工作取得的成绩，得益于党中央和省委的坚强领导，离不开全市各级各部门和广大干部群众的团结奋斗，也凝聚着各位委员、候补委员的智慧和汗水。在此，我代表市委常委会，向大家表示衷心的感谢！同时，请大家对市委常委会的工作多提意见和建议，我们将虚心接受、积极改进。

长沙市政府工作报告

2022年1月2日长沙市第十六届人民代表大会第一次会议通过

市长　郑建新

一、该届政府及2021年工作回顾

过去五年是极不寻常的五年。面对前所未有的机遇和挑战，全市上下深入贯彻习近平新时代中国特色社会主义思想，全面落实中共十九大和十九届历次全会以及习近平总书记对湖南重要讲话重要指示批示精神，在省委、省政府和市委的坚强领导下，坚持稳中求进、奋发作为，取得极不平凡的成绩。

（一）综合实力实现历史跨越。先后实现经济总量过万亿、地方一般公共预算收入过千亿、常住人口过千万的新跨越，跻身特大城市行列。湘江新区经济总量跃居国家级新区第7位，内六区全部进入全国百强区，长沙县、浏阳市、宁乡市分别排名全国县域百强第3、第8和第15位，农村居民人均可支配收入稳居省会城市前列，高水平全面建成小康社会。市场主体总量突破100万户、达135万户，民营企业占企业总数的95%以上（预计数，下同）。新增A股上市公司33家、总数78家，稳居中部首位。在长投资的世界500强企业总数178家。被评为世界媒体艺术之都，入选全国十大最受欢迎出游目的地城市，连续三届蝉联全国文明城市，连续14年被评为中国最具幸福感城市。

（二）智能制造成为新的名片。22条产业链建设推进，"三智一芯"产业布局基本成型，7大千亿级产业集群持续壮大，产业多元支撑格局凸显。工程机械集群在工信部首批先进制造业集群决赛中胜出，智能制造装备产业集群获批国家首批战略性新兴产业集群，智能网联汽车领域聚齐四块国家级牌照。三一、三安、惠科、铁建重工等一批制造业标志性重大项目建成投产。数字经济规模逾3500亿元，综合排名全国城市第12位，入选国家区块链创新应用综合性试点城市。国家级、省级园区主特产业产值占比分别达81%、68%。长沙高新区挺进中国先进制造业百强园区第9位，长沙经开区连续3年上榜国家新型工业化产业五星示范基地，宁乡经开区获批长江经济带国家级转型升级示范开发区，望城经开区获批国家知识产权示范园区，浏阳经开区获批国家县城产业转型升级示范园区。六大省级园区竞相发展、活力迸发。

（三）改革创新取得重大突破。供给侧结构性改革纵深推进，"三去一降一补"成效显著。数字人民币试点走在全国前列。防范化解政府债务风险工作成效明显，清理整合平台公司128家，轨道集团成为全省"去平台、市场化"转型标杆。市属国有企业实现新一轮战略重组，资产总额逾1.5万亿元，城发集团资产规模跻身全国同类国有企业第一方阵，湘江集团市场化业务快速发展，水业集团收购上市公司加快转型。"三区两山两中心"创新平台加快建设，湘江新区获批全国首批双创示范基地，长沙国家自主创新示范区完成扩区，岳麓山大学科技城获批国家首批科技成果转化和技术转移示范基地，马栏山视频文创产业园被评为国家文化和科技融合示范基地。新一代超级计算机、耐高温压力传感器等核心关键技术取得重大突破，成为全国唯一实现芯片三大件设计国产自主的城市。高新技术企业总量5200家、增长4.7倍，全社会研发经费投入实现翻番，万人有效发明专利拥有量居省会城市前列。获批国家级人力资源服务产业园，设立国家海外人才离岸创新创业基地、海归小镇，人才吸引力位居全国前十位。获批全国创新驱动示范市，跻身"科创中国"试点城市，创新能力跃居国家创新型城市第8位。

（四）开放合作迈出坚实步伐。临空经济示范区、跨境电商综试区、市场采购贸易方式试点、首批陆港型国家物流枢纽加快建设，湖南自贸区长沙片区建设取得阶段性成效。中欧班列（长沙）稳居全国第一方阵，长沙新港年吞吐量突破千万吨，国际全货机航线增加至14条，成功入围全国综合交通枢纽城市、国际区域性邮政快递枢纽城市。实际利用外资、进出口总额年均分别增长27.1%、29%，外贸依存度从8.9%提升到20%。

长沙国际工程机械展、互联网岳麓峰会成为知名品牌，中非经贸博览会、世界计算大会长期落户，博鳌亚洲论坛经安会首届大会、"一带一路"青年创意与遗产论坛、国际商

事法律合作论坛、首届岳麓种业峰会举办。长江中游城市群、粤港澳大湾区、湘赣边区域合作持续深化。长株潭“三干一轨”建成通车，三十大标志工程稳步推进，“半小时交通圈”“半小时经济圈”加速形成。

（五）城乡面貌发生深刻变化。城市承载能力显著提升。建成区面积新增 200 平方千米，城镇化率 82.6%。黄花国际机场迈入“双跑道双航站楼时代”，高铁迎来“双核驱动时代”，地铁驶入“网络化时代”，电网进入“特高压时代”。全面完成国家新型城镇化试点任务，宁乡撤县改市，浏阳入选国家县城新型城镇化建设示范县市。“四精五有”城市建设成效明显。“三级三类”国土空间规划体系加快构建，100 条城市主干道焕然一新，“一江两岸”夜景靓丽，太平街、都正街、潮宗街、白沙液街等 14 个历史街巷成为网红打卡地，国金中心树起中部地区楼宇标杆，国际会议中心成为长沙新地标，城市美化、净化、绿化、彩化刷新城市品质高度。乡村振兴战略深入实施。以“一县一特”“一乡一品”为标志的现代农业加快发展，农产品加工业产值逾 2900 亿元。在全省率先完成农村危房、无害化厕所改造，实现小微水体管护、乡镇污水处理设施、行政村通客班车、乡镇（村）卫生院（室）全覆盖，建设 24 个特色小（城）镇、955 个美丽宜居村庄，长沙县率先中西部实现城乡供水一体化，美丽新农村成为幸福新家园。

（六）绿色发展走在全国前列。坚持不懈打好蓝天、碧水、净土保卫战，空气质量优良率提升至 83%，城市黑臭水体全面消除，国、省控监测考核断面水质优良率 100%，浏阳河成为全国首批示范河湖，圭塘河成为国家水工程与水文化融合案例，绿心地区工业企业全面退出，中央和省级交办的突出生态问题得到有效整改。大规模国土绿化行动成效显著，新建改建街角花园 230 个，创建人民满意公园 20 个，省植物园免费对市民开放，洋湖、松雅湖等 5 家湿地公园晋升国家级，森林覆盖率 55%。碳达峰、碳中和工作有序推进，获批全国水生态文明城市、国家低碳城市试点、国家首批装配式建筑示范城市、国家建筑垃圾治理试点城市，在全国率先实现城市生活垃圾“全量焚烧”。望城区、宁乡市、长沙县被评为国家生态文明建设示范区（市），浏阳市获批“绿水青山就是金山银山”实践创新基地。“山水洲城”生态底色更加鲜明。

（七）民生事业交出暖心答卷。打赢脱贫攻坚战，13.42 万名贫困人口全部脱贫，助力龙山县等 8 个对口帮扶县脱贫摘帽。城镇新增就业 71.42 万人。在全国率先实施城乡低保一体化，实现城乡基本养老保险、基本医疗保险全覆盖，城市特殊困难群体“五帮扶”开展。小区配套幼儿园全部移交政府，公办及普惠性幼儿园覆盖率逾 92%，标准化学校建成率 98%，义务教育“大班额”全面消除，建成三大职教园区，职业教育集聚化差异化发展。创新实施“健康长沙”PPP 项目，市级公立医院条件显著改善，妇幼健康核心指标保持全国领先水平。四级养老服务网络全面形成。在全国率先推进儿童友好型城市建设。建成母婴关爱室 200 余家。县（市、区）社会福利中心实现全覆盖。“一圈两场三道”建设成效显著，“15 分钟生活圈”实现城区全覆盖，红星、高桥等大型市场迁建提质。被评为国家公共文化服务标准化示范城市，获批国家体育消费试点城市。“房住不炒”长沙经验在全国推广，全国住房租赁市场发展试点成效显著，公共租赁住房 10.5 万套，完成棚户区改造 1376.61 万平方米，近 40 万居民圆了安居梦。下沉接访处访形成“长沙模式”，“互联网+”基层治理经验在全国推介，“平安长沙”建设、扫黑除恶、禁毒人民战争开展，连续三届捧回“长安杯”，交通顽瘴痼疾集中整治成效明显，安全生产及消防安全态势总体平稳，被评为社会治理创新典范城市。国家食品安全示范城市创建推进，群众满意度大幅提高。特别是面对突如其来的新冠肺炎疫情，全市上下万众一心、共克时艰，弘扬伟大抗疫精神，抗疫斗争取得重大战略成果，诠释了人民至上、生命至上的价值追求。市民的认同感、归属感显著提升，增添了幸福长沙的成色。

（八）政府效能得到持续改善。开展“两学一做”学习教育、“不忘初心、牢记使命”主题教育、党史学习教育，交出高质量发展高分答卷。坚持真抓实干，共 116 项工作、204 次获得国务院、省政府督查激励表彰。持续深化“一件事一次办”改革，下放市本级权力 526 项，“三集中三到位”和综合窗改革全面完成，网上政务服务能力、政务热线排名全国前十位，数字政府建设成效明显。重大行政决策制度不断完善，《长沙市生活垃圾管理条例》《长沙市城市养犬管理条例》等地方性法规全面实施，被评为法治政府建设典范城市。自觉接受人大及其常委会和政协监督，办理人大代表建议 1704 件、政协提案 1892 件，办复率 100%。强化重大政策落实、重点民生资金使用等审计监督，查处违规金额 96.49 亿元，促进收缴财政资金 30.82 亿元。干部作风明显改进，服务效能持续提升。

五年来，国防动员和后备力量建设加强，被评为全国民兵调整改革先进单位，国防教育、人民防空、军事设施保护工作创新发展，退役军人工作体系建立健全，实现全国双拥模范城“七连冠”。重大国情国力调查顺利完成。各民主党派、工商联、无党派人士，工会、共青团、妇联、文联、侨联、红十字会、残联、社科联、慈善会、关工委、老龄委等作出新贡献。国家安全、对台、民族宗教、防震减灾、公积金、档案、机关事务管理、地方志、供销合作、移民、海事、气象、水文等工作取得新成绩。

2021 年是党和国家历史上具有里程碑意义的一年，也是该届政府的收官之年。我们深入贯彻习近平总书记对湖南重要讲话重要指示批示精神，全面落实“三高四新”战略定位和使命任务，融入新发展格局，推进高质量发展，实现“十四五”良好开局。

一是迎难而上稳定经济增长。统筹推进疫情防控和经济社会发展，坚持联防联控、群防群控，以最快速度切断疫情传播链条，实现“四零”防控目标，打赢两场疫情防控阻击战、歼灭战。坚持定期拉练点评、强化调度服务，引项目、稳投资、扩消费。举办北京、上海、深圳投资环境推介会和中国民企500强峰会，引进“三类500强”项目65个，大华股份、邦盛磷酸铁锂、天翼云数字产业园、华润万象城等重大项目落地建设；市“五个十大”项目等完成投资590亿元以上；组织促消费活动800余场，五一商圈、凤凰街被评为首批国家级夜间文化和旅游消费集聚区，“夜星城”成为消费名片。中欧班列（长沙）全年开行突破1000列；跨境电商进出口额35亿美元。全市地区生产总值增长7.5%左右，规模以上工业增加值增长7.5%左右，固定资产投资增长7.5%左右，社会消费品零售总额增长15%，地方一般公共预算收入增长9.08%。

二是示范引领建设“三个高地”。加快建设国家重要先进制造业高地，“1+2+N”优势产业集群持续壮大，24个标志性重点项目整体超额完成年度投资，三一智能网联重卡、比亚迪动力电池一期、楚天科技中央工厂、永杉锂业、格力冰洗、荷兰夸特纳斯、福田长沙超卡等项目建成投产，中联智慧产业城、山河工业城三期、雅士林等项目加快建设，湖南大数据交易所试运营。加快建设具有核心竞争力的科技创新高地，获批国家新一代人工智能创新发展试验区、国家耐盐碱水稻技术创新中心、国家文化和科技融合示范基地，实现国家技术创新中心零的突破；与北大、清华、同济等高校签署全面合作协议，校地合作开展；明和光电被评为国家文化和科技融合示范基地；技术合同成交额520亿元。加快建设内陆地区改革开放高地，湖南自贸区长沙片区113项改革任务、309项落实举措实施率92%、93.9%，形成34项制度创新成果；中非经贸合作促进创新示范园、中非跨境人民币中心建成运营，全国首批加工贸易产业示范园获批，易货贸易开创中非经贸深度合作新模式。引领推进长株潭一体化发展，湘江融城科技小镇、绿心中央公园、暮坪湘江特大桥、新韶山南路等重大项目启动建设，雨韶智能制造产业园投入使用。湘江新区湘阴、九华新片区建设有序推进。

三是对标一流优化营商环境。着力优化政务服务，赋予园区全链条闭环管理权限168项，下放湖南自贸区长沙片区41项市级权限，高频政务事项实现“一件事一次办”全覆盖，天心区、雨花区率先推进长株潭跨城通办。着力放宽市场准入，全面推行注册登记全程电子化、告知承诺制和“容缺受理”，实施行业综合许可登记改革，压缩时限65.5%。运营成本持续降低，推行惠企政策免申即享改革，兑现政策资金43.62亿元，为企业减税降费107.15亿元。着力加强法治保障，搭建商会商事调解平台，组建海外维权专家库，化解涉企矛盾纠纷3600余起。在中部省会城市率先设立“企业家日”，以制度建设优化企业服务。营商环境居全国工商联“万家民营企业评营商环境”第9位，连续三年居中部地区首位，成为全国营商便利度提升最快的城市之一。

四是聚焦品质增添城市活力。大力完善综合功能，地铁7号线一期、2号线西延二期开工，1号线北延一期等加快推进，6号线通车试运行；长沙高铁西站、香炉洲大桥、兴联路大桥开工，长赣铁路、常益长铁路、长沙机场改扩建工程、湘雅路过江通道、1000千伏特高压、椒花水库加快建设；打通断头路、瓶颈路14条。稳步提升宜居品质，开展“百日奋战 扮靓星城”市容环境整治，65条城市主干道提质改造完成，28个出入城口、34条桥梁隧道焕然一新；首批108个既有小区提质项目加快推进，首批8个重点片区城市更新全面启动，开工改造城镇老旧小区374个、危旧房屋630栋，完成棚户区改造3061户，启动城中村改造13个。持续强化精致管理，解决“脏乱差”“违堵占”问题12万余个，湘雅医院、湘雅二医院、湘雅三医院、烈士公园、长沙火车站等区域面貌明显改善，垃圾焚烧发电二期项目投入运行；在全国率先启动新型智慧城市示范城市建设，政务云创新中心、城市超级大脑建成运行。

五是着眼全域推进乡村振兴。乡村振兴示范市建设全面启动。推进现代农业提质行动，建成高标准农田1.46万公顷、放心满意标准化小型水库200座；完成“一县一特”项目182个，新增国家级农业龙头企业4家、“两品一标”农产品认证50个，建成全国首个双季稻“无人农场”，举办首届省花卉苗木博览会。长沙县开慧镇入选第一批全国乡村旅游重点镇。推进乡村建设提标行动，启动乡村振兴示范乡镇创建21个，新增全国乡村治理示范镇1个、示范村4个，首次获得全国“四好农村路”示范创建突出市荣誉。推进集体经济提档行动，村级集体经济收入全部超过20万元。推进脱贫成果提升行动，全年未发生致贫返贫现象，投资3.55亿元对口帮扶龙山等6县。致力建设湘赣边区域合作示范区，“湘赣红”品牌影响力显著增强。

六是改善民生促进社会和谐。省、市民生实事全面完成。新增城镇就业14.71万人，城镇调查失业率控制在5.1%以内。新增公办幼儿园学位6.75万个、义务教育学位5.7万个，新扩建义务教育学校35所，“双减”工作经验在全国推介，获批国家产教融合试点城市。建成市儿童福利院、60家社区养老居家养老中心、8家标准化疾控中心、100个标准化村（社区）综合文化服务中心、30个文旅融合示范点、200个智慧社区健身中心。举办中国网球巡回赛（望城站）和市十运会。筹建租赁住房2.5万套，既有多层住宅加装电梯1012台，完成残疾人家庭无障碍改造839户。长沙应急救援基地和民兵训练基地建成。生产安全事故起数、伤亡人数“双下降”。

各位代表！这些成绩的取得，是以习近平同志为核心的党中央坚强领导的结果，是省委、省政府和市委正确领导的结果，是市人大、市政协监督支持的结果，是全市干部群众团结奋斗的结果。在此，我代表市人民政府，向全市各族人民，向市人大代表和政协委员，向各民主党派、工商联、无党派人士、各人民团体，向驻长沙部队、武警官兵、政法干警、消防救援和民兵预备役人员，向关心支持长沙发展的各界人士，表示衷心感谢和崇高敬意！

在总结成绩的同时，我们也清醒看到：经济发展面临需求收缩、供给冲击、预期转弱三重压力；产业转型升级任重道远，园区发展空间受限，产业链、供应链堵点仍然较多；科技创新能力不足，新旧动能转换还需下更大功夫；城市现代化、国际化水平不高，精细化管理有待加强；教育、医疗、养老等民生事业发展与人民对美好生活的新期待还有差距；统筹发展与安全的压力较大；干部的服务意识和能力有待提升，营商环境还需进一步优化。对此，我们将采取有效措施，切实加以解决。

二、未来五年的发展目标和重点任务

当前，世界百年未有之大变局加速演变，国际环境错综复杂，但我国经济长期向好的基本面不会改变，长沙发展仍处在大有可为的战略机遇期、高质量发展的关键期。特别是省第十二次党代会明确实施强省会战略，为长沙发展注入强大动力、赋予新的使命。全市上下要深入落实强省会战略，以实干抢抓机遇，用担当迎接挑战，进一步强化省会意识、彰显省会作为，奋力在全国争先进、在区域作示范、在全省当标杆。

*我们将努力在推动高质量发展上闯出新路。*聚焦打造“四个中心”、创建国家中心城市，做活存量、做优增量、做大总量、做强质量，加快构建现代化经济体系，全面增强经济创新力和竞争力，建设“三个高地”示范区，当好全省高质量发展龙头。

*我们将努力在构建新发展格局上走在前列。*用好用活湘江新区、湖南自贸区长沙片区等国家级平台，融入“一带一路”、RCEP等国家重大战略，加快推进产业链供应链优化升级，全力打造国内大循环的重要枢纽、国内国际双循环的重要支点。

*我们将努力在引领区域协同发展上当好示范。*推进区域共创共建，奋力打造中部地区高质量发展典范区、长江经济带发展核心增长极；引领带动长株潭一体化发展，深化设施共融、产业共建、平台共用、资源共享，加快打造全国重要增长极。

*我们将努力在保障和改善民生上攻坚突破。*始终践行以人民为中心的发展思想，提高社会保障水平，完善公共服务体系，着力推动共同富裕，用情用力解决群众“急难愁盼”问题，努力建设人民的幸福城市、幸福的人民城市。

未来五年，政府工作的总体要求是：高举中国特色社会主义伟大旗帜，坚持以习近平新时代中国特色社会主义思想为指导，全面贯彻中共十九大和十九届历次全会精神，深入贯彻落实习近平总书记对湖南重要讲话重要指示批示精神，牢牢把握立足新发展阶段、贯彻新发展理念、构建新发展格局的要求，统筹推进“五位一体”总体布局、协调推进“四个全面”战略布局，坚持稳中求进工作总基调，以推进高质量发展为主题，以深化供给侧结构性改革为主线，以满足人民日益增长的美好生活需要为根本目的，全面落实“三高四新”战略定位和使命任务，按照省、市党代会要求，实施强省会战略，着力推进高质量发展，着力促进共同富裕，着力扩大改革开放，着力提升治理水平，打造国家重要先进制造业中心、国家科技创新中心、国际文化创意中心、国家综合交通枢纽中心，示范引领长株潭都市圈建设，加快创建国家中心城市，全面建设现代化新长沙，奋力谱写新时代坚持和发展中国特色社会主义的长沙新篇章。

未来五年主要预期指标是：实现地区生产总值2万亿元左右，省会首位度逾30%；常住人口1200万人；地方一般公共预算收入占GDP比重10%，城乡居民人均可支配收入8万元左右。重点落实好五大任务：

（一）聚焦“三个高地”，加快国家中心城市建设。

*着力打造先进制造领跑优势。*持续深耕22条产业链，加快构建优势突出、特色鲜明的“1+2+N”先进制造业集群，新增2~3个制造业千亿产业集群。大力培育集成电路、软件、航空（大飞机）配套、人工智能等新兴产业，前瞻布局类脑智能、生物技术、前沿新材料等未来产业，加快发展北斗规模应用、新能源及智能网联汽车、应急等特色产业，抢占产业发展制高点。深入实施“上云用数赋智”行动，大力发展先进计算产业，争创国家数字经济创新发展试验区、国家大数据综合试验区，实现数字经济占GDP比重逾45%。大力培育市场主体，实施“十百千”工程，实现本土世界500强企业“零突破”，产值过千亿、税收过百亿企业数量翻番。*着力增强创新驱动发展动力。*全面推进“协同创新四大板块”、国家创新型城市、“科创中国”试点城市建设。依托“三区两山两中心”，新增一批国家级制造业等产业创新中心、技术创新中心，培育岳麓山国家实验室，推动国家实验室、大科学装置“破零”，争创国家科技创新中心、综合性国家科学中心。深入实施“芙蓉英才星城圆梦”计划，健全精准引才、科学育才、用心留才、茁壮成才机制，

高水平建成国家海外人才离岸创新创业基地、海归小镇。打造军民融合示范区，率先成为国家知识产权强市，实现全社会研发经费投入占 GDP 比重 3.5% 以上，全面激发创新创业创造活力。着力推动改革开放行稳致远。深化国资国企、要素市场化配置、“放管服”、产权市场等重点改革，争创国家营商环境创新试点城市、全国民营经济示范城市。发挥湖南自贸区长沙片区先行先试优势，放大制度型开放成果效应；协同推进自贸区与湘江新区联动发展，做强做优对外开放平台，推动湘江新区挺进全国“第一方阵”。深化国家市场采购贸易方式试点，推动五一商圈等跻身千亿级行列，争取博鳌亚洲论坛经安会永久落户，加快建设国际消费中心、中非经贸深度合作先行区、国际会展名城，实现进出口总额逾 5000 亿元。大力推动长株潭都市圈建设，加快构建“四圈”同城发展新格局，协同打造湘江西岸科创走廊和湘江东岸先进制造业走廊，共建一批世界级产业集群。深度对接长江经济带、粤港澳大湾区，深化湘赣边区域合作示范，以高水平开放推动高质量发展跑出“加速度”。

（二）聚焦“五区”建设，彰显省会一流品质形象。拓展城市发展空间。着力完善“三级三类”国土空间规划体系，加快形成高质量发展的国土空间支撑体系。坚持“多中心、网络化、组团式、生态型”原则，推进“东拓、西提、南融、北进、中优”，形成“一核两副十片、一轴一带两廊”国土空间总体格局。提升城市功能品质。推进“十个重大基础设施项目”建设，打通 4 条过江通道，加快地铁 6 号线、7 号线、4 条延长线和长浏、长宁城市快线建设，轨道运营总里程 270 千米；持续实施建筑景观风貌品质提升行动，提升“一江两岸”景观亮化效果，优化滨水区天际线和标志性建筑集群，精心打造湘江和浏阳河两条百里画廊；完成长沙机场改扩建，实现高铁西站枢纽投入运营，建设中欧班列集结中心，加大空港型、陆港型、商贸服务型物流枢纽建设，加速国家综合交通枢纽中心建设，提升城区承载力。推进“五好”园区建设，全力打造 2 家五千亿级园区、3 家两千亿级园区、3 家千亿级园区，支持宁乡高新区升格国家高新区，筑牢园区主阵地。突出功能升级、产城融合、品质提升，高标准打造金阳新城、金洲新城、金霞新城三大产业功能片区，高水平建设滨江金融、国际会展、高铁西城、南部融城四大高端服务功能片区，高质量塑造隆平、大泽湖、大王山三大特色功能片区，打造片区增长极。加快推动行政区划优化调整，支持长沙县、浏阳市和宁乡市城区扩容提质，打造省会副中心和活力型中小城市样板；有序推进既有小区品质提升，实现既有小区提质全覆盖；统筹推进城市更新，全面完成 2000 年底前建成的城镇老旧小区改造，加快解放垸、苏托垸、观沙岭等重点区域规划建设，巩固县区人底盘。高标准建设一批“完整社区”“智慧社区”“平安社区”“美丽社区”，构建社区幸福圈。推进城乡深度融合。推进以人为核心的新型城镇化，培育壮大 40 个左右产业强、环境美、配套优的特色小（城）镇，实现城镇化率 87%。深化乡村振兴示范市建设，推进脱贫攻坚与乡村振兴有效衔接，培育千亿级现代农业产业链，力争所有行政村集体经济收入逾 50 万元，全域建设美丽宜居村庄，打造数字乡村、美丽乡村，书写“农业强、农村美、农民富”的亮丽答卷。

（三）聚焦绿色发展，擦亮生态宜居美丽名片。深化环境综合治理。严格生态环保监管，健全“三线一单”生态环境分区管控体系。深入打好蓝天、碧水、净土保卫战，减少面源污染，优化风道规划，基本消除重污染天气，空气优良率逾 85%；推进垃圾分类，启动城西生活垃圾焚烧发电项目建设，建成浏阳、宁乡生活垃圾焚烧发电项目，有效管控土壤污染风险；统筹水安全、水资源、水生态、水景观、水文化建设，加快推进“一江六河”综合治理，基本完成城区市政管网雨污分流，建设水生态文明典范之城。厚植城市生态底色。严守生态保护红线，严格落实“十年禁渔”，建设山水林田湖草生命共同体，形成河畅水清、城绿景美的生态新格局。科学开展国土绿化行动，全面加强自然保护地体系建设，推进生态降碳，建设一批万亩生态公益林示范片区。全面加强绿心地区生态保护修复，高标准建设绿心中央公园，推进花博园项目建设，支持石燕湖创建 AAAAA 级景区，打造国际化都市圈绿色会客厅。创建国家生态园林城市、国家生态文明建设示范区，实现蓝天常在、碧水长清、城乡更美。加快绿色转型步伐。有序推进碳达峰碳中和，加大绿色低碳技术攻关和资源循环利用，优化升级产业结构、能源结构、消费结构，加快构建绿色低碳循环发展经济体系，新建建筑 100% 执行绿色建筑标准，单位 GDP 能耗减少 15.5% 以上。持续完善绿色交通出行体系，绿色交通出行比例 75%。开展“双碳”试点示范和国家节水型城市创建，做好碳排放总量和强度“双控”，让生态文明融入发展血脉。

（四）聚焦安全高效，打造城市现代治理样板。守牢安全发展底线。统筹发展与安全，构建与特大城市相适应的防灾减灾救灾、应急处置、社会治安防控体系，加强疫情、债务等风险防控，创建全国禁毒示范城市、国家安全发展示范城市，共建共享更高水平的“平安长沙”。引领社会治理创新。健全基层社会治理体系，建设大融合、高共享、深应用的社会治理智能化平台，打造全国新型智慧城市示范城市；深化网格化服务管理，加强访源治理，建成首批全国市域社会治理现代化试点合格城市。打造法治城市标杆。坚持法治城市、法治政府、法治社会一体建设，切实加强城乡社区管理等领域立法，推进综合行政执法体制改革，着力实施“八五”普法，加快形成覆盖城乡、便捷高效、均等普惠的现代公共法律服务体系，努力把长沙建设成法治环境最好的现代化大都市。激发文化文明活力。加快重大文化设施建设步伐，大力发展文创重点产业，推动国家公共文化服务体系示范区创新发展，扮靓国家历史文化名城、世界媒体艺术之都名片，建设国际旅游中心城市，打造国际文化创意中心；擦亮“雷锋家乡学雷锋”活动品牌，争创全国文明典范城市，持续营造“近悦远来”的文化氛围和发展环境。

（五）聚焦共同富裕，提升全体人民幸福指数。多渠道提高居民收入。实施高质量就业提升工程、居民收入增长计划，新增城镇就业75万人；巩固拓展脱贫攻坚成果，缩小收入分配差距，加快打造共同富裕先行区。全方位提标社会保障。实现基本养老保险参保覆盖率96%以上，推动失业、工伤保险“应保尽保”；提高残疾人和孤儿、事实无人抚养儿童生活保障补贴标准；推动新的生育政策落地见效，完善养老服务、健康支撑体系，实现街道（乡镇）综合养老服务中心全覆盖，全面运营好县（市、区）社会福利中心，构建全龄友好型城市；坚持“房住不炒”，构建多层次、广覆盖新型住房保障体系，促进房地产业良性循环、健康发展。高标准提质公共服务。推进“教育强市”战略，深化义务教育“双减”，深化教育评价改革，扩大特殊教育学位供给，推动公办幼儿园量质齐升，加快基础教育优质均衡、职业教育产教融合、高等教育创新发展步伐。推进“健康长沙”建设，推动公立医院高质量发展、优质医疗资源扩容均衡布局，提升基层医疗卫生服务能力，建设国家中医药示范市，建成国家医学中心，打造全国区域医疗中心。推进“体育名城”建设，创建国家体育消费示范城市、全民运动健身模范城市。巩固军政军民团结局面，争创全国双拥模范城“八连冠”，携手让城市更有温度、生活充满温情、市民倍感温暖。

三、2022年工作重点

2022年是新一届政府的开局之年，开好头、起好步至关重要。我们将坚持稳中求进工作总基调，实施“双五”工程，全面建设现代化新长沙。全市经济社会发展主要预期目标是：地区生产总值增长7.5%以上；规模以上工业增加值增长8.5%左右；固定资产投资增长8%以上；社会消费品零售总额增长8%以上；地方一般公共预算收入增长8%；居民人均可支配收入与经济增长基本同步；城镇调查失业率控制在5.5%以内；居民消费价格涨幅3%左右。突出抓好九个方面：

（一）在促进产业发展上构筑新优势。筑牢实体经济根基，推进制造强市、质量强市建设，加快打造国家重要先进制造业中心。壮大先进制造业集群。聚焦湘江东岸先进制造业走廊，持续推进“1+2+N”先进制造业集群建设，启动一批产业基础再造工程项目，加快山河工业城三期、上汽大众新能源汽车、三安半导体、中伟新能源三期、大华股份、海信智能家电等项目建设，确保惠科光电、邦盛新能源一期、比亚迪乘用车二期等项目投产达效，力争在类脑智能、氢能与储能等未来产业新赛道上取得突破。完善优质企业梯度培育体系，促进中小企业专精特新发展，力争新增国家级、省级专精特新小巨人企业30家、100家。加快数字经济发展。深化数字经济和实体经济融合，以数字化转型促进传统产业升级。优化算力算法和大数据中心布局，升级改造国家超算长沙中心，争取设立长沙国家级互联网骨干直联点。大力发展“北斗+”“+北斗”产业，建好湘江数字健康产业园、北斗产业园、天心数谷。加快智能网联产业城、计算与数字经济研究院、星沙区块链产业园、数智科技平台建设，实现世界计算·长沙智谷展示中心建成开放。推动高端服务业发展。优化地方金融业态，引导金融机构加大对实体经济特别是小微企业、科技创新、绿色发展的支持，提质扩容湖南金融中心，力争长沙银行获批理财子公司和基金托管资格，支持长沙农商银行加快筹备上市，支持长投控股公司加快申设金融控股集团。加快发展检验检测产业，建设精密仪器仪表特色产业园。大力发展会展经济，启动国际会展中心二期建设，组建会展产业集团。加快打造国际消费中心，加强中央商务区建设，推进五一商圈、凤凰街等文旅消费集聚区建设，大力发展首店经济，新增限上社零企业300家，服务业增加值增长7.5%。推进“五好”园区建设。深入实施“五好”园区“1+2”支持政策，加快省级以上园区相对集中行政许可改革试点，推动园区依法调规扩区、适时整合，强化亩均效益导向，开展新型产业用地试点和建设用地节约集约利用考核，盘活用好低效闲置用地，支持融湘供应链等物流地产试点建设，支持有条件园区试点知识产权证券化，持续提升园区承载力、创新力。

（二）在推动科技创新上实现新突破。推进“十个重大科技创新标志性项目”，加快打造国家科技创新中心。培育战略科技力量。以岳麓山种业创新中心为依托，按照国家实验室标准建设岳麓山实验室。全力争取大科学装置落户长沙，加快推进大飞机地面动力学实验平台、极端环境电能变换装置等重大科技基础设施建设。启动特种工程装备、干细胞等新型研发机构建设，创建战略性稀有金属矿产资源高效开发与精深加工国家技术创新中心、先进运载技术创新中心。加快湘江西岸科创走廊、三一科学城建设，推进湖南先进技术研究院、“航天之星”军民融合创新研究院、中南大学研发总部院士项目转化基地建设。壮大创新创造主体。强化企业创新主体地位，实施高新技术企业“量质双升”行动，支持企业组建“创新联合体”，培育更多科技领军企业和科技型中小企业。加快海归小镇建设，探索建立符合国际惯例的外籍专家永久居留政策，实施百名青商“长青树”培养工程，更好发挥存量人才作用，壮大科学家、企业家、工程师、产业工人等人才队伍。完善创新服务体系。做大成果转化基金，扩充高新技术企业信贷风险补偿资金池，研发经费投入总量增长13%以上。优化科技中介服务，强化与“大院大所大企”合作，建立创新发展联盟机制，加强驻长沙高校领军人才建设，搭建“两单两库一平台”，推进科技体制改革。加快全国版权示范城市创建，让更多创新成果走出实验室、走向市场、走进大众。

（三）在深化改革开放上开拓新局面。推进更深层次的改革和更高水平的开放，加快打造内陆地区改革开放高地。深化重点领域改革。深化要素市场化配置改革，支持和引导资本规范健康发展。完成国企改革三年行动任务，推动国有资产证券化，强化央企合作，力争“千亿资产、百亿营收、十亿利润”国有企业3家。深化商事制度改革和“证照分离”改革，全面落实省“一事一标准”改革。抓好数字人民币等改革试点。深化供销合作社生产、供销、信用“三位一体”综合改革。理顺城市建设管理执法体制，强化交通运输智慧执法改革。提升对外开放水平。推动制度型开放，完善国际化仲裁机制，吸引更多跨国公司投资，进出口总额增长15%。

高质量建设湖南自贸区长沙片区及创新联动区，加快完成113项改革试点任务，全力推进中非易货贸易等改革事项取得突破，大力发展保税维修再制造、跨境电子商务等新型贸易业态，加快自贸总部基地、国际金融港、国际人才港建设，引进三类“500强”项目10个以上。深化对非经贸合作，加快高桥中非经贸合作促进创新示范园建设，推动第二届中非经贸博览会成果落地。加强国际交流合作，提升友城合作质效，推进国际学校、医院、社区建设，着力营造“类海外”环境。持续优化营商环境。开展“纾困增效”行动，落实新的减税降费政策，强化对中小微企业、个体工商户、制造业、风险化解等支持力度，促进中小微企业融资增量、扩面、降价。深化工程建设项目审批制度改革，优化工程建设领域营商环境。升级“互联网＋政务服务”，推进政务跨域通办、极简快办、就近好办，强化各级政务大厅标准化、规范化管理。落实水电气清费顺价政策，全面推行水电气网外线报装零成本服务。精心办好“企业家日”系列活动，支持民营经济发展，关心民营企业家成长，依法平等保护民营企业产权和企业家权益，建立“有求必应、无事不扰”服务企业工作机制，以服务优环境，以营商赢未来。

（四）在打造交通枢纽上迈出新步伐。主动融入“双循环”新发展格局，全力建设国家综合交通枢纽中心。加快打造综合交通通道。推进长沙机场改扩建工程，拓展“四小时航空经济圈”。提升长沙至欧洲、中亚等主要城市铁路运输线路通达能力，启动渝长厦高铁长赣段建设，推动渝长厦高铁常益长段建成通车。推进新港片区公铁水联运，加快铜官港二期、新港三期建设，推动长岳水运协同发展。支持京港澳高速扩容，协调推进长吉高速、长沙外环高速规划建设，实现宁韶高速、江杉高速通车。加快打造综合客运枢纽。推进高铁西站等重大枢纽建设，推行轨道交通TOD综合开发模式，完成湘雅路公共综合停车场等项目建设，推动高铁、城轨、地铁、磁浮、公交、通航等协同配合，优化公共交通服务，着力构建“零距离”换乘体系。加快打造现代物流网络。推进陆港型国家物流枢纽建设，争取获批生产服务型国家物流枢纽。探索开行高铁货运班列，建设现代化高铁物流中心。新开国际货运航线3条以上，开行中欧班列（长沙）不少于1000列。推进冷链物流业高质量发展，提升物流标准化、智慧化、绿色化水平。

（五）在提升城市品质上释放新魅力。坚持“四精五有”标准，更好展示一江两岸大美长沙城市画卷。不断优化空间规划布局。高水平推进“五区”规划建设，高质量完成国土空间总体规划编制。严格落实建筑方案分级审查管理制度，加强城市重要节点管控和历史文化名城保护。持续完善综合配套功能。加快推进4条过江通道建设。加快1号线北延一期、2号线西延二期、6号线东延段、7号线一期、磁浮东延线建设，实现6号线、比亚迪云巴载客运营，力争西环线一期通车试运行。深入实施城市更新行动，启动黑石铺、华夏路、西龙地块等片区城市更新，完成主城区铁路沿线环境整治和老旧建筑更新，开工改造城镇老旧小区645个、危旧房屋240栋、棚户区1700户以上。全面实施小区治理和既有小区品质提升三年行动。着力建设绿色低碳长沙。以减污降碳协同增效为重点，推进“双碳”工作，倡导节约集约、绿色低碳生产生活方式，开展“双碳”示范区建设。实施智慧电网新一轮“630攻坚”，启动韶山南路电力隧道建设，加快乡村光伏建设，完成长沙—荆门1000千伏特高压建设。推进环保督察及“回头看”问题整改，持续开展“夏季攻势”，强化$PM_{2.5}$和臭氧协同防控，加强小西门、赵洲港等排口雨污混合直排治理，力争空气优良天数逾300天。推进国土绿化试点示范项目，完成造林绿化1.16万公顷，以“林长制”实现“林长治”。全面提升城市管理水平。加快新型智慧城市示范城市建设，构建“一脑赋能、数惠全城”新格局。启动“百街千巷”整治提质工程，高效有序整治提质1011条支路街巷环境品质。推进国家生态园林城市建设，保护城市自然风貌。优化城市景观亮化效果，推动城市道路功能照明精细管理。深化全民垃圾分类，启动浏阳、宁乡垃圾焚烧项目建设。深入实施新时代文明实践工程，传播文明新风、传递城市温度。

（六）在推动协同发展上彰显新担当。强化示范引领、辐射带动、深度联动，加快形成优势互补的高质量发展布局。引领长株潭都市圈建设。加强长株潭规划衔接，编制绿心中央公园长沙起步区等相关规划。强化基础设施建设和产业发展协同，重点推动长株潭高速大环线、湘江融城科技小镇、湘江通航小镇、国家医学中心、奥体中心、金屏小镇等项目建设，大力发展“飞地园区”，壮大长株潭商圈，推动区域民营企业协同发展，加快完善要素市场化配置体制机制。推动长岳协作，带动“3+5”城市群加快发展，联动洞庭湖、湘南、大湘西三大板块高质量发展。深化湘赣边示范区建设。全面实施湘赣边区域合作示范区建设三年行动计划，深化红色传承、产业协同、公共服务等合作，加快推进“两山一河”红色文旅走廊、烟花爆竹转型升级集中区建设。促进中部地区城市合作。加强与武汉、南昌都市圈联通链接，拓展长江经济带“跨省通办”政务服务，协同建设一批技术交易市场联盟、产教融合实训基地和产业集群服务平台、区域应急救援平台。

（七）在打造重大平台上取得新成效。加快新区片区建设，充分彰显“未来之城”发展特质，推动湘江新区加快发展。以“三智一芯”为重点推动产业发展，加快中联智慧产业城、楚天科技四期、国家级车联网先导区建设。以产城融合为抓手推进片区开发，高品质推进梅溪湖片区二期及高铁西城、大王山、大泽湖等片区建设，抓好梅溪湖、滨江金融、洋湖总部经济区等片区提质改造。以“一体两翼”为引领深化改革开放，推动自贸区政策覆盖新区全域，加快湘阴、九华新片区开发建设。铺排重大项目720个，完成投资1500亿元以上。推动马栏山视频文创产业园融合发展。深化“文化+科技”融合发展，做强华为云音视频产业创新中心等技术平台，延长音视频产业内容链、升级技术链，推动视频跨界融合、多场景应用，引进企业900家以上，创建国家级文化产业示范园区。推动岳麓山大学科技城创新发展。加快建设岳麓山工业创新中心、湖南大学半导体研究院等平台，布局建设科技成果转化承载区，加快湘江科创基地二期建设，支持拓展优化发展空间。新增高新技术企业90家以上、科技成果转化数量600件以上，完成技术合同成交额25亿元以上。推动重大片区高质量发展。加快金阳新城建设，推动机场大道南延线、湘府路东延线、长浏快线建设，拉通金阳大道，启动金阳医院建设。推动金洲新城建设，编制沩水中央客厅等控制性详细规划，启动长宁磁浮快线建设。优化金霞新城空间布局，加快长沙北中心商圈建设和苏托垸开发，推进超精密智能制造产业园、商飞航空产业基地建设。高水平建设国际会展、南部融城、隆平片区、袁家岭文化区、松雅湖生态新城等片区。

（八）在推进乡村振兴上绘就新画卷。以建设乡村振兴示范市为总揽，促进农业高质高效、乡村宜居宜业、农民富裕富足。发展现代都市农业。深入实施种业振兴行动，提高农业综合生产能力和农机装备水平，优化粮食种植结构布局，严格耕地资源保护，新建高标准农田1.29万公顷，粮食产量稳定在21.5亿千克左右。培育壮大新型农业经营主体，市级以上农业龙头企业310家、示范农民合作社200家、示范家庭农场300家。开展“万企兴万村”行动，实现产业深度对接、村企共赢发展。做好“农业+”“林业+”文章，加快发展“一县一特”“一乡一品”，新建油茶丰产林0.67万公顷，新增“两品一标”认证50个，农产品加工业产值3100亿元，第一产业增加值增长3.5%以上。畅通农产品贸易流通渠道，加快建设兴盛优选全国总部及智慧物流产业园，推进红星、海吉星、大河西等农产品专业市场建设，推动盒马鲜生长沙运营中心建成投产。实施乡村建设行动。全面完成村庄规划编制。持续开展农村人居环境整治，实施基础设施建设提标、公共服务水平提升、美丽宜居村庄建设提速工程，推动公共基础设施往村覆盖、向户延伸，建设美丽宜居村庄800个。加快椒花水库建设，除险加固病险水库15座，建设小微水体示范片区20个、美丽幸福河10条。深化移风易俗和文明村镇创建，推动形成良好家风、文明乡风、淳朴民风。完善农村配套服务。推动巩固拓展脱贫攻坚成果同乡村振兴有效衔接，加强低收入人口常态化帮扶，持续抓好对口支援协作。发展壮大农村集体经济，年收入50万元以上村级集体经济组织占比逾30%。全面落实乡村振兴产业人才“1+13”配套实施办法，引导能人回乡、市民下乡、乡贤助乡、企业兴乡。

（九）在增进民生福祉上展现新作为。把促进共同富裕作为着力点，持续增强群众获得感、幸福感、安全感。用心用情办好民生实事。一是完成“双减”工作重点监测目标任务；二是建设城区学校人行天桥5座；三是建设社区养老服务设施100家；四是既有多层住宅加装电梯900台；五是新改建农村公路600千米；六是推进食品安全放心工程；七是新改建室外运动场200个；八是新建公厕80座、提质改造200座；九是新改建停车场270座、新增停车位18万个；十是完成全市农村电网乡村振兴工程。推进教育强市战略。加强农村教育，促进城乡教育优质均衡发展，增加优质基础教育学位5万个以上。坚持立德树人，推进学校家庭社会协同育人，关爱青少年身心健康，规范校外培训行为，切实做好关心下一代工作。推进国家产教融合试点城市建设，加快长沙技师学院项目落地，完成长沙幼儿师专和湖南信息职院新校区建设，启动卫生职院附属医院建设，确保长沙工业学院通过教育部高校设置评估，推动长沙学院更名为长沙大学，支持在长沙高校新一轮“双一流”建设。深入实施“健康长沙”行动。坚持“外防输入、内防反弹”，严格落实“四早”要求，有序推进新冠病毒疫苗接种，强化公众防护知识教育，关心关爱疫情防控一线医护人员和防疫工作者，筑牢人防物防技防、监测预警、集中管控、医疗救治等常态化防控基础。健全公共卫生服务体系，启动新一轮基层医疗卫生服务能力提质增效三年行动，强化市县医院重点临床学科建设，推进公立医院高质量发展，传承创新发展中医药事业，加快市公共卫生救治中心改扩建、市妇幼保健院和口腔医院河西分院建设。增加自动体外除颤仪配置，提升公共场所卫生保障水平。推进全民健身设施建设补短板工程，加快国际体育中心建设，办好市第二届体育消费节，推动“体育+”融合发展。加快推动文化繁荣发展。加快汉长沙国考古遗址公园、贾谊故居二期修复工程、潮宗街片区等项目建设，推进湘江、浏阳河百里画廊建设，提质靖港、铜官等湘江古镇群，支持莲花、开慧等文旅小镇建设，加快苍坊旅游区等AAAAA级景区创建，建设标准化村（社区）综合文化服务中心100个。加快工人文化宫建设。推动优秀传统文化创造性转化、创新性发展，打造长株潭雨花非遗集市，启动国家方志馆中国近代人物分馆建设，推进长沙铜官窑申报世界文化遗产，加强现实题材、红色题材、本土题材文艺精品创作。不断完善社会保障体系。强化就业优先导向，加大城镇就业困难人员帮扶力度，广泛开展职业技能培训，抓好农村转移劳动力、退役军人、高校毕业生等就业工作，帮扶残疾人、零就业家庭成员等困难人员就业，城镇新增就业15万人。深化社会救助综合改革，压实社会保险基金监管主体责任，不断增强老百姓对社保医保的获得感。聚焦“一老一小”服务，降低生育、教育、养育成本，推进小区适老化改造和托幼试点建设，加快市老干部（老年）大学择址新建，提质改造村级儿童之家35家。落实“房住不炒”要求，加快保障性住房建设，推进新建商品住宅项目“交房即交证”，做好住房公积金支持老旧小区改造等工作，推动商品房市场更好满足购房者的合理住房需求。大力发展慈善、志愿服务事业，加强妇女儿童和青少年权益保障，建设更有温度的爱心之城。着力提升社会治理水平。推进社会治安防控体系建设，加快构建“环长沙安保防护圈”，常态化开展扫黑除恶斗争，重拳打击治理电信网络诈骗、侵害未成年人等突出犯罪，打好打赢新一轮禁毒人民战争，完善派出所基础建设，打造稳定、安全、有序的治安高地、平安绿洲。加强城市公共安全治理，启动城市生命线工程，开展安全生产、消防安全、交通顽瘴痼疾等专项整治，启动市消防救援综合模拟训练基地建设，建成消防站8个，做好气象、水文、地震监测预警。全域开展信访“三无”创建，全市符合创建条件的乡镇（街道）、村（社区）分别逾80%、90%。推进社区矫正法治化信息化社会化发展，高标准建设市级公共法律服务中心。加强食品药品和特种设备安全监管，巩固提升国家食品安全示范城市创建成果。坚决守住风险底线，全力防范化解金融风险、政府债务风险。

全力支持国防和军队现代化建设，落实国防动员体制和兵役制度改革，推动国防后备力量建设工作高质量发展。加强国家安全、保密、对台、档案等工作。支持文联、社科联等开展相关工作。加快创建全国民族团结进步示范市。

四、切实加强政府自身建设

为政贵在行。我们将始终坚持正确的政治方向，坚定捍卫“两个确立”，坚决做到“两个维护”，把党的领导落实到政府工作各领域各方面各环节，以经济建设为中心，把人民满意作为政府工作的最高标准，为人民服务、对人民负责、受人民监督，用忠诚书写使命担当，以实干共建美好长沙。

全力打造法治政府。领导干部带头尊法学法守法用法，将法治思维、法治方式贯穿政府履职全过程，全面提升依法行政能力水平，加快创建全国法治政府建设示范市。严格执行重大行政决策程序规定，严格规范公正文明执法，做好行政复议、行政应诉工作，让依法办事融入精神血脉、成为自觉行动。执行市人大及其常委会决议决定，依法接受人大法律监督和工作监督，自觉接受政协民主监督，主动接受社会舆论监督，切实加强审计监督、统计监督，确保政府权力始终在正确轨道上运行。依法加强政策配套支持，推动地方性法规落地落实；深化政务公开规范化、标准化、便利化建设，让政务运行更加阳光透明。

全力满足人民需求。全心全意为人民服务，真心真情解决群众、企业和基层的操心事、烦心事、揪心事。加大民生投入，确保民生支出占一般公共预算支出的比重稳定在70%以上，全面强化社会保障，精准提供公共服务，尽全力满足人民美好生活需求。进一步畅通与群众的“连心桥”，提升“12345”政务热线和市长信箱服务质效，为老百姓提供24小时全天候服务。着力打造“倾力支持、立说立行、精心呵护”的亲清新型政商关系，让广大企业家扎根长沙、做强企业、成就事业。进一步为基层减负松绑，激励干部崇尚实干、勤勉敬业，用干部的辛苦指数换取人民群众的幸福指数。

全力提升政府效能。坚持干字当头、实字为先，进一步转变政府职能，持续优化政府权责清单，推进极简审批、免申即享等机制创新，追求卓越、善作善成，以政府自身改革进一步激发全社会创新创造活力。强化大数据、区块链、人工智能等技术手段应用，普及掌上政府、指尖服务、刷脸办事，推动数字信息技术与政府治理深度融合。全面落实干部正向激励和容错纠错机制，点燃干事创业激情，让想干能干者放下包袱，让敢干实干者脱颖而出。

全力建设清廉队伍。深入贯彻全面从严治党要求，推进政府系统党风廉政建设，持之以恒纠治“四风”，推动中央八项规定及实施细则精神成风化俗。加强重点领域和关键环节立体监督，坚决整治群众身边的不正之风和腐败问题，一体推进不敢腐、不能腐、不想腐，用良好政治生态引导公职人员廉洁奉公、引领社会风气崇德向善。

各位代表！更广阔的征途已经开启，更伟大的胜利正在前方。让我们紧密团结在以习近平同志为核心的党中央周围，在省委、省政府和市委的坚强领导下，埋头苦干、勇毅前行，加快创建国家中心城市，全面建设现代化新长沙，以优异成绩迎接中共二十大胜利召开！

名词解释

▶“三智一芯”：即智能装备、智能终端、智能网联汽车和功率芯片。

▶“三去一降一补”：即去产能、去库存、去杠杆、降成本、补短板。

▶“三区两山两中心”：“三区”即长株潭国家自主创新示范区、湖南湘江新区、湖南自贸试验区长沙片区；“两山”即岳麓山大学科技城、马栏山视频文创产业园；“两中心”即岳麓山种业创新中心、岳麓山（工业）创新中心。

▶“一带一路”：即丝绸之路经济带和21世纪海上丝绸之路。

▶“三干一轨”：即芙蓉大道、洞株路、潭州大道快速化改造，长株潭城际铁路。

▶“四精五有”：“四精”即精准规划、精美建设、精致管理、精明增长；“五有”即有颜值、有气质、有内涵、有格调、有品位。

▶7.“三级三类”：“三级”即市级、县（市、区）级、乡镇级“三级”空间规划体系；“三类”即国土空间总体规划、专项规划、详细规划三类规划。

▶“一县一特”：即一个县一个特色农业产业，指长沙绿茶、浏阳油茶、宁乡花猪、望城蔬菜、望城小龙虾、花卉苗木6大特色产业。

▶“一乡一品”：即在一定区域范围内，以乡为基本单位，按照国内外市场需求，发挥本地资源优势，通过推进规模化、标准化、品牌化和市场化建设，使一个村（或几个村）拥有一个（或几个）市场潜力大、区域特色明显、附加值高的主导产品和产业。

▶城市特殊困难群体“五帮扶”：即对城市特殊困难群体实施基本生活帮扶、医疗帮扶、急难帮扶、住房帮扶和就业帮扶等。

▶“一圈两场三道”：“一圈”即15分钟生活圈；“两场”即停车场、农贸市场；“三道”即人行道、自行车道、历史文化步道。

▶“三集中三到位”：即市直部门审批服务向一个处室集中、审批服务处室向市政务服务大厅集中、审批服务事项向市政务服务大厅和网上政务平台集中；市直部门审批服务事项和审批人员入驻市政务服务大厅到位、市直部门对审批服务处室及窗口授权到位、审批服务电子监察到位。

▶“三高四新”：即打造国家重要先进制造业、具有核心竞争力的科技创新、内陆地区改革开放的高地；在推动高质量发展上闯出新路子，在构建新发展格局中展现新作为，在推动中部地区崛起和长江经济带发展中彰显新担当，奋力谱写新时代坚持和发展中国特色社会主义的湖南新篇章。

▶“四零”防控：即零原发、零次生、零院感、零聚集。

▶“三类500强”：即世界财富500强、中国企业500强和民营企业500强。

▶“五个十大”项目：即十大产业项目、十大技术攻关项目、十大基础设施项目、十大公共服务设施项目、十大民生实事项目。

▶“1+2+N”先进制造业集群：“1”即1个工程机械世界级先进制造业集群；“2”即先进储能材料、新一代自主安全计算系统等2个国家级先进制造业集群；“N”即先进计算、生物医药和高端医疗设备、智能网联汽车、功率半导体和集成电路、显示功能器件、智能终端、人工智能、节能环保及新能源装备、现代种业、新型合金等N个省级先进制造业集群。

▶容缺受理：即符合信用条件的公民、法人或其他组织（以下简称“申请人”）办理政务服务事项时，在基本条件具备、主要材料齐全且符合法定形式，但次要材料欠缺或存在瑕疵的情况下，经申请人自愿申请并作出相应承诺，政务服务部门预先开展审核，在申请人补齐补正相关材料后，及时出具办理结果意见，颁发批文和证照的行为。

▶“两品一标”：即绿色食品、有机农产品和农产品地理标志。

▶“四好农村路”：即建好、管好、护好、运营好农村公路。

▶“双减”：即减轻义务教育阶段学生作业负担和校外培训负担。

▶RCEP：区域全面经济伙伴关系（RegionalComprehensiveEconomicPartnership），即由东盟十国发起，邀请中国、日本、韩国、澳大利亚、新西兰共同参加（“10+5”），通过削减关税及非关税壁垒，建立15国统一市场的自由贸易协定。

▶“上云用数赋智”：“上云”即探索推行普惠型的云服务支持政策；“用数”即在更深层次推进大数据的融合运用；“赋智”即加大对企业智能化改造的支持力度，特别是要推进人工智能和实体经济的深度融合。

▶“十百千”工程：由长沙市第十四次党代会报告提出，“十”即十亿项目，“百”即百亿企业，“千”

即千亿产业。

▶“协同创新四大板块”：即综合性国家科学中心（国际科学城）、河西科技创新走廊、计算与数字经济创新发展高地、种业“硅谷”。

▶“一核两副十片、一轴一带两廊”：“一核”即长沙中心城区；“两副”即浏阳城区和宁乡城区；“十片”即金阳新城片区、金洲新城片区、金霞新城片区、滨江金融片区、国际会展片区、高铁西城片区、南部融城片区（含解放垸—大托铺、暮云片区、跳马片区）、隆平片区、大泽湖片区、大王山片区。“一轴”即湘江综合发展轴；“一带”即长浏宁城镇发展带；“两廊”即长株制造业走廊、长潭科创走廊。

▶“五好”园区：即规划定位好、创新平台好、产业项目好、体制机制好、发展形象好的园区。

▶“三线一单”：即生态保护红线、环境质量底线、资源利用上线，生态环境准入清单。

▶“一江六河”：即湘江长沙段，浏阳河、捞刀河、沩水、沙河、龙王港、靳江河。

▶“双碳”：即碳达峰与碳中和。

▶“双五”工程：即“五区建设”和“五个十大”，其中“五区建设”为做大城区、做强园区、做优片区、做实县区、做靓社区（村），“五个十大”为“十个重大城市片区”“十个重大引领性产业项目”“十个重大科技创新标志性项目”“十个重大基础设施项目”“十个重大民生项目”。

▶“五好”园区“1+2”支持政策：“1”即《关于创建“五好”园区推动新发展阶段园区高质量发展的实施意见》，“2”即《长沙市推动园区高质量发展的若干政策》和《长沙市“十四五”产业园区发展规划》。

▶十个重大科技创新标志性项目：即岳麓山实验室、大飞机地面动力学重大科技基础设施、极端环境电能变换重大科技基础设施、岳麓山（工业）创新中心、战略性稀有金属矿产高效开发与精深加工国家技术创新中心、新一代人工智能技术创新中心、先进运载装备与材料技术创新中心、计算与数字经济创新研究院、汽车创新研究院、半导体技术与应用创新研究院。

▶百名青商“长青树”培养工程：即长沙市委统战部、长沙市工商联共同实施的青年企业家培育工程，旨在通过系统化、规范化的培养体系和多方位、多元化的培养范式，进一步加强全市年轻一代民营经济人士的思想政治引领，为全面建设现代化新长沙凝聚年轻一代民营经济代表人士力量。

▶“两单两库一平台”：“两单”即责任清单、科创资源清单，“两库”即项目库、人才库，“一平台”即“联盟”平台。

▶“证照分离”改革：即市场监管部门颁发的营业执照和各相关行业主管部门颁发的经营许可证审批的改革，根据许可事项的不同，主要采取取消审批、审批改为备案、告知承诺制和优化审批等四种方式，推进市场准入准营便利化，提高办证透明度和可预期性。

▶“TOD 综合开发”：即以公共交通为导向的城市开发模式，其中“TOD”为 Transit—orientedDevelopment 的缩写。

▶“飞地园区”：即打破行政区划限制，通过创新规划、建设、管理和税收分成等合作机制，以产业园区为主要载体，在异地通过共建或托管等方式建设工业项目，实现优势互补、区域协调、可持续发展经济模式的园区。

▶“3+5”城市群：即以长株潭 3 个城市为中心，以一个半小时通勤为半径，包括岳阳、常德、益阳、娄底、衡阳 5 个城市在内的城市群。

▶“两山一河”：即韶山、井冈山、浏阳河。

▶“万企兴万村”：即组织全市广大民营企业、商协会大力开展村企对接，投身乡村振兴工作，力争在“十四五”期间，打造 100 个“万企兴万村”行动示范项目和 100 个示范基地（村），组织 500 家以上商协会和民营企业参与行动，加快促进农业高质高效、乡村宜居宜业、农民富裕富足。

▶乡村振兴产业人才“1+13”：即《长沙市乡村振兴产业人才队伍建设若干措施》及 13 个配套实施办法。

▶“双一流”：即世界一流大学和一流学科。

▶“四早”：即早发现、早报告、早隔离、早治疗。

▶“交房即交证”：即通过信息共享、部门联动、网上办理等举措，充分运用信息化、大数据等手段升级登记服务，实现在交房现场就可以为购房人颁发不动产权证书。

▶“三无”创建：即“三无”县（市、区）创建和“三无”乡镇（街道）创建，其中“三无”县（市、区）创建标准为：无到京非接待场所登记和超额进京越级上访，无到省进京规模集体上访，无超额的初信初访按期办结后和积案交办件化解后重复信访；“三无”乡镇（街道）创建标准为：无到京非接待场所登记和进京越级上访，无进京到省来市规模集体上访，无因工作不当引发的重复信访。

表 65　2021 年长沙市人民政府重要文件（政府令）一览表

序号	标　题	日期
141	关于修改和废止部分市人民政府规章的决定	11 月 13 日

（资料来源：市政府办公厅新闻信息处）

表 66　2021 年长沙市政府重要文件（长政办发）一览表

文号	文件标题	签发日期
长政办发〔2021〕1 号	关于规范住宅开发项目公共服务设施配置的意见	1 月 15 日
长政办发〔2021〕2 号	关于印发《长沙市林业生物灾害应急预案》的通知	1 月 14 日
长政办发〔2021〕3 号	关于印发《长沙市招商引资项目引进事前评估及事中事后监管办法（试行）》的通知	1 月 15 日
长政办发〔2021〕4 号	关于印发《长沙市水上搜救应急预案和船舶污染事故应急预案》的通知	1 月 22 日
长政办发〔2021〕5 号	关于印发《健康长沙行动实施方案》的通知	1 月 20 日
长政办发〔2021〕6 号	关于加强长沙市通信管道工程管理的通知	2 月 1 日
长政办发〔2021〕7 号	关于印发《长沙市气象灾害应急预案》的通知	1 月 26 日
长政办发〔2021〕8 号	关于印发《长沙市低温雨雪冰冻灾害应急预案》等 8 个应急预案的通知	2 月 3 日
长政办发〔2021〕9 号	关于印发《长沙市突发事件紧急医学救援应急预案》的通知	2 月 4 日
长政办发〔2021〕10 号	关于印发《长沙市推动先进制造业高质量发展若干政策》的通知	2 月 17 日
长政办发〔2021〕11 号	关于印发《长沙市全力打造具有核心竞争力的科技创新高地 2021 工作实施方案》的通知	2 月 19 日
长政办发〔2021〕12 号	印发《关于进一步促进移动互联网产业发展若干政策》的通知	2 月 21 日
长政办发〔2021〕14 号	关于全面推进城市更新工作的实施意见	3 月 8 日
长政办发〔2021〕16 号	关于印发《长沙市现役军人和残疾军人优待实施办法》的通知	3 月 24 日
长政办发〔2021〕18 号	关于调整资本市场支持政策的通知	4 月 6 日
长政办发〔2021〕19 号	关于印发《长沙市重污染天气应急预案》的通知	4 月 14 日
长政办发〔2021〕20 号	关于印发《长沙市政府投资信息化建设项目管理办法》的通知	4 月 20 日
长政办发〔2021〕22 号	关于印发《长沙市建设乡村振兴示范市推进现代农业高质量高水平发展若干政策》的通知	4 月 22 日
长政办发〔2021〕23 号	关于印发《长沙市全域推进美丽宜居村庄建设实施办法》的通知	4 月 22 日
长政办发〔2021〕24 号	关于长沙市加快网络安全产业发展若干政策的补充意见	4 月 23 日

续表 66

文号	文件标题	签发日期
长政办发〔2021〕26号	关于印发《长沙市人民政府办理人大代表建议和政协提案工作规定》的通知	4月30日
长政办发〔2021〕27号	关于加强城市更新片区土地要素保障的通知	5月12日
长政办发〔2021〕28号	关于印发《长沙市乡镇专职消防队建设管理规定》的通知	5月21日
长政办发〔2021〕29号	关于印发《长沙市轨道交通运营突发事件应急预案》	6月6日
长政办发〔2021〕30号	关于印发《长沙市“十四五”科技创新发展规划（2021—2025年）》的通知	6月15日
长政办发〔2021〕31号	关于印发《长沙市建设国家新一代人工智能创新发展试验区三年行动计划（2021—2023年）》的通知	6月18日
长政办发〔2021〕32号	关于印发《长沙市困难家庭子女高等教育慈善助学金管理办法》的通知	7月7日
长政办发〔2021〕33号	关于下放部分市级权限的通知	7月8日
长政办发〔2021〕34号	关于加强我市中小学幼儿园治安风险防控的意见	7月9日
长政办发〔2021〕35号	关于印发《长沙市进一步扩大利用外资促进经济高质量发展若干措施》的通知	7月9日
长政办发〔2021〕36号	关于印发《长沙市既有建筑外立面管理办法（试行）》的通知	7月15日
长政办发〔2021〕37号	关于印发《长沙市食品药品违法行为举报奖励实施办法》的通知	7月16日
长政办发〔2021〕39号	关于加强我市住房租赁市场管理的意见	7月24日
长政办发〔2021〕40号	关于印发《长沙市推进惠企政策“一件事一次办”工作实施方案（试行）》的通知	8月9日
长政办发〔2021〕41号	关于印发《长沙市乡镇污水处理厂建设和运行管理办法》的通知	8月17日
长政办发〔2021〕42号	关于印发《长沙市校车安全管理办法》的通知	9月1日
长政办发〔2021〕43号	关于印发《长沙市促进大飞机产业发展若干政策（试行）》的通知	9月13日
长政办发〔2021〕44号	关于大力发展“她经济”的若干意见	9月13日
长政办发〔2021〕45号	关于印发《长沙市深化农村公路管理养护体制改革实施方案》的通知	9月16日
长政办发〔2021〕47号	关于印发《长沙市“十四五”先进制造业发展规划（2021—2025年）》的通知	9月30日
长政办发〔2021〕48号	关于全面加快推进城镇老旧小区改造工作的实施意见	10月13日
长政办发〔2021〕50号	关于印发《长沙市无障碍环境建设工作方案（2021—2025年）》的通知	9月29日
长政办发〔2021〕51号	关于印发《长沙市“十四五”开放型经济发展规划（2021—2025年）》的通知	10月8日
长政办发〔2021〕52号	关于进一步加强动物疫病防控能力建设的意见	10月29日

续表 66

文号	文件标题	签发日期
长政办发〔2021〕53 号	关于推进长沙职业教育现代化服务"三高四新"战略的实施意见	11 月 3 日
长政办发〔2021〕54 号	关于印发《长沙市行政审批中介服务管理办法》的通知	11 月 3 日
长政办发〔2021〕55 号	关于印发《长沙市建设用地使用权转让、出租、抵押二级市场管理办法》的通知	11 月 4 日
长政办发〔2021〕56 号	关于推进政务公开标准化规范化便利化的实施意见	11 月 10 日
长政办发〔2021〕57 号	关于印发《长沙市"十四五"现代服务业发展规划（2021—2025 年）》的通知	11 月 2 日
长政办发〔2021〕58 号	关于印发《长沙市"十四五"教育事业发展规划（2021—2025 年）》的通知	11 月 4 日
长政办发〔2021〕59 号	关于进一步降低疫情影响稳定经济运行的实施意见	11 月 10 日
长政办发〔2021〕60 号	关于印发《长沙市加快先进计算产业发展若干政策》的通知	11 月 8 日
长政办发〔2021〕61 号	关于印发《长沙市"十四五"体育事业发展规划（2021—2025 年）》的通知	11 月 9 日
长政办发〔2021〕62 号	关于印发《长沙市"十四五"卫生健康事业发展规划（2021—2025 年）》的通知	11 月 10 日
长政办发〔2021〕64 号	关于印发《长沙市加快先进计算产业发展三年行动计划（2022—2024 年）》的通知	11 月 15 日
长政办发〔2021〕65 号	关于印发《长沙市中医药服务"基层惠民"工程实施方案（2021—2025 年）》的通知	11 月 17 日
长政办发〔2021〕66 号	关于印发《长沙市市级公益林管理与补偿办法》的通知	11 月 20 日
长政办发〔2021〕67 号	关于印发《长沙市肇事肇祸精神障碍患者管理办法》的通知	11 月 26 日
长政办发〔2021〕68 号	关于印发《长沙市"十四五"生态环境保护规划（2021—2025 年）》的通知	11 月 30 日
长政办发〔2021〕69 号	关于印发《长沙市深化"证照分离"改革工作方案》的通知	12 月 2 日
长政办发〔2021〕71 号	关于印发《长沙市制造业创新中心认定管理办法》的通知	12 月 16 日
长政办发〔2021〕72 号	关于加强基层市场监督管理所标准化建设的指导意见	12 月 22 日
长政办发〔2021〕73 号	关于印发《长沙市"十四五"人力资源和社会保障事业发展规划（2021—2025 年）》的通知	12 月 23 日
长政办发〔2021〕74 号	关于印发《长沙市"十四五"应急管理和安全生产规划（2021—2025 年）》的通知	12 月 24 日
长政办发〔2021〕75 号	关于加快发展保障性租赁住房的实施意见	12 月 29 日
长政办发〔2021〕77 号	关于印发《长沙市国有土地上房屋征收奖励和补助办法》的通知	12 月 7 日
长政办发〔2021〕80 号	关于印发《长沙市政务数据资源管理办法》的通知	12 月 23 日

（资料来源：市政府办公厅新闻信息处）

表 67　　2021 年长沙市政府重要文件（长政发）一览表

文号	文件标题	签发日期
长政发〔2021〕2 号	关于印发《长沙市居住公共服务设施配置规定》的通知	1 月 15 日
长政发〔2021〕3 号	关于印发《长沙市内部审计工作规定》的通知	1 月 20 日
长政发〔2021〕6 号	关于做好省级下放中国（湖南）自由贸易试验区经济社会管理权限承接工作并在中国（湖南）自由贸易试验区长沙片区推行极简审批的通知	4 月 25 日
长政发〔2021〕7 号	关于印发《长沙市行政复议体制改革实施方案》的通知	5 月 28 日
长政发〔2021〕9 号	关于印发《长沙市城市规划管理技术规定补充规定》的通知	8 月 20 日
长政发〔2021〕10 号	关于印发《长沙市商业性户外广告有偿设置管理规定》的通知	9 月 8 日
长政发〔2021〕11 号	关于印发《长沙市人民政府重大行政决策程序实施办法》的通知	10 月 15 日
长政发〔2021〕12 号	关于印发《长沙市城乡居民基本养老保险办法》的通知	10 月 19 日
长政发〔2021〕13 号	关于调整长沙市征地补偿标准的通知	12 月 22 日
长政发〔2021〕14 号	关于长沙市中心城区禁止和限制燃放烟花爆竹的通告	12 月 22 日

（资料来源：市政府办公厅新闻信息处）

表 68　　2021 年长沙市委重要文件（长发）一览表

序号	文号	标题	发文日期
1	长发〔2021〕1 号	中共长沙市委长沙市人民政府关于建设乡村振兴示范市加快农业农村现代化的实施意见	4 月 20 日
2	长发〔2021〕2 号	中共长沙市委关于深入学习贯彻习近平总书记考察湖南重要讲话精神当好实施“三高四新”战略领头雁、奋力建设现代化新湖南示范区的决定	2 月 5 日
3	长发〔2021〕3 号	中共长沙市委长沙市人民政府关于印发《长沙市打造国家重要先进制造业高地三年行动计划（2021—2023 年）》的通知	2 月 19 日
4	长发〔2021〕4 号	中共长沙市委长沙市人民政府关于印发《长沙市建设国家自主创新示范区三年行动计划（2021—2023 年）》的通知	2 月 19 日
5	长发〔2021〕5 号	中共长沙市委长沙市人民政府关于印发《长沙市打造内陆地区开放高地三年行动计划（2021—2023 年）》的通知	2 月 19 日

续表 68

序号	文号	标题	发文日期
6	长发〔2021〕7号	中共长沙市委印发《关于加强和改进新时代全市机关党的建设的实施意见》的通知	2月26日
7	长发〔2021〕11号	中共长沙市委关于转发《政协长沙市委员会2021年工作要点》的通知	3月24日
8	长发〔2021〕12号	中共长沙市委关于转发《长沙市人大常委会2021年工作要点》的通知	3月24日
9	长发〔2021〕13号	中共长沙市委长沙市人民政府关于印发《长沙市持续提升空气质量坚决打赢蓝天保卫战三年行动计划（2021—2023年）》的通知	4月6日
10	长发〔2021〕14号	中共长沙市委长沙市人民政府关于践行“三高四新”战略 推动金融业高质量发展的实施意见	4月7日
11	长发〔2021〕15号	中共长沙市委印发《关于深入实施“党建聚合力”工程以高质量党建引领高质量发展的意见（试行）》的通知	4月22日
12	长发〔2021〕17号	中共长沙市委印发《关于贯彻落实“三重一大”事项集体决策制度的实施办法（试行）》的通知	6月8日
13	长发〔2021〕19号	中共长沙市委长沙市人民政府关于印发《中国（湖南）自由贸易试验区长沙片区建设实施方案》的通知	6月4日
14	长发〔2021〕20号	中共长沙市委长沙市人民政府关于印发《长沙市生态环境保护工作责任规定》《长沙市较大生态问题（事件）责任追究办法》的通知	6月16日
15	长发〔2021〕21号	中共长沙市委长沙市人民政府关于印发《长沙市打造具有核心竞争力的科技创新高地三年行动方案（2021—2023年）的通知	6月22日
16	长发〔2021〕22号	中共长沙市委关于深入学习贯彻习近平总书记在庆祝中国共产党成立100周年大会上的重要讲话精神 奋力谱写新时代坚持和发展中国特色社会主义长沙新篇章的决定	7月24日
17	长发〔2021〕23号	中共长沙市委关于加强新时代人大工作和建设的意见	8月25日
18	长发〔2021〕24号	中共长沙市委长沙市人民政府关于构建更加完善的要素市场化配置体制机制的实施意见	9月3日
19	长发〔2021〕25号	中共长沙市委关于印发《中共长沙市委常委会工作规则》的通知	10月11日
20	长发〔2021〕26号	中共长沙市委关于推进清廉长沙建设的实施意见	10月15日
21	长发〔2021〕27号	中共长沙市委关于印发《长沙市“十四五”法治建设规划》的通知	10月28日

续表 68

序号	文号	标题	发文日期
22	长发〔2021〕28 号	中共长沙市委长沙市人民政府关于加快建设国家重要先进制造业中心的实施意见	11 月 16 日
23	长发〔2021〕29 号	中共长沙市委长沙市人民政府关于促进中医药传承创新发展的实施意见	11 月 20 日
24	长发〔2021〕30 号	中共长沙市委印发《关于在全市开展党建“六大行动” 推进“党建聚合力”工程实施方案》的通知	11 月 20 日
25	长发〔2021〕31 号	中共长沙市委长沙市人民政府关于加快建设国家科技创新中心的实施意见	11 月 27 日

（资料来源：市委办公厅）

表 69　　2021 年长沙市委办公厅重要文件（长办发）一览表

序号	文号	标题	发文日期
1	长办发〔2021〕1 号	中共长沙市委办公厅长沙市人民政府办公厅关于进一步加强新时代学生心理健康教育的实施意见	1 月 21 日
2	长办发〔2021〕2 号	中共长沙市委办公厅长沙市人民政府办公厅关于印发《长沙市乡村振兴产业人才队伍建设若干措施》的通知	1 月 23 日
3	长办发〔2021〕3 号	中共长沙市委办公厅长沙市人民政府办公厅关于印发《长沙市强化知识产权保护实施方案》的通知	1 月 29 日
4	长办发〔2021〕6 号	中共长沙市委办公厅长沙市人民政府办公厅关于 2020 年度领导班子和领导干部绩效考核结果的通报	3 月 23 日
5	长办发〔2021〕7 号	中共长沙市委办公厅长沙市人民政府办公厅关于印发《中国（湖南）自由贸易试验区长沙片区人才聚集发展若干措施（试行）》的通知	3 月 29 日
6	长办发〔2021〕11 号	中共长沙市委办公厅长沙市人民政府办公厅关于印发《深入实施“三高四新”战略 全面推进重大产业高质量发展的意见》的通知	5 月 7 日
7	长办发〔2021〕12 号	中共长沙市委办公厅长沙市人民政府办公厅关于印发《长沙市数字乡村发展行动方案（2020—2022 年）的通知	5 月 24 日
8	长办发〔2021〕13 号	中共长沙市委办公厅长沙市人民政府办公厅关于印发《长沙市生态环境损害赔偿制度改革工作实施方案》的通知	6 月 16 日
9	长办发〔2021〕15 号	中共长沙市委办公厅长沙市人民政府办公厅印发《关于进一步加强新形势下统计工作的意见》的通知	7 月 16 日
10	长办发〔2021〕16 号	中共长沙市委办公厅关于印发《贯彻落实省委书记许达哲调研长沙有关指示精神工作任务清单》的通知	7 月 21 日
11	长办发〔2021〕20 号	中共长沙市委办公厅关于印发《中共长沙市委法律顾问工作规则》的通知	8 月 25 日

续表 69

序号	文号	标题	发文日期
12	长办发〔2021〕21 号	中共长沙市委办公厅长沙市人民政府办公厅关于印发《长沙市建设国际文化创意中心三年行动计划（2021—2023 年）》的通知	9 月 7 日
13	长办发〔2021〕22 号	中共长沙市委办公厅长沙市人民政府办公厅《关于创建“五好”园区 推动新发展阶段园区高质量发展的实施意见》的通知	9 月 16 日
14	长办发〔2021〕23 号	中共长沙市委办公厅长沙市人民政府办公厅关于印发《长沙市改革完善社会救助制度的实施办法》的通知	10 月 3 日
15	长办发〔2021〕24 号	中共长沙市委办公厅长沙市人民政府办公厅关于印发《长沙市进一步减轻义务教育阶段学生作业负担和校外培训负担实施方案》的通知	11 月 4 日
16	长办发〔2021〕25 号	中共长沙市委办公厅长沙市人民政府办公厅印发《关于全面推进审批服务便利化的实施意见》的通知	11 月 4 日
17	长办发〔2021〕26 号	中共长沙市委办公厅长沙市人民政府办公厅关于印发《长沙市创建民营经济示范城市总体方案》的通知	11 月 9 日
18	长办发〔2021〕27 号	中共长沙市委办公厅长沙市人民政府办公厅印发《关于加强文物保护利用改革的实施意见》的通知	12 月 4 日
19	长办发〔2021〕28 号	中共长沙市委办公厅长沙市人民政府办公厅关于印发《长沙市安全生产和消防工作考核办法》的通知	12 月 7 日
20	长办发〔2021〕29 号	中共长沙市委办公厅长沙市人民政府办公厅印发《关于进一步推动文化旅游深度融合高质量发展的意见》的通知	12 月 3 日

（资料来源：市委办公厅）

表 70 2021 年长沙市委办公厅重要文件（长办）一览表

序号	文号	标题	发文日期
1	长办〔2021〕1 号	中共长沙市委办公厅长沙市人民政府办公厅关于印发《长沙市 2021 年市级领导联点重大项目建设实施方案》的通知	2 月 19 日
2	长办〔2021〕2 号	中共长沙市委办公厅长沙市人民政府办公厅关于印发长沙市 2021 年重大项目投资计划的通知	2 月 19 日
3	长办〔2021〕3 号	中共长沙市委办公厅长沙市人民政府办公厅关于印发《长沙市推进“五个十大”项目实施方案》的通知	2 月 20 日
4	长办〔2021〕4 号	中共长沙市委办公厅关于市委常委联点工作的通知	2 月 26 日
5	长办〔2021〕5 号	中共长沙市委办公厅长沙市人民政府办公厅印发《关于简易版加强和改进新时期关心下一代工作的实施细则》的通知	4 月 1 日
6	长办〔2021〕6 号	中共长沙市委办公厅长沙市人民政府办公厅关于印发《长沙市乡村振兴示范创建乡镇联点工作方案》的通知	4 月 16 日
7	长办〔2021〕7 号	中共长沙市委办公厅长沙市人民政府办公厅《关于加强专门学校建设和专门教育工作的实施办法（试行）》的通知	4 月 17 日
8	长办〔2021〕8 号	中共长沙市委办公厅长沙市人民政府办公厅关于印发《长沙市营商环境优化工程 2021 年行动方案》的通知	5 月 7 日

续表 70

序号	文号	标题	发文日期
9	长办〔2021〕10号	中共长沙市委办公厅关于印发《市直单位机关党的建设工作考核实施细则（试行）》的通知	5月21日
10	长办〔2021〕11号	中共长沙市委办公厅长沙市人民政府办公厅关于调整长沙市党政领导班子和领导干部绩效考核管理工作领导小组成员的通知	5月26日
11	长办〔2021〕12号	中共长沙市委办公厅长沙市人民政府办公厅关于2020年长沙市文明村镇、文明社区（小区）、文明（标兵）单位、文明（标兵）校园、文明家庭评选及复查认定结果的通报	5月26日
12	长办〔2021〕13号	中共长沙市委办公厅长沙市人民政府办公厅关于成立长沙市科技创新委员会的通知	6月15日
13	长办〔2021〕14号	中共长沙市委办公厅长沙市人民政府办公厅关于成立长沙市非公有制经济工作领导小组的通知	6月23日
14	长办〔2021〕16号	中共长沙市委办公厅长沙市人民政府办公厅关于印发《长沙市既有小区品质提升三年行动计划方案（2021—2023年）》的通知	7月18日
15	长办〔2021〕17号	中共长沙市委办公厅长沙市人民政府办公厅关于2020年度建设更高水准全国文明城市工作先进个人评选结果的通报	7月18日
16	长办〔2021〕18号	中共长沙市委办公厅长沙市人民政府办公厅关于印发《长沙市对口帮扶龙山县巩固拓展脱贫攻坚成果助力乡村振兴工作方案》的通知	7月26日
17	长办〔2021〕20号	中共长沙市委办公厅关于聘任第二届市委法律顾问和法律专家库成员的通知	8月25日
18	长办〔2021〕21号	中共长沙市委办公厅长沙市人民政府办公厅印发《长沙市关于深化新时代教育督导体制机制改革的若干措施》的通知	9月8日
19	长办〔2021〕22号	中共长沙市委办公厅长沙市人民政府办公厅关于印发《长沙市全面加强小区治理三年行动计划（2021—2023年）》的通知	9月16日
20	长办〔2021〕23号	中共长沙市委办公厅印发《关于进一步加强和改进长沙市社会宣传管理工作的实施办法》的通知	9月21日
21	长办〔2021〕24号	中共长沙市委办公厅长沙市人民政府办公厅关于印发《长沙市防汛气象预警应急响应机制（试行）》的通知	9月21日
22	长办〔2021〕25号	中共长沙市委办公厅长沙市人民政府办公厅关于印发《长沙市全民推进市容环境卫生常态化精细化管理实施方案》的通知	9月23日
23	长办〔2021〕26号	中共长沙市委办公厅关于印发《中国共产党长沙市第十四次代表大会报告任务分解表》的通知	9月28日
24	长办〔2021〕27号	中共长沙市委办公厅长沙市人民政府办公厅关于印发《长沙市推进碳达峰、碳中和工作方案》的通知	10月8日
25	长办〔2021〕28号	中共长沙市委办公厅长沙市人民政府办公厅关于印发《长沙市2021—2024年禁毒人民战争实施方案》的通知	10月14日
26	长办〔2021〕29号	中共长沙市委办公厅长沙市人民政府办公厅关于印发《“十四五”长沙市档案事业发展规划》的通知	10月14日

续表 70

序号	文号	标题	发文日期
27	长办〔2021〕30 号	中共长沙市委办公厅长沙市人民政府办公厅关于印发《长沙市全面推行林长制实施方案》的通知	10 月 22 日
28	长办〔2021〕31 号	中共长沙市委办公厅关于做好贯彻落实省委书记张庆伟同志在长沙调研时讲话指示精神工作的通知	11 月 18 日
29	长办〔2021〕32 号	中共长沙市委办公厅关于印发《市委常委党支部联系点工作方案》的通知	11 月 25 日
30	长办〔2021〕33 号	中共长沙市委办公厅长沙市人民政府办公厅关于印发《市级领导干部联系民营企业和商会工作制度》的通知	11 月 26 日
31	长办〔2021〕34 号	中共长沙市委办公厅关于印发《贯彻落实省委书记张庆伟同志在参加省第十二次党代会长沙市代表团讨论时讲话精神任务清单》的通知	11 月 30 日
32	长办〔2021〕36 号	中共长沙市委办公厅长沙市人民政府办公厅关于印发《长沙市进一步加强国家公共文化服务体系示范区建设 全面推动公共文化服务高质量发展实施方案》的通知	12 月 4 日
33	长办〔2021〕38 号	中共长沙市委办公厅长沙市人民政府办公厅印发《关于全面加强危险化学品安全生产工作的实施意见》的通知	12 月 4 日
34	长办〔2021〕39 号	中共长沙市委办公厅关于成立长沙市网络综合治理工作协调小组的通知	12 月 21 日
35	长办〔2021〕41 号	中共长沙市委办公厅长沙市人民政府办公厅关于印发《长沙市加快十个重大科技创新标志性项目建设实施方案》的通知	12 月 27 日
36	长办〔2021〕42 号	中共长沙市委办公厅长沙市人民政府办公厅关于印发《中共隆平高科技园工作委员会 隆平高科技园管理委员会职能配置、内设机构和人员编制规定》的通知	12 月 30 日
37	长办〔2021〕43 号	中共长沙市委办公厅长沙市人民政府办公厅关于印发《中共长沙天心文化（广告）产业园工作委员会 长沙天心文化（广告）产业园管理委员会职能配置、内设机构和人员编制规定》的通知	12 月 30 日
38	长办〔2021〕44 号	中共长沙市委办公厅长沙市人民政府办公厅关于印发《中共岳麓高新技术产业开发区工作委员会 岳麓高新技术产业开发区管理委员会职能配置、内设机构和人员编制规定》的通知	12 月 30 日
39	长办〔2021〕45 号	中共长沙市委办公厅长沙市人民政府办公厅关于印发《中共长沙金霞经济开发区工作委员会 长沙金霞经济开发区管理委员会职能配置、内设机构和人员编制规定》的通知	12 月 30 日
40	长办〔2021〕46 号	中共长沙市委办公厅长沙市人民政府办公厅关于印发《中共长沙金霞保税物流中心工作委员会 长沙金霞保税物流中心管理委员会职能配置、内设机构和人员编制规定》的通知	12 月 30 日
41	长办〔2021〕47 号	中共长沙市委办公厅长沙市人民政府办公厅关于印发《中共长沙雨花经济开发区工作委员会 长沙雨花经济开发区管理委员会职能配置、内设机构和人员编制规定》的通知	12 月 30 日
42	长办〔2021〕48 号	中共长沙市委办公厅长沙市人民政府办公厅关于印发《中共长沙望城经济技术开发区工作委员会 长沙望城经济技术开发区管理委员会职能配置、内设机构和人员编制规定》的通知	12 月 30 日

（资料来源：市委办公厅）

统计资料

表 71　　长沙市国民经济和社会发展主要指标统计表

指标	单位	2020 年	2021 年	2021 年比 2020 年增长（%）
土地面积	平方千米	11816.0	11816.0	持平
年末总人数	万人	747.29	760.04	1.7
市区人口	万人	373.79	387.09	3.6
县（市）人口	万人	373.50	372.95	−0.1
从业人员	万人	555.62	532.83	−4.1
#农村劳动力	万人	56.97	54.59	−4.2
#职工人数	万人	142.59	155.05	8.7
地区生产总值	亿元	12142.52	13270.70	5.2
第一产业	亿元	423.46	425.56	9.1
第二产业	亿元	4739.27	5251.3	5.2
#工业	亿元	3465.88	3816.25	6.9
第三产业	亿元	6979.79	7593.85	8.9
人均地区生产总值	元	123297	130745	4.3
固定资产投资总额	亿元	—	—	8.2
更新改造	亿元	—	—	
地方一般公共预算收入	亿元	1100.09	1188.31	8.0
一般公共预算支出	亿元	1501.23	1541.59	2.7
耕地面积	千公顷	—	—	
农林牧渔业总产值（现价）	亿元	722.19	731.52	10.1
#农业	亿元	425.17	451.67	4.6
农业机械总动力	万千瓦	613.99	—	
粮食产量	万吨	211.78	216.04	2.0
棉花产量	吨	132	5	−96.2
油料产量	吨	110167	104106	−5.5
猪牛羊肉产量	吨	217400	282200	29.8
水产品产量	吨	113631	120660	6.2
建筑业总产值（现价）	亿元	6058.77	6823.54	12.6
社会消费品零售总额	亿元	4469.76	5111.57	14.4
普通高校在校学生数	万人	69.74	72.68	4.2
普通中学在校学生数	万人	44.15	47.18	6.9
小学在校学生数	万人	71.02	76.13	7.2
医院卫生院数	个	339	334	−1.5
执业医师和执业助理医师数	人	32785	35435	8.1
医疗病床数	个	83180	87161	4.8
城镇居民人均可支配收入	元	57971	62145	7.2
农村居民人均可支配收入	元	34754	38195	9.9

说明："#"表示其中主要项　　（资料来源：市统计局）

表 72　长沙市地区生产总值统计表

单位：亿元

地区	地区生产总值		第一产业		第二产业		第三产业	
	2021 年	2021 年比 2020 年增长(%)	2021 年	2021 年比 2020 年增长(%)	2021 年	2021 年比 2020 年增长(%)	2021 年	2021 年比 2020 年增长(%)
全市	13270.7	7.5	425.56	9.1	5251.3	5.2	7593.85	8.9
芙蓉区	1268.24	8.3	0.006	−2.9	158.33	−0.1	1109.9	9.5
天心区	1215.37	7.8	1.4	−5.4	374.24	4.2	839.72	9.5
岳麓区	1502.01	7.8	10.63	−3.8	428.08	3.4	1063.30	9.7
开福区	1135	8.0	1.08	−5.4	162.26	0.5	971.90	9.4
雨花区	2360	7.4	5.71	5.8	1298.79	5.2	1055.53	10.0
望城区	1002.84	7.2	56.66	8.7	427.27	5.2	518.91	8.6
长沙县	2003.3	7.6	88.57	9.8	1068.11	6.4	846.62	8.8
浏阳市	1616.56	7.3	130.21	9.6	840.92	6.4	645.5	7.9
宁乡市	1167.02	7.3	131.29	9.5	492.99	6.2	542.73	7.6

（资料来源：市统计局）

表 73　长沙市邮电基本情况统计表

指标	单位	2020 年	2021 年	2021 年比 2020 年增长（%）
邮电业务量				
邮电业务总量	万元	14836282		
邮政业务总量	万元	2118700	1308400	33.7
电信业务总量	万元	12717582	1525300	31.0
函件	万件	1220	1480	21.3
报刊期发数	万份	81		
年末固定电话用户	万户	150.07	144.54	−3.7
年末移动电话用户	万户	1320.95	1368.98	3.6
年末互联网宽带用户	万户	434.51	488.83	12.5

说明：邮政业务总量、电信业务总量 2021 年数据采用 2020 年不变价，故增速不可比

（资料来源：市统计局）

表 74　全国三十五个城市主要经济社会指标（2021 年）统计表

单位：亿元

城市名称	地区生产总值				第一产业增加值			
	2021 年	位次	比 2020 年增长（%）	位次	2021 年	位次	比 2020 年增长（%）	位次
长沙	13270.70	13	7.5	18	425.56	11	9.1	1
郑州	12691.02	14	4.7	33	181.69	24	2.5	31
太原	5121.61	27	9.2	3	44.80	32	7.7	7
合肥	11412.80	16	9.2	3	351.05	14	5.1	21
武汉	17716.76	8	12.2	1	444.21	10	8.7	2
南昌	6650.53	24	8.7	5	238.31	21	7.8	4
石家庄	6490.30	25	6.6	23	504.80	8	6.1	13
南宁	5120.90	28	6.1	29	606.80	4	7.9	3
成都	19916.98	6	8.6	6	582.79	5	4.8	23
西安	10688.28	18	4.1	34	308.82	18	6.1	13
贵阳	4711.04	29	6.6	23	193.44	23	7.8	4
昆明	7222.50	21	3.7	35	333.12	15	6.9	10
兰州	3231.29	31	6.1	29	62.52	30	7.4	8
乌鲁木齐	3691.57	30	6.1	29	28.10	34	2.5	31
西宁	1548.79	35	8.1	14	58.93	31	4.6	25
呼和浩特	3121.43	32	6.5	26	137.14	25	3.8	27
银川	2262.95	33	6.3	27	83.83	29	6.1	13
沈阳	7249.68	20	7.0	21	326.34	17	4.2	26
长春	7103.12	22	6.2	28	523.74	6	5.5	18
哈尔滨	5351.70	26	5.5	32	628.20	3	6.6	12
福州	11324.48	17	8.4	9	637.03	2	6.0	16
海口	2057.06	34	11.3	2	85.43	28	4.7	24
南京	16355.32	9	7.5	18	303.94	20	0.8	34
杭州	18109.00	7	8.5	7	333.00	16	1.8	33
广州	28231.97	4	8.1	14	306.41	19	5.5	18
济南	11432.22	15	7.2	20	408.77	12	7.1	9
北京	40269.60	2	8.5	7	111.30	26	2.7	29
上海	43214.85	1	8.1	14	99.97	27	−6.5	35
天津	15695.05	10	6.6	23	225.41	22	2.7	29
重庆	27894.02	5	8.3	10	1922.03	1	7.8	4
大连	7825.90	19	8.2	12	513.30	7	5.8	17
青岛	14136.46	12	8.3	10	470.06	9	6.7	11
宁波	14594.90	11	8.2	12	356.10	13	2.8	28
深圳	30664.85	3	6.7	22	26.59	35	5.1	21
厦门	7033.89	23	8.1	14	29.06	33	5.3	20

续表 74

城市名称	第二产业增加值				第三产业增加值			
	2021 年	位次	比 2020 年增长(%)	位次	2020 年	位次	比 2020 年增长(%)	位次
长　沙	5251.30	12	5.2	25	7593.85	12	8.9	10
郑　州	5039.29	14	3.4	31	7470.04	13	5.6	34
太　原	2113.09	25	10.2	5	2963.72	28	8.6	12
合　肥	4171.21	16	10.6	4	6890.54	16	8.6	12
武　汉	6208.34	7	12.1	2	11064.21	8	12.3	1
南　昌	3218.10	20	8.3	11	3194.11	27	9.1	6
石家庄	2107.10	26	3.5	30	3878.40	23	8.2	14
南　宁	1198.80	29	4.3	27	3315.40	26	6.3	29
成　都	6114.34	8	8.2	12	13219.85	6	9.0	7
西　安	3585.20	18	0.9	34	6794.26	17	5.7	32
贵　阳	1681.34	27	5.4	24	2836.25	29	7.3	22
昆　明	2287.71	24	−0.3	35	4601.67	19	5.4	35
兰　州	1113.91	30	5.6	23	2054.86	31	6.4	28
乌鲁木齐	1039.76	32	1.2	33	2623.71	30	8.0	16
西　宁	518.22	34	10.8	3	971.64	35	7.0	24
呼和浩特	1052.57	31	7.9	14	1931.71	32	6.0	31
银　川	1028.32	33	6.0	22	1150.81	34	6.5	27
沈　阳	2570.32	23	7.8	15	4353.02	20	6.7	25
长　春	2960.47	21	3.9	28	3618.90	24	8.1	15
哈尔滨	1239.20	28	3.2	32	3484.30	25	6.1	30
福　州	4289.80	15	7.3	17	6397.66	18	9.3	3
海　口	346.75	35	8.0	13	1624.88	33	12.3	1
南　京	5902.65	9	7.6	16	10148.73	9	7.6	19
杭　州	5489.00	11	8.6	9	12287.00	7	8.7	11
广　州	7722.67	4	8.5	10	20202.89	3	8.0	16
济　南	3964.06	17	3.6	29	7059.39	15	9.2	4
北　京	7268.60	5	23.2	1	32889.60	1	5.7	32
上　海	11449.32	1	9.4	7	31665.56	2	7.6	19
天　津	5854.27	10	6.5	21	9615.37	10	6.7	25
重　庆	11184.94	3	7.3	17	14787.05	5	9.0	7
大　连	3301.60	19	9.4	7	4011.00	22	7.5	21
青　岛	5070.33	13	6.9	19	8596.07	11	9.2	4
宁　波	6997.20	6	9.8	6	7241.60	14	7.1	23
深　圳	11338.59	2	4.9	26	19299.67	4	7.8	18
厦　门	2882.89	22	6.7	20	4121.94	21	9.0	7

续表 74

城市名称	规模以上工业增加值		固定资产投资	
	2021年比2020年增长（%）	位次	2021年比2020年增长（%）	位次
长　沙	7.2	27	8.2	12
郑　州	10.4	15	−6.2	32
太　原	15.1	5	7.9	14
合　肥	19.6	3	3.5	26
武　汉	14.2	7	12.9	1
南　昌	11.4	10	11.1	7
石家庄	4.5	32	−5.6	31
南　宁	7.5	26	3.1	27
成　都	11.4	10	10.0	9
西　安	5.7	30	−11.6	35
贵　阳	8.0	24	−7.1	33
昆　明	7.0	28	−7.8	34
兰　州	8.3	21	7.7	15
乌鲁木齐	4.2	33	1.4	28
西　宁	21.4	2	6.8	17
呼和浩特	9.5	18	12.3	2
银　川	8.6	20	−3.6	30
沈　阳	9.7	17	4.1	23
长　春	3.2	35	11.6	4
哈尔滨	4.1	34	4.2	22
福　州	9.5	18	7.1	16
海　口	15.9	4	8.4	11
南　京	10.0	16	6.2	18
杭　州	10.6	14	9.0	10
广　州	7.8	25	11.7	3
济　南	5.9	29	11.5	5
北　京	31.0	1	4.9	20
上　海	11.0	12	8.1	13
天　津	8.2	22	4.8	21
重　庆	10.7	13	6.1	19
大　连	15.0	6	1.2	29
青　岛	8.1	23	4.1	23
宁　波	11.9	8	11.0	8
深　圳	4.7	31	3.7	25
厦　门	11.9	8	11.3	6

续表 74

城市名称	社会消费品零售总额				地方一般公共预算收入			
	2021 年	位次	比 2020 年增长（%）	位次	2021 年	位次	比 2020 年增长（%）	位次
长　沙	5111.57	14	14.4	6	1188.31	14	8.0	23
郑　州	5389.21	11	6.2	30	1223.63	13	0.3	34
太　原	1873.90	28	13.2	9	423.44	27	11.9	9
合　肥	5111.68	13	13.2	9	844.22	18	10.7	14
武　汉	6795.04	8	10.5	16	1578.65	11	28.3	1
南　昌	2878.74	20	17.4	3	484.84	25	10.0	17
石家庄	2501.20	23	5.0	32	681.40	23	7.8	24
南　宁	2364.17	25	8.4	23	391.77	28	5.2	31
成　都	9251.80	6	14.0	7	1697.90	10	11.7	10
西　安	4963.42	15	0.8	35	855.96	17	18.2	2
贵　阳	2546.69	22	12.9	11	426.68	26	7.2	26
昆　明	3386.40	19	10.3	17	689.12	22	5.9	27
兰　州	1757.74	29	7.1	27	276.71	31	12.0	7
乌鲁木齐	1171.86	30	12.3	13	377.93	29	−3.7	35
西　宁	621.09	34	8.3	25	153.90	35	15.3	3
呼和浩特	1104.74	31	7.0	28	228.92	32	5.4	30
银　川	788.69	33	2.3	34	171.19	34	8.9	21
沈　阳	3985.10	18	9.6	21	773.02	19	5.0	32
长　春	2219.19	26	10.8	15	617.09	24	5.9	27
哈尔滨	2380.30	24	7.0	28	365.80	30	7.7	25
福　州	4549.41	17	7.7	26	749.85	20	11.0	13
海　口	1056.98	32	26.5	1	208.32	33	12.0	7
南　京	7899.41	7	9.7	19	1729.52	8	5.6	29
杭　州	6744.00	9	11.4	14	2387.00	4	14.0	5
广　州	10122.56	4	9.8	18	1883.18	7	9.4	18
济　南	5126.10	12	14.7	5	1007.60	15	11.2	12
北　京	14867.70	2	8.4	23	5932.30	2	8.1	22
上　海	18079.25	1	13.5	8	7771.80	1	10.3	16
天　津			5.2	31	2141.04	6	11.3	11
重　庆	13967.67	3	18.5	2	2285.00	5	9.1	19
大　连	1909.70	27	4.5	33	737.60	21	5.0	32
青　岛	5975.40	10	14.8	4	1368.30	12	9.1	19
宁　波	4649.10	16	9.7	19	1723.10	9	14.1	4
深　圳	9498.12	5	9.6	21	4257.76	3	10.4	15
厦　门	2584.07	21	12.7	12	880.96	16	12.4	6

续表 74

城市名称	进出口总额（海关口径）				出口总额			
	2021 年	位次	比 2020 年增长（%）	位次	2021 年	位次	比 2020 年增长（%）	位次
长　沙	2780.28	19	18.2	23	1977.46	17	27.7	11
郑　州	5892.10	13	19.1	22	3552.80	13	20.5	22
太　原	1852.35	21	52.9	3	1153.14	21	59.1	4
合　肥	3324.80	17	28.0	13	2029.17	16	28.4	10
武　汉	3359.40	16	24.0	17	1929.00	19	35.7	6
南　昌	1293.56	25	12.3	31	897.68	23	25.9	14
石家庄	1481.20	23	9.2	33	857.10	24	9.1	33
南　宁	1231.92	26	24.9	16	581.95	25	23.6	17
成　都	8222.00	9	14.8	28	4841.20	8	17.9	24
西　安	4399.96	14	26.5	15	2361.92	14	33.0	7
贵　阳	515.31	28	15.3	27	393.27	27	10.0	32
昆　明	1716.26	22	53.6	2	935.05	22	76.2	3
兰　州	141.80	33	37.8	5	36.80	34	12.7	30
乌鲁木齐	385.45	30	−15.4	35	259.80	28	−9.9	35
西　宁	22.50	35	32.4	9	9.29	35	31.1	9
呼和浩特	159.80	32	8.7	34	80.60	33	11.3	31
银　川	132.07	34	109.7	1	109.47	32	141.8	1
沈　阳	1416.02	24	37.7	6	484.90	26	76.8	2
长　春	1179.77	27	14.8	28	165.93	30	22.4	20
哈尔滨	344.58	31	35.0	7	171.33	29	25.2	16
福　州	3321.50	18	32.6	8	2200.60	15	23.2	19
海　口	476.40	29	28.9	12	110.50	31	0.2	34
南　京	6366.83	12	19.2	21	3989.89	11	17.4	25
杭　州	7369.00	11	23.7	18	4647.00	9	25.9	14
广　州	10825.88	5	13.5	30	6312.17	4	16.4	26
济　南	1944.20	20	40.1	4	1174.10	20	55.6	5
北　京	30438.40	3	30.6	11	6118.50	5	31.2	8
上　海	40610.35	1	16.5	24	15718.67	2	14.6	28
天　津	8567.42	7	16.3	25	3875.61	12	26.1	13
重　庆	8000.59	10	22.8	19	5168.33	6	23.4	18
大　连	4248.50	15	10.3	32	1931.70	18	15.5	27
青　岛	8498.40	8	32.4	9	4921.30	7	27.0	12
宁　波	11926.10	4	21.6	20	7624.30	3	19.0	23
深　圳	35435.57	2	16.2	26	19263.41	1	13.5	29
厦　门	8876.52	6	27.7	14	4307.30	10	20.6	21

续表 74

城市名称	实际使用外商直接投资（亿美元）				城镇居民人均可支配收入（元）			
	2021 年	位次	比 2020 年增长（%）	位次	2021 年	位次	比 2020 年增长（%）	位次
长　沙	20.07	20	88.1	2	62145	9	7.2	29
郑　州	48.63	12	4.4	28	45246	24	5.5	35
太　原	1.75	29	69.2	3	41377	34	8.0	16
合　肥	37.48	14	4.3	29	53208	14	10.2	1
武　汉			12.6	16	55297	12	9.8	2
南　昌	43.93	13	8.3	25	50447	21	7.8	10
石家庄	19.30	21	5.2	27	43024	30	6.9	30
南　宁	5.78	26	31.3	7	41394	33	7.4	26
成　都	78.21	8	7.0	26	52633	16	8.3	14
西　安	87.14	5	13.5	14	46931	22	7.4	26
贵　阳	22.97	19	13.6	13	43876	25	8.9	6
昆　明	7.22	25	9.1	24	52523	17	9.4	4
兰　州					43244	29	7.7	23
乌鲁木齐	0.50	31	−54.6	31	46142	23	7.9	18
西　宁					39251	35	6.2	34
呼和浩特	1.60	30			53026	15	6.5	33
银　川					42412	32	7.6	25
沈　阳	8.20	24	15.5	11	50566	19	6.6	32
长　春	4.72	27	11.9	18	43281	28	8.2	15
哈尔滨	3.79	28	10.9	21	42745	31	7.4	26
福　州	12.52	23	15.3	12	53421	13	8.4	13
海　口	25.66	18	49.0	4	43605	26	8.9	6
南　京	50.14	11	11.1	20	73593	6	8.9	6
杭　州	81.70	7	13.5	14	74700	3	8.8	10
广　州	84.23	6	10.0	23	74416	4	8.9	6
济　南	26.60	17	38.1	5	57449	11	7.7	23
北　京	155.60	2	10.3	22	81518	2	7.8	19
上　海	225.51	1	11.5	19	82429	1	7.8	19
天　津	53.53	10	19.9	10	51486	18	8.0	16
重　庆	106.65	4	3.8	30	43502	27	8.7	11
大　连	16.70	22	153.0	1	50531	20	6.7	31
青　岛	61.70	9	28.7	8	60239	10	7.8	19
宁　波	32.70	15	32.7	6	73869	5	8.6	12
深　圳	109.65	3	26.3	9	70847	7	9.2	5
厦　门	28.89	16	12.2	17	67197	8	9.6	3

续表 74

城市名称	农村居民人均可支配收入（元）				住户存款余额（亿元）（本外币）			
	2021 年	位次	比 2020 年增长（%）	位次	2021 年	位次	比 2020 年增长（%）	位次
长　沙	38195	4	9.9	26	8311.19	19	9.8	22
郑　州	26790	13	8.1	34	9829.94	14	9.7	24
太　原	21551	22	9.6	28	6566.40	23	11.4	10
合　肥	26856	12	10.6	7	6394.14	25	14.4	1
武　汉	27209	11	13.1	1	11631.53	10	12.4	4
南　昌	22913	18	9.5	30	4776.22	27	10.6	14
石家庄	18676	27	10.2	21	9902.20	13	12.3	6
南　宁	17808	31	10.4	14	4878.80	26	10.5	15
成　都	29126	9	10.2	21	19190.00	6	11.2	12
西　安	17389	32	10.4	14	12097.27	9	9.8	22
贵　阳	20565	24	10.1	24	4025.44	31	10.2	18
昆　明	19507	25	10.1	24	6548.38	24	8.8	31
兰　州	16191	33	10.5	10	4221.73	28	2.8	35
乌鲁木齐	24878	16	9.0	32	4050.20	30	9.4	27
西　宁	14948	34	10.8	5	1901.40	35	10.4	16
呼和浩特	22435	20	9.5	30	2893.10	32	10.3	17
银　川	18170	29	10.6	7	2323.50	33	8.7	32
沈　阳	21662	21	10.5	10	11154.17	11	6.9	34
长　春	18473	28	11.0	4	7756.00	21	11.7	8
哈尔滨	21512	23	9.6	28	8266.20	20	11.8	7
福　州	25201	15	11.2	3	7612.81	22	7.6	33
海　口	19267	26	10.7	6	2242.18	34	9.1	28
南　京	32701	7	10.4	14	10830.65	12	11.6	9
杭　州	42692	2	10.3	19	15818.00	8	9.9	21
广　州	34533	5	10.4	14	23477.54	3	8.9	30
济　南	22580	19	10.5	10	8620.50	18	12.7	3
北　京	33303	6	10.5	10	48744.30	1	9.6	25
上　海	38521	3	10.3	19	42652.55	2	11.3	11
天　津	27955	10	8.8	33	16440.93	7	9.1	28
重　庆	18100	30	10.6	7	22239.89	4	10.0	20
大　连	23763	17	10.2	21	8686.07	17	10.7	13
青　岛	26125	14	10.4	14	9028.24	16	12.4	4
宁　波	42946	1	9.7	27	9387.31	15	10.2	18
深　圳					20532.31	5	9.6	25
厦　门	29894	8	12.3	2	4188.38	29	14.0	2

说明：郑州、太原、南宁、呼和浩特、银川、大连、宁波为人民币口径；空缺数据未收集到

续表 74

城市名称	城市居民消费价格指数（%）	
	2021 年	位次
长　沙	101.1	19
郑　州	101.1	19
太　原	101.0	23
合　肥	101.7	3
武　汉	100.6	28
南　昌	101.0	23
石家庄	100.9	25
南　宁	101.4	8
成　都	100.5	30
西　安	101.7	3
贵　阳	100.5	30
昆　明	100.2	35
兰　州	101.3	11
乌鲁木齐	101.3	11
西　宁	101.3	11
呼和浩特	100.9	25
银　川	101.4	8
沈　阳	101.3	11
长　春	100.5	30
哈尔滨	100.6	28
福　州	101.9	2
海　口	100.5	30
南　京	101.5	5
杭　州	101.3	11
广　州	101.1	19
济　南	101.5	5
北　京	101.1	19
上　海	101.2	17
天　津	101.3	11
重　庆	100.3	34
大　连	101.4	8
青　岛	101.5	5
宁　波	102.1	1
深　圳	100.9	25
厦　门	101.2	17

（资料来源：市统计局）

组织机构及负责人

中国共产党长沙市委员会

书　记　吴桂英（2021.02 任）
副书记　郑建新
副书记（正厅）、市委党校（长沙行政学院）校（院）长
阚保勇（2021.05 任）
常　委　谭　勇
胡卫兵（2021.06 任）
冯紫英（2021.04 任）
彭华松（2021.09 任）
何朝晖（2021.09 任）
罗缵吉（2021.09 任）
朱东铁（2021.04 任）
陈　澎（2021.09 任）
刘拥兵（2021.09 任）
张　敏（2021.09 任）

市委工作机构

市委办公厅

市委秘书长、主任
谭　勇（2021.09 止）
刘拥兵（2021.09 任）
市委常务副秘书长、常务副主任
刘义山
市委副秘书长
谭慧慧（女）
李建贵
刘　晖
莫小佳（兼）
段　宁（兼）
彭　韬（2021.02 任）
市委机要局局长、市委保密办主任
郭　逵（2021.10 止）
市纪委市监委驻市委办公厅纪检监察组组长　吴　强
副主任　吕发祥（2021.10 止）
刘晓蓉（女）

市委组织部

部　长　张宏益（2021.09 止）
罗缵吉（2021.09 任）
常务副部长　王瑜珲
副部长　杨　俊
易敏华
市纪委市监委驻市委组织部纪检监察组组长　刘业奉
副部长　王　妍（女，2021.07 任）
张白云（兼）
周海毅
罗玉环（女，2021.07 任）

市委宣传部

部　长　陈　刚（2021.09 止）
陈　澎（2021.09 任）
常务副部长　杨长江
副部长　朱锦辉（2021.07 任）
副部长（正县）
唐曙光
副部长　郭润葵（兼，2021.07 任）
莫小佳（兼）
李卫政（兼，2021.03 止）
副部长（2021.07 任）
彭　娟（女）
市纪委市监委驻市委宣传部纪检监察组组长　郭　峻（2021.07 止）
甘　艳（女，2021.10 任）
一级调研员　刘玉龙（2021.10 任）
二级调研员　胡述斌

市委统一战线工作部

部　长　何朝晖（2021.09 任）
谭小平（2021.09 止）
常务副部长　刘映群
副部长　饶福明
丁　文（女，2021.04 止）
刘佳勇
何惠风（女，2021.04 任）
市纪委市监委驻市委统战部纪检监察组组长　唐宇航

市委政法委员会

书　记　廖建华（女，2021.05 止）
阚保勇（2021.05 任，2021.09 止）
张　敏（2021.09 任）
常务副书记　任安良
副书记　胡亚军
梅国栋
周琼芝（女）
闵　文
市纪委市监委驻市政法委纪检监察组组长　易达春
政治部主任　李丽萍（女）
委　员　邵云辉
王伟峰
曹军辉
孙　泉
彭杰鸿

市委政策研究室（市委改革办、市委财办）

政研室主任、财办主任
段　宁
副县职干部　熊俭贵
市委改革办专职副主任
曾向阳
市委政研室副主任
欧阳浩
市委政研室副主任
周　敏
文志高
市委改革办专职副主任
胡亚立（2021.10 任）

市委网络安全和信息化委员会办公室（市互联网信息办公室）

主　任　莫小佳
副主任　刘艳军（女）
周明熙
杨　平
李　丽（女，挂职）

市委外事工作委员会办公室（市政府外事办公室、市政府港澳事务办公室）

主　任　郑力虎（2021.07 止）
陶　琼（女，2021.10 任）
副主任　缪　画（女）
孔亦平
刘新明
张青松

市委机构编制委员会办公室

主　任　罗玉环（女）
副主任　刘智强
周艳芳（女，2021.07 止）
李哲学

市委台湾工作办公室（市政府台湾事务办公室）

主　任　肖　玮（女）
副主任　张克清
袁湘鄂
苏启丰（2021.10 任）

市直属机关工作委员会

书　记　　谭　勇（兼，2021.9 免）
　　　　　刘拥兵（兼，2021.09 任）
常务副书记　彭民安
副书记　　梁　敏（女）
　　　　　胡金文
　　　　　徐克娇
委　员　　陈国胜
　　　　　易红玉（女）
委员、机关党委书记（2021.11 任）
　　　　　范建斌
委　员　　龚科生（2021.10 止）
市直纪检监察工委书记
　　　　　黄益文（2021.09 任）

市委巡察工作领导小组办公室（巡察组）

市委巡察办主任
　　　　　秦国良（2021.09 止）
　　　　　曾卫国（2021.09 任）
市委巡察组组长
　　　　　李卓民
　　　　　刘小虎
　　　　　高　杰
　　　　　杜　强
　　　　　胡维龙
　　　　　文振中
　　　　　陈建新（2021.09 任）
巡察办副主任　李　茜（女）
　　　　　王友明
　　　　　王　谦（女）
巡察组副组长　李靖浪（2021.10 止）
　　　　　陈平世
　　　　　黄益文（2021.09 止）
　　　　　龙志忠
　　　　　沈泽林
　　　　　张　忠（2021.10 止）
　　　　　杨志强
　　　　　黄威重（2021.10 任）
　　　　　刘华林（2021.10 任）
　　　　　龚科生（2021.10 任）

市委老干部局

市委组织部副部长、市委老干部局局长
　　　　　周海毅
副局长　　邓国强
　　　　　艾明旺
　　　　　唐安石（2021.07 止）
　　　　　李靖浪（2021.10 任）
　　　　　张小军（2021.07 任）

市委直属事业单位

市委党校（长沙行政学院）

市委副书记、校（院）长
　　　　　阚保勇（2021.06 任）
常务副校（院）长
　　　　　陈芳辉（2021.04 止）
　　　　　吴德峰（2021.04 任）
副校（院）长　郑军武
　　　　　彭友元
　　　　　刘国杰
　　　　　杨名兴
教育长　　汤新华

长沙晚报社（集团公司）

党委书记、社长、总编辑，长沙晚报传媒集团有限公司党委书记、董事长
　　　　　李鹏飞
党委副书记、副社长、副总编辑，长沙晚报传媒集团有限公司党委副书记、总经理　徐　辉
党委副书记、副社长、副总编辑，长沙晚报传媒集团有限公司党委副书记、副总经理　董小林
党委委员、副社长、副总编辑
　　　　　庄居湘（女）
　　　　　肖和平（女）
　　　　　李万寅
党委委员、副社长、副总编辑，长沙晚报传媒集团有限公司党委委员、副总经理　孙德宝
党委委员、副社长、副总编辑
　　　　　胡建红
长沙晚报传媒集团有限公司党委委员、纪委书记　黄　华（女）
长沙晚报传媒集团有限公司党委委员、副总经理　周　艺
　　　　　刘韶林

市接待服务中心

主　任　　许　凡
副主任　　蒋莉冰（女）
　　　　　郑　曦（女）
　　　　　陈树利 (2021.12 任）

市委党史研究室

主　任　　李卫政（2021.03 任）
副主任　　李　敏（女,2021.03 止）
　　　　　易　斌（2021.08 任）
　　　　　张　军

部门管理的部分事业单位

市档案馆

党组书记、馆长
　　　　　袁健康
党组副书记、副馆长
　　　　　陈艳芳（女）
党组成员　何立根
党组成员、副馆长
　　　　　金　科
　　　　　马　强

刘少奇同志纪念馆（刘少奇故里管理局）

党组书记　刘　晖
党组副书记、局长（馆长）
　　　　　聂　勇
党组成员、副局长（副馆长）
　　　　　易锦君
　　　　　黄　可
　　　　　熊学爱（女）
　　　　　彭明建

长沙市人民代表大会

长沙市人大常委会党组

党组成员　谢卫东
　　　　　芮英姿
　　　　　罗衡宁
　　　　　张智勇
　　　　　袁黎明
　　　　　卢鸿鸣
　　　　　曹再兴
　　　　　柳美景（2021.07 免）
　　　　　缪晨光（2021.07 任）

长沙市第十五届人大常委会

主　任　　谢卫东
副主任　　王国海
　　　　　黄佳惠（2021.01 止）
　　　　　芮英姿（女）
　　　　　罗衡宁
　　　　　张智勇
　　　　　袁黎明
　　　　　卢鸿鸣（2021.01 选举）
　　　　　曹再兴（2021.01 选举）
秘书长　　柳美景（2021.08 止）
副秘书长　缪晨光（2021.08 任）
　　　　　孔玉成
　　　　　浣俊懿
　　　　　张建华（2021.08 免）

委　员　沅俊懿
丁志良（2021.10 止）
文卫红（2021.08 止）
石莉波（女）
叶　妙（女）
冯　斌
任安良
刘有良（女）
刘映群（女）
许尚农
李丽雄（女）
李素娥（女）
陈　慧（女）
陈兴平
罗玉环（女）
易田宏（2021.01 止）
周　伟
周锦民
赵凡存
赵柏林（2021.01 止）
郭为波（女）
涂克平（2021.10 止）
蒋华玲（女）
戴志敏（女）
于安全
黄吉邦
凡　志
周宏兆
张建华
邹国兴
李　芃（女，2021.01 选举）
杨长江（2021.01 选举）

市人大各专门委员会

民族华侨外事委员会

主任委员　赵凡存
副主任委员　彭罗生
委　员　包咏鸿
陈　慧（女，兼）
刘彩云（女，兼）
洪也凡（兼）
能　静（女，兼）
黄克刚（兼）
毛冰花（女，兼）
陆家兴（兼）
阿迪力·麦麦提吐热（兼）
罗映红（兼）

监察和司法委员会

主任委员　陈兴平
副主任委员　段海波（2021.10 止）
委　员　王均全（兼）
任安良（兼）
李世红（兼）
李应国（兼）
张　帅（兼）
李　娜（女，兼）
屈志峰（兼）
戴道国（兼）
戴　煜（兼）

财政经济委员会

主任委员　丁志良（2021.10 止）
副主任委员　邹国兴
余　勇
委　员　刘金文（女，兼）
刘跃华（兼）
罗　跃（兼）
周锦民（兼）
黎洪武（兼）
裴小芳（女，兼）
谭建钢（兼）

教育科学文化卫生委员会

主任委员　涂克平（2021.10 止）
副主任委员　范金枝（女）
委　员　李素洁（女，兼）
李素娥（女，兼）
邹永新（兼）
张　艳（女，兼）
罗炜豪（兼）
赵小中（兼）
赵柏林（兼，2021.01 止）
石壮志（兼）
朱跃华（兼）
刘德文（兼）
周　璟（女，兼）

农业与农村委员会

主任委员　易田宏（2021.01 止）
副主任委员　全裕高
委　员　蒋文京（女）
胡　明
田扩军（兼）
冯　斌（兼）
吕新光（兼）
郭为波（女，兼）

委　员　彭席文（兼）
朱起志（兼）
贺雪辉（女，兼）
盛　波（兼）
彭焕新（兼）

环境与资源保护委员会

主任委员　文卫红（2021.08 止）
副主任委员　周宏兆（2021.08 任）
张书振
杨建华
委　员　龙凤舞（兼）
许尚农（兼）
李志兵（兼）
李国军（兼）
高兵良（兼）
陈　铭（兼）
周　杨（兼）
聂志强（兼）

法制委员会

主任委员　周　伟
副主任委员　尹忠东
高晓宇（女）
委　员　文志纯（兼）
叶　妙（女，兼）
刘有良（女，兼）
李建国（兼）
李群素（女，兼）
贺湘林（兼）
邓文胜（兼）
兰立波（兼）
刘筱泉（女，兼）
杨　玻（女，兼）

社会建设委员会

主任委员　黄吉邦
副主任委员　朱丽华（女）
委　员　周宏兆（兼）
徐　煦（女，兼）
常应祥（兼）
陈石红（兼）
喻　辉（兼）
陈　帅（兼）
杨　凡（兼）
石莉波（女，兼）
梁　军（兼）
罗丽芬（女，兼）

市人大常委会工作机构

办公厅
主　任　　缪晨光（2021.08 任）
　　　　　柳美景（2021.08 止）
副主任　　罗小硧
　　　　　陈　旷（女）

研究室
主　任　　于安全（2021.08 止）
　　　　　张建华（2021.08 任）
副主任　　文　明（2021.08 止）
　　　　　陈日冬

选举任免联络工作委员会
主　任　　戴志敏（女）
副主任　　彭立斌

法制工作委员会
主　任　　周　伟
副主任　　尹忠东
　　　　　高晓宇（女）

信访办公室
主　任　　蒋华玲（女）
副主任　　任伟洪
　　　　　洪也凡（兼）
　　　　　能　静（女，兼）
　　　　　黄克刚（兼）
　　　　　毛冰花（女，兼）
　　　　　陆家兴（兼）
　　　　　阿迪力·麦麦提吐热（兼）
　　　　　罗映红（兼）

长沙市人民政府

市　长　　郑建新
常务副市长　夏建平
副市长　　刘新良（2021.01 任）
　　　　　李　蔚（2021.10 止）
　　　　　刘明理
　　　　　邱继兴
　　　　　陈　澎（2021.12 止）
　　　　　谭　勇（2021.01 止）
　　　　　朱东铁（2021.04 止）
　　　　　彭　楠（挂职，2021.03 止）
　　　　　刘拥兵（2021.04 任，2021.12 止）
　　　　　周志凯（2021.06 任）
秘书长　　张能峰

市人民政府办公厅
党组书记　　张能峰
党组副书记、主任
　　　　　蒋集政
市政府副秘书长
　　　　　张　敏（2021.07 任，2021.09 止）
　　　　　刘　汇（2021.07 任，2021.10 止）
　　　　　涂文清（2021.12 止）
　　　　　杨小林（2021.07 止）
　　　　　王体泽
　　　　　厉江华（2021.07 止）
　　　　　戴建文
　　　　　肖思源
　　　　　张帆凡
　　　　　卢兴映
　　　　　黄军其（兼，2021.07 止）
　　　　　喻中文（兼，2021.08 任）
　　　　　谭　海（2021.07 任）
市纪委市监委驻市政府办公厅纪检监察组组长　宋志元（2021.10 任）
副主任　　陶　琼（女，2021.12 止）
　　　　　丁财喜
　　　　　谭　海（2021.07 止）

市发展和改革委员会
党委书记、主任
　　　　　夏文斌（2021.11 止）
　　　　　涂文清（2021.11 任）
党委副书记、副主任、市“两型社会”建设服务中心党组书记、主任
　　　　　熊景业（兼）
党委委员、副主任
　　　　　周东义（2021.10 止）
党委委员　　郝玉仑（2021.10 止）
党委委员、市纪委市监委驻市发展改革委纪检监察组组长
　　　　　宋志元（2021.10 止）
　　　　　申　洁（女，2021.10 任）
党委委员、副主任
　　　　　杨建强
　　　　　易　鹰
党委委员　　陈建华
　　　　　雷光裕
　　　　　龙　文
党委委员、副主任（2021.12 任）
　　　　　肖　波
总经济师　　张　娴（女，2021.12 任）

市教育局
党委书记、局长
　　　　　孙传贵（2021.03 任）
党委副书记（2021.11 任）、副局长
　　　　　邓　芸（女）
市纪委市监委驻市教育局纪检监察组组长、党委委员
　　　　　谢小红（女，2021.10 止）
　　　　　孙兴红（2021.10 任）
党委委员、副局长
　　　　　缪雅琴（女）
副局长　　杨庆江
党委委员、主任督学（2021.10 止）、总督学（2021.10 任）
　　　　　周　灿（女）
党委委员、副局长
　　　　　谢小红（女，2021.10 任）
　　　　　仁增达杰（2021.12 任）

市科学技术局
党组书记、局长
　　　　　郭　塨
党组成员、副局长
　　　　　宋新和
　　　　　张　凯
　　　　　周一平
党组成员、总工程师
　　　　　盛湘饶
副局长　　陶　红
党组成员　　杨　婵（女）

市工业和信息化局
党组书记、局长
　　　　　康小平
党组副书记、副局长
　　　　　谈文昌（2021.11 任）
党组成员、副局长
　　　　　吴宏亮
党组成员、总经济师
　　　　　熊祥林
党组成员、副局长
　　　　　肖　逸（2021.11 任）
党组成员、市纪委市监委驻市工信局纪检监察组组长
　　　　　陈　新
副局长　　张　芬（女）
党组副书记、副局长
　　　　　周双恺（2021.10 止）
党组成员、副局长
　　　　　陈海波（2021.11 止）

市民族宗教事务局

党组书记、局长
罗　伟（2021.07 止）
李佑明（2021.07 任）
党组成员、副局长
何水军
王自书
党组成员　刘立新
党组成员、副局长
张晓鸣

市公安局

市人民政府党组成员、副市长（2021.01任）、市公安局党委书记、局长（2021.01任）、督察长刘新良
市人民政府副市长、市公安局局长
唐向阳（2021.01 止）
党委副书记、常务副局长
汪卫国
党委副书记、副局长
李湘江（2021.12 止）
党委委员、副局长
欧益科
陈定佳（2021.11 任副局长，免政治部主任）
徐波跃（2021.10 止）
韦树恒（2021.10 止）
市纪委市监委驻市公安局纪检监察组组长、市公安局党委委员、第一副督察长
孔蓉晖（女）
党委委员（兼，2021.09 任）、特勤局党委书记、局长
刘　勇
党委委员、副局长
彭迟平（2021.12 任）
党委委员、政治部主任
唐　明（2021.12 任）
党委委员（兼）
周湘亚（2021.09 止）
二级警务专员 李进良（2021.07 任）
二级高级警长 周子林

市民政局

党委书记、局长
陈昌佳
党委副书记、副局长
伍仁华
党委委员、工会工委主任
张龙洋
党委委员、副局长
唐俊杰（2021.04 任）
市纪委市监委驻市民政局纪检监察组组长、党委委员
奉蓓蕾（女）
党委委员、副局长
何　飞
周义中

市司法局

党委书记、局长
尹小英（女）
党委副书记、副局长
杨建辉（2021.09 止）
党委委员、政治部主任
彭文学
党委委员、副局长
孙美秀（女）
党委委员、市纪委市监委驻市司法局纪检监察组组长
钟　楠
党委委员、副局长
张　智（女）
荀飞正

市财政局

党组书记、局长
肖正波
市纪委市监委驻市财政局纪检监察组组长、市财政局党组成员、师大党组成员、副局长　熊清溪
党组成员、工会主席
唐元立
党组成员、副局长
李玮玮
李　孟
总会计师　杨　健

市人力资源和社会保障局

党委书记、局长
张白云（女）
党委副书记、副局长
李德清
党委委员、副局长
钟建辉（女，2021.03 止）
副局长　周柏清
党委委员、总会计师
肖建国
党委委员、副局长
谭明江（2021.03 止）
党委委员、市纪委市监委驻局纪检监察组组长　卢勇辉
党委委员、副局长
邓　勇

市自然资源和规划局

党组书记（2021.04 任）、局长
冯意刚
党组成员、副局长
张　斌
程展鹏
总规划师　解　成
党组成员、副局长
王慧芳（女）
党组成员　曾发祥（2021.05 止）
党组成员、副局长
罗国良
党组成员、市纪委市监委驻市资规局纪检监察组组长
苏启丰（2021.10 止）
侯求求（2021.11 任）
党组成员、副局长
刘国梁（2021.10 止）
党组成员　黎小宇（女）

市生态环境局

党组书记、局长
潘胜强
党组副书记、副局长
李中秋
党组成员、副局长
莫金文
党组成员、市纪委市监委驻市生态环境局纪检监察组组长
向建州
党组成员、副局长
赵玲芳（女）
党组成员、湖南省长沙生态环境监测中心党委书记、主任
吴　坚
党组成员、副局长
唐　宁（2021.11 任）
总工程师　许雄飞（2021.11 任）

市住房和城乡建设局

党组书记、局长
王伟胜

党组副书记、副局长
　　袁国棋
党组成员　冯先强
党组成员、副局长
　　胡汉清
党组成员、市纪委市监委驻市住建局纪检监察组组长
　　贾保全
党组成员、副局长
　　陈杰刚
　　杜湘晖
　　刘晓军（2021.04 任）
　　王　帅（2021.11 任）

市交通运输局

党委书记、局长
　　胡岳龙
党委委员、副局长
　　欧　璟（女）
　　杨忠文
党委委员、工会工委主任
　　李柯宁
党委委员　程　林
党委委员、市纪委市监委驻市交通运输局纪检监察组组长
　　王本楼
党委委员、副局长
　　王　磊
党委委员、副局长
　　何　军（2021.04 任）
总工程师　张才德（2021.04 任）
党委委员　龙　科（2021.12 任）
副局长　尹　期（兼）

市水利局

党组书记、局长
　　曹　彪
党组副书记、副局长
　　孙　沅
党组成员　欧阳广才（2021.03 止）
党组成员、总工程师
　　王力新
党组成员、市纪委市监委驻市水利局纪检监察组组长
　　熊　力
党组成员、副局长
　　喻小丽（女）
党组成员　肖索夫

党组成员、副局长
　　王佳良

市农业农村局

党组书记、局长
　　邹春林
党组成员、市纪委市监委驻市农业农村局纪检监察组组长
　　黄威重（2021.10 止）
党组成员、总农艺师
　　廖命忠
党组成员、副局长
　　黄志强
副局长　陈　锦
党组成员、副局长
　　刘　军
党组成员　邓西京
市委农村工作办公室副主任
　　周兴发
党组成员、市纪委市监委驻市农业农村局纪检监察组组长
　　张　忠（2021.10 任）
党组成员、副局长
　　彭万贵（2021.07 任）

市商务局

党委书记、局长
　　高　伟（2021.06 止）
　　郑　平（女，2021.08 任）
党委委员、副局长
　　毛鹏程
　　汪东华
党委委员、市纪委市监委驻市商务局纪检监察组组长
　　孙兴红（2021.11 止）
党委委员、副局长
　　黄立斌
党委委员　刘利华
党委委员、副局长
　　孙春华
党委委员、市纪委市监委驻市商务局纪检监察组组长
　　王　伟（2021.11 任）

市文化旅游广电局

党组书记（2021.10 任）、局长
　　郭润葵（女）
党组书记　李文格（2021.10 止）
党组副书记、副局长
　　彭　勇

党组成员、副局长
　　曾卫军
　　谭　旭
党组成员　郭学稳（2021.09 止）
党组成员、长沙市文化市场综合行政执法局党委书记、局长
　　吴　洪
党组成员　隆建光
　　贺平生
党组成员、副局长
　　李小军
　　佘　岚（女）
党组成员、市纪委市监委驻市文化旅游广电局纪检监察组组长
　　杨倩之（女）
党组成员、副局长
　　岳　锋
党组成员　曹　凛

市卫生健康委员会

党组书记、主任
　　周　敏（女）
党组副书记、副主任
　　王新良
党组成员、副主任
　　吴敏泉（2021.04 止）
党组成员、市计划生育协会常务副会长
　　胡　平
副主任　欧志明
党组成员、副主任
　　袁　湘（女）
　　厉卫东
　　李淑环（女）
　　刘　伟（2021.10 止）
市纪委市监委驻市卫生健康委员会纪检监察组组长、党组成员
　　易立民

市审计局

党组书记　李伟群
局　长　陈剑文（女）
党组成员、副局长
　　关士麟
　　曹　旨
　　肖　汉
党组成员、市经济责任审计工作联席会议办公室专职副主任
　　曾　延
总审计师　肖国松

市退役军人事务局

党组书记、局长
荣爱华
党组成员、副局长
伍玉明
杨为锦
詹萍萍（女）
刘晓荡(2021.03 任副局长)

长沙市应急管理局

党委副书记、局长
胡春山
党委书记　骆正平
党委委员、副局长
钟才发
李建勋
刘金泽
段建军
喻志珊
唐五一
党委委员　郭朋芳
总工程师　刘　瑶

市国有资产监督管理委员会

党委书记、主任
王雄文（2021.07 止）
黄　阳（2021.07 任）
党委副书记、副主任
陈　军
总经济师　唐鉴明 (2021.03 止)
党委委员、工会工委主任
钱　军
党委委员、副主任
杨能武
刘新春
党委委员、市纪委市监委驻市国资委纪检监察组组长
石素军

市林业局

党组书记、局长
朱远红（女，2021.10 止）
邓阳锋（2021.10 任）
党组副书记、副局长
李　伟
党组成员　缪赐立
谢欣荣（2021.03 止）
党组成员、副局长
周　浩
张红民（2021.07 止）
冯国帅（2021.07 任）
总工程师　张德琼

市市场监督管理局

党组书记　邱山东（2021.07 止）
周志辉（2021.07 任）
市政协副主席、局长
张庆和
党组副书记、副局长
比干则勇
潘　虹
党组成员、副局长
李有富
谢　辉（女，2021.10 止）
陈明南（2021.03 止）
钟　卫（2021.03 止）
市纪委市监察委驻市市场监督管理局纪检监察组组长、党组成员
陈志恺
党组成员、副局长
彭　进（女）
肖志杰
金　雷
罗　昶（2021.03 止）
张　炼
肖　磊
宋小军
蒙汐恒（挂职）
党组成员　曾秋初（2021.03 止）
党组成员、总工程师
龚　军

市体育局

党委书记　易　冒
市政协副主席、局长
李　平（女）
副局长　苏敏芳（女，2021.07 任）
党委委员、工会主席
钟国林（2021.10 止）
党委委员、副局长
李德安
党委委员、机关党委书记
黄太焱
党委委员、副局长
覃事平
吴伟辉

市统计局

党组书记(2021.07 任)、局长(2021.10 任)
张学峰
党组书记　缪晨光（2021.07 止）
局　长　汤建尧（2021.10 止）
党组成员、副局长
韦　薇（女）
党组成员　赵安明（2021.10 止）
党组成员、总统计师
胡建中（2021.03 止）
党组成员、副局长
曹敬波
扶文武
刘香群（2021.12 任）
总统计师　胡睿懿（2021.08 任）

市城市管理和综合执法局

党组书记、局长
邓鹏宇
党组成员、副局长
黄　哲
胡　刚
张明亮（女）
党组成员、市纪委市监委驻市城管执法局纪检监察组组长
罗晓群（女）
党组成员、副局长
袁海燕（女）
刘晓强

市机关事务管理局

党委书记、局长
张　权（2021.09 止）
邓和平（2021.09 任）
党委委员、副局长
黄　灿
党委委员、工会主席
何见明
党委委员、副局长
夏寿利
陈　亮
党委委员　姜开顺

市政府研究室

党组书记、主任
王德志
党组成员　李守红
党组成员、副主任
彭文滋
马　琤
蒋志国

市金融工作办公室

党组书记、主任
李晓斌

党组成员、副主任
段永松
胡燕军（女，2021.12 任）
易　红（女）
白　晓（2021.12 止）

市人民防空办公室
党组书记、主任
李志坚
党组成员　罗　峰
党组成员、副主任
王业平
李　勇（2021.10 任）
党组成员　汤立新
党组成员、副主任
张良欣

市信访局
党组书记、局长
黄军其（2021.07 止）
喻中文（党组书记 2021.07 任，局长 2021.08 任）
党组成员、副局长
肖金平（2021.12 止）
刘加利
梁琼生
陈　艳（女）
肖　劲（兼）
杨运雄
杨大公

市医疗保障局
党组书记、局长
谭　果
党组成员、副局长
谭志国
魏　敏（女）
喻其林（2021.10 逝世）
易学思
周宏伟（女，2021.11 任）

市知识产权局
党组书记、局长
孙　进
党组成员、副局长
徐拥军
黄向红
康　勇（2021.07 任）

市行政审批服务局
党组书记、局长
魏华松
党组成员、副局长
黄文彬
李祥龙
陈　波
马绍铁

市数据资源管理局
党组书记、局长
张　武
党组成员、副局长
周娟平（女）
易石军（2021.03 止）
吴　讲（2021.05 任）

市人民政府物流与口岸办公室
党组书记、主任
杨　莉（女）
党组成员、副主任
吴照舒
彭维强（2021.03 任）
冯卫民（2021.07 任）
张克忠（2021.12 任）

市城市人居环境局
党组书记、局长
周　飞
党组成员、副局长
黄家兴
胡智慧
李昌贵
党组成员　庄大林
党组成员、副局长
潘　宏
党组成员　苏自立
党组成员、副局长
卢　军

市政府直属事业单位

市公共工程建设中心
党组书记、主任
席超波
党组副书记、副主任
李　航
党组成员、副主任
马泽谦
党组成员、总工程师
刘学武
党组成员、副主任
熊翠玲（女）

市地方志编纂室
党组书记、主任
王习加
党组成员、副主任
张列群（女）
贺国成
肖清平

市供销合作总社
党委书记、理事会主任
余学辉
党委副书记、监事会主任
文朝阳（2021.04 任）
党委委员　孙玉楼
党委委员、理事会副主任
杨　立（女）
郭　驰（2021.04 任）
章成斌（2021.12 任）

长沙公共资源交易中心
党组书记　戴中平
主　任　黄　锋
党组成员、副主任
周集中
张福新
瞿晓宇（2021.12 任）

市广播电视台（集团）
党委书记、台长、总编辑、董事长
曾　雄
党委副书记、副台长、副总编辑、总经理　潘开政
党委委员、副台长、副总编辑
刘运喜
周国强
党委委员、副台长、副总编辑、副总经理　于　海
党委委员　胡蓉华（女，2021.07 止）
吴文广
集团公司党委委员、纪委书记
吴源清
集团公司党委委员、副总经理
彭　宇
余　江

长沙住房公积金管理中心
党组书记、主任
彭欢首（2021.01 任，2021.09 止）
党组成员、副主任
高北平
党组成员、总会计师
周子荣
党组成员、副主任
申志勇
党组成员　朱发军

市优化营商环境协调事务中心
党组书记、主任
刘莉霞（女）
党组成员、副主任
谭正林
彭维强（2021.03 止）
银明高
苏　雯（女，2021.11 任）

市人民政府驻北京联络处
党组书记、主任
雷曙超（2021.10 止）
肖金平（2021.12 任）
党组副书记、副主任
刘加强
党组成员、副主任
肖　劲
党组成员　丁　艳（女）

部门管理的部分事业单位

市公路建设养护中心
党委书记、主任
浣灿勇
党委委员　黎　明
党委委员、副主任
万　军
陈卫保

市水运事务中心
党委书记、主任
张科正
党委委员、副主任
文博徽（2021.03 止）
党委委员　胡晓东
柳英平

党委委员、副主任
胡　宇

长沙高铁新城管理委员会
党工委书记（兼）
沈裕谋（2021.07 止）
付旭明（2021.08 任）
党工委副书记、主任
唐建新
副主任　姚　军
郭　勇
宋尊德

市人民政府驻深圳办事处
主　任　齐　益
副主任　何立成
李　琼（女，2021.10 止）
刘永红（2021.10 任）

市会展工作管理办公室
党组书记　周文舜（2021.07 任）
主　任　李　舜(女，2021.07 任)
党组成员、副主任
张熙坤
罗庆龙
党组书记、主任
陈树中（2021.07 止）

市重大交通设施建设事务中心
党组书记、主任
刘巍峰(2021.03 任主任、2021.12 任党组书记)
党组成员、副主任
谢诗莺（女，2021.03 任副主任，2021.12 任党组成员）
肖冠雄(2021.10 任副主任，2021.12 任党组成员)

市湘江综合枢纽工程办公室
党委书记、主任
丑金科
党委委员、副主任
杨文华
吴君主

市人民政府驻上海联络处
主　任　苏　准（2021.09 止）
黄继东（2021.11 任）
副主任　张　莺（女）

垂直管理单位

国家税务总局长沙市税务局
党委书记、局长
罗　旻
党委副书记、副局长
李连卿（2021.07 任）
党委委员、副局长
谭元奎
党委委员、纪检组组长
吴湘丰（2021.07 任）
党委委员、总经济师（2021.07 任）、党委委员、副局长（2021.12 任，不再担任总经济师职务）
黄　艳（女）
党委委员、副局长
沈　俊（2021.11 任）
党委委员、总经济师
魏志凌（2021.12 任）
党委委员、总会计师
朱浩光（2021.12 任）
党委委员、副局长
陶佼如（2021.02 止）
黄书惕（2021.02 止）
邹　志（2021.05 止）
党委委员、总会计师
潘　斌（2021.06 止）
党委委员、纪检组长
蒋亚平（2021.07 止）
党委委员、副局长
刘国峰（2021.09 止）
钱秀芳（2021.12 止）

市邮政管理局
党组书记、局长
尹　期
党组成员、副局长、纪检组组长
赵红卫
党组成员、副局长
李雪萍（2021.07 任）

市水文局
党组书记、局长
刘一先
党组成员、副局长、工会主席（兼，2021.07 任）付　军
党组成员、副局长、总工程师
陈春明
党组成员、副局长
胡义仁

党组成员（2021.07 止）、纪检组组长（2021.07 止）、工会主席（2021.06 止）
曾　专

市烟草专卖局（市烟草公司）

党组书记、局长、经理
吴奇林
党组成员、副经理
何命军
党组成员、纪检组组长
吴　波
党组成员、副经理
刘　智（女，2021.10 止）
党组成员、副局长
陈道颖
总会计师　罗　晖

星沙海关

党委书记、关长
程碧云
党委委员、长沙海关第二派驻纪检组组长　邓萍芳（2021.08 任）
党委委员、副关长
梅　青（女）
周　波
党委委员、驻浏阳办事处主任
李　磊（2021.10 止）
管恩学（2021.10 任）
党委委员、长沙海关第一派驻纪检组组长　汤　浩（2021.07 止）

市气象局

党组书记　局长
李一名（2021.08 任）
党组成员、副局长
匡方毅
李仁鹏
党组成员、市纪委市监察委驻市气象局纪检监察组组长
张华波

国家统计局长沙调查队

党组书记、队长
张般海
党组成员、纪检组组长
聂根深
党组成员、副队长
符　蓉（女）
李炜鸿（2021.04 任）
副队长　袁忠文

国网长沙供电公司

总经理、党委副书记
李艺波
党委书记、副总经理
孟　军（2021.08 止）
王　健（2021.08 任）
党委副书记、副总经理
刘朝阳（2021.01 止）
副总经理　刘树根（2021.06 任）
党委委员、纪委书记
聂旭东（2021.08 任）
副总经理、党委委员、工会主席
周灿明
党委委员、副总经理
谌　智
党委委员、纪委书记
王　颖（2021.08 止）
党委委员、总会计师
王　俊（2021.05 任）
总工程师　邓　铭
党委委员、副总经理
梁　好（2021.01 任）
党委委员、星电集团董事长、党委书记
周卓敏
党委委员、总会计师
陈　翔（2021.05 止）
副总经理、党委委员
李　卫

中国邮政集团公司长沙市分公司

党委书记、总经理
刘伟光
副总经理、工会主席
刘　为
纪委书记、副总经理
李　军
副总经理　黄　冰
古建明

中国电信股份有限公司长沙分公司

党委书记、总经理
周小玩
副总经理　肖劲风
王金华
纪委书记　蒋勤俭
副总经理　韩　磊
刘勇攀
刘　涛（2021.03 任）
总经理助理　李　刚（2021.12 任）
副总经理　姜向梅（女，2021.03 止）

中国移动通信集团湖南有限公司长沙分公司

党委书记、总经理
李　波
纪委书记　李安英（女）
副总经理　王有才
张晓滨
王　佳（女，2021.08 任）
严华宇（2021.08 任）

中国联合网络通信有限公司长沙市分公司

党委书记、总经理
伍文亮
党委副书记　王　燕（女）
党委委员、湖南联通纪委驻长沙市分公司纪检组组长
张　波
党委委员、副总经理
宾光兴
袁　来
唐友谊
刘友春

中国石油湖南长沙销售分公司

党委书记、总经理
陈　赛
党委副书记、纪委书记、工会主席
李枝德
副总经理　石　磊
杨新梅

中国石化湖南长沙石油分公司

经理、党委副书记
李小辉
党委书记、副经理
毛远弟
纪委书记　苏金晟
副经理　杨　锟（2021.10 止）
陈　燕（女）
黄　维（2021.10 任）

中央储备粮宁乡直属库有限公司

党委书记、总经理
彭志才
纪委书记　祝　勋
副总经理　彭建平

中央储备粮长沙直属库有限公司

党委书记、总经理
欧阳支援

纪委书记　欧阳辉
副总经理　陈　强
　　　　　刘文洁（女）
　　　　　王　波

中国人民政治协商会议长沙市委员会

政协长沙市第十二届委员会

主　席　文树勋
副主席　石长松
　　　　龚振湘
　　　　彭继球
　　　　袁志恒
　　　　邓自力
　　　　文丽霞（女）
　　　　朱建军
　　　　李　平（女）
　　　　张庆和
秘书长　谭　志
常　委　张业军
　　　　王文华
　　　　谢丽华（女）
　　　　袁治伟
　　　　王清华（女）
　　　　郑耀频
　　　　陈　忞
　　　　梁　粮
　　　　李德胜
　　　　闵　文
　　　　熊冬华
　　　　易敏华
　　　　李卫政
　　　　匡涛涛（女）
　　　　赵雪峰
　　　　钟小珍（女）
　　　　李　舜（女）
　　　　汤建尧
　　　　易权吉
　　　　丁　文（女）
　　　　陈昌佳
　　　　周　敏（女）
　　　　易　冒
　　　　吴安定
　　　　黄　锋
　　　　邓文莉（女）
　　　　郭旻嶷（女）
　　　　张铁光
　　　　陶　红（女）
　　　　杨庆江
常　委　陈剑文（女）
　　　　王永宏
　　　　喻　辉
　　　　蒋　林
　　　　杨舜尧
　　　　刘华富
　　　　刘　磊（女）
　　　　李兰宏
　　　　杨余飞
　　　　孙中民
　　　　徐美辉（女）
　　　　易介兵
　　　　枭　燕（女）
　　　　易　静（女）
　　　　国　晖
　　　　王剑平
　　　　唐日清
　　　　欧阳侨（女）
　　　　黄晓丹
　　　　李天赐
　　　　黄逸强
　　　　刘　丽（女）
　　　　曾　理（女）
　　　　戴正江
　　　　马　庆
　　　　曾常清
　　　　刘慧扬（女）
　　　　贺志勇
　　　　刘良春
　　　　蒋言斌
　　　　蒋铁祥
　　　　鲁劲松
　　　　曹孟良
　　　　夏放群
　　　　李光焰
　　　　徐勇斌（女）
　　　　释圣辉
　　　　周至仁（女）
　　　　释坚愿（女）
　　　　陈迪夫
　　　　戴灿华（女）
　　　　陈　黎
　　　　彭丽君（女）
　　　　郑　军
　　　　王博文
　　　　马耀良
　　　　罗春亮
　　　　黄　起
　　　　孙秀祖（女）
　　　　邹春林

政协各专门委员会工作部门

办公厅

主　任　谭　志
副主任　王文娟（女）
　　　　彭顺勇（援藏）

经济科技委员会

主　任　王清华（女）
副主任　金晓辉
　　　　刘丹军（兼）
　　　　刘裕纯（兼）
　　　　刘　婧（女，兼）
　　　　李天赐（兼）
　　　　李范坤（兼）
　　　　李建龙（兼）
　　　　吴金生（兼）
　　　　张明刚（兼）
　　　　张铁光（兼）
　　　　陈　黎（兼）
　　　　夏利锋（兼）
　　　　莫一平（兼）
　　　　曾常清（兼）

文教卫体和文史委员会

主　任　陈　忞
副主任　谢雯晟
　　　　杨庆江（兼）
　　　　迟美桦（女，兼）
　　　　彭丽君（女，兼）
　　　　谭　旭（兼）

委员学习联络委员会（港澳台侨和外事委员会）

主　任　谢丽华（女）
副主任　易　红（女，2021.08止）
　　　　杨　霞（女，2021.08任）
　　　　刘　斌（兼）
　　　　张晓琴（女，兼）
　　　　陈再坤（兼）
　　　　陈昉青（兼）
　　　　宋俊湘（兼）
　　　　易　冒（兼）
　　　　枭　燕（女，兼）
　　　　袁义和（兼）
　　　　曾　昕（兼）
　　　　缪　画（女，兼）
　　　　贺立冬（兼）

农业和农村委员会

主　任　　郑耀频

副主任　　黄耀仪（女）
　　陶　红（兼）
　　李兰宏（兼）
　　谢　琳（兼）
　　郭　瑞（兼）
　　黄水奇（兼）
　　朱向辉（兼）
　　胡再明（兼）
　　周平勇（兼）
　　邓毅沣（兼）

提案委员会

主　任　　袁治伟

副主任　　钟志明
　　易　健
　　王习加（兼）
　　朱　江（女，兼）
　　许团生（兼）
　　易　静（女，兼）
　　周艳芳（女，兼）
　　钟阿丽（女，兼）
　　段军如（兼）
　　郭昊巍（女，兼）
　　彭欢首（兼）
　　彭治华（兼）
　　蒋集政（兼）

人口资源环境委员会

主　任　　黄　起

副主任　　舒干峰
　　乔伟玲（女，兼）
　　李中秋（兼）
　　李　军（兼）
　　何　玄（女，兼）
　　刘　岳（兼）
　　赵建军（兼）
　　胡世梯（兼）
　　胡再明（兼）
　　贺志勇（兼）
　　袁国棋（兼）
　　谢军能（兼）
　　窦祝平（兼）

社会法制和民族宗教委员会

主　任　　梁　粮

副主任　　王自书（兼）
　　邓文莉（女，兼）
　　匡涛涛（女，兼）

副主任　　李　坤（兼）
　　李湘江（兼）
　　陈昌佳（兼）
　　陈剑文（女，兼）
　　郑　军（兼）
　　钟小珍（女，兼）
　　骆正平（兼）
　　赵雪峰（兼）

研究室

主　任　　李德胜

副主任　　郑志华

湖南湘江新区

市委副书记、市长、湖南湘江新区党工委书记　　郑建新

市委常委、湖南湘江新区党工委副书记（2021.08任）、管委会主任（2021.09任）
　　谭　勇

市委常委、湖南湘江新区党工委副书记（2021.09止）、管委会主任（2021.09止）
　　钟　钢

党工委委员（2021.10任）、管委会副主任（2021.10任）、一级巡视员（2021.10任）
　　黎石秋

党工委委员、管委会副主任　罗社辉
　　凌勤杰

党工委委员（2021.08止）、管委会副主任（2021.10止）
　　朱春光

管委会二级巡视员
　　戴中亚

管委会副主任
　　周庆年（兼）

副主任　　于新凡（兼）
　　周　凡（兼，2021.06任）
　　周志凯（兼，2021.06止）
　　张作林（兼，2021.07任）
　　刘拥兵（兼，2021.04止）
　　付旭明（兼，2021.04任，2021.07止）

中共长沙市纪律检查委员会
长沙市监察委员会

市委常委、市纪委书记（2021.06任）、市监委代理主任
　　胡卫兵

市纪委常务副书记（2021.12任）、市监委副主任　熊冬华

市纪委副书记（2021.09任）、市监委副主任（2021.10任）
　　朱远红（女）

市纪委常委（2021.09任）、市监委委员
　　丁晓波

市委巡察办主任
　　曾卫国（2021.09任）

市纪委常委、市监委委员
　　肖波静

市纪委常委（2021.09任）、市监委委员
　　胡飞虎

市纪委常委　瞿　浩

市纪委常委（2021.09任）、秘书长（2021.12任）　陈　强

市监委委员　潘宏伟（2021.10任）
　　段海波（2021.10任）

长沙市中级人民法院

党组书记、院长
　　肖新平

党组副书记　李立新（2021.10任）

党组成员、副院长
　　黎　军
　　邹剑钧
　　周芳乐

副院长　邓文莉（女）

党组成员、工会主席
　　刘显杰

党组成员、副院长、长沙知识产权法庭庭长（兼）　范登峰

党组成员、市纪委市监委驻市中院纪检监察组组长　陈立民

党组成员、政治部主任
　　贺旭琼

长沙市人民检察院

党组书记、检察长
　　王勋爵

党组副书记、副检察长
　　李宗戈
　　周亚红（女）

党组成员、机关党委书记、工会主席
　　薛乐基

党组成员、市纪委市监委驻市检察院纪检监察组组长
　　李　勇（2021.10止）
　　曹宇智（2021.11任）

党组成员、星城地区人民检察院检察长
石　华
党组成员、副检察长
宋宽馀
党组成员、政治部主任
周幸福

开发区

长沙高新技术产业开发区

党工委书记、湖南湘江新区管委会副主任　周庆年（兼）
党工委副书记、管委会主任
郭力夫
党工委副书记、二级巡视员
陈志红（女，2021.11 止）
党工委副书记、管委会副主任
吴　江（2021.11 任）
党工委委员、管委会副主任
陈大庆
党工委委员、总工会主席
杨金林
党工委委员、人大政协联络工作办公室主任　江从平
党工委委员（挂职）、一级调研员
李平波（2021.07 任）
党工委委员、纪工委书记
彭欣荣
党工委委员、管委会副主任
崔　晓（2021.04 止）
帅　军
易新宇（2021.11 任）
党工委委员（挂职）、长沙市公安局高新区分局党委书记、局长
肖向东（2021.11 任）

长沙经济技术开发区

党工委书记　沈裕谋（2021.07 止）
付旭明（2021.10 任）
党工委副书记、管委会主任
张庆红
党工委副书记　贺代贵（2021.04 止）
赵文骄（2021.10 任）
党工委委员、纪工委书记、监察工委主任　周志远
党工委委员、副主任
常利民
袁　钊（2021.11 止）
党工委委员、副主任
张湘鸿
赖坤明（2021.07 任）

宁乡经济技术开发区

党工委书记、宁乡市委书记
于新凡
党工委副书记、管委会主任
张　毅
党工委副书记、总工会主席
黄　瑶
党工委委员、管委会副主任
刘　辉
党工委委员、纪工委书记、监察工委主任
洪　健
管委会副主任
黄　梁
党工委委员、管委会副主任
郑　旗（2021.11 任）

浏阳经济技术开发区

党工委第一书记
朱东铁（兼，2021.04 任）
党工委副书记、管委会主任
谈文昌（2021.11 止）
喻　辉（2021.11 任，党工委委员、管委会副主任 2021.11 止）
党工委委员、管委会副主任
何六生
罗其胜
管委会副主任 刘来宏（女，2021.07 止）
党工委委员、纪工委书记
肖赛男（女）
党工委委员、管委会副主任
唐建国
陈训武（2021.07 任）
张浩平（2021.07 止）

望城经济技术开发区

党工委书记　周　剀
党工委副书记、管委会主任
郑以仁
党工委副书记（2021.11 任）、管委会副主任（2021.11 止）
佘浩宇
党工委委员　李小平
党工委委员、纪工委书记
谭利辉（女）
党工委委员、管委会副主任
姚罗光
肖　逸（2021.11 止）

黄花综合保税区管理委员会

黄花综保区党工委书记、管委会主任
王国良（2021.03 止）
黄花综保区党工委委员、管委会副主任
孟立祥（2021.03 止）

隆平高科技园

党工委书记　卓精华（2021.07 止）
谭雄伟（2021.07 任）
党工委副书记、管委会副主任
刘熙宇（2021.12 任）
党工委副书记、管委会主任
易新宇（2021.11 止）
党工委委员、管委会副主任
罗　辉
党工委委员、纪工委书记
刘　彪（2021.11 止）
党工委委员、管委会副主任
曾　敏
党工委委员、纪工委书记、监工委主任　尹卫东（2021.11 任）

天心经济开发区

党工委书记　吴　江（2021.11 止）
曾红鹰（2021.11 任）
党工委委员、管委会副主任
陈　宇
刘正文（2021.07 止）
党工委委员、天心文化（广告）产业园管委会主任　谢　巍
党工委委员、纪工委书记、企业党委书记（兼）、工会联合会主席
陈玉英（2021.07 任）
党工委委员、管委会副主任
何海兵（2021.07 任）
许伟斌（2021.11 任）

长沙金霞经济开发区

开福区委常委（挂职）、党工委书记
李国军（2021.10 止）
党工委书记　黎　明（2021.10 任）
管委会主任　康镇麟（2021.07 止）
朱　江（女，2021.07 任）
党工委副书记、管委会副主任
刘熙宇（2021.12 止）
党工委委员、管委会副主任
曾　理
黎　琴（女，2021.12 任）
党工委委员（兼）、青竹湖生态科技（产

业）园党工委书记
吴正豪
管委会副主任 杨　智
党工委委员(兼)、青竹湖生态科技(产业)园党工委副书记、管委会主任、开福高新区党工委(筹)书记
宋奇志
党工委委员(兼)、金霞保税物流中心党工委书记　裴文欢（女）
党工委委员(兼)、金霞保税物流中心党工委副书记、管委会主任
侯流新
党工委委员、纪工委书记、监察工委主任　陈晓成
党工委委员(兼)、开福高新区党工委(筹)副书记、开福高新区管委会(筹)主任
王晓文
党工委委员(兼)、纪工委副书记、监察工委副主任 胡仕勇

长沙雨花经济开发区

党工委书记　郭四军（2021.07 任）
袁　钊（2021.11 任）
党工委副书记、管委会主任
陈海波
曾红鹰（女，2021.11 止）
党工委委员、管委会副主任
李剑刚
邓　波（2021.07 止）
党工委委员、工会联合会主席、企业党委书记　傅建辉
党工委委员、纪工委书记
姜泽红
党工委委员、管委会副主任
黄　金（女，2021.07 任）
谭爱兵
党工委委员、纪检监察室主任
李逾之

宁乡高新区

宁乡市委常委（挂职，2021.10 止）、
党工委书记　郑　旗（2021.11 止）
党工委书记　苏继桃（2021.11 任）
党工委副书记、管委会主任
陈　鑫（2021.12 任）
苏继桃（2021.12 免）
党工委委员、管委会副主任
喻　晓（2021.03 止）
高建阳（党工委委员 2021.09 任，2021.12 止、管委会副主任 2021.10 任，2021.12 止）
刘　颖
党工委委员、纪工委书记
姜　伟（2021.05 止）
管委会副主任 潘剑灵
党工委委员、纪工委书记、监察工委主任　刘朝晖（2021.09 任）

岳麓高新技术产业开发区

岳麓区委常委（挂职，2021.10 止）、
党工委书记　屈志峰
党工委副书记、管委会主任
罗　政
党工委副书记（兼）、管委会副主任
张　弘（2021.11 任）
党工委委员、管委会副主任
舒　拉
党工委委员、纪工委书记、监察工委主任(兼)　林长茂（2021.12 任）
党工委委员、管委会副主任
陈建湘（2021.12 任）

马栏山（长沙）视频文创园

党工委书记　邹犇淼
党工委副书记、管委会主任
黎　明（2021.11 止）
易　鹰（2021.12 任）
党工委委员、管委会副主任
黄　燕(女, 2021.07 止)
蹇桂军
胡朝晖（2021.07 挂职止，2021.07 任）
党工委委员、纪工委书记、兼监察工委主任　浣　琳(女, 2021.07 任)

中国（湖南）自由贸易试验区长沙片区临空管理委员会

党工委书记　沈裕谋(兼, 2021.03 任，2021.07 止）
付旭明（兼, 2021.07 任）
党工委副书记、管委会主任
王国良（2021.03 任，2021.07 止）
谭浩然（2021.07 任）
党工委委员、管委会副主任
朱智勇（2021.03 任，2021.07 止）
孟立祥（2021.03 任）
党工委委员、纪工委书记
魏　检（2021.07 任）
党工委委员、管委会副主任
宁　铁（2021.07 任）
黄天际（2021.11 任）

长沙临空产业开发区管理委员会

党工委书记　朱智勇（2021.03 止）
党工委委员、管委会副主任
李俊开（2021.09 止）
曹江辉（2021.09 止）
刘向上（2021.09 止）

市属高校

长沙学院

党委书记　杨小云（2021.04 任）
党委副书记、院长
杨小云（2021.04 止）
党委书记　刘沛林（2021.04 止）
党委副书记、院长
黄立宏（2021.04 任）
党委副书记　汤文胜（2021.05 任）
屈林岩（2021.04 止）
副院长　陈世平（2021.04 任）
王永宏（2021.05 止）
党委委员、副院长
胡石明
张世英
党委委员、纪委书记
丁　文（女，2021.05 任）
党委委员、副院长
祝　磊（2021.05 任）
曾广胜（2021.04 任）
周明侠（2021.05 止）
党委委员、组织统战部部长
何利华
党委委员、纪委副书记、纪委办公室/监察专员办公室主任
甄洁洪（2021.05 止）

长沙商贸旅游职业技术学院

党委书记　袁义和
党委副书记、校长
刘国华
党委副书记　李　晖
党委委员、副校长
徐庆良
崔德明

党委委员、纪委书记
金立槟
党委委员、副校长
谢早春

长沙职业技术学院

党委书记　彭惊雷
党委副书记、校长
喻友军
党委副书记　陈　涛
党委委员、副校长
王虎成（2021.03 止）
高　鸿（2021.04 任）
党委委员、纪委书记
胡湘梅（女）
党委委员、副校长
罗慧玲（女）
肖新田
党委委员、工会主席、宣传部部长
佘跃柱
党委委员、组织统战部部长
李业华

长沙卫生职业学院

党委书记　罗文章
党委副书记（2021.06 任）、院长（2021.05 任）　吴敏泉
党委委员、副院长
宾映初（2021.07 止）
党委副书记　李　毅（2021.07 任）
党委委员、副院长
彭　骅
曹伏明
王华英（女）
党委委员、纪委书记
曹　旭（2021.07 任）
党委委员、组织人事处处长
胡小和（2021.07 任）
党委委员、宣传统战处处长
严永旺（2021.07 任）

湖南信息职业技术学院

党委书记　赵兴舟（2021.04 止）
贺代贵（2021.04 任）
党委副书记、院长
陈剑旌
党委副书记　苏基协（2021.07 任）
党委委员、副院长
高　鸿（2021.03 止）
王虎成（2021.03 任）
朱焕桃
副院长　刘志红（女）
党委委员、副院长
佘求根
党委委员、纪委书记
姚庆武
党委委员、副院长
罗述权（2021.06 任）
党委委员、组织部部长
谭立新（2021.07 任）
党委委员（2021.07 任）、宣传统战部部长（2021.10 任）
蔡　琼
党委委员(2021.07 任)、工会主席(2021.10 任)　廖继旺

群众团体

市总工会

长沙市人大常委会副主任、市总工会主席　芮英姿（女）
党组书记、副主席
周宏兆（2021.07 止）
彭鉴西（2021.07 任）
党组副书记、副主席
匡涛涛（女）
党组成员、副主席
鲁承钢
党组成员、长沙市纪委驻市总工会机关纪检组组长
刘安瑜（2021.11 止）
党组成员、经费审查委员会主任
向　欣（女）
党组成员、副主席
黄渐坤
刘新远
党组成员、长沙市纪委驻市总工会机关纪检组组长　熊德武（2021.11 任）
副主席（兼职）、山河智能装备股份有限公司营销总公司营销经理
张晓庆（女）
副主席（兼职）、长沙新奥燃气有限公司客户服务中心蓝焰维修服务队队长
黄海兰

共青团长沙市委员会

书　记　叶　妙（女，2021.07 止）
刘林志（2021.10 任）
副书记、西藏贡嘎县委常委（挂职）、副县长（挂职），正县级领导职务（2021.02 起）　康　然
副书记、龙山县委常委（2021.07 挂职）、副县长（2021.07 挂职）
赵雪峰
副书记　金　甜（2021.05 任）
刘飞米（挂职）
邓意麒（兼）
何　平（兼）
曹　裕（兼）
周　坤（2021.10 止）

市妇女联合会

党组书记、主席
文　方（女）
党组成员、副主席
钟小珍（女）
副主席　石莉波（女）
党组成员、副主席
李艳清（女）

市科学技术协会

名誉主席：（以姓氏笔画为序）
中国科学院院士
于起峰
印遇龙
陈晓红（女）
罗　安
周宏灏
钟　掘（女）
桂卫华
主　席　谭蔚泓（兼）
党组书记、副主席
李范坤
副主席（兼，以姓氏笔画为序）
王　准
易　方
夏立新
刘东波
刘建湘
孙　勇
杨伟军
胡　斌

副主席　　胡石明
莫一平
高　尚（女）
常利民
盛湘饶
戴　煜

市归国华侨联合会
党组书记　成　钢（2021.07 任）
主　席　　陈　慧（女）
党组成员、副主席
刘　斌（女）
党组成员、秘书长
易丽芳（女）

市残疾人联合会
党组书记、理事长
刘增三
党组成员、副理事长
曾　军
左锡涛
贺海军

市台湾同胞联谊会
会　长　　方　敏
副会长　　戴正江
张治学
林　瑄
杨新余
肖成军
白　雪
张异舟
罗旭东
杜雨珊
江　艳
董　乐
连时彦
秘书长　　戴正江

市文学艺术界联合会
党组书记、副主席
王　俏（女）
主　席　　汤素兰（女，兼）
党组副书记、副主席、行业党委书记
谢胜文
党组成员、副主席
周永康
唐　樱（女）

市红十字会
会　长　　刘明理
专职副会长候选人
欧阳正松
副会长　　肖思源
郭润葵
缪雅琴
李玮玮
刘　伟
鲁承钢
崔向东
秘书长候选人　姜新红

市社会科学界联合会
党组书记、副主席（副院长）
姚建刚（2021.07 任）
党组成员、副主席（副院长）
赵景利（女）
吴昌伟

中国国际贸易促进委员会长沙支会（中国国际商会长沙商会）
党组书记、会长
唐志远（2021.12 止）
党组副书记、副会长
喻霞元（2021.07 任）
黄继东（2021.12 止）
党组成员、副会长
赵向东
罗业健

民主党派·工商联

民革长沙市委员会
主任委员　朱建军（2021.05 止）
刘激扬（2021.05 任）
冯　斌（2021.05 止）
专职副主任委员
杨舜尧（2021.05 任）
副主任委员（兼）
陈　慧（女，2021.05 任）
廖耀群（2021.05 任）
张　晔（2021.05 任）
王　硕（2021.05 任）
聂志强（2021.05 任）
蒋　林（2021.05 止）
康镇麟（2021.05 止）
刘激扬（2021.05 止）
秘书长　　杨舜尧（2021.05 任）

民盟长沙市委员会
主任委员　刘庆和（2021.05 止）
刘志红（女，2021.05 任）
专职副主任委员
李兰宏
副主任委员（兼）
杨庆江（2021.05 任）
周凌云（女，2021.05 任）
张　芬（女，2021.05 任）
赵小午（2021.05 任）
王莉娟（女，2021.05 任）
陈迪夫（2021.05 止）
邱忠林（2021.05 止）
鲁劲松（2021.05 止）
刘志红（2021.05 止）
秘书长　　赵　睿（女，2021.05 任）

民建长沙市委员会
主任委员　李　舜（女）
专职副主任委员
李　芃（女）
张海岸（2021.05 任）
彭首志（2021.05 任）
朱　江（女，2021.05 任）
张　晗（2021.05 任）
黄周炳（2021.05 任）
杨余飞（2021.05 止）
秘书长　　戴灿华（2021.05 任）

民进长沙市委员会
主任委员　李　平（女）
专职副主任委员
李素娥（女）
副主任委员（兼）
龚中良
苏敏芳（女，2021.05 任）
蒋玲丽（女，2021.05 任）
贺茂云（2021.05 任）
兰力波（2021.05 任）
邹国兴
李正元（女，2021.05 任）
秘书长　　兰德泉（2021.05 任）

农工党长沙市委员会
主任委员　龚振湘（2021.05 任）
黄　梁（2021.05 任）
专职副主任委员
易介兵（2021.05 任）
周锦明（2021.05 任）

副主任委员（兼）
邓文莉(女, 2021.05 任)
戴朝晖(女, 2021.05 任)
陶　红(女, 2021.05 任)
毛　定(女, 2021.05 任)
李颂光（2021.05 任）
吴小宁（2021.05 任）
谢文军
秘书长　姜丽波(女, 2021.05 任)

致公党长沙市委员会

主任委员　王国海（2021.05 止）
黄　锋（2021.05 任）
专职副主任委员
枭　燕（2021.05 止）
彭　磊（2021.05 任）
副主任委员（兼）
易　静（女，2021.05 任）
申志华（2021.05 任）
陈　旻（女，2021.05 任）
郭昊嶷(女，2021.05 任)
李　璇（2021.05 任）
吴晓佳（2021.05 止）
邓雪琴（女，2021.05 止）
黄　峰（2021.05 止）
秘书长　欧阳明（2021.05 任）

九三学社长沙市委员会

主任委员　汤建尧
刘有良（女，2021.05 止）
专职副主任委员
王剑平（2021.05 任）
副主任委员（兼）
曹　前
邓子云（2021.05 止）
邓凌云（女，2021.05 止）
向成承（女，2021.05 止）
梁　军（2021.05 止）
邓立新（2021.05 止）
何贤锋（2021.05 止）
秘书长　戚艳玲（女）

长沙市工商业联合会（总商会）

主 席(会长) 彭继球（2021.05 止）
康镇麟（2021.05 任）
党组书记、副主席(副会长)(兼)
丁　文(女, 2021.04 止)
党组书记、常务副主席
何惠风(女, 2021.05 任)
党组成员、副主席(副会长)
张明刚 (2021.03 止)
刘立红(女, 2021.05 止)
田桂元(女, 2021.05 止)
专职副主席（副会长）
田桂元（女，2021.05 任）
王　婧（女，2021.05 任）
兼职副主席　马　晓
方　鸿
冯　彬
吕　良
刘昆湘（女）
许红霞（女）
许燕鸣（女）
孙昌军
李　鸿（女）
杨　涛
吴学愚
陈志强
陈海波
周　宇
周晓州
周清泉
胡　硕
姜学军（女）
兼职副会长　黄文宝
梁林河
彭　进
彭文杰
戴　煜
王巨涛
邓泽平
邓银伟
付东哲
刘　丽（女）
刘英姿（女）
劳　嘉（女）
李天赐
李志兵
李建龙
李雅璇（女）
杨林广
余小海
邹永新
陈忠平
陈　露
罗丽芬（女）
岳德华
金　卉（女）
兼职副会长　屈湘水
夏志宏
徐向平
黄小忠
黄晓丹
黄逸强
黄　韬
盛　波
康望才
彭　继
傅高武
曾俣军
谭建钢
秘书长　王新兰（女）

县（市、区）

芙蓉区

中共芙蓉区委员会

书　记　周春晖（2021.03 任）
副书记　周春晖（2021.03 止）
崔　晓(女, 2021.04 任)
蒋红波
卓精华(挂职, 2021.07 止)
常　委　刘文立（2021.07 止）
伍艳飞(女, 2021.07 止)
谭雄伟（2021.07 止）
王长陵（女，2021.07 止）
喻志刚（2021.07 止）
彭保刚（2021.07 任）
何溪桥（女）
刘洪波
方学文（2021.07 止）
杨光华（2021.07 任）
刘　宪（2021.07 任）
李学军（2021.07 任）
陈亚静（2021.07 任）
王黔军（2021.12 任）

第六届区人大常委会

主　任　廖铁成（2021.10 止）
伍艳飞(女, 2021.10 任)
副主任　宋晋武（2021.10 止）
陈忍冬（2021.10 止）
严国益（2021.10 止）
罗尔曼（女，2021.10 止）
刘文立（2021.10 任）

副主任　　刘孟乾
　　李明权（2021.10 任）
　　唐益人（2021.10 任）
　　张　璎（女，2021.10 任）

区人民政府

区　长　　周春晖（2021.04 止）
　　崔　晓（女，2021.10 任）
常务副区长　谭雄伟（2021.10 止）
　　刘洪波（2021.10 任）
副区长　　刘　宪
　　黄金国（2021.07 止）
　　梁汝岚（女，2021.10 止）
　　卓晓波
　　李学军（2021.07 止）
　　方宝华（挂职）
　　徐青春（2021.10 任）
　　罗加祥（2021.10 任）
　　文升云（2021.10 任）
　　谢　孟（2021.10 任）
　　蒋　苒（2021.10 任）

第六届区政协委员会

主　席　　郑　明（2021.10 止）
　　喻志刚（2021.10 任）
副主席　　范伟民（2021.10 止）
　　梁汝岚（女，2021.10 任）
　　洪曙光（2021.10 止）
　　谢志鹏
　　杨爱斌（女，2021.10 止）
　　陈　庆
　　吴　穗（女，2021.10 任）
　　赵小午（2021.10 任）

天心区

中共天心区委员会

书　记　　刘　汇（女，2021.07 止）
　　吴新伟（2021.07 任）
副书记　　黄　滔（2021.06 止）
　　周志军
　　叶　妙（女，2021.07 任）
常　委　　厉　波（2021.07 任）
　　张界贻（2021.07 止）
　　曾卫国（2021.07 止）
　　黄文先（2021.07 止）
　　刘　向
　　肖雄伟（2021.07 止）
　　侯向宇（2021.03 止）
常　委　　周永顺（2021.12 止）
　　许　波（2021.02 任）
　　洪孟春（2021.07 任）
　　张　建（2021.07 任）
　　张浩平（2021.07 任）
　　罗定豪（2021.07 任）
　　朱云辉（2021.12 任）

区人大常委会

主　任　　于　献（女，2021.10 止）
　　黄文先（2021.10 任）
副主任　　李　曦（女，2021.10 止）
　　颜小平（女，2021.10 止）
　　谭文敏（2021.10 止）
　　邱忠献（2021.10 止）
　　张少林（2021.10 止）
　　王海军（2021.10 任）
　　彭元强（2021.10 任）
　　凌　异（2021.10 任）
　　张长生（2021.10 任）
　　罗孟怡（女，2021.10 任）

区人民政府

区　长　　黄　滔（2021.04 止）
　　周志军（2021.10 任，2021.05—10 任代区长）
常务副区长　周志军（2021.04 止）
　　厉　波（2021.10 任）
副区长　　王海军（2021.10 止）
　　张浩平（2021.10 任）
　　洪孟春（2021.07 止）
　　刘　瑜（女，2021.10 任）
　　肖向东（2021.07 止）
　　欧阳伟沙（2021.10 任）
　　黄　会（女，2021.10 止）
　　刘正文（2021.10 任）
　　许　波（2021.03 止）
　　郑　州（2021.10 任）
　　张　建（2021.07 止）
　　王钰莹（女，2021.10 任）
　　肖盛辉（2021.10 任）

区政协委员会

主　席　　夏艳兰（女，2021.10 止）
　　张界贻（2021.10 任）
副主席　　彭泽南（2021.10 止）
　　黄　会（女，2021.10 任）
　　黎小玲（女，2021.10 止）
副主席　　陈　劲（女，兼，2021.10 止）
　　赵英华
　　蔡　逸（2021.10 任）
　　彭元强（2021.10 止）
　　秦　超（2021.10 任）
　　王　珊（女，2021.10 任）

岳麓区

中共岳麓区委员会

书　记　　周志凯（2021.05 止）
　　周　凡（2021.05 任）
副书记　　蔡　锋（2021.07 任）
　　刘　亮（2021.07 止）
　　秦梅鸯宗（女，挂职，2021.12 止）
　　周　凡（2021.05 止）
　　唐继发（2021.07 任）
常　委　　彭利芝（女，2021.07 止）
　　张铁炎（2021.07 止）
　　杨利成（2021.07 止）
　　屈志峰（挂职，2021.10 止）
　　李雪龙（2021.07 止）
　　王长陵（女，2021.07 任）
　　蔡　锋（2021.07 止）
　　张永久（2021.07 任）
　　王海潮
　　雷凌湘（2021.07 任）
　　师　军（2021.07 任）
　　伍少林
　　刘雄辉
　　潘旺明

区人大常委会

主　任　　彭利芝（女，2021.10 任）
　　胡杰夫（2021.10 止）
副主任　　王剑鸣（2021.10 止）
　　林俐俐（女，2021.10 止）
　　曾跃平（女，2021.10 止）
　　江　南
　　张　淳
　　王　剑（2021.10 任）
　　喻英姿（女，2021.10 任）
　　万　千（2021.10 任）

区人民政府

区　长　　周　凡（2021.05 止）
　　蔡　锋（2021.10 任，2021.06—10 任代区长）
常务副区长　蔡　锋（2021.06 止）

副区长　王海潮
张永久（2021.10任）
彭迟平（2021.08任）
彭首志（2021.10任）
李群素（女，2021.10任）
李　鸿（2021.10任）
刘振乾（2021.10任）
朱　兵（2021.10任）
李　舜（女，2021.07止）
谭应林（2021.10止）
王　剑（2021.07止）
雷凌湘（2021.07止）

区政协委员会
主　席　袁精华（2021.10止）
杨利成（2021.10任）
副主席　曾高杰
喻英姿（女，2021.10止）
刘　平（2021.10止）
卜茂荣（2021.10止）
彭首志（2021.10止）
王　洋（2021.10任）
杨沅光（2021.10任）
陈　明（2021.10任）
谢　俊（2021.10任）

开福区

中共开福区委员会
书　记　曹再兴（2021.04止）
谢伟峰（2021.04任）
副书记　邹犇淼（2021.07止）
谢伟峰（2021.06止）
高　伟（2021.06任）
晏成方（2021.07任）
常　委　张春雄
李国军（挂职，2021.10止）
何惠风（女，2021.04止）
晏成方（2021.07止）
欧干军（2021.07止）
肖雄伟（2021.07任）
舒全球（2021.07止）
张红民（2021.07任）
张贻龙
蔡　冰（2021.07止）
蒋　君（2021.07任）
易文斌
郭　俊（2021.07任）
张胜良（2021.07任）

区人大常委会
主　任　欧干军（2021.10任）
许振勤（2021.10止）
副主任　李　扬（2021.10任）
谭树茗（2021.10任）
朱旭东（2021.10任）
陈志兴（2021.10任）
王　硕（2021.10任）
王颂交（2021.10止）
李光华（2021.10止）
袁剑英（女，2021.10止）
罗伟明（2021.10止）
周桂林（2021.10止）

区人民政府
区　长　高伟（2021.10任，2021.06—10任代区长）
谢伟峰（2021.04止）
常务副区长　蒋　君（2021.10任）
蔡　冰（2021.07止）
副区长　张胜良（2021.10任）
陈魁昱（2021.10任）
孙铁龙（2021.10任）
邹　畅（2021.10任）
王乐君（2021.10任）
廖紫君（女，2021.10任）
易海威（2021.10任）
廖　勇（2021.10止）
朱　江（女，2021.10止）
杨光华（2021.07止）
李　扬（2021.10止）
胡珊珊（女，2021.08止）

区政协委员会
主　席　蔡　冰（2021.10任）
熊建伟（2021.10止）
副主席　焦　灿
廖耀群（2021.12止）
林永红（女）
鲁碧君（女）
王中柱（2021.10任）
杨　艳（女，2021.10止）

雨花区

中共雨花区委员会
书　记　张　敏（2021.07止）
刘素月（女，2021.07任）
副书记　刘素月（女，2021.07止）
黄军其（2021.07任）
陈永高（2021.07止）
郭四军（2021.08任）
常　委　郭四军（挂职，2021.07止）
王清政（2021.08止）
钟孝明（2021.08任）
龚　畅（2021.07止）
余宏卿
成　钢（2021.07止）
王明玖（2021.08止）
刘端平（2021.03止）
李　颖
蔡泽敏（2021.03任）
胡　斌（2021.03任）
刘江红（2021.08任）
吴平辉（2021.08任）
刘林志（2021.08—10任）
周　坤（2021.10任）

区人大常委会
主　任　龚景顺（2021.10止）
冯聪龙（2021.10任）
副主任　谢爱龙（2021.10止）
杨　平（女，2021.10止）
杨仕斌（2021.03止）
李劲松
莫志刚
周艳芳（女，2021.10任）
向　星（女，2021.10任）
王青春（2021.10任）

区人民政府
区　长　刘素月（女，2021.07止）
黄军其（2021.10任）
代区长　黄军其（2021.07—10任）
常务副区长　龚　畅（2021.07止）
吴平辉（2021.10任）
副区长　黄健元（2021.10止）
陈怀宇（2021.10止）
刘江红（2021.10止）
吴平辉（2021.08止）
蔡泽敏（2021.03止）
易　静（女）
周　明（2021.10任）
邓　波（2021.10任）
周习文（2021.10任）
刘燕妮（女，2021.10任）
周　宏（2021.10任）
周　坤（2021.10任）

区政协委员会

主　席　冯聪龙（2021.10 止）
　　　　王清政（2021.10 任）
副主席　康长萍（女，2021.10 止）
　　　　陈怀宇（2021.10 任）
　　　　周凌云（女）
　　　　廖云伟（2021.10 止）
　　　　罗艳辉（女，2021.10 止）
　　　　周建雄（2021.10 任）
　　　　吴海军（2021.10 任）
　　　　戴碧锋（2021.10 任）

望城区

中共望城区委员会

书　记　张作林（2021.07 任）
　　　　付旭明（2021.04 任，2021.07 止）
　　　　刘拥兵（2021.04 止）
副书记　范焱斌（2021.04 止）
　　　　孔令强（2021.04 任）
　　　　喻志军
常　委　周志辉（2021.07 止）
　　　　戴水文
　　　　姚建刚（2021.07 止）
　　　　舒全球（2021.08 任）
　　　　彭保刚（2021.07 止）
　　　　王明玖（2021.08 任）
　　　　肖三军
　　　　苏春光（2021.07 止）
　　　　聂　荣（2021.08 任）
　　　　喻霞元（2021.07 止）
　　　　陶建军（2021.08 止）
　　　　易文龙（2021.08 任）
　　　　黄　燕（女，2021.08 任）
　　　　杨钦涵（2021.08 任）

区人大常委会

主　任　苏春光（2021.10 任）
　　　　喻金平（2021.10 止）
副主任　陈亮伟
　　　　邓建华
　　　　何迎春（女）
　　　　吕凯兴（2021.10 任）
　　　　高　明（2021.10 任）
　　　　文菊华（2021.10 止）
　　　　丁四明（2021.10 止）

区人民政府

区　长　孔令强（2021.10 任，2021.04—10 任代区长）
　　　　范焱斌（2021.04 止）
常务副区长　戴水文（2021.10 任）
　　　　周志辉（2021.07 止）
副区长　易文龙
　　　　廖　勇（2021.10 任）
　　　　黄金国（2021.07 任）
　　　　孔令强（2021.04 任）
　　　　周辉军（2021.10 任）
　　　　黄雪峰（2021.10 任）
　　　　曹　文（2021.10 任）
　　　　蔡　哲（2021.10 任）
　　　　苏敏芳（女，2021.07 止）
　　　　凌泽民（2021.07 止）
　　　　聂　荣（2021.08 止）
　　　　周正茂（2021.07 止）
　　　　杨钦涵（2021.07 止）

区政协委员会

主　席　李雪龙（2021.10 任）
　　　　骆志平（2021.07 止）
副主席　丁四明（2021.10 任）
　　　　向章平（2021.02 任）
　　　　肖泽晋（2021.10 任）
　　　　谢鸿超（2021.10 任）
　　　　李思慧（2021.10 任）
　　　　凌立霞（女，2021.10 止）
　　　　蔡　锋（2021.10 止）
　　　　李建龙（2021.10 止）
　　　　张锰辉（2021.10 止）

长沙县

中共长沙县委员会

书　记　沈裕谋（2021.07 止）
　　　　付旭明（2021.07 任）
副书记　张作林（2021.07 止）
　　　　陈永高（2021.07 任）
　　　　周　虔（女，2021.08 止）
　　　　杨应龙（2021.07 任）
常　委　杨应龙（2021.07 止）
　　　　赖坤明（2021.07 止）
　　　　王国良（挂职，2021.07 止）
　　　　谭浩然（2021.07 止）
　　　　郭　瑞（女）
　　　　杨　溢（女）
　　　　黄　波
　　　　刘　重
　　　　王永军
　　　　彭正球（2021.08 任）
　　　　朱智勇（2021.08 任）
　　　　陶建军（2021.08 任）

县人大常委会

主　任　李建章（2021.10 止）
　　　　周　虔（女，2021.10 任）
副主任　周安伟（2021.10 止）
　　　　曹艳萍（女，2021.03 止）
　　　　彭军其（2021.10 止）
　　　　喻名团（2021.10 任）
　　　　曹伟兴
　　　　黄泽红（女，2021.10 任）
　　　　陈卫球（2021.01 任）
　　　　张　磊（2021.10 任）

县人民政府

县　长　张作林（2021.07 止）
　　　　陈永高（2021.10 任）
常务副县长　杨应龙（2021.07 止）
　　　　郭　瑞（女，2021.10 任）
副县长　彭迟平（2021.07 止）
　　　　喻名团（2021.10 止）
　　　　毛　葵（2021.10 止）
　　　　黄泽红（女，2021.10 止）
　　　　彭正球
　　　　康　勇（2021.07 止）
　　　　刘　广（2021.10 任）
　　　　卢　铓（2021.10 任）
　　　　邱友梅（女，2021.10 任）
　　　　冯页新（2021.10 任）
　　　　吴　昊（2021.10 任）
　　　　吴正华（2021.10 任）

政协长沙县委员会

主　席　王国良（2021.10 任）
　　　　王益枝（2021.10 止）
副主席　郭艳红（女，2021.03 止）
　　　　李楚屏（女，2021.03 止）
　　　　陈沃辉（2021.10 止）
　　　　张小春
　　　　范新国（2021.10 止）
　　　　毛　葵（2021.10 任）
　　　　李建军（2021.10 任）

副主席　王文凯（2021.10 任）
　　　　陈　洁（女，2021.10 任）

浏阳市

中共浏阳市委员会

书　记　朱东铁（2021.04 任）
　　　　黎春秋（2021.04 止）
副书记　王雄文（2021.07 任）
　　　　吴新伟（2021.07 止）
　　　　戴武明（2021.08 任）
　　　　王　强（2021.06 止）
常　委　姚喜琳（女，2021.08 任）
　　　　秦跃平（2021.07 止）
　　　　李爱民
　　　　周耀辉
　　　　唐安石（2021.08 任）
　　　　周文舜（2021.07 止）
　　　　王坤球（2021.08 任）
　　　　喻　辉（2021.07 止）
　　　　冯赛军（2021.08 任）
　　　　邓阳锋（2021.07 止）
　　　　李　翔（2021.08 任）
　　　　廖　伟（2021.12 任）
　　　　尹乐平（2021.08 止）
　　　　戴武明（2021.08 止）

市人大常委会

主　任　邱山东（2021.10 任）
　　　　吴　震（2021.10 止）
副主任　刘　旭（女，2021.10 止）
　　　　刘仙娥（女，2021.10 止）
　　　　杨　智（2021.10 止）
　　　　陈　清
　　　　唐洪胜（2021.02 任）
　　　　张葵红（女，2021.10 任）
　　　　邓雪琴（女，2021.10 任）
　　　　杨厚波（2021.10 任）

市人民政府

市　长　王雄文(2021.07 任代市长，2021.10 任市长）
　　　　吴新伟（2021.07 止）
常务副市长　冯赛军（2021.10 任）
　　　　邓阳锋（2021.07 止）
副市长　李　翔
　　　　刘来宏（女，2021.10 任）
　　　　刘一斌
　　　　彭邵锋（挂职）
　　　　黄　刚（2021.10 任）
　　　　寻　文（女，2021.10 任）
　　　　郭贺亭（女，2021.10 任）
　　　　戴圣伟（2021.10 任）
　　　　邓雪琴(女，2021.10 止）
　　　　王坤球（2021.08 止）
　　　　周　明（2021.10 止）
　　　　冯赛军（2021.08 止）

政协浏阳市委员会

主　席　李家喜（2021.02 止）
　　　　秦跃平（2021.02 任）
副主席　张葵红（女，2021.10 止）
　　　　谢建国（2021.10 止）
　　　　谢鹤林（2021.01 止）
　　　　寻院豪（2021.10 止）
　　　　涂向阳（2021.10 任）
　　　　陈　静(女，2021.02 任）
　　　　邓　华（2021.10 任）
　　　　王　持（2021.10 任）
　　　　吕立生（2021.10 任）

宁乡市

中共宁乡市委员会

书　记　于新凡
副书记　付旭明（2021.04 止）
　　　　黄　滔（2021.06 任）
　　　　沈　光
常　委　王湘云（2021.08 止）
　　　　彭　娟（女，2021.07 止）
　　　　刘　强
　　　　彭　韬（2021.02 止）
　　　　刘俊武（2021.07 止）
　　　　钟利仁（女，2021.07 止）
　　　　李佑明（2021.08 止）
　　　　郑　旗(挂职，2021.10 止)
　　　　刘继帅（2021.07 止）
　　　　蒋　君（2021.07 止）
　　　　文　平（2021.08 任）
　　　　贺立权（2021.08 任）
　　　　李　磊（2021.08 任）
　　　　傅永超（2021.08 任）
　　　　胡珊珊(女，2021.08 任)
　　　　蒋政平（2021.08 任）
　　　　张永波（2021.12 任）

市人大常委会

主　任　喻亚军（2021.10 止）
　　　　王湘云（2021.10 任）
副主任　周泽祥（2021.10 止）
　　　　熊志扬（2021.10 止）
　　　　闵志平（2021.10 止）
　　　　刘骥扬（2021.10 止）
　　　　陈德奇（2021.10 任）
　　　　李　纯(女，2021.10 任)
　　　　张　莹（女）
　　　　文　斌（2021.10 任）
　　　　刘寄华（2021.10 任）

市人民政府

市　长　付旭明（2021.04 止）
　　　　黄　滔（2021.10 任）
代市长　黄　滔（2021.05 任，2021.10 止）
常务副市长　王湘云（2021.08 止）
　　　　李　磊（2021.10 任）
副市长　冯智君（2021.10 止）
　　　　陈德奇（2021.10 止）
　　　　文　平（2021.08 止）
　　　　贺立权（2021.08 止）
　　　　黄　勇
　　　　李　磊（2021.08 止）
　　　　蒋政平（2021.10 任）
　　　　杨焕胜（挂职）
　　　　宋　强（2021.10 任）
　　　　王　辉(女，2021.10 任)
　　　　孙　勇（2021.10 任）
　　　　杨　灿（2021.10 任）
　　　　段志斌（2021.10 任）

市政协委员会

主　席　刘永红（2021.10 止）
　　　　钟利仁(女，2021.10 任)
副主席　彭曦明(女，2021.10 止)
　　　　李　纯(女，2021.10 止)
　　　　杨志武（2021.10 止）
　　　　刘骥扬（2021.10 任）
　　　　冯智君（2021.10 任）
　　　　曾含玲（女）
　　　　胡　宇（女）
　　　　陈永胜（2021.10 任）

《长沙年鉴（2022）》组稿人员

（名字按篇目顺序）

齐洎熊	郭洪汝	范朝朝	卢晓晴	王成亮	安国瑞	吕红纬	贺孝武
周红波	李　芸	刘志超	杨　炀	曾艳华	钟声远	肖　琼	唐　婧
李鸥鸥	张　韬	郑　力	王　戎	唐剑宇	丁　林	程　琳	罗晨曦
殷　才	陈迎明	邹　斌	周　妍	周　颖	李津熙	刘忠诚	侯小贝
沈蔼亲	刘稳振	周　倩	欧阳明	戚艳玲	周浩哲	刘潇婷	丑　帅
高沩锋	向　宇	林　云	黄天一	雷传红	戴正江	刘延喜	董　浩
肖　湘	郭芳芳	刘庆湘	肖　伟	刘俞汝	薛颖丰	邓宇洋	刘　凡
陈铁辉	傅　亮	陈　昆	梁　中	朱　艳	刘哲君	贺小露	尹江健
刘志辉	彭铃涵	凌　可	刘铁伟	阴雅婷	廖　劼	石慧琼	蔡　茂
周　恩	童　荑	王　洲	黎娜娜	曹艳青	唐　嵘	夏锡纯	彭亚利
欧阳犇	聂　娟	雷　琴	郑建强	罗亚兰	龙　灿	彭威霖	李　行
彭新伟	徐　磊	高　莹	谭　拓	颜　彪	张　敏	刘芳芳	郑晓萍
唐慕妮	唐　灿	徐宇星	欧阳婷	杨易霖	李　欣	李钒溦	黄　亮
袁村平	周雅婷	刘香娥	周　密	陈晓宇	蒋　溪	张文香	肖　婧
陈思甜	陈　旋	何　慧	臧　勇	龙梓冈	李　敏	陈　谱	胡功明
李尚琪	李婷婷	刘伊岱	张　璞	张　敏	鲁　曼	曹译心	彭　昆
熊　勇	彭　丹	陆明榜	刘　婷	李典琼	张　涛	周青青	谭明辉
王长盈	易佳雨	胡　慧	曹馨尹	吉建良	陈丹青	杨　佳	周梦华
杨　宇	陈志伟	李敏楚	龙　苏	李　斌	郭　婷	李　竞	魏　箐
张　娟	黎　双	苏　洁	李　强	李　平	杨　杰	刘科明	肖　艳
周进银	唐继武	高　丽	陈劲飞	黄喜成	魏珉子	何　军	

索引

说明：

一、本索引分主题索引和表格索引。

二、主题索引中文标目按汉语拼音音序排列（大事记、组织机构及负责人、概况及综述条目、彩页除外），数字和字母开头的标目排在前面；标目后的数字表示内容所在的页码，数字后的英文字母a、b、c分别表示该页码的左、中、右栏；类目、分目、专稿标题用黑体字表明。

三、表格索引，以表格题名为标目，仅标注所在页码，不标注分栏。索引按照表格在全书中的先后顺序排列。

主题索引

字母与数字

A

B

C

D

H

T

Y

Z

表格索引